*Bis dat, qui cito dat*

# *Bis dat, qui cito dat*

## *Gegengabe* in Paremiology, Folklore, Language, and Literature

Honoring Wolfgang Mieder
on His Seventieth Birthday

Edited by Christian Grandl and Kevin J. McKenna
In cooperation with Elisabeth Piirainen and Andreas Nolte

PETER LANG
EDITION

**Bibliographic Information published by the Deutsche Nationalbibliothek**
The Deutsche Nationalbibliothek lists this publication in the Deutsche Nationalbibliografie; detailed bibliographic data is available in the internet at http://dnb.d-nb.de.

**Library of Congress Cataloging-in-Publication Data**
Bis dat, qui cito dat. : Gegengabe in paremiology, folklore, language, and literature. Honoring Wolfgang Mieder on his seventieth birthday. / edited by Christian Grandl and Kevin J. McKenna ; in cooperation with Elisabeth Piirainen and Andreas Nolte.
pages cm
Includes bibliographical references.
ISBN 978-3-631-64872-8
1. Proverbs—History and criticism. 2. Proverbs in literature. I. Mieder, Wolfgang, honouree. II. Grandl, Christian, 1973- editor. III. McKenna, Kevin J., editor.
PN6401.B57 2014
398.9—dc23

2014019600

Cover Image:
Detail of the *Karlsteppich*, Lower Saxony, 2nd quarter 13th century;
Cathedral Treasury Halberstadt, inv. no. 520


ISBN 978-3-631-64872-8 (Print)
E-ISBN 978-3-653-03900-9 (E-Book)
DOI 10.3726/978-3-653-03900-9


Peter Lang Edition is an Imprint of Peter Lang GmbH.

Peter Lang – Frankfurt am Main · Bern · Bruxelles · New York · Oxford · Warszawa · Wien



This publication has been peer reviewed.

www.peterlang.com

# Contents

*Language*



*Literature*

# Preface

*Bis dat, qui cito dat.* – Never has a proverb more aptly applied to an individual than does this Medieval Latin rule of generosity and philanthropy to Wolfgang Mieder. "He gives twice who gives quickly," indeed, captures the essence of Wolfgang's entire career, his professional as well as personal life. As a Professor of German and Folklore at *The University of Vermont* for the past forty-three years, this tireless, self-effacing scholar and mentor has readily given his time, energy, wisdom, and experience to countless rising stars over a broad spectrum of academic disciplines. As Chair of the *Department of German and Russian*, Wolfgang was the first to read his colleagues' papers and articles, always ready to lend advice, suggestions, and encouragement. Each of the junior faculty who came up for tenure and promotion consideration over this period of time was carefully mentored and approved for promotion. Not only his fellow faculty in the *Department of German and Russian*, but his students over the past five decades have benefitted from Professor Mieder's demanding standards in the classroom and his guidance in countless senior honors theses. His popular course "'Big Fish Eat Little Fish': The Nature and Politics of Proverbs" as well as his seminars consistently attract the greatest enrollments not only from the Department's German majors. "Weit über das hinaus, was amerikanische Studenten von ihren Professoren erwarten, ist er einfach ein 'Gutmensch', dem es ein Herzensbedürfnis ist, ständig für andere da zu sein" ("Going far beyond what American students expect from their professors, he is, simply stated, a 'good human being,' who has a deeply seated need to always be there for others," Lutz Röhrich). The same can be said for the numerous international PhD committees Wolfgang has sat on over the decades. In virtually all of his academic and professional endeavors, Wolfgang was the "first to give" and by all accounts his prompt help and advice registered twofold in the eyes of all those who benefitted from his help.

In recognition of his eminent position as one of the University's foremost scholars with more than 200 authored books, 500 scholarly articles, 125 book reviews, and 360 guest addresses worldwide – "Wolfgang Mieder is unquestionably the most prolific folklorist of his generation and perhaps of any generation" (Alan Dundes) –, he was named in 2013 to the rank of an *University Distinguished Professor (of German and Folklore)*, an honor accorded at any one time to a total of only ten of the most prominent faculty members at *The University of Vermont*, whose research and teaching have been internationally recognized by the world's leading scholars. To this list of accolades can be added his most recent honor in being named to receive an Honorary Doctorate (*honoris causa*) from the *Εθνικό και Καποδιστριακό Πανεπιστήμιο Αθηνών* ('National and Kapodistrian University of Athens,' Greece), where he and his wife, Barbara, traveled in December 2014, for this prestigious occasion, honoring him for his seminal theoretical and applied contributions to research on folklore and proverbs. In September of 2012, Wolfgang received a similarly impressive honor for his lifetime work and scholarship – the *Europäischer Märchenpreis* ('European Fairy Tale Prize'). With this award along with Italy's distinguished *Premio Pitrè* ('Pitrè Prize,' 1997), and the *American Folklore Society Lifetime Scholarly Achievement Award* (2012), Wolfgang became the first scholar to receive the three highest, most prestigious worldwide awards for folklore studies, a truly unique honor! In addition, he had earlier been appointed a member of the *Suomalainen Tiedeakatemia* ('Finnish Academy of Science and Letters,' 1996) as well as being named a fellow of the *Vermont Academy of Arts and Sciences* (1997). In 2009, Wolfgang was appointed as an honorary member of *The Japanese Society of Paremiology* (Japan), in 2010 of the *Associação Internacional de Paremiologia/International Association of Paremiology* (Portugal), and in 2011, he had been named a member of the *Polska Akademia Nauk Oddział we Wrocławiu* ('Polish Academy of Sciences Branch in Wrocław'). Not surprisingly, Wolfgang's valuable research over the years has been funded by the *American Philosophical Society*, the *American Council of Learned Societies*, a research fellowship of the *Deutscher Akademischer Austauschdienst* ('German Academic Exchange Service'), the *John Templeton Foundation*, the *Knight Vision Foundation*, the *Henry Schaefer Family Foundation*, and the *Douglas Smith and Stephanie Ellis-Smith Foundation*, as well as numerous fellowships and grants awarded by *The University of Vermont*.

The co-editors of this festschrift volume of essays want to thank an impressive and wide-reaching list of international scholars, who have contributed to this volume. A record number of 71 contributors of altogether 22 countries from around the world – both younger and long-time friends – have written essays on paremiology, folklore, language, and literature as a true *Gegengabe* – a gift in return – in deepest appreciation of their teacher, colleague, and (so often fatherly) friend, Wolfgang Mieder. All of us being allowed to stand on his broad shoulders, as he stands on those of his predecessors, the aforementioned friends Lutz Röhrich (1922–2006) and Alan Dundes (1934–2005), as well as his former teacher Stuart A. Gallacher (1906–1977), himself a student of Archer Taylor (1890–1973) – the giants of folklore and paremiology.

Understandably, this volume could not have been undertaken without the support and participation of *The University of Vermont*, its Dean of the *College of Arts and Sciences*, Antonio Cepeda-Benito, its Provost and Senior Vice President, David V. Rosowsky, and its President, Thomas Sullivan. In addition to this institutional support, acknowledgement is gratefully given to generous financial support rendered by long-time friends of Wolfgang Mieder, Fionnuala Carson Williams (Belfast, Ireland), Susanne Hose (Bautzen, Germany), Yoko Mori (Tokyo, Japan), and Hans-Jürgen Quadbeck-Seeger (Bad Dürkheim, Germany). Special thanks go to the friendly staff of *Peter Lang · Internationaler Verlag der Wissenschaften* (Frankfurt am Main, Germany), in the person of Isolde Fedderies, who have been enormously helpful, patient, and cooperative. Last but not least, the co-editors want to thank Elisabeth Piirainen (Steinfurt, Germany) and Andreas Nolte (Jericho/Vt., USA) for their invaluable support in proofreading this manuscript. Only their support and that of many others have made the publication of this festschrift volume possible.

*Bis dat, qui cito dat.* – Wolfgang, your countless friends and colleagues salute you for your unstinting help, support, and friendship over the years. Your brilliant scholarship and research over the decades have vastly contributed to the world of folklore and proverb scholarship, but it is your unfailing generosity and cheerful support that have "given both quickly and twice" to all of us who have the privilege of knowing you. *Honor to whom honor is due*: Wolfgang Mieder, master folklorist and paremiologist, philanthropist. Have a happy Seventieth Birthday, and may we continue to celebrate your brilliant scholarship and genial support for decades to come!

Christian Grandl

Kevin J. McKenna

# Der Mann hinter den Sprichwörtern: Ein Interview mit Wolfgang Mieder

*Pedro Martins*

## Alle möchten den Mann hinter den Sprichwörtern kennenlernen. Wenn es überhaupt möglich ist, könnten Sie bitte Ihr bisheriges Leben zusammenfassen?

Wenn ich auf die siebzig Jahre meines Lebens zurückblicke, so kann ich ehrlich sagen, dass die sieben Jahrzehnte für mich persönlich und beruflich bei guter Gesundheit ein volles, zufriedenes und glückliches Dasein gewesen sind. In allen Altersstufen habe ich immer das Glück gehabt, von lieben Menschen (Familie, Freunde, Kolleginnen und Kollegen, Studentinnen und Studenten) umgeben gewesen zu sein, die mich alle auf ihre Weise gefördert, unterstützt und ermutigt haben. Schon als Schüler hatte ich in Deutschland eine durchaus positive Lebenseinstellung, und als Student im Staate Michigan in den Vereinigten Staaten erlebte ich wunderbare Jahre mit meinen vielen Kommilitoninnen und Kommilitonen. Im Jahre 1967 traf ich dann an der *Michigan State University* auf Professor Stuart Gallacher, der als Germanist bei dem großen Parömiologen Archer Taylor an der *University of Chicago* promoviert hatte. Nachdem ich bei Professor Gallacher an einem Seminar über deutsche Volkskunde (Märchen, Sagen, Volkslieder, Rätsel, Witze und natürlich Sprichwörter) teilgenommen hatte, wurde er automatisch mein Doktorvater, und ich beendete 1970 meine Dissertation über Sprichwörter im Werke des Schweizer Schriftstellers Jeremias Gotthelf. Ich bin also sozusagen der Enkelsohn von Archer Taylor, dessen berühmtes Buch *The Proverb* (1931) ich 1985 als Nachdruck mit einer Würdigung meines Großvaters herausgebracht habe. Hier in Amerika, aber auch in Deutschland und anderswo haben Folkloristen und Parömiologen wie Alan Dundes, Matti Kuusi und Lutz Röhrich mich des Öfteren als Nachfahre Archer Taylors bezeichnet, und das ist für mich bis heute eine ganz besondere Ehre und Anerkennung.

An der *Michigan State University* habe ich 1968 auch meine liebe Frau Barbara kennengelernt, die wie ich Germanistik studiert und ein Jahr nach mir 1971 promoviert hat. Seit 1969 sind wir verheiratet und haben uns im schönen Bundesstaat Vermont im Nordosten der Vereinigten Staaten ein zufriedenes Zuhause aufgebaut. Viele Parömiologinnen und Parömiologen aus aller Welt haben uns hier in unserem Landhaus mit dem herrlichen Blick auf die grünen Berge von Vermont besucht, um in meinem internationalen Sprichwortarchiv zu arbeiten. Inzwischen sind Barbara und ich vierundvierzig Jahre glücklich verheiratet, und weil wir keine eigenen Kinder haben, bedeuten uns unsere Schülerinnen und Schüler (Barbara hat vier Jahrzehnte Deutsch und Latein unterrichtet), Studentinnen und Studenten ungemein viel. Wir hängen sehr an diesen jungen Leuten, und es ist immer eine besondere Freude, wenn sich ein ehemaliger Schüler oder Student meldet. Was meine Frau betrifft, so verdanke ich ihr so viel, dass ich es gar nicht in Worte fassen kann. Bis zum heutigen Tage, und hoffentlich noch einige weitere Jahre, hat sie mich stets unterstützt und nie geschimpft, wenn ich allzu viele Stunden an meinem Schreibtisch saß. Vor allem war sie auch stets willens, dass ich viel Geld ausgeben konnte, um das internationale Sprichwortarchiv mit über 15000 Publikationen zur Parömiologie und Parömiografie aufzubauen. Dafür werde ich ihr immer dankbar sein.

Es hat sich ja wohl doch herumgesprochen, dass ich zu viel arbeite. Aber ich bin kein unglücklicher Sisyphus, sondern ganz im Gegenteil ein überaus glücklicher. Manchmal hat man mich auch einen "Workaholic" genannt, aber eigentlich nie auf böse Weise. Auch hier muss ich sagen, dass ich zwar irgendwie von der Sprichwörterforschung besessen, dennoch auch ein gesellschaftlicher Mensch und sehr gerne unter Menschen bin! So lege ich zu jeder Zeit meine Bücher zur Seite, wenn es eine Party gibt, ein Ausflug stattfindet, oder eine Reise unternommen wird. Hinzu kommt unser großes Landgrundstück, das erwartungsgemäß viel Arbeit mit sich bringt. Aber ich sehe die vielen Stunden auf dem Land mit Motorsäge, Traktor usw. als einen wunderbaren Ausgleich. Übrigens verbindet mich das ebenfalls mit Archer Taylor, der seine zahlreichen Publikationen auf ähnliche Weise hervorgebracht hat, nämlich Lehre, Wissenschaft und Arbeit auf dem Lande.

So sind die Jahre doch sehr schnell vergangen. Aber ich kann sagen, dass ich wie mein guter Vater jeden Wochentag mit Freude mit meinen beiden Aktentaschen – meine Frau lacht darüber – zur Universität fahre. Zum Glück haben wir in Amerika keine "Zwangsemeritierung", und so hoffe ich, doch noch etliche schöne Jahre tätig sein zu können. Meine Studentinnen und Studenten bereiten mir ungemein viel Freude, ich habe die besten Kolleginnen und Kollegen auf der Welt, und meine Reisen zu Tagungen und Kongressen erlauben es mir, mich mit Parömiologen und Folkloristen aus aller Welt zu treffen. Wir sind doch ein großartiger "Verein" – eigentlich eine Großfamilie – und ich freue mich, dass man mir nun schon dreißig Jahre lang erlaubt, unser *Proverbium: Yearbook of International Proverb Scholarship* im Dienste der internationalen Parömiologie herausgeben zu dürfen. Diese Aufgabe bedeutet mir sehr viel, und ich danke allen, die mit ihren Aufsätzen an dem Jahrbuch mitgearbeitet haben.

Es gibt das schöne deutsche Wort "Lebensabend". Nun gut, wenn man siebzig Jahre alt wird, so blickt man zurück, oder man wird dazu angeregt dies zu tun, und natürlich fragt man sich, ob man denn auch etwas Anständiges in seinem Leben geschafft hat. Ich selbst kann das nicht beurteilen, aber ich habe meistens mein Bestes gegeben. Ich habe versucht, die Sprichwortforschung von meinen verstorbenen Freunden Matti Kuusi, Alan Dundes, Grigorij L'vovich Permjakov, Lutz Röhrich, Démétrios Loukatos, Kazys Grigas, Bartlett Jere Whiting, Archer Taylor und vielen anderen weiterzuführen, und dazu habe ich großartige Unterstützung von Freunden wie Arvo Krikmann, Shirley Arora, Rui Soares, Gyula Paczolay, Jarmo Korhonen, Peter Grzybek, Anna Tóthné Litovkina, Harald Burger, Siegfried Neumann, Charles Clay Doyle und vielen, vielen anderen, die ich hier nicht alle aufzählen kann, erhalten. Wir stehen doch alle auf den Schultern von Riesen, die vor uns und mit uns viel geleistet und erarbeitet haben. Ein Teil dieser parömiologischen Familie zu sein, erfüllt mein Herz und meine Sinne, und dafür bin ich zutiefst dankbar.

## Ich habe gelesen, dass es Ihr Kindheitstraum war, Förster zu werden. Was ist daraus geworden?

Förster zu werden war mein riesengroßer Traum als Schüler. Ich hatte mehrere Sommer in den fünfziger Jahren in einem Forsthaus in der Eifel verbracht und mich gewissenhaft in die Sprache des Waidmanns und überhaupt in die Forstwirtschaft eingearbeitet. Mein lieber Vater brachte mich dann im Frühjahr 1960 in Lübeck zur Berufsberatung, wo ein etwas preußischer Forstamtsmann mir sehr direkt sagte, dass ich mit meinen schlechten Augen nie Revierförster werden könnte. Ich habe diese Szene nie vergessen, denn damit wurde mein Jugendtraum ein für allemal zerstört. Ich habe aber auch viel aus diesem Erlebnis gelernt und versuche meinen Studenten und jungen Kollegen immer Mut zu machen, dass sie ihre Arbeit schon schaffen werden. Mit gutem Willen, mit Hilfe und Unterstützung sowie mit liebevoller Fürsprache können wir verschiedene Ziele erreichen, auch wenn viel Arbeit und Opfer dazugehören. Aber wie gesagt, es hilft natürlich auch, eine positive Lebenseinstellung zu haben und sich mit dem französischen Existentialisten Albert Camus, den ich sehr gerne gelesen habe, davon zu überzeugen, dass man zumeist ein glücklicher Sisyphus ist. Das Leben bietet so viele Möglichkeiten, sich als anständiger Mitmensch zu erweisen, und davor sollten wir nie zurückscheuen, schon gar nicht als Lehrer oder Professor, denn junge Menschen brauchen positive Unterstützung und verständnisvolles Mitgefühl. Präsident Barack Obama, den ich sehr schätze, spricht diesbezüglich von "compassion", und das gilt auch für meinen Helden Martin Luther King, der dafür wiederholt das amerikanische Sprichwort *Making a way out of no way* benutzt hat, um seinen schwarzen Mitmenschen Mut auf dem Wege zu besseren Bürgerrechten zu machen.

## Wie kam es, dass Sie in die Vereinigten Staaten von Amerika gegangen sind?

In den fünfziger Jahren hatten viele junge Menschen in Europa den Wunsch, als Austauschschüler für ein Jahr nach Amerika zu gehen. Dafür gab es verschiedene Austauschprogramme, auf die man sich bewerben konnte. Man musste allerdings siebzehn Jahre alt sein. Meine Welt war jedoch zerstört worden, als ich erst sechzehn war. Mein kleines Gehirn sagte mir damals, dass ich, wenn ich eben nicht Förster werden könne, dann halt nach Amerika gehen würde, in das Land der unbegrenzten Möglichkeiten, wie ich mir hatte sagen lassen! Ich schrieb also an einen Journalisten in einem Vorort von Detroit, den ich in Deutschland zufälligerweise kennengelernt hatte, und bat ihn in einem Brief mit einem kleinen Bild von mir, doch bitte einen kurzen Artikel in die Zeitung zu setzen, dass ein deutscher Junge Familien suche, damit er ein Jahr in Amerika verbringen könne. Und wie sagt ein Sprichwort so schön? *Versuch macht klug* – und es meldeten sich tatsächlich mehrere Familien, die den kleinen Kerl – ich bin auch hinterher nicht mehr viel gewachsen! – aufnehmen wollten. Und so fuhr ich Mitte August mit dem Kopenhagen–Rotterdam Express, der in der Nacht um 2:02 Uhr in meiner Heimatstadt Lübeck hielt, nach Holland, dann mit dem Schiff fast zehn Tage über den Ozean nach New York und schließlich mit dem Bus nach Detroit, wo man mich bereits erwartete. Ein Jahr wollte ich bleiben, doch es wurden vier daraus, ehe ich als zwanzigjähriger Student (damals noch Chemie und Mathematik) 1964 zum ersten Mal in die Heimat zu Eltern und Schwester zurückkehrte – allerdings nur für zehn Wochen. Wie war es zu diesem langen Aufenthalt gekommen? Enttäuscht hatte ich Deutschland verlassen, wo ich ein durchschnittlicher Schüler gewesen war und sicherlich nie studiert hätte. In meinem Gastland aber wollte ich weiterkommen, und so wurde ich schnell zu einem begeisterten Einwanderer und verliebte mich in dieses Land, wie es wohl nur ein junger Immigrant tun kann. Plötzlich wurde ich sogar ein guter Schüler und nach zwei Jahren Student mit einem Stipendium und vielen Arbeitsstunden nebenher. Redensartlich ausgedrückt war bei mir in Amerika endlich *der Groschen gefallen*, und dafür bin ich all denen, die mir geholfen haben, zu großem Dank verpflichtet. Für meine lieben Eltern und meine Schwester war es natürlich schwer, dass ihr "Kleiner" in einem fremden Land seinen eigenen Weg ging. Damals konnte man nicht wie heute in fast ständiger elektronischer Verbindung stehen. Ich hatte mich aber verpflichtet, meinen Eltern jeden Sonntag einen Brief zu schreiben, und sie taten dasselbe. Und so besitze ich Hunderte von Briefen, die die über dreißigjährige Verbindung zum Elternhaus enthalten. Ich sage manchmal zu meinen Studenten, dass es doch eigentlich schade ist, dass wir heute keine Briefe mehr schreiben, die dann in einem Umschlag mit schönen Sondermarken eintreffen. Wie hat man sich früher über solche Post gefreut! E-Mail, Facebook, skypen, das ist doch irgendwie anders, natürlich auch schön, aber Briefe konnte man so herrlich aufheben! Ich habe nicht nur all diese Familienbriefe, sondern wohl auch Tausende Briefe von Wissenschaftlerinnen und Wissenschaftlern, Verlegern, Freunden, Bekannten, Studenten usw. aus aller Welt. Meine über Jahrzehnte geführte Korrespondenz mit Lutz Röhrich, Alan Dundes und Shirley Arora habe ich in drei Büchern herausgegeben, und ich denke, ich werde gelegentlich einige weitere Briefbände herausgeben. Sie zeigen doch, wie wichtig eben tiefe Freundschaften in der Wissenschaft sind! Mir haben Briefe immer sehr viel bedeutet, und ich schreibe auch heute noch gerne Briefe, nicht nur E-Mails.

## Sie lehren seit mehr als vierzig Jahren und schon seit 1971 an *The University of Vermont*. Warum gerade Vermont?

Ja, warum Vermont? Vielleicht sollte ich schreiben, dass auch die Schriftsteller Carl Zuckmayer und Alexander Solschenizyn als Exilanten in Vermont gelebt haben. Aber ich bin weder Exilant, noch könnte ich mich mit ihnen vergleichen. Das wäre in der Tat überheblich! Meine Frau und ich waren überglücklich, als ich 1971 den Ruf als Assistant Professor an *The University of Vermont* – gegründet übrigens im Jahre 1791! – erhielt. Ich hatte mich an 150 Universitäten beworben, wie man das damals so machte. Es gab kaum Stellen, und welches Glück, dass ich das Interview schaffte und man mich nahm. Ich sage des Öfteren, dass ich rückwärts auf den Knien nach Burlington gekrochen wäre, so glücklich war ich über dieses Stellenangebot! So bin ich immer dankbar gewesen und habe mich hier eingearbeitet und etabliert, sodass ich heute vielleicht sprichwörtlich sagen darf, ich bin so etwas wie ein größerer Fisch in einem kleinen Teich – wir haben 12000 Studierende –, und das ist vielleicht besser als ein kleinerer Fisch in einem großen Teich. Warum sind wir hier geblieben? Einen Grund habe ich gerade erwähnt, andere sind: Meine Frau hat ein großartiges Deutsch- und Lateinprogramm an einer High School in der Nachbarstadt Milton aufgebaut, ich wurde Chef der Germanistik und Slawistik (1978–2008), ich hatte und habe fantastische Kolleginnen und Kollegen sowie tolle Studentinnen und Studenten, wir hatten unser Landhaus mit zwei Hektar Land gekauft, und wir waren und sind begeistert von den Bergen, unserem riesengroßen Champlainsee und überhaupt dem gesunden Leben im wirklich schönen Vermont, das uns an die deutsche Mittelgebirgslandschaft erinnert. Barbara hat ihren Garten, ich habe meine Arbeit auf dem Land, wir fahren gerne Fahrrad und im Winter machen wir Skilanglauf. Es lässt sich also sehr gut in diesem Vermont mit seiner unabhängig denkenden Bevölkerung leben, die sich auch um die Umwelt kümmert und sich für Bürgerrechte, soziale Probleme usw. einsetzt. Ich hatte Gelegenheit, an andere berühmtere Universitäten zu gehen. So wollte mein lieber Freund Lutz Röhrich, dass ich seinen Lehrstuhl in Freiburg übernehmen sollte. Mein bester amerikanischer Freund Alan Dundes wollte unbedingt, dass ich nach Berkeley komme. Auch an die *University of Pennsylvania* wollte man mich übernehmen, die *Indiana University* wollte mich an das berühmte *Folklore Institute* holen usw. Aber Barbara und ich hatten in unserem kleinen Dorf Williston (gegründet 1763) Wurzeln geschlagen, und wir wollten hier unseren Lebensweg gehen. Ein berühmter Germanist, Hans-Gert Roloff, der uns in den achtziger Jahren besuchte und mit dem wir uns darüber unterhielten, ob wir vielleicht einen Ruf an eine andere Universität annehmen sollten, sagte ganz spontan zu uns: "Ach, Herr Mieder, bleiben Sie nur in Ihrem schönen Vermont. Wir wissen schon, wo Sie sind!" Ich bin diesem Freund bis heute dankbar für diesen guten Ratschlag, und wir sind froh, dass wir hier sind und auch bleiben werden.

## Wie wichtig sind für Sie Sprichwörter (im Alltag, beruflich und privat)?

Nun gut, was kann ich zu dieser Frage sagen? Beruflich gesehen sind Sprichwörter natürlich mein Ein und Alles! Die meisten meiner Publikationen behandeln Sprichwörtliches, doch habe ich auch über Märchen, Sagen, Volkslieder und natürlich über literarische und sprachliche Themen gearbeitet. Ich lehre ja auch Sprachgeschichte, Stilistik, Volkskunde, mittelhochdeutsche Literatur, deutsche Literatur des 19. Jahrhunderts usw. Und da ich ein Auslandsgermanist bin, fand ich schon früh in meiner beruflichen Karriere, dass Germanistik in diesem großen Land Amerika für mich zu begrenzt war. Und so habe ich mich immer tiefer in die internationale Folkloristik eingearbeitet, sodass nun alle meine Bücher, Aufsätze und Vorträge wohl etwa zur Hälfte auf Deutsch und zur Hälfte auf Englisch verfasst sind. Es kommt immer auf das Thema sowie die Leser bzw. die Zuhörer an, welche Sprache ich verwende. Ich schreibe gerne in beiden Sprachen, weiß aber nur zu genau, dass ich als typisch zweisprachiger Mensch keine der beiden perfekt beherrsche. Natürlich biete ich auch Seminare oder Vorlesungen über Sprichwörter auf Deutsch und Englisch an und halte sehr, sehr gerne Vorträge über mein Steckenpferd auf Tagungen wie auch an Universitäten, wo ich mich besonders über die Studierenden freue, die Interesse an Sprichwörtern zeigen. Gerne halte ich auch in Vermont kostenlose Vorträge in Altersheimen, Clubs, Büchereien usw. Ich selbst benutze schon ganz gerne Sprichwörter, Redensarten, Wellerismen, Zwillingsformeln usw., zum Teil, weil man es fast schon von mir erwartet. Oft gebrauche ich sie auf witzige Weise oder ändere sie zu Antisprichwörtern ab. Gerne unterhalte ich mich auch über die Herkunft, Überlieferung, Bedeutung usw. von einzelnen Sprichwörtern. Doch achte ich darauf, dass ich meinen Freunden und Bekannten nicht auf den redensartlichen Wecker gehe, denn ich muss mein Steckenpferd sicherlich nicht immer reiten. Es heißt nicht umsonst *Allzu viel ist ungesund!*

## Nennen Sie bitte fünf Ihrer wichtigsten Sprichwörter (sie müssen nicht unbedingt in deutscher Sprache sein). Warum haben Sie diese ausgewählt?

Journalisten stellen mir diese Frage immer besonders gerne, und jedes Mal habe ich irgendwie Schwierigkeiten, sie zu beantworten. Von den zahlreichen Sprichwörtern besonders wichtige auszuwählen ist schon deshalb schwierig, weil sich die eigentliche Bedeutung eines Sprichwortes erst aus seiner Funktion und seinem Kontext ergibt. Im Englischen würde ich aber dennoch sagen, dass mein Lieblingssprichwort wohl *Different strokes for different folks* ist. Dieses Sprichwort ist erst seit 1945 geläufig und hat seinen Ursprung unter der schwarzen Bevölkerung Amerikas. Was mir an ihm gefällt ist, dass es uns nicht wie so viele andere Sprichwörter sagt, was wir zu tun oder zu lassen haben. Stattdessen ist es ein befreiendes Sprichwort, das uns sagt, dass wir Leute, die andere Ideen, Pläne usw. haben, anerkennen und verstehen sollen. Es ist also ein demokratisches Sprichwort, und ich kann verstehen, dass es hier in den Vereinigten Staaten von Amerika entstanden ist. Natürlich darf man nicht vergessen, und ich sage das immer meinen Studierenden, dass dieses Sprichwort nicht besagt, dass alles erlaubt ist! Ethik kommt schon auch noch dazu. Mir gefällt aus dem Amerikanischen auch *Making a way out of no way*, weil es uns Mut zum anständigen Weitermachen gibt, so wie etwa *Wo ein Wille ist, ist auch ein Weg*. Als drittes Sprichwort möchte ich die Goldene Regel (Matthäus 7,12) nennen, die es aber nicht nur im Christentum, sondern überhaupt in den Weltreligionen gibt: *Do unto others as you would have them do unto you / Was du nicht willst, dass man dir tu', das füg' auch keinem andern zu.* Ich zitiere dieses Sprichwort des Öfteren auf Englisch oder auf Deutsch und habe auch in meinen Schriften gezeigt, welche bedeutende Rolle es im Weltgeschehen spielt. Ich bin absolut kein religiöser Mensch, Atheist schon von meiner Jugend an, doch dieses Bibelsprichwort oder besser dieses Sprichwort der Weltreligionen ist wohl die beste Regel für uns Menschen, und wenn wir uns alle danach richten würden, sähe es besser für uns aus. Das vierte Sprichwort, nun ein deutsches, wäre vielleicht *Kommt Zeit, kommt Rat*, das uns Zuversicht gibt und uns auch auffordert, unser Handeln zu überdenken, nicht zu rasch in das verzwickte Weltgeschehen einzugreifen. Obwohl die deutschsprachige Jugend das alte deutsche Sprichwort *Morgenstunde hat Gold im Munde* nun immer mehr durch das aus dem Englischen lehnübersetzte Sprichwort *Der frühe Vogel fängt den Wurm* (*The early bird catches the worm*) ersetzt, mag ich das "Morgenstunde"-Sprichwort weiterhin. Ich bin Frühaufsteher und gehe gerne an die

Arbeit, ganz egal welche. Für mich verbinden sich mit diesem Sprichwort positive Jugenderinnerungen an meine Großeltern in Leipzig, wo ich als Kind so gerne zu Besuch war und zuweilen von der Großmutter mit diesem Sprichwort geweckt wurde. Ich habe dies nie als Belästigung empfunden, sondern eher als liebevollen Zuspruch, fast wie ein Gedicht oder ein Morgenlied.

## Nennen Sie bitte fünf wichtige Menschen Ihres beruflichen Lebens. Warum diese?

Es gibt so viele liebe Menschen, die mich auf meinem Lebensweg und in meinem Berufsleben begleitet, belehrt und ermutigt haben. Wie kann ich da nun die wichtigsten auswählen, ohne andere ebenso bedeutende Menschen auszulassen? Da es aber sein muss, würde ich in Deutschland selbstverständlich meinen ganz besonderen Freund und Mentor Lutz Röhrich nennen, mit dem ich damals das Buch *Sprichwort* (1977) geschrieben habe. Wir haben uns in Freiburg und Burlington/Williston besucht, unsere Frauen Ingrid und Barbara sind gute Freundinnen, und ich war auch Gastprofessor bei Lutz Röhrich in Freiburg. Unsere Freundschaft habe ich nach dem Tode von Lutz Röhrich durch die Veröffentlichung unserer zahlreichen Briefe festgehalten. Ich verdanke Lutz Röhrich, dass aus mir ein Folklorist geworden ist. Das gilt in demselben Maße für meinen großartigen amerikanischen Freund Alan Dundes, bei dem ich als Gastprofessor in Berkeley war und den ich jedes Jahr in Kalifornien besucht habe. Auch meine lange Korrespondenz mit ihm habe ich als Buch herausgegeben. Lutz Röhrich hat mir in Deutschland den Weg geebnet, und Alan Dundes hat dies für mich hier in Amerika getan. Seine Frau Carolyn und Barbara sind natürlich ebenfalls beste Freundinnen. Ich hänge sehr an diesen beiden leider viel zu früh verstorbenen Freunden und denke jeden Tag an sie – und jetzt habe ich Tränen in den Augen. Ohne sie hätte ich es weder in Deutschland noch in Amerika geschafft, mein Scherflein zur Folkloristik und Parömiologie beizutragen. Von großer Bedeutung waren und sind aber auch Matti Kuusi, Shirley Arora – unsere Korrespondenz liegt ebenfalls vor –, Archer Taylor, den ich leider nicht persönlich kennengelernt habe, Grigorij L'vovich Permjakov, Siegfried Neumann, Arvo Krikmann, George B. Bryan, Jarmo Korhonen, Peter Grzybek, Gyula Paczolay, Stanisław Prędota, Neal Norrick, Elisabeth Piirainen, Vilmos Voigt, Elena Arsenteva, Fionnuala Carson Williams, Kwesi Yankah, Rui Soares, Kevin McKenna, Sabine Fiedler, Charles Clay Doyle und ach so viele andere mehr. Doch ich will gar nicht nur die ältere Generation nennen! Mir liegen auch die jüngeren Parömiologen sehr am Herzen, wie etwa Christian Grandl, Stephen Winick, Anna Tóthné Litovkina, Hrisztalina Hrisztova-Gotthard, Anand Prahlad, Kimberly Lau, Anna Konstantinova, Roumyana Petrova, Anna Lewandowska, Pedro Martins, Andreas Nolte, Marcas Mac Coinnigh, Aderemi Raji-Oyelade, Grzegorz Szpila und viele andere, deren Namen ich hier nicht alle nennen kann. Die jungen Parömiologinnen und Parömiologen sind die Zukunft, sie werden unsere Arbeit fortsetzen, und es ist eine besondere Freude für mich, dass ich ihnen allen ein wenig unter die Arme habe greifen können, oft auch bei ihren vorzüglichen Dissertationen. Ich helfe ihnen gerne und weiß, dass die zukünftige Parömiologie in besten Händen liegt!

## Nennen Sie bitte fünf wichtige Menschen Ihres privaten Lebens. Warum diese?

Natürlich an erster Stelle meine liebe Frau Barbara. Was wäre ich ohne sie? Viele meiner Freunde würden sagen – nichts, lieber Wolfgang! Ich kann schon etwas außer meiner Sprichwortforschung, zum Beispiel meine Arbeit auf dem Lande, Holz für den Winter sägen und einfahren, Autos waschen, das Haus streichen, Rasen und Wege mähen, in unserem strengen Winter Schnee schaufeln, Fleisch grillen usw. Aber ich gehe nicht einkaufen, ich koche nicht – kann aber Geschirr abtrocknen –, ich mache nicht die Wäsche – ich konnte es mal als Student, habe es aber verlernt – und Barbara würde noch so manches hinzufügen, was ich alles nicht kann. Doch wir sind ein gutes Team oder Gespann, und tragen ein jeder des anderen Last und freuen uns über unser gemeinsames Leben. Hoffentlich bleiben wir noch etliche Jahre zusammen auf dieser Welt; ich weiß nicht, wie ich es alleine schaffen würde. Barbara wohl, aber ich ohne meine Barbara wäre nicht auszudenken. Das war übrigens bei Archer und Heseltine Taylor, Lutz und Ingrid Röhrich sowie Alan und Carolyn Dundes sehr ähnlich. So ist es wohl das Beste, dass wir hilflosen Professoren vor unseren großartigen Frauen sterben! Stark beeinflusst wurden Barbara und ich von Katherine und George Schumm, meinen amerikanischen Ersatzeltern hier in Amerika. Sie haben einen halbwegs anständigen Menschen aus mir gemacht. Von ihnen habe ich das persönliche Engagement für andere Menschen gelernt, sie haben mich in die Bürgerrechtsbewegung der sechziger Jahre eingeführt, und sie haben mir gezeigt, was Philanthropie bedeutet. Leider sind sie wie auch die liebe Mutter Barbaras viel zu früh verstorben, aber wir erinnern uns gerne und oft an sie. Es waren aber auch die Schumms und ihre beiden Söhne George und Tom, denen ich meine intellektuelle Entwicklung verdanke. Aber natürlich denke ich auch an meine lieben Eltern in Lübeck, die beide ein hohes Alter – Vater 88 und Mutter 92 – erreicht haben. Ich habe ihnen über die Jahre hinweg immer wieder gesagt, wie dankbar ich bin, dass sie mich damals meinen eigenen Weg im fernen Amerika haben gehen lassen. Alle haben ihnen damals gesagt: "Bringen Sie den Jungen zurück aufs Gymnasium" usw. Und dennoch haben sich meine lieben Eltern schweren Herzens für mich entschieden. Welche anderen Eltern hätten so freimütig gehandelt?! Bis zu meinem letzten Tag werde ich ihnen dafür dankbar sein, denn Amerika gab mir die Möglichkeit, als moderner Einwanderer ein Selfmademan zu werden. Natürlich könnte, müsste und möchte ich auch noch eine ganze Reihe weiterer Verwandter nennen, zum Beispiel meine Schwester Monika und Familie, dann die ganze amerikanische Familie meiner Frau, drei Geschwister nebst Familien, und noch zahlreiche Freunde von Barbara und mir hier bei uns in Vermont wie etwa George B. Bryan, David Scrase, Marcy und Kevin McKenna, Heike und Fred Doane, Angelika und Dennis Mahoney, Helga Schreckenberger, Ursula und William White, Ann und Dick Park, Fran und Richard Page, Marilyn Gillis, Janet Sobieski, Kathleen Scollins, Brian Minier, Gideon Bavly, Theresia Hoeck, Veronica Richel, Tania und Juan Maura, Jo Anne und Tim Murad, Andreas Nolte usw.

## Nennen Sie bitte fünf Ihrer wichtigsten Publikationen. Warum diese?

Diese Frage ist sehr schwer zu beantworten, denn irgendwie hänge ich ja doch an allen meinen wissenschaftlichen Kindern, wie ich meine Bücher gerne nenne. Von besonderer Bedeutung sind für mich zweifelsohne die dreißig Bände von *Proverbium: Yearbook of International Proverb Scholarship* (1984–), die ich hier an *The University of Vermont* im Dienste der internationalen Sprichwortforschung habe herausgeben dürfen. Ich hoffe, dass ich diese wichtige Aufgabe noch etliche Jahre werde fortsetzen können. Gerne erinnere ich mich auch an das gemeinsam mit Lutz Röhrich verfasste Buch *Sprichwort* (1977), weil es den Versuch darstellt, in deutscher Sprache eine kompakte Gesamtschau zum Sprichwort zu vermitteln. Das gilt ebenfalls für mein englischsprachiges Buch *Proverbs: A Handbook* (2004), das mir die Gelegenheit gab, eine lesbare und verständliche Einführung in die Sprichwörterkunde in der Lingua franca dieser Welt zu verfassen. Das Buch ist nicht perfekt, und ich hätte die internationale Forschung gerne noch mehr zur Geltung kommen lassen wollen, aber dies hätte den Umfang des Buches zu sehr vergrößert. Dennoch hoffe ich, dass es für die Forschung von Nutzen ist. Ich habe mich auch immer wieder bibliografisch engagiert und bin der Meinung, dass Spezialbibliografien nach wie vor von erheblicher Bedeutung sind, da man nicht unbedingt alles im Internet finden kann. Meine zwei Bände *International Bibliography of Paremiology and Phraseology* (2009) mit mehr als 10000 Titeln nebst Anmerkungen, die alle hier in meinem internationalen Sprichwortarchiv vorhanden sind, bilden sozusagen mein bibliografisches Lebenswerk, wiederum im Dienste für alle, die Interesse am Sprichwörtlichen haben. Ein wenig stolz bin ich als Immigrant natürlich auch auf das zusammen mit meinen verstorbenen Freunden Stewart A. Kingsbury und Kelsie B. Harder verfasste *A Dictionary of American Proverbs* (1992) und neuerdings *The Dictionary of Modern Proverbs* (2012), wo meine Freunde Charles Clay Doyle, Fred R. Shapiro und ich versucht haben, die wirklich neuen Sprichwörter der englischen Sprache mit ihren Quellen zu registrieren. Da ich wohl auch die Erforschung der von mir so benannten 'Antisprichwörter' vorangetrieben habe, liegen mir die Bücher *Verdrehte Weisheiten: Antisprichwörter aus Literatur und Medien* (1998) und zusammen mit Anna Tóthné Litovkina *Old Proverbs Never Die, They Just Diversify: A Collection of Anti-Proverbs* (2006) sehr am Herzen. Auch das Überleben von Sprichwörtern im modernen Zeitalter hat mich immer wieder beschäftigt, und ich glaube, dass mein Buch *Proverbs Are Never Out of Season: Popular Wisdom in the Modern Age* (1993) Einfluss auf die internationale Parömiologie ausgeübt hat. Das gilt vielleicht auch für meine Studien *The Politics of Proverbs: From Traditional Wisdom to Proverbial Stereotypes* (1997) und *Proverbs Are the Best Policy: Folk Wisdom and American Politics* (2005). Besonders meine Studentinnen und Studenten haben positiv auf diese Bücher reagiert, aber das gilt auch für meine englischsprachigen Bücher zur sprichwörtlichen Rhetorik von Abraham Lincoln, Winston Churchill, Harry S. Truman, Martin Luther King und Barack Obama. Sie alle zeigen, welche erhebliche Rolle Sprichwörter und sprichwörtliche Redensarten in der politischen Kommunikation spielen. Da ich immer mindestens zweigleisig fahre, erwähne ich auch meine Reihe *Kulturelle Motivstudien*, die mir in bisher dreizehn Bänden die Möglichkeit geboten hat, mein in rund fünfundvierzig Jahren gesammeltes Belegmaterial in Büchern über Märchen, Sagen, Volkslieder, Zitate, Sprichwörter usw. unter Dach und Fach zu bringen. Die vielen als Nachdrucke herausgegebenen Bände, die ältere Sammlungen wieder zugänglich machen, sowie zahlreiche Sammelbände mit deutschen oder englischen Aufsätzen kommen noch hinzu, immer mit dem Gedanken, wichtige Forschungsergebnisse zu vermitteln. Wenn ich alle meine Bücherkinder in meiner großen Privatbibliothek betrachte, frage ich mich manchmal, wann ich das eigentlich alles gemacht habe. Das klassische Sprichwort *Tempus fugit* stimmt schon, die Zeit ist wie im Flug vergangen. Selbstverständlich ist es ein international verbreitetes Sprichwort und heißt etwa auf Englisch *Time flies*. In Amerika haben wir es aber etwas erweitert, zu *Time flies, when you are having fun*. Und genau so ist es. Ich hoffe immer, dass meine wissenschaftlichen Kinder zeigen, mit wie viel Freude, Engagement und Enthusiasmus ich daran gearbeitet habe. Natürlich gab es auch Momente, wo das Schreiben und Forschen eine kleine Qual war, aber im Großen und Ganzen bedeutet mein parömiologisches Arbeiten auch eine Liebesaffäre, der ich mich noch gerne ein wenig länger mit Barbara und all meinen parömiologischen Freunden in aller Welt widmen möchte.

## Haben Sie Gedanken/Empfehlungen für alle älteren wie auch jüngeren Parömiologen dieser Welt?

Die Parömiologie blüht, und überall auf der Welt gibt es heutzutage engagierte und erstklassige Sprichwortforscher, die meine Ratschläge nicht benötigen. Jede Generation muss ihren eigenen Weg gehen, und ich bin fest davon überzeugt, dass Parömiologen sehr gut vernetzt sind und dass sie die Sprichwortforschung gewissenhaft und mit neuen Angängen weiterführen werden. Wenn ich aber tatsächlich einige Gedanken zur Zukunft äußern darf, dann würde ich diese folgendermaßen festhalten wollen.

Es wäre für jede junge Parömiologin und jeden jungen Parömiologen gut, mehr oder weniger am Anfang der Beschäftigung mit Sprichwörtern einmal eine detaillierte und umfassende Studie eines einzelnen Sprichwortes in all seinen Aspekten vorzulegen. Auf diese Weise lernt man die Werkzeuge des Faches kennen und schätzen und bekommt ein Gefühl dafür, wie komplex die Sprichwörterforschung eigentlich ist. Auch hat man dann ein Verständnis dafür, was zum Beispiel hinter Matti Kuusis großem Werk *Regen bei Sonnenschein: Zur Weltgeschichte einer Redensart* (1957) steckt!

Meiner Meinung nach sollten wir junge Wissenschaftlerinnen und Wissenschaftler, vor allem die Studierenden, nicht dazu zwingen, sich vor allem theoretisch auszeichnen zu müssen. Oft habe ich das Gefühl, dass sogenannte neue Theorien mit neuem wissenschaftlichem und schwer verständlichem Vokabular sowie mit erheblicher intellektueller Akribie ausgearbeitet werden, die, wenn man einmal die Gesamtforschung zum Sprichwort betrachtet, eigentlich gar nicht so neu sind. Ich denke dann oft an das Bibelsprichwort *Es geschieht nichts Neues unter der Sonne*. Das soll nicht heißen, dass junge Leute nicht neue Theorien entwickeln sollen – Albert Einstein war jung! Aber es hilft schon, sich zuerst einmal einen soliden Überblick über die Parömiologie zu verschaffen und die ältere Forschung nicht außer Acht zu lassen.

Das führt mich zu einem dritten Punkt, der mir sehr am Herzen liegt, vielleicht auch umso mehr, da ich etliche internationale Bibliografien zusammengestellt habe. Wenn ich all die vielen neuen Arbeiten zum Sprichwort lese und rezipiere, auch in meiner Rolle als Herausgeber von *Proverbium: Yearbook of International Proverb Scholarship* sowie als Gutachter von Dissertationen und Aufsätzen, bin ich zwar meistens sehr begeistert von der Qualität der Forschungsarbeit, aber vermisse oft die gründliche bibliografische Arbeit. Ich glaube, dass dies vielleicht mit der modernen elektronischen Suchmöglichkeit zusammenhängt, wo man sich zu schnell darauf verlässt, dass eben nur das existiert, was zufälligerweise im Internet vorhanden ist. Hinzu kommt, dass gedruckte Bibliografien leider furchtbar teuer sind! Dennoch würde ich vorschlagen, uns dafür einzusetzen, dass Bibliotheken weiterhin solche Bibliografien anschaffen und dies nicht nur, weil ich selbst einige davon geschrieben habe.

Damit komme ich zur Verwendung von Datenbanken. Kein Zweifel, auch meine eigene Forschung hat sich sehr verändert, seitdem ich Google usw. nutzen kann. Es ist unglaublich, was man gerade an kontextualisierten Varianten usw. im Internet findet! Dennoch habe ich manchmal das Gefühl, dass wir uns vielleicht etwas zu sehr auf diese Suchmaschinen versteifen. Sie geben viel her, aber sie ersetzen nicht völlig die alten Forschungsmethoden, nämlich (1) solides bibliografisches Arbeiten; (2) die Verwendung von ausgezeichneten gedruckten Sammlungen; (3) das Lesen von Texten jeglicher Art (Romane, Briefe, Gedichte, Reden, Aufsätze usw.) und (4) engagierte Feldforschung zu Sprichwörtern im mündlichen Sprachgebrauch! Deshalb meine ich, dass es auch eine lohnenswerte Arbeit für junge Menschen sein kann, einmal einen Schriftsteller, Politiker, Sänger usw. auf sein sprichwörtliches Repertoire hin zu untersuchen, und das geht nicht nur alleine über das Internet. Aber wohl bemerkt, damit man mich nicht missversteht, wir müssen alle Forschungsmöglichkeiten anwenden und dürfen das Kind nicht mit dem Bade ausschütten.

Nun noch ein letzter Gedanke, denn ich möchte wirklich nicht als Lehrmeister erscheinen. Auch an dieser Stelle möchte ich nochmals betonen, dass ich meine Forderung nicht hervorbringe, weil ich nun das Ende meines Lebens vor Augen habe. Ich spreche von den älteren Generationen der Parömiologen, und zwar zurück bis zu Aristoteles, Erasmus von Rotterdam und schließlich hin zu den großen parömiologischen Kapazitäten der Neuzeit. Es tut mir weh, wenn ich in den Literaturverzeichnissen neuerer Arbeiten solche Namen wie Archer Taylor, Grigorij L'vovich Permjakov, Lutz Röhrich, Matti Kuusi und viele andere nicht mehr entdecke. Sie gehören zur Grundlagenforschung der Parömiologie, und wir sollten sie nicht vergessen. Denn, wie ich schon gesagt habe, wir stehen auf deren Schultern, wir bauen auf deren Ergebnissen auf – wir leisten unsere eigene Arbeit so gut wir können, und dann kommt die nächste Generation; das ist ganz normal. Und so können wir alle unter Anerkennung und Hochachtung der älteren Forschung innovative Projekte in Angriff nehmen, die uns zu neuen Ufern führen werden. In diesem Sinne wünsche ich allen Parömiologen viel Freude und Erfolg und freue mich auf unsere gute Zusammenarbeit – ad multos annos!

# Judeo-Spanish Haketic Proverbs from Northern Morocco: Sources and Studies*

*Tamar Alexander & Yaakov Bentolila*

The distinction in the study of proverbs between sources (compilations of proverbs in anthologies, journals, dictionaries, archives, etc.) and studies does not fully correspond to the distinction between documenters and scholars. Scholars often double as documenters, especially those who take a contextual approach and study the proverbs' contexts of use; their studies then double as sources. The distinction between the two categories is thus purely conceptual and methodological.

## 1 The Repertory of Haketic Proverbs

Judeo-Spanish proverbs have been published continuously from the late nineteenth century to the present day. Most of these proverbs have been in Ladino, however, and were documented in the Sephardic diaspora of the formerly Ottoman East.[1] Published proverbs in Haketia – the Judeo-Spanish language spoken by the Jewish exiles from Spain who settled in Northern Morocco (Tetuan, Tangiers, Larache, etc.) – have been few and far between.

### *1.1 Compilations of Proverbs*

The earliest modern scholar of Haketia, Joseph Benoliel, put together a series of 193 proverbs, numbered and roughly alphabetized, with commentary. The proverbs were published in a series of articles dedicated to the description of Haketia in the journal *Boletín de la Real Academia de la Lengua Española* between 1926 and 1952. Those articles were compiled in a book, edited by Rafael Benazeraf (Benoliel, 1977). Benoliel wrote the proverbs down from memory, though his recollections were by this point "blurred and faded, after fifty years spent in countries where Spanish is unspoken, Haketia unheard of" (1977:96).

Benoliel's seminal work was the basis for an important compilation of proverbs edited by Raphael Benazeraf published in 1978 as a lavish album. The compilation includes 560 alphabetized proverbs, though as Benazeraf notes in his introduction, "this is only a modicum of the wealth of Jewish-Moroccan proverbs" (1978:20). In addition to all 193 of Benoliel's proverbs, Benazeraf's compilation includes proverbs from Manuel Ortega's *Los hebreos en Marruecos* (1919), a socio-historical study of Moroccan Jews, which features 32 proverbs. The remaining proverbs were compiled by Benazeraf himself: Some were recorded from informants using what Benazeraf describes as a unique method of interview wherein interviewer and interviewees ate and drank together in a relaxed atmosphere; others were written down from his own memory. His plan to devote a separate volume to blessings, curses and idioms never came to fruition. Benazeraf's own commentary to each proverb is in French, a reflection of France's cultural influence on Moroccan Jews. Benazeraf correctly stresses that each proverb is open to multiple interpretations depending on use. By his own admission, his compilation was never guided by scholarly intentions. One of his goals, he writes, was to save from oblivion what little could be saved; his main focus was on the future, however, on raising cultural consciousness among Sephardic-Moroccan Jews and informing future studies in sociology, linguistics, and folklore. Benazeraf concludes on a personal note, crediting his determination to complete the work to his faith in the proverbs' power as moral and pedagogic devices reflective of Morocco's – and his own – Sephardic heritage.

The year of Benazeraf's compilation also saw the publication of three important collections of Ladino proverbs from three other Sephardic communities: Enrique Saporta y Beja's compilation of Thessalonikan proverbs (1978), and Žamila Kolonomos' compilations of proverbs from Bosnia Herzegovina and Macedonia (1976 & 1978). The three collections were viewed by their editors as memorials to a bygone past, in particular to the ninety percent of Thessalonikan and Macedonian Jews murdered during the Holocaust. The almost simultaneous publication of three compilations of Judeo-Spanish proverbs may have been due to earlier contacts between the compilers, yet there is little doubt that it also reflected a more general growth of interest in the topic.

### *1.2 Anthologies*

An anthology of Haketic texts titled *Voces jaquetiescas* ('Haketic Voices') was published in 1990. Edited by Alegria Bendelac, the anthology includes 141 proverbs representative of the Haketic vernacular and oral literature. The proverbs are numbered, alphabetized, and followed by thematic and linguistic commentary as well as source references. Some of the proverbs were recorded during fieldwork by Shoshana Weich Shahak and Bendelac herself; others are from Benoliel's and Benazeraf's collections. In her introduction, Bendelac states that many modes of the Haketia expression are still alive thanks to its phraseology, intonation, and unique world of connotations, despite its proximity to standard Spanish (1990:22–23).

### *1.3 Dictionaries*

Numerous Haketic proverbs appear as usage examples in dictionaries, where they are easily searchable by keyword. Bendelac's bidirectional Spanish-Haketia dictionary, the *Diccionario del Judeoespañol de los Sefardíes del Norte de Marruecos* (1995), features 325 proverbs printed in italics, with the abbreviation 'ref.' (for 'refrán,' or 'proverb') in brackets. Bendelac's valuable work is marred, however, not only by the lack of source references, but also by her flawed treatment of the proverbs' Hebrew elements.

Isaac Benharroch's *Diccionario de Haquetía: Guía Esencial del Dialecto de los Judíos del Norte de Marruecos*, published posthumously in 2004, also features proverbs as usage examples.

### *1.4 Personal Memoirs and Community Memorial Albums*

Proverbs are also featured in memoirs and memorial albums which document the authors' recollections of their hometown and childhood language. In the introduction to *Tetuan* (1990), memoirist Yosef Gabbay writes:

> "[My goal was] to erect a monument to the glorious past of my hometown of Tetuan, 'little Jerusalem' [la pequeña Jerusalén]; in [the memoir] I describe a wedding, a brith, holidays, traditions, *piyyutim* and folklore. [...] I also write about some of town's sages, their proverbs and moral teachings" (no page).

The proverbs, he continues, advised individuals "how to conduct their affairs through life's hurdles" and instructed parents how to educate and admonish their children (1990:no page); they "guided us through life, and every sentence uttered by the elders of Tetuan was brimming with them. [...] They will forever remain valid" (1990:no page). Gabbay himself was a well-known Torah instructor in Tetuan's Jewish community, preparing boys for the Bar Mitzvah and leading local synagogue services. His bilingual Hebrew-Spanish volume includes over 300 proverbs alphabetized by keyword, though the rosters of Hebrew and Haketic proverbs do not fully correspond: The Hebrew section (1990:92–132) holds 212 proverbs, with commentary also in Hebrew, whereas the Spanish section (1990:133–154) includes 162 Haketic proverbs in Latin script, with commentary in Spanish.

A more focused volume is Esther Cohen Aflalo's *"Lo que yo sé" (Manual de Haketía)*, published in 2000. The book's modest title – *That Which I Know* – indicates its aim of representing the repertory of a single individual, not an entire community or culture. In her introduction, Cohen Aflalo states that the book has no academic pretensions; it is meant not so much to instruct as to express nostalgia for Haketia and for the author's hometown of Tangiers. By no means, she adds, should the book be construed as a comprehensive compendium of all that Haketia had to offer. Since Haketia, she writes, is primarily an oral language and, as such, a rapidly vanishing one, she has felt the need to put her knowledge of the language to paper. Even her parents, she laments in the book's epilogue, no longer allowed their children to speak the language, which they considered "substandard"; but now, in her old age, she feels that she may no longer disavow her own heritage.

Cohen Aflalo's book comprises several sections. The main section, titled *Glossary* (2000:13–101), is a dictionary of sorts. Each of its Haketic entries appears first in Latin script followed by a Spanish translation, then in Hebrew script using the author's own transcription system. Each term is followed by a brief explanation. This is followed by a list of what the author calls *Haketic Whimsies* – proverbs, blessings, curses and profanities, proper names, number names, and lines of poetry. The book's goal of presenting the repertory of a single woman is matched, then, by the eclecticism of this section. The second section (2000:105–115) includes 65 proverbs written down from memory. The proverbs are neither numbered nor alphabetized, but some are followed by the author's commentary.

A similar approach is taken by Amram Benarrosch's *Paroles d'ailleurs – Une saveur de Haketia*, whose main title – *Words of the Past* – seems to reflect the author's view of Haketia. Self-published in Israel in 2004, the book records the Haketic repertory of the author's mother, Rachel Benarrosch. A native of Marrakesh, Benarrosch grew up in Tangiers, where she learned Haketia from her neighbors. Relocating to Casablanca after her marriage, she continued to speak Spanish and Haketia at home and with friends. Like Cohen Aflalo, Benarrosch takes an eclectic approach to his mother's proverbs, aiming to "collect as many of her expressions as possible" in order to preserve her language "unadulterated, as it was in everyday life" (2004:6). The text is organized into three columns. The left-hand column features the expressions in Haketia, rendered first in a system of spelling the author deems typical of the language, then in modern Spanish spelling; the middle column offers an explanation of the proverb in French; and the right-hand column provides a translation into Hebrew, sometimes with additional commentary. The idioms, terms, and proverbs are arranged in eight groups, five thematic (*Character and Conduct*, *Clothing and Physical Appearance*, *Food*, etc.), two generic (*Blessings*, *Curses and Expressions of Rancor*) and one *Miscellaneous*. The book's second part lists all the idioms and proverbs alphabetically by keyword; some therefore recur under different keywords. For example, the proverb *En boca cerrada no entran moscas* ('Flies can't enter a closed mouth') appears four times, under the keywords 'mouth,' 'closed,' 'enter,' and 'fly.'

Another personal perspective on Morocco's Sephardic communities is offered by Armand Amselem's *Mémoire brisée d'une communauté méconnue*, self-published in Tel Aviv in 2003. The book is largely devoted to a historical-sociological account of these communities, including a brief chapter on Haketia and a chapter on folk wisdom. The latter chapter includes approximately seventy expressions and ten proverbs, probably written down from memory, with explanations in French.

Another relevant memoir is *Proverbes judéo-espagnols recueillis par Reine Akriche*, edited by Christian Nicaise and privately printed in 1999. The book includes 264 proverbs collected and alphabetized by Reine Akriche, a native of Oran, Algiers, and member of a family with roots in Tetuan.

### *1.5 Judeo-Spanish Newspapers and Journals*

Nearly all newspapers and journals published by Sephardic communities print proverbs in an effort to preserve the Judeo-Spanish cultural heritage. The proverbs are printed sometimes as filler material to complete blank spaces, but sometimes as items in their own right, in which case they often appear in thematically unified batches under such headings as *Fortune Proverbs*, *Food Proverbs*, etc., and are followed by commentary.

Proverbs in both formats have been printed in nearly every issue of the Ladino journal *Aki Yerushalayim*, edited by Moshe Shaul and published in Jerusalem since 1979. In 1993 (issue no. 43) the journal began to publish a column devoted to Haketia, *El kantoniko de haketia* ('Haketia Corner'). Edited and largely written by Gladis Pimienta, the column features information on historical events, books, literary texts, folklore and individuals associated with the Haketic culture of Northern Morocco. Issue no. 76 (2004), to mention just one example, was devoted to Haketic stories and proverbs about Djoha, with commentary on the texts' meanings and contexts of use.

Ladino and Haketia speakers worldwide who wish to exchange information and share stories, jokes, and proverbs can now search the internet for individuals with similar interests and associations devoted to supporting them. A Google search for 'Haketia' yields dozens of websites, some of which feature proverbs in the language.

### *1.6 Anthologies of Judeo-Spanish Folktales*

Haketic proverbs have been published in anthologies of folktales, sometimes as an integral part of the narrative, as comments made by the characters or the narrator, and sometimes as epigraphs or postscripts. In all such cases, the proverbs' literary context of use may be instructive as to their meaning.

The only anthology of Haketic folktales known to us is Arcadio de Larrea-Palacin's two-volume *Cuentos populares de los judíos del norte de Marruecos* (1952–1953), none of whose 156 folktales features proverbs. Several Ladino anthologies published in Israel include folktales and proverbs provided by informants from Tetuan and Tangiers. They ignore, however, the linguistic and cultural differences between Haketia and Ladino speakers. Moreover, the texts appear in Ladino rather than Haketic script, the former being more common in Israel. Matilda Koèn-Sarano's anthology of Djoha tales (1999) ends, for example, with sixty proverbs, three from Northern Morocco (one provided by Marcel Cohen of Tangiers, two copied from Benazeraf's book). Koèn-Sarano seems to view these proverbs as representing a monolithic Sephardic culture undivided into component communities.

The same attitude is evident in an anthology edited by Dan Ben Amos (2006) which features several tales told to Yifrah Haviv by Tangiers native Aliza Anidjar. The tales are classified by genre, not by community, smoothing over the internal distinctions within Sephardic culture.

Cultural differences within the larger Sephardic community are taken into account in Tamar Alexander and Dov Noy's anthology *The Treasure of Our Fathers* (1989). The anthology comprises a hundred tales classified by country of origin and told by ten different informants, each from a different Sephardic community. Aliza Anidjar of Tangiers is the source for fifteen tales, half of which feature proverbs. Her tales were told in Haketia, translated into Hebrew by an interpreter, and written down in Hebrew by Yifrah Haviv. Tales provided by Anidjar were also published in the anthology *Never Despair* (Haviv, 1966).

### *1.7 Private Collections and Archives*

We survey here several private collections, in the hope that further collections, lost or as yet unknown, will be found in the future.

Close to 300 proverbs were written down in a notebook by Anita Levi, member of a notable family from Northern Morocco and resident of Montreal in her later years. A photocopy of the notebook was given by her relatives to Yaakov Bentolila.

Courtesy of Gladis Pimienta of Jerusalem we have a collection of 183 proverbs, some written down from memory, others documented during fieldwork. The Ma'ale

Adumim Institute headed by Avner Perez has collected 6,000 Judeo-Spanish proverbs, including 187 in Haketia, most of which have been classified and digitized.

Scores of private proverb compilations written by hand or printed in self-published pamphlets for circulation among family and friends doubtlessly exist but have yet to come to our attention. The documentation of ethnic heritage, proverbs included, has become a widespread practice in Israel for various reasons ranging from the broadly social to the highly personal: (1) Public policy and collective sentiment in Israel have shifted markedly in recent years, from insistence on Hebrew monolithism towards the pluralist celebration of diverse ethnic and linguistic traditions. This process of change has been in full swing for over two decades and is reflected in modified school curricula and support for ethnic activities and events. The shift has significantly altered the social consciousness and self-image of members of various ethnic groups. (2) Relevant developments within the Haketic community have included the formation of various associations, e.g. the Association of Tetuan Jews, as well as ongoing activities initiated by individuals, for example the many successful meetings of Haketia speakers organized by Soli Anidjar. (3) With the passing of the years, more and more older individuals wish to leave to their families some memory of their cherished past. The concise nature of proverbs makes them easier to remember and to record than longer tales and narratives. (4) Advances in the study of ethnic groups in Israel have helped bring together scholars and informants. Such encounters have inspired members of the group to write proverbs down from memory, to record proverbs uttered by friends and relatives, and to pass them on to scholars for documentation.

## 2 The Study of Haketic Proverbs: History and Trends

Until the mid-twentieth century, the study of Judeo-Spanish proverbs in both Haketia and Ladino was predominantly linguistic in orientation.[2] The scholars, most of them linguists, did not view the proverbs as constituting a distinct genre; nor did they study their poetic or thematic, let alone their contextual aspects. Their goal was to provide an account of the Judeo-Spanish languages. The proverbs' brevity and clarity made these expressions convenient examples of various linguistic phenomena, despite their unique syntax and vocabulary which lent them a literary character very different from colloquial speech. Historians, for their part, tended to view the proverbs as no more than ornamental appendages, or at most as documentary evidence reflective of the life realities of their time.

By contrast, scholars of folklore and oral literary traditions view the proverb as a distinct genre of folk literature, to be studied using the various approaches of folklore studies – literary, structuralist, functionalist, contextual, etc. Until the 1990s, in Israel at least, most folkloristic research on the topic was descriptive and bibliographical; since then, studies have increasingly taken a more analytic and theoretical approach.

We are familiar with only one book-length study of Haketic proverbs besides our own, Pnina Ohayon-Benitha's *Contribution à la parémiologie judéo-espagnole: L'exemple marocain* (1991), which is based on the corpus of proverbs compiled by Benazeraf and Benoliel. A reworking of the author's doctoral dissertation, the study reflects contemporary linguistic and historical trends in the study of proverbs. The book comprises three parts. The first part is devoted to the historical, socio-linguistic, and cultural contexts of Judeo-Spanish in Morocco. The second offers a thematic analysis of the proverbs based on their classification into three thematic groups (each further divided into more fine-grained themes): Social order (family, marriage, etc.); human characteristics (physical and psychological features); and religious and spiritual life. The third part offers a structuralist linguistic analysis of the proverbs based on their syntax, phonology, and morphology. A brief final chapter discusses expressions of interlinguistic contacts in the proverbs. The book concludes with indices and a glossary of the Hebrew and Arabic words featured in the proverbs.

In Israel, the burgeoning field of folklore studies has produced a wealth of new studies on ethnic proverbs. Judeo-Spanish proverbs from Northern Morocco have not been an exception. The authors of the current paper have published, both jointly and separately, a series of articles on Haketic proverbs. This work represents a collaboration of scholars from two different disciplines. Our goal has been to study the proverbs both linguistically and from a folk-literary perspective.[3] Our articles rely on proverbs documented in the course of our joint fieldwork and on previously available proverb collections, both printed and handwritten. Our book, *La palabra en su hora es oro: El refrán judeo-español en el Norte de Marruecos* (2008), doubles as a sourcebook, offering an anthology of proverbs edited according to scholarly principles, and as an academic study of the source material.

### 2.1 *Our Compilation of Proverbs*

The Haketic proverbs compiled in our book are taken from the various sources surveyed above – printed compilations, dictionaries, journals and newspapers, memoirs, anthologies of short stories, manuscripts, and archives – as well as from fieldwork, mostly our own, some conducted by others. After eliminating non-proverbial expressions, including blessings and curses, we compiled 1,040 Haketic proverbs deemed representative alongside 1,036 parallel proverbs, for a total of over 2,000 proverbs. Many proverbs were repeated verbatim twice or more by different informants or sources, yielding a total of 3,880 items. We interviewed about sixty informants from Israel, Paris, Madrid, Caracas, and Montreal.

Haketia is written in a variety of ways with no uniform spelling. We therefore began by proposing uniform rules of spelling and by writing down the proverbs accordingly. For each proverb, we noted the source, added a Hebrew translation, explained the proverb's meaning, and noted its context of use as reported by the informants.

Whereas written works exist in unique versions, oral folk pieces admit of multiple versions. Their multiple existence is testimony to the living, breathing nature of these works in the group's traditions and to their ongoing transmission from one generation to the next. The contributions of multiple informants within and across generations yield a different version with each new performance of the work.

This multiplicity is responsible for the works' power and authority and for their perceived status as expressions of collective sentiment and consciousness. What makes two folk pieces parallel each other is a thorny question subject to complex criteria and amenable to different approaches. In any case, our digitized database enables us to locate parallel proverbs from the various cultures and languages with which Haketia speakers have had contacts.

Our ordering of the parallel proverbs is meant to reflect our view of Haketia's proximity to other related cultures, from the closest to the most distant: (a) Parallel Haketic proverbs; (b) parallel proverbs from the canonic Hebrew sources; (c) parallel proverbs from the Hispanic repertory; (d) parallel proverbs in Moroccan Arabic and Judeo-Arabic; and (e) parallel proverbs in Ladino.

### 2.2 *Our Study*

The book's scholarly section begins with three introductory chapters: (a) On the definition, history, and proverbial use of the Haketic language; (b) the definition and the characteristics of proverbs in general, with special focus on Haketic examples; and (c) the repertory of Haketic proverbs, including a review of the scholarly literature.

We then devote a separate chapter to each of the five groups of parallel proverbs listed above. Each chapter addresses a different research question and applies a different research method. The Haketic parallels are presented last, in a chapter summarizing the unique features of the Haketic proverb.

*Hebrew*: The chapter devoted to Hebrew assesses which Hebrew elements from the canonic sources common to all Jewish communities – the Bible, the Talmud, and the Midrash – survived in Haketic proverbs, and in which forms. We divide the proverbs into five groups, in a descending order of proximity to the sources: (a) Translated proverbs featuring Hebrew words from the source; (b) complete translations; (c) adaptations by way of paraphrase, selection, combination, addition, fusion, or reformulation; (d) proverbs echoing similar messages or ideas; (e) proverbs based on Hebrew expressions or idioms.

*Spanish*: Spanish was the dominant language in Northern Morocco and the "language of culture" for the region's Haketia-speaking Jews. Our comparative analysis treats the Hispanic proverbs along four parameters: Message, theme, formulation, and vocabulary, as well as three degrees of proximity: Uniqueness, equivalence, and adaptability, generating a total of twelve models. We examine the Hispanization processes reflected in the proverbs and explore the method used to assess the parallels between Haketic and Hispanic proverbs.

*Moroccan Arabic and Judeo-Arabic*: This chapter is devoted to the languages of other Jewish communities in Morocco and of the non-Jewish Moroccan population. The chapter focuses on a thematic question central to Jewish life in Morocco, that of tensions between Muslims and Jews.

*Ladino*: Ladino was the language of the Sephardic Jews who resettled in the Ottoman Empire after their expulsion from Spain. Both Judeo-Spanish languages, Ladino and Haketia, have roots in the shared heritage of pre-1492 Spanish Jewry. For reasons of space, the chapter is limited to proverbs from Thessaloniki. We analyze the proverbs from a contextual perspective, focusing on humorous proverbs, a genre particularly well-suited to the contextual approach due to the dependence of laughter on context and performance. More specifically, we examine the proverbs in their behavioral and narrative contexts.

*Haketia*: This chapter aims to sketch out the distinctive features of Haketic proverbs in order to outline the unique voice of the Haketic community. We therefore devote the chapter to proverbs with no parallels in the other cultural-linguistic groups. In our view, this category is well represented by what we call 'provnames' – proverbs which include proper names. Most of the proper names featured in Haketic proverbs were names common or carrying special connotations among Haketia speakers, in particular through their association with figures from the Haketic community. Such provnames are unintelligible to people outside the community, forming an idiosyncratic communal language, which delimits the boundaries of in-group identity, increasing both the group's inner cohesiveness and its distinction from other groups. Synchronically, we sort the provnames into two categories: (a) Real names, with or without historical and/or communal referents (for example, a proverb about 'Simon' may refer to the Biblical Simon or to his contemporary namesake, a pot peddler from Tetuan); and (b) fictive names, literary or invented. Diachronically, we aim to understand the names' functions and semantic evolution within the proverbs. To this end, we propose a three-stage model comprising a biographical stage, a fictional-character stage, and a lexicalization stage (for example, a real individual named Menahem who may have been a street sweeper in Tetuan would become a literary character when his name was used in proverbs, with the name 'Menahem' consequently becoming a lexeme for a hapless, ill-fated individual).

Our study breaks new ground and will hopefully stimulate further research on Haketic proverbs. Our compilation of proverbs presumably omits many proverbs which have yet to be discovered; we nevertheless hope that it will serve as an important landmark for those interested in Haketia and its proverbs.

## 3 Conclusions

Sources and studies always intertwine, for no study can exist without sources on which to rely. This is especially true in our case, where the study of Haketic proverbs has itself been a major impetus for the compilation of the studied corpus. Some of the studies on our subject double as sources for proverbs from diverse periods and places – some compiled by the scholars through independent fieldwork, others recorded and reported by community members and published for the first time. Studies that rely on previously published proverbs may be no less important from a scholarly perspective, yet the proverbs they discuss cannot be considered primary sources.

The quality and character of the available sources is of special importance in the study of proverbs. Proverbs may be brief and easy to record, but lists of proverbs without context or explanations have little benefit for scholars, for their meaning, and thus their intelligibility, is often heavily context-dependent. Fortunately, documenters of proverbs are increasingly aware of the importance of information on the proverbs' circumstances of utterance and cultural usage.

Interest in the documentation of Judeo-Spanish proverbs has been growing, both among Hispanists, who view the proverbs as belonging to the ambit of Hispanic culture and seek to identify relations of influence and parallels between Hispanic and Judeo-Spanish proverbs, and among those interested in Jewish culture in its own right. The latter group includes members of the Sephardic community who wish to preserve their heritage, but also scholars in linguistics, literature, history, and folklore studies. It should be noted, however, that most scholars as well as non-academic documenters have also been members of the community. Sephardic scholars of the proverbs have included Benoliel and Benazeraf, both of whom documented the proverbs in their immediate social circles (relatives, neighbors, friends, and acquaintances), as well as Bendelac, Benabu, Bentolila, and Ohayon-Benitha. The benefits of group membership have been noted by Gloria Ascher (1991), herself a Sephardic Jew, who believes that a methodological awareness of her dual role as both scholar and informant has enabled her to construe the proverbs as forming a coherent worldview.

The important differences between the various sources have to do not with the documenters' ethnic origin or profession, however, but with the type and purpose of documentation and with the form and place of publication. The study of Judeo-Spanish proverbs has taken new directions in recent decades. During this time, scholars have gradually shifted from an instrumental view of the proverbs as auxiliary to linguistic research towards their construal as constituting a distinct genre, and from a view of Judeo-Spanish proverbs as derivative variants of Hispanic parallels towards their view as unique cultural texts rooted in canonic Jewish sources and in Hebrew culture in general. Despite these advances, the ongoing effort to compile and to study the corpus of Haketic proverbs is still only in its infancy, as our present survey of sources and studies shows. We hope that the present paper will contribute, if only modestly, to the growing interest in the Haketic proverbs of Northern Morocco.

## Notes

* This article is a short version of a chapter published in Hebrew in our book *La palabra en su hora es oro: El refrán judeo-español en el Norte de Marruecos* (2008).

1 For an annotated bibliography of Ladino proverbs, see Alexander-Frizer (2004:353–383).

2 For a survey of studies on Ladino proverbs, see Alexander-Frizer (2004).

3 Some of the articles have been published in dual versions, in Hebrew and in either English or Spanish. The following list includes only the non-Hebrew versions: Alexander (2000 & 2007 & 2010); Alexander and Bentolila (1999 & 2001 & 2010a & 2010b & 2014); Bentolila [in print].

## Bibliography

*Aki Yerushalayim: Revista Kulturala Djudeo-Espanyola*. 1979–.

Alexander, Tamar. 2000. "The Usage of Djuha Proverbs as a Strategy in Discourse." In: Denis Zeyrek & Şükriye Ruhi (eds.). *Seyfi Karabaş Armağani: A Selection of Studies in Memory of Seyfi Karabaş*. Ankara: Yabanci Diller Eğitimi Bölümü, 29–41.

----------. 2007. "El klavo de Djoha: El Kantoniko de Haketia, en la revista Aki Yerushalayim." In: Pablo Martín Asuero & Karen Gerson Şarhon (eds.). *Ayer y hoy de la prensa en judeoespañol: Actas del simposio organizado por el Instituto Cervantes de Estambul en colaboración con el*

*Sentro de Investigasiones Sovre la Cultura Sefardi Otomana Turka los días 29 y 30 de abril de 2006*. Istanbul: Isis, 97–105.

----------. 2010. "Quien madruga el Dió le ayuda: Between a Spanish Proverb and a Sephardic Proverb." In: Associação Internacional de Paremiologia / International Association of Paremiology (AIP-IAP) (eds.). *3° Colóquio Interdisciplinar sobre Provérbios – Actas / 3rd Interdisciplinary Colloquium on Proverbs – Proceedings: ICP09*. Tavira: Tipografia Tavirense, 327–339.

Alexander, Tamar & Yaakov Bentolila. 1999. "Elementos hispanicos en los refranes judeo-españoles de Marruecos." In: Judit Targarona Borrás & Angel Sáenz-Badillos (eds.). *Judaism from the Renaissance to Modern Times. Jewish Studies at the Turn of the Twentieth Century: Proceedings of the 6th EAJS Conference. Toledo, July 1998*. Vol. 2. Leiden et al.: Brill, 421–429.

----------. 2001. "'Give a Jew a Finger and He Will Take Four': Intertextual Relationships between Hispanic Proverbs and Proverbs in Haketia." *Ladinar: Studies in the Literature, Music and History of the Ladino Speaking Sephardic Jews* 2, 37–59 [in Hebrew].

----------. 2008. *La palabra en su hora es oro: El refrán judeo-español en el Norte de Marruecos*. Jerusalem: Yad Izhak Ben-Zvi [in Hebrew and Spanish].

----------. 2010a. "'A Soft Tongue Breaks the Bone': Canonic Hebrew Sources as Reflected in Judeo-Spanish Proverbs of Morocco." In: Shamir Yona (ed.). *Or Le-Mayer: Studies in Bible, Semitic Languages, Rabbinic Literature, and Ancient Civilizations. Presented to Mayer Gruber on the Occasion of His Sixty-Fifth Birthday*. Beer-Sheva: Ben-Gurion University of the Negev Press, *9–*38.

----------. 2010b. "Personal Names in Proverbs." In: Aaron Damsky (ed.). *Pleasant Are Their Names: Jewish Names in the Sephardic Diaspora*. Bethesda, Md.: University Press of Maryland, 233–262.

----------. 2014. "Las palabras vuelan, lo escrito queda (Words Fly, What Is Written Stays): The Judeo-Spanish (Haketic) Proverb in Northern Morocco." *Proverbium: Yearbook of International Proverb Scholarship* 31 [in print].

Alexander, Tamar & Dov Noy. 1989. *The Treasure of Our Fathers*. Jerusalem: Misgav Yerushalayim [in Hebrew].

Alexander-Frizer, Tamar. 2004. *Words Are Better Than Bread: A Study of the Judeo-Spanish Proverb*. Jerusalem et al.: Ben-Gurion University of the Negev Press [in Hebrew].

Amselem, Armand. 2003. *Mémoire brisée d'une communauté méconnue*. Tel Aviv: self-published.

Ascher, Gloria J. 1991. "Proverbs and Expressions from Bronx Izmirlí Family: Towards a Sephardic View of the World." *Shofar: An Interdisciplinary Journal of Jewish Studies* 10/1, 49–56.

Ben Amos, Dan (ed.). 2006. *Tales from the Sephardic Dispersion. Folktales of the Jews*. Vol. 1. Philadelphia: Jewish Publication Society.

Benarrosch, Amram. 2004. *Paroles d'ailleurs – Une saveur de Haketia*. Rehovot: self-published.

Benazeraf, Raphael (ed.). 1978. *Refranero: Recueil de "Refranes" (Proverbes) Judéo-Espangols du Maroc (Hakitía)*. Paris: self-published.

Bendelac, Alegria (ed.). 1990. *Voces jaquetiescas*. Caracas: Centro de Estudios Sefardíes de Caracas (Biblioteca Popular Sefardí, 8).

----------. 1995. *Diccionario del Judeoespañol de los Sefardíes del Norte de Marruecos: Jaquetía tradicional y moderna*. Caracas: Centro de Estudios Sefardíes de Caracas.

Benharroch, Isaac B. 2004. *Diccionario de Haquetía: Guía Esencial del Dialecto de los Judíos del Norte de Marruecos*. Caracas: Centro de Estudios Sefardíes de Caracas (Ediciones Especiales, 3).

Benoliel, Joseph. 1977. *Dialecto Judeo-Hispano-Marroquí o Hakitía*. Ed. by Rafael Benazeraf. Madrid: self-published.

Bentolila, Yaakov. [in print]. "Cómo se trokan los proverbios." In: Yaakov Bentolila & Yuval Harari & Eliezer Papo & Haim Weiss (eds.). *Damta le-Tamar: A Jubilee Book in Honor of Tamar Alexander*. Beer-Sheva: Ben-Gurion University of the Negev Press (El Prezente: Studies in Sephardic Culture, 8).

Cohen Aflalo, Esther. 2000. *"Lo que yo sé" (Manual de Haketía)*. Madrid: self-published.

Gabbay, Yosef. 1990. *Tetuan*. Jerusalem: Makhon Dovshi.

Haviv, Yifrah. 1966. *Never Despair: Seven Folktales, Related by Aliza Anidjar from Tangiers*. Ed. by Edna Cheichel. Haifa: Haifa Municipality (Israel Folktale Archives (IFA) Publication Series, 13) [in Hebrew].

Koèn-Sarano, Matilda. 1999. *Djohá ke dize?: Kuentos populares djudeo-españoles*. Jerusalem: Kanah.

Kolonomos, Žamila (ed.). 1976. *Proverbs and Sayings of the Sephardi Jews of Bosnia and Herzegovina*. Beograd: The Federation of Jewish Communities in Yugoslavia.

---------- (ed.). 1978. *Proverbs, Sayings, and Tales of the Sephardi Jews of Macedonia*. Beograd: The Federation of Jewish Communities in Yugoslavia.

Larrea-Palacin, Arcadio de. 1952–1953. *Cuentos populares de los judíos del norte de Marruecos*. 2 vols. Tetuan: Editora Marroquí.

Nicaise, Christian (ed.). 1999. *Proverbes judéo-espagnols recueillis par Reine Akriche*. Rouen: self-published.

Ohayon-Benitha, Pnina. 1991. *Contribution à la parémiologie judéo-espagnole: L'exemple marocain*. Aix-en-Provence: Publication de l'Université de Provence (Etudes Hispaniques, 18).

Ortega, Manuel L. 1919. *Los hebreos en Marruecos*. Madrid: Ed. Hispano-Africana.

Saporta y Beja, Enrique. 1978. *Refranes de los judíos sefardíes: Y otras locuciones típicas de los judíos sefardíes de Salónica y otros sitios de Oriente*. Barcelona: Ameller Ediciones (Biblioteca Nueva Sefarad, 5).

# The Crab's Walk: Wellerism and Fable (AT 276)*

*Bo Almqvist* (†) – *Translated by Marcas Mac Coinnigh*

*Mon sujet est petit, cet accessoire est grand ...*
La Fontaine Fables XII:10, 'L'Ecrevisse et sa Fille'

Amongst the thousands of proverbs and traditional sayings that I collected from Micheál Ó Gaoithín (*An File* [The Poet], son of Peig Sayers), from Vicarstown, Dunquin, Co. Kerry, between 1966 and 1974, there were many in which I had a special interest as I hadn't heard them before and they weren't to be found in the published collections of Irish proverbs.[1] One of these proverbs was – *'Siúl díreach, a mhic,' mar a dúirt an seana-phortán leis an bportán óg* ('Walk straight, my son,' as the old crab said to the young crab). I got another version of the same proverb a few years ago when I was in Carhoonaphuca, Dunquin, from my old friend Seosamh Ó Dálaigh, who had been a full-time collector for the Irish Folklore Commission between 1936 and 1951. This is his version – *'Ná siúlófá díreach?' a dúirt an seana-phortán leis an bportán óg*[2] ('Would you not walk straight?' said the old crab to the young crab). I have heard the proverb a few times from other people in Dunquin also, although I can't recall who they were or how exactly they expressed it.

As everyone knows, the crab does not walk straight, and it is no surprise that this oddity is reflected in proverbial form in the oral tradition. The expressions *as the crab goes backward* or *as the crab goes forward* (i.e. not progressing at all) have been in English since at least the 15th century,[3] and, in English, fall under the general category of *proverbial comparisons*; perhaps we could call them *comparáidí nathánacha* in Irish.[4] Metaphorical proverbs also feature 'the crab's walk' – *An siúl a bhíos ag an seanphortán, bíonn sé ag an bportán óg*[5] (The old crab's walk, the young crab has it), and in English – *One crab blames another for her backward pace.*[6] As with the majority of proverbs, these have an international distribution as we can see from the French *La jeune écrevisse marche a reculons comme sa mère* (The young crayfish walks backwards like her mother),[7] and the Norwegian *Den eine krabben treng 'kje finna at hin for at han gar pa skieive* (A crab needn't criticize another crab for walking crookedly).[8]

Although these expressions and proverbs are closely linked to the ones I collected from Micheál Ó Gaoithín and Seosamh Ó Dálaigh, they are not exactly the same in terms of form. The expression *'Siúl díreach, a mhic,' mar a dúirt an seana-phortán leis an bportán óg* ('Walk straight, my son,' as the old crab said to the young crab) is a special type of proverb, which scholars have termed a *wellerism*[9] on account of their widespread use by the character Sam Weller in Dickens' *The Pickwick Papers.*[10] The formal traits of proverbs like these consist of a statement that is attributed to a particular individual. They are also called *quotation proverbs* in English and *Sagwörter* in German[11] – terms that illustrate the use of an expression by an individual character. Rarely have scholars noted that such expressions are to be found in Irish.[12] As far as I am aware Pádraig Ó Siochfhradha (*An Seabhac*) is the only scholar who has acknowledged that they comprise a distinct category. He published some of them in his collection *Seanfhocail na Muimhneach* (Proverbs of the Munster People) under the heading 'A ndubhairt siúd' (What they said).[13] I don't think this is appropriate as a scholarly term, however, and I feel that a more technical one is required. Perhaps we could call them 'seanfhocail friotail' or even simply 'friotalfhocail' on the model of the German *Sagwort* and English 'quotation proverb'?

The wellerism also differs from the proverb in terms of perception and outlook. Whilst proverbs are often earnest and well-meaning, wellerisms are humorous, mischievous and playful. They are the 'blackguard' of the proverb community. Often the humor relates to the character who utters the expression, the majority of whom are odd or interesting in themselves: Old spinsters, bachelors, tradesmen such as tailors and blacksmiths, supernatural beings like the pooka and the devil himself, and various animals: The fox, the goat, the hedgehog, the wren, the flea, and so on. The animals in wellerisms are not ordinary animals, however; they are not the same type that we find in other proverbs. They not only speak like humans, but they display human frailties and imperfections; as the German succinctly says *Tier genannt, Mensch gemeint* (Animals are mentioned, People are meant).[14]

Humor emanates from the tension and incongruity between the statement and the personality and/or situation of the speaker. They may be categorized according the form to distinguish between those that have only two elements, for example *'Cím,' arsa an dall* ('I see,' said the blind man),[15] and those that have three elements: The statement, the speaker and the information about the situation.[16] The second group may be subdivided further between those that mention to whom the statement is made *'Chonac cheana thú,' mar a dúirt an cat leis an mbainne te* ('I saw you before,' as the cat said to the hot milk)[17] or *'Mair go dtí amáireach is gheobhaidh tú scilling,' arsa an t-oifigeach leis an saighdiúir fadó* ('Live until tomorrow and you'll get a shilling,'[18] as the officer said to the soldier long ago), and those which mention *when* the character spoke *'Sin é an t-iasc, ach cá bhfuil an salann?' a dúirt an fear nuair a d'imigh an tóin as an saighne* ('That's the fish, but where's the salt?' as the man said when the net fell apart)[19] or *'Seo chughat mé, a diabhail,' arsa an chailleach fadó is í ag rith i ndiaidh a scátha* ('Here I am, you devil,' as the spinster said when she chased her shadow).[20] The most salient feature is the tension between the statement and the other element(s) of the expression. Usually, this tension is exacerbated by the benign nature of the initial expression. The speakers rarely say anything that is peculiar or uncommon, actually the opposite is true; they are typically conventional sayings, ordinary bland expressions that we all frequently say without thinking. They are humorous because they are so unsuitable for the occasion. Often, the first part of the wellerism is an ordinary proverb, e.g. *'Ní bhíonn an rath ach mar a mbíonn an smacht,' mar a dúirt an buachaill is é ag bualadh a athar* ('Where there's discipline, there's prosperity,'[21] as the boy said whilst hitting his father). Amongst the other common expressions that feature in wellerisms, we may include compliments, questions, curses, and blessings. In Hiberno-English we have, for example, *How are you getting on?*, *There is no such thing*, *At it again*, and *Hard lines*. These expressions stand out when you hear them in an unfamiliar setting: *'How are you getting on?' said the bus conductor to the man with no legs*;[22] *'There is no such thing,' as the farmer said when he saw the giraffe*;[23] *'At it again,' as the hedgehog said to the hare*;[24] and *'Hard lines,' said the monkey when he sat on the railway track.*[25] As is clear from these examples, some of the humor is related to wordplay: *How are you getting on?* with the meaning of *How are you?* and *How are you coming in?* and so on. Wordplay of this type is more common in English-language wellerisms than in Irish language ones, but more examples have to be collected to draw any firm conclusions.[26] More research is required before we can say more on the subject: Who composed the wellerisms, and how and when they were used. Collectors must pay attention to the location and context of the proverb, something that has been neglected to date. Our collections often only have the bare text, when it is actually the context that is required to answer these questions.

It is clear, however, that both the wellerism and the proverb are flexible forms and can be used in multiple ways. The quality of metaphor varies from one occasion to the next, for example, the *walk* in *'Siúl díreach, a mhic' mar a dúirt an seana-phortán leis an bportán óg* ('Walk straight, my son' as the old crab said to the young crab) could refer to walking, but usually some other physical or moral behavior is meant. *Walk straight* could mean 'do things properly' or 'do the right thing.' In addition to the bitterness and contempt shown for other people, wellerisms may on occasion exhibit self-deprecation. This was the case when I heard Seosamh Ó Dálaigh using the wellerism: He was talking about something that one of his sons had done wrong, and he recalled something similar that he himself hadn't done properly and he used the wellerism to put himself on an equal footing with his son. I think that, more often than not, young people rebelled against the conventional morals and hypocritical admonitions of the older generation. The same inversion is true in traditional wisdom, for example *Siúlaigh go mín an ród* (Walk the road smoothly) is found in *Comhairle na Bardscolóige dá Mhac* ('The rustic poet's advice to his son') a poem that Micheál Ó Gaoithín had learned off by heart.[27] The wellerism containing 'Walk straight, my son' is not a formal counsel from a father or mother to their son, it is actually a son's advice to his parents. This isn't an exception either: The son often beats his father. It is likely that proverbs were used by the older generations and that younger generations parodied them by applying them to an inappropriate situation. The wellerism has the ring of modernity about it rather than antiquity. Irreverence and anti-establishment tendencies often feature, these are traits that, along with humor and obscenity, are commonly associated with young people, usually young men.[28] The likelihood is that it was young people who composed the majority of wellerisms as they were the ones who used them.

Apart from the minor difference that I previously mentioned – that puns are used more often in English-language wellerisms than in Irish – it appears that there is little difference between the two traditions: Not only are the formal types and the same speakers mentioned, but the same wellerisms are often found in both languages. This in itself doesn't mean that they are all translations from English to Irish or vice versa, because the majority of wellerisms in both Irish and English (in Ireland and England) are also found in other countries: In Scandinavia, in Germany and further afield in Europe. There are difficult questions relating to the age and dissemination of wellerisms, but it is clear from the sub-examples that the genre existed more than two thousand years ago. There are examples of some wellerisms in the ancient literature of both Greece and Rome.[29] They are also found in Old Icelandic sources from the 13$^{th}$ century, for example – *'Snaelega snuggir sveinar, kyaðu Finnar,' áttu andra fala* ('There'll be snow soon, boys,' said the Lapps as they sold their skis),[30] or *'Oft verðr sklíkt á sae,' kvað selr, var skotinn í auga* ('Things like this often happen at sea,' said the seal when he was shot in the eye),[31] but such examples are uncommon in ancient literature. It is also surprising how seldom wellerisms feature in older proverb collections, especially since many have been in Latin and in other indigenous languages since the Middle Ages. Part of the explanation undoubtedly lies in their unsuitability for the literature of the period during which the collections were compiled: The majority of these were to provide young scholars with education and moral teaching. Wellerisms were omitted because they were not sufficiently serious, in fact many were even coarse and lewd.[32]

We are possibly unaware of many of the wellerisms that existed in ancient times, but evidence suggests that they were, in fact, much more common in modern times than at any stage in the Middle Ages or beforehand. The likelihood is that many of them were composed in recent times in the style of the formula *as the monkey said* or *as the actress said to the bishop*. We can also ascribe general dates to some of wellerisms, especially those that contain a proverb or traditional expression. These sentences most certainly predated wellerisms. It is difficult to provide any additional information, however, as it is almost impossible to attach dates to individual proverbs, although they are, or appear to be, extremely old. In certain cases, the wellerisms contain statements, for example, *hard lines*, which are certainly part of modern jargon.

The dissemination of wellerisms in the modern age is also an interesting area of study. Evidence shows that wellerisms appear more frequently and in greater numbers in the countries where Germanic languages are spoken, for example, in Scandinavia, The Netherlands, England and in Germany itself (strangely, they are not as common in the south of Germany as they are in the north of the country).[33] It appears, however, that some European countries have only recently begun to adopt the wellerism. Iris Järviö has shown, for example, that Finnish wellerisms initially came from Sweden and that the bulk of the internal dissemination occurred from the west to the east of Finland in the 19th century.[34]

More extensive research is required before any definitive conclusions can be made about how and when wellerisms entered the Irish language and, as a precursor to this all, wellerisms in currency in Ireland (in both Irish and English), should be collected and registered. In addition, we must analyse Irish literature, in Irish and English, from the oldest sources right up to the 19th century, as well as the oral and literary tradition in England, so that we can identify the shared wellerisms and the oldest sources. Such research may possibly show that Irish wellerisms were borrowed from the English language and that this process was quite recent. Nevertheless, the term 'possibly' is not one favoured in academic research, and I would encourage scholars to examine this question to see if my hypothesis can be borne out.

Insofar as this relates to *'Siúl díreach, a mhic,' mar a dúirt an seana-phortán leis an bportán óg* ('Walk straight, my son,' as the old crab said to the young crab), I must admit that I have never encountered a complete example in English, be that in England or in Ireland. This is not to say that it doesn't exist or that it didn't exist at some point in time. At the end of this article I will mention the possibility that certain relatives of

Micheál Ó Gaoithín may have known it in English. Wherever Micheál Ó Gaoithín learned the wellerism, it is safe to say that it was not first composed in Ireland.[35]

From what I have said so far, we cannot examine the wellerism – nor indeed any other genre of folklore – in isolation. The same themes and motifs are used in a range of genres. Apart from the interaction between proverbs and wellerisms that we have already discussed, there is a relationship between a particular type of question, or riddle, and wellerisms. Wellerisms can be made into a riddle: Instead of *'Mhuise, ní bhíonn aon sólás gan a dhólás féin,' mar a dúirt an eas fadó nuair a phóg sí an ghráinneog sa tor* ('Well, there's no joy without alloy,' as the stoat said when she kissed the hedgehog in the bush), the question can be asked: *'Cad é a dúirt an eas leis an ngráinneog fadó nuair a phóg sí sa tor í?'* (What did the stoat say to the hedgehog when it kissed him in the bush?), and the answer is: *'Ní bhíonn aon sólás gan a dhólás féin'* (There is no joy without alloy).[36] It seems that the interrogative form is more common than it used to be and that it is especially popular with young children, but this question requires further research.[37]

Anecdotes – humorous stories and moral fables – are another genre closely related to wellerisms. In fact, the majority of wellerisms are condensed anecdotes.[38] Often the subject is so interwoven that the wellerism cannot be understood unless the story from which it developed is known to the listeners. A good example of this is *'I'll never play this game of "An bhfuil a fhios agat?" – Tá,' arsa an fear fadó* ('I'll never play this game of "Do you know?" – Yes,' said the man a long time ago), which is another one of the wellerisms that I collected from Micheál Ó Gaoithín. To make sense of this we must understand that it relates to a trick that two Irish speakers once played on an English speaker during a game of cards. They were asking each other *An bhfuil an cárta seo nó an cárta úd agat?* ('Have you got this card or that card?'), and they had to answer '*Tá*' ('Yes') or '*Níl*' ('No') as suited. The English speaker didn't have any idea what they were up to, and he lost all his money. The meaning that he took from '*An bhfuil agat? – Tá*' ('Have you got? – Yes') was that it was the name of the game and he swore that he would never play this sort of game again.[39]

The anecdote – the moral fable – is the basis for the example *'Siúl díreach, a mhic,' mar a dúirt an seana-phortán leis an bportán óg* ('Walk straight, my son,' as the old crab said to the young crab).[40] Regardless of the age of this wellerism, it is certain that the anecdote on which it is based is extremely old.

Fables in which animals (or at times plants and inanimate objects) spoke or acted like humans had been attributed to Aesop by the Greeks as early as the end of the fifth century BCE. He was so famous that it was thought that not only had he composed this entire genre, but that he had also authored every other type of moral tale. Although certain scholars do not believe that Aesop ever existed, it is generally believed that there was such a person and that he lived during the early sixth century.[41] Some of stories associated with him may be true, for example, that he was originally from Thrace and that he spent time enslaved on the island of Samos. However, there is no evidence to suggest that he composed the fables as a genre or that he even composed the majority of them; however, he must have been known as a man who used to tell moral fables of this kind. Fables are also attributed to certain classical Greek authors such as Aristophanes, Plato, and Aristotle, stories not necessarily told by Aesop, but equally likely to have been.[42] Aristophanes had a penchant for fables, and this is important because he refers to the crab and to its crooked walk in one of his comedies, *Peace*,[43] which was first performed in 422 BCE. Aesop is not mentioned in this instance, and the story is not told in its entirety. Aristophanes merely says that crabs cannot be taught to walk straight.

It appears from this, however, that attempts had been made to teach crabs how to walk straight, and there is a good possibility that this is the story that Aristophanes used. If this were true, the year 422 BCE would be the latest date for the composition of this fable.[44]

Some of the references to Aesop's fables by early Greek authors indicate that there may have been written collections like this before the 5th century,[45] presumably in prose. We know for certain that there was one prose collection of this type, which Demetrius from Phaleron wrote late in the 4th century.[46] It is a pity that this collection did not survive, but it is believed to be one of the main sources used by Phaedrus and Babrius, two authors who give us an insight into the rich fable tradition of antiquity. Phaedrus was a Greek slave, a man who wrote five books of fables in Latin iambic tetrameter in the first century CE. These fable stories and those that were based on them were extremely influential, although this is irrelevant to the subject at hand because these stories are not contained in his work.[47] In contrast to this, Babrius was Roman although he wrote in Greek. He is extremely relevant to our discussion because he was the first writer from whom we have a complete version of the crab story. Little is known about Babrius, even when he lived, but there is a good probability that he composed his fables in the first century CE.[48] He used almost the same metre as Phaedrus and his original work probably contained around 200 fables. There are 143 extant fables of which number 109 contains the following:

> "'Don't walk aslant!' said the mother crab to her young one. 'Don't drag yourself crosswise over the wet rock.' 'Mother and teacher,' replied the young crab, 'first walk straight yourself, then I'll do so by watching you'" (Perry, 1965:142–143).[49]

Babrius' story about the mother crab and her son has been referred to in numerous standard works on Aesop's fables. It is named as Type No. 159 in W. Wienert's useful index to Greek and Roman fables;[50] it is No. 322 in Perry's *Aesopica*,[51] and also No. 187 in Halm's collection of Aesop's fables.[52] As they all have shown, Babrius had a few imitators. One of these was Avianus, who composed a collection of 42 fables in Latin elegiac half-verses around 400 CE. Our story, *De cancro et matre eius*, is No. 3 in that collection.[53] It is also discussed in Greek prose by Aphtonius, a teacher of rhetoric from Antiochea, at the end of the 4th century. The crab story is No. II of the forty fables that are still extant.[54]

In the Middle Ages the story was also used as an *exemplum* in the sermons of priests and monks. Tubach (1969), in his *Index Exemplorum*, mentions that Jacques de Vitry has the story in his *Sermones Vulgares* from the beginning of the 13th century, and in *Tabula Exemplorum*, a collection compiled in France, at least, late in the 13th century.[55] The story existed in English from at least the early 13th century. It was then that the *Lambeth Homilies*, as they are known, were written, and in one of these the following is found:

"Crabbe is a manere of fissce in there sea. This fis is of swulc cunde thet ever se he mare strengthdeth him to sw(i)mminde mid the watere, se he mare swimmeth abac. And the alde crabbe seide to the yunge, hwi hne swimmest thu forthwarth in there sea alse other fisses doth, and heo seide, Leofe moder, swim thu foren me and tech me hu ic scal swimmen forthward."[56]

The story was first printed in English in 1484, that is, in Caxton's edition of Aesop's fables. Here is how it appears:

"He whiche wyll teche and lerne some other / ought first to corryge & examyne hym self / as it appereth by this fable of a creuysse / which wold haue chastysed her owne doughter bicause that she wente not wel right / And sayd to her in this manere / My doughter / hit pleaseth me not that thow goost thus backward / For eyelle myght wel therof come to the / And thenne the doughter sayd to her moder My moder I shalle go ryght and forward with a good will but ye must goo before for to shewe to me the waye / But the moder coude none other wyse goo / than after her kind / wherefore her doughter sayd unto her / My moder fyrst lerne your self for to goo right and forward / and thenne ye shalle teche me And therfore he that wylle teche other / ought to shewe good ensample / For grete shame is to the doctour whanne his owne couple or faulte accuseth hym."[57]

Caxton's story is essentially a prose retelling of Avianus' poetic version, but it was not sourced directly from Avianus. Caxton translated the story from a French book that was published in Lyon in 1480. This text was a translation by Julien Machault[58] of a collection of fables by Heinrich Steinhöwel, which was first printed circa 1476/77.[59] The fact that Steinhöwel's work was translated into twelve European languages before c. 1550 is a good example of how quickly fables were disseminated after they began to be printed. In the majority of those countries more than one edition was published. The book was amongst the widest read in the English language, and eight editions appeared between 1484 and 1658.[60]

The story is often found in older manuscripts, printed books of fables, and later in schoolbooks, magazines, and newspapers, which would lead one to think that it should be equally common in the European oral tradition as well. However, to date very few versions have been collected from the oral tradition. The story is listed in the Aarne-Thompson index, *The Types of the Folktale*, under Type 276, *Crab Walks Backward: Learned from His Parents*, but no oral versions are mentioned except one single example from Latvia.[61] I notice, thanks to the major study of Haim Schwarzbaum on the fables of Berechiah Ha-Nakdan, that the story is found in Polish folklore as well,[62] but that is all the information I succeeded in getting from the usual indices and handbooks regarding the dissemination of the story in the modern oral tradition.

The anecdote is found in Ireland, however, as evidenced by an ediphone recording by Seosamh Ó Dálaigh in 1944. This recording has been transcribed and is now to be found as manuscript IFC 966:128–129 in the Department of Irish Folklore, University College, Dublin. Peig Sayers, who had just moved to Vicarstown, Dunquin, from the Great Blasket around this time, is the storyteller. It was her son, Micheál Ó Gaoithín, who gave me the wellerism. I leave you with the story as it is in the manuscript:

"Bíonn an portán féin glic, de réir dheábhraimh. Bhí portán mór críonna uair amháin agus do rángaigh go raibh portáin bheaga aibidh lena chois agus timpeall an chlúdaigh tar éis na loige a dh'fhágaint. Agus do thug an seana-phortán fé ndeara an portán beag comh haimlithe comh giánna agus do bhí sé féin sna crúba, agus a mhéireanta beaga ag d'iarraidh a bheith ag siúl sa ghrean agus in imeall an uisce. Agus dúirt sé: 'Mhuise, ná siúlófa díreach, a mhic,' ar seisean. 'Cad é an mhaith dhuit a bheith ag imeach rí-cham mar sin?' 'Sin mar a mhúin mo dhaidí féin dom, mhuise,' arsa an portán beag" (The crab is clever, apparently. Once upon a time, there was a big wise crab that happened to be surrounded by little crabs that had just left the water. The old crab noticed a miserable-looking young crab with wretched claws, his small legs struggling in the course sand and on the surface of the water. And he said: 'Well, would you not walk straight, my son,' he said. 'What good is it for you to be moving crookedly like that?' 'That's how my daddy taught me,' said the little crab).

There is a note from the collector beside the expression *Mhuise, ná siúlófá díreach, a mhic* (Well, would you not walk straight, my son) where he says 'Peig normally used to say this line in English as 'Walk straight, my child."

It is worth noting that Peig leaves her audience to work out the lesson in the story. In literary fables, the lesson is often explained before telling the story (in the *promythium* form as it is known) or after (*epimythium*). Sometimes both methods are used, as in Caxton's story above. It isn't often that this occurs in the oral tradition, however – the storytellers apparently understand that their audience wouldn't have much interest in moralizing, and that it is the actual story that they enjoy. The Irish peasantry had a great appreciation of the stories and possibly thought a short little story of this kind wasn't very noteworthy. This is possibly why this story and other animal stories are not widespread in Ireland.[63] Of course, there is another reason why animal stories aren't as common in Ireland as they are in other countries, and this is because many relate to animals that no longer exist here, such as the wolf and the bear. However, this isn't particularly relevant to our present discussion. Nevertheless, even though the crab story is uncommon in today's Ireland, it is certain that it existed at one time. Type 276 should, therefore, be added to the contents of *The Types of the Irish Folktale*[64] by Seán Ó Súilleabháin and Reidar Th. Christiansen when the next edited version is published, as it is not currently there.

Another question relates to how long the story existed and from where it came. Peig states – and we can accept that she isn't mistaken – that she got the tale from her father, the storyteller extraordinaire, Tomás Sayers, who lived to be 98 years of age.[65] Little can be conjectured about its source, but Seosamh Ó Dálaigh's footnote, which notes that Peig usually used the English version '*Walk straight, my child*' may explain its origin. English expressions are often found in stories that have come from English. The anecdote may have originally appeared in an English book and was transferred to Ireland in this way.

It could also be the case that the wellerism was the only part of the story in English and that an Irish speaker constructed an anecdote around it. I have already said that the tradition was an anecdote before it was a wellerism, but this doesn't mean that a wellerism can't be converted into a story, especially in cases where the skeleton of the story is clearly identifiable in them, as in our case. If this is the case, we can accept that *'Walk straight, my son,' as the old crab said to the young crab* – or something similar to it – was in Hiberno-English, which is highly probable on account of the reasons already mentioned.

If I haven't answered the difficult questions that I have initially posed, then I hope that I have at least shown that there are many interesting questions relating to wellerisms and fables, and that further research might provide answers to them.

I am indebted to Professor John Richmond and Dr. Caoimhín Ó Nualláin, Department of Classics, University College Dublin, for the information on Greek and Latin texts they provided me with, and also to Dr. Dáithí Ó hÓgain and Micheál Ó Curraoin, Department of Irish Folklore, who read my article and corrected the Irish. I myself am responsible for any errors for any lack of proof that remains.

## *Postscript*

Professor Bo Almqvist sadly passed away on November 9th 2013 in Dublin, Ireland, just a few weeks after giving me kind permission "to translate the article and to use it for whatever purpose you see fit, if you consider the exercise worthwhile." The task has been an extremely worthwhile one, and I hope that inclusion in this festschrift will provide Professor Almqvist with a new audience for his scholarship in paremiology. Suaimhneas síoraí dá anam uasal. – M. Mac Coinnigh

## *Notes*

* Originally published in the Irish language (with an English summary only) as "Siúl an Phortáin: Friotalfhocal agus Fabhalscéal (AT 276)" in *Sinsear: The Folklore Journal* no volume given (1982–1983), 35–62.

1 I.e. Ó Siochfhradha (1926), Ó Máille (1948–1952), and Ó Muirgheasa (1907 [²1931; ³1976]), as well as O'Rahilly (1922). Bibliographical resources such as Best (1913), Bonser (1930), and Ó Danachair (1978) provide information on Irish sources.

2 Seosamh Ó Dálaigh can't remember when or from whom he heard the proverb. It is possible that he got it from Peig Sayers.

3 Whiting (1968:105, C512). See also Smith (³1970 [1935]:152). This proverbial form is found in classical civilization. In chapter 42 of his *Satyricon*, Petronius Arbiter (ob. 66 CE) says that old love is a crab (*antiquus amor cancer est*), i.e. it recedes (see, for example, Ernout, ⁶1967:39).

4 See Taylor (1962 [1931]:220–223).

5 Ó Máille (1948–1952:no. 1950).

6 Whiting (1968:105, C514).

7 Mentioned by Ó Máille (1948–1952:no. 1950). His source is Gottschalk (1935:274).

8 Seim (1965).

9 See Taylor (1962 [1931]:200–222) and Seiler (1922:207–212).

10 See Maaß (1867).

11 Other terms used in German are *Beispielsprichwörter* and *apologische Sprichwörter*.

12 Taylor (1962 [1931]:211–212) says "the Celts employ the Wellerism with evident ease and freedom." I agree with him in this regard insofar as it relates to the Irish, although Taylor provides no evidence to support his claim.

13 (1926:99–104).

14 See Müller-Hegemann and Otto (⁴1970:132).

15 I have heard this often in Dunquin. It appears to be the most widely dispersed wellerism in the English language.

16 See Taylor (1962 [1931]:216–217) and Kahlén (1925:27–28).

17 Personal collection from Micheál Ó Gaoithín. See also Ó Máille (1948–1952:no. 1506) and Ó Siochfhradha (1926:no 824).

18 Personal collection from Micheál Ó Gaoithín.

19 Personal collection from Micheál Ó Gaoithín.

20 Personal collection from Micheál Ó Gaoithín. Also in Ó Siochfhradha (1926:no. 807).

21 Collected from Seosamh Ó Dálaigh.

22 Irish Folklore Commission 1888:27.

23 Irish Folklore Commission 1973:12.

24 Given to me by James G. Delaney, full-time collector [Hodson Bay, Athlone, Co. Roscommon].

25 Irish Folklore Commission 1888:154.

26 The Department of Irish Folklore collected numerous wellerisms (the majority in English) as a result of a questionnaire that was distributed in 1973. The material is in Irish Folklore Commission 1888:1–155 and 1917:1–105 [Together with the proverbs of Micheál Ó Gaoithín, it is also published in Carson Williams (2002). – M. Mac Coinnigh].

27 I am currently in possession of the manuscript in which Micheál Ó Gaoithín wrote down the verses from the poem. This type of poem, which featured proverbs in verse form, was extremely common in folklore, but it has been amended so much that the original is almost undecipherable. See de Hae (1938:250) for some published examples.

28 Taylor (1962 [1931]:217) first noted that it was young men who composed the majority of wellerisms: "The freedom and scant respect which wellerisms display toward women, particularly old women, show that the form is a masculine invention in which women have had little share."

29 Taylor (1962 [1931]:203–204) mentions some examples of wellerisms found in the works of Greek and Roman authors since the time of Plato. Strömberg (1949) has collected and illustrated a number of these in ancient Greek. It is interesting that in classical wellerisms the speakers are often animals. One of them (Strömberg, 1949:no. 245), which has Athenaios XV 695A as its source, features a crab and alludes indirectly to his crookedness '"A friend should be straight and not have crooked ways," as the crab said as he squeezed the snake between his claws.' See also footnote 40.

30 Finnur Jønsson (1932:309). For some reason Taylor (1962 [1931]:212) gives a Swedish translation without explaining which language he is using.

31 This wellerism is found in *Sverris Saga*, Ch. 163, see Magnússon and Rafn (1834:403). It is found in an address attributed to King Sverrir Sigurðarson (1172–1202) who had, by the way – for he had a legitimate claim to be the son of Sigurðr Haraldson – an Irish great-grandfather. It is possible that King Sverrir – who was partial to proverbs as other addresses show – used this particular wellerism. We know that much of the saga was written under the personal supervision of the King. The second half, which contains the wellerism, wasn't finished until after his death, however. Taylor (1962 [1931]:212) is mistaken, therefore, when he mentions that the text is from the 12th century.

32 See Taylor (1962 [1931]:205–206).

33 See Taylor (1962 [1931]:207–209).

34 Järviö's research has been summarised by M. Kuusi (1957:28–29).

35 It is worth mentioning that another Swedish wellerism is quite similar: *'Framåt!' sa kräftan* ('"Ahead!" said the crawfish') (Ström, 1929:333).

36 He heard the interrogative form from Micheál Ó Gaoithín. It is found as a proper wellerism (with a monkey instead of a stoat) in Ó Dálaigh (1930:126–127).

37 To gauge the extent of the demand for such nonsense questions in wellerisms amongst schoolchildren in Ireland and Britain, see Lynch (1977–1979) and McCosh (1979).

38 See Taylor (1962 [1931]:215–216) and Seiler (1922:429–431).

39 The game is discussed by Stewart (1977–1979:244–258) where the wellerism is also mentioned in a footnote (no. 19). Among the versions of the story found in the article is one that Stewart recorded from Micheál Ó Gaoithín and another from an Irish Folklore Commission manuscript written by Micheál Ó Gaoithín, in which he apparently recites the story in his own words, although he says that he got it from a woman in the local area. There is a shorter version from

Micheál Ó Gaoithín recorded on tape (marked Almqvist 1970:2) in the Department of Irish Folklore.

40 An example of a wellerism based on an animal fable is *'At it again,' as the hare said to the hedgehog*, referring to the famous story about a race between the hare and the hedgehog or tortoise (see also Wienert, 1925:no. 22) and the wellerism (footnote 29 above) relating to the crab and the snake, which references the fable listed by Wienert (1925) under no. 99.

41 For information on Aesop, see e.g., Perry's introduction to *Babrius and Phaedrus* (1965: xxxv–xxxvi), Holbek (1962:17–20), and other works mentioned by these two scholars.

42 For surveys of fables in authors' writings as early as this see Perry (1965:xiii) and Holbek (1962: 52–53).

43 This reference is in line 1083. See Rogers (1968:98).

44 From the entry in Holbek (1962:188) one might think that Aristophanes certainly knew the fable but I don't believe the evidence is strong enough to make such conclusions.

45 See Holbek (1962:60 & 137 with footnote 166).

46 Holbek (1962:60–61); Perry (1965:lix–lx).

47 The study of stories relating to animals, in Ireland and elsewhere, depends much on knowledge of the fables of Phaedrus and his imitators. The best source is Hervieux (1893–1894).

48 For information on what is known or thought about Babrius see Holbek (1962:65–71); Perry (1965:xlvii–lxvi).

49 The original text together with an English translation can be found in Perry (1965:142).

50 Perry (1965:63, footnote 40); see also Perry (1965:103, no. 159 & 144, no. 500).

51 Perry (1952:449–450).

52 Halm (1911).

53 See Ellis (1966:5–6 & 56–57), and Hervieux (1894:266). There are so many later versions relating to Avianus in various forms of verse and prose, see Halm (1911:321–322 & 354 & 391 & 431 & 465 & 469). See also new teachings relating to fables (475 & 480 & 491–492). Crusius (1895:480) refers to the fable about the mother crab and her son. Another study of the fable is Heidenhain (1894). There is a reference to the crab fable (5–6).

54 Aphtonius' text can be viewed in Hausrath (1959:138).

55 Tubach (1969:no. 1311) *Crab walking backwards*. Jacques de Vitry's version can be examined in Crane (1890:17, no. 44). Holbek also directs attention to numerous other literary references, among which are two German medieval exempla, one in *Der Edelstein* by Ulrich Boner from c. 1350 (see Benecke, 1816:65); Leibfried (1967:50–51); Pfeiffer (1849:332, no. 9). There is a medieval German version in Magdeburger Äsop (see Seelmann, 1878:98; see also Leibfried, 1967: 52–53). There is an Italian version in Guicciardini (1583:47d); see also in Rotunda (1942: J1063.1). The most important discussion in French is by Jean de la Fontaine (1621–1695) (1883–1897:Livre XII, fable 10) from where the motto at the start of this article is taken. Holbek (1962:188) mentions two Scandinavian descriptions from the 17$^{th}$ century.

56 From Whiting (1968:105, C514). See also Morris (1868:50).

57 From Lenaghan (1967:178); see also Jacobs (1889:218).

58 Regarding Machault, see Jacobs (1889:186) and Holbek (1962:117); Lenaghan (1967:18).

59 Regarding Steinhöwel, see Holbek (1962:103–119) and Leibfried (1967:57–58).

60 Holbek (1962:103–119) and Leibfried (1967:57–58).

61 Aarne and Thompson ($^{2}$1961). See also Thompson (1955–1958) under J1063.1, *Mother crab blames her children for not walking straight*, and U121.1, *Crab walks backward: learned from his parents*. The Latvian reference relates to a discussion about Latvian stories featuring animals, Medne (1940).

62 Schwarzbaum (1979:L, note 107). According to Schwarzbaum it is the story *Polish Type 275 A* by Krzyżanowski. I think it refers to Krzyżanowski (1962–1963), although I have not been able to consult this source as yet.

63 Regarding stories about animals in Irish folklore, see Ó Súilleabháin (1973:14–16).

64 FF Communications, 188 (Helsinki: Suomalainen Tiedeakatemia, 1963).

65 For information on Tomás Sayers, see W.R. Rogers' introduction to Peig Sayers (1962:ix–x).

## *Bibliography*

Aarne, Antti & Stith Thompson. $^{2}$1961. *The Types of the Folktale: A Classification and Bibliography.* Translated and enlarged by Stith Thompson. 2$^{nd}$ revision. Helsinki: Suomalainen Tiedeakatemia (FF Communications, 184).

Benecke, Georg Friedrich (ed.). 1816. Ulrich Boner. *Der Edelstein.* Berlin: Realschul-Buchhandlung.

Best, Richard Irvine. 1913. *Bibliography of Irish Philology and of Printed Irish Literature.* Dublin: Browne & Nolan.

Bonser, Wilfrid (ed.). 1930. *Proverb Literature: A Bibliography of Works Relating to Proverbs. Compiled from Materials Left by the Late T.A. Stephens.* London: William Glaisher (Publications of the Folklore Society, 89).

Carson Williams, Fionnuala. 2002. *Wellerisms in Ireland: Towards a Corpus from Oral and Literary Sources.* Burlington, Vt.: The University of Vermont (Supplement Series of Proverbium: Yearbook of International Proverb Scholarship, 12).

Crane, Thomas Frederick (ed.). 1890. *The Exempla or Illustrative Stories from the Sermones Vulgares of Jacques de Vitry.* London: David Nutt (Publications of The Folk-Lore Society, 26).

Crusius, Otto. 1895. "Zu den alten Fabeldichtern: I. Avian und die sogen. Apologi Aviani." *Philologus* 54/3, 474–488.

Ellis, Robinson (ed.). 1966. *The Fables of Avianus.* Hildesheim: Georg Olms.

Ernout, Alfred (ed.). $^{6}$1967. *Le Satiricon [par] Pétrane.* Edited and translated by Alfred Ernout. 6$^{th}$ edition. Paris: Les Belles Lettres.

Finnur Jønsson. 1932. *Morkinskinna.* Vol. 2. København: J. Jørgensen (Samfund til Udgivelse af Gammel Nordisk Litteratur, 53).

Gottschalk, Walter. 1935. *Die Natur im romanischen Sprichwort. Die bildhaften Sprichwörter der Romanen.* Vol. 1. Heidelberg: Carl Winter (Sammlung Romanischer Elementar- und Handbücher, 4,1).

Guicciardini, Lodovico. 1583. *L'hore di ricreatione.* Anversa: Bellero.

de Hae, Risteard. 1938. *Clár Litridheacht na Nua-Ghaedhilge 1850–1936.* Baile Átha Cliath: Oifig Díolta Foilseacháin Rialtais.

Halm, Carl. 1911. *ΑΙΣΩΠΕΙΩΝ ΜΥΘΩΝ ΣΥΝΑΓΩΓΗ.* Lipsiae: B.G. Teubner (Bibliotheca Scriptorum Graecorum et Romanorum Teubneriana).

Hausrath, A. 1959. *Fabulae Aesopicae soluta oratione conscriptae. Corpus fabularum Aesopicarum.* Vol. 1,2. Lipsiae: Teubner (Bibliotheca Scriptorum Graecorum et Romanorum Teubneriana).

Heidenhain, Friedrich. 1894. *Zu den Apologi Aviani.* Wissenschaftliche Beilage zum Programm des Königlichen Gymnasiums zu Strasburg Wpr. Strasburg, W.-Pr.: A. Fuhrich.

Hervieux, Léopold (ed.). 1893–1894. *Phèdre et ses anciens imitateurs directs et indirects. Les fabulistes latins: Depuis le siècle d'Auguste jusqu'à la fin du moyen âge.* Vols. 1–2. Paris: Firmin-Didot.

---------- (ed.). 1894. *Avianus et ses ancienes imitateurs. Phèdre et ses anciens imitateurs directs et indirects. Les fabulistes latins: Depuis le siècle d'Auguste jusqu'à la fin du moyen âge.* Vol. 3. Paris: Firmin-Didot.

Holbek, Bengt (ed.). 1962. *Indledning og noter. Æsops levned og fabler.* Vol. 2. København: Schultz (Universitets-Jubilaeets Danske Samfunds Skriftserie, 55,2).

Jacobs, Joseph. 1889. *Text and Glossary. The Fables of Aesop: As first Printed by William Caxton in 1484 with Those of Avian, Alfonso and Poggio.* Vol. 2. London: David Nutt (Bibliothèque de Carabas, 5).

Kahlén, J. 1925. "Några utbyggda ordstäv från Halland." *Folkminnen och Folktankar* 12/2, 27–38.

Krzyżanowski, Julian. 1962–1963. *Polska bajka ludowa w układzie systematycznym.* 2 vols. Wrocław et al.: Ossolińskich.

Kuusi, Matti. 1957. *Parömiologische Betrachtungen*. Helsinki: Suomalainen Tiedeakatemia (FF Communications, 172).

La Fontaine, Jean de. 1883–1897. *Œuvres: Nouvelle édition. Revue sur les plus anciennes impressions et les autographes et augmentée de variantes, de notices, de notes, d'un lexique, des mots et locutions remarquables, de portrait, de fac-similé, etc.* 12 vols. Edited by Henri de Régnier. Paris: Hachette.

Leibfried, Erwin. 1967. *Fabel*. Stuttgart: Metzler (Sammlung Metzler, M 66: Abteilung E, Poetik).

Lenaghan, Robert T. (ed.). 1967. *Caxton's Aesop*. Edited with an introduction and notes by Robert T. Lenaghan. Cambridge, Mass.: Harvard University Press.

Lynch, Geraldine. 1977–1979. "The Lore of a Wicklow Schoolgirl." *Béaloideas* 45/7, 59–60.

Maaß, M. 1867. "39 Odd Similes aus den *Pickwick Papers* von Charles Dickens." *Archiv für das Studium der neueren Sprachen und Literaturen* 41, 207–215.

McCosh, Sandra. 1979. *Children's Humour: A Joke for every Occasion*. With an introduction by G. Legman. London et al.: Granada Publishing.

Magnússon, F. & C.C. Rafn. 1834. *Saga Sverris konúngs. Fornmanna Sögür*. Vol. 8. Kaupmannahöfn: Poppsku.

Medne, Alma. 1940. *Latviešu dzīvnieku pasakas*. Rīgā: Latviešu Folkloars Krātuves Izdevums (Latviešu Folkloras Krātuves Materiāli, 7).

Morris, Richard. 1868. *Old English Homilies and Homiletic Treatises (Sawles Warde and þe Wohunge of Ure Lauerd: Ureisuns of Ure Louerd and of Ure Lefdi, &c.) of the Twelfth and Thirteenth Centuries: Edited from Mss. in the British Museum, Lambeth, and Bodleian Libraries. With Introduction, Translation, and Notes*. London: N. Trübner (Early English Text Society, 34; Original Series, 29).

Müller-Hegemann, Anneliese & Luise Otto (eds.). $^{4}$1970. *Das kleine Sprichwörterbuch*. 4$^{th}$ edition. Leipzig: Bibliographisches Institut.

Ó Dálaigh, S. 1930. *Clocha Sgáil*. Baile Átha Cliath: Oifig an tSoláthair.

Ó Danachair, Caoimhín (comp.). 1978. *A Bibliography of Irish Ethnology and Folk Tradition*. Dublin: Mercier Press.

Ó Máille, Tomás S. 1948–1952. *Sean-fhocla Chonnacht* [The Proverbs of Connaught]. 2 vols. Dublin: Oifig an tSoláthair.

Ó Muirgheasa, Énrí. 1907 [$^{2}$1931; $^{3}$1976]. *Seanfhocla Uladh* [The Proverbs of Ulster]. Dublin: Connradh na Gaedhilge.

O'Rahilly, Thomas F. (ed.). 1922. *A Miscellany of Irish Proverbs*. Collected and edited by Thomas F. O'Rahilly. Dublin: The Talbot Press Limited.

Ó Siochfhradha, Pádraig. 1926. *Seanfhocail na Muimhneach* [Proverbs of the Munster People]. Cork: Cló-chualacht Seandúna.

Ó Súilleabháin, Seán. 1973. *Storytelling in Irish Tradition*. Cork: Mercier Press (Irish Life and Culture, 19).

Ó Súilleabháin, Seán & Reidar Th. Christiansen. 1963. *The Types of the Irish Folktale*. Helsinki: Suomalainen Tiedeakatemia (FF Communications, 188).

Perry, Ben E. (ed.). 1952. *Greek and Latin Texts. Aesopica: A Series of Texts Relating to Aesop or Ascribed to Him or Closely Connected with the Literary Tradition that Bears His Name. Collected and Critically Edited, in Part Translated from Oriental Languages, with a Commentary and Historical Essay*. Vol. 1. Urbana: University of Illinois Press.

---------- [ed.]. 1965. *Babrius and Phaedrus*. Translated by Ben E. Perry. London: W. Heinemann & Cambridge: Harvard University Press (Loeb Classical Library, 436).

Pfeiffer, Franz. 1849. "Altdeutsche Beispiele." *Zeitschrift für deutsches Altertum* 7, 318–382.

Rogers, Benjamin Bickley [ed.]. 1968. Aristophanes. *The Peace, The Birds, The Frogs*. Vol. 2. Translated by Benjamin Bickley Rogers. Cambridge, Mass.: Harvard University Press (Loeb Classical Library, 179).

Rotunda, Dominic P. 1942. *Motif-Index of the Italian Novella in Prose*. Bloomington: Indiana University (Indiana University Publications: Folklore Series, 2).

Sayers, Peig. 1962. *An Old Woman's Reflections*. Translated from the Irish by Séamus Ennis and introduced by W.R. Rodgers. London et al.: Oxford University Press.

Schwarzbaum, Haim. 1979. *The Mishle Shu'alim (Fox Fables) of Rabbi Berechiah Ha-Nakdan: A Study in Comparative Folklore and Fable Lore*. Kiron: Institute for Jewish and Arab Folklore Research.

Seelmann, Wilhelm (ed.). 1878. *Gerhard von Minden*. Bremen: Kühtmann (Niederdeutsche Denkmäler, 2).

Seiler, Friedrich. 1922. *Deutsche Sprichwörterkunde*. München: C.H. Beck (Handbuch des deutschen Unterrichts an höheren Schulen, 4,3).

Seim, Einar. 1965. *Norske ordtøkje og herme*. [Oslo]: Universitetsforlaget.

Smith, William George (comp.). $^{3}$1970 [1935]. *The Oxford Dictionary of English Proverbs*. Revised by Frank P. Wilson. 3$^{rd}$ edition. Oxford: Clarendon Press.

Stewart, James. 1977–1979. "An bhfuil agat – Tá." *Béaloideas* 45/7, 244–258.

Ström, Fredrik. 1929. *Svenska ordstäv*. Stockholm: Prisma.

Strömberg, Reinhold. 1949. *Grekiska ordspråk: En antologi översatt och försedd med korta förklaringar*. Göteborg: Wettergren & Kerber.

Taylor, Archer. 1962 [1931]. *The Proverb and an Index to "The Proverb"*. Hatboro, Pa.: Folklore Associates & Copenhagen: Rosenkilde and Bagger.

Thompson, Stith. 1955–1958. *Motif-Index of Folk-Literature: A Classification of Narrative Elements in Folktales, Ballads, Myths, Fables, Mediaeval Romances, Exempla, Fabliaux, Jest-Books and Local Legends*. 6 vols. Revised and enlarged edition. Bloomington: Indiana University Press.

Tubach, Frederic C. 1969. *Index Exemplorum: A Handbook of Medieval Religious Tales*. Helsinki: Suomalainen Tiedeakatemia (FF Communications, 204).

Whiting, Bartlett Jere. 1968. *Proverbs, Sentences, and Proverbial Phrases from English Writings mainly before 1500*. With the collaboration of Helen Wescott Whiting. Cambridge, Mass.: Belknap Press of Harvard University Press.

Wienert, Walter. 1925. *Die Typen der griechisch-römischen Fabel: Mit einer Einleitung über das Wesen der Fabel*. Helsinki: Suomalainen Tiedeakatemia (FF Communications, 56).

# "Crossover" Proverbs: Spanish to English?

*Shirley L. Arora*

In his *American Proverbs: A Study of Texts and Contexts* (1989), Wolfgang Mieder devotes a chapter to "Proverbs of the Immigrants," and notes that "immigrants obviously use common Anglo-American proverbs as they communicate in English. Doubtlessly there are even some of these proverbs which get translated into the foreign language and gain currency as loan proverbs" (49). I was motivated by these observations to search for examples of the latter among the proverbs in Spanish recorded in a modest survey I had initiated of the sayings known to speakers of Spanish in California, using as a model – although of course on a far more limited scale – the American Dialect Society's enormous research project that culminated in the publication of *A Dictionary of American Proverbs* (1992), edited by Wolfgang Mieder, Stuart A. Kingsbury, and Kelsey B. Harder (hereafter *DAP*). In a sampling of apparent "loan proverbs" derived from English among the collectanea of my California project, I opted to employ the term 'crossover proverbs,' which seemed to me to convey more clearly the process by which a bilingual speaker might choose to translate an English proverb into Spanish in a conversation, or even in a written context, and to suggest as well the possibility of eventual adoption of that saying into the proverb repertoire of the "receiving" language (2009). The present study takes a brief look at the reverse process, the crossover from Spanish into English, as suggested by a number of entries in *DAP*.

In perusing *DAP* for English-language analogs of items from my California collectanea, I was struck by the considerable number of entries that appeared to be word-for-word translations of Spanish-language sayings, sometimes with slightly awkward results and often without any history of written citation and with a limited geographical record in the survey on which *DAP* was based. It seemed to me possible that these somewhat anomalous entries could represent efforts on the part of individual speakers, bilingual at least to a degree, to make use of *ad hoc* translations of Spanish proverbs in English-speaking contexts, including perhaps the context of contributing to an ongoing survey of "American" proverbs.

In the introduction to *DAP* it is made clear that the word 'American' in the title of the collection refers not to the origin of the sayings but to their familiarity or use in the United States and/or Canada (xi). In a population undergoing a shift from one language to another, or employing two different languages simultaneously, it would seem inevitable that there would be a "crossover" between the two, an exchange of words and phrases and full-fledged proverbs, especially among the first bilingual generation. What is not known, and may not be currently verifiable, is whether the English sayings represented in the sampling given below, collected directly from oral sources, have been "naturalized" and are currently in use in the areas in which they were recorded, or whether they may have been merely nonce occurrences in the context of the survey.

A complete entry in *DAP* consists of the listing of the proverb and its variants, with an occasional comment by an informant; an indication of the "recorded distribution" (*Rec.dist.*), i.e., the areas where the proverb was found (if these exceed five, the distribution is noted simply as "U.S." or "U.S., Can."); information on the earliest written occurrence (i.e., "*1st cit.*") found for England and for the United States; and the record of inclusion of the saying in the six "standard Anglo-American proverb collections" used by the editors in preparing *DAP* (xii–xiv).

The proverbs assembled here constitute a sampling of entries from *DAP* that appear to qualify as possible Spanish-to-English "crossovers," using the following criteria: (1) Word-for-word equivalence, or at least a very close rendering of the Spanish counterpart, in the English saying; (2) a sparse recorded distribution in the survey (no more than two areas, identified by the abbreviations used in *DAP*); and (3) a complete lack of any prior written citation, whether in England or in America, and no inclusion in the six basic collections of proverbs in English utilized by the editors of *DAP*.

No information as to the background of individual informants is included in *DAP*, and the assumption that the items listed here were recorded from speakers of Spanish is based largely on the close correspondence in wording between the contributed English saying and its Spanish counterpart. In a good many instances the recorded distribution, in areas with a substantial Spanish-speaking population (e.g., New Mexico, California, or New York), supports this judgment also. That an individual informant might draw upon his or her repertoire of proverbs in Spanish to produce a proverb in English is suggested by an entry such as *In want of bread, it is well to have semitas* (in Spanish, *A falta de pan, buenas son semitas*) which includes the informant's definition of *semitas* (also spelled *cemitas*) as "a biscuit-like bran preparation" (see entry in list below). To be sure, since a good many Spanish proverbs are shared with other European languages, there is a possibility that the crossover I am suggesting in the case of the sayings listed below – particularly those recorded in Canada – could be from French into English or, given our multilingual population, from some other language. The process, however, would be the same.

The editors of *DAP* note in their introduction that "regarding the many American proverbs lacking historical references (i.e., those proverbs registered herein for the first time), we can say only that they were current between the mid-1940s and the end of the 1970s" (xv). That statement applies of course to the list of possible "crossover" proverbs from Spanish given here. Whether the sayings assembled here, and others similarly lacking in "historical references" in *DAP*, have indeed established themselves as part of the proverbial repertoire of the areas in which they were recorded is something that might be ascertained in a future investigation, and in that hypothetical study they might very well be among the innumerable entries with the notation "*1st cit.*: US1992 Mieder et al., *A Dictionary of American Proverbs*."

## Annotated List

The primary source for the Spanish parallels I have cited is José María Sbarbi's *Gran diccionario de refranes de la lengua española* (1943), supplemented when necessary by other Spanish or Spanish American collections and, occasionally, by items from my California collectanea (identified as "field"). Each entry on the list begins with the proverb as it appears in *DAP*, with the entry keyword in capital letters, followed (in brackets) by the abbreviations used for the area(s) where the item was recorded and (in parentheses) the page of the entry in *DAP*. In the Spanish equivalents the keywords are also in capitals to assist in assessing the similarity of the two sayings, and the source of the Spanish proverb cited is indicated. None of the items on the list has any record of earlier written citations.

*He who does not ADVANCE recedes* [Ill., Miss.] (*DAP*, 8).
*El que no ADELANTA retrocede* (Colombia: field).

*One never APPRECIATES what one has until he has lost it* [Miss.] (*DAP*, 25).
*No se CONOCE el bien hasta que se ha perdido* (Spain: Sbarbi, 1943:132).

*The BAD which is well known is better than the good unknown* [Calif.] (*DAP*, 35).
*Más vale MALO conocido que bueno por conocer* (Spain: Sbarbi, 1943:581).

*After a hundred years we shall all be BALD* [Calif.] (*DAP*, 36).
*Al cabo de cien años, todos seremos CALVOS* (Spain: Sbarbi, 1943:176).

*He that makes one BASKET can make one hundred* [Vt., Wis.] (*DAP*, 39).
*El que hace un CESTO hará ciento* (Spain: Sbarbi, 1943:237).

*As the BELL is, so is the clapper* [Mich.] (*DAP*, 47).
*Cual es la CAMPANA, tal la badajada* (Spain: Sbarbi, 1943:193).

*A BIRD in the hand is worth a hundred flying* [area unknown] (*DAP*, 51).
*Más vale PÁJARO en mano que ciento volando* (Spain: Sbarbi, 1943:740).
(Out of ten variants listed in *DAP* for "A bird in the hand is worth two in the bush," only one mentions "one hundred birds" and describes the birds as "flying"; the parallel between this variant and the Spanish is clear, but there is no way of telling where the variant was recorded. The proverb is also listed in the chapter on "Immigrant Proverbs" in Mieder's *American Proverbs*, under "Proverbs of the Mexican-Americans," with the translation "A bird in the hand is more valuable than a hundred in flight" (1989:65).)

*A closed BOOK does not produce a learned man* [Ill.] (*DAP*, 61).
*LIBRO cerrado no hace letrado* (Spain: Sbarbi, 1943:548).

*He who sows BRAMBLES reaps thorns* [N.Y.] (*DAP*, 67).
*Quien ABROJOS siembra, espinas coge* (Spain: Sbarbi, 1943:27).

*In want of BREAD, it is well to have semitas* [*sic*] [Calif.] (*DAP*, 68).
*A falta de PAN, buenas son semitas* (Mexico: Rubio, $^{2}$1940:I, 41).
(The informant described *semitas* (also spelled *cemitas*) as a "Mexican biscuit-like bran preparation, eaten like crackers or bread." The proverb is a Mexican variant of the Spanish *A falta de PAN, buenas son tortas* (Sbarbi, 1943:397).)

*Don't expect three legs on a CAT when you know he has four* [Ariz.] (*DAP*, 86).
*No buscarle tres pies al GATO, sabiendo que tiene cuatro* (Mexico: Iglesias, 1989: 137).
(In Sbarbi's Spanish collection the proverb varies slightly: *Andar buscando tres pies al GATO, y el gato tiene cuatro* (1943:795). This proverb is listed in the chap-

ter on "Immigrant Proverbs" in Mieder's *American Proverbs*, under "Proverbs of the Mexican-Americans," in the shorter variant *No le busques tres pies al gato* and with the translation "Don't look for three feet on a cat" (1989:64).)

*He who rings the CHURCH BELLS is safe* [Calif.] (*DAP*, 99).
*En salvo está el que REPICA* (Spain: Sbarbi, 1943:880).

*Everything is according to the COLOR of the glass with which one views it* [Calif., N.Y.] (*DAP*, 106).
*Todo es asegún el COLOR del cristal con que se mira* (Mexico: Conde, 1971:390).

*Dirty CLOTHES are washed at home* [N.Y.] (*DAP*, 103).
*La ROPA sucia debe lavarse en casa* (Spain: Sbarbi, 1943:865).

*There are more DAYS than sausage* [N.Dak.] (*DAP*, 137).
*Más DÍAS hay que longanizas* (Spain: Sbarbi, 1943:331).

*DEEDS are love, not fine words* [Calif., Miss.] (*DAP*, 141).
*OBRAS son amores, no buenas razones* (Spain: Sbarbi, 1943:708).

*A barking DOG was never a good hunter* [Wis.] (*DAP*, 157).
*PERRO ladrador, nunca buen cazador* (Spain: Sbarbi, 1943:788).

*The DOG has four legs but he does not run on four roads* [N.Y., S.C.] (*DAP*, 161).
*El PERRO tiene cuatro patas y no puede andar a la vez por cuatro caminos* (Spain: Sbarbi, 1943:786).

*The lean DOG is all fleas* [Maine] (*DAP*, 161).
*PERRO flaco todo es pulgas* (Spain: Sbarbi, 1943:787).

*He who DOUBTS nothing knows nothing* [Ill.] (*DAP*, 166).
*Quien no DUDA, no sabe cosa alguna* (Spain: Sbarbi, 1943:359).

*EXPERIENCE is the mother of science* [Ohio] (*DAP*, 189).
*La EXPERIENCIA es madre de la ciencia* (Spain: Sbarbi, 1943:395).

*You can look in the EYES but not in the heart* [N.Y.] (*DAP*, 191).
*OJOS vemos, corazones no sabemos* (Mexico: Chávez Marroquín, 1998:274).
(This proverb is listed in the chapter on "Immigrant Proverbs" in Mieder's *American Proverbs*, under "Proverbs of the Mexican-Americans," with the translation "You can see a man's eyes but you cannot see his heart" (1989:64).)

*The more you stir FILTH the more it smells* [Ont.] (*DAP*, 208).
*La MIERDA cuanto más la hurgan, más huele* (Spain: Susaeta, n.y.:200).

*GOD aids him who changes* [Wis.] (*DAP*, 254).
*A quien se muda, DIOS le ayuda* (Spain: Sbarbi, 1943:342).

*GOD grips but does not choke* [Calif., N.Y.] (*DAP*, 255).
*DIOS aprieta pero no ahoga* (Spain: Sbarbi, 1943:344).
(This proverb is listed in the chapter on "Immigrant Proverbs" in Mieder's *American Proverbs*, under "Proverbs of the Mexican-Americans," with the translation "God squeezes but never chokes" (1989:64).)

*One HAIR of a woman draws more than a team of horses* [N.C., Ont.] (*DAP*, 273).
*Jala más un pelo de mujer que una yunta de bueyes* (Mexico: Rubio, $^{2}$1940:I, 267).
(The change from 'oxen' to 'horses' in the English presumably reflects the greater use of the latter on American farms.)

*A chestnut HORSE will die before tiring* [N.Y.] (*DAP*, 310).
*ALAZÁN TOSTADO, primero muerto que cansado* (Spain: Sbarbi, 1943:50).
(*DAP* gives one published reference, from *The Oxford Dictionary of English Proverbs* ($^{3}$1979:118), but the entry there is given merely as "A chestnut horse," and the citation, dated 1838, is a statement of the good qualities of such a horse but is not in the form of a proverb. The Spanish equivalent is widely recorded. *Alazán* refers to a horse that is a light reddish-brown in color, and *tostado* (lit., "toasted" or "sunburnt") modifies the description to a darker hue.)

*What is well LEARNED is not forgotten* [Miss., N.Y.] (*DAP*, 366).
*Lo bien APRENDIDO, nunca olvidado* (Spain: Iribarren & Ollaquindia, 1983:72).

*Many LITTLES make a lot* [N.Y.] (*DAP*, 379).
*Muchos POCOS hacen un mucho* (Spain: Sbarbi, 1943:809).

*If you work for two MASTERS, you must lie to one of them* [Ill.] (*DAP*, 63).
*Quien a dos SEÑORES ha de servir, al uno ha de mentir* (Spain: Oliver, 1983:150).

*Having finished the MEAL, the company leaves* [Calif.] (*DAP*, 108).
*COMIDA hecha, compañía deshecha* (Spain: Sbarbi, 1943:256).

*MONKEY knows what tree to climb* [Ohio] (*DAP*, 418).
*MONO sabe el palo que trepa* (Puerto Rico: Fernández Valledor, [1971]:1791).

*When ONE will not, two cannot quarrel* [Mich.] (*DAP*, 39).
*Cuando UNO no quiere, dos no riñen* (Spain: Campos & Barella, $^{3}$1996:299).

*It is pleasant to look on the RAIN when one stands dry* [Ill.] (*DAP*, 498).
*Bonito es ver LLOVER y no mojarse* (Mexico: Ibáñez de Sámano, $^{2}$1986:26).

*Because you RISE EARLIER does not mean it will be daylight* [N.Y.] (*DAP*, 174).
*No por mucho MADRUGAR amanece más temprano* (Spain: Sbarbi, 1943:572).

*He that's a good ROOSTER will crow in any henyard* [N.Mex.] (*DAP*, 516).
*El buen GALLO en todo gallinero canta* (Spain: Sbarbi, 1943:427).
(This proverb is listed in the chapter on "Immigrant Proverbs" in Mieder's *American Proverbs*, under "Proverbs of the Mexican-Americans," with the translation "A good rooster will crow in any chicken coop" (1989:64). It is also listed in English in the chapter entitled "Proverbs Current in the Various States" under "New Mexico" as "He that's a good rooster will crow in any henyard" (1989:88).)

*Every SHEEP with its like* [Texas] (*DAP*, 534).
*Cada OVEJA con su pareja* (Spain: Sbarbi, 1943:729).

*SORROW for the husband is like a pain in the elbow: sharp and short* [N.Y.] (*DAP*, 553).
*DOLOR de esposo, dolor de codo, duele mucho y dura poco* (Spain: Tapia Rodríguez, 1989:59).
(There is a certain ambiguity in both the English and Spanish versions of this proverb. The Spanish saying is generally interpreted as referring to the sorrow *of* the husband, and in many variants the noun *esposo* 'husband' is replaced by *viudo* 'widower,' thus removing the ambiguity; the English version, as worded in *DAP*, refers to sorrow *for* the husband, although if one were to insert a comma after the words *sorrow* and *husband* the meaning would change.)

*Full STOMACH, contented heart* [N.Mex.] (*DAP*, 564).
*BARRIGA llena, corazón contento* (Mexico: Conde, 1971:60).

*By TALKING, people understand one another* [N.Y.] (*DAP*, 582).
*La gente HABLANDO se entiende* (Spain: Sbarbi, 1943:437).

*The more you do, the less THANKS you get* [Ont.] (*DAP*, 587).
*Al que hace más, se le AGRADECEN menos* (Mexico: Rubio, $^{2}$1940:I, 40).

*Little by little one TRAVELS far* [Calif., Minn.] (*DAP*, 608).
*Poco a poco SE VA lejos* (Spain: Iribarren & Ollaquindia, 1983:72).

*Your TURN today, mine tomorrow* [Fla.] (*DAP*, 619).
*Hoy POR TI, mañana por mí* (Spain: Sbarbi, 1943:495).

*WATER that has passed cannot make the mill go* [Mich., N.Y.] (*DAP*, 642).
*AGUA pasada no mueve molino* (Spain: Sbarbi, 1943:38).

*There's no worse WEDGE than the one from the same log* [Wis.] (*DAP*, 647).
*No hay peor CUÑA que la del mismo palo* (Spain: Sbarbi, 1943:300).

*To one who understands, few WORDS are needed* [Calif., Ont.] (*DAP*, 673).
*Al buen entendedor, pocas PALABRAS* (Spain: Sbarbi, 1943:375).

## *Bibliography*

Arora, Shirley L. 2009. "Crossover Proverbs: A Preliminary Sampling." In: Kevin J. McKenna (ed.). *The Proverbial "Pied Piper": A Festschrift Volume of Essays in Honor of Wolfgang Mieder on the Occasion of His Sixty-Fifth Birthday*. New York et al.: Peter Lang, 47–62.

Campos, Juana G. & Ana Barella. $^{3}$1996. *Diccionario de refranes*. 3$^{rd}$ ed. Madrid: Espasa Calpe [contains the proverbs formerly included in the Real Academia Española's *Diccionario de la lengua española*, augmented by proverbs quoted from famous classical and modern Spanish authors].

Chávez Marroquín, Felipe de Jesús. 1998. *Al buen entendedor [.][.][.]: Dichos, refranes, frases coloquiales*. [Nuevo León, Méx.]: Imprenta Universitaria de la U[niversidad] A[utónoma] [de] N[uevo] L[eón].

Conde, Manuel E. 1971. *Dichos ciertos [.][.][.] y ciertos dichos*. México City: B. Costa-Amic.

[DAP]. Wolfgang Mieder & Stewart A. Kingsbury & Kelsie B. Harder (eds.). 1992. *A Dictionary of American Proverbs*. New York et al.: Oxford University Press.

Fernández Valledor, Roberto. [1971]. *Del refranero puertorriqueño en el contexto hispánico y antillano*. [Madrid]: Editorial Siruela.

Ibáñez de Sámano, M. Julia. $^{2}$1986. *Mil y un refranes*. 2$^{nd}$ ed. México City: Federación Editorial Mexicana.
Iglesias, Adela. 1989. *Del dicho al hecho: Los más selectos refranes prácticos*. México City: Selector.
Iribarren, José María & Ricardo Ollaquindia. 1983. *Refranero Navarro*. Burlada, Navarra: Fondo de Estudios y Publicaciones.
Mieder, Wolfgang. 1989. *American Proverbs: A Study of Texts and Contexts*. Bern et al.: Peter Lang (Sprichwörterforschung, 13).
Oliver, Juan Manuel. 1983. *Refranero español*. Madrid: Sena Editorial.
Rubio, Darío. $^{2}$1940. *Refranes, proverbios y dichos y dicharachos mexicanos*. 2$^{nd}$ ed. 2 vols. México City: A.P. Márquez.
Sbarbi, José María. 1943. *Gran diccionario de refranes de la lengua española*. Buenos Aires: Joaquín Gil.
Smith, William George (comp.) & F.P. Wilson (ed.). $^{3}$1979. *The Oxford Dictionary of English Proverbs*. 3$^{rd}$ ed. London et al.: Oxford University Press.
[Susaeta]. n.ed. n.y. *Antología de refranes españoles*. Madrid: Susaeta Ediciones.
Tapia Rodríguez, Javier. 1989. *Refranes*. Barcelona: Edicomunicación.

# Proverbial Advice Dealing with One's Health

*Saša Babič*

*A happy heart is one-half of health.*
(Slovenian proverb)

Man attempts to organize his life in a general way. Such organization also includes linguistic constructions such as proverbs. Proverbs are usually understood in a broader sense, including instructions and superstitions in proverbial form. Advice and superstitions also provide a framework and organization of one's life – with warnings, advice, prohibitions, assumptions, etc. In this paper we will distinguish instructions or advice from superstitions as they apply to legal proverbs; we will concentrate on proverbial instructions dealing with health.[1]

## Proverbial Advice Versus Proverbs

Instructions or advice relate to sentences which provide direction and advice about how to behave in order to maintain one's health: *Jabolko na dan odžene zdravnika stran / An apple a day keeps the doctor away*; to get the best harvest (an agronomic proverbial instruction): *Če Gabrijela (marec) zmrzuje, slana več ne škoduje / If there is frost on Gabriel (March), it will not harm the harvest*; or what kind of weather one can expect (proverbial advice related to weather): *Kakor se Medarda (junij) zdani, vreme še štirideset dni trpi / As the weather is on Medard (June), so it will be the next forty days*. These proverbial forms are often marked as maxims.

Characteristics which distinguish instructions from real proverbs most often take the form of superstitions (frequent among weather proverbs) and the exact context of use, meaning, and reference of the instruction or advice: Proverbial advice relating to health semantically apply only to health and provide advice about how to maintain one's health or to remain healthy.[2] Although legal proverbs and proverbial instructions are based on inter-generational observations and knowledge, the main difference between proverbial advice and legal proverbs lies in the message: Proverbs carry moral values or wisdom, while proverbial instructions or maxims carry an assumption of the future (weather, harvest, health, etc.), warnings, advice, and forecast predictions. All proverbial instructions have a pronounced cognitive function, which is, in certain cases, most often related to observations and, consequently, forecasting: How a certain human behavior and the way of life influence health.

Proverbial instructions and advice are most often connected to the local area, especially weather proverbial instructions, and are therefore more specific to a certain region, state, etc.

## Proverbial Advice Related to Health

Proverbial advice dealing with one's health relate to a group of proverbial sentences that mainly contain advice about how to be healthier as well as about the value of health itself. Dundes (1987 [1975]) distinguishes so-called medical proverbs from legal proverbs and characterizes them as superstitions. Therefore, we cannot refer to those proverbial sentences as proverbs, but as proverbial instructions.

However, it can be argued that we cannot define those sentences only as superstitions. Such sentences still show the wisdom of many generations as well as certain physical facts. Still, proverbial advice composes a group of instructions, because of their focused significance on a health/medical topic and the lack of metaphor.

Here we will present Slovenian material on the topic of health proverbial advice and instructions. This material, divided into nine subgroups by semantic characteristics, is taken from the archives of the Institute of Slovenian Ethnology (SRC SASA Ljubljana, Slovenia). These archives consist of proverbs from older texts as well as ranging up to contemporary usage. Therefore this list of proverbial instructions or advice related to one's health consists of current instructions (marked with an asterisk '*') and those, which are no longer in use.

*Food Instructions*

*Jabolko na dan odžene zdravnika stran.* / An apple a day keeps the doctor away.*

*Jabolko je zjutraj zlato, opoldne srebro, zvečer svinčeno.* / An apple in the morning is gold, in the noon is silver, and in the evening is lead.*

*Zmerno jesti in piti, to je zdravo za dušo in telo, pa tudi za mošnjo. / Reasonable eating and drinking, is healthy for your body and soul, as well as for the purse.*

*Obilne hrane vzeti ni, da ti za zdravje skrbeti ni. / If there is no heavy food, there is no need to worry about health.*

*Kar ni pozdravil zdravnik, bo pozdravil post. / If the doctor couldn't heal the disease, fasting will do so.*

*Za vsako bolezen raste zdravilna rastlina.* / For every disease grows a plant.*

*Value of Health*

*Dokler smo zdravi, zdravja ne štimamo. / As long as we are healthy we don't pay attention to our health.*

*Zdravi počutki so velika dobrota. / Good feelings offer great wealth.*

*Bolje zdravje brez bolečin, nego sto užitkov in dobrin. / Better health without pain than hundreds of pleasures and good things.*

*Bolezni sto imamo, a zdravje eno samo. / There are hundreds of diseases, but we have only one health.*

*Ne špotaj se zdravju i bogastvu i debelemu volu. / Don't complain about health and wealth or a fat ox.*

*Zdravje prinaša najvišje obresti. / Health brings the highest interests.*

*Zdravje je več kot kup zlata. / Health is worth more than a pile of gold.*

*Zdravo telo narboljše blago; skazi se lahko, popravi težko. / A healthy body is the best merchandise; it is easy to break and hard to fix.*

*Behavior and Health*

*Veselo srce pol zdravja.* / A happy heart is one-half of health.*

*Dobra misel, pol zdravja.* / A good thought is one-half of health.*

*Kar je nekoga veselje, je njegovo zdravje. / What makes someone happy, makes him healthy.*

*Smeh je najboljše in najcenejše zdravilo.* / Laughter is the best and the cheapest medicine.*

*Smeh je pol zdravja.* / Laughter is one-half of health.*

*Zdravje prihaja od srca in bolezen do srca. / Health comes from the heart and disease goes to the heart.*

*Zdravi ne potrebuje zdravila. / A healthy person doesn't need any medicine.*

*Zdrav razum v zdravem telesu.* / A healthy mind in a healthy body.*

*Zdraviti se je treba, ko si še zdrav. / One needs to heal himself when he is still healthy.*

*Nezmernost hrani zdravnika. / Overindulgence feeds the doctor.*

*Hitro spat in zgodaj vstat, kdor hoče biti zdrav in mlad. / Early to bed and early to rise, if you want to remain healthy and young.*

*Zdravja pridobiš samo, če vstajaš pred sončnim vzhodom. / One gets healthy only if he wakes up before sunrise.*

*Boljši je en prdec kot sedem zdravnikov. / Better one fart than seven doctors.*

*Potrpljenje je za vsako bolezen prvo in najpomembnejše zdravilo. / Patience is the best medicine for every disease.*

*Vsak človek je sebi najboljši zdravnik. / Every man is his own best doctor.*

*Delo in počitek zdravje ti ohrani, zmernost pa zdravniku v hišo brani. / Work and rest in order to keep healthy, moderation keeps the doctor out of the house.*

*Bolj občutimo kapljico bolezni kot pa sod zdravja. / We feel a drop of disease more than a barrel of health.*

*Bolje preprečiti, kakor lečiti. / Better to prevent than to heal.*

*Deset starih bab (ali dedcev) – enajst bolezni. / Ten old bags (or geezers) – eleven diseases.*

*Old Age and Health*

*Zdravje s curkom prejde, po niti raste. / Health goes with the flush and grows by the thread.*

*Zdravje po niti gor, po curku dol. / Health goes up by the thread and down in a stream.*

*Zdravje laže izgubiš nego znova ga dobiš. / It is easier to lose one's health than to win it back.*

*Bolezen pride z brzovlakom, zdravje pa s počasnim korakom. / Disease comes like a fast train, health comes with a slow step.*

*Pač vsak bi ljubo zdravje ljubil, ko ga je že izgubil. / Everyone would love precious health when it is already lost.*

*Health and Money*

*Zdravje drago blago. / Health is an expensive merchandise.*

*Zdravje je največje bogastvo.* * */ Health is the greatest wealth.*

*Kdor je vedno zdrav, je dovolj bogat. / The one who is always healthy is rich enough.*

*Boljša je zdrava sapa ko denar. / Better a healthy breath than money.*

*Brez zdravja ni bogastva. / No health, no wealth.*

*Bolje zdravemu v siromaštvu, nego li bogatinu v bolezni. / It is better for the healthy person to be poor than for a rich man to be ill.*

*Siromaštvo mati zdravja. / Poverty – mother of health.*

*Health and Death*

*Smrt vse ozdravi, kar boli.* * */ Death cures everything that hurts.*

*Smrti ni zdravila. / For death there is no medicine.*

*Bolni bolujejo, a zdravi umirajo. / The ill suffer, the healthy are dying.*

*Zemlja vse pozdravi.* * */ Earth cures everything.*

*Kdor kašlja, dolgo živi.* * */ He who coughs lives a long life.*

*Health and Cleanliness*

*Snaga in red je pol zdravja. Snaga in red vzdržujeta svet. / Cleanliness and order is one-half of health. Cleanliness and order keep the world going.*

*Attitudes Towards the Doctor*

*Zdravnika pa sodnika se boj. / Fear the doctor and the judge.*

*Zdravnik zdravi, narava popravi. / A doctor treats, nature heals.*

*Zdravnik zdravi, zelena zdravila pa pozdravijo. / A doctor treats, herbs heal.*

*Veliko zdravnikov – gotova smrt. / Many doctors – certain death.*

*Other*

*Sveti Valentin zdravje naših bolečin. / Saint Valentine – healer of our pains.* (The only proverbial sentence which mentions a saint.)

One notes metonymy, personification (especially in connection with death), and rhyme in proverbial advice. All these figures of speech, schemes and the sentence structure of proverbial advice imitate legal proverbs. Because of the proverbial sentence structure and the figures of speech proverbial advice dealing with one's health provide a subgroup of proverbs.

Nevertheless, some proverbs contain medical words or the term 'health' in a metaphorical sense. Such proverbs are legal proverbs:

*Kar je pravo, to je zdravo. / What is right is always healthy.* (The right choice is always good.)

*Lahko je raniti, težko ozdraviti. / It is easy to hurt and hard to heal.* (This proverb concerns feelings: It is easy to make someone sad, but it is difficult to make him well again.)

*Govorilo je zdravilo. / Talking is medicine.* (Talking is healthy.)

*Čas ozdravi vse bolečine.** */ Time heals all pain.* (In the course of time, also emotional pain disappears.)

*Čas je najboljši zdravnik.** */ Time is the best doctor.* (Over the course of time, everything is cured.)

*Kdor je dolžan, ta je na zdravem bolan. / If one is in debt, when healthy he is ill.* (Indebtedness can be stressful.)

*Mož ljubi zdravo ženo, brat bogato sestro. / A husband loves a healthy wife, a brother loves a wealthy sister.* (A husband reaps the greatest benefits from a healthy wife, a brother from a wealthy sister.)

*Oko se drugače zdravi kot peta. / An eye is cured differently than a heel.* (One cannot cure different diseases with the same medicine or procedures.)

*Ena garjava ovca osmradi deset zdravih, ena zdrava pa ne more ene bolne ozdravit.** */ One mangy sheep makes ten healthy sheep stink, but one healthy sheep cannot heal the sick one.* (It is easy to break things and hard to fix them.)

*Ljubezen je bolezen.*[*] / *Love is an illness.* (If someone is in love he/she does crazy things.)

We continue to hear many of these proverbs today. It seems that in many cases health is a topic that should be spoken about indirectly. For example: If we want to tell someone to eat more healthily, we will say *An apple a day keeps the doctor away*; but on the other hand, even though the meaning is supposed to be broader, an *apple* does not stand for bananas or pears or broccoli. The word *apple* relates to wholesome food in general, or just to an apple.

## Conclusions

Proverbial advice dealing with one's health pertain to a group of proverbial sentences that mainly contain advice on how to improve one's health as well as the value of health in general. Such sentences show the wisdom of many generations and also some physical facts: We can remain healthy if we eat well and not in too great a quantity, if we are optimistic, and if we laugh a lot. It is easy to lose one's health and difficult to get it back. And, health has a great value in one's life: If we are not healthy we cannot function satisfactorily in this world. If we are ill, then death will end all our problems.

Because of the imitation of the proverb structure, as well as the rigidity of content and use, proverbial advice related to health are usually understood as legal proverbs among general speakers.

Although there is a lack of metaphorical language and a broader context, these instructions tell us a lot about the perception of health in past centuries: The doctor was expensive, health was necessary to survive in the ages of mainly agrarian life in the Slovenian region. Therefore, it wasn't just a problem of commodity: Being healthy meant to survive.

Some proverbial advice and instructions related to health are rarely used nowadays or are no longer familiar, e.g. *Bolje zdravemu v siromaštvu, nego li bogatinu v bolezni / It is better for the healthy one to be penniless than for a rich man to be ill*, *Siromaštvo mati zdravja / Poverty – mother of health*. The reason is definitely in a better hygiene, better availability of doctors (also financially), and better medicine. More diseases are curable; people are healthier in general in the western world. Nevertheless, there is much proverbial advice related to health that continues to encourage us to live healthier – no doubt there are many more new ones to come.

### *Notes*

1 Walter K. Kelly (2002 [1869]:199) uses the term 'maxims' relating to health; Wolfgang Mieder and Deborah Holmes (2000:94) speak about "medical proverbs."

2 Alan Dundes (1987 [1975]) categorizes weather proverbial instructions as superstitions and not as proverbs. His argument for such a categorization is that those sentences are never metaphorical; they just imitate the proverb structure (rhythm, rhyme, and conciseness), which cannot be an adequate argument to accept advice or instructional sentences as proverbs. Mieder and Holmes

(2000:94 & 95) also call in question the categorization of weather proverbs among real proverbs: The exceptions are proverbs with weather elements and a semantically wider theme (general truth), e.g. *Strela nikoli ne udari dvakrat na isto mesto / Lightening never strikes twice at the same place*, *Po toči zvoniti je prepozno / It is too late to ring the bells after the hail.*

## *Bibliography*

Dundes, Alan. 1987 [1975]. "On the Structure of the Proverb." In: Wolfgang Mieder (ed.). *Proverbium: 16 (1971) – 25 (1975)*. Ed. by J. Krzyżanowski & M. Kuusi & D. Loukatos & A. Taylor. Bern et al.: Peter Lang (Sprichwörterforschung, 9/2), 961–973 [Reprint of the editions Helsinki, Suomalaisen Kirjallisuuden Seura, 1971–1975].

Kelly, Walter K. 2002 [1869]. *A Collection of the Proverbs of All Nations: Compared, Explained, and Illustrated*. Ed. by Wolfgang Mieder. Burlington, Vt.: The University of Vermont (Supplement Series of Proverbium: Yearbook of International Proverb Scholarship, 11) [Reprint of the edition Andover, Mass., Warren F. Draper, 1869].

Mieder, Wolfgang & Deborah Holmes. 2000. *"Children and Proverbs Speak the Truth": Teaching Proverbial Wisdom to Fourth Graders*. Burlington, Vt.: The University of Vermont (Supplement Series of Proverbium: Yearbook of International Proverb Scholarship, 7).

# Parent-Child Relationships in French Proverbs*

*Peter Barta*

## 1 Introduction

In an attempt to spell out various mentalities, we have explored parent-child relationships with a special focus on education, as depicted by proverbs. Research conducted from a sociological, psychological, pedagogical or demographic perspective may yield complementary, or even different, conclusions in this matter. The examination of private documents may also produce statistical data inaccessible through the means of paremiology (e.g. about the age gap between two generations, the number of children, etc.). However, such an inquiry was not the aim of this paper.

## 2 The Corpus of Proverbs Examined

Proverbs have countless definitions. They represent different stages of reflection, diverse points of view and, most of all, they serve different purposes. Since our focus is not a theoretical examination of the genre of proverbs, but rather a study of particular sayings, this paper is based on previous and generally accepted definitions (Arnaud, 1991; Mieder, 2004:2–4).

We relied on a variety of sources: Collections, monographs, studies, monolingual and multilingual dictionaries and the Internet.[1] We scanned them according to certain keywords (father, mother, parent, son, daughter, child, education). The meaning of these keywords often had to be specified in the given phrase (e.g. *parent* 'father or mother' and not 'person belonging to the same family,' *fille* 'female person related to her parents' and not 'female child or young adult'). We included proverbs related to our topic, but also used to express other ideas, e.g. *Lorsque la jeune fille est mariée on ne manque pas de gendres* ('When a young girl has got married, there is no shortage of sons-in-law'). Other proverbs concerning our subject, but not referring to it directly on a lexical level, were also added to the corpus such as *À laide chatte, beaux minous* ('An ugly female cat has nice kittens'). We omitted proverbs that could be relevant, but whose use is much more extensive than the present field of research, e.g. *Bonne renommée vaut mieux que ceinture dorée* ('A good reputation is worth more than a gilded belt'). In this way, we ended up with about 200 proverbs. Their exact number is difficult to determine, as the borderline between synonymous proverbs and their variants is vague.

The corpus comprises French proverbs from different regions, ages and social categories. Due to their nature, the sources did not allow for taking into consideration the context of the proverbs.

# 3 Analysis

## *3.1 Children: To Have or Not to Have*

It is not the quality of the filial relations that the analysis should begin with, but the question of the presence of such relations or their absence in the absence of children.

In many societies and ages, it has been an obligation to have children. This expectation could be motivated by the following:

- An economic necessity: The help received from one's children was indispensible first for working around the house and later on, for taking care of aged parents;
- a religious prescription;
- a psychological necessity;
- a basically inevitable consequence of sexual life, for lack of modern contraceptive devices.

Now let us see some proverbs that promote the necessity to have children. *À pauvres gens, enfants sont richesses* ('To poor people, children are a fortune') – an economic necessity. All people (supposing that they were happy as children) are presumed to want to have some: *Il n'y a enfant de bonne mère qui n'en veuille estre* ('There is no child borne by a good mother who would not want to be a mother'). Another saying advises that some people (priests) should not have any children: *Dieu a ôté les enfants aux prêtres, le diable leur a donné des enfants* ('God took children from priests, the devil gave them some'). Finally, the following proverb settles the question of having children by a synthesis: *Il est heureux qui a des enfants, / Il n'est pas malheureux qui n'en a point* ('He who has children is happy, / He who has none is not unhappy').

## *3.2 The Child's Gender – Predictions and Implications*

Long before the age of ultrasound, natural curiosity incited predictions about the gender of the child to be born. This is also reflected in proverbs as shown by *Ventre pointu n'a jamais porté chapeau* ('A pointed belly has never worn a hat'), meaning that a pointed belly announces the birth of a girl. Judging by some recent comments collected on the Internet, it is still believed that there is a connection between the (pointed or round) shape of the belly and the child's sex, but the opinions contradict each other as to which shape would announce which gender.

Other superstitions are based on the so-called "clock test" and the presence or absence of morning sickness during pregnancy. These superstitions can be found in France as anywhere, but no trace of them could be detected in proverbs.

Which sex do parents prefer for their children? Theoretically, they might want to have

- boys (e.g. to serve as material support and to pass on the family's name);
- girls (e.g. in the hope that they would be more obedient and gentle);

- boys and girls: *Souhait du roi, fils et fille* ('The king's wish (is to have) a son and a daughter') – children of both sexes.

Children's gender determines their status: The status of boys and girls differs from each other considerably.

Girls are defined with respect to their father and their future husband, whereas boys are more autonomous. "They [the girls] are men's descendents to be married to men," says Segalen (1975:124), but we cannot fully agree with her. To give a rural example: "The old Provencal custom, according to which they added not the family name, but the mother's first name to the child's first name, in order to avoid possible confusion" in places where only few (undoubtedly patronymic) family names were in use (Pompa, 1986:29). This inherent value of boys and this value in relation with others of girls highlights the status of grown-up men and women: The latter find their raison d'être in the children they give birth to, as in *L'enfant est l'ancre de la mère* ('The child is the mother's anchor').

"From the discourses emerges the image of a feminine model in harmony with the masculine wishes of the father or the husband," Segalen goes on (1975:124), and this time, we can agree with her completely.

Let us cite a few examples to illustrate the different status of boys and girls:

*Aux gars on promet, / Aux filles on donne* ('To boys, one promises, / To girls, one gives').

*Garçon doit être mal vêtu, bien nourri, bien battu* ('Boys should be badly dressed, well-fed and well-beaten').

*La fille bonne est bien vêtue, mal nourrie, couche tard, levée tôt* ('A good girl is well-dressed, badly fed, she goes to sleep late and rises early').[2]

*La meilleure amie d'une fille est sa mère* ('A girl's best friend is her mother').[3]

*Marie ton fils quand tu voudras, mais ta fille quand tu pourras* ('Marry off your son when you want to, but (marry off) your daughter when you can').

*Qui désobéit ses père et mère pourra bien désobéir un mari* ('Whoever disobeys her father and mother could very well disobey a husband').

When the proverb talks about a grown-up daughter, it mentions the son-in-law as well:

*Morte ma fille, mort mon gendre* ('My daughter is dead, my son-in-law is dead').

*On ne peut faire d'une fille deux gendres* ('One cannot make two sons-in-law from one daughter').

*Lorsque la jeune fille est mariée on ne manque pas de gendres.*

*Si tu maries bien ta fille, tu gagnes un fils; si tu la maries mal, tu perds ta fille* ('If you marry off your daughter well, you gain a son; if you marry her off badly, you lose your daughter').

When the proverb focuses on the son, it does not evoke (as far as we know) the daughter-in-law.

This difference between the status of men and women is also reflected in the limit of their education: *Enfant nourri de vin, / Femme parlant latin, / Rarement font bonne fin* ('A child fed with wine, / a Latin speaking woman, / rarely finish off well'). The knowledge of a woman should not surpass that of her husband.

### *3.3 How Many Children to Have?*

What do the proverbs tell us about the ideal number of children?

> *Celui qui n'a qu'un enfant n'en a aucun* ('He who has but one child has not got any').
>
> *Enfant unique, enfant de deuil* ('An only child, a child of grief').

They allude to the risk of losing an only child, and this risk was all the more realistic as infant mortality used to be much higher before the modern times. Therefore, one should have several or even many children.

The proverb *À pauvres gens, enfants sont richesses* can be interpreted not only as showing the necessity to have a child instead of not having one, but also as an invitation to have several: The more children we have, the richer we are.

### *3.4 Resemblance or Dissimilarity of Parents and Children: Education and/or Heredity*

Let us take a look at some proverbs that deal with the resemblance and dissimilarity of parents and children.

#### 3.4.1 Resemblance

- positive

  *Bon chien chasse de race* ('A good dog hunts (thanks to) his ancestry').

  *Bon sang ne peut mentir* ('Good blood cannot lie').

  *Choisis la vigne de bon plant et la fille de bon parent* ('Choose the vine of the right plant and the daughter of the right parent').

- negative

  *D'un sac de charbon ne peut sortir que de la poussière noire* ('Only black powder can come out of a coal sack').

  *De mauvais corbeau, mauvais œuf* ('From the wrong crow, a bad egg').

- no value judgment

  *Tel père, tel fils* ('Like father, like son').

*Telle mère, telle fille* ('Like mother, like daughter').

*On reconnaît l'arbre à ses fruits* ('One recognizes the tree from its fruits').

*La pomme ne tombe jamais loin de l'arbre* ('The apple never falls far from the tree').

*Tel arbre, tel fruit* ('Like tree, like fruit').

*La chèvre a sauté en la vigne, aussi y sautera la fille* ('The goat jumped on the vine and so will its daughter').

*La fille suit le chemin de la mère* ('The daughter follows the mother's path').

*Le jeune corbeau croasse à l'exemple du vieux* ('The young crow caws like the old').

*Quand la chèvre saute au chou / Le chevreau saute itou* ('When the goat jumps at the cabbage / the kid will also jump').

3.4.2 Dissimilarity

- negative parent – positive child

  *À laide chatte, beaux minous.*

  *Bois inutile et tortueux porte le fruit précieux* ('Useless and tortuous wood bears a precious fruit').

- positive parent – negative child

  *À père amasseur fils gaspilleur* ('To a hoarder father, a spendthrift son').

  *Femme trop piteuse rend sa fille teigneuse* ('Too indulgent a woman makes her daughter nasty').

  *Père ménager, fils prodigue* ('Sparing father, prodigal son').

  *Père doux et piteux fait les enfants malheureux et paresseux* ('A mild and indulgent father makes the children unhappy and lazy').

  *Une bonne souche porte bien un mauvais scion* ('A good stump can produce a bad scion').

- dissimilarity without value judgment

  *À père avare, enfant prodigue; à femme avare, galant escroc* ('A niggard father, a prodigal son; a niggard woman, a swindler beau').

  *On ne suit pas toujours ses aïeux ni son père* ('One does not always follow one's ancestors or father').

We have tried to present the proverbs of this category in the form of figures and a table in order to better map out the trends of resemblance and dissimilarity between fathers, mothers or simply a parent and a son, a daughter or just a child.

| | resemblance | | | dissimilarity | | | total |
|---|---|---|---|---|---|---|---|
| | + | – | +/– | *parent* + | *parent* – | +/– | |
| father – son | | | 1 | 3 | | 1 | **5** |
| father – child | | | | 1 | | 2 | **3** |
| mother – daughter | 1 | | 4 | 1 | | | **6** |
| mother – child | | | 1 | 1 | 1 | | **3** |
| parent – daughter | 1 | | | | | | **1** |
| parent – child | 2 | 2 | 10 | 1 | 1 | | **16** |
| **total** | **4** | **2** | **16** | **7** | **2** | **3** | **34** |

Apparently, there are nearly twice as many proverbs dealing with resemblance (22) than dissimilarity (12). Resemblance prevails as a rule even in certain utterances about dissimilarity such as *Une bonne souche porte bien un mauvais scion* and *On ne suit pas toujours ses aïeux ni son père*. Most of the sayings about resemblance do not carry a value judgement. In the case of dissimilarity, the point of departure is usually the positive parent. The parent's gender is not specified in half of the proverbs, while in the other half, mothers and fathers occur in basically equal numbers. The child's sex is specified in only one third of the proverbs; sons and daughters are almost equally represented. We can state, although with caution due to the low number of phrases examined, that proverbs tend to mark resemblance rather than dissimilarity and that they do not distinguish parents or children by their gender. When there is a differentiation, parents and children of the same sex are associated. Generalization, characteristic of proverbs, can be seen also from the fact that the texts about resemblance and dissimilarity do not specify whether their observation holds true for physical, mental or moral qualities.

The majority of the proverbs cited in this chapter have so far implied that resemblance can be prevalently put down to hereditary reasons.[4] Nonetheless, a modest number of texts claim that education counts more (i.e. it can correct hereditary defects or on the contrary, spoil the effect of lucky genes):

> *Les enfants sont ce qu'on les fait* ('Children are what one makes of them').
>
> *Fille telle comme elle est élevée, / Et estoupe comme elle est filée* ('The girl is as she is raised, / And the tow is as it is spun').
>
> *Nourriture passe nature* ('Nourishment surpasses nature').
>
> *Par mauvaise compagnie enfants suivent mauvaise vie* ('Through bad company, children lead a bad life').

Receiving proper education is also in the interest of the community: *Jeunesse mal instruicte, cite destruicte* ('Youth badly instructed, city destroyed').

### *3.5 The Difficulty of Raising Children*

It is not easy to raise children: *Quand le rossignol a vu ses petits, il ne chante plus* ('When the nightingale sees his offspring, he sings no more'), that is to say, carefree life stops where parental responsibility begins. Moreover, its difficultness only increases with time:

> *Petits enfants, petits tourments; grands enfants, grands tourments* ('Small children, small torments; big children, big torments').
>
> *Petits enfants, petite peine; / Grands enfants, grande peine* ('Small children, small trouble; / Big children, big trouble').

Why is child raising so difficult?

> *Mauvaise fille à sa mère fait la nicque* ('A bad girl thumbs her nose at her mother').
>
> *On se croit toujours plus sage que sa mère* ('One always considers oneself cleverer than one's mother').

The education of boys is more troublesome, but girls present more problems from the age of puberty, and it is particularly hard to marry them off (see 3.7).

### *3.6 The Roles of Mothers and Fathers: Similar or Different?*

Essentially, the two parents have similar roles:

- Children owe obedience to both of them: *Qui désobéit ses père et mère pourra bien désobéir un mari*;
- they both have to be strict (see 3.10);
- their children resemble them or not (see 3.4).

However, their role is different in several respects:

- The father is conceptualized more as a link with society, while the mother stands for affection and intimacy:

  > *Qui perd son père il perd l'honneur, / Qui perd sa mère il perd douceur* ('He who loses his father loses honour, / He who loses his mother loses sweetness').
  >
  > *Colère de mère ne passe pas la nuit* ('A mother's anger does not live through the night').
  >
  > *Folle mère pour enfant* ('A mother is crazy for her child').
  >
  > *L'amour d'une mère est toujours dans son printemps* ('The love of a mother is always in its spring').
  >
  > *Une maman est un bon bol à couvercle* ('A mum is a good bowl with a lid').

*Tendresse maternelle / Toujours se renouvelle* ('The motherly tenderness / Is always renewed').

*L'asile le plus sûr est le sein de sa mère* ('The safest haven is the breast of one's mother').

*Donnant et prenant fait mère et fille amies* ('Giving and taking make mother and daughter friends').

*La meilleure amie d'une fille est sa mère.*

- When it comes to money between parents and children, the parent role always refers to the father, and not the mother:

  *Le père nourrit la fille et le voisin la marie* ('The father feeds the daughter and the neighbour marries her').

  *Quand le père donne au fils, rit le père, rit le fils; quand le fils donne au père, pleure le père, pleure le fils* ('When the father gives to the son, the father and the son laugh; when the son gives to the father, the father and the son cry').

  *Un père peut nourrir cent enfants, mais cent enfants ne nourrissent pas un père* ('A father can feed a hundred children, but a hundred children do not feed a father').

  *À père amasseur fils gaspilleur.*

  *À père avare, enfant prodigue; à femme avare, galant escroc.*

All these proverbs indicate that the mother does not dispose of the goods of the family; her authority in financial matters can only be evoked in the relations between the woman and her suitor.

### *3.7 Parents Marry Off Their Daughter*

Since the "normal" status of a grown-up human being is being married (see 3.1), it is the parents' duty to take care of that. However, a significant difference can be observed in the proportion of proverbs dealing with the marriage of male and female children (see 3.2 on the different status of sons and daughters). A minority of the proverbs talk about the marriage of boys, e.g. *Choisis la vigne de bon plant et la fille de bon parent*, while the overwhelming majority of the texts concerning the marriage of children focuses on the marriage of daughters. That is what we will now examine in detail.

"In fact, three variables seem to come into the picture regarding marriage when it is a girl who should be wed: Her physical beauty, her reputation, and the material goods given by her father. And these three variables are interdependent [...]" (Segalen, 1975:126), compared and often inversely proportionate: The presence of one compensates for the lack of the other. We will examine them one by one.

As shown by the following examples, beauty is an important factor for marrying off one's daughter:

*Fille qui plaît est à moitié mariée* ('A girl who pleases is half married').

*Belle fille à marier rien à lui donner* ('A pretty girl to marry off, nothing to be given with her').

*Jolie fille porte sa dot au front* ('A pretty girl has her dowry on her forehead').

*Les guenilles et les belles filles trouvent toujours à se placer* ('Rags and pretty girls always find a place for themselves').

*Fille jolie trouve toujours un mari* ('A pretty girl always finds a husband').

*Jolie fille vaut une vigne* ('A pretty girl is worth a vineyard').

*Fille riche et jolie, pas plutôt nubile, est mariée* ('A rich and pretty girl, as soon as she is nubile, is married').

*La beauté d'une fille ne la marie pas, elle ne lui nuit pas disent les belles* ('The beauty of a girl does not marry her off, (but) it does not hurt her, the pretty say').[5]

At the same time, the beauty factor may be overlooked, as attested by certain texts, although they are considerably less numerous than those affirming the opposite:

*Même laide, si elle a des écus, une jeune fille trouve à se marier* ('If a girl has money, she finds someone to marry even if she is ugly').

*La beauté d'une fille ne la marie pas* ('The beauty of a girl does not marry her off').

The father has no influence whatsoever on his daughter's beauty, except for dressing her up nicely:

*Fille attifée moitié mariée* ('A rigged-out girl is half married').[6]

*Jolie fille sans habits, plus d'amoureux que de maris, fille bien ajustée à demi mariée* ('A pretty girl without clothes, more lovers than husbands, a nicely fitted girl is half married').[7]

Clothes are also a question of money. In fact, proverbs talk a lot about money and the dowry, which implies that these two do matter a lot, as we see below:

*Même laide, si elle a des écus, une jeune fille trouve à se marier.*

*La terre fait marier bouse* ('The land marries off dung').

*Les filles des riches et les veaux des pauvres sont vite placés* ('The daughters of the rich and the calves of the poor are quickly placed').

*La fille de bien et de biens n'a que faire de son voysin pour se marier* ('A good girl with fortune does not need a neighbour to get married').

*Aux gars on promet, / Aux filles on donne.*

*Fille riche et jolie, pas plutôt nubile, est mariée.*

Naturally, there are proverbs – although fewer of them – that question the role of dowry, provided that one of the other variables is present:

> *Qui te veut bien ne te laissera pas pour la dot* ('He who really wants you will not leave you for the dowry').[8]
>
> *Belle fille à marier rien à lui donner.*

Finally, the father also has to assure his daughter's reputation. It is part of her education to make her acquire and preserve those qualities that serve as the basis of this reputation. These qualities (real or presumed) are difficult to summarize, but on the whole, they are comprised by the three notions of modesty, honesty, and chastity (see Segalen, 1975:126):

> *La vertu est le meilleur appeau* ('Virtue is the best bait').
>
> *La jeune fille modeste sera la mieux mariée* ('A modest young girl will be the best married').
>
> *La jeune fille qui vit retirée sera une très bonne mariée* ('A young girl who lives withdrawn will make a very good spouse').
>
> *Fille cachée / Fille cherchée* ('A hidden girl / A sought-after girl').
>
> *(Une) fille ne doit être trop vue non plus que robe trop vêtue* ('A girl should not be too seen as a dress (should not be) too worn').
>
> *La virginité est le trésor d'une jeune fille* ('Virginity is a young girl's treasure').
>
> *Les filles et les poules se perdent de trop courir* ('Girls and chickens get lost if they run around too much').
>
> *Une fille connue dans les danses, une bête connue dans les foires, toutes deux ont peine à trouver un acquéreur* ('A girl well-known at the dances, an animal well-known at the fairs have difficulty in finding a purchaser').
>
> *La fille de bien et de biens n'a que faire de son voysin pour se marier.*
>
> *Le père nourrit la fille et le voisin la marie.*

As revealed by the above proverbs, a stay-at-home daughter has a better reputation because she is thought to have two essential qualities: She is likely to be serious and to take part in household chores (see Segalen, 1975:127). Therefore, young girls should be stopped or restrained from leaving too often or for too long the domain reserved for women: The home and the household.[9]

Nonetheless, we can also find texts that recommend the opposite: *Jeune fille qui ne danse pas ne se marie pas* ('A young girl who does not dance does not get married') and *Fille peu vue de loin, est peu recherchée* ('A girl little seen from far is little sought after'). Moreover, other examples go much further than that: Contradicting the numerous proverbs promoting chastity, a minority of proverbs does not demand it, such as *Jamais fille qui s'est fait trousser le cotillon n'a déshonoré une maison* ('Never a girl whose underskirt has been pulled up has dishonoured a house'). Segalen puts that down to the different morals in Savoy. We have also found *Une fois ne fait pas putain* ('One occasion does not make one a whore'). The case of *Femme baisée à demi mariée* ('Kissed/Laid woman is half married') sums up the ambivalence of proverbs particularly well. This phrase shows a double ambiguity: First, in the interpretation of the daring behaviour (polysemy of *baiser* 'kiss' or 'sexual act'), and second, also in the consequence of this behaviour: Does it facilitate or inhibit the conclusion of marriage? Does *à demi mariée* refer to someone 'who is going to get married' or on the contrary, 'who will not get married' (see Segalen, 1975:128)?

### *3.8 Marriage or Bargaining?*

As demonstrated by a great number of proverbs (see 3.7), the girl's parents do their best to conclude a marriage by trying to meet the demands of the future family-in-law, i.e. by assuring assets for their child: Beauty (through nice clothes), goods and morals. The proverbs tell us much about it. On the other hand, not a single word is uttered about the expectations of the girl's parents concerning their future son-in-law. Vice versa, the boy's parents formulate their wishes regarding their future daughter-in-law, without elaborating what they expect from their son: *Choisis la vigne de bon plant et la fille de bon parent.*

Thus, the achievement of marriage seems to be more important for the girl's parents than for the boy's, and the boy is worth more than the girl. It suffices to cite two texts to show that. *On ne peut faire d'une fille deux gendres* implies that a girl serves as a means to get oneself a son-in-law[10] and *Morte ma fille, mort mon gendre* reveals that when losing a daughter, the parent thinks about the loss of the son-in-law!

What explains the greater value attached to boys is that after getting married, they stay at home and have the obligation to help their parents, while the girls leave, as in *La fille n'est que pour enrichir les maisons étrangères* ('A girl makes other houses rich'). No fewer than 17 proverbs are enumerated by Segalen in this regard (1975:131), e.g. *La jeune fille et le curé ne savent pas où ils iront manger leur pain un jour* ('A young girl and a parish priest do not know where they will go to eat their bread one day'). The depreciation of girls is also manifested in the way they are likened to other people's children: *Il fait mal nourrir autrui enfant, car il s'en va quand il est grand* ('It is not good to feed someone else's child for he will leave when he grows up').

As for the quality of the marriage, it is rarely brought up at all:

> *Si tu maries bien ta fille, tu gagnes un fils; si tu la maries mal, tu perds ta fille.*
>
> *La jeune fille qui vit retirée sera une très bonne mariée.*
>
> *Quand la jeune fille est mariée se présentent les bons partis* ('When a young girl has got married, good matches appear').
>
> *La jeune fille modeste sera la mieux mariée.*

It is much more common to talk about the good quality of the youth to marry as if they were high-quality male or female goods to be sold. Parents want quality for their money; the question of the intrinsic quality of marriage or whether the future spouses are attracted to each other is not even touched upon.

Most likely, the authors and circulators of these proverbs did not attach any importance or hope to the quality of marriage if not a word is devoted to this aspect.

The commercial character of marriage and the (material) value of the son-in-law are well reflected by the following proverbs. In fact, they express the idea that "when a deal is made, a lot of people come to negotiate."

*À fille mariée, cent partis viennent* ('To a married girl, a hundred matches come').

*C'est quand la fille est mariée, qu'on trouve le plus de gendres* ('It is when the daughter is married that one finds the most sons-in-law').

*Fille mariée quarante gendres dans la soirée* ('A daughter married off, forty sons-in-law in the evening').

*Lorsque la jeune fille est mariée on ne manque pas de gendres.*

*Quand la fille est mariée elle a de nombreux prétendants* ('When a girl has been married off, she has numerous suitors').

*Quand une fille est mariée tout le monde la veut* ('When a girl has been married off, everyone wants her').

*Quand la jeune fille est mariée se présentent les bons partis.*

### 3.9 *The Right Moment to Marry Off One's Children*

All the proverbs talk about the marriage of daughters, urging to make haste: One should get rid of them as soon as possible, especially if they do not have the highly-esteemed qualities. Boys are only mentioned to be compared to girls and to present the latter in a less favourable light.

*Les filles des riches et les veaux des pauvres sont vite placés.*

*Fille riche et jolie, pas plutôt nubile, est mariée.*

*Jeune fille légère mariée sans attendre* ('An easygoing young girl is to be married without waiting').

*Pomme mûre doit être cueillie fille grandette doit être mariée* ('A ripe apple should be picked, a big girl should be married off').

*Marie ton fils quand tu voudras, mais ta fille quand tu pourras.*

*Quand une jeune fille sait pétrir et enfourner elle est bonne à marier* ('When a young girl can knead and put (things) in the oven, she is ready to be married off').

### *3.10 What Kind of Education Should Be Given: Strict or Indulgent?*

As we have seen above, education has the aim to provide the moral attributes required. Based on these proverbs, education should be characterized by strictness rather than indulgence.

*Femme trop piteuse rend sa fille teigneuse.*

*Père doux et piteux fait les enfants malheureux et paresseux.*[11]

*Qui aime bien, châtie bien* ('He who loves well, punishes well').

*Enfant par trop caressé, / Mal appris et pis réglé* ('Child too much stroked, / Badly taught and even worse disciplined').

*Garçon doit être mal vêtu, bien nourri, bien battu.*

*Il vaut mieux que l'enfant pleure que le père* ('It is better that the child cries than the father').

*Qui désobéit ses père et mère pourra bien désobéir un mari.*

*Bonne mère n'épargne nul* ('A good mother does not spare anyone').

Strictness is compensated for by affection, which is more readily expressed by mothers than fathers (Lataille-Dunhill, 2011; see 3.6).

### *3.11 Parental Generosity*

Parents give things to their children, especially mothers and especially to daughters:

*La bonne mère ne dit pas: "Veux-tu?"* ('A good mother does not say: 'Do you want some?'').

*Donnant et prenant fait mère et fille amies.*

*Aux gars on promet, / Aux filles on donne* (see 3.7).

However, generosity has its limits. Not all should be granted:

- Before one's death: *Il ne faut pas se dépouiller avant de se coucher* ('One should not strip oneself before going to bed');
- because of the possible ingratitude of children:

  *Un père peut nourrir cent enfants, mais cent enfants ne nourrissent pas un père.*

  *Quand le père donne au fils, rit le père, rit le fils; quand le fils donne au père, pleure le père, pleure le fils.*

  *L'amour des parents descend et ne remonte pas* ('The love of parents descends and does not return').

## 4 Comparisons

Children are sometimes compared to women, madmen, and drunkards; in other words, they are considered as human beings of inferior rank, which clearly designates the place of children in the social hierarchy:

*De fol et d'enfant se doit-on délivrer* ('From fools and children one should get rid').

*On ne doit dire son secret à femme, fol et enfant* ('One should not tell one's secret to women, fools and children').

*Les enfants et les fous disent la vérité* ('Children and fools tell the truth').

*Enfant nourri de vin, / Femme parlant latin, / Rarement font bonne fin.*

In other, more frequent cases, children are compared to domestic animals or plants (the shared notions being to procreate, to raise, to look after, and to sell), which is not very flattering on the whole.[12] It is especially girls who have to bear this comparison; boys are much less targeted:

*Les filles des riches et les veaux des pauvres sont vite placés.*

*Pomme mûre doit être cueillie fille grandette doit être mariée.*

*Qui a des filles est toujours berger* ('He who has daughters is always a shepherd').

*Les filles et les poules se perdent de trop courir.*

*Celui qui garde une jeune fille et qui mène un porc peut dire qu'il n'est pas sans peine* ('He who guards a young girl and who leads a pig can say that he is not without trouble').

*Il est plus facile de garder un huitième de sac de puces qu'une jeune fille* ('It is easier to keep an eighth of a bag of fleas than a young girl').

*Une fille connue dans les danses, une bête connue dans les foires, toutes deux ont peine à trouver un acquéreur.*

*Jolie fille vaut une vigne.*

*La chèvre a sauté en la vigne, aussi y sautera la fille.*

Nonetheless, some phrases do not specify the sex of the child:

*Enfants, poules et les colombs, / Embrenent et souillent les maisons* ('Children, chickens and pigeons, / Dirty the houses').

*Qui que saille nostre jument, le poulain en est nostre* ('Whoever covers our mare, the foal is ours').

*De mauvais corbeau, mauvais œuf.*

Finally, certain proverbs compare children (especially girls) to inanimate objects (especially clothes), not leaving any doubt about the little value attached to female children.

*Les guenilles et les belles filles trouvent toujours à se placer.*

*La terre fait marier bouse.*

*(Une) fille ne doit être trop vue non plus que robe trop vêtue.*

*Fille telle comme elle est élevée, / Et estoupe comme elle est filée.*

## 5 Conclusions

Depending on the culture, having (a lot of) children has always been necessary or inevitable. Proverbs show that in the case of many children, boys are preferred to girls because of the different social status attached to the two genders.

Proverbs mention more often the resemblance than the dissimilarity between parents and children, irrespective of the sex of the parent and the child. They attribute resemblance more to heredity than to education, and they agree about the difficulty of raising children. The latter should be characterized more by strictness than indulgence.

The father's and the mother's roles are essentially similar to each other, the mother having a greater role in emotional support and the father in material matters.

The child's marriage is one of the domains where parental responsibility is the most manifest. Unquestionably, the emphasis is placed on the marriage of daughters. They have a better chance "to strike a deal" (since marriage is seen as such a transaction) by combining beauty, goodness, and wealth, and the latter two can be influenced by parents. Parents have "to get rid of" their daughter as soon as possible, especially if she does not have the desirable qualities.

We have remarked that the expression *(à) moitié / demi mariée* appeared six times in the material collected. This is a language play (a frequent phenomenon in proverbs), since a marriage is either concluded or not, there is no intermediary stage. Children (especially girls) are often compared to domestic animals or plants, more rarely to women, madmen, drunkards, clothes or other inanimate objects, which is an undisputable indication of children's place in the social hierarchy.

Although certain sayings contradict each other in the proverbial corpus of our subject matter, this is a general phenomenon: One can find numerous antonyms in other domains as well. So which proverb to believe? This antonym can be especially disturbing in the case of affirmations that make general claims. There are at least three explanations for the phenomenon of contradictory proverbs (Barta, 1994:129–130).

The first explanation is that they contradict each other only literally; playing hide and seek, they talk about something else than what they seem to indicate, thus they are not contradictory (see *L'amour d'une mère est toujours dans son printemps* vs. *Bonne mère n'épargne nul*: Affection and severity do not exclude each other; *À pauvres gens, enfants sont richesses* vs. *De fol et d'enfant se doit-on délivrer*: One should have children, but children's understanding is not comparable to that of adults; see on another topic *L'habit fait l'homme* ('Clothes make a man') (exterior) vs. *L'habit ne fait pas le moine* ('Clothes do not make a monk') (internal qualities)).

A second reason can be found in the very purpose of proverbs: To preserve us from excess. In this way, they can recommend two opposite actions (or make opposite observations) and sometimes propose opposing convictions and ideologies, thus assuring moderation. Naturally, if we take them in their absolute sense, outside context and regardless of the fact that they belong to the same system, we can wonder which one is right. In fact, all of them are equally true, and they complement each other in a dialectic manner by formulating two relative truths (see *La beauté d'une fille ne la marie pas, elle ne lui nuit pas disent les belles*; being stay-at-home and going to dance, at the same time; see on another topic *Plus me hâte et plus me gâte* ('The more I make haste, the more I spoil') vs. *Il faut battre le fer tandis qu'il est chaud* ('You have to hit the iron as long as it is warm')).[13]

Finally, the third explanation is that proverbs reflect very different experiences due to the diversity of situations. That is why we have contradictory proverbs regarding chastity and numerous proverbs about resemblance and dissimilarity between parents and children.

Based on the number of proverbs dealing with our subject matter, the most important themes within parent-child relationships that emerge are the following:

- The attributes of the girl to be married off;
- the resemblance/dissimilarity of parents and their children;
- the comparison of children to inferior beings or objects;
- the different roles of the father and the mother;
- the departure of girls after they get married.

*Notes*

* This article is the English version of a paper presented at the *International Conference of Paremiology – All Roads Lead to Paris Diderot* on 1st July 2011 (*Paris Diderot University – Paris 7*) and to be published in French in the proceedings of the conference.

1 The length of this article does not allow for naming the source of the proverbs one by one; for the same reason, not all of the 200 proverbs of our corpus are to be found in this article.

2 This utterance is almost the inverse of the previous one.

3 She should not be too autonomous.

4 Of course, there are exceptions such as *Le jeune corbeau croasse à l'exemple du vieux*.

5 Note that this is a dialogical proverb, just like *L'argent ne fait pas le bonheur – mais ça ne fait pas le malheur non plus* ('Money does not make happiness – but it does not make unhappiness, either'), and *Dans les petits pots, les bons onguents – et dans les grands, les excellents* ('In small pots, good ointment – and in big ones, the excellent').

6 Due to the ambiguity of the word *moitié*, it is difficult to decide whether this saying goes for or against the importance of nice clothes.

7 The same remark as for the previous proverb.

8 That is to say, because of too modest a dowry.

9 See the slogans *barefoot and pregnant* and *Kinder, Küche, Kirche*, reflecting the same mentality.

10 When the proverb talks about a grown-up girl, it also mentions the son-in-law (see 3.2).

11 The father's role is similar to the mother's in this proverb and the previous one.

12 However, it should be pointed out that sometimes, the comparison with animals or plants does not have a pejorative meaning, e.g. *De bon plant, plante la vigne, de bonne mère, prendre la fille.*
13 This tendency to keep from falling into excess sometimes appears explicitly at the lexical level of the proverb, but not in the opposition of several proverbs, e.g.

- the presence of the word *trop* in certain variants of this proverb: *Femme trop piteuse rend sa fille teigneuse*; similarly, *trop* in *Enfant par trop caressé, / Mal appris et pis réglé* and in *Une fille ne doit être trop vue non plus que robe trop vêtue*;
- the repeated presence of the expression *(à) moitié / demi mariée* (see above);
- *Il est heureux qui a des enfants, / Il n'est pas malheureux qui n'en a point.*

## *Bibliography*


Arnaud, Pierre J.L. 1991. "Réflexions sur le proverbe." *Cahiers de lexicologie* 59/2, 6–27.

----------. 1992. "La connaissance des proverbes français par les locuteurs natifs et leur sélection didactique." *Cahiers de lexicologie* 60/1, 195–238.

Arnaudin, Félix. 1996. *Proverbes de la Grande-Lande*. Ed. by Jacques Boisgontier. Bordeaux: Confluences.

Baïf, Jean-Antoine de. 1992. *Mimes, enseignemens et proverbes*. Ed. by Jean Vignes. Genève: Droz (Textes littéraires français, 411).

Barta, Peter. 1994. *Étude contrastive français-hongrois du proverbe à la lumière du matériel européen*. Eötvös Loránd Tudományegyetem [diss.].

Bladé, Jean-François. 1879. *Proverbes et devinettes populaires*. Paris: Champion.

Chesnel, Adolphe de. 1855. *Dictionnaire de la sagesse populaire: Recueil moral d'apophthegmes, axiomes, aphorismes, maximes, préceptes [...] de tous les temps et de tous les pays*. Paris: Migne (Troisième et dernière encyclopédie théologique ou troisième et dernière série de dictionnaires sur toutes les parties de la science religieuse, 11).

Des Roches de Parthenay, Jean-Baptiste. 1757. *Ord-bog over danske ordsprog*. Kiöbenhavn: Ludolph Henrich Lillie.

Des Ruisseaux, Pierre. 1974. *Le livre des proverbes québécois*. Montréal: L'Aurore.

*Dictionnaire de l'Académie française*. 1835. Paris: Firmin Didot.

Dournon, Jean-Yves. 1986. *Le dictionnaire des proverbes et dictons de France*. [Paris]: Hachette.

Dubois, Jean (ed.). 1975. *Lexis: Dictionnaire de la langue française*. Paris: Larousse.

Friel, Brian. 1982. *Théâtre*. Lille: Presses Universitaires de Lille.

Gaal, Georg von. 1830. *Sprüchwörterbuch in sechs Sprachen: Deutsch, englisch, latein, italienisch, französisch und ungrisch* [*sic*]. Wien: Friedrich Volke.

Gheorghe, Gabriel. 1986. *Proverbele românești și proverbele lumii romanice: Studiu comparativ*. București: Ed. Albatros.

*Grand Larousse encyclopédique: En dix volumes*. 1960–1964. Paris: Larousse.

Lataille-Dunhill, Nadil. 2011. *Née pour aimer*. Université de Strasbourg [diss.].

Le Roux de Lincy, Antoine Jean Victor. 1996 [1842]. *Le livre des proverbes français*. Paris: Hachette [Reprint of the edition Paris, Paulin, 1842].

Loux, Françoise & Philippe Richard. 1978. *Sagesses du corps: La santé et la maladie dans les proverbes français*. Paris: Maisonneuve et Larose (Littératures populaires de toutes les nations: Nouvelle série, 25).

Maloux, Maurice. 1980. *Dictionnaire des proverbes, sentences et maximes*. Paris: Larousse.

Mieder, Wolfgang. 2004. *Proverbs: A Handbook*. Westport, Conn. et al.: Greenwood Press (Greenwood Folklore Handbooks).

Montreynaud, Florence & Agnès Pierron & François Suzzoni. 1984. *Dictionnaire de proverbes et dictons*. Paris: Le Robert.

Pierron, Agnès. 1997. *Dictionnaire des proverbes*. Alleur: Marabout.

Pineaux, Jacques. 1956. *Proverbes et dictons français*. Paris: Presses Universitaires de France (Que sais-je, 706).

Pompa, Dany. 1986. *Marcel Pagnol*. [Paris]: Ed. Artefact (Collection Les Plumes du temps, 20).

Pradez, Élisabeth. 1914. *Dictionnaire des gallicismes les plus usités: Expliqués brièvement, illustrés par des exemples et accompagnés de leurs équivalents anglais et allemands*. Paris: Payot.

Segalen, Martine. 1975. "Le mariage, l'amour et les femmes dans les proverbes populaires français." *Ethnologie français* 5, 119–160.

----------. 1976. "Le mariage, l'amour et les femmes dans les proverbes populaires français." *Ethnologie français* 6, 33–88.

Segalen, Martine & Josselyne Chamarat. 1981. *Amours et mariages de l'ancienne France*. Paris: Berger-Levrault.

Strauss, Emanuel. 1994. *Dictionary of European Proverbs*. 3 vols. London et al.: Routledge.

Vibraye, Henri de. 1934. *Trésor des proverbes français anciens & modernes: Réunis et commentés*. Paris: Hazan.

Voltoire, [Pierre] (comp.). 1845. *Anciens proverbes basques et gascons*. Ed. by G[ustave] Brunet. Paris: Téchener.

# The Proverb and Its Definition: A Ka:rmik Linguistic Approach

*Chilukuri Bhuvaneswar*

## Introduction

Proverbs are language and as such they inherit the properties of language. As language, they are created through the medium of sound in patterned structures at the level of phonology, morphology, and syntax to semiotically represent meaning, also, in definite patterns to perform certain functions. These patterned structures representing meaning and performing functions are products of cognitions of individuals (vyashti) generalized at the collective (samashti) level of the society or culture. Furthermore, these cognitions themselves are patterned and are derived a:nushangikally from the svabha:vam (disposition) of the individuals as the society – a:nushangikally means that in a set, each following member inherits the properties of the former member in addition to its own property; it can also be a cause-effect constituting set in which A is the cause of B and so on. What is more, the svabha:vam which is the cause (ka:raNam) for the impressionality or internalized habituation (va:sana) in cognitions is the result of the karma the individuals, as constituting the society, performed. Hence, the properties of proverbs as language span across the formal (structural), functional, cognitive, sva:bha:vik, and ka:rmik levels of action.

Proverbs are also a genre of language and as such they will have their own generic properties. These properties can be secondary, essential, uncommon, and impossible. The secondary properties are differentially distributed among the same genre and can equally be found in other genres also in the same way; the essential properties are universally found within the same genre but can equally be found in other genres also either as secondary or essential properties. The uncommon properties are the essential characteristics which are genre specific and absent in other genres; and the impossible properties are the negative properties which cannot be obtained within a genre. Hence, the properties of proverbs as a genre can be secondary, essential, uncommon and impossible under the properties of proverbs as language which are, as already pointed out, formal, functional, cognitive, sva:bha:vik, and ka:rmik.

For the definition of proverbs as a genre to be made correctly, its linguistic and generic properties have to be not only understood intuitively but must also be identified and classified empirically. Only then can we incorporate the most essential ingredient, which is the uncommon characteristic, into the definition. Inability to do so will result in mere descriptions in the garb of definitions, as it happened in the history of paremiology.

Right from the time of Aristotle, many critics have made attempts to describe the properties of proverbs and define them in terms of these properties. Some described the secondary properties and some described one or two essential properties but none the uncommon characteristic. Hence they could not hit the nail of the proverb on the top of its uncommon characteristic and fix it solidly on the definition plane.

Such a failure can be attributed to a number of factors. First, research on proverbs is lopsided. Proverbs have been subjected to extensive analysis in the field of meaning and etiology on the one hand and collection and compilation of individual proverbs on the other hand. Very little research has been done in the most important and vital area of discourse analysis of proverbs, be it their collection or interpretation. Second, mainstream linguists have not focused their attention on proverbs to a considerable extent. None of the pioneers of linguistic theories have written research articles on proverbs, be it Bloomfield, Chomsky, or Halliday. Third, pragmatics and discourse analysis are relatively recent phenomena in the long history of paremiology. As such, the earlier paremiologists have been deprived of the necessary tools to handle proverbs. It is true that a bad workman quarrels with his tools but it is equally true that a good workman cannot succeed without good tools. Adding fuel to fire, most of the paremiologists are not thoroughbred linguists. In spite of their outstanding dedication and immense erudition, they have been turned into great archers without the powerful linguistic arrows to hit the bull's eye. Such is the case with giants like Archer Taylor and even Wolfgang Mieder who is virtually an encyclopedia of proverbiological bibliography! Fourth, proverbs belong to a complex genre whose properties cut across formal, functional, and cognitive linguistics and beyond into social psychology and ka:rmatics (experiential pragmatics). As a result, an interdisciplinary approach is needed to grasp the overall nature of proverbs. Very surprisingly, no such overall attempts have been made and all research is piecemeal, scattered and tattered; until today, no such attempts have been made to comprehensively record the overall formal, functional, cognitive, and cultural anthropological linguistic properties at one place. So the interpretation of proverbs for a definition has become a wild goose chase without a centrally coordinated orientation.

What is more, the mainstream linguists are all partially blind. Formal linguists are functionally myopic; functional linguists are formally hypermetropic; cognitive linguists are formally and functionally astigmatic; and anthropological linguists are culturally jaundiced. Finally, all the linguists are ka:rmikally blind, thus turning the whole dialectics of linguistics into a tangled choreography of fission, diffusion, fusion and confusion, making confusion worse confounded! In such a scenario, the proverbiologist has impaired his sense of vision, and in turn his description of the elephant proverb has become a:nushangikally and proverbially blind – fitting the properties of the cause into the properties of the effect as in jaundiced vision. Finally, he is not in a position to comprehensively pinpoint the characteristics of proverbs at all levels under an overall framework as this and that to be so and so in such and such manner.

In the late 1990s, Bhuvaneswar attempted to study proverbs from such an overall perspective under a unified theory called the 'ka:rmik linguistic theory' and identify their characteristics as secondary, essential, and uncommon. From that perspective it is possible to look afresh at the definitions in this paper. But before that, let us make a comprehensive review of the definitions of proverbs made so far by the learned critics.

## Literature Review

Mieder (1993 & 2004) and others reviewed many definitions of proverbs by critics. I collected 44 such definitions from their works (no date(a)). They are not given here for want of space (see for their critical review, Bhuvaneswar, no date(c)).

All these definitions can be divided into two types: Those who believe that the proverb can be defined (pro-definition); and those who do not (anti-definition). Except Archer Taylor and a few others, the majority of these proverbiologists believe that the proverb can be defined. However, they could only describe it in their attempts!

These definitions can be analyzed under a systematic classification of definitions according to: (1) Lingual action (form-, function-, and meaning-oriented); (2) dispositional action; and (3) ka:rmik (cause-effect experiential) action. Let us briefly discuss these definitions under these headings.

### *Lingual Action*

When the proverb is defined in terms of its formal properties such as its phonological, lexical, and syntactic properties, such a definition is a formal definition; if it is defined in terms of its functions, it is a functional definition; and if it is defined in terms of its meaning or content, it is a semantic definition. If these properties are mixed, it becomes a mixed definition with these properties. Such definitions give rise to formal or functional or semantic or mixed linguistic definitions. From the perspective of lingual action, language itself becomes the ultimate cause, which is empirically found to be wrong, since the ultimate goal of language is not the construction of lingual reality but its use for the (dispositional) coordination of action as well as the coordination of coordination of action and its experience.

If we consider the proverb as a resource for the construction of social reality as in functional linguistics, we get a sociolinguistic or functional linguistic definition. Again, this view is also defective – even though it is one step better than lingual reality since it includes the social function via the formal function – since language ultimately aims to construct the individual's experience of the results of action and not merely the social construction of action: Social construction of action is only a means for the ultimate goal of construction of ka:rmik via dispositional reality.

So also is the case with the view that the proverb is a product of cognitive reality as in cognitive linguistics. Even though cognition is critical in the creation or use of a proverb in a context, it is only a means like the social reality but not the goal in itself.

### *Dispositional Action*

When the proverb is considered a resource for the construction of dispositional reality (i.e., the view that language is not only used dispositionally for living in a context by living in it but it is also created dispositionally by living in it for living in it), it is generated-specified-directed-materialized by disposition via its socioculturalspiritual, contextual cognition. Hence, when the proverb is defined as dispositional action, we get a dispositional actional definition. From the perspective of dispositional (lingual) action, disposition itself becomes the ultimate cause which is also empirically found to be wrong, since the ultimate goal of language is not the construction of dispositional reality but its construction for coordination of action and its experience – disposition is a product of previous activity which is ka:rmik and is a means for the experience of the results of action by the human being (ji:va) and hence the ultimate goal is the construction of ka:rmik reality for the ji:va as a ka:rmik actor who apparently transforms (vivartam) into a dispositional, socioculturalspiritual, cognitive, contextual actional, lingual actional, proverbial ka:rmik actor in a top down a:nushangik process. After the use of the proverb in a context, he experiences the results of proverbial action by spontaneous superimposition of ka:rmik action on to lingual proverbial action via his disposition and springs back into a ka:rmik actor. A similar process takes place in the case of the hearer also.

In this connection, it should be noted that in the set of ka:rmik (K), dispositional (D), socioculturalspiritual (SCS), cognitive (C), contextual actional (CA), and lingual actional (LA) realities (Rs), the following level(s) of reality become(s) means for the previous level: Dispositional reality is the means for ka:rmik reality; socioculturalspiritual (SCS) reality becomes the means for dispositional (D) reality and SCS, D reality the means for ka:rmik reality and so on; and cognitive (C) reality is the medium through which all realities are construed.

{Experience ← [((((LA R ← ((CA R ← (SCS R ← (D R))))))))] ← KR}

←——— Cognitive Reality ———→

*Ka:rmik (Cause-Effect Experiential) Action*

When the proverb is considered a resource for the construction of ka:rmik reality (i.e., the view that language is not only used but also created to coordinate the coordination of action for the fulfillment of desires and the experience of the results of contextual action according to one's disposition), dispositional action becomes the means and the experience of proverbial action becomes the effect for the ka:rmik proverbial action which is the cause. From the perspective of ka:rmik action, ka:rmik reality itself becomes the ultimate cause for the use and creation of language which is empirically observable: If the ultimate goal of the creation and use of language is language per se (formalism), then its main function should be the use of language for the sake of language only, but we find it to be not so; in a similar way, construction of social reality per se (functionalism) cannot be the main function because we construct social reality as a means to fulfill a higher function of individual experience of living; so also, use of cognitive structures (cognitivism) is a means for the creation of language but not the end in itself; on the other hand, we use and create language for the coordination of coordination of action for the fulfillment of desires and the experience of the results of action, which is ka:rmik.

By looking at proverbs as a resource for the construction of proverbial ka:rmik reality, our understanding of what proverbs are changes from the formal or functional or cognitive perspectives into the ka:rmik perspective and so too its definition. And such a definition becomes the most comprehensive of all as will be seen in the next section.

## Towards a Definition of the Proverb: A Ka:rmik Linguistic Approach

In this section, we will first know what a definition should be in terms of its characteristics and what characteristics of the defined term (definiendum) should be taken into consideration in formulating the definition; second, we will analyze the secondary, and essential (primary) characteristics of the proverb and resolve the uncommon characteristic of the proverb from among them by problem solving strategies; and finally formulate the definition of the proverb and establish it by troubleshooting.

### *Definition and Its Characteristics*

We know a thing by understanding what it is. Regarding "understanding a thing," there are three important ways in the Indian (advaita) philosophical tradition of sri: a:di samkara bhagavatpu:jyapa:da which are popular. They are: (1) Udde:sam, mere naming the properties of a thing; (2) lakshaNam, the grasping of the form or nature of a thing (understanding the properties); (3) pari:ksha, thinking again and again over the form and nature of a thing.

In the case of proverbs, even the udde:sam has not been comprehensively described. All the properties of proverbs have not been identified, for example, the prototype – categorial instantiation. In the case of lakshaNam, some of the properties of proverbs have been identified and described but again the properties for a definition of the proverb have *not* been identified and incorporated without the three following defects:

- Avya:pti is under extension of a defining characteristic. For example, if a cow is defined as a 'black animal,' such a definition is defective, since the property of 'black animalness' is not universally present among all cows – it excludes a white or brown cow from the species.
- Ativya:pti is over extension of a defining characteristic. For example, if a cow is defined as a 'four legged animal,' such a definition is defective, since the property of 'four-legged-animalness' is not only shared by all the cows but also equally shared by other animals such as a dog, a cat, and a horse which belong to different species.
- Asambhava is the impossible presence of a defining characteristic. For example, if a cow is defined as a 'one hoofed animal,' such a definition is defective, since the property of 'one-hoofedness' is not present in any cow.

In addition, there should be the uncommon characteristic of the proverb, which distinguishes the proverb from the other non-proverbial expressions, and it should be incorporated into the definition to make it error proof.

- Asa:dha:raNa ka:raNam (the uncommon characteristic) is a characteristic which is universally present among all the members of the concerned species (genre) and absent in other species (genres).

So far all the definitions that have been attempted – as far as I know – suffer from one or more of these defects, especially those of avya:pti or ativya:pti. Furthermore, all these 44 definitions could not identify, describe, and incorporate the asa:dha:raNa ka:raNam into the definition systemically.

In the case of pari:ksha, a number of scholars tried their best to examine the properties of proverbs and define the proverb. However, their attempts were not based on rigorous scientific principles.

*Classification of Proverb Characteristics*

Based on an understanding of the properties of proverbs, we can divide them into essential, secondary, and uncommon characteristics as follows:

- Essential (or primary) characteristics are those that are universally present among all the members of the species and which can equally be present either as secondary or essential characteristics among the members of a different species. Frozen textuality, cultural confirmation, and pro-cat (prototype-categorial) instantiation are the three important essential characteristics of a proverb in addition to the illocutionary function in its usage as the fourth property. For example, idioms are culturally frozen texts but they are not proverbs.
- Secondary characteristics are those that are present in some but not all the members of the species, and which can equally be present in members of other species. For example, rhyme, alliteration, affixation, balance, parallelism, affirmation, denegation, compounding, etc. can be present in proverbs as secondary characteristics.
- The uncommon characteristic (asa:dha:raNa ka:raNam) as explained above.

In addition, the asa:dha:raNa ka:raNam can be arrived at in three different ways as follows.

*Types of LakshaNam*

The asa:dha:raNa ka:raNam can be arrived at as: (1) The vyavrutti lakshaNam by neti neti 'not this, not this' process of elimination; (2) the tatastha lakshaNam by realizing it as the unchanging basis of the changing objects; and (3) the svaru:pa lakshaNam by realizing the direct feature or the inherent features.

In the case of proverbs, such type of an analysis has to be conducted to arrive at a comprehensive understanding of the uncommon characteristic of proverbs. It demands a much more rigorous enquiry into the nature of formation of objects and actions as discussed in the next sub-section.

### *Types of Asa:dha:raNa Ka:raNam*

From an observation of the nature of objects and actions, we find that the uncommon characteristic of objects and actions can be structural (formal), functional, cognitive, and ka:rmik.

#### Structural Uncommon Characteristics

A structural uncommon characteristic is a structural property. For example, a powder is a substance (object) whose uncommon characteristic is its unique 'powderiness' – this is a structural property.

#### Functional Uncommon Characteristic

A functional uncommon characteristic is a functional property. For example, a bed is an object whose uncommon characteristic is its unique function of providing the facility for lying down for taking rest. Here, the structure can be variable – round, rectangular, high, low, etc. – but the function is constant.

#### Co-Functional and Structural Uncommon Characteristic

A co-functional and structural uncommon characteristic is one in which both functional and structural properties co-occur together to constitute the uncommon characteristic. For example, a television is an object in which the structure of a screen and the electronic equipment are the structural properties and relaying audiovisual signals from a relay station is the functional property. Both these properties have to be combined together to form the uncommon characteristic.

#### Cognitive Uncommon Characteristic

Impressional (internalized habitual) cognition of an action or an object alters the perception of that phenomenon. Here, the structure by itself and the normal function associated with it by virtue of its structure have no meaning by themselves. For example, a deity in Hinduism is so because of the impressional cognition of the members in a culture. Without that cultural cognition, the uncommon characteristic cannot be found. The Goddess Sarasvathi is the Goddess Sarasvathi by virtue of cognizing the vi:Na (stringed instrument) in two of her four hands, a rosary and ve:das in the other two hands and the padmasana on a white lotus as the structural uncommon characteristics of Goddess Sarasvathi Ma:ta. If it were not for that, the deity would be a sculpture or photograph of a woman.

#### Pragmatic Uncommon Characteristic

A pragmatic uncommon characteristic is one in which the members of a society confer a particular function to an object, by a process of selection (and election). For example, a husband is one who is selected to perform the function of being a husband to a women and conferred "husbandship" through an act, a ritual etc. An M.P. (Member of Parliament)/P.M (Prime Minister) is another example. Unless they are selected and elected (re-selected) and further have taken the oath, they will not become so. Again, they have to function in that capacity to be so. One more example is that of a father-in-law. Here, a person (male) must have produced a female and performed another action of marrying her to a male. All these functions can range from one to many, as in the case of a grandfather, etc.

### A Ka:rmik Uncommon Characteristic

A ka:rmik uncommon characteristic is one in which an object or an action which is a patterned structure in a dispositionally cognized meaning exists or performs a function for the experience of pain and pleasure within time, space, and matter. All material action performed by humans or any other sentient creature is ka:rmik, for example, the making of a powder, a bed, and a television; an administrative post, a law, and a social norm; an ideology, a technological process, and a deity. In a ka:rmik perspective, in a bottom-up process, first, every action will have a structure which embodies a pattern which embodies a process/a concept; second, it embodies a function which embodies a dispositional cognition of meaning of the action as this and that to be so and so in such and such manner in its variety-range-depth; third, it embodies a desire which is a product of svabha:vam; and finally this svabha:vam is obtained as a product of karma (action) for the experience of pain and pleasure by humans, in fact, any sentient creature. This ka:rmik perspective of action is captured in the following equation.

Structure – Pattern – Process – Function – Cognition – Desire – Svabha:vam – Karma

The uncommon characteristic of language is a ka:rmik characteristic. It is a dispositional cognitional representational action of action in time, space, and matter. Its highest function is to function as a resource for the construction of ka:rmik reality which is realized in that order as:

[Ka:rmik → Dispositional → Socioculturalspiritual → Cognitive → Contextual Actional → Lingual Actional] Reality

The uncommon characteristic of a proverb as language in a generic mode is a dispositional cognitional prototypical representational action of categorial action in a culturally frozen text. To put it in other words, a patterned structure (i.e., a frozen text) as a dispositionally cognized meaning (i.e., the prototypical meaning via the referential meaning as the contextual meaning) is used as a prototypical illocution to instantiate a categorial action over a setting for projected view of life to experience pain and pleasure as the karmaphalam (karma 'action,' phalam 'fruit' = 'fruit of action').

As can be seen from the above explanation, proverbs have a structure (a frozen text) performing a function (pro-cat instantiation) through a pragmatic, and dispositional cognitional action of action. As such, they can be defined as follows in a unified theory where form, function, and meaning are interrelated, inter-connected, and interdependent (I-I-I) in a huge mind boggling network of ka:rmik options of action and reaction: "A proverb is a culturally confirmed frozen text of a prototypical practice used as an illocution over a categorial action in a setting for a projected view of life" or "a culturally confirmed frozen prototypical illocution (as a text)."

Let us establish this uncommon characteristic of the proverb in a detailed manner using the above concepts.

### *The Ka:rmik Uncommon Characteristic of the Proverb: Its Derivation*

The uncommon characteristic of the proverb is derived by isolating its primary, and secondary properties as vyavrutta lakshaNa, and also its unchanging property as taTastha lakshaNa and finally identify its svaru:pa lakshaNa empirically. The discovery of the asa:dha:raNa ka:raNam can be made in two ways: (1) Apava:dam (sublation); and (2) adhya:ro:pam (superimposition). In the former, the secondary and essential characteristics are isolated and negated to arrive at the asa:dha:raNa ka:raNam; in the latter, the essential characteristics are asserted and superimposed to arrive at it.

### *Apava:dam (Sublation) of the Characteristics of the Proverb*

When we observe proverbs, we can identify their primary (essential) and secondary characteristics by an empirical examination of their linguistic properties and their classification. Let us conduct such an examination and find out their properties.

According to ka:rmik linguistic theory, secondary characteristics are those that are present in some but not all the members of the species, and which can equally be present in members of other species.

The secondary characteristics in proverbs cut across all the formal, functional, and semantic levels of language in proverbs. Since a particular property is observed at the individual level of the proverbs but not obtained universally across all the proverbs, it cannot be used as a defining characteristic. Therefore, all the definitions that make use of these secondary characteristics turn out to be mere descriptions and not definitions. A brief outline of these properties is made below with examples to provide an empirical proof.

The formal properties of proverbs can be described at the five levels of phonology (phonotactic changes), lexis (word-formation processes such as affixation, conversion, compounding, blending, reduplication, etc.) (see Bhuvaneswar, no date(a)), syntax (simple, compound, and complex sentences) (Bhuvaneswar, 2009), semantics (denotation, semantic changes, semantic relations) (Bhuvaneswar, 2010b & 2013b & no date(b)), discourse structure (P1, P2, and P3 forms) (Bhuvaneswar, 2012), and figures of speech (Bhuvaneswar, 2010a) that cut across all the five levels. At these five formal linguistic levels of proverbs, *all* these major properties are found to be secondary characteristics only as they are present in their variety-range-depth in some proverbs and absent in others while the majority of them are collectively present in the whole corpus of proverbs. In a similar way, their functional properties (the five speech acts: Representatives or assertives, directives, commissives, expressives, and declarations) are also found to be secondary characteristics only. These properties are discussed with numerous examples in various articles on lexis, syntax, semantics, and discourse analysis in Bhuvaneswar (1999 & 2003 & 2009 & 2010a & 2010b & 2012 & 2013b & no date(a) & no date(b); and also 2013a). Owing to constraints of space, they are not exemplified here.

*The Textual Characteristic*

The textual characteristic of length is also a secondary property since some proverbs are very short (e.g., *Time flies* – 2 words) and some can be very long (e.g., *It is easier for a camel to go through the eye of a needle than for a rich man to enter the kingdom of God* – 25 words); so also is the case of wisdom (e.g., *Hit first and talk next* contains no wisdom but only expediency).

*Apava:dam of Essential Properties*

When we look at the essential properties of proverbs, we can immediately identify the following four properties: (1) Frozen textuality; (2) cultural confirmation; (3) illocutionary (canonical and discourse speech act) function; and (4) prototypical-categorial instantiation.

Any and every proverb in its canonical form is frozen in its standard form and again further frozen in its variation. This freezing is culturally done and confirmed and adhered to in usage. If a proverb is used in a modified form which varies from the standard and variant forms, it does not affect this condition of frozen textuality since the modified forms can be dismissed as idiosyncratic variations. Therefore, we can safely conclude that all proverbs share the characteristic of frozen textuality. This is a formal textual characteristic.

Any and every proverb in its canonical form is culturally confirmed not only in its standard but also in its variant form. If a frozen text is not culturally confirmed as a proverb, it cannot be a proverb; otherwise any frozen text (e.g., **Dishonesty is the best/worst policy*) can become a proverb which is not the case in reality. It does not mean that frozen texts cannot become proverbs – in fact, they have become when they are culturally confirmed: Famous texts from authors such as Alexander Pope (e.g., *Fools rush in where angels fear to tread* – "An Essay on Criticism"). This is a sociolinguistic or cultural anthropological characteristic which is outside language but ipso facto it implies all the essential and uncommon characteristics since cultural confirmation takes place only if these properties are present. This property makes it literally impossible to define a proverb by formal-functional-semantic-discourse properties alone.

Any and every proverb in its canonical form is a speech act not only in its standard but also in its variant form in its variety-range-depth. In its canonical form, it is a speech act as a formal text and in its application in a context, it is an appropriate speech act in its pragmatic and ka:rmatic context. This is a pragmatic or ka:rmatic (experiential pragmatic) characteristic.

Any and every proverb in its canonical form is a culturally confirmed prototype that can be used to instantiate a categorial social practice not only in its standard but also in its variant form. This prototypical-categorial instantiation (pro-cat instantiation) is a discourse function that has not been discovered and identified as such until Bhuvaneswar did it with a number of examples (1999 & 2003 & 2013a; see below for an example of a P1 proverb). This is also a discourse pragmatic (or ka:rmatic) characteristic. This property also makes it literally impossible to define a proverb by formal-functional-semantic-discourse properties alone.

All these four characteristics are essential characteristics since they are universally present in each and every proverb – be it a sentence or a phrase. Nonetheless, they cannot be taken alone to define a proverb. For example, all idioms and famous quotations are frozen texts and culturally confirmed but they are not proverbs – they may become proverbs if they satisfy the other two characteristics of pro-cat instantiation and illocution. In a similar way, pro-cat instantiating paraphrases or idiolectal literary creations cannot be proverbs because they are not culturally confirmed and frozen. Therefore, the uncommon characteristic of a proverb should be a mixed characteristic that incorporates all these four properties and excludes non-proverb texts that contain only any one or more but not all these four characteristics. What is more, such a mixed characteristic should be amenable to be described in a solid linguistic model of language and proverbs. Such an uncommon characteristic is possible only in the ka:rmik linguistic framework which is "a culturally confirmed frozen prototypical illocution (as a text)." This is its svaru:pa lakshaNam.

*Discovery of the Asa:dha:raNa Ka:raNam by Adhya:ro:pam*

Before writing was developed, proverbs were stored in cultural memory and recalled by individuals for their use in a context. After writing was developed, they are stored by recording them in books, etc. for reference and use. Whatever be the case, the test for their veracity is in their use since books reflect what was in use at the time of writing the books. Therefore, real life discourse should be the basis for all proverbiology and it should be complemented by recorded proverbs and their usage. Consequently, real life conversations should be taken into consideration and the unconsciously evolved essential properties have to be negatively discovered and identified by apava:dam in a scientific method; in addition, they have to be positively recognized by statistical methods and superimposed on the concerned text in use to discover the uncommon characteristic. This is the reverse process of apava:dam: In apava:dam, the secondary and essential properties are identified and negated to find out the uncommon characteristic; in adhya:ro:pam, the essential properties are positively discovered and identified by rigorous comparative statistical analysis. Then they are superimposed to find out the uncommon characteristic by integration; finally, it is also confirmed by apava:dam.

By an examination of all the proverbs in use, we find that there is: (1) A common frozen content of the proverb in use as recorded in books as its citation form. This form excludes the proverb initiators and linkers as well as idiosyncratic modifications/memory errors of the citation form in use. Hence, proverbs are frozen texts. In a similar way, all these frozen texts are: (2) Culturally confirmed to be so by the speech community that uses these proverbs, be it the standard ones or their regional or dialectal variations – this is done by oral interviews and written evidence. Unfortunately, even though some work is done on speech functions (illocutionary function) of proverbs from the speech act theory, it and the pro-cat instantiation function have escaped the attention of proverbiologists, until Bhuvaneswar discovered them as essential characteristics (1999 & 2003). This discovery has paved the way for a foolproof definition of the proverb. These characteristics are not the sole prerogative of proverbs alone. Hence, each property by itself cannot define the proverb. As a result, a mixed characteristic has to be worked out that excludes all other genres and distinguishes the proverb from others. This is obtained by combining all these properties into a single characteristic that gives us its uncommon characteristic which is used to define the proverb as "a culturally confirmed frozen prototypical illocution."

Only one example is taken from real life conversations owing to constraints of space and the use of the proverb is analyzed to illustrate the definition (see "The Uncommon Characteristic of a Proverb" in Bhuvaneswar (no date(a)) for more examples). Here, the proverb occurs in P1 (proverb alone) form – but it can also occur in P2 (proverb embedded in an utterance), and P3 (proverb preceding or following an utterance in a turn) forms in its basic varieties of discourse structure – and functions as an illocution performing pro-cat instantiation. In addition, we discover it as a culturally confirmed (and) frozen text from folk wisdom and printed books. Therefore, these four properties are superimposed on a text in question and the uncommon characteristic is discovered by proverb identification test (PIT).

### *Illustration of the KLT Definition by the Use of a P1 Proverb*

A (me) and B (Robin Fawcett) were going on a sightseeing trip in Hyderabad in 1999. B, a famous linguist, knows that I am doing research on proverbs. We hired an auto to the famous Golconda Fort but missed the way and passed through Kutub Shahi Tombs, another historical sight. When we reached the Tombs, the following conversation occurred:

> "A: 'It is good that we have come this way.'
> B: 'Every cloud has a silver lining.'
> A: 'Oh, you used a proverb!'
> B: 'Because of you […]. I have used it for you.'"

In the above real life conversation, the text in question occurs in the second turn of the exchange: It is the sentence *Every cloud has a silver lining.* A culturally informed speaker immediately recollects and recognizes the proverb in its fixed form, and in his doing so, we find that it is a frozen text since it is fixed and recalled in the cultural memory as such. That it is a culturally confirmed frozen text is also confirmed by the empirical evidence of the folk knowledge of its usage in the daily life of the English speaking people and its occurrence as a recorded proverb (text) in books of proverbs. In this real exchange, it is further proved to be so. Again, when we observe its usage, we find that it is an assertive speech act (illocution) used as a follow up move to support the assertion made by A. The statement made by A expresses a natural event cognized as an unhappy social practice which turns out to have an advantage: Going to

Kutub Shahi Tombs is not in the plan which is a waste of time and money and so an embarrassing mistake. Therefore, it is one categorial instance of such a mistake. However, since B is on a sightseeing trip and Kutub Shahi Tombs are an important tourist attraction, going that way brought an advantage. By the use of the proverb, it is confirmed that there is an advantage in such mistakes by virtue of its cultural authorization. In other words, the proverb serves as a prototype to instantiate a category of such practice: Pro-cat instantiation. Furthermore, as A makes an attempt to save his face, B indirectly saves B's face by supporting his view. On the same text, all these four characteristics are superimposed as a mixed characteristic. In other words, that text on which this mixed characteristic is superimposed becomes a proverb.

The entire process of the formation, application and transmission can be captured by the following graphic networks to empirically support the ka:rmik linguistic definition of the proverb as a "culturally confirmed frozen prototypical illocution (as a text)."

### *Evidence for the Ka:rmik Linguistic Definition of the Proverb*

#### Stage 1: Formation of the Proverb

The following KLT Graph 1 can be used to motivate not only the formation of the proverb *Every cloud has a silver lining* (and in fact any other proverb) but also its application in a ka:rmik (dispositional, sociocognitive, experiential) linguistic framework to support the KLT definition of the proverb.

In the formative stages of the proverb first, dispositional functional pressure (D.F.P.) builds up in one speaker's consciousness-qualified-disposition (C-q-D) to express an unknown/unfamiliar/abstract social contextual practice in terms of a known/familiar/concrete salient practice – it is the desire. Second, his will stirs his guNa:s (traits) in his C-q-D in the disposition quadrant I to impact (shown by an arrow) on his phenomenal knowledge impinging on the C-q-D from the world view quadrant II (shown by an arrow) and third, by a flash of dispositional creativity born from his va:sana:s, he conceptualizes the salient practice in his C-q-D as a cogneme in the concept quadrant III to categorize the contextual action (practice). Finally, he materializes the cogneme as an utterance in the context as contextual lingual action in the context quadrant IV to fulfill his desire and experiences the results of his action. The cogneme gradually evolves from pasyanthi (the un-manifest state of cognition as a concept) to madhyama (semi-manifest cognition of its pattern and structure of an utterance) to vaikhari (its material form of sound).

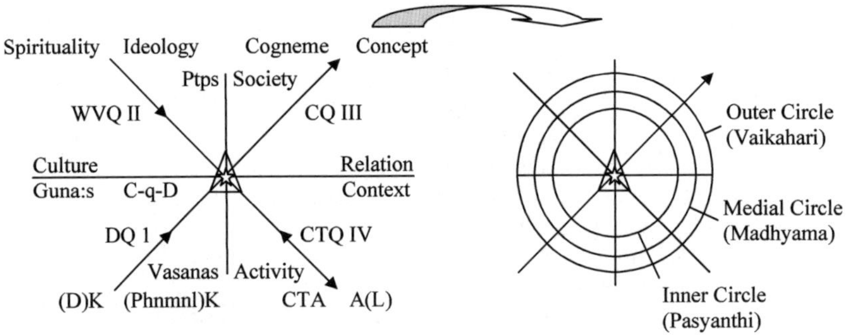


*KLT Graph 1* *KLT Network 1*

*Legend:*

☆ the Individual Consciousness (the being in the human being or the ji:va)

△ the Triad (sattva giving knowledge of activity; rajas giving choice of activity by traits; and tamas giving inertia or materiality of activity by va:sana:s) of Disposition

— Horizontal Line; | Vertical Line; ⁄ Diagonal Line: Horizontal, vertical, and diagonal axes; I, II, III, and IV: The quadrants 1, 2, 3, and 4; gives rise to ○s: (1) Inner (pasyanthi 'cognitive'), (2) Medial (madhyama 'pattern'), (3) Outer (vaikahari 'form' or 'phonic') Circles of realization of language

A(L): Actionality (Lingual); CQ: Concept Quadrant; CTA: Contextual Actionality; CTQ: Context Quadrant; (D)K: (Dispositional) Knowledge; DQ: Dispositional Quadrant; (Phnmnl)K: (Phenomenal) Knowledge; Ptps: Participants; WVQ: World View Quadrant

*Fig. 1:* *KLT Graph 1 (Combined triaxial quadrants of cognitive actionality); KLT Network 1 (Tricircled C-q-D creating action)*

## Stage 2: Individual-Collective-Contextual Conjunction and Standardization (ICCCS)

In the KLT Network 2, how this utterance becomes a proverb is shown. The individual (I) uses this utterance to categorize the social contextual practice with another individual through individual interpersonal communication (I IPC) in the first instance. If the second individual accepts it in toto (cultural confirmation by a single individual) and likes it, he further uses it as a prototype with another individual to categorize the same or a similar practice. Here, the utterance becomes a proverb in principle but not popular. If he does not accept it in toto, he modifies it and standardizes it and uses it with another individual in a similar way. As the usage gains currency by its cyclic use, it is finally polished and standardized at the collective (C) level by collective cultural confirmation (by many individuals – "many" is fuzzy and cannot be a mathematically fixed number; it means 'generally known') in a frozen form. Thus, it becomes an accepted prototype to instantiate different categorial social practices. At this instance, a proverb in principle becomes a popular proverb. This exact instance is unnoticed like water under a mat but becomes felt as its cultural confirmation is progressively established by popular usage through time.

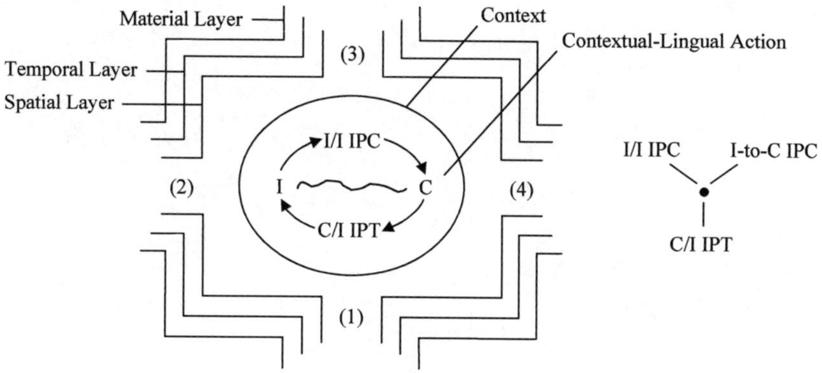


*KLT Network 2a* *KLT Network 2b*

*Legend:*

~ Transmission from … to …; C: Collective; C/I: Collective-to-Individual; I: Individual; I/I: Individual-to-Individual; IPC: Interpersonal Communication; IPT: Interpersonal Transmission; I-to-C: Individual-to-Collective; (1): Dispositional, (2): Socioculturalspiritual, (3): Contextual Actional, (4): Lingual Actional Realities

*Fig. 2:* *KLT Network 2a (Creation and transmission of proverbs by ICCCS); KLT Network 2b (I-I-I (interconnected-interrelated-interdependent) network of ICCCS)*

## Stage 3: Transmission, Retention, and Perpetuation of Proverbs

When a proverb is popularized, it gets entrenched in the I/C memory of the C-q-D of the speech community in the society. In other words, its frozen form as it is culturally established gets fixed in the memory of the individuals. At this stage, the knowledge of the language and its proverbs along with their form-function-meaning-style (L) and the rules of making moves, speech acts (representatives, directives, commissives, expressives, and declarations as illocutions), exchanges, and transactions in contextual discourse (C) for pro-cat instantiation are also unconsciously stored in the knowledge component of disposition (D) as dispositional knowledge (DK) in the speaker as shown in the KLT Star (PK) Network 1b given below.

That it is so can be inferred when it is used in a context by recall: When an individual gets a dispositional impulsion from his D.F.P. to use a proverb to construct pro-cat actional reality according to his dispositional reality, he conceptualizes a proverbial utterance as a cogneme by recall in a similar way as shown in KLT Graph 1 and KLT Network 1 and uses it in a context in C/I IPT. As it is used, it is heard, learnt, retained and perpetuated by its further use in a cyclic, I-I-I network of IPC and IPT as shown in KLT Network 2b: Individuals communicating with individuals I-I-I together to form the collective by IPC; the collective communicating with the individual is also I-I-I; in addition, it is also taught by its recollection. Hence, it is proved that it is confirmed and retained in the cultural memory in a frozen form as an illocution.

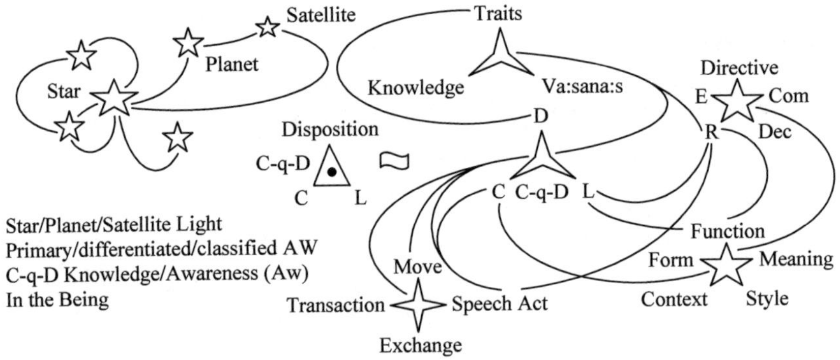


*KLT Star (PK) Network 1a* *KLT Star (PK) Network 1b*

*Legend:*

C: Context; Com: Commissive; D: Disposition; Dec: Declaration; E: Expressive; L: Lingual Action; R: Representative; apparently transforms into; ☆ Consciousness/Knowledge/Awareness

*Fig. 3:* *KLT Star (PK) Network 1 (Retention of proverbial knowledge (PK) as DK)*

As it is continuously used or recalled, it is propagated and its life is perpetuated. The deviations in its use are caused by lack of alertness, focus, attention, and loss of memory. If the proverb is modified in any way – be it dialectal or simply formal, a bifurcation point starts and as it spreads, one to more than one variant is produced. They may or may not co-exist with the original standard depending on their popularity. A rupture in the cycle brings the death of the proverb.

From the ka:rmik linguistic analysis (KLA) conducted above, we conclude that formal, functional, semantic, cognitive, and mixed definitions cannot provide a rigorously scientific definition of the proverb in its citation form or application (but not mention) in a context whereas a ka:rmik linguistic definition can. Hence, it is humbly submitted to the learned reader to test this definition of the proverb as "a culturally confirmed frozen text of a prototypical practice used as an illocution over a categorial action in a setting for a projected view of life" or "a culturally confirmed frozen prototypical illocution (as a text)" and censure it if it is faulty or else ratify it.

## *Bibliography*

Bhuvaneswar, Chilukuri. 1999. "Telugu and English Proverbs in I/E Exchange Structure: A Multilayered Systematic Analysis." In: no editor. *First International Congress on English Grammar: Abstracts*. Hyderabad: CIEFL, 55.

----------. 2003. "The Proverb and Its Definition: A Karmik Linguistic Approach." In: V. Prakasam & R.D. Akella (eds.). *The 30th International Systemic Functional Congress: Abstracts*. Lucknow: CIEFL, 35.

----------. 2009. "The Syntax of Proverbs I: The Sentence in American English Proverbs. A Case Study in Quirk's Model." *Al Mergib Journal of English Studies* 1, 40–63.

----------. 2010a. "Figures of Speech in Proverbs I (Phonology): Evidence for Ka:rmik Linguistic Theory." *Misurata University Journal of English Studies* 1, 106–138.

----------. 2010b. "Derivation of Referential Meaning in Proverbs I – Propositional Meaning: A Ka:rmik Linguistic Approach." *Misurata University Journal of English Studies* 1, 208–239.

----------. 2012. "Speech Act Theory and Proverbial Discourse: A Ka:rmik Linguistic Analysis." *Scientific Newsletter* [Voronezh State University of Architecture and Civil Engineering] 2/18, 71–82.

----------. 2013a. "Proverbial Linguistics: Theory and Practice in the Ka:rmik Linguistic Paradigm – Creation and Development of Proverbs." In: Jean-Michel Benayoun & Natalie Kübler & Jean-Philippe Zouogbo (eds.). *Parémiologie: Proverbes et formes voisines*. Vol. 1. Sainte Gemme: Presses Universitaires de Sainte Gemme (Collection "Métaphrastique"), 243–295.

----------. 2013b. "Derivation of Referential Meaning in Proverbs 2 – Syntactic Meaning of Complex Speech Acts: A Ka:rmik Linguistic Analysis." *Scientific Newsletter* [Voronezh State University of Architecture and Civil Engineering] 2/20, 17–31.

----------. no date(a). "Chilukuri Bhuvaneswar on Scribd." <www.scribd.com/bhuvanesvar> (24.08. 2013).

----------. no date(b). "The Proverbial Linguistics Group." <http://groups.yahoo.com/group/Proverbial linguists/files/Semantics> (24.08.2013).

----------. no date(c). "The Proverbs and Its Definition (Part I): A Ka:rmik Linguistic Review with a Checklist." <http://de.scribd.com/doc/162141011/SL20-The-Proverb-and-its-44-Definitions-doc-pdf> (24.08.2013).

Mieder, Wolfgang. 1993. "'A Proverb Is a Short Sentence of Wisdom': Popular Views of the Proverb." In: Wolfgang Mieder. *Proverbs Are Never Out of Season: Popular Wisdom in the Modern Age*. New York et al.: Oxford University Press, 18–40.

----------. 2004. *Proverbs: A Handbook*. Westport, Conn. et al.: Greenwood Press (Greenwood Folklore Handbooks).

# Wisdom in Proverbs

*František Čermák*

## 1 Introduction and Questions

Obviously, trying to pin down what may be considered a wise saying among proverbs is a futile effort as all proverbs are traditionally considered to be drops of essence containing wisdom, though some do seem to sound more wise, such as *The apple does not fall far from the tree*, some less so. Yet it is in fact relevant to ask whether all the proverbs really express some kind of wisdom. Leaving the problem open, it may be enough to say that it is, at least, definitely not true, that only those proverbs containing words 'wisdom' and 'wise' must tell us something about wisdom. Hence, a limitation of the scope is necessary: To make it really simple, let us concentrate on wisdom proverbs only, i.e. those having this loaded word in their form. Before doing so, however, some other general questions, seemingly futile for some, about *people using proverbs* might and should be asked.

## 2 Questions About 'Wisdom'

Since frequent attributes attached to proverbs include 'wisdom,' one may naturally ask a couple of questions based on this premise, therefore:

(1) Is a man/woman often using proverbs wise, i.e. one displaying some kind of wisdom?

(2) Is a paremiologist studying proverbs professionally and extensively a particularly wise person, then?

A summary simple answer is that it is not the knowledge of proverbs but one's respect to and realization of proverbs in life that is of importance.

(3) Is it then so that, on a closer look, a person may be wise and not use proverbs much?

A general attitude might be that he/she may be wise, though more background knowledge would be called for.

(4) Since an appropriate use of a proverb may be heard from an adolescent or child, too, would the boy or girl then be rightly called wise and full of wisdom, as well?

The question would get a negative answer, probably, while it might be pointed to such aspects as ripeness, experience, etc., that are missing.

(5) Is, then, wisdom a privilege of only old, ripe and experienced persons meaning that the proverb user is acquainted with typical contexts and is able, among other things, to perceive human follies in these?

To be on the safe side, the answer may not be very definite in either case. There are old fools, around, too.

Yet, it does not seem that the scope of wisdom and people using wisdom proverbs is sufficiently explained in this way, as other aspects are still missing, such as the type of the listener and his ability to realize that hearing a proverb, a golden nugget of experience, is being passed to him/her. Hence, itemizing generalized features of wisdom and proverbs may seem to be rather futile.

Let us, then, abandon this line of thinking and merely observe what wisdom proverbs tell us and, perhaps, importantly, how they are phrased. The following observations are taken from international proverbs grouped under the heading of 'wisdom' (Stone, 2006).

## 3 Wisdom Proverbs

### *3.1 Wisdom and the 'Type of Person' Having It*

Standard, usually acknowledged qualities related to one's age and experience, listed explicitly in conjunction with wisdom, include such as *ripeness*, *age*, *hard-thinking*, *born ability*, or *education and study*, cf.

ripe man: *Ripeness is in wisdom, not in years* (unknown);

thinking man: *Thinking is the essence of wisdom* (Persian);

able man: *Wisdom is not attained with years, but by ability* (Roman);

studious man: *Wisdom grows by study* (Roman).

Where the idea of wisdom acquired naturally in most cases is, oddly enough, contrasted with an *inborn capacity* (*Wisdom is not attained with years, but by ability*).

Yet also some non-standard possibilities or types of speakers are considered, such as *early-rising*, *child* or *poor man*, cf.

early-riser: *He who rises early will gather wisdom* (Danish);

poor man – uninfluential: *A poor man's wisdom goes for little* (Dutch);

child – inexperienced: *A child's wisdom is also wisdom* (Yiddish).

### *3.2 'Ways How' Wisdom May Be Attained*

Perhaps the most straightforward way that knowledge and mastery of wisdom is achieved in proverbs is related to basic *moral discrimination*, cf.

ability to discriminate: *The first step toward wisdom is to distinguish what is false* (Roman);

knowing false – true: *'Tis wisdom sometimes to seem a fool* (Roman).

All other ways seem to stress the necessity or usefulness of *learning, either positive or negative*, cf.

positive learning, also from mistakes of others, even enemies:

*Wisdom is learned through the wisdom of others* (Yoruba);

*It is best to learn wisdom from the follies of others* (Roman);

*Even from a foe a man may learn wisdom* (Greek);

negative learning:

*By committing foolish acts, one learns wisdom* (Singhalese).

Wisdom may be achieved in a negative way, too, by not doing the expected, cf.

wisdom in silence:

*Not to speak is the flower of wisdom* (Japanese);

*Talking comes by nature, silence by wisdom* (Yiddish).

This is not far from using one's wisdom while resorting to a trick, cf.

wisdom used through trickery:

*To feign stupidity is, in certain situations, the highest wisdom* (Roman).

### *3.3 Wisdom 'Defined Negatively'*

Conversely, certain ways of behavior are considered to be wise and one is dissuaded from adopting such paths. These may relate to one's *superficial appearances and possessions*, cf.

dressing and apparel: *Wisdom does not consist in dress* (Roman);

beauty – attractiveness: *Rarely are beauty and wisdom found together* (Roman);

property: *Wisdom is better than gold and silver* (Jamaican).

Or they may point to the *real essence of wisdom* instead of what it is usually taken as a sign of it, cf.

brain – not appearance: *Wisdom is in the head and not in the beard* (Swedish).

Or, some *ways of expression are challenged*, such as, cf.

eloquence is not wisdom: *Enough of eloquence, but little of wisdom* (Roman);

speech capacity is not wisdom: *Speech is given to all, wisdom to few* (Roman).

### *3.4 Wisdom and Practice*

Finally, wisdom may be contrasted with *ways how it is used* and *times when it is used*, cf.

wisdom and foolishness are incompatible: *'Tis altogether vain to learn wisdom, and yet live foolishly* (Dutch);

wisdom is inversely proportional to physical strength: *Once I had strength but no wisdom; now I have wisdom but no strength* (Persian);

wisdom must be accompanied by virtue: *Wisdom and virtue are like the two wheels of a cart* (Japanese).

A seldom stressed aspect of a special kind relates wisdom to negative *practice combined with fear*, cf.

wisdom is due to fear of one's superior: *To fear the master is the beginning of wisdom* (Roman).

## 4 Conclusions

Proceeding from such a limited proverb basis may not be enough but even this handful of proverbs explicitly offered by the dictionary gives rise to some doubts and other questions with which this article began. Inspecting types of persons attributed to wisdom and respective proverbs, one may wonder, why, for example, influential people such as politicians, priests, teachers, and, perhaps, philosophers, are rarely mentioned as those related to wisdom proverbs. Is it, perhaps, due to their being professional demagogues busy with their own propaganda than really wise men using (proverb) wisdom?

### *Postscript*

Nevertheless, despite all of this and of his being a paremiologist, for a number of other, personal, reasons based on my knowledge of him, I think Wolfgang Mieder is a wise man who happens to know many wisdom proverbs.

### *Bibliography*

Stone, Jon R. 2006. *The Routledge Book of World Proverbs*. London et al.: Routledge.

# *A Teacher for One Day, a Father for a Whole Lifetime*: A Selection of Taiwanese Proverbs About Teachers

*Chu-Hsien Chen*

*The myriad twinkling stars of summer nights are his wisdom and proverbs,*
*The colorful peach flowers on the evergreen field, his students and books.*
Siám-iāu tì-gān hok-siū-seng,
Boán-bûn thô-lí su bān-chheng.
閃耀智諺福壽星
滿門桃李書萬千

Students may have memories of their teachers, no matter whether they are beautiful or ugly, respectful or critical. In my culture tradition, teachers are usually trusted in many aspects, specifically in knowledge, ability, and personality. Moreover, they are considered to be entitled to certain privileges, and are generously paid. The images of our teachers are glorious and beautiful, which have been reflected in Taiwanese proverbs, which echo with the understanding of education and values of Taiwanese people.

In this paper, Taiwanese proverbs denote proverbs which have been spread in Taiwanese spoken society and articulated by the Taiwanese people. However, from the viewpoint of etymology, these proverbs are not necessarily exclusive from the Han people's socio-cultural background. This sort amounts to quite a large number, within which I have limited my selection to those focusing on the images and legacies of the teachers.

In the following paragraphs, each of the selected Taiwanese proverbs will be dealt in several steps: (1) To provide an English translation; (2) to mark the pronunciation in Tâi-oân pe̍h-oē-jī orthography;[1] (3) to show its Han characters; and (4) to annotate the keywords and illuminate hidden concepts of the selected proverbs.

## The Images of Teachers

*A teacher is the person who propagates the Tao, gives lessons, and answers questions for students.*
Su tsiá, só͘-í thuân-tō, siū-gia̍p, kái-hek.
師者，所以傳道、授業、解惑。

Against the severe decline of Confucianism, Hân Jú (韓愈; 768–824 A.D.), one of the greatest scholars on Han literature, wrote this proverbial saying in his essay, entitled *On Teachers* (Su soat; 師說) in 802. The author provoked his contemporaries, especially the officials, scholars, and students, to restore the traditional Tao of the teachers. His proposition was that a reverence for teachers would form the basis for the Tao of Confucianism to flourish.

Some terms embedded in this proverb have their primary meanings, which have not been expressed in the English translation, and will be explained below: (1) The word 'teacher/teachers' in the proverb by no means applies to teachers of all subject areas but denotes those teachers who are preparing students for the Imperial Examinations. They might have their commitment for revivifying and promoting the Tao of Confucianism, because the Tao of Confucius was their soul. They might have expected to retain their enthusiasm in undertaking "reformation" of the corruption of contemporary Confucianism. (2) The *Tao* (tō; 道), literally means 'roads' (lōu; 路) and 'reasons' (lí; 理), yet the Tao here specifically denoted the doctrines of Confucianism, for example, *The Three Cardinal Guides* (sam-kong; 三綱) and *The Five Constant Virtues* (nyó-siông; 五常). The former authorized the rulers, fathers, and husbands as the guides of the officials, children, and wives; the latter sanctified benevolence, righteousness, propriety, wisdom, and fidelity as the fundamental virtues of the society. In the broadest sense, Tao may also denote Pre-Ch'in, Confucian moral thought. (3) The phrase *siū-giȧp* (授業) may literally be translated into 'gives the lessons,' or 'imparts professional knowledge.' If one has carefully considered the motivation and contexts in which this proverb was created, then the phrase may be accurately translated as 'to coach the students preparing for their Imperial Examinations' (kú-giȧp; 舉業).

*The master initiates novices into the monastery, yet the novices have to practice the religion by themselves.*
Su-hū chhoā-jip mn̂g, siu-hīng chāi koh-jîn.
師父導入門，修行在個人。

Although this proverb ardently exudes Buddhist flavor, it is widely accepted and nicely applied by the Taiwanese public. These Buddhist terminologies, 'master' (su-hū; 師父) and 'practice religion' (siu-hīng; 修行) had been harmonized in the secular idea of a teacher-student relationship that the Buddhist masters can be compared with school teachers, and the novices, the students or learners. It is clear that a competent teacher can prepare a student to study well, however fruitful outcomes require hard work by the student himself. That reminds me of an American parallelism that states *You can lead a horse to water, but you can't make him drink* (Mieder & Kingsbury & Harder, 1992:312–313 (73)). However, the entry is very important, so students may obtain formal guidance and hope to have a normal development.

*Masters differ from apprentices in three more years of learning and practicing; bosses differ from employees in the capital investment.*
Sai-á sai-hū tsha sa$^{n}$-nî, sin-lô thâu-ke tsha pún-chî$^{n}$.
師仔師傅差三年，辛勞頭家差本錢。

In Taiwanese traditional society, 'master' (sai-hū; 師傅) is a man, hardly ever a woman, who equipped students with knowledge and skill for practicing a craft or trade. Besides, a master is also the term of address of the public: *Sai-hū!* ('Master!'). Then we might ask, what 'three more years' means? This denotes a period of time for training a qualified master; normally the term takes three years and four months. However, in order to maintain the proverbial text tightly, the phrase of 'four months' is omitted.

This proverb does not explicitly urge people to show their respect to masters or bosses but it implicitly suggests the abilities and qualities which the apprentices and employees are lacking, which make both of them "different" from one another. This indirectly shows the greatness of a master and boss, who urge the younger generations to pursue higher education, profound knowledge, superb skill, and valuable experience in order to achieve a better status.

It is noteworthy that the usage of 'master,' in recent decades Taiwan, tends to be overgeneralized since non-academic technicians are also called 'teacher' (lāu-su; 老師), by many if not all. For example, the boxer, baker, and hairdresser, etc. are possibly addressed as *Lāu-su!*

*It is possible for one who has persistently practiced a skill to become a master.*
Kuàn-chiá uî su.
慣者，為師。

The proverb above is used to encourage a person to tenaciously hold a purpose in any kind of work and, as a result, he will achieve the required skill that will make him the qualified master of such a profession. It says that it is concentration on the subject that is the path which leads to success. It is true that there are so many folk arts that require traditional skills or performance that could be far beyond the field of modern scientific technology, for example, sculpture, handmade porcelain, traditional Taiwan opera, the ancient folk architecture, geomancy, witchcraft, martial arts, and so on. Interestingly, it seems that this proverb was adapted by the Taiwan Education Ministry, and it has issued a practice whereby those professional and technical personnel, without an academic degree, with special skills can be officially employed as a lecturer or professor of the specialized subject (1995:1). Thus this ancient proverb now means that the 'master' (sai-hū; 師傅) can become a 'teacher' (sian-sinn, ló-su, lāu-su; 先生、老師).

*No master would be able to select proper pillars from a forest.*
Moá soa$^{n}$ chhiū, m̄-sī sai-hū chhú-bô niû.
滿山樹，唔是師傅取無樑。

The word 'master' here means a highly skilled carpenter, equipped with professional knowledge in construction so that he, and not any other kind of craftsman, is able to discern and use the proper material for his project. In daily speech, however, the 'master' denotes teachers, who bear an expertise and insight into creativity.

*Teachers know their students, and fathers know their sons, much better than any other people.*
Tī tē bȯk-jiȯk su, ti chú bȯk-jiȯk hū.
知弟莫若師，知子莫若父。

This proverb is a compound sentence that combines two clauses from two different resources, in which the first clause had been quoted by the author of *Master Koan* (Kuán Chú; 管子; ?–645 B.C.) and the second is taken from *Emperor Koan's Scripture of Ad-*

*monishment against Licentiousness* (Koan-Sèng-Tè-Kun Kài-îm-keng; 關聖帝君戒淫經), an exhortation text that has been spreading widely in the folk religious community in Taiwan. Unfortunately, we do not know who the composer of this proverb is. However, it is believed that the proverb might date from the 14th century, the era of Bêng Empire (Bêng Kok; 明國).

According to the lexicon definition, *tē* (弟) has three essential meanings: 'The younger brother' (sió-tī; 小弟); 'rankings,' 'sequential' (téng-tē; chhù-tē; 等第；次第); 'pupil,' 'disciple,' 'student' (ha̍k-seng bûn-tôu, chú-tē, tē-chú; 學生、門徒、子弟、弟子). The *tē* in the proverb serves as the object of the phrase of 'the teacher knows.' Thus it is clearly used to denote a student but does not imply any other usages.

The word *ti* (知) 'to know' mainly means to understand the character, thinking, behavior, and mentality of the people as by sight, experience, or intuition; *ti* is understood as the ability and authority of the teachers and the fathers, by which the students and children are taught and guided. For a teacher, *ti* is the knowledge and wisdom which is highly expected and appreciated as the endowment of an excellent teacher. However, in the process of political history, the emperors, kings, local authorities, and the powerful men have appropriated these faculties of *ti* for controlling the knowledge and thinking of people, implementing an obscurantist policy.[2]

It should be mentioned, the 'knowledge' of the great majority of the teachers, who have been teaching in the state schools, degenerated often as weapons of an authoritarian regime to distort the history of the people for glorifying the corrupted political power, for example, deification of the rulers, destruction of the local culture, elimination of the mother tongues, and implementation of brainwashing. In short, it would be a serious disaster, when the knowledge of the teachers has been instrumentalized by the government.

> *When three people are walking together, there is one who can be my teacher.*
> Sam-jîn tông-heng, pit-iú ngó͘ su.
> 三人同行，必有我師。

This proverb has been widely spread among the people in the Confucian cultural circle. It appeared around 500 B.C., in the 7th chapter of *Sut-jî*, the *Confucius Analects* (《論語・述而》第七). The Han character *su* (師) in the proverb had been generally translated into 'teacher' in English but its original notation extends far beyond what this English word can express. Here *su* denotes to anyone who is endowed with certain kinds of personal traits, or "good qualities" to attract others to learn something good or to have professional services from him rather than from the school teachers. As a consequence, Taiwanese tend to be open minded to learn and to disclose something better from their friends or co-workers. At the same time, Taiwanese in general are inclined toward a "preference to be a teacher" (hóⁿ uî jîn-su; 好為人師) and easily, even voluntarily, take the role as a teacher for providing any kind of opinion, information, or suggestion to their family or friends or even to a stranger.

*Patients would go, even a hundred miles away, to see the most efficacious physician; students would go, even a thousand miles away, to study under the most competent teacher.*
Pek-lí kiû i, chhian-lí kiû su.
百里求醫，千里求師。

This is a well-known proverb, although its text source has never been determined. However, the proverb reflects the common understanding of importance of the physicians and teachers, denoting specially the efficacious doctors and the excellent teachers who are so extraordinary, that they cannot be found just anywhere but are sought out by patients and students, even if they live 100 or 1.000 miles away.

It is noteworthy to see that this proverb reflects a kind of understanding that the pursuit of knowledge is more important than the search for his medical care. Moreover, it clearly suggests that an excellent teacher is more difficult to acquire than a commendable physician. It is true, in the history of Taiwan, that most of the Taiwanese students, as long as the economy permitted, enthusiastically seek excellent teachers for their advanced studies, even they have to go "a thousand miles away" from home.

## The Tao of Teachers

*To feed without teaching is the father's fault; to teach without severity is the teacher's laziness.*
Ióng put-kàu, hū chī-kò; kàu put-giâm, su tsi tō.
養不教，父之過；教不嚴，師之惰。

This proverb appeared in the very popular children's teaching material, *Three Character Scripture* (Sām-Jī Keng; 《三字經》) (Ông, 1985:5), which had been known in the middle of the 14th century, the later part of the Goân Empire (元帝國末年). Since then the book has widely influenced readers, and has specially prepared little children to learn the Han characters and equip them with a common sense of all life.

Doubtless, this old proverb has deeply affected the public understanding of the roles and attitudes of Taiwanese parents and teachers. The effects have been manifested in various aspects; below we will briefly look at three vivid scenes. First, most of the parents of Taiwanese, the rich, the intellectual and the poorer as well, enthusiastically support their children to pursue a higher education. As a result, the number of Taiwanese people with a college, university, or other type of higher education degree numbered 39% of the entire population of 23 million in 2009.[3] Second, high school students and their parents generally expected strict teaching by the teachers, which can be seen from the lengthening of school hours: High school students of Taiwan on average have 9 teaching hours a week-day, which exceeds 7 hours in Japan and Singapore, and 8 hours in China (Sih, 2009:3). Third, corporal punishments are generally practiced in the classrooms by the teachers, which are normally accepted by the students and even tolerated by the parents. The students who violate the rules of the school, for example, cheating in exams, failing in class exams, or even having test scores that do not reach 100%, would often be punished or insulted in front of their classmates (Chi, 1999:no page). Why do such barbarian practices still exist? The answer just might be found from the keyword 'severity' (嚴) embedded in this proverb, perhaps?

> *The right way in teaching is to attach the utmost importance in thoroughness.*[4]
> Kàu tsī tō, kuì í tsuan.
> 教之道，貴以專。

This proverb, also appearing in the *Three-Character Scripture* (see above), emphasizes that the most important way of teaching and learning is to be illuminated by the implications of the word *choan* (專): Firstly, *choan* means a concentration in guiding children to develop a greater sense of morality; otherwise children's good nature will deteriorate from the original good nature. Secondly, the connotation of *choan* is specialization and professionalism. This means the teachers are qualified to guide the children into the depth of the studied subjects. As a result of *choan*, the specialized knowledge in certain highly regarded subjects is overemphasized in the society, but the importance of general education and common sense have been overlooked by the Taiwan education authorities and well educated people.

> *There is a master to teach people how to live and die, but no one teaches how to make money.*
> Kà-lâng si$^{n}$ kà-lâng sí, bô kà-lâng chò-seng-lí.
> 教人生教人死，無教人做生理。

This proverb presents itself in a very beautiful Taiwan vernacular, regulates an antithesis, end rhyme with *-i*, and with a metaphor 'to teach people how to live and die' (kà-lâng si$^{n}$ kà-lâng sí; 教人生教人死), which alludes to 'all knowledge of life.' In daily usage, the proverb warns people that each one keeps his secret method of making money so that one has to struggle for one's wealth but not depend on another's help. In practice, the proverb denotes to important fact that the secret information of business is valueless, cannot be learned, nor are there any teachers who could coach it, or be willing to provide it.

> *When the time comes for an apprentice to have learned all the knowledge and skill from his master, it will be the time his master will starve to death.*
> Kà uē tô͘-tē, gō-sí sai-hū.
> 教會徒弟，餓死師傅。

This is a typical Taiwanese proverb, expressed rhetorically by means of hyperbole, which exaggeratedly projects the inner tension between the master and his apprentices, or between the teacher and his student, because they are constantly involved in a conflict of interest regarding similar concerns, business, and benefits. This proverb had mapped the apprenticeship model in previous centuries of Taiwanese society, yet I would like to say, a similar type of tension as indicated in the proverb can possibly be found in any current master-apprentice training.

## Honor Thy Teacher

*Honor the teacher and respect the Tao.*
Chun-su tiōng-tō.
尊師重道。

Firstly, let us look at the phrase of 'honor the teacher' (chun-su; 尊師). The word 'teacher' in this phrase specifically denotes Confucius (Khóng Hu-chú; 孔夫子; 551–479 B.C.) alone, and 'the teacher' had been honored by his disciples the year following his death. Under the permission of the Duke Ai of Lóu State (Lóu Ai-kong; 魯哀公; ?–468 B.C.), the disciples built a shrine to Confucius at the site of his residence, where the disciples started to worship him regularly. Thereafter the rite of Confucius was observed by the authorities and the local representatives where a Confucian "believer" rules the country.

It is worth knowing that the honor for Confucius reached its peak during the dynasty of Emperor Bú of Han (Hàn Bú-tè; 漢武帝; 156–87 B.C.), who recognized Confucianism as the only authentic learning, and excluded any other contemporary schools of thought. Thus Confucius and his ideology had won the most prominent position in the political and scholastic arenas, although the status of Confucius has been varied throughout the course of history. In the year 1530, Confucius was awarded the highest honorary title as *The Late Most Sacred-Teacher* (Chì-Sèng Sian-Su; 至聖先師), from Emperor Bêng Sè-Chong (明世宗; 1507–1567). Thereafter, the rite of Confucius has been implanted in Taiwan by several different governments, firstly by the Koxinga's Regime (1661–1683), and then by the Manchurian Empire (1683–1895). However, the rite was frozen during the period of Japanese rule (1895–1945). After the end of the Second World War, the rite has been revived in Taiwan by the Government of the Chinese Nationalist Party (Tiong-kok Kok-Bin-Tóng; 中國國民黨; 1945–2000 & 2008–) and succeeded by Government of the Democratic Progressive Party (Bîn-chìn-Tóng; 民進黨; 2000–2008).

The word 'teacher' in this old proverb applies to all teachers, including those teaching in the kindergarten, primary schools, high schools, or in the universities. Normally these teachers are highly honored because they are the presumed parents of knowledge and the model of moral life. This is why teachers' education is labeled as *Su-hoān kau-iok* (師範教育), in which 'teacher' (su; 師) is identified with the model (hoān; 範), a standard model of thought and morality. In brief, the majority of teachers have been highly respected by the Taiwanese people since the dawn of Taiwan's history.

Secondly, let us cxamine the second clause, 'respect the Tao' (tiōng-tō; 重道). One may ask, what is the *Tao* (tō; 道) that should be respected? Answers to this question vary widely. However, it would not be wrong to say that 'respect the Tao' means to accept and practice the Tao of Confucius, which may be summarized as the *Five Constant Virtues* (ngóu-siông; 五常) of moral norms and the *Six Arts* (lio̍k-gē; 六藝) for self-cultivation.[5]

Interestingly, the implications of this proverb have been transformed into classroom regulations that students understand and observe, and these regulations mean no more than what Julie V., an American teacher in northern New Jersey had to say, in responding to a question about *5 [sic] Ways to Show Respect for Teacher?*:

> "1. Be on time to class
> 2. Don't talk while the teacher is talking
> 3. Raise your hand before talking
> 4. Participate in class discussions
> 5. Stay alert, don't put your head down on the desk
> 6. Do your homework" (no date).

The above is clearly common discipline for school children worldwide. However, Taiwanese Han people in general have shifted from this classroom type of 'respect for teachers' to a utilitarian expectation. It encourages students to show their reverence for the Tao of their teachers by succeeding in their academic work, entering into a top school, graduating from famous universities, being employed in the highest-paid professions, and so forth, although only a small number of students realize this variant type of 'respect the Tao' of their teachers. Obviously, this high-profile proverb has become an empty slogan, regardless of the education authority's use of it for propagation from time to time.

*A teacher for one day, a father for a whole lifetime.*
It-jit uî su, chiong-sin uî hū.
一日為師，終身為父。

This proverb appeared in a popular booklet, entitled *Grandpa's Family Instruction* (Thài-kong Ka-kàu; 太公家教), by an anonymous author, who might be a teacher of the primary school at a village, during the Great Kingdom of Tong (Tāi-tông Tè-kok; 大唐帝國), in the 8th century. This old proverb has deeply influenced Taiwanese in their sincere attitudes towards teachers. Significantly, teachers had been identified with fathers, therefore students were urged to honor and respect their teachers like their fathers. Why were students educated to do so? A classic answer, which had been collected in the book of *Chìn-gú* (《晉語》) in the early 5th century B.C., says:

> "I have heard somebody say: 'A man came into being from his father, Kings, and teachers. Thus these three should be honored equally.' Why? Because the father has given me life, and the teachers have taught me [su kàu-tsi; 師教之], and the Kings have provided me food and money. If I had no father, I would not come into the world; if I had not received providence given by the Kings, I could not live well; and if I had not been taught by the teachers, I could not understand the history of my clan [Hui-kàu put-ti seng chi chȯk iā; 非教不知生之族也]. Therefore, I must serve them wholeheartedly."[6]

The answer points out the function of teachers in 'teaching' (su kàu-chi; 師教之), by which the students have been guided to understand the origins of the nation. So the teachers have been justified and respected like a father and, moreover, the teachers have been honored as the promoters of the civilization for people, who make the nation different from those of barbarians. So, the teachers are attributed as the fathers of a nation's culture and civilization, and enjoy their lofty status.

Down to the era of Master Sûn (Sûn Chú; 荀子; 313–238 B.C.), the status of teachers had risen dramatically high, together with the heaven and earth, the ancestors, and the monarchs, who were honored as the *Five Benefactors* (Ngóu-un; 五恩). Their importance, according to Master Sûn, is understood as the three essentials of the rites: "The heaven and the earth are the roots of lives; the ancestors, the roots of the race; and the monarchs and teachers, the roots of government" (1967:91). From this quotation, it can be seen that the teachers were assigned as a political tool for brainwashing. This has been manifested as a common phenomenon through the Chinese and Taiwanese politico-educational history.

Perhaps, it is worth noting that the teachers have finally been deified and enshrined together with the heaven and the earth, the emperors, and the parents. These five sacred "beings" have been symbolized and carved on the divine tablet, called 「天地君親師」 ('The Heaven, Earth, Kings, Parents, and Teachers') for receiving regular worship by those who devoted themselves as the disciples of Confucius as well as one's own teachers.[7] However, some said that the original meaning of the 「師」 (su; 'teacher') was specific and denoted the Masters of Lô Religion (Lô Kàu; 羅教), the founder of a suspected secret religious society, by no means of Confucius or any other teachers.[8] In any case, for the general public, the 「師」 is the symbol of Confucius, the Late Most Sacred Teacher and all of the teachers of the past, the present, and the future.

## Conclusion

Summing up the limited proverbs which I have dealt with above, the teachers have been idealistically represented as the combination of knowledge and morality, which have been accepted and adored by Taiwanese people in general. This affection could be understood as the projection of Confucius, the ideal and eternal sacred Teacher. Moreover, even in the modern education system for teachers, the motto of 「師者，所以傳道、授業、解惑」 is still somewhat to be seen.[9]

Teachers are cherished beings. However, the regime of the ancient or the present has rendered them as its political tools, and most of the teachers have proudly accepted this kind of "privilege," and enjoy themselves as the parts of the political machine. So the glorious Tao of the teacher has been suspected, and these teachers are thought as the accomplices of the obstruction of democracy and freedom of thought and speech.

Fortunately, over the generations Taiwan always has had groups of teachers who have sincerely devoted their lives to illuminating the people of Taiwan in ways leading to liberty, truth, and justice. I am optimistically looking forward to seeing a large number of new proverbs, which will be created to reflect the brilliant Tao of the teachers, which nourishes and preserves the ethics of our global village.

May the heroic teachers enjoy their honor and dignity forever and ever!

## Notes

1 *Tâi-oân pe̍h-oē-jī* (台灣白話字) literally means 'vernacular writing of Taiwanese,' also known as Church Romanization, which had been developed by Western missionaries in Southeast Asia in the 19th century. It uses a modified Latin alphabet and some diacritics to represent the spoken language.

2 For example, the political ideas and advocacy of independent Taiwan have been controlled by the Japanese government and the Chinese Kuo-Ming Tang (KMT) government on Taiwan.

3 According to statistics released by the Ministry of the Interior (April 1, 2012).

4 According to Giles' English translation (1984 [1900]:5).

5 The *Five Constant Virtues* are benevolence, righteousness, propriety, wisdom, and trustworthiness (jîn, gī, lé, tì, sìn; 仁、義、禮、智、信). The *Six Arts* are ritual, music, archery, chariot-riding, calligraphy, and counting (lé, ga̍k, siā, gū, su, sò; 禮、樂、射、御、書、數).

6 The original text is 「成聞之：『民生於三，事之如一。』父生之，師教之，君食之，非父不生，非食不長，非教不知生之族也，故壹事之。」(《國語・晉語》卷一、第七).

7 The characters on the divine tablet read as *Thian*, *Tē*, *Kun*, *Chhin*, and *Su*.

8 Lô Religion was founded by Lou Chheg in 1482. It is a syncretism of Confucianism, Taoism, and Buddhism rooted in the Lim-che School of Zen.

9 For its meaning see the first proverb of this contribution.

## Bibliography


Chi, San Chi. 1999. "「體罰的故事」(Stories of Corporal Punishment)." *《青年副刊》* (The Supplement of the Youth), December 16–17, 1999, no page.

Giles, Herbert A. (trans.). 1984 [1900]. *《三字經》 San Tzu Ching: Elementary Chinese*. Translated and annotated. Taipei: Confucius Publishing.

Mieder, Wolfgang & Stewart A. Kingsbury & Kelsie B. Harder (eds.). 1992. *A Dictionary of American Proverbs*. New York et al.: Oxford University Press.

Ông, Èng-lîn. 1985. *《三字經讀本》* (Sam-Ji-Keng Thok-pun; Three-Character Scripture: Readings). Tainan: Tai-khun Book Company.

Sih, Ho-giok. 2009. "台灣中學生課又太長了 (Taiwan High School Student Course Too Long)." *The Union News*, September 29, 2009, 3.

Sûn, Chú. 1967. *Basic Writings of Mo Tzu, Hsün Tzu, and Han Fei Tzu*. Translated by Burton Watson. New York: Columbia University Press.

[Taiwan Education Ministry]. 1995. "Employment of Professional and Technical Personnel for Universities Teachers." *《中央日報》* (The Central Daily News), 9/1, 1995, 1.

V., Julie. no date. "5 Ways to Show Respect for Teacher?" <http://answers.yahoo.com/question/index?qid=20090115202943AARLJT9> (21.01.2013).

# Zum Teufel mit dem ...: Anfang und Ende in der experimentellen Parömiologie

*Christoph Chlosta & Peter Grzybek*

*Es muß ein Ding einen Anfang haben.*
*Es liegt nicht am wohl Anfangen, sondern am wohl Enden.*
(Simrock, 311 & 321)

## Anfang: Kenntnis und Bekanntheit von Sprichwörtern

Die Untersuchung der Sprichwortkenntnis und/oder -bekanntheit hat eine lange, zunächst eher in der Soziologie und Demoskopie als in der Parömiologie fußende Geschichte, die hier nicht im Detail referiert werden kann.[1] Einen wesentlichen Anstoß hat diese Forschungsrichtung durch die Untersuchungen des russischen Parömiologen G.L. Permjakov in den 70er Jahren des 20. Jahrhunderts erfahren, als dieser die Frage aufwarf, welche Sprichwörter "allen" Angehörigen einer gegebenen Sprache bekannt sind. Wolfgang Mieder hat nach der Vermittlung dieser Arbeiten im Westen (vgl. Grzybek, 1984) wiederholt auf die Bedeutung dieses Ansatzes aufmerksam gemacht (1985 & 1992), und so hat es seither eine Reihe unterschiedlicher Versuche gegeben, sog. parömische Minima für verschiedene Sprachen zu erarbeiten.

Im Rahmen der empirischen und experimentellen Parömiologie hat sich die grundlegende Fragestellung seither wesentlich geändert – erweitert und präzisiert zugleich. So wird mittlerweile nicht mehr (nur) danach gefragt, welche Sprichwörter "allgemein" bekannt sind, vielmehr lautet die umfassendere Frage heutzutage: *Wer in einer gegebenen Kultur kennt welche Sprichwörter in welcher sprachlichen Form, wovon hängt diese Kenntnis ab, und welche kollektiven Schnittmengen gibt es dabei?* (vgl. Grzybek, 2012:118).

Diese Fragestellung trägt verschiedenen Umständen Rechnung, die sich im Laufe der empirischen Parömiologie als wesentlich herausgestellt haben. So wissen wir mittlerweile, dass Sprichwörter in der Praxis sprachlich sehr viel stärker variieren, als uns durch die frühere Parömiografie nahegelegt wurde. Wir wissen auch, dass sowohl der individuelle als auch der kulturelle (kollektive) Sprichwortschatz alles andere als eine homogene Textmenge ist, und wir wissen ferner, dass verschiedene Faktoren auf Sprichwortkenntnis und -bekanntheit einwirken, was normativ ausgerichtete Vorgangsweisen in diesem Bereich als nicht immer angemessen erscheinen lässt.

So sind in den vergangenen Jahrzehnten verschiedene Verfahren zur Erhebung von Kenntnis und Bekanntheit zur Anwendung gekommen, wobei die üblichsten das spontane Nennen/Aufschreiben von Sprichwörtern, die Ganztext-Präsentation von Sprichwörtern (mit dichotomer Antwortoption 'bekannt' vs. 'unbekannt' oder mit Skalierungen), sowie die Teiltext-Präsentation sind. Auch gibt es mittlerweile eine Reihe von Meta-Analysen, wie die durch die unterschiedlichen Methoden erhobenen Ergebnisse zueinander in Beziehung stehen. All dies muss hier nicht im Einzelnen dargestellt werden (vgl. Chlosta & Grzybek, 2004; Grzybek, 2012).

Jedenfalls hat sich in jüngeren Untersuchungen u.a. herausgestellt, dass Spontanerhebungen aufgrund des Mangels an situativen Impulsen nur einen gewissen Teil des bekannten Sprichwortschatzes zu Tage bringen, und dass Teiltext-Präsentationen oft zu keineswegs geringeren Bekanntheitswerten der Sprichwörter führen als Ganztext-Präsentationen. Dabei haben sie aber den Vorteil der Erhebung sprachlicher Variationen und zeigen so besser den parömischen Variantenreichtum.

Eine in diesem Zusammenhang wiederholt angesprochene Frage ist die nach der Validität der Teiltext-Präsentationen, die insbesondere die Möglichkeit betrifft, dass Befragte den zu vervollständigenden Textteil eher erraten könnten denn wirklich kennen. Unlängst durchgeführte Untersuchungen mit Dummy-Sprichwörtern (Grzybek & Chlosta, 2010) haben jedoch gezeigt, dass sich dieser mögliche Einwand weitestgehend entkräften lässt. Nicht gelöst ist jedoch die Frage, ob und wie sich gegebenenfalls die Art und Weise der Teiltext-Präsentation auf das Untersuchungsergebnis auswirkt, denn bislang wurde meistens der Anfang eines Sprichworts dargeboten, und die Aufgabe der befragten Personen bestand darin, diesen entsprechend zu vervollständigen.

Keinerlei systematische Erfahrung gibt es bislang mit anderen möglichen Verfahren der Teiltext-Präsentation, so z.B. mit Lückentests – in denen auf systematische Art und Weise selegierte Textelemente eliminiert werden – oder mit Untersuchungen, in denen anstelle des Anfangs eines Sprichworts dessen Ende präsentiert wird und von dem folglich der Anfang aufzufüllen ist.

Diese Fragestellung weist natürlich auf die eingangs bereits erwähnten Untersuchungen von G.L. Permjakov zurück, der davon ausging, dass ein Sprichwort ein klischierter (stereotyper) Text ist, was zur Folge hat, dass man ein Sprichwort entweder als Ganzes kennt oder gar nicht. Aus der Phraseologieforschung wissen wir jedoch, dass bei stereotypen Vergleichen *comparans* und *comparandum* keineswegs in gleichem Maße als assoziativer Trigger für die jeweils andere Komponente dienen, sondern dass es hier offenbar ein semantisches Ungleichgewicht zwischen beiden geben kann (vgl. Grzybek, 1999). In Übertragung auf das Sprichwort würde das die Frage nach sich ziehen, ob die Präsentation des Anfangs oder des Endes eines gegebenen Sprichworts in gleichem Maße die Kenntnis des gesamten Sprichworts bedingt bzw. indiziert.

Der vorliegende Beitrag widmet sich der zuletzt genannten Frage und stellt erste Ergebnisse einer methodologisch ausgerichteten Untersuchung vor, die mit eben diesem Verfahren durchgeführt wurde.

## Das Untersuchungsmaterial

Da im Zentrum eine methodologische Frage steht, liegt es nahe, auf Untersuchungsmaterial zurückzugreifen, das einen Vergleich zwischen den beiden Verfahren zulässt. Die bislang ausführlichste Darstellung und Diskussion zu Ergebnissen der empirischen Parömiologie ist sicher in der Sammlung *Deutsche Sprichwörter für Ausländer* von Frey (1970) zu finden, die als Grundlage für die durchgeführte Pilotstudie zum Deutschen (Grzybek, 1991) diente.

Durch den Rückgriff auf dieses Material ergibt sich eine mehr oder weniger direkte Vergleichsmöglichkeit zwischen den beiden verschiedenen Varianten der Teiltext-Präsentation, nämlich der Initial-Präsentation und der Final-Präsentation.

Bei der Initial-Präsentation (vgl. Grzybek, 1991) wird der Beginn des Sprichwortes vorgegeben, und die Probanden müssen das Sprichwort in der ihnen bekannten Form vervollständigen. Bei der Final-Präsentation wird nun das Ende des Sprichwortes aufgeführt und die Probanden haben den ihnen bekannten Anfang zu notieren. Hierzu ein Beispiel für das Sprichwort *Alte Liebe rostet nicht*:

| | **Teiltext-Präsentation** | |
|---|---|---|
| | ↙ ↘ | |
| Initial-Präsentation | | Final-Präsentation |
| ↓ | | ↓ |
| *Alte Liebe ...* | | *... rostet nicht.* |

Bei der Erhebung der Lösungen durch die Probanden und der Ermittlung der Ergebnisse ist es von wesentlicher Bedeutung, wann eine Sprichwortvervollständigung als 'bekannt' und wann als 'unbekannt' einzustufen ist. In der Pilotstudie mit Initial-Präsentation wurde noch ein relativ einfaches Auswertungsschema verwendet, welches die Antworten vor allem nach "richtig" und "falsch" kategorisierte.[2] Dieses Auswertungsschema war für die veränderten Fragestellungen der empirischen Parömiologie letztlich zu grob und normativ ausgerichtet. Die damals noch nicht für so wesentlich gehaltene Erfassung und Klassifizierung von Variationen und Varianten war damit nicht möglich. Im Anschluss wurde es in ein systematisches Kategorisierungsschema überführt (Grzybek & Chlosta & Roos, 1994), mit welchem sich alle sprachlichen Varianten und Variationen erfassen und je nach Bedarf und Forschungsinteresse zusammenfassen lassen (vgl. Chlosta & Grzybek, 2005). Dreh- und Angelpunkt dieses Schemas ist eine jeweils festzusetzende 'Nullvariante', mit der keine Annahmen über Normativität oder Frequenz verbunden werden, die aber als Ausgangspunkt aller Zuordnungen dient.

Bei diesem Kategorienschema wird jede Art von Vervollständigung in Form einer dreigliedrigen, hierarchischen Kodierung erfasst. Je nach Art der Abweichung von der Nullvariante erfolgt zunächst eine Zuordnung zu einer Hauptgruppe, deren Mitglieder trotz aller mikrostrukturellen Unterschiede im weitesten Sinne eine 'Bekanntheit' des Sprichworts implizieren:

- Die Gruppe 1 umfasst abweichende Vervollständigungen erstens Grades, die mitsamt eine Bekanntheit mit der Nullvariante umfassen.
- Die Gruppe 2 beinhaltet Veränderungen 2. Grades, die eine Bekanntheit mit dem jeweiligen Sprichworttyp implizieren.

In Abhängigkeit vom jeweiligen Typ der Variation folgt an zweiter Stelle des Codes eine Spezifikation der jeweiligen Hauptgruppe, indem Kürzungen, Erweiterungen, orthografische, morphologische, lexikalische, syntaktische Variation u.a.m. getrennt werden. Innerhalb dieser Codierung wird dann jede einzelne Vervollständigungsversion einzeln erfasst, und zwar in Form einer fortlaufenden Nummer als drittem Element des Codes; je nach Anzahl der Variationen und Varianten kann das im Prinzip dreigliedrige System also durchaus eine vier- oder mehrstellige Codierung nach sich ziehen.

Alle Vervollständigungen, die weder wortwörtlich der Nullvariante entsprechen noch Veränderungen 1. oder 2. Grades darstellen, werden der

- 3. Gruppe zugeordnet; auch in dieser wird jede einzelne Version exakt dokumentiert.

Bei einer kürzlich erfolgten, noch nicht publizierten Re-Analyse der 91er initialen Teiltext-Präsentation nach diesem detaillierten Schema haben sich bei dem Sprichwort *Alte Liebe rostet nicht* z.B. die früheren Ergebnisse (Grzybek, 1991) vollauf bestätigt: Demnach wurde der dargebotene Anfang des Sprichworts von 116 der 125 Befragten im Wortlaut der Nullvariante vervollständigt und entsprechend der Kategorie '100' zugeordnet, es gab eine Vervollständigung ersten Grades, nämlich "... *rostet nie*", die der verallgemeinerten 1er-Kategorie (160) zugeordnet wurde, sowie eine Vervollständigung in Form von "... *vergeht nicht*", die als Veränderung 2. Grades (260) gewertet wurde. Zählt man alle Variationen und Varianten aus dem 1er und 2er Bereich als 'bekannt', kommt das Sprichwort so auch bei der Re-Analyse auf einen Bekanntheitsgrad von 94.4%.

Dieses Kategorienschema ist auch bei der Auswertung der hier dargestellten Ergebnisse zur finalen Teiltext-Präsentation zur Anwendung gekommen. Um nun die Ergebnisse der Final-Präsentation einordnen zu können, möchten wir in aller gebotenen Kürze einige Eckpunkte der 91er Ergebnisse in Erinnerung rufen.

In der 91er Pilotstudie waren insgesamt 125 Personen befragt worden. Das Alter der 49 männlichen (39.2%) und 76 weiblichen (60.8%) Befragten erstreckte sich von 19 bis 84 Jahre bei einem Durchschnittsalter von $\bar{x}$ = 40.91 Jahre ($s$ =18.45); weitere Details zu Faktoren wie Bildung, Wohnort u.a. können hier einstweilen ausgespart bleiben.

Im Ergebnis stellte sich heraus, dass die durchschnittliche individuelle Sprichwortkenntnis 70.07% der präsentierten Sprichwörter betrug. Dabei wirkte sich der Faktor 'Alter' hoch signifikant aus – je älter die Befragten, desto mehr Sprichwörter kannten sie. In einer späteren Re-Analyse haben Grotjahn und Grzybek (2000) detailliert Zusammenhänge zwischen den ins Spiel kommenden Faktoren und Variablen untersucht und damit einhergehend Vor- und Nachteile verschiedener statistischer Analyseverfahren analysiert, wobei sie zeigen konnten, dass die Anwendung nicht ausreichend komplexer Verfahren mitunter zu irreführenden Ergebnisse führen kann. Es würde jedoch zu weit führen, dies hier im Einzelnen zu diskutieren. Wohl aber gilt es an dieser Stelle ein weiteres Mal mit Nachdruck darauf hinzuweisen, dass sich aus den Ergebnissen der Pilotstudie keineswegs so etwas wie das deutsche parömische Minimum ableiten lässt, wie dies in der Rezeption dieser Arbeit mitunter dargestellt wurde.

## Die Informanten der Final-Präsentation

Befragt wurden in der nun ausgewerteten Untersuchung insgesamt 36 Personen im Altersbereich von 20 bis 55 Jahren. Das Durchschnittsalter der befragten Gruppe liegt bei $\bar{x} = 30.00$ ($s = 12.05$). Bei acht der Befragten (22.2%) handelt es sich um männliche, bei 28 (77.8%) um weibliche Personen. Die überwiegende Zahl, nämlich 28 Personen (77.8%) hat eine Hochschulbildung (oder befindet sich in einer solchen Ausbildung); jeweils vier Personen (11.1%) haben einen Haupt- bzw. einen Realschulabschluss. Alle Befragten leben zum Zeitpunkt der Befragung in Nordrhein-Westfalen, die weitaus meisten von ihnen (32 Personen, 88.9%) haben auch ihre Jugend in diesem Bundesland verbracht. Von den befragten Personen lebten 22 (61.1%) zum Zeitpunkt der Befragung in einer Großstadt, 12 (33.3%) in einer Kleinstadt, die übrigen zwei (5.6%) auf dem Dorf. 14 der Befragten (38.9%) haben auch während ihrer Jugend in einer Großstadt gelebt, 15 (41.7%) in einer Kleinstadt, fünf (13.9%) auf dem Dorf, von den übrigen zwei liegen keine diesbezüglichen Angaben vor.

## Die Sprichwortkenntnis der Final-Präsentation

Wie gesagt, dienten als Untersuchungsmaterial die Sprichwörter aus der Frey-Sammlung (1970).[3] Wenn man sich bei der Auswertung nun auf die Kategorie 100 beschränken würde, dann rangiert die individuelle Sprichwortkenntnis bei den Befragten im Bereich von $x_{min} = 49$ Sprichwörtern (17.69%) bis zu $x_{max} = 155$ Sprichwörtern (55.96%). Die durchschnittliche individuelle Sprichwortkenntnis beläuft sich unter dieser Voraussetzung auf $\bar{x} = 101.56$ ($s = 30.12$), was $\bar{x} = 36.66$ Prozentpunkten entspricht. Das heißt, im Durchschnitt waren knapp zwei Drittel der Sprichwörter den Befragten unter dieser Voraussetzung unbekannt.

Erweitert man die "Kenntnis" um die Vervollständigungen, die in den gesamten 1er-Bereich fallen, so erhöht sich die durchschnittliche individuelle Kenntnis um 22.28 Sprichwörter und macht damit zusammen mit den Sprichwörtern der Kategorie 100 insgesamt 123.83 (44.70%) aus; der Minimalwert liegt unter dieser Bedingung bei 59 Sprichwörtern (21.30%), der Maximalwert bei 192 (69.31%). Nimmt man auch die Sprichwörter aus dem Bereich der Kategorie 2 hinzu, erhöht sich die Anzahl um weitere 15.53 und beläuft sich damit durchschnittlich auf insgesamt 139.36 (50.31%), bei einem Minimalwert von $x_{min} = 70$ (25.27%) und einem Maximalwert von $x_{max} = 213$ Sprichwörtern (76.90%).

Mit anderen Worten: Im Durchschnitt war den einzelnen Personen ziemlich genau die Hälfte der präsentierten Sprichwörter bekannt bzw. unbekannt. Dabei kann man davon ausgehen, dass die befragten Personen nur wenige Rateversuche unternahmen, denn insgesamt 43.60% der Vervollständigungsmöglichkeiten blieben völlig unausgefüllt, d.h. es wurde in diesen Fällen kein Versuch einer Vervollständigung unternommen; die übrigen 6.09% verteilen sich auf alle andere Kategorien. Tabelle 1 fasst die wesentlichen Ergebnisse zusammen.

*Tab. 1:* *Durchschnittliche individuelle Sprichwortkenntnis bei der Final-Präsentation nach Kategorien*

| Kategorie | absolut | in % |
|---|---|---|
| 100 | 101.56 | 36.66 |
| 1er gesamt | 123.83 | 44.70 |
| 2er gesamt | 15.53 | 5.61 |
| 1+2 gesamt | 139.36 | 50.31 |

Damit liegt die durchschnittliche Sprichwortkenntnis im Vergleich um ca. 20% niedriger als bei der Teiltext-Präsentation von 1991, wo sie bei 70.07% lag. Auch wenn man bei einer Re-Analyse der Studie von 1991 nur die Werte der 20- bis 55-jährigen heranzieht, liegt der Prozentsatz bei einem vergleichbaren Altersdurchschnitt von 31.34 Jahren bei $\bar{x}$ = 65.34%, also immer noch ca. 15% höher als in der jetzigen Studie.

## Die Bekanntheit der Sprichwörter bei Final-Präsentation

Während die durchschnittliche individuelle Sprichwortkenntnis eine informanten-bezogene Perspektive ist, da beschrieben wird, wie viele Sprichwörter die Probanden kennen, stellt die Frage nach der durchschnittlichen Bekanntheit der Sprichwörter eine textbezogene Fragestellung dar, da hier gefragt wird, durch wie viele Probanden ein Sprichwort gekannt wird. Die Frage lautet also: Wie bekannt ist ein Sprichwort bzw. wie viele Sprichwörter kommen auf eine bestimmte Bekanntheit? Das Maximum von 100% Bekanntheit ist bei dieser Fragestellung dann erreicht, wenn ein Sprichwort von allen befragten Personen – hier 36 – in einer als 'bekannt' zu wertenden Form vervollständigt wurde.

Im Hinblick auf die Auswertung ist es sinnvoll, Intervalle der Bekanntheit zu definieren, etwa in 10%-Schritten und zu schauen, wie viele Sprichwörter in ein jeweiliges Intervall fallen. Tabelle 2 enthält die Ergebnisse für die bereits zusammengefassten Daten, d.h. die 100er, 1er und 2er.

*Tab. 2:* *Durchschnittliche Bekanntheit der Sprichwörter nach Intervallen*

| Intervall | Untergrenze | Obergrenze | absolut | relativ |
|---|---|---|---|---|
| I | 0% | 10% | 51 | 18.4% |
| II | 10% | 20% | 26 | 9.39% |
| III | 20% | 30% | 20 | 7.22% |
| IV | 30% | 40% | 13 | 4.69% |
| V | 40% | 50% | 26 | 9.39% |
| VI | 50% | 60% | 22 | 7.94% |
| VII | 60% | 70% | 22 | 7.94% |
| VIII | 70% | 80% | 11 | 3.97% |

| Intervall | Untergrenze | Obergrenze | absolut | relativ |
|---|---|---|---|---|
| IX | 80% | 90% | 40 | 14.44% |
| X | 90% | 100% | 46 | 16.61% |

Abbildung 1a stellt diese Ergebnisse in grafischer Form dar: Auf der $x$-Achse finden sich die Intervalle I bis X, welche die Information bezüglich der Bekanntheit beinhalten, auf der $y$-Achse deren jeweilige Besetzung, d.h. wie viele Sprichwörter (in Prozent) in dem jeweiligen Bekanntheitsintervall vorkommen.

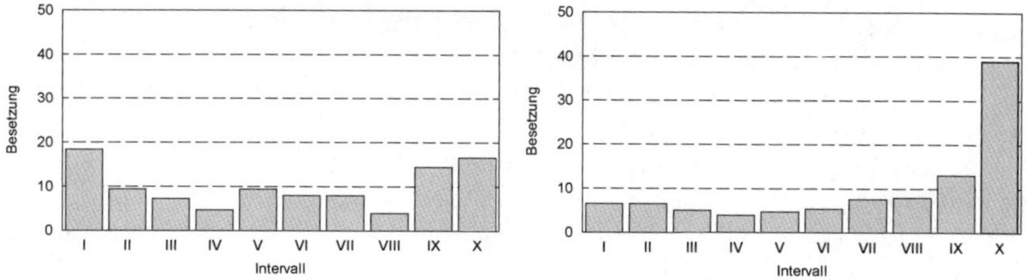


*Abb. 1: Bekanntheit der Sprichwörter bei finaler (a) vs. initialer (b) Teiltext-Präsentation*

Deutlich erkennbar ist eine gewisse Zweiteilung der gesamten Sprichwortmenge. In den meisten Intervallen liegen weniger als die zu erwartenden 10% der Werte, nur die Intervalle [0, 10], [80, 90] und [90, 100] weisen jeweils deutlich mehr Sprichwörter auf. Mit anderen Worten: Es gibt relativ viele Sprichwörter, die hochgradig unbekannt sind, und es gibt ebenso relativ viele Sprichwörter, die auf einen vergleichsweise hohen Bekanntheitsgrad kommen – diese beiden Gruppen zusammengenommen machen fast die Hälfte (49.46%) aller Sprichwörter aus.

Wie in Abbildung 1a zu sehen ist, ist die Grafik durch eine leichte *U*-Form charakterisiert, mit Gipfeln im ersten sowie in den beiden letzten Quantilen. Abbildung 1b stellt im Vergleich dazu die Ergebnisse der Teiltext-Präsentation von 1991 dar, die ein deutliches Übergewicht bei den bekannten Sprichwörtern aufweisen – jegliche Verallgemeinerung wäre jedoch unzulässig, da diese Datenlage letzten Endes ausschließlich in der Wahl des Untersuchungsmaterials begründet ist.

## Beobachtungen zu einzelnen Sprichwörtern

Es kann im Rahmen der hier vorliegenden Darstellung um keine vollständige Analyse einzelner Sprichwörter gehen, sodass wir uns auf exemplarische Beobachtungspunkte beschränken müssen.

Schaut man sich zum Beispiel die 20 Sprichwörter an, die in der 91er Studie auf 100% Bekanntheit kamen, so liegt der durchschnittliche Bekanntheitsgrad dieser Sprichwörter bei der finalen Teiltext-Präsentation mit $x$ = 80.42% durchaus in dem oben aufgezeigten Trend – für die einzelnen Sprichwörter dieses Bekanntheitsgrades aber schwankt der Prozentsatz von 8.33% bis 100%. So gibt es immerhin fünf Sprichwörter, die bei beiden Präsentationsformen auf 100% kommen: *Es ist noch kein Meister | vom Himmel gefallen* (#88), *Viele Köche | verderben den Brei* (#205), *Was sich liebt, | das neckt sich* (#225), *Wenn zwei sich streiten, | freut sich der dritte* (#238) sowie *Wer A sagt, | muss auch B sagen* (#240). Das bei der Initial-Präsentation zu 100% bekannte *Scherben bringen | Glück* (#185) hingegen kommt bei der Final-Präsentation nur auf 8.33% – hier wirkt sich ganz offenbar, ebenso wie bei der Initial-Präsentation, eine zu geringe Textvorgabe aus.

Bei der im Durchschnitt höheren Sprichwortkenntnis und Sprichwortbekanntheit (s.o.) ist es nicht verwunderlich, dass auch die einzelnen Sprichwörter bei der Darbietung des ersten Teils insgesamt auf eine höhere Bekanntheit kommen. Dies ist in der Tat bei insgesamt 233 (84.73%) der 275 Sprichwörter der Fall; testet man den jeweiligen Unterschied mit dem Chi-Quadrat-Test auf Signifikanz, so sind es auf dem 5%-Niveau 68 (24.73%) der Sprichwörter, die signifikant höher abschneiden, auf dem 1%-Niveau 41 (14.91%) Sprichwörter.

Allerdings gibt es auch einige Sprichwörter, die unter der Bedingung der finalen Teiltext-Präsentation auf einen signifikant höheren Bekanntheitsgrad kommen, nämlich fünf (1.82%) bzw. vier (1.45%) auf den genannten Niveaus. Dabei handelt es sich um die folgenden Sprichwörter:

#14 *Arbeit macht | das Leben süß.*
69.44 vs. 28.00 ($X^2 = 8.15$, $P < 0.005$)

#47 *Der Mensch ist | ein Gewohnheitstier.*
69.44 vs. 24.80 ($X^2 = 10.21$, $P < 0.005$)

#162 *Mitgegangen, mitgefangen, | mitgehangen.*
63.89 vs. 17.60 ($X^2 = 14.22$, $P < 0.005$)

#262 *Wie die Arbeit, | so der Lohn.*
50.00 vs. 10.40 ($X^2 = 16.39$, $P < 0.001$)

Ohne Frage wird es spannend sein, weitere Unterschiede, die sich aus den beiden Präsentationsformen ergeben, sprichwortspezifisch eingehender zu analysieren und zu diskutieren, was im hier gegebenen Kontext nicht geschehen kann. Insgesamt gesehen ist das Ergebnis jedenfalls umso bemerkenswerter, als die obigen vier Sprichwörter unter der Bedingung der finalen Teiltext-Präsentation auf einen experimentellen Bekanntheitsgrad von $\geq 50\%$ kommen – im Gegensatz zur initialen Teiltext-Präsentation wären sie damit bei der Erstellung eines parömischen Experimentalkorpus als "potenziell allgemein bekannt" einzustufen. Eine textbezogene Diskussion muss einstweilen zurückgestellt werden.

Darüber hinaus gilt es zu bedenken, dass bei der vereinfachenden Zusammenfassung in die binären Kategorien 'bekannt' vs. 'unbekannt' die Vielzahl der Varianten unberücksichtigt bleiben, die bei der initialen und/oder finalen Teiltext-Präsentation ins Spiel kommen, und deren Anzahl kann je nach Art der Präsentation abermals sehr unterschiedlich sein. So hält sie sich bei dem oben erwähnten Beispiel *Alte Liebe rostet nicht*, das im Durchschnitt auf einen Bekanntheitsgrad von $\bar{x} = 58.33\%$ kam, insgesamt in Grenzen: Von den 36 Befragten füllten 21 die Vorgabe "... *rostet nicht*" mit der der

Nullvariante entsprechenden Form "*Alte Liebe ...*" ein (Kategorie 100), und jeweils eine der befragten Personen ergänzte mit der Form "*Wer rastet nicht, der ...*" bzw. "*Wer nicht rastet ...*"

Bei anderen Sprichwörtern sieht das mitunter ganz anders aus; veranschaulichen wir auch das an einem Beispiel. Tabelle 3 enthält die Ergänzungen, die von den Befragten der 91er Studie bei Präsentation des ersten Teils angegeben wurden, inklusive der Klassifikation. Das Sprichwort *Wenn man dem Teufel den kleinen Finger gibt, | so nimmt er die ganze Hand* kam in der Pilotstudie mit initialer Teiltext-Präsentation auf eine Bekanntheit von 95.2%. Auf denselben Prozentsatz (95.2%) kommt das Sprichwort auch in der oben erwähnten Re-Analyse bei Nutzung des erweiterten Kategorienschemas. In dieser verteilten sich die als 'bekannt' eingestuften Vervollständigungen auf die in Tabelle 3 aufgeführten Variationen mit den entsprechenden absoluten und prozentuellen Vorkommenshäufigkeiten.

*Tab. 3:* *"Wenn man dem Teufel den kleinen Finger gibt, ..."*

| | **Kat.** | **abs.** | **%** |
|---|---|---|---|
| so nimmt er die ganze Hand. | 1000 | 6 | 4.80 |
| nimmt er die ganze Hand. | 1200 | 78 | 62.40 |
| dann nimmt er gleich die ganze Hand. | 1300 | 3 | 2.40 |
| so nimmt er gleich die ganze Hand. | 1301 | 0 | 0.00 |
| nimmt er die Hand. | 1302 | 0 | 0.00 |
| nimmt er sich die ganze Hand. | 1801 | 1 | 0.80 |
| nimmt er gleich d. ganze Hand. | 1810 | 3 | 2.40 |
| nimmt er gleich die ganze Hand. | 1810 | 3 | 2.40 |
| greift er nach der Hand. | 1811 | 1 | 0.80 |
| nimmt er gleich die Hand. | 1820 | 11 | 8.80 |
| will er gleich die ganze Hand. | 1830 | 0 | 0.00 |
| will er die ganze Hand. | 1840 | 3 | 2.40 |
| dann will er die Hand. | 1850 | 1 | 0.80 |
| dann nimmt er die ganze Hand. | 1860 | 3 | 2.40 |
| so will er gleich die ganze Hand. | 1870 | 3 | 2.40 |
| dann will er die ganze Hand. | 1880 | 1 | 0.80 |
| von dem will er die ganze Hand. | 1890 | 1 | 0.80 |
| nimmt er dicht die ganze Hand. | 1900 | 1 | 0.80 |
| reißt er einem den Arm aus. | 3000 | 1 | 0.80 |

Im Vergleich dazu bietet Tabelle 4 die Ergebnisse der finalen Teiltext-Präsentation, ebenfalls mit entsprechender Klassifikation.

*Tab. 4:* *"... so nimmt er die ganze Hand."*

| | Kat. | abs. | % |
|---|---|---|---|
| Wenn man dem Teufel den kleinen Finger gibt, | 1000 | 0 | 0 |
| Reicht man dem Teufel den kleinen Finger, | 1800 | 1 | 2.78 |
| Gibt man den kleinen Finger, | 2701 | 2 | 5.56 |
| Gibt man ihm den kleinen Finger, | 2702 | 1 | 2.78 |
| Gibt man ihm den einen Finger, | 2710 | 1 | 2.78 |
| Reichst du einem den kleinen Finger, | 2721 | 1 | 2.78 |
| Reichst du ihm den kleinen Finger, | 2722 | 1 | 2.78 |
| Reichst du jemand den kleinen Finger, | 2723 | 1 | 2.78 |
| Reicht man einem den kleinen Finger, | 2724 | 3 | 8.33 |
| Reicht man ihm den kleinen Finger, | 2725 | 5 | 13.90 |
| Wenn du ihm den Finger reichst, | 2731 | 1 | 2.78 |
| Wenn man ihm einen Finger reicht, | 2732 | 1 | 2.78 |
| Wenn man jemanden einen Finger reicht, | 2733 | 1 | 2.78 |
| Wenn man ihm einen Finger reicht, | 2734 | 1 | 2.78 |
| Wenn man den kleinen Finger reicht, | 2751 | 2 | 5.56 |
| Wenn man einem den kleinen Finger gibt, | 2752 | 2 | 5.56 |
| Wenn man einem den kleinen Finger reicht, | 2753 | 3 | 8.33 |
| Wenn man ihm d. kleinen Finger gibt, | 2754 | 1 | 2.78 |
| Wenn man ihm den kleinen Finger reicht, | 2756 | 1 | 2.78 |
| Wenn man jemanden den kleinen Finger reicht, | 2760 | 1 | 2.78 |
| Wenn man ihm den Finger gibt, | 2770 | 1 | 2.78 |

Eine Reihe von Beobachtungen ist bemerkenswert:

- Als Prädikate werden nur die Verben "reichen" (24) und "geben" (8) genutzt, wobei "reichen" eindeutig präferiert wird. Dies ist insofern beachtenswert, als das Verb "reichen" nicht der Frey entnommenen Nullvariante entspricht. Erstaunlich ist dies aber auch, da "reichen" im Wortschatz-Portal der Universität Leipzig auf einen geringeren Häufigkeitswert als "geben" kommt (Deutscher Wortschatz, 1998–2013).
- Die in der Nullvariante vorgegebene Realisierung des Nebensatzes mit der Konjunktion "wenn" wird 15 mal angegeben, 16 mal wird die Konjunktion ausgelassen und das Verb rückt in die Kopfstellung des Satzes.
- Das Akkusativobjekt ist immer der "Finger", der gegeben wird. In fast allen Fällen wird er mit dem Adjektiv "klein" attribuiert. In sechs Fällen wird der Finger nicht näher bestimmt; dies könnte letztlich auch Auswirkungen auf das Sprichwortmodell haben.
- Das Subjekt des Nebensatzes ist durch die Indefinitpronomen "man" und "du" realisiert, wobei "du" nur in vier Fällen vorkommt.

## Ende: Von der Parömiologie (zurück) zur Parömiografie!

Man mag die obigen Veränderungen gegenüber der lexikografierten Nullvariante als gering ansehen, jedoch müsste zumindest berücksichtigt werden, dass der "Teufel" im Ergebnis nicht unbedingt als Lemma zur lexikografischen bzw. parömiografischen Sortierung geeignet ist.

Der Teufel steht im Sprichwort eher im Hintergrund und wird nur von einem einzigen Probanden als "Empfänger" genannt. Alle anderen Objekte sind durch "ihm", "einem" oder "jemandem" unpersönlich gelassen; in zwei Fällen wird das Dativobjekt akkusativisch realisiert, was regional-dialektal bedingt sein mag.

Ohne Frage werfen die in der vorliegenden Studie diskutierten Ergebnisse eine Reihe von Fragen für die parömiologische (und keineswegs nur empirische oder experimentelle) Forschung auf. Womöglich ergeben sich sogar mehr Fragen als Antworten, was ein durchaus begrüßenswerter Effekt wäre. Nicht zuletzt stellen sich aufgrund der dargestellten Befunde jedoch auch und gerade Fragen für den Bereich der Parömiografie, wenn diese weniger normativ bzw. autoritativ vorgehen und tatsächlich im Bewusstsein der Sprach- und Kulturangehörigen verbreitete Sprichworttexte unter Berücksichtigung der Frequenz von Variationen und Varianten in angemessener Form abbilden will.

### *Anmerkungen*

1 Zu einer ausführlichen Diskussion der informanten- vs. textbezogenen Gegenüberstellung von Kenntnis vs. Bekanntheit s. Grzybek (2012).

2 Auswertungsschema der Pilotstudie vgl. Grzybek (1991):

- "richtig" vervollständigt;
- "falsch" vervollständigt;
- gar nicht vervollständigt bzw. als "nie zuvor gehört" eingestuft;
- nicht vervollständigt, aber als "kommt mir bekannt vor" eingestuft;
- mit einer anderen als der in der Sammlung angegebenen Variante vervollständigt.

3 In der Sammlung von Frey (1970) sind insgesamt 275 Sprichwörter enthalten, die auch der 91er Pilotstudie zugrunde lagen. Da sich in der Pilotstudie bei zwei Sprichwörtern ganz andere als die erwarteten Ergänzungen durchsetzten (*Arbeit macht | das Leben süß* → *... frei* sowie *Vorsicht ist die Mutter | der Weisheit* → *... der Porzellankiste*), wurden diese beiden Texte im Rahmen der vorliegenden Untersuchung zusätzlich getrennt untersucht, so dass wir es mit 277 Sprichwörtern zu tun haben, die auch den folgenden Prozentberechnungen zugrunde liegen.

### *Bibliografie*

Chlosta, Christoph & Peter Grzybek. 2004. "Was heißt eigentlich 'Bekanntheit' von Sprichwörtern?: Methodologische Bemerkungen anhand einer Fallstudie zur Bekanntheit anglo-amerikanischer Sprichwörter in Kanada und in den USA." In: Csaba Földes (Hg.). *Res humanae proverbiorum et sententiarum: Ad honorem Wolfgangi Mieder*. Tübingen: Narr, 37–57.

----------. 2005. "Varianten und Variationen anglo-amerikanischer Sprichwörter – Dokumentation einer empirischen Untersuchung." *ELiS_e: [e'li:zə]. <Essener Linguistische Skripte_elektronisch>* 5/2, 63–145 <www.uni-due.de/imperia/md/content/elise/ausgabe_2_2005_chlosta_grzybek.pdf> (08.12.2013).

[Deutscher Wortschatz]. 1998–2013. "Wortschatz Universität Leipzig." <http://wortschatz.uni-leipzig.de/> (25.07.2013).

Frey, Christa. 1970. *Deutsche Sprichwörter für Ausländer: Eine Auswahl mit Beispielen*. Leipzig: Verl. Enzyklopädie.

Grotjahn, Rüdiger & Peter Grzybek. 2000. "Methodological Remarks on Statistical Analyses in Empirical Paremiology." *Proverbium: Yearbook of International Proverb Scholarship* 17, 121–132.

Grzybek, Peter. 1984. "How to Do Things with Some Proverbs: Zur Frage eines parömischen Minimums." In: Peter Grzybek & Wolfgang Eismann (Hgg.). *Semiotische Studien zum Sprichwort – Simple Forms Reconsidered I*. Tübingen: Narr u.a. (Kodikas/Code – Ars Semeiotica: An International Journal of Semiotics, 7, 3/4), 351–358.

----------. 1991. "Sinkendes Kulturgut?: Eine empirische Pilotstudie zur Bekanntheit deutscher Sprichwörter." *Wirkendes Wort: Deutsche Sprache und Literatur in Forschung und Lehre* 41/2, 239–264.

----------. 1999. "Empirische Befunde zur Theorie stereotyper Vergleiche: Bosnische Vergleiche auf dem Prüfstand." In: Rupprecht S. Baur & Christoph Chlosta & Elisabeth Piirainen (Hgg.). *Wörter in Bildern – Bilder in Wörtern: Beiträge zur Phraseologie und Sprichwortforschung aus dem Westfälischen Arbeitskreis*. Baltmannsweiler: Schneider-Verl. Hohengehren (Phraseologie und Parömiologie, 1), 177–198.

----------. 2012. "Facetten des parömiologischen Rubik-Würfels: Kenntnis ≡ Bekanntheit [⇔ Verwendung ≈ Frequenz]?!?" In: Kathrin Steyer (Hg.). *Sprichwörter multilingual: Theoretische, empirische und angewandte Aspekte der modernen Parömiologie*. Tübingen: Narr (Studien zur Deutschen Sprache, 60), 99–138.

Grzybek, Peter & Christoph Chlosta. 2010. "Überlegungen zur empirischen Validierung von Sprichwörter-Dummies." In: Annette Berndt & Karin Kleppin (Hgg.). *Sprachlehrforschung: Theorie und Empirie. Festschrift für Rüdiger Grotjahn*. Frankfurt am Main u.a.: Lang, 197–209.

Grzybek, Peter & Christoph Chlosta & Undine Roos. 1994. "Ein Vorschlag zur Klassifikation von Sprichwortvarianten bei der empirischen Sprichwortforschung." In: Barbara Sandig (Hg.). *Europhras 92: Tendenzen der Phraseologieforschung*. Bochum: Brockmeyer (Studien zur Phraseologie und Parömiologie, 1), 221–256.

Mieder, Wolfgang. 1985. "Neues zur demoskopischen Sprichwörterkunde." *Proverbium: Yearbook of International Proverb Scholarship* 2, 307–328.

----------. 1992. "Paremiological Minimum and Cultural Literacy." In: Simon J. Bronner (Hg.). *Creativity and Tradition in Folklore: New Directions*. Logan, Ut.: Utah State University Press (Publications of the American Folklore Society: New Series, o.Nr.), 185–203.

# *Rules Are Rules*: Maxims in Our Time

*Charles Clay Doyle*

I hate simple questions; the answers are always so complicated! Recently an acquaintance asked me if *proverbs* and *maxims* are the same thing. With no premeditation, I heard myself answering, "Not exactly." But I could not, on the spur of the moment, articulate a substantial answer. I mumbled something about maxims stating *rules*.

Even though folklorists, for the most part, know better, the lay public often clings to the notion that proverbs as a genre typically propound rules that govern human behavior – rather than doing what the great majority of proverbs actually do: Make general observations about the social world (often comical or satiric observations) or proffer warnings or advice (often ironic or facetiously cynical advice) about personal behavior or attitudes.

The case may be different in fundamentally oral cultures, ones that lack a prevalently-employed system of writing in which regulations for conduct can be fixed and preserved, legalistically, as it were. For instance, certain African societies seem to have relied on the competing citation of proverbs to resolve legal disputes. Some similar process may, indeed, have prevailed in England in the early Middle Ages, when oral principles of Germanic law, with some influence of Roman law and ecclesiastical law, began to be loosely and informally recognized as "Common Law." Even after the cross-Channel predation of 1066, when so-called Law French emerged as the language for extensive written transcripts of judicial proceedings and legal precedents, maxims current in oral tradition still played some role in proceedings of law courts. After all, as folklorists know better than others, literacy never supplants oral tradition, however much it may affect the form and content of oral performance.

What is said to have been the most widely used textbook for English law students prior to William Blackstone's revered *Commentaries on the Laws of England*, published in the 1760s, was Christopher Saint German's series of dialogs traditionally known as *St. German's Doctor and Student*, published in both Latin and English between 1528 and 1532. Near the beginning of the first dialog, Saint German's "doctor," or teacher, delineates four bases of Common Law: (1) The law of reason, (2) the law of God, (3) "divers general customs of old time used through all the realm," and (4) "divers principles that be called by those learned in the law *maxims*" (1974:31–67). In contrast to the "divers general customs," the "principles called by those learned in the law *maxims*" often acquired standardized phrasing, and to the extent that they circulated orally, they were *proverbs*.

Maxims and proverbs, then, are overlapping categories. For a culture like that of twentieth and twenty-first century Americans, in which actual laws by necessity are expressed in *writing* (the "letter of the law"), we could use the term 'maxim' (even though it is not necessarily the standard denotation of the term) to designate a traditional oral formulaic expression that can be appealed to in order to settle a dispute or impose an obligation – "folk laws," if you will, or at least "folk rules."

Numerous collections and studies of "legal proverbs" – both Latin and vernacular ones – have appeared over the decades. In 1931 Archer Taylor's famous monograph *The Proverb* devoted some eleven pages to European legal proverbs (86–97), and in 1936 Donald F. Bond published an article "English Legal Proverbs." In 1999, Wolfgang Mieder's colleague Nancy Magnuson Geise presented a historical study of the venerable saying *Possession is nine-tenths of the law*. In 2007 Alison Dundes-Renteln discussed the long history and persistent currency of the proverb *A man's home is his castle*, which states the so-called "Castle doctrine" of English Common Law, a doctrine that retains quasi-legal applicability in modern America.

Among proverbs that seem to have the force of rules, a few might be uttered as maxims in the course of actual legal pleadings, but mostly the "rules" that I shall discuss are cited in less formal activities where appeal to the recognized authority of tradition can carry weight. Some are quite old. Besides *A man's home is his castle*, we still hear the comparable maxim *Every man is a king at home* – commonly in the form *A man is master of his own domain*. Besides *Possession is nine-tenths* (or *nine points*, or *eleven points*) *of the law*, we far more commonly hear *Finders keepers* (with or without the coda *losers weepers*); the concept is ancient, but the English phrasing can be traced back only as far as the early nineteenth century. A very old Common Law principle that emerged in the late nineteenth century as the proverb *Use it or lose it* still functions as something like a legal maxim in connection, for example, with water rights in the arid Western states, with the protection of proprietary trademarks, with certain employee benefits like sick leave and vacation time, and (most recently) with the possession of debit cards (Doyle, 2009). Also concerned with property and financial obligations, we still have *Death pays all debts*, *What's mine is mine*, and the series *A promise is a promise*, *A promise is a debt*, *A deal is a deal*, *A bargain is a bargain* (where the word 'bargain' refers to an agreement, not to a purchase at a favorable price).

The maxims *Let the buyer beware* (*Caveat emptor*) and *Let the seller beware* (*Caveat vendor*) merit special notice. *Let the buyer beware* occurred in England at least as early as the sixteenth century, in both its English and Latin forms, at which time the point expressed by the saying seems already to have been well established in Common Law. As for the proto-consumerist *Let the seller beware*, that saying does not appear in either English or Latin till the very end of the eighteenth century, and it has never achieved the widespread currency of its counterpart. Even the Latin wording has occasioned doubt; in the common form *Caveat vendor*, the word 'vendor' is not really Latin at all but Anglicized French; the correct Latin noun would be 'venditor.' The idea of vendor responsibility in the case of defective or misrepresented merchandise or property existed in Roman law and in the statutes of various European countries. Not in England, however; there, throughout the Middle Ages and the Early Modern period, risk and caution were expected to reside wholly on the side of the purchaser – until finally the attitude, and then the law, began to change in the eighteenth century. We might legitimately regard the expression *Let the seller beware* and the Latin(ish) *Caveat vendor* as 'anti-proverbs' (to use the handy term coined by Wolfgang Mieder), sayings that pointedly misquote or otherwise ironically alter the traditional wording or application of existing proverbs. Many anti-proverbs themselves eventually join oral tradition as proverbs in their own right – as was the case with *Let the seller beware*.

I happily cede to legal scholars the examination of venerable proverbs as they can function currently in formal judicial proceedings, criminal and civil. My focus here is maxims – folk rules – that have apparently arisen well after English Common Law had been fixed and formalized in written records, rules that largely function outside the province of state and federal law in America. Much of the information presented here results from research that Wolfgang Mieder, Fred Shapiro, and I did in our preparation of *The Dictionary of Modern Proverbs* (2012).

With some of the informal though nonetheless forceful "maxims," we can detect an origin in particular rule-governed games or sports. Even the assertive *My game, my rules* (the earliest occurrence we could find is from 1963) and its deferential counterpart, perhaps variant, *Your game, your rules* (from 1970), acknowledge that such rules exist and specify the authority for interpreting and enforcing the rules. A variant of that proverb is the basis of a satiric joke from the early 1970s, about the celibate Roman Catholic clergy and the Church's position on birth control: *If you don't play the game, you don't make the rules*. Regarding the authority to make rules, we also have the parallel proverbs *My house, my rules*, *My money, my rules*, and *My party, my rules* – along with the ceding of authority expressed in the "Your" variants of the proverbs. There is even a proverbial "meta-rule": *You can't change the rules in the middle of the game* (at least as old as the 1920s) – and the proverb in my title, *Rules are rules* (from the late nineteenth century), which demands compliance.

The proverb *No hitting below the belt* pretty obviously derived from the sport of boxing in the nineteenth century. The prohibition became codified in the famous Queensbury rules in the 1860s – as did, in fact, the much older maxim *Don't hit a man when he is down*. As rules governing fistic engagements, however, both maxims are rendered partly archaic by the wildly popular new sport of 'Mixed Martial Arts' or 'Ultimate Fighting' or 'Cage Fighting' – where the pummeling of a supine adversary, or "ground and pound" (in the jargon of the sport), is a common tactic, and strikes to the thighs, knees, calves, shins, and feet are routine – though blows to the groin are still forbidden. Currently, *Don't hit* (or *kick*) *a man when he is down* is principally applied in a metaphorical way, and the same is true of *No hitting below the belt*, with its phrasal counterpart 'low blow.'

The maxim *A card laid is a card played*, applicable to bridge, pinochle, poker, and other card games, is interesting partly for the *scarcity* with which it can be found in print, whether used literally or metaphorically applied to the unintentional or subsequently regretted disclosure of information (a little like inadvertently "showing one's hand"). The earliest instance I can find in printed texts is from 1970 – though I distinctly recall hearing the proverb as early as the mid-1960s. The saying *A bid is a bid*, apparently no older than the late twentieth century, may derive from the game of bridge or from auctions or other commercial activities. Perhaps metaphorically (or even punningly), it now sometimes refers to invitations ('bids') extended to athletic teams to participate in championship playoffs.

The saying *No harm, no foul* clearly derives from the refereeing of basketball, as that game has evolved away from its presumed identity as a "no contact" sport. As is common with maxims from the world of sports and games, *No harm, no foul* quickly moved from its status as a basketball maxim in the 1950s to become a proverb of wide and figurative applicability to other sports and to non-sporting activities. Remarkably, at least as early as 1972 it was becoming an actual legal maxim, quoted in judicial decisions and law review articles – for instance, in reference to claims of liability or even to criminal misconduct.

Exemplifying that process by which maxims or rules from sports and games often acquire a wider application as proverbs, we could even consider the evolution of the saying *Do not pass go, do not collect $200*, from 1933, when the game of Monopoly was patented.

Games are just games. But what about other current proverbs that seem to have some actual (if informal) legalistic force? Such a maxim is *First come, first served* – in that exact form as old as the 1540s, and the concept is older, usually in reference to a miller's grinding of customers' grain in sequence. Recent "position" maxims are used to rebut an individual's claim to a seat (as in a crowded theater or on a train) or a place in line that has been temporarily vacated – or a homeless person's spot of nocturnal occupancy: *Move your meat, lose your seat* (from the 1990s) or *Move your feet, lose your seat* (from the 1980s) – or the semi-rhyming *You move, you lose* (from the 1920s), in some applications of that saying, at least.

We might suppose that the maxim *The customer is always right* has a longer history than it appears to. The earliest discovered instances come from the early twentieth century, where the saying is attributed to the merchandising pioneer Marshall Field. From advertising campaigns of the Marshall Field's department store, the saying entered oral tradition as a statement about a customer's legitimate expectation. I myself have plaintively uttered it while remonstrating with mercantile personnel about their lack of responsiveness to the dissatisfaction of one of their customers, me. Perhaps the function of the proverb nowadays is not so much to cite a rule that's expected to be followed as to lament the common failure of businesses to observe a commercial maxim that is simple, straightforward, just, prudent, and traditional. Well, *caveat emptor*.

Also in the realm of commerce, we have the consumer-unfriendly maxim *If you break it, you buy* (*bought*, *own*) *it*, which has been dubbed the "Pottery Barn Rule," in reference to a particular chain of retail stores which, in fact, does *not* have such a rule. The saying itself has been traced back as far as 1948. However, it might be regarded as just a variant of *He who breaks pays*, a proverb at least as old as 1900.

In these straitened times of double-digit unemployment, the laborite maxim *Last hired, first fired* possesses a kind of poignancy. The saying has been traced back only as far as 1918, when it appeared in an education journal, in an article about the kind of student who gives "evidence of subnormality or feeble mindedness" (King, 1918). The article continues, "At any rate, it is probable that no amount of training will make an acceptable workman of him. He will in many cases become a member of the unemployed, so unskilled as to be 'last hired, first fired' […]." The saying is placed inside quotation marks – indicating, one might assume, that it was already recognized as proverbial. It parallels the coeval proverb (in one of its senses) *Last in, first out*.

Finally, we come to a maxim of demonstrably recent provenance. On 27 September 1995, by the time the late Johnny Cochran had finished his closing argument for the defense in the famous murder trial of O.J. Simpson – with its live press coverage – the saying *If it doesn't fit, you must acquit* (in reference to a glove purportedly worn by Simpson) was probably already in the process of entering oral tradition. Every part of the trial was relentlessly replayed and discussed. The catchy rhymed quality of the saying and Cochran's mantra-like repetition of it in his oration served to fix the saying as a sort of legal-sounding maxim in the minds of both the jurors and the wider public. Cochran actually said "If it does not fit, then you must acquit," but the contracted (and more metrically pleasing) form is what was remembered and repeated. I do not know how commonly other lawyers have quoted the saying in courtroom arguments; doing so would be risky, since the "not guilty" verdict in the Simpson trial was unpopular in many sectors of American society. However, having enjoyed a brief moment as something resembling a legal maxim, it promptly passed into proverbial use with other, non-jurisprudential applications – but still commonly with an awareness of the proverb's origin. In 2002 Jonathan Franzen's book *How to Be Alone* contained these precepts:

> "Good sex writing, it turns out, is a lot like good fiction writing in general. [...] Avoid clichés, she [the novelist Elizabeth Benedict] advises – or at least 'give them a unique twist.' Try to 'make the writing interesting.' Don't forget: 'You need not be explicit but you must be specific.' And if it doesn't fit, you must acquit" (253–254).

In 2007 Bruce Jackson, in *The Story Is True: The Art and Meaning of Telling Stories*, explained:

> "In real life, if everything fits but one thing, then that one thing is what is aberrant and what is tossed out; in court, if everything fits but one thing (and if you've got a good lawyer), then it is the other side's story that is tossed out. 'If it doesn't fit, you must acquit.' The court, like the world of drama, requires perfection in narrative" (135).

In 2008 Peter Hoffer, in *The Historians' Paradox*, identified a "verification test: The philosophical version of the infamous slogan, 'If it doesn't fit, you must acquit.' For a word to have meaning, its sense must be testable in the real world" (188). Having emerged from the courtroom, then, the more generally applicable proverb means 'You must reject, abandon, or discard beliefs, materials, or plans that do not 'fit' with realities, goals, or purposes.'

Certainly other examples of what I have called current "maxims" exist. However, having searched both *The Dictionary of Modern Proverbs* (Doyle & Mieder & Shapiro, 2012) and Bartlett Jere Whiting's *Modern Proverbs and Proverbial Sayings* (1989), I can think of but few. Their very scarcity bears out my earlier point: The notion that proverbs typically prescribe rules for human conduct is simply wrong, at least as far as proverbs in English are concerned.

## *Bibliography*

Bond, Donald F. 1936. "English Legal Proverbs." *Publications of the Modern Language Association of America* 51, 921–935.

Doyle, Charles Clay. 2009. "'Use It or Lose It': The Proverb, Its Pronoun, and Their Antecedents." *Proverbium: Yearbook of International Proverb Scholarship* 26, 105–118.

Doyle, Charles Clay & Wolfgang Mieder & Fred R. Shapiro. 2012. *The Dictionary of Modern Proverbs*. New Haven, Conn. et al.: Yale University Press.

Dundes-Renteln, Alison. 2007. "The 'Castle' Doctrine in Constitutional Law." [Oral address at the annual meeting of the Western States Folklore Society, University of California, Los Angeles, 21 April].

Franzen, Jonathan. 2002. *How to Be Alone: Essays*. New York: Farrar, Straus & Giroux.

Geise, Nancy Magnuson. 1999. "'Possession Is Nine-Tenths of the Law': History and Meaning of a Legal Proverb." *Proverbium: Yearbook of International Proverb Scholarship* 16, 105–124.

Hoffer, Peter Charles. 2008. *The Historians' Paradox: The Study of History in Our Time*. New York: New York University Press.

Jackson, Bruce. 2007. *The Story Is True: The Art and Meaning of Telling Stories*. Philadelphia, Pa.: Temple University Press.

King, Charles A. 1918. "Vocational Guidance: Part III." *Educational Administration & Supervision* 4, 482.

Saint German, Christopher. 1974. *St. German's Doctor and Student*. Ed. by T.F.T. Plucknett and J.L. Barton. London: Selden Society.

Taylor, Archer. 1931. *The Proverb*. Cambridge, Mass.: Harvard University Press.

Whiting, Bartlett Jere. 1989. *Modern Proverbs and Proverbial Sayings*. Cambridge, Mass. et al.: Harvard University Press.

# Blasons populaires im Dienste der Fremdenfeindlichkeit: Juraj Križanićs Gebrauch von Sprichwörtern und Redensarten in seiner *Politika*

*Wolfgang Eismann*

## 1 Wolfgang Mieder, blasons populaires und Vorurteile

Wolfgang Mieder hat sich viele Verdienste nicht nur als originärer Sprichwort- und Redensartenforscher erworben, sondern er hat auch in großem Maße dazu beigetragen, dass einige zu Unrecht in Vergessenheit geratene Werke und Sammlungen vergangener Jahrhunderte wieder die verdiente Aufmerksamkeit in der Forschung gefunden haben. Eines der Werke, das sonst vielleicht der Vergessenheit anheimgefallen wäre, war die von Otto von Reinsberg-Düringsfeld erstellte Sammlung *Internationale Titulaturen* (1992 [1863]). Wolfgang Mieder hat dazu ein kenntnisreiches Vorwort geschrieben und ein entsprechendes Literaturverzeichnis erstellt. In seiner Einleitung betont er, dass bereits im Titel durch die Bezeichnung 'international' die komparatistische Ausrichtung der Sammlung deutlich geworden sei, da Sprichwörtersammlungen des Typs 'Das Volk X in Sprichwörtern und Redensarten' nur von begrenztem Wert seien, "denn bei solchen Beiträgen handelt es sich leider meist um auf fälschlichen Verallgemeinerungen und stereotypischen Vorurteilen beruhende Kompilationen zu einer angeblichen Volkscharakteristik" (1992 [1863]:12*–13*). Bei allem Lob für die Internationalität der Sammlung von Reinsberg-Düringsfeld, der mit dazu beiträgt, dass der Leser auch merkt, dass z.B. viele der für manche Nationen wenig schmeichelhaften Sprüche sich "auf andere Völker übertragen lassen" und dass "in solchen Sprüchen allgemein menschliche Charaktereigenschaften bezeichnet" werden, "die nicht an einen bestimmten Volkscharakter gebunden sind", verschweigt Wolfgang Mieder dennoch nicht, dass selbst Reinsberg-Düringsfeld in seinen Aussagen über Juden und Zigeuner "unmenschlichen Vorurteilen" folgt (1992 [1863]:17*). Seine Sammlung war die bislang größte Sammlung für das 19. Jahrhundert. Ihr kommt im Wert im 20. Jahrhundert erst Abraham Robacks *A Dictionary of International Slurs (Ethnophaulisms)* (1979 [1944]) gleich, das freilich, wie auch Wolfgang Mieder vermerkt, dezidiert als "Warnung vor stereotypischen Vorurteilen" konzipiert war (Reinsberg-Düringsfeld, 1992 [1863]:20*).

Mit dem Aufkommen einer Weltbild-Linguistik in Osteuropa, die sich an Wilhelm von Humboldt, aber in verstärktem Maße auch an Leo Weisgerber anschließt, gibt es seit einiger Zeit wieder Werke, die gerade im Bereich der Phraseologie und Parömiologie an die von Wolfgang Mieder vorsichtig gerügte Tradition 'Das Volk X in Sprichwörtern und Redensarten' anknüpfen. Neben bemühten Versuchen, ein sprach- oder ethnospezifisches Weltbild in der Sprache aufzuzeigen, das mit "morphologischen, wortbildungsmäßigen, syntaktischen, lexikalischen und sogar prosodischen" sprachlichen Mitteln ausgedrückt wird (Apresjan, 2006:35) und sich in einer Sammlung von Schlüsselideen oder Leitmotiven zeigen soll, die mit den gleichen einfachen Mitteln in möglichst vielen anderen Sprachen nicht ausgedrückt werden können, gibt es hier eine Reihe oft zweifelhafter Versuche, die Eigenarten des eigenen Volkes am sprachlichen Material aufzuzeigen. Sehr oft fehlt eine weite Vergleichsperspektive, gängige "Vor"-Urteile und Stereotypen werden aus literarischen Werken übernommen und zu sprachlichen Mustern oder Vorgaben deklariert, die das Denken und die Mentalität der jeweiligen Nation oder Ethnie prägen sollen. Mögliche psychische Universalien oder über Kontinente verbreitete Muster werden oft ausgeblendet, und auch die Mobilität der heutigen Menschen zwischen den Nationen und den Sprachen und den Weltbildern, die nicht in der Sprache ihren Niederschlag gefunden haben, sondern z.B. auf verbreiteten wissenschaftlichen Auffassungen beruhen, die weltweit bereits in der Schule gelernt werden, lässt man beiseite, um der Prägung durch die Sprache umso größeren Raum einräumen zu können. Gerade die Stereotypen- oder Vorurteilsforschung aber zeigt, dass vieles von dem, was als sprachlich unikal herausgestellt wird, in vielen anderen Kulturen und Sprachen auch verbreitet ist. Gegen die oft bedenkenlose Gleichsetzung vom Charakter einer Sprache mit dem Charakter eines Volkes, die in der sog. kulturellen Linguistik Russlands und Chinas stark verbreitet ist, hat unlängst Anna Pavlova (2013) eine Reihe von Texten zusammengestellt. Wolfgang Mieder hat für den Bereich der Parömiologie und Phraseologie Versuche, "eine Nation, eine Provinz oder eine ethnische Gruppe durch ihre eigenen Sprichwörter und Redensarten über sie zu charakterisieren" als "von vornherein zum Scheitern verurteilt" (Reinsberg-Düringsfeld, 1992 [1863]:12*).

## 2 Juraj Križanić und seine "Mission"

Im Folgenden soll es nicht darum gehen, bestimmte "explizite" Zuweisungen auf ihre Begründetheit oder gar Richtigkeit zu prüfen, sondern zu zeigen, wozu sie dienen. Als Beispiel wird das Hauptwerk eines Theologen und Priesters herangezogen, der über die Grenzen der slawischen Welt Bedeutung erlangt hat, der aber besonders für die Slawen und eine bestimmte Auffassung über deren Eigenart von eminenter Wichtigkeit war.

Es handelt sich um Juraj Križanić (russ. Jurij Križanič; 1617–1683), einen Kroaten, der lange in Russland lebte und dort in der sibirischen Verbannung, in Tobol'sk, eine Reihe von wichtigen Werken schrieb, u.a. sein Hauptwerk. Dieses war von ihm ursprünglich unter dem Titel *Gespräche über die Herrschaft* begonnen worden, doch hat es von ihm selbst nie eine endgültige Bezeichnung erhalten und ist heute (mehrfach übersetzt) unter dem Titel *Politika* bekannt.[1] Es war für den russischen Zaren Aleksej Michajlovič Anfang der 60er Jahre des 17. Jahrhunderts geschrieben worden, doch wurde es zu Lebzeiten des Autors nie herausgegeben. Es ist in einer besonderen Sprache geschrieben, einer Sprache, die Frucht der politischen Ideologie des Autors war, die er besonders in seiner *Politika*, aber auch in vielen anderen Werken darlegte. Über Križanić und sein Werk gibt es eine reiche Literatur.[2] Daher soll nur in aller Kürze der ideologische Rahmen aufgezeigt werden, in dem sich sein Werk bewegte und der auch seine Verwendung von ethnischen und nationalen Stereotypen prägte. Križanić hatte in Graz, Bologna und Rom studiert und sich relativ früh entschlossen, etwas gegen die Kirchenspaltung zu unternehmen, dabei aber erkennen lassen, dass er die Moskauer nicht für Häretiker oder Schismatiker hielt, sondern für durch die Griechen in die Irre geführte naive Gläubige, die man mit gezielter Aufklärung wieder auf den rechten Weg bringen könne.

Nach einer mehrjährigen Arbeit als Priester in der kroatischen Provinz erhielt Križanić 1646 von der Congregatio de Propagande Fide den Auftrag, sich nach Smolensk in die Dienste des dortigen Bischofs zu begeben und auf eine günstige Gelegenheit zu warten, um eine Missionstätigkeit in Moskau beginnen zu können. Er gelangte gegen Ende 1647 mit einer polnischen Gesandtschaft für mehr als einen Monat nach Moskau und erwarb dort ein wichtiges Buch, in dem aus Moskauer Sicht die Häresien des Katholizismus und Protestantismus angeprangert werden. Später machte er sich an die Übersetzung dieses Buches und wollte ein Sammelwerk schreiben, das den Russen alle die Verfehlungen aufzeigt, in die sie nach seiner Meinung die Griechen gebracht haben. Unter dem Titel *Bibliotheca Schismaticorum Universa* wird das Manuskript dieser Schrift heute in Rom aufbewahrt (Golub, 1973). Mehrfach bemühte er sich darum, den Auftrag für die Missionsarbeit in Moskau zu erhalten, jedoch blieben diese Bemühungen ohne Erfolg. Schließlich begab er sich auf eigene Faust 1658 nach Wien, schloss sich wahrscheinlich einer Delegation oder Gesandtschaft nach Moskau an und traf dort im September 1659 ein. Den Ausschlag für diese eigenmächtige Reise soll nach Meinung einiger Forscher die 2. Auflage des Reiseberichtes von Adam Olearius (1971 [1656]) gegeben haben, die Križanić erwarb (Golub, 1974:60; Puškarev, 1984: 69). Darin war u.a. davon die Rede, dass in Moskau jetzt die Kinder mit Unterstützung von höchster Stelle Lateinisch und Griechisch lernen sollten und dass dort sogar philosophische Schulen gegründet würden. In Moskau gab sich Križanić als Sohn eines serbischen Kaufmanns aus, der in Padua studiert habe, mehrere Sprachen könne und der daher dem Zaren seine Dienste als Übersetzer, Historiograf, Bibliothekar und als Verfasser einer slawischen Grammatik und eines Wörterbuchs anbiete. Er erhielt tatsächlich eine Anstellung mit dem Auftrag, eine Grammatik zu verfassen und ein Wörterbuch zu erstellen. Aufgrund einer Intrige und einer entsprechenden Denunziation wurde er jedoch schon bald, zu Beginn des Jahres 1661 nach Tobol'sk in Sibirien verbannt, wo er 15 Jahre verbrachte. In Sibirien erhielt er ein Gehalt, war aber von dienstlichen Tätigkeiten freigestellt, da die örtlichen Behörden nicht wussten, wie sie ihn beschäftigen sollten. Er konnte sich also ganz seiner wissenschaftlichen und – mit der notwendigen Vorsicht – missionarischen Tätigkeit widmen. Es gelang ihm sogar, sich über Kaufleute und örtliche Geistliche mit der für seine wissenschaftliche Tätigkeit notwendigen Literatur einzudecken.

Sowohl in seinem Hauptwerk *Politika* als auch in vielen anderen Werken zur Sprachwissenschaft, zum Handel, zur Kritik an den russischen Altgläubigen, zur Geschichte und Bedeutung Sibiriens wird Križanićs großes ideologisches Anliegen deutlich. Er war ein Vorläufer des Panslawismus, der von einer gemeinsamen Sprache aller Slawen ausging, deren Dialekte die existierenden slawischen Sprachen bildeten, die sich von dieser Sprache teilweise jedoch sehr weit entfernt hätten. Križanić bemühte sich, diese gemeinsame slawische Sprache aus dem Kirchenslawischen, dem Kroatischen und dem Russischen zu (re)konstruieren (er schuf u.a. eine entsprechende Grammatik), da diese in bestimmten Bereichen der slawischen Sprache am nächsten seien.

Doch war er auch der Auffassung, dass diese Sprache mit eigenen Mitteln vervollkommnet werden müsse, um mit den anderen damaligen "Welt"-Sprachen mithalten zu können. Politisch trat er für eine Einigung der Slawen unter russischer Herrschaft ein, da Russland das einzige slawische Reich sei, das seine Unabhängigkeit bis in die Gegenwart erhalten habe. Er war für eine strenge Autokratie ausschließlich slawischer Herrscher, gegen jede Fremdherrschaft über die Slawen und trat für eine Überwindung der Kirchenspaltung und eine Hinführung aller Slawen zum Katholizismus ein. Die Russen hielt er nicht für Häretiker. Sie seien eigentlich nur von den Griechen in die Irre geführt worden und würden bei der Überwindung der Kirchenspaltung auch diese wieder in den Schoß der katholischen Kirche zurückführen.

## 3 Križanićs Kampf gegen die Fremd(en)herrschaft

Križanić hatte sein Hauptwerk für den russischen Zaren Aleksej Michajlovič geschrieben, um, wie er im Vorwort erläutert, zum einen zahlreichen seiner Meinung nach grob verfälschenden ausländischen Berichten über Russland etwas entgegenzusetzen, zum anderen aber auch Ratschläge zu geben, wie dieses Reich richtig zu leiten und zu verwalten sei. Das alles ist in der Sekundärliteratur hinreichend erläutert worden. Dieses Werk ist in drei Teile eingeteilt, in denen unter den Titeln *Über den Wohlstand*, *Über die Macht* und *Über die Weisheit* Križanić seine Kritik an den bestehenden Verhältnissen zum Ausdruck bringt und seine Ratschläge für eine richtige, dem Wohle aller Slawen und Russlands dienende Politik erteilt. Die Teile sind von unterschiedlicher Länge. Der erste Teil hat 4, der zweite 7 und der dritte Teil 36 Kapitel. Einen großen Platz in Križanićs *Politika* nimmt die Charakterisierung der Slawen und der slawischen "Stämme" (er betrachtet ja die Slawen als ein Volk), aber auch die ihrer "Gegner" ein. Im Folgenden soll es darum gehen, nachzuweisen, wie Križanić in seinem Werk geschickt sprachlich fixierte Stereotype einsetzt, um sein Ziel zu erreichen, wie die Fremden Russland und die Russen (Slawen) herabsetzen bzw. wie sie nur auf ihren Vorteil bedacht, die Slawen ausbeuten und zu unterwerfen versuchen. In der zumeist positiven Darstellung des Werks von Križanić wird oft kaum berücksichtigt, dass dieses Werk ein Musterbeispiel polemischer Literatur von Fremdenhass und Fremdenschelte ist. Wie das auch mit sprachlichen Stereotypen bewerkstelligt wird, soll hier kurz aufgezeigt werden.

Zu Beginn seines Werkes beruft sich Križanić auf einige "berühmte Schriftsteller", die über "politische Angelegenheiten" geschrieben haben und deren Ideen er übersetzt habe.[3] Neben dieser Berufung auf Autoritäten, die die Glaubwürdigkeit und Wichtigkeit seiner Ausführungen bestätigen sollen (er zitiert im Verlaufe des Werkes immer wieder auch klassische griechische und lateinische Philosophen), sind der wichtigste Garant für seine Glaubwürdigkeit und die "Richtigkeit" seiner Ausführungen natürlich Gottes Wort, d.h. die Bibel oder auch Zitate der Kirchenväter, der Heiligen und der Päpste.

In seinem Werk, das eigentlich ein Ratgeber für den russischen Zaren sein soll, wie man ein Land vernünftig und gedeihlich regieren soll, steht das Thema des Umgangs mit den Fremden an vorderster Stelle. Ein Motto bilden die Sentenzen: "Erkenne dich selbst und glaube nicht den Fremden", die er als Grundregeln für die "weltliche königliche Weisheit" bereits in seinem Vorwort anführt (1965:15). Das erklärt der Autor bereits in seinem Vorwort und führt sie noch einmal in dem Teil *Über die Weisheit* unter dem Kapitel *Über die politische Weisheit* an, in dem die beiden "Sprichwörter und Gebote" als Prinzip und Grundlage der politischen Weisheit bezeichnet werden (1965:108). An dieser Stelle lässt er sich unter vielen Belegen und Zitaten aus der Bibel, den Kirchenvätern, der klassischen Philosophie aber nur über die erste "Regel" ("Erkenne dich selbst") aus und verweist darauf, dass über die zweite Regel ("Glaube nicht den Fremden") bereits einiges gesagt worden sei und an anderer Stelle noch ausführlicher gesagt werden würde.

An vielen Stellen seines Werkes hat er sich über die Fremden, den schlechten Einfluss der Fremden in Russland, deren negative Haltung gegenüber den Slawen und eine prinzipielle Vorsicht gegenüber allem Fremden bis hin zu dem notwendigen Schutz vor allem Fremden und der Vertreibung der Fremden aus Russland geäußert. Neben einer grundsätzlichen Fremdenfeindlichkeit gab es natürlich immer wieder Konkretisierungen der Fremden. Das waren zumeist die Deutschen, aber auch die Juden, "Zigeuner", Armenier und einige andere Völker, die er zu den "vagabundierenden" Völkern zählte. In seiner slawischen Kunstsprache erfand er eine Reihe von Begriffen, die letztlich alle der Abwehr der Fremden und fremder Einflüsse dienten. Er belegte seine Ausführungen gegen die Fremden vornehmlich mit Zitaten aus der Bibel und aus den Werken kirchlicher Autoritäten, aber auch klassischer Philosophen und Schriftsteller.

Im zweiten Teil seines Werkes *Über die Macht* führt er vorab als wichtiges "Bollwerk" oder "Garant" für ein Königreich die Abkehr von der Fremdenmanie "Czużebjêsie" an: "Könige und das gesamte Volk sollen den Fremden nicht glauben" (1965:68). Im dritten Teil ist das Kapitel 12 dieser Erscheinung gewidmet, die dort folgendermaßen erklärt wird:

> "Ksenomanija Grékom, nam Czużebêsie, iest bêszenaia lyubów czúżich wečêy i naródow: izbítno bêszeno wérowanie k' inoródnikom. Síja smertonósnaia kúga [...] iest zarazíla wés nász naród" ('Für die Griechen Xenomanie, für uns Fremdenmanie, das ist die besessene Liebe zu fremden Dingen und Völkern, der übermäßig besessene Glaube allen Fremden gegenüber. Diese todbringende Pest hat unser ganzes Volk angesteckt') (1965:146).

Am Schluss eines Kapitels über die Schmach, die den Slawen von den Fremden zugefügt wurde, heißt es: "Czużebêsie wsech Slowêncew obludilo" ('Die Fremdenmanie hat alle Slawen zum Narren gemacht') (1965:173).

Weitere Begriffe zur Fremdenabwehr, die Križanić prägte und denen er eigene Kapitel in seinem Werk widmete, sind *Czużewládstwo (Ksenarchíja)* 'Fremdherrschaft' (1965:222) und *Czużepûdie*, *Gostogonstvo*, *Ksenilasija* 'Fremdenvertreibung' (1965: 192 & 298 & 85). Im Kapitel 15 des dritten Teils *Über die Fremdherrschaft* versteht es Križanić, geschickt aus einer ganzen Reihe von historischen Werken Zitate anzuführen, aus denen deutlich wird, dass überall die Fremdherrschaft abgelehnt wird. Ergänzt wird das durch eine Unzahl von Bibelzitaten (vgl. z.B. Jer 51,51; Klgl 5,2; Jes 26,13; Jer 30,8; Joel 4,17; Sir 11,36; Sir 49,5; 5 Mos 17,15; Bar 4,3; Spr 14,9; Spr 15,10) (1965:157–159), durch die seine Argumentation gegen die Fremden und die Fremdherrschaft natürlich höchste Autorität erhält. Denn für ihn ist, wie er an anderer Stelle sagt:

"Mež wsimi bo nesrěčami, cztokolí umôrnim lyûdem lyûto, tûžno i okáiano pripast móžet; níczto njêst lyutée ni sramotnée, ni Mužêy czestních negodnée, neže Czużewládstwo; to iest, ascze yim Inoródnik gospodúet" ('Denn von allen Unglücken, die auch immer bitterlich, traurig und unglückselig die sterblichen Menschen betreffen können, ist nichts schlimmer und erniedrigender für ehrbare Männer als die Fremdherrschaft, das heißt, wenn sie von einem Fremden beherrscht werden') (1965:205).

Unter den sechs Bollwerken bzw. Garanten staatlicher Macht des Moskauer Reiches nennt er nicht nur die Orthodoxie und den Kampf gegen jegliche Häresie, sondern auch das Verbot jeder Fremdherrschaft, sowie die Schließung der Grenzen, damit weder die eigenen Staatsangehörigen in die Fremde schweifen können, noch Fremde nach Russland kommen (1965:275–276). Die Angst vor dem Fremden geht so weit, dass sogar fremde Ausdrücke, die Übernahme fremdsprachiger Bezeichnungen (vor allem im Militär) verboten werden sollen. Denn man habe bei den Herrschern des slawischen Volkes, den Bulgaren, Serben und Kroaten, gesehen, dass die Übernahme fremder Titel, wie Despot, Archont, Herzog und Zar letztlich dazu geführt habe, dass sie unterworfen wurden, d.h. unter Fremdherrschaft gerieten. Damit so etwas im russischen Reich nicht geschehe, sei es notwendig, wie er in lateinischer Sprache schreibt:

"Praecipimus, ut omnes subditi nostri, abstineant se a Peregrinis moribus: et a conuersatione cum alienigenis, quantum fieri potest: et ut in nostris officiis et scripturis officiales nostri nullis peregrinis uocabulis, aut peregrinis et nostrae linguae incongruis modis loquendi utantur" (1965:296).

An dieser Stelle hatte er auch gefordert, auf den fremden Titel 'Zar' zu verzichten und wieder zu *Kraly* 'König' zurückzukehren, wobei er offenbar vergaß, dass gerade dieser auch aus einer fremden Sprache und Kultur (von dt. *Karl*) von den Slawen übernommen wurde. Das Kapitel 33 des dritten Teils ist ganz der Fremdenvertreibung, eher euphemistisch *Gostogonstvo* ('Vertreibung der Gäste') genannt, gewidmet, obwohl er diesen Begriff erläutert als: "Naródnoe Oczíscenie, i búdto Oplewênie deržáwi. Iztreblyênie zâlogo pléwela" ('Reinigung des Volkes, gleichsam Jätung des Staates, Ausrottung des schädlichen Unkrauts') (1965:298). Auch hier untermauert er seine Argumentation wieder mit Bibelzitaten (z.B. Sir 11,34) und verweist auf andere Länder und Kulturen (so erwähnt er z.B. die chinesische Mauer). Der Fremdenvertreibung müsse man vermehrte Aufmerksamkeit zuwenden, denn:

"Inoródniki bose poczitáiut kralyewstwu i naródnomu têlu za chórije wûdi: iliti za Zarazlyíwije smertonósnije Postrelyi" ('Die Fremden muss man als kranke Glieder des Königreiches und des Volkskörpers ansehen oder als verseuchte todbringende Pfeile') (1965: 305).

Vor allem den vagabundierenden Völkern (er nennt Schotten, Juden, Armenier und "Zigeuner") müsse man den Zugang nach Russland unter allen Umständen verbieten (1965:304). An anderer Stelle bezeichnet er diese Völker auch als kranke, verseuchte Glieder des Volkskörpers (1965:211). Doch unter den Völkern, die Russland und den Slawen den größten Schaden zugefügt haben und deren Angehörige daher aus Russland vertrieben werden sollten, stehen an erster Stelle die Deutschen. Oft werden sie in einem Atemzug mit den eben erwähnten Völkern genannt. Sie haben Russland und den Slawen am meisten Schaden zugefügt, weil sie sich auf Kosten dieser bereichert haben und weil sie als Protestanten die größten Häretiker sind. Zudem haben vor allem die protestantischen deutschen Reiseschriftsteller schlimme Lügen über Russland und die Slawen verbreitet. Bereits im ersten Kapitel des ersten Teils, in dem es um den Handel geht, heißt es von den Deutschen und anderen Völkern:

> "Wezdé na plečêch nam sediât, Nemci, Żidi, Szóti, Cigáni, Ormlyáni i Gréki, i înich naródow torgôwci: koyi kôrw iz nás izsisáiut. [...] Níczto táko neizsisáet blâga seé zemlyi nit táko ubóżit naróda, kakò ti Nemcí, koyi meżu námi żiwút. [...] Owí adda sut priâmije Kobília i Skinípi, i naigore razorênie seé zemlyí" ('Überall sitzen auf unseren Schultern Deutsche, Juden, Schotten, Zigeuner, Armenier und Griechen, und Händler anderer Völker, die aus uns das Blut saugen. [...] Niemand saugt die Reichtümer dieses Landes so aus und zerstört so das Volk wie die Deutschen, die unter uns leben. [...] Sie sind wahre Heuschrecken und Blutsauger [Läuse] und die schlimmste Seuche für dieses Land') (1965:37–38).

## 4 Sprichwörter, Redensarten und blasons populaires als zutreffende Charakteristik und als Mittel der Verleumdung

Die negativen Charakteristiken der Deutschen ließen sich beliebig vermehren. Hier soll das Augenmerk jedoch den Sprichwörtern und Redensarten gelten, die den Deutschen, aber auch anderen Völkern zugeschrieben werden und die von Križanić eingesetzt werden, um seine grundsätzliche negative Haltung zu diesen und auch zu deren verächtlichem Verhältnis zu den Russen und Slawen zu bekräftigen. In den bisherigen Untersuchungen zur Sprache Križanićs hat man sich vornehmlich um den Charakter seiner slawischen Kunstsprache gekümmert und dem parömiologischen und phraseologischen Aspekt weniger Aufmerksamkeit gewidmet (Eismann, i.Dr.). Lediglich Vatroslav Jagić (1917:453–455) ist in seiner klassischen Studie auch auf die Sprichwörter, Redensarten und blasons populaires eingegangen. Er hat viele der im Folgenden genannten Einheiten vornehmlich als Beweis der "Belesenheit" Križanićs angeführt. Hier soll hingegen der "polemische" Einsatz dieser Einheiten im Vordergrund stehen. In seinen Ausführungen über die Armut der slawischen Sprache hebt Križanić hervor, dass die slawische Sprache zum Glück arm an Schimpfwörtern und Flüchen sei und nur die Redewendung *Materin sîn* ('Sohn der Mutter') (gemeint ist wohl der verbreitete Mutterfluch) kenne. Doch betont er sogleich, dass das nicht daran läge, dass die Slawen Schimpfwörter vermeiden würden, sondern an der Armut von deren Sprache (1965:114). Es seien aber die Ausländer, die über die Slawen und Russland abscheuliche und beleidigende Redensarten verbreiten würden, wobei wieder die Deutschen an erster Stelle stehen würden (1965:166). So hätten die Deutschen, weil es ihnen nicht gelungen sei, das russische Reich zu erobern und alle Einkünfte von diesem einzustreichen, ein Sprichwort erfunden, das besagt:

> "Rúsi, dê, iesut spodóbni psu leżêčemu w' iáslech: kyj sâm nemóżet sjêna iést, i wolu iést chotêčemu nedâst pristupít k' iáslom. Táko, dê, i Rúszani: i sâmi netorgúiut, i Nemcém nedopusčáiut" ('Die Russen sind wie der Hund, der in der Krippe liegt: er kann selbst das Heu nicht essen, den Ochsen der es essen möchte, lässt er aber nicht an die Krippe. So führen auch die Russen selbst keinen Handel, erlauben das aber auch den Deutschen nicht') (1965:28).

Hier sei vermerkt, dass das Sprichwort vom Hund auf dem Heu, der selbst nicht frisst, aber auch die anderen nicht fressen lässt, auf eine Fabel von Äsop zurückgehen soll, aber wahrscheinlich von Steinhövel stammt. In der russischen Sprache ist es heute als Sprichwort und verkürzt als Phraseologismus weitaus gebräuchlicher als im Deutschen. Den Deutschen unterstellt Križanić die Redensart *Ktô chóčet chlêb dârom iêst, da pridêt na Móskwu* ('Wer sein Brot umsonst essen will, der möge nach Moskau gehen') (1965:307), mit der sich Deutsche, wie er mehr als einmal gehört habe, gerühmt hätten, wobei sie selbst in Moskau nur feiern und saufen und die Russen, die sich zufällig unter ihnen befänden nur als "Hunde und Schweine und mit ähnlichen viehischen Namen bezeichnen, und sie dazu noch oft schlagen" würden. Die fremden Händler in Russland "domâznyim nedaiut ẑit, i chleb yim wiriwáiut izpred ûst" ('lassen die Einheimischen nicht leben und reißen ihnen das Brot aus dem Mund') (1965:303). Daher setzt er an anderer Stelle als Warnung vor den seiner Meinung nach unmäßig hohen Ausgaben für die Fremden in Russland geschickt das alte Sprichwort *Iako na czúẑich psech, i na czúẑich detêch, wsegdá se chléb w' súe gubît* ('An fremden Hunden und fremden Kindern hat man immer das Brot verloren') (1965:238) ein, das es heute weder im Russischen noch im Kroatischen gibt.

Ein Kapitel des dritten Teils seines Werkes ist ganz der *Antwort auf die fremden Schmähungen, Verleumdungen, Beschuldigungen und Skandale* gewidmet, die seiner Meinung nach in den ausländischen Reiseberichten über Russland enthalten sind. Die ungeheuerlichen Geschichten, die diese Fremden sich ausgedacht haben, entsprechen seiner Meinung nach ganz den Geschichten, die die "Deutschen über ihre Schwaben erzählen" (1965:489), nur dass sie sie als die reine Wahrheit ausgeben. Hier erwähnt Križanić die Geschichte von den sieben Schwaben und dem Hasen, aber auch die Geschichte von den Schlesiern als Eselfressern.[4] Das führt zu den stereotypen Urteilen der Völker über sich selbst und über andere, den blasons populaires, von denen Križanić in seinem Werk reichlich Gebrauch macht. Zum einen geht es ihm darum, mit diesen einige negative Eigenschaften anderer Völker anzuprangern, zum anderen darum, diese als Verleumdungen der Slawen und Russen darzustellen. Er prangert vor allem die Polen an, deren Wahlkönigtum und deren ausländische Herrscher so gar nicht seinen Vorstellungen von einer strikten Autokratie unter Vermeidung aller fremden Herrscher entsprechen. Die Polen selbst würden sich rühmen und ihre Freiheit betonen, doch habe er selbst viele getroffen, die ihre polnische Herkunft verborgen und sich als Preußen ausgegeben hätten (1965:114). Andererseits würde es in Polen derart viel von dem "Unkraut" geben (so bezeichnet er die Fremden), dass man schon nicht sagen könne "Inoródniki ẑiwût meẑu Léchmi; no pácze, Lechí ẑiwût meẑu inoródnikmi" ('Die Fremden leben unter den Polen, sondern die Polen leben unter den Fremden') (1965:147). Die "liederlichen Polen" würden sogar so weit gehen, mit einer eigenen Redensart ihre Unordnung zu loben: *Bezrêdiem Polyskoe kralyéwstwo stoyît* ('Polen hält sich durch Unordnung') (1965:141).[5] An anderer Stelle führt er diese Redensart als Beweis für die Ablehnung der Autokratie durch die Polen an und fügt ein damals in mehreren Ländern verbreitetes Gedicht in lateinischer Sprache hinzu, dessen Anfangszeilen lauten: "Polonia / Est noua Babilonia: / Ciganorum, Germanorum, / Armenorum, et Scotorum, colonia. / Paradisus Hebraeorum, / Infernus rusticorum".[6] Dieses Gedicht übersetzt Križanić auch in seine "slawische" Sprache als Beleg dafür, dass

Polen der Zufluchtsort für alle Übeltäter dieser Welt und für alle vagabundierenden Völker sei (1965:202–203). Der damals verbreitete Spruch von Polen als dem "Paradisus Hebraeorum" dient Križanić zugleich als Vorwurf an die Polen, die sich in Europa herumtreiben würden und zu Hause in Polen die christlichen Bauern an die Juden verpachten würden, "kóyi yich múczet iako bêsi duszi" ('die sie quälen wie der Teufel die Seelen') (1965:204).

In einem Kapitel des dritten Teils, in dem es um die Sitten der Slawen geht und um das (negative) Urteil anderer Völker über die Slawen, zitiert Križanić eine Reihe blasons populaires (er nennt sie "prícza" 'Sprichwort, Redensart') anderer Völker. Die Griechen, die von den Slawen nur als Sklaven sprächen, würden sagen: *(:Romeós choreós, Arnaútis seferlís, Wúrgaris apantropos:). Gréczin lêp, Arbanásin iunâk, Bolgárin neczlowék* ('Der Grieche ist schön, der Albaner ist ein Held, der Bulgare ist kein Mensch'). Von den Ungarn führt Križanić gleich zwei Redensarten an: *(:Mágiar fárkasz, Vlás rawás, Nemet disnó, Lengel lopô, Tôt nem émber:). Wugrin wôlk, Wlách, chitréc, Nemeczin swinya, Polyâk tât, Slowénec neczlowék* ('Der Ungar ist ein Wolf, der Italiener ist ein Schlaumeier, der Deutsche ist ein Schwein, der Pole ist ein Dieb, der Slawe ist kein Mensch'); *(:Talíga ném sekêr, Pogâcza ném kenyêr, Tôt nem émber:). Teléga njest wôz, Pogâcza njést chléb, Slowénec njêst czlowék* ('Der Kastenwagen ist kein Fuhrwerk, der Fladen [die Pogatsche] ist kein Brot, der Slawe ist kein Mensch'). Von den Italienern behauptet er, sie würden sagen: *(:O Cezare, O Kapeléto:). Ili cár ili slowénec* ('Entweder Zar oder Slawe'). Das würde bedeuten "entweder ein außergewöhnlicher Mensch oder gar nichts". Zudem würde bei Handelsgeschäften, bei denen der Händler zu viel fordere, der Käufer sagen: *(:Non son Poláko). Njêsm Polyâk; to iêst: Njésm durâk* ('Ich bin kein Pole; das heißt: Ich bin kein Dummkopf'). Von den Deutschen führt er folgende, die Slawen beleidigende Redensarten an: *(:Rem tuam custodi, ne eam auferant Poloni:). Bregí swoyich wečêy da yich ne pokradût Léchi* ('Gib Acht auf deine Sachen, dass sie nicht die Polen stehlen'); *(:Die Ungarn und Karabaten chaben einander lib, wan der Beem zu inen komt, da seind drey rechte dîb:). Wugri i Cherwati se lyûbet mežusôbno. Kogda Czéch k' nyim prîdet, búdut trî prâwi tâti.* Zudem würden die Deutschen ihre kroatischen Untertanen spöttisch *Wuszîwci i Swinyârmi, i (Krabatel) Cherwatec, ne celowito Cherwât* ('Lausig und Schweinehirten und (Krabatel), Kroatchen und nicht Kroate') rufen. Die Franzosen würden, wenn sie eines Polen ansichtig würden, gewöhnlich sagen: *Un ors de Polónye: Medwéd Pôlskiy* ('Ein polnischer Bär') (1965:128).

Für all diese Stereotypen lassen sich in den späteren Sammlungen (Reinsberg-Düringsfeld, 1992 [1863]; Roback, 1979 [1944]) keine Belege finden. Das heißt jedoch sicher nicht, dass Križanić sie erfunden hat. Befremdlich ist nur, dass er behauptet, es gebe in der russischen Sprache weder Flüche noch derlei Sprichwörter und Redensarten über andere Völker. Jemandem, der so lange in Russland geweilt hat, mag man das nicht abnehmen. Wieder stellt er die Polen als Nestbeschmutzer heraus. An anderer Stelle sagt er, dass man über sich selbst nichts Schlechtes reden solle und bekräftigt das mit dem "Sprichwort" *Zlá pticá iest oná, kaia samá swoe gnyezdó pogánit* ('Schlecht ist der Vogel, der selbst sein Nest beschmutzt') (1965:142). Die "dummen Polen" aber, trügen selbst zu ihrer Schmach bei und sagten: *Polyâk wól, Litwín kol. Nemczìn rôža* ('Der Pole ist ein Ochse, der Litauer ist ein Pfahl. Der Deutsche ist eine

Rose') (1965:128). Man solle sich nicht selber beschimpfen, dennoch käme es darauf an, so Križanić, dass man aufmerksam zur Kenntnis nehme, was andere Völker kritisieren würden und das verbessere, was verbesserungswürdig sei. Denn, und hier führt Križanić wieder ein Sprichwort an: "Prícza bo mówit: *gôst nékogda wéče wídit w' kúči zá tri dnî, neže Gospodar czez cêl gôd*" ('Denn das Sprichwort sagt: Ein Gast sieht manchmal in drei Tagen im Hause mehr als der Hausherr innerhalb eines ganzen Jahres') (1965:128). Dieses offenbar von Križanić in Umlauf gebrachte Sprichwort wird heute in russischer Sprache als einer der von ihm geschaffenen Aphorismen gesehen und mehrfach im Internet angeführt. Wenn er auch hier einräumt, man müsse (auch die schlechte) Meinung anderer berücksichtigen, so ist doch die grundlegende Tendenz, dass alles das, was er hier anführt, als verleumderisch, bösartig und lügenhaft dargestellt werden soll. Denn, wie er das vor allem von den Deutschen sagt: "Nijéden naród pod soncem ízkoni wekôw njest bîl táko izobîžen i osramočen ot inoródnikow, iakože mî Slowênci ot Nemcev" ('Nicht ein Volk unter der Sonne ist seit Beginn der Zeiten derart beleidigt worden und so mit Schande bedeckt worden wie wir Slawen von den Deutschen') (1965:147). Selbst wenn man ein gewisses Verständnis für Križanić angesichts der für die Russen nicht immer schmeichelhaften Reiseberichte aus seiner Zeit aufbringt, so wird doch deutlich, zu welchem Zweck in seinem Werk Sprichwörter und Redensarten bewusst ausgewählt werden und wie sie geschickt eingesetzt werden, um das Bild vom bösen Fremden und dem naiven, aufrechten, wenn auch kulturell etwas zurückgebliebenen Slawen bzw. Russen zu zeichnen. Das zeigt einmal mehr, wie wichtig es ist, im Sinne Wolfgang Mieders, solche einseitigen Strategien aufzudecken und herauszustellen, dass all diese Sprüche "nicht an einen bestimmten Volkscharakter gebunden sind".

## *Anmerkungen*

1 Ich zitiere im Folgenden nach der Ausgabe Križanič (1965), in der die russische Übersetzung und der Kommentar von Aleksandr L. Gol'dberg stammen. Eine vollständige kroatische Übersetzung (Križanić, 1997) wurde von Mate Malinar und Radomir Venturin angefertigt und mit einem Kommentar von Ante Pažanin versehen.

2 Die Bibliografie seiner Werke in Križanić (1997:61–91) umfasst 12 eigene Werktitel und 394 Artikel über ihn und sein Werk. In einer früheren Bibliografie, in der die einzelnen Titel aus späteren Gesamtausgaben getrennt aufgeführt werden, werden immerhin 22 eigene bekannte Werke Križanićs angegeben und darüber hinaus 18 Werke, von denen man nur aus Angaben in anderen Werken etwas weiß oder deren Originale verschollen sind (Gol'dberg & Golub, 1976:329–336).

3 Er nennt u.a. Philippe de Comines, Paolo Paruta und Justus Lipsius, deren Werke ihm z.T. in Auszügen oder Übersetzungen in Tobol'sk zur Verfügung standen.

4 Leider ist diese Stelle (138) in der Ausgabe von 1965 offenbar einem editorischen Irrtum zum Opfer gefallen, denn dort heißt es "Iako dabichu Sležaki orlá w' mesto zâica zieli" ('Als hätten die Schlesier einen Adler statt eines Hasen gegessen'), wobei statt des Akk. *orla* 'Adler' im Original sicher der Akk. *osla* 'Esel' steht.

5 *Polonia confusione regitur* war im 17. Jahrhundert weit verbreitet, zumal es in Polen selbst seit Skarga 1595 (*Nierządem Polska stoi*) häufig gebraucht wurde (Krzyżanowski, 1970:1005).

6 Vgl. Friedl (2005:136), der angibt, die von Križanić angeführte Variante des in Europa verbreiteten Spruches würde dem Nuntius Pacichelli zugeschrieben.

## *Literatur*

Apresjan, Jurij D. (Hg.). 2006. *Jazykovaja kartina mira i sistemnaja leksikografija*. Moskva: Jazyki Slavjanskich Kul'ur (Studia Philologica, o.Nr.).

Eismann, Wolfgang [i.Dr.]. "Juraj Križanićs 'europäische' Phraseologie." In: Dmitrij Dobrovol'skij & Vida Jesenšek (Hgg.). *Phraseologie und Kultur: Europhras 2012 Maribor* [Arbeitstitel]. Maribor: Oddelek za slovanske jezike in književnosti, Filozofska fakulteta Univerze v Mariboru.

Friedl, Robert A. 2005. *Polen und sein Osten am Vorabend einer Katastrophe: Der große Kosaken- und Bauernaufstand des Jahres 1648*. 2 Teile. Universität Düsseldorf [Diss.].

Gol'dberg, A[leksandr] L. & I[van] Golub. 1976. "Bibliography." In: Thomas Eekman & Ante Kadić (Hgg.). *Juraj Križanić (1618–1683): Russophile and Ecumenic Visionary. A Symposium*. The Hague: Mouton (Slavistic Printings and Reprintings, 292), 329–352.

Golub, Ivan. 1973. "L'autographe de l'ouvrage de Križanić 'Bibliotheca Schismaticorum Universa' des archives de la Congrégation du Saint Office à Rome." *Orientalia Christiana Periodica* 39/1, 131–161.

----------. 1974. "Biografska pozadina Križanićevih djela." In: Radovan Pavić (Hg.). *Život i djelo Jurja Križanića: Zbornik radova*. Zagreb: Fakultet političkih nauka Sveučilišta (Biblioteka politička misao., 7), 35–104.

Jagić, Vatroslav. 1917. *Život i rad Jurja Križanića: O tristogodišnjici njegova rođenja*. Zagreb: Hartman (Djela Jugoslavenske Akademije Znanosti i Umjetnosti, 28).

Križanić, Juraj. 1997. *Politika*. Übers. von Mate Malinar und Radomir Venturin; komm. von Ante Pažanin. Zagreb: Golden Marketing u.a.

Križanič, Jurij. 1965. *Politika*. Hg. von V.V. Zelenin; übers. und komm. von A[leksandr] L. Gol'dberg. Moskva: Nauka.

Krzyżanowski, Julian (Hg.). 1970. *K–P. Nowa księga przysłów i wyrażeń przysłowiowych Polskich*. Bd. 2. Warszawa: Państwowy Inst. Wydawn.

Olearius, Adam. 1971 [1656]. *Vermehrte newe Beschreibung der muscowitischen und persischen Reyse*. Hg. von Dieter Lohmeier. Tübingen: Niemeyer (Deutsche Neudrucke: Reihe Barock, 21) [Nachdruck der Ausgabe Schleswig, Holwein, 1656].

Pavlova, Anna V. (Hg.). 2013. *Ot lingvistiki k mifu: Lingvističeskaja kul'turologija v poiskach "ėtničeskoj mental'nosti"*. Sankt-Peterburg: Antologija.

Puškarev, Lev N. 1984. *Jurij Križanič: Očerk žizni i tvorčestva*. Moskva: Nauka.

Reinsberg-Düringsfeld, Otto von. 1992 [1863]. *Internationale Titulaturen: 2 Bände in einem Band*. Mit einem Vorw. von Wolfgang Mieder. Hildesheim u.a.: Georg Olms (Volkskundliche Quellen: Neudrucke europäischer Texte und Untersuchungen, 7: Sprichwort) [Nachdruck der Ausgaben Leipzig, Fries, 1863].

Roback, Abraham A. 1979 [1944]. *A Dictionary of International Slurs (Ethnophaulisms): With a Supplementary Essay on Aspects of Ethnic Prejudice*. Cambridge, Mass.: SCI-Art Publ. (Maledicta Press Publications, 5).

# Suomalaisen sananlaskututkimuksen aikakaudet*

*Liisa Granbom-Herranen*

Suomalaisilla sanalaskuilla on aina ollut kiinteä yhteys suomalaisen yhteiskunnan muutoksiin sekä yleismaailmallisiin virtauksiin. Kirkon ja valtion suhde vaikutti sananlaskujen muistiin merkitsemiseen jo 1500-luvulta alkaen. 1800-luvun lopulta 1900-luvun puoliväliin asti oli taloudellisella, yhteiskunnallisella ja ideologisella rakenteiden muutoksella vaikutusta perinteiden tutkimukseen Suomessa. Euroopan yhdistymisen myötä on 2000-luvulla ollut jälleen havaittavissa tarve oman kansallisen perinteen tutkimiseen. Tässä katsauksessa tarkastelen suomalaista sananlaskututkimusta ja sen kanssa rinnan toteutettua sananlaskujen keruuta suhteessa oman aikansa murroskausiin.

## Arkipäiväiset sananlaskut

Arjen merkitys ja siihen kohdistuvan tutkimuksen suosio korostuvat yhteiskunnallisissa murroksissa (Jokinen, 2005:9). Ajankohdat, jolloin suomalaisten sananlaskujen tutkimus on ollut voimakkaan mielenkiinnon kohteena, ovat liittyneet suomalaisen yhteiskunnan murrosvaiheisiin. Tämä ei kerro varsinaisesta sananlaskujen käytön yleisyydestä juuri näinä aikoina, vaan kansanperinne korostuu kansakunnan tai kieliryhmän hakiessa omaa itseään ja omaa menneisyyttään. Kyseessä on ryhmän olemassaolon tai sen kehityksen kannalta keskeiseksi koettu tapahtuma, joka on usein yhteydessä joko yleismaailmalliseen tai lähialueiden tilanteeseen ja siinä koettuihin muutoksiin (Honko, 1979:142; Dorson, 1963:96). Yleisesti ottaen on suomalaisen perinteen tutkimus ollut vahvasti sidoksissa nationalistisiin pyrkimyksiin (Wilson, 1978:51).

Sananlaskut ovat osa jokapäiväistä perinnettä. Suomessa sananlaskujen tutkimuksella on ollut erityisasema kansanrunoudentutkimuksessa ja sittemmin kulttuurin tutkimuksessa. Sananlaskujen yhteydessä tulee erottaa toisistaan niiden keruu, *paremiografia*, ja tutkimus eli *paremiologia*, joista jälkimmäinen on verrattain nuorta – olkoonkin, että suomalaisen akateemisuuden historiassa kansanrunoudentutkimus kuuluu vanhimpien oppituolien joukkoon. Keruuvaiheen merkitystä ei pidä väheksyä, koska tutkimus tukeutuu keruun tuottamaan aineistoon.

Folkloristisesta näkökulmasta katsottuna sananlasku on lyhyt ja suhteellisen itsenäinen väite, käsky tai toteamus, jonka ihmiset tuntevat ja jota he käyttävät jokapäiväisessä puheessa tai puheen kaltaisessa kirjoituksessa. Paremiologia tuntee ja käyttää useita erilaisia sananlaskun määritelmiä.[1] Kuten sananlaskututkimuksella, on sananlaskun määrittelylläkin aina ollut yhteys kulloiseenkin aikaan ja sen tarpeisiin. Tieteenalat käsittelevät sananlaskua toisistaan poikkeavasti. Määrittelyjä löytyy yhtä paljon kuin tieteenaloja (Grzybek, 1987:44) tai tutkijoita (Mieder, 2004:2–3). Suomalaisen paremiologian kieli on tähän päivään asti ollut ensisijaisesti suomi. Pienen kielialueen sisäinen tutkimus on mahdollistanut oman tutkimuskäsitteistön käytön, esimerkiksi jaottelua sananparsiin ja sananlaskuihin ei muilta kielialueilta löydy. Käsitteet yksinkertaistuvat, kun tutkimusyhteydet kansainvälistyvät entisestään: käsitteet "sananlasku" ja "sananparsi" ovat englanniksi yksi ja sama käsite, "proverb". Tutkimuksen kohteena sananlasku kuuluu yleensä folkloristiikan ja kielten tutkimuksen piiriin. Folkloristiikassa kohteena on usein sananlaskujen käyttö puhutussa arkikielessä, kun taas kielitieteissä hyödynnetään pääsääntöisesti kirjallisia lähteitä (Granbom-Herranen, 2010b:216 & 2011:287; Grzybek, 2011). Sananlaskujen tarkastelu sekä perinteessä että kirjallisuudessa kuuluvat olennaisesti suomalaiseen paremiologiaan. Keskeistä on ollut tunnistaa sananlaskun käyttäjät, "kansa". Kuten Lauri Honko huomautti, sitä kansaa, jota kansallisromantiikan aika etsi, ei enää ole – jos on koskaan ollutkaan. Nykyisin folkloristiikan näkökulmasta sananlaskujen käyttäjäryhmä voi määrittyä sosiaalisen aseman, ammatin, etnisen taustan, kielen tai minkä hyvänsä ryhmää yhdistävän piirteen kautta. Kansa on korvautunut ryhmän jäsenyydellä (Honko, 1998:1; Harris-Lopez, 2003:105).

## Puheesta paperille

Suomalaisen sananlaskun erityispiirre on olla suomenkielinen ilmaus.[2] Tämän vuoksi se vielä toiseen maailmansotaan asti oli ensisijaisesti suullisessa käytössä, kun taas monilla Keski-Euroopan kielialueilla sananlaskujen on katsottu kuuluneen ensisijaisesti kirjallisuuteen (esim. Hauser, 2012; Schmale, 2012). Folkloristinen paremiografia on keskittynyt suullisen perinteen tallentamiseen. Alkuvaiheessa, 1500-luvulla suomen kieli oli puhekieli, jolle ei ollut olemassa kirjallista muotoa. Myös Raamatun sananlaskut ovat tulleet suomenkieliselle kansanosalle tunnetuksi puhutussa muodossa, osana kansankielisiä saarnoja. Usein kansainvälisessä ja etenkin vertailevassa sananlaskututkimuksessa keskeisiksi ovat muodostuneet kerätyt ja julkaistut sananlaskukokoelmat sekä kaunokirjallisuuden tekstit (Prahlad, 1996:5). Sananlaskututkimuksella on ollut toiset lähtökohdat maissa, joissa painettuja kokoelmia sekä muuta kirjallista aineistoa on ollut käytettävissä jopa vuosisatojen takaa (Kuusi, Matti, $^{2}$1990 [$^{1}$1953]:451–452). Vuoteen 1959 mennessä tallennetut suomalaiset sananlaskut löytyvät pääosin kolmesta teoksesta: R.E. Nirvin ja Lauri Hakulisen kokoelmasta vuodelta 1948 ($^{2}$1953 [$^{1}$1948]), Matti Kuusen toimittamasta julkaisusta vuodelta 1953 ($^{2}$1990 [$^{1}$1953]) sekä Kari Laukkasen ja Pekka Hakamiehen kirjasta vuodelta 1978 ($^{3}$1997 [$^{1}$1978]).

Sananlaskukokoelmia on julkaistu suomeksi niiden tallentamisen alkuvaiheista lähtien, mutta niiden vaikutus kansan käyttämään kieleen oli vähäistä, sillä lukutaito suomenkielisen väestön keskuudessa ei ollut yleistä. On mahdollista, että monessa tapauksessa sananlaskujen kerääjät eivät olekaan tarkoittaneet keräyksiään ainoastaan arkistoitaviksi. Tallentamiseen liittyvillä nostalgialla sävyttyneillä tunteilla on voinut olla joko tietoisesti tai tiedostamatta merkitystä sille, mitä tallennettiin. Valmiissa sananlaskujulkaisuissa on aina mukana kerääjän (tai julkaisijan) päätös mukaan otetusta aineistosta. Elias Lönnrot totesi vuonna 1842 ottaneensa mukaan kaiken "paitsi mitkä olivat itsestään mielettömiä vertauksia, eli muuten rietassanaisia, rivoja, joillen ei ole taittu siaa antaa" (1981 [1842]:8) ilmeisesti pitämättä tätä ongelmana. Vaikka seuraava käyttäjä saattaa löytää kokoajan maininnat huomautuksista poisjätetyistä aineistoista (esim. Kuusi, Matti, 1971:100), nämä rajaukset jäävät usein huomiotta johtopäätöksiä tehtäessä. Seuraavat tutkijat tukeutuvat aikaisemmin tehtyihin johtopäätöksiin.

Sananlaskujen – samoin kuin yleensä perinteen – tallentaminen on ollut pääosin miestutkijoiden ja miestutkimusmatkailijoiden tuottamaa aineistoa. Rajoittuminen miesnäkökulmaan ei ole koskenut ainoastaan suomalaista keräysjärjestelmää (Obelkevich, 1994:222). Suomessa niin sananlaskujen kertojat kuin niiden kerääjätkin olivat aina 1900-luvulle asti useimmiten miehiä. Oletettavaa on, että kerääjät kohtasivat matkoillaan pääasiallisesti miehiä ja miesten arjen. Suomalaisiin sananlaskuihin nainen on yleensä liitetty lähinnä luettaessa niistä naista ja naiseutta väheksyviä sävyjä (Kuusi, Matti, 1971; Granbom-Herranen, 2010a). Suomalaisen Kirjallisuuden Seuralle aineistoa toimittaneista kansankerääjistä oli 1800-luvun lopulla ja 1900-luvun alussa noin viisi prosenttia naisia, mutta organisoituihin kenttätöihin ensimmäiset naiset osallistuivat vuonna 1916 (Mikkola, 2012). Huolimatta siitä, että naiset osallistuivat kansanrunouden kenttätyöhön, ei heitä siihen juurikaan rohkaistu. Keruuprojekteissa naiset toimivat miesten apulaisina aina 1970-luvulle asti (Apo & Nenola & Stark-Arola, 1998: 22). Sen, että varsin suurella todennäköisyydellä puolet suomenkielisestä väestöstä on jäänyt sananlaskujenkin tallentajien tavoittamattomiin, voidaan olettaa vaikuttaneen siihen, mitä sananlaskutallenteet sisältävät ja mihin tutkimus pääosin tukeutuu.

Aikana, jolloin Suomen alue kuului Ruotsin valtakuntaan ennen vuotta 1809, heräsi kiinnostus sananlaskujen keräämiseen ja silloin koottiin ensimmäiset suomenkieliset sananlaskuaineistot (ks. Liite). Uskonpuhdistukseen liittynyt aatteellinen murros loi edellytykset suomalaisen kansan kulttuurin olemassaolon näkemiselle. Suomen kirjakielen luominen oli kenties tärkein tätä tukeva toiminta. Ensimmäinen suomenkielisten sananlaskujen muistiinmerkitsijä on Mikael Agricola. *Rucouskiria Bibliasta* (1544) sisältää myös suomalaisia sananlaskuja. Saksalaisilla julkaisuilla oli esikuvallinen vaikutus Agricolan kiinnostukseen suomenkielisiä sananlaskuja kohtaan – Johannes Agricolan ja Sebastian Franckin julkaisemat kokoelmat 1500-luvun puolivälissä olivat kansankielisiä, saksankielisiä (Hautala, 1954:26–27 & 34). Ennen kaikkea Agricolan oppiisä Martin Luther oli innokas sananlaskujen käyttäjä sekä puheessaan että kirjoituksissaan. Hänen mukaansa sananlaskut ovat lähtöisin Jumalan teoista, vaikka ne eivät ole Jumalan sanaa. Lutherin ajatus sananlaskujen perustumisesta Jumalan sanaan siirtyi Agricolan teksteihin (Hautala, 1954:27; Kuusi, Matti, $^{2}$1990 [$^{1}$1953]:452).

Henrik Floriniuksen vuonna 1702 ilmestynyt kokoelma *Wanhain Suomalaisten Tawaliset ja Suloiset Sanan-lascut* (1987 [1702]) sisältää yli 1500 suomenkielistä sananlaskua (Hautala, 1954:49). Florinus laati kokoelmansa 1600-luvun lopulla, jolloin luterilaisen uskon – ja näin ollen myös papiston – aseman vakiinnuttaminen Suomen alueella oli ajankohtaista. Papiston kiinnostusta suomenkielisiin sananlaskuihin saattoi lisätä se, että kansan käyttämät sananlaskut eivät olleet Raamatun sananlaskuja, mutta niiden olemassaolo korosti kansankielisen papiston tarvetta kansan valistajana. 1700-luvun ajatukset periaatteellisesta samanarvoisuudesta (säätyjen puitteissa) sopivat valistukseen. Valistuksen ajan aatemaailma edesauttoi näkemään kansan elämässä mielenkiintoisia ja hyödyllisiä taitoja, joista erityisesti sananlaskuja on pidetty kansan viisauden kiteytyminä.

Se, että Suomi irrotettiin Ruotsista ja siirrettiin osaksi Venäjää, vaikutti kansankielen asemaan.[3] Papiston kieli ja asema riippui paljolti paikkakunnasta, samoin talonpoikaissääty oli sekä suomen- että ruotsinkielistä. Suurin osa autonomian ajan Suomen alueella asuneista ihmisistä oli suomenkielistä, omistamattomaan luokkaan kuulunutta rahvasta.[4] Suomen autonominen asema osana Venäjää mahdollisti valtion tukeman sukukielien ja -kansojen perinteen tallentamisen ja tutkimuksen. Venäläistämismahdollisuus koettiin silti uhkana Suomessa, joten oman kielen aseman korostaminen oli keino tukea autonomista kansallista asemaa. Lönnrotin aloittama kansanrunouden ja sananlaskujen keruu oli yksi vastaus tähän Turun romantiikan kauden aloittamaan kansallistunteeseen ja sen tarpeeseen. Carl Axel Gottlund toteaa *Otava: Eli suomalaisia huvituksia* -teoksessaan tarkoituksena olleen "toteksi näyttää, Suomalaisia ennen olleen viisaampia ja enempi valistuneita kuin nykyisin (myö puhumma ainoastansa moarahvasta)" (1831:22). Vuonna 1818 ilmestyneet Juteinin sananlaskukirja ja Gottlundin väitöskirjan liitteessä olleet sananlaskut ovat Florinuksen kokoelman jälkeen alallaan ajallisesti seuraava tiedossa olevia julkaistuja suomenkielisiä sananlaskukokoelmia.

## Sananlaskujen keruun erityisyys 1800-luvulla

Vuoden 1827 Turun suurpalossa suurin osa Turun Akatemiassa säilytetyistä julkaisuista ja käsikirjoituksista tuhoutui. Tuhoutuneiden kirjoitusten joukossa oli pääosa siihen mennessä kerätystä sananlaskuaineistosta. 1800-luvun suomenkielisten sananlaskujen tunnetuin kerääjä oli Lönnrot. Hänen kirjasi sananlaskuja etenkin vuosina 1835–1837 tekemillään runonkeruumatkoillaan. Näistä muistiinpanoista ja muiden keräyksistä sekä ennen julkaistuista sananlaskuista Lönnrot toimitti vuonna 1842 ilmestyneen *Suomen kansan sananlaskuja*-teoksen, joka on kuitenkin jo valikoitua aineistoa. Lönnrotin keräykset loivat perustaa Suomalaisen Kirjallisuuden Seuran kansanrunousarkiston sananlaskukortiston perustamiselle (Apo & Nenola & Stark-Arola, 1998:18).

1800-luvun puoliväli oli Suomen poliittisessa historiassa muutoksien aikakautta. Lainsäädäntö muuttui samalla kun sekä taloudellinen että sosiaalinen elämä kokivat muutoksia (Waris, 1974:9). Suomen sotilasstrateginen asema oli merkittävä siitä huolimatta, ettei autonomian aikana Suomen suuriruhtinaskunnassa sodittu. Rauhan aika mahdollisti kerääjien varsin esteettömän liikkumisen Suomen suuriruhtinaanmaan alueella. Talouselämän kehittymisen ja taloudellisen vakauden lisääntymisen myötä teollisuuden asema alkoi vakiintua ja laajeta vaikuttaen maaseudun ammattirakenteen muuttumiseen. Muita liikkumisen ja siten keräämisen mahdollistaneita muutoksia olivat maan sisäisten kulkuyhteyksien eli rautateiden, maanteiden ja vesireittien kehittyminen. Maaseudulla palkkaussäännön muutos edesauttoi vapaata liikkumista maassa.[5] 1800-luvun puolivälissä alkoi suomenkielisten sananlaskujen tallentaminen kiinnostaa papiston lisäksi uusia ryhmiä, joita olivat suomenkielisyydestä kiinnostuneet opiskelijat ja tutkijat. Vuonna 1831 perustetun Suomalaisen Kirjallisuuden Seuran kansanrunousarkiston kerääjäverkoston perusta oli kansallismielisten ylioppilaiden aloittama keruu 1800-luvulla (Ilomäki, 1998:148). Papiston merkitys sananlaskujen tallentajina väheni. Suomenkielisissä saarnateksteissä sananlaskuilla oli silti edelleen kiistämätön sijansa osana luterilaista jumalanpalvelusta.

Monet eri alojen edustajat ovat oman työnsä ohella kartuttaneet sananlaskukokoelmia, vaikka sananlaskujen keruu ei ollutkaan heidän ensisijainen tehtävänsä. Suomalaisen paremiografian erityispiirteenä on 1800-luvulta lähtien ollut sen yhteys sekä lähetystyöhön että tutkimusmatkailuun. Lähetystyössä saarnaajat keräsivät työnsä ohessa myös sananlaskuaineistoa, samoin kuin kielitieteilijät ja sotilastoimissa tiedustelijat tutkimusmatkoillaan (Vesterinen, 2002). Lähetystyöhön kiinteässä yhteydessä olleen sananlaskujen keräyksen aloitti Martti Rautanen 1800-luvulla. Vuosina 1930–32 sananlaskujen keräystä Ovambomaalla organisoi Suomen Tiedeakatemian toimeksiannosta 1900-luvun alussa lähetyssaarnajana toiminut Emil Liljeblad (Kuusi, Matti, 1970:6–7 & 11). 1900-luvun alussa sosiaaliantropologi Edward Westermarck keräsi runsaasti sananlaskuja tutkimusmatkoillaan (Stroup, 1982). Lähetystyön oikeutus tai velvoite perusteltiin kohdemaan epäkristillisen ja sen perusteella kehittymättömänä pidetyn moraalin kautta, joka ajateltiin voitavan osoittaa kansan käyttämässä sananlaskuperinteessä. Pyrkimys liittää suomalainen tutkimus eurooppalaiseen tiedeyhteistyöhön ja halu kiinnittyä länteen lisäsivät kiinnostusta eurooppalaisiin siirtomaihin suuntautuneeseen tieteellisesti motivoituneeseen tutkimusmatkailuun.

1800-luvun lopulla ja 1900-luvun alussa Euroopassa vaikutti uusi romanttinen virtaus, joka korvasi realismin ja naturalismin aatteita. Suomessa tämä sai kansallisromanttisen luonteen. Sananlaskujen kiinnostavuuteen vaikutti itsenäistymisen myötä uudenlainen kansallistunne ja nationalismi. Poliittinen fennomania vaikutti Suomessa 1920- ja 1930-luvuilla (Lassila, 2003:10). Suomen "luonnollisten rajojen" katsottiin sisältävän myös sukukielien asuttamat alueet. Akateemisten kansallismielisten miesten toiminnan tavoitteeksi tuli kieliperheen yhdistäminen (Wilson, 1978:63). Tämä oli myös sananlaskujen keräysten aikakautta, jolloin Suomalaisen Kirjallisuuden Seura organisoi kerääjäverkoston vuonna 1934, ja lehtiin lähetettiin teemakyselyitä 1920- ja 1930-luvuilla. Myös yliopistojen osakunnat toimeenpanivat 1930-luvulla sananlaskukeräyksiä.[6] Osakuntien kerääjät olivat ylioppilaita, jotka mitä ilmeisimmin ovat edustaneet pääsääntöisesti ryhmää, johon Ilomäen määrittelemät 1800- ja 1900-lukujen vaihteen kansanperinteen kerääjät kuuluivat: "[...] nuoria miehiä, älymystön lapsia, jotka kulkivat etsimässä kalevalaista aitoa runoutta" (Ilomäki, 1998:148). Kuten sata vuotta aiemmin, kyse oli kenties pienen kansakunnan olemassaolon oikeutuksen todentamisesta. Tarvittiin suomalaisuutta, omaa historiaa ja omaa perinnettä. Elettiin isänmaallisten liikkeiden aikaa.

Kaikkina aikoina ovat yhteiskunnallisen muutoksen vaikuttajat hyödyntäneet opetusta ja kasvatusta muutoksen aikaansaamiseksi. Helsingin yliopiston suomen kielen professori Karl August Engelbrekt Ahlqvistin vuonna 1869 toimittama sananlaskukokoelma *Valittuja suomen kansan sananlaskuja nuorisoa varten sana- ja asiaselitysten kanssa* sisältää sananlaskuja varustettuina selityksin. Ahlqvistin mukaan selitykset tarvitaan, koska aika on uusi ja "ett'ei nuoriso, varsinkin kaupungeissa ja herrassäädyissä syntynyt, voi selittämättä ymmärtää kaikkia sananlaskujamme, kuin niissä on monessakin osoituksia rahvaan elämänlaatuun, tapoihin ja askareihin, jotka rahvaasta kauempana kasvaneelle eivät voi olla muuta kuin ymmärtämättömiä" (1929 [1869]:4). Myös Florinus ilmoittaa teoksensa esipuheessa julkaisseensa kokoelman sananlaskujen hyödyllisen opettavuuden takia ja vetoaa muun muassa Salomon sananlaskuihin (Hautala, 1954:50). Ei siis ihme, että Suomessakin kieli, kansakoulu ja sananlaskut liitetään sekä kansallisromanttiseen toimintaan että itsenäisyyden suureen kertomukseen. Kansallisromanttisen ajattelun mukaan sananlaskujen oikea elämä oli maaseudulla, kuten kasvatusympäristön ihanteena oli maalaisidylli. Sananlaskuilla on ollut sijansa jumalanpalveluksissa ja saarnojen yhteydessä toteutuneessa kansanopetuksessa jo aikana, jolloin lukutaito ei ollut yleistä (Heikkinen, [2]1989 [[1]1983]:61 & 92). Sananlaskut sopivat jo muotonsa puolesta käytettäväksi kansanopetuksessa, säilyväthän sananlaskut esimerkiksi rytminsä vuoksi hyvin muistissa.

## Suomenkielisten sananlaskujen tutkimuksen alku

Sananlaskujen tutkimus alkoi Suomessa huomattavasti myöhemmin kuin niiden muistiin merkitseminen ja keruutyö (Liite). Suomalainen sananlaskututkimus noudattelee monin osin suomalaisen kansanrunouden tutkimuksen yleisiä suuntauksia, joita Jaakko Hautala on käsitellyt vuonna 1954 julkaistussa teoksessaan *Suomalainen kansanrunouden tutkimus*. Tutkimus on aina aikakauteen sidottua eikä se siten voi olla yhteiskunnallisesti neutraalia. Varsin henkilökohtaisillakin valinnoilla ohjautuneen tulosten tarkastelun vaikutus kumuloituu myöhempien tutkijoiden tukeutuessa olemassa olevaan tutkimukseen eikä edes tutkijayhteisön yksimielisyys takaa tiedon totuutta (Niiniluoto, 1994:41; Granbom-Herranen, 2008:87). Pienen kansan parissa henkilökohtaisilla ystävyyssuhteilla ja sukulaisuudella on merkitystä. Suomalainen folkloristiikka ja siihen kuuluen sananlaskujen tutkimus on ollut tällainen yhdistävä tekijä, aina Turun Akatemian ajoista tähän päivään asti (Hautala, 1954; Lassila, 2003).

Kansallisuusaatteen ja kansanrunouden tutkimuksen yhteys on Suomessa jäänyt toteavan tarkastelun tasolle. Aatteellis-poliittisena ilmiönä siihen on paneutunut yhdysvaltalainen folkloristi William Wilson väitöskirjassaan vuonna 1978. Vaikka kaikki Wilsonin esittämät väitteet eivät saaneet suomalaisen tiedeyhteisön varauksetonta hyväksyntää, se toi esille tarpeen keskustella politiikan ja folkloristiikan yhteydestä (Honko, 1979:149). Tätä keskustelua ei kuitenkaan juuri käyty. Yllättävää on suomalaisen sananlaskututkimuksen vahva sitoutuminen nationalismiin. Kansallisaatteen voidaan miltei ajatella olevan niin itsestään selvää, että keskustelu on turhaa, mutta vaietuista itsestäänselvyyksistä tulee helposti hyväksyttyjä. Aivan kuin perinteen arvo kyseenalaistuisi, jos tutkimus osoittaa siinä olevan jotain ristiriitaista tai ei-toivottua. Lauri Honko (1979) on ainoa asiaa vähänkään kriittisin äänenpainoin käsitellyt suomalainen tutkija. Kritiikittömyys tuskin miellyttää sen enempää sananlaskuista harrastuneisuuttaan kiinnostuneita ihmisiä kuin niiden tutkimukseen paneutuvia paremiologejakaan. Jos sananlaskuja vain rakastetaan kokien ne muuttumattomiksi ja jos niiden tutkimus asettuu arvioinnin tavoittamattomiin, ei sananlaskuilla ole elinmahdollisuutta muualla kuin nationalistisessa kielenkäytössä. Minkään aikakauden perinne ei sinänsä muutu, vaan perinteeseen suhtautuminen vaihtelee tarkasteluajankohdasta riippuen.

Ensimmäinen suomenkielisiä sananlaskuja käsittelevä väitöskirja on latinankielinen, Upsalassa vuonna 1818 julkaistu Carl Axel Gottlundin *De proverbiis Fennicis* (Liite). Kielitieteisiin kuuluva väitöskirja ansaitsee tulla mainituksi ensimmäisenä suomenkielisiä sananlaskuja käsittelevänä paremiologisena opinnäytteenä. Suomessa sananlaskujen kansainvälisesti arvostettu tutkimus on pitkälti perustunut Julius Krohnin (1835–1888) alun perin paikkakunnallis-historialliseksi menetelmäksi nimittämään sekä Kaarle Krohnin (1863–1933) täydentämään maantieteellis-historialliseen menetelmään. Sen perusta on Charles Darwinin evoluutioteoriassa. Lähtökohta on ymmärrettävä, kun muistamme, että Julius Krohn aloitti yliopisto-opintonsa luonnontieteiden parissa (Lassila, 2003:36). Tämän myös suomalaiseksi menetelmäksi kutsutun tarkastelun tavoitteena on selvittää, millaisten vaiheiden kautta nykyinen sananlaskusto on eriytynyt eli mitä sananlaskuja on ollut mihinkin aikaan missäkin ja mistä ne ovat sinne tulleet. Tätä kautta olisi mahdollista löytää sananlaskujen kantamuodot. Menetelmä on edesauttanut perinnearkistojen syntyä ja kehittymistä 1800-luvulta alkaen. Maantieteellis-historiallinen menetelmä antoi tieteellisen perustan paremiologialle sekä sananlaskukokoelmien systematisoinnille. Kokoelmat puolestaan ovat tarjonneet mahdollisuuden suomalaisen sananlaskututkimuksen kehittymiselle (Granbom-Herranen, 2008:78). Krohnin oppilaista A.A. Koskenjaakko julkaisi vuonna 1913 väitöskirjan *Sananlaskututkimuksia I. Laki, oikeus ja oikeudenkäynti suomalaisissa sananlaskuissa* (Liite). Paremiologiassa suomalaisella menetelmällä on ollut, ja on edelleen, kansainvälistä merkittävyyttä. Yhtenä tunnetuimmista Krohnien seuraajista 1900-luvulla mainittakoon folkloristi ja paremiologi Archer Taylor (1890–1973) (Hautala, 1954:276; Honko, 1979:145). Muun muassa Taylorin vuonna 1931 julkaistu määritelmä sananlaskusta on edelleen käyttökelpoinen ja siihen tukeutuvat monet uusimmatkin määritelmät (Taylor, 1994 [1981]; Mieder, 2004).

## Sananlaskututkimus folkloristiikan osana

Väitöskirjassaan vuodelta 1950 Matti Kuusi käytti typologiseksi analyysiksi nimittämäänsä tutkimusmenetelmää tutkiessaan Sampo-eeposta (1949). Sananlaskuihin sovellettu typologinen analyysi on edelleen käytössä muokattuna ja sovitettuna tietokonepohjaiseen sananlaskutietokantaan (Lauhakangas, 2001). Sananlaskututkimuksen parissa Kuusi aloitti 1950-luvulla, jolloin Suomessa elettiin jälleenrakentamisen aikaa. Kansallisesti tärkeää oli tuolloin osoittaa suomalaisuudella olevan ikiaikaiset juuret. Tämän aikakauden suomalaiselle yhtenäisyydelle oli merkittävää muun muassa Helsingin olympialaiset, sotakorvauksien maksu sekä Hangon ja Porkkalan alueiden palautuminen Suomelle. 1950-luvulla, maailmansotien jälkeisessä uudessa kansallisen identiteetin etsintävaiheessa kansaluonnetta ja sen määrittelyä tarvittiin Suomen erityisaseman osoittamiseksi. Artikkelissa *Sananparsien suosionmuutoksista* (1953) Kuusi tarkastelee sananparsia nimenomaan kansanluonteen kuvaajina. Yleistävää teemaa Kuusi jatkaa myöhemminkin esimerkiksi vertaillessaan käsityksistä naisten asemasta Afrikassa ja Suomessa perustellen näkemyksiään afrikkalaisilla ja suomalaisilla sananlaskuilla (Kuusi, Matti, 1971) sekä yhdistäessään sananlaskujen muutokset asennemuutoksiin (esim. Kuusi, Matti, 1988). Kuusi etsi kansanpsykologisten syysuhteiden näkymistä sananparsissa.

Kuusta voidaan pitää evolutionistina. Häntä ja Martti Haaviota on pidetty viimeisinä suomalaisina maantieteellis-historiallisen menetelmän edustajina (Honko, 1979: 146). Maantieteellis-historiallisen menetelmän ja typologisen näkökulman painottuminen olivat vaikuttavina piirteinä suomalaisessa folkloristiikan parissa tehdyissä sananlaskuja käsittelevissä opinnäytteissä Kuusen professuurin aikana. Sananlaskututkimus keskittyi Kuusen ohjauksessa 1950- ja 1960-luvuilla Helsingin yliopiston suomalaisen ja vertailevan kansanrunoudentutkimuksen oppiaineeseen. Kiinnostuksen kohteena olivat tuolloin sananlaskujen maantieteellis-historiallinen selvitys, sananlaskut ja niiden esiintymistiheys, sananlaskut ja niiden erilaiset toisinnot, alueelliset vertailut, sananlaskun syntyaika, sen kulkeutuminen paikkakunnalta toiselle ja erilaiset vertailut myös kansainvälisten lainojen tutkimuksena (Liite). 1950- ja 1960-lukujen suomalainen sananlaskututkimus noudatti yleistä kansanrunoudentutkimuksen suuntaa analyysiin pyrkivine tutkimusotteineen. Tähän aikakauteen sijoittuu peräti 11 sananlaskuja käsittelevää pro gradu -tutkielmaa ja kolme lisensiaatintyötä. Väitöskirjoja julkaistiin kaksi, Iris Järviö-Niemisen *Suomalaiset sanomukset* vuodelta 1959 käsittelee sanomuksia ja Pentti Leinon *Strukturaalinen alkusointu Suomessa: Folklorepohjainen tilastoanalyysi* vuodelta 1970 (Liite).

1970-luvun alussa, kenties 1960-luvun radikalismin vaikutuksesta, kansanrunouden tutkimus laajeni uusille alueille kuten poploreen ja lasten perinteeseen. Sananlaskut saivat sijansa niissäkin. Kyseessä saattoi olla palautusilmiö eli yhteiskunnallinen tarve modernin liittämisestä osaksi sukupolvien perinnettä. Sananlaskuihin liittyviä opinnäytteitä ei tältä ajalta ole, syynä saattaa olla sananlaskututkimuksessa vaikuttaneiden kartoittavien ja analyysiin pyrkivien käytänteiden yhteensopimattomuus uusien folklorististen kiinnostusten kohteiden kanssa. 1980- ja 1990-luvuilla kognitiivinen tutkimusote valtasi alaa myös suomalaisen paremiologian parissa. Sananlaskututkimuksessa alkoi uusi aikakausi, jonka voidaan katsoa kestäneen 1990- ja 2000-lukujen taitteeseen. Kuusen oppilaat käsittelivät sananlaskuja 1980-luvulla kolmessa pro gradu -tutkielmassa sekä kolmessa lisensiaatintyössä. Vuonna 1986 ilmestyi Pekka Hakamiehen väitöskirja *Venäläisten sananparsien vaikutus karjalaiseen ja suomalaiseen sananparsistoon* (Liite).

1990-luvulta alkaen folkloristiikassa on haettu uusia yhteyksiä sananlaskuille. Väitöskirjoja ei kuitenkaan folkloristisesta sananlaskututkimuksesta julkaistu ja pro gradu -tutkielmiakin tehtiin vain kaksi. 1990-luvulta lähtien sananlaskut ovat olleet usean tieteenalan tutkimusten kohteena. Suomalaisia sananlaskuja käsitteleviä opinnäytetöitä on tehty kielitieteissä, taloustieteessä, kasvatustieteissä, kirjallisuuden tutkimuksessa, yhteiskuntatieteissä ja teologiassa. Yhteisyys folkloristiikkaan löytyy siitä, että näissäkin tutkimuksissa käsiteltyjen sananlaskujen suomenkielisen käytön alkuperä on suullisessa kansanperinteessä. Sananlaskuja käyttävässä tutkimuksessa näkökulma on sidoksissa lähtökohtana olevaan tutkimusongelmaan, esimerkiksi sananlaskujen käyttöön psykologisissa testeissä. Tämä ei ole sananlaskututkimusta sinänsä (Granbom-Herranen, 2010b:216).

Merkittävin suomalainen sananlaskututkija ja sananlaskututkimukselle suunnanantaja 1900-luvun puolivälistä vuosisadan loppuun on ollut Matti Kuusi. Hän ei itse toiminut kenttätöissä, vaan hänen käyttämänsä aineistot ovat pääasiassa kilpakeräyksiä tai poimintoja aikaisemmista julkaisuista. Monessa tapauksessa aineistot ovat olleet käännöksiä. Hänen johtopäätöksiään arvostetaan edelleen ja niille on annettu autoritaarinen asema, joten uusikin sananlaskuihin liittyvä tutkimus tukeutuu edelleen varsin kritiikittömästi Kuusen tulkintoihin (Granbom-Herranen, 2008:80). Kuusi oli varsin tuottoisa kirjoittaja ja hänen kiinnostuksensa kohteena olivat usein nimenomaan sananlaskut. Kuusen sananlaskuja koskevan tuotannon tarkastelussa haasteena on erottaa tieteelliseksi tarkoitettu ja popularisoitu tieto toisistaan. Suomalaisen Kirjallisuuden Seuralla on käynnissä viisivuotinen tutkimushanke Kuusen elämäkerrasta. Hankkeen keskeisiä tavoitteita ovat Kuusen elämäntyön temaattisten ja ideologisten päälinjojen hahmottaminen aikansa kontekstissa (SKS-hanke, 2008).

2000-luvulla on valmistunut yksi folkloristiikan alaan kuuluva sananlaskuja käsittelevä väitöskirja, Eija Starkin *Köyhyyden perintö: Tutkimus kulttuurisen tiedon sisällöistä ja jatkuvuuksista suomalaisissa elämäkerta- ja sananlaskuaineistoissa* (2011), sekä neljä pro gradu -tutkielmaa. 2000-luvulla on julkaistu kaksi paremiologiaan sijoittuvaa, keskenään eri näkökulmaista sananlaskuja käsittelevää väitöskirjaa: Outi Lauhakankaan sosiaalipsykologiaan kuuluva *Puheesta ihminen tunnetaan: Sananlaskujen funktiot sosiaalisessa vuorovaikutuksessa* (2004) ja oma kasvatustieteen väitöskirjani *Sananlaskut kasvatuspuheessa – perinnettä, kasvatusta, indoktrinaatiota?* (2008) (Liite).

Suomalaisessa tutkimuksessa sananlaskujen tarkastelu niiden omassa elinympäristössään on toistaiseksi jäänyt vähälle huomiolle toisin kuin monessa muussa maassa tehdyssä kulttuuriantropologisesti suuntautuneessa tutkimuksessa. Tietoja perinteen esittäjistä tai esityskontekstista ei Suomessa ole systemaattisesti kerätty. Tähän on vaikuttanut suomalaisen tutkimustradition keruu- ja arkistointikäytännöt, joissa on painottunut pyrkimys Kalevalan lähdepohjan laajentamiseen sekä toisintojen keruu maantieteellis-historiallisen menetelmän mukaisesti (Tarkka, 2005:11). Sananlaskujen käyttö, käyttäjät ja käyttöyhteys ovat unohtuneet keskitykttäessä ensisijaisesti kerääjien ja tutkijoiden tarpeisiin ja näkemyksiin luoda maantieteelliseen ja ajalliseen paikantamiseen sidottu kokonaiskuva. Sananlaskuista on haettu myös filosofisia tai runollisia kuvauksia sekä keskusteltu ryhmäominaisuuksista, kuten kansanluonteesta. Pääasiallinen kiinnostuksen kohde on ollut sananlaskujen rakenne, ja sananlaskuja on vertailtu keskenään niin historiallisina kuin paikallisina perinnetuotteina. Suomalaisessa sananlaskututkimuksessa on ensisijaisesti pohdittu kielellistä kulttuurien tulkinnan problematiikkaa (Lauhakangas, 2004:69). Nyt suomalainen sananlaskututkimus on siirtymässä uuteen aikaan, kun maantieteellis-historiallinen menetelmä on asettunut kognitiivisten, kontekstuaalisten ja funktionaalisten lähestymistapojen rinnalle. Maantieteellis-historiallinen menetelmä on kuitenkin edelleen paremiologiassa käytössä oleva menetelmä.

Murroskaudet ovat osaltaan aiheuttaneet kansallisten asioiden esille tuomisen. Ne ovat myös toimineet pontimena koota ja tutkia sananlaskuja. Kansanrunoudentutkimus on tieteenalana herättänyt pitkään aktiivisesti toimineiden kansallisaatteen kannattajien kiinnostusta. Esimerkiksi Martti Haavio ja Matti Kuusi osallistuivat ainakin Akateemisessa Karjalaseurassa toimintaan, jolla pyrittiin vahvistamaan suomalais-ugrilaisten asemaa, identiteettiä ja keskinäistä yhteenkuuluvuutta. He olivat mukana rakentamassa Suur-Suomea (Wilson, 1978:70). Nationalismin vaikutus ei rajoitu vain perinteenkeruun innoittajan rooliin, sillä oli vaikutusta aineiston valikoitumiseen. Kansallismielisillä aatteilla on ollut suora yhteys tutkimukseen, oppituolin haltijoihin ja siten myös tutkimusresurssien käytön ohjautumiseen.

## Suhtautuminen sananlaskuihin ja kansallisuusaatteet ajan ilmiöinä

Kiinnostus suomalaisiin sananlaskuihin liittyy yhteiskunnallisten murroksen aikaan. Kriisien aikana sananlaskut puhuttavat. Sananlaskut ovat yhteisön eletyn historian tuottamia ilmaisuja, ne kertovat ainoastaan jonkin ilmiön olemassaolosta kyseisenä aikana. Sananlaskut eivät selitä mitään ilmiötä tai perustele ilmiön olemassa oloa. Murrosjaksojen painottuminen sananlaskujen keruun, julkaisemisen ja tutkimuksen yhteydessä ei kuitenkaan kerro varsinaisesta sananlaskujen käytön yleisyydestä juuri näinä aikoina. Kunkin sananlaskujen tallentajan ja tutkijan kohdalla on hyvä kysyä, mitä tapahtui maassamme kulloisenakin aikakautena. Se, että kaksi tai useampi asia ovat samanaikaisia tai peräkkäisiä ei välttämättä rakenna niiden välille syy-seuraus-yhteyttä. Sananlaskujen arvottaminen voi olla tutkijan henkilökohtainen tai hänen aikakautensa edustama näkemys. Usko sananlaskujen erityiseen arvokkuuteen lienee osittain seurausta eri aikakausina uudistuvasta suomalaisuuden itseisarvoisesta korostumisesta. Tämä ikiaikainen suomalainen viisauden käsitys elää arjen puheessa edelleen.

Voitaneen ajatella, että 2000-luvun suomalaisuus Euroopan Unionissa on myös suomalaisuuden kriisi. Pienten kansojen aseman koetaan tarvitsevan tukea omasta menneisyydestään, varhaisempien aikojen kansasta. Tähän viittaa Outi Lauhakankaan (2001) 1950-luvulle palautuva tyyppianalyysiin perustuvan luokituksen saattaminen tietokannaksi. Lähetystyön ja sananlaskujen keruun yhdistämistä sekä sananlaskujen popularisointia jatkoi 1980-luvulla Raimo Harjula (2000). Liisa Keltikangas-Järvisen (2000) 1800-luvun kansanluonnetta sananlaskuista kaipaileva asenne vetoaa sananlaskujen ja kansan nostalgisiin yhteyksiin. Viimeisimpään EU:n murroksen tuottamaan ajanjaksoon liittyy myös Sirkka Hirsjärven ja Leena Laurisen (2004) kasvatuksellisesti suuntautunut kiinnostus sananlaskuihin uskomuksina.

Nationalismiin kuuluu positiivisena piirteenä ylpeys omasta taustasta. Negatiiviseksi ilmiöksi nationalismi muuttuu, kun se toimii muiden kansojen tai oman maan vähemmistöjä halventaen. Suomessa lähes luku- ja kirjoitustaidottoman kansan käyttämä kieli nostettiin sananlaskuissa esille ja arvokkaaseen asemaan merkityksellisenä menneisyyden kuvaajana. Ensin tämän teki auttavasti suomentaitoinen papisto Ruotsissa ja sitten ruotsinkielinen sivistyneistö Venäjällä. Kolmannen kerran suomenkielinen perinne koki arvostusta, kun suomenkielisyyteen siirtymässä ollut kansallismielisten ryhmä haki yhteisyyttä sukukansojen kesken. Tällöin valtakunnan rajat haluttiin saattaa kielen ja perinteen mukaisiksi. Sananlaskut olivat toimineet eräänlaisena perusteluna suomen kielen oikeutukselle ruotsin kielen rinnalla 1600- ja 1700-luvuilla, 1800-luvulla niistä tuli arvokasta perinnettä ja 1900-luvulla ne saivat kansanviisauden statuksen. Nyt, 2000-luvun alussa, on kenties nousemassa esille uusi tarve kansallisen viisauden esille tuontiin ja sen arviointiin – rakenteiden muutoshan on taas voimakkaasti käynnissä. Maaseudun ja kaupungin elämäntapoja sovitetaan yhteen.

Kalevalan nousemista tai sen nostattamista suomalaisuuden kuvaksi voidaan pitää yhtenä syynä sille, että perinnelajina sananlaskut saivat myös Suomessa sakraalisen leiman (ks. esim. Mieder, 1993:36). Suomessa *Raamatun* ja *Kalevalan* sananlaskuilla on ylemmän auktoriteetin asema. Suomenkieliset sananlaskut ovat olleet kyseenalaistamattomia totuuksia ja muodoltaan muuttumattomia. Niistä tärkeimmät on löydettävissä Kalevalasta ja toiseksi tärkeimmät ovat Raamatusta. Mutta ovatko ne olleet erityisen pyhiä käytössä, suomenkielisen rahvaan parissa ennen toista maailmansotaa? Kalevala ja sen sankarit yhdistyvät runomittaan, kalevalaiseen muinaisuuteen. Kalevalamitasta tuli myös aitojen ja alkuperäisten – "niiden oikeiden" – sananlaskujen tunnus. Tunnetuin lienee "Sitä kuusta kuuleminen, jonka juurella asunto", joka liitettiin vuonna 1917 siemenestä kasvatetun ja vuonna 1931 Helsinkiin istutetun Itsenäisyyden kuusen muistolaattaan.

Näillä kansallisuusaatteilla on varsin kauaskantoiset ja kulttuurissa laaja-alaiset vaikutukset. Varhaisemman tutkimuksen ja tutkimusperinteen kriittinen tarkastelu on aiemman tutkimuksen ja aikaisempien tutkijoiden arvostamista. Tavoitteena on uusien näkökulmien mahdollistuminen ja jo tuotetun tiedon tarkastelu tästä näkökulmasta käsin. Uudistuneessa eurooppalaisuudessa ovat myös sekä suomalainen paremiografia että paremiologia tulleet kansainvälistymisen myötä jälleen kerran ajankohtaisiksi.

## Liite: Paremiologian ja paremiografian yhteys aikakausiin

| Ruotsi | | Venäjä | Suomi | Suomi EU:ssa |
|---|---|---|---|---|
| 1500-l | 1700-l | 1800-l | 1900-l | 2000-l |

---

sääty-yhteiskunta — parlamentarismi — europarlamentarismi

suomi ei hallitsevien luokkien kielenä ---------------- myös suomi hallitsevien luokkien kielenä — suomen kielen asema?

suomen kirjakieli, kansankieli vakiintunut — Raamatun lukuun muutos: — lukutaito, kirjoitustaito jatkuva muutos

kulkuyhteydet<br>
talous, palkkaussäännön muutos<br>
⇨ teollistuminen, kaupungistuminen alkaa

---

| Ruotsi | | Venäjä | Suomi | Suomi EU:ssa |
|---|---|---|---|---|
| 1500-l | 1700-l | 1800-l | 1900-l | 2000-l |

*Aatteet ajassa*

| | | | | | | | |
|---|---|---|---|---|---|---|---|
| uskonpuhdistus, luterilaisuus | humanismi, valistus | evolutionismi, realismi, naturalismi | kansallisromantiikka | itsenäisyys, sisällissota, isänmaalliset liikkeet | II MS, jälleenrakennus | radikalismi | eurooppalaisuus |

*Paremiografia*

| | | | |
|---|---|---|---|
| papisto Agricola, Florinus | kerääjät Lönnrot | kansankerääjät SKS: keruukutsut, teemakyselyt | Internet-yhteisöt |
| | lähetystö, tutkimusmatkat | | |

*Paremiologia*

| | |
|---|---|
| | Gottlund vk (kielitiede)[A] |
| | Krohnit: maantieteellis-historiallinen menetelmä |
| | yliopistoihin oppiaineeksi (Hki, ÅA)<br>professuurit |
| | Koskenjaakko vk (fol)[B]<br>pro gradut(fol) 2[C] |
| 1950–1970: | Järviö-Nieminen vk (fol)[D]<br>Leino vk (fol)[E]<br>lisensiaatintyöt (fol) 3[F]<br>pro gradut(fol) 11[G]<br>esitelmiä seminaarissa(fol)[H] |
| 1980-luku: | Hakamies vk (fol)[I]<br>lisensiaatintyöt (fol) 3[J]<br>pro gradut(fol) 3[K] |
| 1990-luku: | vk:t[L]<br>pro gradut (fol) 2[M] |
| 2000-luku: | Stark vk (fol)[N]<br>vk:t[O]<br>pro gradut<br>(fol) 4[P] |

## *Viitteet*

* This article has been originally published in *Elore* 19/2 (2012), 165–180 <www.elore.fi/arkisto/2_12/granbom-herranen.pdf> (25.08.2014).

1 Sananlaskun määrittelemisen haasteesta, ks. esim. Mieder (2004).

2 Suomessa on myös arkikielisiä ruotsinkielisiä sananlaskuja, joista puhutaan suomenruotsalaisina sananlaskuina. Suomessa ennen itsenäisyyttä kirjalliseen perinteeseen kuuluvat sananlaskut puolestaan ovat pääosin joko ruotsalaisia tai suomenruotsalaisia sananlaskuja.

3 Esimerkiksi 1.8.1863 annettiin Asetus Suomen kielen yhdenvertaisuudesta Ruotsin kielen kanssa suomalaista väestöä koskevissa asioissa (SA, 1860–1917).

4 Rahvaan kieli on pääasiallisesti ollut suomi, sillä vain noin kymmenesosa suomalaisesta rahvaasta on ollut ruotsinkielisiä (Niemi, 1969:55).

5 30.1.1865 Palkkaussääntö isännille ja palkollisille (SA, 1860–1917).

6 Keräyksistä julkaistiin maakunnittain sananlaskukokoelmia, ks. Granbom-Herranen (2008:79).

A Gottlund (1818).

B Koskenjaakko (1913).

C Paalanen (ilman vuosilukua); Paloheimo (ilman vuosilukua).

D Järviö-Nieminen (1959).

E Leino (1970).

F Järviö (1957); Leino (1965a); Kuusi, Anna-Leena (1970).

G Vartiainen (1953); Järviö (1954); Partanen (1958); Marjanen (1962); Lehtonen (1963); Laukkanen (1964); Holstila (1965); Laaksonen (1965); Leino (1965b); Appelgrén (1966); Kuusi, Anna-Leena (1968).

H Esitelmiä suomalaisen ja vertailevan kansanrunoudentutkimuksen proseminaarissa vuosina 1958–1961: Laakso (1958); Nahkuri (1959); Nirvi (1959); Paavolainen (1959); Tiusanen (1959);

Vuolle (1959); Rissanen (1960); Neimala (1961); Suhonen (1961); Taulo (1961); Tönkyrä (1961); Vento (1961).
I Hakamies (1986).
J Hakamies (1982); Harvilahti (1982); Laukkanen (1988).
K Hakamies (1980); Harvilahti (1980); Savolainen (1988).
L Paremiologia: Paajanen (1995).
M Piispa (1996); Marttunen (1997).
N Stark (2011).
O Paremiologia: Lauhakangas (2004); Granbom-Herranen (2008).
P Esim. Pettersson (2000); Iranto (2001); Korhonen (2001); Granbom-Herranen (2004).

## *Kirjallisuus*

Agricola, Mikael. 1544. *Rucouskiria / Bibliasta / : Se on / molemista testamentista / messuramatusta / ia muusta monesta / jotca toysella polella luetellan / cokoonpoymettu Somen Turussa.* Stocholmisa: Amund Lauritzenpoijalda. <www.doria.fi/handle/10024/43445> (27.09.2012).

Ahlqvist, A[ugust]. 1929 [1869]. "Esipuhe 'Valittuihin sananlaskuihin'." Teoksessa: A[ugust] V. Koskimies (toim.). *Valikoima suomalaisia sananlaskuja: A. Ahlqvistin mukaan julk.* Helsinki: SKS (Suomalaisen Kirjallisuuden Seuran toimituksia, 182), 3–10.

Apo, Satu & Aili Nenola & Laura Stark-Arola. 1998. "Introduction." Teoksessa: Satu Apo & Aili Nenola & Laura Stark-Arola (toim). *Gender and Folklore: Perspectives on Finnish and Karelian Culture.* Helsinki: Finnish Literature Society (Studia Fennica Folkloristica, 4), 9–27.

Appelgrén, Henni. 1966. *Eläinten roolit suomalaisessa kansanperinteessä* [Fol.Hki.].

Dorson, Richard M. 1963. "Current Folklore Theories." *Current Anthropology* 4, 93–112.

Florinus, Henrik. 1987 [1702]. *Sananlaskut: Näköispainos vuonna 1702 ilmestyneestä sananlaskukokoelmasta.* Helsinki: SKS (Suomalaisen Kirjallisuuden Seuran toimituksia, 459).

Gottlund, Carl Axel. 1818. *De proverbiis Fennicis: Dissertatio.* Upsaliae: Zeipel [väitöskirja].

----------. 1831. *Otava: Eli suomalaisia huvituksia.* Osa 1. Tukhulmissa: M.G. Lundbergin Kirjapajassa.

Granbom-Herranen, Liisa. 2004. *Sananlaskujen käyttäjät ja käyttöyhteys: Sananlaskut käyttökontekstissaan 'Perinne elämässäni' -kilpakirjoituksen aineistossa* [Fol.Hki.].

----------. 2008. *Sananlaskut kasvatuspuheessa – perinnettä, kasvatusta, indoktrinaatiota?* Jyväskylä: Jyväskylän yliopisto (Jyväskylä Studies in Education, Psychology, and Social Research, 329) [väitöskirja].

----------. 2010a. "Women's Place in Finnish Proverbs from Childhood." *Folklore: Electronic Journal of Folklore* 46, 95–110.

----------. 2010b. "Is a Proverb Always a Proverb?" Teoksessa: Associação Internacional de Paremiologia / International Association of Paremiology (AIP-IAP) (toim.). *3º Colóquio Interdisciplinar sobre Provérbios – ACTAS / 3rd Interdisciplinary Colloquium on Proverbs – PROCEEDINGS: ICP09.* Tavira: Tipografia Tavirense, 215–221.

----------. 2011. "Proverb – A Literal Phrase and a Part of Everyday Speech." Teoksessa: Antonio Pamies Bertrán & Juan de Dios Luque Durán & Patricia Fernández Martín (toim). *Paremiología y herencia cultural.* Granada: Educatori (Colección Granada Lingvistica), 285–293.

Grzybek, Peter. 1987. "Foundations of Semiotic Proverb Study." *Proverbium: Yearbook of International Proverb Scholarship* 4, 39–85.

----------. 2011. "Proverb Variants and Variations: A New Old Problem?" [Esitelmä *5º Colóquio Interdisciplinar sobre Provérbios / 5th Interdisciplinary Colloquium on Proverbs*-konferenssissa].

Hakamies, Pekka. 1980. *Venäläisten sananparsien vaikutus karjalaiseen ja suomalaiseen sananparsistoon* [Fol.Hki.].

----------. 1982. *Venäläisten sananparsien vaikutus karjalaiseen ja suomalaiseen sananparsistoon* [Fol.Hki.].

----------. 1986. *Venäläisten sananparsien vaikutus karjalaiseen ja suomalaiseen sananparsistoon.* Helsinki: SKS (Suomalaisen Kirjallisuuden Seuran toimituksia, 451) [väitöskirja].

Harjula, Raimo. 2000. *Parempi pakaroitta kuin päätä vailla: 500 itäafrikkalaista sananlaskua hyvästä elämästä.* Helsinki: Yliopistopaino.

Harris-Lopez, Trudier. 2003. "Genre." Teoksessa: Burt Feintuch (toim.). *Eight Words for the Study of Expressive Culture.* Urbana et al.: University of Illinois Press, 99–120.

Harvilahti, Lauri. 1980. *F.L. Čelakovskýn Mudrosloví-teokseen sisältyvien venäläisten ja puolalaisten varoitussananlaskujen formula-analyysi* [Fol.Hki.].

----------. 1982. *Sananlaskujen rakenteellisen ja sisällöllisen vastaavuuden ongelmista* [Fol.Hki.].

Hauser, Stefan. 2012. "Diachrone Beobachtungen zur Phraseologie in der Sportberichterstattung der Tagespresse." [Esitelmä *EUROPHRAS · 2012 Maribor: Frazeologija in kultura / Phraseology and Culture / Phraseologie und Kultur*-konferenssissa].

Hautala, Jaakko. 1954. *Suomalainen kansanrunouden tutkimus.* Helsinki: SKS (Suomalaisen Kirjallisuuden Seuran toimituksia, 244).

Heikkinen, Antero. [2]1989 [[1]1983]. *Perinneyhteisöstä kansalaisyhteiskuntaan: Koulutuksen historia Suomessa esihistorialliselta ajalta itsenäisyyden aikaan.* Helsinki: Yliopistopaino.

Hirsjärvi, Sirkka & Leena Laurinen. 2004. *Lempeästi mutta lujasti: Suomalaisia sanontoja ja arkiuskomuksia kasvatuksesta.* Helsinki: WSOY.

Holstila, Liisa. 1965. *Havaintoja kieltosutkautuksista ja -tokaisuista* [Fol.Hki.].

Honko, Lauri. 1979. "A Hundred Years of Finnish Folklore Research: A Reappraisal." *Folklore* 90/2, 141–152.

----------. 1998. "Folklooriprotsess." *Mäetagused* 6, 1–18.

Ilomäki, Henni. 1998. "The Image of Women in Ingrian Wedding Poetry." Teoksessa: Satu Apo & Aili Nenola & Laura Stark-Arola (toim). *Gender and Folklore: Perspectives on Finnish and Karelian Culture.* Helsinki: Finnish Literature Society (Studia Fennica Folkloristica, 4), 143–174.

Iranto, Annamari. 2001. *"Tämä maailma on kiperä ja väärä niin kuin pukin sarvi" -lakiin ja oikeuteen liittyvä epäoikeudenmukaisuuden kokemus sananparsissa ja toimittaja Hannu Karpolle lähetetyissä kirjallisissa yhteydenotoissa* [Fol.Jsuu.].

Järviö, Iris. 1954. *Suomalaisista wellerismeistä* [Fol.Hki.].

----------. 1957. *Suomalaisista wellerismeistä* [Fol.Hki.].

Järviö-Nieminen, Iris. 1959. *Suomalaiset sanomukset.* Helsinki: SKS (Suomalaisen Kirjallisuuden Seuran toimituksia, 259).

Jokinen, Eeva. 2005. *Aikuisten arki.* Helsinki: Gaudeamus.

Keltikangas-Järvinen, Liisa. 2000. *Tunne itsesi, suomalainen.* Helsinki: WSOY.

Korhonen, Johanna. 2001. *Sääenteet sananparsien valossa* [Fol.Tku.].

Koskenjaakko, Aksel Anshelm. 1913. *Laki, oikeus ja oikeudenkäynti suomalaisissa sananlaskuissa. Sananlaskututkimuksia.* Osa 1. Helsinki: Suomalainen Tiedeakatemia (Suomalaisen Tiedeakatemian toimituksia, 9/1).

Kuusi, Anna-Leena. 1968. *Aleksis Kiven fraseologia 'Nummisuutarien' ja 'Canzion' valossa* [Fol.Hki.].

----------. 1970. *Johdatusta fraasianalyysiin ja -systematiikkaan: Havaintoja Aleksis Kiven tyylilajeista ja kansankielen fraasityypeistä* [Fol.Hki.].

Kuusi, Matti. 1949. *Sampo-eepos: Typologinen analyysi.* Helsinki: Helsingin liikekirjapaino (Suomalais-Ugrilaisen Seuran toimituksista, 46).

----------. 1953. "Sananparsien suosionmuutoksista." *Virittäjä: Kotikielen Seuran aikakauslehti* 57, 337–345.

---------- (toim.). 1970. *Ovambo Proverbs: With African Parallels.* Helsinki: Suomalainen Tiedeakatemia (FF Communications, 208).

----------. 1971. "Naisen arvo Suomen ja Ambomaan sananlaskustossa." *Suomen Akatemia* 1, 99–107.

----------. 1988. "Lukijalle." Teoksessa: Matti Kuusi (toim). *Rapatessa roiskuu: Nykysuomen sananparsikirja.* Helsinki: SKS, 9–20.

---------- (toim.). [2]1990 [[1]1953]. *Vanhan kansan sananlaskuviisaus: Suomalaisia elämänohjeita, kansanaforismeja, lentäviä lauseita ja kokkapuheita vuosilta 1544–1826.* Helsinki: WSOY.

Laakso, Maija. 1958. *Ei ole vuohi eläin eikä piika ihminen* [Fol.Hki.].

Laaksonen, Eeva. 1965. *Sanaleikeistä humoristisena ilmaisukeinona sananparsiesimerkistön mukaan* [Fol.Hki.].

Lassila, Pertti. 2003. *Ihanteiden isänmaa: Julius Krohnin romanttinen fennomania ja kirjallisuus*. Helsinki: Yliopistopaino.

Lauhakangas, Outi. 2001. *The Matti Kuusi International Type System of Proverbs*. Helsinki: Suomalainen Tiedeakatemia (FF Communications, 275).

----------. 2004. *Puheesta ihminen tunnetaan: Sananlaskujen funktiot sosiaalisessa vuorovaikutuksessa*. Helsinki: SKS (Suomalaisen Kirjallisuuden Seuran toimituksia, 1001).

Laukkanen, Kari. 1964. *Kuusalun ja Simititsan sananparisistoa itämerensuomalaisessa perinnekentässä* [Fol.Hki.].

----------. 1988. *Kuusalun sananlaskut virolais-suomalaisessa perinnekentässä* [Fol.Hki.].

Laukkanen, Kari & Pekka Hakamies (toim.). [3]1997 [[1]1978]. *Sananlaskut*. Helsinki: SKS (Suomalaisen Kirjallisuuden Seuran toimituksia, 346).

Lehtonen, Pirkko. 1963. *Proverbial Comparisons and Similes in Some Novels by Sir Walter Scott* [Fol.Hki.].

Leino, Pentti. 1965a. *Suomalaisen sananparren alkusointuisuudesta* [Fol.Hki.].

----------. 1965b. *Suomalaisen sananparsiston alkusointuisuudesta* [Fol.Hki.].

----------. 1970. *Strukturaalinen alkusointu Suomessa: Folklorepohjainen tilastoanalyysi*. Helsinki: SKS (Suomalaisen Kirjallisuuden Seuran toimituksia, 298).

Lönnrot, Elias. 1981 [1842]. *Suomen kansan sananlaskuja*. Espoo: Weilin + Göös.

Marjanen, Kaarina. 1962. *Mustalaiswellerismit* [Fol.Hki.].

Marttunen, Mira. 1997. *Sananlaskuista kaunokirjallisessa kontekstissa: kaunokirjallisissa monologeissa ja dialogeissa esiintyvien sananlaskujen tarkastelua Pentti Haanpään Jutut-novellikokoelman kontekstin perusteella* [Fol.Hki.].

Mieder, Wolfgang. 1993. *Proverbs Are Never Out of Season: Popular Wisdom in the Modern Age*. New York et al.: Oxford University Press.

----------. 2004. *Proverbs: A Handbook*. Westport, Conn. et al.: Greenwood Press (Greenwood Folklore Handbooks).

Mikkola, Kati. 2012. "Finnish Literature Society and Self-Taught Folklore Collectors." [Esitelmä *Arhiivid ja kogukonnad: Eesti Rahvaluule Arhiivi 85. aastapäeva konverents 24.–25. september 2012, Tartu / Archives and Communities: 85th Anniversary Conference of the Estonian Folklore Archives Tartu, September 24–25, 2012*-konferenssissa].

Nahkuri, Outi. 1959. *Paljon sillä pitää jauhoja olla, joka jokaisen suun tukkii* [Fol.Hki.].

Neimala, Kaisa. 1961. *Hippa-Heikki* [Fol.Hki.].

Niemi, Onni. 1969. *Pohjakoulukysymys yhteiskunnallisena ongelmana Suomessa: I, autonomian aika*. Turku: Tekijä [väitöskirja].

Niiniluoto, Ilkka. 1994. "Tiede ja tieteenfilosofia." Teoksessa: V.A. Niskanen (toim.). *Tieteellisten menetelmien perusteita ihmistieteissä*. Helsinki: Yliopistopaino, 38–47.

Nirvi, Irma. 1959. *Lavian sananlaskuväärennökset* [Fol.Hki.].

Nirvi, R.E. & Lauri Hakulinen (toim.). [2]1953 [[1]1948]. *Suomen kansan sananparsikirja*. Porvoo et al.: WSOY (Sanakirjasäätiön toimituksia, 5).

Obelkevich, James. 1994. "Proverbs and Social History." Teoksessa: Wolfgang Mieder (toim.). *Wise Words: Essays on the Proverb*. New York et al.: Garland Publishing (Garland Folklore Casebooks, 6; Garland Reference Library of the Humanities, 1638), 211–252.

Paajanen, Timo. 1995. *Scribal Treatment of the Literary and Vernacular Proverbs of al-Mustaṭraf in 15th–17th Century Manuscripts: With Special Reference to Diglossic Variation*. Helsinki: Finnish Oriental Society (Studia Orientalia, 77) [väitöskirja].

Paalanen, Yrjö E. ilman vuosilukua. *Hevonen suomalaisissa sananlaskuissa* [Fol.Hki.; seminaariesitelmä].

Paavolainen, Tytti. 1959. *Sotkamolaiset wellerismit* [Fol.Hki.].

Paloheimo, Anni. ilman vuosilukua. *Lintuja käsittelevät sananlaskut Suomessa* [Fol.Hki.; seminaariesitelmä].
Partanen, Laila. 1958. *Matthias Akianderin sanaparsikäsikirjoitukset* [Fol.Hki.].
Pettersson, Nancy. 2000. *"Flit ger bröd men lättja nöd": Ordspråk om pengar, rikedom och fattigdom tagna ur Finlands svenska folkdiktning* [Fol.ÅA.].
Piispa, Jyrki. 1996. *Laiska sananlaskuissa – näkökulmia suomalaiseen laiskuuteen* [Fol.Jsuu.].
Prahlad, Sw. Anand. 1996. *African-American Proverbs in Context*. Jackson, Miss.: University Press of Mississippi (Publications of the American Folklore Society: New Series).
Rissanen, Mauno. 1960. *Siinä susi, missä mainitaan: Kansainvälinen sananlasku* [Fol.Hki.].
[SA]. 1860–1917. *Suomen Suuriruhtinaanmaan asetuskokoelma*. Helsinki: Senaatin kirjapaino.
Savolainen, Maarit. 1988. *Sananlaskut talonpoikaisnaisen elämänkaaren kuvaajina* [Fol.Jkylä.].
Schmale, Günter. 2012. "Forms and Functions of Proverbs and Proverbial Expressions in Authentic Conversation: A Corpus-Based Study." [Esitelmä *EUROPHRAS · 2012 Maribor: Frazeologija in kultura / Phraseology and Culture / Phraseologie und Kultur*-konferenssissa].
[SKS-hanke]. 2008. "SKS:n tutkimustoiminta." <www.finlit.fi/tutkimus/> (20.09.2012).
Stark, Eija. 2011. *Köyhyyden perintö: Tutkimus kulttuurisen tiedon sisällöistä ja jatkuvuuksista suomalaisissa elämäkerta- ja sananlaskuaineistoissa*. Helsinki: SKS (Suomalaisen Kirjallisuuden Seuran toimituksia, 1320) [väitöskirja].
Stroup, Timothy (toim.). 1982. *Edward Westermarck: Essays on His Life and Works*. Helsinki: Societas philosophica Fennica (Acta philosophica Fennica, 34).
Suhonen, Seppo. 1961. *Virolaissuomalaisia vertauksia* [Fol.Hki.].
Tarkka, Lotte. 2005. *Rajarahvaan laulu: Tutkimus Vuokkiniemen kalevalamittaisesta runokulttuurista 1821–1921*. Helsinki: SKS (Suomalaisen Kirjallisuuden Seuran toimituksia, 1033).
Taulo, Tuula. 1961. *Rooman perintö Suomen sananlaskuissa* [Fol.Hki.].
Taylor, Archer. 1994 [1981]. "The Wisdom of Many and the Wit of One." Teoksessa: Wolfgang Mieder & Alan Dundes (toim.). *The Wisdom of Many: Essays on the Proverb*. Madison, Wis.: The University of Wisconsin Press, 3–9.
Tiusanen, Seija. 1959. *Rinnastussananparret* [Fol.Hki.].
Tönkyrä, Anneli. 1961. *Ironiset vertaukset* [Fol.Hki.].
Vartiainen, Anja. 1953. *Huomioita suomalaisista riimisananparsista* [Fol.Hki.].
Vento, Urpo. 1961. *Merellä silmät, metsällä korvat* [Fol.Hki.].
Vesterinen, Ilmari. 2002. "Tieteen ja uskon matkamiehiä." Teoksessa: Anja Kervanto Nevanlinna & Laura Kolbe (toim.). *Oma maa ja maailma. Suomen kulttuurihistoria*. Osa 3. Helsinki: Tammi, 428–437.
Vuolle, Marja-Liisa. 1959. *Naisen itku ja sananparret* [Fol.Hki.].
Waris, Heikki. 1974. *Muuttuva suomalainen yhteiskunta*. Porvoo: WSOY (Universitatis, 6).
Wilson, William A. 1978. "The 'Kalevala' and Finnish Politics." Teoksessa: Felix J. Oinas (toim.). *Folklore, Nationalism, and Politics*. Columbus, O.: Slavica Publishers (Indiana University Folklore Institute: Monograph Series, 30), 51–75.

# The Face Behind the Text: A Collection of Russian Proverbs by an Unknown Collector

*Pekka Hakamies*

A general problem with old folklore materials is that we have texts, but very little information about the people behind the texts. A close reading of textual recordings can give pointers about the sort of person that produced them. Sometimes it is possible to compare texts with others gathered from the same region, whereas at other times further parts of the same text may afford the only point of comparison.

One such investigation, based on analysis of comparison of texts, is Matti Kuusi's monograph, *Songs and Charms of Maria Luukka* (1983). Through textual comparison, Kuusi sought to explain Maria Luukka's status in her home district of Western Ingria, on the south coast of the Gulf of Finland close to the present eastern border of Estonia: Did a song school form around her, and were there any other comparable schools? As Kuusi wrote, "What is to be inferred about the singer on the basis of the rich repertoire, about whom otherwise little is known?" (1983:15). For although little is known of Maria Luukka as a person, much folklore was recorded from her, and the folklore of her surrounding area has also been well recorded. Kuusi therefore had a "thick corpus" at his disposal (cf. Honko, 1998:67).

A second comparable investigation is Ulf Palmenfelt's doctoral thesis, *Per Arvid Säves möten med människor och sägner* (1994). Per Arvid Säve, who worked on Gotland, was a folklore collector in the nineteenth century, who recorded on paper various matters he had heard in the course of conversation. Contextual information is generally sparse, so the most important source for the interpretation of the conversations is the texts themselves: How they relate to one another, what associations they reveal and how the conversation manages to progress. As Ulf Palmenfelt writes, "Säve's records are accounts of his meetings with people. [...] It was possible to hear the clock ticking on the wall, the quill scratching and people talking" (1994:16).

The focus of the present article is a collection of Russian proverbs along with other texts, which an unknown writer produced in the Olonets region at the end of the nineteenth century. The end of the first part of the two-part manuscript has a date, 1 January 1875, when the writer indicates he has begun to practise stoicism; life guidance is presented succinctly in various parts of the manuscript. The main part of the collection consists of a good thousand proverb texts and other short, concentrated pieces of folklore: Sayings, moral poems, maxims, off-the-cuff remarks and private thoughts (Mel'ts & Mitrofanova & Shapovalova, 1961:270–273). As an object of research, this manuscript is more difficult than Maria Luukka's songs and charms, or Per Arvid Säve's records, since the materials are smaller and their textual context is missing: I have no point of comparison for the records of this unknown Russian from the oral tradition recorded elsewhere in the region. The anonymous writer probably wrote his texts on his own, and they are not the result of any active interaction with tradition.

The manuscript came into the hands of V.I. Sreznevkiy in 1903 in Velikaya Guba, Zaonezhie, and he left it to the library of the Academy of Science, thus bringing it within the ambit of research.[1] The manuscript was largely published in 1961. The editors comment on the material thus: The writer was a local scribe with a faltering orthography, affected by local dialect. Proverbs in the notebooks have in part been copied directly from other written sources, probably via manuscript copies. The copied proverbs are in alphabetical order from the beginning of the manuscript up to opening 28.

At the end of the manuscript are a couple of pages of proverbs from another source, arranged alphabetically. At times lesser thematic groupings are distinguished within the material. A group of proverbs may be written twice or even three times at different places in the notebooks. The notebooks at times have local sayings, as inferred from the place names occurring in them, and various sayings pointing to Old Believers (Mel'ts & Mitrofanova & Shapovalova, 1961:286–287).

I will attempt in this article, to examine the manuscript from different angles, to formulate a hypothesis of what sort of person the writer was, what he was striving to achieve and in what context he edited the proverbs and other pieces he considered worth writing down. My methodology may be considered a *sui generis* form of close reading, since I am bound to concentrate solely on the texts, without knowing anything about the person himself or the situation in which he wrote down the proverbs and other short texts.

The texts that speak best of a writer are those individual items, which are not part of a collective tradition, since he has produced them in accordance with his own inclinations, and not because they are commonplace; I use the term 'idiosyncratic texts' for these. Attention needs to be paid to thematic and verbal associations, to the texts' internal emphases and to repetition. How may an individual viewpoint visible within idiosyncratic texts have affected the choice of proverbs? In the present examination, the boundary between proverbs and non-proverbs is not crucial, as the aim is the characterization of a person on the basis of the texts he wrote, but I rely in this matter mainly on Wolfgang Mieder's definition of the 'proverb' (1993:36–37).

The only context which may help in the understanding of the textual observations is offered by historical and cultural knowledge: Information about the Russian populace of the Onega area in the late nineteenth century, and their life and culture. Onega, like the rest of northern Russia, did not belong to the area of serfdom. In general in Russia serfdom was abolished in 1861, but its aftermath was long felt in folklore as elsewhere. Instead, northern Russia had its own particular strong influences from the Old Believer faith. As a result of persecution, Old Believers withdrew to out-of-the-way areas, and in the nineteenth century they were plentiful in Karelia too; the Solovetskiy monastery in the midst of the White Sea was a bastion of Old Believer faith in the late seventeenth century, until it was overthrown. As a result of the conquest, Old Believer monks scattered throughout Karelia. The Old Believer faith was at its strongest in northern Karelia, but its influence was felt further south too.

Velikaya Guba was inhabited by Russians, but in the nineteenth century Karelian-inhabited areas were close by, on the western shores of Lake Onega. Because of its northern situation, agriculture was problematic, and hence the inhabitants needed various subsidiary means of livelihood, such as tinkering, fishing and hunting, or working elsewhere. Iron-making was an important form of livelihood in medieval Karelia, as well as salt-panning on the White Sea.

## Personality and Ethos of the Author

The writer's persona, the idiosyncratic statements, the world view, and value system are revealed in the explicit norms which the writer has included in his manuscript.

The first part of the manuscript concludes with the date of 1 January 1875 in the manner of a diary with the statement: "Today I began the precepts of stoic philosophy, 1. silence; 2. patience; 3. gentleness; 4. enlightenment; 5. joyfulness; 6. tenderness; 7. industriousness." These precepts also describe rather well the writer's own view of life. A similar succinct list of instructions for life is found at the end of the whole manuscript. In the prose directions of one or at most a few sentences appearing at various points in the manuscript, good and noteworthy behaviour towards others, industriousness, refraining from loquacity, trust in God and the usefulness of reading and knowledge are emphasized. At times the directions constructed by the author himself are distinguished from other texts by a framework.

Along with the idiosyncratic texts a unified ethos is observable in the proverbs, in which a healthy mind and thought are emphasized, along with responsibility, industriousness and self-initiative, which form a counterbalance to the fatalism which has sometimes been viewed as a characteristically Russian adaptation to hardships met with in life:

> *Или добыть или домой не быть* ('Either win or don't be at home').
>
> *Кто одолел, тот и завладел* ('The winner takes all; whoever won also took possession of it').
>
> *Авось да небось, такая подмога, хоть брось* ('Perhaps and maybe: this sort of help can be thrown away').
>
> *Авось да небось до добра не доведут* ('Perhaps and maybe don't lead to good').

Modesty and humility are explicitly highlighted in the precepts of stoic philosophy the writer presents and in other idiosyncratic texts, but also in the proverbs. One must strive to do good by observing generally accepted ethics, to be sure, but not necessarily in such a way that good accrues to the author of good himself. *Никогда не надо чужой беде смеяться* ('Never laugh at another's trouble'). It is scarcely ever emphasized in a proverb that the ethics are specifically Christian.

On opening 48 appears a sort of chain of ethical associations. All the sayings here are written out with the same nib, so they may have been recorded one after the other on a single occasion. The chain of texts begins with the precept of doing no ill to anyone: *Другу дружи, недругу не вреди* ('Be friendly to a friend, but do not harm a non-friend'). There follows in the manuscript: *Ищи себе прибыли, да другому не желай гибели* ('Seek advantage for yourself, but don't wish disaster on another'). After these ethical precepts it occurs to the writer to set out some sayings relating to work:

*Держись сохи плотнее – будет прибыльнее: работа черна, да денежка бела* ('Hold the plough firmly – it will increase the income: Work is black, but money is white'). Further economic sayings follow: *Добрая голова сто рук кормит* ('A good head feeds a hundred hands'). After this there follow three other sayings, on the topic of the efficacy of skill and knowledge, such as: *Наука хлеба не просит, а хлеб дает* ('Knowledge does not ask for bread, but it gives bread').

Next, God enters the picture: *Бог видит, кто кого обидит* ('God sees who insults whom'). Two sayings emphasize God as all-seeing pantokrator. Three sayings follow on the topic of how a poor man should not be treated badly. After this sequence the associations appear weaker; sometimes on the opening there are two beginning with the same word and dealing with the same subject, but conceptually the links are evanescent. At the end of the opening moral precepts are again found, and references to God's guiding role: *Гордым Бог противится, а смирным дает благодать* ('God is against the proud, but approves the humble').

Two openings later the writer again begins to investigate the basis of the good life, and writes a chain of proverbial sayings, beginning with honour due to elders and behaviour within the family, and continuing with an emphasis upon the importance of God. After this there follows a saying relating to the upbringing of children and in the lower margin a warning on the troubles of drink.

The general ethos of the opening and indeed the whole manuscript may be summarized thus: Be good to your friends, but neither be bad to your enemies; think of others but take care of yourself too; think of your life in long stretches and do not give in to temptations of the moment; work hard and sensibly; avoid stupidity and especially excessive alcohol; in the end, God watches over everything and maintains order.

The choice of proverbs made by the writer indicates his negative attitude to alcohol. Many texts bring out the trouble caused by alcohol, and the use of alcohol is afforded no understanding: *Без вина одно горе, а с вином старое одно да новых два: и пьян и бит* ('Without liquor there is one sorrow, but with liquor not only this, but two new ones as well: Being drunk and beaten').

A moderate usage is advised in several sayings, such as: *Пей, да не упивайся. Пей, да не опохмеляйся* ('Drink, but don't get very drunk. Drink, but don't get a hangover'). The only comment that could in some measure be considered positive is a comparison between a drinker and other people, a widespread Russian proverb: *Пьяница проспится, а дурак никогда* ('A drunkard wakes up, but a fool never does').

The writer must have had some level of historical and literary knowledge and training, although the orthography falters; the editors of the published edition suggested he was a scribe. His manuscript contains proverbs and maxims derived from antiquity, references to stoic philosophy and literary citations, which would scarcely have been possible without literary training. Similarly, the idiosyncratic texts espouse an attempt at literary expression.

## The Relationship to the Environment

The relationship to the environment and means of livelihood come out to a certain extent in the materials. Some versified texts, longer than normal proverbs, appear to have been crystallized from adages peddled by travelling tinkers. Individual proverbs present judgements on different trades and their supposed productivity: *Лапти плесть – однова в день есть* ('To make birch-bark shoes is to eat once in a day'); *У кузнеца что стук, то гривна* ('A smith earns a coin for each hammer blow').

Six consecutive proverb texts form a sequence related to the sea on opening 36. No particular ethos is distinguished, but the perspective is pragmatic. The sea theme continues on the following page. In between, the writer moves momentarily to other thoughts, but returns to the sea. In all there are around twenty proverb texts related to the sea and its dangers. The sea has for some reason fascinated the writer and produced an assemblage of texts here. The editors of the published edition also noted this; they propose that the sea means Lake Onega, which is called a sea locally.

An example of practical advice related to the sea is on opening 37: *Без лота – без ног; без лага – без рук; без компаса – без головы* ('Without depth line – without legs; without logbook – without hands; without compass – without head'). This, according to the editors of the printed edition, is a local saying. For the most part the texts are practical warnings and guidance, where the sea is a prosaic phenomenon, but in some circumstances it functions as a metaphor for great and uncontrolled force: *Сиди у моря, да жди погоды* ('Sit by the sea and wait for the weather').

## Other People, Nations and Religions

Of the peoples that recur within the writer's circle or in Russian proverbs only Tatars, Jews, Germans, and Poles are mentioned. Nationalities are not associated with any special judgements, but are mentioned in passing to point to some natural characteristic well known from Russian folklore: *В тревоге прибегают к богу, а в беде – к жиду* ('In danger people turn to God, and in the need to the Jew'). It was the role of Jews to be lenders of money and haters of pork meat, while the German is technically skilled; the Pole will not change even if taken to the ends of the earth. The Tatar is the traditional scourge or symbol of distress in Russian proverbs. There is no mention of Russians themselves or the nearby Karelians in the collection at all.

There are various references to places in the texts: Moscow, Piter, Borovitsi, Povenets, and Vologda. They are all local centres or distant metropolises (Moscow, St Petersburg), but no sayings referring to local villages or inhabitants are found. It may be that the writer maintained some distance from local people and surroundings. The collection wholly lacks derogatory names and sayings applied to neighbouring places, which were in common use in northern Russia (cf. Drannikova, 2004).

Among religious groups only Old Believers appear as an opposing force to the Russian Orthodox Church. On opening 39 appears the proverb: *Кто бога боится, тот в церковь не ходит, с попами дьяками хлеб-соли не водит* ('Whoever is afraid of God does not visit church and have friendly relations with the priests and deacons').

The writer has added a comment after the proverb: "sectarian proverb." Elsewhere in the collection are proverbs which may depict the position of Old Believers towards Orthodoxy: *Не верь попу а верь божьему слову* ('Don't believe in the priest but believe in the divine word').

*Прошли те годы, когда богов полны были огороды, теперь чесноку и луку не кланяются* ('Gone are the years when gardens were full of gods, now people don't worship garlic and onion'). This observation may be a playful reference to superstition or perhaps a sort of echo of pre-Christian folk belief. There is also what the editors in the 1960s took to be an antireligious parody of the trinitarian formula: *Во имя овса и сена и свиного уха* ('In the name of the oats, and of the hay, and of the pig's ear'), parodying *Во имя Отца и Сына и Святого духа* ('In the name of the Father, and of the Son, and of the Holy Spirit'). Although the manuscript has a few sayings consistent with the viewpoint of the Old Believers, it is not conceivable that the writer himself belonged to this sect. Had he done so, a greater portion of the fairly extensive material relating to God and religion would surely reflect these beliefs.

Over all, the manuscript is characterized by a general respect for and fear of God. God is a refuge to trust in, as long as man lives righteously, loving his neighbour and avoiding sin and wrongdoing. Yet there is realism in the faith: A person cannot simply throw himself into God's arms: *Он старается не для Исуса а для хлебного куса* ('He is trying, not for Christ's sake, but for the piece of bread').

## Structural Traits and the Mode of Composition

The texts are often in a random order, sometimes unrelated to content and structure, and between the proverb texts proper there are sometimes idiosyncratic observations or precepts. Some sort of associative methodology appears to have been natural to the writer, however. Some of the thematic clusters of proverbs have already been discussed. On the right side of opening 42 a couple of further chains of association appear. The first consists of three consecutive proverbs on blessing the home and family, and a little later the writer has had the idea of placing seven proverbs on bread and food. Finally, *Хлеб батюшка, а водица матушка* ('Bread is father and water mother') has attracted through word association (*водица*) the proverb *Спи, царь-огонь, говорит царица водица* ('Sleep, emperor-fire, says empress water'), which also appears elsewhere in the manuscript.

Sometimes the association is based mainly on structure. A proverb describing a bad harvest – *Колос от колосу – не слыхать человечьяго голосу* ('Ear for ear [of grain] – you don't hear a human voice') – is followed by a similarly structured proverb belonging to the same sphere, which contains a key metaphor, but whose meaning is quite different: *Сноп от снопу – целая верста* ('Sheaf for sheaf – a whole verst'), which may describe the gradual progress of a long task.

## Conclusion

A recognizable ethos permeates the collection, and appears explicitly in the writer's own prose observations and precepts, but it has also to a degree influenced the choice of proverbs selected by the writer, as is fully to be expected. This is particularly the case when proverbs enunciate a precept or judgement as opposed to just expressing circumstances or giving some practical advice.

The writer's presence is felt too in the associations he makes: A thematically central word, typically found at the opening of a proverb, brings to mind another proverb with a similar theme, and so on, and in this way thematic clusters arise. Sometimes associations spring up in a more abstract fashion between thematic groups.

A significant part of the texts are folk proverbs known elsewhere from Russia. Some texts are proverb-like in structure and style, but appear to be idiosyncratic sayings or the writer's own creations versified for the collection. The lack of local comparative material leaves open the question of their possible existence within the local collective tradition. In any event, the writer seems to have successfully appropriated the central features of Russian proverbs such as rhyme, parallel sentence structures and succinct expression, by means of which he has been able to generate his own sayings. The collection allows us to conclude that proverbs living in the oral tradition and known to the writer were authoritative guides and sources of wisdom, the recording of which was for him just as important as that of his own personal life precepts.

### *Note*

1 Collections of the Library of the Russian Academy of Sciences, code no. 21.5.24 and 21.5.28. The manuscript formed the basis of the author's doctoral thesis (1986). Matti Kuusi, the opponent for the thesis, observed that he would not himself have been able to resist the temptation to try to explain what could be found out about the author on the basis of the manuscript. – The written form of texts presented in this article has been corrected and modernized in a similar way as in the collection published in 1961.

### *Bibliography*


Drannikova, H.V. 2004. *Lokal'no-gruppovyye prozvishcha v tradicionnoy kul'ture Russkogo Severa.* Arkhangel'sk: Pomorskiy universitet.

Hakamies, Pekka. 1986. *Venäläisten sananparsien vaikutus karjalaiseen ja suomalaiseen sananparsistoon.* Helsinki: Suomalaisen Kirjallisuuden Seura (Suomalaisen Kirjallisuuden Seuran toimituksia, 451).

Honko, Lauri. 1998. *Textualising the Siri Epic.* Helsinki: Academia Scientiarum Fennica (FF Communications, 264).

Kuusi, Matti. 1983. *Maria Luukan laulut ja loitsut: Tutkimus läntisimmän Inkerin suomalaisperinteestä.* Helsinki: Suomalaisen Kirjallisuuden Seura (Suomalaisen Kirjallisuuden Seuran toimituksia, 379).

Mel'ts, M.Ya. & V.V. Mitrofanova & G.G. Shapovalova. 1961. *Poslovitsy, pogovorki i zagadki v rukopisnykh sbornikakh XVIII–XX vekov.* Moskva et al.: Izdatel'stvo AN SSSR.

Mieder, Wolfgang. 1993. *Proverbs Are Never Out of Season: Popular Wisdom in the Modern Age.* New York et al.: Oxford University Press.

Palmenfelt, Ulf. 1994. *Per Arvid Säves möten med människor och sägner: Folkloristika aspekter på ett gotländskt arkivmaterial*. Stockholm: Carlssons.

# Negotiating Canons: Rabbinic Proverbs Between Oral Tradition and Scripture*

*Galit Hasan-Rokem*

*A proverb is – mutatis mutandis – Torah.*
(Yiddish proverb)

## Proverbs in Rabbinic Literature

Rabbinic literature, collectively authored by scholarly Jews between ca. 200 CE and 800 CE mostly in Babylonia (roughly Iraq and western Iran of today) and Palestine, abounds in proverbs. Rabbinic proverbs are often quoted in Modern Hebrew speech and literature, probably more often than biblical proverbs, except for the book of Ecclesiastes. Moreover, many Modern Hebrew speakers will identify the genre of proverbs above all with the corpus of rabbinic literature, so that they will initially identify any proverbial expression – especially sounding antique or Aramaic – as rabbinic and ancient unless otherwise informed (Hasan-Rokem, 1982:25 & 29–30). The primary textual frame of reference of rabbinic literature in general is the Hebrew Bible, from which both ritual, legal and moral authority is drawn. The parallel and sometimes purposely connected occurrence of Scriptural quotes and orally transmitted proverbs – by either rabbis or laypeople – produces an interesting interface and arena of negotiation between multiple sources of authority: Scripture, the rabbis' written documents, their oral traditions and popular oral tradition, including of neighboring cultures.

Most contemporary paremiologists, unlike many of their predecessors, study proverbs not as detached utterances or sentences, but rather as part of a discursive context – be it written or spoken. Alphabetically or even thematically organized proverb collections will for most of us be the least ideal discursive context for a serious study. However, in the Hebrew tradition from the Bible on – as in other ancient traditions – proverbs are amply interwoven in narrative contexts as narrators' or authors' comments as well as uttered by fictional (or non-fictional) characters. Proverbs embedded in written texts may by folklorists also be methodologically transposed into an imagined speech situation, possibly based on concrete field work experiences in which the scholar has encountered proverbs uttered in real life.[1]

Grounding my work in past scholarship of the proverb genre as studied both separately and in co-textual formations with various narrative forms, especially in biblical and Talmudic texts, I shall here focus on its presence as a privileged genre in the Babylonian Talmud, the major normative source for Jewish ethics as well as legal and ritual ruling, for over a thousand years, structured as an explicitly dialogic and layered discourse in topically organized tractates often reflecting its oral modes of emergence (Elman, 1999).[2] The Talmudic proverbs bear distinctive stylistic markers and are extant in versatile applications in legal cases and everyday life situations. While they sometimes serve as a proof for a norm, and at other times point out exceptionality, proverbs almost always constitute a marker of the centrality of the tension and dialectic between those two poles – rule and exception – in the epistemology of the Talmudic discourse of negotiation in general.

It may also be important to mention that much of the proverbial material in the Talmud is now considered by modern academic Talmud scholars as part of the editorial and reflective layer of the text. It is beyond the scope of this article to demonstrate, but still necessary to emphasize, the continued life of Talmudic proverbs until the present, both as markers of ethnic particularities (as a particularistic "symbolical capital") but also as an effective tool in both commercial and political contexts, such as Israeli jingles and parliament members' speeches. A historical investigation of their transmission through centuries reveals webs or networks of continuities, both horizontal and vertical and sometimes, almost paradoxically, also the gaps in them (cf. for instance Hasan-Rokem, 1982:cap. 2, esp. pp. 64–69).

## Excursus on Theory and Method: Generalization and Metaphoricity

But first some theoretical and methodological considerations; daring to undertake the almost impossible task of defining the genre of the proverb ('Sprichwort'),[3] developing some earlier definitions of other scholars as well as some earlier of my own, I suggest the following definition: A (variably, depending on the language) short linguistic expression that constitutes a syntactically complete sentence, embodying the logical deep structure of the conditional sentence, often using poetic language (optionally including a number of various signs such as rhythm, meter, metaphor, parallelism, etc.); the proverb communicates an argument or a thought that is conceived of as collectively produced and transmitted, is subject to linguistic variation, and is used in recurring situations in a given community.

One main point of this definition is the emphasis on the structure of the proverb with an emphasis on its being part of a category termed "poetic language," that is somehow different from standard language (cf. Mukařovsky, 1984 [1976]; see also Jakobson, 1960).[4] The idea that proverbs carry a collective experience seems crucial to the genre. On the other hand we have discerned on an empirical level a high frequency of conflict and various types of disharmony in the situations where proverbs are applied. Some societies maintain rules about who may utter a proverb to whom, usually the norms prescribe older to younger and more privileged to less, but these are not universal rules (Narayana Rao, 1996:194). I claim that proverbs share the logical deep structure of the conditional sentence that is sometimes visible in the text itself, but often constitutes the structure of the proverb in its context of use or application (1982: 18–21).

In the following Georgian proverb the conditional sentence is transparent in the proverb text itself: *The jug – what it holds, pours out* ('ḳoḳasa šigan raca dgas, igive gadmodindebis') (Hasan-Rokem, 1993:50 no. 7).[5] The native speaker's suggestion for contexts of use of the proverb was: "If one is smart – one is smart. If one isn't, nothing will come out from there." To this she added a general interpretation of the text: "A person's character is known by his words."[6] In the terminology that I developed in the analysis of the Georgian corpus collected in Israel, the conditional structure of this proverb has two possible manifestations according to the context suggested by the native speaker, one with a positive result ("smart"), the other with a negative result ("nothing will come out of there").[7] In this proverb the jug is a metaphor for humans, as explicated by the native speaker.

In the proverb *The dog that wasn't good at home, always ran out to hunt* ('ẓaĝli šin ar vargoda da sanadirod garbodao') (Hasan-Rokem, 1993:100–101 no. 57)[8] the conditional structure implied in the use of the proverb is not transparent in the text – since the success level of the hunt is not registered in the proverb – and could only be inferred from the contextual and explanatory materials provided by the native speaker. She presented as the possible context of use: "When one has misgivings about someone's ability to succeed in the world if he has failed at home," and added an interpretation: "When someone is not good at home, he will not succeed in hunting either." In this case the native speaker clearly preferred the negative result of the conditional: If one is not good at home, the hunt will also fail. The proverb however could potentially be applied as a parallel of another proverb in the corpus: *At home you cackle but the eggs you lay at someone else's house* ('čventan kakaneb da qvercxs sxvastan deb') (Hasan-Rokem, 1993:55 no. 13).[9] The contextual materials provided by native speakers who use the proverbs, or the text in which proverbs are embedded, as the examples discussed below, are thus vitally important in order to determine the conditional sentence that underlies each proverb.

Two major and inter-related questions involving logics and semantics have intrigued proverb scholars, paremiologists: How does the formulation of proverbs attain the level of generalization which makes them applicable to numerous situations? And: How is the metaphorical level of proverbs processed in applications to concrete situations?

The generalized reference is by many understood as an effect of the conceptualization of the proverb unit as an instance of synecdoche (e.g. Norrick, 1985:31–79 referring to the work of G. Lakoff), especially in its capacity as a specific "class of things used to refer to a larger, more general class" or "a figure of speech by which [...] the species [is put] for the genus [...], the genus for the species etc." (The Merriam-Webster Dictionary, 2013:s.v. 'Synecdoche'). I would however argue that a full understanding of this effect should consider a combination of structural, logical and contextual-pragmatic circumstances. The general, exemplary perspective of proverbs causes them at least potentially always, and by definition, to refer to a group rather than a specific case – thus they may logically be considered universals that are by a simple rule of logic transposable to a conditional statement. It is the rhetorical application of the conditional's logic of the proverb as a pragmatic suggestion for future success of action that is often interpreted as its didactic character, however perhaps somewhat exaggerated by some scholars (cf. Tannen, 1988). Rather than simply didactic, I would characterize this dominant function of proverbs as their service as an everyday common sense manual for behavior that ensures survival, success, satisfaction and other usually desirable states of life and mind. It is thus the underlying causality characteristic of the conditional sentence implied by proverbs that produces the effect by which they become "social metaphors" (Seitel, 1969).

Regarding the question of metaphor, my approach is based on two principles:

- Metaphoricity in proverbs is not adequately described dichotomously as metaphorical *or* non-metaphorical (literal) but should rather be viewed as a continuum between two extreme potentials (Hasan-Rokem, 1982:15). This is especially noticeable when different instances of use of the same proverb are observed and recorded in natural speech. As a result metaphoricity is not *per se* a *sine qua non* for the genre as has been sometimes suggested, and should preferably not be included in the definition of the proverb. Conversely, most linguistic theories adapted by paremiologists for the study of proverbs are rooted in the discussion of metaphors (e.g. Krikmann (1994) basing himself on G. Fauconnier and M. Turner). I propose however to exclude from the main discussion of the genre – especially in its generalizing function – other metaphorical phraseological genres such as idioms that do not constitute full sentences and do not abide to the logical structure of the conditional. And as they do not present an argument they can also not be claimed to be universals.
- It is crucial to distinguish between two discrete levels of metaphoricity in proverbs: Internal "linguistic" metaphors and external "contextual" metaphors. Thus *All is well that ends well* is a non-metaphorical proverb. *Better a bird in the hand than ten in the wood/two in the bush* is internally non-metaphorical, but is in all cases that have been recorded applied metaphorically to situations with a similar logico-semantic structure[10] "better a few under control than many out of reach," for instance in various behavioral contexts such as betting, investing etc. *Little jugs have big ears* includes an internal (albeit nearly "dead") metaphor, likening the jug to a human body; in applications of the proverb to behavioral situations or textual settings a further metaphorical move is discerned, such as "young people are curious, inquisitive, listen to adults' talk."

## Texts and Interpretations

I shall engage in a passage from the Babylonian Talmud's tractate *Bava Qama* 92a–93a. The *Bava Qama* – Aramaic, translates as 'The First Gate' – is the first part of the Babylonian Talmud's largest tractate *Neziqin* which deals with issues of contract law as well as tort law. The Babylonian Talmud was edited in Northern Mesopotamia around the sixth and the seventh century – present scholarship tends to move the date constantly forward.[11]

The passage partially analyzed here actually constitutes the longest continuous compilation of proverbs in the Babylonian Talmud, and the longest more or less systematical proverb collection in rabbinic literature at large, except for the *Mishna Avot* ('Fathers'), styled as a professional manual for sages encompassing a variety of proverbial expressions. The proverb collection of *Bava Qama* is also nested in typically rabbinic discourse such as exegetical passages and references to the *halakhic* (ritual and legal) corpus of rules and negotiations of the *Mishna* – edited ca. 220 CE in Palestine – and its contemporaries as well as the Talmuds, the Babylonian and the Palestinian (edited ca. fifth century CE, in Palestine). The passage begins with an episode from the life of Abraham, who in the Hebrew Bible is considered the father of the Hebrews and thus in a historical transposition for the rabbinical period, also the father of the Jews. These are exegetical passages rather than a sequential narrative of Abraham's life, since such narrative construction in the history of Jewish literatures would have occurred either in earlier periods, in Jewish Hellenistic works, or in later medieval texts that concatenate the exegetical passages to form linear stories – but not in classical late antique literature of the rabbis in the two Talmuds. I am tempted to contemplate the possible correlation between the absence of long narrative structures and the privileged prevalence of the proverb genre in the same corpus, classical rabbinic literature, at this stage however without further conclusions or explanations.

The base layer of the Babylonian Talmud text is the *Mishna*, as mentioned above, edited ca. 220 CE in the Galilee in Palestine under Roman rule, which is reinterpreted in typically dialogical modes of rhetoric by the Babylonian sages of subsequent centuries. The relevant passage is a legal case formulated as a generally applicable rule, where exemplarity at least initially seems to outweigh singularity. In the quote below passages from the *Mishna* quoted in the Babylonian Talmud appear in capital letters, followed by the Talmudic elaborations in regular font.[12]

> "EVEN THOUGH THE OFFENDER PAYS HIM [COMPENSATION], THE OFFENCE IS NOT FORGIVEN UNTIL HE ASKS HIM [FOR PARDON], AS IT SAYS: NOW RETURN THE MAN'S WIFE, FOR HE IS A PROPHET, [and he will pray for you and you will live. But if you do not return her, you may be sure that you and all who belong to you will die]" (*Genesis* 20:7).

Mishnaic statutes may draw their authority from Scripture, in this case from a narrative passage, namely God's words to Abimelek king of Gerar who had innocently taken Abraham's wife Sarah following a ruse by Abraham himself who had introduced his wife as his sister, somehow explaining away the trick as a means to ensure his and his wife's lives. The status of Scripture with regard to exemplarity and singularity is complex and one could even say, extremely indefinite: On one hand the narrative mode of Genesis would supposedly create a singular story. This statement needs however to be qualified following Erich Auerbach who has in his *Mimesis* offered a by now classical comparison between the Homeric and biblical narrative styles. Auerbach's discussion specifically addresses Abraham's binding of Isaac and the recognition scene of the nurse of Odysseus, highlighting the proto-realistic concreteness of the Homeric text vs. the lofty openness of the text of Genesis (2003:3–23). The text of Genesis, also in the story of Abraham, Sarah and Abimelek, is thus less detailed, less concrete and perhaps also less singular – or differently singular than the legal example to which it is correlated in the Talmud; on the other hand it is much more exemplary, as the exemplarity is enhanced by the text's canonical status as Law in addition to its scholastic status as Learning – the two senses of Scripture encoded in the Hebrew title of the Pentateuch, *Torah*. Famously both the Odyssey and the Hebrew Bible have been continuously, since antiquity, allegorized to serve as exemplars of various religious and philosophical contentions. The Hebrew Bible has been exemplarized both by Judaism in its status as an eternal law, and by Christianity as the soteriological paradigm for the revelation of the life of Jesus. But unlike the generally atomistic reference to biblical verses in rabbinic literature, especially in its legal portions, in the present case the story line is maintained and the following part of the rule is also derived from the story of Abraham:

> "WHENCE CAN WE LEARN THAT SHOULD THE INJURED PERSON NOT FORGIVE HIM HE WOULD BE [CONSIDERED?] CRUEL? FROM THE WORDS: [Then] ABRAHAM PRAYED TO GOD AND GOD HEALED ABIMELEK, [his wife and his female slaves, so that they could have children again: For the LORD had kept all the women in Abimelek's household from conceiving because of Abraham's wife Sarah]" (*Genesis* 20: 17–18).

The *Mishna* text deals with an emotional field of experience, hurt, that is not easy to address in the crisp terms of tort law.[13] It is possible that the unusually wide space allotted here to the creatively ambiguous play of proverbs is opened up by the indefiniteness revealed in the earlier *Mishna* text itself.[14] Following a short technical and quite graphic discussion about the closing of wombs and several other body apertures, the Babylonian Talmud quotes a hyperbolical Palestinian source: "It was stated at the College of Rabbi Yannai that even a hen of the house of Abimelek did not lay an egg [at that time]" – as a result of the closing of apertures.

Significantly it is from this commonplace, rural life example expanding on the biblical narrative that the stylistically consistent passage staged as a dialogue between two Babylonian scholar rabbis, Rava – who at first sight seems to ask about the truth value of popular proverbs, and Rabbah bar Mari who provides scriptural validation for the proverbs, starts. Rava is one of the couple of Babylonian sages, *amoraim*, whose *halakhic* exchanges have traditionally been seen as the core discourse of the Talmud, its most characteristic form of negotiating ritual and legal rules – his counterpart being Abaye. Rava's life extended from approximately 270 to 350, he was educated at the school of Rabba bar Nahmani in the town Pumbeditha (on the Euphrates) and following Abaye's replacing of the teacher upon his death, Rava went to Mahoza (Seleucia-Ctesiphon, later al-Mada'in on the Tigris) where he founded an influential school of his own. About Rabba bar Mari we know much less, however he spent time in Palestine and seems to have transmitted many traditions of the "Western" (i.e. Palestinian) rabbis (Albeck, 1987:377–378).

We have no way to prove or disprove whether the dialogue between the two really occurred or not. But the staging of the dialogue gives us an idea about how a rabbinic narrator, or rather editor, imagined such an exchange. There are a number of possibilities to interpret the relationship between the two. As Rava makes the first inquisitive move one could perhaps suggest that he assumes the role of a disciple turning to a master. In the first couple of examples in the ensuing sixteen-act mini-drama Rabba bar Mari indeed provides scriptural support to the sayings that are in most cases attributed by the questioning Rava to the common mouth, marked by the introductory formula *de-amrei inashei* ('as the people say' with slight textual variations), and thus the structure of authority seems to parallel a teacher student hierarchy, in parallel to the higher authority of the quoted verse. A clear hierarchy in the valuation of each genre and status, privileging scripture before proverbs, teacher before student – seems to emerge from the Talmudic text.

The other comparative evaluation scale that may be discerned in the exchange is that of Palestinian vs. Babylonian tradition where Rava, almost the archetypal Babylonian, asks for Palestinian traditions to support the common sayings that he seems to have heard in his local, Babylonian milieu.

But, again, characteristically for rabbinic literature – I claim – the discursive structure time and again subverts both of the seemingly unambiguous hierarchies mentioned above. From the altogether sixteen proverbial units followed by verbal exchanges about them, eight (5, 6, 7, 10, 12, 13, 14, 16; my numbering, see Appendix) have the simple structure mentioned above: Rava presents a proverb and Rabbah bar Mari quotes a verse, e.g.:

> "Rava said to Rabbah b. Mari: Whence can be derived the popular saying: 'Though a duck keeps its head down while walking its eyes look afar?' – He replied: As it is written: 'And when the LORD your God has brought my lord success, remember your servant'" (I *Samuel* 25:31b; no. 7).

The verse quotes Abigail the wife of Nabal, who tries to soften King David's heart after her husband refused him due honor and support, hinting that she would wish to become his wife in future days. The generalized observation regarding the domesticated fowl is given additional impetus by the particular tale of a king whose career is sprinkled with love affairs mixed with power games, and indeed Abigail becomes his third wife after the sudden death of her husband. On the other hand the gendered encoding of the woman Abigail as a duck – albeit a smart duck – generalizes about women and their alleged foresight. The conditional sentence underlying the entire unit is the positive result of the smart duck's (Abigail's) combination of characteristics – she indeed becomes queen.

In four other cases (2, 9, 11, 15) Rabbah quotes more than one source to corroborate the proverb presented by Rava, e.g.:

> "Rava said to Rabbah b. Mari: Whence can be derived what the people say, 'Though the wine belongs to the owner, the thanks are given to the butler?' – He replied: As it is written, '[So the LORD said to Moses,] 'Give him some of your authority so the whole Israelite community will obey him''" (*Numbers* 27:20). "And it is also written, 'Now Joshua son of Nun was filled with the spirit of wisdom because Moses had laid his hands on him. So the Israelites listened to him [and did what the LORD had commanded Moses]'" (*Deuteronomy* 34:9; no. 9).

Here the relationship between the owner of wine and the butler who serves it is presented as an exemplar of entitlement, possibly including a slightly critical tone. The concrete scriptural example brought to corroborate the proverb moves the discourse from an everyday context to a historical and religious plane, Moses cast as the owner of the wine – presumably because of his intimate relationship with God and his superb authority, and Joshua as the butler. Thus the practical level of the proverb motivates the singular case no less than vice versa. The metaphor of wine for the divine message is repeated in various sources in even more direct wordings, such as *The words of the Torah are like wine* alongside with other similes: *The words of the Torah are like water/milk/honey.*[15] The biblical example confirms the conditional structure of the proverb: The continuity of leadership from (by God ordained) Moses – the owner of the wine – to Joshua – the butler – is according to God's will and for the best of the people.

And finally there are four cases (1, 3, 4, 8) in which Rava responds to his teacher's suggestion by providing a different verse as corroboration for the proverb that he has presented. This makes the question presented to the teacher seem merely rhetorical and inherently shakes the hierarchical relationship between teacher and student, as well as the suggested set relationship between Scriptural text and folk proverb, e.g.:

> "Raba (Rava) [again] said to Rabbah b. Mari: Whence can be derived what the people say, 'Sixty pains reach the teeth of him who hears the noise made by another man eating (cf. Babylonian Talmud tractate *Kethubot* 61a), while he himself does not eat?' – He replied: As it is written, 'But me your servant, and Zadok the priest, and Benaiah son of Jehoiada, and your servant Solomon he did not invite'" (I *Kings* 1:26). "He said to him: You derive it from that verse, but I derive it from this verse, 'Isaac brought her into the tent of his mother Sarah, and he married Rebekah. So she became his wife, and he loved her; and Isaac was comforted after his mother's death'" (*Genesis* 24:67). "And soon after it is written, 'Abraham had taken another wife, whose name was Keturah'" (*Genesis* 25:1; no. 8).

The verse provided by Rabbah quotes what the prophet Nathan said to an old and ailing David in order to assist Bathsheba in her efforts to attain the throne for her son Solomon instead of his older brother Adoniyah. There is indeed a strong figurative link of eating between the proverb and the verse, since the missing invitation refers to Adoniyah's feast. But Rava provides a much more surprising connection: Abraham, the father widowed at the death of Sarah, Isaac's mother, seems to be the one whose metaphorical teeth ache while he hears the noise of another man – his son – metaphorically eating, that is making love to Rebekah in the tent of his mother. The text explicitly mentions that Isaac is thus comforting himself on the death of Sarah, and implicitly situates his sexual pleasure in the site of Abraham's pleasure in the past – Sarah's tent. Abraham before long marries Keturah and presumably is likewise comforted. The paradigmatic character of the lives of Isaac and Rebekah, and Abraham and Sarah – from whose lives the whole discussion set off in the *Mishna* passage quoted above – provides a dialectically opposed pole to the concrete singularity of the psychologically rich "oedipal narrative" (in itself a generalized concept derived from a classical source). Everything they do may be within the rabbinic corpus itself understood in exemplary terms. Thus in the fifth century Palestinian compilation *Genesis Rabba* the verse about Abraham's wedding to Keturah is correlated in a well known homiletic routine to Ecclesiastes 11:6 – "Sow your seed in the morning, and at evening let your hands not be idle, for you do not know which will succeed, whether this or that, or whether both will do equally well." The Genesis Rabba passage praises and encourages the (sexual) activity of elders and in parallel emphasizes the honor and respect due to them. The sons of Abraham born from his various wives are in the same Genesis Rabba chapter also graded to assure the superiority of Isaac, from whom the lineage of Jacob, that is Israel. The conditional thus materializes on the historical level as in the case of Moses and Joshua above.

The tone of the entire passage seems quite playful and relaxed, underlined by the intimacy of the *yeshiva* (rabbinic academy) context where the student teacher relationship is elsewhere in the Talmudic corpus presented as familial and even intimate (Babylonian Talmud tractate *Berakhot* 62b). The relaxed impression is reinforced by the everyday life materials that abound in the quoted proverbs themselves, such as ducks, butlers and toothache etc.[16] Proverbs do double cultural work as tools of everyday wisdom that invoke a *Lebenswelt* from the past on one hand, and as poetic devices that endow the text with a literary quality, on the other hand.

## Bible Verses as Quotes of Rabbis and as Proverbs of Folk Narrators

The poetic qualities of proverbs have been discussed in an earlier study, relevant for the present discussion, where I suggested a common theoretical framework for discussing proverbs and quotes. I focused in particular on the quoting of biblical verses in everyday speech or in oral story telling based on field recordings in the 1970s and 1980s in Israel. Using on the one hand the Polish philosopher of esthetics Stefan Morawski's (1970) scheme for analyzing "The Basic Functions of Quotations"[17] and on the other hand the basic de Saussurian structural distinction between *langue* and *parole*, I suggested, that whereas in a quotation the speakers or writers bring into their discourse the existing verbal unit from another discourse that may be defined as a *parole*, the proverb is brought, quoted so to say, from *langue*, from a general linguistic and cultural competence (1982:57–64).[18] The main implication for the act of interpretation is that whereas in a quotation listeners are actively invited to recall the earlier context of the utterance by the performer, in proverbs the earlier context is basically overlooked or generalized in more or less genealogical terms such as "the elders say," "my grandmother used to say," "man sagt bei uns" etc.

If one would think that in this model the genre of quotation may be seen as a signal of particularity, in comparison to the proverb's exemplarity, one has to concede that in many cases, again, the dynamics between quote and proverb are far from dichotomous, in the sense that one person's quote may become the other person's proverb. The example that I analyzed in the past, is *Ecclesiastes* 10:20: *Don't revile a king even among your intimates, or curse the rich in your bedroom, because a bird in the sky may carry your words, and a winged creature may report the word.*[19] The Bukharan oral narrator, Yosef Kussaioff, whose languages were Hebrew and Judeo-Tajik, and from whom I recorded the folktale in which the proverb was embedded, quoted it freely in an altered form just as he would any linguistic form; the written sources obviously actualized the biblical context even when the verse was inserted in a narrative. The same text thus served as both proverb and quotation, actually depending on the amount of knowledge of the listener processing the information. The original mode of reference of the verse is usually considered as metaphorical, and returning to the distinction mentioned earlier, the metaphor here is both internal "bird carrying words or human voice" and contextual, referring to the easy spread of secrets.

## Proverbial Conclusions

The Talmudic passage from *Bava Qama* that we have studied here, quite clearly demonstrates an active use of texts not necessarily to vie for authority as the initially hierarchical mise-en-scène seems to suggest, but more to investigate the negotiable character of the possible diverse discursive sources for authority. The poetic practices revealed in the passage deviate from the more standard way of applying both biblical interpretation and popular proverbs in the Babylonian Talmud. The usual practice tends to be more instrumental for a linearly structured *halakhic sugya*, that is for a structured unit of legal or ritual discussion that may end in a vaguely prescriptive mode (although the Talmud itself very seldom states a final unambiguous line of behavior and leaves that to later authorities and in principle to ad hoc rulings), or even for an *aggadic* passage in which interpretive or narrative materials are summed up in a proverb. Here, it seems that the very composition of a long, continuous passage of proverbs focuses on the semiotic or meta-poetic function of presenting and negotiating the possible variations of authority as they are embodied in biblical verses and popular proverbs. Above all the multifarious transformations of the relationships between verses and proverbs as two core genres of the rabbis seem the main theme of the passage, which serves as an exemplar of the communication between everyday life and the rabbinic textual institution as well as of the multi-vocality of their textual corpus.

At the same time the analysis of the Talmudic passage has enabled me to examine anew the basic tenet of my earlier model of the interpretation of proverbs in context and hopefully to refine some of the earlier concepts and ideas.

## Appendix: Babylonian Talmud, *Bava Qama* 92a–93a:

*Mishna* (ed. ca. 220 in Palestine; bold font):

> "EVEN THOUGH THE OFFENDER PAYS HIM [COMPENSATION], THE OFFENCE IS NOT FORGIVEN UNTIL HE ASKS HIM [FOR PARDON], AS IT SAYS: NOW RETURN THE MAN'S WIFE [for he is a prophet, and he will pray for you and you will live. But if you do not return her, you may be sure that you and all who belong to you will die]" (*Genesis* 20:7).
>
> "WHENCE CAN WE LEARN THAT SHOULD THE INJURED PERSON NOT FORGIVE HIM HE WOULD BE [CONSIDERED?] CRUEL? FROM THE WORDS: [Then] ABRAHAM PRAYED TO GOD, AND GOD HEALED ABIMELEK, [his wife and his female slaves so they could have children again: or the LORD had kept all the women in Abimelek's household from conceiving because of Abraham's wife Sarah]" (*Genesis* 20: 17–18).

*Gemara* (the Babylonian discourse rooted in the *Mishna* passage above): "It was stated at the College of Rabbi Yannai that even a hen of the house of Abimelek did not lay an egg [at that time]" – as a result of the closing of apertures.

> (1) "Rava said to Rabbah b. Mari: Whence can be derived the thing said by our Rabbis that 'One who solicits mercy for his fellow while he himself is in need of the same thing, [will be answered first]?' – He replied: As it is written: 'After Job had prayed for his friends, the LORD restored his fortunes'" (*Job* 42:10a). "He said to him: You say it is from that text, but I say it is from this text: 'Then Abraham prayed to God, and God healed Abimelek, his wife and his female slaves so they could have children'" (*Genesis* 20:17). "And immediately after it says: 'And the LORD did for Sarah what he had promised, [i.e.] as Abraham had [prayed and] said regarding Abimelek'" (*Genesis* 21:1).

(2) "Rava said to Rabbah b. Mari: Whence can be derived what the people say that 'Together with the thorn the cabbage is smitten?' – He replied: As it is written, 'Why do you bring charges against me? You have all rebelled against me,' declares the LORD" (*Jeremiah* 2:29). "He said to him: You derive it from that text, but I derive it from this, '[Then the LORD said to Moses], 'How long will you (the Hebrew is in the plural) refuse to keep my commands and my instructions?''" (*Exodus* 16:28). "Rava [again] said to Rabbah b. Mari: It is written: 'He chose five of his brothers [and presented them before Pharaoh]'" (*Genesis* 47: 2). "Who were these five? – He replied: Thus said R. Johanan that 'they were those whose names were repeated [in the Farewell or Blessing of Moses]'" (*Deuteronomy* 33:28–29). "(Besides Judah) the five were as follows: Dan, Zebulun, Gad, Asher and Naphtali. But was not the name Judah repeated too (as in *Deuteronomy* 33:7)? He replied: The repetition in the case of Judah was for a different purpose, as stated by R. Samuel b. Nahmani that R. Johanan said: What is the meaning of the words, 'Let Reuben live and not die, nor (or: but let) his people be few?'" (*Deuteronomy* 33:6–7). "All the forty years that the Israelites were in the wilderness the bones of Judah were scattered in the coffin until Moses came and solicited for mercy by saying thus to God: Master of the universe, who brought Reuben to confess (his sin cf. *Genesis* 35:22 and 49:4) if not Judah (his sin cf. *Genesis* 38:26)? 'Hear, LORD, the cry of Judah'" (*Deuteronomy* 33:7a). "Thereupon each limb fitted itself into its original place. He was, however, not permitted to ascend to the heavenly gathering until Moses said: 'Bring him to his people'" (*Deuteronomy* 33:7b). "As, however, he did not know what the Rabbis were saying and was thus unable to deal with the Rabbis on matters of the law, Moses said: 'With his own hands he defends his cause'" (*Deuteronomy* 33:7c). "As again he was unable to bring his statement into accord with the *Halakhah*, Moses said: 'Oh, be his help against his foes!'" (*Deuteronomy* 33:7d).

(3) "Rava said to Rabbah b. Mari: Whence can be derived what the people [mss Vatican 116 and Munich 95: 'our Rabbis'] say that 'Poverty follows the poor?' (parallels of the proverb in the Babylonian Talmud: tractates *Bava Batra* 174b; *Hullin* 108b; *Arakhin* 23a) – He replied: We have learnt [in *Mishna Bikkurim* 3,8 (cf. *Exodus* 34:26)]: 'The rich used to bring the first fruits in baskets of gold and silver, but the poor brought it in wicker baskets made out of the bark of willow, and thus gave the baskets as well as the first-fruits to the priest.' He said to him: You derive it from there, but I derive it from this: and cry out, 'Unclean, unclean!' (cf. *Leviticus* 13:45: 'Anyone with such a defiling disease must wear torn clothes, let their hair be unkempt, cover the lower part of their face and cry out, 'Unclean, unclean!')."

(4) "Rava said to Rabbah b. Mari: Whence can be derived what was said by our Rabbis: 'Have early breakfast in the summer because of the heat, and in the winter because of the cold, and the people even say that sixty men may pursue him who has early meals in the mornings and will not overtake him?' – He replied: As it is written, 'They will neither hunger nor thirst, nor will the desert heat or the sun beat down on them'" (*Isaiah* 49:10). "He said to him: You derive it from that text but I derive it from this one, 'Worship the LORD your God'" (*Exodus* 23:25a). "This [as has been explained] refers to the reading of *Shema* (literally, 'Hear O Israel!') introducing the three passages from Scriptures (*Deuteronomy* 6: 4–9; 9:13–21; *Numbers* 15:37–41) recited twice daily – in the morning and the evening and the *Tefillah*, [literally, 'Prayer,' the 'Eighteen Benedictions,' the main constituents of the regular prayers recited three times daily]. 'And his blessing will be on your food and water'" (*Exodus* 23:25b). "This refers to the bread dipped in salt and to the pitcher of water; and after this, 'I will take away sickness from among you I will take sickness away from the midst of thee'" (*Exodus* 23:25b). "It was [also] taught: 'sickness (the Hebrew *mahalah*) means gall'; and why is it called sickness! Because eighty-three different kinds of illnesses may result from it [as the numerical value of *mahalah* amounts exactly to this]; but they all are counteracted by partaking in the morning bread dipped in salt followed by a pitcher of water" (cf. Babylonian Talmud tractate *Bava Metsia* 107b).

(5) "Rava said to Rabbah b. Mari: Whence can be derived what the Rabbis said (Vatican ms 116: 'the people said') if your neighbor calls you an ass put a saddle on your back? – He replied: As it is written: 'And he said, 'Hagar, slave of Sarai, where have you come from, and where are you going?' 'I'm running away from my mistress Sarai,' she answered'" (*Genesis* 16:8).

(6) "Rava said to Rabbah b. Mari (the opening formula of the dialogue is lacking in mss Escorial G-1-3 and Vatican 116): Whence can be derived what the people say, if there is any matter of reproach in thee be the first to tell it? – He replied: As it was written: 'So he said, 'I am Abraham's servant''" (*Genesis* 24:34).

(7) "Rava said to Rabbah b. Mari (the opening formula of the dialogue is lacking in Firenze ms 8): Whence can be derived what the people say, 'Though a duck keeps its head down while walking its eyes look afar?' (cf. Babylonian Talmud tractate *Megillah* 14b). – He replied: As it is written: 'And when the LORD your God has brought my lord success, remember your servant'" (I *Samuel* 25:31b, spoken by Abigail to David and hinting thus that she would wish to become his wife in future days).

(8) "Rava said to Rabbah b. Mari: Whence can be derived what the people say, 'Sixty pains reach the teeth of him who hears the noise made by another man eating while he himself does not eat?' – He replied: As it is written, 'But me your servant, and Zadok the priest, and Benaiah son of Jehoiada, and your servant Solomon he did not invite'" (I *Kings* 1:26). "He said to him: You derive it from that verse, but I derive it from this verse, 'Isaac brought her into the tent of his mother Sarah, and he married Rebekah. So she became his wife, and he loved her; and Isaac was comforted after his mother's death'" (*Genesis* 24:67). "And soon after it is written, 'Abraham had taken another wife, whose name was Keturah'" (*Genesis* 25: 1).

(9) "Rava said to Rabbah b. Mari: Whence can be derived what the people say, 'Though the wine belongs to the owner, the thanks are given to the butler?' – He replied: As it is written, 'So the LORD said to Moses, 'Give him some of your authority so the whole Israelite community will obey him''" (*Numbers* 27:20). "And it is also written, 'Now Joshua son of Nun was filled with the spirit of wisdom because Moses had laid his hands on him. So the Israelites listened to him and did what the LORD had commanded Moses'" (*Deuteronomy* 34:9).

(10) "Rava said to Rabbah b. Mari: Whence can be derived what the people say, 'A dog when hungry is ready to swallow even its [own] excrements?' – He replied: As it is written, 'One who is full loathes honey from the comb, but to the hungry even what is bitter tastes sweet'" (*Proverbs* 27:7).

(11) "Rava said to Rabbah b. Mari: Whence can be derived what the people say, 'A bad palm will usually make its way to a grove of barren trees?' – He replied: This matter was written in the Pentateuch, repeated in the Prophets, mentioned a third time in the Hagiographa, and also learnt in a *Mishna* and taught in a *Baraitha* (a contemporary Rabbinic tradition external to the *Mishna*): It is stated in the Pentateuch as written, 'so he [Esau] went to Ishmael and married Mahalath'" (*Genesis* 28:9). "Repeated in the prophets, as written: '[So Jephthah fled from his brothers and settled in the land of Tob] where a gang of scoundrels gathered around him and followed him'" (*Judges* 11:3). "Mentioned a third time in the Hagiographa, as written: 'Every fowl dwells near its kind and man near his equal'" (*Ecclesiasticus* 13:15). "It was learnt in the Mishna: 'All that which is attached to an article that is subject to the law of defilement,' (*Mishna Kelim* 12,2) will similarly become defiled, but all that which is attached to anything which would always remain [ritually] clean would similarly remain clean; and it was also taught in a *Baraitha*: R. Eliezer said: 'Not for nothing did the starling follow the raven, but because it is of its kind'" (*Hul.* 65a; the reference is to the

small Egyptian raven incident, cf. *Genesis Rabba* [a fifth century Palestinian Rabbinic elaboration on *Genesis*] chapter 65).

(12) "Rava said to Rabbah b. Mari: Whence can be derived what the people say, 'If you draw the attention of your fellow to warn him [and he does not respond], you may push a big wall and throw it at him?' (i.e., you can no more be responsible for any misfortune that his inattention may bring upon him). – He replied: As it is written: 'Because I tried to cleanse you but you would not be cleansed from your impurity, you will not be clean again until my wrath against you has subsided'" (*Ezekiel* 24:13b and c).

(13) "Rava said to Rabbah b. Mari: Whence can be derived what the people say, 'Into the well from which you have once drunk water do not throw clods?' He replied: As it is written: 'Do not despise an Edomite, for the Edomites are related to you. Do not despise an Egyptian, because you resided as foreigners in their country'" (*Deuteronomy* 23:8).

(14) "Rava said to Rabbah b. Mari: Whence can be derived what the people say, 'If you will join me in lifting the burden I will carry it, and if not I will not carry it?' – He replied: As it is written: 'Barak said to her, 'If you go with me, I will go; but if you don't go with me, I won't go''" (*Judges* 4:8).

(15) "Rava said to Rabbah b. Mari: Whence can be derived what the people say, 'When we were young we were treated as men, whereas now that we have grown old we are looked upon as babies?' – He replied: It is first written: 'By day the LORD went ahead of them in a pillar of cloud to guide them on their way and by night in a pillar of fire to give them light, so that they could travel by day or night'" (*Exodus* 13:21). "But subsequently it is written: 'See, I am sending an angel ahead of you to guard you along the way [and to bring you to the place I have prepared]'" (*Exodus* 23:20).

(16) "Rava said to Rabbah b. Mari: Whence can be derived what the people say, 'Behind an owner of wealth chips are dragged along?' – He replied: As it is written: 'Now Lot, who was moving about with Abram, also had flocks and herds and tents'" (*Genesis* 13:5).

## *Notes*

* This article is dedicated to Wolfgang Mieder in honor of his incomparably untiring devotion to proverbs and paremiologists. The earliest version of this discussion was included in a lecture at the University of Konstanz, Germany, in May 2011, at a symposium on "Singularity/Exemplarity" convened by Michèle Lowrie and Susanne Lüdemann, whom I thank for inviting me to that interesting meeting. A stimulating discussion focusing on the texts and their cultural interpretation took place at the colloquium of the Group for the Study of Late Antiquity at the Hebrew University of Jerusalem in May 2013 organized by Shai Secunda and Uriel Simonsohn, whom I thank. I also want to thank Edit Doron and Pavel Kats for inviting me to present a different version, with more emphasis on theoretical aspects, "Logical Structure and Context: A Folkloristic Perspective on Proverbs," at the Minerva Foundation Summer School "Non-Compositionality and Figurative Speech: Collocations, Idioms, Metaphors, Proverbs" at the Language, Logic and Cognition Center (LLCC) at the Hebrew University of Jerusalem, in June 2013, and for their and their colleagues' illuminating comments upon the occasion. Freddie Rokem, Shai Secunda, Dina Stein and Haim Weiss are much thanked for their most helpful reading of the article manuscript; all mistakes are due to my stubbornness and ignorance. Lital Belinko-Sabah is thanked for excellent research assistance.

1 The real life or field situations may be of roughly two kinds: Ritual situations in which the recitation of a proverb or a number of proverbs are expected, such as a formal ethnographic interview situation for instance; or spontaneously uttered proverbs for the occurrence of which the ethnographer patiently waits without active eliciting. Anyone who has studied proverbs in situ knows

that the second alternative is a very time consuming occupation. A well known case is Mathilde Hain's (1901–1983) studies based on her habilitation *Untersuchungen zur Volkssprache an einem oberhessischen Dorf* ('Studies of the folk language (popular language) in a village in Upper Hessen') completed in 1945, based mainly on field work from the nineteen-thirties in which she collected various materials in situ. In her *Sprichwort und Volkssprache* (published in Giessen – which is in Upper Hessen, in 1951) she describes a project in which she collected only proverbs that were spontaneously uttered in the rural community in which she conducted her field work. During eight months this method yielded less than ten proverbs. Having read that, when in the mid-nineteen-seventies I was preparing for my own dissertation project that addressed the structural relations between folk narratives and proverbs embedded in them, I decided to embark on a different method: Semi-structured interviews (see 1982). There is no other context where I would rather present another of my attempts for more than forty years to develop better and more adequate theoretical and methodological tools to study proverbs than the Festschrift dedicated to my dear friend, teacher and fellow traveler on this path, Wolfgang Mieder.

2 In other largely contemporary rabbinic sources, see Jaffee (2001) and Sussmann (2005).

3 Cf. Archer Taylor's by now almost proverbial quote at the very beginning of his classic *The Proverb* (1931). Some proverb scholars have suggested interesting methodologies to overcome the conundrum, e.g. Arora (1984) and Mieder (1985).

4 An important discussion of the poetic language of Jewish proverbs, see Silverman-Weinreich (1978).

5 Recited by Marina Aga'a born in Tbilisi 1959, music teacher, speaks Georgian, Russian and Hebrew. Mrs. Aga'a suggested that the proverb originated in Shota Rostaveli's poetry, which is quite usual in Georgian proverbs. In this case the reference to Rostaveli, probably motivated by the archaic verb form, is not corroborated by Bleichsteiner (1919:no. 27; parallels and explanation on p. xxix). Bleichsteiner usually points out any relevant literary sources or associations. Cf. Mühlfried's Magister thesis at the University of Hamburg (2000).

6 Unlike the Georgian, the Hebrew language in which the contextual and explanatory material was communicated is a thoroughly gendered language. The masculine was used in both cases discussed here although the proverbs themselves are not. The native speakers consulted for these specific proverbs being both women, the gendering may well be significant. This interesting topic is however beyond the topic of the present discussion.

7 The high value attached to speech as cultural capital is characteristic of the corpus analyzed in the book.

8 Recited by Lalo Davedashvili (David), born in Tbilisi 1956, university education, speaks Georgian, Russian and Hebrew.

9 Recited by Natela Atanelov born in Tbilisi in 1932, technological academic education, speaks Georgian, Russian and Hebrew.

10 Term coined by Permiakov (1979) and further developed by Grzybek (1987) and Krikmann (1994). On Permiakov, see Artem Sakharov (05.07.2013).

11 In my early student years the fifth century was still the common opinion, while later editorial and stages and layers, as well as processes of transmission, have become an important focus of research. See especially Weiss Halivni's (2013) groundbreaking and influential work, recently available in English, as well as Friedman's (2003) important work.

12 The text is based on the English translation of the (printed) Babylonian Talmud (online edition) edited by Rabbi Dr. Isidore Epstein of Jews' College, London with several changes and omissions (no date); Bible quotes according to the New International Version are extended beyond the quotes in the source for better understanding.

13 Tort law: "A body of rights, obligations, and remedies that is applied by courts in civil proceedings to provide relief for persons who have suffered harm from the wrongful acts of others. The person who sustains injury or suffers pecuniary damage as the result of tortious conduct is known as the plaintiff, and the person who is responsible for inflicting the injury and incurs liability for

the damage is known as the defendant or tortfeasor. – The word *tort* comes from the Latin term *torquere*, which means 'twisted or wrong'" (Farlex, 2013:s.v. 'Tort Law').

14 On the ambiguousness of proverbs, e.g. Lieber (1984); see also Krikmann (1974a & 1974b).

15 E.g. Babylonian Talmud tractate *Taanit* 7a, briefly mentioned by Friedman (2003:26 note 7 (25–82)), referring to Saul Lieberman's classical *Greek in Jewish Palestine: Studies in the Life and Manners of Jewish Palestine in the II–IV Centuries C.E.* (1942:152–153). Lieberman refers to Petronius' "Vinum dominicum ministratoris gratia est" in chapter 31 of *Trimalchio's Banquet* from the preserved fragments from his romance/novel *Satyricon*, as a parallel to the proverb discussed here, and mentions Moses Hadas (1929:379) in conjecturing a common Ancient Middle Eastern source for Petronius and the Babylonian Talmud; Lieberman also adds a reference to W.G. Lambert (1960:258–259). Lieberman's main point is that what by interpreters of Petronius has only been conjectured as a proverb is by the Talmudic formulation confirmed to be one.

16 It is possible to characterize the kind of exemplarity emerging from this passage as what John Forrester (1996) has characterized as the "practical knowledge" rejected by Aristotle as true knowledge in his *Nichomachean Ethics*, and as Forrester suggests, redeemed only by John Stuart Mills, who is an important exponent of the history of epistemology seen as the history of the critique of Aristotle's position.

17 There are some very interesting additions to the bibliography regarding quotes since then, especially those inspired by the work of M. Bakhtin, and Finnegan (2011) in a different vain.

18 Significantly, Daniel Boyarin in his path breaking *Intertextuality and the Reading of Midrash* quotes this passage in establishing his conceptual framework about the biblical text as the basic paradigm of intertextuality in rabbinic literature (1990:29).

19 This translated version is a mixture of the translations of JPS (Jewish Publication Society) and NIV (New International Version).

## *Bibliography*


Albeck, Hanoch. 1987. *Introduction to the Talmuds*. Tel-Aviv: Dvir [in Hebrew].

Arora, Shirley L. 1984. "The Perception of Proverbiality." *Proverbium: Yearbook of International Proverb Scholarship* 1, 1–38. Also in Wolfgang Mieder (ed.), *Wise Words: Essays on the Proverb*, Garland Folklore Casebooks, 6 (New York et al.: Garland, 1994), 3–29.

Artem Sakharov, Alexander. 05.07.2013. "From Proverb to Greatness." <http://alexanderartem sakharov.blogspot.co.il/2013/05/from-proverb-to-greatness.html> (18.09.2013).

Auerbach, Erich. 2003. *Mimesis: The Representation of Reality in Western Literature*. Translated by Willard R. Trask. Introduction by Edward W. Said. Princeton, N.Y.: Princeton University Press.

Bleichsteiner, Robert. 1919. *Georgische und mingrelische Texte. Kaukasische Forschungen*. Vol. 1. Wien: Verlag des Forschungsinstituts für Osten und Orient.

Boyarin, Daniel. 1990. *Intertextuality and the Reading of Midrash*. Bloomington, Ind.: Indiana University Press (Indiana Studies in Biblical Literature).

Elman, Yaakov. 1999. "Orality and the Redaction of the Babylonian Talmud." *Oral Tradition* 14/1, 52–99.

Epstein, Isidore (ed.). no date. *The Babylonian Talmud*. <www.come-and-hear.com/talmud/> (18.09.2013).

Farlex. 2013. "The Free Dictionary." <www.thefreedictionary.com/> (18.09.2013).

Finnegan, Ruth. 2011. *Why Do We Quote?: The Culture and History of Quotation*. Cambridge: Open-Book Publishers.

Forrester, John. 1996. "If *p*, Then What?: Thinking in Cases." *History of the Human Sciences* 9/3, 1–25.

Friedman, Shamma. 2003. "The Talmudic Proverb in Its Cultural Setting." *Jewish Studies: An Internet Journal* 2. <www.biu.ac.il/js/JSIJ/2-2003/Friedman.pdf> (18.09.2013) [in Hebrew].

Grzybek, Peter. 1987. "Foundations of Semiotic Proverb Study." *Proverbium: Yearbook of International Proverb Scholarship* 4, 39–85. Also in Wolfgang Mieder (ed.), *Wise Words: Essays on the Proverb*, Garland Folklore Casebooks, 6 (New York et al.: Garland, 1994), 31–71.

Hadas, Moses. 1929. "Oriental Elements in Petronius." *The American Journal of Philology* 50, 378–385.

Hain, Mathilde. 1951. *Sprichwort und Volkssprache: Eine volkskundlich-soziologische Dorfuntersuchung*. Gießen: Schmitz (Gießener Beiträge zur deutschen Philologie, 95).

Hasan-Rokem, Galit. 1982. *Proverbs in Israeli Folk Narratives: A Structural Semantic Analysis*. Helsinki: Suomalainen Tiedeakatemia (FF Communications, 232).

----------. 1993. *Adam le-Adam Gesher: The Proverbs of Georgian Jews in Israel*. Field Researcher Yitzhak Atanelov. Jerusalem: Ben-Zvi Institute [in Hebrew].

Jaffee, Martin S. 2001. *Torah in the Mouth: Writing and Oral Tradition in Palestinian Judaism, 200 BCE–400 CE*. Oxford et. al.: Oxford University Press.

Jakobson, Roman. 1960. "Closing Statement: Linguistics and Poetics." In: Thomas Albert Sebeok (ed.). *Style in Language*. Cambridge, Mass.: MIT Press, 350–377.

Krikmann, Arvo. 1974a. *On Denotative Indefiniteness of Proverbs*. Tallinn: Academy of Sciences of the Estonian SSR, Institute of Language and Literature. Also in *Proverbium: Yearbook of International Proverb Scholarship* 1 (1984), 47–91.

----------. 1974b. *Some Additional Aspects of Semantic Indefiniteness of Proverbs*. Tallinn: Academy of Sciences of the Estonian SSR, Institute of Language and Literature. Also in *Proverbium: Yearbook of International Proverb Scholarship* 2 (1985), 58–85.

----------. 1994. "The Great Chain Metaphor: An Open Sesame for Proverb Semantics?" *Proverbium: Yearbook of International Proverb Scholarship* 11, 117–124.

Lambert, W[ilfred] G. 1960. *Babylonian Wisdom Literature*. Oxford: Clarendon Press.

Lieber, Michael D. 1984. "Analogic Ambiguity: A Paradox of Proverb Usage." *Journal of American Folklore* 97, 423–441. Also in Wolfgang Mieder (ed.), *Wise Words: Essays on the Proverb*, Garland Folklore Casebooks, 6 (New York et al.: Garland, 1994), 99–126.

Lieberman, Saul. 1942. *Greek in Jewish Palestine: Studies in the Life and Manners of Jewish Palestine in the II–IV Centuries C.E.* New York, N.Y.: The Jewish Theological Seminary of America.

[The Merriam-Webster Dictionary]. 2013. "Merriam-Webster." <www.merriam-webster.com/> (18.09.2013).

Mieder, Wolfgang. 1985. "Popular Views of the Proverb." *Proverbium: Yearbook of International Proverb Scholarship* 2, 109–143.

Morawski, Stefan. 1970. "The Basic Functions of Quotations." In: Algirdas Julien Greimas et al. (eds.). *Sign, Language, Culture*. The Hague et. al.: Mouton (Janua Linguarum: Series Maior, 1), 690–705.

Mühlfried, Florian. 2000. "R. Bleichsteiners 'Kaukasische Forschungen' – Ein kritischer Beitrag zur Ethnologie des Kaukasus." <www.academia.edu/2345604/R._Bleichensteiners_Kaukasische_Forschungen_Ein_kritischer_Beitrag_zur_Ethnologie_des_Kaukasus> (18.09.2013).

Mukařovsky, Jan. 1984 [1976]. "Poetic Reference." In: Ladislaw Matejka & Irwin R. Titunik (eds.). *Semiotics of Art: Prague School Contributions*. Cambridge, Mass.: MIT Press, 155–163.

Narayana Rao, Velcheru. 1996. "Texture and Authority: Telugu Riddles and Enigmas." In: Galit Hasan-Rokem & David Shulman (eds.). *Untying the Knot – On Riddles and Other Enigmatic Modes*. New York et al.: Oxford University Press, 191–207.

Norrick, Neal R. 1985. *How Proverbs Mean: Semantic Studies in English Proverbs*. Berlin et al.: Mouton (Trends in Linguistics/Studies and Monographs, 27).

Permiakov, Grigorii L'vovich. 1979. *From Proverb to Folk-Tale: Notes on the General Theory of Cliché*. Moscow: Nauka.

Seitel, Peter. 1969. "Proverbs: A Social Use of Metaphor." *Genre* 2, 143–161. Also in Wolfgang Mieder & Alan Dundes (eds.), *The Wisdom of Many: Essays on the Proverb*, Garland Folklore Casebooks, 1 (New York et al.: Garland Publishing, 1981), 122–139.

Silverman-Weinreich, Beatrice. 1978. "Towards a Structural Analysis of Yiddish Proverbs." *Yivo Annual of Jewish Social Science* 17, 1–20. Also in Wolfgang Mieder & Alan Dundes (eds.), *The Wisdom of Many: Essays on the Proverb*, Garland Folklore Casebooks, 1 (New York et al.: Garland Publishing, 1981), 65–85.

Sussmann, Yaakov. 2005. "The 'Oral Learning' – Literally: The Power of the Smallest Detail." *Talmudic Studies* 3/2, 209–384 [in Hebrew].

Tannen, Deborah [rev.]. 1988. "Neal R. Norrick. *How Proverbs Mean: Semantic Studies in English Proverbs* (Berlin et al.: Mouton, 1985)." *Language and Society* 17/3, 455–458.

Taylor, Archer. 1931. *The Proverb*. Cambridge, Mass.: Harvard University Press.

Weiss Halivni, David. 2013. *The Formation of the Babylonian Talmud*. Translated by Jeffrey L. Rubenstein. Oxford et al.: Oxford University Press.

# "Както гласи народната мъдрост":[1] Sprichwortmarker im Bulgarischen nationalen Korpus

*Hrisztalina Hrisztova-Gotthardt*

## Einleitung und Zielsetzung

In der Linguistik definiert man Sprichwörter traditionell als "in sich geschlossene Sätze, die durch kein lexikalisches Element an den Kontext angeschlossen werden müssen" (Burger, [3]2007 [[1]1998]:108). Allerdings ist in dieser Aussage 'müssen' das Schlüsselwort. Wie parömiologisch ausgerichtete Untersuchungen bereits gezeigt haben, können Sprichwörter zwar auch isoliert verwendet werden, ohne explizit eingeleitet oder markiert zu sein, werden jedoch des Öfteren mithilfe von unterschiedlichen sprachlichen Mitteln an den umgebenden Text angebunden. Zur Bezeichnung dieser kontextuellen Einbindungselemente hat Peter Ďurčo den Terminus 'parömiologische Konnektoren' eingeführt. Er versteht darunter jene textuellen Elemente, die das Sprichwort im Textrahmen begleiten und es in die konkrete Situation einbetten (s. 2002). Gulnas Umurova führt die These von Ďurčo weiter aus und belegt anhand einer breit angelegten Analyse deutscher Texte, dass Sprichwortäußerungen tatsächlich ein stabiles konnektoriales Umfeld von lexikalischen und syntaktischen Mitteln zur Verfügung steht (vgl. 2005).

In ihrem Aufsatz aus dem Jahr 2012 weist Kathrin Steyer darauf hin, dass die Kenntnis dieser parömiologischen Konnektoren bei der Ermittlung von noch nicht als fest oder usuell angesehenen Sprichwörtern in einem Korpus von großem Nutzen sein kann. Dabei denkt sie in erster Linie an die sogenannten 'Sprichwortmarker' wie *bekanntlich, bekanntermaßen* usw., die zum einen die Parömie an den Kontext anschließen und zum anderen sie ausdrücklich als solche markieren (s. 2012:288–289).

An die obigen Ausführungen anknüpfend setzt sich der vorliegende Beitrag zum Ziel, die Ergebnisse einer Pilotuntersuchung zur Ermittlung von typischen Sprichwortmarkern anhand von Korpusbelegen aus dem Bulgarischen nationalen Korpus zu präsentieren. Es wird außerdem der Frage nachgegangen, ob der Abgleich der gefundenen Marker mit ihrem Vorkommen im Korpus zur Identifizierung weiterer, noch nicht kodifizierter Sprichwörter führen kann.

## Das Korpus der Untersuchung

Zum Zwecke der Untersuchung wurden die Texte des Bulgarischen nationalen Korpus verwendet. Das Korpus wurde zwischen 2001 und 2009 von Mitarbeitern des Instituts für bulgarische Sprache an der Bulgarischen Akademie der Wissenschaften aufgebaut und wird seitdem ständig um neue Texte erweitert. Mit seinen ca. 320.000.000 Korpuswörtern (Token) gilt das Korpus als relativ groß (vgl. Scherer, 2006:7; Lemnitzer & Zinsmeister, [2]2010 [[1]2006]:110). Da die gespeicherten Texte alle nach 1945 entstanden sind und möglichst viele Genres und Textsorten abdecken, steht das Korpus repräsentativ für die moderne geschriebene bulgarische Sprache.

Alle Texte wurden tokenisiert und lemmatisiert, dementsprechend kann im Korpus nicht nur nach wörtlichen Entsprechungen, sondern auch nach sämtlichen Flexionsformen eines Wortes gesucht werden. Die lexikalisch-semantische Annotation der Lemmata ermöglicht des Weiteren die Suche nach Synonymen, Hyponymen und Hyperonymen eines bestimmten Wortes.

Es besteht außerdem die Möglichkeit, nach Phrasen zu suchen, deren Komponenten je nach einem bestimmten Kriterium variieren dürfen. Zum Beispiel kann man als Suchbedingung angeben, dass anstelle einer bestimmten Komponente einer Phrase ein anderes Wort einer beliebigen Wortart stehen darf. Es kann auch nach Phrasen gesucht werden, zwischen deren festen Komponenten eine bestimmte Anzahl von ebenfalls beliebigen Wörtern vorkommen darf. Dem Benutzer stehen noch weitere Such- und Restriktionsmöglichkeiten zur Verfügung, die jedoch an dieser Stelle nicht alle behandelt werden können.

## Die Methode der Untersuchung

Im Rahmen einer früheren Untersuchung zur Vorkommenshäufigkeit bulgarischer Sprichwörter haben Hrisztalina Hrisztova-Gotthardt und Zoltán Gotthardt (2012) eine Liste zusammengestellt, die die zehn Parömien mit den meisten Treffern im Bulgarischen nationalen Korpus verzeichnet. Dazu gehören folgende Texte:

*Всяко зло за добро* ('Nach jedem Übel kommt auch etwas Gutes').

*Нищо ново под слънцето* (*Es gibt nichts Neues unter der Sonne*).

*Целта оправдава средствата* (*Der Zweck heiligt die Mittel*).

*По-добре късно, отколкото никога* (*Besser spät als nie*).

*Съединението прави силата* (*Einigkeit macht stark*).

*Всяко чудо за три дни* ('Jedes Wunder dauert (höchstens) drei Tage lang').

*Око за око зъб за зъб* (*Auge um Auge, Zahn um Zahn*).

*Кръвта вода не става* (*Blut ist dicker als Wasser*).

*Времето не чака* ('Die Zeit wartet auf niemanden').

*Времето е пари* (*Zeit ist Geld*).

In der ersten Phase der aktuellen Untersuchung wurden diese zehn Sprichwörter und ihre Varianten noch einmal mit ihrem Vorkommen im Korpus abgeglichen. Alle Suchergebnisse wurden gesondert analysiert. Der Zweck der qualitativen Bewertung der Kontextbelege bestand darin, festzustellen, was für Sprichwortmarker benutzt wurden, um die Parömien an den Kontext anzuschließen und sie als solche zu kennzeichnen.

In einem zweiten Schritt wurde im Korpus nach einigen ausgewählten Markern gesucht. Sie wurden als Suchbegriffe angegeben, und die Ergebnisse erneut einer qualitativen Analyse unterzogen. Es sollte dabei geklärt werden, ob der Algorithmus "suche einen geläufigen Sprichwortmarker, finde ein neues Sprichwort" funktionsfähig ist.

## Ergebnisse der Untersuchung

*Sprichwortmarker im Bulgarischen nationalen Korpus*

Bei der Kategorisierung der im Bulgarischen nationalen Korpus vorkommenden Sprichwortmarker wurde dem von Ďurčo (2002) vorgeschlagenen Modell gefolgt. Allerdings fungierte bei der Gruppierung der Marker nicht ihre Platzierung im Text (vor bzw. nach dem Sprichwort oder mitten im Sprichwort), sondern ihre sprachliche Struktur als Hauptkriterium. Es wurden drei Klassen von Markern festgelegt, die im Folgenden kurz dargestellt werden.

Lexikalische Sprichwortmarker

Bei den lexikalischen Markern handelt es sich um einzelne Lexeme, die signalisieren, dass bald ein Sprichwort folgt bzw. dass gerade ein Sprichwort geäußert wurde. Die Analyse der Korpusbelege hat ergeben, dass es hauptsächlich Nomen sind, die auf Parömien im Text verweisen. In den meisten Belegen kommen die Bezeichnungen *пословица* ('Sprichwort') und – fälschlicherweise – *поговорка* ('sprichwörtliche Redensart') vor:[2]

> "Ралф можеше да си представи как квартирантът му от долния етаж би го формулирал: *по-добре късно, отколкото никога*. Това бе една от любимите му *пословици*" (D-Fiction/H-Horror/00048876tDHE.csv).

> "Тя изпусна ръкавиците си на земята – Как смееш да бъдеш толкова нахален, че да … – Че изобщо да коментирам подобни неща? – довърши вместо нея той. – Защо ли се сещам за *поговорката 'Око за око, зъб за зъб?'*" (D-Fiction/G-General/00209274nDGE. csv).

Zur Kennzeichnung der Parömien als solche werden im Bulgarischen außer den weiter oben zitierten *пословица* ('Sprichwort') und *поговорка* ('Redensart') folgende Lexeme verwendet: *правило* ('Regel'), *максима* ('Maxime'), *фраза* ('Phrase'), *принцип* ('Prinzip'), *закон* ('Gesetz'), *теория* ('Theorie'), *клише* ('Klischee'), *сентенция* ('Sentenz'), *идея* ('Idee') und *девиз* ('Devise').

Im Unterschied zu den von Ďurčo präsentierten Ergebnissen wurden im Bulgarischen nationalen Korpus keine Belege gefunden, bei denen die Marker mitten im Sprichwort vorkommen. Die lexikalischen Elemente befanden sich entweder im Vor- oder im Nachfeld des Sprichwortes. Das mag wohl daran liegen, dass sich das Bulgarische kaum adverbialer Konnektoren wie z.B. *bekanntlich*, *doch*, *wohl* etc. bedient, die im Deutschen meist im Mittelfeld, d.h. inmitten der sprichwörtlichen Äußerung stehen (Ďurčo, 2002:206).

Phrasenmarker

Unter Phrasenmarkern werden an dieser Stelle relativ feste Phrasen verstanden, die die Sprichwortaussage mit dem sie umgebenden Vor- bzw. Nachtext verknüpfen. Im Bulgarischen nationalen Korpus wurden zwei Hauptgruppen von Phrasenmarkern ermittelt. Zum einen signalisieren Nominalphrasen mit *поговорка* als Kern, dass ein Sprichwort folgt oder gerade geäußert wurde:

> "Стихотворението беше толкова абсурдно, толкова бездарно написано. Хрумна му *старата поговорка*:[3] *'Всяко зло за добро.'* Докато разговаряха на палубата на парахода, Ана беше призналa, че след унищожителната рецензия завинаги се е отказала от амбицията да стане поетеса. Следователно той се явяваше като неин спасител" (D-Fiction/I-Humour/00048955tDIE.csv).

> "Всички бяха винаги безукорно учтиви с него; но той чувстваше, че е паднал в очите им. Неговият провинциален здрав смисъл обясняваше това положение с *народната поговорка*:[4] *всяко чудо за три дни*. Може би той беше станал малко попрозорлив, отколкото през първите дни, а може би беше минало очарованието, което имаше върху него на първо време парижката учтивост" (D-Fiction/G-General/00213792 nDGE.csv).

Es wurden auch weitere Nominalphrasen ermittelt, die auf die Präsenz einer Parömie im Text hinweisen. Allerdings haben sie aufgrund des zu allgemeinen Charakters ihres Kerns nur wenige relevante Treffer erbracht. Phrasenmarker wie *старото правило* ('die alte Regel'), *суеверният израз* ('die abergläubische Redewendung') und *моралният кодекс* ('der moralische Kodex') kamen nur vereinzelt in Verbindung mit Sprichwörtern vor.

Die von Ďurčo und Umurova durchgeführten Analysen deutscher Korpora haben gezeigt, dass es häufig Adverbialphrasen sind, die als typische Vorfeldkonnektoren fungieren. Sie bestehen meist aus einer Präposition (*nach*, *getreu*, *gemäß* usw.) und einem Nomen (*Motto*, *Prinzip*, *Volksweisheit* usw.). Im Gegensatz dazu übernehmen im Bulgarischen nationalen Korpus eher infinite Verbalphrasen mit Partizip Präsens als Kopf die Rolle von Einleitungssignalen, nach denen ein Sprichwort wortgetreu wiedergegeben wird:

> "*Водейки се от правилото*[5] *'по-добре късно, отколкото никога'*, преди малко аз прегледах всички лодки и ако това не е най-здравият и най-бързоходният ялиз между тях, значи не разбирам нищо от тая работа" (D-Fiction/A-Adventure/00048992tDAE. csv).

> "Йезуит – монах, член на католически религиозен орден. *Изхождайки от принципа*,[6] че *'целта оправдава средствата'*, дълги векове йезуитите са си служили с най-долни средства за борба с прогресивните обществени сили, за да утвърдят властта на църквата" (D-Fiction/G-General/00210465nDGZ.csv).

Satzmarker

Dieser Typ von Markern besitzt die Form eines Satzes, der das nachfolgende Sprichwort quasi ankündigt. In der Mehrheit der Korpusbelege dienen die Satzmarker als Einleitungssignale, die einen der folgenden Begriffe enthalten: *пословица* ('Sprichwort'), *поговорка* ('sprichwörtliche Redensart'), *народна мъдрост* ('Volksweisheit') etc. Im Rahmen der Untersuchung konnten folgende (relativ) feste Satzstrukturen als typische parömiologische Satzmarker für das Bulgarische ermittelt werden:

- *Както гласи народната мъдрост* ... ('Wie die Volksweisheit besagt …');
- *Една стара поговорка гласи* ... ('Eine alte Redensart lautet …');
- *Има една пословица, която гласи* ... ('Es gibt ein Sprichwort, das besagt …');
- *Както се казва в една стара българска поговорка* ... ('Wie ein altes bulgarisches Sprichwort besagt …');
- *Както е казал народът* ... ('Wie das Volk einmal gesagt hat …').

Um das Gesagte zu illustrieren werden hier zwei Beispiele aus dem Korpus angeführt:

> "От няколко месеца се опитваме да мобилизираме всички институции и ресурси на Европейския съюз, за да намалим последиците от засилващата се криза. *Но както гласи народната мъдрост*:[7] *'Всяко зло за добро'*, и доброто в случая е, че днес в дневния ред на пленарната сесия е включен докладът на г-жа Patrizia Toia, тъй като инициативите, във фокуса на които стои солидарността, а също и социалното и регионално сближаване, са особено важни в наши дни" (A-Administrative/Z/00204739nAZF.csv).

> "*Има една пословица, която гласи*:[8] *всяко чудо за три дни*. Така и нашите герои свикват бързо с новото си положение на съпрузи, изкарват криво-ляво медения си месец с малко кавги и сръдни и изведнъж нагазват до пояс в мътилката на пустото земно животуване" (D-Fiction/G-General/00216404nDGD.csv).

Eine eigenständige und verhältnismäßig große Gruppe bilden jene Satzmarker, in denen die Begriffe *Библията* ('die Bibel') und *Светото писание* ('die Heilige Schrift') vorkommen. Dazu gehören unter anderem:

- *В Библията е казано* ... ('In der Bibel steht …');
- *Както се казва в Библията* ... ('Wie es in der Bibel steht …');
- *В Светото писание пише* ... ('In der Heiligen Schrift steht geschrieben …').

Wie die beiden Begriffe vermuten lassen, handelt es sich bei den nachfolgenden Sprichwörtern ausnahmslos um Parömien biblischer Herkunft, die mittels Marker an den Kontext angeschlossen werden:

> "А най-отдолу … чакай малко, буквите са по-дребни … най-отдолу пише: 'НЯМА ДА ПОВЯРВАТЕ НА ОЧИТЕ СИ.' Твърде се съмнявам в последното – *в Библията е казано, че няма нищо ново под слънцето*[9] и съм по-склонен да вярвам на Светото писание" (D-Fiction/H-Horror/00048874tDHE.csv).

> "Ех, какво да се прави! Ако не можем да го съживим, поне да платим на мръсника, дето му е отнел живота. *В Светото писание пише*: *'око за око, зъб за зъб'*.[10] И май някои зъби ще пострадат, преди да съм свършил" (D-Fiction/G-General/00212783nDGE.csv).

Im bulgarischen Korpus wurden nur wenige Belege gefunden, in denen der Satzmarker dem Sprichwort folgt oder es umgibt. Aus Platzgründen wird an dieser Stelle auf das Anführen dieser vereinzelten Treffer verzichtet.

*Identifizierung neuer Sprichwörter im Korpus*

In einem zweiten Schritt der Untersuchung wurden die Sprichwortmarker mit den meisten Treffern erneut mit ihrem Vorkommen im Bulgarischen nationalen Korpus abgeglichen. Die so erhobenen Kookkurenzprofile der Marker wurden danach qualitativ ausgewertet. Im Laufe der Analyse sind wir zu folgenden Ergebnissen gekommen:

- Die Suche nach lexikalischen Sprichwortmarkern (*пословица* und *поговорка*) hat unzählige Treffer erbracht, die per Hand nur schwer durchzuarbeiten sind. Die Auswertung der ersten 200 Belege führte nicht zur Ermittlung neuer (d.h. in Sprichwörterbüchern noch nicht kodifizierter) Parömien.
- Die Suche nach parömiologischen Satzmarkern (*Както гласи народната мъдрост*, *Една стара поговорка гласи* usw.) erwies sich ebenfalls als wenig erfolgreich. Auch wenn hier die Möglichkeit zur Einsetzung von regulären Ausdrücken bestand, waren die Suchergebnisse ziemlich überschaubar. Immerhin wurde eine Variante eines bekannten Sprichwortes ermittelt, die sich im Rahmen der vorigen Untersuchung (Hrisztova-Gotthardt & Gotthardt, 2012) nicht unter den Treffern befand:

  > "В моето отечество има една пословица, която гласи: *'Каквото викнало, такова откликнало.'* Аз обичам да я съблюдавам" (D-Fiction/G-General/00211895nDGZ.csv).

  Es handelt sich um eine Variante des bulgarischen Sprichwortes *Каквото повикало, такова се обадило* ('Wie man in den Wald hineinruft, so schallt es heraus'), in der das Verb im zweiten Teilsatz durch ein Synonym ersetzt wurde.
- Die Suche nach Phrasenmarkern (*българска пословица* und *българска поговорка*) in all ihren Flexionsformen gestaltete sich viel effektiver. Es wurden lediglich zwei parömiologische Phrasenmarker als Suchbegriffe angegeben, und dennoch konnten drei bulgarische Sprichwortkandidaten ermittelt werden, die unseres Wissens bisher in keiner Sammlung kodifiziert wurden, obwohl sie laut Internetrecherche als einigermaßen geläufig gelten dürfen:[11]

  > "И дойде му горчиво на ум *българската пословица*: *'Кокошка и жена синор нямат.'*[12] – Право имат турците, дето казват: 'На жена калъч дай, воля не давай!' … Но аз съм пак крив: защо я изтървах!" (D-Fiction/G-General/00211436nDGZ.csv).

  > "Ни тя, ни Кандов не знаеха, че едничкият спасителен цяр за тоя вид болести е раздялата. *'Очи, дето се не виждат – забравят се'*,[13] казва и *българската поговорка*" (D-Fiction/G-General/00211276nDGE.csv).

  > "Освен, че им прибираше парите, много често им сваляше часовниците и накитите. В простотията си стигаше дотам да съблича скъпите дрехи и обувки и да ги оставя голи. На всичко отгоре на изпращане Цецо цитираше изящната *българска поговорка*: *'Лаком гъз – кръв сере!'*[14] Точно тези му качества привлякоха вниманието на Каро" (D-Fiction/G-General/00208139nDGZ.csv).

## Fazit und Ausblick

Zusammenfassend lässt sich sagen, dass im Bulgarischen drei Typen von Sprichwortmarkern zu unterscheiden sind, die die Parömien in den Kontext einbetten und sie als solche kennzeichnen, und zwar: lexikalische Marker sowie Phrasen- und Satzmarker. Am häufigsten werden lexikalische Marker verwendet, wobei die Begriffe *пословица* ('Sprichwort') und *поговорка* ('sprichwörtliche Redensart') die höchste Gebrauchsfrequenz aufweisen. An zweiter Stelle stehen die sogenannten Phrasenmarker, unter denen die Nominalphrasen mit den weiter oben genannten zwei Begriffen zahlreiche Treffer erbracht haben. Relativ selten werden Sprichwörter von Satzmarkern begleitet, die ihrerseits ebenfalls die Termini 'Sprichwort', 'sprichwörtliche Redensart' und 'Volksweisheit' enthalten.

Infolge eines Abgleichs ausgewählter Sprichwortmarker mit ihrem Vorkommen im Korpus sind wir zu dem Schluss gekommen, dass die Analyse der Kookkurenzprofile von Phrasenmarkern gewiss zur Identifizierung noch nicht kodifizierter Sprichwörter beitragen kann.

In diesem Sinne hat die Studie gezeigt, dass noch weitere Untersuchungen in diesem Bereich notwendig und wünschenswert sind. Mit ihrer Hilfe können zum einen bereits bekannte und kodifizierte Sprichwörter sowie ihre Varianten validiert und zum anderen noch nicht als usuell angesehene Parömien ermittelt werden.

### *Anmerkungen*

1 'Wie die Volksweisheit besagt' (alle sprachlichen Daten wurden von Hrisztalina Hrisztova-Gotthardt übersetzt).

2 Der bulgarische Begriff *пословица* steht für 'Sprichwort'. Allerdings – wie dies auch die qualitative Bewertung der Korpusbelege gezeigt hat – wird des Öfteren für die Bezeichnung von Sprichwörtern fälschlicherweise der Terminus *поговорка* ('sprichwörtliche Redensart') verwendet.

3 'die alte Redensart'

4 'die volkstümliche Redensart'

5 'der Regel folgend'

6 'vom Prinzip ausgehend'

7 'Aber wie die Volksweisheit besagt …'

8 'Es gibt ein Sprichwort, das besagt …'

9 'In der Bibel steht, dass es nichts Neues unter der Sonne gibt.'

10 'In der Heiligen Schrift steht geschrieben: Auge um Auge, Zahn um Zahn.'

11 Eine Suche im Internet ergab 229 Treffer für *Кокошка и жена синор нямат*, 270 Treffer für *Очи, дето се не виждат – забравят се* und seine Varianten sowie 100 Treffer für *Лаком гъз – кръв сере*.

12 'Eine Henne und eine Frau beachten keine Raine.'

13 'Augen, die man nicht sieht, vergisst man.'

14 'Ein unersättlicher Arsch scheißt Blut.'

### *Bibliografie*

Burger, Harald. [3]2007 [[1]1998]. *Phraseologie: Eine Einführung am Beispiel des Deutschen.* 3., neu bearb. Aufl. Berlin: Erich Schmidt (Grundlagen der Germanistik, 36).

Ďurčo, Peter. 2002. "Parömiologische Konnektoren oder 'Wie der Volksmund so schön sagt'." In: Elisabeth Piirainen & Ilpo Tapani Piirainen (Hgg.). *Phraseologie in Raum und Zeit: Akten der 10. Tagung des Westfälischen Arbeitskreises Phraseologie/Parömiologie (Münster, 2001)*. Baltmannsweiler: Schneider-Verl. Hohengehren (Phraseologie und Parömiologie, 10), 203–212.

Hrisztova-Gotthardt, Hrisztalina & Zoltán Gotthardt. 2012. "Sprichwörter im Bulgarischen nationalen Korpus." *Proverbium: Yearbook of International Proverb Scholarship* 29, 25–36.

Lemnitzer, Lothar & Heike Zinsmeister. [2]2010 [[1]2006]. *Korpuslinguistik: Eine Einführung*. 2., durchges. und aktualisierte Aufl. Tübingen: Narr (Narr-Studienbücher, o.Nr.).

Scherer, Carmen. 2006. *Korpuslinguistik*. Heidelberg: Winter (Kurze Einführungen in die germanistische Linguistik, 2).

Steyer, Kathrin. 2012. "Sprichwortstatus, Frequenz, Musterbildung: Parömiologische Fragen im Lichte korpusmethodischer Empirie." In: Kathrin Steyer (Hg.). *Sprichwörter multilingual: Theoretische, empirische und angewandte Aspekte der modernen Parömiologie*. Tübingen: Narr (Studien zur deutschen Sprache, 60), 287–314.

Umurova, Gulnas. 2005. *"Was der Volksmund in einem Sprichwort verpackt ...": Moderne Aspekte des Sprichwortgebrauchs anhand von Beispielen aus dem Internet*. Bern: Peter Lang (Sprichwörterforschung, 24).

# Sprichwörter in einem allgemeinen elektronischen Wörterbuch: Theoretische und methodische Überlegungen anhand deutsch-slowenischer Sprachdaten in mehrsprachigen Online-Wörterbüchern von PONS

*Vida Jesenšek*

## 1 Einleitung

Die lexikografische Erfassung von (deutschen) Sprichwörtern (SW) in neueren allgemeinen ein- und zweisprachigen sowie speziellen phraseologischen Wörterbüchern wurde bisher in mehreren kritisch-analytischen bzw. theoretisch-methodischen Arbeiten erörtert, vgl. v.a. Grzybek (1984 & 1992), Mieder (1984 & 1986 & 1989 & 1999 & 2003), Wotjak und Dobrovol'skij (1996), Kispál (1999a & 1999b & 2000 & 2007), Korhonen (2004 & 2009 & 2011), Albertsson und Korhonen (2004). Die Autoren verweisen auf identische oder zumindest vergleichbare makro- und mikrostrukturelle Problembereiche, die meines Wissens bis dato weitgehend noch nicht behoben werden konnten.

Als lexikografietheoretisch zu wenig reflektiert und methodisch-methodologisch fraglich gilt in vielen Fällen die *äußere Selektion*; unbekannt bzw. schwer nachvollziehbar sind also das jeweilige SW-Verständnis und Kriterien für die Auswahl der SW für das jeweilig analysierte Wörterbuch. Die wichtigste Beobachtung dazu ist, dass deutliche Zusammenhänge zwischen der SW-Auswahl und den anvisierten Zielen eines jeden Wörterbuchs meist nicht identifizierbar sind und ebenso, dass die erfassten SW eher ausnahmsweise den aktuellen (deutschen) SW-Gebrauch widerspiegeln.[1] Wie Korhonen (2004 & 2009) anhand der Daten aus den deutsch-schwedischen bzw. deutsch-finnischen Wörterbüchern feststellt, trägt auch die Existenz anderssprachiger strukturidentischer SW-Äquivalente nicht unbedingt dazu bei, solche SW in einem zweisprachigen Wörterbuch systematisch zu erfassen. So kann dieser Aspekt der bisherigen lexikografischen Erfassung von SW als theoretisch-methodisch unzulänglich betrachtet werden. – Zu einem weiteren Problembereich zählt die *Lemmatisierung*, d.h. die Festlegung der lexikografischen Nennform eines SW und die Entscheidung über seine Zuordnung zu einem oder zu mehreren Einzellexemen aus der Lemmaliste des jeweiligen Wörterbuchs, die als SW-Komponenten vorkommen. Hierzu stellt man fest, dass die Nennformen auch im Rahmen eines Wörterbuchs uneinheitlich sein können, dass sonst usuelle SW-Varianten eher ausnahmsweise dokumentiert sind und ebenso, dass die Zuordnung zu den lemmatisierten SW-Komponenten sowie die artikelinterne Positionierung und Anordnung in der Regel sehr unsystematisch erfolgen. – Schließlich ist die Kritik der gängigen Lexika auf die semantisch-pragmatischen SW-Aspekte gerichtet: Fehlende oder unzutreffende Bedeutungserläuterungen sowie methodologisch arbiträre und manchmal fragliche anderssprachige Äquivalentangaben sprechen dafür, dass die lexikografische Erfassung von SW nach wie vor auch in semantisch-pragmatischer Hinsicht zu wünschen übrig lässt.

Einige der genannten Aspekte der Parömiografie werden in diesem Beitrag erneut diskutiert.[2] Die empirische Grundlage liefert die lexikografische Erfassung von SW im allgemeinen mehrsprachigen (im Prinzip jeweils zweisprachigen) Online-Wörterbuch *PONS.eu: The Online Dictionary* (o.J.).[3] Im Fokus steht die Präsentation der SW für das Sprachenpaar Deutsch-Slowenisch, wobei hauptsächlich zwei Ziele verfolgt werden: (1) Der Beitrag will zur Verbesserung der parömiografischen Erfassung des Slowenischen, der Muttersprache der Autorin, beitragen, und (2) möchte er als Weiterführung der parömiografietheoretischen Diskussion verstanden werden. Als Ausdruck meiner Hochachtung widme ich ihn dem Jubilar Prof. Dr. Wolfgang Mieder, der sich in seiner umfangreichen wissenschaftlichen Arbeit auch mit Aspekten der lexikografischen Erfassung von SW auseinandergesetzt hat und dessen unendliche Energie, Enthusiasmus und Liebe zur Parömiologie, dessen großes Herz und ebenso feinen Humor ich nur bewundern kann.

Nachfolgend werden somit ausgewählte makro- und mikrostrukturelle Problembereiche der lexikografischen Erfassung von SW im PONS dargelegt, mit deutsch-slowenischen Beispielen illustriert und hauptsächlich aus der Benutzungsperspektive und vor dem Hintergrund der gegenwärtigen elektronischen Lexikografie kritisch-analytisch diskutiert. Der Beitrag endet mit einigen Schlussgedanken zur künftigen Entwicklung und Erarbeitung von PONS- und vergleichbaren Online-Wörterbüchern.

## 2 SW im PONS Online-Wörterbuch Deutsch-Slowenisch/ Slowenisch-Deutsch

Wie in der Einleitung kurz skizziert, sind Probleme der lexikografischen Erfassung von SW sowohl makro- als auch mikrostruktureller Art. Anhand der Sprachdaten aus dem deutsch-slowenischen bzw. slowenisch-deutschen PONS Online-Wörterbuch werden einige davon nachfolgend erörtert.

### *2.1 Makrostrukturelle Problembereiche*

#### 2.1.1 SW als Wörterbuchgegenstand

Liest man die wörterbucheigenen Außentexte, so erfährt man nicht viel über die SW, die aber in den allgemeinen PONS-Wörterbüchern (und so auch in der betrachteten Online-Ausgabe) vertreten sind. Auch nach der Lektüre der relativ umfangreichen Hinweise für die Benutzung und sonstiger Außentexte (die nebenbei bemerkt sehr vielfältig sind) bleiben das wörterbucheigene SW-Verständnis und die eventuell festgelegten redaktionellen Auswahlkriterien weitgehend unklar. Evident ist nur, dass SW mit sonstigen syntagmatischen Konstruktionen (nichtsatzwertigen Phrasemen, Kollokationen, lexikografischen Beispielen bzw. Belegen) unter dem allgemeinen Begriff *Wendung* subsummiert werden.[4]

Man muss aber festhalten, dass die meisten SW innerhalb der jeweiligen Artikelstruktur explizit als solche markiert sind; das geschieht durch die nachgestellte, d.h. linksadressierte Angabe *Spr* (sl. *prov* (!) – *preg* (*pregovor* ['Sprichwort']) wäre hier richtig). Allerdings wird diese durchaus geeignete und auch sonst tradierte Praxis aber nicht systematisch angewendet; die Markierung kann fehlen oder SW werden fallweise auch mit *ekspr* oder *fig* markiert (beide Angaben werden im PONS als "bildlich, übertragen, figurativ" aufgelöst (!)), vgl. *Eine Hand wäscht die andere* Spr / *Roka roko umije* (ohne Markierung), *Zeit ist Geld* Spr / *Čas je denar* ekspr, *Die Zeit heilt alle Wunden* fig / *Čas celi vse rane* prov, *Kommt Zeit, kommt Rat* Spr / *Die Zeit heilt alle Wunden* fig, *Liebe macht blind* (ohne Markierung) / *Liebe geht durch den Magen* Spr.

Eine derartig inkonsequente Praxis ist aus lexikografischer Sicht wohl nicht vertretbar. Während mit *Spr* das lexikalische Phänomen gekennzeichnet wird, betrifft die Markierung mit *fig* bzw. *ekspr* die stilistische Charakteristik von SW. Darüber hinaus kann sie bei Benutzern Probleme bereiten. So ist z.B. nicht evident, ob die unmarkierte anderssprachige Äquivalentangabe auch eine Systemäquivalenz darstellt (also ein SW präsentiert) – aus der Sicht eines fremdsprachigen Benutzers in Lern- bzw. übersetzerischen Zusammenhängen, die laut Aussagen zu Zwecken und Funktionen von PONS zentral sind, ist das nicht unwichtig.[5] So wäre es notwendig, das Phänomen SW festzulegen und von andersartigen syntagmatischen Konstruktionen definitorisch abzugrenzen, die aufgenommenen SW konsequent und einheitlich zu markieren (mit *Spr* bzw. *preg*) und die Angaben *ekspr* und *fig* (wenn im Fall der SW überhaupt) differenziert anzuwenden; all das würde zur Qualität des Wörterbuchs bedeutend beitragen.

### 2.1.2 Äußere Selektion

Wie anfangs angedeutet, bleiben Kriterien für die Aufnahme der SW in ein Wörterbuch oft unbekannt bzw. sie lassen sich an der jeweiligen Praxis nicht nachvollziehen. Vergleichbares gilt auch für das hier betrachtete PONS-Wörterbuch. Konfrontiert man die aufgenommenen SW mit einer der vielen anderen Listen korpusempirisch überprüfter frequenter deutscher SW (Ďurčo, 2005:85–89 & 2006), so werden 20 der 50 SW mit den höchsten Frequenzwerten im PONS nicht erfasst, darunter u.a. *Gut Ding will Weile haben*, *Guter Rat ist teuer*, *Der Zweck heiligt die Mittel*, *Man kann nicht auf zwei Hochzeiten tanzen*, *Ehre, wem Ehre gebührt*, *Der Weg ist das Ziel*, *Man soll die Feste feiern, wie sie fallen*, *Gelegenheit macht Diebe* u.a.[6]

Auch sind Zusammenhänge zwischen der SW-Aufnahme in das PONS-Wörterbuch und der vorhandenen anderssprachigen Volläquivalenz nicht nachvollziehbar; solche interlingualen SW-Paare können aufgenommen werden, wie z.B. *Wer sucht der findet* / *Kdor išče, ta najde*, *Wo ein Wille ist, ist auch ein Weg* / *Kjer je volja, tam je pot*, oder sie werden nicht verzeichnet, vgl. *Wenn zwei sich streiten, freut sich der Dritte* / *Kjer se prepirata dva, tretji dobiček ima*, *Ein leerer Sack bleibt nicht stehen* / *Prazna vreča ne stoji pokonci*.

Dagegen sind ausgangssprachliche SW verzeichnet (und mit einer Bedeutungsparaphrase versehen), die in der Zielsprache keine direkte Systemäquivalenz aufweisen, vgl. *Kommt Zeit, kommt Rat* / *S časom se bo že našla rešitev* ('Mit der Zeit findet sich eine Lösung').

Betrachtet man diese Praxis vor dem Hintergrund der deklarierten Benutzungszusammenhänge, so wäre es von Vorteil, bei der SW-Selektion den Aspekt der Aktualität im gegenwärtigen Sprachgebrauch und den Aspekt der zwischensprachlichen Äquivalenz systematisch und konsequent zu berücksichtigen. Das heißt, dass im Hinblick auf das Sprachenlernen gegenwärtig aktuelles Sprichwortgut und die Übersetzung betreffend bestehende zwischensprachliche System-Äquivalenz den Vorrang haben.

### 2.1.3 Lemmatisierungsprinzipien

Die Festlegung der lexikografischen Nennform eines SW und seine Zuordnung zu einem oder zu mehreren Einzellexemen aus der Lemmaliste des jeweiligen Wörterbuchs, die als SW-Komponenten vorkommen, setzt genaue methodologisch-methodische redaktionelle Richtlinien voraus. Beobachtet man die Praxis in PONS, so muss man feststellen, dass diese entweder nicht vorliegen, oder sie werden nicht konsequent berücksichtigt. Auf hauptsächliche Mängel wird nachfolgend nur skizzenhaft eingegangen.

Die Bestimmung der Nennform ist vor allem wegen der Variabilität vieler SW schwierig. Wenn es gilt, dass SW weitgehend Realisierungen syntaktischer Modellstrukturen und inhaltlicher Benennungsmodelle sind,[7] so verleitet diese Eigenschaft geradezu zur Bildung von Varianten (und textuellen bzw. okkasionellen Modifikationen). Die Neigung der SW zur Variation wurde in der bisherigen lexikografischen Praxis recht wenig berücksichtigt, obgleich die Phraseologie- bzw. Parömiologieforschung hierzu bedeutende und empirisch gesicherte Resultate geliefert hat (vgl. u.a. Kispál, 1999a; Ďurčo, 2003 & 2005; Korhonen, 2011 [in mehreren Beiträgen]; Steyer, 2012; Jesenšek, 2012) und für die Erhebung aktueller Daten für viele Sprachen umfangreiche Textkorpora zur Verfügung stehen.

Das Variabilitätspotenzial von SW zeigt sich sowohl in quantitativer Hinsicht (Kürzung oder Erweiterung der SW-Struktur, vgl. *Doppelt hält besser / Doppelt genäht hält besser*) wie auch in qualitativer Hinsicht (einzelne SW-Komponenten sind austauschbar, vgl. *Die dümmsten Bauern haben/ernten die dicksten/größten Kartoffeln* oder sie sind flexionsmorphologisch variant, vgl. *Ausnahmen bestätigen die Regel / Die Ausnahme bestätigt die Regel*). Laut der neuesten Korpusdaten zum textuellen SW-Gebrauch im heutigen Deutsch (vgl. OWID, o.J.; SprichWort, o.J.) sollte man bei manchen SW sogar eine zum Teil offene Musterstruktur zulassen, aufgrund deren textuelle Sprichwortmodifikationen entstehen, vgl. *Geld regiert die Welt*: *X regiert die Welt* bzw. *Geld regiert X*.

Das PONS-Wörterbuch dokumentiert die SW-Varianten eher zufällig und unreflektiert; das zeigt sich vor allem anhand uneinheitlicher Nennformen eines SW in der ausgangssprachlichen bzw. zielsprachlichen Position, vgl. *Ausnahmen bestätigen die Regel / Izjema potrjuje pravilo* (de-sl), *Izjema potrjuje pravilo / Eine Ausnahme bestätigt die Regel* (sl-de), *Die Zeit heilt alle Wunden / Čas celi rane* (de-sl), *Čas celi vse rane / Die Zeit heilt alle Wunden* (sl-de).

Man hat den Eindruck, dass die im PONS übliche Ausdrucksweise, wonach mit dem Ausdruck *Übersetzung* eigentlich anderssprachige Äquivalenz gemeint ist, auch auf die Festlegung der Nennform des zielsprachigen SW-Äquivalents Einfluss nimmt, vgl. *Wer zuerst kommt, mahlt zuerst / Kdor prvi pride, prvi melje* ('Wer zuerst kommt, mahlt zuerst'); die slowenischen Korpusdaten dokumentieren hierbei jedoch häufiger die Variante *Kdor prej pride, prej melje* ('Wer früher kommt, der mahlt früher').

Die Erfassung der usuellen Variation kann auch völlig fehlen, vgl. *Die dümmsten Bauern haben die größten Kartoffeln* (PONS) / *Die dümmsten Bauern haben/ernten die dicksten/größten Kartoffeln*; *Der dümmste Bauer hat die dicksten Kartoffeln* (OWID, o.J.; SprichWort, o.J.).

Die Zuordnung eines SW zu einem oder zu mehreren Einzellexemen, die als SW-Komponenten vorkommen, erfolgt im PONS ebenso weniger systematisch. Die von der Phraseologieforschung empfohlene Regelung, SW nach dem morphologischen Kriterium unter dem ersten Substantiv, Adjektiv, Adverb, Verb einzuordnen (vgl. u.a. Korhonen, 2004 & 2009), wird nur stellenweise befolgt; zudem ist eine Mehrfachlemmatisierung möglich, vgl. *Ausnahmen bestätigen die Regel* (unter *Ausnahme*) / *Izjema potrjuje pravilo* (unter dem ersten Subst. *izjema*), *Kleider machen Leute* (unter *Kleid*) / *Obleka naredi človeka* (unter dem zweiten Subst. *človek*), *Viele Köche verderben den Brei* (unter *Koch*) / *Veliko babic, kilavo dete* (unter dem Adj. *kilav*, obgleich das SW zwei substantivische Komponenten [*babica, dete*] enthält), *Übung macht den Meister* (unter *Übung*) / *Vaja dela mojstra* (unter den beiden Subst. *vaja* und *mojster*), *Wer zuerst kommt, mahlt zuerst* (unter *zuerst* und *kommen*).

Aus der Benutzerperspektive und aufgrund der Tatsache, dass in einem elektronischen Wörterbuch wie PONS der Platz prinzipiell nicht beschränkt ist, wäre eine konsequent durchgeführte Mehrfachlemmatisierung wahrscheinlich die benutzerfreundlichste Entscheidung, zumal dadurch die Auffindbarkeit eines SW optimiert sowie eine intuitive Suche beim Benutzer ermöglicht wäre, die ansonsten durch notwendige morphologische Vorkenntnisse bedingt ist. Eine identische SW-Nennform in allen Wörterbuchpositionen wäre dafür allerdings die notwendige Voraussetzung.

## 2.2 *Mikrostrukturelle Problembereiche*

### 2.2.1 Artikelinterne Positionierung

Viele allgemeine ein- und zweisprachige Lexika positionieren SW unter den sog. Beispielen bzw. in einem parömiologischen Nest am Ende des jeweiligen Wörterbuchartikels, wobei diese nach relativ komplizierten morphosyntaktischen Anordnungsprinzipien aufgezählt werden (vgl. Korhonen, 2004 & 2009). Im PONS-Wörterbuch wird dieses Prinzip in vielen Artikeln berücksichtigt, obgleich manchmal auch nur teilweise. So werden z.B. im Artikel zum Lemma *Liebe* drei SW angegeben: *Liebe macht blind* (ohne Markierung als SW und nicht am Ende des Artikels), *Liebe geht durch den Magen*, *Alte Liebe rostet nicht* (mit Markierung *Spr* und am Ende des Artikels).

Eine weitere und nach meinem Wissen unikale Praxis ist die Positionierung der SW in einem gesondert nummerierten Artikelteil, vgl. hierzu den Artikel zum sl. Lemma *oko* ('Auge'): (1) *oko* anat: […]; (2) *oko* ekspr: (es folgen Angaben verschiedenartiger idiomatischer Verwendungen des Lexems *oko*); (3) *oko* prov: (darunter werden drei SW mit dem Lexem *oko* als Komponente angegeben).

Es ist evident, dass die mitunter inkonsequente Anordnung der SW innerhalb der Wörterbuchartikelstruktur mit der inkonsequenten *Spr*-Markierung bzw. fehlenden wörterbucheigenen SW-Definition zu tun hat.

### 2.2.2 SW-Semantik

Die lexikografische Präsentation der SW-Semantik in einem zweisprachigen Wörterbuch erfasst üblicherweise die Angabe des anderssprachigen Äquivalents und gelegentlich auch eine Bedeutungsbeschreibung und ein Beispiel. Die überwiegende Praxis im PONS ist die Angabe des zielsprachlichen SW-Äquivalents, während Bedeutungsbeschreibungsangaben augenscheinlich immer dann vorkommen, wenn für das ausgangssprachliche SW kein zielsprachliches Systemäquivalent vorliegt (oder nicht gefunden wurde), vgl. *Eine Hand wäscht die andere / Roka roko umije* (ausgangssprachliches SW / zielsprachliches äquivalentes SW), *Kommt Zeit, kommt Rat / s časom se bo že našla rešitev* (ausgangssprachliches SW / zielsprachliche Bedeutungsparaphrase).

Mitunter scheint die sog. Bedeutungsparaphrase eher eine (fast) wörtliche Übersetzung zu sein, vgl. *Not macht erfinderisch / Pomankanje pripomore k iznajdljivosti* (ausgangssprachliches SW / zielsprachliche Übersetzung); manchmal zeigt sich die Unsicherheit (?) bei der Äquivalenzfindung darin, dass für ein ausgangssprachliches SW ein Systemäquivalent (SW) und ein semantisch entsprechendes Phrasem angegeben werden, vgl. *Das ist so sicher wie das Amen in der Kirche / To je gotovo kot amen v očenašu* (ausgangssprachliches SW / zielsprachliches SW), *Das ist so sicher wie das Amen in der Kirche / drži kot pribito* (ausgangssprachliches SW / zielsprachliches Phrasem).

Man sieht also, dass die Bedeutungsbeschreibung nur bei fehlender SW-Äquivalenz vorliegt. Hierin wäre Korhonen (2004 & 2007) zuzustimmen, der auch bei der vorhandenen SW-Äquivalenz für Bedeutungserläuterungen plädiert. In Sprachlern- und übersetzerischen Zusammenhängen wäre eine solche Praxis gewinnbringend. In diesem Beitrag wird für eine "gebrauchsspezifische" Bedeutungsbeschreibung plädiert, die auch Elemente der Pragmatik einbezieht/einbeziehen kann (situationsspezifischer Gebrauch, Besonderheiten der üblichen Sprecher-Konstellation, konnotative Aspekte der SW-Bedeutung u. dgl.), vgl.

> "Eine Hand wäscht die andere / Sagt man dafür, dass das Entgegenkommen der einen Seite häufig gewisse Gegenleistungen der anderen Seite erfordert und somit ein gemeinsamer Nutzen entsteht.
>
> In den Korpusbelegen wird das Sprichwort häufig auf negative Handlungen wie illegale oder kriminelle Machenschaften bezogen" (Beispiel aus OWID, o.J.; SprichWort, o.J.).

Schließlich wäre eine semantisch-pragmatische Kommentierung immer dann notwendig, wenn zwischensprachliche Unterschiede in Frequenz, Pragmatik und Stilistik vorliegen; vgl. das folgende SW, welches im Slowenischen, da Adelige in Slowenien selten sind, eher negativ konnotiert ist: *Adel verpflichtet / Noblesse oblige* (*Odličnost zavezuje* wäre übrigens die sl. SW-Äquivalenz).

## 3 Fazit und Ausblick

Im Beitrag wurden einige makro- und mikrostrukturelle Problemstellen erörtert, die anhand der lexikografischen Erfassung der SW im deutsch-slowenischen bzw. slowenisch-deutschen Online-Wörterbuch von PONS beobachtet werden können. Es wurde sodann jeweils kurz angedeutet, wie die Qualität des Wörterbuchs verbessert werden könnte. Zwei grundlegende Feststellungen fallen dabei ins Auge: (1) Das Phänomen SW wird als Wörterbuchgegenstand theoretisch nicht definiert, was mehrere negative Auswirkungen auf die Erfassung und Bearbeitung von SW hat, und (2), methodisch-methodologische Prinzipien zur Erhebung von Sprachdaten, Festlegung der wörterbucheigenen Makrostruktur und Ausarbeitung der jeweiligen Mikrostrukturen sind für den Benutzer nicht nachvollziehbar.

In der traditionellen Lexikografie spielen linguistische Phänomene (so auch SW) eine zentrale Rolle – man geht bei der Konzipierung und Realisierung eines Wörterbuchs davon aus. Obgleich die neueste Lexikografieforschung in das Zentrum und zum Ausgangspunkt lexikografischer Prozesse Informationsbedürfnisse der anvisierten Benutzer stellt (vgl. u.a. Gouws, 2011), wird dabei nicht vergessen, dass das lexikografische Informationsangebot nicht ohne die Berücksichtigung linguistischer Parameter auskommen kann. Kennzeichnend dazu ist z.B. die Feststellung Leroyers, wonach drei Parameter für die Beschreibung von lexikografischen Informationsangeboten gleich wichtig sind: "the user, the access and the data parameters" (2011:28).

Die sog. Demokratisierung der heutigen lexikografischen Praxis, wonach viele elektronische Wörterbücher durch kollaborative Mitwirkung der interessierten Benutzer entstehen und diese auch im betrachteten PONS-Wörterbuch umgesetzt wird, kann als eine Art der Deprofessionalisierung eines Fachbereichs interpretiert werden und eröffnet erneut die Frage danach, welche Rolle dabei die Redaktion hat bzw. haben sollte. Die Einträge im PONS sollten redaktionell bearbeitet und geprüft werden, um dadurch die Qualität sicherzustellen. Die Aussage im Impressum des PONS-Portals, wonach die Redaktion keine Verantwortung für die Richtigkeit von Angaben, Daten etc. übernimmt, ist unter der Perspektive einer professionellen lexikografischen Praxis einfach nicht vertretbar. Jeder Lexikograf trägt nämlich verschiedene Verantwortlichkeiten für sein jeweiliges Produkt, er haftet vor allem für die Richtigkeit und Korrektheit der präsentierten Sprachdaten, und der Benutzer hat vor allem ein Recht auf ein zuverlässiges und qualitätsvolles Wörterbuch (vgl. Wiegand & Jesenšek, 2006). Somit wäre es notwendig und von allgemeinem Gewinn, für die prinzipiell zu begrüßende Mitwirkung der Sprachinteressierten bei der Erstellung von elektronischen Wörterbüchern eine verbindliche theoretisch-methodische Basis festzulegen und ihre Arbeit redaktionell intensiv zu betreuen.

## *Anmerkungen*

1 Untersuchungsergebnisse zur Bekanntheit und Geläufigkeit deutscher SW, die inzwischen vorliegen, vgl. u.a. Baur und Chlosta (1994), Ďurčo (2001 & 2005), Hallsteinsdóttir, Šajánková und Quasthoff (2006), SprichWort (o.J.), blieben in der praktischen Lexikografie mit Deutsch bisher mehr oder weniger unberücksichtigt.

2 Der Beitrag entstand im Rahmen des Forschungsprojekts *Phraseologie der deutschen Sprache: Deutsch-slowenische interkulturelle und kontrastive Aspekte* (J6-3601, Projektleitung Vida Jesenšek). Das Projekt wurde im Zeitraum von 2010 bis 2013 von der slowenischen Forschungsagentur (ARRS) finanziert.

3 Es handelt sich eigentlich um einzelne miteinander integrierte Online-Wörterbücher für 12 Sprachen, von denen Deutsch als Ausgangssprache und die anderen Sprachen als Zielsprachen betrachtet werden können.

4 So liest man, dass die Lexik-Datenbanken von PONS "ca. 12 Mio. Stichwörter, Wendungen und Übersetzungen in den Sprachen Englisch, Französisch, Spanisch, Italienisch, Polnisch, Russisch, Slowenisch, Deutsch, Griechisch, Portugiesisch, Türkisch und Latein" enthalten (<http://de.pons.eu/specials/cms/faq> [05.08.2013]). – Dass SW von den sonstigen syntagmatischen bzw. idiomatischen Konstruktionen phänomenologisch nicht differenziert werden, zeigt sich auch in der Anleitung für freiwillige Wörterbuchmitarbeiter (das *OpenDict*; das Wörterbuch entsteht nämlich auch [oder sogar hauptsächlich (?)] unter Mitwirkung der interessierten Benutzer): "Bei der Eingabe von Wendungen, Beispielsätzen und Sprichwörtern bitte standardisierte Abkürzungen wie jd = jemand, sb = somebody, etc. verwenden" (<www.pons.de/pons/opendictanleitung/> [05.08. 2013]). Nebenbei bemerkt: Der redaktionelle Hinweis kann SW nicht ohne Weiteres betreffen, zumal diese als relativ stabile Satzstrukturen (Mikrotexte) keine offenen valenzbedingten syntaktischen Stellen bzw. beliebigen Komponenten aufweisen – abgesehen von einigen sehr variablen, in PONS aber nicht dokumentierten SW-Modellen wie z.B. *Zeit ist Gold* vs. *X ist Gold* vs. *Zeit ist X* (vgl. u.a. Steyer, 2012; Jesenšek, 2012). Die fehlende Begriffsbestimmung und dessen Abgrenzung von andersartigen Syntagmen (alles sind *Wendungen*) hat schließlich auch eine eher verwirrende Terminologie zur Folge, vgl. z.B. die Aussage zur Suche im Wörterbuch: "Es besteht die Möglichkeit nach typischen Wortverbindungen (z.B. *to tackle a problem*), ganzen Redewendungen (z.B. *windows of the soul*) und idiomatischen Wendungen (z.B. *to give sb the bird*) direkt zu suchen" (<http://de.pons.eu/Hilfe> [05.08.2013]). Inwiefern sich eine Redewendung von einer idiomatischen Wendung unterscheidet, bleibt hierbei unklar.

5 Auf der Titelseite steht: "Auf PONS.eu finden Sie ein kostenloses Wörterbuch für die Übersetzung in viele Fremdsprachen. Das Online-Wörterbuch eignet sich durch seine redaktionell geprüfte Qualität besonders für den Einsatz an Schule, Hochschulen oder Sprachschulen in gleichem Maße, aber auch für den Einsatz im Büro und den privaten Gebrauch" (o.J.).

6 Die genannten SW erscheinen auch auf der SprichWort-Plattform (o.J.) bzw. im OWID-Sprichwörterbuch (o.J.), wo explizit darauf geachtet wurde, dass der gegenwärtige aktuelle Sprichwortgebrauch präsentiert wird.

7 Das Phänomen ist seit langem bekannt (vgl. hierzu Röhrich und Mieder (1977:61–63), wo mehr als 25 syntaktische SW-Modelle präsentiert werden) und primär kognitiv begründet. Die kognitive Linguistik spricht seit den 70er Jahren des 20. Jahrhunderts von der Formelhaftigkeit des Sprachgebrauchs, wonach dieser weitgehend aus vorgefertigten, komplexen und ganzheitlich gespeicherten formelhaften Sequenzen besteht. Dazu werden auch SW gezählt (vgl. Aguado, 2002).

## *Bibliografie*

Aguado, Karin. 2002. "Formelhafte Sequenzen und ihre Funktionen für den L2-Erwerb." *Zeitschrift für Angewandte Linguistik* 37, 27–49.

Albertsson, Andrea & Jarmo Korhonen. 2004. "Zur Darstellung von Sprichwörtern in deutsch-schwedischen Wörterbüchern." In: Csaba Földes (Hg.). *Res humanae proverbiorum et sententiarum: Ad honorem Wolfgangi Mieder*. Tübingen: Narr, 15–25.

Baur, Rupprecht S. & Christoph Chlosta. 1994. "Kennen Kinder heute noch Sprichwörter?: Überlegungen zur Altersgrenze in Arbeiten zur empirischen Parömiologie." In: Christoph Chlosta & Peter Grzybek & Elisabeth Piirainen (Hgg.). *Sprachbilder zwischen Theorie und Praxis: Akten des Westfälischen Arbeitskreises "Phraseologie/Parömiologie" (1991/1992)*. Bochum: Brockmeyer (Studien zur Phraseologie und Parömiologie, 2), 1–30.

Ďurčo, Peter. 2001. "Bekanntheit, Häufigkeit und lexikographische Erfassung von Sprichwörtern: Zu parömiologischen Minima für DaF." In: Annelies Häcki Buhofer & Harald Burger & Laurent Gautier (Hgg.). *Phraseologiae amor: Aspekte europäischer Phraseologie. Festschrift für Gertrud*

*Gréciano zum 60. Geburtstag*. Baltmannsweiler: Schneider-Verl. Hohengehren (Phraseologie und Parömiologie, 8), 99–106.

----------. 2003. "Empirische Daten zur Sprichwörtervariabilität." In: Harald Burger & Annelies Häcki Buhofer & Gertrud Gréciano (Hgg.). *Flut von Texten – Vielfalt der Kulturen: Ascona 2001 zur Methodologie und Kulturspezifik der Phraseologie*. Baltmannsweiler: Schneider-Verl. Hohengehren (Phraseologie und Parömiologie, 14), 83–95.

----------. 2005. *Sprichwörter in der Gegenwartssprache*. Trnava: Univerzita sv. Cyrila a Metoda.

----------. 2006. "Methoden der Sprichwortanalysen oder auf dem Weg zum Sprichwörter-Optimum." In: Annelies Häcki Buhofer & Harald Burger (Hgg.). *Phraseology in Motion I: Methoden und Kritik. Akten der Internationalen Tagung zur Phraseologie (Basel, 2004)*. Baltmannsweiler: Schneider-Verl. Hohengehren (Phraseologie und Parömiologie, 19), 3–20.

Gouws, H. Rufus. 2011. "Learning, Unlearning and Innovation in the Planning of Electronic Dictionaries." In: Pedro A. Fuertes-Olivera & Henning Bergenholtz (Hgg.). *E-Lexicography: The Internet, Digital Initiatives and Lexicography*. London u.a.: Continuum, 17–29.

Grzybek, Peter. 1984. "Zur lexikographischen Erfassung von Sprichwörtern." In: Peter Grzybek & Wolfgang Eismann (Hgg.). *Semiotische Studien zum Sprichwort – Simple Forms Reconsidered I.* Tübingen u.a.: Narr, 345–350.

----------. 1992. "Probleme der Sprichwort-Lexikographie (Parömiographie): Definition, Klassifikation, Selektion." In: Gregor Meder & Andreas Dörner (Hgg.). *Worte – Wörter – Wörterbücher: Lexikographische Beiträge zum Essener Linguistischen Kolloquium*. Tübingen: Niemeyer (Lexicographica: Series Maior, 42), 195–223.

Hallsteinsdóttir, Erla & Monika Šajánková & Uwe Quasthoff. 2006. "Phraseologisches Optimum für Deutsch als Fremdsprache: Ein Vorschlag auf der Basis von Frequenz- und Geläufigkeitsuntersuchungen." *Linguistik online* 27/2, 117–136.

Jesenšek, Vida. 2012. "Sprichwörter aus (kontrastiv-)linguistischer, lexikografischer und didaktischer Sicht: Zum Projekt *SprichWort*." In: Kathrin Steyer (Hg.). *Sprichwörter multilingual: Theoretische, empirische und angewandte Aspekte der modernen Parömiologie*. Tübingen: Narr (Studien zur deutschen Sprache, 60), 275–286.

Kispál, Tamás. 1999a. "Sprichwortäquivalenz im allgemeinen zweisprachigen Wörterbuch." In: Annette Sabban (Hg.). *Phraseologie und Übersetzen: Phrasemata II*. Bielefeld: Aisthesis-Verl., 159–174.

----------. 1999b. "Sprichwörter im allgemeinen einsprachigen Wörterbuch." In: Peter Bassola & Christian Oberwagner & Guido Schnieders (Hgg.). *Schnittstelle Deutsch: Linguistische Studien aus Szeged. Festschrift für Pavica Mrazović*. Szeged: Grimm (Acta Germanica, 8), 85–97.

----------. 2000. "Sprichwörter in einem phraseologischen Wörterbuch." *Information Deutsch als Fremdsprache* 37, 367–375.

----------. 2007. "Sprichwörtersammlungen." In: Harald Burger & Dmitrij Dobrovol'skij & Peter Kühn & Neal R. Norrick (Hgg.). *Phraseologie: Ein internationales Handbuch der zeitgenössischen Forschung*. 1. Halbbd. Berlin u.a.: de Gruyter (Handbücher zur Sprach- und Kommunikationswissenschaft, 28,1), 414–423.

Korhonen, Jarmo. 2004. "Zur lexikografischen Erfassung von Sprichwörtern in einsprachigen deutschen Wörterbüchern." In: Christine Palm-Meister (Hg.). *EUROPHRAS 2000: Internationale Tagung zur Phraseologie vom 15.–18. Juni 2000 in Aske/Schweden*. Tübingen: Stauffenburg-Verl. (Stauffenburg Linguistik, [25]), 233–244.

----------. 2007. "Probleme der kontrastiven Phraseologie." In: Harald Burger & Dmitrij Dobrovol'skij & Peter Kühn & Neal R. Norrick (Hgg.). *Phraseologie: Ein internationales Handbuch der zeitgenössischen Forschung*. 1. Halbbd. Berlin u.a.: de Gruyter (Handbücher zur Sprach- und Kommunikationswissenschaft, 28,1), 574–589.

----------. 2009. "Sprichwörter und zweisprachige Lexikografie: Deutsch-schwedische und deutsch-finnische Wörterbücher im Vergleich." In: Csaba Földes (Hg.). *Phraseologie disziplinär und interdisziplinär*. Tübingen: Narr, 537–549.

----------. 2011. *Phraseologie und Lexikografie: Phraseologismen in ein- und zweisprachigen Wörterbüchern mit Deutsch*. Burlington, Vermont: The University of Vermont (Supplement Series of Proverbium: Yearbook of International Proverb Scholarship, 32).

Leroyer, Patrick. 2011. "Change of Paradigm: From Linguistics to Information Science and from Dictionaries to Lexicographic Information Tools." In: Pedro A. Fuertes-Olivera & Henning Bergenholtz (Hgg.). *E-Lexicography: The Internet, Digital Initiatives and Lexicography*. London u.a.: Continuum, 121–140.

Mieder, Wolfgang. 1984. "Geschichte und Probleme der neuhochdeutschen Sprichwörterlexikographie." In: Herbert Ernst Wiegand (Hg.). *Studien zur neuhochdeutschen Lexikographie V*. Hildesheim u.a.: Olms (Germanistische Linguistik, 84,3/6), 307–358.

----------. 1986. "'alle redensarten und sprüchwörter sind aus den quellen zu belegen': Sprichwörtliches im 'Deutschen Wörterbuch' der Brüder Grimm." *Muttersprache: Zeitschrift zur Pflege und Erforschung der deutschen Sprache* 96, 33–52.

----------. 1989. "Das Sprichwörterbuch." In: Franz Josef Hausmann & Oskar Reichmann & Herbert Ernst Wiegand & Ladislav Zgusta (Hgg.). *Wörterbücher: Ein internationales Handbuch zur Lexikographie*. 1. Teilbd. Berlin u.a.: de Gruyter, 1033–1044.

----------. 1999. "Sprichwörter in den größeren allgemeinen und phraseologischen Wörterbüchern Deutsch-Englisch/Englisch-Deutsch." In: Herbert Ernst Wiegand (Hg.). *Studien zur zweisprachigen Lexikographie mit Deutsch IV*. Hildesheim u.a.: Olms (Germanistische Linguistik, 143/144), 1–40.

----------. 2003. "Sprichwörter im GWDS." In: Herbert Ernst Wiegand (Hg.). *Untersuchungen zur kommerziellen Lexikographie der deutschen Gegenwartssprache I: "Duden: Das große Wörterbuch der deutschen Sprache in zehn Bänden". Print- und CD-ROM-Version*. Tübingen: Niemeyer (Lexicographica: Series Maior, 113), 413–436.

OWID. o.J. "OWID: Online-Wortschatz-Informationssystem Deutsch." <www.owid.de/wb/sprw/start.html> (05.08.2013).

PONS. o.J. "PONS.eu: The Online Dictionary." <http://en.pons.eu/> (05.08.2013).

Röhrich, Lutz & Wolfgang Mieder. 1977. *Sprichwort*. Stuttgart: Metzler (Sammlung Metzler, 154).

SprichWort. o.J. "SprichWort-Plattform (2008–2010)." <www.sprichwort-plattform.org/> (05.08.2013).

Steyer, Kathrin. 2012. "Sprichwortstatus, Frequenz, Musterbildung: Parömiologische Fragen im Lichte korpusmethodischer Empirie." In: Kathrin Steyer (Hg.). *Sprichwörter multilingual: Theoretische, empirische und angewandte Aspekte der modernen Parömiologie*. Tübingen: Narr (Studien zur Deutschen Sprache, 60), 287–314.

Wiegand, Herbert Ernst & Vida Jesenšek. 2006. "O družbeni odgovornosti znanstvene leksikografije." In: Marko Jesenšek & Zinka Zorko (Hgg.). *Jezikovna predanost: Akademiku prof. dr. Jožetu Toporišiču ob 80-letnici*. Maribor: Slavistično društvo u.a. (Zbirka Zora, 44), 361–378.

Wotjak, Barbara & Dmitrij Dobrovol'skij. 1996. "Phraseologismen im Lernerwörterbuch." In: Irmhild Barz & Marianne Schröder (Hgg.). *Das Lernerwörterbuch Deutsch als Fremdsprache in der Diskussion*. Heidelberg: Winter (Sprache – Literatur und Geschichte, 12), 243–264.

# Multiple Use of Proverbs in Discourse

*Anna Konstantinova*

## Introduction

In Anglo-American paremiology there exists a number of works mentioning the phenomenon of multiple application of proverbs. In his significant volume *Proverbs: A Handbook* Wolfgang Mieder distinguishes a group of proverb pieces of poetry including, for instance, the famous poem *Good Morning, America* by Carl Sandberg, and enumerates such poets, as Arthur Guiterman, Paul Muldoon, and others (2004:225). *An Anthology of English Proverb Poetry* came out in 2005 featuring the works by such outstanding authors, as Robert Frost, Emily Dickinson, Ambrose Bierce, Bob Dylan, and Paul McCartney ($15^{th}$–$21^{st}$ centuries) (Sobieski & Mieder, 2005). As Wolfgang Mieder points out, the tradition of this multiple use of proverbs dates back to the Middle Ages in Europe. The same tendency of bringing several multiple proverbs together in one small stretch of text is discussed in articles by A.L. Macfie and F. Macfie on Turkish poetry of the Ottoman Empire ($13^{th}$–$20^{th}$ centuries) (1989 & 2001).

It should also be stressed that this phenomenon is tightly linked to European iconographic art. Doubtlessly, the most outstanding and significant example is the painting entitled *The Netherlandish Proverbs* by Pieter Brueg(h)el the Elder featuring more than a hundred folklore idioms. When in the spring of 2004 the copy of the afore mentioned painting by Pieter Brueg(h)el the Younger happened to be exhibited at The University of Vermont, Wolfgang Mieder made a great scholarly event of the occasion by organizing an International Symposium on the Pieter Brueg(h)els, which welcomed such prominent scholars, as Alan Dundes, Margaret A. Sullivan, David Kunzle, and Yoko Mori.

In addition to that, a considerable list of works devoted to the study of proverbial motifs in iconographic art can be found in *Proverb Iconography: An International Bibliography* (Mieder & Sobieski, 1999).

Thus, I can state that multiple use of proverbs in discourse has been mentioned in scholarly literature with no special term introduced to distinguish the phenomenon. Nevertheless, these instances of multiple applications of proverbs are indeed invaluable material for both philological and discursive studies.

## Types of Multiple Use of Proverbs

My primary data sources for this paper include the discourse of public speaking and media discourse. It is possible to group all the cases into two types, proverb clusters and proverb collages.

*Proverb clustering* consists in insertion of two or more proverbs (standard and/or modified) into a non-proverb context. Thus, a blend of proverb and non-proverb texts emerges, as in the song *Innocent* by the Netherlandish dark wave band *Clan of Xymox*:

"And it's cold in here when you're all in tears
Your vision is in black and white, you feel so afraid
You fail to show your better half, it's such a shame
*Tomorrow's dream never comes*, it remains in shades
Remains in shades

*Sticks and stones break my bones* and it hurts too much
*Easy come and easy go, in love and war all seems fair*
But *it's better to have loved and lost than never to have loved at all*
Now I am holding ground
Now I am safe and sound

But *it's the last straw that breaks my back* and *life's too short*
*Handsome is as handsome does* and there's so much more
*A change is good as rest* they say and *all that glitters is not gold*
Now I am holding ground
Now I am safe and sound"

(cf. *Tomorrow never comes*; *Sticks and stones may break my bones, but words will never hurt me*; *Easy come, easy go*; *All is fair in love and war*; *It's better to have loved and lost than never to have loved at all*; *It's the last straw that breaks the camel's back*; *Handsome is as handsome does*; *A change is as good as a rest*; *All that glitters is not gold*)

I suggest referring to the second type as proverb collages which are entire texts or their structural parts composed of proverbs (standard and/or modified) and sometimes other easily recognized elements, like familiar quotations, proper names, and phraseologisms. Stretches of a narrator's speech can be occasionally inserted as well. In this type of multiple application of proverbs, paremias serve as ready-made linguistic units for the purposes of communication. The construction of proverb collages, thus, can be regarded as a method of building discourse. In my practical material proverb collages are found in popular song discourse related to poetic discourse known for this phenomenon since the Middle Ages. Consider the song *My Best Was Never Good Enough* by the famous American songwriter and performer Bruce Springsteen:

"*Every cloud has a silver lining, every dog has his day*
She said, 'Now don't say nothin'
If you don't have something nice to say'
*The tough, now they get going, when the going gets tough*
But for you my best was never good enough

'Now don't try for a home run, baby
If you can get the job done with a hit'
Remember, '*A quitter never wins and a winner never quits*'
'*The sun don't shine on a sleepin' dog's ass*'
And all the rest of that stuff
But for you my best was never good enough

'*If God gives you nothin' but lemons, then you make some lemonade*'
'*The early bird catches the fuckin' worm,*
*Rome wasn't built in a day*'

'*Now life's like a box of chocolates,*
*You never know what you're going to get*'
'*Stupid is as stupid does* and all the rest of that shit'

Come on pretty baby, call my bluff
'Cause for you my best was never good enough"

In the example given with the help of paremias and other familiar phrases the narrator tells the story of his unrequited love for a girl who failed to appreciate his attention – hence, the title *My Best Was Never Good Enough*. Though not a proverb, this phrase contains two elements 'good' and 'bad' juxtaposed in the popular traditional proverb *The good is the enemy of the best*. The lyrics of the song are made up of ten proverbs *Every cloud has a silver lining, Every dog has his day, The tough get going when the going gets tough, A quitter never wins, a winner never quits, The sun doesn't shine on a sleeping dog's ass, If life gives you lemons, make lemonade, The early bird catches the worm, Rome wasn't built in a day, Life is like a box of chocolates: you never know what you're gonna get, Stupid is as stupid does* and two familiar texts – the phrase known as "Thumper's rule" (*If you can't say something nice, don't say nothing at all*) and the phraseologism *home run* ('an impressive success').

First, I shall look at proverb clusters in more detail. Often enough these are composed of synonymous proverbs. Such convergence of paremias enhances the meaning and serves the purposes of semantic and/or emotional foregrounding. Consider the following example. George O'Malley, one of the characters in the American medical show *Grey's Anatomy*, regrets a "bad decision" he has made, and reveals it to spectators in an emotional speech of his:

"Opening voice-over [Dr. George O'Malley]: Okay so sometimes, even the best of us make rash decisions – bad decisions. Decisions we pretty much know we're gonna regret the moment, the minute – especially the morning after. I mean, maybe not 'regret' regret because at least, you know, we put ourselves out there but still, something inside us decides to do a crazy thing. A thing we know'll probably turn around and bite us in the ass yet we do it anyway. What I'm saying is: *We reap what we sow. What comes around goes around.* It's karma and, any way you slice it, *karma sucks*. Like I was saying [...] *payback's a bitch*" (*What Have I Done to Deserve This?* – 2,19).

Naturally, the ideas of the young doctor introducing the theme of the episode all come to the problem of retribution for one's wrongful doings and an excruciating feeling of remorse. George summarizes his narration with four synonymous proverbs – *We reap what we sow, What comes around goes around, Life sucks (and then you die), Payback's a bitch* – one of which he duly modifies in the context (*Life sucks – Karma sucks*). The proverb cluster helps the character reveal his emotional state, his repent and dreadful expectations of the inevitable nemesis.

Another type of proverb clusters is application of thematically linked proverbs, as is done in the song *Money Talks* by *The Alan Parsons Project* featuring four popular proverbs about money:

"*Money don't grow on a money tree*
The more you take the less for me
*Money don't buy what you really need*
It make an iceman cry, a stoneman bleed

But when you get right down to it, no matter who you are
*It rules your life like a virgin queen*
One day you might get over it, but in the meantime
*It rules the world like a green machine*

In the bank, in a box, *money talks*
In the black, on the rocks, *money talks, money talks*"

As I have mentioned above, proverb clusters can be made up of both standard and modified paremias. In the example cited, three out of four proverbs appearing in the verses are creatively transformed: *Money don't grow on a money tree* (cf. *Money doesn't grow on trees*), *Money don't buy what you really need* (cf. *Money can't buy happiness*), *It rules the world like a green machine* (cf. *Money runs the world / Money makes the world go round*). The fourth paremia used in the refrain *Money talks* remains unchanged. By bringing together these folklorized views in one small instance of a text the author of the lyrics depicts the ever true situation: Money still rules the world and has immense power over men craving more wealth to provide themselves with the desired material and nonmaterial benefits. Semantic foregrounding is, thus, the function the proverb cluster fulfills in this case.

Another type of paremic clusters is accumulation of semantically supportive proverbs in a certain context. In such semantic chains, proverbs fulfill the function of cognitive economy. One of the proverbs is typically used to mark the speaker's standpoint on some problem and is then followed by a proverb chain for its support or clarification. Consider the following example. In one of the *Grey's Anatomy* episodes two good friends George O'Malley and Izzie Stevens are involved in a conversation concerning the round sum of money Izzie inherited upon the death of the man she loved which she refuses to deposit in a bank. George is trying his best to convince her otherwise:

"George: I'm just saying […] *life is short*. *Cancer happens*. And *surgery happens*. You know just '*gather ye rosebuds*.' You *have 8.7 million rosebuds*, Izzie. You gotta *spend some rosebuds*. That's what I'm saying" (*Six Days* (2) – 312).

The cited example is not only peculiar for the proverb cluster it contains, but also for the fact that it features the two proverbs most frequently used in the discourse of this popular medical drama – *Life is short* and *Accidents happen*. George employs the latter twice modifying it each time ('accidents' – 'cancer'; 'accidents' – 'surgery'). The third proverb in the cluster *Gather ye rosebuds while ye may*, which summarizes the previous two, is developed into a sustained metaphor ("You have 8.7 million rosebuds, Izzie. You gotta spend some rosebuds."). By leaning on the popular truths, George is trying to show his friend the right path she should take. Proverbs in this case serve as succinct but powerful tools for the purpose.

The first verse of the song *Into the Fire* by the Finnish heavy metal band *Burning Point* begins with a proverb cluster as well:

"*Don't ask me no questions,*
*and I tell you no lies*
*Ignorance is a bliss*

Secrets of my life could light up the sky
And bring pain like a Judas' kiss"

With the paremia *Ask me no questions and I'll tell you no lies* the narrator addresses his beloved; the second proverb *Ignorance is bliss* follows to explain the first. The two succinct phrases are of great semantic value as they make a hint about the mysteries the girl should better not learn.

It has been noticed that creation of proverb clusters is often predetermined by the peculiarities of the discourse type. For instance, due to time limitations in the discourse of public speaking it is often required of the speaker to discuss certain things in a nutshell without going into too much detail, and thus present information in a compendious manner. When addressing her remarks at the *State of the World Forum* the founder of *The Children's Defense Fund* Marian Wright Edelman dwells on the issue of weapons and children's death in war zones. At the end of her speech she offers her own view on how the problem could be solved and introduces six practical steps for that. Here is the third:

> "Third: we must stop adult hypocrisy and *live what we preach. Our children do what we do and not just what we say.* Each of us must conduct regular personal audits and *make sure we are a part of the solution and not a part of the problem our children face.* If we tell or snicker at racial or gender jokes or acquiesce in practices that demean other human beings, *then we are a part of the problem.* If we are violent, our children will be violent. If we abuse drugs – including alcohol and tobacco – while telling our children not to, then we are contributing to our overly addicted societies. If we do not engage in regular service to others, our children will absorb our selfishness. *We must also preach better what we practice if it is good.*"

The proverb *Practice what you preach*, which frames the abstract, serves as its summary. The other two proverbs *Do as I say, not as I do* and *If you are not a part of the solution, you are part of the problem* intensify this important message.

As for proverb collages, it has already been stressed that composed of proverbs and/or familiar phrases they constitute the whole text or its meaningful structural part. In the song *A Stitch in Time* by the British rock band *Jethro Tull* the collage of three proverbs and an allusion to the children's poem *Who Killed Cock Robin?* (ca. 1770) appears in the refrains:

> "*A stitch in time saves nine.*
> Said Cock Robin from the wall.
> *It's an early bird catches the worm.*
> *Show a little pride before you fall.*"
>
> (cf. *A stitch in time saves nine*; *It's an early bird that catches the worm*; *Pride goes before the fall*)

The refrain as a recurrent compositional element of the song, frequently containing its message, is of the outmost semantic significance. That is why, I believe, the method of proverb collage is applied in the discussed song for it helps emphasize the narrator's advice to the younger audience.

The popular truths contained in proverbs are contested in the song with a speaking title *Lies* by the British punk rock band *Cock Sparrer*. The three verses are collages composed of standard and modified proverbs as well as multiple familiar phrases. The refrain consists of just one line, which is the narrator's comment to what is said in each verse – "It's a lie":

> "*Cheats never prosper*, *crime don't pay*, *the meek shall inherit* come judgment day,
> Peace in our time, *no pain no gain*, management decisions, insurance claims,
> *The slow but sure will always win it*, *there's one born every minute*
>
> It's a lie
>
> The cheque's in the post, you won't feel a thing, the power of prayer and the deadly sins,
> *You're as young as you feel*, your mother knows best, *the truth will out*, young man go west,
> *The end can justify the means*, God save the queen
>
> It's a lie
>
> *Breeding counts*, lambs to the slaughter, *who dares wins*, *blood's thicker than water*,
> Expense accounts, graduation days, *a friend in need*, *a spade's a spade*,
> The power and the glory, the country's burning, the lady's not for turning
>
> It's a lie"

As we can see, the first verse contains six proverbs or their elements: *Cheats never prosper*, *Crime doesn't pay*, *The meek shall inherit the earth*, *No pain, no gain*, *Slow but sure wins the race*, and *There is a sucker born every minute*. The collage in the second verse is made up of three proverbs: *You are as young as you feel*, *Murder will out*, *The end justifies the means* and seven remarkable familiar phrases. A widespread truism *Mother knows best* appears in it as well. In the first line we find two hack phrases which are in fact popular lies people resort to in order to comfort others: *The cheque's in the post/mail* and *You won't feel a thing*. Two religious concepts *Power of the prayer* and *Deadly sins* frequently used to manipulate people and two familiar quotes *Go West, young man* (Horace Greeley) and *God save the queen* also help build this collage. The third verse contains allusions to the proverbs *Birth is much but breeding is more*, *Call spade a spade*, two standard paremias *Blood is thicker than water*, *Who dares wins* and the truncated proverb *A friend in need is a friend indeed*. The idiom *lamb to the slaughter*, the reference to Graham Greene's novel *The Power and the Glory* alluding, in its turn, to the doxology from the Lord's Prayer, and Margaret Thatcher's momentous quote "the lady's not for turning" are applied to complete the collage under discussion.

## *Bibliography*

Macfie, A.L. & F. Macfie. 1989. "A Proverb Poem by Levni." *Asian Folklore Studies* 48/2, 189–193.

----------. 2001. "A Proverb Poem by Refiki." *Asian Folklore Studies* 60/1, 5–19.

Mieder, Wolfgang. 2004. *Proverbs: A Handbook.* Westport, Conn. et al.: Greenwood Press (Greenwood Folklore Handbooks).

Mieder, Wolfgang & Janet Sobieski. 1999. *Proverb Iconography: An International Bibliography.* New York et al.: Peter Lang.

Sobieski, Janet & Wolfgang Mieder (eds.). 2005. *"So Many Heads, So Many Wits": An Anthology of English Proverb Poetry.* Burlington, Vt.: The University of Vermont (Supplement Series of Proverbium: Yearbook of International Proverb Scholarship, 18).

# Angloamerikanische Sprichwörter im Deutschen und Finnischen

*Jarmo Korhonen*

## 1 Einleitung

In dem gewaltigen wissenschaftlichen Gesamtwerk, das Wolfgang Mieder bislang geschaffen hat, finden sich auch mehrere Aufsätze und Beiträge zur Verbreitung angloamerikanischer Sprichwörter in europäischen Sprachen, besonders im Deutschen (vgl. z.B. 1989 & 1993a & 1993b & 1998 & 2003 & 2004a & 2004b & 2005a & 2005b & 2006a & 2006b & 2010; Mieder & Bryan, 1983). In seinem inspirierenden Beitrag zur *EUROPHRAS*-Konferenz 2008 ermuntert er die Phraseologieforscher, die folgenden zwölf Sprichwörter in Bezug auf ihr Vorkommen in Europa genauer zu untersuchen und die Ergebnisse in dem von ihm herausgegebenen *Proverbium: Yearbook of International Proverb Scholarship* zu veröffentlichen (2010): (1) *An apple a day keeps the doctor away*; (2) *The early bird gets the worm*; (3) *Diamonds are a girl's best friend*; (4) *A dog is man's best friend*; (5) *Don't put all of your eggs into one basket*; (6) *Good fences make good neighbors*; (7) *The grass is always greener on the other side of the fence*; (8) *Don't swap horses in the middle of the stream*; (9) *A house divided against itself cannot stand*; (10) *The only good Indian is a dead Indian*; (11) *A picture is worth a thousand words*; (12) *It takes two to tango*. Hoffentlich ist es keine Enttäuschung für Wolfgang Mieder, wenn der vorliegende Beitrag bereits in der ihm gewidmeten Festschrift erscheint. Vielleicht könnte eine erweiterte Fassung später einmal in *Proverbium: Yearbook of International Proverb Scholarship* publiziert werden.

Zur Ermittlung deutscher und finnischer Entsprechungen der o.a. Sprichwörter wurden zunächst ein- und zweisprachige Allgemeinwörterbücher, ein- und mehrsprachige Phraseologiewörterbücher und Sprichwortdatenbanken sowie einsprachige Zitatenwörterbücher herangezogen. Darüber hinaus wurden finnische Entsprechungen in der elektronisch verwalteten Sprichwortsammlung des Zentrums für die Landessprachen Finnlands gesucht. Schließlich wurde mit Hilfe der Suchmaschine Google geprüft, welche Realisationen der deutschen und finnischen Entsprechungen heute (genauer: im April 2013) im Internet am häufigsten vorkommen. Für die Eruierung der lexikografischen Beschreibung der deutschen Sprichwortentsprechungen dienen die in Mieder (2010) angeführten Formen als Ausgangspunkt. Diesen Wörterbuchbelegen folgen die in Google gefundenen häufigsten deutschen Repräsentationen, anschließend werden die in Wörterbüchern und sonstigen benutzten Quellen anzutreffenden finnischen Formen angeführt.

## 2 Vorkommen der Sprichwörter

*(1) An apple a day keeps the doctor away*

Das erste Sprichwort, *An apple a day keeps the doctor away*, ist laut Mieder seit dem ersten Viertel des 20. Jahrhunderts bekannt und hat sich spätestens seit den frühen 1990er Jahren im Deutschen etabliert (2010:53). Von den verschiedenen Varianten, die Wolfgang Mieder für das Deutsche verzeichnet hat, kann *Ein Apfel pro Tag hält den Arzt fern* als Standardform angesehen werden. Es ist bemerkenswert, dass ein Äquivalent dieses Sprichworts mit einer Ausnahme (HL:50) nicht in die bekannten deutschen Wörterbücher aufgenommen wurde; die Form in HL lautet: *Ein Apfel am Tag hält den Doktor fern*. Diese Variante ist gegenwärtig auch die häufigste Realisation in Google.

In den finnischsprachigen Quellen kommt vor allem die Form *Omena päivässä pitää lääkärin loitolla* vor (vgl. z.B. SV:232–233, wo ein Beleg aus dem Jahr 1967, allerdings in der Form *Hedelmä päivässä* […] 'Eine Frucht am Tag […]', zitiert wird), eine andere (*Omena päivässä, niin lääkäri pysyy poissa*) ist nur in KL:285 und MK vorhanden. Das Äquivalent *Omena päivässä pitää lääkärin loitolla* kann sowohl im Hinblick auf die Lexikografie als auch das Internet als standardisierte Form betrachtet werden. Besonders interessant ist jedoch folgender Beleg (aus dem Jahr 1939) aus der Sprichwortsammlung des Zentrums für die Landessprachen Finnlands: *Kun maata pannessa omenan syö, niin lääkärit leivästä takkinsa myy* 'Wenn man beim Zubettgehen einen Apfel isst, so verkaufen die Ärzte für Brot ihren Kittel'. Diese Form erinnert an das von Mieder angeführte wesentlich ältere Sprichwort *Eat an apple on going to bed, and you'll keep the doctor from earning his bread* (2010:53). Es ist nicht ausgeschlossen, dass hier eine Entlehnung vorliegt, die zumindest auf die 1930er Jahre des 20. Jahrhunderts zurückgeht.

*(2) The early bird gets the worm*

Zum Sprichwort *The early bird gets the worm* stellt Mieder fest, dass es sich bis in das frühe 17. Jahrhundert zurückverfolgen lässt (2010:51). In älteren englisch-deutschen Wörterbüchern und Sprichwortsammlungen ist *Morgenstunde hat Gold im Munde* immer als deutsche Entsprechung angeführt worden; seit den frühen 1980er Jahren hat jedoch *Der frühe Vogel fängt den Wurm* einen festen Platz im Deutschen. Zum Beispiel in AS:244 und OB:176 ist *Morgenstund[e] hat Gold im Mund[e]* noch als Entsprechung von *The early bird catches*(!) *the worm* verzeichnet, allerdings wird in OB daneben auch *Ein früher Vogel fängt den Wurm* angegeben. Ebenso begegnet *Der frühe Vogel fängt den Wurm* bereits in BS:641, und auch in DUR:802 (hier mit der Verbvariation *fängt/frisst*) hat das Sprichwort Eingang gefunden. Laut Google ist *Der frühe Vogel fängt den Wurm* die weitaus häufigste, *Der frühe Vogel pickt den Wurm* die zweithäufigste Form.

Auch in englisch-finnischen Wörterbüchern hält sich die finnische Entsprechung von *Morgenstunde hat Gold im Munde*, *Aamuhetki kullan kallis*, recht lange (z.B. ESS: 330). Bereits Anfang der 1980er Jahre findet sich in der finnischen Lexikografie jedoch auch die direkte Entlehnung *Varhainen lintu madon sieppaa* (LL:50; *sieppaa* für *catches*). Weitere lexikografische Befunde sind insbesondere *Aikainen lintu madon löytää* (KL:39; *löytää* 'findet'), *Varhainen lintu nappaa madon* (EIS:30; *nappaa* 'schnappt') und *Varhainen lintu madon nappaa* (ESI:163). Die letzten drei Varianten sind auch laut Google die häufigsten Realisationen (in der oben angeführten Reihenfolge).

*(3) Diamonds are a girl's best friend*

Das Sprichwort *Diamonds are a girl's best friend* ist ursprünglich der Titel eines Songs aus dem Musical *Gentlemen Prefer Blondes* aus dem Jahr 1949; das Musical basierte auf dem gleichnamigen Roman von Anita Loos, der Mitte der 1920er Jahre veröffentlicht wurde (Mieder, 2010:52). Wolfgang Mieder zufolge hat dieses Sprichwort zumindest seit 1990 in Deutschland weite Verbreitung gefunden, wobei es u.a. in folgenden Varianten vorkommt: *Diamanten sind eines Girls bester Freund*; *Diamanten sind eines Mädchens beste Freunde*; *Diamanten sind die besten Freunde der Frau*; *Diamanten sind der Frauen beste Freunde*; *Diamanten sind die besten Freunde einer Frau/eines Mädchens*; *Diamanten sind der Mädchen liebste Freunde* (2010:52–53). In den von mir untersuchten lexikografischen Quellen sind keine deutschen Entsprechungen zu finden. Dafür sind *Diamanten sind die besten Freunde einer Frau/eines Mädchens* diejenigen Varianten, für die man in Google die meisten Treffer erzielt.

Für das Finnische konnte nur ein lexikografischer Beleg ermittelt werden, nämlich *Timantti on naisen paras ystävä* (LL:447; 'Ein Diamant ist der beste Freund einer Frau'). Eine Suche in Google ergibt, dass *Timantit ovat tytön paras ystävä* ('Diamanten sind der beste Freund eines Mädchens') die häufigste und *Timantit ovat naisen paras ystävä* ('Diamanten sind der beste Freund einer Frau') die zweithäufigste Variante des Sprichworts darstellen.

*(4) A dog is man's best friend*

Das deutsche Äquivalent, das Wolfgang Mieder für das aus dem letzten Viertel des 19. Jahrhunderts stammende Sprichwort *A dog is man's best friend* angibt, lautet *Der Hund ist des Menschen bester Freund* (2010:52). In seinem Sprichwortarchiv hat Wolfgang Mieder seit Mitte der 1970er Jahre zahlreiche Belege, aber ihm zufolge taucht es in noch keiner deutschen Sprichwortsammlung auf; ebenso ist es auch nicht in meinem Untersuchungsmaterial zu finden. In den Google-Quellen ist *Der Hund ist des Menschen bester Freund* recht geläufig, jedoch können für *Der Hund ist der beste Freund des Menschen* wesentlich mehr Belege erbracht werden.

Finnische Äquivalente, die in den zugrunde liegenden Quellen belegbar sind, lauten *Koira on ihmisen paras ystävä* (RR:299; KS, 3:673), *Koira on ihmisen paras kaveri/ystävä* (SK:135) und *Koira on ihmisen paras toveri* (KL:363; MK). Zwar stammt die Phraseologiesammlung RR aus den 1980er Jahren, jedoch hat die Form *Koira on ihmisen paras ystävä* im Finnischen sicherlich viel früher Fuß gefasst. Diese Variante vereint auch in Google die weitaus meisten Treffer auf sich.

*(5) Don't put all of your eggs into one basket*

Ein recht altes englisches Sprichwort lautet *Don't put all of your eggs into one basket*; es stammt aus dem frühen 17. Jahrhundert (Mieder, 2010:51). Wolfgang Mieder stellt fest, dass er vor Anfang der 1980er Jahre keinen Text mit einer deutschen Version des Sprichworts nachweisen kann, dass aber seit dieser Zeit die Formen *Man muss/soll nicht alle Eier in einen Korb legen/tun* in Umlauf sind (vgl. auch LR:356, *Man soll nicht alle Eier in einen Korb/ein Nest legen*). Von diesen Varianten weist *Man soll nicht alle Eier in einen Korb legen* in Google die höchste Frequenz auf. In seinem Beitrag macht Wolfgang Mieder darauf aufmerksam, dass es neben dem Sprichwort auch das Idiom *to put all one's eggs into one basket* gibt. In einem Wörterbuch (DUR:178) konnte eine deutsche Entsprechung, allerdings in negierter Form, belegt werden: *nicht alle Eier in einen Korb legen*.

Im Finnischen existiert eine Entsprechung, die stark an die englische Vorlage erinnert: *Älä laita kaikkia munia yhteen koriin* 'Leg nicht alle Eier in einen Korb' (Google). Viel geläufiger ist jedoch *Älä laita kaikkia munia samaan koriin* (*samaan koriin* 'in den gleichen Korb'; vgl. dazu SK:245 und Google). Es fällt auf, dass die untersuchten englisch-finnischen Allgemein- und Phraseologiewörterbücher nur das Idiom *put all one's eggs in one basket* aufführen und dafür ein finnisches Äquivalent mit einem anderen Bild angeben: *panna kaikki yhden kortin varaan* 'alles auf eine Karte setzen' (vgl. z.B. ESI:167).

*(6) Good fences make good neighbors*

*Good fences make good neighbors* ist ein amerikanisches Sprichwort, das Mitte des 19. Jahrhunderts aufgekommen ist (Mieder, 2010:51). Die deutsche Lehnübersetzung lautet *Gute Zäune machen gute Nachbarn* und tritt seit Anfang der 1980er Jahre insbesondere in journalistischen Texten auf, in denen über Grenzkonflikte in der Welt berichtet wird (Mieder, 2010:52). In den diesem vorliegenden Beitrag zugrunde gelegten deutschsprachigen Quellen ist diese Lehnübersetzung nicht verzeichnet, im Internet ist sie hingegen recht frequent.

Die einzigen Quellen (außer Google), in die eine finnische Entsprechung aufgenommen wurde, sind KL:107 und MK; die Form lautet hier *Hyvät aidat, hyvä naapuruus* 'Gute Zäune, gute Nachbarschaft'. Im Internet lassen sich nur wenige Belege für diese Realisation ermitteln, und auch die Lehnübersetzung *Hyvät aidat tekevät hyvät naapurit* ist selten. Im Zusammenhang mit den finnischen Entsprechungen wird in den Google-Texten gelegentlich auf die Herkunft des Sprichworts hingewiesen ("in der englischen Sprache gibt es die Redewendung […]"; "amerikanische Redewendung" usw.).

*(7) The grass is always greener on the other side of the fence*

*The grass is always greener on the other side of the fence*, ein Sprichwort aus den 1920er Jahren, hat sich im Deutschen in der Form *Das Gras auf der anderen Seite des Zaunes ist immer grüner* eingebürgert (Mieder, 2010:53). In den von mir untersuchten

Quellen mit Deutsch findet es sich entweder gar nicht, oder es werden andere Entsprechungen angeführt, vgl. *The grass is always greener on the other side, Anderer Leute Kohl/Speck ist immer fetter, Es ist immer fett in anderer Leute Schüssel, Ander Leute Brot schmeckt allzeit besser* (OB:350–351). Von den im Internet belegten Realisationen seien *Das Gras auf der anderen Seite des Zaunes ist immer grüner* und *Das Gras ist immer grüner auf der anderen Seite des Zaunes* genannt. Davon kommt Erstere deutlich häufiger vor.

In den einsprachigen finnischen Quellen und in den Wörterbüchern mit Englisch und Finnisch ist dieses Sprichwort bzw. seine finnische Entsprechung mit Varianten mehrfach belegt. In den ersteren Quellen lautet die häufigste Form *Ruoho on vihreämpää aidan toisella puolella* 'Das Gras ist grüner auf der anderen Seite des Zaunes', wobei das Adverb *always* hier weggelassen wurde (vgl. etwa KS, 3:570). In den englisch-finnischen Wörterbüchern ist hingegen *always* mit seiner finnischen Entsprechung *aina* vorhanden. Der Kuriosität willen sei vermerkt, dass die Variante *Aidan takana ruohokin on vihreämpää* 'Hinter dem Zaun ist auch das Gras grüner' in LL:13 als finnisches Sprichwort gekennzeichnet ist. Unter den finnischen Äquivalenten dominiert im Internet eindeutig *Ruoho on vihreämpää aidan toisella puolella.*

### *(8) Don't swap horses in the middle of the stream*

Obwohl das Sprichwort *Don't swap horses in the middle of the stream* oft mit Abraham Lincolns Wahlrede aus dem Jahr 1864 in Verbindung gebracht wird, kann eine ähnliche Form bereits für das Jahr 1840 nachgewiesen werden (Mieder, 2010:50). Die von Wolfgang Mieder zitierte deutsche Entsprechung lautet *Mitten im Strom soll man die Pferde nicht wechseln*; damit (oder mit einer ähnlichen Form) wird seit Mitte des 20. Jahrhunderts in vielen deutschen Zitaten- und Phraseologiewörterbüchern auf Lincoln Bezug genommen. Dies trifft auch auf die für diesen Beitrag herangezogenen deutschen Quellen zu, vgl. z.B. *Es ist nicht gut, mitten im Strom die Pferde zu wechseln* (Lincoln 1864: *It is not best to swap horses while crossing the river*; DUZ:286). Im Internet kommt jedoch die von Wolfgang Mieder angeführte Form häufiger vor. Eine Neuigkeit stellt das Idiom *mitten im Strom/Fluss/Rennen die Pferde wechseln* dar, das seit 2013 in DUR:566 erscheint.

Im Finnischen ist dieses Sprichwort nicht heimisch geworden. Es wird zwar in einigen englisch-finnischen Wörterbüchern aufgeführt, jedoch mit der Entsprechung *Älä muuta mieltäsi kesken kaiken* 'Besinn dich nicht anders mittendrin' (vgl. z.B. ESI:262 mit der englischen Form *Don't change/swap horses in midstream*). Im Internet sind einige Belege für die Entsprechung *Älä vaihda hevosta kesken kisan* 'Wechsle nicht das Pferd mitten im Rennen' anzutreffen. Sie stammen aus den finnischen Untertiteln zu dem amerikanischen Film *Wag the Dog*, in dem das Sprichwort *Don't change horses in midstream* vorkommt. Ansonsten sei auf die Form *vaihtaa hevosta kesken kisan* 'das Pferd mitten im Rennen wechseln' hingewiesen, die auch nur wenige Male im Internet begegnet. Es bleibt abzuwarten, ob sich aus diesen Ausdrücken mit der Zeit ein geläufiges Sprichwort bzw. Idiom entwickeln wird.

*(9) A house divided against itself cannot stand*

Das biblische Sprichwort *A house divided against itself cannot stand* wurde durch Abraham Lincolns Reden Mitte des 19. Jahrhunderts zu einem nationalen Slogan in Amerika (Mieder, 2010:49). Die deutsche Wiedergabe *Ein in sich gespaltenes Haus hat keinen Bestand* wurde von Willy Brandt geprägt, der sich 1990 in seinen Reden mehrmals auf Lincoln berief; seitdem wurde diese Formulierung nach Wolfgang Mieder so oft in den Massenmedien und im Internet verwendet, dass sie heute als deutsches Sprichwort betrachtet werden kann (Mieder, 2010:49–50; vgl. auch Google). Die einzige von mir benutzte Quelle, die das englischsprachige Sprichwort anführt, ist OB:601, wo folgende Sprichwörter als deutsche Äquivalente angegeben werden: *Eintracht ernährt, Zwietracht verzehrt*; *Eintracht baut das Haus, Zwietracht reißt es nieder*; *Zwietracht macht Ohnmacht.*

Im Finnischen existiert keine Formulierung, der das Sprichwort *A house divided against itself cannot stand* entsprechen würde. Das Sprichwort wird zwar in zwei englisch-finnischen Wörterbüchern erwähnt, jedoch wird in dem einen lediglich eine Paraphrase, in dem anderen daneben eine weitere Formulierung angeführt, die sich an den Wortlaut der früheren finnischen Bibelübersetzung anlehnt (vgl. SES:573). Diese Formulierung kommt auch im Internet, wenn auch nur einmal, vor.

*(10) The only good Indian is a dead Indian*

Das Sprichwort *The only good Indian is a dead Indian* ist zum ersten Mal 1868 belegt (Mieder, 2010:52). Deutsche Entsprechungen wie *Nur ein toter Indianer ist ein guter Indianer* und Varianten hat Wolfgang Mieder seit ungefähr 1980 ermittelt. Die o.a. deutsche Formulierung findet sich auch in deutschsprachigen Zitatenwörterbüchern (vgl. u.a. DUZ:407), wo sie dem nordamerikanischen General Philip Henri Sheridan (1831–1888) zugeschrieben wird; sie habe als Motto für die Unterwerfung der Kiowa 1869 gedient. Diese Form weist auch im Internet die höchste Frequenz auf (für *Der einzige gute Indianer ist ein toter Indianer* erzielt man z.B. nur sechs Treffer).

Finnische Entsprechungen dieses Sprichworts sind in einem Phraseologiewörterbuch und in Zitatenwörterbüchern zu finden, vgl. etwa *Ainoa hyvä intiaani on kuollut intiaani* 'Der einzige gute Indianer ist ein toter Indianer' (LL:16 mit Bezug auf Sheridan und seine Äußerung "The only good Indians I ever saw were dead"). Eine Google-Suche für den oben angeführten finnischen Ausdruck (anstelle von *ainoa* auch das Synonym *ainut*) ergibt knapp 1000 Treffer, während z.B. *Kuollut intiaani on paras intiaani* 'Ein toter Indianer ist der beste Indianer' (vgl. MK) im Internet nur mit 10 Treffern vertreten ist.

*(11) A picture is worth a thousand words*

Bei *A picture is worth a thousand words* handelt es sich um ein Sprichwort, das seinen Ursprung in einem Werbeslogan aus dem Jahr 1921 hat. Dieser hatte zunächst die Form *One look is worth a thousand words*, sechs Jahre später lautete er *One picture is worth ten thousand words*, und bald danach erreichte er seine jetzige Form (anstelle des unbestimmten Artikels kann auch das Zahlwort *one* stehen) (Mieder, 2010:53). Im Jahr 1975 tauchte eine erste deutsche Entsprechung in Form der Lehnübertragung *Ein Bild ersetzt tausend Worte* auf; bis 1984 hatte sich die heute als Standard geltende Form *Ein Bild sagt mehr als tausend Worte* herausgebildet. In dieser Gestalt begegnet das Sprichwort auch in W:273 und in DUZ:80–81 (die Beschreibung geht hier höchstwahrscheinlich auf Mieder (1989) zurück). In HL:137 findet sich die Variante *Ein Bild sagt mehr als tausend Wörter* mit dem Vermerk "Chinesisches Sprichwort"; dass diese Angabe fehlerhaft ist, wird von Mieder nachgewiesen (1989:27–28). Im Internet ist die Realisation mit *Worte* mehr als 12-mal häufiger als diejenige mit *Wörter*.

Belege für finnische Entsprechungen findet man in einem Phraseologiewörterbuch, in zwei Phraseologiesammlungen, in einem finnisch-deutschen Allgemeinwörterbuch sowie in zwei finnisch-englischen Allgemeinwörterbüchern. Im finnisch-deutschen Wörterbuch lautet die Entsprechung *Yksi kuva kertoo enemmän kuin tuhat sanaa* 'Ein Bild erzählt mehr als tausend Worte' (SUSA:474). Diese Form ist auch im Internet am häufigsten, wohingegen die Realisationen mit *sanoo* bzw. *puhuu* (vgl. dazu z.B. SK:240 und RR:253) anstelle von *kertoo* viel seltener sind.

*(12) It takes two to tango*

Das letzte der zwölf Sprichwörter, *It takes two to tango*, hat eine ähnliche Entstehungsgeschichte wie *Diamonds are a girl's best friend*: Es geht auf den Song *Takes Two to Tango* zurück, der in einer Erstaufnahme 1952 erschien. Dass es seinen Weg in die deutsche Sprache gefunden hat, erklärt sich aus einer Rede Präsident Ronald Reagans des Jahres 1982, in der die Äußerung "it takes two to tango" vorkam. Die Grundlage für die deutsche Entsprechung *Zum Tango gehören zwei* bildete die Schlagzeile eines Leitartikels, die ungefähr eine Woche nach der Rede Reagans in einer deutschen Zeitung zu lesen war; die Schlagzeile lautete "Zum Tango gehören immer zwei" (Mieder, 2010:50). Obwohl das Sprichwort in der deutschen Ausgestaltung im Internet häufig nachweisbar ist, wurde es nur in eine Wörterbuchquelle aufgenommen (vgl. LR: 1598 mit der Paraphrase "alleine kann man nichts ausrichten, man braucht einen Partner dazu").

Das englische Sprichwort ist lediglich in drei finnischen Wörterbüchern zu finden, jeweils mit einer Bedeutungserläuterung, vgl. z.B. *sovintoon tarvitaan molempia* 'zur Versöhnung braucht man beide' (EIS:381) und *riitaan tarvitaan aina kaksi* 'zum Streit braucht man immer zwei' (SES:1213). Dabei ist die erste Erläuterung zu spezifisch, die zweite höchst fragwürdig. Die finnische Entsprechung lautet *Tangoon tarvitaan kaksi* und ist im Internet sehr häufig (sogar viel häufiger als das deutsche Äquivalent) anzutreffen. Eine Überprüfung der Bedeutung des finnischen Sprichworts lässt erkennen, dass die in LR:1598 angegebene Paraphrase auch hier als zutreffend angesehen werden kann.

## 3 Fazit

Den obigen Ausführungen lässt sich entnehmen, dass es manchmal recht lange gedauert hat, bis ein angloamerikanisches Sprichwort im Deutschen und Finnischen geläufig geworden ist. Auffällige Beispiele sind *The early bird gets the worm* und *Don't put all of your eggs into one basket*, die seit dem frühen 17. Jahrhundert im Englischen existieren, aber erst seit den 1980er Jahren im Deutschen und Finnischen häufiger verwendet werden. Für *It takes two to tango* und *Diamonds are a girl's best friend* wiederum war der Entlehnungsvorgang, zumindest für das Deutsche, wesentlich kürzer (ca. 30 bzw. 40 Jahre). Mehrere Sprichwörter haben sich ungefähr seit den 1980er Jahren in Texten sowie Phraseologiesammlungen und -wörterbüchern verbreitet, jedoch wurden sie in allgemeine einsprachige Wörterbücher des Deutschen und Finnischen nur recht zögerlich aufgenommen (zur Kritik der lexikografischen Darstellung von Sprichwörtern und anderen Phraseologismen vgl. u.a. Korhonen, 2007 & 2011). Von allen zwölf Sprichwörtern kommt nur ein einziges in einem allgemeinen einsprachigen Wörterbuch des Deutschen vor (vgl. *Ein Bild sagt mehr als tausend Worte*; W:273), im entsprechenden finnischen Wörterbuch tauchen zwei der Sprichwörter auf (*Koira on ihmisen paras ystävä* und *Ruoho on vihreämpää aidan toisella puolella*; KS, 3:673 bzw. 3:570).

Ein Grund für eine erst späte Entlehnung kann möglicherweise das Vorhandensein eines bedeutungsgleichen oder -ähnlichen Sprichwortes im Deutschen bzw. Finnischen sein. So könnte man sich vorstellen, dass *Morgenstunde hat Gold im Munde* und *Aamuhetki kullan kallis* die Verbreitung von *The early bird gets the worm* in den jeweiligen Sprachen erschwert haben. Ein weiterer Grund mag eine fremde Kultur sein, vgl. das Sprichwort *The only good Indian is a dead Indian*, wie auch die Sprichwörter, die auf die Reden Lincolns zurückgehen; Letztere haben im Sprachgebrauch einen ausgeprägten Zitatencharakter. Überraschend ist jedoch, dass sich eine sprichwörtliche Entsprechung für *A house divided against itself cannot stand* mit seinem biblischen Ursprung im Deutschen erst spät und im Finnischen gar nicht durchsetzen konnte. Kommen hingegen in den Sprichwörtern vertrautere Symbole und Kulturelemente vor, wird die zwischensprachliche Entlehnung erleichtert, vgl. die Sprichwörter *A dog is man's best friend, The grass is always greener on the other side of the fence, A picture is worth a thousand words* und *It takes two to tango*. Ein beachtenswertes Ergebnis dieser kleinen Studie ist es schließlich auch, dass sich bestimmte angloamerikanische Sprichwörter im Finnischen stärker verbreitet haben als im Deutschen. Dies zeigen sowohl Belege in den Wörterbüchern als auch im Internet.

### *Bibliografie*

[AS]. Adolf Schaufelbüel. [3]1989. *Treffende Redensarten, viersprachig: 4000 Redewendungen und 500 Sprichwörter nach deutschen Stichwörtern alphabetisch geordnet. Mit ihren Entsprechungen im Französischen, Italienischen und Englischen.* 3., völlig überarb. und stark erw. Aufl. Thun: Ott.

[BS]. Horst & Annelies Beyer. [2]1985. *Sprichwörterlexikon: Sprichwörter und sprichwörtliche Ausdrücke aus deutschen Sammlungen vom 16. Jahrhundert bis zur Gegenwart.* 2., unveränd. Aufl. Leipzig: Bibliographisches Institut.

[DUR]. *Duden – Redewendungen: Wörterbuch der deutschen Idiomatik.* [4]2013. Hg. von der Dudenredaktion. 4., neu bearb. und aktualisierte Aufl. Berlin u.a.: Dudenverl. (Der Duden, 11).
[DUZ]. *Duden – Zitate und Aussprüche: Herkunft und aktueller Gebrauch.* [3]2008. Hg. von der Dudenredaktion. 3., überarb. und aktualisierte Aufl. Mannheim u.a.: Dudenverl. (Der Duden, 12).
[EIS]. *Englannin idiomisanakirja.* 2006. Bearb. von Anna Mauranen und Seppo Raudaskoski. Helsinki: Otava.
[ESI]. *Englanti-suomi-idiomisanakirja.* 2006. Helsinki: Gummerus.
[ESS]. Raija Hurme & Maritta Pesonen & Olli Syväoja. 2003. *Englanti-suomi-suursanakirja. English-Finnish General Dictionary.* Helsinki: WSOY.
[HL]. *Harenberg – Lexikon der Sprichwörter & Zitate: Mit 50000 Einträgen das umfassendste Werk in deutscher Sprache.* 1997. Dortmund: Harenberg.
[KL]. Matti Kuusi & Outi Lauhakangas. 1993. *Maailman sananlaskuviisaus.* Porvoo u.a.: WSOY.
Korhonen, Jarmo. 2007. "Phraseographie des Finnischen." In: Harald Burger & Dmitrij Dobrovol'skij & Peter Kühn & Neal R. Norrick (Hgg.). *Phraseologie: Ein internationales Handbuch der zeitgenössischen Forschung.* 2. Halbbd. Berlin u.a.: de Gruyter (Handbücher zur Sprach- und Kommunikationswissenschaft, 28,2), 1007–1017.
----------. 2011. *Phraseologie und Lexikografie: Phraseologismen in ein- und zweisprachigen Wörterbüchern mit Deutsch.* Burlington, Vermont: The University of Vermont (Supplement Series of Proverbium: Yearbook of International Proverb Scholarship, 32).
[KS]. *Kielitoimiston sanakirja.* 2006. Hg. von Eija-Riitta Grönros, Minna Haapanen, Tarja Riitta Heinonen, Leena Joki, Liisa Nuutinen und Marjatta Vilkamaa-Viitala. 3 Bde. Helsinki: Kotimaisten kielten tutkimuskeskus.
[LL]. *Lentävien lauseiden sanakirja.* [2]1983. Hg. von Maunu Sinnemäki. Helsinki: Otava.
[LR]. Lutz Röhrich. 1991–1992. *Das große Lexikon der sprichwörtlichen Redensarten.* 3 Bde. Freiburg im Breisgau u.a.: Herder.
Mieder, Wolfgang. 1989. "'Ein Bild sagt mehr als tausend Worte': Ursprung und Überlieferung eines amerikanischen Lehnsprichworts." *Proverbium: Yearbook of International Proverb Scholarship* 6, 25–37.
----------. 1993a. "'Nur ein toter Indianer ist ein guter Indianer': Zur Geschichte eines nicht nur amerikanischen Sprichwortes." *Der Sprachdienst* 37, 137–142.
----------. 1993b. "'The Grass Is Always Greener on the Other Side of the Fence': An American Proverb of Discontent." *Proverbium: Yearbook of International Proverb Scholarship* 10, 151–184.
----------. 1998. *"A House Divided": From Biblical Proverb to Lincoln and Beyond.* Burlington, Vermont: The University of Vermont (Supplement Series of Proverbium: Yearbook of International Proverb Scholarship, 2).
----------. 2003. "'Good Fences Make Good Neighbors': History and Significance of an Ambiguous Proverb." *Folklore: The Journal of the Folklore Society* 114, 155–179.
----------. 2004a. "Der frühe Vogel und die goldene Morgenstunde: Zu einer deutschen Sprichwortentlehnung aus dem Angloamerikanischen." In: Irma Hyvärinen & Petri Kallio & Jarmo Korhonen (Hgg.). *Etymologie, Entlehnungen und Entwicklungen: Festschrift für Jorma Koivulehto zum 70. Geburtstag.* Helsinki: Soc. Néophilologique (Uusfilologinen Yhdistys: Mémoires de la Société Néophilologique de Helsinki, 63), 193–206.
----------. 2004b. "'Ein Apfel pro Tag hält den Arzt fern': Zu einigen amerikanischen Lehnsprichwörtern im Deutschen." *Revista de filología alemana* 12, 135–149.
----------. 2005a. "'Different Strokes for Different Folks': American Proverbs as an International, National, and Global Phenomenon." In: Wolfgang Mieder. *Proverbs Are the Best Policy: Folk Wisdom and American Politics.* Logan, Utah: Utah State University Press, 1–14 & 244–248.
----------. 2005b. "'Mitten im Strom soll man die Pferde nicht wechseln': Zur Geschichte eines deutsch-amerikanischen Sprichworts." *Zeitschrift für germanistische Linguistik: Deutsche Sprache in Gegenwart und Geschichte* 33, 106–124.
----------. 2006a. "'Man soll nicht alle Eier in einen Korb legen': Zur deutschsprachigen Entlehnung eines anglo-amerikanischen Sprichwortes." *Der Sprachdienst* 50, 178–185.

----------. 2006b. "Viele Wege führen nach Europa: Sprichwörtliche Stereotypen und interkultureller Ausgleich." In: Wolfgang Mieder. *"Andere Zeiten, andere Lehren": Sprichwörter zwischen Tradition und Innovation*. Baltmannsweiler: Schneider-Verl. Hohengehren (Phraseologie und Parömiologie, 18), 65–94.

----------. 2010. "'Many Roads Lead to Globalization': The Translation and Distribution of Anglo-American Proverbs." In: Jarmo Korhonen & Wolfgang Mieder & Elisabeth Piirainen & Rosa Piñel (Hgg.). *Phraseologie: Global – areal – regional: Akten der Konferenz EUROPHRAS 2008 vom 13.–16.8.2008 in Helsinki*. Tübingen: Narr, 43–59.

Mieder, Wolfgang & George B. Bryan. 1983. "'Zum Tango gehören zwei'." *Der Sprachdienst* 27, 100–102.

[MK]. Matti Kuusi. ohne Datum. "M6 kansainvälinen sananlaskutietokanta." <lauhakan.home.cern.ch/lauhakan/fin/cerpfin.html> (19.04.2013).

[OB]. *Norstedts Ordspråksbok*. 1996. Hg. von Yvonne Martinsson, Yvonne Blank und Ingrid Johansson. Stockholm: Norstedts.

[RR]. *Rapatessa roiskuu: Nykysuomen sananparsikirja*. 1988. Hg. von Matti Kuusi. Helsinki: SKS.

[SES]. *Suuri englanti-suomi-sanakirja: English-Finnish Dictionary*. 2005. Helsinki: Gummerus.

[SK]. Ingrid Schellbach-Kopra. 2011. *Zwei Finnen brauchen keinen Dolmetscher: Finnische Sprichwörter*. Berlin: Frank &Timme.

[SUSA]. Pekka Katara & Ingrid Schellbach-Kopra. $^{8}$1997. *Suomi-saksa-suursanakirja: Großwörterbuch Deutsch-Finnisch*. Helsinki: WSOY.

[SV]. *Suomalainen fraasisanakirja*. $^{5}$1983. Hg. von Sakari Virkkunen. Helsinki: Otava.

[W]. *Wahrig – Deutsches Wörterbuch*. $^{9}$2011. Hg. von Renate Wahrig-Burfeind. 9., vollst. neu bearb. und aktualisierte Aufl., Neuausg. Gütersloh u.a.: Brockhaus.

# On the Hypervariability of Some Fixed Expressions on the Internet

*Arvo Krikmann*

The contemporary Internet abounds in all kinds of sayings, as well as their modifications and improvisations induced by them – "usual" proverbs, parodies of proverbs (so-called anti-proverbs), aphorisms, proverbial phrases, idioms, slogans, metaphors, demotivators entitled with folkloric "memes," etc., etc., which raise difficult questions for the general theory of folklore:

- Which of these text variants belong to folklore and which ones do not?
- Is it somehow possible to divide that jungle of texts into a certain number of "different proverbs" (i.e., discrete typological, or "emic" units)?
- Is everything that we see in such thickets the progeny of a single ancestor or, if not, from which roots does each of them actually originate?
- How are loaning and so-called *generatio aequivoca* (spontaneous generation) related in these sets of texts?
- To what extent has the generation of neologisms been induced by knowledge of traditional recurrent syntactic-logical formulas as "empty slots" to be filled, and to what extent by knowledge of certain prototypical examples as wholes?

They also raise questions relevant to the theory of humor:

- Is there any possibility to distinguish here between the "serious" utterances and "antis"?
- Is there any possibility to estimate the "degree of funniness" of each particular modification of a proverb?
- Is there any possibility to estimate their humorous specificity without considering contexts of particular utterances of each text variant?

In some cases the number of text variants in such thickets runs to hundreds and the number of occurrences of some text variants runs to thousands.

We tend to believe that the difference between the ordinary, "serious" proverbs and funny "antis" is clearly distinct, and the serious prototypes of "antis" are clearly identifiable:

> *Laughter is the best medicine* is "serious"; *Slaughter is the best medicine* is "anti-."
>
> *An apple a day keeps the doctor away* is "serious"; *An onion a day keeps everybody away* is "anti-."
>
> *Where there's a will, there's a way* is "serious"; *Where there's a will, there's a relative* is "anti-"; *Where there's a will, there's a lawsuit* is "anti-."

*The early bird gets the worm* is "serious"; *The early worm is being picked first* is "anti-."

*The early bird gets the worm* is "serious"; *A rolling stone gathers no moss* is "serious"; *A rolling stone gets the worm* is "anti-."

And so on. But let us take a look at the following small choice of examples.[1]

## (He) Who *x*-s First ~ Last ~ …, *x*-s ~ *y*-s Best ~ Better ~ Longest ~ Loudest ~ Hardest ~ Slowest ~ Most ~ Last ~ Least ~ Worst ~ …

The following expressions are considered as evident "antis" by Mieder and Tóthné Litovkina:

> *He laughs best who laughs least*; *He who laughs first laughs loudest*; *He who laughs last at the boss's jokes probably isn't very far from retirement*; *He who laughs last didn't get the point anyway*; *He who laughs last doesn't get the joke*; *He who laughs last is generally an Englishman*; *He who laughs last is thick headed*; *He who laughs last is trying to think of a dirty meaning*; *He who laughs last is usually the dumbest*; *He who laughs last, lasts*; *He who laughs last, laughs best, but soon gets a reputation for being slow-witted*; *He who laughs last probably got a different meaning*; *He who laughs last probably has an insecure upper plate*; *He who laughs last, was just the last one to get it*; *He who laughs, lasts* (1999:97).

However, the Internet family of the descendants of the *He who laughs last* ... looks considerably larger, even despite the fact that due to the space limitations, 400 variants which occurred only once in Google search results were excluded from the following list of examples:

ACTS FIRST success comes to the one (213) ~ acts best (4) ~ acts last (4) ~ loses (20) ~ wins … (49); ACTS LAST, acts best (4) ~ last (4)

ANCHORS LAST, anchors best (4) ~ moves first (2)

ARRIVES FIRST, is in charge (4) ~ is served first (44) ~ stays better (20); ARRIVES LAST …, will exhaust (7) ~ is the first to understand this sad truth (5)

BATS FIRST, laughs last (19); BATS LAST, bats longest (11) ~ often laughs last (7)

BITES BEST, bites last (4); BITES COOKIE, bites the god damn cookie (2); BITES FIRST, bites best (7) ~ bites last (7) ~ bites twice (2); BITES HARDEST, bites last (4); BITES LAST, bites best (7)

BLASTS FIRST, blasts again (2); BLASTS LAST, blasts best (44)

BOOKS FIRST, stays longer (2); BOOKS LAST, gets the dosshole (2)

BORROWS MONEY, borrows trouble (10)

BOUNCES FIRST, bounces last (2); BOUNCES LAST, bounces best (15)

BUMPS LAST, bumps best (19)

CHAOSES LAST, chaoses hardest (2)

CHEATS FIRST, cheats best (6) ~ is always the loser (3); CHEATS LAST, cheats loudest (2) ~ laughs least (2)

CHEERS LAST, cheers loudest (7) ~ cheers best (7)

CHOKES FIRST, … it's about who chokes last (4); CHOKES LAST, chokes loudest (5) ~ chokes best (15) ~ chokes longest (3) ~ chokes worst (9)

CHORTLES LAST, chortles best (3) ~ chortles loudest (3); CHUCKLES LAST, chuckles best (3) ~ chuckles best (10) ~ chuckles loudest (3)

CLASPS LAST, clasps best (2)

CODES LAST, codes best (3)

COMES FIRST, comes last (25) ~ eats first (147) ~ gets first (75) ~ grinds first (182) ~ chews first (8) ~ is best (3) ~ laughs least (2); COMES LAST, comes best (8) ~ comes first, and he comes first, comes last (2) ~ comes longest (8) ~ comes loudest (2) ~ is a hero (2) ~ is commonly best (16) ~ is first (2) ~ is gay (4) ~ is often first (14) ~ will be first (10)

COMPLAINS FIRST, is in the right (4) ~ is the one who farted (12) ~ wins (22)

CRIES FIRST, God will come to the one (14) ~ cries last (3) ~ doesn't cry in a rematch (9) ~ laughs last (13) ~ wins (40); CRIES LAST, cries best (11) ~ cries longest (12) ~ cries loudest (4) ~ cries the hardest (79) ~ cries worst (4)

CROWS LAST, crows best (19) ~ crows longest (4) ~ crows loudest (12) ~ may crow the longest (9)

DANCES LAST, dances best (26) ~ dances longest (2)

DEALS FIRST, deals best (2); DEALS LAST, deals least (2)

DECIDES FIRST, … decides best (2)

DEFAULTS FIRST, defaults best (21) ~ wins (4); DEFAULTS LAST, laughs loudest (3)

DEFECTS FIRST, defects best (208) ~ gets the best deal (2) ~ loses the least (10) ~ will be the one who sleeps best (5) ~ wins (34)

DIALS FIRST, waits in a queue first (2)

DIES FIRST, gets the monument (10) ~ is better off (2) ~ loses (65) ~ needs a bigger mech (2) ~ will fret his being (2) ~ wins (48) ~ with the most toys wins (20); DIES LAST, dies alone (2) ~ dies best (5) ~ dies hardest (15) ~ dies longest (10) ~ dies slowest (12) ~ gets the last word (4) ~ has honor (3) ~ is the winner (16) ~ lives later (2) ~ lives longest (3) ~ still doesn't get to take any with him (2) ~ will not be remembered (3) ~ wins … (74)

DISSES LAST, disses best (3)

DIVES LAST, dives best (2)

DRESSES FIRST, dresses best (3)

EAT FAST, eat more (16) ~ eats best (8); EATS FIRST, eats last (2); EATS LAST, eats alone (2) ~ eats best (27) ~ eats least (11) ~ eats less (2) ~ eats longest (2) ~ eats more (3) ~ eats the last of whatever is left (4)

EDITS LAST, edits best (3) ~ edits last (2)

ELFS LAST, elfs loudest (107)

EXORCISES last, does he exorcise best? (42)

FAILS last, fails hardest (3) ~ wins (2)

FALLS FIRST, always loses (2) ~ falls furthest, falls forever (28) ~ is the loser (50) ~ usually loses (2) ~ falls hardest (9); FALLS LAST, pounds best (2) ~ wins (7)

FARTS ART, needs her canvas (7); FARTS BEST, farts last (3); FARTS FIRST, farts fastest (2) ~ laughs last (12); FARTS IN CHURCH, sits in his own pew (315); FARTS LAST, farts best (13) ~ farts longest (3) ~ farts loudest (12); FARTS LOUDEST, farts longest (4) ~ laughs longest (2)

FIGHTS LAST, fights best (9)

FILES FIRST, wins (61)

FINISHES FIRST, finishes last (5); FINISHES LAST, finishes best (8) ~ finishes first (10) ~ finishes well (7)

FIRES FIRST, dies ~ will have to die (as the) second (20) ~ fires last (14) ~ lo(o)ses (21) ~ usually wins (25) ~ wins … (70); FIRES LAST, fires best (4) ~ (wars go to) … not who fires first (3) ~ usually is the loser (2) ~ wins (4)

FLAPS FIRST, flaps least (2); FLAPS LAST, flaps left dee (21)

FLUSHES LAST, flushes best (4)

FOOS LAST, foos best (63)

FORTS LAST, forts best (45) ~ forts best (45)

FUCKS FIRST, fucks last (3); FUCKS LAST, fucks best (16) ~ fucks hardest (9)

GAFFES FIRST, gaffes best (11); GAFFES LAST, gaffes best (33)

GASSES FIRST, loses (10)

GLOATS FIRST, gloats last (2); GLOATS LAST, gloats best (32) ~ gloats longest (20)

GOBBLES LAST, gobbles best (3) ~ gobbles loudest (2)

GOES AROUND, comes around (75); GOES FIRST, dies last (2); GOES LAST, are best (3) ~ laughs last (13)

GREPS LAST, greps better (2)

HACKS FIRST, hacks best (5) ~ hacks last (7); HACKS LAST, hacks best (2) ~ wins (11)

HAHA'S LAST, haha's best (11)

(It is not who) HITS FIRST, but who hits last that (7) ~ does not matter … (6) ~ doesn't necessarily win fight guy (2) ~ hits (the) hardest (29) ~ hits best (9) ~ hits better (6) ~ hits hard(er) (18) ~ hits last (34) ~ hits twice (257) ~ hits two times (9) ~ (It's not who …) it's who hits last (4); HITS LAST, hits best (14) ~ hits hardest (4) ~ walks alone (3)

HYPES LAST, hypes loudest (2)

INVENTS LAST, invents best (3)

IS LAST, is first (133) ~ is first to pay (2) ~ is left to frost (5) ~ is lunch (9) ~ is quickly forgotten (2) ~ is ridiculed (2) ~ shall be first (153) ~ (everyone who)

IS NOW FIRST, will be last, and everyone who is last, will be first (49)

JABS FIRST, jabs hardest (3) ~ laughs last (4)

KOOPS LAST, koops best (10)

LAPS(ES) LAST, laps best (22) ~ laps longest (3) ~ laughs (3) ~ lapse(s) best (46) ~ will lose (5)

LARCENIES LAST, larcenies longest (4)

LATHS LAST, laths best (9) ~ laths hardest (3) ~ laths longest (7)

(Who is) LAST TO BE LAUGHING, laughs most loudly (56); LAUGHS FIRST, does not always laugh last (4) ~ he will laugh last ~ laughs last (2) ~ laugh laughs last (2) ~ laugh(s) last (2) ~ laughs loudest (32); LAUGHS LAST AT THE BOSS'S JOKES, probably isn't (very) far from retirement (87); LAUGHS LAST, did not get joke (32) ~ didn't get it (520) ~ didn't get the joke (484) ~ didn't get the point (anyway) (8) ~ doesn't get the joke (419) ~ doesn't know that it relieves stress (5) ~ gets fired first (15) ~ goes broke (5) ~ has not yet heard the bad news (328) ~ has the cleanest mind (18) ~ has the last laugh (140) ~ is generally the last to get the joke (134) ~ is just a hand in the bush (79) ~ is laughing at you (112) ~ is often hard of hearing (6) ~ is probably an Englishman (3) ~ is slow witted (17) ~ is stupid (2) ~ is thick headed (3) ~ is trying to think of a dirty meaning (6) ~ is usually an idiot (5) ~ is usually the dumbest (52) ~ it is he who cries first it is not he (22) ~ just got the joke (30) ~ last(s) best (160) ~ lasts (165) ~ laughs (the) best (928) ~ laughs ~ will laugh laughs best (124) ~ laughs best (31) ~ laughs (the) better (151) ~ laughs (the) hardest (631) ~ laughs (the) lastest (22) ~ laughs (the) laughiest (68) ~ laughs (the) longest (927) ~ laughs (the) louder (57) ~ laughs (the) loudest (787) ~ laughs (the) most (108) ~ laughs (the) richest (27) ~ laughs (the) slowest (67) ~ laughs (the) sweetest (47) ~ laughs a lot (12) ~ laughs alone (262) ~ laughs breast (3) ~ laughs dead (328) ~ laughs first (245) ~ laughs first next time (27) ~ laughs for eternity (5) ~ laughs harder (62) ~ laughs his ass off (8) ~ laughs longer (116) ~ laughs well (42) ~ probably answered first (10) ~ probably didn't get it at first (32) ~ probably didn't get it in the first place (2) ~ probably didn't get the joke (353) ~ probably doesn't understand the joke (136) ~ probably flushed (2) ~ probably found it funnier (5) ~ probably had it explained (14) ~ probably had to have it explained (7) ~ probably has a cooking disaster he hasn't confessed (5) ~ probably has an insecure upper plate (2) ~ probably hasn't realized that everyone else had already stopped laughing (2) ~ probably isn't very smart (3) ~ probably kept talking to himself after everyone else left the room (3) ~ probably knew the truth all along (2) ~ probably knows something you don't (2) ~ probably made a backup ~ made backups (116) ~ probably set a bomb in the other guy's car (3) ~ probably thinks the slowest (9) ~ probably uses simplest architecture of developing .NET application (13) ~ probably wasn't listening, and is only laughing because everyone else is (15) ~ thinks slowest (480) ~ thinks too slow (2) ~ usually had to have joke explained (48); LAUGHS LEAST laughs best (70); LAUGHS THE HARDEST, laughs the least (2) ~ LAUGHS, lasts (510)

LEAKS LAST, leaks best (29) ~ leaks loudest (3) ~ looks like an idiot (2) ~ wins (2)

LICKS LAST, licks longest (3)

LIES FIRST, defines the divorce (2) ~ determines truth (7) ~ gets believed (6) ~ lies best (7) ~ often wins (2) ~ wins (23); LIES LAST, lies (the) best (33) ~ lies the longest (4); LIES MOST, lies worst (21)

LIVES LAST, lives (the) best (13); LIVES LONG AND WELL, has a long seed (15); LIVES LONG, knows what pain is (52) ~ only lengthens out his thread of sorrow … (2) ~ sees much (37) ~ will mourn his friends (8)

LOLS LAST, is out of touch (12) ~ is partially-deaf (2) ~ lmaos (2) ~ loling the longest and the out-loudiest (5) ~ lols hardest (2) ~ lols lololongest (8) ~ lols best (67)

LOSES FIRST, will end up winning (2); LOSES LAST, asks for terms (33) ~ loses best (3) ~ loses worst (8)

LOVES LAST, loves best (15) ~ laughs longest (4) ~ loves (the) longest (99) ~ loves best (49) ~ loves loudest (4) ~ loves most (8)

LULZ LAST, laughs longest (20) ~ lulz best (17) ~ lulz hardest (2) ~ lulz longest (13) ~ lulz loudest (3)

LURKS LAST, lurks best (2) ~ lurks longest (5) ~ lurks loudest (4)

LUSTS LAST, lasts longest (26) ~ lusts best (2) ~ lusts longest (8)

MARKS LAST, marks best (2)

MOCKS FIRST, mocks last (2); MOCKS LAST, mocks best (28) ~ mocks longest (2) ~ mocks loudest (2) ~ mocks most (2)

MOVES FIRST, finishes last (24) ~ moves fastest (20); MOVES LAST, moves best (14)

NUKES FIRST, nukes last (7) ~ usually dies (3)

PANIC(S) FIRST, dies first (6) ~ gets at least some of his money back (8) ~ gets his money back (2) ~ gets most of his money (back) (2) ~ just may salvage something (14) ~ loses (3) ~ loses (the) least (11) ~ panics best (208) ~ survives (6) ~ wins (70); PANICS LAST, gets bupkis (2) ~ panics worst (3) ~ wins (5)

PAYS FIRST, get better seats (6) ~ laughs last (46); PAYS LAST, pays best (22) ~ pays most (3)

PERFORM LAST, finish first (56)

PLANS FIRST, is less likely to get stressed (4) ~ succeeds best (7); PLANS LAST, plans least (7)

PLAYS LAST, plays best (8) ~ plays longest (2)

POOPS LAST, poops best (6)

POSTS FIRST, but who posts best it's not (about) (2) ~ posts first (2) ~ posts loudest (2) ~ wins … (69); POSTS LAST, is the best on mnlot (3) ~ is the winner (27) ~ laughs last (331) ~ laughs longest (2) ~ posts best (28) ~ posts breasts (4) ~ posts loudest (7) ~ shall be first (4) ~ speaks sh*te (2) ~ thinks slowest (7) ~ wins (47) ~ wins first (3)

PRODUCES LAST, makes the most money (5)

PUGNATES LAST, pugnates best (15)

PUNCHES FIRST, asks questions later (11) ~ normally wins (3) ~ punches best (20) ~ punches twice (42) ~ usually ends up losing the fight (2) ~ PUNCHES LAST, laughs better (2) ~ punches best (7)

PUNKS LAST, punks loudest (5) ~ punks the hardest (4)

PURRS LAST, purrs best (30) ~ purrs loudest (2)

QUACKS FIRST, quacks best (11) ~ quacks loudest (5)

REACTS LAST, wins (2)

READS FIRST, reads fast (2); READS LAST, reads (the) most (5)

REGISTERS FIRST, will get the seat first (2); REGISTERS LAST, registers best (6)

REPORTS LAST, reports best (4)

REVS LAST, revs loudest (11)

ROARS LAST, roars loudest (26)

ROBS LAST, robs best (4)

ROCKS LAST, rocks best (4) ~ rocks longest (5)

SAVES LAST, saves best (7) ~ wins (65)

SCOOPS FIRST, scoops best (7)

SCORES FIRST, scores last (5) ~ scores often (3); SCORES LAST, laughs best (3) ~ laughs last (3) ~ laughs loudest (3) ~ scores best (14)

SCREAMS LAST, screams (the) loudest (9) ~ screams best (19) ~ screams finalistist (5) ~ screams last (10) ~ wins (3)

SEES first, has won (21) ~ kills first (21) ~ lives longest (10) ~ shoots first (28) ~ wins (41) ~ gets stuck first (2) ~ sees best (52)

SELLS FIRST, loses (39) ~ loses the least (32) ~ sells best (51) ~ sells highest (4) ~ will have a job tomorrow (14) ~ wins (33); SELLS LAST, gets the least (2) ~ loses (3) ~ loseth the most (2) ~ sells best (2)

SETTLE FIRST, breed best (41); SETTLES LAST, settles best (3)

SHIPS LAST, ships best (16)

SHOOTS FIRST, dies first (6) ~ dies last (50) ~ dies second (30) ~ laughs best (32) ~ lives another day (2) ~ lives longer (14) ~ lives longest (31) ~ shoots at all (2) ~ shoots best (6) ~ shoots last (25); SHOOTS LAST, shoots best (2) ~ dies first (14) ~ drinks no more (7) ~ gets the kill (3) ~ is dead (3) ~ laughs longest (2) ~ loses (3) ~ must eat it (2) ~ shoots best (8) ~ shoots finest (5) ~ very rarely gets to shoot at all (4) ~ wins … (14)

SHOUTS FIRST, is always the winner (2) ~ is right (5) ~ is the winner (2); SHOUTS LAST, is right (2) ~ shouts loudest (7)

SINGS FIRST, sings best (2)

SINS FIRST, kicks the first ass (4) ~ makes the strife (14); SINS LAST, wins (4)

SLAPS LAST, slaps (the) best (9) ~ slaps loudest (2)

SLEEP LAST, wake first (10) ~ sleeps loudest (5) ~ wins (4)

SMILES LAST, is the one who isn't happy (2) ~ probably found another meaning (6) ~ smiles best (57) ~ thinks slowest (7)

(It is irrelevant who) SMIRKS FIRST, but who smirks last (2) ~ doesn't laugh last (2) ~ gets smirked at last (2); SMIRKS LAST, he smirks longest (2) ~ smirks best (39)

SMOKES LAST, smokes best (7)

SNAFFLES FIRST, laughs loudest (2)

SNARLS LAST, snarls best (3)

SNEERS FIRST, dies first (4) ~ sneers best (17); SNEERS LAST, sneers best (3)

SNICKERS LAST, snickers best (23) ~ snickers hardest (2) ~ snickers loudest (90)

SPEAK(S) FIRST, remember best (2) ~ loses … (425) ~ speaks for the partnership (4) ~ speaks last (8) ~ speaks loudest (2); SPEAKS LAST, buys first (2) ~ fares well (6) ~ is right (11) ~ loses (28) ~ makes history (2) ~ speaks best (16) ~ speaks loudest (10) ~ thinks slowest (2) ~ wins (53)

SQUEALS LAST, squeals loudest (2)

STABS FIRST, wins (5); STABS LAST, stabs best (45) ~ stabs hardest (3) ~ stabs loudest (3) ~ wins (2)

STARTS FIRST, always wins (7) ~ (First it's not he who), … but he who finishes (2) ~ doesn't necessarily finish first (2) ~ finishes first (12) ~ gets the most (4) ~ often wins (6) ~ wins (25); STARTS LAST, finish first may she (2) ~ finishes first (2) ~ finishes last (4) ~ laughs longest (28) ~ starts best (11)

STEALS FIRST, lasts (2); STEALS LAST, steals best (11)

STEPS FIRST into the stream, sees the water at its natural state (3) ~ on the rug, will be the head of the house (23)

STRIKES FIRST, prevails, he who strikes late fails (48) ~ can defeat the enemy (11) ~ is usually angry or scared a man (2) ~ laughs last (8) ~ laughs most (6) ~ lives (17) ~ lives to strike second (6) ~ (It doesn't matter) … but only who strikes last (8) ~ strikes before the guy who strikes second (16) ~ strikes before the one who strikes second (4) ~ strikes best (47) ~ strikes last (57) ~ strikes twice (191) ~ usually wins (62) ~ wins (149); STRIKES LAST, strikes best (142) ~ will be beaten (11) ~ will score best (13); (It's about who) STRIKES THE HARDEST, not who strikes first (1576)

SUCKS LAST, sucks best (7) ~ sucks the most (17)

SUES FIRST, sues best (2) ~ sues more successfully (2) ~ usually wins first (2) ~ wins (8); SUES LAST, sues best (2)

SURGES FIRST, urges then woos … (3); SURGES LAST, surges best (53)

TAKES last, takes best (2)

TALKS FIRST, loses (132) ~ talks best (2) ~ wins (50); TALKS LAST, has the last word (3) ~ talks best (8) ~ talks loudest (11) ~ wins (59); TALKS THE LOUDEST AND WHO TALKS LAST, wins (4)

THINKS FIRST, acts second (10) ~ comes first (2); THINKS LAST, dies first (7) ~ laughs last (2) ~ laughs slowest (3) ~ thinks (the) slowest (12) ~ thinks best (2) ~ thinks he'll last (3)

THRUSTS LAST, thrusts best (2)

TITTERS LAST, titters best (4)

TRADES LAST, trades best (3)

TRAPS LAST, laughs last (2) ~ traps best (11)

TRICKS LAST, tricks best (11)

TROLLS FIRST, trolls best (9); TROLLS LAST, trolls (the) hardest (4) ~ trolls best (12) ~ trolls better (2) ~ trolls longest (4)

TWEETS LAST, tweets best (11)

TWISTS LAST, twists best (2)

UNDERSTANDS last, changes last (6) ~ modifies last (4) ~ understands longest (4)

WATCHES LAST, watches best (42)

WRITES FIRST, goes first (2) ~ is a loser (9) ~ writes best (6); WRITES LAST, writes best (38) ~ writes better (2)

## Better Late Than Never

*English:*

Better late than *x*:

*x* = absent ~ bad ~ botched ~ broken ~ buggy ~ clever ~ dead ~ early ~ forever ~ frozen ~ Kevin ~ larger ~ later ~ leather ~ life ~ lost ~ naked ~ none ~ nothing ~ out of date ~ pregnant ~ randy ~ red ~ rescheduled ~ sober ~ sorry ~ too late ~ Tuesday ~ wait ~ wrong

Better *x* than never:

*x* = Accolate ~ Bait ~ copulate ~ date ~ dead ~ debate ~ early ~ eight ~ forever ~ freight ~ Gates ~ Greek ~ hate ~ innate ~ Kate ~ knit ~ lace ~ lagged ~ laid ~ lake ~ lame ~ lat ~ latent ~ Latex ~ Lathe ~ latte ~ Layton ~ leak ~ leight ~ Leighton ~ Leite ~ let ~ light ~ lite ~ live ~ nate ~ now ~ once ~ plate ~ rate ~ read ~ red ~ regulate ~ skate ~ slate ~ slayed ~ slow ~ tardy ~ Tate ~ template ~ wait

*German:*

Besser spät als *x*:

*x* = neulich ~ rechtzeitig ~ schwul ~ zu früh ~ zu spät ~ tot

Besser *x* als nie:

*x* = bi (= bisexuell) ~ früh ~ gleich ~ heute ~ irgendwann ~ jetzt ~ Knie ~ langsam ~ manchmal ~ nach der Ehe ~ nachträglich ~ neu ~ nun ~ Pet ~ schräg ~ Sonntag ~ stehend ~ tot ~ überhaupt ~ Väth ~ kurz

*Russian:*

Лучше поздно, чем *x*:

*x* = байан ~ в нищете ~ в темноте ~ весной ~ (не) вовремя ~ вчера ~ ещё позднее ~ иногда ~ как всегда ~ как обычно ~ на следующей неделе ~ наврать ~ не в квадрат ~ не до дна ~ не с кем ~ не туда (скачать) ~ ни разу ~ ни хрена ~ (вообще) никак ~ никому ~ никуда ~ нифига ~ ничего ~ ногами вперед ~ очень поздно ~ плохо ~ пропустить ~ рано ~ раненько ~ слишком поздно ~ совсем поздно ~ туда ~ хуже сразу ~ через год ~ Лучше поздно, чем поспешишь и людей насмешишь

Лучше *x*, чем никогда:

*x* = вовремя ~ иногда ~ много ~ Познер ~ Польше ~ порно ~ рано ~ раньше ~ сейчас ~ стыдно ~ тепло ~ через год увидать

*Finnish:*

Parempi myöhään kuin ei *x* (the original form: milloinkaan ~ ollenkaan ~ silloinkaan ~ koskaan ~ lainkaan):

*x* = (liian) aikasin ~ aiemmin ~ aikaisemmin ~ kymmenen oksalla ~ näin myöhään ~ pyy pivossa ~ iäti ilman ~ tosi myöhään ~ myöhemmin (10); kanaa orrella ~ koira veräjästä (42); patchin jälkeen ~ vielä myöhempään ~ liian myöhään ~ ei ainankaan joulun jälkeen ~ vasta keskikesällä ~ vuoden loputtua

Parempi *x* kuin ei milloinkaan:

*x* = aikaisin ~ aiemmin ~ ajoissa ~ joskus ~ Latte ~ näin ~ nuorena ~ nyt ~ riverillä ~ silloin ~ varhain

*Estonian:*

In Estonian, *hilja* means 'late' and *Hilja* is simultaneously a popular woman's name, therefore the most productive method of creating "antis" is the one where 'hilja' is interpreted as a name and the *I*-gap is filled with various other women's names:

Parem Hilja kui *I*:

*I* = Leida (51) ~ Ilma (16) ~ ilma (23) ~ Salme (37) ~ Helga (35) ~ Selma (27) ~ Helju (14) ~ Alma (10) ~ Silja (10) ~ Hilda (8) ~ Vilja (8) ~ Malle (5) ~ Olga (5) ~ Valve (5) ~ Linda (4) ~ Maria (4) ~ Milvi (4) ~ Heldur (2) ~ Helmi (2) ~ Koidu (2) ~ Mari (2) ~ ei Malletki (1) ~ Ilja (1) ~ Leili saunas (1)

In the case of *Ilma/ilma* and *Leili saunas* the additional punning occurs:

*Parem Hilja kui Ilma* means 'Better (a woman ~ girl ~ … named) Hilja than Ilma.'

*Parem hilja kui ilma* means 'Better late than without.'

*Parem Hilja kui Leili saunas* means 'Better Hilja than Leili in the sauna.'

*Parem hilja kui leilisaunas* means 'Better late than in a steam-bath.'

## To Be or Not To Be

The first 9 pages of Google brought forth 358 different substitutes for *to be*:

3d ~ abuse ~ accept ~ add ~ age ~ allow ~ alloy ~ app ~ apple ~ ashton ~ aspirate ~ audit ~ azure ~ b ~ baby ~ bag ~ balance ~ bandanna ~ bless ~ bling ~ blog ~ blow ~ blur ~ board ~ bob ~ box ~ breakfast ~ breed ~ brick ~ brooks ~ build ~ bulk ~ buy ~ cache ~ call ~ capitalize ~ car ~ carb ~ cc ~ censor ~ centralize ~ change ~ charge ~ cheat ~ chew ~ choose ~ clap ~ clay ~ click ~ clip ~ clone ~ cloud ~ coach ~ coat ~ colorize ~ contract ~ cool ~ copy ~ cosplay ~ crack ~ crop ~ cry ~ cum ~ cut ~ cycle ~ date ~ decal ~ default ~ defend ~ derp ~ Detox ~ diagram ~ die ~ diet ~ dinan ~ dip ~ discipline ~ disclose ~ diversify ~ divorce ~ do ~ donate ~ draft ~ drag ~ dream ~ drill ~ drink ~ drip ~ drive ~ dye ~ e ~ ease ~ eat ~ enter ~ ERP ~ exercise ~ extend ~ facebook ~ fake ~ farm ~ fear ~ feed ~ fell ~ fight ~ filter ~ fish ~ fix ~ flash ~ fly ~ follow ~ forgive ~ foul ~ frack ~ franchise ~ freak ~ freeze ~ fret ~ friend ~ fuck ~ fuse ~ gem ~ ghetto ~ give ~ glove ~ GMT ~ go ~ Google ~ GPU ~ graft ~ green ~ greet ~ grill ~ group ~ grow ~ guide ~ hang ~ hat ~ have ~ haz ~ heat ~ helmet ~ help ~ hold ~ hospitalize ~ host ~ hybrid ~ innovate ~ install ~ interview ~ invite ~ iPad ~ jam ~ job ~ join ~ JSON ~ juice ~ jump ~ kill ~ kiss ~ know ~ kronk ~ lag ~ launch ~ layer ~ learn ~ lie ~ lighten ~ lightner ~ like ~ link ~ live ~ lock ~ log ~ look ~ love ~ map ~ marry ~ McRib ~ merge ~ micron ~ migrate ~ MIMO ~ mine ~ mix ~ mod ~ munch ~ munsch ~ mute ~ nap ~ nuss ~ offset ~ OPAC ~ operate ~ own ~ p ~ paint ~ parse ~ participate ~ pay ~ pee ~ peek ~ peel ~ peer ~ pie ~ pierce ~ pierre ~ piss ~ plan ~ play ~ plug ~ portal ~ potato ~ praise ~ pray ~ preach ~ print ~ profile ~ profit ~ pron ~ publish ~ pull ~ push ~ QR ~ queue ~ quit ~ quote ~ radiate ~ read ~ relate ~ release ~ remake ~ repackage ~ report ~ repress ~ resect ~ respond ~ resprout ~ restrict ~ retrieve ~ revascular ~ revise ~ RF ~ rinse ~ risk ~ robust ~ root ~ rotate ~ roth ~ rub ~ rug ~ run ~ SaaS ~ scrap ~ screencast ~ see ~ seed ~ sell ~ send ~ sew ~ sext ~ shade ~ share ~ shave ~ shit ~ show ~ sign ~ signal ~ sin ~ sing ~ sit ~ slack ~ snack ~ snitch ~ snoop ~ spank ~ spark ~ speak ~ spin ~ spiral ~ spit ~ splurge ~ spring ~ spy ~ stache ~ stage ~ steal ~ step ~ stereotype ~ stop ~ stream ~ stretch ~ strike ~ strip ~ surcharge ~ suture ~ swatch ~ swing ~ switch ~ talk ~ tape ~ tax ~ tea ~ teach ~ tell ~ test ~ thin ~ think ~ thong ~ tithe ~ torah

~ touch ~ train ~ transfer ~ treat ~ trend ~ trust ~ try ~ twee ~ tweet ~ twitter ~ union ~ update ~ use ~ ustnagle ~ V ~ vaccinate ~ veil ~ ventilate ~ voice ~ wait ~ walk ~ We ~ wean ~ wear ~ weigh ~ wet ~ wire

## Politics Makes Strange Bedfellows

*A Dictionary of American Proverbs* includes the following "ordinary" proverbs:

> *Adversity makes strange bedfellows*; *Business makes strange bedfellows*; *Misery makes strange bedfellows*; *Necessity makes strange bedfellows*; *Politics makes ~ has strange bedfellows*; *Poverty makes strange bedfellows ~ gives a man strange bedfellows ~ makes a man acquainted with strange bedfellows* (Mieder & Kingsbury & Harder, 1992).

Mieder and Tóthné Litovkina offer "antis" only for the prototype *Politics makes ...*:

> *Divorce makes estranged bedfellows*; *Marriage makes strange bedfellows*; *Politicians ~ Politics makes estranged bedfellows*; *Politics doesn't make strange bedfellows – marriage does*; *Politics makes strange bad fellows*; *Politics makes strange bedfellows, and so does prostitution*; *Politics makes strange bedfellows, but they are always willing to lie on their own side*; *The bedfellows politics makes are never strange*; *If only seems that way to those who have nor watched the courtship* (1999:173–174).

The first 40 pages of Google indicated 148 different constants to fulfill the variable gap:

*X* makes strange bedfellows:

> *x* = politics (479) ~ adversity (356) ~ war (244) ~ misery (171) ~ necessity (101) ~ business (99) ~ money (92) ~ poverty (88) ~ history (85) ~ desperation (80) ~ greed (71) ~ football (67) ~ media (61) ~ oil (61) ~ technology (61) ~ marriage (59) ~ prophecy (58) ~ warfare (58) ~ badgers (57) ~ recession (57) ~ sleeping (54) ~ economics (53) ~ privacy (53) ~ revolution (52) ~ misfortune (50) ~ pot (50) ~ love (49) ~ SOPA (49) ~ fashion (48) ~ amendment (45) ~ bankruptcy (45) ~ music (45) ~ murder (44) ~ reform (44) ~ gambling (42) ~ Facebook (40) ~ Internet (39) ~ geopolitics (38) ~ Hollywood (38) ~ environmentalism (36) ~ loneliness (36) ~ metal (36) ~ TV (36) ~ security (34) ~ truth (34) ~ conglomerates (33) ~ hockey (32) ~ settlements (32) ~ terrorism (32) ~ semioticians (31) ~ television (31) ~ parties (31) ~ fear (30) ~ sex (30) ~ frontier (29) ~ morality (29) ~ time (29) ~ conferences (28) ~ education (28) ~ marketing (28) ~ radio (26) ~ weed (26) ~ Berlin (25) ~ divorce (24) ~ litigation (24) ~ science (24) ~ PPACA (23) ~ hunger (22) ~ censorship (21) ~ conflict (20) ~ reality (19) ~ revenge (18) ~ Jihad (17) ~ journalism (15) ~ karaoke (14) ~ theology (14) ~ hierarchy (13) ~ panic (13) ~ poetry (13) ~ cyberspace (12) ~ globalization (12) ~ philosophy (12) ~ space (12) ~ dictionaries (11) ~ food (11) ~ peace (11) ~ psychology (11) ~ reconciliation (10) ~ Celiac (9) ~ culture (9) ~ exploitation (9) ~ Obama (9) ~ prison (9) ~ rain (9) ~ theatre (9) ~ fortune (8) ~ pornography (8) ~ skepticism (8) ~ alcohol (7) ~ boredom (7) ~ evil (7) ~ metaphysics (7) ~ Apocalypse (6) ~ fidelity (6) ~ Kashrut (6) ~ literature (6) ~ short-termism (6) ~ casinos (5) ~ devil (5) ~ environment (5) ~ pipeline (5) ~ Pox (5) ~ training (5) ~ ACLU (4) ~ alcoholism (4) ~ failure (4) ~ friendship (4) ~ genealogy (4) ~ inexperience (4) ~ medicine (4) ~ cloud (3) ~ coffee (3) ~ combat (3) ~ destinity (3) ~ porn (3) ~ Vegas (3) ~ volleyball (3) ~ adventuring (2) ~ Bollywood (2) ~ church (2) ~ circumlocution (2) ~ cruelty (2) ~ disillusionment (2) ~ leaping (2) ~ matrimony (2) ~ modernity (2) ~ schism (2) ~ April (1) ~ audio (1) ~ debts (1) ~ deceit (1) ~ engineering (1) ~ junk (1) ~ peacekeeping (1) ~ Rohypnol (1) ~ tennis (1) ~ unbelief (1) ~ Zuda (1)

Politics makes *x* bedfellows:

*x* = estranged (81) ~ odd (62) ~ strained (47) ~ interesting (41) ~ dead (36) ~ weird (24) ~ uneasy (15) ~ queer (14) ~ changing (11) ~ gay (11) ~ no (11) ~ funny (10) ~ good (10) ~ great (10) ~ unlikely (10) ~ smart (9) ~ loud (7) ~ crazy (5) ~ poor (5) ~ curious (4) ~ consistent (2) ~ evil (2) ~ hot (2) ~ disgusting (1) ~ filthy (1) ~ lethal (1) ~ nice (1) ~ unsavory (1)

*X* makes *y* bedfellows:

*x* + *y* = adjudication + odd (1) ~ adultery + dull (4) ~ big business + odd (1) ~ bigotry + telling (4) ~ Biopharm + odd (3) ~ Biz + weird (1) ~ business + interesting (2) ~ co-branding + coxy (1) ~ cohabitation + disengaged (7) ~ common intent of purpose + interesting (1) ~ compartmentalization + swell (2) ~ cooking + odd (1) ~ crime + interesting (1) ~ democracy + bad (3) ~ desperation + ugly (3) ~ EDUN + unlikely (4) ~ fate + peculiar (1) ~ history + ironic (1) ~ immigration + odd (7) ~ lawsuits + interesting (1) ~ marriage + good (7) ~ money + bipartisan (1) ~ pain + interesting (4) ~ PHP + happy … with SQL and Java and C++ (1) ~ pride + prime (1) ~ publicity + queer (6) ~ punk + interesting (1) ~ racing + interesting (2) ~ referendum + interesting … in Britain (12) ~ rock + kooky (1) ~ scientism + odd (1) ~ shoe biz + estranged (1) ~ trauma + strangers (1) ~ truth + interesting (4) ~ unpaid overtime + unlikely (6) ~ war + odd (14) ~ war + unexpected … in heaven as well as on earth (6)

Politics makes strange bed-*x*:

*x* = bedbugs (5) ~ bed-partners (62) ~ bedpersons (22) ~ beds (28) ~ bedsores (6) ~ bedtuckers (9)

Politics makes strange *x*-fellows:

*x* = bleacher-seat fellows (2) ~ blogfellows (72) ~ bon fellows (3) ~ buffaloes (2) ~ churchfellows (10) ~ coffinfellows (14) ~ dead fellows (13) ~ endorsement-fellows (1) ~ food fellows (2) ~ goodfellas (6) ~ gun club fellows (6) ~ hiphop talk showfellows (3) ~ med-fellows (7) ~ musicfellows (4) ~ rally-fellows (5) ~ red fellows (13) ~ seat-fellows (8) ~ sidewalk fellows (27) ~ test tube fellows (2) ~ webfellows (11) ~ wheel-fellows (1)

Politics makes strange *x*-mates:

*x* = kitchen mates (11) ~ paddock mates (2) ~ roommates (8) ~ seatmates (3)

Politics makes strange (*x*-)partners:

*x* = partners (34) ~ dancing partners (3) ~ dining partners of us all (3)

Politics makes strange *x*:

*x* = allies (14) ~ birds of a feather, too (3) ~ blind spots (1) ~ co-workers (4) ~ enemies (30) ~ energy rule (1) ~ envoys (7) ~ friendships (3) ~ guest star combinations (4) ~ homeowners (8) ~ intellectual mattress companions (1) ~ ironies (7) ~ juxtapositions (1) ~ metaphors (4) ~ neighbors (3) ~ postmasters (82) ~ progeny (9) ~ relationships (7) ~ rock programs (1) ~ sleeping arrangements (1) ~ sport (11) ~ theater (4) ~ videos (5)

Adversity makes strange *x*(-fellows):

*x* = badfellows (5) ~ boat-fellows (2) ~ bod-fellows (1) ~ companions (3) ~ friends (8) ~ moose cankles (2)

War makes strange *x*(-fellows ~ -mates ~ …):

*x* = bedmates (7) ~ ballon fellows (3) ~ couchfellows (4) ~ embedfellows (9) ~ würmfellows (3) ~ bunk mates (1) ~ roommates (5) ~ trench mates (2) ~ friends (7) ~ friendships (6) ~ companions (7) ~ comrades (27) ~ allies (51) ~ heroes (3) ~ probabilities (4) ~ romances (1) ~ situations (2)

*X* and *y* make strange bedfellows:

*x* and *y* = art and advertising (12) ~ atheists and fundies (15) ~ backpacks and bedbugs (4) ~ birds and bat (31) ~ churches and casinos (3) ~ dementia and passover (4) ~ education and contraception (7) ~ life and death (13) ~ politics and Hollywood (34) ~ politics and malware (47) ~ politics and science (40) ~ religion and politics (77) ~ sex and politics (39) ~ social media and politics (44) ~ technology and poetry (7) ~ tennis and golf (9)

Some examples of comparative, parallelistic and other more complex structures:

Religion makes stranger bedfellows than politics (2); Football makes stranger bedfellows than politics (6); Censorship, like politics, makes strange shelf-fellows (1); Just as war makes strange enemies, peace brings strange combinations into the bond (1); The arena of politics makes strange animals and often ugly beasts of intentions (2); War makes strange friends, war makes strange enemies (1); Politics in the pews makes predictable bedfellows (4)

## In Lieu of an Epilogue

I feel totally incapable of allocating the funny part of hypervariable Internet sayings between the two categories of aesthetics that Yuri M. Lotman distinguished – the earlier "aesthetics of sameness" ('эстетика тождества') and the more recent "aesthetics of opposition" ('эстетика противопоставления') (1964:172–183). On the one hand, these improvisations are inseparably bound to their ancestors and, as any kind of parodic creation, are understandable and enjoyable only if the recipient recognizes them, and simultaneously also the formal, stylistic etc. patterns embodied in them. On the other hand, the predisposition of opposing to, arguing with, ironizing, ridiculing and "demotivating" everything serious on the contemporary Internet is stronger than whenever and wherever before.

Internet is not only a natural, spontaneous archive and collection of folklore, but also – or primarily – a natural field of contemporary folkloric communication, which has stored and will continue to store and retain each single actualization of so-called speech genres of folklore. In order to understand which of the thousands of actualizations of hypervariable Internet proverbs were intended to be seriously didactic, or undoubtedly funny, or were meant to fulfill some pragmatic functions of advertisements, etc., there is probably no other way than to get closely familiarized with thousands and thousands of their contexts. Fortunately – and differently from the innumerable older proverbs exposed in the cemeteries of printed sources or buried in the depths of archival manuscripts – these contexts do exist already "by definition" and can be very easily retrieved and studied.

## *Note*

1 To spare the space, the redundant and by default clear elements like *He who*, etc., have been skipped. The figures after text variants denote "actual" (not the "first page") Google frequencies that were found in the period from May to October, 2012. Some minor grammatical variation was neglected. $x$ = the first variable; $y$ = the second variable; not distinguished syntactically.

## *References*

Lotman, Yuri M. 1964. *Лекции по структуральной поэтике*. Tartu: TRÜ (TRÜ toimetised, 160).

Mieder, Wolfgang & Stewart A. Kingsbury & Kelsie B. Harder (eds.). 1992. *A Dictionary of American Proverbs*. New York et al.: Oxford University Press.

Mieder, Wolfgang & Anna Tóthné Litovkina. 1999. *Twisted Wisdom: Modern Anti-Proverbs*. Burlington, Vt.: The University of Vermont (Supplement Series of Proverbium: Yearbook of International Proverb Scholarship, 4).

# Categorization as a Key to Understanding the Use of Proverbs

*Outi Lauhakangas*

We do not easily get rid of our categorizations. "Once young [...]" wrote Barbara Kirschenblatt-Kimblett to her Facebook friends when she celebrated her 70th birthday. Kirschenblatt-Kimblett is a paremiologist and the mental architect of the European Jewish Museum in Warsaw. She knows well how proverb patterns like *Once a thief, always a thief* function in our minds. The focus of this article is on the question of categorization as an important mechanism in proverb use and what it may entail. Study of different functions of proverbial speech (Lauhakangas, 2004 & 2007) raises the questions of categorization and leads to an investigation of the connections between proverbial thinking and some central tendencies to generalize our experience and see contrasts and borderlines in our social surroundings.

An important verbal strategy that can function in proverb use is our readiness and ability to change the mood of discussion and text even backwards. The possibility to shift the register by using a proverbial interpretation will be exemplified in this article. The term 'register' is according to linguist Michael Halliday usually defined simply as functional variation between texts (1985:44). Here, the term must be broadened to folkloristic interpretation in order to reach its cultural relevance in language use – now especially in proverb use.

## Aims and Methods of the Case Study

The best methodology for this kind of research is to find anecdotes in real life. The precondition for recognizing proverb use is familiarity with the genre of proverbs and proverbial expressions. In order to analyze further the functions and weight of a particular proverb use one has to be able to apply terms loaned from systemic functional linguistics and take a folkloristic approach combined to social psychological interpretations. 'Categorization,' the central term of this treatise is common to studies of dynamic processes and variation, which are oriented to human sciences, instead of sources and products.

The aim of this article is not to end up on a list of stereotypes and attitudes historically strengthened by repetitive proverb use. Instead, the focus is on the mechanics of categorization. The term refers to social processes that always have cultural preconditions and are more or less in relation to tradition. Although neuropsychology, sociolinguistic research and even knowledge about human pattern recognition explain a lot about our tendencies of categorization, I am not going to proceed to those directions. My article will concentrate on one anecdote, preconditions of the described incident, motives of the central person, and the shift of register caused by proverb use.

I shall demonstrate my theoretical statements by using an anecdote. The anecdote in question deals with a current case that has caused public disagreement and has aroused social – even political – tension. Delicate matters are dealt with, and opinions about correct ways to think and act are presented. The situation serves as a textbook example that instantiates the need for proverb use (Lauhakangas, 2004:164–296). Still it was not possible to predict the use of this or any other proverb in the situation described. Actually, unpredictability is the basis of the anecdotic approach of this kind of research. It is not reliable to generate the use of proverbs artificially in any research.

## An Anecdote About a Radio Journalist's Proverb Use

On the 16th of May 2013 in the morning broadcast *Ykkösaamu*, the Finnish radio channel *Yle Radio 1* sent a political debate about publicity and concealment of the document relating to the collateral EU agreement made with Greece (Ykkösaamu, 16.05.2013).

Listening to this radio program, I immediately realized the anecdote connected to this proverb use. My attention was drawn to a proverb, which I had by then only heard used in sex-related meanings. My first impression was that it was now used in a peculiar if not unsuitable context.

The debate takes place between three politicians, Mauri Pekkarinen (P) from the Finnish Center party (in opposition his being the president of the Finance Committee of the Finnish parliament), Pia Viitanen (V) from the Social Democrats and Annika Lapintie (L) from the Left party. The radio journalist is Marja Ala-Kokko (Rj). The discussion had gone on for a while (7 min) before the following finale (3:30 min). The radio journalist had just asked whether the participants of the discussion had read through the whole agreement. My comments concerning phatic qualities of the discussion are marked with '*' in the transcription.

> P: "When now asked I can say that I have used half an hour going through it [the collateral EU agreement] and I can't say that I had mastered it, but now I dare to say that you don't find *any other* member of parliament who knew the details better."
>
> * Disagreeing voices. The radio journalist intervenes and asks Lapintie about her jurist education that Lapintie had mentioned during the discussion.
>
> L: "It is true that I am a jurist and I also have work experience in a bank, but an *essential* thing is that we are political decision makers and of course we place our trust in *preparation*. When Pekkarinen just said that it is not [...] that the government bluffed about legal agreements. But there *is*: There is a legal agreement, just the one between commercial banks. [...] as there is now money ca. 900 million Euros in London banks as a guarantee for Finland; it just proves that the agreement works, and *this* is the most important thing here."
>
> * The radio journalist continues to show her approval.
>
> Rj: "People want to keep an eye that you make right decisions, and as you are responsible for these decisions, you should probably understand the issue you are making decisions about."
>
> L: "Yes."
>
> * Viitanen also shows her approval and starts to comment.
>
> V: "Here we come to the point with which I have already opened. The agreement text is difficult to read and that is why we as members of the parliament have to insist on the principle

that an introduction of any issue must be demonstrative and that public servants who introduce it do so by official responsibility. […] This is the way to understand the logic and the […]."

* Lapintie starts to talk out of turn.

L: "I really agree with the journalist that of course we must know what we are making decisions about."

V: "*Absolutely!*"

* Pekkarinen also begins to speak, but is not paid attention to. He reacts to the situation by giving a feeble laugh.

P: "Calling for truth, calling for truth."

* The journalist increases her voice in the general ado.

Rj: "Can't you make any changes in the near future? Is there *any sense* in asking people to read a paper which you can't make sense of?"

P: "Once again [I want to say] to Lapintie that when I say [use the word] a legal agreement, [I mean that] the *government didn't* make a legal agreement."

* Viitanen completes Pekkarinen's sentence.

V: "[…] with the Greek State. That is true."

* Pekkarinen continues in a resolute tone.

P: "The thing is that it is an agreement between Greek banks, and Martti Hetemäki has signed it for Finland […] the agreement in which the Greek parties are – not the Greek State but four Greek banks – and *this is what I still want to strictly address*."

* The radio journalist practically interrupts Pekkarinen by piping up.

Rj: "And now *a full stop* here, because our time is soon out, but in Finland we *talk a lot* and decision-makers *talk a lot* about openness and transparence. And this – [she hesitates for a little while] I feel that *you talk the most about what you have the least* on the basis of this topic. But hopefully one will enter into clearer agreements in the future. Thank you for visiting Ykkösaamu (the morning program) and have a nice day there in the parliament."

The hostess of the radio program takes the floor to conclude the debate, owing to the strict schedule she must obey. Her quick request to stop seems to imply more than a simple reference to the timetable. She has the minimum of time to make a summary. Thus, she makes a quick comment: "[…] but in Finland we talk a lot and decision-makers talk a lot about openness and transparence." This is such an unexpected generalization that it would need more explanation. She starts saying: "And this," but time is practically out. She has to make a split-second decision to support her claim by some authority: A proverb!

## Motives for Proverb Use in a Discussion

Although using a proverb is often almost unconscious and it is based on associations – at this time on uncontrollable and repetitive arguing that evokes a proverb dealing with talkative persons – it is possible to analyze motives behind this special situation. Provoking politicians to express their divergent opinions is a professional challenge for the radio journalist. Her role is to hide her own position but still ask important and tricky questions. From the point of view of rhetoric she has tools to convey her opinions. Using a proverb is one of these rhetorical means.

I am applying here my former mapping of functions of proverbial speech in social interaction to understand the motives of the radio journalist's proverb use. The functions of proverb use cover a wider field than even the functions of rhetorical speech. For my dissertation (2004; summary in English, 2007) I tried to map every kind of proverb use in social interaction.

In this case the first main function of proverbial speech, namely 'transferring tradition' will be excluded. 'Strengthening the cohesion of a community,' the third cluster of functions remains also rightly outside this analysis. Thus, I shall concentrate on the third type of functions of proverb use, on 'problem solving' or 'decision making.'

If we think about the situation where the radio journalist had to close the discussion, one of the motives for proverb use might have been a quick conclusion of the previous conversation. According to my survey of former research on proverb use (2007) the largest part of proverb use can be interpreted as aiming to conclude the speech, trying to lead the conversation to end or at least to offer an indisputable interpretation of a situation.

Another motive of proverb use that suits the situation described above is to find a way to get into a decision in a diffuse situation. Proverbs serve as decisions absolute enough to dampen any desire to continue an exchange of views. They are not proposals of truth but rhetorical tools aimed to fit just into the context into which they have been brought.

The third possible motive for the journalist's proverb use might have been an intentional effort to change the mood of the ongoing discussion. Most often a part of one's means to transfer a discussion to the proverbial speech register is lightening the situation, relief, turning into a joke. The underlying motive behind these targets might be gaining acceptance. After listening to the section of the political debate, this motive does not seem very probable.

I already dealt with the matter of a proverb user's position in a discussion. When the journalist's situation is concerned she does not have any real power to make decisions along, but by using the power of rhetoric, she has a way to get attention, authority and respect. By using a proverb, she is able to invoke a "third party" to speak instead. With a quotation, now a proverb, one appeals to some general authority without making one's own evaluation. This could well be our journalist's motive in this situation.

The last motive for using proverbs is nearly similar compared to the first motive of drawing a quick conclusion to a discussion. However, the difference is in the degree of the journalist's values behind the conclusion. This brings us back to the research question of this article. The journalist seems to have a need to configure the situation, to interpret it but, as already discussed, this is not limited to only to the last comments but to the whole debate. The chosen proverb acts as a new categorization in the discussion, which up until that moment had been a political debate. At the same time it shifts the register of speech to a new category.

## A Proverb Utilized to Close a Political Debate

The radio journalist's proverb choice leads us to interpret the whole debate to be only a noisy and a ridiculous yearning for popularity. Her comment "You talk the most about what you have the least" happens to have more effect than some quite situational comment would have had. It shifts the speech register from a serious interchange between politicians to politicking itself. The reason is that the proverb comment focuses on the way of discussing, no longer on a particular subject in the debate.

When someone uses a proverb or a proverb-like saying, it mostly stands as an action that more or less changes the atmosphere of the ongoing situation. If we study further this particular change, we can recognize qualities of a shift of register. Without any noticeable change in the situation, without a change in the actual relations between the participants of the conversation, the proverb used by the radio journalist as a presenter categorizes the entire discussion.

The above described proverb use is illustrated in the following figure. Per Holmberg drew it while listening to my presentation about shifts of register and proverbial speech.[1] He wrote a note over the graph: "From the point of view of Halliday you can look for three general functions of each sentence: 1. Interpersonal, 2. Ideational, 3. Textual." Holmberg explained that all those functions were in action in the extract of that political debate.

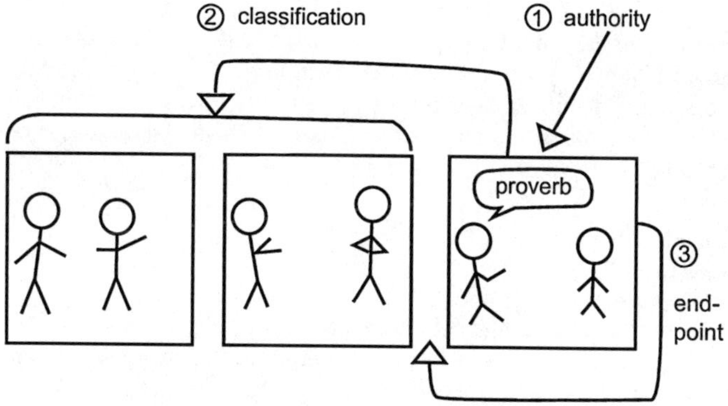


*Fig.:* *The political discussion in a Finnish radio program illustrated by Per Holmberg from the point of view of Michael A.K. Halliday's theory (1985)*

If we consider proverbs as a special kind of social strategy as Kenneth Burke (1957) has suggested, use of the proverb described above and Holmberg's interpretation of it would show how this social strategy can affect the participants' view of the discussion by classifying or categorizing it afterwards.

In Holmberg's figure the first numbered action, using a proverb, invokes an authority, in Jan Mukařovský's terms to "the authority of a third party" (1983 [1971]:

17–20). From the point of view of Halliday's theory (1985) that line realizes the first metafunction (of the three) in the discussion. It happens on the interpersonal level.

## Authority in Social Interaction

The journalist's status, if compared to those three debaters, is clearly the lowest. She doesn't have direct power as a political decision maker. The speaker's own opinion is hidden behind a common, pithy or witty statement beyond reach. You may now comment that some politicians are diligent users of proverbs. This is true, even presidents use proverbs in their public speeches (see e.g. Mieder, 2009b). But if we think about the power of politicians, it is always related to the will of their electorate. They have to earn their popularity. The crucial thing is what kind of power people have (or assume they have) in relation to others in the same scene.

Michel de Certeau prefers to speak about popular tactics or ruses (plots) instead of a strategy (1984:24 & 34). He sees tactic as an art of the weak. Thus in an absence of power, one takes advantage of opportunities and depends on them. He or she hits on the framework of a system, in the "cracks" of it and creates an element of surprises in using wit. From this point of view the journalist's way of using the proverb could be interpreted (rather dramatically) as an inferior person's opportunity to exert her power on a politician's domain. Certeau's view is supported by an observation made by Jean-Louis Siran during his research of proverb use in Africa (1993:230). The chieftain of Mangaï, of the tribe Siran studied in terms of their use of proverbs, considered proverbs as lies, because the chief himself had no need to use them. His word was law and he could express himself publicly. It was even improper for him to disguise his words by metaphors. We can understand the chief's attitude, if we consider the means of power used by economic or military parties in our societies. Rhetoric and proverbs are useless for them.

## Categorization

The next step in Holmberg's figure indicates the act of classification. Halliday would say that it is realized on an ideational level. In practice this means that both the ongoing situation and the preceding discussion are categorized by the proverb and of course by the proverb user's choice. Holmberg's third point comes at the end of the discussion and it shows that the proverb is used to make a summary and to turn the listeners' attention to the proverb text, according to Halliday (1985), the textual level. I see a close connection between the process of categorization and the shift to textual interpretation. Perhaps proverbial speech represents in our minds something that could be compared to Pierre Bourdieu's term 'practical logic' (1977:109).

Actually, Holmberg's illustration demonstrates a shift of register from a current debate to another register of speech, namely to the use of meta-speech, the proverbial speech register. The other participants are forced to evaluate the past conversation. Their way to interpret it is at least for a moment directed by the hostess of the discussion. Meta-speech is indeed a quality that matches often with proverbial speech. In these cases proverb use means that speech that deals with the already spoken is introduced to the situation. It makes participants more aware of their talking point (Crocker, 1977:40; Bruner, 1998 [1990]:39). This sudden awareness of the ongoing (and the already gone) situation is characteristic to proverbial speech register.

Certeau interprets proverbs as tools. His approach can be compared to Christopher Crocker's description of proverb use as "rhetoric naming" of a situation (1977:37). In Crocker's view the journalist acts according to her values and tries to add a verbal binary value (truth/not truth) to a social situation. I would repeat that the radio journalist categorizes participants' speech by using the proverb. Certeau calls this 'marking' and 'signifying operations' by use of proverbs:

> "Proverbs (and other discourses) are marked by users. They offer to analysis the imprints of acts or processes of enunciation; they signify the operations whose objects they have been, operations which are relative to situations and which can be thought of as the conjunctural modalizations of statements or of practices; more generally, they thus indicate a social historicity in which systems of representations or processes of fabrication no longer appear only as normative frameworks but also as tools manipulated by users" (1984:21).

Was the journalist's proverb use that triggered sudden awareness of the quality of the political debate, an example of manipulative categorization – although rather unintentional? Crocker (1977:43) borrows from Burke's considerations (1964:94–95) of how an incompatible metaphor can open new viewpoints. It may operate even better in a situation that is experienced problematically. Crocker writes about renaming a situation according to the manner in which it took place in the journalist's proverb use. My surprise, when I heard that proverb in an odd context, was caused by a feeling of inconsistency. A Google search of the Finnish text *Siitä puhe, mistä puute* brought 211.000 hits. One example is from a young lady's blog: "Apparently the old saying is true: *You talk the most about what you have the least*. It is interesting, how one tends to read about the sex life of others at the time one lacks it oneself" (Jemina, 20.03.2011).

In the Matti Kuusi's international database of proverbs this proverb type is classified to the subgroup 'J1d: Openheartedness, the need to talk, concealment' (Lauhakangas, 2001).

Categorization could also be called re-contextualization of the political discourse. The speech of the three participants gains a generalized interpretation immediately after the journalist's proverb use. The speeches are taken to a new context: The general inclination of politicians to shoot from the hip. We may disregard individual answers to the journalist's questions and the dialogue. The use of this proverb permits radio listeners to recall only the overall impression. The actual influence on listeners is impossible to measure, but one is easily guided by the proverb to strengthen her or his former absorbed attitudes about political discussions in general (see Yankah, 1989: 28–29). The proverb used by the radio journalist at the end of her program entextualizes individual stretches of the speakers' original discourse into identifiable characteristics. At this time the debate is turned into a messy discourse explained as "natural" and expected by the proverb user.

## Considerations

An anecdotic approach and analyzing only one situation of proverb use may seem one-sided. Regardless, this research method is justified owing to the profound and comprehensive previous research and material of paremiology and paremiography (see Mieder, 2009a & 2011). It is also a time to take into consideration former discussions within the philosophy of language, anthropology, social psychology and new approaches of folkloristics in order to increase our comprehension of cultural, social and psychological mechanics of proverb use. Thanks to Wolfgang Mieder and Janet Sobieski (2003) we have sources of paremiology connected to social sciences.

The case study of the present article is an attempt to consider a possible key to obtain a better understanding of the process of proverb use. Our inclination to categorize our (and other people's) experiences seems to operate through proverb use. Quick conclusions mostly consistent with the underlying values are easily accepted. Still, in the shape of traditional and familiar proverbs, we are ready to accept relatively inconsistent summaries. A shift from a political dialogue register to proverb speech register can change the general attitude and picture of the experienced conversation.

### *Note*

1 The presentation *The Role of Proverbs and Proverb Modifications in Shifts of Register* was held 24.05.2013 in the Register II: Emergence, Change and Obsolescence conference in the Finnish Literature Society (Helsinki, 22.–24.05.2013).

### *Bibliography*

Bourdieu, Pierre. 1977. *Outline of a Theory of Practice*. Cambridge: Cambridge University Press (Cambridge Studies in Social Anthropology, 16).

Bruner, Jerome S. 1998 [1990]. *Acts of Meaning*. 8th print. Cambridge, Mass. et al.: Harvard University Press.

Burke, Kenneth. 1957. *The Philosophy of Literary Form: Studies in Symbolic Action*. New York: Vintage Books.

----------. 1964. *Perspectives by Incongruity*. Bloomington: Indiana University Press.

Certeau, Michel de. 1984. *The Practice of Everyday Life*. Berkeley, Calif. et al.: University of California Press.

Crocker, J. Christopher. 1977. "The Social Functions of Rhetorical Forms." In: J. David Sapir & J. Christopher Crocker (eds.). *The Social Use of Metaphor: Essays on the Anthropology of Rhetoric*. Philadelphia, Pa.: University of Pennsylvania Press, 33–66.

Halliday, Michael A.K. 1985. *Spoken and Written Language*. Oxford et al.: Oxford University Press.

Jemina [nickname]. 20.03.2011. "Yöpöydällä, tai: Siitä puhe mistä puute." <www.lily.fi/blogit/no-sex-and-city/yopoydalla-tai-siita-puhe-mista-puute-1> (27.10.2013).

Lauhakangas, Outi. 2001. *The Matti Kuusi International Type System of Proverbs*. Helsinki: Suomalainen Tiedeakatemia (FF Communications, 275) [the database for internet users is <http://lauhakan.home.cern.ch/lauhakan/cerp.html>].

----------. 2004. *Puheesta ihminen tunnetaan: Sananlaskujen funktiot sosiaalisessa vuorovaikutuksessa*. Helsinki: SKS.

----------. 2007. "Proverbs in Social Interaction: Questions Aroused by the Multi-Functionality of Proverbial Speech." *Proverbium: Yearbook of International Proverb Scholarship* 24, 207–228.

Mieder, Wolfgang. 2009a. *International Bibliography of Paremiology and Phraseology*. 2 vols. Berlin et al.: de Gruyter.

----------. 2009b. *"Yes We Can": Barack Obama's Proverbial Rhetoric*. New York et al.: Peter Lang.

----------. 2011. *International Bibliography of Paremiography: Collections of Proverbs, Proverbial Expressions and Comparisons, Quotations, Graffiti, Slang, and Wellerisms*. Burlington, Vt.: The University of Vermont (Supplement Series of Proverbium: Yearbook of International Proverb Scholarship, 34).

Mieder, Wolfgang & Janet Sobieski. 2003. *Proverbs and the Social Sciences: An Annotated International Bibliography*. Baltmannsweiler: Schneider-Verlag Hohengehren (Phraseologie und Parömiologie, 12).

Mukařovský, Jan. 1983 [1971]. "The Proverb as Part of Context." In: Joyce Penfield. *Communicating with Quotes: The Igbo Case*. Westport, Conn. et al.: Greenwood Press (Contributions in Intercultural and Comparative Studies, 8), 96–104.

Siran, Jean-Louis. 1993. "Rhetoric, Tradition and Communication: The Dialectics of Meaning in Proverb Use." *Man* 28/2, 225–242.

Yankah, Kwesi. 1989. *The Proverb in the Context of Akan Rhetoric: A Theory of Proverb Praxis*. Bern et al.: Peter Lang (Sprichwörterforschung, 12).

Ykkösaamu. 16.05.2013. "Katseet kohti arktista aluetta." <http://areena.yle.fi/radio/1916814> (20.05.2013).

# To Marry or Not to Marry, That Is the Question: Marriage and Singleness as Revealed Through Anglo-American Anti-Proverbs

*Anna T. Litovkina*

## Matrimony Is the Root of All Evil (Edmund & Workman Williams, $^{3}$1921:275)

For centuries, proverbs have provided a framework for endless transformation. In the last few decades they have been perverted and parodied so extensively that their variations sometimes have been heard more often than their original forms.[1] Wolfgang Mieder has coined the term *Antisprichwort* ('anti-proverb') for such deliberate proverb innovations (also known as *alterations*, *parodies*, *transformations*, *variations*, *wisecracks*, *mutations*, or *fractured proverbs*) and has published several collections of anti-proverbs in German and English (for a summary of relevant research, see Litovkina & Mieder, 2006:1–54). Anti-proverbs may contain revealing social comments. More often than not, however, being based on mere wordplay or puns, they are playful texts generated primarily for the goal of amusement.

All's fair for anti-proverbs: There is hardly a topic that they do not address. Marriage is undoubtedly one of the most frequent themes in Anglo-American anti-proverbs. There is a wide range of aspects of marriage pointed out in them. First of all, anti-proverbs touch the premarital, marital or post-marital roles people might play at a certain phase of their lives (to name just a few, the roles of fiancées and fiancés, brides and bridegrooms, wives and husbands, mothers and fathers, mothers-in-law and fathers-in-law, widows and widowers, divorced women and men). Undoubtedly, the overwhelming majority of Anglo-American anti-proverbs depicting people in a role significant for marriage revolve around wives. Other popular themes discussed in anti-proverbs about marriage are courtship and dating, as well as factors taken into account while one is considering marriage and looking for a proper spouse. Engagement, wedding, divorce, and many other marital phases are also themes. The overwhelming majority of Anglo-American anti-proverbs depicting marriage deal with the different aspects of the perception of marriage itself. Let us very briefly have a look at those most frequently mentioned in our biased anti-proverbs.

Those who get married are considered crazy and mindless: *Marriages are made in heaven knows what state of mind {Marriages are made in heaven}*.[2] Not surprisingly, a number of proverb alterations claim that getting or being married is seen as the biggest folly one can make. Therefore, spouses, independently of their gender, might be viewed as foolish. Have a look at the numerous mutations of the proverb *Where (When) ignorance is bliss, 'tis folly to be wise* (some additional examples are to be cited later in this study): *When singleness is bliss, it's folly to be wives*; *When spooning is bliss, 'tis folly to get married*; *Where ignorance is bliss, 'tis folly to be wives.* Spouses' folly is also reflected in: *One man's folly is another man's wife {One man's meat is another man's poison}* (Rowland, 06.01.2013); *Fools rush in where bachelors fear to wed {Fools rush in where angels fear to tread}*.

In the following anti-proverb an old man's fourth marriage is considered a very stupid event, and he himself is treated as a "fool" by his own judgment. Indeed, despite all his failures, he hasn't managed to learn from them, and thus, he commits the same foolish mistake over and over again: *"There's no fool like an old fool," as the old man said when he married his fourth wife {There's no fool like an old fool}*.

Marriage is very often associated in American anti-proverbs with unhappiness, misery, trouble, torture and evil,[3] which is summarized in the witty proverb transformation: *Matrimony is the root of all evil {Money is the root of all evil}*. Therefore, numerous transformations of the proverb *Marry in haste and repent at leisure* stress that if you rush into marriage without thinking, you will definitely regret your choice: *Those who marry in haste often see better bargains at leisure*. If you don't think twice before you marry and you don't properly observe your future spouse and mother-in-law, you might be sorry later on when visiting your mother-in-law and might suffer unpleasant interaction with her: *Marry in haste and repent at your mother-in-law's*. The lack of proper thinking might even lead to divorce (the fate of over 50% of recent American marriages, and a very frequent theme of our anti-proverbs): *Marry in haste and repent in the Divorce Court*; *Marry in haste, and pay alimony at leisure*. Many more marital themes could be discussed here.

## The Focus of the Present Study

In the present study I will depict those who remain single and do not belong to the institution of marriage, that is, spinsters and bachelors, and analyze their nature, qualities, attributes and behaviors as revealed through Anglo-American anti-proverbs.[4] My discussion is organized into two sections. While the first section demonstrates the image of spinsters, the second one paints a portrait of bachelors, spinsters' male counterparts. In order to make a point, to confirm or argue with some statements expressed in anti-proverbs, proverbs or jokes about spinsters and bachelors are also cited throughout the article.

The anti-proverbs discussed in the present study were taken primarily from American and British written sources. The texts, and others too numerous to include here, were drawn from hundreds of books and articles on puns, one-liners, toasts, wisecracks, quotations, aphorisms, maxims, quips, epigrams, and graffiti. All the anti-proverbs quoted here without sources can be found with references to them in two collections of anti-proverbs compiled by Anna T. Litovkina and Wolfgang Mieder (1999 & 2006).

## "A Spinster Is Probably a Woman Who Was Never in the Right Place at the Right Time with the Right Man in the Right Mood" (Esar, 1968: 759)

For many centuries, the main goal of females has been to get married – and they are still portrayed as quite artful in achieving this: *Give a man enough rope and he skips;*

*give a woman enough rope, and she makes a marriage knot*; *Give a girl enough rope and she'll ring the wedding bell {Give a man enough rope and he will hang himself}*. These two anti-proverbs show the eternal struggle between two sexes emphasized by the metaphor of the rope. According to these examples the rope connects the women's dominance and the man's acceptance of it, even in spite of his strong resistance. Whenever a chance is given, a woman "makes a marriage knot." The following anti-proverb resonates with the previous two: *The modern girl wants to go with every Tom, Dick and marry {Every Tom, Dick and Harry}*.

While a man can easily find a wife even when he gets old, for a woman, finding a husband might soon become "too late": She turns into a spinster (or old maid), a frequent butt of mockery in jokes, proverbs and anti-proverbs. In most societies, including the United States of America, where most women once believed (and many of them still believe) that their true and most important role in society was (and often still is) to get married and have children, anything deviant from this norm was (and often still is) considered abnormal, unfulfilling, suspicious and hopeless. Thus women who remained unmarried and childless past the conventional age for marrying were (and often still are) seen as rejects and treated with pity and derision. Old maids are considered a societal outcast living in the shadow of others and seen as women with whom something is definitely wrong: Either with looks, behavior, character, or health. They are also depicted as overcritical and judgmental.

As proof, here are some proverbs from various cultures: *Always a bridesmaid, never a bride* (USA); *Old maids fancy nobody knows how to bring up children but them* (USA); *Spinsterhood is far worse than a life in bad wedlock* (Bulgarian); *A young girl without a husband is like a night without the moon* (Bengali); *An old maid is a pack of evil* (Hindustani); *An old spinster is not worth more than an unposted letter* (Hungarian); *Better an old maid than a young whore* (Scottish); *Waiting for a duke that never came, a young girl grew old* (Spanish); *The ugly, rich girl will marry; and the beautiful, but poor, will remain a spinster* (Spanish); *She whose suitors are too many is doomed to celibacy* (Arabic); *A woman without a husband is a palm tree without dates* (Arabic, Maghreb/West Sahara).

Not surprisingly, the figure of spinster (or old maid) is frequently ridiculed in Anglo-American anti-proverbs. Most stereotypical characteristics associated with her in proverb alterations are pity, unfulfillment and failure. Spinsters are depicted as longing for fulfillment of one of the main roles a woman has in society, to find a suitable man and to marry him: *Spinsters where there's hope, there's life {Where there's life there's hope}*; *Spinsters live longer than married women because where there's hope there's life {Where there's life there's hope}*; *Counsel to incipient old maids: Better elate than never {Better late than never}*.

According to this spinster's judgment, even the worst husband is better than none: *When told that her new husband was a bigamist, the former old maid sighed resignedly and said, "Well, I suppose that half an oaf is better than none!" {Half a loaf is better than none}*. Therefore, it is better for girls not to be too choosy. Indeed, even the worst husband is better than none: *Half a loafer is better than no husband at all {Half a loaf is better than no bread}*.

Living alone and hardly having any friends, old maids are also shown as poor species being denied any sexuality. Indeed, spinsters are treated as women who not only have never been married but who also have never had sexual intercourse: *Spinsters are born, not made {Poets are born, not made}*.

A number of proverb mutations stress that whenever an old maid manages to meet an eligible man, she definitely wants to keep him. Indeed, due to a number of reasons (for example, her looks, character, behavior, age, and so on) a spinster is unfortunately not in a position to choose, as we see from the following cynical remark: "A spinster remains unmarried out of choice – but not always her choice" (Esar, 1968:759).

The two jokes below share at least three things in common. First, they both employ a proverb as a punch line; second, and more relevant to the focus of my study, is the fact that both jokes depict the loneliness and lack of fulfillment of old maids. Last but not least, in both spinsters are also portrayed as so greedy that, waiting for the scraps from the tables of others, they are ready to grab the first man who comes their way, regardless of who he is. Let us look at the example of spinster portrayed in the first joke: *An old maid was attending a wrestling match when one of the wrestlers was thrown in her lap. She refused to give him up and kept yelling, "Finders keepers!" {Finders keepers}*.

Why was the old maid involved in this definitely masculine activity, "attending a wrestling match?" Why else was she doing this other than to "find" a man for herself? It is confirmed in the punch line. Indeed, by using the proverb *Finders keepers*, she emphasizes that she is entitled to keep the one who has been thrown into her lap.

The second joke depicts an old maid in her own room: *A burglar who was caught looting the room of an old maid pleaded, "Please, lady, let me go. I ain't ever done anything wrong." "Well," said the old maid, "you just stay here. It's never too late to learn" {It's never too late to learn}*.

The old maid from this joke is seen as a fearless creature, who is not frightened by a burglar trying to loot her room; moreover, she even tries to seduce him into sexual intercourse. Although the burglar calls her a "lady," her behavior is very far from ladylike. According to the burglar's judgment, he has not done "anything wrong" yet (that is, he has not stolen anything from her yet). In the old maid's interpretation, "something wrong" means sexual activity, which she not only desires but even demands. Thus her greediness is also combined with sexual eagerness, something which has been considered entirely immoral and unacceptable for a spinster's behavior. The punch line of the joke assumes that the old maid supposes that the burglar has never had sexual intercourse.

Indeed, nowadays it is not only the man who encourages the sexual intercourse; this age-old stereotype is often reversed. For centuries female sexuality was linked with marriage and biological function (that is, procreation) but not with erotic pleasure and gratification; today women are as likely as their male partners to seek erotic pleasures and gratification. Thus, a number of stereotyping proverb transformations depicts women, regardless of their marital status, as promiscuous and lustful: *The way to a man's heart may be through his stomach, but a pretty girl can always find a detour {The way to a man's heart is through his stomach}*; *Her motto is, 'Every man for my-*

*self.' {Every man for himself}* (for American sexual anti-proverbs, see Litovkina, 2011c).

In a number of Anglo-American anti-proverbs spinsters are depicted as embarrassed, fearful creatures with inferiority complexes. In the two proverb alterations below spinsters are mentioned together with widows. Despite the tragedy of losing their life partners, widows, unlike spinsters, are not treated as miserable, unfulfilled and unhappy. One of the reasons for this might be due to the fact that the former were once married and are more likely to marry again: *Widows rush in where spinsters fear to tread {Fools rush in where angels fear to tread}*; *The widow feels superior to the spinster because even a husband is better late than never {Better late than never}*.

Along with the expressions *spinster* and *old maid*, the word *miss* is also employed in scores of anti-proverbs, one of the meanings of which is 'a young, unmarried woman.' Numerous transformations parody the proverb *A miss is as good as a mile*, and using homonymous puns, play on two different connotations of the word *miss*: 'young unmarried woman' instead of 'failure,' as indicated by the original proverb text: *A miss is as good as a mile, but some of them are better at two miles*; *A Miss is as good as a Mrs*.

The connection between *miss* ('an unmarried woman') and *miss* ('a failure') is also evoked in a story about "an unmarried woman who didn't want *Miss* written on her tombstone because she hadn't missed as much as people thought she had" (Nilsen, 1990:9) and in a humorous definition of the word *spinster*: "A spinster is a miss who does not always miss as much as others think she does" (Esar, 1968:759).

Perhaps it is not only the old maids' appearance, behavior or health that stands in the way of finding a husband but also the fact that they have chosen the wrong man for their personal relationship, the one who is "a confirmed bachelor." The example below humorously refers to spinsters' "wrong" life choices: *The girl who is always a bridesmaid but never a bride, probably has a confirmed bachelor as her fiancé? {Always a bridesmaid, never a bride}*.

These days, alternative roles for women are becoming more and more acceptable. Women might have many other choices in their lives in which they can be fulfilled than simply getting married and having children (for example, having meaningful and successful careers). As the author of numerous articles on cultural model of marriage in the USA, linguist Naomi Quinn (e.g., 1987) has claimed as much in her e-mail letter to the author: "In our day, it is perfectly ordinary for a woman not to get married, because she chooses not to, and it is no longer an object of either derision or pity" (17.01.2011). Since singleness becomes more and more common, the negative sentiment towards being a single woman diminishes in anti-proverbs as well. This attitude accords with a relatively recent American feminist slogan expressing the independence of women from men, which has become a proverb (*A woman without a man is like a fish without a bicycle*) and is also due to the increasing financial independence of women.

Thus, fulfilling themselves in the role of wife is not always seen in Anglo-American anti-proverbs as women's ultimate goal. With the change in traditional roles, spinsters might not always be viewed as pitiful and unfulfilled souls, or losers. On the contrary, they might even be treated with respect and envy. The anti-proverb below emphasizes that, while being married might sometimes prove to be a disaster or folly, remaining single, in the vein of the proverb *It takes a wise woman to be an old maid,* might even turn for her into bliss, wisdom and happiness: *When spinsterhood is bliss, 'tis folly to be wived {Where ignorance is bliss, it is folly to be wise}*.

This section has focused on anti-proverbs treating the figure of spinster (or old maid). In the following section I will examine anti-proverbs about the bachelor, a spinster's male counterpart.

## "Many a Bachelor Is Still Waiting for a Beautiful Girl Who Is a Good Cook, a Good Nurse and a Good Audience" (Esar, 1968:57)

Before focusing on the main topic of attention in this section, Anglo-American anti-proverbs about bachelors, let us have a brief look at a few proverbs from various cultures which address bachelorhood: *The bachelors crave to get married, and the married ones regret why they got married* (Indian/Kashmiri); *A bachelor is a man who has never made the same mistake once* (American); *An old bachelor is fussy because he has never had a wife to fuss at him* (American); *If you look for a faultless woman, you will remain a bachelor* (Turkish); *The man who says he will not marry a woman with other admirers will not marry a woman* (African/Yoruba); *An old bachelor is only the half of a pair of scissors* (American, English); *Praise a wife, but remain a bachelor* (Italian). Some proverbial texts even bring both bachelors and spinsters together: *A bachelor is to be admired; a spinster is to be pitied* (American); *Old bachelors and old maids are either too good or too bad* (Basque, American); *Bachelor's wives and old maids' bairns are always well bred* (Scottish); *Bachelors' wives and maids' children are well taught* (American, English).

Contrary to the figure of the spinster which, in the overwhelming majority of anti-proverbs discussed above, is viewed as an unfulfilled, abnormal, unhappy, and suspect middle-aged woman, a pitiable soul, the figure of the bachelor is treated with envy in most of these biased anti-proverbs: *The girl who is always a bridesmaid but never a bride, probably has a confirmed bachelor as her fiancé? {Always a bridesmaid, never a bride}*. The proverb mutation above depicts the figure of a confirmed bachelor. He reappears again in the transformation of the biblical *What God has joined together, let no one separate: A confirmed bachelor believes that what God has put asunder, no man should join together*.

Although there are obvious financial advantages for two people living together (or cohabitating), as is pointed out in a well-known proverb *Two can live as cheaply as one*, its numerous mutations clash with its apparent truth, in the eyes of a bachelor: *A bachelor is one who thinks one can live as cheap as two*; *Many a man remains a bachelor because two can't live as cheaply as once*.

Numerous additional examples from our corpus depict a bachelor as young, virile, and sexually active, a person who knows how to play (i.e., to have sex) and how to get out of the game in time (i.e., not to get married). The following proverb transformations demonstrate the bachelor as a wise and cautious man who, contrary to married men foolishly rushing into marriage, sees commitment as a trap and wisely thinks twice before he leaps (that is, proposes marriage and gets married) and eventually doesn't leap at all (that is, doesn't get married): *A bachelor looks before he leaps, then stays where he is {Look before you leap}*; *He who hesitates is lost – except a bachelor {He who hesitates is lost}*; *Fools rush in where bachelors fear to wed {Fools rush in where angels fear to tread}*; *One who believes in Wine, Women and So-Long {Wine, women, and song will get a man wrong}* (The Joke Archives!, 2009).

For a few decades it has no longer been a sin to make love before marriage, and, therefore, marriage is no longer seen as the institution of lawful sex. Indeed, as a proverb claims: *Honest men marry soon, wise men not at all*. Men started to exploit as many opportunities as they could. The proverb *Why buy the cow when you can get the milk free?* is frequently used by men for whom sex without any commitment is enough of an argument against marriage. While it is considered immoral for a spinster to have sexual partners, the bachelor in these biased anti-proverbs is shown as a person who has a healthy sexual life, numerous sexual partners, and, moreover, who hasn't given up his freedom and hasn't been involved in the slavery of marriage: *A bachelor is a man who makes his own bed and lies in it – at least a couple of times a week {As one makes his bed, so he must lie in it}*; *A bachelor is a rolling stone that gathers no boss {A rolling stone gathers no moss}*. Therefore, bachelors are not considered unfulfilled, unhappy and deserving pity; on the contrary, their freedom is envied in Anglo-American anti-proverbs. It is the bachelor – and not the married man – to whom home is "sweet": *"Home, Sweet Home" must surely have been written by a bachelor {Home, sweet home}*.

The following anti-proverb is the only one which, instead of recommending an unmarried male to remain single or praising the bachelor's life – although passively – somehow urges him to propose marriage and not to wait with his proposal for too long, or otherwise his fate might be to become a confirmed bachelor: *All things come to him who waits, including an invitation to his girl friend's wedding {All things come to him who waits}*.

## Summary

The present study has painted a portrait of those who do not step into the institution of marriage and who remain single; that is, spinsters and bachelors. The spinster (or old maid, or miss) in most of our biased examples is portrayed as a lonely, frumpy, unhappy, and depressed soul. She leads a meaningless and unfulfilled life. Alone, on the edge of society, seen as a complete loser, not having what for many women is considered to be most important in their lives, she is the object of society's pity. There is nothing else she wants more than to have a husband or life partner. On the one hand, the old maid is portrayed as a fearful creature with an inferiority complex; on the other hand, she is seen as so greedy that, whenever she has a chance, she tries to grab the first man who crosses her path, not even afraid of contacts (including sexual ones) with criminals. As singleness becomes more and more common today, the negative sentiment towards being a single woman diminishes in some of the anti-proverbs as well. With the change in traditional roles, spinsters are sometimes even treated with envy.

Contrary to spinsters which, in the overwhelming majority of our anti-proverbs, are considered unfulfilled, abnormal, unhappy, and suspect middle-aged or elderly women worthy of our souls, bachelors are not viewed as unfulfilled, unhappy and deserving pity or derision. On the contrary, their freedom is envied in Anglo-American anti-proverbs. Scores of proverb mutations depict bachelors as young, virile, and sexually active. While it is considered immoral for a spinster to have sexual partners, the bachelor in these biased anti-proverbs is shown as a person who has a healthy sexual life, and is surrounded by numerous sexual partners.

To marry or not to marry? That is the question, which arose not only in the mind of Socrates "As to marriage or celibacy, let a man take which course he will, he will be sure to repent" (06.01.2013). For millennia it has been one of the most crucial questions in man's life. The great abundance of anti-proverbs treating marriage and remaining single analyzed in this study definitely show that this remains today one of the most essential issues in man's life.

Recent marriage statistics show that the number of married people in the United States has declined in the last few decades,[5] and that the cohabitation lifestyle is becoming more popular with the current generation. The desire to get married is becoming less attractive, particularly for couples uncertain of their long-term plans, and also due to the permanent rise of divorce rates in American society (Benokraitis, [6]2007: 271).[6] Furthermore, it is becoming more convenient for couples not to get married and to live together unwed because it can be cheaper and simpler.[7] Some texts quoted in this study accord with recent marriage and divorce statistics, and definitely give clear preference to singleness: *Where singleness is bliss 'tis folly to be married {Where ignorance is bliss, it is folly to be wise}*; *Two can live as cheaply as one, but it's worth the difference to stay single {Two can live as cheaply as one}*. In the same vein, Descartes' famous observation, *Cogito ergo sum {I think – therefore I'm}* is transformed into: *I think – therefore I'm single* (Winstead, no date).

Indeed, why rush into marriage if it is associated in our minds with so many problems? Why do it when you know very well that separation, and later divorce, might cause you emotional and financial disaster? Why complicate things?

Let me conclude by saying that while the examination of the various aspects of marriage and singleness revealed through proverbs (that is, old pieces of wisdom) may be a way of looking back at what is considered "the tradition," the study of the perception of marriage and singleness in anti-proverbs and humorous texts can be a way to look forward to the change in gender relationships in the modern world.

## Notes

1 I owe much gratitude to Kristin Klass and Joel Klass for their friendly help in proofreading the study, their critical comments, and suggestions.

2 For the reader's ease, all anti-proverbs are followed by their original forms, given in { } brackets.

3 The vast majority of American proverbs also express prevailing negative attitudes toward marriage. It is extremely difficult, if not impossible to find a true spouse: *Every couple is not a pair.*

People who wed are considered blind: *Marriage is an institution for the blind.* Marriage cools love: *Marriage is a novel in which the hero dies in the first chapter*; *Marriage is like a tub of water: after a while, it is not so hot.* Marriage is seen as burden, prison, and slavery: *Wedlock is a padlock.* Its inevitably problematic nature is reflected in: *Marriage is a quick solution to more problems.* Matrimony ruins your health and leads to your early death: *Earlier wed, sooner dead.* Thus, the following proverb is given as a piece of advice: *Marry late or never.* A particularly bad treatment in American proverbs concerning marriage is given to a wife: *He that takes a wife takes care*; *God help the man who won't marry until he finds a perfect woman, and God help him still more if he finds her*; *Two good days for a man in his life: when he weds, and when he buries his wife*; *Never praise your wife until you have been married ten years*; *When a man takes a wife, he ceases to dread hell*; *Lots of men get women, but few get wives* (for more on marriage in American proverbs, see Kerschen, 1998; Mieder & Kingsbury & Harder, 1992).

4 Other studies concentrate on discussing the nature of women in general, as revealed through Anglo-American anti-proverbs (see Litovkina, 2011a & 2011b).

5 While in 1970, 72% of the population was married, the number of people married in 2002 was only 59% (see Divorce Magazine, 2012).

6 Indeed, according to 2002 Census Bureau Divorce Statistics, approximately 50% of all marriages in the USA end up in divorce (see US Attorney Legal Services, 2006–2013). Divorce statistics show that the number of divorced people in the United States has increased in the last few decades. While in 1980 6% of the population was divorced, in 2002 the number of divorced people constituted 10% (see Divorce Magazine, 2012). As it was pointed out: Married adults now divorce two-and-a-half times as often as adults did 20 years ago and four times as often as they did 50 years ago […] between 40% and 60% of *new* marriages will eventually end in divorce (Williams & Sawyer & Wahlstrom, 2005).

7 Thus, in 2002 about 5.5 million of unmarried couples were living together (see Divorce Magazine, 2012). According to Census Bureau 2000 data, the number of couples living together unwed has increased tenfold between 1960 and 2000. As of 2000, 44% of American adults were unmarried (see US Attorney Legal Services, 2006–2013). Thus, the number of heterosexual couples cohabitating without officially getting married in the United States has increased tenfold, from about 0.4 million in 1960 to more than five million in 2005 (Benokraitis, [6]2007:271). This is one of the reasons why the terms *spinster* and *bachelor* are becoming obsolete in everyday speech the U.S.

## *Bibliography*

Benokraitis, Nijole V. [6]2007. *Marriages & Families: Changes, Choices, and Constraints.* 6th ed. Upper Saddle River, N.J.: Pearson/Prentice Hall.

[Divorce Magazine]. 2012. "Marriage and Divorce Statistics (2002)." <www.divorcemag.com/statistics/statsUS2002.shtml> (18.07.2013).

Edmund, Peggy & Harold Workman Williams. [3]1921. *Toaster's Handbook: Jokes, Stories and Quotations.* 3rd ed. New York: H.W. Wilson.

Esar, Evan. 1968. *20,000 Quips and Quotes.* Garden City, N.Y.: Doubleday & Company.

[The Joke Archives!]. 2009. "Definitions of a Bachelor." <www.joke-archives.com/dictionaries/bachelordef.html> (18.07.2013).

Kerschen, Lois. 1998. *American Proverbs about Women: A Reference Guide.* Westport, Conn. et al.: Greenwood Press.

Litovkina, Anna T. 2011a. "The Nature of Women as Revealed through Anglo-American Anti-Proverbs." *Proverbium: Yearbook of International Proverb Scholarship* 28, 87–120.

----------. 2011b. "Some Aspects of a Woman's Nature as Revealed through Anglo-American Anti-Proverbs." In: Antonio Pamies Bertrán & Juan de Dios Luque Durán & Patricia Fernández

Martín (eds.). *Paremiología y herencia cultural.* Granada: Educatori (Colección Granada Lingvistica), 351–361.

----------. 2011c. "Sexuality in Anglo-American Anti-Proverbs." In: Marta Dynel (ed.). *The Pragmatics of Humour across Discourse Domains.* Amsterdam et al.: John Benjamins (Pragmatics & Beyond: New Series, 210), 191–214.

Litovkina, Anna T. & Wolfgang Mieder. 2006. *Old Proverbs Never Die, They Just Diversify: A Collection of Anti-Proverbs.* Burlington: The University of Vermont & Veszprém: The Pannonian University of Veszprém.

Mieder, Wolfgang & Stewart A. Kingsbury & Kelsie B. Harder (eds.). 1992. *A Dictionary of American Proverbs.* New York et al.: Oxford University Press.

Mieder, Wolfgang & Anna Tóthné Litovkina. 1999. *Twisted Wisdom: Modern Anti-Proverbs.* Burlington, Vt.: The University of Vermont (Supplement Series of Proverbium: Yearbook of International Proverb Scholarship, 4).

Nilsen, Alleen Pace. 1990. "Virginity: A Metaphor We Live By." *Humor: International Journal of Humor Research* 3/1, 3–15.

Quinn, Naomi. 1987. "Convergent Evidence for a Cultural Model of American Marriage." In: Dorothy Holland & Naomi Quinn (eds.). *Cultural Models in Language and Thought.* Cambridge et al.: Cambridge University Press, 173–192.

----------. <naomi.quinn@duke.edu>. 17.01.2011. "Metaphors about Women." Personal e-mail (17.01.2011).

[Rowland, Helen]. 06.01.2013. "Welcome to The Quote Garden!: Quotations about Marriage." <www.quotegarden.com/marriage.html> (18.07.2013).

[Socrates]. 06.01.2013. "Welcome to The Quote Garden!: Quotations about Marriage." <www.quotegarden.com/marriage.html> (18.07.2013).

[US Attorney Legal Services]. 2006–2013. "Divorce Statistics – Divorce Rates." <www.usattorneylegalservices.com/divorce-statistics.html> (18.07.2013).

Williams, Brian K. & Stacy C. Sawyer & Carl M. Wahlstrom. 2005. *Marriages, Families & Intimate Relationships: A Practical Introduction.* Boston: Allyn & Bacon.

[Winstead, Lizz]. no date. "Divorce Humor." <www.divorcehq.com/humor.shtml> (18.07.2013).

# Русские антипословицы в семиотическом пространстве

*Анна Т. Литовкина & Олег Федосов*

"Самый продуктивный паремиолог всех времен и народов" – такую лестную характеристику дают многоуважаемому Юбиляру, профессору Вольфгангу Мидеру Х. Вальтер и В.М. Мокиенко в Предисловии к первому изданию своего словаря *Антипословицы русского народа* (2005:17), в котором соавторы не только многократно ссылаются на В. Мидера, но и подчеркивают его пионерскую роль в области исследования и словарного описания антипословиц. Авторы настоящей статьи могут присоединить к этим словам лишь свои самые искренние и сердечные поздравления!

"[…] Современные варианты и переделки известных русских пословиц, а также меткие остроумные выражения и крылатые фразы, вошедшие в обиход в последнее время" (Вальтер & Мокиенко, 2005:2) – вот что понимают под термином *антипословицы* авторы словаря *Антипословицы русского народа* вслед за В. Мидером. Антипословицы – это сборное понятие, где под "анти" скрываются самые различные способы трансформаций, а под "пословицей" некое выражение, по большей части устойчивое, главным образом с функцией высказывания и со структурой предложения (напр., в чешской школе фразеологии подобные единицы называют пропозициональными идиомами и фраземами), занимающее свое особое место среди других продуктов "малых жанров фольклора". В классической паремиологии также хорошо известно, что и "традиционные" пословицы в современных текстах используются часто не в своих канонических формах, а как варианты и трансформы (по данным электронных корпусов – это до 40% употреблений). В живой же (разговорной) речи употребляется лишь малая доля пословичного фонда языка, его ядро, что показывают, в частности, исследования паремиологического минимума и ассоциативные эксперименты.

Авторами настоящей статьи предлагается тема, развивающая отчасти положения докладов и статей об антипословицах (Litovkina, 2006 & 2007), а также работ о вариативности фразеологических единиц по материалам корпусов (Федосов, 2006 & 2007). Мы кратко остановимся на истории вопроса, теории и терминологии. Затем будут показаны наиболее типичные методы трансформации русских традиционных пословиц в свете новых теорий и моделей описания паремиологических единиц (далее – ПЕ). Все примеры цитируются из двух сборников русских антипословиц под редакцией Х. Вальтера и В.М. Мокиенко: *Пословицы русского субстандарта (Материалы к словарю)* (2001) и *Антипословицы русского народа* (2005).

Собирание и изучение антипословиц в национальном и интернациональном масштабе становятся все более популярными в паремиологии (науке о паремиях) и паремиографии (собирании паремий). Немногим более 30 лет прошло с тех пор, как вышел в свет первый сборник немецких антипословиц (Mieder, 1982), а первый сборник антипословиц английского языка был опубликован только 14 лет назад (см. Mieder & Tóthné Litovkina, 1999). Интерес к теме объясняется тем, что в последние десятилетия паремиологическая трансформация приняла небывалые ранее масштабы: порой в текстах чаще встречаются трансформы, чем традиционные паремии. Вольфганг Мидер, назвавший такого рода паремии *антипословицами* (нем. *Antisprichwörter*, англ. *anti-proverbs*) или *перекрученными (исковерканными, искаженными) мудростями* (нем. *verdrehte Weisheiten*, англ. *twisted wisdom*), издал несколько собраний немецких (1982 & 1985 & 1989a & 1998) и английских (& Tóthné Litovkina, 1999; & Litovkina, 2006) антипословиц. Термин В. Мидера *антипословица* был широко принят паремиологами всего мира (о подробном обсуждении жанра антипословиц см. 2004 & 2007; Вальтер & Мокиенко, 2007; Litovkina, 2007). В последние годы термин антипословица как неологизм проник и в русский язык благодаря многочисленным публикациям Х. Вальтера и В.М. Мокиенко (2005 & 2006 & 2007). Последними использовались также и "объяснительные" выражения *пословица-"переделка"* и *трансформа* (см. Вальтер & Мокиенко, 2005:3–17), но им не придавался статус термина. Словарь русских антипословиц – к немалому удивлению самих авторов (см. Вальтер, 2012) – имел в России большой читательский успех. С 2005 по 2012 г. он был переиздан 6 раз при тираже 4 000 экземпляров, что свидетельствует о востребованности самого жанра. Однако, пишет Х. Вальтер:

> "[…] в рецензиях на наш словарь и в выступлениях на многих конференциях, симпозиумах и семинарах мы нашли и до сих пор находим крайне противоречивые оценки. […] Оценки и споры ведутся в основном о самом термине антипословица. Предложенные нашими оппонентами эквиваленты термину антипословица при этом не кажутся нам удачными – напр., трансформации (или трансформы) пословиц, индивидуально-авторские преобразования, переделки, кукеризмы и т.д. За каждым таким предлагаемым нашими оппонентами термином тянутся шлейфы более широкого или более узкого языкового пространства, чем тот объект, который нас интересует. Но самое главное – ведь ни один современный термин не соответствует полностью его этимологическому значению, отсюда и традиционные споры о синонимии и вариантности, омонимии и полисемии, метафоре и метонимии и т.д" (2012:291).

Вслед за В. Мидером, Х. Вальтером и В.М. Мокиенко авторы данной статьи для такого типа паремий будут использовать уже устоявшийся термин *антипословица*, а выражения *пословица-"переделка"* и *трансформа* иногда будут использоваться не-терминологически.

> "Интенсификация 'осмеяния' пословиц объясняется В. Мидером тем, что сейчас уже всем известно, что они не выражают какой-либо абсолютной истины и не представляют собою неких универсальных общечеловеческих или специфично национальных установлений" (Вальтер & Мокиенко, 2005:4).

Антипословица далеко не всегда является "окказионализмом", чем-то абсолютно новым и индивидуальным. Русское выражение "переделка" как раз и указывает на то, что в языке уже существует то, что можно "переделывать": единица традиционного фонда паремий данного языка. Антипословица, вырванная из реалий данного языка и культуры, переведенная на другой язык, может потерять смысл, а игра слов, каламбуры, присутствующие в пословицах-"переделках" одного языка, могут представлять из себя бессмыслицу в другом языке (это часто происходит и при переводе на другой язык другого жанра малого фольклора: городского анекдота). Тем не менее, в разных европейских языках обнаружены и тождественные антипословицы, прототипами которых являются, например, пословицы-интернационализмы (таковы многие пословичные библеизмы). В нашем исследовании мы попытаемся проследить за теми языковыми механизмами, которые обеспечивают антипословице устойчивость, узнаваемость, репродуцируемость.

В российской паремиологии последних лет постоянно учитывался международный опыт изучения пословиц, отраженный, в частности, и в сборниках *Proverbium: Yearbook of International Proverb Scholarship*. Это привело целый ряд исследователей (Т.Г. Бочина, Ю.И. Левин, Т.А. Наймушина, Е.К. Николаева, Л.Б. Савенкова, Е.И. Селиверстова, М.А. Черкасский и др.) к выработке подхода, при котором пословица выступает не только как "кладезь народной мудрости", некий "кодекс правильного поведения", украшающий элемент речи, но прежде всего как носитель определенным способом организованных блоков информации, как семиотическое целое, имеющее свои лексико-семантические и структурные закономерности. Российские исследователи делают попытки выявления объективных характеристик паремии и ее составляющих, а также особенностей функционирования ПЕ в языке и речи. Примером такого подхода к изучению вариативности "классических" паремий может стать недавняя монография Е.И. Селиверстовой *Пространство русской пословицы: постоянство и изменчивость* (2009), в которой автор исследует отношения русской пословицы с ее окружением, т.е. с другими паремиями, которые могут сближаться с некой ПЕ по структурно-семантической модели, по общему формально представленному фрагменту или бинарной паре компонентов, переходящих из одной пословицы в другую, по отношениям вариантности, либо на основе общности используемого мотива, образа, лексики, общего значения и сжато выраженной идеи. Так, в книге Е.И. Селиверстовой определяются параметры т.н. "паремиологического пространства", его вариативность, повторяемость, стабильность. Мы считаем, что данный метод описания "классических" паремий может быть продуктивно применен и в случае описания "паремиологического пространства" антипословиц. Концепция Е.И. Селиверстовой отражает многолетний коллективный опыт сбора и обработки русского пословичного фонда (Сводная картотека пословиц) в рамках петербургского словарного кабинете им. Б.А. Ларина под руководством проф. В.М. Мокиенко. Эта огромная работа была увенчана изданием *Большого словаря русских пословиц* авторов В.М Мокиенко, Т.Г. Никитиной и Е.К. Николаевой (2010).

Среди целого ряда других значимых работ по исследованию паремиологического фонда русского языка нам хотелось бы также выделить и одно направление, представленное, в частности, в работах А.С. Малковой (2007), разрабатывающее формальный язык для описания семантической структуры пословиц. На наш взгляд, попытки создать глобальную семантическую формальную модель для паремий еще очень далеки от верифицируемых результатов, но само движение в этом направлении может принести много интересного и полезного. Это, в частности, опыт включения в модель образных элементов языка, например, метафор. Так, текстуальные компоненты, мотив, образы двух русских пословиц *волка ноги кормят* и *хочешь жить – умей вертеться* очень далеки друг от друга, но "говорят" они об одном и том же. Предлагается схема таких семантических переходов от "узла к узлу", которые в перспективе можно будет (по мнению автора) формализировать (автоматизировать): жизнь = движение / жизнь = труд / (волк) труд = (волк) еда / (волк) труд = (волк) жизнь и т.п. В свою очередь, "узлы" 'труд – движение – еда – волк' связаны с некими "соседними" (по выражению автора) узлами, что в нашем понимании является попыткой интегрирования ключевых тем сопряженных семантических полей, здесь, напр.: жизнь, лень, заслуга, голод, зверь (Малкова, 2007).

В качестве иллюстриции возможности применения данной методики для описания антипословиц приведем следующий пример: контаминацией двух традиционных пословиц: *волка ноги кормят* и *Сколько волка ни корми, он все равно в лес смотрит* возникает и соответствующая антипословица ***Нисколько*** *волка не корми: волка ноги кормят!*, семантическая структура которой может быть описана также и с помощью вышеприведенного метода. Словарная же статья ВОЛК в словаре *Антипословицы русского народа* может одновременно служить примером того, по каким семантическим "схемам" проходит создание "серийных" антипословиц: практически все из приведенных здесь 78 антипословиц (Вальтер & Мокиенко, 2005:72–74) построены за счет "эксплуатации" всего трех ключевых "волчьих" пословиц (*Волков бояться – в лес не ходить*; *Сколько волка ни корми, он все равно в лес смотрит*; *Работа не волк, в лес не убежит*). При этом первая серия с "узлом" СТРАХ обыгрывает сексуальную тематику (узел СЕКС): *Детей бояться – в лес не ходить*; вторая серия: узел КОЛИЧЕСТВО с узлом ЕДА (*Сколько волка ни корми, а из свинины шашлык лучше*); с узлом ПЬЯНСТВО (*Сколько гостя ни корми, все равно напьется*) и т.п. Конечно, наше деление носит лишь иллюстративный характер и ни в коем случае не претендует на теоретическую обоснованность, но как один из возможных вариантов построения некой системы ('metaphor system as semantic network') семиотического пространства антипословиц заслуживает, по нашему мнению, определенного внимания. Исходя из сказанного, ниже мы представим основные способы трансформации традиционных русских пословиц в антипословицы, а затем в свете двух ключевых понятий – пословичного / антипословичного семиотического пространства и "узлов" некой гипотетической лексико-семантической сети – выскажем предположение о характере соотнесенности пословичного и анти-пословичного фондов языка.

Несмотря на то, что провербиальная трансформация отличается необыкновенным многообразием, мы можем выделить несколько наиболее частых ее видов. Это замена одного или двух слов; замена второй или (реже) первой части пословицы; добавление новых слов или, наоборот, (реже) выпадение слов; использование буквального значения вместо метафоричного; смешение нескольких пословиц (контаминация). Многие антипословицы одновременно используют несколько способов трансформации.

Типичны антипословицы, в которых происходит *замена одного* единственного *слова* (чаще всего первого или последнего). Например: ***Игла*** *что дышло: куда повернул, туда и вышла {**Закон** что дышло: куда повернул, туда и вышло}*; *С кем поведешься, от того и* ***забеременеешь*** *{С кем поведешься, от того и*

***наберешься}***. Слово в другой позиции: *На* ***халяву*** *и зверь бежит {На* ***ловца*** *и зверь бежит}*; *Дружба дружбой, а* ***нефть*** *врозь {Дружба дружбой, а* ***табачок*** *врозь}*. Иногда одно из слов прототипа заменено на *антоним*: ***Родная*** *душа – потемки {****Чужая*** *душа – потемки}*; *Каждый сам кузнец своего* ***несчастья*** *{Каждый сам кузнец своего* ***счастья****}*.

Авторы антипословиц нередко пытаются подобрать слово, фонетически созвучное с одним из слов традиционной пословицы, как в следующих примерах: *Куй железо, пока* ***Горбачев*** *{Куй железо, пока* ***горячо****}*; *Человеку свойственно* ***обжираться*** *{Человеку свойственно* ***ошибаться****}*. Зачастую выбор слова вызван исключительно фонетическим созвучием (нередко случайным), как в трансформах пословицы *{Чем бы дитя ни тешилось, лишь бы не* ***плакало****}*: *Чем бы дитя ни тешилось, лишь бы не* ***какало***. *Чем бы дитя ни тешилось, лишь бы не* ***квакало***; *Чем бы дитя ни тешилось, лишь бы не* ***фа ... лось***.

Интерес представляют и антипословицы, в которых происходит замена, добавление или выпадение единственного звука в слове. Наиболее часто происходит *замена* звука (обычно в начале слова): *В* ***р****огах правды нет {В* ***н****огах правды нет}*; *Каждой твари – по* ***х****аре {Каждой твари – по* ***п****аре}*. В середине слова: *Птицу видно по по****м****ету {Птицу видно по по****л****ету}*; *В те****м****ноте, но не в обиде {В тесноте, но не в обиде}*. Чаще происходит замена согласных, замена гласных намного реже: *Обещанного три г****а****да ждут {Обещанного три г****о****да ждут}*; ***Ча****стота – залог здоровья {Ч****и****стота – залог здоровья}*.

В процессе создания антипословиц количество измененных слов не всегда остается таким же, как в оригинале. Примеры на расширение: *Не все то золото, что* ***плохо лежит*** *{Не все то золото, что* ***блестит****}*; *Будет и на нашей улице* ***публичный дом*** *{Будет и на нашей улице* ***праздник****}*; *На* ***слово директора*** *надейся, а сам не плошай {На* ***бога*** *надейся, а сам не плошай}*.

При трансформации зачастую происходит *замена двух слов* (нередко на слова сексуальной или скатологической направленности): *Было бы* ***здоровье****, а* ***болезни*** *найдутся {Было бы* ***болото****, а* ***черти*** *найдутся}*; *Руки есть – жены не надо {Сила есть – ума не надо}*. Для замены часто выбираются слова близкие по звучанию: *Не* ***нытьем*** *– так* ***каканьем****! {Не* ***мытьем*** *– так* ***катаньем****}*; *Что* ***посмеешь****, то и* ***пожмешь*** *{Что* ***посеешь****, то и* ***пожнешь****}*; *Где* ***тошно****, там и* ***рвет*** *{Где* ***тонко****, там и* ***рвется****}*.

Существуют примеры и на сужение: два слова заменяются на одно: *Семеро одного* ***найдут*** *{Семеро одного не* ***ждут****}*; *Кто не работает, тот* ***пьет****! {Кто не работает, тот* ***не ест****}*.

Высокой устойчивостью отличаются примеры таких переделок, где текст традиционной пословицы остается без изменений, но происходит *прибавление новых компонентов* к ней. Некоторые трансформы такого типа пользуются большой популярностью у носителей языка. Например: *С милым рай и в шалаше,* ***если милый атташе*** *{С милым рай и в шалаше}*; *Тише едешь – дальше будешь* ***от того места, куда (к которому, откуда) едешь*** *{Тише едешь – дальше будешь}*; *Век живи – век учись,* ***а дураком помрешь*** *{Век живи – век учись}*.

И. Изар называет такой тип пословицы "the extended proverb" ('расширенная пословица'). Согласно его мнению, это наиболее многочисленная группа трансформ. Популярность этого класса расширенных пословиц объясняется необыкновенной легкостью, с которой такая трансформация происходит (1952:201). Согласно мнению Х. Вальтера и В.М. Мокиенко, это соответствует одной из наиболее активных тенденций развития фразеологической и паремиологической системы – тенденции к эксплицитности (2005:13).

В редких случаях только *одно слово* добавляется к пословице: *От любви до ненависти один шаг.* ***Налево*** *{От любви до ненависти один шаг}*; *Хорошо смеется тот, кто смеется последний* ***раз*** *{Хорошо смеется тот, кто смеется последний}*. В большинстве же наших примеров к оригиналу добавляется *фраза*, *предложение* или даже *несколько предложений*: *Добро обязательно победит зло.* ***Поставит на колени. И зверски убьет*** *{Добро побеждает зло}*; *Все люди – братья.* ***Как Каин и Абель*** *{Все люди – братья}*; *Человеку свойственно ошибаться,* ***но с помощью компьютера это ему удается намного лучше*** *{Человеку свойственно ошибаться}*.

При расширении антипословица часто становится иронической (Mieder, 1998:VI), что достигается при помощи введения в переделку *противопоставительных союзов* (чаще всего *но* и *а*): *Истина рождается в споре,* ***но*** *там же и умирает {Истина рождается в споре}*; *Береженого бог бережет,* ***а*** *небереженого – конвой стережет {Береженого бог бережет}*. Нередко новые компоненты прибавляются при использовании союзов *особенно*, *и*, *потому что* и *зато*, например: *Аппетит приходит во время еды,* ***особенно*** *если едите не вы {Аппетит приходит во время еды}*; *У всех свои вкусы ...* ***и*** *запахи {У каждого свой вкус}*.

За счет расширения происходит трансформация т.н. *велеризма*, обычно состоящего из трех частей: (1) высказывание (часто пословица, поговорка, афоризм) (2) говорящий, производящий высказывание (3) фраза, благодаря которой данное высказывание помещается в неожиданный, противоречивый контекст. Значение вступает в конфронтацию с третьей частью велеризма. Согласно В. Мидеру "велеризм зачастую является пародией традиционной мудрости пословиц благодаря показу несоответствия между ней и реальностью окружающего нас мира" (1989b:225–227), является реакцией против провербиальных клише, напр.: *"А вот хрен редьки не слаще", – подумала проститутка, кушая редьку {Хрен редьки не слаще}*; *"Человеку свойственно ошибаться ...", – издалека начал командир воинской части разговор с женой сапера ... {Человеку свойственно ошибаться}*; *"Как обманчива внешность", – сказал еж, слезая со щетки {Внешность обманчива}*.

Иногда *расширение* пословицы происходит *с двух концов* (И. Изар называет такие трансформы "the sandwich species" [1952:202]). Например: ***Если*** *семеро одного не ждут,* ***значит, он не их начальник*** *{Семеро одного не ждут}*; ***Женщина, думающая, что*** *путь к сердцу мужчины лежит через желудок,* ***метит слишком высоко*** *{Путь к сердцу мужчины лежит через желудок}*; *Время,* ***которое мы имеем, – это*** *деньги,* ***которых мы не имеем***.

Типичной чертой структуры пословиц является *повтор*, создающий параллелизм. Фонетический, словесный и смысловой повтор облегчает запоминание пословицы и предсказывает его систематическое употребление. Следующие примеры демонстрируют, как слово из первой части пословицы повторяется, заменяя, как правило, слово той же части речи во второй части пословицы (за исключением последнего примера): *В каждой **шутке** есть доля **шутки** {В каждой **шутке** есть доля правды}*; *Не **рой** другому яму, пусть сам **роет** {Не **рой** другому яму, сам в нее попадешь}*; ***Рыба** ищет, где глубже, а человек – где **рыба** {Рыба ищет, где глубже, а человек – где лучше}*.

Явление повтора слов из второй части пословицы и замена компонентов в первой части пословицы крайне редко, что является наглядным показателем того, что первая часть прототипа является более устойчивой, чем его вторая часть. Пословица, однако, может цитироваться целиком (без каких-либо изменений), а в прибавленных к ней компонентах может присутствовать и повторяющееся слово оригинала: *Соловья баснями не **кормят**, ими **кормят** народ {Соловья баснями не кормят}*; *Как показывает изучение **истории**, **история** нас ничему не учит {История ничему не учит}*.

В антипословицах может произойти *повтор нескольких слов* (некоторые из которых могут повторяться даже три или четыре раза): *Дуракам закон не писан; если писан, то не читан, а если читан, то не понят; а если понят, то не так. (– А если так? – То ты дурак.) {Дуракам закон не писан}*; *Один ум – хорошо, два ума – хорошо, три ума – плохо: работать некогда {Один ум – хорошо, два ума лучше}*.

В некоторых случаях слова, похожие по звучанию, могут иметь и одинаковый корень и схожую семантику: *Любишь **валяться**, люби и дурочку **валять** {Любишь кататься, люби и саночки возить}*; *Старый **друг** лучше двух **подруг** {Старый друг лучше новых двух}*; ***Проходит** все, пока **проход** открыт {Все проходит}*. Однако зачастую фонетически созвучные слова никак не связаны семантически: *В каждой **шутке** есть доля **утки** {В каждой шутке есть доля правды}*; *Не учи **ученого** – поешь говна **печеного** {Не учи ученого}*; *Один **ум** хорошо, а **уникум** лучше {Один ум хорошо, а два лучше}*.

Типичным методом трансформации является контаминация (смешение). "Этот процесс преобразования паремий также в какой-то мере соответствуют языковому духу нашего времени – духу смешения стилей" (Вальтер & Мокиенко, 2005:15). Некоторые пословицы варьируются таким методом необыкновенно часто, напр.: *Баба с возу – кобыле легче*, например: *Баба с возу – вылетит, не поймаешь {Слово не воробей, вылетит – не поймаешь}*; *Баба с возу – и волки сыты {И овцы целы, и волки сыты}*; *Баба с возу – потехе час {Делу время – потехе час}*.

Чаще всего происходит *смешение двух пословиц* (обычно первой части одной и второй части другой) без каких-либо прочих изменений, напр.: *Голод не тетка, в лес не убежит {Голод не тетка, пирожка не подсунет; Работа не волк, в лес не убежит}*; *За двумя зайцами погонишься – не вытащишь и рыбки из пруда {За двумя зайцами погонишься – ни одного не поймаешь; Без труда не вытащишь и рыбки из пруда}*.

Иногда *вторая часть первой* контаминирующей *пословицы* заменяется на *целую вторую пословицу*, например: *На вкус и на цвет дуракам закон не писан {На вкус и на цвет товарищей нет; Дуракам закон не писан}*; *Чем дальше в лес, тем своя рубаха ближе к телу {Чем дальше в лес, тем больше дров; Своя рубаха ближе к телу}*.

Интересно смешение *двух пословиц – эквивалентов из разных языков*, напр.: *Time is деньги {анг.: Time is money; Время деньги}*, трансформа, зарегистрированная авторами данной статьи в Венгрии в 1990 г. Сходный пример в форме велеризма можно найти и в сборнике Х. Вальтера и В.М. Мокиенко: *"Такова селяви", как говорят наши друзья французы {Такова жизнь; фр. C'est la vie}*.

Порой трансформы образуются *смешением пословиц* с *поговорками* и *фразеологизмами*. Обычно при таком смешении участвует первая часть пословицы и вся поговорка (весь фразеологизм): *Что с воза упало, то держи карман шире {Что с возу упало, то пропало; держи карман шире}*; *На безрыбье и слона из мухи сделаешь {На безрыбье и рак рыба; сделать из мухи слона}*.

Реже встречаются случаи *смешения трех пословиц*, напр.: *Чья бы корова мычала, а паршивая овца борозды не испортит {Чья бы корова мычала, а твоя бы молчала; С паршивой овцы хоть шерсти клок; Старый конь борозды не испортит}*; *Шило не воробей: в лес не убежит {Шило в мешке не утаишь; Слово не воробей, вылетит – не поймаешь; Работа не волк, в лес не убежит}*.

"Как бы ни изменялись пословицы любителями острого словца, они должны быть узнаны, чтобы высечь искру иронии или юмора между полюсами традиционного и креативного, нового", – пишут авторы словаря *Антипословицы русского народа* (Вальтер & Мокиенко, 2005:12). В большинстве антипословиц из вышеуказанных сборников Х. Вальтера и В.М. Мокиенко структура традиционной пословицы сохраняется, даже если от *прототипа* остается всего лишь одно или два слова (иногда предлоги и союзы являются единственными компонентами прототипа, оставленными без изменения в его трансформе). Например: *Сколько водки ни бери, все равно два раза бегать {Сколько волка ни корми, он все равно в лес смотрит}*; *На пожаре и хрен – водопровод {На безрыбье и рак рыба}*; *Что доверено бумаге, то забывается {Что написано пером, того не вырубишь топором}*. В очень редких случаях изменяется полностью сама структура пословицы: *Если вам досталась дырка от бублика, будьте уверены: сам бублик достался кому-то другому {Кому бублик, а кому дырка от бублика}*; *Заяц хвалился, что одним ударом убивает сразу двух охотников {За двумя зайцами погонишься – ни одного не поймаешь}*.

За счет же чего происходит *узнавание прототипа*, обеспечивающее сам факт появления и функционирования антипословиц в языке и в речи? В свете тех паремиологических исследований, о которых мы писали в начале нашей статьи, мы можем сделать предположение, что антипословица является единицей того же неделимого пословично-антипословичного семиотического пространства, которое и определяет все основные формальные, функциональные и семантические свойства каждой отдельной АНТИ-единицы. Вне этого пространства ни сами пословицы, ни их "переделки" не могли бы существовать. Каковы векторы этого пространства – это предмет еще многих исследований и дискуссий. Возможно, что попытки формализировать сам метаязык описания семантики ПЕ и анти-ПЕ и автоматизировать процессы поиска, классификации, перевода значимых "узлов" некой смысловой сети принесут видимые результаты, возможно, что перспективные поиски пойдут в каком-то другом направлении.

В качестве иллюстрации наших выводов нам хотелось бы привести пример одного из последних исследований Е.К. Николаевой. На организуемой в сент. 2013 г. Институтом славистики Университета им. Л. Этвеша (Будапешт) ежегодной конференции Фразеологической комиссии при Международном комитете славистов *ВОДА в славянской фразеологии и паремиологии* Е.К. Николаева проследила за исторической судьбой пословичного интернационализма *Кровь не водица*. Украинская по происхождению пословица в полной форме не прижилась в русском языке, зато ее первая часть, которая является трансформированным вариантом древней пословицы *Кровь не вода*, получает различные расширения. Результатом "традиционных" трансформаций "традиционной" ПЕ становятся новые уточняющие части (основания сравнения) так, что комментарий непосредственно соотносится с компонентом *кровь*, проясняя признак, отрицающий тождество воды и крови: *Кровь не водица – бурлит, кипятится. Но кровь не водица, без огня закипает. Кровь не водица: прольешь – не испарится. Кровь не водица, что-нибудь да народится.*

Но современный русский язык на этом не останавливается: ПЕ *Кровь не водица* становится объектом языковой игры, образуя антипословицы: *Кровь не водица, а мозг не опилки. Кровь не водица, а жизнь не река. Кровь не водица, жизнь – не поле. Кровь не водица, волк не ягнец* (Николаева, 2013). Это становится возможным только потому, что ПЕ-прототип и анти-ПЕ принадлежат к единому семиотическому пространству.

Принципиально важным мы считаем и тот факт, что семиотическое пространство паремий и антипословиц неотделимо от всего фонда фразеологии языка, а фразеология "в широком смысле" – это языковая универсалия, без понимания законов которой невозможно понимание самих основ функционирования языка.

## *Литература*

Вальтер, Харри. 2012. "Мифологические персонажи в русских антипословицах." *Учені записки Таврійського національного університету ім. В.І. Вернадського* 25/2, 290–296.

Вальтер, Харри & Валерий Мокиенко. 2001. *Пословицы русского субстандарта (Материалы к словарю)*. Greifswald: Ernst-Moritz-Arndt-Universität für Slawistik.

----------. 2005. *Антипословицы русского народа*. Санкт-Петербург: Нева.

----------. 2006. *Прикольный словарь (антипословицы и антипоговорки)*. Санкт-Петербург: Нева.

----------. 2007. "Русские антипословицы и их лексикографическое описание." *Acta Ethnographica Hungarica* 52/1, 157–175.

Малкова, А.С. 2007. "Структура пословицы: Система поэтической образности как семантическая сеть." <www.dialog-21.ru/digests/dialog2006/materials/html/Malkova.htm> (30.07.2013).

Мокиенко, В.М. & Т.Г. Никитина & Е.К. Николаева. 2010. *Большой словарь русских пословиц*. Москва: ЗАО "ОЛМА Медиа Групп".

Николаева, Е.К. 2013. "*Кровь не водица* ... (дезидентифицирующие пословицы с компонентом *вода*)." В: А. Золтан & О. Федосов & С. Янурик (под ред.). *ВОДА в славянской фразеологии и паремиологии*. Т. 2. Budapest: Tinta Könyvkiadó (Segédkönyvek a nyelvészet tanulmányozásához, 156,2), 452–457.

Селиверстова, Е.И. 2009. *Пространство русской пословицы: постоянство и изменчивость*. Санкт-Петербург: ООО "МИРС".

Федосов, Олег. 2006. "Фразеологическая вариантность в свете Чешского национального корпуса." В: А. Бирих & Т.В. Володина (под ред.). *Слово в словаре и дискурсе*. Москва: "Эльпис", 482–493.

----------. 2007. "Некоторые вопросы эквивалентности во фразеографии." В: Peter Deutschmann (под ред.). *Kritik und Phrase: Festschrift für Wolfgang Eismann zum 65. Geburtstag*. Wien: Praesens Verlag, 643–656.

Esar, Evan. 1952. *The Humor of Humor: The Art and Techniques of Popular Comedy, Illustrated by Comic Sayings, Funny Stories, and Jocular Traditions through the Centuries*. New York: Horizon Press.

Litovkina, Anna T. 2006. "'На net и суда нет': Punning in Anglo-American and Russian Anti-Proverbs." В: А. Бирих & Т.В. Володина (под ред.). *Слово в словаре и дискурсе*. Москва: "Эльпис", 556–570.

----------. 2007. "Never Do Today What Can Be Done Tomorrow: Most Frequent Types of Alteration in Anglo-American and Russian Proverb Transformations." В: Erika Kržišnik & Wolfgang Eismann (под ред.). *Phraseology in Linguistics and Other Branches of Science*. Ljubljana: Univerza v Ljubljani, Filozofska fakulteta, Oddelek za slovenistiko, 249–250.

Litovkina, Anna T. & Wolfgang Mieder. 2006. *Old Proverbs Never Die, They Just Diversify: A Collection of Anti-Proverbs*. Burlington: The University of Vermont & Veszprém: The Pannonian University of Veszprém.

Mieder, Wolfgang. 1982. *Antisprichwörter*. T. 1. Wiesbaden: Verlag für deutsche Sprache (Beihefte zur Muttersprache, 4).

----------. 1985. *Antisprichwörter*. T. 2. Wiesbaden: Gesellschaft für deutsche Sprache (Beihefte zur Muttersprache, 6).

----------. 1989a. *Antisprichwörter*. T. 3. Heidelberg: Quelle & Meyer.

----------. 1989b. *American Proverbs: A Study of Texts and Contexts*. Bern и др.: Peter Lang (Sprichwörterforschung, 13).

----------. 1998. *Verdrehte Weisheiten: Antisprichwörter aus Literatur und Medien*. Wiesbaden: Quelle & Meyer.

----------. 2004. "Antisprichwörter und kein Ende: Von sprachlichen Eintagsfliegen zu neuen Sprichwörtern." В: Stefan Kiedroń & Agata Kowalska-Szubert (под ред.). *Thesaurus polyglottus et flores quadrilingues: Festschrift für Stanisław Prędota zum 60. Geburtstag*. Wrocław: Oficyna Wydawnicza ATUT – Wrocławskie Wydawnictwo Oświatowe, 247–262.

----------. 2007. "Anti-Proverbs and Mass Communication: The Interplay of Traditional and Innovative Folklore." *Acta Ethnographica Hungarica* 52/1, 17–45.

Mieder, Wolfgang & Anna Tóthné Litovkina. 1999. *Twisted Wisdom: Modern Anti-Proverbs*. Burlington, Vt.: The University of Vermont (Supplement Series of Proverbium: Yearbook of International Proverb Scholarship, 4).

# Pieter Bruegel the Elder's *Netherlandish Proverbs* and Similar Proverbs in Traditional Japanese Art*

*Yoko Mori*

This paper will discuss how proverbs from Pieter Bruegel the Elder's *Netherlandish Proverbs* of 1559 (fig. 1) are surprisingly related to Japanese proverbs in traditional art, especially in the Edo Period (1600–1867).[1] Even though in most cases the phrasing of Dutch and Japanese proverbs differs, there are a few proverbs which bear almost the same phrasing in both languages.

*Fig. 1: Pieter Bruegel the Elder, 'Netherlandish Proverbs' (1559); Staatliche Museen zu Berlin – Stiftung Preußischer Kulturbesitz, Gemäldegalerie (Berlin)*

First of all, it is worth mentioning how proverb books became popular before and after Bruegel's time. In Northern Europe from the end of the fifteenth century and throughout the sixteenth century, proverbs played an important role in both public and private lives, and they were used for pronouncing sentences at court, in giving speeches in parliamentary sessions and sermons in churches. As Walter S. Gibson describes, "proverbs, as generally acknowledged repositories of wisdom and as ornaments of rhetorical persuasion, have long been quoted much as modern preachers quote scripture" (2010:6).

The earliest printed proverb publication is the Dutch-Latin book, *Proverbia Communia,* constituting a collection of 803 vernacular proverbs (Jente, 1947). This book appeared in Deventer from 1480 as a textbook for children learning at the Latin school there. Erasmus studied there too. Erasmus' *Adagiorum Collectanea* was first published in 1500 in Paris with 818 proverbs. After several versions, it finally collected 4,251 proverbs in the year of Erasmus' death, 1536.[2] Many intellectuals all over Europe were stimulated by Erasmus' enlarged publications and they translated Erasmus' *Adages* or compiled vernacular proverbs into their own languages in Antwerp, Kempen, Mechelen, Paris, Rouen, London and other cities.

On the other hand from the first half of the sixteenth century, visualized proverbs especially appeared in paintings, engravings and sculptures, and they became very popular in parallel with the written world of proverbs mentioned above. This is why I refer to the sixteenth century as the "Golden Age of Proverbs." The pictorial tradition of proverbs continued until the second half of the seventeenth century in the Low Countries. Therefore, Bruegel's *Netherlandish Proverbs* can be valued as the high point of the Golden Age for the pictorial world, in juxtaposition to Erasmus's *Adages* for the written world.

Bruegel depicts in his *Netherlandish Proverbs* nearly 100 proverbs in a single composition. Although the majority of people in this painting are peasants, also included are people of all classes and occupations in his time, such as a young prince, a rich landlord, two monks, a knight, soldiers, a craftsman, old and young housewives, a fool, and even a criminal on the pillory and two devils. In other words, this painting illustrates the universal world of human behavior; that is, the deception, folly, failure, abuse and weakness found in any human society (Mori, 1992). An anonymous engraving dated from the second half of the sixteenth century may explain Bruegel's intention with the following inscription: "Look here how the world is entirely wrong / I mean the proverbs from which one learns / How things are going in the world / With people from all classes" ('Siet hier de weirelt gansch verkeert / Ick meyne spreucken daer men leert. / Hoe't inde weirelt ommegaet / Bij't volck van alderhande staet') (Mori, 2008:25 fig. 5).[3]

Proverbs are carved in misericords (sculptures in choir stalls) in Flemish and Walloon cities such as Hoogstraten, Diest, Aarschot, Walcours and also in Dutch cities such as Amsterdam, Kempen and Bolsward. Among 54 misericords in Sint-Katherinakerk in Hoogstraten near Antwerp, 9 are identified as those painted by Bruegel. As Bruegel's master, Pieter Coeck van Aalst, designed the stained glass in this church, Bruegel might have visited there and been impressed by the proverb misericords.

The most important previous proverb image prior to Bruegel's painting is *The Blue Cloak* ('De Blauw Huyck') designed, engraved and etched by Frans Hogenberg around 1558 (fig. 2). The inscription written above reads: "This is generally called the Blue Cloak, but would be more appropriate to be called the world's follies" ('DIE BLAV HVICKE IS DIT MEEST GHENAEMT MAER DES WEERELTS ABVISEN HĒ BETER BETAEMPT').

Among the 43 proverbs in *The Blue Cloak,* 32 are common to Bruegel's proverb painting. It can be assumed that Bruegel was inspired by Hogenberg's composition although Bruegel depicted about 100 proverbs in his painting. In fact, people named proverb prints or paintings "Blue Cloak," as proved by Christoph Plantin's business diary dated 1558 when he sold 3 prints of "De Blauwe Huyck" to the bookseller, Martin II in Paris (Delen, 1969 [1924–1935]:156).

*Fig. 2:* *Frans Hogenberg, 'The Blue Cloak' (ca. 1558); Bibliothèque royale de Belgique (Brussels)*

After Hogenberg's proverb print was published, many "Blue Cloak" prints were produced such as those by Johannes van Doetecum, Theodor Galle, Johannes Galle and several anonymous engravers prior to an early seventeenth century print by Franciscus van Hoeye. The latter carries 69 proverb images with Dutch proverbs (Lebeer, 1939–1940). The most striking proverb painting was executed by Sebastiaan Vrancx in the early seventeenth century, containing 202 proverbs among which Bruegel's 53 proverbs are found. Vrancx's work has been characterized as a truly encyclopedic world of the time (Grauls, 1960).

During the Edo Period in Japan (1600–1867), especially from the second half of the eighteenth century, the intellectual middle class bore an increasing interest in proverb collections as well as their visualizations. At the same time the publication culture came into vogue and proverb collections caused editors to illustrate them for amusement and for decorative tools to all kind of genres like *Gengaen* ('Illustrated Proverb Book') of 1808 (fig. 3) by Kuwagata Keisai.[4] In addition, the Edo Period produced the 6.5 m long picture scroll by Kō Ryuko († 1858) (fig. 4), accompanied by the Chinese poems by Ōkuni Takamasa. In Japan there is no equivalent monumental proverb painting like Bruegel's *Netherlandish Proverbs*; however, this rare picture scroll with 48 alphabetical proverbs can be compared to Bruegel's work in that it expresses both the artist's concept as well as his intellectual patron's interest in proverbs.

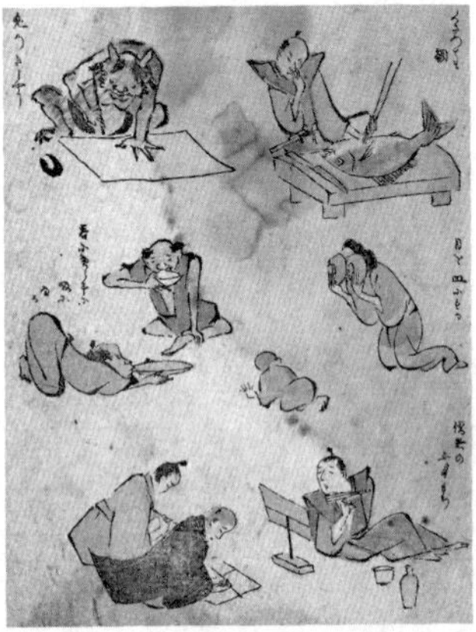

*Fig. 3:* *Kuwagata Keisai, 'Gengaen' (1808; detail); Tokyo Geijutsu Daigaku (Tokyo)*

*Fig. 4:* *Kō Ryuko, 'Alphabetical Proverbs' (before 1858; detail); Meiji Daigaku (Tokyo)*

We may note as well the great vogue of alphabetical proverb playing cards such as *Fifty Proverbs Playing Cards* by Utagawa Kuniyoshi of the mid Edo Period and numerous publications of 48 *Iroha* ('alphabetical') proverb cards. The latter sets consist of image and text cards which were made also for children's games, both for educational purposes as well as for entertainment. The first Japanese playing cards made around the end of the sixteenth century may have been inspired by those brought by Portuguese merchants into Japan.

In addition to these examples, it is remarkable that numerous proverbial visualizations were produced on all kinds of items such as stone gardens like Ryōanji Garden, carvings in the frieze of Shinto temples, tsuba of swords, clothes, the back of mirrors, helmets, tea ceremony vessels, signboards, interior decorations over sliding doors, and so forth. Tokita Masamizu, proverb scholar and collector of visualized proverbs, estimates 300–400 genres.[5] Japanese folk seem to have considered visualized proverbs as value-added decorations of popular wisdom.

J.F. van Overmeer Fisscher served as the first secretary of the Dutch Trading House in Nagasaki in 1820 and described how the Japanese enjoyed the proverb card games as a form of domestic entertainment (1833:202). Indeed, the Edo Period can also be named as the Golden Age of proverbial representations in Japanese art. Jippensha Ikku explained the proverb culture in his book in short: "Proverbs serve as a sweet medicine to awake sleepy people. [...] Adding short comic poems and illustrations to popular proverbs I could give some pleasure to women and children looking at them" (1986 [1828]:n.p.).

The following ten Flemish proverb images from Bruegel's painting can also be compared to similar Japanese visualized proverbs.

Bruegel's proverb, *She can bind the devil on the pillow* ('Zij zou de duivel op het kussen binden') (fig. 5) ironically demonstrates how a Flemish housewife dominates at home and overwhelms her husband, showing she is stronger than a devil who is wounded by her violence.

An equivalent Japanese image is *A Married Couple of Fleas* by Utagawa Yoshiume in the late Edo Period (fig. 6). Yoshiume depicts a caricaturized couple, namely, the big and tall wife and her small and weak husband as the real difference between a big female and a small male flea. The text says in short: A woman complains about the irresponsible behavior of her husband going out always all the daylong so that she is afraid he might meet by chance debt collectors on the street. In comparison with Bruegel' couple, here Japanese onlookers first laughed at such an unusual married couple, and then sympathized with an obedient husband (Tokita, 2005:32–33 & 253).

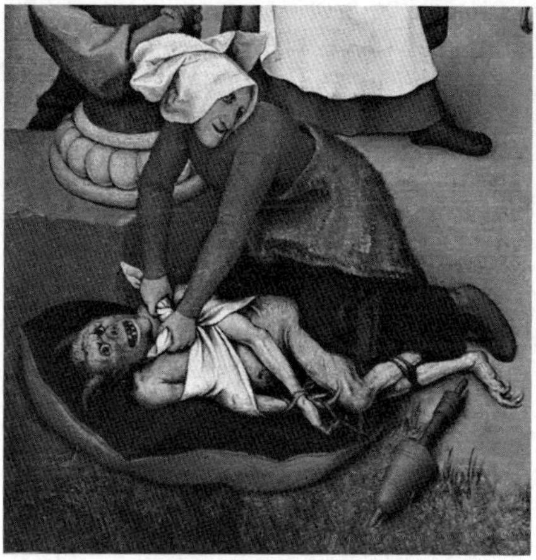

*Fig. 5: Bruegel, "She can bind the devil on the pillow" (detail, fig. 1)*

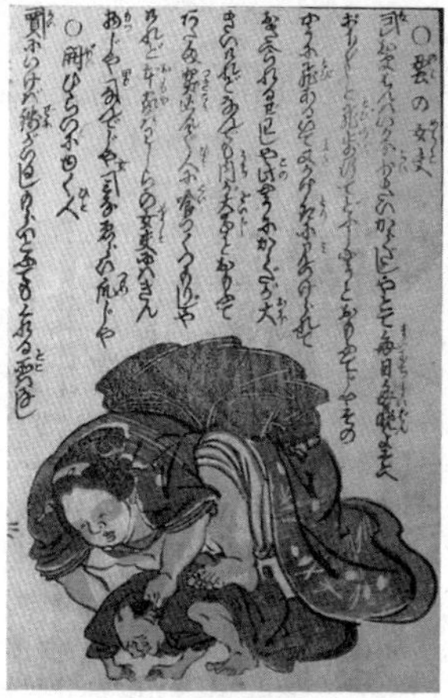

*Fig. 6: Utagawa Yoshiume, 'A Married Couple of Fleas' (late Edo Period; detail); Meiji Daigaku (Tokyo)*

Bruegel's *A pillar biter* ('De pilaarbijter') (fig. 7) depicts a man biting a church pillar. This represents hypocritical or fanatical prayers although a pillar has nothing to do with Christian beliefs. The misericord in Hoogstraten more ironically shows a fanatic monk biting a pillar. In front of him a female head, probably a nun, is anxiously peeping so that the monk pretends to be pious in spite of his deep interest in her.

The similar Japanese proverb by Toba School is, *Faith makes one worship even the sardine's head* (fig. 8) which is known in English as, *Believe well and have well.* Like the monk in the misericord mentioned above, a Japanese Buddhist priest prays with his rosary to a sardine. For humor, his body is composed of the letters of this proverb written in reed-like letters. The sardine remains even at present as one of the most inexpensive fish in Japan, yet this fish was used as fertilizer in the Edo Period. However, according to a superstition its head was believed to contain a magic power.

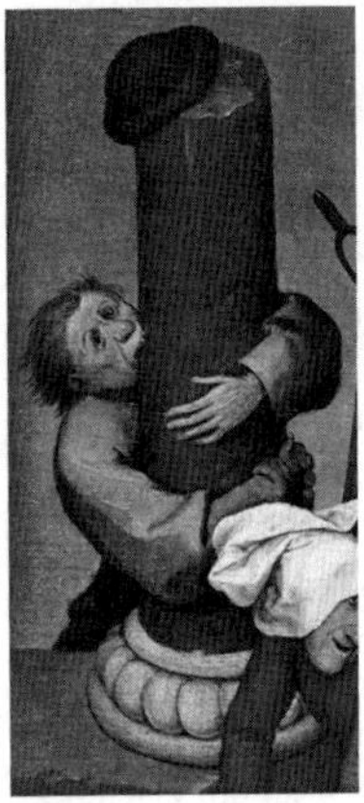

*Fig. 7: Bruegel, "A pillar biter" (detail, fig. 1)*

*Fig. 8: Toba School, "Faith makes one worship even the sardine's head" (1720)*

Bruegel's grotesque-looking man with double mouths appears from a small opening of the wall representing a proverb, *He speaks from the double mouth* ('Hij spreekt uit twee monden') (fig. 9). The proverb may be related to the passage in Timothy I, 3:8 of the New Testament: "Likewise must the deacons be grave, not double tongued, not given too much wine, not greedy of filthy lucre." Anna Bijns (1493–1575), Bruegel's contemporary poet, quotes this proverb in her poetic refrain of 1524 as follows: "Everyone is now inclined to trap the other. He speaks by two mouths and it is very clear" (Marijnissen, 1988:136).

The image of the Japanese proverb of 1868 is surprisingly close to Bruegel's. It was illustrated by Utagawa Utashige (Hiroshige III), and it reads, *He speaks by two tongues* (fig. 10), namely, he is a liar and an unfaithful person. Utashige comically illustrates the proverb with a sitting man showing two long tongues. He looks like a merchant because while rubbing his hands together he wants to boast of merchandise to his clients with his cunning tongue in spite of its inferior quality.

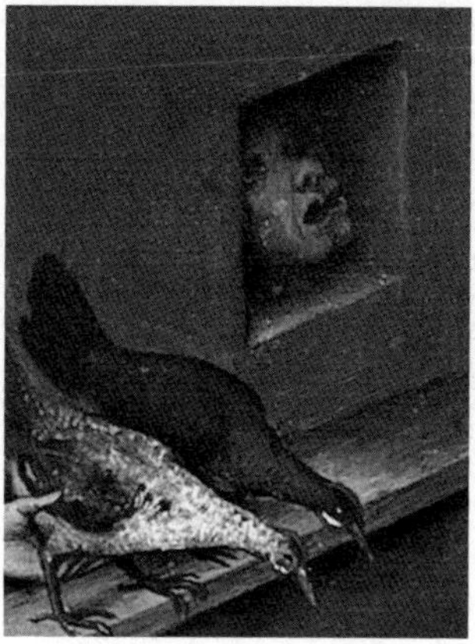

*Fig. 9:* *Bruegel, "He speaks from the double mouth" (detail, fig. 1)*

*Fig. 10:* *Utagawa Utashige (Hiroshige III), "He speaks by two tongues" (1868; detail); Meiji Daigaku (Tokyo)*

Bruegel's *She hangs the blue cloak over her husband* ('Zij hangt haar man de blauwe huik om') (fig. 11) is placed in the center of the foreground, and it is a key figure of Bruegel's *Netherlandish Proverbs*. For "The Blue Cloak" was the common title of proverb prints and paintings in general as mentioned earlier. The behavior of the sensual and young wife hanging a blue cloak over her old husband palpably indicates the betrayal of his wife. In fact her husband needs a cane to help him walk so that they doubtlessly represent an unequal couple. The literary backgrounds of the color blue and several examples of the proverbial phrase, *to hang a blue cloak* from the sixteenth century have been discussed earlier in my previous work (2004).

A similar Japanese proverb reads, *She covers her husband's face with mud*, and it means a wife brings disgrace upon her husband. The colored woodblock print (fig. 12) after Kawanabe Kyōsai's (1831–1889) depicts this proverb in a much more rough and comical way than the original one, and the colors and design of the wife's kimono have been changed too.[6] After the husband and his wife have been together, he becomes so tired that he falls asleep on top of the waste box. Yet his young wife is not pleased so that she secretly invites her boyfriend in and hands him her love letter. At the same time, she paints mud on her husband's face to cover his sight. In addition to the proverb inserted in this scene, another humorous sentence was added, namely, "As I will paint you well, stand still!" Thus the duped husband is more caricaturized than Kyōsai's original work.

Bruegel's *One fills the well after the calf has drowned* ('Als 't kalf verdronken is, dempt men de put') (fig. 13) depicts one of the most characteristic expressions in his *Netherlandish Proverbs*. A careless peasant covers an empty well with dirt after his precious calf has drowned. He is situated almost in the center of the foreground, and his repentant face with his white shirt impresses the viewer with how upset this peasant is after having lost his important property.

*Fig. 11:* *Bruegel, "She hangs the blue cloak over her husband" (detail, fig. 1)*

*Fig. 12:* *After Kawanabe Kyōsai, "She covers her husband's face with mud" (after 1868); Kawanabe Kyōsai Memorial Museum (Warabi, Saitama)*

Donaes Idinau, a Flemish Jesuit of the seventeenth century made a sermonizing poem as follows: "He fills the well when the calf has drowned; this proverb suits all those who become wise too late. / Use the grace given to you by God: Listen always to his advice. The screaming of the foolish bridesmaids is painful" ('Hy stopt den put als't kalf is verdroncken; Dat past op alle / die te spade wijs zijn. Stelt gratie te wercke / u van Gode gheschoncken: Siet toe in tijdts / naer dit aduijs mijn. Der dwase maeghden / doet het ghekrijs pijn') (1606:12).

*Fig. 13:* *Bruegel, "One fills the well after the calf has drowned" (detail, fig. 1)*

*Fig. 14:* *"Making a rope after arresting a thief" (mid Edo Period); Tatoe (proverb) playing card*

A Japanese corresponding proverb reads, *Making a rope after arresting a thief* (fig. 14). The illustration is one from a pack of 50 proverb playing cards, and it does not give any pessimistic impression like Bruegel's peasant does. A powerful and half-naked man loosely puts his right leg on the back of a thief, as he tries to make a rope to arrest him. His hairs are standing up from rage like the blowing hairs of Bruegel's repentant peasant. The painter provides an opportunity for onlookers to anticipate the next moment when the cunning thief may escape from his strong captor.

Bruegel's *He falls from the ox onto the ass* ('Hij valt van de os op de ezel') (fig. 15) in the sixteenth century implies that one regresses from a higher position to a lower one. In his *Adages*, Erasmus quotes a similar proverb, *From a horse to an ass* ('Ab equis ad asinos'), and he comments: "He turns away from honorable studies to less honorable ones, from a philosopher to a chorister, from a theologian to a grammarian, from a merchant to an inn-keeper" (1961 [1703]:274). This meaning today, however, remains unfamiliar in Belgium.

The other meaning of the proverb is to chatter without consistent content as seen in Bruegel's contemporary *The Blue Cloak* engravings in which citizens jump from the ox to the ass. The latter meaning is more popular among Belgians.

Exactly the opposite proverb exists in Japanese, *He jumps from a cow onto a horse*. It means to change from an inferior to a superior thing or person as illustrated in Kuwagata Keisai's *Gengaen* (1994 [1808]) (fig. 16). This proverb instructs a young one how to adjust his future to a better situation. In Maeda Isamu's *Dictionary of Edo Language* (2003 [1979]), an interesting quotation is cited in *Rice Wine, Seiro, Five Kariganes* in the Edo Period: "You married far above your poor family background, as the proverb says, 'to change from a cow to a horse'" (120).

*Fig. 15: Bruegel, "He falls from the ox onto the ass" (detail, fig. 1)*

*Fig. 16: Kuwagata Keisai, "He jumps from a cow onto a horse," 'Gengaen' (1808; detail); Tokyo Geijutsu Daigaku (Tokyo)*

Bruegel's *To hold an eel by the tail* ('Een aal bij de staart hebben') (fig. 17) suggests a foolish attempt without any chance of success. It is worth comparing Bruegel's fisherman with those by the engravers, Frans Hogenberg, Anonymous, Johannes van Doetecum and Lucas Fruytiers. They do not represent fishermen, but rather mostly well-dressed citizens who are holding eels by the tails, but they do not appear to lose their eels in the next instance.

Jean de Meung, one of two French authors of *Le roman de la rose* of the thirteenth century admonishes his friend with the proverb about how a woman's heart is changeable so that it is almost impossible to get her heart: "He could hold nothing more than an eel by the tail in the Seine" ('Il ne le pourrait pas plus que s'il tenait, dans la Seine, une anguille par la queue') (Lorris & de Meung, 1992:532–533). The same proverb is quoted by Dutch humanist Johan de Brune in his *The New Wine in the Old Leather Bag* of 1636, as follows: "The person who holds the eel by the tail and trusts a woman's words will certainly complain with regret, 'Everything is just wind and I have nothing now'" ('Die by den steert een palingh houdt, / En op een vrouwes woorden bouwt; / Die magh wel zegghen met verdriet, / 't is al maer wind, ik en hebbe niet') (176).

Thus already from the fourteenth century until the seventeenth century this proverb referred to the loss of a lady's love.

A Japanese proverb, *To catch a catfish with a gourd* seems to be similar to Bruegel's, since an eel, a catfish and a gourd are all slippery, thus implying an impossible attempt. It is found in the famous Japanese festive floats in Nagasaki painted in a picture scroll in the late Edo Period which is called the *Kunchi Festive Procession* (fig. 18).

*Fig. 17: Bruegel, "To hold an eel by the tail" (detail, fig. 1)*

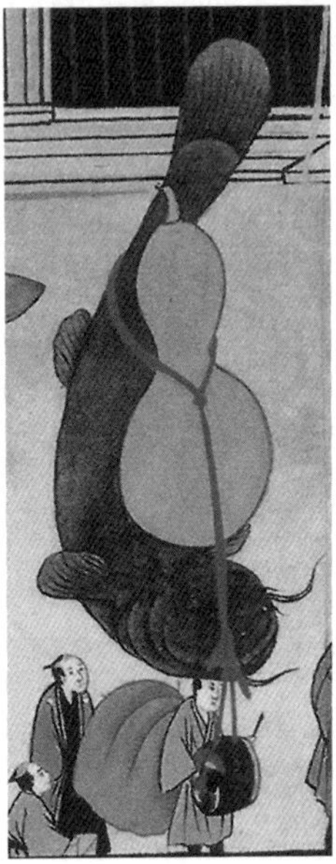

*Fig. 18: Watanabe Kakushu and Hirowatari Sakusaburo, "To catch a catfish with a gourd," 'Kunchi Festive Procession' (1800–1812; detail)*

The Japanese picture scroll by Taikō Josetsu represents the same proverb (fig. 19), and it is one of the most prominent masterpieces of Medieval Japanese painting. This proverb is well known as a paradoxical question for Buddhist monks as well as laymen in Zen meditation. As Josetsu depicts the proverb in the background of the macrocosmic landscape, onlookers have to find the answer by means of their own metaphysical thoughts, not by means of any real methods.

*Fig. 19:* *Taikō Josetsu, "To catch a catfish with a gourd" (ca. 1410; detail); Myōshinji Temple, Taizoin (Kyoto)*

Bruegel's *It is easy to cut straps out of another man's leather* ('Het is goed riemen snijden uit een andermans leer') (fig. 20), depicts using other people's money or property for one's own profit. Bruegel's tanner cuts an unusually wide belt and amazes his apprentice. Symon Andriessoon in his book of 1550 gives several related proverbs, namely, *It is good to cut pipes from someone else's reeds* ('Tis goet pijpen snijden in eens anders riet'), *It is good to ride on someone else's horse* ('Tes goet rijden op eens anders paerdt') and, *It is good to warm oneself with someone else's hearth* ('Tes goet wermen aen eens anders heert') (2003 [1550]:109 & 216).

The illustration by Utagawa Yoshiume (1819–1879), *Wrestling at the Expenses of Another's Loin-Cloth* (fig. 21), is very close to Bruegel's tanner's action. He depicts two sumo wrestlers, a powerful one and a weak one. The powerful wrestler borrows the loincloth belonging to the weak one. As a result he becomes the winner of the contest. Therefore the proverb implies that the poor wrestler is ashamed of his nakedness and at the same time he looks at his companion enviously. The deeper meaning of the proverb is that one likes to borrow funds from his friend in order to get a big profit. He says: "If I lost the speculation, I don't mind because I started as a poor (naked) person. Please lend me funds (loincloth)" (Tokita, 2005:198–199).

Bruegel's *If the blind lead the blind, both shall fall into the ditch* ('Als de ene blinde de andere leidt, vallen ze beiden in de gracht') (fig. 1 & 25) refers to Mathew, 15:14. He painted three tiny figures of blind men in the background near the sea. They will be safe as far as they walk in the field, but not toward the cliff. However in his later painting, *The Parable of the Blind* (1568) in Naples (fig. 22), Bruegel underlines the more tragic accident. After the fall of the blind leader into a deep river, his other five companions will soon encounter the same danger.

*Fig. 20:* *Bruegel, "It is easy to cut straps out of another man's leather" (detail, fig. 1)*

*Fig. 21:* *Utagawa Yoshiume, 'Wrestling at the Expenses of Another's Loin-Cloth' (late Edo Period); Meiji Daigaku (Tokyo)*

Anna Bijns, a passionate Catholic poet published refrains in the mid-sixteenth century and warned against the Lutherans: "They are wolves, though they are wearing a sheepskin, they are blind leaders" (1968:48).[7] A sixteenth century chronicler in Ghent, Marcus van Vaernewijck wrote in his diary (1566–1568) about the religious conflicts between the Catholics and Protestants, and he also described the situation as follows:

> "Look how the devil can seed his weeds under the appearance of the false holiness and how he confuses, binds and bewitches the eyes of the reason of our poor blind men and how this coarse and unwieldy devil lets them clearly perceive, but the folk became so foolish that they did not stop to follow him: The blind leads the other blind into the ditch" (1872:218).

Kawanabe Kyōsai's *The Blind Leading the Blind* represents five blind adults and two blind children (fig. 23). The scene is reminiscent of Bruegel's earlier painting. The adults are walking in a rapid stream during the summer. Most of them, even the small child, carry instruments to play for their daily income. Although Kyōsai does not express the immediate danger to the family, he seems to let the viewer anticipate what fate they may encounter in the next instant.

Josiah Conder, architect and Kyōsai's student, reproduces his master's interesting image relating this procession of the blind, *The Procession of Blind Men Led by a White Hare to the Moon* in his book *Paintings and Studies by Kawanabe Kyōsai* (1911) (fig. 24). The blind people are led by a white hare with a mask of *Tengu*, a high- and long-nosed goblin, meant as an occidental by Kyōsai. Conder interpreted in his book, "the meaning of Kyōsai's lampoon apparently was, that a number of people, possessed of foreign books which they could not read, were being blindly conducted under foreign leadership to a place of illusion" (1911:123). Kyōsai disliked Japanese superficial intellectuals caught up in the fashion for Western culture without any true knowledge of its value. At the same time, he probably satirizes in the white hare the crazy bubble of speculation in the new varieties of hares from the West which were bred during the early Meiji Era (1872–1874). This phenomenon was similar to the Tulip Mania in 1637 in the Low Countries (Shiroyama, 2011).

*Fig. 22:* *Pieter Bruegel the Elder, 'The Parable of the Blind' (1568); Museo di Capodimonte (Naples)*

*Fig. 23:* *Kawanabe Kyōsai, 'The Blind Leading the Blind' (1881)*

*Fig. 24: Kawanabe Kyōsai, 'The Procession of Blind Men Led by a White Hare to the Moon' (1881); present location unknown*

Bruegel's *Everything, no matter how finely spun, will come finally to the sun* ('Niemand ooit zo klein iets spon, of het kwam wel aan de zon') (fig. 25) is placed at a highly visible position, namely, at the top right because with this proverb he wanted to summarize the most important message. A more direct proverb is found in a French proverb collected in Gabriel Meurier's *Thresor de sentences dorées* (1578), which reads: *No sin can be hidden so well, that it will not finally be revealed* ('Nul péché n'est si celé, qu'en la fin ne soit révélé') (142).

Giuseppe Maria Mitelli, a seventeenth century Bolognese artist illustrates the proverb with the same meaning in his book, *I proverbi figurati* (1678). The title reads: "Notice that God watches you," and the inscription follows: "In a most deserted and remote place, / while you plot to injure a person who is sleeping, / Not only your actions, but your thoughts too are watched by God" (1996 [1678]:11–12) (fig. 26).

This is similar to the verse in Proverbs 15:3: "The eyes of the Lord are in every place, beholding the evil and the good!" Mitelli illustrates the eye in the heavens as watching the attack of a robber against an innocent passenger to warn the viewer that no perfect crime or hidden evil is allowed in a world under the control of God.

The same proverb in Japanese, *Heaven's net is coarse, but catches everything*, means heaven's vengeance is slow but sure. Keisai Eisen's *Heaven's Net* (1844) (fig. 27) surprisingly corresponds to Mitelli's image. The thief threatens the innocent passenger, saying, "Give me money quietly!" The passenger cries, "Help!" The event occurs in front of a Jizō, a guardian deity. Yet he says, "As I am a stone statue, I cannot help him. I feel sorry for him" (Mantei, 2005 [1844]:188–189). However, the stone statue warns the thief that the heavens personified by the sun, moon and wind are watching his evil deeds on earth.

*Fig. 25: Bruegel, "Everything, no matter how finely spun, will come finally to the sun" (detail, fig. 1)*

*Fig. 26:* *Guiseppe Maria Mitelli, "Notice that God watches you," 'I proverbi figurati' (1678)*

*Fig. 27:* *Keisai Eisen, 'Heaven's Net' (1844)*

This proverb originates from the writing, *Seventy Three Chapters* by the Chinese philosopher, Laotse (604–531), founder of Taoism (Abe & Yamamoto & Ichikawa & Endō, 1966:119–121). Laotse advises that one should not be offensive in either one's conduct or actions and should not emulate others, who do so. He suggests having the courage to stay humble even though one has distinguished oneself in all fields. Otherwise one may destroy both oneself and others. As the proverb says, *Heaven's net is coarse, but catches everything*. It is interesting to compare the philosophical meaning of the proverb by Laotse with the modified one in the Edo Period. In fact the Japanized proverb became more admonishing and understandable to citizens.

In conclusion, the proverb publications in Northern Europe in the sixteenth century are much richer than those in the Edo Period. However, genres of the visualized proverbs in Northern Europe are rather limited to misericords, tapestries, graphic arts, paintings, painted wooden plates and other forms. Yet, it is very characteristic that these examples from the Low Countries, based upon ethical messages from classical philosophy and literature, are more moralistic and didactic than those in Japan. In contrast, Japanese proverb images are found in hundreds of genres. It is also noteworthy to mention that the Japanese pictorial world is less moralistic, because the viewers expected entertainment, humor and laughter from proverb images. Both artists and publishers tried to avoid the tragic connotation of the images even if there were some caricaturized features. Overmeer Fisscher explained this Japanese mentality to Western readers in his book. The following quotation is from the chapter, *Pastime and Entertainment*: "Japanese eagerly use every occasion to please their hearts and keep off all worries and affliction. […] The remiss of enjoyment is nearly considered neglect of duty" (1833:197).

## Notes

* This paper was written based on my presentation at the Royal Academy of Archaeology of Belgium on November 17, 2012. I greatly appreciate the Academy providing such a precious opportunity. I received valuable scholarly assistance from Hans Nieuwdorp, the former director of Museum Mayer van den Bergh, Dr. Joost Vander Auwera, Royal Museum of Fine Arts of Belgium, and Christianne Muusers, culinary historian in translating the Old Dutch texts and from Professor Hiromu Ozawa, Edo-Museum in interpreting the Japanese proverbial images. I am also grateful to Karen McGee, Assistant Professor of Nihon University College of Art, for her astute suggestions about English usage.

1 This paper continues a discussion from the author's previous work (see 2003 & 2008).
2 About the further versions of his *Adagiorum collectanea*, see Phillips (1964).
3 The illustration was reproduced in Lebeer (1939–1940:174).
4 All Japanese names in this paper are provided in traditional Japanese sequence: Family name, followed by given name.
5 The author owes these insights to Tokita Masamizu's rich collection of Japanese visualized proverbs, his publications including *Zusetsu Kotowaza Jiten* (Dictionary of Japanese Illustrated Proverbs) (2008) and his informative suggestions.
6 See Kyōsai's original woodblock of this proverb (Mori, 2003:194 fig. 3).
7 The author cites another passage of Bijns' criticism against the Lutherans (see 2003:203).

## Bibliography

Abe, Yoshio & Yamamoto Toshio & Ichikawa Yasuji & Endō Tatsuo. 1996. *Lôshi, Sōshi (jyō)* (Laotse and Zhuangzi). Tokyo: Meiji Shoin.

Andriessoon, Symon. 2003 [1550]. *Duytsche adagia ofte spreecwoorden*. Ed. by Mark A. Meadow and Anneke C.G. Fleurkens. Hilversum: Verloren [Reprint of the edition Antwerp, Heynrick Alssens, 1550].

Bijns, Anna. 1968. *Meer zuurs dan zoets: Verzameld en ingeleid*. Comp. by Lode Roose. Hasselt: Heideland.

Brune, Johan de. 1636. *J. de Brunes nieuwe wyn in oude le'er-zacken: Bewijzende in spreeckwoorden, 't vernunft der menschen, ende 't gheluck van onze Nederlandsche taele*. Middelburgh: H. van der Helle.

Conder, Josiah. 1911. *Paintings and Studies by Kawanabe Kyōsai: An Illustrated and Descriptive Catalogue of a Collection of Paintings, Studies, and Sketches, by the above Artist, with Explanatory Notes on the Principles, Materials, and Technique, of Japanese Painting*. Tokyo: Maruzen.

Delen, Adrien Jean Joseph. 1969 [1924–1935]. *Le XVIe siècle. Histoire de la gravure dans les anciens Pays-Bas et dans les provinces belges des origines jusqu'à la fin du XVIIIe siècle*. Vol. 2. Paris: de Nobele.

Erasmus, Desiderius. 1961 [1703]. *Complectens adagia. Desiderii Erasmi Roterodami opera omnia emendatiora et auctiora: Ad optimas editiones, praecipue quas ipse Erasmus postremo curavit, summa fide exacta, doctorumque virorum notis illustrata*. Ed. by Jean le Clerc. Vol. 2. Hildesheim: Georg Olms [Reprint of the edition Leiden, publisher unknown, 1703].

Gibson, Walter S. 2010. *Figures of Speech: Picturing Proverbs in Renaissance Netherlands*. Berkeley et al.: University of California Press.

Grauls, Jan. 1960. "Het Spreekwoordenschilderij van Sebastiaan Vrancx." *Bulletin: Musées Royaux des Beaux-Arts de Belgique* 9, 107–164.

Idinau, Donaes. 1606. *Lot van wiisheyd ende goed geluck*. Antwerpen: Jan Moretus.

Jente, Richard (ed.). 1947. *Proverbia Communia: A Fifteenth Century Collection of Dutch Proverbs Together with the Low German Version*. Bloomington: Indiana University.

Jippensha, Ikku. 1986 [1828]. *Ukiyo Kotowaza Gusa* (Proverbs of the Ephemeral and Pleasant World). In: *Rigen Shiryō Shusei* (Proverb Collection). Comp. by Kaneko Takeo. Vol. 5. Tokyo: Ōzorasha.

Kuwagata, Keisai. 1994 [1808]. *Gengaen* (Illustrated Proverb Book). In: *Kotowaza Kenkyū Shiryō Shūsei* (The Studies of the Collection of Proverb Books). Comp. by Kitamura Kōichi & Tokita Masamizu. Vol. 21. Tokyo: Ōzorasha.

Lebeer, Louis. 1939–1940. "De Blauwe Huyck." *Gentse bijdragen tot de kunstgeschiedenis: Uitg. door het Hoger Instituut voor Kunstgeschiedenis en Oudheidkunde van de Rijksuniversiteit te Gent* 6, 161–229.

Lorris, Guillaume de & Jean de Meung. 1992. *Le roman de la rose: Édition d'après les manuscrits BN 12786 et BN 378.* Ed. by Armand Strubel. Paris: Libr. Générale Française.

Maeda, Isamu. 2003 [1979]. *Edogo no Jiten* (Dictionary of Edo Language). Tokyo: Kōdansha.

Mantei, Ōga. 2005 [1844]. *Kyōkun Ukiyo Megane* (Lesson by Ephemeral Glasses). In: Tokita Masamizu. *E de Tanoshimu Edo no Kotowaza* (Pleasant Illustrated Proverbs in Edo). Vol. 6. Tokyo: Tokyo Shoseki.

Marijnissen, Roger H. 1988. *Bruegel: Het volledig oeuvre.* Antwerpen. Mercatorfonds.

Meurier, Gabriel. 1578. *Thrésor de sentences dorées, proverbes et dicts communs, réduits selon l'ordre alphabéticque: Avec le Bouquet de la philosophie morale, réduit par demandes et response.* Rouen: Nicolas Lescuyer.

Mitelli, Giuseppe Maria. 1996 [1678]. *Kotowaza Zue.* Tokyo: Jiritsu Shobō [Japanese translation of *I proverbi figurati: Consecrati al serenissimo principe Francesco Maria di Toscana da Giuseppe Maria Mitelli, pittore bolognese, e da lui inuentati, disegnati, e intagliati*].

Mori, Yoko. 1992. *Bryūgeru no Kotowaza no Sekai* (The Proverbial World of Bruegel). Tokyo: Hakuōsha.

----------. 2003. "Bruegel's Netherlandish Proverbs and Corresponding Images in Old Japanese Art." *Acta Historiae Artium* 44, 191–205.

----------. 2004. "'She Hangs the Blue Cloak Over Her Husband': The World of Human Follies in Proverbial Art." In: Wolfgang Mieder (ed.). *The Netherlandish Proverbs: An International Symposium on the Pieter Brueg(h)els.* Burlington, Vt.: The University of Vermont, 71–101.

----------. 2008. "Piiteru Bryūgeru no Nederlanto no Kotowaza to Furui Nihon no Kotowazaga (Pieter Bruegel's Netherlandish Proverbs and Corresponding Images in Old Japanese Art)." *The Bulletin of Arts and Sciences Meiji University* 435, 17–88.

Overmeer Fisscher, J.F. van. 1833. *Bijdrage tot de kennis van het Japansche Rijk: Met platen.* Amsterdam: Müller.

Phillips, Margaret Mann. 1964. *The Adages of Erasmus: A Study with Translations.* Cambridge: University Press.

Shiroyama, Eiko. 2011. "Meiji Shoki no Usagitōki (The Craze for Speculating in Rabbits: From the Viewpoint of *kaika-mono* and the Media)." *Bulletin of the Graduate School of Education* 51, 363–375.

Tokita, Masamizu. 2005. *E de Tanoshimu Edo no Kotowaza* (Pleasant Illustrated Proverbs in Edo). Tokyo: Tokyo Shoseki.

----------. 2008. *Zusetsu Kotowaza Jiten* (Dictionary of Japanese Illustrated Proverbs). Tokyo: Tokyo Shoseki.

Vaernewijck, Marcus van. 1872. *Van die beroerlicke Tijden in die Nederlanden en voornamelijk in Ghendt 1566–1568 door Marcus van Vaernewijck, naar het oorspronkelijk handschrift uitgegeven door Ferd. Vanderhaeghen.* Vol. 1. Gent: Drukkerij van C. Annoot-Braeckman.

# A Cognitive Stylistic Perspective of Use of Proverbs

*Anita Naciscione*

*A proverb in the hand is often worth a thousand words.*[1]

## 1 Introduction: A Cognitive Perspective

A cognitive perspective of proverbs means that as part of the system of language[2] proverbs are viewed as one of the modes of reflecting thought and conceptualization, grounded in sensory perception, embodied experiences[3] and the external world. In the cognitive view, proverbs arise from figurative thought and human ability to think figuratively, including the cognitive skills of abstraction and generalization. Stylistic use of proverbs in discourse reveals change and development of human thought. Our thoughts are not static; they are dynamic. In discourse they form a flow of thoughts, disclosing a new perception and comprehension as a reaction to changes in our own sensory perception and to political, social and cultural factors, creating a new form and meaning, and forming figurative networks in discourse.

## 2 Mieder's Contribution to Stylistic Use of Proverbs

Wolfgang Mieder is a prolific scholar who has made a huge contribution to the development of paremiology in numerous aspects. This contribution is invaluable not only for the general advancement of paremiology as a special field of research but has also provided motivation and encouragement to many researchers in various areas of paremiology. As Archer Taylor is called the father of paremiological research (see, for instance, Taylor's famous book, 1931), so Mieder is truly the father of modern paremiology. In this short article I would like to give a brief outline of Wolfgang Mieder's contribution to the further development of paremiology only in one aspect: Stylistic use of proverbs. His merits are manifold.

### *2.1 Juxtaposition of Traditional Form of Proverbs and Innovative Variations*

A crucial breakthrough was achieved in 1982 when Mieder published his book *Antisprichwörter* ('Anti-Proverbs') that introduced a new trend in stylistic exploration of proverbs. The term has been accepted by proverb scholars to denote innovative changes to proverbs in use. The most common types of anti-proverb have been singled out: Replacement of a single word or several words in the proverb, changing the second part of the proverb, adding new words, punning and a number of other less frequent types (Litovkina & Mieder, 2006:17–25). Indeed, this approach works very well in the above types of stylistic use. By way of illustration I would like to give the following example:

**A cat in gloves catches no mice**[4]

"Very true! Then, my dear, we have no mother, and we have a Mrs General. And I tell you again, darling, that Mrs General, if I may reverse a common proverb and adapt it to her, is **a cat in gloves** w h o W I L L **catch mice**. That woman, I am quite sure and confident, will be our mother-in-law" (Charles Dickens, *Little Dorrit*).

However, my empirical studies reveal that the theory of anti-proverbs does not cover the whole range or the infinite diversity of stylistic use of proverbs. I would argue for the term *instantial stylistic use* to denote a particular instance of a unique stylistic application of a proverb in discourse resulting in significant changes to its form and meaning (Naciscione, 2010 & in press). For example:

**When the cat's away, the mice will play**

"'**Cat's away, mouse** d o t h **play**,' he said. 'T h e c a t ' s b e e n a w a y t o o l o n g'" (Glen Petrie, *Hand of Glory*).

In this stylistic instantiation the theory of anti-proverbs is not applicable, as it does not capture the extended metaphor that forms another sentence in direct speech after the reporting verb. This refers to all cases when the metaphorical extension crosses sentence boundaries or covers a large stretch of text.[5] Another instance of extended metaphor:

**A cat in gloves catches no mice**

"There is hardly one [cat] but flings back the lie in the face of the old saying that **a cat in gloves catches no mice**. Why d i r t y y o u r p a w s when your servants will do it for you?" (*Country Life*, 21 June, 1979).

In their base form, proverbs never exceed sentence boundaries. However, instantial stylistic use frequently covers more than one sentence, as figurative thought does not stop at the end of the sentence. The metaphorical extension is linked to the proverb by metonymic ties. The metaphorical sub-image *paws* relates to the main notional constituent of the proverb *cat* by associations of contiguity.

The stylistic pattern of extended metaphor may acquire a complicated structure and may form a ramified figurative network of metaphorical sub-images, linking metonymically to the base form of the proverb, e.g.:

**A rolling stone gathers no moss**

"He had been **a rolling stone** t o o l o n g t o s i t d o w n i n o n e p l a c e, breed cattle and wait for them to grow. **A rolling stone gathers no moss**, he said, but a s i t t i n g h e n l o s e s f e a t h e r s. Now he was old and c o u l d **roll** n o m o r e, his only desire was t o s i t d o w n on Wytaliba and m o u l t peacefully" (Katharine S. Prichard, *Coonardoo*).

This is a unique case of stylistic use created by a particular author in a specific text, in this case, by Katharine Prichard in her novel *Coonardoo*. It is under copyright, that is, it may not be used without a reference. It belongs to the author as it takes imagination and creativity to produce a new instantial form.

I would argue against the general idea that anti-proverbs create new language units. This statement should be taken with a pinch of salt. Tatiana Valdaeva writes that "[…] some anti-proverbs are not ANTI-proverbs but can be considered to be new communicative phraseological units of the English language alongside with traditional English proverbs" (2003:390). Of about 40 anti-proverbs that Valdaeva discusses in her article, almost all are cases of stylistic use and hence do not qualify as new proverbs. These discourse forms could become proverbs provided they acquired stability at syntactical, lexical, semantic[6] and stylistic[7] levels. At the present level of development, they are not part of the paremiological stock of the English language. However, there is one exception: On p. 381 Valdaeva analyses *Beauty is in the ear of the beholder*, and treats it as an anti-proverb, used in a *Sony* advertisement. Valdaeva believes that the anti-proverb is based on the proverb *Beauty is in the eye of the beholder*. A closer look at the stock of English proverbs reveals four variants[8] of the same proverb: *Beauty is in the eye/ear/heart/mind of the beholder*, that are registered in the system of language.[9] Thus, we are not dealing with a case of innovative stylistic use in discourse but with another variant of the same proverb. In exceptional cases, the instantial form of a proverb may acquire stability and become a proverb in its own right. Identifying the base form of a proverb calls for meticulous diachronic exploration of texts and dictionary attestations to support the claim. Only juxtaposition of the base form and textual use can establish whether it is core use[10] or instantial stylistic use.

Let me turn to the stylistic pattern of allusion[11] that can boast a great diversity of expression in actual use. Allusion frequently emerges in stylistic use of proverbs. When speaking about proverbs in the modern age, Mieder calls it "old wisdom in new clothing." More often than not proverbs are used innovatively: They are changed and twisted until they fit the demands of our modern age (1993:58). Authors do not necessarily always quote the entire proverb text, but a mere allusion often suffices to bring to mind the whole proverb and complete the communication process (Mieder, 1989: 148). This technique is most common in the instantiation of long proverbs with a more complicated syntactical structure.

Allusion functions as a mental reference to the image of the proverb. It is based on metaphorical and metonymic associations that relate separate explicit constituents and help to retrieve the proverb in stylistic use. The base form of the proverb is stored in the long-term memory of the language user. The base form serves as a yardstick that helps to interpret the instantiation and bring out the novel meaning, e.g.:

**You can't make an omelette without breaking eggs**

> "The 'radiant future' promised in Lenin's name simply failed to materialise. The **eggs** were **broken**, but with no **omelette** to show for the shells. Yet for decades the ghastly reality was camouflaged in an endless tissue of official lies […]" (Brian Crozier, *Free Agent: The Unseen War, 1941–1991*).

Traditional proverbial wisdom acquires a new semantic shade: The instantial form of the proverb makes an implicit sarcastic statement about the radiant future of communism. The syntactical structure of the base form of the proverb has been substantially changed, and semantic relationships rely on associations of contiguity to provide for semantic cohesion in context.

The stylistic pattern of allusion has existed throughout the history of language along with other patterns of stylistic use (see Mieder, 2004). However, it becomes a prolific pattern in Shakespeare's plays, which abound in cases of subtle allusion, e.g.:

**Birds of a feather flock together**

"Warwick: The proud insulting Queen,
With Clifford and the haught Northumberland,
And **of** their **feather** many more proud **birds**,
Have wrought the easy-melting King like wax" (William Shakespeare, *Henry VI*, Act II, Sc. 1).

The explicit image-bearing constituents *feather* and *birds* perform a metonymic function, alluding to the proverb, enabling readers or audience to see beyond the words. It is important to comprehend and identify both the stylistic pattern and the base form of the proverb to be able to comprehend and interpret the instantiation.

Study of empirical material reveals an enormous diversity and complexity of textual manifestation of the pattern of allusion. It is clear that by its very definition and contextual manifestations, allusion does not easily lend itself to analysis on the theoretical basis of anti-proverbs. A collection of allusions to proverbs would invariably turn into a book of quotations.

### *2.2 A Discourse Dimension: Mieder's Study of Texts and Contexts*

Another essential aspect of Mieder's contribution to the study of stylistic use of proverbs is emphasis on the significance of exploration of contextual use instead of merely dealing with out-of-context examples. This becomes evident in his works starting from the very beginning of his research career in the 1970's. During subsequent decades Mieder has written many prominent works devoted to contextual analysis of proverbs based on literary, philosophical and political texts (e.g., 1993 & 2000; Nolte & Mieder, 2012).

Among numerous works by Mieder I would like to single out two enlightening books. *American Proverbs: A Study of Texts and Contexts* (1989) is a seminal book, a fascinating study of how proverbs are used today in various literary genres. It presents a detailed analysis of proverbs that undergo stylistic changes in use, always referring to social situations. Mieder points out that it is social context that gives meaning to a particular case of use, for "a proverb in a collection which merely enumerates uncontextualized proverb texts is for all general purposes meaningless" (20).

Another handbook for anyone who would like to go in for stylistic use of proverbs is *Proverbs Are Never Out of Season: Popular Wisdom in the Modern Age* (1993). This convincingly reveals the adaptability of proverbial structures in stylistic use. Contextual variation of standard proverbs is a useful tool in advertising, oral speech, political rhetoric, newspapers and books.

Indeed, the true nature of stylistic use of proverbs may be disclosed only in discourse. In stylistic use, the figurative meaning of a proverb may cross not only sentence boundaries but also paragraphs and chapters, or in poetry a proverb may encompass a whole poetic text, acquiring a discourse dimension.[12] Mieder aptly points out that, in the past, lyrical verses were considered to be inappropriate for use of proverbs. However, more recent research has shown the existence of a considerable amount of proverbial poetry, or paremiological verse in many languages (1989:171).

The text of Dickinson's poem *Which Is Best?* is given by Mieder (1989:182) as an example of paremiological verse. The poem is included in the chapter *Proverb Poems* (171–193). When analyzing the contents of the poem *Which Is Best?* Mieder concludes that Dickinson questions the wisdom of the proverb *A bird in the hand is worth two in the bush* and to a certain degree prefigures "the critical stance vis-à-vis proverbs by many modern poets" (171).

A closer look at the poem from the stylistic point of view reveals a wealth of stylistic insights:

**Kingdom come**[13]
**A bird in the hand is worth two in the bush**[14]

"Which is best? Heaven –
Or only Heaven to **come**
With that old Codicil of Doubt?
I cannot help esteem

The '**Bird** within the **Hand**'
Superior to the one
The '**Bush**' may yield me
Or may not
Too late to choose again" (Emily Dickinson, [*Which Is Best?*], 1865).

In Verse 1 *kingdom* has been replaced by *heaven* in the phraseological unit *kingdom come*, bringing out its meaning: Heaven, which appears in the preceding line followed by a dash, signifying a meaningful pause.

Use of the proverb *A bird in the hand is worth two in the bush* in Verse 2 cannot by any means be analyzed as an anti-proverb. It is a subtle case of allusion[15] to the proverb represented by three explicit image-bearing constituents in poetic discourse, evoking associations with the whole proverb and enabling retrieval of the base form, even though the syntactical structure of the proverb has not been preserved. Allusion is achieved as the explicit constituents bring to mind the complete semantic and stylistic information of the proverb.

The explicit constituents of the proverb have been placed in inverted commas, a tradition that existed in English in the 19th century and to a great extent in the first half of the 20th century.[16] Use of initial capitals for nouns is another way of foregrounding, signalling abstraction and hence figurative meaning.

Absence of traditional punctuation and use of run-on lines (or enjambment) is a striking feature in the poem, lending continuity to thought and emotions. Abundance of stylistic means in this short poem conveys intensity of feeling and underscores the personal involvement and preoccupation of the poetess, revealing her viewpoint.

As this case study has shown, proverbial poetry presents interesting material for further investigation of stylistic use.

### *2.3 Analysis of Visual Representation of Proverbs*

Mieder's contribution to visual representation of paremiological thought lies in a detailed and exciting account of the use of proverbs in visual representation, their context and purpose (1989:301–315 & 326–332; 1993:158–164). Mieder states that "metaphorical proverbs can be described as verbalized pictures, and it is only natural that modern artists will continue to translate the images into effective pictures commenting on the concerns of our time" (1989:282).

Mieder's works present cases of striking and innovative use of proverbs in advertisements, including creative headlines and effective advertising slogans. When discussing use of proverbs in the ever-growing world of advertising, he points out that many advertisements are built on proverbial structures (1989:298). Advertisers often introduce changes to standard proverbs in an effort to promote their product and make it memorable and recognizable (1989:296). With advertising growing fast, resorting to new means and modes of visual representation,[17] it opens up a vast field of investigation for paremiologists.

### *2.4 Cognitive Observations in Mieder's Research*

Upon careful reading of Mieder's works, we may discover keen observations and outstanding linguistic judgements on proverb use that, in my opinion, imply and foreshadow a cognitive approach to use of proverbs, even though the term itself is not used. This aspect of Mieder's contribution could be a piece of research in its own right.

Mieder argues that metaphorical proverbs enable us to communicate figuratively. By translating a realistic situation into a metaphorical proverb, we can generalize a unique problem and express it as a common phenomenon of life (1989:20). As we know, perceptual generalization lies at the basis of conceptualization. Following Ralf Waldo Emerson, a 19th century American author, Mieder believes that proverbs are "metaphor[s] of the human mind" (1989:147). This is how proverbs "become a most effective verbalization of human and societal concerns" (1993:59). Mieder is genuinely interested in thought and its reflection in proverbial lore. He writes, "proverbs belong to our common stock of ready-made formulas that will come to mind as part of our thinking process" (1993:90). Proverbs function in texts to reveal solid insights into concerns and emotions of people (1989:199). Mieder's conclusion is that there are no limits to use of proverbs. In diverse contexts, proverbs "mirror life in all of its expressions" (1989:148).

In this short article I have barely scratched the surface of Wolfgang Mieder's enormous contribution to the advancement of paremiology in general and the theory of stylistic use of proverbs in particular. It certainly calls for more extensive study of his works.

## 3 Conclusion

The cognitive stylistic perspective of proverbs proceeds from the premise that proverbs reflect a figurative mode of thinking which is "a fundamental characteristic of the human mind" (Gibbs, 1999 [1994]:17). Along with lexical and phraseological metaphors, proverbs are manifestations of personal experiences and of political, social and cultural processes. However, it is cognitive processes that determine stylistic changes to proverbs in actual use and the emerging new meaning that reflects our ongoing thoughts.

Interpretation of stylistic use of proverbs in discourse will be enhanced by stylistic awareness and appreciation of the new contextual formation as a natural product of the human mind, and an understanding of the mental processes involved in creating the novel proverbial form and meaning in the given instantiation.

A cognitive stylistic approach is a new pathway for further exploration of proverbs in stylistic use.

### *Notes*

1 For the origin of the innovative blend between the two proverbs *A bird in the hand is worth two in the bush* and *A picture is worth a thousand words*, see Mieder (1993:149 & 151).

2 I believe that linguistically a proverb is a stable, cohesive combination of words with a fully or partially figurative meaning (2010:19). The categorical features of stability and figurative meaning were first introduced in phraseology by Kunin in his definition of phraseological units (1970: 210).

3 Raymond Gibbs holds that people's subjective, felt experiences of their bodies in action provide part of the fundamental grounding for language and thought (2006:9). Figurative thought motivates an individual speaker's use and understanding of the meaning of words and expressions (Gibbs, 1999 [1994]:18).

4 In this article, stylistic instantiation has been highlighted for emphasis: **Base forms** are marked bold and underlined; i n s t a n t i a l e l e m e n t s are spaced and underlined; r e p l a c e d e l e m e n t s are underlined double and spaced. Highlighting helps in the identification process, especially in complicated cases. It is also a methodological tool in teaching: Use of non-highlighted text in home assignments and highlighted text in discussion for consolidation purposes.

5 For analysis of extension of metaphorical proverbs in discourse, see Naciscione (2010:87 & 89).

6 For stability of use, and syntactical, lexical and semantic stability of phraseological units, proverbs included, see Kunin (1970:89–137).

7 By stylistic stability I understand preservation of the same image and type of figurativeness in paremiological meaning (2010:57).

8 Parallel stable forms of a proverb in the system of language are called 'variants' by Kunin (1986: 322–324).

9 Even if we take Internet data alone, *Google* has registered the frequency of use of these variants: 5,520,000 cases of use of the proverb *Beauty is in the eye of the beholder*, 3,450,000 cases of *Beauty is in the heart of the beholder*, 2,920,000 cases of *Beauty is in the mind of the beholder*, and 657,000 cases of *Beauty is in the ear of the beholder*.

10 Core use is use of a proverb in its most common form and meaning that never exceeds the boundaries of one sentence (Naciscione, 2010:35–39).

11 By stylistic pattern of allusion I understand a mental implicit verbal or visual reference to the image of a proverb represented in discourse by one or more explicit image-bearing constituents, and their instantial ties, hinting at the image (2010:107–120).

12 For the role of proverbs in the web of discourse, acquiring a discourse dimension, see the case study of the proverb *All that glisters is not gold* in Naciscione (in press). This proverb covers a whole scene in William Shakespeare's play *The Merchant of Venice*, providing semantic and stylistic cohesion and sustaining figurative thought. The form *All that glisters is not gold* was used in EMoE but is obsolete in MoE. The MoE form is *All that glitters is not gold.*

13 The PU *kingdom come* means heaven, the next world (Cowie & Mackin & McCaig, $^{2}$1994 [1993]:334). The origin of the PU is the Bible: "Thy Kingdom come" is a line from the Lord's Prayer, meaning Christ's Kingdom after the Day of Judgement.

14 For stylistic analysis of the proverb *A bird in the hand is worth two in the bush*, see Naciscione (2010:161–162). Its instantiation covers the whole fable *The Hunter and the Elephant* by James Thurber.

15 Interestingly, Mieder himself discusses many cases of allusion to proverbs in text in his works, for instance (1989:148 & 197–198; 1993:8 & 111 & 121 & 139).

16 This practice still exists in a number of languages, e.g., in some newspaper texts in Latvian, which shows that metaphor is not fully accepted by author and readership alike, or that there is some fear that stylistic use may not be perceived and understood correctly.

17 For use of semiotic elements, e.g., symbols, see visual representation of proverbs in Naciscione (2005:79–81).

## *Bibliography*

Cowie, Anthony P. & Ronald Mackin & Isabel R. McCaig. $^{2}$1994 [1993]. *Oxford Dictionary of English Idioms*. 2$^{nd}$ impr. Oxford et al.: Oxford University Press.

Gibbs, Raymond W. Jr. 1999 [1994]. *The Poetics of Mind: Figurative Thought, Language, and Understanding*. Cambridge et al.: Cambridge University Press.

----------. 2006. *Embodiment and Cognitive Science*. Cambridge et al.: Cambridge University Press.

Kunin, Alexander V. 1970. *Angliyskaya frazeologiya: Teoreticheskiy kurss* (English Phraseology: A Theoretical Course). Moskva: Vysshaya shkola.

----------. 1986. *Kurs frazeologii sovremennogo angliyskogo yazyka* (A Course of Phraseology in Modern English). Moskva: Vysshaya shkola.

Litovkina, Anna T. & Wolfgang Mieder. 2006. *Old Proverbs Never Die, They Just Diversify: A Collection of Anti-Proverbs*. Burlington, Vt.: The University of Vermont & Veszprém: The Pannonian University of Veszprém.

Mieder, Wolfgang. 1982. *Antisprichwörter*. Vol. 1. Wiesbaden: Verlag für deutsche Sprache (VfdS) (Beihefte zur Muttersprache, 4).

----------. 1989. *American Proverbs: A Study of Texts and Contexts*. Bern et al.: Peter Lang (Sprichwörterforschung, 13).

----------. 1993. *Proverbs Are Never Out of Season: Popular Wisdom in the Modern Age*. New York et al.: Oxford University Press.

----------. 2000. *The Proverbial Abraham Lincoln: An Index to Proverbs in the Works of Abraham Lincoln*. New York et al.: Peter Lang.

----------. 2004. "'One Picture that's Worth More than a Thousand Words': Pieter Bruegel the Elder's *Netherlandish Proverbs* Past and Present." In: Wolfgang Mieder (ed.). *"The Netherlandish Proverbs": An International Symposium on the Pieter Brueg(h)els*. Burlington, Vt.: The University of Vermont, 195–241.

Naciscione, Anita. 2005. "Visual Representation of Phraseological Metaphor in Discourse: A Cognitive Approach." In: Carmen Rosa Caldas-Coulthard & Michael Toolan (eds.). *The Writer's Craft, the Culture's Technology: PALA 2002*. Amsterdam et al.: Rodopoi (PALA Papers, 1), 71–83.

----------. 2010. *Stylistic Use of Phraseological Units in Discourse*. Amsterdam et al.: John Benjamins Publishing Company.

----------. [in press]. "Extended Metaphor in the Web of Discourse." In: Raymond W. Gibbs Jr. (ed.). *Mixing Metaphor*. Amsterdam et al.: John Benjamins Publishing Company [27 pages].

Nolte, Andreas & Wolfgang Mieder. 2012. *"Zu meiner Hölle will ich den Weg mit guten Sprüchen pflastern": Friedrich Nietzsches sprichwörtliche Sprache. Mit einem vollständigen Register der sprichwörtlichen und redensartlichen Belege im Werk des Autors*. Hildesheim et al.: Georg Olms (Germanistische Texte und Studien, 87).

Taylor, Archer. 1931. *The Proverb*. Cambridge, Mass.: Harvard University Press.

Valdaeva, Tatiana. 2003. "Anti-Proverbs or New Proverbs: The Use of English Anti-Proverbs and Their Stylistic Analysis." *Proverbium: Yearbook of International Proverb Scholarship* 20, 379–390.

# "Jedes Sprichwort muss einen Zipfel haben, wo man's anfasst": Ein Sprich-WORT-Spiel für Wolfgang Mieder

*Andreas Nolte*

Für eine Festschrift zu Wolfgang Mieders 70. Geburtstag einen Beitrag verfassen zu dürfen, ist natürlich eine große Ehre! Man ist erstaunt, wenn man sich diese Zahl einmal vor Augen führt, weil weder sein Aussehen noch seine Geisteskraft – und schon gar nicht seine Energie! – auch nur annähernd dieses Alter vermuten lassen. Als ehemaliger Student, bisweilen Mitautor und steter Bewunderer, freue ich mich natürlich sehr darüber, zu diesem besonderen Anlass etwas für den Freund schreiben zu dürfen. Damit sieht man sich aber zugleich auch vor ein Problem gestellt: Was soll man denn schreiben zu einem Thema, über das dieser weltweit renommierte Experte bereits selbst alles gesagt zu haben scheint? Welches geläufige Sprichwort ist denn noch nicht von ihm eingehend untersucht und in all seinen Varianten und Verwendungsmöglichkeiten beschrieben worden? Die bekanntesten Sprichwörter und deren Bedeutung für Literatur, Musik, Kunst im Allgemeinen, Medien und Karikaturen – all dies ist, so scheint mir, ja bereits in seinen Arbeiten erfasst worden. Selbst noch etwas Neues dazu beitragen zu wollen, würde wohl heißen, die sprichwörtlichen Eulen (zu ihm) nach Vermont tragen.

Das formelsprachliche Feld, das Wolfgang Mieder in so unermüdlichem Eifer über Jahrzehnte hinweg beackert hat wie kein zweiter, scheint also bestens bestellt zu sein. Die Suche nach tatsächlich neuen Inhalten gestaltet sich daher eher als schwierig, aber eine neue Form mag denkbar sein. Denn wie schreibt er selbst seine Texte? Wenn man sie liest, wird einem eines schnell klar: Wolfgangs Arbeitseifer ist stets angetrieben von der Freude am Thema und dessen Darstellung; klare Verständlichkeit ist ihm offenkundig wichtiger als besonders klug klingend Dahingesagtes, das man entschlüsseln muss. Er will seine Leser auf unterhaltsame Weise informieren, statt sie mit trockenen Feststellungen und ermüdenden Fakten abzuspeisen. Was wäre deshalb an dieser Stelle von einer neuen Darstellungsform zu halten, die von Wolfgangs Spielfreude und seiner Kreativität inspiriert ist? Zu zeigen wären Sprichwörter, die ein Mosaik bilden, die sich eins an das andere legen, verbunden durch gemeinsame Wörter – jedes einzelne weiterhin für sich existent, doch ohne das andere nicht möglich. Eine neue Sichtweise auf Altbekanntes also, eine sich spielerisch ergebende Sammlung geläufiger wie beliebter Weisheiten, so wie sie uns Wolfgang schon oft in seinen Arbeiten dargeboten hat. So möge dies ein neuer "Zipfel" sein, an dem sich Sprichwörter anfassen lassen.

Die Spielregeln dazu sind recht einfach: Alle Sprichwörter müssen in Karl Friedrich Wilhelm Wanders *Deutsches Sprichwörter-Lexikon: Ein Hausschatz für das deutsche Volk* (1867–1880) und nach Möglichkeit auch bei Karl Simrock, *Die deutschen Sprichwörter* (1846) zu finden sein, womit ein relativ hoher Bekanntheitsgrad vorausgesetzt wäre. Vorzug erhalten sodann diejenigen Sprichwörter, die zu einem parömiologischen Minimum des Deutschen gerechnet werden können. Dazu existieren bereits mehrere empirische Studien, die rund 300 gemeinsame Sprichwörter anführen – fraglos könnte Wolfgang diese ohne größeres Nachdenken aufzählen. Darüber hinaus haben wir beide vor einigen Jahren gut 200 weitere Sprichwörter identifizieren können, die mit hoher Frequenz in der deutschen Gegenwartssprache umlaufen. Von diesen 511 der geläufigsten deutschen Sprichwörter sind viele auf den nachfolgenden Seiten wiederzufinden.

Das Spiel beginnt auf jeder Seite mit einem Lieblingssprichwort Wolfgangs oder einem solchen, das gut zu ihm zu passen scheint. Dieses ist als Ausgangspunkt (fett) hervorgehoben, und mit ihm beginnt das Scrabble-ähnliche Spiel. Schritt für Schritt werden nun weitere Sprichwörter, nach Möglichkeit positiver Bedeutung angelegt – dem freudigen Anlass entsprechend! –, sodass ein Sprichwort das andere ergibt. Auf die Vergabe von Punkten wird natürlich verzichtet, weil es allein um den Spaß an der Sache geht. Gewinner sind ohnehin alle, die sich mit diesem faszinierenden Bestandteil der deutschen Sprache, seinen Sprichwörtern, auf irgendeine Weise beschäftigen. All denjenigen, die darüber hinaus unterhaltsame Stunden mit dem fünfbändigen Wander (oder der digitalen Ausgabe) und dem Simrock verbringen möchten, sei zur Erhöhung des Schwierigkeitsgrades die Beschränkung auf ein bestimmtes Thema oder auch nur auf ein einzelnes Stichwort nahegelegt.

Dieses Spiel mit Sprichwörtern, das ich in den letzten Wochen gespielt habe und dessen erste Ergebnisse nun vorliegen, soll natürlich nicht als eine egozentrische Selbstbeschäftigung verstanden werden. Gespielt wurde auf der Suche nach einer neuen, kreativen Möglichkeit der Darstellung bekannter Denk- und Handlungsmuster der deutschen Sprache, genauer gesagt ihren Sprichwörtern, so wie es Wolfgang Mieder in seinen Arbeiten stets versucht. Dass er auf diese Weise nicht nur Generationen von Sprichwortforschern hervorgebracht und immer wieder aufs Neue begeistert hat, dafür ist nicht nur diese Festschrift mit Beiträgen vieler Kollegen und Freunde anschaulicher Beweis. Dazu gehört auch dieser Beitrag von einem Menschen, dessen Leben ohne Wolfgang wohl in völlig anderen Bahnen verlaufen wäre, und der ihm unendlich dankbar ist für das Erlernte und die daraus entstandenen Möglichkeiten. Daher Dank für all die guten Ratschläge und Ermutigungen in so vielen Lebenslagen – und vor allem für die Freundschaft.

Spielerisch die ersten sieben Dekaden des Lebens gemeistert, beeindruckend viel erlebt und so viel geleistet: Gratulation, lieber Wolfgang, zu deinem 70. Geburtstag!

| | | | | | | | | | |
|---|---|---|---|---|---|---|---|---|---|
| Bier | Auf | Wein,<br>das | lass sein | | Es ist | selten | gut | Was<br>einer | aus Zorn<br>tut |
| | einem<br>Bein<br>kann | | | Ge-<br>branntes | | | | kocht,<br>das wird<br>er | |
| | **Man** | **soll** | **das** | **Kind** | **nicht<br>mit** | **dem** | **Bad** | **aus-<br>schüt-<br>ten** | |
| | nicht<br>stehen | | 1 | scheut | | 9 | Wein | | Je mehr |
| | | Jede<br>Esse hat<br>ihren | | Das | ist ein<br>Meister-<br>werk | | und | | Seelen,<br>je mehr |
| | Wo | Rauch | ist, ist<br>auch | Feuer | | Wo kein | Weib | da ist<br>keine | Freude |
| | ein | | | 5 | Treuer | 4 | er-<br>quicken | | |
| Des<br>Men-<br>schen | Wille | ist sein | Him-<br>melreich | | Freund | | den | | Man<br>kann<br>nicht |
| | ist, ist | | | Das<br>Leben<br>ist | besser<br>dann<br>Gold | | Leib | und Gut<br>gehen | mit-<br>einander |
| | auch ein | | | kurz, die<br>Kunst | | Aller | | | reiten<br>und<br>reden |
| Der | Weg | zur | Hölle | ist | mit | guten | Vor-<br>sätzen | ge-<br>pflastert | |
| Appetit | | | | lang | | Dinge<br>sind | | | |
| Kommt | Zeit | kommt | Rat | | | Drei | Leben | friedlich<br>wenn<br>zwei | nicht<br>daheim<br>sind |
| beim | | | | Die<br>Sünde<br>verderbt | | | und<br>leben | | |
| Essen | und | Trinken | hält | Leib und<br>Seele | zu-<br>sammen | | Lassen | wir den<br>Kater | Heu<br>fressen |

| | | | | | | | | | |
|---|---|---|---|---|---|---|---|---|---|
| Es ist | nicht | Alles | Zucker in der | Liebe | | Hast du | Was | so bist du | Was |
| böse zu | 1 | hat seine | | ist blind | 9 | | das | | Geld |
| Markte | | Zeit | ist Geld | | | Das | Herz | lügt | nicht |
| Gehen | macht müde Beine | | | Wem das | | | denkt, das redet | | kann, das kann kein Recht |
| ohne | | | Das | Herz | weiß nicht alles | Was | der Mund | redet | |
| Geld | schweigt nicht wo | Es ist | | voll ist, dem | | nicht von Herzen | | | |
| | | nicht alles | | Geht der | Zorn, so | kommt | die | Reue | |
| **Mor-gen-stund** | **hat** | **Gold** | **im** | **Mund** | | das | | straft sich selbst | |
| | | was | | Über | Rechts-tun | geht | nichts | | Ein Mann |
| | Was | glänzt | das gilt | | | nicht zu | | | ein |
| | Häns-chen | | | Aus | kaltem | Herzen | Kommt | kein warmes | Wort |
| Geld allein macht | nicht | glück-lich | | den Augen | | | man über den | | |
| | lernt, lernt | 6 | Aus dem Magen | aus dem Sinn | 4 | Bellet ein | Hund, so | kläffen sie | Alle |
| | Hans | | kommen arge | | | | kommt man über | | Glieder gehor-chen dem |
| Verlo-ren Ehr kommt | nimmer-mehr | | Ge-danken | sind zollfrei | | Vom Hecht | den Schwanz | vom Karpfen den | Kopf |

| | | | | | | | | | |
|---|---|---|---|---|---|---|---|---|---|
| Wer flieht | Ehe | man ihn jagt, | ist | allzu | Verzagt | | Selbst | ist | Der Mann |
| | Gras | | | | hält übel Haus | | essen macht fett | | erfährt |
| Der Geiz | wächst | mit dem | Gelde | 1 | | 9 | | | es am |
| | ver-hungert der | | | Wer's | Wissen | soll | erfährt's | am | Letzten |
| Auch der beste | Gaul | stolpert einmal | | | und nichts tun | | | | was |
| Krug geht | | | **Ein Lehrer** | **ohne Leben** | **ist eine Wolke** | **ohne Regen** | 7 | 4 | ge-schehen |
| Einmal | ist keinmal | | ist besser als zwei | | ohne Regen | | Was | ist, das | ist |
| entzwei | | Neue | Bücher | neue Lehre | | | das Maul | | |
| | | Besen | | | Wer | A | sagt muss | auch B | Sagen |
| Man soll | den Mantel | kehren | wie | das Wetter | geht | | oft der Hals | | und |
| den Tag | | gut | | | gewinnt | | bezahlen | | Tun |
| Nicht | alles können wir alle | | | Demut ist | | | | Allerlei | ist zweier-lei |
| vor dem | | Vorsicht | ist | die Mutter | der | Porzel-lankiste | | dient | |
| Abend | | schadet | | der Ehre | | | | nicht | |
| Loben | ist | nicht | lieben | | Jeder-mann | hasset | den | jeder-mann | fürchten muss |

| | | | | | | | | | |
|---|---|---|---|---|---|---|---|---|---|
| Nicht | | Man | muss | Das | Beste | hoffen, | Böses | kommt | Von selbst |
| Wer | allen gefallen will | muss früh aufstehen | | Wetter | 1 | 9 | klebt fester | | kommt nichts |
| viel hat | | wenn | | folgt der | | | als | | |
| ist reich, sondern | | Man | braucht wenig | Zeit | Um | viel | Gutes | Zu | tun |
| Wer | früh beginnt, ist | früh fertig | 8 | 4 | glück-lich | | | be-gehrlich | |
| wenig | | werden will | | | zu | | Böses | bleibt | nicht un-gestraft |
| bedarf | | | Glück | hat | sein | Tück | | nicht | |
| | Im | | und | | muss man | | | Ehrlich | währt am längsten |
| **Wer nicht liebt** | **Wein** | **Weib und** | **Gesang** | **der bleibt** | **ein Narr sein** | **Leben** | **lang** | | |
| | liegt | | dulden keinen Zwang | | | | | Jede | Sache hat zwei Seiten |
| | die | | | Geteiltes | Leid | ist | halbe | Freude | |
| Die | Wahr-heit | ist | der Welt | Leid | | | | hat ein | |
| Alten müssen | | | | ist | | Keine Liebe | ohne | Leid | |
| die Jungen | | Froher | Sinn | halbes | Leid | | | auf dem | |
| Lehren | bringt Ehren | | | Leid | ist ohne Neid | | Hinterm | Rücken | ist gut fechten |

| | | | | | | | | | |
|---|---|---|---|---|---|---|---|---|---|
| | Sei | | | Nobel<br>geht | | Man ist<br>so jung | Wie | man sich<br>fühlt | |
| Ge-<br>schehe | was | recht ist,<br>soll | auch<br>darüber | die Welt | in Trüm-<br>mer<br>gehn | | die<br>Wähler,<br>so | | Lange |
| | du | 1 | | zu-<br>grunde | 9 | Wer | die<br>Wahl | hat, hat<br>die | Qual |
| | sein | | Es | | | einem | | | ist |
| **Was du<br>nicht** | **willst** | **dass dir** | **ge-<br>schieht** | **das tu** | **auch<br>einem** | **andern** | **nicht** | | bitterer |
| willst<br>dass | | | nichts<br>Neues | | | eine<br>Grube | | Umsonst<br>ist der | Tod |
| Man | muss<br>sein | Licht<br>nicht | unter | den<br>Scheffel<br>stellen | | gräbt | | Tod aber<br>er kostet<br>Leute | |
| dir tu,<br>das füge | | | der<br>Sonne | | Wer<br>hoch<br>klimmt | der fällt | | | Der<br>kluge |
| Einem | hungri-<br>gen<br>Magen | ist nicht<br>gut<br>predigen | | | | Selbst | ist | der | Mann |
| andern | | | Je | näher<br>die<br>Kirche | Je später | hinein | | | baut vor |
| zu | | Je hö-<br>her, dem<br>Falle je | näher | | der<br>Abend | 9 | 4 | Ein<br>Küss-<br>chen | |
| | Zu<br>einem<br>Koch | | das | | je<br>schöner<br>die | | | In | die Haue<br>gehört<br>ein Stiel |
| Nonnen | gehören | ins | Kloster | | Gäste | soll | man | Ehren | |
| | drei | | je ärmer | | | | | kann<br>niemand | |
| Durst ist<br>der beste | Kellner | | Die<br>Bauern | können<br>einen | Mores | lehren | | ver-<br>wehren | |

| | | | | | | | | | |
|---|---|---|---|---|---|---|---|---|---|
| Ein | Bild sagt | Mehr | als tausend | Worte | | Keine | Regel | ohne | Aus-nahmen |
| Zeuge, kein Zeuge | | Mut als | | sind keine Taler | | Elster | | | be-stätigen |
| | Unrecht | Gut | gedeihet nicht | | Ein Schalk | heckt | den andern | | die |
| | | | | Eine | | eine | | | Regel |
| | **Lieber** | **den Spatz** | **in der** | **Hand** | **als die** | **Taube** | **Auf** | **dem Dach** | |
| Reue kommt nie zu | spät | 2 | 0 | wäscht | 0 | 4 | einem | | Ordnung ist |
| | als | | | die andere | | | Bein | | das halbe |
| Man lernt | nie | Aus | | | Von der | Liebe allein | kann | man nicht | Leben |
| immer dazu | | den | | Zum Tango gehören | | | man | | |
| | Vier | Augen | sehen mehr als | zwei | | | nicht | | Was |
| Was | | aus dem | | | Reines Herz und | Froher Mut | stehen | allen Kindern | gut |
| Lange | Rede kurzer | Sinn | | Auf einen bösen | | ist | | | getan |
| währt | | | | Markt gehört ein | | das | | Was ist, das | ist |
| wird endlich | | Eile mit | | Guter Mut | ist | halbe | Arbeit | | bald |
| Gut | Ding will | Weile | haben | | | Leben | | Wohl-getan ist viel | getan |

| | | | | | | | | | |
|---|---|---|---|---|---|---|---|---|---|
| Doppelt gibt | Wer | schnell | Gibt | | Glück und Glas | | | Wo nichts ist, | da reißt nichts |
| | tut was er will, der tut | | Der Bauer | muss dienen | wie | er bespannt | | hat | |
| Bettler fasten | selten | 2 | so sieht er sauer | 0 | leicht bricht | | | der Kaiser | |
| | was er | | | | Das | Ei | will klüger | sein | als die Henne |
| Man | soll | die Feste | feiern | wie sie fallen | | | | Recht | |
| ist | | | | | Verloren | ist, wer | Sich | verloren | Gibt |
| So | gedienet so gelohnet | 1 | **Ein** | 4 | | | regen bringt Segen | | Gott |
| alt | | Der | **Apfel** | fällt | nicht weit | vom Stamm | | | ihm viel |
| wie | | | **am** | | | | Dumm-heit und Stolz | wachsen auf einem | Holz |
| Man | soll | den | **Tag** | nicht vor | Dem | Abend loben | | | so macht er viel |
| sich fühlt | | | **hält den** | | Armen kommt der | | Wo | gehobelt wird, da fallen | Späne |
| | Die Zeit | ist der beste | **Arzt** | | Wind immer in die | | die Sparren faulen | | |
| Die Zeit verwun-det und | heilt | | **Fern** | Aus den | Augen | fern | aus | dem | Herzen |
| | alle | | | Augen, aus dem Sinn | | | fällt zu-letzt das ganze | | |
| Auch geheilte | Wunden | lassen | Narben zurück | | | Mein | Haus | ist meine | Burg |

Nach sieben Runden dieses Spiels (eine für jedes Lebensjahrzehnt Wolfgangs) hat mich mein Spieltrieb kurz vor Fertigstellung dieses Beitrags noch in eine andere Richtung geführt: Ein sog. 'Wordle' (eine 'Wort-Wolke') jener 511 geläufigsten Sprichwörter des Deutschen ist entstanden, das alle darin enthaltenen Wörter (mit Ausnahme der Füllwörter) entsprechend ihrer Frequenz abbildet. Häufig vorkommende Wörter wie 'wer' (35) und 'kommt' (28) werden dabei entsprechend größer dargestellt als etwa 'Not' (11) und 'Gott' (10) oder die vergleichsweise seltenen Wörter 'Anfang' und 'Welt' (3); die am kleinsten abgedruckten Wörter vereinen lediglich zwei Treffer auf sich. Ein in gleicher Weise unterhaltsames Spiel, aus dem sich sicherlich manch Interessantes ableiten ließe. Dies dann vielleicht zu Wolfgangs 75. Geburtstag!

# Hungarian Proverbs in Solomon Caesar Malan's *Original Notes on the Book of Proverbs*

*Gyula Paczolay*

## 1 Introduction

The polyglot Solomon Caesar Malan was born in Geneva in 1812 and died in Bournemouth in 1894. His ancestors fled from Merindol, France as they were "heretic" Huguenots and several members of the family were burned on the stakes. His father was a Calvinist priest speaking only in Latin with his son; his mother tongue was French. At home he learned French, Latin, Spanish, Italian, Greek, Hebrew, Arabic, Sanskrit, German, and English. He studied at Oxford University with a Hebrew and a Sanskrit scholarship. In 1838 he became professor of classical languages at the Bishop's College in Calcutta. There he learned some Indian languages, Chinese from one of his students and Tibetan from the Hungarian Alexander Csoma de Körös (*1784, Körös; †1842, Darjeeling) the author of the first Tibetan-English dictionary published in Calcutta in 1834.

Returning to Britain for health reasons in 1840 he became Anglican vicar of the village Broadwindsor in Dorsetshire. There he learned additional languages from books, e.g. Finnish, Georgian, Hungarian, Japanese, and Welsh.

His magnum opus, started while studying at Oxford, is the three volume *Original Notes on the Book of Proverbs, Mostly from Eastern Writings* (in short *Notes*), published between 1889 and 1893. In it – as his "eldest surviving son," Arthur Noel Malan points out in the biography written on his father – it is proved that "there is not a verse in the Book of Proverbs which does not find abundant parallels in Eastern literature" (1897:398). In this book he takes the verses of the Book of Proverbs one by one, "the wording of the Authorized Version is examined and where that is found to be defective, amendments are suggested" (1897:403). The detailed investigations of Lauren Pfister have shown that "Malan criticized the rendering of the King James Version in English 123 times, and explicitly complained about the looseness of paraphrastic renderings of the LXX 108 times" (2008:27). To each text notes are added, altogether "15967, more or less" (Malan, S., 1889–1893:vol. 3, v), taken mostly, but not exclusively from Eastern writings.

In the *Notes* Malan quotes 2,122 proverbs from about 41 languages, most of them from Arabic (290), Tamil (237), Telugu (204), Chinese (174) and Turkish (164), but – among others – 106 Georgian, 46 Finnish and 19 Hungarian quotations are also found there. In this paper, after a short general survey on Hungarian proverbs, the handling of Hungarian proverbs by Malan will be studied.

## 2 Some Notes About Hungarian Proverbs

In Hungarian – just as in any other language – there are proverbs that cannot be found in other languages. Some examples: *Kicsi a bors, de erős* ('The pepper is small but hot'; first recorded in 1598) (Paczolay, 2005:no. 101); *Bagoly mondja verébnek, hogy nagyfejű* ('An owl tells the sparrow: Your head is a big one'; 1890) (Paczolay, 2005:no. 50); *Közös lónak túros a háta* ('The common horse has scars on its back'; 1598) (Paczolay, 2005:no. 592); *Megtalálta a zsák a foltját* ('The sack has found its patch'; 1558) (Paczolay, 2005:no. 1026); *Ez van, ezt kell szeretni* ('This is [what we have/experience], this is to be liked'; 1965) (Paczolay, 2005:no. 223) etc.

A number of proverbs are closely related to Greek and Roman classics, like *Egy fecske nem csinál nyarat* ('One swallow does not make a summer'; Aristotle) known in 49 languages (Paczolay, 1997:49–53), *Suszter, maradj a kaptafánál* ('Let the cobbler stick to his last'; *Ne sutor supra crepidam*; Pliny the Elder) found in 29 languages (Paczolay, 1997:463–465), the Bible *Nincs új a nap alatt* ('There is nothing new under the sun'; Old Testament, Ecclesiastes 1,9) known now in 29 languages (Paczolay, 1997:461–462), or can be traced to Medieval Latin, like *Nem mind arany, ami fénylik* ('All that glitters is not gold'; *Non omne quod nitet, aurum est*) told in 47 European languages (Paczolay, 1997:125–130). In the volume *European Proverbs in 55 Languages* (Paczolay, 1997) about one hundred Hungarian proverbs belonging to this category can be found.

The Hungarian proverb *Addig hántsd a hársat, míg hámlik* ('Peel the lime tree until it peels') meaning the same as *Strike while the iron is hot* has equivalents in East-European languages (e.g. in Polish *Kiedy się łyka drą, wtenczas je drzyj*) and is the first recorded Hungarian and Polish proverb (Paczolay, 2004).

The first Hungarian proverb collection, that of János Baranyai Decsi, the *Adagiorum Graecolatinovngaricorvm chiliades quinque* was printed in Bártfa in 1598. In East-Central Europe it was preceded only by a Czech collection and was followed by a Polish one in 1618. It contains about one thousand Hungarian proverbs, two of which are among those selected by Malan. It was published only once, perhaps in a few hundred copies, but most of the proverbs in it were then included in the Hungarian-Latin dictionary by Albert Szenci Molnár, published several times – partly in a revised form – from 1611 until 1801 (Paczolay, 2007). On the other hand, a number of proverbs earlier than 1598 were found in letters and literary works, like the poems of Sebastian Tinódi (†1566) and Bálint Balassa (1551–1594), and in books of sermons, e.g. by Péter Bornemissza (1535–1585), in the *Száz fabula* ('One Hundred Fables of Aesop') by Caspar Heltai (1520–1575), published in Kolozsvár in 1556.

## 3 The Handling of Hungarian Proverbs by Malan

In the *Notes* there are 19 references indicating Hungarian proverbs. Out of them two refer to the same proverb *The horse has four legs and still it stumbles* (3, 239/10 & 3, 313/6).[1] On the other hand, two quotations are not Hungarian proverbs. Consequently the handling of 16 proverbs is to be studied.

In the *Notes* the Hungarian proverbs are marked in the text mostly by "as the Hungarians say," "say the Magyars," or "says the Hungarian proverb" and in the corresponding footnote by "Hung. pr.," or "Hungar. pr." In one case (2, 150/2) only the footnote "Hung. pr." indicates the Hungarian origin. As in the cases of proverbs quoted from other languages by Malan, no reference is given, e.g. to the collection, from where the proverb was taken. In one case (2, 20/4) it is evident, that the Italian proverb, quoted by Malan, along with the preceding Hungarian one (2, 20/3) was taken from a Hungarian proverb collection by Mór Ballagi (1855 [1850]), presenting the Italian equivalent following the Hungarian.

### *3.1 The Presentation of the Hungarian Proverbs*

In four cases the full text of the proverb is given in Hungarian and then in English translation. In three cases the first words are given in Hungarian, followed by the English translation of the whole proverb. In the majority of cases only the English translation is given.

#### 3.1.1 Four Proverbs Quoted First in Hungarian

> "*Az arany túzben tiztül* [recte: *Tűzben tisztúl*], *a polyva megég*" (3, 241/8; "Hung. pr.").

Malan's correct translation is "Gold is purified in the fire that consumes the chaff." The proverb first appears in Hungarian in the collection of Pálnak Kovács in 1794 (2009 [1794]:230). The text in the Ballagi collection is *Az arany tűzben tisztúl, a polyva megég* (1855 [1850]:no. 323). Its meaning given by Ballagi is 'Hardships improve a noble personality, while an ignoble one turns even worse.'

> "*A lónak négy lába van, mégis megbollik* [recte: *megbotlik*]. A horse has four feet – say the Hungarians, and yet stumbles for all that" (3, 313/6; "Hung. pr.").

This proverb is quoted only in English as "The best horse may stumble say they [the Arabs] also. And the Hungarians: The horse has four feet and yet stumbles" (3, 239/10; "Hung. pr."). In Hungarian the same in Péter Pelkó's collection: *A lónak négy lába van, mégis megbotlik (Errare humanum est)* (1864:38). This proverb is known in 47 European languages (Paczolay, 1997:155–158). Its source is the Medieval Latin (*Errat interdum quadruped*). In Hungarian first the translation of this Latin text appears in 1581 as *A négylábú is botlik* ('Even the quadruped stumbles'). This variant is still found in some regional collections (Paczolay, 1997:156). It is a popular Hungarian proverb.

> "*A magyár* [recte: *magyar*] *a maga kárán tanul.* The magyar [or a bolond] the fool learns through his own fault" (2, 641/3; "Hungar. pr.").

The corresponding Hungarian proverbs are *Kárán tanul a magyar* ('The Hungarian learns by his own fault') (Erdélyi, 1851:no. 534) and *Kárán tanul a bolond* ('The fool learns by his own fault') (Ballagi, 1855 [1850]:no. 3934, adding the German and Latin equivalents *Durch Schaden wird der Narr klug* and *Mala accepto stultus sapit*). Malan gives a variant of the first proverb, while in the translation combines the two texts giving the correct translation.

> "*Agg ebnek, vén szolgának egya* [recte: *egy a*] *fizetése*" (3, 420/7; "Hung. pr.").

Malan's correct translation is "An old dog and an old servant have both one price" (perhaps slightly better 'the same payment'), adding, however, a mistaken explanation "They are each old friends to be trusted." In the actual use of the proverb 'the same payment' means the same *bad* payment. This meaning is given in the collection of Gábor O. Nagy (1966:158 no. 78) and of Ágnes Szemerkényi (2009:287 col. 2) as well. This proverb appears first in the 1820 collection of András Dugonics (2009 [1820]:vol. 1, 255). The text of Ballagi is *Agg ebnek, vén szolgának egy a fizetése*, adding a German equivalent *Alter Diener, Hund und Pferd, sind bei Hof in einem Werth* (1855 [1850]:no. 77).

### 3.1.2 Proverbs Partly in Hungarian Too

Three proverbs are given partly (the first few words) in Hungarian, followed by the English translation of the full text.

> "And the Hungarian proverb is true: *Jobb az östover* [recte: *ösztövér*] *alku etc.* Better is a thin agreement than a fat verdict from the judge" (3, 273/4; "Hung. pr.").

The full Hungarian text of the proverb in the Ballagi collection is *Jobb az ösztövér alku, hogy nem a bírónak kövér végzése* (1855 [1850]:no. 161), where its following equivalents are also given: *Ein magerer Vergleich ist besser, denn ein fetter Prozeß*; *Agree, for the law is costly* (The existence of French and Italian equivalents is also indicated). This proverb appears already in 1830.

> "*A szép alma.* A beautiful apple is often maggoty within – say the Hungarians and the Italians also say the same, but of a chestnut" (2, 20/3; "Hung. pr.").

The Hungarian text of Ballagi is *A szép* (*piros*) *alma is gyakran férges* (*savanyu*) ('The beautiful (red) apple is often maggoty (sour),' adding the Italian equivalent *La castagna di fuora è bella, e dentro ha la magagna* (1855 [1850]:no. 185); Malan refers also to this Italian proverb (2, 20/4; "Ital. pr.").

> "*Az akarathoz &c.* In the will there is also the power of success – say the Hungarians" (3, 9/1; "Hung. pr.").

The corresponding Hungarian proverb in the Ballagi collection is *Az akarathoz erő is kívántatik* (1855 [1850]:no. 105). Its correct translation is 'In addition to will, force is also needed,' different from Malan's text. An early variant of this proverb is already found in the first Hungarian proverb collection of 1598 (Baranyai Decsi, 1598: 4,6,10,7).[2] The meaning of the proverb according to Gábor O. Nagy is 'Will is of any value only if one has force to realize an intention' (1966:39, no. 232) and according to Ágnes Szemerkényi 'To carry out something, will is not sufficient, steadfastness is also needed' (2009:35, col. 2). Malan might have been misled by the fact that Ballagi gave the correct text of the Hungarian proverb but then added the following "similar" Latin,

German and French texts of opposite meaning: *Animus homini quidquid sibi imperat obtinet*; *Wer nur will, der kann wohl*; *Le vouloir fait le pouvoir* (1855 [1850]:no. 105).

### 3.1.3 Proverbs Only in English Translation

"A forbidden apple is sweetest – says the proverb" (1, 419/6; "Hung. pr.").

The Hungarian equivalents are *A tilalmas alma mindenkor jobb ízű* ('The forbidden apple is always of better taste'; *Verbotene Frucht schmeckt am besten*) (Ballagi, 1855 [1850]:no. 182) and *Tiltott alma jobb izü* ('The forbidden apple is of better taste') (Erdélyi, 1851:no. 131). This proverb appears in Hungarian in 1794 (Kovács, 2009 [1794]:123).

"If thou givest – say the Hungarians, give with a good heart; if thou receivest, do so with good grace that neither side be offended" (2, 65/4; "Hung. pr.").

The corresponding Hungarian proverb is *Ha adsz, adj jó szívvel, ha kérsz, vedd jó kedvvel, hogy meg ne utáltassál* (*Ich gebe, wie ichs habe, und nehme, wie ichs kriege*) (Ballagi, 1855 [1850]:no. 24). The proverb appears already in the 1713 collection of Kis-Viczay (54).

"Therefore does the good priest study all his life (or constantly)" (2, 150/2; "Hung. pr.").

The Hungarian proverb is *Jó pap holtig tanul* ('The good priest studies until his death'). Ballagi adds a Latin and an Italian equivalent: *Senesco semper multa addiscens*; *S' impara tanto, quanto si vive* (1855 [1850]:no. 5920). A popular proverb in our days too. It appears twice in the first Hungarian collection in 1598 (Baranyai Decsi, 1598:1,6,8,3 & 5,5,3,8) and has close equivalents in Czech, Serbian, Slovak, Slovenian and Turkish (Paczolay, 1997:182–185). Its European variants *It is never too late to learn* or *One learns until one lives* are known in 45 languages, including Hungarian *Holtig tanul az ember* ('Man learns until death') (Paczolay, 1997:182–185).

"He who goes with a lame man learns to limp says the Hungarian proverb" (2, 199/8; "Hung. pr.").

In Hungarian *Aki sántával jár, sántikálni tanul* (Dugonics, 2009 [1820]:vol. 2, 213; Kovács, 2009 [1794]:32; a variant in Ballagi, 1855 [1850]:no. 6476, and in Kis-Viczay, 1713:78).

"For a gift is a fetter, that entrammels your freedom say the Hungarians" (3, 21/3; "Hung. pr.").

The Hungarian text is *Ajándék elfogadás, szabadság eladás* ('Accepting a gift is selling one's freedom') (Ballagi, 1855 [1850]:no. 88). Ágnes Szemerkényi's first quotation is from 1803 (2009:31, col. 1).

"The rod is bent, while it is tender, and the tree should be trained while it is young, say the Hungarians" (3, 81/7; "Hung. pr.").

The corresponding Hungarian texts are *Addig hajtsd a fát, míg vessző* (Erdélyi, 1851: no. 2472) and *Addig kell a fát egyenesíteni, míg fiatal* ('The tree should be trained while it is young') (Erdélyi, 1851:no 2471).

> "For a man in debt must tell many lies, say the Hungarians" (3, 122/3; "Hung. pr.").

Its Hungarian, German and English equivalents are *Adós embernek sokszor kell hazudni*; *Der Schuldige schielet*; *Debtors are liers* (Ballagi, 1855 [1850]:no. 56; also in Pelkó, 1864:20). The proverb appears already in 1794 (Kovács, 2009 [1794]:202).

> "What good is gotten dog-wise, must be spent [or dissipated] in the same way – say the Hungarians" (3, 452/1; "Hung. pr.").

The Hungarian text and its Latin, German, English and Italian equivalents are *Ebül gyűlt szerdéknek (marhának) ebül kell elvesznie*; *Male parta, male dilabuntur*; *Wie gewonnen, so zerronnen*; *Böser Gewinn geht gleich dahin*; *Evil gotten, evil spent*; *So got, so went*; *Quel che viene di buffa in baffa*; *Se ne va di ruffa in raffa* (Ballagi, 1855 [1850]:no. 1596b). The proverb appears already in the first Hungarian proverb collection as *Ebül kereset marhának ebül kell el vezni* (Baranyai Decsi, 1598:1,6,2,9).

### *3.2 The Sources of Malan's Hungarian Proverbs*

It could be established, especially with the help of some texts given fully or partly in Hungarian, that the main sources are the following well-known proverb collections, published in the 19th century: Mór Ballagi's collection from 1855 [1850], János Erdélyi's collection from 1851, and Péter Pelkó's collection from 1864 (in two cases).

### *3.3 Two Quotations That Are Not Hungarian Proverbs*

The following two sentences quoted by Malan as Hungarian proverbs could not be found so far in any Hungarian proverb collection:

> "Teach, instruct and bring up, provide corn to feed others, do thy best, even carry burden for them. But look for no reward" (2, 74/5; "Hung. pr.").

It is also too complicated to qualify for a proverb.

> "And he who thinks of his danger only when he is sinking, will repent it too late when abroad[!] in the water" (2, 252/8; "Hung. pr.").

The well-known Hungarian proverb of the same meaning, referring to belated advice or action is *Késő bánat eb-gondolat* ('Late sorrow is a dog's idea') found in Ballagi's collection (1855 [1850]:no. 507) but previously in the collection of Dugonics too (2009 [1820]:vol. 2, 54).

These two quotations are not found in the comprehensive collections of Margalits (1995 [1990; 1896]), Gábor O. Nagy (1966) and the recent one by Ágnes Szemerkényi (2009) either. Consulting the author, I was told that she never heard about these two alleged proverbs.

As Malan had not only Hungarian proverb collections, but books of Hungarian literature, e.g. novels too, it is possible, that these sentences are of literary origin that did not become proverbs in time, in a process of folklorization.

## 4 Summary

Malan quoted 19 Hungarian texts as Hungarian proverbs. It was found that in most cases the translation of the Hungarian proverbs into English is correct. It is known that in Malan's 4,000 volume library he had Hungarian-German dictionaries.

In one case to the correct translation of the proverb, an explanation is added – the contrary of what is true. Equal treatment in theory may mean equally good and bad treatment alike, and Malan opted for the equally good, in place of the equally bad, justified by the actual use of the proverb.

There is one mistaken translation. Instead of "In addition to will, force is also needed," "In the will there is also the power of success" is given. Malan might have been misled by the fact that Ballagi's Hungarian proverb collection he used, added "related" Latin, German and French texts having an opposite meaning to the Hungarian proverb, e.g. *Wer nur will, der kann wohl.*

One proverb, *The horse has four feet and still stumbles*, is quoted twice and two quotations are not proverbs. They cannot be found in any Hungarian proverb collection. They were taken likely from literary works.

The source of most of the proverbs is the proverb collection of Mór Ballagi published first in 1850 in Szarvas and reprinted in 1855 in Pest. Some of the proverbs quoted can be traced back to the first Hungarian proverb collection by János Baranyai Decsi, published in 1598.

### *Notes*

1 Malan's proverbs are quoted in the form 'volume, page/footnote.'
2 Baranyai Decsi's proverbs are indicated as "chilias, centuria, decas, nr."

### *Bibliography*

Ballagi, Mór. 1855 [1850]. *Magyar példabeszédek, közmondások és szójárások gyűjteménye: Összeszedte, értelmezte s más nemzeteknek hasonértelmű mondataival fölvilágosította* (A Collection of Hungarian Proverbs and Phrases, Together with Similar Sentences of Other Nations). Pest: Heckenast Gusztávnál.

Baranyai Decsi, János. 1598. *Adagiorum Graecolatinovngaricorvm chiliades quinque, ex Des. Erasmo, Hadriano Iunio, Ioanne Alexando, Cognato Gilberto et alijs optimis quibusque paroemiographis excerptae, ac Vngaricis prouerbiis, quoad eius fieri potuit, translatae, studio ac opera succisiua Ioannis Decii Baronij.* Bartphae: Iacobus Klöß.

Dugonics, András. 2009 [1820]. *Magyar példabeszédek és jeles mondások* (Hungarian Proverbs and Noted Sayings). 2 vols. Szeged: Bába.

Erdélyi, János. 1851. *Magyar közmondások könyve* (A Book of Hungarian Proverbs). Pesten: Kozma Vazulnál.

Kis-Viczay, Petrus. 1713. *Selectiora Adagia Latino-Hungarica: In gratiam & usum Scholasticae juventutis collecta et in alphabeti seriem concinnata ... Studio & vigilantia Petri Kis-Viczay p.n. Eccl. Aug. Conf. Cassov Nat. Hung. Past.* Bartphae: Typis Civitatis.

Kovács, Pálnak. 2009 [1794]. *Magyar példa, és köz mondási* (Hungarian Examples, and Proverbs). Győr: Győr-Moson-Sopron Megyei Múzeumok Igazgatósága.

Malan, A[rthur] N[oel]. 1897. *Solomon Caesar Malan, D.D.: Memorials of His Life and Writings. By His Eldest Surviving Son, Rev. A.N. Malan, M.A., F.G.S. With Portrait and Illustrations from His Sketches, etc.* London: John Murray.

Malan, S[olomon] C[aesar]. 1889–1893. *Original Notes on the Book of Proverbs, Mostly from Eastern Writings*. 3 vols. London et al.: Williams and Norgate.

Margalits, Ede. 1995 [1990; 1896]. *Magyar közmondások és közmondásszerü szólások* (Hungarian Proverbs and Proverbial Phrases). Budapest: Akadémiai Kiadó.

Nagy, Gábor O. 1966. *Magyar szólások és közmondások* (Hungarian Idioms and Proverbs). Budapest: Gondolat Kiadó.

Paczolay, Gyula. 1997. *European Proverbs in 55 Languages with Equivalents in Arabic, Persian, Sanskrit, Chinese and Japanese / Európai közmondások 55 nyelven, arab, perzsa, szanszkrit, kínai és japán megfelelőkkel.* Veszprém: Veszprémi Nyomda.

----------. 2004. "The First Dated Hungarian and Polish Proverb 'Peel the Lime-Tree until It Peels': 'Addig hántsd hársat, míg hámlik' – 'Kiedy się łyka drą, wtenczas je drzy'." In: Stefan Kiedroń & Agata Kowalska-Szubert (eds.). *Thesaurus polyglottus et flores quadrilingues: Festschrift für Stanisław Prędota zum 60. Geburtstag.* Wrocław: Wrocławskie Wydawnictwo Oświatowe, 319–327.

----------. 2005. *Ezer magyar közmondás és szólás – angol, észt, finn, német fordítással és megfelelőkkel, latin forrásokkal* (One Thousand [exactly 1027] Hungarian Proverbs with Translations and Equivalents in English, Estonian, Finnish and German, with Latin Sources). Budapest: Bárczy Géza Kiejtési Alapítvány.

----------. 2007. "Közmondások és szólások Szenci Molnár Albert szótáraiban (Proverbs and Proverbial Expressions in Albert Szenci Molnár's Dictionaries)." In: András Szabó (ed.). *Dictionarium 1604 – Szenci Molnár Albert szótára: Az Országos Széchényi Könyvtár és a Károlyi Gáspár Református Egyetem tudományos ülésszaka, 2004. október. 29.* Budapest: Országos Széchényi Könyvtár et al., 109–141.

Pelkó, Péter. 1864. *Eredeti magyar közmondások és szójárások: Gyüjté s magyarázatokkal bővítve kiadta* (Original Hungarian Proverbs and Idioms Together with Explanations). Rosnyón: Kovács Mihály.

Pfister, Lauren. 2008. *A Swiss Polyglot's Discovery about the Chinese Search for Wisdom: Solomon Caesar Malan's (1812–1894) Comparative Philosophical Contributions in His "Original Notes on the Book of Proverbs".* Hong Kong: Hong Kong Baptist University.

Szemerkényi, Ágnes. 2009. *Szólások és közmondások* (Idioms and Proverbs). Budapest: Osiris Kiadó (A magyar nyelv kézikönyvtára, 3).

# Floral Symbolism in Creative Metaphors and in Phraseology

*Antonio Pamies Bertrán & Daniela Natale*

## 1 Introduction

In a lecture on *Gongora's Poetic Images*, Federico García Lorca stated:

> "In order to be alive, a metaphor should fulfill two necessary conditions: form and sphere of activity. A central 'core' and a circular perspective all around it. The core opens itself like a flower, surprisingly unknown, but in its surrounding sphere of light we still find the name of the flower and we recognize its perfume" ($^{22}$1986:vol. 2, 230).[1]

The poet explains the concept of metaphor by means of another metaphor, in this case, a floral one, and, although he does it in the traditional terms of displacement,[2] he anticipates by half a century Paul Ricœur's hermeneutic philosophy (1975) and the modern cognitive theories, when talking about a (sensitive) "core," opening access to a less structured domain that we could understand by means of those "rays of light."

The frequent coincidence among figurative expressions from different languages is often explained by the existence of shared "idealized cognitive models" (Lakoff & Johnson, 1980), "image components" (Baranov & Dobrovol'skij, 1998) and/or "archimetaphors" (Pamies Bertrán, 2002; Iñesta Mena & Pamies Bertrán, 2002), as potentially universal mental models revealed by language (Lakoff & Johnson, 1980:155). But, in a complementary way, the cross-linguistic divergences are explained by the existence of specific cognitive patterns belonging to a community, and based on "culturally bound" associations of ideas (Dobrovol'skij, 1998; Pamies Bertrán, 2007; Sabban, 2007). These "culturemes" are extra-linguistic, to the extent that they are embedded in language only *a posteriori*, after a "double codification" process, in Lotman's terms, allowing to produce or understand metaphors taking advantage of referents that were themselves already conventionalized symbols in the local culture (Dobrovol'skij & Piirainen, 2005; Pamies Bertrán, 2007 & 2008 & 2009). The conceptual domain of flowers is a good example, since many cultures assign them a thick net of meanings, which may be embedded into some figurative linguistic units.

Unlike phraseology, poetry strives for the traditional "live" metaphors, corresponding to the poet's desire of originality. However, this innovation does not prevent one from taking advantage of a set of symbols which were already culturemes in one's linguistic community, in order to develop or to contradict them. In this view, (individual) "live" metaphors coexist with (collective) cultural associations of ideas, which, sometimes, penetrate the general linguistic heritage, either through the etymology of single words or through idioms motivation.

## 2 Associations of Ideas and Floral Metaphors

Federico García Lorca's poetry and his theater plays are very illustrative in this regard. In spite of their relatively reduced dimensions, they contain hundreds of metaphors referring to flowers, for example, *rosa/rosita* 'rose' (300),[3] *flor/florecilla* 'flower' (218), *lirio* 'lily' (57), *clavel/clavelito/clavellina* 'carnation' (40), *jazmín* 'jasmine' (33), *nardo* 'spikenard' (33), *azahar* 'orange blossom' (25), *margarita* 'daisy' (23), *azucena* 'Madonna lily' (18), *amapola* 'poppy' (17), *dalia* 'dahlia' (15), *girasol* 'sunflower' (12), *anémona* 'anemone' (11), *alhelí* 'wall flower' (9), *tulipán* 'tulip' (9), *camelia* 'camellia' (9) or *magnolia* 'magnolia' (6), just to quote the most recurring ones, among the 80 species mentioned in his poems, tragedies and comedies.

The concept of flower in itself is loaded with different symbolisms (Chevalier & Gheerbrant, 1969:447–449), which vary from one culture to another if we look at botanic species in particular. The poetic symbolism does not start from nothing; but it superimposes itself on a previous cultural and linguistic stratum, that the poets widen and develop. Thus, for example, in China, the plum blossom (*meihuā* 梅花) is a recurring theme in painting and poetry, and there are even festivals dedicated to it. It symbolizes purity, elegance, perseverance and other Confucian virtues. The Chinese language possesses, in turn, idioms and proverbs where the plum tree and its blossom transmit always positive evocations (Miranda Márquez, 2013). On the contrary, in the French language, the plum symbolizes the lack of any value (Pamies Bertrán, 2011); thus it is not surprising that the plum does not have, in French poetry, the prominent position that it has in Chinese artistic tradition.[4] The proverbial sentence *méi lán zhú jú* (梅兰竹菊), literally "plum flower, orchid, bamboo and chrysanthemum," means figuratively 'elegance, perfume, honesty, freedom, honor and purity' (Miranda Márquez, 2013:224).

Consideration of space do not permit us to deal with all the species, but we will treat some Spanish floral idioms to show coincidences and divergences among their "direct" symbolism in popular culture, their linguistic reflection in phraseology, and their poetic relevance in García Lorca's individual creations.

### *2.1 Rosa*

*Rosa* (Eng. *rose*), a word quoted 300 times by García Lorca, is probably, the more prolific floral figuration in Western cultures, unlike in China, where this predominant role belongs to the lotus. It is the most polysemic too, this flower is associated with the Holy Grail, Jesus' Holy Heart, the regeneration (Chevalier & Gheerbrant, 1969: 822–825) or the Virgin Mary (*rosa mystica*), in whose honor is said the "rosary" (etymologically 'roses garden'), whose "beads" symbolically interlace three crowns of gold, red and white roses (Feuillet, 2004:100). An untranslatable Spanish proverb, *Echa cuentas, y te saldrán rosarios*, certainly refers to that, as well as the figurative idiom *tener más cuentas que un rosario*.[5]

In colloquial Spanish, several phrasemes include the ROSE as a component, although with some more delimited values. Seemingly, it is associated with the idea of COMFORT, and, by extension, OPTIMISM: *ver las cosas color de rosa* (*to see everything rose-colored); *ser un camino de rosas* (*to be a path of roses); *ser un lecho de rosas* (*to be a bed of roses); *como en un jardín de rosas* (*like in a roses garden); *terminar color de rosa* (*to have a rose-colored ending); *días de vino y rosas* (*days of wine and roses). It is also associated with POSITIVE VALUES in general, *quedar como las propias rosas* (*to look like the roses) 'to make a good impression,' or with HEALTH *estar como una rosa/estar hecho una rosa* (*to be/to look like a rose). This flower is also a symbol of female beauty, as reflected by the sarcastic formula *Si esa es rosa, mi burro clavel* (*If she is a rose my donkey is a carnation) that, according to Iribarren, "is said of ugly women whose name is Rosa" (1946:348).

The scent of roses represents, *par excellence*, the best PERFUME, even in a figurative way (cf. Mex. Span. *Aunque salga de manos asquerosas, el dinero siempre huele a rosas* [*Even coming from disgusting hands, money always smells like roses]). Another value of this flower is the romantic symbol of REFINEMENT and SPIRITUALITY, attested by negation in some sarcastic proverbs about the materialism of rude people: *Dale de comer rosas al burro y te responderá con un rebuzno* (*If you feed your donkey with roses it will respond with a bray); *El cerdo no sueña con rosas, sino con bellotas* (*The pig does not dream of roses but of acorns); *De una cebolla no nace una rosa* (*Roses are not born from onions).

Western poetry, especially the *Carpe Diem* tradition, associated the rose with EPHEMERAL BEAUTY AND LOVE, as in Garcilaso's well known classical sonnet: "En tanto que de rosa y azucena / se muestra la color en vuestro gesto [...]" ('While your look shows itself with roses and lilies / [...]'), but this idea can be found in Spanish proverbs too: *La belleza y lozanía, son flores de un solo día* (*Beauty and freshness are flowers of a single day); *La hermosura es flor de un día: hoy no luce y ayer lucía* (*Beauty is a one-day flower: it does not shine today and was shining yesterday). It is the *Rosa mutabilis*, which lasts one day and changes its color as hours go by, dropping its petals at night, converted by García Lorca in the *Leitmotiv* of the spinster *Rosita*, who had been in love and happy during her youth, but dedicates herself to a long and useless waiting for her fiancé who had left for distant lands (vol. 2, 888–889). Antonina Rodrigo calls the *Rosa mutabilis* "metamorphosis of the world" (1975:48), and summarizes, at the same time, by means of Lorca's declarations, "the tragedy of all the Rositas": "women's anxiety for pleasure, forcibly repressed in the depth of their entrails, burning up with fever." According to her, the proverbial thorns of a rosebush refer to the ambivalence that, when imploring the fecundation, makes suffering and happiness inseparable: "abre tu rosa en mi carne, aunque tenga mil espinas" ('open your rose in my flesh, even with a thousand thorns') (*Yerma*) (vol. 2, 869, act 1, scene 1). In the poem *Preciosa y el aire* appears the striking image of the "rosa azul de tu vientre" ('blue rose of your belly') (vol. 1, 396), referring to the feminine sexual organ. Since the "blue rose" symbolizes the impossible (Chevalier & Gheerbrant, 1969:822–825), we can say that, in this case, the poet adopts the point of view of the wind, which sexually desires the gypsy girl, and symbolically represents his frustration for being rejected by his impossible love.

### 2.2 *Azucena*

*Azucena* (Eng. *lily*), is the popular Spanish name of the *Lilium candidum*, a type of white lily, scented and perennial, whose properties associate it with the Virgin Mary, as reflected by its name in some languages (Eng. *Madonna lily*; Ger. *Madonnenlilie*). It is usually used in the floral offerings to the Virgin, image to which García Lorca refers, when he talks about the "diluvio de azucenas" ('deluge of lilies') (*Llanto por la muerte de Ignacio Sánchez Mejías*) (vol. 1, 555). It was the *Rosa junonis* for the Romans, who believed that this flower came from Juno's milk – Jupiter's wife and goddess of marriage. Maybe by syncretism between this antique heritage and Mary's virginity, the presence of the lily is still frequent in the bride's bouquet in Southern Spain, and *Azucena* is a very frequent female proper name. As in poetry, it symbolizes both WHITENESS (cf. Garcilaso: "En tanto que de rosa y azucena / se muda la color en vuestro gesto […]" ['While the color of your countenance turns into roses and lilies […]']) and MYSTIC LOVE (cf. San Juan de la Cruz: "Dejando mi cuidado / entre las azucenas olvidado […]" ['Forgetting my sorrows / among the lilies […]']). It seems that modern Spanish phraseology only reflects the merely physical value: *más blanco que una azucena* (*whiter than a lily), though with positive moral connotations.

### 2.3 *Azahar*

*Azahar* (Eng. *orange blossom*), from Arabic *al-azahr* الأزهار 'the flowers,' is the folk name of the orange flower (*Citrus aurantium*), which was traditionally used as perfume called "agua de azahar" ('orange blossom water') (Laguna, 1968–1969 [1555]: 106), and was also appreciated in folk medicine for its sedative and hypnotic virtues. Nevertheless, it seems that Spanish phraseology doesn't use it as a cultureme with these values (e.g., the *Corpus corde* contains 565 occurrences and they almost always refer to the flower). But, according to traditional superstitions, the orange blossom was linked to marriage, and is still used in wedding bouquets as the symbol of the bride's virginity (Sevilla Muñoz & Ugarte García, 2008:83; Aparicio Morgado, 2008:274). García Lorca mentions it 25 times, 14 of them in *Bodas de sangre* ('Blood Wedding'), where it keeps its cultural connection with VIRGINITY and FERTILITY. Crowns of orange blossom are worn in the most important moments of life, wedding and death, joining the crowned with the divine into a circular perfection. On the contrary, the wax orange blossoms of *Bodas de sangre*, have an artificial nature; when the maid gives them to the bride, she throws them away, denying her purity, and announcing the tragedy. The wedding flower is transformed into a curse of eternal virginity and denied procreation.

### 2.4 *Crisantemo*

*Crisantemo* (Eng. *chrysanthemum*), is the Spanish name of all the varieties of the flower *Chrysanthemum indicum*, a species that came from China, where it was used for cooking and medicine. It moved to Japan where, because of the radial disposition of its petals and its gold color, it became the symbol of the sun, and therefore, of the imperial family. Nowadays it is a symbol of LOVE or JOY in the United States or in Mexico, but in France and Spain it is used to honor the dead on All Saints' Day. The word *crisantemo* comes from its color (< Anc. Gr. *χρυσάνθεμος* < *χρυσός* 'gold' + *ἄνθος* 'flower'), and it seems that, while its funerary value has generated no idioms in Spanish, it has given birth to one metaphoric synonym: *flor de cementerio* (*graveyard flower). *Crisantemo* has funerary connotations and frequently combines with other words such as *muerte* 'death,' *cementerio* 'graveyard,' *funerario* 'funerary.'[6] However, this is not the value that we find in Lorca's works, where the chrysanthemum is a symbol of love and cheerfulness, instead of DEATH. Although the housekeeper of *Rosita la soltera* stated that she did not like flowers (vol. 2, 884), she attributed VITALITY to chrysanthemums "despeinados como unas cabezas de gitanillas" ('disheveled like little gypsy girls' heads') (vol. 2, 885).

### *2.5 Clavel*

*Clavel* (Eng. *carnation*), is the Spanish folk name of a perfumed and showy flower (*Dianthus caryophyllus*), which, in the Mediterranean area, blooms during the whole year. They can have a lot of colors, affecting its symbolism, which is quite polysemic. For example, it is associated with REQUITED LOVE if it is red and with LOVE FAITHFULNESS if it is white, but also with BAD OMEN and DEATH (e.g., in Italy, where it has funerary uses). In France a superstition prevented the giving of carnations as a present, especially to actors; on the contrary, in Mexico, white carnations are put into a pot near the image of a Saint, to bring GOOD LUCK (Medrano de Luna, 2008:595), and, in the United States, it was a common gift for MOTHER'S DAY.

In Andalusia the red carnation is traditionally used by women as a hair decoration, as indirectly reflected by its technical name, *clavel granadino*, and by an insulting phraseologism quoted by Luque Durán (2005:416): *es más guarra que la Tani, que se puso un clavel en el pelo y le agarró* (*she is filthier than Tani, who put a carnation in her hair and it rooted). In the nineteen-twenties, carnations were used also by men, to adorn the lapels of their jackets. Nowadays, it is still a habit in Spain that women throw a red carnation to the bullfighter who has won a "vuelta al ruedo" ('turn of the bullring'), so it is also related with manliness: The *torero* must give back the flowers to the ladies. In Southern Italy, especially in Sicily, there is an old courting tradition that may relate to this fact:

> "Marriageable girls throw red carnations in the street where their beloved bachelor passes by. If the boy – who is supposed to know about that – picks up the flower, it means that he will declare his love soon. If he steps on the carnation, it means that she has no chance to win his heart" (Sardelli, 2008:444).

In Catalonia, some proverbs witness the existence of similar associations in the past, like *El clavell, l'amor amb ell* (*Carnation, love [is] with it); *La flor al pit, busca marit, la flor davant, busca galant, la flor al costat ja l'ha trobat* (*A flower on her chest, she looks for a husband, a flower in the front, she looks for a lover, a flower on the side, she has already got one) (Parés i Puntas, 1999).

In García Lorca's *Blood Wedding* (vol. 2, 703, act 1, scene 1) the mother says that her husband "olía a clavel" ('smelled of carnation'), and Leonardo's wife calls her son "clavel" (vol. 2, 722). The carnation represents YOUTH, BEAUTY, MANLINESS, MATRIMONY and MATERNAL LOVE, but in Lorca's poetry the red carnation is also a metaphor of BLOOD and INJURY. In *Saeta* (*Poema del Cante Jondo*), we find the image of Christ in agony, covered with blood and wounds, who is called "clavel de España" ('carnation of Spain') (vol. 1, 184). In the poem *Muerte de Antoñito el Camborio*, Lorca creates an effective metonymy, "voz de clavel varonil" ('voice of manly carnation') (vol. 1, 420), with a triple mix of feelings, coming from different sensorial domains, a synaesthesia connecting visual, olfactory and acoustic dimensions (beauty, perfume, voice), relating all of them with MANLINESS.

In the theater play *Doña Rosita la soltera*, the (three times mentioned) carnation represents LIVELY AND PURE LOVE, in an intertextual dialogue with the bourgeois commonplaces that trap the characters, slaves to fashion and to the received ideas. Devoto affirms that this play disguises the "drama of schmaltziness" as a tragedy (1967:408).[7] In the poem *Gacela del amor desesperado* (*Diván del Tamarit*) (vol. 1, 575), the poet delivers to the toads his "mordido clavel" ('bitten carnation'), meaning his youth and cheerfulness. It is also the symbol of LOST YOUTH IN A POINTLESS WAIT, "cortando el mismo clavel" ('always cutting the same carnation') for the spinster Rosita (vol. 2, 961, act 3). We find it with the same figurative meaning in the poem *Elegía a Doña Juana la loca* ('Elegy to Lady Joanna the Madwoman'), where the poet wrote: "Princesa enamorada sin ser correspondida. / Clavel rojo en un valle profundo y desolado" ('Princess who fell in unrequited love. / Red carnation in a deep desolate valley') (vol. 1, 21).[8]

### *2.6 Adelfa*

*Adelfa* (Eng. *oleander*) is the folk name of the plant *Nerium oleander* and also of its flower (from the Arabic *ad-defla*, and from the Greek *dafne* 'laurel'). It is an evergreen tree, which grows in any place without any irrigation, with beautiful and perfumed flowers. Its seeds, stems, leaves and flowers are poisonous, and smelling them closely is enough to produce allergies and intoxications.[9] The classical poet Lope de Vega (*La Arcadia*) referred to it as "adelfa ponzoñosa" ('poisonous oleander'). This name has folk synonyms like *rosa de berberia*, *laurel-rosa*,[10] or *baladre*.[11]

The contrast between its sweet perfume and its poison motivates colloquial idioms with a negative meaning, like the stereotyped comparison *ser más malo que el baladre* (*to be worse than the oleander) or the proverb *A la hembra desamorada, a adelfa le sepa el agua* (*Water should taste of oleander to women who are never in love) (Laguna, 1968–1969 [1555]:429–430), which is the origin of the collocation *adelfa amarga* (*bitter oleander).[12] Torres Montes (2004:39–41) quotes some verses in which appear "lágrimas de baladre" ('oleander tears') and a *flamenco* folk song that figuratively transposes this proverbial "bitterness": "La noche tiene su sombra / su amargor tiene la adelfa, / pero las penitas mías / son más amargas y negras" ('The night has its shadows / the oleander blossom has its bitterness / but my sorrows are darker and more bitter').[13]

Because of its striking beauty and fearsome poison, this flower symbolizes a DANGER HIDDEN UNDER A SEDUCING APPEARANCE, referring especially to women, since *adelfa* is a feminine word. An anonymous writer of the XIII century said that "[women] are like the oleander tree, whose beauty deceives and kills those who taste it."[14] Some centuries later, the great folklorist José María Sbarbi collects and explains the idiom *ser como la adelfa* (*to be like the oleander): "aplícase poéticamente a las mujeres hermosas, que después de haber admitido a un hombre su cariño le hacen sufrir el más terrible desengaño" (1980 [1873]). A well known *flamenco* folk song speaks about a woman called *Adelfa* as a proper name: "Adelfa llevas por nombre / y tu sino es ser fatal / la perdición de los hombres / a ti te van a llamar [...]" ('Adelfa is your name / to be fatal is your fate / the ruin of men / you will be called [...]').

A study by Marina Kutieva (2013) on the translation of Spanish poetry into Russian quotes the case of a poem by Julián del Casal, whose Russian translator replaced the oleander (which has no folk name in Russian), with a rose, thus, contradicting the negative symbolism of the oleander, which represented blasphemy in the poem. This replacement by a rose repeats the error of *The Golden Donkey* of the ancient fable, who died because he mistook oleander flowers for roses, and ate them (Apuleius, *Metamorphosis*, 4).

In *Bodas de sangre*, García Lorca also mentions this flower, also as an ambiguous symbol of DEATH and BEAUTY. The mother, referring to her recently deceased son, says: "Girasol de tu madre, espejo de la tierra. Que te pongan al pecho cruz de amargas adelfas" ('Sunflower of your mother and mirror of the earth. A cross of bitter *adelfas* [should] be put on your chest') (vol. 2, 797). The ambiguity of this symbol is especially revealed in Lorca's song *El Remansillo* (vol. 1, 248), where three oleander flowers appear successively, in three different colors, WHITE, RED, and BLACK, representing respectively PURITY, PASSION and DEATH:

> "Me miré en tus ojos / pensando en tu alma. / Adelfa blanca.
> Me miré en tus ojos / pensando en tu boca. / Adelfa roja.
> Me miré en tus ojos. / ¡Pero estabas muerta! / Adelfa negra."
>
> ('I looked at myself into your eyes / thinking of your soul. / White *adelfa*.
> I looked at myself into your eyes / thinking of your mouth. / Red *adelfa*.
> I looked at myself into your eyes. / But you were dead! / Black *adelfa*.').

### 2.7 *Magnolia*

*Magnolia* is the Spanish folk name of the flowers from the *Magnolia grandiflora* tree. Feminine *magnolia* designates the flower and masculine *magnolio* designates the tree, a plant imported from Asia, characterized by flowers of big dimensions, with an intense white color, a refined perfume and a silky texture, that, in the Chinese iconography, were associated with femininity and nobility. In Spanish, this plant does not appear in proverbs or in colloquial idioms, perhaps because of its relatively recent importation. In Lorca's poem *Elegía a Doña Juana la loca*, the magnolia original symbolism of BEAUTY, DIGNITY and NOBILITY is modified by introducing the TIME factor, since these flowers wither quickly: "te marchitarás como la magnolia" ('you will fade like the magnolia') (vol. 1, 39), referring to a young dead spinster, "in whose never blossomed womb, the spider spins its barren veil."

In *Gacela del amor imprevisto*, the poet addresses a (non specified) beloved person, by means of a metaphorical *magnolia* with a mysterious SEXUAL SYMBOLISM: "Nadie comprendía el perfume / de la oscura magnolia de tu vientre" (vol. 1, 573). Literally it means "nobody could understand the perfume / of dark magnolia of your belly" but the word *vientre* 'belly' is also a common euphemism for sexual organs in written Spanish. Miguel García Posada (1982:94) states that this *dark magnolia* brings to mind the image of the pubic hair contrasting with the paleness of the body, a reasonable association, but too limited to the visual/physical field, while *oscuro* means 'dark' but also 'obscure,' thus, it may refer to "the unknown." Besides, darkness applied to a shiny white flower, forms an oxymoron that may symbolize "the impossible," referring, in this case, to a HOPELESS SEXUAL DESIRE, like the above mentioned "blue rose," as whispered by the wind to his beloved gypsy girl: "la rosa azul de tu vientre."

### *2.8 The Flowers of Evil*

*The Flowers of Evil*: When Baudelaire conceived this famous title, he was aware that its force and modernity came from its paradoxical character, appearing in a late-Romantic context, where the flower symbolized the opposite of evil, after a thousand-year-old accumulation of multiple allegories and metaphors in European literature. Nevertheless, comparing this poetic tradition with the use of the generic word *flor*, in Spanish phraseology and paremiology, we observe that this one too, is associated with negative values.

Spanish paremiology bears witnesses to the fact that the peasant mentality gave scant value to flowers, as non-profitable things. For example, in "literal" proverbs about agriculture, such as Span. *Flor temprana fruto no grana* (*Early flowers seeds no fruit); *Florecillas en el trigo, pegujal medio perdido* (*Small flowers among the wheat, lost piece of land). This negative value also appears in figurative anti-romantic proverbs like *Flor de almendro, hermosa y sin provecho* (*Almond blossom, beautiful and lost out); *Amor irresoluto, mucha flor y poco fruto* (*Unresolved love, abundant flowers and scarce fruits); *Flores contentan pero no alimentan* (*Flowers please but do not feed). In other proverbs, flowers may represent women as undefended victims of male seducers: *La abeja, unas flores escoge y otras deja* (*The bee chooses some flowers and disregards others); *La abeja de todas las flores se aprovecha* (*The bee takes advantage of all the flowers) (Venez.; quoted by Messina Fajardo, 2008:568). Catalan proverbs also show this hostility: *Una flor no fa estiu* (*A flower does not make a summer); *Avui en flors demà en cucs* (*Today in flowers, tomorrow in worms); *Més val l'arbre que les flors* (*Better the tree than the flowers) (Parés i Puntas, 1999). As for idioms, Spanish phraseology also contains examples of this negative value of this cultureme: *andar a flores* (*to walk by means of flowers) 'to avoid answers by changing the topic of the conversation' (García Benito, 2002:176), or its variants *andar de florcita*; *andar con floreos* (Левинтова & Вольф & Мовшович, 1985); *descornar la flor* (*to de-horn the flower) 'to realize the deception/swindle' (García Benito, 2002:255).[15]

This paradox can also involve some floral species in particular. Though roses have a positive value in folk phraseology, a pessimist Catalan proverb like *No tot són flors i violes* (*All [in life] is not only flowers and fiddles) may be commuted into *No tot son roses i clavells* (*All [in life] is not only roses and carnations) (Parés i Puntas, 1999). Roses refer to a luxurious and perfumed life, a value, which may also be inverted. In fact, the Spanish idiom *oler a rosas* (*to smell of roses) comes from its antonym, *no oler precisamente a rosas* (*not to smell at all of roses), a stereotyped euphemism that stands for stench, e.g., *el sudor no huele precisamente a rosas* (*sweat doesn't smell of roses at all) (BeingGirl – Sólo entre amigas, 23.04.2012). This is also attested by a proverb: *Las mujeres más hermosas, no siempre huelen a rosas* (*The most beautiful women do not smell of roses at all). Through a figurative extension, this idiom expresses also moral corruption, as in this example from the Mexican press: "el otro aliado del PRI, el Partido Verde, *no huele precisamente a rosas*" ('the other ally of the PRI, the Green Party, *does not smell precisely of roses') (Musacchio, 26.01.2012). Besides, the idioms *lecho/camino/jardín de rosas* (*bed/path/garden of roses) are more frequently used in their negative form: *no ser ningún camino de rosas* (*not to be a path of roses) 'to be hard and difficult'; *La vida no es un camino de rosas* (*Life is not a path of roses). Beside the "optimist" floral proverb *De una espina nace una rosa* (*A thorn gives birth to a rose) there is an opposite floral one: *No hay rosa sin espinas* (*No rose without thorns),[16] with its rhymed variant *Hasta las rosas más finas también tienen sus espinas* (*Even the most refined roses have their spines). Both versions are integrated into a Judeo-Spanish variant, synthesizing this ambivalence: *De la roza sale el espino y del espino la roza* (*From the rose was born the thorn, and from the thorn [was born] the rose) (Alexander & Bentolila, 2008).[17] On the other hand, the idiom *bañarse en agua de rosas* (*to bathe in rose water) means 'to be delighted about other people's misfortune when they did not listen to our warnings and advices' (García Benito, 2002:269). This seems to confirm the oft-mentioned tendency of phraseology to be more productive in designating the negative aspects of human experience.

## 3 Conclusions

The opposition between "live" and "dead" metaphors can be understood in a strict way, as is usual in literature studies, where only an original creation of the author would be "alive," in opposition to common places and stereotypes. It may also be done in a wider perspective, where only completely lexicalized and automated idioms are considered as "dead" metaphors (Chamizo Domínguez, 1998). For cognitive linguistics (Gibbs, 1994), the distinction itself is questionable in both cases.

García Lorca's theatre is full of lexicalized metaphors in the dialogues (Devoto, 1967; Sevilla Muñoz, 2007), while the author's own poetic metaphors are never ready-made sentences, the poet even invents his own idiolectal symbols (García Posada, 1982; Martínez Galán, 1990). However, it does not prevent his metaphorical creations from sharing, as a starting point, the same cultural basements than popular idioms and proverbs, although enhancing or twisting sometimes their values (cf. Gibbs, 1994: 262). As pointed out by Idström, "pre-existing conventional metaphors facilitate the understanding of novel metaphors […] in addition to the dependence on pre-existing linguistic patterns of conventional metaphors that influence novel metaphors as models" (2012:281).

The comparison between the traditional phraseo-paremiology and the idiolectal floral metaphors of national poetry shows coincidences, differences, and even "phraseological gaps," since some symbols that are abundant in literature are not always productive in the common figurative language (e.g., the name of recently imported flowers, such as the magnolia or the chrysanthemum). This could question the supposition that these flowers are culturemes in Spanish, since the definition of this feature is applied to symbols "attested by language" (Pamies Bertrán, 2007 & 2008; Luque Nadal, 2009). Given that culturemes are potential focuses for the creation and understanding of figurative language, a solution to this contradiction would be to consider these "gaps" as "potential culturemes," not (yet) lexicalized in any lexical, phraseological or paremiological unit of the system. We cannot forget that intertextuality and local literature are one of the sources of culturally bound figurative phrasemes (Dobrovol'skij & Piirainen, 2005).

The culturemes of a language do not constitute a closed and static inventory, but a dynamic mechanism of association of ideas. As Kutieva (2013) says these mythical and symbolic meanings belong to the particular cognitive profile of what, Russian linguistics calls, in a somehow idealistic way, the "national mentality," and that each language reflects, not only through completely lexicalized images, but also through some common places taken from their best writers, that may enter the language … or not.

## *Notes*

1 We always quote this edition.

2 Explicit in the very etymology of the word *metaphor* (*μεταφορά* < *meta* 'further' + *phorein* 'to carry').

3 Not including female proper names, such as *Rosa* (14), *Rosita* (77), and *Rosalinda* (1).

4 Let's compare, e.g., the Chinese phraseologism 李投桃 (*if you give me a peach, I will correspond with a plum) 'to love in return for being loved' (Miranda Márquez, 2013:400) with French idioms like *ne pas valoir une prune* (*not to be worth a plum) 'to be worth nothing,' *pour des prunes* (*for plums) 'in vain,' etc. (Pamies Bertrán, 2011:56–61).

5 Both expressions are untranslatable since they are word plays based on the polysemy of *cuenta*, which means 'calculation,' 'count,' 'account,' 'bill,' and '(rosary) beads.'

6 In his song *Le Testament*, the poet Georges Brassens defines this flower as "la marguerite des morts" ('the daisy of dead people').

7 See also Monleón (1975). The third spinster of Lorca's play said: "'Sólo en ti pongo mis ojos,' / el heliotropo expresaba. / 'No te querré mientras viva,' / Dice la flor de la albahaca. / 'Soy tímida,' la violeta. / 'Soy fría,' la rosa blanca. / Dice el jazmín: 'Seré fiel'; / Y el clavel: '¡Apasionada!'" (vol. 2, 935, act 2). Among Lorca's probable sources, Devoto (1967) quotes a translated French handbook of 1899 (Ch. Bouret, *Nuevo lenguaje de las flores y de las frutas con algunos emblemas de las piedras y los colores*), describing all this stereotyped "language of the flowers" so appreciated by the schmaltzy spinsters of Granada.

8 "Lady Joanna the Madwoman" was the nickname of the Queen Joanna I of Castile (1479–1555), mother of the future emperor Charles V. After the death of her husband, *Felipe el Hermoso* ('Philip the Handsome'), she became mentally ill and was confined to a nunnery for the rest of her

life. Though she had been extremely unhappy for his permanent infidelity, a Spanish traditional folk belief says that "she became ill from love."

9 During the Renaissance period, Dr. Laguna's medicinal treatise stated that the leaves and flowers of the *adelfa* were "a lethal poison for dogs, donkeys, mules and many other quadruped animals" (1968–1969 [1555]:83).

10 From the Greek compound *ῥοδονδάφνη* (*rhodon* 'rose' + *daphne* 'laurel') (Covarrubias Horozco, 2006 [1611]).

11 Word of Catalan origin, from Latin *veratrum* 'hellebore,' a metonymy based on the feature (+ poisonous) (Torres Montes, 2004:35–37).

12 2,740 occurrences in Google (01.06.2012).

13 A Berber idiom also says *his luck is as bitter as the oleander* (Hamdaoui, 2004).

14 "[Las mujeres] son como el árbol de la adelfa que ha fermosa e buena vista, e al que se engaña e come d'ella, mata-lo" (Crombach, 1971:42–43 & 63–64 & 181).

15 Cf. Fr. *découvrir le pot aux roses* (*uncover the rose pot) 'to discover the deception/fake.'

16 This proverb, existing in many European languages, has an equivalent vegetal metaphor in Chinese: **There is neither a perfect watermelon nor a perfect person* (Miranda Márquez, 2013:400).

17 The same thing happens in Portuguese, where "pessimist" versions are more frequent: *A vida não é um mar de rosas* (*Life is not an ocean of roses); *As rosas caem os espinhos ficam* (*Roses fall, thorns remain); *Quem queira a rosa agüente o espinho* (*Those who want roses [must] endure the thorns).

## *Bibliography*


Alexander, Tamar & Yaakov Bentolila. 2008. *La palabra en su hora es oro: El refrán judeo-español en el Norte de Marruecos*. Jerusalén: Instituto Ben-Zvi et al.

Aparicio Morgado, Jennifer. 2008. "Supersticiones y fraseología en el País Vasco." In: Julia Sevilla Muñoz & Maria Antonella Sardelli (eds.). *Supersticiones y fraseología*. Madrid: Universidad Complutense, 249–314.

Baranov, Anatolij N. & Dmitrij O. Dobrovol'skij. 1998. "Idiomaticidad e idiomatismos." In: Juan de Dios Luque Durán & Antonio Pamies Bertrán (eds.). *Léxico y fraseología*. Transl. from Russian by Eva María Iñesta Mena. Granada: Método, 19–42.

[BeingGirl – Sólo entre amigas]. 23.04.2012. "Esa molesta etapa llamada pubertad." <www.soloentreamigas.com/articulo/esa-molesta-etapa-llamada-pubertad/> (10.06.2014).

Chamizo Domínguez, Pedro J. 1998. *Metáfora y conocimiento*. Málaga: Universidad de Málaga (Anejos de Analecta Malacitana, 16).

Chevalier, Jean & Alain Gheerbrant. 1969. *Dictionnaire des symboles: Mythes, rêves, coutumes, gestes, formes, figures, couleurs, nombres*. Paris: Laffont.

Covarrubias Horozco, Sebastián de. 2006 [1611]. *Tesoro de la lengua castellana o española*. Ed. by Ignacio Arellano and Rafael Zafra. [Pamplona]: Universidad de Navarra et al. (Biblioteca áurea hispánica, 21).

Crombach, Mechthild (ed.). 1971. *"Bocados de Oro": Kritische Ausgabe des altspanischen Textes*. Bonn: Romanisches Seminar der Universität Bonn (Romanistische Versuche und Vorarbeiten, 37).

Devoto, Daniel. 1967. "'Doña Rosita la soltera': Estructura y fuentes." *Bulletin Hispanique* 69, 407–435.

Dobrovol'skij, Dmitrij O. 1998. "On Cultural Component in the Semantic Structure of Idioms." In: Peter Ďurčo (ed.). *Phraseology and Paremiology*. Bratislava: Akadémia PZ, 55–61.

Dobrovol'skij, Dmitrij O. & Elisabeth Piirainen. 2005. *Figurative Language: Cross-Cultural and Cross-Linguistic Perspectives*. Amsterdam et al.: Elsevier (Current Research in the Semantics, Pragmatics Interface, 13).

Feuillet, Michel. 2004. *Lexique des symboles chrétiens*. Paris: PUF.

García Benito, Ana Belén. 2002. *Expresiones idiomáticas verbales del español y sus equivalentes semánticos en portugués*. Salamanca: Universidad de Salamanca (Colección Vitor, 85).
García Lorca, Federico. [22]1986. *Obras Completas*. 3 vols. Ed. by Arturo del Hoyo. 22nd ed. Madrid: Aguilar.
García Posada, Miguel. 1982. "Introducción." In: Federico García Lorca. *Poesía 2. Obras Completas*. Madrid: Akal.
Gibbs, Raymond W. Jr. 1994. *The Poetics of Mind: Figurative Thought, Language, and Understanding*. Cambridge et al.: Cambridge University Press.
Hamdaoui, Mimoun. 2004. *Proverbes et expressions proverbiales amazighs (Le Tarifit)*. Oujda: Hilal.
Idström, Anna. 2012. "Antlers as a Metaphor of Pride: What Idioms Reveal about the Relationship between Human and Animal in Inari Saami Conceptual System." In: Anna Idström & Elisabeth Piirainen (eds.). *Endangered Metaphors*. Amsterdam et al.: John Benjamins (Cognitive Linguistic Studies in Cultural Contexts, 2), 275–292.
Iñesta Mena, Eva María & Antonio Pamies Bertrán. 2002. *Fraseología y metáfora: Aspectos tipológicos y cognitivos*. Granada: Método.
Iribarren, José María. 1946. "Refranes y adagios: Cantares y jotas. Dichos y frases proverbiales." *Príncipe de Viana* 7, 345–366.
Kutieva, Marina V. 2013. "Imágenes poéticas hispanas en las traducciones rusas: Transformaciones inverosímiles." *Cuadernos de Rusística Española* 9, 179–189.
Laguna, Andrés de. 1968–1969 [1555]. Pedanius Dioscorides. *Pedacio Dioscórides Anazarbeo (1555)*. 2 vols. Madrid: Instituto de España.
Lakoff, George & Mark Johnson. 1980. *Metaphors We Live By*. Chicago et al.: The University of Chicago Press.
Левинтова, Э.И. & Е.М. Вольф & Н.А. Мовшович (eds.). 1985. *Испанско-русский фразеологический словарь / Diccionario fraseológico español-ruso*. Москва: Русский Язык.
Luque Durán, Juan de Dios. 2005. "Las colocaciones de cuantificación por comparación: Tradición e innovación en las comparaciones proverbiales." In: Juan de Dios Luque Durán & Antonio Pamies Bertrán (eds.). *La creatividad en el lenguaje: Colocaciones idiomáticas y fraseología*. Granada: Método, 409–456.
Luque Nadal, Lucía. 2009. "Los culturemas: ¿Unidades lingüísticas, ideológicas o culturales?" *Language Design: Journal of Theoretical and Experimental Linguistics* 11, 93–120.
Martínez Galán, Rosario. 1990. "El simbolismo en el Romancero Gitano." *Tavira: Revista de ciencias de la educacion* 7, 23–46.
Medrano de Luna, Gabriel. 2008. "Supersticiones y fraseología en México." In: Julia Sevilla Muñoz & Maria Antonella Sardelli (eds.). *Supersticiones y fraseología*. Madrid: Universidad Complutense, 583–623.
Messina Fajardo, Luisa. 2008. "Supersticiones y fraseología en Venezuela." In: Julia Sevilla Muñoz & Maria Antonella Sardelli (eds.). *Supersticiones y fraseología*. Madrid: Universidad Complutense, 553–582.
Miranda Márquez, Gonzalo. 2013. *Estudio comparativo de las unidades fraseologicas de las lenguas china y española*. Universidad de Granada [diss.].
Monleón, José. 1975. "Una crónica de la cursilería española." In: Federico García Lorca. *Doña Rosita la soltera o el lenguaje de las flores*. Barcelona: Aymá, 7–38.
Musacchio, Humberto. 26.01.2012. "Súbita elevación del precio de la miel." *Excélsior* <www.excelsior.com.mx/opinion/2012/01/26/humberto-musacchio/805434> (02.09.2013).
Pamies Bertrán, Antonio. 2002. "Modelos icónicos y archimetáforas: Algunos problemas metalingüísticos en el ámbito de la fraseología." *Language Design: Journal of Theoretical and Experimental Linguistics* 4, 9–19.
----------. 2007. "El lenguaje de la lechuza: Apuntes para un diccionario intercultural." In: Juan de Dios Luque Durán & Antonio Pamies Bertrán (eds.). *El significado como corolario cultural. Interculturalidad y lenguaje*. Vol. 1. Granada: Método, 375–404.

----------. 2008. "Comparaison inter-linguistique et comparaison interculturelle." In: Michel Quitout (ed.). *Traduction, proverbes & traductologie*. Paris: L'Harmattan, 143–156.

----------. 2009. "Metáforas libres y metáforas lexicalizadas." In: Luis Luque Toro (ed.). *Léxico español actual II*. Venezia: Cafoscarina (Atti, 10), 229–238.

----------. 2011. "Motivación cultural y botanismos gastronómicos." In: María Luisa Ortiz Álvarez & Enrique Huelva Unternbäumen (eds.). *Uma [re]visão da teoria e da pesquisa fraseológicas*. Campinas: Pontes, 49–68.

Parés i Puntas, Anna. 1999. *Tots els refranys catalans*. Barcelona: Edicions 62.

Ricœur, Paul. 1975. *La métaphore vive*. Paris: Seuil (L'ordre philosophique).

Rodrigo, Antonina. 1975. "El estreno de Doña Rosita la soltera." In: Federico García Lorca. *Doña Rosita la soltera o el lenguaje de las flores*. Barcelona: Aymá, 39–54.

Sabban, Annette. 2007. "Culture-Boundness and Problems of Cross-Cultural Phraseology." In: Harald Burger & Dmitrij Dobrovol'skij & Peter Kühn & Neal R. Norrick (eds.). *Phraseologie: Ein internationales Handbuch der zeitgenössischen Forschung*. Vol. 1. Berlin et al.: de Gruyter (Handbücher zur Sprach- und Kommunikationswissenschaft, 28,1), 590–605.

Sardelli, Maria Antonella. 2008. "Supersticiones y fraseología en Italia." In: Julia Sevilla Muñoz & Maria Antonella Sardelli (eds.). *Supersticiones y fraseología*. Madrid: Universidad Complutense, 381–500.

Sbarbi, José María. 1980 [1873]. *Florilegio o Ramillete alfabético de refranes y modismos comparativos y ponderativos de la lengua castellana*. Madrid: Atlas.

Sevilla Muñoz, Julia. 2007. "La fraseología en el teatro de Federico García Lorca, con especial atención a la obra *La casa de Bernarda Alba*." In: Efthimía Pandís Pavlakis (ed.). *Cervantes, Lorca, Jorge Cardoso y Leopoldo Zea*. Madrid: Ediciones del Orto, 141–147.

Sevilla Muñoz, Julia & María del Carmen Ugarte García. 2008. "Supersticiones y fraseología en Castilla." In: Julia Sevilla Muñoz & Maria Antonella Sardelli (eds.). *Supersticiones y fraseología*. Madrid: Universidad Complutense, 39–158.

Torres Montes, Francisco. 2004. *Nombres y usos tradicionales de las plantas silvestres en Almería*. Almería: Diputación.

# *Dat ass Chinesech fir mech – é grego para mim – to mi je turško*: Fremde Sprachen in einer verbreiteten Redensart

*Elisabeth Piirainen*

Für den Titel des Beitrags wurden ein luxemburgisches, ein portugiesisches und ein slowenisches Idiom ausgewählt. Die figurative Bedeutung der drei Idiome lässt sich gleichermaßen durch 'das ist mir völlig unverständlich; das ergibt überhaupt keinen Sinn' umschreiben; ihre wörtlichen Bedeutungen unterscheiden sich jedoch durch die als "fremd" empfundenen Sprachen ("das ist Chinesisch/Griechisch/Türkisch für mich"). Es handelt sich hier um einen Idiomtyp, der in vielen europäischen Sprachen (und darüber hinaus) verbreitet ist. Da sich Wolfgang Mieder gern mit parömiologischen Gemeinsamkeiten innerhalb der Sprachenvielfalt Europas befasst hat (vgl. 1999 & 2004 & 2009 & 2010), sei ihm dieser Beitrag gewidmet.

Mit der Präsentation der Daten (Abschnitt 2) möchten wir zunächst auf diesen reizvollen Idiomtyp aufmerksam machen;[1] einzelne Auswertungen werden sich anschließen. Idiome dieses Typs werden gern im Zusammenhang mit Idiomen anderer Herkunft und unterschiedlichen Bedeutungen wie *das kommt mir spanisch vor* oder *das sind böhmische Dörfer für mich* genannt. In Abschnitt 3 werden Parallelen dieser Idiome betrachtet, da sich Vermischungen mit dem in der Überschrift genannten Idiomtyp erkennen lassen, um schließlich beides aus arealer Sicht zu vergleichen.

## 1 'deutlich' und 'unverständlich' in figurativen Lexikoneinheiten

In unserem Material findet sich eine Vielfalt figurativer Lexikoneinheiten, in denen mit einer Sprachbezeichnung auf die Klarheit, Verständlichkeit oder aber auf die Unverständlichkeit sprachlicher Äußerungen verwiesen wird: Einige Beispiele mögen als Einführung in unser Thema dienen. Es ist stets die eigene Muttersprache, die als 'klar, deutlich' oder auch 'ehrlich und direkt' empfunden wird. Die Sprachbezeichnungen verbinden sich mit Adjektiven wie "gut" (1a), "rein" (1b), "einfach" (1c), "voll" (1d) sowie mit Formen des Verbs "sagen" (1e–1f).

(1a) *auf gut Deutsch*,[2] norwegisch *på godt norsk* "in gutem Norwegisch", westfriesisch *yn goed Frysk* "in gutem Friesisch", schweizerdeutsch *uf guet Dütsch*, französisch *en bon français*, italienisch *in buon italiano* usw.

(1b) schwedisch *på ren svenska* "in reinem Schwedisch", niederländisch (Flandern) *in 't schoon Vlaams* "im reinen Flämisch", walisisch *mewn Cymraeg croyw* "in reinem Walisisch", katalanisch *clar i català* "deutlich und katalanisch" usw.

(1c) griechisch *σε/με απλά Ελληνικά* "in/mit einfachem Griechisch"

(1d) englisch *in plain English*, bretonisch *en brezhoneg plaen* "in vollem Bretonisch", estnisch *selges eesti keeles* "in voller estnischen Sprache" usw.

(1e) serbisch *српски речено* "serbisch gesagt", albanisch *thënë shkurt e shqip* "kurz und Albanisch gesagt", armenisch *hayerén asats* "auf Armenisch gesagt", ungarisch *magyarán szólva* "auf Ungarisch gesagt" usw.

alle in der Bedeutung 'mit einfacheren Worten, unmissverständlich, klar und deutlich'

(1f) *deutsch reden*, russisch *говоря по-русски (русским языком)* "auf Russisch (in russischer Sprache) sprechen", slowakisch *poveda' niečo po slovensky* "etwas auf Slowakisch sagen", kroatisch *govoriti hrvatski* "kroatisch sprechen", bulgarisch *на български ти говоря* "ich spreche zu dir auf Bulgarisch"

alle in der Bedeutung 'offen und direkt, in einfachen Worten, ohne Beschönigung seine Meinung sagen'

Diese Reihe ließe sich fortsetzen, vgl. *jmdm. etwas verdeutschen* 'jmdm. etwas (mit einfachen Worten) verständlich machen'[3] oder auch ungarisch *magyaráz* 'übersetzen (ins Ungarische)' und 'verdeutlichen, erklären', sowie finnisch *sano se suomeksi!* "sag das auf Finnisch!" 'drücke dich klar und verständlich aus!' Auf den Sonderfall spanisch *háblame en cristiano* "sprich zu mir auf christlich" 'drücke dich klar und verständlich aus!' kommen wir weiter unten zu sprechen (8). Als weiteres Kuriosum ist Idiom (2) zu nennen:

(2) ukrainisch *кажуч людською мовою* "in **menschlicher Sprache**"
'unverblümt, klar und deutlich, ohne Beschönigung'

Hier wird die eigene, klar verständliche Sprache sogar gleichgesetzt mit der menschlichen Sprache schlechthin.[4] Eine Fremdsprache in Verbindung mit einer Negation führt zu dem gleichen semantischen Resultat, vgl. (3).

(3) niederländisch *daar is geen woord Frans bij* "daran ist kein Wort **Französisch**"
'das ist unmissverständlich, deutlicher kann man es nicht sagen'

Als Kuriosum sei Idiom (4) genannt, bei dem sich die vormalige figurative Bedeutung 'jmdm. etwas Wahres verständlich mitteilen, jmdm. etwas in der Sprache des Volkes (*diets*) sagen' ins Gegenteil verkehrt hat. Durch den häufigen ironischen Gebrauch wurde die negative Bedeutung konventionalisiert; sie ist im gegenwärtigen Niederländischen die einzig gültige:

(4) niederländisch *iemand iets diets maken* "jmdm. etwas ***diets*** machen"
'jmdm. etwas weismachen, etwas Unwahres als glaubhaft hinstellen'

Den Gegenpol zur eigenen vertrauten Sprache bildet eine fremde Sprache; oft ist es die der allernächsten Umgebung. Für einen niederdeutschen Dialekt, das Westmünsterländische (Wml.), ist dies das Hochdeutsche (5), aber auch das Französische (6); für das Inarisamische in Lappland, im Grenzgebiet zu Russland, ist es das Russische (7).

(5) wml. *dat kümp mi hoogdüütsk vöör* "das kommt mir **hochdeutsch** vor"
'das erscheint mir fremdartig, seltsam, verdächtig'

(6) wml. *den Pott/de Kumme spreck franzöösisch* "der Topf/die Schüssel spricht **Französisch**"
'der Topf/die Schüssel hat einen Sprung, ist als Töpferware nicht einwandfrei'

(7) inarisamisch *aalguj sárnuđ ruošâkielâ* "der Kochtopf fängt an, **Russisch** zu sprechen"
'der Kochtopf (mit Brei) beginnt zu kochen' (vgl. Idström & Morottaja, $^{3}$2007: 68)

Wenn eine im westmünsterländischen Dialektraum aufgewachsene Person das Idiom (5) gebrauchte, so wollte sie damit ausdrücken, dass ihr etwas unverständlich oder suspekt vorkam: Der Sprachhabitus des Hochdeutschen war den Dialektsprechern fremd; im Unterschied zur klaren, vertrauten niederdeutschen Sprache haftete ihm der Schein des Verdächtigen an. In Idiom (6) steht "französisch" jedoch für einen 'falschen Klang'. Der Töpfer kontrolliert die Qualität seiner Ware durch Klopfen; schadhafte Gefäße klingen für ihn beim Abklopfen so, als ob sie 'falsch', d.h. eine unverständliche Sprache sprächen.[5] Eine ähnliche Funktion hat "Russisch" in Idiom (7): Es steht prototypisch für ein unverständliches Geräusch, vergleichbar dem Geplapper eines Russisch-Sprechenden.

Hier ließen sich mancherlei Parallelen anführen,[6] doch soll ein weiteres Kuriosum kurz erwähnt werden. Wie Sprachen können auch Konfessionen als "vertraut", daher gut und ehrlich, oder als "fremd", daher unrein, verdächtig empfunden werden.[7] In mehreren Idiomen lässt sich eine Sprachbezeichnung fast gleichbedeutend durch eine Religionsbezeichnung ersetzen, vgl. (8) und (9).

(8) spanisch *hablando en cristiano* "auf Christlich sprechend"
'etwas unverblümt, direkt, ohne Beschönigung sagen'

(9a) niederländisch (Belgien) *dat ziet er niet katholiek uit* "das sieht nicht katholisch aus"

(9b) französisch *ce n'est pas très catholique* "das ist nicht sehr katholisch"

beide in der Bedeutung 'das erscheint mir fremdartig, seltsam, verdächtig'

Während sich Idiom (8) in die unter (1) genannten Wendungen einreiht, sind die Idiome in (9) nahezu gleichbedeutend mit dem wml. Idiom (5).

## 2 Idiomtyp *dat ass Chinesech fir mech* in den europäischen Sprachen

Im Folgenden werden die Idiome der europäischen Sprachen, angeordnet nach Sprachfamilien, präsentiert, und zwar in der Form, wie sie uns von den Mitarbeitern/innen des Projekts mitgeteilt wurden.[8] Oft wurde das Idiom in Satzform angegeben, seltener im Infinitiv; auf eine Vereinheitlichung der Nennformen wurde verzichtet. Bei mehreren Idiomen einer Sprache steht die geläufigste Form an erster Stelle.

*Indoeuropäische Sprachen in Europa*

**Germanisch**

| | | |
|---|---|---|
| isländisch | *þetta er hebreska fyrir mér* | "dies ist **Hebräisch** für mich" |
| norwegisch | *det er helt gresk for meg* | "das ist alles **Griechisch** für mich" |
| schwedisch | *det är (rena) grekiskan för mig* | "das ist (reines) **Griechisch** für mich" |
| dänisch | *det er kinesisk for mig* | "das ist **Chinesisch** für mich" |
| | *det er det rene volapyk for mig* | "das ist das reine **Volapük** für mich" |
| englisch | *it is all Greek to me* | "es ist alles **Griechisch** für mich" |
| | *it's double Dutch to me* | "es ist doppeltes **Holländisch** für mich" |
| westfries. | *it is Sineesk foar my* | "es ist **Chinesisch** für mich" |
| | *it is Gryksk foar my* | "es ist **Griechisch** für mich" |
| | *it is Latyn foar my* | "es ist **Lateinisch** für mich" |
| niederländ. | *dat is voor mij Chinees* | "das ist **Chinesisch** für mich" |
| | *dat is Grieks/Latijn/Hebreeuws/ Sanskriet voor mij* | "das ist **Griechisch/Lateinisch/ Hebräisch/Sanskrit** für mich" |
| niederdt. | *dat kümp mi hoogdüütsk vöör* | (s. (5) in Abschnitt 1) |
| luxemburg. | *dat ass Chinesech fir mech* | "das ist **Chinesisch** für mich" |
| | *dat ass Franséisch fir mech* | "das ist **Französisch** für mich" |
| | *dat ass Spuenesch fir mech* | (s. Abschnitt 3) |
| jiddisch | *reydn terkish* | "**Türkisch** sprechen" |
| | *reydn targum-loshn* | "**Targum**-Sprache (Aramäisch) sprechen" |
| | *s'iz targum-loshn tsu mir* | "es ist die **Targum**-Sprache (Aramäisch) für mich" |

**Keltisch**

| | | |
|---|---|---|
| bretonisch | *din-me eo gregach* | "für mich ist das **Griechisch**" |

**Romanisch**

| | | |
|---|---|---|
| französisch | *c'est du chinois pour moi* | "das ist **Chinesisch** für mich" |
| | *c'est de l'hébreu pour moi* | "das ist **Hebräisch** für mich" |
| | *pour moi, c'est du javanais* | "für mich ist das **Javanesisch**" |
| rumantsch | *quai è chinais per el* | "es ist **Chinesisch** für ihn" |
| | *quai è spagnol per el* | (s. Abschnitt 3) |
| italienisch | *essere arabo/turco per qualcuno* | "**Arabisch/Türkisch** für jmdn. sein" |
| venezian. | *par mi xe turco* | "für mich ist es **Türkisch**" |
| spanisch | *esto me suena a chino* | "das klingt mir wie **Chinesisch**" |
| | *esto me suena como griego* | "das klingt mir wie **Griechisch**" |

| | | |
|---|---|---|
| | *eso es chino básico/griego para mí* | "das ist **Basis-Chinesisch/Griechisch** für mich" |
| katalanisch | *parlar en xinès* | "**Chinesisch** sprechen" |
| | *semblar escrit en xinès* | "auf **Chinesisch** geschrieben zu sein scheinen" |
| | *parlar en grec* | "**Griechisch** sprechen" |
| galicisch | *parecer/ser chino algo* | "jmdm. **Chinesisch** sein/scheinen" |
| portugies. | *é grego para mim* | "es ist **Griechisch** für mich" |
| | *para mim você está falando grego* | "Sie sprechen **Griechisch** zu mir" |
| | *é chinês para mim* | "es ist **Chinesisch** für mich" |
| rumänisch | *eşti turc, de nu înţelegi* | "bist du **Türke**, nicht verstehen" |
| | *eşti tătar?* | "bist du **Tatar**?" |
| aromanisch | *ca Grec n-hapsinã* | "wie ein **Grieche** im Gefängnis" |

**Baltisch**

| | | |
|---|---|---|
| lettisch | *tā ir ķīniešu ābece/alfabēts* | "es ist **chinesisches** ABC (ABC-Buch)/Alphabet" |
| litauisch | *tai man kaip kinų kalba* | "es ist für mich alles **Chinesisch**" |

**Slawisch**

| | | |
|---|---|---|
| russisch | *быть для кого-л. Китайской грамотой* | "für jmdn. **chinesische** Schrift (chinesisches Schriftstück) sein" |
| weißruss. | *быць для кагосцi кiтайскай граматай* | "für jmdn. **chinesische** Schrift sein" |
| ukrainisch | *це для мене китайська грамота* | "es ist für mich **chinesische** Schrift" |
| tschechisch | *mluvím s Číňanem?* | "spreche ich mit einem **Chinesen**?" |
| | *mluvím s Mongolcem/ Japoncem?* | "spreche ich mit einem **Mongolen/ Japaner**?" |
| slowenisch | *govorim kitajsko?* | "spreche ich **Chinesisch**?" |
| | *to mi je turško* | "das ist **Türkisch** für mich" |
| polnisch | *to dla mnie chińszczyzna* | "das ist **Chinesisch** für mich" |
| obersorb. | *to su mi Čechi* | (s. Abschnitt 3) |
| kaschubisch | *ùdawac Greka* | "einen **Griechen** spielen" |
| | *bëc jak na tërecczim kôzanim* | "wie bei einer **türkischen** Rede sein" |
| serbisch | *к'о да кинески причаш* | "wie auf **Chinesisch** sprechen" |
| bulgarisch | *това е тъмна Индия за мен* | "das ist **dunkles Indien** für mich" |
| | *говориш ми на патагонски* | "du sprichst zu mir auf **Patagonisch**" |
| **albanisch** | *i duket krejt kinezisht* | "das scheint alles **Chinesisch**" |
| **griechisch** | *μου φαίνονται κινέζικα* | "die (Dinge) scheinen mir **Chinesisch**" |
| | *εν τούρτζικα που μιλάς* | "auf **Türkisch** sprichst du" |

| | | |
|---|---|---|
| **armenisch** | *meki hamar č'inkan aybuben linel* | "**chinesisches** Alphabet für jmdn. sein" |

*Finnisch-ugrische Sprachen in Europa*

| | | |
|---|---|---|
| ungarisch | *ez nekem kínaiul van* | "das scheint mir **Chinesisch**" |
| finnisch | *tämä on minulle täyttä hepreaa* | "das ist für mich volles **Hebräisch**" |
| | *olla jklle kiinalainen juttu* | "eine **chinesische** Sache für jmdn. sein" |
| estnisch | *see on hiina keel kellegi jaoks* | "das ist **chinesische** Sprache für jmdn." |

*Turksprachen in Europa*

| | | |
|---|---|---|
| türkisch | *olaya fransız kaldım* | "ich bin **französisch** zu der Konversation" |
| | *bir şey anladıysam Arap olayım* | "lass mich **Arabisch** sein, wenn ich etwas verstehe" |
| tatarisch | *кытай грамотасы* | "**chinesische** Schrift" |
| aserbaidsch. | *ermənicə danışmaq* | "**Armenisch** sprechen" |

*Kaukasussprachen in Europa*

| | | |
|---|---|---|
| **georgisch** | *es chemtvis chinuria* | "das scheint mir **Chinesisch**" |
| **Esperanto** | *ĝi estas laŭ mi Volapukaĵo* | "es ist **Volapük** für mich" |

Die Idiome sind keineswegs gleich in ihren wörtlichen und figurativen Bedeutungen, sondern weisen große morphosyntaktische, lexikalische und pragmatische Unterschiede auf. Einige Sprachen bevorzugen eine rhetorische Frage, z.B. rumänisch "bist du Tatar?", slowenisch "spreche ich Chinesisch?" Diese Frage kann pragmatische Unterschiede mit sich bringen. So wurde für Italienisch mitgeteilt, dass *parlo arabo/turco?* "spreche ich Arabisch/Türkisch?" besonders grob und informell wirke, im Sinne von "Verstehst du nicht? Tu endlich, was ich dir sage!" Für die Imperativform von spanisch *¡ni que hablara en griego!* "nicht Griechisch sprechen!" wurde die figurative Bedeutung 'das ist doch selbstverständlich!' angegeben (vgl. Idiom (3) oben). Auf all diese Unterschiede kann hier nicht näher eingegangen werden; stattdessen sei der Blick auf die beteiligten fremden Sprachen gerichtet.

**Chinesisch** kommt am häufigsten vor; es wurde für Idiome in 21 Sprachen notiert (*dänisch*, *westfriesisch*, *niederländisch*, *luxemburgisch*, *französisch*, *rumantsch*, *spanisch*, *katalanisch*, *galicisch*, *portugiesisch*, *litauisch*, *tschechisch*, *polnisch*, *slowenisch*, *serbisch*, *albanisch*, *griechisch*, *ungarisch*, *finnisch*, *estnisch*, *georgisch*). Die chinesische Sprache war im Abendland Jahrhunderte lang kaum bekannt und galt als völlig fremder Sprachtyp höchsten Schwierigkeitsgrades, vor allem aufgrund des völlig unbegreiflichen Schriftsystems. So findet sich eine Untergruppe von weiteren sechs Idiomen, in denen sich die chinesischen Schriftzeichen (das chinesische Alphabet, ABC-Buch, ein chinesisches Schriftstück, Dokument) als Inbegriff des Unverständlichen manifestieren (*armenisch, lettisch, russisch, weißrussisch, ukrainisch, tatarisch*). Gestützt wird dies durch eine französische Parallele, *c'est de l'algèbre pour moi* "das ist Algebra für mich", in dem die Unverständlichkeit der Notation algebraischer Symbole im Mittelpunkt steht. Zu vergleichen ist deutsch *Fachchinesisch* für einen unverständlichen Fachjargon.

An zweiter Stelle steht **Griechisch** mit zehn Sprachen (*norwegisch, schwedisch, englisch, westfriesisch, niederländisch, bretonisch, spanisch, katalanisch, portugiesisch, kaschubisch*). Griechisch galt im Mittelalter als elitäre Sprache der Gelehrten; nicht jeder Klosterbruder konnte es verstehen oder übersetzen (vgl. Burke, 2007), wie die mittellateinische Wendung *Graecum est, non potest legi* "es ist Griechisch, man kann es nicht lesen" besagt. Das englische Idiom *it is all Greek to me* wird gern auf Shakespeare zurückgeführt, der es in der Tragödie "Julius Caesar" (I, 2; 1599) in wörtlichem Sinne verwendet. Tilley führt jedoch zwei frühere Belege an (1950:275): *This geare is Greek to me* (1573) und *Tis Greek to me, my Lord* (1598).

**Türkisch** ist in sieben Sprachen vertreten (*jiddisch, italienisch, venezianisch, rumänisch, slowenisch, griechisch,* sowie *kaschubisch* als Sonderfall). Weshalb außer Sprachgemeinschaften, die in ihrer Geschichte mit dem Türkentum in Berührung kamen, auch das Jiddische darunter ist, kann anhand des synchronisch gesammelten Materials nicht erklärt werden. Für **Hebräisch**, das in vier Idiomen auftritt (*isländisch, niederländisch, französisch, finnisch*) lässt sich wie für Chinesisch auf die Fremdartigkeit des Schriftsystems und ähnlich wie für Griechisch auf den Charakter des Gelehrsamen verweisen.

Die Idee Ludwik Zamenhofs, Begründer des *Esperanto*, für unser Idiom eine Entsprechung mit **Volapük**, einer anderen Plansprache, zu erschaffen, zeugt von seinem sprachlichen Humor und Einfallsreichtum. Weshalb auch *Dänisch* eine Variante mit Volapük kennt, bleibt unklar. Weitere fremde Sprachen wurden für jeweils zwei Idiome gemeldet: **Arabisch** für ein *italienisches* und ein *türkisches* Idiom, das bildungssprachliche **Latein** für *Westfriesisch* und *Niederländisch* sowie **Französisch** für *Luxemburgisch* und *Türkisch.*

Die übrigen Fremdsprachenbezeichnungen finden sich jeweils in Idiomen einer einzigen Sprache. Bemerkenswert sind die *jiddischen* Idiome, die **Targum**, den Namen der aramäischen Übersetzungen des Alten Testaments, verwenden. Für *Aserbaidschanisch* gilt das in unmittelbarer Nähe gesprochene **Armenisch** als das prototypisch Fremdartige. Die übrigen Fremdsprachen muten eher exotisch an: **Patagonisch** findet sich in einem *bulgarischen*, **Javanesisch** in einem *französischen* und **Tatarisch** in einem *rumänischen* Idiom. Ferner begegnen **Japanisch** und **Mongolisch** in tschechischen Idiomen sowie **Sanskrit** als eine Variante im Niederländischen.[9]

Englisch *it's double Dutch to me* kann nicht ohne Weiteres mit Idiomen dieses Typs gleichgesetzt werden. Es ist nicht nur aufgrund der Sprachenbezeichnung *Dutch* 'holländisch' zu interpretieren: *Dutch* galt als besonders fremd und unverständlich und war in mehrfacher Hinsicht negativ konnotiert (vgl. Idiome wie *Dutch courage, Dutch treat, Dutch uncle* (Ammer, 1997:181). Vielmehr muss das Idiom *it's double Dutch to me* aufgrund von *double* auch im Zusammenhang mit Ausdrücken wie *double talk* 'sinnloses, unklares Gerede' und *doublespeak* 'doppeldeutige Ausdrucksweise' gesehen werden (Ammer, 1997:170–171; Brewer, [17]2005:409–410).

## 3 Böhmische und spanische Dörfer in den europäischen Sprachen

Unsere Umfrage hat eine Reihe von Idiomen zu Tage gebracht, die zwar dem Komplex des 'völlig Unverständlichen' in weitem Sinne zuzuordnen, von dem bisher behandelten Idiomtyp (wir nennen ihn den *Chinesisch*-Typ) jedoch zu trennen sind, vgl. einige in (10–13) aufgelistete Beispiele.

(10) deutsch *immer nur Bahnhof verstehen*

(11) niederländisch *ergens geen chocola van kunnen maken* "aus etwas keine Schokolade machen können"

(12) litauisch *kas yra kam neįkandomas dalykas* "etwas ist für jmdn. eine unzerreißbare Sache"

(13) kaschubisch *robic sã kaczką* "sich eine Ente machen"

alle etwa in der Bedeutung 'jmdm. völlig unverständlich sein; überhaupt nichts mehr verstehen'

Schließlich wurden für einige Sprachen Wendungen mitgeteilt, die mit den deutschen Idiomen (14–17) verflochten zu sein scheinen:

| | | |
|---|---|---|
| (14) | *jmdm.* ***spanisch*** *vorkommen* | 'jmdm. verdächtig, seltsam erscheinen' |
| (15) | *jmdm.* ***böhmisch*** *vorkommen* | 'jmdm. seltsam anmuten, jmdm. unverständlich sein' |
| (16) | *für jmdn.* ***böhmische Dörfer*** *sein* | 'mit etwas nichts anfangen können, weil man es nicht versteht' |
| (17) | *für jmdn.* ***spanische Dörfer*** *sein* | 'jmdm. unverständlich sein' |

Die Angaben der figurativen Bedeutungen (hier zitiert nach Duden Band 11, $^{4}$2013) lassen Unterschiede gegenüber dem *Chinesisch*-Typ erkennen: Einerseits kann der Aspekt des 'Verdächtigen' über den des 'Unverständlichen' dominieren (u.a. induziert durch das Verb *vorkommen* in (14) und (15), vgl. auch Idiom (5) oben). Andererseits beziehen sich die Idiome nicht primär auf die Unverständlichkeit sprachlicher Äußerungen, sondern auf befremdliche Sachverhalte jeglicher Art.

Die Etymologie der Idiome ist bekannt. Röhrich (1991–1992:1493–1494) zufolge geht Idiom (14) auf die Zeit der Regentschaft Karls V. (1519–1556) zurück, als sich in Deutschland spanische Sitten ausbreiteten, die als fremdartig und Misstrauen erweckend empfunden wurden. Idiom (16) bezieht sich auf die slawischen Namen vieler böhmischer Dörfer, die den Deutschen fremdartig klangen, schwer auszusprechen und unverständlich waren (Röhrich, 1991–1992:326).[10] Die Vermischung der beiden Idiome in (15) und (17) ist offensichtlich. Ebenso werden einige Überschneidungen mit dem *Chinesisch*-Typ sichtbar. Hier folgen die weiteren Daten.

**Germanisch**

| | | |
|---|---|---|
| isländisch | *eitthvað kemur einhverjum spánskt fyrir sjónir* | "etwas kommt jmdm. **spanisch** vor die Augen" |
| dänisch | *det lyder som en by i Rusland for mig* | "das klingt wie ein **Dorf in Russland** für mich" |
| deutsch | s. (14–17) | |
| luxemburg. | *dat ass Spuenesch fir mech* | "das ist **Spanisch** für mich" |
| schweizerdt. | *das chunnt mir spanisch vor* | "das kommt mir **spanisch** vor" |

**Romanisch**

| | | |
|---|---|---|
| rumantsch | *quai è spagnol per el* | "es ist **Spanisch** für ihn" |

**Slawisch**

| | | |
|---|---|---|
| tschechisch | *je to pro mě španělská vesnice* | "es ist ein **spanisches Dorf** für mich" |
| slowakisch | *je to pre mňa španielska dedina* | "es ist ein **spanisches Dorf** für mich" |
| obersorb. | *to su mi Čechi* | "das sind mir **Böhmer**" |
| slowenisch | *zame je to španska vas* | "es ist ein **spanisches Dorf** für mich" |
| | *kaj je komu/za koga španska vas/španski kralji* | "etwas ist/sind jmdm./für jmdn. ein **spanisches Dorf/spanische Könige**" |
| kroatisch | *to je za mene špansko selo* | "es ist ein **spanisches Dorf** für mich" |
| | *to su za njega španska sela* | "das sind **spanische Dörfer** für jmdn." |
| mazedon. | *е шпанско село за некого* | "ein **spanisches Dorf** für jmdn. sein" |
| bosnisch | *sve su to španska sela za meine* | "es sind alle **spanische Dörfer** für mich" |
| serbisch | *то је за мене шпанско село* | "das ist für mich ein **spanisches Dorf**" |
| | *све су то шпанска села* | "alle sind **spanische Dörfer**" |

Die Abhängigkeit dieser Belege von den deutschen Idiomen (14–17) tritt klar zu Tage: Einige folgen dem Modell "jmdm. spanisch vorkommen/spanisch sein" (*isländisch*, *luxemburgisch*, *rumantsch*). In den meisten westslawischen Sprachen (*tschechisch*, *slowakisch*, *slowenisch*, *kroatisch*, *mazedonisch*, *bosnisch*, *serbisch*) begegnet jedoch eine Vermischung von "spanisch" und "Dörfer/Dorf". Einzelsprachliche Entwicklungen finden sich im Dänischen ("wie ein Dorf in Russland") und Slowenischen ("spanische Könige"), während "böhmisch" nur in dem obersorbischen Idiom anklingt.

Als Letztes sei ein Blick auf die Verbreitung der verschiedenen Idiomtypen geworfen. Die gesammelten Daten lassen sich auf die Europakarte projizieren. Sprachen, die Entsprechungen des *Chinesisch*-Typs aufweisen, werden auf grauem Hintergrund dargestellt. Sprachen, die über Parallelen zu den Idiomen *jmdm. spanisch vorkommen* oder *für jmdn. böhmische Dörfer sein* verfügen, werden auf weißem Hintergrund abgebildet. Es handelt sich also um eine Vorkommens-, nicht um eine Verbreitungskarte: Einige Sprachen, die mehrere Idiomtypen kennen, erscheinen sowohl auf grauem als auch auf weißem Hintergrund. Als Siglen wurden jeweils die ersten Buchstaben der deutschen Sprachbezeichnungen gewählt. Nur bei *niederländisch* vs. *niederdeutsch*

(= *Nied* vs. *Ndt*) und *slowakisch* vs. *slowenisch* (= *Slow* vs. *Sle*) sowie bei *schwedisch* vs. *schweizerdeutsch* (= *Schw* vs. *Swd*) musste dieses Prinzip modifiziert werden.

Dieser synchronische Querschnitt mag – bei aller gebotenen Vorsicht – veranschaulichen, dass die *spanisch*- bzw. *böhmisch*-Idiome vermutlich vom deutschsprachigen Raum ausgehend ihre Verbreitung fanden. Zugleich lässt das Kartenbild deutliche Lücken erkennen. Sprachen, in denen der *Chinesisch*-Typ nicht existiert (*Deutsch, Slowakisch, Kroatisch, Bosnisch, Mazedonisch*) kennen stattdessen den Typ "spanische Dörfer".

Hier konnten nur einige Ergebnisse eines weit umfangreicheren Komplexes figurativer Lexikoneinheiten in den Sprachen Europas skizziert werden. Die empirische Herangehensweise, d.h. die Befragung der Muttersprachler/innen, hat sich bewährt. Viele der hier genannten Idiome wurden nicht in den einschlägigen Wörterbüchern verzeichnet, oder umgekehrt: Dort werden verschiedene zu den hier behandelten Idiomtypen gehörige Wendungen angeführt, die den Sprachteilhabern jedoch völlig unbekannt sind. Dennoch sind viele Fragen noch offen.

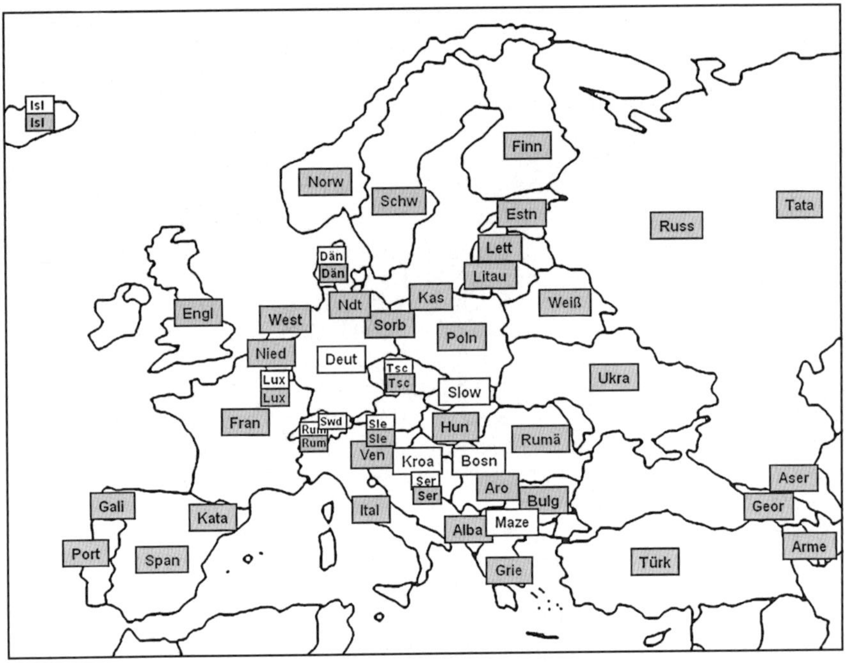


*Karte:* *Verbreitung von Entsprechungen des Idiomtyps "das ist Chinesisch/... für mich" [graue Rechtecke] und von Entsprechungen des Typs "das kommt mir spanisch vor/das sind spanische Dörfer für mich" [weiße Rechtecke]*

## *Anmerkungen*

1 Die Daten gehen auf Befragungen von Muttersprachlern/innen vieler europäischer Sprachen im Rahmen des Projekts "Widespread Idioms in Europe and Beyond" zurück (vgl. Piirainen, 2012). Ein Aufruf zur Sammlung "internationaler Varianten" dieses Idiomtyps findet sich bereits in Williams (1991).

2 Das Idiom ist schon bei Albrecht van Eyb (ca. 1460) belegt: *Ich will teütsch vnnd mit offen worten mit dir reden* (TPMA 2, 197). Hans Sachs gebraucht es ebenfalls im Sinne von 'klar und ehrlich die Meinung sagen'; vgl. die lateinische Version *Latine loqui* (Spalding, 1959–:468).

3 In diesem Zusammenhang wird gern auf den etymologischen Zusammenhang zwischen *deutsch* (ursprünglich 'Sprache des Volkes'; Kluge, [17]1957:129) und *deuten, deutlich* hingewiesen; vgl. Röhrich (1991–1992:317). Zu Luthers Begriff der "Verdeutschung" der Bibel s. Århammar (2009).

4 Hier ließen sich Parallelen aufzeigen, u.a. in Selbstbezeichnungen von Sprachgemeinschaften, die als Appellative einfach nur 'Mensch, menschliches Wesen' bedeuten. Bekannt ist dies z.B. für *Inuit* (Plural von *inuk*), *Bantu* oder *T(h)ai*, vgl. auch die *Dene*-Sprachen in Alaska: "*dene* meaning 'the one who sounds human; the one that speaks like a human being'" (Rice, 2012:30). Ein drastisches Beispiel kommt aus dem Chinesischen, vgl. Fiskesjö (2011). Nach Aussage der chinesischen Schriftzeichen sprachen die 'ethnisch Anderen, Barbaren' keine menschlichen Sprachen, sondern die Sprachen der Tiere und Vögel, da für Bezeichnungen dieser 'Anderen' Schriftzeichen verwendet werden, deren Radikale ein Tier enthalten.

5 Vgl. Piirainen (2000:2, 182 & 126) und (2013).

6 So werden unverständliche Sprachen oft als 'Gestammel', deren Sprecher als 'stumm' bewertet. Bekannt ist das lautmalende griechische Wort *βάρβαρος*, das sich als 'stammelnd, nicht sprechend' – aus der Sicht der Griechen – auf die Sprache der Fremden erstreckte und von dort zum Inbegriff des 'Nicht-Griechischen', d.h. des 'Unzivilisierten, Ungebildeten' wurde (Kluge, [17]1957: 51). In ähnlicher Weise hat das 'Stumm-sein, Nicht-sprechen' der Fremden zur Bezeichnung einer fremden Sprache geführt; dies wird gern mit russisch *немой* 'stumm' veranschaulicht, das zu *немец* 'Ausländer', sodann 'Deutscher' geführt hat (vgl. russisch *немчик*, das – wie lateinisch *infans* – 'kleines Kind, das noch nicht sprechen kann' bedeutet). Vgl. Anm. 4.

7 Im katholischen Westmünsterland konnten denn auch "evangelisch" mit 'verkehrt' und "katholisch" mit 'richtig' gleichgesetzt werden, vgl. wml. *he päck dat so ewangeelsk an* "er fasst das so evangelisch an" 'er beginnt etwas verkehrt und sehr ungeschickt' und wml. *dat Füllen wödd kattolsk maakt* "das Fohlen wird katholisch gemacht" 'das Fohlen wird gezähmt, zum richtigen Verhalten angelernt'. Auf die historischen Zusammenhänge des spanischen Idioms (8) mit der Rückeroberung Südspaniens durch die Kreuzritter kann hier nicht näher eingegangen werden.

8 Für Albanisch, Maltesisch, Baskisch, für die meisten keltischen Sprachen und weitere Kleinsprachen wurden keine Entsprechungen mitgeteilt. Auf Parallelen in außereuropäischen Sprachen kann hier aus Raumgründen nicht eingegangen werden, vgl. z.B. hebräisch *ze sinit bishvili* "es ist Chinesisch für mich", ägyptisch-arabisch *hal ana batkallem hindi?* "spreche ich Hindi?", Farsi *yunaani nemifahmam* "ich verstehe nicht Griechisch" u.a.m.

9 "Dunkles Indien" in dem bulgarischen Idiom ist ebenfalls ein Sonderfall.

10 Für *böhmisch* im Sinne von 'unverständlich' findet sich ein Beleg von 1515 bei dem Schulmann Georg Hauer (Haverius): *red, das ich versteh, ich kann nit behmisch* (Knepper, 1904:130).

## *Bibliografie*

Ammer, Christine. 1997. *The American Heritage Dictionary of Idioms*. Boston, Mass. u.a.: Houghton Mifflin.

Århammar, Nils. 2009. "Das Luthersche Translationsparadox: Warum der große deutsche Bibelübersetzer '(ver)dolmetschte' und '(ver)deutschte' u.a.m., aber nicht 'übersetzte'. Eine wortgeschichtliche Studie." In: Kurt Gärtner & Hans-Joachim Solms (Hgg.). *Von lon der wisheit: Gedenkschrift für Manfred Lemmer*. Sandersdorf: Renneritz-Verl. (Edition Scriptum), 39–52.

[Brewer]. 17 2005. *Brewer's Dictionary of Phrase & Fable*. Rev. von John Ayto. 17. Aufl. London: Weidenfeld & Nicolson.

Burke, Peter. 2007. "Translations into Latin in Early Modern Europe." In: Peter Burke, & R[onnie] Po-chia Hsia (Hgg.). *Cultural Translation in Early Modern Europe*. Cambridge u.a.: Cambridge University Press, 65–80.

[Duden Band 11]. 4 2013. *Redewendungen: Wörterbuch der deutschen Idiomatik*. Hg. von der Dudenredaktion. 4., neu bearb. und aktualisierte Aufl. Berlin u.a.: Dudenverl. (Der Duden, 11).

Fiskesjö, Magnus. 2011. "The Animal Other: China's Barbarians and Their Renaming in the Twentieth Century." *Social Text* 29/3 (109), 57–79.

Idström, Anna & Hans Morottaja. 3 2007. *Inarisaamen idiomisanakirja* (Idiomwörterbuch des Inari-Sámi). 3. Aufl. Inari: Sämtigge.

Kluge, Friedrich. 17 1957. *Etymologisches Wörterbuch der deutschen Sprache*. Bearb. von Walther Mitzka. 17. Aufl. Berlin: de Gruyter.

Knepper, J[ospeh]. 1904. "Eine alte verdeutschung lateinischer sprichwörter." *Zeitschrift für deutsche Philologie* 36, 128–133 & 387–390.

Mieder, Wolfgang. 1999. "Sprichwörter des Kontinents." In: Wulf Köpke & Bernd Schmelz (Hgg.). *Das gemeinsame Haus Europa: Handbuch zur europäischen Kulturgeschichte*. München: Dt. Taschenbuch-Verl., 956–965.

----------. 2004. "Viele Wege führen nach Europa: Sprichwörtliche Stereotypen und interkultureller Ausgleich." In: Sabine Wienker-Piepho & Klaus Roth (Hgg.). *Erzählen zwischen den Kulturen*. Münster u.a.: Waxmann (Münchener Beiträge zur interkulturellen Kommunikation, 17), 275–304.

----------. 2009. "'Viele Wege führen zur Globalisierung': Zur Übersetzung und Verbreitung angloamerikanischer Sprichwörter in Europa." In: Rolf Wilhelm Brednich (Hg.). *Erzählkultur: Beiträge zur kulturwissenschaftlichen Erzählforschung. Hans-Jörg Uther zum 65. Geburtstag*. Berlin u.a.: de Gruyter, 443–462.

----------. 2010. "'Many Roads Lead to Globalization': The Translation and Distribution of Anglo-American Proverbs in Europe." In: Jarmo Korhonen & Wolfgang Mieder & Elisabeth Piirainen & Rosa Piñel (Hgg.). *Phraseologie: Global – areal – regional. Akten der Konferenz EUROPHRAS 2008 vom 13.–16.8.2008 in Helsinki*. Tübingen: Narr, 43–59.

Piirainen, Elisabeth. 2000. *Phraseologie der westmünsterländischen Mundart*. 2 Bde. Baltmannsweiler: Schneider-Verl. Hohengehren (Phraseologie und Parömiologie, 2 & 3).

----------. 2012. *Widespread Idioms in Europe and Beyond: Toward a Lexicon of Common Figurative Units*. New York u.a.: Peter Lang (International Folkloristics, 5).

----------. 2013. "Dat kümp mi hoogdüütsk vöör: Areale und kulturelle Aspekte des bildlichen Lexikons." *Niederdeutsches Wort: Beiträge zur Niederdeutschen Philologie* 53, 21–38.

Rice, Sally. 2012. "'Our Language Is Very Literal': Figurative Expression in Dene Sųłiné [Athapaskan]." In: Anna Idström & Elisabeth Piirainen (Hgg.). *Endangered Metaphors*. Amsterdam u.a.: John Benjamins (Cognitive Linguistic Studies in Cultural Contexts, 2), 21–76.

Röhrich, Lutz. 1991–1992. *Das große Lexikon der sprichwörtlichen Redensarten*. 3 Bde. Neuaufl. Freiburg im Breisgau u.a.: Herder.

Spalding, Keith. 1959–. *An Historical Dictionary of German Figurative Usage*. Oxford: Blackwell.

Tilley, Morris Palmer. 1950. *A Dictionary of the Proverbs in England in the Sixteenth and Seventeenth Centuries: A Collection of the Proverbs Found in English Literature and the Dictionaries of the Period*. Ann Arbor: University of Michigan Press.

[TPMA]. Samuel Singer & Ricarda Liver (Hgg.). 1995–2002. *Thesaurus proverbiorum medii aevi: Lexikon der Sprichwörter des romanisch-germanischen Mittelalters*. 13 Bde. Berlin u.a.: de Gruyter.

Williams, Fionnuala. 1991. "Survey of 'It's All Double Dutch to Me'." *Proverbium: Yearbook of International Proverb Scholarship* 8, 203.

# Funny or Not: Proverbial Expressions and Humor in "The Successful Negro/Black Man" Internet Meme

*Anand Prahlad*

Racial folklore abounds in contemporary American society, much as it always has, and not surprisingly, proliferates in many forms and in many diverse contexts on the Internet. Memes offer one of the most common forms. One can find memes centering on racial stereotypes of people of Asian, Mexican, Middle Eastern and African descent. The question of whether particular memes are racist is debated in Internet forums and comments, and there is even a popular, animated, GIF image of a young African American boy saying, "That's Racist!" that is often used as a response to posts, comments and other memes. As might be expected, the "That's Racist!" image has spawned its own series, sometimes substituting images from popular culture, such as characters from movies, or animals, such as cats. In the following essay, I am specifically concerned with functions of the humor and the role of proverbial expressions in one meme, "The Successful Black Man." Which proverbial expressions are common and how frequent are they? Why are they used at all? What are the sources of humor in this meme, and how do proverbial expressions relate to this humor?

Before discussing either the humor or the proverbs, however, some consideration of the meme phenomenon is in order. The term 'meme' originated with Richard Dawkins, used in his book, *The Selfish Gene* (1999 [1976]). Dawkins applied genetic theory to the study of culture, drawing correlations between biological and physical phenomena, and defined the meme as a unit of cultural transmission. Conceived as a biological metaphor, and defined in biological and even medical terms, a meme is capable of, for example, imitation and replication. Memes have been compared to viruses moving through and infecting entire populations, and the metaphor of infection has been expanded to include the "contagious" replication of ideas and applied to technological phenomenon such as fads, hysteria, and copycat crime (Gladwell, 2000). Interestingly, the biologically based language of "memetics" reflects both a folk and folkloristic perspective. Imbuing ideas with the agency of living organisms evokes an approach that folklorists would identify as "superorganic." In fact, research on memes reveals some profound overlaps between the perspectives of those in this field and those in folkloristics, especially with early folklore scholarship concerned with issues of structure, transmission, duplication, survival, variation, and preservation. Further parallels between concepts such as motifs and types in folklore, and genes, phenotypes, and chromosomes in memetics are difficult to overlook.

Similarities (and differences) between memes and folklore, and between folkloristics and memetics have been noted by a number of folklorists. Bronner writes that "many memes are in fact folkloric because they often take the form of catchphrases, rumors, schemes, and legendary material" (2009:64). McNeill goes further and suggests that Internet communities have "adopted the concept of *memes* to identify what folklorists would call folklore" (2009:84). Like folklore, memes are usually formed from social interactions and commonly shared social situations, although, references to popular culture are a staple element of memes. For instance, many evolve from creative borrowings from video games, television shows, movies music, or Youtube videos. Conduits for the spread of memes include social networks, blogs, direct email, or news sources, and they are often associated with Internet subcultures and based on sites that are specifically geared toward memes, such as 4chan or tumblr. An Internet meme may stay the same or may evolve over time, by chance or through commentary, imitation or parody, or by incorporating news accounts about itself. Internet memes can evolve and spread extremely rapidly, sometimes reaching worldwide popularity within a few days. The very dynamic, social environment of the Internet is highlighted by their rapid transmission and their sometimes extended "lifetime."

The impact of memes extends beyond informal social, Internet interactions, as memes also serve important commercial functions. For instance, they are used in "viral marketing," where they serve as an inexpensive form of mass advertising, and those in public relations and advertising have embraced Internet memes as a way to create marketing "buzzes" for their products or services. By way of illustration, memes have been used to generate interest in films or other productions that might not otherwise have received critical recognition or publicity.

An important element of the meme that I am concerned with here is that it is a visual text. Internet forms of memes are diverse and they may occur in visual forms such as a video, picture, photograph, website, or other kind of image; but they may also be just a word or phrase, including intentional misspelling a word, hyperlinks, songs, or ideas. But the form of this particular meme recalls other visual texts that incorporate proverbs and humor, such as the paintings of Bruegel (Mieder, 2004) or more contemporary examples like comic strips or the art of Janet Davidson-Hues (Prahlad, 2004).

Unlike with most forms of folklore, the creator of memes is often known. In fact, creators often post comments explaining the thought processes and technological concerns that went into their creations. Unfortunately, such commentary often focuses more on the technological than on the social elements of the memes and rarely, if ever on questions such as the choice of folklore genres that are included. The creator of "The Successful Negro/Black Man" meme writes in a post:

> "I am the creator of Successful negro and thought I would fill you in on the exact details. This email address and name are made up as I wish to remain Anonymous, but you may call me Michelle Gellar. It originated on 4chan and THEN spread to memegenerator.net. I tested the idea in several threads on 4chan and posted the template on several occasions. When memegenerator.net updated their website, I lost access for editing the entry so I just left it to be. By far, the biggest challenge was finding an appropriate character. It took several tries to find the right 'negro' but eventually I settled on what now exists. Thanks Google!" (Gellar, no date).

An online description of "The Successful Negro/Black Man" meme, which was created in 2011, states that it is "an image macro series featuring a black man dressed in business attire and a witty one-liner satirizing the stereotype of young African American males as street hustlers or gangsters who only care about cars, moneys and hos. The humor is mostly derived from the intentional line break in mid-sentence, with the top line impersonating a black male stereotype (EX: I Got the Best Hos') and the bottom line suddenly falling flat in character (EX: Out in My Tool Shed)" (Revelation,

02.03.2011). Another online source writes, "The intent is ironic. The meme offers a top caption setting up a stereotypical 'gangsta' phrase, while the bottom caption makes the phrase appear innocuous. The second line of the meme is intentionally clueless about the first line of the text's intended meaning" (Memes, no date). In fact, the meme hinges on two contrasting stereotypes: First, the image of black males as angry, violent, sexist, irresponsible, abusive, drug-hustling, ghettoized thugs who fetishize fried chicken; and second, the image of a light-skinned, suburban, well-dressed, highly-educated, professional, assimilated African American male.

The top and bottom lines of the meme fall into opposing categories. At the top are ghettoized representations of lower class, black values, for instance, an extreme preoccupation with recreational drug use, gun violence, parental and spousal abandonment and neglect, abuse, genital fixation, stereotypical and unhealthy food choices, and post-traumatic slave syndrome. At the bottom are stereotypes of black, middle class values and lifestyles, such as investments and portfolios, charitable donations, healthy diet and exercise, high salaries, estate planning, nice suits, responsible pet ownership, "tasteful" choices in music and art, and parental and spousal thoughtfulness, involvement and emotional and financial support. The constant in the meme is the photograph of the well-dressed, professional, black man, to whom the lines of the meme are attributed. According to an online source, the "original photograph of the man was found on the stock photo site ShutterStock, titled, 'Handsome African American business man dressed in a black suit'" (Memes, no date). Hence, the central text here is the visual image, and a more accurate way of describing the meme is that it is a photo of an African American man in a suit, with lines of written text at the top and at the bottom. The lines of text offer divergent readings of the visual image, suggesting that the most important visual signifier is the man's blackness.

Most versions of the meme do not include proverbial expressions; however, they contain what many online viewers and participants seem to consider as clichéd statements that mark African American men as social degenerates, who continue to reside, even in the contemporary urban setting, in the shadows of plantations and slavery. These elements are illustrated in the following lines of text (the first line is what appears at the top of the meme, and the second line is what appears at the bottom): "I'm going to get fried chicken and grape soda / off the school lunch menu and replace it with healthier alternatives," "Bought some hoes and weed / remover to keep my lawn in tip top shape," "If I see that bitch on my street again / I'm going to take her to the vet to see if she has a tracking chip. She looks too well fed to be a stray and her owner is probably worried," "I hate picking cotton / off my Armani suit," "I bought some KFC / Franchises," "I have a giant / stock portfolio," "I'm done dealing / with stock market fluctuations," "420? / No, my salary is closer to 500K," "Give me a blunt / evaluation of my job performance," "Time to make a joint / bank account with my wife," "I smacked that hoe / against the garden fence to get all of the dry mud off," "I have the biggest dick / tracy comic book collection around," and "I always beat my wife / in chess."

In the few years since the meme's creation, it has been viewed by well over a hundred thousand viewers and continues to be popular and to generate take offs and parodies. However, there is no effective way to identify viewers in terms of their ages, genders, class, or ethnicities. While different interpretations and points of view are reflected in posts commenting on the meme, we seldom know much about the persons making the posts. The anonymity and global access to Internet technology makes it impossible to imagine a community, in the same sense that folklorists are accustomed to. Hence, we are left with scant clues in the forms of discussions threads and other posts, and must make conjectures from what we have.

One common response to the memes assumes that the man in the photo is so assimilated that he is "obviously clueless" about the slang meanings or cultural associations embedded in the first line (Meme Generator, no date). In this case, the joke is on the audience who associates all black people with ghettoized stereotypes. The viewer is then taking a position of superiority, making fun of racists and racism. But as one such viewer notes, the meme "spawned many completely unfunny, insensitive, and racist versions that" according to him, "completely missed the point and were extremely discriminatory." These spin-offs let us know that for many viewers the joke is on black people. For instance, one likely source of humor for many lies in what they consider the absurdity of the very idea of a highly educated, professional black man with the attitudes reflected in the second half of the meme. Extremely racist responses tend to be deleted by web managers, making it difficult to draw any detailed conclusions about them. But other clues to viewer interpretation can be found in posts and in other related memes.

In one thread, six divergent interpretations and reactions to the meme were posted one after the other. One viewer assumes that the meme reflects black, in-group humor and writes, "I guess it's only funny to black people" (frosty1433 1year ago) to which another, apparently black viewer who is offended responds, "I am black, and this shit is WACK!" (RobJ25246 9 months ago). A third viewer assumes the "racially enlightened" perspective, commenting "Omg that is so awesome! Positive attitude and tolerance becoming popular on the interwebz is something I hope really sticks :)" (xxDrain 1 year ago) but a fourth objects to the meme as an assimilationist narrative that mistakingly equates being integrated with being successful. He writes, "It's not successful black man, it's politically correct black man" (Mrkti 5 months ago). A fifth poster acknowledges the racism of the meme, but still applauds it, commenting, "Racist but cool lol" (Filip Nikolic 1 week ago), while a sixth viewer, presumably a soon to be college graduate, sees himself in the meme and comments, "That's me in 1 yr" (justin-22619 2 weeks ago).

Of these six comments, only three would find humor in the meme: The "racially enlightened" viewer, the viewer who accepts the racism of the meme but enjoys it nevertheless, and the African American who sees himself in the meme. For these viewers, the humor can be explained in part by some of the basic elements noted by Freud (1975 [1905]) and by most humor theorists since (e.g., Legman, 1968–1975; Gilbert, 2004), for example, the elements of surprise, incongruity, as well as the release of psychic energy or tension arising from socially charged topics. Arguments made by Dundes and Abrahams (1987) in their study of elephant jokes in the 1960s are also relevant here – in essence, that the memes reflect white anxieties about the increasing movement of black people into social realms that will mean whites are in greater day-to-day contact with African Americans. Dundes and Abrahams note issues such as white fears of miscegenation, for instance. But clearly the humor of these memes goes beyond and complicates the explanations for humor discussed previously by these theorists.

Responses made in posts, take-offs and parodies can be instructive in helping us to understand some of the nuances of the meme. Many responses offer other variants of the meme, often relying more on proverbial and slang expressions than the creator of the meme did. Examples of these, with the accompanying second half, include "I'd *tap that* / crosswalk button to ensure the safest possible passage across the street," "I *BUSTED SOME CAP* / into that metal container for recycling," "I *keep it real* / quiet in the public library," "That's *how I roll* / my coin collection," "Tonight I'm *getting baked* / lays because they're healthier," and "I just *did your mom* / a favor." Other proverbial expressions, without the second half, include "to shoot a load," "to check yourself," "to be tripping," "to get off," "to jack up," "to back that thing up," "to get good head," "to be packing," and "to nail someone."

The proverbial expressions are revealing in a number of ways. Like all of the phrases or lines at the top of the memes, they read like a litany of white stereotypes of black American men. Even more specifically, though, they indicate the extent to which black men are associated with poverty-stricken, urban spaces and degeneracy in the white imagination. Some of the lines that do not contain proverbial expressions reflect these beliefs more blatantly, for instance, "I love beating women," "I never knew my father," "Let's go rob," "I hate crackers," "I just got out of jail," "Pass the joint," "Never had a job," "I need some crack," and "I shot your whole family, including the kids and babies." Although the white association of African Americans with ghettos is not new, the proverbial expressions, in as much as they have been popularized among younger whites through rap lyrics and hip hop subculture, reflect a vision of all black men as being grounded in the values of a pathological, "gangsta" culture. The proverbial expressions, the many versions of the meme that continue to be generated, and comments made in posts, like the original meme, reflect an obsession with the ghettoized, thuggish stereotype of young black men, and reveal a psychological fetishization of that image. Hooks notes two possible motivations for the impulse driving young white people to appropriate elements of black culture:

> "On the reactionary right, white youth may be simply seeking to affirm 'white power' when they flirt with having contact with the other. Yet there are many white youths who desire to move beyond whiteness. They desire cultural spaces where boundaries can be transgressed, where new and alternative relations can be formed" (1992:36).

In the memes, white or black respondents get to symbolically cross dress in the guises of thugs for the first half of the meme, but to return in the second half to personas that are closer to who they actually are in their day-to-day lives. In this regard, the proverbial expressions assist in the construction of the black thug persona, becoming symbols of this persona with enough power to invoke images of violence, drugs, male bravado, sexual assault, and racial hatred turned outward and inward. However, as Hooks reminds us, this act of cross dressing can arise out of multiple impulses.

Out of the hundreds of versions of the meme that I have surveyed, only one contains a true proverb and, as we would expect, the proverb functions in much the same way as the proverbial expressions. The lines in this version are: "Once you go black you never go back / I don't even put sugar in anymore." The awkwardness of the transition from the finite ending of the proverb to the next line in the meme may suggest one reason why true proverbs, rather than proverbial expressions, are so rare. But beyond the roughness of the transition, what meanings can be gleaned from the meme? The proverb is typically applied to a white person who has sex with a black person (most commonly, a white woman who dates a black man = "going black"). Embedded in the proverb are the ideas that black men are exotic, well endowed, aggressive, hypersexual lovers whose sexual prowess is so far beyond that of white men that a white woman who experiences it will be immediately "hooked," (= never go back to white men).

In the environment of the internet, the proverb takes on new social and contextual levels of meaning (Prahlad, 2004). "Going black" can refer not only to physical, sexual encounters but also to linguistic, semantic, cultural, and electronic ones as well. Whites who "borrow" the language and cultural styles of black gangsta rappers are "going black" (Hooks, 1992). This can apply equally to those whose identities incorporate these elements in extreme or moderate material ways. But it can also include those who "borrow" the proverbial expressions for use in electronic contexts, such as memes. The memes present an opportunity for anyone to anonymously create alternate versions and so provide an ideal forum for those who might enjoy symbolically cross dressing in the masks of black "thugs," symbolically and psychologically engaging the sexual elements alluded to in the proverb. To the extent that this context involves the presentation and manipulation of visual images, one might compare this exercise to white minstrelsy, or even to the institutionalized practices of film and television writers who commonly perpetuate similar stereotypes, but who themselves are visually removed from them and who might not, in fact, incorporate any of these elements into their day-to-day physical personas.

Predictably, numerous types of video responses to the memes have developed. These offer more entertaining, complicated versions and, at the same time, more clues to the underlying dynamics operating in the memes. There is a series of videos starring a black comedian who bears a striking resemblance to iconic black comedian Dave Chappelle that is devoted entirely to parodies of "The Successful Negro/Black Man" meme. In these, the speaker, who is dressed in a black suit similar to the man in the original meme, with a yellow button down shirt, and yellow tie, performs the meme by speaking the lines aloud and using facial expressions and gestures to accentuate the meanings. In one half of the skit, the background behind him is the same as that in the meme, and the lines of text appear on screen as he speaks them. In the second half of the performance, the background changes to reflect the professional world and the written text usually does not appear. Some of the performances include: "Give me a blunt / evaluation of my job performance," and "I'm go shoot you / an email about them tax exemptions." Interestingly, this video series does not include proverbial phrases (TheWordsmithjr, 15.01.2012a & 15.01.2012b).

Another series of videos is animated and titled "Revenge of the Successful Black Man." These empathize with "the assimilated black man" and are extended conversations between him at various ages and stages of his career, and a woman, sometimes white, sometimes black. The videos are evidence that the meme evokes a complex of attitudes, fears, beliefs, and in-group stereotypes about relationships between black men and black women in the modern age. One issue engaged is the incompatibility of black women with "the assimilated black man," and a variety of reasons for this problem are offered. For instance, young, educated black women are portrayed as materialistic and superficial, in contrast to the man, who is instead practical and genuine. In one video, the woman says, "You are not outgoing and are unpopular," and stresses how important it is to her that the person she dates has stylish clothes, cars, etc. The man responds, "I had to be this way or I could never have made it to college. When the cool kids were playing basketball [...] selling drugs, I was studying and adding 'ing' to my verb endings" (BitterBlackDude, 20.10.2010). But although these videos are testimony to the influence of the meme, they do not contain proverbial expressions found in the memes.

Other videos are comprised of stills of the original memes with a soundtrack that suggests a specific commentary on some of the core issues in the meme, e.g., whether the professional, thoroughly assimilated black man really exists. One such video has a soundtrack of Tom Jones, *It's Not Unusual*, which seems to suggest that the issue is relative cultural invisibility, while another indicates that he finds the "buppie" less credible and an object of ridicule by overlaying the meme stills with Afroman's *Because I Got High*. Videos in which the original meme "comes alive," (the character is performed) accentuate the distance between the two personas and underscores what many viewers find so offensive, or funny, and the profound extent of the anxiety that the memes capture. It's one thing to read the lines of the two black personas, but quite another to see them acted out (animeme, 31.08.2012).

In the end, the main axis of humor in the meme is this anxiety, and the meme resonates for some white and black viewers but for different reasons. However well intentioned the creator may have been, the meme relies on the viewers' knowledge of racist stereotypes and familiarity with popular, contemporary derogatory images of black men, in specific those associated with rap music, "hood" images, and ghetto chronotypes. It also relies on some degree of discomfort that white viewers have with black men. In fact, it is as much or more of an emotional acknowledgement of discomfort as it is a protest against racism.

The white anxiety hinges on their fear and discomfort with assimilated black professionals. The discomfort reflects an inability to un-imagine the thuggish stereotypes of black men when confronted with any form of black maleness. The sexualized, violent, and thuggish persona is a white fetish that is inherently attached to black men. It is what black men signify. Ironically, many white Americans are more comfortable and at home with the notion of the brutish, hypersexualized, and criminalized image of black men than they are with the professional, assimilated version. On the one hand the memes reveal a fear that the persona of the black professional man is only a guise, and that the "real" black man, like Mr. Hyde, will ultimately show his face. On the other hand, the memes reveal a fetishistic anticipation of this unveiling. And finally, the memes reflect an anxiety that Mr. Hyde has really disappeared.

I suggest that for black viewers, the anxiety arises from different fears, and some of these are expressed overtly in posts or in parodies. One fear is of losing one's cultural identity, one's closeness to a black community and all of the conceivable sets of relationships that depend on this closeness. The fear that whether one wants to or not, one will, in the process of getting a good education and advancing in one's professional world, be surrounded entirely by white people. Another fear that surfaces in some of the responses is an African American women's fear that when it comes to desirable options for partners, they will lose out to white women. As the meme suggests, the assimilation process will produce black men who can no longer culturally relate to black women and who at the same time, are not very attractive to black women. As comments on variant videos and memes suggest, the meme evokes a complex of attitudes, fears, beliefs, and in-group stereotypes about relationships between black men and black women in the modern age.

In contrast to proverbs and proverbial expressions in visual images that have been discussed by previous scholars, the proverbs here play a decidedly negative role. The proverbs in the art of Janet Davidson-Hues (Prahlad, 2004), for instance, advocate women's empowerment by highlighting the psychological damage that traditional gender roles can cause women. Expressions in comic strips often make light of contemporary social issues, and political or other public figures are sometimes the "butt" of the joke. For obvious reasons, though, such comics would stay clear of ethnic slurs or stereotyping. Unlike phrases such as "call a spade a spade," which is used by white and black speakers, often without any awareness that it is a racial slur (Mieder, 2002), these phrases are consciously chosen with racial issues in mind. The expressions perpetuate negative stereotypes of African American men by suggesting that even though a black man may be dressed in professional attire, he is still a thug. While the number of proverbial expressions are small, compared to the number of other lines in the meme, each of them occur in multiple versions and they continue to generate more versions. For instance, "I bust a cap / on my tooth, I'll schedule a dentist appointment," and "I'm going to bust a cap / off of this soda and enjoy it." It is likely that the number of expressions is as small as it is because the meme creators' knowledge of black expressions is limited to rap-related lyrics and culture, and even within this subculture, the percentage of phrases that would easily facilitate the degenerate image that the creators strive for, is small.

*Appendix of Proverbs and Proverbial Expressions*

*to get good head* ('to receive fellatio')

*to have "back"* ('to have large and shapely buttocks')

*to pop (bust) a cap* ('to shoot someone')

*to shoot a load* ('to ejaculate')

*to jack a car* ('to steal')

*to check yourself* ('to back off and be more cautious about one's behavior')

*to trip* ('to have an inflated sense of one's self,' or 'to be out of touch with other's reality') *to nail someone* ('to have sex with someone')

*to keep it real* ('to be 'down to earth,' authentic, genuine')

*to tap that* ('to have sex with someone')

*to get baked* ('to get extremely 'high' on drugs or alcohol')

*to do someone* ('to have sex with someone')

*to get off* ('to achieve sexual release or orgasm')

*Once you go black, you never go back.*

## *Bibliography*


animeme. 31.08.2012. "SUCCESSFUL BLACK MAN." <www.youtube.com/watch?v=_c1UFBkscxI> (06.08.2013).

BitterBlackDude. 20.10.2010. "Revenge of the Successful Black Man Part 1." <www.youtube.com/watch?v=KY73O0Bkznc&feature=related> (06.08.2013).

Bronner, Simon J. 2009. "Digitizing and Virtualizing Folklore." In: Trevor J. Blank (ed.). *Folklore and the Internet: Vernacular Expression in a Digital World.* Logan, Ut.: Utah State University Press, 21–66.

Dawkins, Richard. 1999 [1976]. *The Selfish Gene.* New edition. Oxford et al.: Oxford University Press.

Dundes, Alan & Roger D. Abrahams. 1987. "On Elephantasy and Elephanticide: The Effect of Time and Place." In: Alan Dundes (ed.). *Cracking Jokes: Studies of Sick Humor Cycles & Stereotypes.* Berkeley, Calif.: Ten Speed Press, 41–54.

Freud, Sigmund. 1975 [1905]. *Jokes and Their Relation to the Unconscious. The Standard Edition of the Complete Psychological Works of Sigmund Freud.* Vol. 8. London: Hogarth Press.

Gellar, Michelle. no date. "Successful Black Man." <http://lolfunnymeme.com/successful-black-man/> (06.08.2013).

Gilbert, Joanne R. 2004. *Performing Marginality: Humor, Gender, and Cultural Critique.* Detroit, Mich.: Wayne State University Press.

Gladwell, Malcolm. 2000. *The Tipping Point: How Little Things Can Make a Big Difference.* Boston, Mass. et al.: Little, Brown.

Hooks, Bell. 1992. *Black Looks: Race and Representation.* Boston, Mass.: South End Press.

Legman, Gershon. 1968–1975. *Rationale of the Dirty Joke: An Analysis of Sexual Humor.* 2 vols. New York et al.: Grove Press.

McNeill, Lynne S. 2009. "The End of the Internet: A Folk Response to the Provision of Infinite Choice." In: Trevor J. Blank (ed.). *Folklore and the Internet: Vernacular Expression in a Digital World.* Logan, Ut.: Utah State University Press, 80–97.

Meme Generator. no date. "Successful Black Man." <http://memegenerator.net/Successful-Black-Man> (06.08.2013).

Memes. no date. "Successful Black Man." <www.memes.com/successful-black-man/> (06.08.2013).

Mieder, Wolfgang. 2002. *"Call a Spade a Spade": From Classical Phrase to Racial Slur. A Case Study.* New York et al.: Peter Lang (International Folkloristics, 2).

----------. 2004. "'One Picture that's Worth More than a Thousand Words': Pieter Bruegel the Elder's *Netherlandish Proverbs* Past and Present." In: Wolfgang Mieder (ed.). *"The Netherlandish Proverbs": An International Symposium on the Pieter Brueg(h)els.* Burlington, Vt.: The University of Vermont, 195–241.

Prahlad, Anand. 2004. "'You Took the Words Right Out of My Mouth': Proverbial Expressions, Feminist Perspectives, and the Fetish in the Work of Janet Davidson-Hues." *Journal of American Folklore* 117, 22–54.

Revelation. 02.03.2011. "The Best of Successful Black Man Meme." <www.zootpatrol.com/index.php/2011/03/the-best-of-successful-black-man-meme/> (06.08.2013).

TheWordsmithjr. 15.01.2012a. "Successful Black Man – Give ME a BLUNT." <www.youtube.com/watch?v=roFzrJ5pIMI> (06.08.2013).

----------. 15.01.2012b. "Successful Black Man – I'm Gonna SHOOT You." <www.youtube.com/watch?v=_6Enl8WSWhk> (06.08.2013).

# Über die erste afrikaans-deutsche Sprichwörtersammlung

*Stanisław Prędota*

Im Jahre 1925 wurde das Afrikaans, die Tochtersprache des Niederländischen, als die zweite offizielle Sprache der Südafrikanischen Union anerkannt (Conradie, 1986:117). In demselben Jahr erschien auch das erste *Wörterbuch: Deutsch-Afrikanisch, Afrikanisch-Deutsch / Woordeboek: Duits-Afrikaans, Afrikaans-Duits* von Hendrik Abraham Steyn, Hans Georg Schulze und Hugo Gutsche. Bereits 1924 wurde die erste afrikaans-deutsche und deutsch-afrikaanse Sammlung von Phraseologismen und Sprichwörtern, *Juta se Afrikaans-Duitse en Duitse-Afrikaanse idiome, spreekwoorde en segswyse* von Pieter Kat herausgegeben. Ein Exemplar befindet sich u.a. am Jacob-und-Wilhelm-Grimm-Zentrum der Humboldt-Universität zu Berlin. Die zweite Auflage dieser äußerst seltenen Sammlung erschien um das Jahr 1930. Sie wird in der Deutschen Nationalbibliothek in Leipzig (Signatur: 1938 A 15061) aufbewahrt. Unsere Ausführungen beziehen sich auf diese Auflage. In den einschlägigen Bibliografien (Bonser, 1967 [1930]; Cox, 2000; Heestermans, 1990; Moll, 1958) sind weder die erste noch die zweite Auflage verzeichnet. Über das Ziel dieser Sammlungen können wir einiges aus dem Vorwort der zweiten Auflage erfahren. So waren sie für afrikaans sprechende Lehrlinge in Südafrika gedacht, die eine Prüfung in deutscher Sprache ablegen wollten ([um 1930] [1924]:2).

Im Weiteren präsentieren wir lexikografische Grundprinzipien sowie die Makro- und Mikrostruktur der zweiten Auflage dieser Sammlung. Zunächst folgen jedoch einige Informationen zu ihrem Herausgeber Pieter Kat. Biografische Angaben über ihn, die zu ermitteln waren, beziehen sich lediglich auf seine akademische Ausbildung und seine Publikationen. Der Titelseite seiner Sammlung kann man entnehmen, dass er Bakkalaureus und Kandidat der Theologie war. Seine Veröffentlichungen lassen sich in zwei Gruppen einteilen. So veröffentlichte er in den Jahren 1883–1926 im Verlag Thieme in Zutphen zehn Bücher zur niederländischen Grammatik sowie ein Buch zur Geschichte Südafrikas: *Kleine Nederlandsche spraakkunst* (1883), *Beknopte Nederlandsche spraakkunst* (1895), *Woordenboekje der Nederlandsche taal* (1897), *Nederlandsche spraakkunst* (1899), *Een paar bladzijden uit de geschiedenis van Zuid-Afrika* ([1900]), *Een bundel stijloefeningen* (1902), *Oefeningen bij de Nederlandsche spraakkunst* (1903), *Uit de geschiedenis der Nederlandsche woorden* ([1911]), *Klank en symbool: Scheepstermen, jagerstaal, symboliek* ([1914]), *Bijbelsche uitdrukkingen en spreekwijzen in onze taal* (1926). In den Jahren 1924–1935 veröffentlichte er im Verlag Juta in Kapstadt und Johannesburg drei Bücher mit Examensfragen zu Deutsch für afrikaans sprechende Lehrlinge: *Juta se Afrikaans-Duitse en Duitse-Afrikaanse idiome, spreekwoorde en segswyse* (1924), *Juta se eksamenvrae vir matrikulatie: Duits*, 3. Aufl. ([um 1930]), *Juta se eksamenvrae vir junior sertifikaat: Duits*, 4. Aufl. ([um 1935]). In diesen beiden Aufzählungen bleiben Pieter Kats kommentierte Ausgaben zu Werken niederländischer Autoren unberücksichtigt.

Im ersten Teil seiner Sammlung *Juta se Afrikaans-Duitse en Duitse-Afrikaanse idiome, spreekwoorde en segswyse* ([um 1930] [1924]) findet sich eine Auswahl afrikaanser Phraseologismen und Sprichwörter sowie ihre deutschen Entsprechungen. Dabei machen die Phraseologismen den überwiegenden Teil dieser Sammlung aus. Die Sprichwörter selbst sind weder von den Phraseologismen geschieden noch grafisch gekennzeichnet. Es gilt jedoch zu bemerken, dass diese Anordnung damals allgemein üblich war. Die einzelnen Sprichwörter sind nach Stichworten angeordnet. Jedoch wird dieses Prinzip nicht immer konsequent befolgt. Möglicherweise fehlte es Pieter Kat noch an Erfahrung bei der Bearbeitung von Sprichwörter- und Phraseologismensammlungen. So sind manche Sprichwörter und Phraseologismen an zwei unterschiedlichen Stellen seiner Sammlung zu finden. In dieser Sammlung haben wir es mit einem gewissen parömiologischen und phraseologischen Minimum des Afrikaans zu tun, was von Pieter Kat intuitiv zusammengestellt worden ist. Dabei hat er sich vor allem von praktischen Überlegungen leiten lassen: seine Sammlung sollte auf Prüfungen in deutscher Sprache in Südafrika vorbereiten. Wohl aus diesem Grund brauchte sie keine Sprichwörter und Phraseologismen zu beinhalten, die dazu nicht von Nutzen waren, da sie etwa veraltet und vulgär oder einfach selten in Gebrauch waren.

Die Sammlung von Pieter Kat umfasst 88 afrikaanse Sprichwörter, schätzungsweise etwas weniger als ein Drittel des parömiologischen Minimums dieser Sprache. Auffallend ist, dass sich darunter keine Kalender- und Wettersprichwörter, Priameln und Wellerismen befinden. Die Sprichwörterauswahl ist verschieden. Wenn es um ihre Herkunft geht, so finden wir bekannte Sprichwörter

- antiker Herkunft, z.B.

  *Die liefde is blind. / Die Liebe ist blind* (22).

  *As jy wind saai, sal jy 'n warrelwind maai. / Wer Wind säet, wird Sturm (Ungewitter) ernten* (43).

- biblischer Herkunft, z.B.

  *Die gees is gewillig, maar die vlees is swak. / Der Geist ist willig, aber das Fleisch ist schwach* (12).

  *Hoogmoed kom voor die val. / Hochmut kommt vor dem Fall* (16).

  *Oog om oog en tand om tand. / Auge um Auge, Zahn um Zahn* (26).

- aus dem Latein des Mittelalters, z.B.

  *Nuwe besems vee schoon. / Neue Besen kehren gut* (7).

  *Moenie slapende honde wakker maak nie. / Schlafende Hunde soll man nicht aufwecken* (16).

Aber auch afrikaanse Sprichwörter aus dem Volksmund wurden in die Sammlung aufgenommen, z.B.

*Hoe kaler jakhals, hoe groter stert. / Je kahler der Junker, je ärger der Prunker* (17).

*Daar is nooit 'n rokie sonder 'n vuurtjie nie. / Wo Rauch ist, ist auch Feuer* (32).

Zu bemerken gilt es, dass die meisten dieser Sprichwörter heute noch geläufig sind. Zu den wenigen Ausnahmen zählen diejenigen, die in dem modernen afrikaansen Sprichwörterbuch von Anton F. Prinsloo *Spreekwoorde en waar hulle vandaan kom* (2004) nicht (mehr) aufgeführt sind, z.B.

> *Gierigheid is die wortel van alle kwaad. / Geiz ist die Wurzel alles Übels* (13).

> *Wie sy neus skend, skend sy aangesig. / Schind' ich meine Nase, schänd' ich mein Angesicht* (34).

Die Einträge der afrikaansen Sprichwörter in der Sammlung von Pieter Kat bestehen – in der Regel – nur aus zwei Elementen, dem afrikaansen Sprichwort und seiner deutschen Entsprechung, z.B.

> *Wie 'n put graaf vir 'n ander, val daar self in. / Wer anderen eine Grube gräbt, fällt selbst hinein* (30).

Relativ selten sind afrikaanse Sprichwörter, denen zwei deutsche Entsprechungen zugeordnet sind, z.B.

> *As die armoe by die deur inkom, gaan die liefde by die vesteruit. / Kommt der Mangel ins Haus, flieht die Liebe hinaus. & Mangel ist das Grab der Liebe* (9).

Nur in einem einzigen Fall gibt es zu einem afrikaansen Sprichwort auch eine afrikaanse Entsprechung:

> *Hoe kaler jonker, hoe groter pronker (Hoe kaler jakkals, hoe groter stert). / Je kahler der Junker, je ärger der Prunker* (17).

Die afrikaansen Sprichwörter der Sammlung von Pieter Kat können in drei Hauptgruppen eingeteilt werden. Gruppe I bilden diejenigen Sprichwörter, die noch im heutigen Afrikaans vorkommen und dieselbe Form und Bedeutung aufweisen. Auf den jeweiligen Eintrag bei Kat folgt die entsprechende moderne Form bei Prinsloo (2004), bezeichnet mit 'P':

> *Die* ***appel*** *val nie ver van die boom nie. / Der Apfel fällt nicht weit vom Stamme* (6).
> *Die appel val nie ver van die boom nie* (P).

> *In die land van die* ***blindes*** *is eenoog koning. / Unter Blinden ist der Einäugige König* (7).
> *In die land van die blindes is eenoog koning* (P).

> *Die* ***boog*** *kan niet altyd gespan wees nie. / Der Bogen will nicht immerzu gespannt stehen* (7).
> *Die boog kan niet altyd gespan wees nie* (P).

***Boontjie** kry sy loontjie. / Unrecht schlägt seinen eigenen Herrn* (8).
*Boontjie kry sy loontjie* (P).

*'n Halwe **eier** is beter as 'n leë dop. / Besser halb Ei als eitel Dopf. & Besser eine Laus im Kraut als gar kein Fleisch* (10).
*'n Halwe eier is beter as 'n leë dop* (P).

*Die **gees** is gewillig, maar die vlees is swak. / Der Geist ist willig, aber das Fleisch ist schwach* (12).
*Die gees is gewillig, maar die vlees is swak* (P).

*Die **gekke** kry die kaarte. / Je ärger Schelm, je größer Glück. & Je größer Narr, je besser Pfarr* (12).
*Die gekke kry die kaarte* (P).

***Geld**, wat stom is, maak reg, wat krom is. / Geld regiert die Welt. & Mit Geld kann man aus Unrecht Recht machen* (12).
*Geld wat stom is, maak reg wat krom is* (P).

*Hoe meer **haas**, hoe minder spoed. / Eilesehr brach den Hals. & Gut will Weile haben* (13).
*Hoe meer haas, hoe minder spoed. & Haas en spoed is selden goed* (P).

*Waar die **hart** van vol is, loop die mond van oor. / Wes das Herz voll ist, des geht der Mund über* (14).
*Waar die hart van vol is, loop die mond van oor* (P).

*Die **hemp** is nader as die rok. / Das Hemd (die Haut) ist näher als der Rock* (32).
*Die hemp is nader as die rok* (P).

*Moenie slapende **honde** wakker maak nie. / Schlafende Hunde soll man nicht aufwecken* (16).
*Moenie slapende honde wakker maak nie* (P).

***Hoogmoed** kom voor die val. / Hochmut kommt vor dem Fall* (16).
*Hoogmoed kom voor die val* (P).

*Elke **huis** het syn kruis. / Jeder Mann hat sein Kreuz* (16).
*Elke huis het sy kruis* (P).

*Hoe kaler **jonker**, hoe groter pronker (Hoe kaler jakkals, hoe groter stert). / Je kahler der Junker, je ärger der Prunker* (17).
*Hoe kaler jonker, hoe groter pronker* (P).

***Kennis** is mag. / Wissen ist Macht* (19).
*Kennis is mag* (P).

*Die **klere** maak die man. / Das Kleid macht den Mann. & Kleider machen Leute* (19).
*Die klere maak die man* (P).

***Ledigheid** is die duiwel se oorkussing. / Müssiggang ist des Teufels Ruhebank. & Müssiggang ist aller Laster Anfang* (21).
*Ledigheid is die duiwel se oorkussing* (P).

*Ou **liefde** roes nie. / Alte Liebe rostet nicht* (22).
*Ou liefde roes nie* (P).

*Daar is niks **nuus** onder die son nie. / Es geschieht nichts Neues unter der Sonne* (26).
*Daar is niks nuuts onder die son nie* (P).

***Onkruid** vergaan nie. / Unkraut vergeht (verdirbt) nicht* (26).
*Onkruid vergaan nie* (P).

*Die **oog** van die meester maak die perd vet. / Das Auge des Herrn macht das Vieh fett. & Das Auge des Herrn düngt den Acker wohl* (27).
*Die oog van die meester maak die perd vet* (P).

***Oog** om oog en tand om tand. / Aug um Auge, Zahn um Zahn* (26).
*Oog om oog en tand om tand* (P).

*Uit die **oog**, uit die hart. / Aus den Augen, aus dem Sinn (Herzen)* (27).
*Uit die oog, uit die hart* (P).

***Oos** wes, thuis bes. / Es ist eben nirgends besser als daheim* (27).
*Oos, wes, thuis bes* (P).

*Wie 'n **put** graaf vir 'n ander, val daar self in. / Wer Anderen eine Grube gräbt, fällt selbst hinein* (30).
*Wie 'n put grawe vir 'n ander val self daar in* (P).

***Skoenmaker**, hou jou by jou lees. / Schuster, bleib beim Leisten* (35).
*Skoenmaker, hou jou by jou lees* (P).

***Skyn** bedrieg. / Der Schein trügt* (35).
*Skyn bedrieg* (P).

***Soort** soek soort. / Gleich und gleich gesellt sich gern* (36).
*Soort soek soort* (P).

*Wie nie **sterk** is nie, moet slim wees. / List tut mehr als Stärke* (36).
*Wie nie sterk is nie, moet slim wees* (P).

*Kom **tyd**, kom raad. / Kommt Zeit, kommt Rat* (30).
*Kom tyd, kom raad* (P).

*Van **uitstel** kom afstel. / Aufgeschoben ist so gut wie aufgehoben* (39).
*Van uitstel kom afstel* (P).

Gruppe I umfasst 32 afrikaanse Sprichwörter. Sie macht 36,36 % dieser Sprichwörtersammlung aus.

Gruppe II besteht aus Sprichwörtern, die auch noch im heutigen Afrikaans geläufig sind. Zwar haben sie dieselbe Bedeutung, jedoch weisen sie eine abweichende

Form auf. Auf den jeweiligen Eintrag bei Kat folgt das entsprechende Äquivalent bei Prinsloo (2004):

*As die **armoe** by die deur inkom, gaan die liefde by die venster uit. / Kommt der Mangel ins Haus, flieht die Liebe hinaus. & Mangel ist das Grab der Liebe* (9).
*As die armoede by die voordeur inkom, gaan die liefde by die achterdeur uit* (P).

***Belofte** maak skuld. / Versprechen macht Schulden* (6).
*Belofte maak skuld (wie daarop wag, is gekuld)* (P).

*Nuwe **besems** vee skoon. / Neue Besen kehren gut* (7).
*'n Nuwe besem vee skoon* (P).

*Die **bloed** kruip waar dit nie gaan kan nie. / Wo das Blut nicht hinläuft, da kriecht es hin* (7).
*Bloed kruip waar dit nie kan loop nie* (P).

*Hoë **bome** vang baie wind. / Hohe Bäume fangen (fassen) viel Wind* (8).
*Hoë bome vang baie wind. & Die hoogste bome vang die meeste wind* (P).

*Wie se **brood** mens eet, die se woord mens spreek. / Wessen Brot ich esse, dessen Lied ich singe* (8).
*Wie se brood 'n mens eet, dié se woord 'n mens spreek* (P).

*Die **deler** (heler) is so goed as die steler. / Der Hehler ist so gut wie der Stehler* (8).
*Die heler is so goed as/soos die steler* (P).

*Die een se **dood** is die ander se brood. / Des Einen Tod ist des Anderen Brot* (9).
*Die een (man) se dood is die ander se brood* (P).

*Die gebraaide **duiwe** vlieg hom nie in die mond nie. / Es fliegen ihm die gebratenen Tauben nicht ins Maul* (10).
*Gebraaide duiwe vlieg niemand in die mond nie* (P).

*Wat **eers** kom, eers maal. / Wer erst kommt, mahlt erst* (10).
*Eerste kom, eerste maal* (P).

*By **gebrek** aan brood eet mens korsies van pasteie. / Wenn man kein Brot hat, soll man Kuchen essen* (8).
*By gebrek aan brood eet 'n mens korsies van pasteie* (P).

*As mens 'n **hond** wil slaan, kan jy gou genoeg 'n stok kry. / Wenn man den Hund schlagen will, findet man leicht einen Stock* (15).
*As 'n mens 'n hond wil slaan, kan jy maklik 'stok kry* (P).

***Honde** wat blaf, byt nie. / Hunde, die viel bellen, beißen nicht* (16).
*Blaffende honde byt nie* (P).

***Kinders** is 'n seën van die Here. / Kinder sind Gottes Segen. & Viel Kinder, viel Segen* (19).
*Kinders is 'n seën van die Here, maar hulle hou die mot van uit die klere'* (P).

*Die **liefde** is blind. / Die Liebe ist blind* (22).
*Liefde is blind* (P).

*Met watter **maat** jy meet, sal jou weer gemeet word. / Eben mit dem Maß, womit ihr messet, wird man euch wieder messen* (23).
*Met die maat waarmee jy meet, sal jy gemeet word* (P).

*Die **mens** wik, God beskik. / Der Mensch denkt, Gott lenkt* (43).
*Die mens wik, maar God beskik* (P).

*Klein **muisies**, groot ore. / Kleine Töpfe haben auch Ohren* (24).
*Klein muisies het groot ore* (P).

*In die **nood** leer mens jou vrinde ken. / In der Not lernt man die Freunde kennen* (25).
*In die nood leer 'n mens jou vriende ken* (P).

*'n **Ons** geluk is meer weerd as tien pond verstand. / Ein Quentchen Glück ist besser als ein Pfund Verstand* (12).
*'n Ons geluk is meer weerd as 'n pond verstand* (P).

*Na **reën** kom sonneskyn. / Nach Regen kommt Sonnenschein* (30).
*Ná reën kom sonskyn* (P).

*Daar is nooit 'n **rokie** sonder 'n vuurtjie nie. / Wo Rauch ist, ist auch Feuer* (32).
*Daar is nooit een rokie nie of daar brand 'n vuurtjie* (P).

*Geen **roos** sonder dorings nie. / Keine Rose ohne Dornen* (32).
*Geen rose sonder dorings nie* (P).

*Gedane **sake** het nie keer nie. / Was dahinten ist, ist genäht. & Was geschehen ist, ist geschehen* (12).
*Gedane sake het geen keer nie* (P).

*Eén brandsiek **skaap** steek die hele trop aan. / Ein räudiges Schaf steckt die ganze Herde an* (34).
*Een skurwe/brandsiek skaap kan die hele trop aansteek* (P).

*Deur **skade** en skande word mens wys. / Durch Schaden und Schanden wird man klug* (34).
*Deur skade en skande word 'n mens wys* (P).

*Daar gaan baie mak **skape** in één kraal. / Es gehen viele geduldige Schafe in den Stall* (34).
*Baie mak skape gaan in een kraal* (P).

*Driemaal is **skeepsreg**. / Aller guten Dinge sind drei* (34).
*Drie maal is skeepsreg* (P).

*As die **skoen** jou pas, trek hem dan aan. / Wem's juckt, der kratze sich* (35).
*As die skoen jou pas, moet jy hom maar aantrek* (P).

*Elkeen weet die beste waar die* ***skoen*** *hom druk. / Jeder weiß am besten, wo ihn der Schuh drückt* (35).
*Elkeen weet die beste waar die skoen hom/haar druk* (P).

*Moenie ou* ***skoene*** *weg gooi nie, voor je nuwes het. / Man muss das faule Wasser nicht eher weggießen, bis man besseres hat* (35).
*Moenie ou skoene weggooi voor jy nuwes het* (P).

*Oor die* ***smaak*** *val nie te twis nie. / Über den Geschmack lässt sich nicht streiten* (36).
*Oor die smaak val nie te redeneer/twis nie* (P).

*Aan die* ***vrug*** *ken mens die boom. / An der Frucht erkennt man den Baum* (42).
*Aan die vrug word die boom geken. & Aan die vrug ken 'n mens die boom* (P).

*Elkeen dink sy* ***uil*** *is 'n valk. / Jeder hält seine Eule für einen Falken. & Jeder sieht seine Eule für eine Nachtigall an* (39).
*Elkeen dink dat sy/haar uil 'n valk is* (P).

*As jy* ***wind*** *saai, sal jy 'n warrelwind maai. / Wer Wind säet, wird Sturm (Ungewitter) ernten* (43).
*Wie wind saai, sal storm maai* (P).

Gruppe II zählt 34 Sprichwörter. Insgesamt macht sie also 38,63 % der untersuchten Sammlung aus.

Gruppe III bilden Sprichwörter, die ebenfalls noch im heutigen Afrikaans geläufig sind, jedoch nicht bei Prinsloo (2004) angeführt werden:

*Dis nie elke* ***dag*** *kermis nie. / Es ist nicht ewig Kirmes (Feiertag). & Das lustige Leben nimmt auch ein Ende* (19).

*Elkeen is 'n* ***dief*** *in sy nering. / Ein jeder denkt in seinen Sack. & Das Sprichwort sagt: rips, raps in meinen Sack* (25).

***Eerlik*** *duur die langste. / Ehrlich währt am längsten* (10).

*Vir* ***geld*** *is alles te koop. / Für Geld kann man alles haben. & Für Geld kann man den Teufel tanzen sehen* (12).

*So* ***gewonne****, so geronne. / Wie gewonnen, so zerronnen* (13).

***Gierigheid*** *is die wortel van alle kwaad. / Geiz ist die Wurzel alles Übels* (13).

*Kom jy oor die* ***hond****, dan kom jy oor sy stert. / Kommt man über den Hund (Fuchs), so kommt man auch über den Schwanz* (15).

***Mens*** *kan nie weet nie, hoe 'n stuiwertjie kan rol. / Man kann nie wissen, wohin die Sache sich wenden kann* (32).

***Mens*** *kan nie yster met hande breek nie. / Eisen lässt sich nicht mit Händen brechen* (44).

***Mens** moet die snare nie te sterk span nie. / Man darf die Saiten nicht zu stark spannen* (36).

***Mens** moet die yster smeed as dit warm is. / Man muss das Eisen schmieden, so lange es heiß ist* (36).

*Wie syn **neus** skend, skend sy aangesig. / Schind' ich meine Nase, schänd' ich mein Angesicht* (34).

*Waar **niks** is nie, verloor die keiser sy reg. / Wo nichts ist, da hat der Kaiser sein Recht verloren* (31).

*Veel **raad**, weinig baat. / Viele Köche versalzen den Brei* (30).

*Geen **reël** sonder uitsondering. / Keine Regel ohne Ausnahme* (30).

*Waar gekap word, val **spaanders**. / Wo man zimmert, fallen Späne* (36).

*Eén **swaweltjie** maak nog nie somer nie. / Eine Schwalbe macht keinen Sommer* (37).

*'n Goede **verstander** het maar 'n halwe woord nodig. / Zartem Ohr genügt ein halbes Wort* (44).

*Beter 'n goeie as 'n verre **vriend**. / Ein guter Nachbar in der Not ist besser als ein ferner Freund* (8).

*Fris **gewaag**, is halfpad gewen. / Frisch gewagt ist halb gewonnen* (11).

*Jong **gewend**, oud gedaan. / Jung gewohnt, alt getan* (17).

*Goeie **wyn** prys homself. / Guter Wein bedarf des Kranzes nicht. & Guter Wein empfiehlt sich selbst* (44).

Gruppe III umfasst lediglich 22 Sprichwörter und macht 25 % der analysierten Sammlung aus.

Den ersten Platz in der untersuchten Sprichwörtersammlung von Pieter Kat nimmt Gruppe II ein. An zweiter Stelle befindet sich Gruppe I und den dritten Platz belegt Gruppe III. Das erste, noch ziemlich bescheidene Phraseologismen- und Sprichwörterbuch für das Sprachenpaar Afrikaans und Deutsch ist vor 90 Jahren erschienen. Es wäre wohl an der Zeit, eine neue und umfangreichere Bearbeitung dieses Wörterbuchs in Erwägung zu ziehen.

## *Bibliografie*

Bonser, Wilfrid. 1967 [1930]. *Proverb Literature: A Bibliography of Works Relating to Proverbs. Compiled from Materials Left by the Late T.A. Stephens*. Nendeln, Lichtenstein: Kraus Reprint (Publications of the Folklore Society, 89) [Nachdruck der Ausgabe Glaisher, London, 1930].

Conradie, C.J. 1986. *Taalgeskiedenis*. Pretoria u.a.: Academica.

Cox, Heinrich Leonhard. 2000. *Spreekwoordenboek: Nederlands, Fries, Afrikaans, Engels, Duits, Frans, Spaans, Latijn*. Utrecht u.a.: Van Dale Lexicografie.

Heestermans, Hans. 1990. "Niederländische Lexikographie und Lexikographie des Afrikaans." In: Franz Josef Hausmann & Oskar Reichmann & Herbert Ernst Wiegand & Ladislav Zgusta (Hgg.).

*Wörterbücher: Ein internationales Handbuch zur Lexikographie*. 2. Teilbd. Berlin u.a.: de Gruyter, 2010–2022.

Kat, Pieter. [um 1930] [1924]. *Juta se Afrikaans-Duitse en Duitse-Afrikaanse idiome, spreekwoorde en segswyse*. 2. Aufl. Kaapstad u.a.: Juta.

Moll, Otto Ernst Eugen Guido. 1958. *Sprichwörter-Bibliographie*. Frankfurt am Main: Klostermann.

Prinsloo, Anton F. 2004. *Spreekwoorde en waar hulle vandaan kom*. Kaapstad: Pharos.

Steyn, H[endrik] A[braham] & H[ans] G[eorg] Schulze. 1925. *Wörterbuch: Deutsch-Afrikanisch, Afrikanisch-Deutsch / Woordeboek: Duits-Afrikaans, Afrikaans-Duits*. Unter Mitwirkung von Hugo Gutsche. Pretoria: J.L. van Schaik.

# Narrative and Proverbial Artistry: Commemorating a Vanished Jewish Diaspora

*Ilana Rosen*

## Introduction: Laying a Hand on Two Sacks of Wheat/Gold

Wolfgang Mieder is renowned for his expertise in paremiology and the promotion of its international scholarship via numerous projects, crowned by the *Proverbium* journal and its supplement series, both of which he edits. Somewhat less known (due to Mieder's self-effacing modesty) is his commitment to, and support of, Jewish studies with an emphasis on the Jewish communities and culture destroyed in the Holocaust. Mieder is a senior and active member of The Center for Holocaust Studies at The University of Vermont and has promoted the study and awareness of the exterminated European Jewish communities and individuals (& Scrase, 1996 & 2001; & Kahn Keimowitz, 1999; Scrase & Mieder, 2001). As a Holocaust narrative researcher, I wish to express my identification with this part of Mieder's activity by contributing to his 70$^{th}$ birthday festschrift an article about an exemplary Holocaust survivor, who devoted his stories and proverbs to the commemoration of his bygone, destroyed Jewish community.

## Baruch Tsachor: Warrior, Worker, and Holocaust Memorialization Activist

Baruch Tsachor (1922–2012) of Trebusan(y)/Dilove, farmer, carpenter-artisan, sculptor, and charismatic narrator, captured my attention when I interviewed him in the mid-1990s. That was when I carried out a comprehensive research project devoted to the oral lore of Israelis from Carpatho-Rus', presently in western Ukraine and historically part of the Austro-Hungarian Monarchy and culture. Baruch stood out in the richness and variety of his oral narratives and other genres, as well as in his commitment to an accurate and faithful – i.e., unsentimental – portrayal of his bygone community. His disagreements with others about this issue could not but slip into his stories, anecdotes, jokes, proverbs, and sayings. Thus his narrative performance became a continuous stream of meta-narrative explanatory, cultural, and ideo-political discourse, as specified in several of my Carpatho-Rusyn studies (1999:43–60; 2011b:126–129; 2012).

In addition, in the late 1990s Baruch published a personal memoir delineating his life history as a Holocaust survivor *and* Israeli pioneer,[1] titled *Lo Hayiti Gibor* ('I Was No Hero'). The memoir covers the following phases and issues in Baruch's life: Childhood and youth in Trebusan(y), World War Two, Baruch's forced Labor Service in the Hungarian army, his escape from the Service and fighting with partisans, his post-war Zionist activity of searching for other survivors and persuading them to leave for Israel/Palestine, and his emigration to British-Mandate ruled Eretz Israel in 1947. Baruch also writes about his marriage to Hannah, a survivor from Rahov (in Carpatho-Rus'), the couple's family life and life on kibbutz, and finally their move to the Tsofit village north of Tel Aviv.

Baruch's book is heavily burdened by his elegiac consciousness of the loss of his family and virtually entire community in the Holocaust. In one of the three story-telling sessions we held, he referred to this awareness when talking about his present family (in his book he emphasizes twice that his son and daughter are adoptees because his wife Hannah was infertile after her experiences as a victim to medical experiments in Auschwitz; see 1997:135 & 171). Notwithstanding his happiness and gratefulness for his present family of three generations, Baruch poignantly agonized over the loss of his past family, both immediate and extended. He compared the void left without them to "an empty stadium," which they would have filled with offspring by now had they not been murdered. Similarly, he concluded many of his written hometown reminiscences with epilogues of lament and grief on the protagonists (1997: 17 & 19 & 21 & 26 & 53 & 89).

With the exception of the few (orally recorded) narrative excerpts analyzed in this essay, Baruch hardly used any proverbs in most of his other narratives and in his written memoir. Of course, "proverbs" also includes proverbial-metaphorical sayings and phrases (which shall henceforth be termed "proverbs and sayings"). The exception to this is his recurrent use of the proverb "momentary life is still living" (Hebrew: *hayei sha'a hem gam hayim*; Yiddish: *khayey sho is oykh a lebn*) in his memoir (1997:58 & 72).[2] In the context of the memoir it became an apt motto, summary, or "guiding metaphor" (Gates, 1991:257–258 & 265–266) for his resourcefulness, his jack-of-all-trades capabilities and cunning street smarts, and his general ironic stance. These important traits came to his aid time and again from childhood and youth through survival, rehabilitation, and finally in his creation of a meaningful life in the shadow of loss and remembrance.

In our three interview meetings in 1995, Baruch told me around 40 stories. At times he combined these with other genres, mostly jokes and occasionally proverbs and sayings. All these became part of a rich portrayal of Baruch's past Jewish community with its figures, institutions, venues, customs, languages, relationships, beauty, and weaknesses. Since I already have paid much attention to Baruch's major (as opposed to minor or gnomic) genres, especially his legends and personal narratives, in this essay I wish to direct the spotlight to his handful of proverbs and sayings. These proverbs are either embedded in narratives, or appear after the narratives as punch lines, or are explicated and elaborated in the narratives, as explained later on. At any rate, this duality is prevalent in Baruch's narratives and necessarily affects the interpretation and understanding of all his genres and messages.

## Perspectives on Proverbs and Sayings in Their Narrative and Cultural Contexts

The relationship between narratives and proverbs (or sayings) within a given corpus or culture, or practice, has received considerable analytic attention in recent decades. Galit Hasan-Rokem's pioneering *Proverbs in Israeli Folk Narratives* (1982) has paved the way to complex considerations of the relations between these two main genres. Hasan-Rokem analyzed the appearance and function of proverbs in immigrant ethnic Israeli lore of the 1950s to the 1970s, and has shown that in most cases, proverbs embedded in the narrative encapsulate the narrative's central dilemma or message. Ofra Meir (1985) offered an even more specific examination of proverb use in late Jewish antiquity literature in her close reading of proverbs uttered by the characters in this literature. Charlene E. Gates (1991), who studied the art and life history of a Russian-American male basket maker has likewise shown that the basket maker's recurrent, typical proverbs (e.g., "The work is afraid of the master") are the leading or "guiding metaphors" of his life and artistry.

Other researchers have explored the relations between narrative and proverb within a specific work of fiction, or collection, or a writer's work (Hassell, 1962; Doerr, 2004; Kehinde, 2004) and have exposed various thematic ties and "dialogues" between the two genres. Considering the context of Jewish Diasporas and its master-languages (Yiddish and Judeo-Spanish, or Ladino), researchers often focused on the general cultural reservoir on which they are based and to which they necessarily allude (Armistead & Haboucha & Silverman, 1982; Goldberg, 1993; Kirshenblatt-Gimblett, 1981; Silverman-Weinreich, 1981). Simultaneously, a more functional approach has directed attention to the enactment and cultural role of proverb use within various societies or "micro-cosmoses" (Yankah, 1986; Obelkevich, 1987; Yitah, 2009). There is a whole stream of studies on the interactions of proverb and fable (Carnes, 1988; Hasan-Rokem, 1982:13; Krikmann, 2009:213–214; Stahl, 1980); though somewhat removed from the focus of this essay, these studies are still relevant.

My own recent comprehensive study of the life history, proverbs and sayings of my late father-in-law – an elderly Israeli of Transylvanian, Austro-Hungarian origin – was an attempt at a holistic examination of both the poetical-rhetorical and the functional-cultural aspects of my relative's narrative performance and proverb usage (2011a). Following the same analytic rationale, I shall try to implement some of the procedures and insights of that inclusive study here too, taking into account the necessary differences between the two case studies.

## Historical and Cultural Background of the Jews of Carpatho-Rus'

Just before delving into the meanings and relations of Baruch's narratives and proverbs, a short survey of his historical, social, and cultural milieu is imperative. The Jews of Carpatho-Rus', presently the Western part of the Ukrainian Republic, were largely decimated in the Holocaust as part of Hungarian Jewry. Until the Holocaust, and more specifically in the inter-war period, they were a community of about 113,000 souls.

They were situated in an area of around 100,000 square kilometers, which was divided into the four Historical Austro-Hungarian counties of Ung, Ugocsa, Bereg, and Marmaros (the location of Trebusan(y)/Dilove), by then under Czechoslovak rule. The Carpatho-Rusyn Jews lived in dozens of communities varying from big cities like Munkács/Mukačevo, Ungvár/Užhorod and Beregszász/Berehovo, to small towns and villages. Most of them were Orthodox, mostly Hasidic; a few thousands were Zionist; even fewer were communist. A relatively high percentage of them were farmers and laborers, much like their non-Jewish neighbors and conspicuously unlike the more typical image of *shtetl* Jews (Jelinek, 2007; Magocsi, 2005; Rothkirchen, 1977).

After the Holocaust, the few thousand Carpatho-Rusyn Jewish survivors re-built their lives mostly in Israel and the West, though some returned to, or remained, in the region. During many decades afterwards, the survivors and others who left early on were busy creating new lives and families. But then, for a variety of reasons beyond the scope of this essay (Rosen, 2009:107–108), Israeli and American organizations of former Carpatho-Rusyn Jews joined forces (during the 1990s) to promote the study of their history and culture in Israeli universities. These efforts yielded three research studies of Carpatho-Rusyn Jewry before World War Two and during the Holocaust (Jelinek, 2007; Rosen, 1999 & 2004). The present essay draws on both my Carpatho-Rusyn studies, as Baruch had much to say or write about both the interwar period and the Holocaust, as well as about his rehabilitation and activist memorialization.

## Baruch Tsachor's Embedded Proverbs and Sayings

Although most of Baruch's narration was not proverbial, in some cases he did use proverbs, sayings, or other formulaic speech embedded in narrative or explicated by it. In most of these cases he answered my "leading questions" about prevailing sayings in his childhood communities (see the detailed questionnaire I designed for this research project in 1999:184–185, "Appendix 1"). Having embarked on this route, he was apparently carried on by associative thinking. This dynamics is clearly evident from the consecutive numbers of the following excerpts, as presently stored in both the Israeli Folktale Archives (IFA) at Haifa University and the project's Archives at Tel Aviv University. Regarding language, Baruch spoke mainly Hebrew but enlivened his stories with words and phrases in Yiddish, Hungarian, and Carpatho-Ruthenian, as indicated in my English translation of his texts.

*And the Poor Are Exempt ...* (IFA 23769)

"The area of our village was agricultural. Now, it was customary that in the synagogue, at the end of holidays like Passover, at the beginning of spring, people had to be reminded to do certain things. So the beadle, and in some communities the sexton, would make a short speech from the pulpit. He would say, Passover is over, you should make sure that you burn last year's clutter, you sow, and you cultivate your vegetable garden and everything. Then he would add, And the poor are exempt from all of this.

The same thing happened after Simhat Torah, in the fall. He would say, it's just before a hard winter, he already knew it would be hard [...] Make sure to repair your roofs, to stuff the holes in your windows and walls, collect the harvest from the fields, store your potatoes and onions. And again, the poor are exempt from this. And so it was, year after year.

Of course, it was a joke! Most people did not have any fields except maybe for small vegetable gardens. They were mostly [poor] shopkeepers and tavern owners. At any rate, the poor were exempt from it all."

## *He Is Still Walking Around with His Wedding Hat* (IFA 23774)

"This Jew was making quite a good living from his vegetable store. He was doing fine. But then a younger man got married and he also opened a vegetable store nearby, and he offered much lower prices, the new shopkeeper. So people asked the older shopkeeper, Reb [respectful address for a grown male in Jewish Orthodoxy, not to be confused with Rav, meaning a certified Rabbi] Shloyme [Yiddish pronunciation of Shlomo, Solomon], how can it be? You two buy the products in the same places, in [Hungarian:] Ungvár [Ukrainian: Uzhgorod], or in Szelis [Yiddish pronunciation deriving from Hungarian Nagyszőllős; Ukrainian: Vinogradov], it's the same source. So how come he sells them for much cheaper than you do? So he says, Well, [Yiddish:] *Er geyt nokh mitn hut fun der Khasene*, he is still walking around with his wedding hat on his head. What does that mean? He just got married, he received a nice dowry. He hasn't yet eaten it all up, so he can afford low prices. Let's see if he can do it after he spends the dowry. So we used to say about such a man, *Er geyt nokh mitn hut fun der Khasene*."

## *I Have Laid My Hand on Two Sacks of Wheat* (IFA 23775)

"Avrum-Dovid [Yiddish pronunciation of Avraham-David] enters the Synagogue for *minha* [midday/afternoon prayer]. He seems joyful, he claps his hands. So the people there ask him, What happened, why are you so happy? He says, [Yiddish:] *Ikh hob geleygt di hant af tsvey zeklekh mel*,[3] I've put my hand on two sacks of wheat. Two sacks of wheat? That's a fortune! And he says, I laid my hand, meaning he bought them. They ask him, Reb Avrum-Dovid, it's the middle of winter, we haven't heard that you received a package from America, we haven't heard that you won the lottery, we heard nothing of this sort of thing. So how come you bought two wheat sacks in the middle of winter?

So he answers, It's very simple, it [Exodus 23,5] says 'lend a hand' ['In case you see the donkey of one who hates you lying helpless under its pack and you hesitate lending a hand, by all means help him']. Near the railway station, where the road is going up, I saw Hersh the beadle, who also works as a porter at the station, I saw him carry a shopkeeper's heavy sacks of produce. He was pushing it all up-hill in a hand wheelbarrow, no horses, with only his son to help him. So I thought, *ozev tazev* [Yiddish pronunciation of Biblical Hebrew *azov ta'azov* (*imo*)], help him, I should give him a hand. That's how [for a short while] I laid my hands on two sacks of wheat."

## *The Shabbat Rooster* (IFA 23785)

"This is another folk story. A relative comes over to visit his family in the village. He comes on Wednesday and intends to stay for Shabbos [Yiddish for Shabbat or Saturday]. It doesn't take him more than a day to realize that they are very poor, they hardly have anything to eat, and now they'll also host him and his family? They came for the Saturday, as was customary, and it's not easy to start all the way home either. So he talks it over with his wife, and they decide to leave the next morning. He tells his cousin [...] He doesn't say the real reason, he doesn't want to hurt his feelings, so he says they were reminded of something and they have to return.

So the host says, Look, I prepared for you, whatever we have we'll share with you. But if you insist [...]

So the guest says, Wake me up at four in the morning, I have to catch a train from town.

At four in the morning, the cousin wakes him up. He says, Moyshe, wake up, it's four in the morning.

So Moyshe says, How do you know it's four, you don't have a clock?

The host says, The rooster has just crowed.

The guest says, Ah, you have a rooster?! Then I'm staying for Shabbos."

*They Drum Roll (Announce) It "There," in Their Country* (IFA 23784)

"This one sounds better in Hungarian. A long time ago the government used to make announcements at the city or village center, or in the market. The announcer would make all kinds of official or financial announcements, health issues, etc. If it was a time of war like during World War One then he would also announce the news from the front. He would call out: We killed so many enemy soldiers, we destroyed so many cannons, we captured so many enemy troops and also their horses and chariots and equipment, and so on. Once, a man asked the announcer, Tell me, and how many did they kill of our soldiers?

So the announcer says, *Ezt ott doboljàk,*[4] they drum roll (announce) it *there*, in their villages and towns."

Of the five excerpts, it is easy to notice the differences between the first four and the fifth. Concerning theme, the first four are preoccupied with the poverty culture, whereas the last one deals with communication and information on a national scale. Concerning localities and their populations, the first four are rooted in exclusively Jewish culture, whereas the last one is related to the closing years of the past Austro-Hungarian Monarchy and to World War One and its long duration and heavy losses. Concerning the "Jewish" proverbs and sayings and their explicatory narratives, in most cases they involve and present Jewish folk wisdom and ethos in the form of allusions to Jewish holy studies and stressing the value of mutual support.

In the first narrative, "And the Poor Are Exempt …," Baruch recollects the seasonal reminders of his past community's sexton or beadle (in larger communities there may have been significant differences between sextons and beadles, but in smaller places the same man could have carried out both functions; see Rosen, 1999:32–38). In a largely agricultural environment, these yearly rites of passage were focal and determined the everyday practices and conceptions of its inhabitants. But things were more complicated for Jews within this multi-cultural setting than for the area's other centuries-old populations. On the one hand, Jews like the other nations and ethnic groups of the region charge the year cycle with symbolic meaning, as expressed by the mention of the holidays of Passover and Simhat Torah. On the other hand, as Baruch clarifies toward the end of his story, all this is but a "joke" for the local Jews. This is because, first of all, Jews in most Diasporas were not allowed to purchase and own land, and therefore were limited to more "ephemeral" occupations such as crafts and trades. Exceptionally, though, the Jews of Carpatho-Rus' worked in the wine and wood industries and in agriculture at higher percentages than many other East-European communities (Jelinek, 2007). In most cases, though, they were not owners, but rather lease-holders, work managers, craftsmen, and shopkeepers. Often their occupations turned them into middlemen between the rich gentry landowners and the poor farmers or virtual slaves (on this reality see Rosen, 2011b:126–129, especially the narrative of Yosef Ami and its analysis; see also the visual images of this Jewry and its typical occupations as illustrated in the photo album by Vishniac, 1986:2–9 & 79–87 & 123–144).

The additional "turn of the screw" to this situation is the poverty component of this narrative, as in the other first four in this essay: "Most people did not have any fields except maybe for small vegetable gardens." This means that they had nothing or nowhere to sow and harvest, though like the rest of the region's poor populations they had to stuff holes, prepare for the cold season, and if they were lucky – cultivate their "small vegetable gardens." This is why they were basically "exempt" from the worries of more affluent people, not to say rich, as the region as a whole was poor. Yet, the smart sexton or beadle manages to turn this reality upside down by portraying the more affluent Jews as "suffering" from a collection of bothersome chores, from which the poor are luckily "exempt." The result of this world-view is that although the poor do not improve their situation, at least they get momentary comic relief from it, until the next season.

The second narrative with an embedded metaphoric saying, or metaphoric saying with an explicatory narrative, also deals with financial paucity: "He is still walking around with his wedding hat." The narrative describes a competition or duel between two shopkeepers, an older and a younger one. The older one has had his store for years, while the younger man opens his and challenges the older man with much lower prices. This makes the customers wonder about the gap, and perhaps also think that they have been over-paying for years. But the older shopkeeper, Reb Shloyme, is able to explain the difference in soothing terms that make it clear that this is but a temporary difference. He says that the younger shopkeeper "is still walking around with his wedding hat," meaning that he temporally uses the advantage or bonus of his wedding gifts, but once he "eats it up" he, too, will demand higher prices. The main message of this narrative and metaphorical saying is temporality, whose marker is the word "still" (Yiddish: *nokh*). Seen thus, this is a description of someone enjoying a temporary and (de)limited situation or source that is bound to end or dwindle with time, as hinted by the allusion to wedding customs (and costume), youth and potency.

The third narrative revolves around the tension between the various possible meanings of the idiom "to lay hands" (on something). Again, the setting is one of poverty and frugality. In addition, as in the "exempted poor" narrative, there is a reference to the severe European winter with its even more limited possibilities of making a livelihood. As for the time of day, it is late afternoon as indicated by the allusion to *minha*, the mid-day afternoon prayer. Often, this prayer is attached to *arvit/ma'ariv*, the evening prayer, with the short interval between them used for Torah study, news exchanges, and storytelling (Kirshenblatt-Gimblett, 1974). It is around this time that Avrum-Dovid joins the congregation "clapping his hands" joyfully. This joyfulness surprises and perhaps even annoys his fellow prayers. They express their puzzlement by suggesting hypothetical explanations for Avrum-Dovid's glee – receiving a package from America, winning the lottery – which they all know for sure did *not* happen. Therefore their conclusion is that his glee is inappropriate. In this context, Avrum-Dovid's response becomes a lesson in taking benevolent action *and* making creative use of language, both of which are helpful in alleviating the burden of poverty and destitution. Avrum-Dovid now explains that he assisted a laboring porter (and the porter's son) at the train station and thus had the momentary opportunity to *literally* lay his hands on two sacks of wheat, which are worth a fortune. In addition to his humane behavior, Avrum-Dovid also demonstrates knowledge of the Torah and its *mitzvoth*, or practical commandments, in this case of mutual help and responsibility.

We should note, though, the gap that exists between the content of this specific Torah obligation and Avrum-Dovid's situation and action. The portion from Exodus is not merely a commandment to help the poor or helpless, but also a demand to overcome one's well-understood reluctance to help one's enemy or rival. This is a request for a change of heart when one sees one's rival/enemy in trouble. Many commentators have elucidated this commandment. In the main, they elaborate on two possible meanings of the Hebrew root [a] [z] [b/v] as either *help* (assist) or *leave*. According to Alan M. Cooper (1988), the literal meaning of this verse (5) should be viewed in relation to the previous verse (4), which instructs one to help return a stray ox or donkey even if it belongs to one's enemy. Thus, Cooper posits that the "plain" meaning of verse 5 is to let go or refrain from any involvement with the rival/enemy's property. Contrary to this approach, most Jewish rabbinical sources interpret verse 5 as a commandment to let go of one's hard feelings toward one's rival/enemy and help him. Aurally too, this meaning sounds close to the Hebrew root [a] [z] [r], *help*, with [r] replacing [b/v] as the closing consonant. One way or another, the message of this instruction is of mutual help and of a high degree of morality, in amity and enmity alike (Miller, 2004).

Now, this may seem way too hyperbolic for Avrum-Dovid's immediate, non-calculating, whole-hearted assistance to Hersh the porter, all the more so since no conflict or rivalry between them is mentioned. However, there are differences of opinion between Avrum-Dovid and his congregation members, or implicit mutual criticism: They seem to be engrossed in their troublesome day-to-day winter-dark existence, whereas he exhibits ways of getting away from it all by his good mood and amicable conduct. In other words he succeeds where they fail and is able to see beyond the immediate dark reality, by looking at life more positively and with a sense of humor. In this sense, it is they who "lie helpless under [their] pack," which Avrum-Dovid has lifted practically, morally, and morale-wise.

"The Shabbat Rooster," the fourth narrative is likewise preoccupied with pressing poverty issues and lack of basic life necessities. This is also a narrative about family relations, both of a married couple and of cousins or other distant relatives. It is a bit of a stretch of the imagination to assume that the guests had no idea about the degree (or depth) of poverty of their hosts, first because they are relatives and second because it was a widespread, given situation for many Jews. But had they known, they would not have come and there would have been no story. This means that this stretch of the imagination or suspension of disbelief is vital for the creation of plot and for leading to the story's punch line. Before that, we "hear" a whole host of deliberations between the guest-husband and wife, and then between the guest-husband and his cousin host, as to how to solve the situation.

The awareness of the host's poverty is in the background or at the basis of the story but it is never made explicit, for fear of shaming or insulting the host, so everyone tip-toes around it to the very ending. Even then, poverty is not phrased directly but only indirectly. At this point, too, we stumble upon additional obstacles or suspensions of rational thinking due to the following reasons: (a) when a guest hears a rooster crow, that does not yet mean that it belongs to the host as it may belong to a neighbor; (b) even if the rooster does belong to the host, it does not mean that he can afford to slaughter it for his guests; it is not even a status-sign, considering his evident poverty; and (c) once the guests announced they wanted to leave, common sense would dictate that they should stick to their word and let their impoverished hosts be relieved of their hospitability burden. Again, as with the very decision to visit an impoverished relative, we suspend our disbelief realizing that all these incompatible aspects are necessary components of a joke or anecdote whose aim is not to imitate reality but rather to distort its presentation if needed, all for the sake of making a point.

Incidentally, the IFA includes another sample of this tale-type, printed in its annual tale collection *A Tale for Each Month: 1976–1977* and recorded from an immigrant from Lublin, Poland. In this story, titled "The Guest in the Village" (IFA 10945; Noy, 1979:102–103 & 218, story and annotation), the emphasis is placed on the nuisance caused by a bothersome guest, and the focus of the narrative is on the hosts' exhaustion and desire to be rid of him. Contrary to Baruch's story, in the earlier IFA story the host husband and wife discuss the situation, not the guests. In addition, in that story the hosts are much more affluent to begin with, but they use up all their chickens (or so they say) to feed their guest, who insists on staying for as long as they have even one last chicken/rooster (Interestingly, neither story shows any awareness of the passage from rooster to hen or vice-versa in moving from discussing its crow to planning its meal, as rooster is less tasty than hen and is more likely to be kept alive for potential impregnation and/or for its "wake-up crow"). Last, the tone of the arguments in the IFA story is negative and full of complaints (between husband and wife and between hosts and guest). This is typical of other IFA stories with similar motifs,[5] whereas Baruch's story is much more compassionate, except for its very ending.

Last, the drum roll narrative and proverb is somewhat different than the ones preceding it, as explained. Yet, like the rooster narrative, it is an elaborated joke, or anecdote, whose climax is its punch line. Born in 1922, Baruch absorbed the memories and atmosphere of the World War One generation that had experienced the war either on the front lines or back home waiting for recruited relatives, news, and the war's ending. Indeed, a few more of Baruch's stories and anecdotes referred to this reality and epoch (e.g., IFA 23789 on storytelling sessions at the time of World War One and in its wake). This is also the context of this story, the point of which is an intrinsic bias or disbelief of any statements or claims made by the government. Although we live in an age of real-time news updates and information and thus view this story as dated, its essence or message of distrust toward the authorities comes through as sharply nowadays as it probably did about a hundred years ago.

## Conclusion: Echoes from the "Empty Stadium"

This essay is a homage to Wolfgang Mieder's interest in, and support of, the study of communities and individuals that perished in the Holocaust. Yet, unlike the prevailing academic trend, it deals not with the World War Two era and with extermination but with individuals, communities, and a whole vibrant Jewish world that existed *until* the Holocaust in Central-Eastern Europe. In this essay I presented and examined the proverbs and sayings remembered by an Israeli man of Carpatho-Rusyn origin and explicated by his narrative. Most of these proverbs and sayings were about the poverty and paucity of Baruch Tsachor's past community and about imaginative attempts of overcoming or accepting this situation. In most cases, these attempts involve and present Jewish folk wisdom and ethos, e.g., referring to Jewish holy studies and stressing the value of communal, mutual support. More specifically, we may count hyperbolic changes of viewpoint ("And the Poor Are Exempt ...," and "I Have Laid My Hand on Two Sacks of Wheat"), awareness of the transiency of situations ("He Is Still Walking Around with His Wedding Hat"), and finding hope even in seemingly hopeless situations ("The Shabbat Rooster"). On a different plain, in "They Drum Roll (Announce) It *There* in Their Country," Baruch referred to the mis/disinformation involved in war (referring to World War One) and to ordinary people's distrust of the authorities' attempts to portray war as positive, while concealing or downplaying its disastrous results.

Sorrowfully, as traumatic and pointless as World War One may have seemed, World War Two and the Holocaust turned out to be many times more destructive for Baruch and most Jewish communities in the Carpatho-Rus' region and Central-Eastern Europe in general. In the shadow of total annihilation, stories and proverbs/sayings like the ones analyzed in this essay are, in many cases, all that remained of many a Shloyme, Avrum-Dovid, Hersh, Moyshe,[6] and their families and communities. As for Baruch and his various audiences, researchers included, it has become their or rather our task to continue "drum rolling" or echoing them in memory of their vanished protagonists and of their entire worlds.

## *Notes*

1 The juxtaposition of these two experiences is far from obvious or "natural." On the contrary, most often they exclude each other in published memoirs; individuals tend to devote separate volumes to each experience (Holocaust survivor and Israeli pioneer). See Rosen (2012:2).

2 As happens in traditional Yiddish lore, the choice of vocabulary from either the Hebrew Holy Books or from German roots marks a difference of reference. In this case, tension is created between *khayim* (from Hebrew *hayim*) and *lebn* (from German *leben*). Whereas the latter stands for practical, toil-and-troublesome existence, the former symbolizes ideal, eternal, possibly end-of-days being. Yet, owing to the ironic realization that the former is unattainable – especially in times of strife – this proverb advocates open-armed acceptance of temporary, practical, *carpe diem* (Latin: Seize the day) opportunities.

3 I am grateful to Hannah Pollin-Galay of the Tel Aviv University for her help with Yiddish spelling issues.

4 I am grateful to Ilona Nagy of the Ethnological Institute at Budapest, Hungary, for her help with Hungarian spelling issues.

5 I am grateful to Idit Pintel-Ginsberg of IFA at Haifa University for the useful information about the distribution of this tale-type and relevant motifs in the IFA collection.

6 It so happens that these are all male names/figures, but in his inclusive repertoire Baruch paid much attention with evident compassion to women in his by-gone community; e.g., Rosen (1999: 129–134).

## *Bibliography*

Armistead, Samuel G. & Reginetta Haboucha & Joseph H. Silverman. 1982. "Words Worse Than Wounds: A Judeo-Spanish Version of a Near Eastern Folktale." *Fabula: Journal of Folktale Studies* 23, 95–98.

Carnes, Pack (ed.). 1988. *Proverbia in Fabula: Essays on the Relationship of the Fable and the Proverb.* Bern et al.: Peter Lang (Sprichwörterforschung, 10).

Cooper, Alan M. 1988. "The Plain Sense of Exodus 23:5." *Hebrew Union College Annual* 59, 1–22.

Doerr, Karin. 2004. "'Like the Tail of a Rat': A Proverbial Reading of Franz Kafka's *The Neighbor* and Its Subtextual Antisemitism." *Proverbium: Yearbook of International Proverb Scholarship* 21, 63–80.

Gates, Charlene E. 1991. "'The Work Is Afraid of Its Master': Proverb as Metaphor for a Basketmaker's Art." *Western Folklore* 50, 255–276.

Goldberg, Harriet. 1993. "The Judeo-Spanish Proverb and Its Narrative Context." *Publications of the Modern Language Association of America* 108, 106–120.

Hasan-Rokem, Galit. 1982. *Proverbs in Israeli Folk Narratives: A Structural Semantic Analysis.* Helsinki: Suomalainen Tiedeakatemia (FF Communications, 232).

Hassell, J. Woodrow Jr. 1962. "The Proverb in Bonaventure des Périers' Short Stories." *Journal of American Folklore* 75, 35–42.

Jelinek, Yeshayahu A. 2007. *The Carpathian Diaspora: The Jews of Subcarpathian Rus' and Mukachevo, 1848–1948.* New York et al.: Columbia University Press (East European Monographs, 721).

Kehinde, Ayo. 2004. "Proverbs as Thematic Vehicle in Recent African Short Fiction." *Proverbium: Yearbook of International Proverb Scholarship* 21, 119–136.

Kirshenblatt-Gimblett, Barbara. 1974. "The Concept and Varieties of Narrative Performance in East European Jewish Culture." In: Richard Bauman & Joel Sherzer (eds.). *Explorations in the Ethnography of Speaking.* London: Cambridge University Press, 283–308.

----------. 1981. "Toward a Theory of Proverb Meaning." In: Wolfgang Mieder & Alan Dundes (eds.). *The Wisdom of Many: Essays on the Proverb.* New York et al.: Garland Publishing (Garland Folklore Casebooks, 1), 111–121.

Krikmann, Arvo. 2009. *Proverb Semantics: Studies in Structure, Logic, and Metaphor.* Ed. by Wolfgang Mieder. Burlington, Vt.: The University of Vermont (Supplement Series of Proverbium: Yearbook of International Proverb Scholarship, 29).

Magocsi, Paul Robert. 2005. *Jews in Transcarpathia: A Brief Historical Outline.* Užhhorod: V. Padiak Publishers.

Meir, Ofra. 1985. "Proverbs Uttered by Characters in the Stories of the Talmud and the Midrash." *Proverbium: Yearbook of International Proverb Scholarship* 2, 97–108.

Mieder, Wolfgang & Hazel Kahn Keimowitz (eds.). 1999. *Shifting Paradigms in German-Jewish Relations (1750–2000): Harry H. Kahn Memorial Lectures (1995–1999).* Burlington, Vt.: The Center for Holocaust Studies at the University of Vermont.

Mieder, Wolfgang & David Scrase (eds.). 1996. *The Holocaust: Introductory Essays.* Burlington, Vt.: The Center for Holocaust Studies at the University of Vermont.

---------- (eds.). 2001. *Reflections on the Holocaust: "Festschrift" for Raul Hilberg on His Seventy-Fifth Birthday.* Burlington, Vt.: The Center for Holocaust Studies at the University of Vermont.

Miller, Patrick D. 2004. "Property and Possession in Light of the Ten Commandments." In: William Schweiker & Charles Mathewes (eds.). *Having: Property and Possession in Religious and Social Life.* Grand Rapids, Mich.: Wm.B. Eerdmans Publishing, 17–50.

Noy, Dov (ed.). 1979. *A Tale for Each Month: 1976–1977: Twenty-Four Tales Selected and Annotated.* Jerusalem: Folklore Research Center, Hebrew University.

Obelkevich, James. 1987. "Proverbs and Social History." In: Peter Burke & Roy Porter (eds.). *The Social History of Language.* Cambridge et al.: Cambridge University Press (Cambridge Studies in Oral and Literate Culture, 12), 43–72.

Rosen, Ilana. 1999. *Ma'ase she-haya ...: Hasiporet ha'amamit shel yehudey karpatorus* (There Once Was ...: The Oral Tradition of the Jews of Carphato-Rus'). Tel Aviv: The Diaspora Research Institute at Tel Aviv University.

----------. 2004. *Be-Auschwitz takanu be-shofar: Yotsey karpatorus mesaprim al ha-sho'ah* (In Auschwitz We Blew the Shofar: Carpatho-Rusyn Jews Remember the Holocaust). Jerusalem: Yad Vashem and the Avraham Harman Institute for the Study of Contemporary Jewry at the Hebrew University.

----------. 2009. "Personal Historical Narrative Shaping the Past and Present." *European Journal of Jewish Studies* 3, 103–133.

----------. 2011a. *Soul of Saul: The Life, Narrative and Proverbs of a Transylvanian-Israeli Grandfather*. Ed. by Wolfgang Mieder. Burlington, Vt.: The University of Vermont (Supplement Series of Proverbium: Yearbook of International Proverb Scholarship, 31).

----------. 2011b. "Exile, Homeland, and Milieu in the Oral Lore of Carpatho-Rusyn Jews." In: Steven Tötösy de Zepetnek & Louise O. Vasvári (eds.). *Comparative Hungarian Cultural Studies*. West Lafayette, Ind.: Purdue University Press, 123–135.

----------. 2012. "Tripping over the Dead: Hungarian-Israeli Holocaust Survivor Women's Narratives of Immigration, Restoration, and Remembrance." *AHEA: E-Journal of the American Hungarian Educators Association* 5, [13 pages].

Rothkirchen, Livia. 1977. "Deep-Rooted Yet Alien: Some Aspects of the History of the Jews in Subcarpathian Ruthenia." *Yad Vashem Studies* 12, 147–191.

Scrase, David & Wolfgang Mieder (eds.). 2001. *The Holocaust: Personal Accounts*. Assisted by Katherine Quimby Johnson. Burlington, Vt.: The Center for Holocaust Studies at The University of Vermont.

Silverman-Weinreich, Beatrice. 1981. "Towards a Structural Analysis of Yiddish Proverbs." In: Wolfgang Mieder & Alan Dundes (eds.). *The Wisdom of Many: Essays on the Proverb*. New York et al.: Garland Publishing (Garland Folklore Casebooks, 1), 65–85.

Stahl, Sandra K.D. 1980. "Sour Grapes: Fable, Proverb, Unripe Fruit." In: Nikolai Burlakoff & Carl Lindahl (eds.). *Folklore on Two Continents: Essays in Honor of Linda Dégh*. Bloomington, Ind.: Trickster Press, 160–168.

Tsachor, Baruch. 1997. *Lo Hayiti Gibor* (I Was No Hero). Kibbutz Dalia: Ma'arechet.

Vishniac, Roman. 1986. *A Vanished World*. London et al.: Penguin Books.

Yankah, Kwesi. 1986. "Proverb Rhetoric and African Judicial Processes: *The Untold Story*." *Journal of American Folklore* 99, 280–303.

Yitah, Helen. 2009. "'Fighting with Proverbs': Kasena Women's (Re)Definition of Female Personhood through Proverbial Jesting." *Research in African Literatures* 40/3, 74–95.

# "Die beste Medizin ist die Sonne im Tessin!": Medizinische und topografische Sprichwörter

*Helmut A. Seidl*

## Zwei neue Sonderformen

In ihrem wegweisenden Band *Sprichwort* befassten sich Lutz Röhrich und Wolfgang Mieder auch mit Sonderformen des Sprichworts, wie etwa Bauernregeln, Wellerismen oder Rechtssprichwörtern.[1]

Ebenfalls als eigenständige Sonderformen lassen sich nun Sprichwörter topografischer wie medizinischer Art deklarieren. Bei Letzteren, für die sich im Englischen spätestens seit Elmquist (1934) der Begriff *medical proverbs* etabliert hat, handelt es sich um Parömien, die Ratschläge zum Erhalten oder Erlangen der Gesundheit geben. In den letzten 500 Jahren waren im deutschsprachigen Raum rund 5000 solcher Gesundheitsregeln in Umlauf.[2] Manche davon sind noch immer in Gebrauch und hie und da entstehen sogar neue.

Das Gros dieser Gesundheitsregeln stammt indes aus vergangenen Jahrhunderten; sie entstanden demnach in Zeiten, in denen das Viersäftekonzept vorherrschend war. Die von Hippokrates (460–377 v.Chr.) begründete und später von Ärztefürsten wie Galen (129–199) oder Avicenna (980–1037) ausgebaute Humoralpathologie fußte auf dem Prinzip des Ausgleichs durch das Gegenteil (*contraria contrariis*) und schrieb allen Objekten Primärqualitäten wie kalt, warm, trocken bzw. feucht zu. Überholte Ansichten der alten Schulmedizin finden sich also – nebst manch volkstümlichem Aberglauben und anderen Irrlehren – oft als 'gesunkenes Kulturgut' in medizinischen Sprichwörtern wieder. Ohne medizin- wie auch sprachhistorische Erläuterungen bliebe daher so manch alte Gesundheitsregel heutzutage mehr oder minder obskur.

Alles andere als kryptisch ist hingegen das im Titel genannte und weithin bekannte Sprichwort, in dem empfohlen wird, Krankheiten in der Bergluft der sonnigen Südschweiz auszukurieren. Mit dem Hinweis auf das Tessin hat diese Empfehlung aber nicht nur eine medizinische, sondern auch eine geo- bzw. topografische Komponente.

Als 'topografisch' im weitesten Sinne könnte man nun all jene Sprichwörter einstufen, die sich mit Regionen oder Nationen bzw. Ländern befassen. Bei Letzteren, so etwa für einen Reim wie *Der Deutsche nichts lieber kaut als Bratwurst und Sauerkraut*, verwendet man jedoch meist ohnehin Bezeichnungen wie 'nationale Stereotypen' oder *national slurs*.[3]

Als 'topografisch' im eigentlichen Sinne können somit Sprichwörter (wie auch Redensarten) gelten, die einen namentlich genannten Ort bzw. dessen Bewohner beschreiben. Der Begriff basiert auf den altgriechischen Ausdrücken *topos* für 'Ort' und *graphein* für 'beschreiben' und ließe sich ebenso gut für eine englische Definition verwenden: *A topographic proverb gives a succinct description of a place or its inhabitants.*

In ähnlicher Weise war übrigens schon im 17. Jahrhundert von "einer Orth-Beschreibung / oder Topographiae" die Rede.[4] Topografische Sprichwörter sind aber bisher meist noch unter diversen Gruppenbezeichnungen wie 'historisch' oder 'geographisch-geschichtlich' zu finden.[5] Auf den Terminus 'topographisch' stößt man in der Phraseologie erstmals im Jahre 1866, und zwar in Handelmanns *Topographischer Volkshumor*. Dort, wie auch bei Tardel, wo von 'topographischen Formeln' die Rede ist, erfolgt für den Ausdruck 'topographisch' aber keinerlei konkrete Einordnung oder Abgrenzung (1947:61).

Dazu wäre nun anzumerken, dass sich topografische Sprichwörter im Sinne der vorhin erstellten Definition aus den drei Hauptaspekten 'Geschichte' (z.B. denkwürdiges Ereignis), 'Geographie' (z.B. Lage eines Ortes) und 'Stereotypie' (z.B. Ortsneckereien) speisen. Der wichtigste ist dabei der historische. Denn die wenigsten dieser Sprüche sind gegenwartsbezogen. Das heißt, es handelt sich – mehr noch als bei den medizinischen Sprichwörtern – meist um untergegangene Parömien, die mithin ihre "kognitive Ikonizität" verloren haben.[6] Das bedeutet aber andererseits, dass sie faszinierende Einblicke in versunkene Welten bieten. Derlei Aussagen besitzen also oft einen enormen kulturhistorischen Wert. Das sah schon Goethe ähnlich, als er 1797 an Schiller schrieb: "Da die alten Sprichwörter meist auf geographischen, historischen, nationellen und individuellen Verhältnissen ruhen, so enthalten sie einen großen Schatz von reellem Stoff."[7] Und was dann 1842 für die orientalischen Parömien behauptet wurde, gilt wohl nicht minder für den deutschen Sprichwortschatz: "Die kostbarsten der eigentlichen Sprichwörter sind die historischen."[8]

Bei topografischen wie medizinischen Sprichwörtern haben wir es also mit einer jeweils eigenständigen Sonderform des Sprichworts zu tun. Zu beiden Sprichworttypen nachfolgend nun einige Beispiele mit repräsentativem Charakter.

## Medizinische Sprichwörter

Im Hippokratismus ging man davon aus, dass mit fortschreitendem Alter die den Menschen innewohnende Wärme wie auch die Feuchtigkeit abnehmen; also musste hier ein Ausgleich geschaffen werden: *Ofen, Bett und Kanne sind gut dem alten Manne* (Wagener, 2005 [1813]:138). Und gegen Kälte half das Gegenteil: *In dem Jenner ist fast gesund, warm Speis essen zu aller Stund* (Wander, 2007 [1964; 1867–1880]:Bd. 5, Sp. 1465).[9]

In den heißen Sommermonaten hingegen sollte man zusätzliche Hitzewallungen tunlichst vermeiden und daher keineswegs der Geschlechtslust frönen. Denn das führt – so die jahrhundertelange Überzeugung – zu einem Überhitzen bzw. gesundheitsschädigenden Austrocknen des Körpers. Und da man z.B. dem Kohl ebenfalls eine 'warmtrockene' und mithin hitzige Qualität zuschrieb, hieß es im Volksmund: *Wer im August will bleiben wohl, genieße weder Frau noch Kohl* (Wander, 2007 [1964; 1867–1880]: Bd. 1, Sp. 197). Der Vers stammt offenbar aus Frankreich, wo man reimte: *Juin, juillet, août, ni femme, ni chou*. Loux und Richard wiesen darauf hin, dass die Juxtaposition von Frau und Kohl hier nicht von ungefähr kommt:

> "Le chou, nourriture échauffante, est en effet l'homologue de la sexualité, action échauffante, il symbolise la fécondité: les enfants naissent dans les choux; dans certains rituels de mariage, la plantation d'un chou permet d'augurer l'issue heureuse de l'union" (1978:111).

Der Ursprung dieser sommerlichen Keuschheitsgebote dürfte indes in der Toskana liegen, wo es z.B. hieß: *Giugno, luglio e agosto – oh signora non son vostro* (Hovorka & Kronfeld, 1909:351).

Im Hochsommer galt es also, sich von Frauen und Kohl fern zu halten. Letzterer konnte aber angeblich dazu beitragen, die Folgen eines Rausches zu lindern: *Auf einen Rausch gehört ein Sauerkohl zum Frühstück.* Elsholtz begründet die schon in der Antike vertretene Anschauung, Kohl vertreibe die "Schwermütigkeit des Haupts nach Trunkenheit" u.a. wie folgt: "Er miltert [...] die Kopfwehe nach einem Rausche: indem er die überbleibene rohe Feuchtigkeit des Weins an sich ziehet / und unterwerts abführet [...] Dahero sagen die Zechbrüder: 'Auff einen Rausch gehöret ein Sauerkohl zum Frühstück'" (1984 [1682]:49).

Meist aber hatte man früher über Jahrhunderte hinweg ein anderes Gegenmittel empfohlen: *Rausch wider Rausch* (Wander, 2007 [1964; 1867–1880]:Bd. 3, Sp. 1509). In der Tat riet man gemeinhin, am nächsten Morgen den Katzenjammer mit ebendemselben Getränk zu vertreiben, das die Trunkenheit verursacht hatte: *Auf des Hundes Biss Hundshaar nit vergiss, und auf viel Wein lass Wein das beste Pflaster sein* (Lipperheide, [5]1965 [[1]1907]:999). Das Auflegen von Hundshaaren war dabei einst durchaus wortwörtlich gemeint: *Hundehaar heilt Hundebiss* (Wander, 2007 [1964; 1867–1880]:Bd. 2, Sp. 900). Diese schon bei Plinius (23–79 n.Chr.) belegte und bei uns noch in der frühen Neuzeit ausgeübte Praxis führte dann dazu, dass die Redensart *Hundshaare auflegen* später auch in übertragener Bedeutung gebraucht wurde. So lässt sich Elsholtz folgendermaßen darüber aus:

> "Ob der eckel eines Weinrausches mit noch einem Weinrausch zu vertreiben? [...] imfall [...] ein sonst mäßiger / aber durch die Gesellschafft verführter so viel vom Wein zu sich genohmen / daß er des folgenden Morgens an der Sauff-kranckheit sich übel auff befünde: so fraget es sich / ob er Hundshaar drauff legen / das ist die Weinzeche noch einmahl anfangen / und dadurch sotaner Beschwer abhelffen solle / nach dem Gutachten der Herren Professoren zu Salerno, welches im 15. Cap. Also lautet: 'Si nocturna tibi nocet potatio vini, Hoc matutina rebibas, et erit medicina'. Aber diese Regel ist nicht die beste" (1984 [1682]: 321).

Dennoch hat man sie jahrhundertelang befolgt und sogar entsprechend angepasst. So hieß es etwa in Altbayern, wo seit jeher mehr Bier- als Weinräusche vorkommen: *Auf an Katznjamma g'hört a frische Maß Bier.*[10] Wie Elsholtz anzeigt, ist der Ursprungsort der besagten Regel die Medizinhochschule zu Salerno, die wohl bedeutendste des Mittelalters. Salernitanische Gebote hatten quasi Gesetzescharakter, und so leiten sich von den Merkversen des *Regimen Sanitatis Salernitanum*, eines in fast alle europäischen Sprachen übertragenen Lehrgedichts aus dem 12. Jahrhundert, zahlreiche europäische Gesundheitssprichwörter her.

Solch ein Fall von gesunkenem Kulturgut liegt auch bei folgender Medizinparömie vor: *Ein Rausch im Monat ist gesund.* Dazu heißt es bei Wander (2007 [1964; 1867–1880]:Bd. 3, Sp. 1508): "Sagen bescheidene Zecher." Man könnte das Sprichwort demnach als Schutzbehauptung ansehen, die auf Saufbrüder zurückgeht. In Wirklichkeit stammt der Tipp keineswegs von Trinklustigen. So soll das englische Pendant *One should, every month, get drunk at least once* von einer französischen Version herrühren, und die wiederum verdankt ihre Entstehung, so Stevenson, offenbar dem berühmten Anatomen Jacobus Sylvius (1478–1555) ($^5$1965 [$^1$1948]:367). Wie war aber Jacques Dubois, so sein eigentlicher Name, zu dieser Ansicht gelangt? Wahrscheinlich beruht die Empfehlung auf Schriften des Ärztefürsten Avicenna, welcher meinte, dass ein Rausch das Gehirn von verbrauchtem 'Spiritus' befreie, und zwar durch das damit einhergehende Schwitzen und Schlafen. Avicenna hatte das allerdings mit einer Warnung verbunden: "Man hüte sich, längere Zeit hindurch trunken zu sein, man sei es höchstens einmal im Monat" (Opitz, 1939:199). Hier war augenscheinlich der zweite Teil der Warnung zu einer Empfehlung umgemünzt und ein Freibrief fürs (zumindest monatliche) Betrinken daraus gemacht worden.

Angesagt war Flüssiges indes nach einer Fischmahlzeit; auch da musste es in Anbetracht der angeblich 'kalten' Qualität von Fisch der wärmende Wein sein: *Wenn der Fisch ins dritte Wasser kommt, so verursacht er den Tod* (Wander, 2007 [1964; 1867–1880]:Bd. 1, Sp. 1036). In Frankreich hingegen war und ist von dieser spezifischen Einschränkung, die vor Bier und reinem Wasser warnte, keine Rede: *Poisson sans boisson est poison*. Für den Magen schädlich hielt man im deutschen Sprachraum einst auch den 2004 in Österreich zum 'Fisch des Jahres' gekürten Aland: *Man koche oder brate den Dübel, so schmeckt er doch allzeit übel*. Der Reim ist nach Elsholtz bereits im 16. Jahrhundert nachweisbar (1984 [1682]:214).

Als wenig schmack- bzw. nahrhaft galt zudem Buchweizengrütze: *Baukweitengrütt, fief Schritt, dreimal Piss, weg is* (Herrmann-Winter, $^5$2003:38) bzw. *Buchweizenbrei ist Betrügerei.*[11]

An Betrügerei lässt einen auch der vermeintlich durch bestimmte Pflanzen gewährte Schutz vor dem Anhexen von Krankheiten denken. Als apotropäisches, d.h. zauberabwehrendes, Mittel par excellence galt dabei der Dorant (Marrubium vulgare), den abergläubische Frauen in Schuhe oder Betten zu legen pflegten. Und so hieß es im Volksmund: *Orant, den alten Weibern wohl bekannt* (Bächtold-Stäubli, 1929/30:351). Um den Hals getragen, heilte dieses Gewächs angeblich sogar das 'schwere Gebrechen', also die Fallsucht bzw. Epilepsie.

Schützen sollten weitere Heilkräuter wie Salbei und Raute (Salvia bzw. Ruta graveolens), und zwar bei bakteriell verseuchtem Wasser oder sonst wie vergifteten Getränken: *Raute und Salbei machen den Trunk frei*. So meint Elsholtz im Hinblick auf die "Verbesserung des Wassers" u.a.:

> "Ferner ist hiezu die Salbey und die Raute dienlich / wan nemlich derselben Bletter also gantz in das ungesunde Wasser geleget werden: sintemahl ihre sonderbare tugend dem Wasser die anklebende Schädligkeit benehmen / oder zum wenigsten mildern kan" (1984 [1682]:290).

Der diesbezügliche deutsche Reim geht wiederum auf die *Schola Salernitana* zurück, die ihn so formulierte: "Salvia cum ruta faciunt tibi pocula tuta."[12] Von der Weinraute als treffliches Antidotum war schon in der Antike vielfach die Rede gewesen. Die Meinung machte sich dann auch einer der sogenannten 'Väter der Botanik', Leonhard Fuchs, zu eigen: "Welcher Rauten nüchter isset / der würdt denselbigen tag für allerley gifft sicher sein."[13]

Im Falle einer Erkältung sollte dann u.a. Schafgarbentee helfen: *Trink nur Grenzingtee, do tut der nischt mehr weh*. Hierzu merkt das *Thüringische Wörterbuch* an:

"Die weißblühende Form der Schafgarbe galt als heilsam für Männer, die rosablühende für Frauen" (1982:449).

Das letzte Beispiel aus der Heilpflanzenkunde, der Phytopharmakognosie, betrifft Zitwer und Galgant: *Zittwer und Galgan, lett keine Angst vorn Harten stahn.* Gemeint waren damit in beiden Fällen Wurzelpräparate. So werden der Zitwerwurzel (Curcuma zedoaria), einer Verwandten des Ingwers, heute noch Heilwirkungen, u.a. bei Herzschwäche, nachgesagt. Erst recht gilt das für die Galgantwurzel, auch 'Kleiner Galgant' (Alpinia officinarum) genannt. Im Internet wird die 'Wunderdroge Galgant' bisweilen als "Lebensretter bei Herzproblemen", insbesondere der Angina Pectoris, angepriesen und dabei auf Hildegard von Bingen hingewiesen. In der Tat empfahl die berühmte Heilerin Galgant bereits im 12. Jahrhundert gegen Herzweh bzw. schwache Herzen (s. Wurzel, 2006:77). Der Wolfenbütteler Arzt Bücking teilte indes Ende des 18. Jahrhunderts ganz und gar nicht die sprichwörtliche Ansicht, dass Zitwer und Galgant keine Angst vor dem Herzen stehen lassen. Er gelangte hier zu folgender Ansicht: "Dieses, besonders unter den Landleuten, und den gemeinen Leuten in den Städten von Niedersachsen im Schwange gehende Sprichwort, hat unglaublich vieles Unheil angerichtet" (1797:247).

## Topografische Sprichwörter

Zu topografischen bzw. ortsbeschreibenden Sprichwörtern und Redensarten des Deutschen liegen bereits etliche Publikationen vor.[14] Diese erstrecken sich bisher auf das Gebiet des heutigen Bayern. Im Rahmen der geplanten Reihe *Sprichwörtliche Porträts deutscher Städte und Gemeinden* soll hier in den nächsten Jahren aber der gesamte deutsche Sprachraum abgedeckt werden. Nachfolgend eine kleine Auswahl einschlägiger Sprichwörter, die sich mit Orten in Deutschland, Österreich und der Schweiz befassen.

Das erste hat mit der Sprache der deutschen Hauptstadt zu tun: *An mich und mir und mir und mich kennt man Berliner sicherlich* (Wander, 2007 [1964; 1867–1880]: Bd. 3, Sp. 651). Das sog. 'Berlinerisch' ist bekanntlich kein einheitlicher Dialekt, sondern eine Mixtur verschiedener Mundarten, linguistisch also ein Metrolekt. Es ersetzt z.B. *mir* und *mich* durch die Einheitsform *ma* oder verwendet statt des Dativs den Akkusativ und umgekehrt. So beginnt ein bekannter Berliner Volksreim mit "*Mir* und *mich* verwechsel ick nich, dit kommt bei mich nich vor." Wie aus *dit* oder *wat* (vgl. engl. *what*) ersichtlich, hat das Berlinerische die 'Althochdeutsche Lautverschiebung' (500–800) oft nicht mitgemacht und die niederdeutschen Formen behalten.

Ein topografisches Sprichwort aus der Zeit vor dem Ersten Weltkrieg vergleicht eine bestimmte Berliner Berufsgruppe mit ihren Wiener Kollegen: *Ein Wiener Fiaker steht schneller als eine Berliner Droschke fährt.* Wander zitiert hierzu eine zeitgenössische Pressenotiz: "Wer sich das bekannte Witzwort in Erinnerung bringt [...], wird es sich kaum zu erklären wissen, wie ein dortiger (berliner) Droschkenkutscher wegen zu schnellen Fahrens von der Polizei verurtheilt werden konnte" (2007 [1964; 1867–1880]:Bd. 5, Sp. 1813).

Aus derselben Epoche ist im *Wörterbuch der bairischen Mundarten in Österreich* dieses Sprichwort über Wien zu Zeiten der k.u.k. Monarchie überliefert: *In Wien werden die Weiber verdorben und in Prag die Männer* (1983:714). Das war offenbar eine Anspielung auf gewisse Laster.

Mit einem Laster anderer Art hatte nach dem Ersten Weltkrieg die Tiroler Stadt Wörgl zu kämpfen: *Doch das schlimmste aller Laster, Wörgl, ist dein Straßenpflaster*. Dieser 'Spottvers' erklärt sich wie folgt:

> "[Der Bürgermeister] verwaltete eine Gemeinde, wo seit dem Krieg niemand mehr die Gemeindesteuern bezahlte und man seit 1919 keine Reinigungsarbeiten ausführen lassen konnte, so daß die Wörgler Straßen zum Symbol der dort herrschenden Verwahrlosung wurden."[15]

Im Jahre 1932 versuchte man dann durch sog. 'Freigeld' in Form von Arbeitswertscheinen die Misere zu beheben. Dieses Wörgler Geldexperiment, das durchaus Erfolge zeitigte und auch international als 'Wunder von Wörgl' gefeiert wurde, endete aber auf Druck der Behörden schon 1933. Das Jahr 2007 wiederum rief man offiziell zum 'Wörgler Freigeldjahr' aus und erinnerte an das damalige Experiment. Solch sozialreformerische Freigeldexperimente gab es seinerzeit auch in Deutschland, wo die 'Wära-Insel im Bayerischen Wald' von sich reden machte. Hier wurde das Schwanenkirchener Braunkohlenbergwerk mit Hilfe der Wära-Tauschgesellschaft wieder in Betrieb genommen und so während der Weltwirtschaftskrise 1930/31 die Arbeitslosigkeit in Schwanenkirchen, Hengersberg und Schöllnach abgebaut (s. Onken, 1984).

Mit Geld bzw. Unterhalt hat auch ein altes Schweizer Sprichwort zu tun, in dem gleich drei Städte vereint sind: *Luzern setzt zu Beromünster die Chorherrn, Bern gibt ihnen den Unterhalt, und Zürich versieht sie mit schönen Köchinnen* (Simrock, 1988 [1846]:342). Dazu heißt es bei Kirchhofer: "Vor der Reformation entstanden. Das Stift Münster hatte grosse Gefälle im Canton Bern, und die Schönen von Zürich mochten beliebte Köchinnen sein" (1997 [1824]:99). Mit Beromünster war in dem Spruch das im Ort Münster im Aargau befindliche Chorherrenstift gemeint. Erst 1934 nahm die damals offiziell als 'Münster (LU)' bezeichnete Ortschaft den Namen Beromünster für die gesamte Gemeinde an. Die Umbenennung erfolgte nach der Gründung des dort errichteten Schweizerischen Landessenders, da man sonst auf der Radio-Senderskala das schweizerische Münster nicht von der Mittelwellen-Station Münster in Nordrhein-Westfalen hätte unterscheiden können.

*Anmerkungen*

1 Siehe Röhrich und Mieder (1977:7–14 & 72–77).
2 Diese finden sich, jeweils mit Belegstellen und Erläuterungen, in Seidl ([2]2013a [[1]2010]).
3 Siehe u.a. Roback (1979 [1944]); Dundes (1975); Reinsberg-Düringsfeld (1992 [1863]); Mieder (2006). Der Reim (*kaut/Sauerkraut*) ist in Wander verzeichnet (2007 [1964; 1867–1880]:Bd. 1, Sp. 578).
4 So bei Merian (2005 [1654]:8).
5 Der Begriff 'geographische Sprichwörter' taucht erstmals bei Kriegk auf (1840:101).
6 Vergleiche Lewandowska und Antos (2004:179).
7 Zitiert nach Lautenbach (2004:912).

8 Das Zitat eines unbekannten Verfassers ist aus *Jahrbücher der Literatur* entnommen (1842:49). Siehe in der Bibliografie unter 'N.N.'

9 Bei dem laut Keil bereits im 14. Jahrhundert nachweisbaren Reim steht *Jenner* für 'Januar', und *fast* hatte in diesem Zusammenhang als eine Verstärkungspartikel noch die Bedeutung von 'sehr' (1982:255).

10 Vergleiche dazu Seidl (1979:91). Dort findet sich auch Näheres zum englischen Pendant *Take a hair of the dog that bit you.*

11 Zu Letzterem schreibt Elsholtz, dass es all jene, "welche Buchweitzene Kost essen / geschwind wieder hungert; daher das Sprichwort entstanden" (1984 [1682]:20).

12 Zitiert nach Seidl (2012c:135).

13 Fuchs (2002 [1543]:Kap. ccxxxvi). Andere 'Väter' waren etwa Jacob Theodor (1522–1590), der aus Bergzabern stammte und daher als Tabernaemontanus bekannt war, und Hieronymus Bock. Letzterer lebte von 1498–1554, Fuchs von 1501–1566.

14 Siehe Seidl (2012a & 2012b & 2013b).

15 Schwarz (1951:o.S.).

## *Bibliografie*


Bächtold-Stäubli, Hanns (Hg.). 1929/30. *Handwörterbuch des deutschen Aberglaubens*. Bd. 2. Berlin: de Gruyter (Handwörterbücher zur deutschen Volkskunde: Abt., 1).

Bücking, Johann Jacob Heinrich. 1797. *Versuch einer medizinischen und physikalischen Erklärung deutscher Sprichwörter und sprichwörtlicher Redensarten*. Stendal: Franzen und Grosse.

Dundes, Alan. 1975. "Slurs International: Folk Comparisons of Ethnicity and National Character." *Southern Folklore Quarterly* 39, 15–38.

Elmquist, Russell A. 1934. "English Medical Proverbs." *Modern Philology* 32, 75–84.

Elsholtz, Johann Sigismund. 1984 [1682]. *Diaeteticon*. Hg. und mit einem Nachw. vers. von Manfred Lemmer. München: Richter [Ndr. der Ausg. Cölln an der Spree, Schultz, 1682].

Fuchs, Leonhart [*sic*]. 2002 [1543]. *New Kreüterbuch*. Wiesbaden: VMA-Verl. [Ndr. der Ausg. Basel, Isingrin, 1543].

Handelmann, Heinrich. 1866. *Topographischer Volkshumor: Ortsnamen in Reim und Spruch aus Schleswig-Holstein, Hamburg, Lauenburg und Lübek* [*sic*]. Kiel: Schwer'sche.

Herrmann-Winter, Renate. [5]2003. *Plattdeutsch-hochdeutsches Wörterbuch für den mecklenburgisch-vorpommerschen Sprachraum*. Rostock: Hinstorff.

Hovorka, Oskar von & Adolf Kronfeld. 1909. *Vergleichende Volksmedizin: Eine Darstellung volksmedizinischer Sitten und Gebräuche, Anschauungen und Heilfaktoren, des Aberglaubens und der Zaubermedizin*. Bd. 2. Stuttgart: Strecker & Schröder.

Keil, Gundolf. 1982. "Eine lateinische Fassung von Meister Alexanders Monatsregeln: Bairische Gesundheitsregeln aus dem Ende des 14. Jahrhunderts." In: Gerhard Baader & Gundolf Keil (Hgg.). *Medizin im mittelalterlichen Abendland*. Darmstadt: Wissenschaftliche Buchgesellschaft (Wege der Forschung, 363), 228–259.

Kirchhofer, Melchior. 1997 [1824]. *Warheit* [*sic*] *und Dichtung: Sammlung schweizerischer Sprichwörter*. Mit einem Vorw. von Wolfgang Mieder. Hildesheim u.a.: Olms (Volkskundliche Quellen: Neudrucke europäischer Texte und Untersuchungen, 7. Sprichwort) [Ndr. der Ausg. Zürich, Orell Füssli, 1824].

Kriegk, Georg Ludwig. 1840. *Schriften zur allgemeinen Erdkunde*. Leipzig: W. Engelmann.

Lautenbach, Ernst (Hg.). 2004. *Lexikon Goethe-Zitate: Auslese für das 21. Jahrhundert. Aus Werk und Leben*. München: Iudicium.

Lewandowska, Anna & Gerd Antos. 2004. "Sprichwörter als kulturelle Metaphern." In: Csaba Földes (Hg.). *Res humanae proverbiorum et sententiarum: Ad honorem Wolfgangi Mieder*. Tübingen: Narr, 167–186.

Lipperheide, Franz von. [5]1965 [[1]1907]. *Spruchwörterbuch*. Berlin: Haude & Spener [Ndr. der Ausg. Berlin, Franz Lipperheide, 1907].

Loux, Françoise & Philippe Richard. 1978. *Sagesses du corps: La Santé et la maladie dans les proverbes français*. Paris: Maisonneuve et Larose (Littératures populaires de toutes les nations: N.S., 25).

Merian, Matthaeus. 2005 [1654]. *Topographia Helvetiae, Rhaetiae et Valesiae*. Braunschweig: Archiv [Ndr. der Ausg. Frankfurt am Main, Merian, 1654].

Mieder, Wolfgang. 2006. "'Viele Wege führen nach Europa': Sprichwörtliche Stereotypen und interkultureller Ausgleich." In: Wolfgang Mieder. *"Andere Zeiten, andere Lehren": Sprichwörter zwischen Tradition und Innovation*. Baltmannsweiler: Schneider-Verl. Hohengehren (Phraseologie und Parömiologie, 18), 65–94.

N.N. 1842. "Uebersicht von neunzig Werken der orientalischen Literatur (Fortsetzung)." *Jahrbücher der Literatur* 97, 30–135.

Onken, Werner. 1984. "Ein vergessenes Kapitel der Wirtschaftsgeschichte: Schwanenkirchen, Wörgl und andere Freigeldexperimente." *Deggendorfer Geschichtsblätter* 4, 116–122.

Opitz, Karl (Übers.). 1939. "Avicenna: Das Lehrgedicht über die Heilkunde (Canticum de Medicina)." *Quellen und Studien zur Geschichte der Naturwissenschaften und der Medizin* 7/2–3, 150–220.

Reinsberg-Düringsfeld, Otto von. 1992 [1863]. *Internationale Titulaturen: 2 Bände in 1 Band*. Mit einem Vorw. von Wolfgang Mieder. Hildesheim u.a.: Olms (Volkskundliche Quellen: Neudrucke europäischer Texte und Untersuchungen, 7. Sprichwort) [Ndr. der Ausg. Leipzig, Fries, 1863].

Roback, Abraham Aaron. 1979 [1944]. *A Dictionary of International Slurs*. Waukesha, Wis.: Maledicta Press (Maledicta Press Publications, 5).

Röhrich, Lutz & Wolfgang Mieder. 1977. *Sprichwort*. Stuttgart: Metzler (Sammlung Metzler, M 154: Abt. E, Poetik).

Schwarz, Fritz. 1951. "Das Experiment von Wörgl." <http://userpage.fu-berlin.de/~roehrigw/woergl/alles.htm> (12.04.2013).

Seidl, Helmut A. 1979. "Health Proverbs in Britain and Bavaria: A Sampling of Parallels." In: Otto Hietsch (Hg.). *Bavarica Anglica: A Cross-Cultural Miscellany Presented to Tom Fletcher*. Bd. 1. Frankfurt am Main u.a.: Lang (Forum Anglicum, 8), 71–97.

----------. 2012a. *Nürnberger Tand geht durchs ganze Land: Sprichwörtliche Porträts fränkischer Orte*. Regensburg: Pustet.

----------. 2012b. *Der Memminger Mau scheint z Augsburg au: Sprichwörtliche Porträts bayerisch-schwäbischer Orte*. Norderstedt: Books on Demand.

----------. 2012c. *Den Kopf halt kühl, die Füße warm!: Sprichwörtliche Gesundheitstipps und was dahinter steckt*. Darmstadt: Lambert Schneider.

----------. [2]2013a [[1]2010]. *Medizinische Sprichwörter: Das große Lexikon deutscher Gesundheitsregeln*. 2., unveränd. Aufl. Darmstadt: Wissenschaftliche Buchgesellschaft.

----------. 2013b. *Sprichwörtliches über Altbayern: 444 Ortsporträts aus Oberbayern, Niederbayern und der Oberpfalz*. Regensburg: Pustet.

Simrock, Karl. 1988 [1846]. *Die deutschen Sprichwörter*. Einl. von Wolfgang Mieder. Stuttgart: Reclam (Reclams Universal-Bibliothek, 8453) [Ndr. der Ausg. Frankfurt am Main, Brönner, 1846].

Stevenson, Burton (Hg.). [5]1965 [[1]1948]. *The MacMillan Book of Proverbs, Maxims, and Famous Phrases*. New York: MacMillan.

Tardel, Hermann. 1947. *Bremen im Sprichwort, Reim und Volkslied*. Bremen: Kasten.

*Thüringisches Wörterbuch*. 1982. Bd. 5. *R–S*. Teilw. hg. von der Dt. Akad. der Wiss. zu Berlin. Bearb. von Heinz Rosenkranz. Berlin: Akad.-Verl.

Wagener, Samuel Christoph. 2005 [1813]. *Sprichwörter-Lexikon mit kurzen Erläuterungen: Ein Hausbuch fürs gemeine Leben auch zum Gebrauch in Volksschulen*. Mit einem Vorw. von Wolfgang Mieder. Hildesheim u.a.: Olms (Volkskundliche Quellen: Neudrucke europäischer Texte und Untersuchungen, 7. Sprichwort) [Ndr. der Ausg. Quedlinburg, Basse, 1813].

Wander, Karl Friedrich Wilhelm (Hg.). 2007 [1964; 1867–1880]. *Deutsches Sprichwörter-Lexikon: Ein Hausschatz für das deutsche Volk*. Sonderausg. 5 Bde. Darmstadt: Wissenschaftliche Buchgesellschaft [Ndr. der Ausg. Darmstadt, Wissenschaftliche Buchgesellschaft, 1964; Ndr. der Ausg. Leipzig, Brockhaus, 1867–1880].

*Wörterbuch der bairischen Mundarten in Österreich*. 1983. Bd. 3. *Pf–C*. Hg. vom Institut für Österreichische Dialekt- und Namenlexika. Wien: Verl. der Österr. Akad. der Wiss. (Bayerisch-österreichisches Wörterbuch, 1: Österreich).

Wurzel, Barbara. 2006. *Die Heilkraft unserer Nahrungsmittel: Natürlich schmeckt und schützt am besten!*. Zürich: Oesch.

# What Does It Mean to Be a Good Man According to Proverbs? – An Analysis of Italian Paroemia

*Joanna Szerszunowicz*

## Introduction: Anthropocentrism and Proverbs

Language is considered to be anthropocentric by nature (Pajdzińska, 2006:104), which is clearly visible on various levels: For instance, in grammar one can observe it in the predication structure, in lexis there are many examples, one of which is, the neo-semantization of faunal terms. The anthropocentric character of language is also confirmed by semantic analyses conducted by Anna Wierzbicka (1985).

As to phraseology, understood in the broad sense of the word, it also reflects the attitude of humans towards the world: In its centre there is man. In fact, many constituents of phraseological units are human-related words. In general, the vast majority of fixed expressions directly refer to humans, their characteristics, habits, activities and many other aspects of human functioning. Arvo Krikmann (2009 [1974]:51–57) states that proverbs also show a strong tendency of humano-centricity, as they concern man and his life.

Proverbs have been discussed from a number of perspectives, covering chronologically varied material, ranging from those occurring in written records from ancient times (cf. Mieder, 1997:3; Grandl, 2011) to contemporary units, with a number of creative uses (Mieder, 1982a & 1985a & 1989b; Litovkina & Mieder, 2006). The proverb has been defined by many paremiologists (Whiting, 1994 [1932]; Mieder, 1989a & 2004; Paczolay, 1998), so various definitions can be found in extensive literature (Mieder, 1982b & 1990 & 1993 & 2001). Defining the proverb is so difficult, that in the book *The Proverb* (1985 [1962; 1931]) Archer Taylor even claims that it is impossible to give the definition of a proverb, which was the reason for writing his work. However, it should be stressed that the term *proverb* is familiar to the vast majority of language users.

On analyzing 55 definitions gathered from various people by asking them "How would you define a proverb?," Mieder (1985b:119) concludes that language users are aware of what the proverb is. The definitions collected lead to the conclusion that:

> "'A proverb is a short, generally known sentence of the folk which contains wisdom, truth, morals and traditional views in a metaphorical, fixed and memorizable form and which is handed down from generation to generation.' Using only the truly high frequency words for the 55 definitions one could also simply state that 'A proverb is a short sentence of wisdom.' That is a far cry away from modern scientific definitions, but it certainly indicates that the non-expert continues to define proverbs along those lines of the traditional proverbs about proverbs cited above which also stressed in particular the wisdom and truth in proverbs."

It is worth adding that similar study was conducted by Szpila (2003), who analyzed definitions provided by a group of 63 persons. The one formed on the basis of responses is: The proverb is a short, simple, often rhymed sentence-like structure, usually metaphorical, containing some truth or wisdom based on human experience (24). Proverbs constitute a linguo-cultural continuity: They are handed down from generation to generation, thus traditional by nature, with new ones being created (Mieder, 2010:54).

Furthermore, the special role of proverbs in communication is emphasized by many scholars (Mieder, 2007:396; Granbom-Herranen, 2011). What is characteristic of proverbs is their didactic poly-functionality (Kowalikowa, 2001:113). Moreover, they carry evaluation of people, their actions and other phenomena (Szerszunowicz, 2010). As Piirainen (2009:215) puts it, "proverbs quote socially approved ideas that can be used instead of an argumentation; they can reveal traces of social concepts (of special groups and/or former times) and hand them down to future generations."

Therefore, the portrayal of a good man depicted in proverbs is a picture based on shared values, truths and beliefs.[1] The focal issue of the present paper is to discuss the picture of a good man in Italian proverbs. The aim of the analysis is to determine the elements of the picture of a good man conveyed by the proverbs excerpted from selected paremiographic sources.[2]

## The Picture of a Good Man in Italian Proverbs

The lexicographic definition of the adjective *buono* comprises the following components: 'positively evaluated according to the common moral law,' 'having a nice character, who is sensitive,' 'with great personality,' 'affectionate, thoughtful, gentle, kind' (DeM:335), 'sensitive, capable of affection, serene, setting the example, understanding others' weaknesses,' 'sometimes, not offensively, too understanding or indulgent, reconciled' (DO:298).[3] The adjective in question expresses recognition or appreciation from the moral point of view or on the plane of quality, used with reference to ability or sense of taste (DO:298).

The picture of a good man relies heavily of the conventionalized image of a good person developed in a given culture. The picture of a good man reflected in the proverbs selected for the analysis refers to persons of either sex, exploiting the general meaning of the word *man*. In other words, the characteristics, which form the picture of the proverbial good man, are considered to be typical of both good man and women.

According to proverbs, good people tend to be lonely. The unit *I buoni sono spesso soli* (lit. The good are often lonely) (DPI:154) can be interpreted in two ways: First, good persons can be suspected of being not sincere by others who do not believe in their being good; second, they do not find many similar people with whom they could cooperate.[4]

Proverbs also reflect the belief that people perceive others as similar to themselves. Therefore, a good man considers all people to be good, as expressed by the proverb *Chi è buono crede che tutti siano come lui* (lit. Who is good believes that all are good like him) (DPI:153). Moreover, proverbial expressions refer to the human tendency to become similar to companions. In the excerpted material there are proverbs, which are linguistic reflection of the belief that a good person influences others, so that they become good. An example of such a unit is the Italian proverb *Chi si siede coi buoni si alza coi buoni* (lit. Who sits with the good gets up with the good) (DPI: 153).

Good people are perceived as meek, gentle and permissive, which means that they are likely to allow others to act the way others want them to. Such characteristics are reflected by the Italian proverb *Coi buoni si fa come si vuole, coi cattivi si fa come si può* (lit. One does as one wants with good people, with the bad as one can) (DPI:153), in which again the good are shown in contrast with the bad, with whom one acts as they allow others to.

Some proverbs answer the question about how others think about a good man. Generally, this evaluation is strongly positive, which is corroborated by many proverbs, such as: *Vale più il buon cuore che tutti i piatti di questo mondo* (lit. A good heart is more valuable than all the dishes of this world) (DP:37), *Non l'oro, ma il cuore fa l'uomo ricco* (lit. It is not gold, but the heart that makes a man rich) (DP:208). Therefore, being praised by a good person is considered particularly valuable. The proverb *Meglio la lode d'un buono che quella di cento malvagi* (lit. It is better to be praised by a good person than by a hundred bad ones) (DPI:153) stresses the difference between being praised by a person considered good and by somebody who is thought to be bad.

Furthermore, Italian proverbs reflect the belief that being good is more important than being beautiful, expressed by the following units: *Bontà passa beltà* (lit. Goodness surpasses beauty) (DP:37), *Bellezza senza bontà è come una canna d'organo scordata* (lit. Beauty without goodness is like a organ pipe which is out of tune) (DP: 37), *Le bellezze durano fino alla porta, le bontà fino alla morte* (lit. Beauty lasts to the door, goodness to death) (DP:37). Moreover, good people are perceived as persons who can change something bad into something good owing to their qualities, which motivated the proverb *I buoni riescono a far del male un bene* (lit. The good manage to make something good out of something bad) (DP:37).

As noted earlier some proverbs may be considered to convey a rather negative valuation. Those units emphasize the quality of being good which verges on being naive. For instance, proverbs, such as *A chi è troppo buono glielo mettono in culo* (lit. Who is very good is bitten) (DPI:298) and *Quand'uno è buono tutti se n'approfittano* (lit. If somebody is good all use him) (DPI:153), *Il buono è creduto minchione* (lit. A good person is believed a simpleton) (DPI:153), *Tre volte buono vuol dire bischero* (lit. Three times good means a simpleton) (DPI:153), can be interpreted as units of a derogatory character, stressing the weakness of a good person, unable to be assertive and resistant. In the same vein, the faunal proverbs state that *Chi è pecora, il lupo la mangia* (lit. Who is a sheep is eaten by the wolf) (DP:37), *Il più buoni se il mangia il lupo* (lit. The best are eaten by the wolf) (DPI:153).

Good persons tend to be willing to help other people, even if it means risking a lot. The tendency to go to great lengths to make life easier and better for others is reflected in the following proverb: *Il migliore degli uomini è quello che ha fatto più bene ai suoi simili* (lit. The best of people is the one who has done something good for the others) (DP:13), *Pane buono, vino buono e uomini buoni sono i primi a finire* (lit. Good bread, good vine and good people finish first) (DPI:153). Since good people tend to concentrate on others and their problems, as a consequence, they do not take enough care about themselves: *Chi è troppo buono con gli altri non lo è abbastanza con se stesso* (lit. Who is very good with others is not like that with himself) (DPI: 154).

Therefore, those who are good have a difficult life: *Buono per natura, vita tribolata e dura* (lit. Good by nature, life difficult and hard) (DPI:153), *I più buoni finiscono in croce* (lit. The best finish on the cross) (DPI:153), *Sembrava buono e morì: sembrava cattivo e ancora è vivo* (lit. He seemed good and died, he seemed bad and is still alive) (DPI:153). Therefore, such people are too gentle to function in the world, which is cruel. In other words, they are not made for earthly life, as stated in the proverb *I buoni sono tutti in Paradiso* (lit. All the good people are in Paradise) (DPI:153).

Proverbs also express advice for good people: They should not be too good to others, otherwise they will be taken advantage of: *Non essere tutto zucchero, se non vuoi che il mondo ti divori* (lit. Don't be all sugar if you do not want the world to devour you) (DP:37), *Ungiti di miele e sarai coperto di mosche* (lit. Rub yourself with honey and you will be covered with flies) (DP:37). Moreover, the balance is recommended by stressing that being either too altruistic or too selfish affects human inter-relations. The proverb exploits metaphorically the contrast between 'sweet' and 'bitter': *Se sei dolce ti succhiano, se sei amaro ti sputano* (lit. If you are sweet you are sucked, if you are bitter you are spat out) (DPI:153).

The proverb *Chi è buono lo è perché non sa essere cattivo* (lit. Who is good is like this because he cannot be bad) (DPI:153) depicts a good man as a person who simply does not know how to be bad. Two interpretations of the unit are possible: The person considered good derives pleasure from being good or does not have courage to behave in a different way. Used in the latter meaning, the proverb shows ironic markedness.

Another belief regarding good people is that they try to become better *Non è buono chi non cerca di diventare migliore* (lit. Somebody is not good if he does not try to be better) (DPI:154). Furthermore, good persons can improve themselves, while the bad ones only become worse. This observation is reflected by the following proverbs: *Batti il buono e lo farai migliore, batti il cattivo e lo farai peggiore* (lit. Beat the good and you will make him better, beat the bad and you will make him worse) (DPI:153), *Loda il buono e diverrà migliore, biasima il tristo e lo farai peggiore* (lit. Praise a good man and you will make him better, criticize a sad person and you will make him worse) (DPI:153).

Proverbs also express the idea that nobody is only good, each person is bound to have some defects, for example, *Nessuno è buono dal buco dalla chiave* (lit. Nobody is good from the hole to the key) (DPI:154). Another unit stresses that those who think themselves to be good start to be bad: *Chi si crede buono comincia di essere cattivo* (lit. Who considers himself good starts to be bad) (DPI:154); moreover, the proverb shows the difference between being considered good by others and one's own self-evaluation. In fact, people think that somebody believed to be good is not able to do evil deeds.

## Conclusion

The picture of a good man in proverbs is composed of many features, which reflect common beliefs and observations. The vast majority of Italian proverbs depicting a good man consist of words, which literally denote concepts from a higher level of human functioning. It is worth adding that faunal symbolism is exploited in some proverbs, as well. Those units are sentential metaphors and must be reconceptualized.

For the Italian proverbs analyzed, the picture of a good man is composed of the following elements: Often lonely, tactful, thoughtful, willing to help others, with a tendency to self-improvement, possibly with some minor defects, permissive, used by others. As it can be seen, the evaluative connotations, both primarily positive, and secondarily, derogatory, are also found in the units analyzed. If compared with the lexicographic definition of the adjective *buono*, all components of meanings present in the dictionaries consulted are represented in proverbs.

In conclusion, it should be emphasized that further studies on the picture of the proverbial good man, especially conducted in a cross-linguistic and cross-cultural perspective, seem worthy of investigation. The notion of a good man is important from the linguo-cultural point of view. Such analyses will allow for in-depth study of images in proverbs in particular languages.

### *Notes*

1 As emphasized by Piirainen (2009:214), "from the viewpoint of folklore studies, *proverbs* are elements of a code of folk culture […]. Many proverbs are figurative and have far-reaching cultural significance." Thus, they can be studied as "cultural units or items of folklore" (Mieder, 2007: 394).

2 The main source of proverbs analyzed in the present paper is *Dizionario dei proverbi italiani* by Carlo Lapucci (2006), which contains 25 000 units. In total 147 units have been excerpted from the lexicographic sources consulted.

3 All translations are my own.

4 The problem of proverb meaning bears a complex character, as it "must be seen in light of manifold contexts in which every possible proverb might be used" (Mieder, 1989a:20). In the present paper the focus will be on the meanings given in the dictionaries consulted.

### *Bibliography*

[DeM]. Tullio De Mauro. 2000. *Il dizionario della lingua italiana.* 2 vols. Torino: Paravia.

[DO]. Giacomo Devoto & Gian Carlo Oli. 2000. *Il dizionario della lingua italiana.* Firenze: Le Monnier.

[DP]. Annarosa Selene. 2001. *Dizionario dei proverbi.* Milano: Armenia.

[DPI]. Carlo Lapucci. 2006. *Dizionario dei proverbi italiani.* Firenze: Le Monnier.

Granbom-Herranen, Liisa. 2011. "How Do Proverbs Get Their Meanings?: The Model of Interpretation Based on a Metaphor Theory." *Białostockie Archiwum Językowe* 10, 47–67.

Grandl, Christian. 2011. "'There Is No Son of Pharaoh at Night' – The 'Lost Proverbs' of Ancient Egypt." In: Associação Internacional de Paremiologia / International Association of Paremiology (AIP–IAP) (eds.). *2° Colóquio Interdisciplinar sobre Provérbios – Actas ICP08 / 2nd Interdisciplinary Colloquium on Proverbs – Proceedings ICP08.* Tavira: Tipografia Tavirense, 201–213.

Kowalikowa, Jadwiga. 2001. "Przysłowia jako komunikaty." In: Grażyna Habrajska (ed.). *Język w komunikacji*. Vol. 2. Łódź: Wyższej Szkoła Humanistyczno-Ekonomiczna w Łodzi, 112–117.

Krikmann, Arvo. 2009 [1974]. "Some Additional Aspects of Semantic Indefiniteness of Proverbs: Remarks on Proverb Semantics 2." In: Arvo Krikmann. *Proverb Semantics: Studies in Structure, Logic, and Metaphor*. Ed. by Wolfgang Mieder. Burlington, Vt.: The University of Vermont (Supplement Series of Proverbium: Yearbook of International Proverb Scholarship, 29), 51–77.

Litovkina, Anna T. & Wolfgang Mieder. 2006. *Old Proverbs Never Die, They Just Diversify: A Collection of Anti-Proverbs*. Burlington, Vt.: The University of Vermont & Veszprém: The Pannonian University of Veszprém.

Mieder, Wolfgang. 1982a. *Antisprichwörter*. Vol. 1. Wiesbaden: Verlag für deutsche Sprache (VfdS) (Beihefte zur Muttersprache, 4).

----------. 1982b. *International Proverb Scholarship: An Annotated Bibliography*. New York et al.: Garland Publishing (Garland Folklore Bibliographies, 3; Garland Reference Library of the Humanities, 342).

----------. 1985a. *Antisprichwörter*. Vol. 2. Wiesbaden: Gesellschaft für deutsche Sprache (GfdS) (Beihefte zur Muttersprache, 6).

----------. 1985b. "Popular Views of the Proverb." *Proverbium: Yearbook of International Proverb Scholarship* 2, 109–143.

----------. 1989a. *American Proverbs: A Study of Texts and Contexts*. Bern et al.: Peter Lang (Sprichwörterforschung, 13).

----------. 1989b. *Antisprichwörter*. Vol. 3. Heidelberg et al.: Quelle & Meyer.

----------. 1990. *International Proverb Scholarship: An Annotated Bibliography. Supplement I (1800–1981)*. New York et al.: Garland Publishing (Garland Folklore Bibliographies, 15; Garland Reference Library of the Humanities, 1230).

----------. 1993. *International Proverb Scholarship: An Annotated Bibliography. Supplement II (1982–1991)*. New York et al.: Garland Publishing (Garland Folklore Bibliographies, 20; Garland Reference Library of the Humanities, 1655).

----------. 1997. *The Politics of Proverbs: From Traditional Wisdom to Proverbial Stereotypes*. Madison, Wis.: The University of Wisconsin Press.

----------. 2001. *International Proverb Scholarship: An Annotated Bibliography. Supplement III (1990–2000)*. New York et al.: Peter Lang.

----------. 2004. *Proverbs: A Handbook*. Westport, Conn. et al.: Greenwood Press (Greenwood Folklore Handbooks).

----------. 2007. "Proverbs as Cultural Units or Items of Folklore." In: Harald Burger & Dmitrij Dobrovol'skij & Peter Kühn & Neal R. Norrick (eds.). *Phraseologie: Ein internationales Handbuch der zeitgenössischen Forschung*. Vol. 1. Berlin et al.: de Gruyter (Handbücher zur Sprach- und Kommunikationswissenschaft, 28,1), 394–413.

----------. 2010. "'Many Roads Lead to Globalization': The Translation and Distribution of Anglo-American Proverbs in Europe." In: Jarmo Korhonen & Wolfgang Mieder & Elisabeth Piirainen & Rosa Piñel (eds.). *Phraseologie: Global – areal – regional. Akten der Konferenz EUROPHRAS 2008 vom 13.–16.8.2008 in Helsinki*. Tübingen: Narr Verlag, 43–59.

Paczolay, Gyula. 1998. "Some Notes on the Theory of Proverbs." In: Peter Ďurčo (ed.). *EUROPHRAS '97: Phraseology and Paremiology*. Bratislava: Akadémia PZ, 261–266.

Pajdzińska, Anna. 2006. "Antropocentryzm frazeologii potocznej." In: Anna Pajdzińska. *Studia frazeologiczne*. Łask: Oficyna Wydawnicza LEKSEM (Kompendium frazeologa, 3), 104–113.

Piirainen, Elisabeth. 2009. "Figurative Phraseology and Culture." In: Sylviane Granger & Fanny Meunier (eds.). *Phraseology: An Interdisciplinary Perspective*. Amsterdam et al.: John Benjamins, 207–228.

Szerszunowicz, Joanna. 2010. "Evaluation in Culture-Bound Proverbs and Proverbial Expressions as a Translation Problem." In: Associação Internacional de Paremiologia / International Association of Paremiology (AIP–IAP) (eds.). *3° Colóquio Interdisciplinar sobre Provérbios – Actas ICP09 /*

*3rd Interdisciplinary Colloquium on Proverbs – Proceedings ICP09*. Tavira: Tipografia Tavirense, 222–234.

Szpila, Grzegorz. 2003. *Krótko o przysłowiu*. Kraków: Collegium Columbinum (Książki bez kantów, 3).

Taylor, Archer. 1985 [1962; 1931]. *The Proverb and An Index to "The Proverb"*. Rpt. with an introduction and bibliography by Wolfgang Mieder. Bern et al.: Peter Lang (Sprichwörterforschung, 6).

Whiting, Bartlett Jere. 1994 [1932]. "The Nature of the Proverb." In: Bartlett Jere Whiting. *When Evensong and Morrowsong Accord: Three Essays on the Proverb*. Ed. by Joseph Harris and Wolfgang Mieder. [Cambridge, Mass. et al.]: Harvard University Press, 51–85.

Wierzbicka, Anna. 1985. *Lexicography and Conceptual Analysis*. Ann Arbor: Karoma.

# *Sie ist gerne iht niuwe* ('It Always Is Something New'): Love, Sorrow, and Proverbial Challenges in the Middle High German Tristan Sequels

*Olga V. Trokhimenko*

To continue a work begun by somebody else is never easy. To continue a work that even in its unfinished form is considered to be a masterpiece is far more daunting. To bring, despite one's limitations, to completion an unfinished masterpiece whose author's worldview and ideology one does not fully embrace is an impossible task indeed. Yet this is precisely the predicament in which two medieval poets, Ulrich von Türheim (ca. 1240) and Heinrich von Freiberg (late 13$^{th}$ c., before 1290) are placed, charged with a task by their respective patrons to tell to its bitter end the tale of adulterous love between Tristan and Isolde, so masterfully begun yet left incomplete by the genius of Gottfried von Strassburg. No wonder then that both resulting epics are often ridiculed and dismissed by literary critics as unworthy of their source material. Of the four main Middle High German poets known for their work on the Tristan material, only the two earlier ones' literary achievement – that of Eilhart von Oberge (ca. 1170–1175) and Gottfried von Strassburg (ca. 1210) – is commonly recognized, with particular praise reserved for Gottfried's unfinished torso. The above-mentioned two later thirteenth-century texts by Ulrich von Türheim and Heinrich von Freiberg have traditionally been dismissed as second-rate and by far inferior to their predecessors: Gottfried, whose text they purport to continue, and Eilhart, whose plotline they actually follow.[1] The sequels are said to fall short conceptually and artistically, to misunderstand the messages of their originals, and lack both Gottfried's narrative and rhetorical virtuosity and Eilhart's dramatic flair.[2] More recent scholarship has unveiled several aspects of the two later epics that can disprove such harsh judgment as overly categorical and simplistic.[3] The use of gnomic material, however, is not one of those areas, if one compares the sequels to Gottfried's masterpiece alone. However, a closer look at how Ulrich and Heinrich use proverbs and proverbial expressions in their respective texts uncovers that despite all the deficiencies, between the two it is Ulrich who comes closer to Gottfried in the overall message with the help of his proverbial rhetoric.

It would be impossible to do a proper analysis of all paremiological material in the two Tristan sequels within the constraints of this paper.[4] For this reason, I will concentrate specifically on Ulrich's and Heinrich's use of the proverbial expression *liebe und leit* ('love and sorrow'). As Wolfgang Mieder (2009) has shown in his study of Gottfried von Strassburg's proverbial rhetoric on the subject of love and pain, the earlier poet does not use his paremiological material randomly, the fact reaffirmed by Manfred Eikelmann and Tomas Tomasek's recent study (2009:536). Rather, his proverbial ideology is reflective of his larger concept of the interconnectedness between love and suffering, *liebe* and *leit*, as two sides of the same coin, the inseparable components of true love that only the select few – his so-called "noble hearts" (*edeliu herzen*, GvS, v. 233) – can appreciate, embrace, and endure:

"Dabei wird sich im folgenden zeigen, daß Sprichwörter keine erratischen Weisheitsblöcke darstellen, sondern daß sie teilweise als bedeutungsvolle Leitmotive zur Aussagekraft und Bedeutung dieses großen Werkes beitragen. Wenn es sich in diesem Epos um das Thema von Freude und Schmerz, Liebe und Leid sowie Leben und Tod handelt, so werden auch metaphorische Sprichwörter allgemeingültige Aussagen dazu liefern" (Mieder, 2009:17).

Neither Ulrich nor Heinrich fully embrace Gottfried's concept of love, although of the two, Ulrich's worldview comes the closest to his predecessor's. He similarly writes for the select few, for the *rehte minnaere* ('true lovers,' in the sense of 'those who truly love') (UvT, vv. 3629–3630). His poetic goal is at least what William McDonald sees as a paean to loyalty, a glorification of the virtue of fidelity (*triuwe*),[5] which enables him and his audience to forgive the adulterous love of the two protagonists, Tristan and Isolde the Blond, and to express in his closing a hope that whatever sins the couple may have committed, they might be forgiven in heaven (UvT, vv. 3705–3719). Whatever his poetic imperfections, Ulrich stays closer to Gottfried's message by echoing the latter's sympathy for the unlucky couple: both of their intended audiences are those who possess the gift of empathy and the ability to embrace all the joys and the tribulations of love (cf. McDonald, 1990:53; Trokhimenko, 2011:203).

In stark contrast, Heinrich von Freiberg possesses little of such sensibility. His is the worldview of a stark and rigid Christian morality, in which adultery and the love that provokes it are sinful. The closing of his text is a didactic and dogmatic reminder to its audience about the vices and treachery of the worldly *minne* and the dire need to remember about the only true love – the divine one.[6] At the opening of the sequel, Heinrich's Tristan produces a long and reproachful monologue that demonstrates his keen awareness of his own wrongdoing (HvF, vv. 133–196). The tale of Tristan's deceit, trickery, and illicit love affair with his uncle's wife Isolde the Blond has to continue, sinful or not, since it has been commissioned, but we, as audience, can never be mistaken as to Heinrich's true feelings toward it. As a corollary and perhaps in an attempt to restore to Tristan some of his reputation tarnished by his adulterous liaison, Heinrich's goal as a poet is to turn the protagonist into the splendid Arthurian knight and to produce a more traditional chivalric romance with more conventional courtly values for the splendid Bohemian court.

The use of gnomic material by Ulrich and Heinrich appears to be consistent with their respective text's overall message and strategy. Despite substantial differences in length (3731 verses in Ulrich vs. 6890 verses in Heinrich), the frequency of proverb use is remarkably low in both sequels.[7] As expected, Heinrich's moralizing nature impacts his choice of proverbs: a big bulk of them has religious or didactic overtones, particularly those that deal with the subject of love.[8] Admonitions against the treachery of worldly love intersperse his text, but are particularly prominent in the conclusion, after the description of the unfortunate lovers' demise. The warning to the audience not to heed their example but to seek instead the only true love, by which Heinrich understands the love of Christ, is emphasized again and again:

"Sich, werlt, diz ist din lon,
den du zu jugest gibest in,
die dir zu dinest iren sin,
lip und herze neigen:

den kanstu tucke erzeigen,
die valschen in der letzsten stunt" (HvF, vv. 6620–6625).[9]

('See, World, this is your reward that you bestow on those who serve you with their minds, bodies, and hearts. To them you are wont to reveal your falsehood at their last moments.').

As if it were not enough, Heinrich's message about Tristan and Isolde's wrongdoing, itself clad in a proverbial form "Sich, werlt, die hat dine suzikeit / gecleidet in des todes cleit" ('See, World, to them your sweetness wore the garb of death,' HvF, vv. 6649–6650) (see note 9) is followed by a string of the most popular proverbial oppositions that uncover the treachery of worldly *minne*: honey and gall, roses that conceal thorns, wheat that turns to thistle, sugar that turns bitter, sweetness that turns sour, and sunshine that easily turns to hail (HvF, vv. 6626–6641) (see e.g. Trokhimenko, 2000 & 2001).

It is not surprising then that Heinrich's take on the proverbial idiom *liebe und leit*, so crucial to understanding of Gottfried's worldview, would also share in this overall message: lamenting Tristan's death, Heinrich hammers over the course of several stanzas that the hero lay dead because of the suffering that is inherent to love: "der lac vor leide in liebe mort" ('He [Tristan] lay dead because of love's suffering,' HvF, v. 6448); "vor leide in liebe tot lac er" ('because of love's suffering he lay there dead,' HvF, v. 6464); "von herzenliebe in leide starb" ('[Tristan] died in suffering [of] his love,' HvF, v. 6472). Even though the three examples quoted above appear almost identical, a careful look reveals that the last one differs from the first two: while in verses 6448 and 6464 Tristan dies of suffering in love (i.e., love's suffering), *vor herzenliebe in leide*, the last line of the penultimate stanza in this lament, places the emphasis somewhat differently, reversing the components of the pair and thus reinforcing the overall cautionary message even more: Tristan died of love *in* great suffering. Those familiar with the legend would easily recognize this as an allusion to not only *liebe und leit* metaphor, but also to the actual events in the text – Tristan dies both of physical suffering, a result of his helping his brother-in-law Kaedin in his own love adventure, and of great emotional anguish. His wound can be healed only by his lover Isolde the Blond, who, he believes, has abandoned him in his need. The emphasis in this last phrase is, conspicuously, in this case on the word 'suffering' (*in leide*) – a stark admonition to the audience not to follow Tristan's path.

In his much shorter and far less didactic version, Ulrich's use of proverbs promotes a rather different message. It is true that Ulrich is not unaware of the motif about love's treachery. He himself acknowledges that "diu minne kan wol leren / vroude unde herzenot" ('love can well teach joy and heartache,' UvT, vv. 3584–3585) and mentions love's heavy burden (*sweren last*, UvT, v. 63).[10] When Tristan lies tormented at his new bride's side, Isolde of the White Hands, Ulrich resembles Heinrich in his condemnation of Lady Love's fickle nature:

"hie zeigte aber vrou minne
ir verlust unde ir gewinne,
ir unstete und ir stete.
zwiu welt ir, daz siz tete,
daz si Tristanden note
zweiher hande Ysote?

ez schuf ir untriuwe.
sie ist gerne iht niuwe" (UvT, vv. 235–242).

('Here Lady Love has shown her losses and her winnings, her steadfastness and her inconstancy. Why otherwise, would you think, would she oppress Tristan with the two Isoldes? Her treachery did it, for she is always something different.').

And yet, the few examples of love-related proverbs used by Ulrich serve to reinforce the overall message of his sequel: Gottfried-like sympathy for two people who share the same feeling, the same thoughts, and the same plight, who are, in Ulrich's own words, *ein ja* and *ein nein* ('one yes' and 'one no,' UvT, v. 2674). His Tristan says about Isolde: "si ist dort, so bin ich hie, / unde sin doch bi ein ander" ('She is there, and I am here, and yet we are together,' UvT, vv. 2848–2849). In his take on the *liebe und leit* motif, Ulrich does not overemphasize the negative aspects of this dichotomy, as Heinrich does in his lament for Tristan. Rather he uses it as an inseparable pair, inherent to *minne*: Isolde the Blond's appearance arouses *lip mit leide* in the hearts of the men beholding her beauty (UvT, vv. 1217–1218); and as Isolde lies in her tent dwelling on her separation from Tristan, she experiences both *liebe unde leid* ("liebes unde leides si phlac," UvT, v. 1348). Ulrich empathetically points out that separation brings the two lovers *ane liebe herzeleit* ('heartache without love,' UvT, v. 1743), and that the two of them ultimately die of the true heartache: "mir tut noch ir sterben we, / wan si sturben beide / von rehtem herceleide" ('their death still gives me pain, for they both died of true heartache,' UvT, vv. 3588–3590).

To be sure, both poets also play with the expression at their heart's content. Although it is clear that they are aware of the inseparable nature of *liebe* and *leit*, in these cases, however, this indivisibility is not important and has nothing to do with Gottfried's original message. *Liebe und leit* motif appears most frequently in a form of a cliché, of a set expression, well-sounding because of its alliterative nature, but totally devoid of the message it is imbued with in the original torso: "Ich tun das liebe und mide das leit," says Kurvenal to Tristan in one of their adventures ('I do what is good and avoid what is bad,' UvT, v. 855), while one of Tristan's helpers, Thynas, acknowledges his friend's predicament, saying, "ich weiz iuwer liep und iuwer leit," ('I know of your love and pain,' UvT, v. 1009). While the latter expression comes close to Gottfried's dichotomy of love and suffering, in this particular case it is used simply to show sympathy for Tristan and Isolde's troubles. Both poets also freely substitute the elements of the original expression and modify it, such as, for example, in the descriptions of the atmosphere in Cornwall and at King Arthur's court where joy reigns supreme without any sorrow ("mit vrouden sunder leit," UvT, v. 1014; "mit vrouden sunder leide," HvF, v. 1575), or in Ulrich's reference to Isolde, who "hate gehuset beide / herzelieb mit herzeleide" ('[whose heart] housed both love and pain,' UvT, vv. 1349–1350). What appears to be a description taken straight from Gottfried's text, however, turns out to be no more than a preface to the passage about Isolde's ingenuity and cunning (*list*): Ulrich explains in the lines following that the lady was greatly concerned about her reputation, while strategizing how to bring her beloved Tristan to see her, unknown to her husband Marke (UvT, vv. 1351–1359). Seemingly a passage about unity in love, reminiscent of Gottfried's prologue, is nothing but yet another stratagem of the two lovers to dupe the cuckolded husband.

And yet, when the two poets do use the proverbial expression *liebe und leit*, it conspicuously echoes the tone of their whole work, its ideology, and its own understanding of what human love is. Although attempting to be morally superior and commonly accepted nowadays as poetically superior to Ulrich's rendition, it remains unclear if Heinrich von Freiberg's didactic creation was much appreciated by its contemporaries. Medieval reception seems to speak in Ulrich's favor. His short and at times bawdy text has survived in 7 full manuscripts compared to only 3 extant witnesses for its successor's epic (McDonald, 1990:61; Bumke, 2000:194). Ulrich's style of writing, his use of dialogue, his depictions of emotions, and his use of proverbial material make both his characters and his poem less stylized, less perfect, and perhaps more relatable. Maybe imperfect people and an imperfect but engaging storytelling are ultimately more enjoyable than complex twists and turns of the plot and a well-intentioned, but moralizing message.

## *Notes*

1 To differentiate between different Tristan-texts, I use the following abbreviations in the citations: 'GvS' for Gottfried von Strassburg's *Tristan*, 'HvF' for Heinrich von Freiberg's *Tristan*, and 'UvT' for Ulrich von Türheim's *Tristan*.

2 Cf. "so blatantly not Gottfried von Strassburg"; "little ability to emulate [Gottfried] or – more significantly – to demonstrate an awareness of his true purpose"; "complete reversal of Gottfried"; and standing Gottfried "on his head." See Gibbs (2003:273–275 & 281). Thomas Kerth sees Ulrich "struggling with two models to produce an independent writing, but inferior to each" as quoted in Gibbs (2003:275). For a detailed summary of critical responses to both later epics also see Gibbs and Johnson (1997:373–374).

3 One of such areas is, for example, a treatment of gender and representation of female characters in the two sequels. See McDonald (1990); Schulz (2004); Trokhimenko (2011).

4 Such work has been begun by Manfred Eikelmann and Tomas Tomasek in their recent collection of proverbs in medieval epic. Remarkable as a compilation of paremiological material, this two-volume collection offers mostly statistical rather than literary analysis of the proverbs and *Sentenzen*. See Eikelmann and Tomasek (2009:548–596).

5 McDonald speaks of Ulrich's view of Tristan and Isolde's love as being "beyond conventional morality," as "true loyalty." In his view, Ulrich places fidelity on a plane above marriage, the oath and familial obligations. See McDonald (1990:7 & 39).

6 "Nu dar, ir werlde minner, / seht alle in disen spigel her, / und schowet, wie in aller vrist / hin slichende und genclich ist / die werltiche minne!" ('And now, all you worldly lovers, take heed of this example here and see how worldly love always comes and goes stealthily,' HvF, vv. 6847–6851); "ein iglich cristen wende / herze, mut und sinne / hin zu der waren minne, / die unzurgenclich ymmer ist" ('Every Christian should turn his heart, mind, and senses to the true love, which is eternal,' HvF, vv. 6856–6859). All translations are mine unless specifically indicated otherwise.

7 Eikelmann and Tomasek (2009:566 & 594, respectively) give the following statistics for the two sequels: 18 proverbs and proverbial expressions for Ulrich vs. 13 for Heinrich.

8 Heinrich has been described as "the voice of the self-assured moralist" whose text "is marked [...] by the hostile encounter of heroic action and amorous passion" (McDonald, 1990:55; Deighton, 2004:111).

9 See examples for this proverb in vol. 7 of Samuel Singer's and Ricarda Liver's *Thesaurus proverbiorum medii aevi* (1996:443–445) under the rubrics 'Liebe verbirgt hinter der Süsse den Stachel' (Liebe 1.6.9.4) and 'Liebe ist nicht dauerhaft und treu' (Liebe 1.7.1.1).

10 The idea that love brings both joy and sorrow is very popular in the Middle High German literary discourse. See, e.g., Hartmann von Aue's *Gregorius*: "Si [love] machete ie nâch liebe leit," as well as Thomasin von Zerclaere, Gottfried von Strassburg, Mechthild von Magdeburg and others (see Liebe 719–762 in TPMA, 1996:439–441).

## *Bibliography*

Bumke, Joachim. $^{4}$2000. *Geschichte der deutschen Literatur im hohen Mittelalter.* 4$^{th}$ updated edition. München: Deutscher Taschenbuch-Verlag (Geschichte der deutschen Literatur im Mittelalter, 2; dtv, 30778).

Deighton, Alan. 2004. "Ein Anti-Tristan?: Gottfried-Rezeption in der 'Tristan'-Fortsetzung Heinrichs von Freiberg." In: Václav Bok & Hans-Joachim Behr (eds.). *Deutsche Literatur des Mittelalters in und über Böhmen II: Tagung in České Budějovice/Budweis 2002.* Hamburg: Kovač (Schriften zur Mediävistik, 2), 111–126.

Eikelmann, Manfred & Tomas Tomasek (eds.). 2009. *Artusromane nach 1230, Gralromane, Tristanromane. Handbuch der Sentenzen und Sprichwörter im höfischen Roman des 12. und 13. Jahrhunderts.* Vol. 2. Berlin et al.: de Gruyter.

Gibbs, Marion E. 2003. "The Medieval Reception of Gottfried's *Tristan.*" In: Will Hasty (ed.). *A Companion to Gottfried von Strassburg's "Tristan".* Rochester, N.Y. et al.: Camden House (Studies in German Literature, Linguistics, and Culture), 261–284.

Gibbs, Marion E. & Sydney M. Johnson. 1997. *Medieval German Literature.* New York: Routledge.

[GvS]. Gottfried von Straßburg. $^{5}$1996. *Tristan: Mittelhochdeutsch/Neuhochdeutsch.* Ed. by Friedrich Ranke and Rüdiger Krohn. 2 vols. Stuttgart: Reclam (Reclams Universal-Bibliothek, 4471 & 4472).

[HvF]. Heinrich von Freiberg. 1993. *Tristan und Isolde (Fortsetzung des Tristan-Romans Gottfrieds von Straßburg): Originaltext (nach der Florenzer Handschrift ms. B.R.226).* Ed. by Danielle Buschinger; transl. by Wolfgang Spiewok. Greifswald: Reineke-Verlag (Wodan: Recherches en littérature médiévale, 16; Greifswalder Beiträge zum Mittelalter, 1).

McDonald, William C. 1990. *The Tristan Story in German Literature of the Late Middle Ages and Early Renaissance: Tradition and Innovation.* Lewiston et al.: Mellen (Studies in German Language and Literature, 5; Studies in Russian and German, 5).

Mieder, Wolfgang. 2009. "'liebe und leide': Sprichwörtliche Liebesmetaphorik in Gottfrieds von Straßburg *Tristan.*" In: Wolfgang Mieder. *"Nieman hât ân arebeit wîstuom": Sprichwörtliches in mittelhochdeutschen Epen.* Burlington, Vt.: The University of Vermont (Supplement Series of Proverbium: Yearbook of International Proverb Scholarship, 28), 15–28.

Schulz, Armin. 2004. "Die Spielverderber: Wie 'schlecht' sind die Tristan-Fortsetzer?" *Mitteilungen des Deutschen Germanistenverbandes* 51, 262–276.

[TPMA]. Samuel Singer & Ricarda Liver (eds.). 1995–2002. *Thesaurus proverbiorum medii aevi: Lexikon der Sprichwörter des romanisch-germanischen Mittelalters.* 13 vols. Berlin et al.: de Gruyter.

Trokhimenko, Olga V. 2000. "'Daz guot und weltlich êre und gotes hulde mêre zesamene in ein herze komen': Sprichwörter in Hartmanns von Aue *Der Arme Heinrich.*" *Proverbium: Yearbook of International Proverb Scholarship* 17, 387–408.

----------. 2001. "*Der sælden strâze*: Sprichwörter in Hartmanns von Aue *Gregorius.*" *Proverbium: Yearbook of International Proverb Scholarship* 18, 329–351.

----------. 2011. "'And All Her Power Forsook Her': Female Bodies and Speech in the Middle High German Tristan-Continuations." *Journal of English and Germanic Philology* 110, 202–228.

[UvT]. Ulrich von Türheim. 1992. *Tristan und Isolde (Fortsetzung des Tristan-Romans Gottfrieds von Straßburg): Originaltext (nach der Heidelberger Handschrift Pal. Germ. 360).* Transl. and introduction by Wolfgang Spiewok; in association with Danielle Buschinger. Amiens: Centre d'Études Médiévales (Wodan: Recherches en littérature médiévale, 11).

# Proverbes ostrovskiens

*Stéphane Viellard*

On sait qu'après des études de droits rapidement abandonnées, Aleksandr Nikolaevič Ostrovskij (1823–1886) a travaillé dans un tribunal de commerce. C'est là, dit-on, qu'il s'est familiarisé avec le milieu des marchands, qu'il a représenté par la suite dans un grand nombre de drames. Leur langue lui était, elle aussi, familière. Cela suffit-il à expliquer l'importance, souvent évoquée, des proverbes dans le théâtre d'Ostrovskij ?

## L'héritage du XVIIIe siècle

En réalité, en insérant un grand nombre de proverbes dans ses pièces, Ostrovskij n'innove pas. Il s'inscrit dans une tradition qui voit le jour au XVIIIe siècle. C'est, en effet, chez les comédiographes et les auteurs d'opéras comiques du siècle précédent que le proverbe constitue un élément fondamental, voire inaliénable, de l'écriture théâtrale. Alexandre Sumarokov (1717–1777), Vladimir Lukin (1737–1794), Aleksej Kopiev (1767–1846), Petr Kropotov (1736–après 1790), Aleksandr Ablesimov (1742–1783), Nikolaj Nikolev (1758–1815), mais aussi Jakov Knjažnin (1742–1791), Vasilij Kapnist (1756–1823), Denis Fonvizin (1743–1792) ont tous abondamment puisé dans le fonds proverbial russe[1]. La mobilisation du proverbe dans le théâtre russe répondait à deux préoccupations, d'ailleurs complémentaires : d'une part fonder un théâtre véritablement national à une époque où celui-ci, pour naître, s'appuie sur les modèles étrangers et principalement français, notamment avec la transposition des pièces de Molière, dont l'acculturation a d'emblée été perçue comme difficile. Le proverbe est alors l'élément qui permet de se démarquer linguistiquement du modèle initial en faisant émerger une véritable comédie de la langue, préoccupation d'autant plus importante que c'est précisément au XVIIIe siècle que se met en place la langue normée moderne. Mais, d'autre part, le proverbe intervient également comme élément psycholinguistique et sociolinguistique. Il entre donc dans les éléments de la comédie de caractère et de la comédie de mœurs. La lecture des comédies du XVIIIe siècle fait apparaître la diversité extrême des locuteurs de proverbes : le proverbe est utilisé par les paysans, les valets et les servantes comme par l'homme cultivé, par l'aristocrate plein de noblesse comme par le maître cynique ou le nobliau borné. Le proverbe est pris aussi bien comme argument d'autorité que comme moyen de détourner une situation à son profit. Il est cité, commenté, aménagé, adapté, sert aux jeux de mots. Bref, dans toute la tradition comédiographique russe du XVIIIe siècle, le proverbe joue un rôle pragmatique de première importance au centre du processus énonciatif, et le théâtre apparaît donc comme un lieu privilégié de l'énonciation proverbiale, de la proverbialité.

Or parmi les comédiographes russes du XVIIIe siècle qui ont travaillé à développer la comédie de mœurs, il convient de mentionner le nom de Mixail Matveevič Matinskij (1759–1827), dont la pièce intitulée *L'hôtel des marchands de Saint-*

*Pétersbourg* (Sankt-peterburgskij gostinyj dvor) écrite en 1781, apparaît comme un prototype accompli du théâtre de mœurs consacré à l'univers des marchands. La pièce est construite autour du personnage de Skvalygin[2], marchand sans scrupules qui s'est enrichi en ruinant ses débiteurs et en trompant ses créanciers. Cynique et cruel, Skvalygin, qui manipule avec virtuosité les proverbes à son avantage, finira par se repentir. La pièce comporte quatorze proverbes et se termine par un proverbe prononcé à deux voix par deux victimes de Skvalygin : *Kak poživeš', tak i proslyveš'*, soit : " On a la réputation qu'on mérite (qu'on s'est faite) ". Or si la pièce a été éditée sans autorisation à Moscou en 1790 sous le titre mentionné plus haut. Matinskij la publie l'année suivante en lui donnant ce dernier proverbe pour titre.

L'évocation de cet épisode littéraire permet de relativiser l'affirmation d'Ettore Lo Gatto, qui posait Ostrovskij comme le " créateur du théâtre de mœurs " (1965 : 431).

Cet épisode de l'histoire littéraire nous permet également d'affirmer que l'œuvre d'Ostrovskij renoue en fait avec une longue tradition, née de la nécessité de créer un patrimoine théâtral à une époque où la littérature russe se dégage définitivement de l'emprise de la littérature savante.

## Proverbe et idéologie : L'enjeu identitaire ?

Près d'un siècle après cette étape fondatrice dans l'histoire littéraire russe, qu'en est-il de l'utilisation des proverbes dans l'œuvre d'Ostrovskij ?

Arrêtons-nous tout d'abord sur le relevé statistique des proverbes chez Ostrovskij, qui permet de saisir l'importance du phénomène. Dans un article de 1956, A.F. Lukonin dénombre quelque 360 proverbes impliqués dans l'œuvre théâtrale d'Ostrovskij (27).

Comment expliquer cette utilisation massive des proverbes par Ostrovskij ? Dans la seconde moitié du XIX$^{e}$ siècle, la langue littéraire est constituée et a déjà donné naissance à un grand nombre de chefs-d'œuvre. On pourrait alors penser que l'œuvre dramatique d'Ostrovskij n'a rien à voir avec la problématique linguistique qui était celle des comédiographes du siècle précédent, ce qui amène à se demander dans quelle visée cette œuvre s'inscrit.

La critique libérale occidentaliste russe a cru déceler dans cet usage des proverbes des relents de philosophie antépétrovienne, autrement dit moyenâgeuse, renvoyant à une Russie moscovite bien éloignée des modèles européens dont voulait se rapprocher la Russie impériale.

Voici comment Mixail Mixailovič Dostoevskij exposait en 1860 dans la revue *Le Flambeau* (*Svetoč*) la question du présupposé idéologique des pièces d'Ostrovskij :

> " La critique des occidentalistes, s'appuyant peut-être uniquement sur les proverbes qui servent la plupart du temps de titre aux comédies d'Ostrovskij, a subodoré dans ces proverbes une philosophie ' antépétrovienne ', et a soupçonné l'auteur de slavophilisme, l'accusant de vouloir illustrer par ses œuvres ses convictions slavophiles. Nous n'avons pas l'honneur de connaître Monsieur Ostrovskij, c'est pourquoi nous ignorons s'il est slavophile ou occidentaliste et, avouons-le, cela ne nous importe guère, d'autant plus que ses pièces, même les plus brillantes par leur titre ou par le proverbe, ne le montrent pas. Notre opinion est que Mon-

sieur Ostrovskij n'est dans ses œuvres ni slavophile, ni occidentaliste, mais simplement un artiste, profond connaisseur de la vie et du cœur russes. Peut-être, voire très probablement, à en juger par les titres, M. Ostrovskij a-t-il voulu servir le slavophilisme, mais ce désir, comme le montre l'entreprise même, s'est limité aux seuls titres ou aux proverbes. [...] Pourquoi imposer à l'auteur une philosophie absente de ses œuvres ? Pour la seule raison que les titres contiennent des proverbes ? " (2–3).

On sait qu'au milieu des années 1850, Ostrovskij se rapproche de la rédaction du *Moscovite* (*Moskvitjanin*) et subit l'influence des jeunes slavophiles, qui avaient tendance à idéaliser le mode de vie traditionnel en réaction aux innovations perçues comme héritées de l'Occident. On a cru alors déceler chez Ostrovskij une sympathie pour le mode de vie patriarcal représenté par les marchands. Les trois pièces composées durant cette période ont précisément pour titre des proverbes : " *Ne v svoi sani ne sadis'* " (litt. Ne monte pas dans le traîneau d'autrui, c'est-à-dire, ne te mêle pas de ce qui ne te regarde pas) (1853), " *Bednost' ne porok* " (Pauvreté n'est pas vice) (1854) et " *Ne tak živi, kak xočetsja* " (litt. Ne vis pas selon ton bon vouloir) (1855)[3]. La critique slavophile a effectivement salué ces pièces. Le *Moskvitjanin* écrira à propos de *Pauvreté n'est pas vice* qu'Ostrovskij " n'est plus seulement un auteur satirique [...]. Il voit dans le mode de vie quotidien la vie débonnaire, simple, liée aux traditions nationales et dans le conflit entre les deux principes hostiles [vie moderne, occidentalisée et vie russe traditionnelle – S. Viellard] sa sympathie va naturellement à cette dernière[4]. " Le critique libéral Nikolaj Černyševskij, au contraire, dénoncera vigoureusement le caractère artificiel et la faiblesse de la pièce. Pour les slavophiles, la sympathie qu'ils prêtaient à Ostrovskij pour ses *samodury*, ses tyrans domestiques, aurait été la marque de la *narodnost'* (esprit national) du dramaturge.

Dans ce contexte, le proverbe, utilisé dès le titre, serait à lire comme un marqueur identitaire fort, ancrant l'univers des pièces dans la russité linguistique, le proverbe étant depuis le XVIIIe siècle un élément patrimonial particulièrement prisé.

## Proverbe et composition

Le travail d'Ostrovskij sur les titres de ses pièces montre en réalité aussi combien le dramaturge accordait d'importance à ce lieu stratégique de toute œuvre littéraire. Le proverbe-titre peut avoir été trouvé et retenu d'emblée : *Ne bylo ni groša, da vdrug altyn* (La fortune vient quand on s'y attend le moins) (1871), *Grex da beda na kogo ne živet* (litt. Nul n'est a l'abri du péché et du malheur, soit : Il n'est si bon charretier qui ne verse) (1861–1863), *Na vsjakogo mudreca dovol'no prostoty* (Il n'est sage qui ne faille) (1868). Le titre peut avoir été initialement un proverbe, modifié par la suite en un titre non sentencieux. C'est le cas, par exemple, du titre définitif de la pièce *Bešenye den'gi* (Sommes folles) (1869), pour laquelle Ostrovskij avait d'abord eu recours au dicton *Kosa na kamen'* (litt. La faux [a buté] contre la pierre, qui peut être rendu par ' À bon chat, bon rat '), puis au proverbe *Ne vse to zoloto, čto blestit* (Tout ce qui brille n'est pas or). Le procédé inverse est également observable : un titre initial non sentencieux est remplacé par un proverbe : la pièce intitulée primitivement *Nalivnye jabloki*

(Les pommes juteuses) est devenue *Pravda xorošo, a sčast'e lučše* (litt. La vérité, c'est bien, mais le bonheur, c'est mieux) (1876).

Mais le proverbe-titre peut être repris dans une réplique finale de la pièce. C'est le cas, par exemple, de *Na vsjakogo mudreca dovol'no prostoty* (Il n'est sage qui ne faille) (1868), ou encore de *Ne vsë kotu maslenica* (litt. Ce n'est pas toujours le carnaval pour le chat, c'est-à-dire " toutes les bonnes choses ont une fin ") (1871). On pourrait penser au genre très prisé en France de la comédie-proverbe, genre que Carmontelle, avec une prolixité étonnante, développa au XVIII^e^ siècle, et que Catherine II elle-même cultivera avec plus ou moins de bonheur dans son *Théâtre de l'Hermitage* (cf. Viellard, 2006). En 1787, l'impératrice demandera au poète Ippolit Bogdanovič (1743–1803) de composer des " représentations théâtrales " sur des proverbes. C'est ainsi que Bogdanovič écrira *Ne vsjakogo delo sudit' i rjadit', a vsjakogo delo dobru posobit'* (Il n'est pas donné à tout le monde de philosopher [litt. ' de juger et de régenter '], mais tout le monde peut contribuer au bien), *Serdcem delu ne pomožeš'* (Rien ne sert de se mettre en colère) et *Svoi ne čužie* (Les proches ne sont pas des étrangers). En France, Alfred de Musset enrichira le genre en 1840 avec ses *Comédies et proverbes*. Cependant, Ostrovskij est loin du divertissement à la française, et en particulier du badinage que Catherine II avait exploité au demeurant assez maladroitement.

Catherine II et Bogdanovič recourent à un procédé d'écriture qui donne au proverbe une fonction d'épiphonème, d'énoncé vigoureux venant clore une démonstration. De fait, les comédies-proverbes de l'une comme de l'autre se terminent sur l'énonciation du proverbe qui a servi d'argument. C'est ce procédé que l'on retrouve chez Ostrovskij. Dans *Bespridannica* (Sans dot) que la dramaturge avait ensuite intitulée *Koške igruški, myške slëzki* (litt. Ce qui est un jeu pour le chat, fait verser des larmes à la souris, ou, dans une traduction libre : le chat se divertit, et la souris pâtit) (1859), la dernière réplique de la pièce est prononcée par Liza qui dit : " On voit bien qu'il dit vrai, le proverbe : *le chat se divertit, et la souris pâtit* ". La pièce, qui abordait la question du servage, avait été interdite par la censure, qui la jugeait " nuisible " et peu flatteuse pour la noblesse.

## Où l'on retrouve la rhétorique du proverbe

Comme dans les œuvres de ses prédécesseurs, le proverbe chez Ostrovskij est donc étroitement lié à l'écriture. Sa fonction est-elle différente ?

Dans un article pénétrant, Elena Sozina s'est penchée sur l'écriture ostrovskienne et le rôle des proverbes dans ses pièces (2004)[5]. L'auteur y rappelle tout d'abord deux faits : l'importance du discours dans le texte théâtral d'une part, et, d'autre part, le passage du romantisme au réalisme, marqué par la substitution d'un relativisme des mécanismes culturels à l'absolu du Logos divin. Si la notion de réalisme, que Elena Sozina rattache à la catégorie des lieux communs, relève d'une problématique que nous n'aborderons pas ici, ces deux faits évoqués par Elena Sozina sont d'une grande importance pour l'analyse du fonctionnement des proverbes dans le texte en général, et dans le théâtre en particulier. Tout d'abord, ils nous rappellent que les proverbes, comme l'avait compris Henri Meschonnic dès les années 1970, sont avant tout des " actes de discours " (1976 : 419), et non des formes figées, d'un point de vue non seulement linguistique, mais aussi argumentatif. C'est précisément cette valeur argumentative qui explique que les personnages qui utilisent les proverbes voient en eux des " significations " et non les " signes derrière lesquels se cachent les référents culturels " (Sozina, 2004 : 160). Le lien entre proverbe et dénouement illustre la fonction structurante du proverbe. Mais c'est sans doute dans l'implication argumentative des proverbes que ces derniers répondent le mieux à leur vocation d'actes de discours. Elena Sozina voit dans *Ce que tu vas chercher, tu finis par le trouver (Le mariage de Balzaminov)* (*Za čem pojdeš', to i najdeš'*), une " polémique secrète " des énoncés sentencieux : au début de la pièce, la mère de Miša Balzaminov remet en question la validité du proverbe qui sert de titre à la pièce. Miša a beau chercher une fiancée, il n'en a pas encore trouvé : " On dit : *Ce que tu vas chercher, tu finiras toujours par le trouver* ; visiblement, cela ne se passe pas toujours comme çà ". La marieuse Krasavina multiplie les proverbes destinés à commenter la situation de Miša. Elle commence par " *Po Sen'ke i šapka, po Erëmke i kaftan* " (litt. La toque convient à Senka, et le manteau à Erëmka, c'est-à-dire, en mauvaise part : À chacun selon son mérite), puis lance un second proverbe : " *Vidit sobaka moloko, a rylo korotko* " (litt. Le chien voit le lait, mais il a la gueule trop courte, sous-entendu pour l'atteindre, c'est-à-dire : On désire ce qu'on ne peut obtenir) (I, 4). Il y a là, en fait, une réprobation de la part de Krasavina, qui considère que Miša n'est pas raisonnable de ne pas chercher celle qui lui conviendrait le mieux. La cuisinière Matrëna, selon Elena Sozina, serait du même avis mais, en n'excluant pas " un brusque revirement dans le destin de son jeune maître " : " Tout peut arriver. *On dit que par malheur on peut même tirer un coup de feu avec un bâton*[6] ". En fait, il y a une progression dans l'argumentation, puisque ce que Krasavina présente comme quelque chose de vain, est au contraire analysé comme la possibilité d'un danger par Matrëna.

Il y a ici une incontestable rhétorique du proverbe. On sait que le proverbe *Po Sen'ke i šapka, po Erëmke i kaftan* est prononcé par Krasavina lorsque le jeune Balzaminov se plaint à sa mère de l'injustice d'un monde où le riche épouse la riche, et le pauvre la pauvresse, et déclare : " si j'étais tsar, je promulguerai une loi obligeant le riche à épouser la pauvresse, et le pauvre, la riche " (I, 4). La réponse de Krasavina est claire : " Mais oui, quand tu auras promulgué cette loi, nous vivrons comme tu l'entends, mais pour l'instant, pardonne-moi, tout se passera selon le bon vieil usage russe : *Po Sen'ke i šapka, po Erëmke i kaftan.* " Le proverbe vient rétablir l'ordre du monde, ou plutôt l'ordre d'*un* monde. Aussi, dans la scène finale, lorsque Krasavina " dresse, comme le note Elena Sozina, le bilan des péripéties de Miša ", elle lui demande : " Cela fait longtemps que tu cours après les fiancées ? " Balzaminov répond " oui ", et Krasavina de conclure : " Et bien le proverbe dit : *Za čem pojdeš', to i najdeš'* ". Pour être complète, la citation doit inclure la réplique de Balzaminov : " Ça, c'est bien vrai. " Alors, plus qu'une polémique des proverbes, il y a un véritable parcours herméneutique de la pensée proverbiale qui permet de construire un univers de convictions sur un domaine précis de l'existence : en l'occurrence celui de la destinée, dont l'homme est, finalement, maître. En ce sens, Ostrovskij n'est pas loin de ses prédécesseurs injustement oubliés.

## Conclusion

L'exemple des proverbes impliqués dans *Za čem pojdeš', to i najdeš'* montre comme les proverbes constituent un champ parémique (comme on parle de champ lexical en extension, mas aussi de champ sémantique en intension) configuré pour opérer une véritable grille interprétative du comportement du jeune Miša. On a donc un réseau de représentations congruentes qui aboutissent tout naturellement à la réaffirmation du proverbe premier (*Za čem pojdeš', to i najdeš'*), dont la mise en doute initiale permettait l'examen critique de sa validité. Faut-il comprendre que le proverbe ne saurait être pris en défaut ? *Poslovica ne darom molvitsja* (Proverbe ne saurait mentir). C'est bien là sa force discursive, si différente de la fonction informative à laquelle on le réduit trop souvent. Ostrovskij, comme avant lui Sumarokov, Matinskij, Catherine II ou Bogdanovič, l'avait compris et en avait tiré habilement parti à une époque où le proverbe était devenu un champ culturel (et ethnographique) à part entière. Mais l'originalité d'Ostrovskij est peut-être d'avoir étendu l'expérience au drame. Dans *Grex da beda na kogo ne živet*, le contexte tragique (l'assassinat par Lev Krasnov de sa femme Tat'jana, qui lui a été infidèle, et qui, en cela, vient contredire toute la symbolique de son illustre homonyme pouchkinienne), constitue un univers nouveau pour le discours proverbial, jusqu'alors réservé à la comédie ou au drame à dénouement heureux. À la comédie du siècle aimable des Lumières, le théâtre d'Ostrovskij oppose le fameux " royaume des ténèbres ", le *temnoe carstvo*, dans lequel le proverbe structure le discours avec la même efficacité que dans la comédie. Ce n'est sans doute pas un hasard si le travail d'Ostrovskij coïncide avec celui, contemporain, du lexicographe et parémiographe Vladimir Dahl. On trouve, chez l'un comme chez l'autre, une réflexion sur la fonction modélisant des proverbes. L'œuvre parémiographique de Dahl constitue l'exemple aboutit d'un système philosophique totalisant. En regard, l'œuvre dramatique d'Ostrovskij apparaît alors comme une mise en pratique discursive de ce système philosophique dans une visée anthropologique.

### *Notes*

1 Sur l'exploitation du proverbe dans le théâtre du XVIII$^{e}$ siècle, voir Viellard (2001 : 133–209 [" Le proverbe à la conquête de l'espace théâtral "] & 240–281 [" Le proverbe dans le théâtre de Catherine II "] & 310–321 [" I.M. Verevkin : *À notre tour de rire* "]).

2 Le nom est motivé, comme le veut la tradition : *skvalyga* signifie " le ladre ", " le pince-maille ".

3 Il s'agit là en fait d'un proverbe tronqué dont la seconde partie est " mais (vis) comme Dieu le veut " (a kak Bog velit), variante russe de " L'homme propose, et Dieu dispose ".

4 Cité, sans indication de la source, dans Blagoj (1963 : 796).

5 Voir aussi la thèse de Grylack (1975) sous la direction de Roman Jakobson.

6 Le proverbe figure dans le recueil de Vladimir Dahl, au chapitre " Gore – Beda " (1957 : 146).

### *Bibliographie*

Blagoj, Dmitrij D. (ed.). 1963. *Literatura pervoj poloviny XIX veka. Istorija russkoj literatury : v trech tomach* (La littérature de la première moitié du XIX siècle. Histoire de la littérature russe : en trois volumes). T. 2. Moskva et al. : Izdat. Akad. Nauk SSSR.

Dahl, Vladimir I. 1957. *Poslovicy russkogo naroda : Sbornik V. Dalja* (Proverbes du peuple russe : recueil de V. Dahl). Moskva : Gosudarstvennoe Izdat. Chudožestvennoj Literatury.

Dostoevskij, Mixail M. 1860. " *Groza* : Drama v pjati dejstvija A.N. Ostrovskogo (*L'orage* : Drame en cinq actes d'A.N. Ostrovskij) ". *Svetoč* 3, 1–36 [Texte disponible en ligne sur le site <http://az.lib.ru/d/dostoewskij_m_m/text_0030.shtml> (22.07.2013)].

Lo Gatto, Ettore. 1965. *Histoire de la littérature russe des origines à nos jours*. Trad. de l'italien par M. et A.-M. Cabrini. [Paris-Bruges] : Desclée De Brouwer.

Grylack, Bevin Ratner. 1975. *The Function of Proverbs in the Dramatic Works of Aleksandr Nikolaevič Ostrovskij*. New York University [thèse de doctorat].

Lukonin, A.F. 1956. " Poslovica i pogovorka v dramaturgii A.N. Ostrovskogo (Proverbe et dicton dans l'œuvre dramatique d'A.N. Ostrovskij) ". *Učenye zapiski Syzranskogo gosudarstvennogo pedagogičeskogo instituta* 1, 23–65.

Meschonnic, Henri. 1976. " Les proverbes, actes de discours ". *Revue des sciences humaines* 163, 419–430.

Sozina, Elena K. 2004. " Dramatičeskoe pis'mo A.N. Ostrovskogo (L'écriture dramatique d'A.N. Ostrovskij) ". *Kritika i semiotika* 7, 153–174 [Texte disponible sur <www.nsu.ru/education/virtual/cs7sozina.htm> (22.07.2013)].

Viellard, Stéphane. 2001. *Le proverbe en Russie (XVIIIe siècle) : espace discursif et enjeu idéologique.* Université Lyon 3 [thèse de doctorat].

----------. 2006. " *Dramatičeskie poslovicy* Ekateriny Vtoroj : ot formuly k žanru i obratno (*Les proverbes dramatiques* de Catherine II : de la formule au genre et vice versa) ". *Slavic Almanac* 12/2, 189–196.

# Nationales und Internationales im Deutsch-Russischen historisch-etymologischen phraseologischen Wörterbuch

*Harry Walter & Valerij Mokienko*

In den Bibliotheksregalen der ganzen Welt findet man meterweise Bücher von Professor Wolfgang Mieder. Jeder Leser, der in elektronischen oder gedruckten Katalogen nach dem Namen unseres Jubilars sucht oder die Auslagen in den Buchhandlungen durchsieht, denkt sich unwillkürlich: "Hat das alles wirklich ein und derselbe Mensch geschrieben!" Und er ergänzt für sich: "Wahrscheinlich handelt es sich um eine ganze philologische Dynastie der Mieders, die wie die Brüder Grimm oder Georg Büchmann ihren parömiologischen Staffelstab von der Gründung ihres Geschlechts immer wieder weitergegeben haben – eben bis zu unserem heutigen Wolfgang ..."

Wir, die Freunde und Kollegen Wolfgangs, erfreuen uns an der Flut von Büchern, die die Bibliotheken weltweit schmücken und lächeln verzeihend. Denn wir wissen sehr genau, dass Wolfgang Mieder, der so weitgreifend die Regale in den Bibliotheken der ganzen Welt besetzt, – ein einziger Mensch ist. Er ist einer, einzigartig und unwiederholbar. Und dabei ein so bescheidener und fleißiger Diener unserer Wissenschaft.

Viel ist über Wolfgang Mieder schon geschrieben worden, so in der gerade erst erschienenen (so scheint es uns) vorherigen Festschrift (z.B. Mokienko, 2004), in Zeitungen und Journalen – nochmals Glückwunsch zur Verleihung des Europäischen Märchenpreises 2012, über die sogar der *Focus* berichtete. Es ist angenehm zu sehen, dass in den gerade erst vergangenen letzten fünf Jahren seine wissenschaftliche Produktion nochmals an Intensität "zugelegt" hat – ungeachtet der ökonomischen und der Bankenkrise, der politischen Erschütterungen der Welt und der Veränderungen der universitären Ausbildung. Wolfgang Mieder lebt und arbeitet als hervorragender Wissenschaftler in unserer modernen Welt, die durch Widersprüche, durch Krisen und Kataklysmen nur so gekennzeichnet ist, zusammen mit seiner lieben Frau Barbara, seinen Hunden und dem Goldfisch als ein weiser und gütiger Vermonter "Fels in der Brandung". Selbst die stürmische Entwicklung des Internets und der E-Mails, mit denen er täglich geradezu zugeschüttet wird, können seine schöpferische Arbeit nicht aufhalten. Im Gegenteil, sie beflügeln ihn. Und Wolfgang wird immer mehr zu einem der gefragtesten Redner auf linguistischen, folkloristischen und auch politisch-kulturellen Veranstaltungen weit über seine Wahlheimat USA hinaus.

Wolfgang Mieder war und bleibt dabei für uns eine Verkörperung zweier mythologischer Helden der Vergangenheit – ein parömiologischer Herkules und ein parömiologischer Sisyphos. Ähnlich wie Herkules durchschlug er so manchen parömiologischen Knoten, die Gegenüberstellung von Folklore, Ethnografie, Geschichte. Besonders die linguistische Methodik seiner Untersuchungen brachte Ordnung in unsere parömiologischen Pferdeställe, so durch die Herausgabe von vier monumentalen parömiologischen Bibliografien (1982a & 1990a & 1993 & 2001a). Das weltweit regelmäßig erscheinende *Proverbium: Yearbook of International Proverb Scholarship*, das er herausgibt, ist bereits seit Langem zu einem koordinierenden Zentrum der Sprichwortforschung weltweit geworden.

Es ist kein Zufall, dass gerade auch der Geist des Sisyphos unseren Jubilar zu einem sehr kreativen Buch über die griechische Mythologie inspiriert hat (2013). Schließlich hat er ebenso wie der griechische Held einen riesigen Stein wie die Parömiologie auf seine Schultern genommen. Und stößt ihn unermüdlich und erfolgreich voran, und er hat keine Angst davor, dass dieser parömiologische Stein nach dem Erreichen der Anhöhe wieder zu seinem Ausgangspunkt zurückrollt – zur unerschöpflichen und sich ständig erneuernden Volkssprache.

Und es ist tatsächlich so: Kaum hat es Wolfgang geschafft, mit seinen Ideen ein Feld der Parömiologie zu bearbeiten, da erscheint ihm bereits ein neues wissenschaftlich interessantes Gebiet, ein noch aktuelleres und noch arbeitsintensiveres. In seinem wissenschaftlichen Schaffen wird somit ein Felsbrocken sofort durch den nächsten abgelöst.

Hieraus ergibt sich auch die lediglich strichweise Erwähnung eines kleinen Teils der parömiologischen Probleme, die Wolfgang lösen konnte:

- das Funktionieren von Sprichwörtern im modernen Sozium und ihre Transformationen (1982b & 1982c & 1985 & 1989 & 1997 & 1998 & 1999a & 2003; Litovkina & Mieder, 2005 & 2006; & Tóthné Litovkina, 1999 u.a.);
- geflügelte Worte und ihre Geschichte (1995b & 2000a & 2000b & 2001b & 2002 & 2013 u.a.);
- historisch-etymologische Studien zu deutschen, englischen und anderen europäischen Sprichwörtern und Redensarten (1990b & 1995a & 1999b & 2008 & 2010a & 2010b u.a.);
- grundlegende Wörterbücher europäischer Sprichwörter (& Kingsbury & Harder, 1992 u.a.);
- das parömiologische Minimum (1992 u.a.);
- Genderforschung im Spiegel der Parömiologie (1982b u.a.);
- Methodik der Parömiologie-Didaktik und Verwendung solcher Einheiten im Unterricht (2006; & Holmes, 2000 u.a.).

Einen parömiologischen Stein nach dem anderen bewegt unser unermüdlicher Sisyphos voran, und das bringt ihm Anerkennung ein, um sofort als neue Aufgabe im Tal zu erscheinen.

Als wir über das Thema unseres Beitrages für den Festband zu Ehren unseres Freundes nachdachten, schwankten wir ständig von einem Miederschen Gipfel zum anderen. Aber in der Erkenntnis, dass der Prophet zum Berg gehen muss, wenn nicht der Berg zum Propheten kommt, haben wir letztlich unsere Wahl getroffen. Aus dem unerschöpflichen Schatzkästchen der parömiologischen Sujets, mit denen uns unser Jubilar bereichert, haben wir eine parömiologische Schublade gefunden, die er ständig mit neuem Leben erfüllt. Das ist die historisch-etymologische Untersuchung der Sprichwörter. Dieser hat Wolfgang Mieder, wie wir oben gesehen haben, eine große Zahl von Büchern und Aufsätzen gewidmet, und eine Menge von Skizzen zur Geschichte einzelner Sprichwörter, Redensarten und geflügelter Worte schmücken seine Arbeiten, die anderen Aspekten der deutschen und der englischen Parömiologie gewidmet sind. Wir wollen ihn deshalb dadurch ehren, dass wir grundlegende Fragen diskutieren, die sich in unserer Arbeit am *Deutsch-Russischen historisch-etymologischen phraseologischen Wörterbuch* ergeben. Diese Arbeit ist die Fortsetzung einer Reihe experimenteller Wörterbücher, in der die Herkunft deutscher Idiome beschrieben wird (s. Вальтер & Мокиенко, 2007 & 2008; Walter & Mokienko, 2009 & 2011). Unsere Erklärungen erfolgen auf der Grundlage einer fein ausgearbeiteten linguistischen Methodik historisch-etymologischer Analyse der deutschen Phraseologie vor einem weiten europäischen Hintergrund und Gegenüberstellung mit slawischen und nichtslawischen Sprachen sowie der Berücksichtigung kulturologischer Gegebenheiten der beschriebenen bildhaften Ausdrücke.

Das Ziel unseres Wörterbuches ist es aufzuzeigen, wie die deutsche Phraseologie die außersprachliche Wirklichkeit in ihrer historischen Retrospektive widerspiegelt (vor allem die Elemente der materiellen und der geistigen Kultur Deutschlands und seiner Nachbarvölker). Das Problem "Sprache und Kultur" interessiert die Linguistik seit Langem. Bereits die ersten etymologischen Erfahrungen der antiken Grammatiker stimulierten die Ideen einer Rekonstruktion der "eigentlichen" Vorstellungen vom Wort, das Streben, hinter jedem Wort den "Erstgeborenen" mit seinem Bild zu sehen. Die Geschichte und die Etymologie fester Wortverbindungen schienen in dieser Hinsicht immer perspektivreicher zu sein, da die Verbindung von Wörtern bereits eine gewisse Erzählung darstellen, die mehr oder weniger ein bestimmtes Bild herauskristallisieren.

Deshalb haben viele deutsche Folkloristen, Ethnografen, Historiker und Sprachforscher bereits seit mehr als 300 Jahren die Geschichte dieser oder jener Sprichwörter und Redewendungen beschrieben und hinter ihnen die Wurzeln der eigenen nationalen Kulturen oder alltäglichen Vorstellungen gesehen, ihre Täfelchen mit bereits vergessenen Spuren unserer Vergangenheit beschrieben. Einzelne Bemerkungen und Aufsätze auf den Seiten deutscher Zeitungen und Zeitschriften, die Serie parömiologischer und phraseologischer Sammlungen mit Elementen historisch-etymologischer Erklärungen, der bisher nicht übertroffene Mount Everest der Parömiologie, das fünfbändige *Deutsche Sprichwörterlexikon: Ein Hausschatz für das deutsche Volk* von Karl Friedrich Wilhelm Wander (1987 [1867–1880]) und schließlich die phraseologischen Wörterbücher mit historisch-etymologischen Kommentaren, unter denen das fundamentale *Lexikon der sprichwörtlichen Redensarten* von Lutz Röhrich ($^{5}$2001) einen besonderen Platz einnimmt – das sind die "Etappen des großen Marsches", die die Dynamik der deutschen historischen Phraseologie vorzeichnen.

Nicht wenige "kulturologische" Erklärungen kann man in einzelnen Sammlungen deutscher Sprichwörter und Redensarten finden, in phraseologischen Wörterbüchern verschiedenen Formats und Umfangs, unterschiedlicher Qualität und Ausrichtung. Der interessierte Leser findet genaue Verweise auf diese in unseren einzelnen Wörterbuchartikeln ebenso wie im Literaturverzeichnis.

In der heutigen Zeit hat die Frage nach der wechselseitigen Beziehung von Sprache und Kultur besonders durch das steigende Interesse an Fremdsprachen und der Kultur der Sprachträger eine besondere Aktualität erlangt, auch im Zusammenhang mit dem gestiegenen Interesse an der deutschen Sprache in Russland. Die Erfahrung bei der Vermittlung der Sprache zeigt, wie wichtig es im Sprachunterricht ist, Vorstellungen über den extralinguistischen Hintergrund, vor dem die Sprachkommunikation abläuft, zu vermitteln. Das Erlernen des Deutschen im russischen Auditorium kann kein Selbstzweck sein, es sollte immer durch eine Erklärung nationaler Realien begleitet sein – so ist die Erkenntnis sowohl der Linguolandeskunde und der ihr folgenden Kognitologie. In der heutigen Zeit, in der wir eine gewisse konjunkturelle "Pseudoaktualität" überwinden, geben sich diese Forschungsrichtungen schon nicht mehr mit oberflächlichen Kommentaren der aktuellen Bedeutungen und der assoziativen Aura von Phraseologismen zufrieden, sondern werden letztlich historisch, "miederisch".

Die Idiomatik liefert für die Lösung solcher Aufgaben ein besonders reichhaltiges Material. Б.А. Ларин, einer der "theoretischen Köpfe" der slawischen Phraseologie, schreibt:

> "Die Phraseologismen im eigentlichen (strengen) Sinne des Terminus widerspiegeln immer indirekt die Anschauungen eines Volkes, den gesellschaftlichen Bau, die Ideologie einer bestimmten eigenen Epoche. Sie zeigen das, wie sich das Licht in einem Tautropfen am Morgen zeigt" (1977:156 – Übers. H.W.).

Die phraseologischen "Tautropfen" können zu einer objektiven Widerspiegelung der deutschen Realität werden, jedoch nur in dem Falle, wenn ihre "nationale Reinheit" durch eine zuverlässige etymologische Diagnose bestätigt wird. Manchmal ist es so, wie sich in unserer Arbeit zeigt, dass etwas, was als "zutiefst deutsch" oder eben als "spezifisch russisch" ausgegeben wird, bei näherer Untersuchung als Internationales erscheint, und dass etwas, das lediglich auf die Sphäre der deutschen Lebensweise bezogen wird, in Wahrheit ursprünglich zu einer anderen Kultur gehörte, zur allgemeineuropäischen einschließlich der slawischen.

Wir sehen deshalb in unserer Forschung zunächst vom ursprünglichen Bild deutscher Wendungen ab und versuchen, solche traditionellen historisch-etymologischen Versionen zu betrachten, die von Germanisten dargeboten werden. Eine solche Untersuchung findet auf der Grundlage der Methode der "strukturell-semantischen Modellierung" statt, deren Wesen darin besteht, literatursprachliche Wendungen ihren vielen Varianten im Deutschen und anderen europäischen Sprachen und deren Dialekten gegenüberzustellen (Мокиенко, $^{2}$1989 [$^{1}$1980]). Dabei werden Phraseologismen und phraseologische Einheiten traditionell verstanden – als Wortverbindungen, die über eine relative Festigkeit verfügen, die als Ganzes reproduzierbar sind, die über Expressivität und über eine Gesamtbedeutung, die sich nicht aus der Summe der Einzelbedeutungen der Komponenten ergibt, verfügen. Feste zusammengesetzte Termini, Nomenklaturen und Zitate schließen wir somit aus der Phraseologie aus, obwohl sie zweifellos auch zur Bildung von Phraseologismen dienen können und deshalb durchaus im Zuge der konkreten Analyse zur historisch-etymologischen Interpretation herangezogen werden. Wir haben in unser Korpus auch Sprichwörter aufgenommen, da sie in historisch-etymologischer und kulturologischer Hinsicht eng mit Phraseologismen im engeren Sinne des Terminus verbunden sind.

Die Idiomatik jeder Sprache verfügt über eine doppelte Individualität. Sie ist individuell als Erscheinung der jeweiligen modernen Literatursprache, da jede Wendung ein selbständiger Splitter eines irgendwann aktiven Redemodells war, das im Laufe der Zeit seine Aktualität eingebüßt hat. Sie ist auch als Widerspiegelung bestimmter nationaler Realien individuell, die ihrerseits die Originalität der Kultur dieses oder jenes

Volkes beschreibt oder beschrieb. Das Individuelle jedoch – so paradox es auch klingen mag – wird zu einem besonders festen Kleber in der Wechselwirkung von Völkern und Kulturen, da gerade dies die nationale "Währung" beim Kulturaustausch der Völker ist.

> "Gerade die individuellen Besonderheiten der Völker verbinden sie, bringen uns dazu, ein Volk zu lieben, dem wir nicht einmal angehören, mit dem uns jedoch das Schicksal zusammengeführt hat. [...] Folglich ist das Aufspüren von nationalen Besonderheiten des Charakters, ihre Bedeutung und das Nachdenken über die historischen Umstände, die sie geschaffen haben, ein wichtiges Mittel zum Verständnis anderer Völker. Das Aufspüren solcher nationaler Besonderheiten hat eine ganz besondere Bedeutung. Es ist sehr wichtig" (Лихачев, 1981:465 – Übers. H.W.).

Ungeachtet dessen, dass diese Worte von Akademiemitglied D.S. Lichačev in seinem Aufsatz *Anmerkungen zum Russischen* geschrieben wurden, sind sie für das Erkennen nationaler Besonderheiten der deutschen Sprache und der deutschen Mentalität genauso aktuell.

Die historisch-etymologischen Erklärungen, die wir unserem Leser vorschlagen, sind eben gerade "Gedanken" über die nationalen Besonderheiten bildhafter Ausdrücke. Die Symbole des deutschen Alltags, Fakten aus der Geschichte Deutschlands, Spuren alter volkstümlicher Glaubensvorstellungen, deutsche Volksbräuche, Lieder, Märchen – alles das schafft das individuelle Gesicht der deutschen Idiomatik, macht sie einzigartig und wörtlich unübersetzbar in andere Sprachen. Das Nachdenken über solche nationalen Besonderheiten einer jeden Sprache ist nicht nur ein zutiefst linguistisches Problemfeld, sondern auch eine kulturologische Aufgabe.

Besondere Aufmerksamkeit widmen wir in unserem Wörterbuch der Wechselwirkung von Nationalem und Internationalem, der Entschlüsselung verschiedener archaischer Elemente, die die sprachliche Spezifik der deutschen Phraseologie und der in ihr widergespiegelten geistigen Kultur des Volkes verstärken. Bei den Kommentaren in den Lemmata werden die phraseologischen Wendungen oder die Lexeme, die Elemente der nationalen bildlichen Symbolik enthalten, auf zwei entgegengesetzten Wegen bearbeitet: von der Sprache zu der durch sie widergespiegelten außersprachlichen Wirklichkeit und von der Wirklichkeit und deren Widerspiegelung in der Sprache. Als Linguisten verfolgen wir meist den ersten der beiden Wege, wenn es jedoch das analysierte phraseologische Sprachmaterial selbst erfordert, dann wählen wir als Ausgangspunkt die extralinguistische Wirklichkeit. Solch ein "doppeltes" Herangehen gestattet es uns aufzuzeigen, wie linguistische Verfahren bei der Aufdeckung außersprachlicher Informationen helfen, die besondere Bedeutung letzterer beim vertieften Studium der deutschen Sprache zu unterstreichen. Das umso mehr, als die offensichtliche Durchschaubarkeit des Bildes der meisten phraseologischen Einheiten nicht selten die Illusion vom Erkennen des ursprünglichen Gehalts durch Muttersprachler hervorruft, obwohl die Vorstellung von diesen sprachlichen Bildern verschwommen oder gar gänzlich falsch sein kann. Den Weg bis zur echten Quelle, zum Etymon, jedes dieser Bilder zu gehen, ist die Aufgabe des phraseologischen Etymologen. Eine Analyse der Wörterbücher und anderer Quellen zur historisch-etymologischen Lexikografie in einem unserer vorangegangenen Wörterbücher (Вальтер & Мокиенко, 2008:5–11) zeigt, dass in ihnen ein reichhaltiges Datenmaterial gesammelt und verschiedene Wege zu seiner lexikografischen Bearbeitung aufgezeigt wurden. Perspektivreich für die Entwicklung der diachronen Phraseografie sind u.E. (1) die Vervollkommnung und die verstärkte Anwendung eigentlich linguistischer Methoden bei der etymologischen Analyse phraseologischer Einheiten, (2) die genauere Fixierung und die Ausweitung der Materialbasis schriftlicher Quellen, (3) eine umfangreichere Berücksichtigung der dialektalen Phraseologie mit einer maximal vollständigen Erfassung der Varianten, (4) die konsequente Gegenüberstellung jeglicher nationaler Phraseologie mit der (literatursprachlichen und der dialektalen) Phraseologie anderer europäischer Völker, darunter auch der slawischen, (5) die etymologische Untersuchung jedes nationalen Phraseologismus vor dem Hintergrund des allgemeineuropäischen Kontinuums (Mokienko, 2007). Die Realisierung dieser Perspektiven hängt nicht nur von den Germanisten ab, sondern auch von entsprechenden Erfolgen bei der diachronen Erforschung der phraseologischen Systeme in ganz Europa und darüber hinaus (s.u.).

Genau auf dieser Linie halten wir uns und stellen unser viertes Wörterbuch der deutschen Idiomatik vor. An dieser Stelle wollen wir einige neue Teile unserer historisch-etymologischen Überlegungen zur deutschen Phraseologie zur Diskussion stellen, insbesondere solche, deren sprachliche Retrospektive für unsere Leser besonders interessant erscheinen kann. Dazu möchten wir versuchen, typische Fälle der Erschließung der inneren Form deutscher Idiome zu zeigen und – das ist besonders wichtig – eine neue Methodik ihrer historisch-etymologischen Analyse vorstellen, die auf den genannten Prinzipien der strukturell-semantischen Modellierung basiert. Wir sind für jegliche Impulse für unsere weitere Arbeit dankbar, für Anmerkungen, Hinweise, Vorschläge, für die Kritik strittiger Etymologien, für die Korrektur konkreten Sprachmaterials, für Vorschläge, welche Einheiten wir weiter aufnehmen sollten, weil sie für russische, polnische, englische, französische, deutsche o.a. Leser von besonderem Interesse sein könnten.

Zu den Neuigkeiten unseres Wörterbuches gehört seine grundsätzlich sprachliche Ausrichtung. Dabei wird zum Ausgangsobjekt der Beschreibung die deutsche phraseologische Idiomatik, d.h. solche Wendungen, deren innere Form verdunkelt und die dem deutschen Muttersprachler unverständlich ist, z.B. *wüten (toben, rasen) wie ein Berserker, jmdm. einen Denkzettel geben (erteilen, verpassen), Eulen nach Athen tragen, den Fehdehandschuh aufnehmen (aufheben), ein Fiasko erleben, Fisimatenten machen, die Flinte (Büchse) ins Korn werfen (schmeißen), es zieht wie Hechtsuppe, auf den Hund kommen, jmdm. ist eine Laus über die Leber gelaufen, jmdm. die Leviten lesen, dem schnöden Mammon dienen, Maulaffen feilhalten, pünktlich wie die Maurer, blauer Montag, Oberwasser haben, seinen Obolus entrichten, wie ein Ölgötze dastehen, Perlen vor die Säue werfen, jmdm. ist die Petersilie verhagelt, Hamburger Rechnung, einen Rochus auf jmdn. haben, unter aller Sau, sein Scherflein zu etw. beitragen, mit etw. Schindluder treiben, Schmiere stehen, von altem Schrot und Korn, aus der Schule plaudern, den Teufel mit [dem] Beelzebub (durch [den] Beelzebub, Belzebub) austreiben, es herrscht ein [unbeschreibliches (wahres, wüstes)] Tohuwabohu, Das (Es) ist mir ganz Wurst/Wurscht!* u.v.a.

Da in der Lexikografie – wie auch im Joga – eine Unze Praxis schwerer wiegt als eine Tonne Theorie, stellen wir hier drei typische Wörterbucheinträge vor.

Das erste Beispiel ist *Perlen vor die Säue werfen*. Diese Wendung widerspiegelt einen für alle europäischen Sprachen gemeinsamen phraseologischen Ursprung, es ist ein geflügeltes Wort aus der Bibel.

> **"Pe̤r|le, die; -, -n**
> **Perlen vor die Säue werfen** (ugs. oft missbill.; wörtl.: "Не надо бросать жемчуг свиньям"): Man sollte nicht jemandem etwas Wertvolles anbieten oder geben, das derjenige nicht zu schätzen, zu würdigen weiß. **[Не надо метать] Метать бисер перед свиньями.**"

Das Deutsche kennt diesen Ausdruck seit etwa 1200, und er wird aktiv bereits in der Literatur vor Luther verwendet (Küpper, 1993:600). Es ist auch kein Zufall, dass das bekannte "Sprichwortbild" von Pieter Bruegel aus dem Jahre 1559, das sich seit 1913 in der Berliner Gemäldegalerie befindet, diese Wendung darstellt. Es zeigt einen wohlhabenden Mann mit einem prall gefüllten Geldbeutel, der Blumen auf die Erde streut. Die ihn umgebenden Schweine treten auf die Blumen, achten nicht auf deren Schönheit und fressen sie emotionslos auf. Dies scheint den Mann zu verwundern, denn er steht mit offenem Mund da, wahrscheinlich beobachtet er das Geschehen mit großer Verwunderung (Walter, 2013b:33–35).

Die allgemeine Verbreitung der Wendung *Perlen vor die Säue streuen* erfolgte durch die Bibel (Mt 6,7): "Ihr sollt das Heiligtum nicht den Hunden geben, und eure Perlen sollt ihr nicht vor die Säue werfen, auf dass sie dieselbigen nicht zertreten mit ihren Füßen und sich wenden und euch zerreißen" (Vulgata: "Neque mittatis margaritas vestras ante porcos, ne forte conculcent pedibus suis"). In der russischen Übersetzung ist das Wort *Perle* als *жемчуг* wiedergegeben: "Не давайте святыни псам и не бросайте жемчуга вашего пред свиньями, чтобы они не попрали его ногами своими и, обратившись, не растерзали вас" (Михельсон, 1902–1903:Bd. 1, 659; Ашукин & Ашукина, [3]1966:440; БМС, 1998:47). Im Phraseologismus wird sie jedoch mit dem altkirchenslawischen *бисеръ* verwendet (Степанова, 1994:132–133).

Das Bild des geflügelten Wortes ist durchsichtig: Schweine werden mit Abfällen gefüttert, mit vom Menschen weiter nicht Verwendetem, mit Dingen, die der menschlichen Ernährung nicht würdig sind (Duden, 1992:541).

Einige Sprachwissenschaftler verweisen in ihrem Kommentar dieser Bibelstelle auf die besondere Bedeutung von *Perle*, *жемчуг* in der alten byzantinischen kirchlichen Tradition, in der gesegnetes Brot, in kleinen Krümeln verteilt, griechisch "Perlchen" genannt wurde. Bis heute bezeichnet das entsprechende neugriechische Wort sowohl die Perle als auch Brotkrumen. Vergleiche das russische Wort *перловка* "Weizengrütze". Folglich sollte man die entsprechende Bibelstelle wörtlich so interpretieren: Wirf nicht den Hunden das geheiligte Fleisch und den Schweinen das geheiligte Brot vor. In diesem Zusammenhang ist wichtig, dass altjüdische Vorstellungen vom Schwein mit Unreinheit und Schmutz verbunden sind, Heiliges jedoch absolut rein sein muss (Röhrich, [5]2001:Bd. 4, 1147). Der Ausdruck ist allen europäischen christlichen Völkern bekannt, meist in der phraseologischen Form, vgl. weißrussisch: *сыпаць бісер перад свіннямі*; ukrainisch: *метати перла перед свинями*; tschechisch: *házet perly sviním*; slowakisch: *hádza' perly sviniam*; serbisch/kroatisch: *bacati biser pred svinje*; slowenisch: *metati bisere svinjam*; englisch: *to throw pearls before swine*; französisch: *donner des perles aux porcs* und *jeter ses perles aux pourceaux* u.a. Interessant ist, dass das griechische Wort *μαργαριτας* (über die lateinische Übersetzung der Vulgata *margaritas*) in den europäischen Sprachen volksetymologische Assoziationen mit der Bezeichnung einer Blume (deutsch *Margerite*) erworben hat. М.И. Михельсон (1902–1903:Bd. 1, 659) bringt folgende Beispiele: französisch: *Il ne faut pas semer des marguerites devant le pourceaux* (wörtl.: "Man soll diese Margeriten nicht vor den Schweinen ausbreiten." Im Niederländischen beinhaltet eine der Varianten die Rose: *paarlen voor de zwijnen werpen* und *rozen voor de varkens strooien* (wörtl.: "Rosen vor die Ferkel werfen"); vgl. auch das Polnische, wo ebenfalls Ferkel "auftauchen" (Walter, 2013a:178–179).

In französischen, spanischen und niederländischen Kirchen ist dieses sprachliche Bild malerisch häufig so dargestellt, dass Blumen vor den Schweinen liegen. Pieter Bruegel zeigt in seinem Mitte des 16. Jahrhunderts gemalten Bild "Die niederländischen Sprichwörter" Schweine, die Blumen fressen. Es ist anzunehmen, dass die Homonymie des Griechischen hierfür die Ursache ist.

Im Russischen wurde der Ausdruck durch seine Verwendung durch D.I. Fonvizin in seinem *Недоросль* (deutsch: "Der Landjunker", 1783, 2,5) populär:

> "Кутейкин: Подавал я в консисторию челобитье […] На что и милостивая резолюция вскоре воспоследствовала с отметкою: Такого-то де семинариста от всякого учения уволить: писано бо есть – не мечите бисера перед свиньями, да не попрут его ногами" (БМШ, 2000:312–313).

In den meisten Sprachen ist – wie auch im Deutschen – die phraseologische Verwendung häufiger als die parömiologische, obwohl das Sprichwort den Ausgangspunkt der sprachlichen Entwicklung darstellt, so, wie z.B. auch beim Sprichwort *Man soll die Katze nicht im Sack kaufen – die Katze im Sack kaufen*.

Neben dem sprachlichen Bild mit den Säuen (Schweinen, Ferkeln), denen Perlen vorgeworfen werden, gibt es mitunter eine Aktualisierung, z.B. im modernen Französischen, wo *Schokolade* oder *Pralinen* denjenigen vorgeworfen werden, die das nicht zu würdigen wissen. Vergleiche auch das von Röhrich angeführte synonyme *der Kuh Muskaten geben*, das im gleichen Sinne gebraucht wird wie die Redensart *Perlen vor die Säue werfen* ([5]2001:Bd. 3, 1063), in seiner Häufigkeit jedoch wesentlich schwächer ist.

Die Wörterbucheinträge mit der Komponente *Wurst* – *Das (Es) ist mir ganz Wurst/Wurscht!*, *Wurst wider (gegen) Wurst* und *Es geht um die Wurst* sind klare phraseologische Zeugnisse einer nationalen Spezifik und typischer Alltagsvorstellungen von deutschen Realien. Schließlich ist die "Wurst" sozusagen eine "Marke" deutscher Kultur und Lebensweise, die von Slawen besonders geschätzt wird.

> "**Wurst, die; -, Würste**
> **Das (Es) ist mir ganz Wurst/Wurscht!** (ugs.): jmdm. gleichgültig, für jmdn. nicht interessant sein (wörtl.: это мне совсем колбаса); *кому-л.* **на всё наплевать; мне плевать на это с высокой колокольни (с высокой башни)**; *кому что* **(всё) до лампочки, до фени, до фонаря, до форточки** *кому*."

Der Ausdruck geht bis in das 18. Jahrhundert zurück (Küpper, 1993:930). In den europäischen Stereotypen ist die deutsche Leidenschaft für Wurst jeder Art bekannt. So werden die Deutschen von Russen auch mit dem kollektiven Spitznamen *колбасники* (etwa: 'Wurster') bezeichnet. Wie immer ist auch dieses Stereotyp relativ, da Wurst bereits seit der Antike bekannt ist. So wird in der *Odyssee* von Homer (18, 44–45; 20, 24–27) eine Speise erwähnt, die der Wurst ähnlich ist: Tierdärme, die mit Fett und Blut gefüllt sind. Das Wort *Wurst* 'колбаса' selbst als modernes Lebensmittel kann man jedoch tatsächlich als "deutsche Erfindung" bezeichnen, die es so seit dem 19. Jahrhundert gibt, vielleicht auch bereits wesentlich länger. Die Liebe der Deutschen zu diesem Essen widerspiegelt sich in vielen Sprichwörtern, Redewendungen und sogar in Eigennamen (z.B., *Hanswurst*), ganz zu schweigen von den mehr als 100 Wurstsorten in Deutschland. Dabei sah man früher in Deutschland die Wurst als etwas Gewöhnliches, Alltägliches an, nach der Vorstellung, dass "Wurst" im Gegensatz etwa zu "Braten" (der gutes Fleisch enthält und nicht "Abfälle") für etwas nicht besonders Wertvolles, etwas Alltägliches steht. Solche Vorstellungen zeigen sich auch in folkloristischen scherzhaften Wendungen, z.B. *Der Inhalt einer Wurscht bleibt ewig unerforscht* – Содержимое колбасы всегда остаётся неизвестным oder *Wenn das rauskommt, was da rein kommt, kommt der, der das rein macht, nie wieder raus.*

Zu solchen Wendungen gehört auch *das ist mir Wurscht*. Sie ist im Deutschen ein Symbol absoluter Gleichgültigkeit, vielleicht sogar sozialer Apathie. Ihre Bedeutung ist so zu verstehen: 'Es ist mir völlig gleichgültig, interessiert mich genau so wenig wie das, was in der Wurst steckt.' In diese Reihe passt auch das scherzhafte Sprichwort über die Wurst, das sogar zum Motto eines bekannten Liedes wurde: *Alles hat ein Ende, nur die Wurst hat zwei* (букв.: Всё имеет свой конец – лишь у колбасы его два) – vgl. den ähnlichen russischen Ausdruck *Всё равно с какого конца начинать*. Es ist jedoch nicht angebracht, das genannte Sprichwort als Äquivalent des russischen *палка о двух концах* zu sehen, wie das nicht selten in Wörterbüchern geschieht. Hier handelt es sich um einen echten "falschen Freund des Übersetzers", da das Russische die Relativität der Folgen jeglicher Handlung meint und in einem bestimmten Maße einen dialektischen Fatalismus ausdrückt. Das deutsche Sprichwort hingegen meint, dass jeglicher Beginn irgendwann auch einmal sein Ende findet und bezieht sich auf die Kenntnis der "Anatomie der Wurst", nämlich, dass sie zwei absolut identische Enden besitzt. Deshalb ist es völlig gleichgültig, von welcher Seite sie angeschnitten wird. In anderen europäischen Sprachen wird "Gleichgültigkeit" mit völlig anderen sprachlichen Bildern ausgedrückt, z.B. polnisch *to mi wszystko jedno*; tschechisch *to může být ukradený komu*; slowakisch *to môže byť ukradnuté komu* (wörtl.: das kann man bei mir klauen) usw. Und nicht zufällig finden wir gerade im tschechischen Substandard, in dem es viele Germanismen gibt, unsere deutsche Wendung, und zwar nicht in wörtlicher Übersetzung, sondern in fast vollständiger Übernahme: *to je mu buřt (vuřt)* – was wörtlich bedeutet: das ist jmdm. eine Wurst, und übertragen – 'absolut gleichgültig', russisch до лампочки, до фени (Mokienko & Wurm, 2002:59). Aber genau wie auch die Deutschen wissen die Tschechen trotz aller Liebe zur Wurst im Prinzip nichts mehr über die Entstehung der volkstümlichen Wendung.

"**Wurst wider (gegen) Wurst** (ugs. veraltend): Über den gegenseitigen Austausch von Gefälligkeiten (wörtl.: колбаса за колбасу): **услуга за услугу; ты мне – я тебе.**"

Die Wendung lässt sich bis in das 14. Jahrhundert zurückverfolgen und ist in der Sammlung des Erasmus von Rotterdam aus dem Jahre 1540 verzeichnet (Küpper, 1993:930).

Diese umgangssprachliche Redensart geht auf die alte Sitte zurück, beim Schlachtfest den Nachbarn Wurst oder auch Fleisch zu schenken. Dafür wurde man bei deren nächster Schlachtung selbst beschenkt. Heute ist die Wendung in der allgemeinen Bedeutung von 'so wird Gleiches mit Gleichem vergolten' gebräuchlich (DZR, 2002:805). Das Schlachtfest wird gewöhnlich im November, Dezember oder (seltener) Januar begangen, eben zu der Zeit, zu der das Vieh geschlachtet wird, um es nicht über den Winter füttern zu müssen und um Vorräte für die kalte Jahreszeit anzulegen. In einigen Regionen Deutschlands gab es den Brauch, dass man sich für ein Geschenk vom Schlachtfest nicht bedanken durfte, da es als schlechtes Omen galt (HDA, 2005 [1927–1942]:Bd. 2, 171). Der volkstümliche Ausdruck *Wurst um Wurst* entstand in Analogie zum biblischen *Auge um Auge, Zahn um Zahn – око за око, зуб за зуб*, ist jedoch bereits etwa um 1700 aus dem Sprachschatz verschwunden (Röhrich, [5]2001: Bd. 5, 1750) – ganz im Gegensatz zu *Wurst wider Wurst*, das auch heute mitunter noch verwendet wird.

> "**Es geht um die Wurst** (ugs.): Es geht um die Entscheidung in einer wichtigen Angelegenheit (wörtl.: [речь] идёт о колбасе): **На карту поставлено всё**."

Der Ausdruck *es geht um die Wurst* ist recht alt, obwohl er erst im Jahre 1881 in Leipzig fixiert wurde (Müller, 2005:686; DZR, 2002:202). Auch er ist wahrscheinlich mit einem Brauch verbunden, denn auf Volksfesten gab es lustige Wettkämpfe und Spiele, in denen es darum ging (und geht!), einen Preis zu gewinnen. Solch ein Preis war nicht selten eine Wurst (und manchmal sogar ein ganzes Schwein, s. *Schwein haben*, z.B. im Wörterbuch von Wagner ([7]2011:109). Junge Burschen mussten auf einen Mast klettern, an dessen Spitze eine Wurst befestigt war. Bei einem anderen Spiel ging es darum, dass man eine Wurst durch besonders hohes Springen erreichen konnte. In einem dritten Wettbewerb musste eine Wurst aus dem Wasser gefischt werden usw. Da der "Wurst-Preis" dem stärksten Wettkämpfer zugesprochen wurde, verfielen einige Mitkonkurrenten auf eine List. In einem scherzhaften Volkslied wird von einem Landlehrer berichtet, der nicht einen einzigen Wettkampf ausließ, in dessen Umfeld er sich satt essen konnte:

> "Die größte Wurst ist immer sein,
> dem armen Dorfschulmeisterlein"
> (букв.: Самая большая колбаса всегда принадлежит ему,
> бедному сельскому учителю) (Röhrich, [5]2001:Bd. 5, 1750).

In anderen Sprachen wird die Bedeutung unserer genannten Wendung durch andere Bilder widergegeben: polnisch *wóz albo przewóz*; tschechisch *hop nebo trop*; *vše nebo nic*; slowakisch *hop alebo trop*; *všetko alebo nič*.

Der dritte Wörterbucheintrag – es *zieht wie Hechtsuppe* demonstriert die komplizierten assoziativen Impulse (darunter auch rein sprachliche), die die nationale Idiomatik bedingen. Als Gruß an Wolfgang Mieder, der über viele Jahre den Lehrstuhl geleitet hat, an dem auch slawische Sprachen gelehrt werden, führen wir diesen in verkürzter Form im Original an, wie er im Wörterbuch vertreten ist, in Russisch:

> "**Hęcht|sup|pe, die – только в обороте**
> **es zieht wie Hechtsuppe** (разг.): *Сильно дует, о большом сквозняке* (букв.: тянет как суп из щуки); тянет как из трубы; сквозить как в трубе; сквозить как решето (редко) < Оборот известен в немецком языке с 1850 г. (Küpper, 1993:335). Слово *Hechtsuppe* существует только в этом выражении. В бытовом, народном сознании оно прямо связывается с 'супом из щуки', в процессе приготовления которого рыба должна настояться (*ziehen*), чтобы впитать в себя специи (Gutknecht, $^{2}$2002:187). Эту версию Л. Рёрих даже ставит на первое место (Röhrich, $^{5}$2001:Bd. 2, 686). Вероятно, однако, что 'щучья' расшифровка оборота является народно-этимологической. Оно, видимо, заимствовано из криминального жаргона на основе идиша. Здесь есть устойчивое сравнение *hech supa* – как буря (ураган, шторм, шквал) (Olschansky, 2005:69 сл.; Wolf, 1993 [$^{2}$1987; 1960]:134). По ложно-этимологической чисто языковой ассоциации этот арготизм был расшифрован как *wie Hechtsuppe*. На такую 'этимологию' натолкнуло не только случайное звуковое сходство, но и омонимия немецкого слова *ziehen* – 'дуть, веять' и 'настаиваться (о жидкой пище).'"

Die angeführten Wörterbucheinträge geben eine Vorstellung davon, welche grundlegenden Parameter unserer Beschreibung des phraseologischen Materials zugrunde liegen. Eine der prinzipiellen Neuigkeiten unseres Herangehens (für Germanisten) ist die Anführung von phraseologischen Entsprechungen und Parallelen aus vielen anderen Sprachen: dem Russischen, Ukrainischen, Polnischen, Tschechischen, Slowakischen, Serbischen/Kroatischen, Slowenischen, Makedonischen, Litauischen, Englischen, Französischen, aus dem Lateinischen u.a. Nicht alle Sprachen konnten jedoch konsequent bei der Suche nach Äquivalenten in gleichem Maße berücksichtigt werden. Zur größten "Bremse" wurden für uns eigentlich lexikografische Gründe: In den meisten zweisprachigen Wörterbüchern – sogar in den ganz großen phraseologischen – enthält die rechte Seite der Einträge (der "Übersetzungs"-Teil) eine unbedeutende Zahl an phraseologischen Äquivalenten. Nicht selten begnügen sich die Autoren mit lexikalischen Entsprechungen oder mit einer wörtlichen Übersetzung der Definitionen aus einsprachigen erklärenden oder phraseologischen Wörterbüchern der Ausgangssprache. So finden sich im sehr nützlichen *Deutsch-Ukrainischen phraseologischen Wörterbuch* (Gawris & Prorotschenko, 1981) für den größten Teil der deutschen Ausdrücke ukrainische Erklärungen der Bedeutung und keine Äquivalente. Ähnlich aufgebaut sind das Deutsch-Polnische Wörterbuch von Jan Czochralski und Klaus-Dieter Ludwig (2004), das Deutsch-Englische Wörterbuch (Schemann & Knight, 1995) und andere zweisprachige phraseologische Wörterbücher, die wir verwendet haben. Bezeichnend ist auch, dass im Deutsch-Englischen phraseologischen Wörterbuch, in dem es nicht wenige englischsprachige Äquivalente gibt, gerade die Entsprechungen hochidiomatischer Wendungen fehlen, die z.B. im Wörterbuch unter Leitung von Harry Walter angeführt werden (Breustedt & Getzin & Grätz & Kolsut & Walter, 2004). Selbst im fundamentalen Deutsch-Russischen phraseologischen Wörterbuch (Бинович & Гришин, $^{2}$1975) und im *Russisch-deutschen phraseologischen Wörterbuch* (Petermann & Hansen-Kokoruš & Bill, 1995), die durch herausragende Spezialisten auf dem Gebiet der Idiomatik beider Sprachen erstellt wurden, spürt man eine gewisse Unvollkommenheit bei der Idiomatik der "rechten" Seite, auch die Angabe der Stilfärbung auf der "linken" und der "rechten" Seite scheinen uns häufig unzureichend.

Deshalb haben wir uns als eines der Ziele gesetzt, unserem Nutzer eine möglichst große Zahl an Äquivalenten aus vielen Quellen unterschiedlichen Typs zusammenzutragen und vorzuschlagen: aus speziellen einsprachigen phraseologischen Wörterbüchern, aus erklärenden Wörterbüchern der nationalen Literatursprachen, aus Lehr-Wörterbüchern, aus parömiologischen Sammlungen usw. Eine recht große Zahl an Äquivalenten haben wir durch die direkte Befragung von Muttersprachlern erhalten (besonders zur Verifizierung jargonaler Wendungen aus der Jugendsprache). Die Abstufung unserer angeführten Entsprechungen erfolgt nach der bereits approbierten Methodik, die wir im *Russisch-Deutschen Jargon-Wörterbuch* (2001) angewandt haben. An erster Stelle stehen Wendungen mit übereinstimmender Struktur und Bildhaftigkeit des Idioms; an zweiter Stelle folgen relativ dichte Entsprechungen mit ähnlichen Parametern, stark idiomatische und expressive Ausdrücke anderer Bildhaftigkeit und Struktur, die jedoch dem Deutschen hinsichtlich ihrer Stilistik entsprechen. Dem folgen neutrale, beschreibende Wortverbindungen oder Definitionen, die genau die Semantik der beschriebenen Wendung wiedergeben. Schließlich führen wir für den Fall, dass es keine phraseologischen Entsprechungen gibt, oder bei Unzulänglichkeiten in der Reihe der vorher genannten Äquivalente lexikalische Entsprechungen an, die den phraseologischen Einheiten synonym sind.

Als eine besondere Herausforderung erweisen sich für uns solche Wendungen, die im Deutschen und Russischen eine gleiche Struktur und Bildhaftigkeit aufweisen oder solche, die in dieser Hinsicht recht ähnlich sind. Hier versuchen wir den internationalen Charakter aufzuzeigen und die großen kulturologischen Gemeinsamkeiten der Mehrzahl deutscher Wendungen im europäischen Kontext zu demonstrieren – und es scheint uns auch recht gut gelungen zu sein, und das sogar bei solchen stark idiomatischen Wendungen, die von vielen Sprachforschern als "national markiert" beschrieben werden. Das Aufspüren solcher Gemeinsamkeiten ist besonders wichtig, da im vergangenen Jahrzehnt die Begeisterung einiger kognitivistischer Kollegen bei der Rekonstruktion des sogenannten "sprachlichen Weltbildes" in der Linguistik allgemein und in der Phraseologie im Besonderen nicht selten zu einer starken Überbewertung der "nationalen Komponente" in dem europäischen phraseologischen System geführt hat.

Die Phraseologie (resp. Idiomatik) wird traditionell als "Schatztruhe" der national spezifischen Elemente der Sprache und der Kultur betrachtet. Die Begeisterung der neo-humboldtianischen kognitivistischen Anstrengungen führten zu einer deutlichen Stärkung eines solchen Ansatzes phraseologischer Forschung. Die Überbetonung nationaler Dominanten in den europäischen Sprachen zeigt sich jedoch bei einem objektiven und konsequenten Vergleich verschiedener phraseologischer Systeme. Unsere Untersuchungen bestätigen, dass die phraseologischen Systeme des Russischen, des Polnischen, des Tschechischen u.a. mit dem Deutschen mehr Gemeinsamkeiten aufweisen als Unterschiede – und zwar in synchroner wie auch in diachroner Sicht (W. Eismann, A. Bierich, R. Eckert, K. Günther, A. Muschner, L. Stepanova, Д.О. Добровольский, А.Д. Райхштейн, Ю.П. Солодуб u.a.).

Die Slawistik legt bereits eine ganze Weile ein besonderes Augenmerk auf die große Zahl slawisch-deutscher Parallelen und hat bereits eine Reihe von ihnen als Entlehnungen aus dem Deutschen in slawische Sprachen diagnostiziert. Die Germanisten jedoch haben leider bisher auf eine solche Art der Untersuchung fast vollständig verzichtet mit Ausnahme von Dobrovol'skij (1992; Добровольский, 1997a & 1997b & 2011). Dies führt u.E. zu einem theoretischen Defizit und zu Problemen in der Praxis der Darstellung deutscher Phraseologismen, besonders in diachroner Perspektive. Die slawischen Sprachen, die lange Zeit mit dem Deutschen in Kontakt standen und stehen, werden zudem nicht selten zum "Konservator" deutscher Phraseologismen, die in der Ursprungssprache bereits nicht mehr gebräuchlich oder auch nicht mehr bekannt sind und in anderer Form und Semantik verwendet werden (s.u.). Für die Etymologen der deutschen Sprache eröffnet das slawische Material ein weites Feld für die Rekonstruktion der äußeren und der inneren Form vieler moderner Wendungen. Eine solche Betrachtung der sprachlichen Fakten *unter der Lupe slawischer Sprachen* kann, wie uns scheint, wichtige Informationen für die historische Phraseologie der deutschen und der slawischen Sprache liefern. Besondere Bedeutung kommt dabei folgenden Problemfeldern zu:

(1) Die Methodik der Erkennung und der Erfassung von Übereinstimmungen und Unterschieden in der deutschen und in der slawischen Phraseologie.
(2) Die Diagnose von phraseologischen Universalien (typologische Entsprechungen) und von Übereinstimmungen (genetische Entsprechungen).
(3) Die Bestimmung der Chronologie solcher Übereinstimmungen in den konfrontierten Sprachen und ihre Interpretation als Phänomen bei der Entwicklung der nationalsprachlichen Systeme.
(4) Das Aufspüren phraseologischer "konservierter Einheiten" deutscher Herkunft in verschiedenen slawischen Sprachen und die Beschreibung ihrer funktional-semantischen Evolution.
(5) Die frontale Konfrontation des deutschen und des slawischen phraseologischen Systems mit Hilfe der Feldtheorie, um idiografische Dominanten zu erkennen und beschreiben zu können.
(6) Identifizieren und Beschreiben allgemeiner und unterschiedlicher strukturell-semantischer Modelle der entsprechenden Sprachen.
(7) Die Rekonstruktion kulturologischer Realien auf der Grundlage der erworbenen Fakten über die slawisch-deutschen phraseologischen Wechselwirkungen (s. z.B. Мокиенко & Вальтер, 2005; Вальтер & Мокиенко, 2007 & 2008).

Die recht umfangreiche Zahl fremdsprachiger Äquivalente bringt uns dazu, weiter über einige allgemein-linguistische und allgemein-kulturelle Fragestellungen nachzudenken. Eine davon ist das paradoxe Bild, das sich implizit aus unserer Arbeit an den experimentellen Wörterbüchern ergibt: Die deutsch-slawischen phraseologischen Parallelen erweisen sich als deutlich häufiger, fester und strukturell-semantisch ähnlicher, als die deutsch-englischen. Das ist selbstverständlich lediglich eine vorläufige Beobachtung, und konkrete Schlussfolgerungen daraus wären verfrüht. Diese Feststellung kann jedoch zu einem Stimulus für die Suche von Germanismen in der slawischen Idiomatik werden, die bisher noch nicht konsequent unternommen wurde, denn die Forschungen waren vor allem auf lexikalische Germanismen vom Typ russisch *парикмахерская*, ukrainisch *рахунок*, tschechisch *klika* usw. gerichtet. Für Germanisten ergeben sich neue Forschungsfelder im germanisch-slawischen Kontinuum bei der Interpretation der deutschen Idiomatik. Erstens sind viele slawische Wendungen "gefrorene" mittelalterliche deutsche Idiome (vgl. alttschech. *v dlúhú truhlu klásti*, russisch *положить в долгий ящик* und deutsch *etw. auf die lange Bank schieben*); zweitens zeigen nicht wenige solcher Übereinstimmungen eine alte kulturelle (resp. genetische) Wechselwirkung der germanischen und der slawischen Sprachen (vgl. russisch *красный петух* und deutsch *roter Hahn* 'Feuer', das in den romanischen Sprachen fehlt und das allgemeine mythologische Vorstellungen zeigt); drittens gibt die große Zahl deutsch-slawischer Wendungen, die nach denselben strukturell-semantischen Modellen gebaut sind, ein gutes methodologisches Instrumentarium für die Bestimmung der wahrscheinlichsten etymologischen Interpretation (vgl. russisch *пускать пыль в глаза* und deutsch *jmdm. Sand in die Augen streuen*; БМС, $^{3}$2005:583–584). Es versteht sich, dass die große Zahl solcher Gemeinsamkeiten durch die ständigen und direkten kulturellen, ökonomischen, politischen u.a. Kontakte Deutschlands mit der Slavia bedingt sind. Die große Zahl der Biblismen, gemeinsame mythologische und literarische Sujets aus der Antike, die klassischen Literaturen und die modernen Massenkommunikationsmittel – sie alle trugen viel zu unserem gemeinsamen phraseologischen "Schatzkästchen" bei. Auch deshalb weisen z.B. sogar solche spezifischen und stark an die nationale Kultur gebundenen sprachlichen Einheiten wie die deutschen geflügelten Worte eine Nähe zum analogen Sprachmaterial des Russischen auf (Долгополов, 2004; Mokienko & Walter, 2007).

Die Beweiskraft der meisten historisch-etymologischen Interpretationen in unserem Wörterbuch stützt sich in vielem auf eine sorgfältige und umfangreiche Materialanalyse – sowohl des Deutschen als auch vieler anderer Sprachen. Bei der Zusammenstellung und Interpretation des Korpus erwiesen uns Kollegen, Freunde und besonders die Mitglieder unserer Phraseologischen Kommission beim Internationalen Slavistenkomitee unschätzbare Hilfe: A.K. Bierich, R. Eckert, H. Pfandl, L.I. Stepanova, E.K. Nikolaeva, A.M. Melerovič, J. Mlacek, J. Skladaná, D. Baláková, P. Durčo, V.I. Koval', W. Chlebda, F. Čermák, Ž. Fink, E. Kržišnik, S. Georgieva, O. Fedosov u.v.a.

Die Arbeit an dem Wörterbuch, das wir im vorliegenden, dem Jubilar gewidmeten Beitrag vorstellen, wurde ganz wesentlich auch durch die ständige Konsultation mit der Literatur von Wolfgang Mieder befördert. In vielerlei Hinsicht finden wir hier Antworten auf die schwierigsten und strittigsten Fragestellungen bei der Interpretation deutscher Sprichwörter und Redensarten. Jedes Mal, wenn wir eine "Mieder-Antwort" gefunden haben, denken wir an die Worte des großen russischen Dichters A.S. Puschkin (*Арап Петра Великого*, 1827): "Den Gedanken eines großen Menschen zu folgen ist die interessanteste aller Wissenschaften" (Следовать за мыслями великого человека есть наука самая занимательная).

In unserer Wissenschaft ist ein solcher ganz *Großer* zweifellos unser rastloser Wolfgang Mieder. Wir wünschen dir, lieber Freund, viele weitere Jahre parömiologischen Lebens, viele neue Ideen, die die Parömiologen der Welt nicht nur kompetenter werden lassen, sondern auch weiser und menschlicher.

## *Literatur*

Ашукин, Николай Сергеевич & Мария Григорьевна Ашукина. [3]1966. *Крылатые слова: Литературные цитаты. Образные выражения*. 3., rev. und erw. Aufl. Москва: Художественная литература.

Бинович, Леонард Эдуардович & Николай Николаевич Гришин. [2]1975. *Немецко-русский фразеологический словарь*. 2., rev. und erw. Aufl. Москва: Русский язык.

[БМС]. 1998. Александр Карлович Бирих & Валерий Михайлович Мокиенко & Людмила Ивановна Степанова. *Словарь русской фразеологии: Историко-этимологический справочник*. СПб: изд-во СПбГУ – Фолио-Пресс.

----------. [3]2005. Александр Карлович Бирих & Валерий Михайлович Мокиенко & Людмила Ивановна Степанова. *Русская фразеология: Историко-этимологический словарь. Около 6000 фразеологизмов*. 3., rev. und erw. Aufl. Москва: Астрель. АСТ. Люкс.

[БМШ]. 2000. Валерий Павлович Берков & Валерий Михайлович Мокиенко & Светлана Григорьевна Шулежкова. *Большой словарь крылатых слов русского языка*. Москва: Русские словари. ООО Издательство Астрель. ООО Издательство АСТ.

Вальтер, Харри & Валерий Михайлович Мокиенко. 2007. *Почему немцы так говорят? (Загадки немецкой фразеологии): Экспериментальный выпуск*. Greifswald: Ernst-Moritz-Arndt-Universität Greifswald.

----------. 2008. *От "А" до "Zwickmühle": Историко-этимологические комментарии к немецкой фразеологии*. Greifswald: Ernst-Moritz-Arndt-Universität Greifswald.

Добровольский, Дмитрий Олегович. 1997a. "Национально-культурная специфика во фразеологии (I)." *Вопросы языкознания* 6, 37–48.

----------. 1997b. *Немецко-русский словарь живых идиом: Около 1000 идиом*. Москва: МетаТекст.

----------. 2011. "Заметки о сопоставительной фразеологии." In: Стефана Калдиева-Захариева & Радостина Захариева (Hgg.). *Езиковедски изследвания в чест на проф. Сийка Спасова-Михайлова*. София: Академично издателство "Проф. Марин Дринов", 181–197.

Долгополов, Олег Владиморович. 2004. *Формирование фондов крылатых единиц русского и немецкого языков (сопоставительный анализ)*. Волгоград: Гос. пед. ун-т.

Ларин, Борис Александрович. 1977. *История русского языка и общее языкознание (избранные работы)*. Москва: Просвещение.

Лихачев, Дмитрий Сергеевич. 1981. "Заметки о русском." In: Дмитрий Сергеевич Лихачев. *Великое наследие. Классические произведения литературы Древней Руси. Смех в Древней Руси. Заметки о русском. Избранные работы в трех томах*. Bd. 2. Москва: Советская Россия, 418–494.

Михельсон, Мориц Ильич. 1902–1903. *Русская мысль и речь: Свое и чужое. Опыт русской фразеологии. Сборник образных слов и иносказаний*. 2 Bde. СПб: Типография Академии наук.

Мокиенко, Валерий Михайлович. [2]1989 [[1]1980]. *Славянская фразеология*. Москва: Высшая школа.

Мокиенко, Валерий Михайлович & Харри Вальтер. 2005. "Сопоставительная фразеология и историческая фразеография." In: А.В. Зубов & С.М. Прохорова (Hgg.). *Национально-культурный компонент в тексте и языке: Материалы докл. III Международной научн. конф. под эгидой МАПРЯЛ. Минск, 7–9 апр. 2005 г. В 3 ч*. Bd. 1. Минск: МГЛУ, 4–7.

Степанова, Людмила Ивановна. 1994. "Фразеология библейского происхождения в русском и чешском языках." In: П.А. Дмитриев & Г.И. Сафронов (Hgg.). *Переводы Библии и их значение в развитии духовной культуры славян: Матер. Международной Библейской конференции 1990 г., посвященной 75-летию Русской Библейской Комиссии*. СПб: СПбГУ, 132–136.

Breustedt, Wiebke & Jeanette Getzin & Jonas Grätz & Ilona Kolsut & Harry Walter (Hgg.). 2004. *Wörterbuch deutscher Phraseologismen (mit englischen und slawischen Äquivalenten)*. Greifswald: Ernst-Moritz-Arndt-Universität Greifswald.

Czochralski, Jan & Klaus-Dieter Ludwig. 2004. *Słownik frazeologiczny niemiecko-polski*. Warszawa: Wiedza Powszechna.

Dobrovol'skij, Dmitrij. 1992. "Phraseologie und sprachliches Weltbild (Vorarbeiten zum Thesaurus der deutschen Idiomatik)." In: Csaba Földes (Hg.). *Deutsche Phraseologie in Sprachsystem und Sprachverwendung*. Wien: Edition Praesens, 171–195.

[Duden]. 1992. *Duden: Redewendungen und sprichwörtliche Redensarten. Wörterbuch der deutschen Idiomatik*. Bearb. von Günther Drosdowski und Werner Scholze-Stubenrecht. Mannheim u.a.: Dudenverl. (Der Duden, 11).

[DZR]. 2002. *Duden: Das große Buch der Zitate und Redewendungen. Über 15000 klassische und moderne Zitate und feste Wendungen*. Hg. von der Dudenredaktion. Red. Bearb. von Brigitte Alsleben, Carolin Mülverstedt und Werner Scholze-Stubenrecht. Mannheim u.a.: Dudenverl.

Gawris, Vladimir Ivanovi & Olga Petrovna Prorotschenko. 1981. *Deutsch-Ukrainisches phraseologisches Wörterbuch*. Kyïv: Radjans'ka Škola.

Gutknecht, Christoph. [2]2002. *Pustekuchen!: Lauter kulinarische Wortgeschichten*. 2. Aufl. München: C.H. Beck (Beck'sche Reihe, 1481).

[HDA]. 2005 [1927–1942]. Hanns Bächtold-Stäubli (Hg.). *Handwörterbuch des deutschen Aberglaubens*. 10 Bde. Augsburg: Weltbild [Unveränd. fotomechanischer Nachdr. der Ausg. Berlin [u.a.], de Gruyter, 1927–1942].

Küpper, Heinz. 1993. *Pons Wörterbuch der deutschen Umgangssprache*. 1. Aufl., 5. Nachdr. Stuttgart u.a.: Klett.

Litovkina, Anna T. & Wolfgang Mieder. 2005. *"A közmondást nem hiába mondják": Vizsgálatok a proverbiumok természetéről és használatáról*. Budapest: Tinta Könyvkiadó (Segédkönyvek a nyelvészet tanulmányozásához, 41).

----------. 2006. *Old Proverbs Never Die, They Just Diversify: A Collection of Anti-Proverbs*. Burlington, Vt.: The University of Vermont & Veszprém: The Pannonian University of Veszprém.

Mieder, Wolfgang. 1982a. *International Proverb Scholarship: An Annotated Bibliography*. New York u.a.: Garland Publishing (Garland Folklore Bibliographies, 3; Garland Reference Library of the Humanities, 342).

----------. 1982b. "Sexual Content of German Wellerisms." *Maledicta* 6, 215–223.

----------. 1982c. *Antisprichwörter*. Bd. 1. Wiesbaden: Verlag für deutsche Sprache (VfdS) (Beihefte zur Muttersprache, 4).

----------. 1985. *Antisprichwörter*. Bd. 2. Wiesbaden: Gesellschaft für deutsche Sprache (GfdS) (Beihefte zur Muttersprache, 6).

----------. 1989. *Antisprichwörter*. Bd. 3. Heidelberg u.a.: Quelle & Meyer.

----------. 1990a. *International Proverb Scholarship: An Annotated Bibliography. Supplement I (1800–1981)*. New York u.a.: Garland Publishing (Garland Folklore Bibliographies, 15; Garland Reference Library of the Humanities, 1230).

----------. 1990b. "'Wir sitzen alle in einem Boot': Herkunft, Geschichte und Verwendung einer neueren deutschen Redensart." *Muttersprache: Zeitschrift zur Pflege und Erforschung der deutschen Sprache* 100, 18–37.

----------. 1992. "Paremiological Minimum and Cultural Literacy." In: Simon J. Bronner (Hg.). *Creativity and Tradition in Folklore: New Directions*. Logan, Ut.: Utah State University Press (Publications of the American Folklore Society: New Series), 185–203.

----------. 1993. *International Proverb Scholarship: An Annotated Bibliography. Supplement II (1982–1991)*. New York u.a.: Garland Publishing (Garland Folklore Bibliographies, 20; Garland Reference Library of the Humanities, 1655).

----------. 1995a. *Deutsche Redensarten, Sprichwörter und Zitate: Studien zu ihrer Herkunft, Überlieferung und Verwendung*. Wien: Edition Praesens.

----------. 1995b. *Sprichwörtliches und Geflügeltes: Sprachstudien von Martin Luther bis Karl Marx*. Bochum: Brockmeyer (Studien zur Phraseologie und Parömiologie, 4).

----------. 1997. *Ver-kehrte Worte: Antizitate aus Literatur und Medien*. Hg. von der Gesellschaft für deutsche Sprache. Wiesbaden: Quelle & Meyer.

----------. 1998. *Verdrehte Weisheiten: Antisprichwörter aus Literatur und Medien*. Hg. von der Gesellschaft für deutsche Sprache. Wiesbaden: Quelle & Meyer.

----------. 1999a. *Phrasen verdreschen: Antiredensarten aus Literatur und Medien*. Hg. von der Gesellschaft für deutsche Sprache. Wiesbaden: Quelle & Meyer.

----------. 1999b. "Sprichwörter des Kontinents." In: Wulf Köpke & Bernd Schmelz (Hgg.). *Das gemeinsame Haus Europa: Handbuch zur europäischen Kulturgeschichte*. München: Dt. Taschenbuch-Verl., 956–965.

----------. 2000a. "Sprichwörter sind die Überbleibsel verschollener Aphoristiker: Zu den sprichwörtlichen Aphorismen von Ulrich Erckenbrecht." In: Г.А. Лилич & А.К. Бириха & Е.К. Николаевой (Hgg.). *Слово во времени и пространстве: К 60-летию профессора В.М. Мокиенко*. Санкт-Петербург: Фолио-Пресс, 468–489.

----------. 2000b. "'Sprich wörtlich mit den Redensarten': Zu den redensartlichen Aphorismen von Ulrich Erckenbrecht." *Proverbium: Yearbook of International Proverb Scholarship* 17, 243–265.

----------. 2001a. *International Proverb Scholarship: An Annotated Bibliography. Supplement III (1990–2000)*. New York u.a.: Peter Lang.

---------- (Hg.). 2001b. *"Geht einmal euren Phrasen nach": Sprachkritische Lyrik und Kurzprosa zur deutschen Vergangenheit*. Burlington, Vt.: The University of Vermont (Supplement Series of Proverbium: Yearbook of International Proverb Scholarship, 9).

---------- (Hg.). 2002. *"In der Kürze liegt die Würze": Sprichwörtliches und Spruchhaftes als Basis für Aphoristisches*. Burlington, Vt.: The University of Vermont (Supplement Series of Proverbium: Yearbook of International Proverb Scholarship, 10).

----------. 2003. *Wisecracks!: Fractured Proverbs*. Shelburne, Vt.: The New England Press.

---------- (Hg.). 2006. *Deutsche Sprichwörter und Redensarten: Für die Sekundarstufe*. Stuttgart: Philipp Reclam (Reclams Universal-Bibliothek, 9550; Arbeitstexte für den Unterricht).

----------. 2008. "'Don't Swap Horses in the Middle of the Stream': History of Abraham Lincoln's Apocryphal Proverb." In: Wolfgang Mieder. *"Proverbs Speak Louder Than Words": Folk Wisdom in Art, Culture, Folklore, History, Literature, and Mass Media*. New York u.a.: Peter Lang, 205–250.

----------. 2010a. *"Spruchschlösser (ab)bauen": Sprichwörter, Antisprichwörter und Lehnsprichwörter in Literatur und Medien*. Wien: Praesens Verl.

----------. 2010b. "'Mitten im Strom soll man die Pferde nicht wechseln': Zur Geschichte eines deutsch-amerikanischen Sprichwortes." In: Wolfgang Mieder. *"Spruchschlösser (ab)bauen": Sprichwörter, Antisprichwörter und Lehnsprichwörter in Literatur und Medien*. Wien: Praesens Verl., 323–340.

----------. 2013. *"Neues von Sisyphus": Sprichwörtliche Mythen der Antike in moderner Literatur, Medien und Karikaturen*. Wien: Praesens Verl. (Kulturelle Motivstudien, 13).

Mieder, Wolfgang & Deborah Holmes. 2000. *"Children and Proverbs Speak the Truth": Teaching Proverbial Wisdom to Fourth Graders*. Burlington, Vt.: The University of Vermont (Supplement Series of Proverbium: Yearbook of International Proverb Scholarship, 7).

Mieder, Wolfgang & Stewart A. Kingsbury & Kelsie B. Harder (Hgg.). 1992. *A Dictionary of American Proverbs*. New York u.a.: Oxford University Press.

Mieder, Wolfgang & Anna Tóthné Litovkina. 1999. *Twisted Wisdom: Modern Anti-Proverbs*. Burlington, Vt.: The University of Vermont (Supplement Series of Proverbium: Yearbook of International Proverb Scholarship, 4).

Mokienko, Valerij M. 2004. "Wolfgang Mieder und die moderne slawische Parömiologie und Phraseologie." In: Csaba Földes (Hg.). *Res humanae proverbiorum et sententiarum: Ad honorem Wolfgangi Mieder*. Tübingen: Gunter Narr, 205–218.

----------. 2007. "Historische Phraseologie der slawischen Sprachen." In: Harald Burger & Dmitrij Dobrovol'skij & Peter Kühn & Neal R. Norrick (Hgg.). *Phraseologie: Ein internationales Handbuch der zeitgenössischen Forschung*. 2. Halbbd. Berlin u.a.: de Gruyter (Handbücher zur Sprach- und Kommunikationswissenschaft, 28,2), 1134–1145.

Mokienko, Valerij M. & Harry Walter. 2007. "Die deutsche historische Phraseologie unter der Lupe der slawischen Sprachen." In: Erika Kržišnik & Wolfgang Eismann (Hgg.). *Phraseologie in der Sprachwissenschaft und anderen Disziplinen*. Ljubljana: Univerza v Ljubljani, 517–533.

Mokienko, Valerij M. & Alfred Wurm. 2002. *Česko-ruský frazeologický slovník*. Olomouc: Univerzita Palackého.

Müller, Klaus (Hg.). 2005. *Lexikon der Redensarten: 4000 deutsche Redensarten. Ihre Bedeutung und Herkunft*. München: Bassermann Verl.

Olschansky, Heike. 2005. *Täuschende Wörter: Kleines Lexikon der Volksetymologien*. Stuttgart: Philipp Reclam jun.

Petermann, Jürgen & Renate Hansen-Kokoruš & Tamara Bill. 1995. *Russisch-deutsches phraseologisches Wörterbuch*. Hg. von Josip Matešić. Leipzig u.a.: Langenscheidt, Verl. Enzyklopädie.

Röhrich, Lutz. [5]2001. *Lexikon der sprichwörtlichen Redensarten*. 5 Bde. 5. Aufl. Freiburg [im Breisgau] u.a.: Herder Verl. (Herder-Spektrum, 4800).

Schemann, Hans & Paul Knight. 1995. *Pons Idiomatik deutsch-englisch / German-English Dictionary of Idioms*. Stuttgart u.a.: Klett.

Wagner, Gerhard. [7]2011. *Schwein gehabt!: Redewendungen des Mittelalters*. 7. Aufl. Euskirchen: Regionalia Verl.

Walter, Harry. 2013a. *Deutsch-Russische Sprichwörter: Historisch-etymologisches Wörterbuch mit europäischen Parallelen*. Greifswald: Ernst-Moritz-Arndt-Universität Greifswald.

---------- (Hg.). 2013b. *Lebt denn der alte Bruegel noch?: Pieter Bruegels Die niederländischen Sprichwörter (1559) im heutigen Europa*. Greifswald: Ernst-Moritz-Arndt-Universität Greifswald.

Walter, Harry & Valerij M. Mokienko. 2001. *Russisch-Deutsches Jargon-Wörterbuch*. Frankfurt am Main u.a.: Peter Lang.

----------. 2009. *Deutsch-Russisches Wörterbuch biblischer Phraseologismen: Mit historisch-etymologischen Kommentaren*. Greifswald: Ernst-Moritz-Arndt-Universität Greifswald.

----------. 2011. *(K)ein Buch mit sieben Siegeln: Historisch-etymologische Skizzen zur deutschen Phraseologie*. Greifswald: Ernst-Moritz-Arndt-Universität Greifswald.

Wander, Karl Friedrich Wilhelm. 1987 [1867–1880]. *Deutsches Sprichwörterlexikon: Ein Hausschatz für das deutsche Volk*. 5 Bde. Kettwig: Akad. Verl.-Ges. Athenaion [Unveränd. fotomechanischer Nachdr. der Ausg. Leipzig, F.A. Brockhaus, 1867–1880].

Wolf, Siegmund A. 1993 [[2]1987; 1960]. *Großes Wörterbuch der Zigeunersprache (Romani tšiw): Wortschatz deutscher und anderer europäischer Zigeunerdialekte*. Hamburg: Buske [Unveränd. Nachdr. der 2. überarb. Aufl. Hamburg, Buske, 1987].

# Walking on Trees, a Look at an International Expression as It Occurs in Ireland

*Fionnuala Carson Williams*

I would like to pay tribute to Wolfgang Mieder by combining two of his main loves – words and woods – and so I focus on a poetic description of woods from oral tradition. Here is a typical version from Ireland: "The parish has evidently at no very distant period been well wooded and tradition says 'that a man could walk on the trees along the Bann from Coleraine to Portglenone'"[1] (Day & McWilliams & Dobson, 1993: 129–130; Memoir by James Boyle, September 1835, collected in the Parish of Rasharkin, County Antrim, which flanks the river on the east) – in other words, for much of the length of the Lower Bann, a distance of over 20 miles, or about 33 kilometers.[2] The extract is taken from the *Ordnance Survey Memoirs* which were written between 1830 and 1840 to accompany the mapping of Ireland (Day, 1984:22). They are one of my main sources, the other being a card index titled *Coillte* ('Woods') in the National Folklore Collection, University College Dublin (NFC, UCD). The latter source is much more diverse than the first: It covers centuries, rather than a few years, and draws on a variety of elements, including journals and printed works, as well as information collected in the field by the Irish Folklore Commission.[3]

As it turns out, the expression is international, however, I will be concentrating on it as it occurs in Ireland. Today there are fewer woods in Ireland compared with former times and this particular description is, in the main, used to express their loss. From having had some woodland "by the nineteenth century a new landscape had emerged – bare, grassy and almost treeless" so that "at the beginning of the twentieth century only one per cent of the total land area was under trees." These quotations come from a book of 2002 which describe a re-afforestation project in Ireland – The People's Millennium Forests (Hickie, 2002:2). The same publication tells us that "the bleakest times for Ireland's woods were the nineteenth and early twentieth centuries. In the early 1800s, Ireland's population was expanding, and there was a continuous demand for more farmland to provide food" (2002:13). Currently, there is great nostalgia for the forests that people imagined there had been and Hickie optimistically says that "government and people have the ability to take practical steps to reintroduce forest."

It was intended that the Ordnance Surveyors would write memoirs about the whole of Ireland, however, the scheme proved costly in both terms of time and money and, while the whole of the country was mapped, memoirs for some counties only, mainly in the northern part of the island, were produced. The memoirs for the following counties – Antrim, Armagh, Donegal, Down, Fermanagh, Londonderry, Monaghan and Tyrone – and for some parishes in Cavan, Leitrim, Louth, and Sligo, were edited by Angélique Day and Patrick McWilliams, with other assistants, and published between 1990 and 1998 in 40 volumes by the Institute of Irish Studies, The Queen's University of Belfast, in association with The Royal Irish Academy.[4] Information about each county is set out parish by parish, normally under three major 'Heads of Inquiry,' two of which are 'Natural Features and History' and 'Modern and Ancient Topography' and it is under the subheading 'Woods' that we find all the examples of the expression but two, which are instead under the heading 'Amusements and Traditions.' The descriptions of woods usually run to 200 or so words. Here is part of the description of woods in Co Antrim:

> "*Woods* The tradition that 'a man could have walked on the trees along the Bann from Coleraine to Toome' is borne out by the great quantity of oak, hazel, ash, birch, alder and holly brushwood still remaining in this parish. There is scarce a townland in which there is not some underwood. [...] Another evidence of the former existence of woods in this parish is the circumstance of oak blocks or stumps being found embedded in the banks and bed of the Bann. [...] There is not now any natural timber or wood, except the brushwood growing in the parish"[5] (Day & McWilliams & Dobson, 1993:5–6; Memoir by James Boyle, October 1835, collected in the Parish of Ahoghill, which flanks the river on the east, in other words, all of the Lower Bann from north to south).

The expression, besides being of great relevance to the memoir writers' task of describing the landscape, must have had a very strong impact on them because they rarely recorded verbatim expressions. In all, 12 versions were noted by three (or possibly four) different writers in adjoining counties in the northern part of Ireland – one version each from Counties Down and Londonderry but ten from Co Antrim. This may be partly because of the amount of time devoted to that county, to quote Angélique Day: "Antrim had the most time expended on it; between 1830 and 1840, first [army] officers, and then a civilian memoir-writing team, worked on the parishes with a peak period of activity between 1835 and 1837" (1984:23).

But, perhaps more than this, nine of the ten Antrim examples were collected by the same memoir writer – James Boyle, who was one of the senior civilian assistants (Day, 1984:24). It would appear that he was particularly taken with the expression. The two examples already quoted, as we have seen, were collected by him. His versions show some variation, not only with regard to the places mentioned, but in other respects. A year later James Boyle worked in Co Londonderry and a version was recorded there, most likely by him too, along with other folkloric material:

> "*Woods* This parish is said at one time to have been covered with a dense forest. [...] It is not more than 40 years since the townlands of Killyberry and Oldtown Deer Park were covered with oak wood, and at that time a man might have almost walked on the trees from Killyberry to Bellaghy. This wood was celebrated for being a haunt of wolves, and the great-grandfather of a man now living in Killyberry is said to have killed the last of these animals that was seen in this country" (Day & McWilliams, 1990:44; Parish of Ballyscullion, Memoir by James Boyle and additions by C.W. Ligar received October 1836 with additions from Draft Memoir).[6]

The only Co Down example is rather incomplete, although the place-names marking the limits of the wood are recorded alongside the rest. It was noted in 1834 by Lieutenant G.A. Bennett in the Parish of Aghaderg:

> "That this country was once wooded there can be little doubt, though there is not much evidence remaining beyond tradition and the existence of timber in the bogs. Tradition says that the whole of the valley or morass through which the canal runs from Newry to Lough Neagh was so thickly wooded that a man could walk 'on the tops of trees';[7] and that Scarva was the first path between Down and Armagh to the south of Lough Neagh through the

> wooded morass. In Harris it is called Beal Ullagh or the 'pass of Ulster.'[8] In Sir William Petty's map the western boundary of this parish is marked with trees, as usual on maps and the word 'wood' agreeing with the tradition"[9] (Day & McWilliams, 1992a:4).

All the Ordnance Survey Memoir versions are in English, however, the expression also occurs in Irish where three versions, from two different provinces, have been noted. They all date to the 20th century. One was collected in 1943 by Seán Ó hEochaidh, a full-time collector for the Irish Folklore Commission in the very north, in Co Donegal, in Ulster, from ca. 69 year old Niall Ó Dubhthaigh, a farmer and noted storyteller from whom much material in Irish was collected. After describing that woods were plentiful in the area long ago he says:

> "Chualaidh mé tráith ag seandaoine gurbh féidir siubhal as Gort a' Choirce siar taobh Na Ceathramhna agus suas Mín na Cuing ar bhárr na gcrann agus gan bonn do choise ar leagan ar an talamh" ('I heard old people tell one time that you could walk from Gortahurk up the side of An Carhoon and south to Meenacung on the tops of the trees without letting the sole of your foot go on the ground') (NFC, UCD 917:332).[10]

That is, from the coastal town of Gortahurk inland along the valley between the mountains to the townland of Meenacung at the south end of the valley, a distance of about 11 miles. At the time of the recording Niall Ó Dubhthaigh was living in An Bhealtaine/Beltany, a townland on the east of the valley. This version falls out of the usual pattern in that, instead of just mentioning a place at either edge of the wood, an interim district is introduced. This elaboration may have been added by Ó Dubhthaigh in order to clarify to the collector the area in question.

On the other hand, a few versions, rather than naming two places between which the wood stretched, say that the wood spanned a given area such as a parish or valley, for example, the following, which was collected in May 1836 in the Parish of Duneane, Co Antrim:

> "*Woods* The immense quantity of brushwood still remaining in this parish and the quantity of timber found in the bogs furnish ample proof of the former existence of forests in it. […] The most prevalent brushwood is hazel, alder, oak and holly, patches of which are to be found in almost every townland in the parish, but particularly on the summits of the rocky hills. The tradition that 'a man could walk on the trees from one side of the parish to another' is almost borne out by the brushwood still remaining" (Day & McWilliams, 1993:98; Memoir by James Boyle, with additions from Office Copy and sections by G.W. Hemans).

The usual version, whether with specific place-names or not, is that it is a person who could walk on the trees, however, five versions in Ireland refer to birds being able to hop from bough to bough for a great distance, for example, the following, collected in the Parish of Rasharkin in September 1835 by James Boyle: "*Amusements and Traditions* Another tradition is 'that a bird could hop from bough to bough from Coleraine to Portglenone.' This is universally believed and is probable from the quantity of brushwood still remaining" (Day & McWilliams & Dobson, 1993:133).

One version noted in England refers to man being able to jump from tree to tree,[11] but the majority refer to a squirrel being able to get from one place to another by leaping from tree to tree as does one single version in Ireland to which I will return later.[12] The English version is sometimes in the form of a rhyming couplet: "From Blacon

Point to Hilbre / A squirrel could leap from tree to tree" (Chappell, no date:no page).[13] And it is in England that we find the oldest recorded example, dating to 1796.[14]

Apart from the squirrel, one other woodland mammal, and the only one that spends much of its time in trees, is mentioned, the European wild cat (*Felix silvestris*) (An Roinn Oideachais, 1978): "Féatach cat fiadháin siúl ar bhárr croitheanna [croinnte] ó Loch Cútair go Creigín" ('A wild cat could walk on the tops of branches from Lough Cutra to Marblehill(?)/or Creegeen') (NFC, UCD 305:202). This version was collected between November 1936 and February 1937 by Liam Mac Coisdealbha, a full-time collector for the Irish Folklore Commission who was living at the time in Kiltymagh, Co Mayo, a neighbouring county.[15] It is he who seems to have added the comment "[…] – coill ar fad a bhí ann ins an tsean-aimsir" ('[…] – all wood there in the old times') (NFC, UCD 305:202). No name of an informant is given, just the address – 'Tobar Pheadair' or, in its English form, Peterswell, a small town in east Co Galway. It seems that this is where Mac Coisdealbha picked it up and he may have heard several people using it. The little lake of Lough Cutra is not far south of Peterswell and Marblehill is a townland about 15 miles east of the lake.[16]

Only one example mentions the species of trees: "An old man not long dead [in 1929] told my informant that when he was young he had travelled across Glenariff on trees of elder and holly." This note in the card index of the NFC, UCD, was written by Séamus Ó Duilearga who had collected it from Barney Bhriain McAulay [*sic*], a man then aged 79, of Glenariff, Co Antrim.[17] Glenariff is one of the famous U-shaped glens of the county which cut cross the Antrim Plateau and down to the sea. The glens today are certainly woodless but not entirely treeless. Eileen McCracken details the woods that were there and the reason for their decline:

> "On the Antrim coast the four Glens of Glenarm, Carnlough, Glenariff, and Cushendun carried oak on the wet valley bottoms and on the lower slopes, while on the higher and drier ground the oak gave place to hazel, holly, ash and alder. This timber was used for burning chalk for fertiliser during the early eighteenth century and it was told in the early nineteenth century that once a man could have crossed the valley of any of the Glens on the tops of the trees and that a bird could have hopped the length of a Glen on the branches" (1971:39–40).

The following Ordnance Survey memoirs collected in 1835 would seem to be Eileen McCracken's early 19th century sources. Like her, James Boyle, the memoir writer, was using the expressions to describe the woods:

> "There are now remaining very few vestiges of the great natural woods which must at one time have covered the greater part of this parish, and even within memory covered a considerable portion of it. There is still some hazel, birch, ash, holly and alder along the east side of Glenariff; the 2 former are the most prevalent trees, but they are all low and stunted, owing to cattle being allowed to eat them. There are still several old people who remember when the valley was so covered with trees that it was a saying 'a man could cross the glen upon them.' […] It is [with]in memory when the townland of Tamlaght and part of the adjacent townlands near the northern extremity of Glenariff were so thickly covered with trees that cattle entering them could never be found until they came out of them of their own accord; and the acclivity of the steep mountain overhanging the south east side of Glenariff was so wooded that a bird might hop from bough to bough from top to bottom" (Day & McWilliams, 1992b:44–45; Parish of Layd; and 5, Parish of Ardclinis, respectively).

The memoir goes on to record that the clearing of wood began 100 years ago and finished 50 years ago (Day & McWilliams, 1992b:55).

As well as the Ordnance Survey Memoir writers, collectors concentrating on folklore itself recorded the expression and provide both similar and different contexts for it. In two cases the expression introduces narrative to indicate how long ago certain events took place. One provides the earliest instance of the expression in Ireland that I have come across. Thomas Crofton Croker published it in 1828 in *The Literary Gazette*. Croker (1798–1854) was a pioneer in the collection of Irish folklore. His version runs:

> "There was once (a long time ago) a poor man, whose name was Donagha Dee, and he lived in a small cabin, not far from a forest, in the heart of County Kerry. Ireland at that time was not so bare as it is now, but was covered with great forests; in as much that it is said a squirrel might have travelled from Dingle de Couch to the city of Cork without once touching the ground."

"Dingle de Couch" is derived from the old full name for Dingle, the main town in the Dingle Peninsula in Co Kerry, the most westerly town in Ireland. With this reference we get the expanse of woodland spanning two counties – from Kerry eastwards across to Cork. Dingle is used in another expression to show distance "from Donaghadee to Dingle de Couch," meaning from Co Down in the north-east of Ireland right through the country to the south-west.

A second collector's version also shows how the expression was used to indicate how long ago certain events took place. The story he collected begins:

> "A great many years ago, when this county was so thick with woods that a very light person might walk on the tops of trees from Kilmeashal to the Lady's Island, a little [petty] king, or a great chief, had a fortification on the hill side, from the Duffrey gate in Enniscorthy, down to near the old abbey [...]."

This was published in *Legendary Fictions of the Irish Celts Collected and Narrated by Patrick Kennedy* (1891:269), originally published in 1866.[18] Patrick Kennedy (1801–1873) was born in Co Wexford, the most south-easterly county in Ireland, and where the places mentioned in the passage above are. As a young man he moved north to Dublin city where he first worked as a teacher and then later opened a bookshop. In the 1850s he began publishing folklore that he recalled having heard many years before in his native county, his first book being published under the pseudonym 'Harry Whitney' (Welch, 1996). "From Kilmeashal to the Lady's Island" is more or less the whole length of the county from the north-west to south-east corner (and a distance of about 30 miles or 45 kilometres). Kilmeashal is about two miles south of the town of Bunclody and is in Duffrey Parish, Scarawalsh Barony, Kennedy's own native parish (Kennedy, 1891:269). In his introduction to the story he mentions his source, notably the only woman recorded as using the expression: "Mrs. K –, of Cromogue, in the 'Duffrey'" (1891:51) and says earlier in the book that she is "a lady of heart and deed, although a farmer's wife," (suggesting that, despite the initial 'K' of her name, she was not a relative by marriage).[19] Kennedy published a similar expression in much the same way a few years later, 1870, in another collection – *The Fireside Stories of Ireland*: "There was a poor widow woman living down there near the Iron Forge when the country was all covered with forests, and you might walk on the tops of trees from Carnew to the Lady's Island, and she had one boy" (104). In this case the distance is a bit greater as Carnew is a town just within Co Wicklow, the adjoining county to the north.[20] Here this acts as the introduction to a tale titled *The Fellow in the Goat-Skin* (1870:103–113). Kennedy says that he collected the story from a man, a *scealuidhe* ('storyteller').

In the last version connected with a story the expression is central to the narrative. The story was collected in Irish; here is an English translation:

> "One day a boy was going to buy tobacco for his father over in Letterfrack. A man met him on the road. The man asked him where he was going. 'I'm going to buy tobacco for my father,' said the boy. 'Will you give me a little of the tobacco when you've bought it?' said the man. 'I will.' 'Go on and buy it,' said the man, 'and I'll meet you when you've bought it.' The boy went off and bought the tobacco and the old man met him again. The boy held out the tobacco to him and the man cut about the fill of his pipe from it. 'I'm grateful to you,' said the old man, 'and tell your father when you reach home that you gave a little of the tobacco to a man who told you that he hadn't been in the same land from the time when he could walk on the branches of the wood from Letterfrack to Galway'" ('ó'n am a bhféadfadh sé siubhal ar ghéagáin coille ó Leitir Fraig go Gaillimh').

In other words, someone from long, long ago. This was collected in Carna, far to the west of Galway city, and published in 1941. The collector and editor, Seán Mac Giollarnáith, places the narrative under the title *Woods of Connemara* and the distance spans the county (264).[21]

In addition to those counties mentioned, Antrim, Donegal, Down, Galway, Kerry, Londonderry and Wexford, Eileen McCracken lists six other counties where, or about which, the saying was also recorded: Clare, Cork [South], Fermanagh [Lough Erne], Kilkenny, Leitrim and Tipperary (1971:22; her brackets). In total, 13 counties of the 32, and with a spread from north to south and east to west, as well counties inland, in other words, a widespread distribution of it throughout the island.

I have mentioned that the expression occurred in England, but examples have also been recorded on the Continent of Europe, from Northern Germany, Sweden and Denmark. Rainer Wehse recorded this contemporary version from his father-in-law, a retired forest superintendent in Schleswig-Holstein: "In alten Zeiten konnten Eichhörnchen von Dithmarschen bis Eckernförde von Ast zu Ast hüpfen" ('In olden times squirrels could hop from branch to branch from Dithmarschen to Eckernförde').[22]

As regards Sweden, the protagonists are humans and the expression integral to a legend, versions of which have been noted in Halland and Västergötland: "Type R169 The dense oak forest. An old oak forest is so dense that people can walk on its branches the whole way from their homes to church. It is burnt down during a war" (Klintberg, 2010:334).[23]

Turning to Denmark, the tree top traveller in the legend there is different kind of animal from all the others, a *lindorm*, a magical snake which nests on gold. Evald Tang Kristensen (1843–1929) collected an example, probably in the late 19th century, in which it is stated that the forest between Rask (Molle(?)) and Horsens was once so dense (rather than that it was extensive) that a lindorm could travel on the tree tops between the two (1980:191).[24]

In Ireland this expression was chiefly used to describe, in a memorable, poetic way, how much the woodland had declined. This old expression is unlikely to be extant in oral tradition but is experiencing a current revival in the media with the ever-increasing interest in achieving what many of us, not least Wolfgang Mieder himself, share, a more balanced ecology.

## *Notes*

1 The (Lower) Bann is the river which forms the western boundary of Co Antrim. Coleraine and Portglenone are towns on it.

2 Distances are approximate and given 'as the crow flies.'

3 Such material is referred to as NFC, UCD, followed by the volume number and page number separated by a colon. I thank Ríonach Ní Ógáin, Director, for permission to publish the extracts.

4 Some memoirs were also written for parts of Cork, Galway, Longford, Mayo, Meath, Queen's County/Laois, Roscommon and Tipperary but they still only exist in manuscript form and have not been consulted for this study.

5 This constitutes half of the description under the title *Woods*.

6 I wish to thank Angélique Day for her notes on James Boyle (02.05.2012).

7 His inverted commas.

8 Walter Harris (1686–1761).

9 William Petty (1623–1687).

10 I wish to acknowledge the help of Gordon McCoy (27.04.2012) and Róise Ní Bhaoill (30.04.2012) with the locations in this version and matters pertaining to translation.

11 I am extremely grateful to Linda Corrigan, Member of the Society for Name Studies in Britain and Ireland, for her comments on this expression in England (09.04.2012).

12 I thank Jeremy Harte, Bourne Hall Museum, Epsom, Surrey, England, who has a collection of versions of the expression as it occurs in England, for this information (personal communication, 07.09.2013).

13 These places are in Cheshire, at either side of the Wirral, a distance of about 32 miles or 52 kilometers.

14 "I've found the couplet dating back to at least 1796 appearing in Thomas Pennant's The History of the parishes of Whiteford and Holywell and everywhere it is just noted as 'an old saying'" (Corrigan, 09.04.2012).

15 I thank Ríonach Ní Ógáin for his address details.

16 About 5 miles, or 8 kilometers. A townland is smaller than a parish and is the smallest land division in Ireland; on average there are 25 per parish. I am extremely grateful to Liam Ó hAisibéil of An Brainse Logainmneacha/The Placenames Branch, Ireland, for correspondence regarding these place-names (04.04.2012 & 25.04.2012 & 27.04.2012); and in which he also mentioned that there is another Creigín 5 miles further east of Marblehill, Parish of Lickmolassy, Barony of Longford, Co Galway.

17 Otherwise James Hamilton Delargy (1899–1980), founder and director of the Irish Folklore Commission (1935–1971).

18 The story is a strange one titled *The Bath of the White Cows* (1891:269–272).

19 'Mrs. K' is the source of much of his folklore.

20 I am grateful to Conchobhar Ó Crualaoich of An Brainse Logainmneacha/The Placenames Branch, Ireland, for his comments on the Wexford localities (personal communication, 01.04.2012).

21 Collected in Ballynahinch Bar, Cárna, Co Galway by Seán Mac Giollarnáith born Gurteen, Co Galway 1880, died 1970.

22 Hearty thanks to Rainer Wehse for this most appropriate version (27.05.2012)!

23 I sincerely thank Fredrik Skott and Bengt af Klintberg for this reference (Skott, 24.04.2012).

24 I wish to record my thanks to Bo Almqvist for his correspondence regarding this paper (21.–23.04.2012), for this Danish example and for putting me in touch with Dr. Skott.

## *Bibliography*


Almqvist, Bo. <E-mail address withheld>. 21.–23.04.2012. "Information on Swedish and Danish Versions and on Dingle de Couch." Personal e-mails (21.–23.04.2012).

An Roinn Oideachais. 1978. *Ainmneacha Plandaí agus Ainmhithe/Flora and Fauna Nomenclature.* Baile Átha Cliath: Oifig an tSoláthair.

Chappell, Gavin. no date. "When Squirrels Leapt from Tree to Tree." <sites.google.com/site/gavindc chappell/local-history-articles/when-squirrels-leapt-from-tree-to-tree> (13.09.2013).

Corrigan, Linda. <E-mail address withheld>. 09.04.2012. "The Couplet." Personal e-mail (09.04. 2012).

Croker, T[homas] Crofton. 1828. "Legends of the Lakes." *The Literary Gazette* 622, 20 December 1828.

Day, Angélique. 1984. "'Habits of the People': Traditional Life in Ireland, 1830–1840." *Ulster Folklife* 30, 22–36.

----------. <E-mail address withheld>. 02.05.2012. "OSM, JB." Personal e-mail (02.05.2012).

Day, Angélique & Patrick McWilliams (eds.). 1990. *Ordnance Survey Memoirs of Ireland Parishes of Co. Londonderry I 1830, 1834, 1836 Arboe, Artrea, Ballinderry, Ballyscullion, Magherafelt, Termoneeny.* Vol. 6. Belfast: The Institute of Irish Studies in association with the Royal Irish Academy.

----------. 1992a. *Ordnance Survey Memoirs of Ireland Parishes of County Down III 1833–8 Mid-Down.* Vol. 12. Belfast: The Institute of Irish Studies in association with the Royal Irish Academy.

----------. 1992b. *Ordnance Survey Memoirs of Ireland Parishes of County Antrim IV 1830–8 Glens of Antrim.* Vol. 13. Belfast: The Institute of Irish Studies in association with the Royal Irish Academy.

----------. 1993. *Ordnance Survey Memoirs of Ireland Parishes of County Antrim IV 1830, 1833, 1835–38 South-West Antrim.* Vol. 19. Belfast: The Institute of Irish Studies in association with the Royal Irish Academy.

Day, Angélique & Patrick McWilliams & Nóirín Dobson (eds.). 1993. *Ordnance Survey Memoirs of Ireland Parishes of County Antrim VIII 1831–5, 1837–8 Ballymena and West Antrim.* Vol. 23. Belfast: The Institute of Irish Studies in association with the Royal Irish Academy.

Hickie, David. 2002. *Native Trees and Forests of Ireland.* Photography by Mike O'Toole. Dublin: Gill and Macmillan.

Kennedy, Patrick. 1870. *The Fireside Stories of Ireland.* Dublin et al.: M'Glashan & Gill et al.

----------. 1891. *Legendary Fictions of the Irish Celts Collected and Narrated by Patrick Kennedy.* London et al.: Macmillan and Co.

Klintberg, Bengt af. 2010. *The Types of the Swedish Folk Legend.* Helsinki: Suomalainen Tiedeakatemia (Folklore Fellows Communications, 300).

McCoy, Gordon. <gordon@ultach.org>. 27.04.2012. "Coillte." Personal e-mail (27.04.2012).

McCracken, Eileen. 1971. *The Irish Woods since Tudor Times: Their Distribution and Exploitation.* Belfast: The Institute of Irish Studies.

Mac Giollarnáith, Seán (coll. & ed.). 1941. *Annála Beaga ó Iorrus Aithruach* (Little Annals of Iorrus Aithruach). Baile Átha Cliath: Oifig an tSoláthair.

Ní Bhaoill, Róise. <roise@ultach.org>. 30.04.2012. "Trees." Personal e-mail (30.04.2012).

Ó hAisibéil, Liam. <snsbiconfsec@gmail.com>. 04.04.2012. "Loch Cutair." Personal e-mail (04.04. 2012).

----------. 25.04.2012. "That Squirrel." Personal e-mail (25.04.2012).

----------. 27.04.2012. "Belfast Trad." Personal e-mail (27.04.2012).
Skott, Fredrik. <fredrik.skott@sofi.se>. 24.04.2012. "Expression about Forests." Personal e-mail (24. 04.2012).
Tang Kristensen, Evald (ed.). 1980. *Danske Sagn*. Vol. 3. København: Nyt Nordisk forlag, Busck.
Wehse, Rainer. <r.wehse@irz.uni-muenchen.de>. 27.05.2012. "Phrase." Personal e-mail (27.05.2012).
Welch, Robert (ed.). 1996. *The Oxford Companion to Irish Literature*. Oxford et al.: Clarendon Press.

# Noch einmal zur stereotypen Frage nach der Herkunft des Helden

*Rainer Eckert*

Dem großen Parömiologen und Phraseologen Prof. Dr. Wolfgang Mieder, der mich reich mit Publikationen aus den beiden Wissensgebieten beschenkte, die er wie kein anderer so erfolgreich entwickelt hat, in tiefer Dankbarkeit für seine moralische Unterstützung, die er mir stets angedeihen ließ.

## Einleitung

Mein unvergesslicher Lehrer Prof. Dr. Samuil Borisovič Bernštejn (1911–1997) sagte mir einmal, dass eine besondere Faszination davon ausgeht, wenn man sich immer wieder mit einer Frage befasst und sie weiter zu ergründen versucht, je tiefer man eindringt, umso härter wird der Grund, den man bearbeitet, umso lohnender aber sind unsere Anstrengungen.

Daher wählte ich zum wiederholten Male die Frage nach der Herkunft des Helden, die in einer frühen Zeit (etwa dem Urslawischen) sich auf einen Verbund von Menschen, auf die Sippe, auf den Klan, auf die Großfamilie gründete, der der Einzelne angehörte.

Im Weiteren geht es in vorliegendem Aufsatz um das Weiterleben folkloristischer Gegebenheiten in späterer Zeit (d.h. nicht in der epischen Tradition der Ostslawen und Serben, sondern in den historischen Liedern über Sten'ka Razin und den dazugehörenden Varianten) und schließlich um die Herkunftsfrage des Helden bei Richard Wagner.

## Zu Sten'ka Razin

Den konkreten Anlass zur folgenden Publikation lieferte mir ein Fund in meiner Privatbibliothek, den ich vor einigen Jahren machte, als ich auf ein seltenes Büchlein stieß. Es handelt sich um Aleksandra Nikolaevna Lozanova, *Narodnye pesni o Stepane Razine: Istoriko-literaturnoe issledovanie i teksty* (1928) (im Weiteren zitiert als 'NPStR'). Wie aus dem Vorwort hervorgeht, hat die Autorin in mehr als zehnjähriger Arbeit ihre Schrift vor allem in Saratov vorbereitet. Sie hat die gegen Ende der 20er Jahre zu den Volksliedern über Razin erschienene Literatur ausführlich ausgewertet und eine allgemeine Übersicht über die Lieder geliefert sowie eine Analyse der Sujets der Lieder. Als Anhang hat sie die Texte der Lieder angefügt und zwar die von Akademiemitglied V.F. Miller publizierten Texte (1915:685–777), die Texte, die nicht in der Sammlung von Miller erschienen sind, und die neu aufgezeichneten Texte, was für unsere Belange besonders wertvoll ist. Einen zweiten Teil des Anhanges macht eine ausführliche Bibliografie sowie verschiedene Register aus.

Lozanova geht an einer Stelle speziell darauf ein, dass die Lieder über Razin von den Bylinen und historischen Liedern anderer Zyklen beeinflusst wurden (NPStR:18).

Sie stellt ferner fest, dass die Verbreitung der Lieder über Razin in Russland bei Weitem nicht überall als gleichmäßig anzunehmen ist, doch im Großen und Ganzen gesagt werden kann, dass sie ungefähr mit der geografischen Verbreitung der Bylinen zusammenfällt (NPStR:21). Sie geht ausführlich auf den historischen Hintergrund der Lieder ein, die zu ihrer Entstehung und lebendigen Überlieferung führten. Sie entstanden, als Razin bereits als Ataman bekannt war. Sodann behandelt sie detailliert die seit dem Jahre 1667 wichtigsten Fakten der Bewegung, die er hervorgerufen hat. Schließlich geht sie auf seine Niederlage in Simbirsk und seine Hinrichtung am 6. Juni des Jahres 1671 in Moskau ein. Umsichtig zieht sie auch die Nachrichten über den Aufstand Razins in Westeuropa heran, um ein möglichst getreues Bild der bewegten Zeitläufe zu entwerfen. Es folgt eine ausführliche Analyse der Sujets der Lieder und ein spezielles Unterkapitel über den Überfall Razins auf Astrachan. Ebenso widmet sie einen besonderen Abschnitt den Liedern über den Sohn Razins, den bekanntesten Liedern des ganzen Razin-Zyklus. Hier geht sie speziell auf das Verhör des Sohnes von Razin durch den Gouverneur von Astrachan ein, als dieser ihn befragt, woher er komme, welchen Geschlechts und Stammes (*č'ego rodu i plemeni*) er sei: "Ty skažis'-ko, skažis', detinuška, neznamyj čelovek, / Da neznamyj, neznakomyj,[1] nevedomyj otkul', / Da ty kakoj ordy, kakoj zemli, da kokogo otca, da č'ej materi, / Ali s Donu kazak, ali kazačij syn?" (NPStR:79). Nach Meinung von Lozanova befragt der Gouverneur den kühnen, verwegenen Helden, ob er nicht vom Don herkommt, ob er nicht Kosak sei oder Sohn eines Kosaken, was von nicht geringer Bedeutung ist, wenn man in Betracht zieht, dass an der Razin-Bewegung vor allem freie Kosaken vom Don beteiligt waren (NPStR:83). An einer anderen Stelle ihrer Untersuchung verweist Lozanova darauf, dass es eine Liedvariante aus dem Gouvernement Saratov gibt, in der anstelle des Sohnes von Razin Emel'jan Pugačev auftritt: "Kak vo slavnom gorode Astrachane / Projavilsja dobryj molodec, Emel'jan Pugač; / […] Doprašival ego slovesnym doprosom: / – Kakogo ty *roda-plemeni*, / Car' li ty ili carskij syn, / A on im na to molvil: / – Ja ne car' i ne carskij synok. / Ja *rodom* – Emel'jan Pugač" (NPStR:86).[2]

Lozanova zitiert noch ein Lied mit dem Sujet eines Razin-Liedes aus der Ukraine, in dem von einem Kosaken Garasim die Rede ist. Dessen Sohn wird vom Gouverneur befragt: "– Skul' ty, ditinuška, skul' ty *rodom* čolovik. / Či ty z Donu kozak, či ty kozac'kij syn. – / Mij bat'ko choče u vas v gostjach buvat', – / Znajte-ž, jak mogo otcja primat'" (NPStR:91–92).

In drei Liedern finden die Ereignisse des persischen Feldzuges von Razin ihren Niederschlag, wovon in einem der Name von Razins Sohn erwähnt wird: "Tichochon'ko sine more stanovilosja, / Ničem naše Kaspijskoe ne ševel'nulosja, […] / Čto na tom li na stružke ataman sidit, / Čto po *imeni* Stepan Timofeevič, / Po *prozvaniju* Sten'ka Razin syn" (NPStR:101).

In einem Lied aus dem Gouvernement Tambow ist die Rede von Razins Sohn, der ein Versprechen einem Mädchen gegenüber nicht gehalten und sie betrogen hat: "Uslychala ja devica na odinnadesjatyj god, / Čto pojmali razbojnika na bol'šoj Volge reke, / Doprosili razbojnika iz kokogo *rodu-plemeni* on byl. / Pokazal zlodej-razbojnik, / Čto on Sten'ki Razina byl syn" (NPStR:115).

Seit dem Ende der 70er Jahre habe ich mich mit Phrasemen und Phraseotextemen befasst, die die Kernkomponenten **rodъ* und **plemę* bzw. **rodъ* und **plodъ* (bzw.

Derivate davon) enthalten. In meiner Monografie *Studien zur historischen Phraseologie der slawischen Sprachen (unter Berücksichtigung des Baltischen)* habe ich im 7. Kapitel (*Ursl. *rodъ & *plemę: *rodъ & *plodъ*) eine Zusammenschau meiner Forschungen zu diesen Phraseologismen geliefert, die auch einen Abschnitt *Rodъ & plemę in der Frage nach der Herkunft* enthält (1991:157–186; dort 163–167). Ich war bestrebt, alle historisch hierher gehörigen Phraseme und Phraseotexteme sowie stereotypen Formeln zu beschreiben.

1999 veröffentlichte ich in der Festschrift Rolf Bräuer den Beitrag *Die stereotype Frage nach der Herkunft des Helden in der slawischen Volkspoesie und im Hildebrandslied*, der den oben erwähnten Abschnitt vertieft und erweitert um eine Analyse der Materialien aus dem Russischen, Weißrussischen, Serbischen/Kroatischen, Bulgarischen sowie Kirchenslawischen und eine Beschreibung der slawischen epischen Tradition zum Gegenstand hat. Gleichzeitig konnte ich auf eine typologische Entsprechung der stereotypen Frage nach der Herkunft des Helden im altsächsischen *Hildebrandslied* verweisen. Hildebrand richtet an Hadubrand die Frage: "[…] /h/wer sin fater wari […] eddo /h/wlihhes cnuosles du sis […] ([…] wer sein Vater sei […] oder aus welcher Sippe du sein magst […])". Bereits Reinhold Trautmann hatte die Motive für den Vater-Sohn-Kampf in der slawischen, iranischen und germanischen Volksdichtung erörtert (1935:301–308).

Schließlich habe ich in meinem Artikel *Serbische/kroatische Lesefrüchte* (2010) den Versuch einer begründeten Rekonstruktion des urslawischen Textfragments, das die Frage nach der Herkunft des Helden beinhaltet, unternommen.

In Ergänzung zu meinen bisherigen Darstellungen führe ich nun aus den Razin-Liedern, und zwar aus dem Anhang (NPStR:157–255), die Zitate an, welche die Frage nach der Herkunft des Helden betreffen, wobei ich mit den Beispielen beginne, welche die ältesten Textfragmente wiederspiegeln und die ursl. **rodъ* & **plemę* enthalten. In einem zweiten Teil behandle ich diejenigen Beispiele, die spätere Varianten darstellen, wobei entweder **rodъ* & Derivate von **rodъ* bzw. **rodъ* & **imę* oder nur noch **rodъ* auftreten können.

- Älteste Textfragmente:

"Ty skaži-ka čej detina? / č'ego *rodu-plemeni*? / ja srodstva slovo ne znaju, / tol'ko slyšu po narodu: / Sten'ki Razina synok" (NPStR:176; Lied 23/294).

"Kak i stal-že gubernator / krepko sprašivat' ego: / Čej ty, otkuda neznamy, / neznakomyj čelovek? […] Da ty skaži, skaži, molodčik: č'ego *rodu-plemeni*, […]" (NPStR:199; Lied 52/322).

"Kak i stal-že gubernator / krepko sprašivat' ego: / Čej ty otkuda neznamyj, / neznakomyj čelovek? […] / Da ty skaži, skaži, molodčik: / č'ego *rodu-plemeni*? – […]" (NPStR:203; Lied 57/327).

"Doprosili razbojnička iz / kakogo *rodu-plemeni* on byl? / Pokazal zlodej-razbojnik, / čto on Sten'ki Razina, byl syn" (NPStR:210; Lied 65/335).

"Vot i stal že gubernator / Krepko vysprašivati: / Ty skaži, skaži, molodčik! / Čiego ty *roda-plemja*, / Ili carskogo kolena?" (NPStR:224; Lied 84/354).

"Stal že gubernator / Krepko sprašivat' ego: / – Ty skaži, skaži, detina, / Č'ego *rodu*, č'ego *plemja*, / Č'ego *materi, otca*. / Kak po *imeni* zovut?" (NPStR:238; Lied 100/16).

"Stal že voevoda / Krepko sprašivat' ego: / – Ty skaži, skaži, detina, / Č'ego ty rodu, č'ego *plemeni*? / Č'ego *materi-otca*? / Kak po *imeni* zovut!" (NPStR:239; Lied 102/18).

"Kak sud'ja-li gubernatyr način / sprašivat' evo: / – Ty skaži-ka, dobryj molodec, / č'evo *rodu plemeni* / I č'evo materi-otca?" (NPStR:253; Lied 124/8).

Innerhalb von 255 Liedern kommen 8 Fälle vor, in denen **rodъ* & **plemję* bezeugt sind.

- Spätere Varianten, in denen zumindest **rodъ* (oder Derivate bzw. andere Varianten davon) vorkommen:

"Vychodil naš gubernachtor – / Sam vysprašival: / Ty otkedova, detina, / Gde-ka *rodina* tvoja?" (NPStR:231; Lied 91/7).

"Už' i stal ža gubernator krepko sprašivat' evo: / – Ty skaži, skaži, molodec, / koego *rodu* udalec, [...]" (NPStR:232; Lied 92/8).

"Vychodil že gubernator navysok krasen krylec. Č'ego *doma*, č'ego *roda*, kak po *imeni* nazvat'?" (NPStR:234; Lied 94/10).

"Uvidal že molodca gubernator iz okna [...] / – Ty skaži-ko molodec, / Č'ego *rodu* ty. Synok: / Ili carskij, ili barskij, / Il' kupečeskij synok?" (NPStR:235; Lied 96/12).

"– Ty skaži, skaži, detinuška, / Vsju pravdu pro sebja, / Da č'ego *roda*, iz kotorogo *goroda* / I skol'ko tebe let?" (NPStR:237; Lied 99/15).

"Ego stal gubernator krepko sprašivati: / – Ty skaži, skaži, detinuška, / neznamoj čelovek, / Ty s kotoroj *storony*, / iz kotorych *gorodov*?" (NPStR:240; Lied 104/20).

"– Ty skaži, skaži, detina, / vsem neznamyj čelovek! / Č'ego *rodu*, č'ego *domu*, / Kak po *imeni* nazvat'?" (NPStR:241; Lied 105/21).

"Tyt stal voevoda u nego sprašivat': / – Ty skaži, skaži, detinuška, / neznamyj čelovek, / Č'ego *domu*, č'ego *rodu*, kak po *imeni* zovut?" (NPStR:243; Lied 107/23).

"Ty skaži, skaži, detinuška, / nevedomo kakoj, / Č'ego *rodu*, č'ego *domu*, č'ego / *materi-otca*?" (NPStR:243; Lied 108/24).

"Stal gubernator ego sprašivati: / Ty skaži, skaži, detinuška, / neznakomyj čelovek, / kotorogo ty *goroda uroždenʼice*?" (NPStR:244; Lied 109/25).

"Idite, privedite, mužika / Z pišnogo kabaka. / Skul' ty, ditinuška, skul' ty / *rodom* čolovik" (NPStR:248; Lied 115/31).

"Ty skaži-ka, molodec, č'ego *rodu*, C'ego *domu*, č'ego *materi-otca*" (NPStR:252; Lied 121/5).

"Ty skaži-ka, skaži-ka, – / Ty č'evo *gorodu sela*, č'evo *materi-otca*?" (NPStR:252; Lied 122/6).

"– Ty skaži-ka, molodec-udalec, / Č'evo *gorodu sela*, č'ego *materi-otca*?" (NPStR:253; Lied 123/7).

"Vot on stal sprašivat' evo: / Č'evo *roda* ty otca?" (NPStR:255; Lied 127/11).

In den Beispielen ältester Textfragmente sind die Kontinuanten des urslawischen Textfragments nach der Frage über die Herkunft des Helden erhalten, was natürlich mit der

Bewahrung archaischer Elemente in der folkloristischen Tradition zusammenhängt, wobei sowohl das Binomen *rodъ-plemę* auftritt als auch die Bestandteile desselben in distanter Stellung (č'ego *rodu*, čego *plemeni*) vorkommen können. In ihrer ältesten Ausprägung beinhaltete die Frage nach der Herkunft des Helden seine Zugehörigkeit zu einer Gruppe von Blutsverwandten, zu einem Geschlecht (weiter gefasst wohl auch zu einem Stamm), zu einem Klan, zu einer Großfamilie. Seine Identifizierung mit einer bestimmten individuellen Person war nicht von Belang. Sie setzte erst später mit der Verwendung des Vornamens, des Vatersnamens bzw. des Familiennamens ein.

Zwischen dieser Art der Frage nach der Herkunft des Helden (d.h. nach seinem Namen) und der archaischen Fragestellung (welchen Geschlechts, Stammes, Klans jemand sei) gibt es ein Übergangsfeld mit anderen Parametern: Aus welcher Stadt (*gorod*; *gorod urožden'ice*; č'ego *gorodu sela*)? Aus welchem Dorf (*selo*)? Aus welcher Gegend (*storona*)? Aus welchem Haus (*dom*)? Von welchen Eltern (*mat'-otec*)? Etwas gesondert stehen die Beispiele, in denen allein nach dem Geschlecht (*rodъ*) bzw. nach Derivaten davon (*rodina*; *rodovoj kozak*) gefragt wird. Diese stehen der vollständigen Formel (*rodъ plemę*) am nächsten. Es kommt dann auch zur Herausbildung ganzer Ketten, die auch alle spätere Elemente zeigen (č'ego *roda*, č'ego *imeni*; č'ego *rodu*, č'ego *domu*, č'ego *imeni*; č'ego *rodu*, č'ego *domu*, č'ego *materi-otca*; s kotoroj *storony*, iz kotorych *gorodov*). In einem Beispiel reduziert sich alles auf den Vor- und Familiennamen: "Da po-*prozvan'icu* byl-to on, po *famil'juicu*, / On byl Sen'ka Razin syn" (NPStR:185). In einem weiteren Beispiel kommt noch der Vatersname hinzu: "Po *imeni* atamanuška Stepanuška, / Pa *batjuške* Stepanuška Timofeevič, / Po velikomu po *famil'icu* Stepan Razin" (NPStR:197). Diese Überlieferung aus den Liedern über den Sohn Razins zeigt die Aufgabe des älteren Prinzips nach der Frage der Herkunft des Helden, aus welchem Geschlecht, Stamm, Klan, aus welcher Großfamilie er stamme, zugunsten der Frage nach dem Namen, wobei eine Zeitlang beide Prinzipien kombiniert vorkommen können. Die in meiner Darstellung von 2010 gemachten Beobachtungen und Schlussfolgerungen (68–73) finden in den aus dem 17. Jahrhundert bezeugten Razin-Liedern eine weitere Bestätigung und Stützung.

## Zu Richard Wagners Frage nach der Herkunft von Lohengrin

Letztlich möchte ich noch einen Schritt weitergehen und die Frage nach der Herkunft des Helden bei Richard Wagner in seiner Oper *Lohengrin* kurz erörtern und somit in die Mitte des 19. Jahrhunderts gelangen. Im Jahr 2013 nahmen die Jubiläumsfeierlichkeiten zu Wagners 200. Geburtstag einen großen Raum ein, und da scheint es nicht deplatziert zu sein, auf den *Lohengrin* einzugehen, der ganz in seinem Kern auf die Frage nach "Nam' und Art" des Titelhelden aufgebaut ist. Das vom Komponisten meisterhaft verfasste Libretto zitiere ich nach einer populären Ausgabe, dem Text *Lohengrin: Romantische Oper in drei Aufzügen* (1948). Es folgen die entsprechenden Textstellen:

> "Lohengrin /: Nie sollst du mich befragen, / noch Wissens Sorge tragen, / woher ich kam der Fahrt, / noch wie mein *Nam' und Art*!" (23).

"Ortrud /: Was gäbst du doch, es zu erfahren, / wenn ich dir sag': ist er gezwungen / zu nennen, wie sein *Nam' und Art*, / all seine Macht zu Ende ist" (32).

"Lohengrin /: Euch Helden soll der Glaube nicht gereuen, / wird' euch mein *Nam' und Art* auch nie genannt!" (47).

"Elsa /: Unselig holder Mann, / hör', was ich dich muss fragen! / Den *Namen* sag mir an!" (55).

"Lohengrin zu den Frauen /: Sie vor den König zu geleiten, / schmückt Elsa, meine süße Frau! / Dort will ich Antwort ihr bereiten, / dass sie des Gatten *Art* erschau'!" (56).

"Zu lohnen ihres Zweifels wildem Fragen, / sei nun die Antwort länger nicht gespart: / des Feindes Drängen durft' ich sie versagen, / nun muss ich künden wie mein *Nam' und Art*" (59).

"Lohengrin in feierlicher Verklärung vor sich hinblickend /: Nun hört, wie ich verbot'ner Frage lohne! / Vom Gral ward ich zu euch daher gesandt: / mein Vater Parzival trägt seine Krone, / sein Ritter ich – bin Lohengrin genannt" (60).

Wie zu ersehen ist, verwendet Wagner in der Regel die stereotype Formel *Nam' und Art*. Hermann Paul kommentiert: "Nhd. *Art*, das in der jetzigen Bedeutung 'angeborene Eigentümlichkeit, Beschaffenheit' erst im Mhd. auftritt, [...] [ist] vielmehr etymologisch verwandt mit der in lat. *ars* 'Kunst', *artus* 'Glied', russ. *rod* 'Geschlecht' steckenden Wurzel" ($^{5}$1956:39). Max Vasmer hält russ. *rod* 'Geschlecht, Geburt, Gattung, Art' und seine slawischen Entsprechungen für urverwandt mit lit. *rasmė* 'Ernte', lett. *rads* 'Verwandter, Geschlecht', *rasma* 'Gedeihen, Ergiebigkeit, Ernte', *raža* (**radiā̄*) 'reichliche Ernte, Trefflichkeit' und stellt weiter hierher aind. *vrādhant-* 'emporsteigend', *várdhati, várdhatē, vrdhati* 'wächst, mehrt sich, stärkt sich' und Entsprechendes (1955: 527–528). Oleg N. Trubačev geht eher von Verwandtschaft des urslawischen Wortes mit armen. *ordi* 'Sohn', heth. *hardu-* 'Urenkel' aus, das nach seiner Meinung auf ein indogerm. **əordh-* (url. **ordъ*) zurückgeht und nicht mit den erwähnten altindischen Beispielen zu vergleichen ist (Fasmer, 1971:491). Im *Etymologischen Wörterbuch des Deutschen* wird dt. *Art* 'Eigentümlichkeit, Wesen, Gewohnheit, Verhalten' als Wort, das etymologisch nicht befriedigend geklärt ist, charakterisiert. Hier wird auch darauf verwiesen, dass es die Bedeutung 'Herkunft, Abstammung' entwickelt hat (Pfeifer, 1989:78–79). Eines ist klar: Die bei Wagner vorkommende stereotype Wendung *Nam' und Art* ist aufgrund des Gesamtkontextes des Dargestellten eine geniale Antizipation des Librettisten des Lohengrin-Textes.

### *Anmerkungen*

1 Im Lied 24/295 "Čto vo gorode bylo vo Astrachani; / Otkol' vzjalsja, projavilsja *čuž-neznakomyj* čelovek, [...]" (NPStR:176) kommt das Binomen *čuž-neznakomyj* vor, das sich meines Erachtens mit dem Freier (*ženich*) in den russischen Hochzeitsliedern vergleichen lässt, nämlich mit russ. folkl. *čuž-čuženin* bzw. *čuž-čužanin* (der Freier als Fremder; der aus dem fremden Geschlecht kommt) (vgl. Eckert, 2004:bes. 218–220).

2 Die Hervorhebung in Kursivschrift in diesem wie auch allen anderen Beispielen erfolgt von mir.

## *Bibliografie*


Eckert, Rainer. 1991. *Studien zur historischen Phraseologie der slawischen Sprachen (unter Berücksichtigung des Baltischen)*. München: Sagner (Slavistische Beiträge, 281).

----------. 1999. "Die stereotype Frage nach der Herkunft des Helden in der slawischen Volkspoesie und im Hildebrandslied." In: Jürgen Erich Schmidt (Hg.). *Ethische und ästhetische Komponenten des sprachlichen Kunstwerks: Festschrift für Rolf Bräuer zum 65. Geburtstag*. Göppingen: Kümmerle (Göppinger Arbeiten zur Germanistik, 672), 239–255.

----------. 2004. "Lettisch-russische Übereinstimmungen aus dem Bereich der folkloristischen Verwandtschaftsterminologie." *La torre di Babele: Rivista di letteratura e linguistica* 2, 217–222.

----------. 2010. "Serbische/kroatische Lesefrüchte." In: Jasmina Grković-Mejdžor & Milorad Radovanović (Hgg.). *Teorija dijachronijske lingvistike i proučavanje slovenskich jezika*. Belgrad: Srpska akademija nauka i umetnosti (Sprski jezik u svetlu savremenich lingvističkich teorija, 4), 63–78.

Fasmer, Maks. 1971. *Muza–Sjat. Ėtimologičeskij slovar' russkogo jazyka*. Bd. 3. Moskva: Izd. Progress.

Lozanova, Aleksandra Nikolaevna. 1928. *Narodnye pesni o Stepane Razine: Istoriko-literaturnoe issledovanie i teksty*. Saratow: Nižne-volžskoe oblastnoe naučnoe obščestvo krajevedenija, g. Novouzensk.

Miller, Vsevolod Fedorovič. 1915. *Istoričeskīja pěsni russkago naroda: XVI–XVII vv*. Petrograd: Tipogr. Imperatorskoj Akademīi Nauk (Sbornik Otdělenīja Russkago Jazyka i Slovesnosti Imperatorskoj Akademīi Nauk, 93).

Paul, Hermann. [5]1956. *Deutsches Wörterbuch*. 5. Aufl. Bearb. von Alfred Schirmer. Halle (Saale): Niemeyer.

Pfeifer, Wolfgang (Hg.). 1989. *A–G. Etymologisches Wörterbuch des Deutschen*. Bd. 1. Berlin: Akad.-Verl.

Trautmann, Reinhold. 1935. *Das Heldenlied (Die Byline). Die Volksdichtung der Großrussen*. Bd. 1. Heidelberg: Carl Winter (Sammlung slavischer Lehr- und Handbücher, 7).

Vasmer, Max. 1955. *L–Ssuda. Russisches etymologisches Wörterbuch*. Bd. 2. Heidelberg: Winter (Indogermanische Bibliothek: Reihe 2, Wörterbücher).

Wagner, Richard. 1948. *Lohengrin: Romantische Oper in drei Aufzügen*. Wien: Globus-Verl. (Tagblatt-Bibliothek, 68).

# "Viel Glück und viel Segen ...": Formelhafte Weisheiten zu Gesundheit und Wohlergehen

*Susanne Hose*

"Viel Glück und viel Segen / auf all deinen Wegen / Gesundheit und Frohsinn / sei auch mit dabei." – Seit unseren Kindertagen schallt uns zum Geburtstag dieses eigentlich als Kanon komponierte Lied entgegen. Es gehört in Deutschland zu den populärsten Geburtstagsständchen, das im Kindergarten ebenso wie im Altenheim erklingt. Mit anderen Worten: Es begleitet uns im Leben "von der Wiege bis zur Bahre" – um eine viel genutzte Formel in volkskundlichen Untersuchungen zu verwenden, in denen es meist um Lebenslauf und Brauch geht.[1] Im Chor mit Erwachsenen gesungen mischen sich beim Wort 'Frohsinn' die Stimmen, da manche an dessen Stelle 'Freude', andere wiederum 'Wohlstand' setzen. Der früheste Abdruck des Kanons erfolgte im *Jungbrunnen: Liederbuch für Schule und Leben*, das Adolf Seifert (1902–1945) 1932 im Kasseler Bärenreiter-Verlag herausbrachte und das in kurzer Zeit mehrere Nachauflagen erfuhr. Die Melodie stammt von Werner Gneist (1898–1980), der sie anlässlich einer Hochzeit komponiert haben soll, zu der dem jungen Paar neben Glück und Segen "Gesundheit und Wohlstand" gewünscht wurde, wobei letzteres nicht Reichtum meint, sondern eher gesicherte Verhältnisse, die ein Leben frei von materiellen Nöten ermöglichen.[2] Der musisch begabte Volksschullehrer Gneist engagierte sich für die Singbewegung der 1920er Jahre, einer Jugendbewegung, die den bürgerlichen Materialismus ablehnte und im "Erlebnis der Einfachheit" ein neues Gemeinschaftsideal propagierte. Jemandem Reichtum im Sinne von Überfluss und Luxus zu wünschen, hätte seinen Überzeugungen vermutlich widersprochen.

"Glück und Gesundheit", "Glück und Segen" oder "Gesundheit und Wohlstand" dürften zu den häufigsten Wunschformeln gehören, die zur Hochzeit oder zum Geburtstag ausgesprochen werden, in der Regel gefolgt vom Kommentar, dass nichts wichtiger im Leben sei als Gesundheit und alles andere sich dann von selbst einstelle. Die allseits bekannten Sprichwörter *Gesundheit ist der größte Reichtum* oder *Gesundheit ist das halbe Leben* bestätigen diese Lebenserfahrung und verleihen ihr – in ihrer Funktion als altüberlieferte Volksweisheit – ein besonderes Gewicht.

## Gesundheit und Krankheit in Sprichwörtern

Das Nachdenken über die Gesundheit von Leib und Seele beschäftigt die Menschheit seit Beginn ihrer Existenz. Neben allgemeinen Feststellungen wie *Lieber arm und gesund als reich und krank*,[3] haben sich auch konkrete Anweisungen zur gesunden Lebensweise bzw. zum Heilen von Krankheiten in Sprichwörtern niedergeschlagen. Zu den populärsten dürfte *Vorbeugen ist besser als heilen* zählen oder *Vor dem Essen, nach dem Essen, Händewaschen nicht vergessen*. Weithin bekannt sind aber auch *Kopf kalt, Füße warm, macht den besten Doktor arm*, *Trocken Brot macht Wangen rot*, *Nach dem Essen sollst Du ruh'n oder tausend Schritte tun* oder *Wein auf Bier, das rat ich dir, Bier auf Wein, das lasse sein.* Wolfgang Mieder hat sich in einer Studie den traditionellen und modernen Aspekten der Überlieferung von medizinischen Sprichwörtern im Englischen zugewandt (1991 & 1993 & 2004), besonders den Beispielen *Prevention is better than cure, Early to bed and early to rise, makes a man healthy, wealthy and wise, Stuff (Feed) a cold and starve a fever* und *An apple a day keeps the doctor away.* Demnach datiert der früheste englische Beleg für *Vorbeugen ist besser als heilen* ins zeitige 17. Jahrhundert; für *Früh zu Bette und auf zu früher Stund', macht den Menschen glücklich, reich und gesund* existiert eine gedruckte Version von 1496, die explizit auf die Sprichwörtlichkeit der Aussage verweist. Für die meisten der auch im Deutschen bekannten sprichwörtlichen Gesundheitsregeln lassen sich literarische Quellen finden, was die Arbeiten des Augsburger Professors für Neuere Sprachen, Helmut A. Seidl eindrucksvoll belegen (1982 & 2010 & 2012). Seidl führt viele medizinische Sprichwörter der Neuzeit auf das hippokratische Lehrsystem zurück, nach dem einen gesunden Körper ein Gleichgewicht aller Säfte und Energien auszeichne. Die Heilung der Kranken basiert demzufolge auf dem Prinzip, die innere Harmonie wieder herzustellen, indem z.B. Wärme dort zugeführt wird, wo sie fehlt, oder man einen Überschuss an Energie durch einen Aderlass abführt. "Die Hippokratiker hatten zudem eine aus der Gesamtheit ihrer Theorien resultierende Diätetik", erklärt Seidl in seiner populärwissenschaftlichen Studie zu sprichwörtlichen Gesundheitstipps, "in deren Mittelpunkt das Schema der *sex res non-naturales* stand, also der sechs nicht-natürlichen Dinge: Licht und Luft, Speis und Trank, Arbeit und Ruhe, Schlaf und Wache, Ausscheidungen und Absonderungen, Anregungen des Gemüts. Bei diesen sechs Lebensbedingungen war das richtige Maß ausschlaggebend. Die Quintessenz einer solchen Diätetik ließe sich treffend mit dem Sprichwort *Wer ein langes Leben will erringen, halte Maß in allen Dingen* umschreiben" (2012:7–8).

Im Laufe der Jahrhunderte hat sich das medizinische Lehrbuchwissen mit den Erfahrungen der "einfachen Leute" vermischt. Als Mittlerpersonen sind in erster Linie studierte Ärzte und Apotheker anzunehmen, die nicht nur das Corpus Hippocraticum und die Lehren des Galen(os) von Pergamon (129–199) studierten, sondern auch die in mehrere Sprachen übersetzten medizinischen Lehrgedichte und Traktate. Wollten sie ihre Dienste nicht nur dem Klerus oder Adel anbieten, mussten sie sich zwangsläufig mit den vom Volk in Anspruch genommenen "medizinischen Handwerkern" wie den Badern, Hebammen oder Ziehmännern auseinandersetzen und mit ihnen Erfahrungen austauschen, was zumindest in den "großen" europäischen Landessprachen das direkte Einwirken der universitären medizinischen Lehrmeinung auf die Volksweisheit über das Heilen und damit die weitreichende Bekanntheit von Medizinsprichwörtern erklärt (s. Seidl, 2010). In "kleinen" bzw. Minderheitensprachen wie dem Sorbischen – der Sprache der slawischen Minderheit im Osten Deutschlands – nimmt sich deren Anzahl allerdings gering aus, was daran liegen mag, dass weitaus weniger Übersetzungen von entsprechender Spezial- respektive Fachliteratur existierten und bis ins 19. Jahrhundert hinein auch weniger Experten ausgebildet wurden.

Für die sorbischen Medizinsprichwörter lässt sich der direkte Bezug zum klassischen Schrifttum nicht herstellen. Eine eigenständige sorbische Literatur entstand erst im Ergebnis der Aufklärung. Mit Ausnahme der Bibel und einiger religiöser Schriften existieren kaum Übersetzungen älterer lateinischer oder griechischer Quellen. So ist die Bekanntheit sprichwörtlicher Internationalismen wie *Man muss das Eisen schmieden, solange es heiß ist*, sorbisch *Kowaj železo, doniž so žehli*, oder *Eine Hand wäscht die andere*, sorbisch *Ruka ruku myje*, in erster Linie auf mündliche Übertragung zurückzuführen (s. Hose, 1993). Das trifft auch auf die Medizinsprichwörter zu, die mit Blick auf das sorbische Gesamtkorpus von ca. 20 000 Einträgen – die ältesten stammen aus dem frühen 17. Jahrhundert, die jüngsten aus der sorbischsprachigen DDR-Literatur – sich relativ gering ausnehmen. Für die Sprichwörter *Žane zelko njeje pře smjerć* ('Gegen den Tod gibt's kein Kraut'), *Lěkarjo tež smjerći njewujědu* ('Auch die Ärzte entkommen dem Tod nicht') und *Radšo pjekarjej hač lěkarjej* ('Lieber zum Bäcker als zum Arzt') lassen sich ebenso wie für *Radšo dźesać lět chudy hač jedne lěto chory* ('Lieber zehn Jahre arm als ein Jahr krank') mit der Variante *Radšo strowy na hromadźe kamjenjow spać hač chory na mošku ležeć* ('Lieber gesund auf einem Haufen Steinen schlafen als krank auf Daunen liegen') Äquivalente mit annähernd derselben Struktur in anderen Sprachen finden. *Što je lěpše strowoty* ('Was ist besser als Gesundheit') entspricht nur inhaltlich dem deutschen *Gesundheit ist der größte Reichtum* und nicht in der Struktur. *Rano zahe počatk, wječor zahe dočatk* ('Früh ein zeitiger Beginn, abends ein zeitiges Ende') erinnert an *Früh nieder und früh auf verlängert den Lebenslauf*, meint aber heute weniger das gesunde Schlafverhalten als vielmehr, dass derjenige, der sein Tagwerk zeitig beginnt, abends eher Feierabend hat. Hinsichtlich der Trinkgewohnheiten warnen die sorbischen Beispiele vor allem vor zu viel Branntwein: *Palenc je walenc* ('Branntwein ist ein Stoßum'), *Palenc načini błudnych, piwko tróštuje zrudnych* ('Schnaps macht Verrückte, Bier tröstet Bedrückte'). Besonders gefährlich ist er für Kinder: *Palenc dźěćom róst łama* ('Branntwein stört der Kinder Wachstum'), vor allem wenn er – wie auf dem Lande durchaus verbreitet war – unter süßen Mohnbrei gemischt wurde, der Säuglingen in einem zum Sauger gedrehten Tuch verabreicht wurde, damit sie besser schlafen. *Lěnja pěstońča rada makojčki wari* ('Ein faules Kindermädchen kocht gern Mohnköpfe') besagt etwas über die einschläfernde Wirkung jenes auch zu kleinen Klößen geformten Nuckels. Im übertragenen Sinne bezeichnet *makojčka* ('Mohnkopf') auch einen Dummkopf. Auf die Anwendung von Wein bei der Behandlung von Kranken und dessen unterschiedlicher Wirkung verweist das Sprichwort *Wino chorych na nohi staja a stroweho zwróći* ('Wein stellt die Kranken auf die Beine und wirft den Gesunden um').

## Spruchhaftes in der sorbischen Volksheilkunde

*Což ta carna krowa huserjo, to wez* ('Was die schwarze Kuh scheißt, das nimm'), soll eine in der Niederlausitz verbreitete Erkenntnis von Kräuterfrauen gewesen sein. Handschriftlichen Aufzeichnungen und Rezeptbüchern aus dem 19. Jahrhundert zufolge bildeten Kot und Urin neben anderen Ausscheidungen von Mensch und Tier die Zutaten zu vielen Tinkturen, Salben und Tees. In der Hauptsache wurden für die Rezepturen jedoch Heilpflanzen verwendet, deren Verarbeitung von Generationen überlieferte Erfahrungen zugrunde lagen. Der sorbische Pfarrer und Astrologe Albin Moller (1541–1618) veröffentlichte bereits 1582 ein Verzeichnis von 240 *Namen der vornembsten Artzney-Kreuter in lateinischer, deutscher und wendischer Sprache*. 1594 erschien der weitaus umfangreichere *Hortus Lusatiae* des einige Jahre auch in Bautzen wirkenden Arztes Johannes Franke (1545–1617), ein Buch, das die gesamte Pflanzenwelt der Lausitz detailliert beschreibt und in Gelehrtenkreisen hoch geschätzt wurde. Franke stand unter dem Einfluss der 'Signaturenlehre' von Theophrastus Paracelsus (1493–1541). In den folgenden Jahrhunderten, vor allem ab dem 18. Jahrhundert ging es den Botanikern allerdings dann vorrangig nur noch um die Aufzeichnung der Pflanzennamen, nicht aber um die Kräuterkunde, sprich das Wissen um die heilenden Kräfte von Pflanzen.

Als pflanzenkundige Berufsgruppen galten besonders Hebammen, Schäfer, Förster und Kräuterfrauen. Sie kannten sich am besten mit den heilenden Wirkstoffen der heimischen Pflanzen und ihren jeweiligen Erntezeiten aus und verarbeiteten sie zu Aufgüssen, Badezusätzen oder Kompressen, in Salben und Pudern. Das Wissen um die Heilkräfte der Kräuter wurde mitunter mit Hilfe von sprachlichen Formeln und Metaphern tradiert, die bekanntlich gut im Gedächtnis haften bleiben. Heilkundliche Erkenntnisse finden wir daher auch im Sprichwörterlexikon von Karl Friedrich Wilhelm Wander (1803–1879), z.B. *Die Brennnessel begleitet den Mensch über die Erde*, *Meerrettich ist dem Magen ein Pflaster, den Augen ein Laster*, *Petersilie hilft dem Mann aufs Pferd und der Frau unter die Erd'* oder *Wer Salbei baut, den Tod kaum schaut*. Und auch die Sammlung des sorbischen Parömiografen Jan Radyserb Wjela (1822–1907), der sich in der zweiten Hälfte des 19. Jahrhunderts unermüdlich Sprichwörtern, Reimen und Rätseln zuwandte, enthält derartige Aussagen, die möglicherweise auf ein in der Familie des Sammlers besonders gepflegtes Gedankengut zurückzuführen sind. Wjelas Vater betätigte sich nach seiner Arbeit im Steinbruch als Ziehmann, und seine Mutter genoss als sachkundige Kräuterfrau einen guten Ruf im Dorf. Die Eltern wären oft von den Nachbarn konsultiert worden, schrieb Wjela im Vorwort zu seinem Sprichwörterbuch, die viel erzählt hätten, während sie auf ihre Behandlungen warteten. Daher hätte er schon als Kind viel Sprichwörtliches aufgeschnappt (1902:X). Neben den Sprichwörtern, sprichwörtlichen Vergleichen und Redensarten wirken die Aussagen zu bestimmten Kräutern und Heilmitteln allerdings eher wie zufällig in die Sammlung hineingeraten, da sie von ihm offensichtlich nicht systematisch erfasst worden waren: *Babyduška – strowa juška* ('Der Feldkümmel – ein gesunder Trunk'), *Babyduška je pře dźewjeć chorosćow* ('Der Feldkümmel hilft gegen neun Krankheiten'), *Babyduška je wóčkecom lěkarka* ('Der Feldkümmel ist ein Augenarzt'), *Połona so nikomu njecha* ('Wermut will niemand'), *Lěki su rědko hdy mjedowe krjepki* ('Arzneien sind selten Honigtropfen') und *Syry popjeł dźěćom hoji* ('Feuchte Asche heilt das Kind').

Das in der Oberlausitz, besonders unter den Sorben verbreitete Wissen über die Pflanzen und ihre pharmazeutische Wirkung hat in der zweiten Hälfte des 20. Jahrhunderts Theodor Schütze (1900–1986) zusammengetragen. Er wertete dazu ältere Quellen sowie eigene Beobachtungen und Mitschriften aus. Seine Zusammenstellung von Heilpflanzen unterscheidet diejenigen mit heilenden Wirkstoffen – wie Ackerschachtelhalm, Arnika, Baldrian, Echte Kamille, Hirtentäschel, Johanniskraut, Kümmel, Liebstöckel, Mädesüß, Minze, Scharfgarbe, Schöllkraut, Spitzwegerich, Tausendgüldenkraut, Weiße Taubnessel, Wegwarte, Wermut – und Kräuter mit "magischer Wirkung". Zwar beschreibt Schütze deren Anwendung als vergangene Praxis, um den

Verdacht eines in der Lausitz zu DDR-Zeiten noch lebendigen Aberglaubens abzuwenden. Allein aus seinen Befragungsmethoden geht hervor, dass der größte Teil der Einträge aus zeitnahen Beobachtungen stammte. Natternkopf wurde beispielsweise Menschen verabreicht, die sich vor Gewitter ängstigten; Frauenflachs, Herzgespann oder die Grindflockenblume waren als 'Beschreikräuter' bekannt. Sie kamen zum Einsatz, wenn man Mensch oder Vieh beschrien, das heißt durch üble Nachrede oder auch durch überschwängliches Lob verhext glaubte. Wer sich "vom bösen Blick" eines anderen Menschen getroffen fühlte und daraufhin Kopfschmerzen bekam, der bereitete einen Aufguss von Frauenflachs zu. Der Tee wurde getrunken oder zum Waschen von Stirn und Schläfen genommen. Dazu wurden "Sprüche gemurmelt" (Schütze, 1959/60: 113). Letztere veröffentlichte Schütze nicht. Wir dürfen vermuten, dass sie zumindest hinsichtlich der Struktur den folgenden beiden Beispielen gegen die Auswirkungen des bösen Blicks bzw. des Beschreiens geähnelt haben:

"W mjenje Boha Wótca, Boha Syna a Boha Swjateho Ducha!
Jano, tebi je so stało wot kurwaŕki, mandźelstwołamarki, wot muža abo žony.
To złe z tebje wuńdź, a to dobre do tebje zańdź!
To pomhaj tebi, Jano, Bóh Wótc, Bóh Syn a Bóh Swjaty Duch!" (Wićaz, 1934:60).[4]

"Na wšych pućach, na wšych ćažkach, na wšych mjazkach,
šćiwych a tež rownych,
ty złe stróženje, ty złe pódrěće,
wót frejnych, wót ženjenych, kósmatych a pjerjowych,
rozejdź kaž raniske switanje a jacorniske smĕrkanje!
To pomagaj mi a tom N.N.
bog wótc, bog syn a bog, ten swěty duch" (Nowotny, 1976:158).[5]

## Die Magie der formelhaften Sprache

"Versprechfrauen und -männer" standen bei der sorbischen Landbevölkerung in hoher Achtung, was schon allein daran zu erkennen ist, dass man sie "mudri ludźo", zu Deutsch 'die klugen Leute' nannte. Gegen diesen Zustand wetterten bereits die gelehrten Regionalschriften Ende des 18. Jahrhunderts. Ganz im Sinne der Aufklärung machten sie auf die Gefahren "der Quaksalberei" aufmerksam, die von selbst ernannten Wundertätern und hausierenden Pillendrehern ausgehen würden. Im selben Atemzug zeigten sie "die klugen Männer und Weiber, wie sie der Bauer nennt" an, "die durch blosse Worte oder Anrühren, durch gewisse Formeln, die sie aufschreiben, und dem Kranken verschluken lassen, die gefährliche Uebel heben können, weil eine höhere Einwirkung bei ihnen statt findet" (N.N., 1794:165). Allein die Tatsache, dass man diese noch bis in die dreißiger Jahre des 20. Jahrhunderts bei Krankheiten von Mensch und Vieh auf dem Lande eher zu Rate zog als studierte Ärzte oder Apotheker, zeigt an, dass das aufklärerische Postulat der Vernunft zumindest auf diesem Gebiet bis dahin wenig ausgerichtet hatte (s. Doering-Manteuffel, 2008).

Die Anwendung von magischen Formeln, mit denen die Menschen ihre Umwelt – besonders hinsichtlich der Vertreibung von Krankheiten – zu beeinflussen versuchten, lässt sich schon in frühen Hochkulturen nachweisen. Im Neuen Testament heißt es dazu: "Ist jemand krank, der rufe um sich die Ältesten der Gemeinde und lasse über sich beten und salben im Namen des Herrn. Und das Gebet des Glaubens wird dem Kranken helfen, und der Herr wird ihn aufrichten" (Jak 5,14–15). Auch das Gesundbeten wurzelt im Glauben an das krankmachende wie heilende Wirken übernatürlicher Kräfte und gilt als eine spezifisch christliche Form des Besprechens. Ein Unterschied wäre laut Dieter Harmening "nur theoretisch zu machen. […] Die meisten Heilverfahren enthalten sowohl christliche wie heidnische Elemente […]" ([2]2009:175).

In jedem Dorf gab es jemanden, der sich auf das Besprechen verstand, wozu nach Meinung der anderen besondere Willensstärke und Klugheit gehörte. Das Heilen mit der Magie der Worte bedurfte einer besonderen – in der Regel vererbbaren – Fähigkeit, die nicht jeder besaß. Zudem unterschieden sich die "klugen Leute" nach ihren Spezialkenntnissen und -praktiken, die sie sich angeeignet bzw. von den Vorfahren übernommen hatten. Der eine verstand sich auf das Stillen von Blut, der andere linderte Verbrennungen oder kurierte das Vieh. Als "Geheimwissenschaft kluger Männer und Frauen" bezeichnete der volkskundlich ambitionierte Gubener Gymnasiallehrer Karl Gander (1855–1945) das Wissen der in der Niederlausitz praktizierenden Heiler (1896:294), bei denen sich traditionelle Kenntnisse, handwerkliche Fähigkeiten und besondere Gaben mit manchmal dubiosen Praktiken vermischten. So sollte man sich nur an einem Freitag die Fingernägel schneiden, um Zahnschmerzen vorzubeugen; als Mittel gegen Warzen wurde geraten, sie mit der Hand oder dem Finger eines Toten zu berühren, und gegen Harninkontinenz mussten dem Betroffenen drei weiße Mäuse verabreicht werden, ohne dass dieser es merkte. Zu den Krankheiten, von denen man sich durch Besprechen Heilung versprach, gehörten besonders die Gesichts- und Gürtelrose, Ausschläge und Auswüchse, Gerstenkörner, Milchschorf bei kleinen Kindern, Rheuma, Zahnschmerzen und Koliken, der Graue Star und Wurmkrankheiten. Die Behandlung durfte weder bezahlt noch anderen im Detail berichtet werden, da man überzeugt war, dass sie dann nicht half. Die Patienten waren von der unfehlbaren Heilkraft der Behandlung überzeugt, und auch der Betende glaubte an die Kraft der Worte, die er sprach, egal, ob sie ihm verständlich waren oder nicht. Kultische Handlungen wie Anhauchen, Bespeien, Bekreuzen, Besprengen, Handauflegen, Salben usw. verstärkten die kraftgeladenen Worte, die mal in der Lautstärke ansteigend, mal abnehmend gesprochen wurden, was dem ganzen Akt eine besondere Spannung verlieh. – Ein "mächtiges Crescendo" würde auch den 2. Merseburger Zauberspruch durchziehen, betonte Felix Genzmer (1950/51:31). – Rhythmus und Reim, die direkte Anrede der personifizierten Krankheit, die Anrufung der Dreifaltigkeit und drei- oder neunmalige Wiederholungen vervielfachten die beschwörende Wirkung der Sprüche, die mit hoher Konzentration und bei meist gleichmäßigen, wiegenden Bewegungen des Oberkörpers gesprochen wurden. Die Anrufung der Heiligen Dreifaltigkeit zu Beginn und am Ende wurde jeweils vom dreimaligen Kreuzzeichen begleitet. Die Drei gilt als die heilige Zahl, da sie Vollkommenheit symbolisiert: *Aller guten Dinge sind drei*, im Raum (Länge, Breite, Höhe), in der Zeit (Vergangenheit, Gegenwart, Zukunft), in der unbelebten (Erde, Wasser, Luft bzw. fest, flüssig, gasförmig) wie in der belebten Natur (Pflanzen, Tiere, Menschen) (s. Röhrich, [3]1995:335; Harmening, [2]2009:465).

Von gedruckten Zauberbüchern oder handgeschriebenen Kräuter- und Besprechbüchern ihrer Vorgänger wollten die Bewohner von Groß Partwitz bei der Befragung Anfang der 1970er Jahre nichts gewusst haben (s. Nowotny, 1976:157). Die auffallen-de Ähnlichkeit der sorbischen Sprüche zur deutschen oder tschechischen Überlieferung macht aber zumindest den indirekten Einfluss schriftlicher Quellen wahrscheinlich. Schließlich waren magische und volksmedizinische Anleitungsbücher im 19. Jahrhundert zur Massenware geworden und erreichten auch die Jahrmärkte im sorbischen Siedlungsgebiet. In der Niederlausitz wurden sie unter dem Sammelbegriff 'Koraktor' geführt, der mehrere Schriften wie das *Sechste und Siebente Buch Mosis*, die *Ägyptischen Geheimnisse* des Albertus Magnus oder das *Romanusbüchlein* meinte. Sagen berichten vor allem von den unheilvollen Auswirkungen jener "Teufelsbücher", die ungeachtet ihres schlechten Rufs abgeschrieben und unter der Hand weitergereicht wurden.[6] Da für das Wirken eines Zauberspruchs nicht das wortwörtliche Verstehen, sondern der Akt des (Be-)Sprechens, also die Performanz wichtig war, nutzten sorbische Muttersprachler auch Formeln in deutscher Sprache. "Es standen drei Eichen auf Christi Grab, / die eine heißt Wohlgemuth, / die andere heißt Christi Blut, / die dritte heißt Gottes Wille. / Ich sage dir: Blut, steh stille!", lautet ein Blutsegen aus einer bei Guben an der Neiße um das Jahr 1840 deutschsprachig angefertigten Handschrift (Gander, 1896:302). Parallel dazu war außerhalb des sorbischen Siedlungsgebiets, in der Nähe von Torgau an der Elbe aufgezeichnet worden: "Auf Christi Grab stehen drei Blumen. / Die eine ist Gottes Macht, / die andre Gottes Kraft, / die dritte Christi Wille. / Jesu Blut, steh stille!" (Bruns, $^{2}$1916:10). Die Ähnlichkeiten in Reim und Rhythmus sind augenscheinlich; beide Varianten benutzen dieselbe Metapher vom Grab, auf dem drei Pflanzen wachsen, und enden mit einem für viele Zaubersprüche typischen Geheiß, in diesem Falle "Blut, steh stille!" Weniger kraftvoll, eher klagend, wirkt dagegen der Spruch, der aus dem Spreewald stammt: "Ach, Herr Jesus Christus, / unter deinem Herzen seien gewachsen drei Blumen. / Die erste ist die göttliche Wahrheit, / die andere deine göttliche Gnade, / die dritte dein göttlicher Wille. / N.N., dein Blut stehe stille!" (Schulenburg, 1880:219). Die obersorbische Version jenes Blutsegens, die Heiler dreißig Kilometer weiter südlich in der Lausitzer Heide benutzt haben sollen, hat den Anschein, als sei sie das Ergebnis einer freien Übersetzung, die aus einer ehemals beschwörenden Formel einen nunmehr harmlos wirkenden Gebetstext gemacht hat: "O knježe Jezom Khryšće, / tebi su tři róže na twojej wutrobje narostłe. / Ta jena je bójstwo, / ta druha je čłowjestwo / a ta třeća je Boža wola" (Muka, 1909:127).[7] Der Spruch scheint unvollständig, weder die Krankheit noch der Betroffene werden direkt angesprochen und auch die von den drei Rosen versinnbildlichten "Gottheit, Menschheit, Gottes Wille" wirken eher wie eine willkürliche Zusammenstellung, die keiner Gesetzmäßigkeit folgt. Obwohl die Zaubersprüche zum Berufswissen von Experten gehörten und daher, so sollte man annehmen, professionell weitergegeben wurden, waren offensichtlich auch sie vom Prozess des Zersagens betroffen. Und nicht jede Übersetzung glückte – wovon Parömiologen ein Lied singen können. Dennoch "wanderten" sie wie viele Sprichwörter von einer Sprache in die andere, wofür – wie Wolfgang Mieder in seinen unzähligen Arbeiten schlüssig nachgewiesen hat – eine Mischung von mündlicher und schriftlicher Überlieferung verantwortlich ist. Egal ob gesagt, geschrieben, gelesen, gemurmelt, geschrien oder gesungen: Viel Glück und viel Segen, lieber Wolfgang, auf all deinen Wegen!

## *Anmerkungen*

1 Mit "Von der Wiege bis zur Bahre – Formulare, Formulare!" verweist Lutz Röhrich auf die lebenslange Bürokratie, die uns ein Leben lang verfolgt (s. [3]1995:1728).

2 Die Informationen zu dem Kanon habe ich dem Blog des Evangelischen Jugendwerks in Württemberg entnommen (ohne Datum); zu Werner Gneist siehe auch Flückiger-Gneist (2005) und Volz (15.08.2010); zu 'Wohlstand' siehe Grimm (1991 [1854–1961]:Bd. 30, Sp. 1181–1183).

3 Ein Marker für die Bekanntheit der Sprichwörter ist die Verbreitung von Parodien, auf die Wolfgang Mieder mit zahlreichen Arbeiten und Sammlungen aufmerksam gemacht hat. Mindestens ebenso verbreitet wie *Lieber arm und gesund als reich und krank* ist *Lieber Arm ab als arm dran* oder *Lieber reich und gesund als arm und krank*. Letztere diente bezeichnenderweise in den Monaten vor den Bundestagswahlen 2013 der Partei DIE LINKE als Schlagzeile für Podiumsdiskussionen über die Gesundheitspolitik der Bundesregierung (02.06.2013).

4 'Im Namen von Gott dem Vater, Gott dem Sohn und Gott dem Heilige Geist! / Johann, dir ist es angetan worden von einer Hure, einer Ehebrecherin, von einem Mann oder einer Frau. / Das Böse weiche aus dir, und das Gute ziehe in dir ein! / Dabei helfe dir, Johann, Gott der Vater, Gott der Sohn und Gott der Heilige Geist!' (Übers. von S. Hose).

5 'Auf allen Wegen, auf allen Stegen, auf allen Rainen, / den krummen wie auch den geraden, / du böses Erschrecken, du böses Beschreien, / von Ledigen, von Verheirateten, Behaarten und Gefiederten, / verschwinde wie das Morgengrauen und die Abenddämmerung! / Das helfe mir und dem N.N. / Gott der Vater, Gott der Sohn und Gott der Heilige Geist' (Nowotny, 1976:159).

6 Die Bezeichnung leitet sich von dem aus dem Griechischen herrührenden Wort *Charakter* für 'Gepräge, Abbild' her und meint alle magischen Zeichen und Symbole. Charaktere entstanden aus griechischen und hebräischen Schriftzeichen, astrologischen Zeichen und aus der Verbindung von Zahlen mit magischen Quadraten (Harmening, [2]2009:95). Das in der deutschen Umgangssprache bekannte 'Karakter, Krakter, Karacte' für Zauberformeln, die mit Geheimzeichen geschrieben sind, wurde ins Niedersorbische transferiert.

7 'O Herr Jesu Christus, / dir sind auf deinem Herzen drei Rosen gewachsen. / Die eine ist die Gottheit, / die andere die Menschheit / und die dritte Gottes Wille' (Übers. von S. Hose).

## *Bibliografie*

[Blog des Evangelischen Jungendwerks in Württemberg]. ohne Datum. "ejw-Blog." <http://ejwue.de/blog/> (13.09.2013).

Bruns, Karl. [2]1916. *Volkswörter der Provinz Sachsen (Ostteil) nebst vielen geschichtlich merkwürdigen Ausdrücken der sächsischen Vorzeit*. 2., stark verm. Aufl. Halle an der Saale: Waisenhaus.

Doering-Manteuffel, Sabine. 2008. *Das Okkulte: Eine Erfolgsgeschichte im Schatten der Aufklärung. Von Gutenberg bis zum World Wide Web*. München: Siedler.

Flückiger-Gneist, Christine. 2005. *Die Diamantstrasse: Biografischer Roman*. 2 Bde. Frankfurt am Main u.a.: Fouqué-Literaturverl.

Gander, Karl. 1896. "Zu dem Kapitel der Volksheilkunde: Ein Beitrag aus dem Volksglauben und Volksbrauch der Niederlausitz, besonders des Gubener Kreises." *Niederlausitzer Mitteilungen* 4, 292–307.

Genzmer, Felix. 1950/51. "Germanische Zaubersprüche." *Germanisch-Romanische Monatsschrift* 32, N.F. 1, 21–34.

Grimm, Jacob & Wilhelm. 1991 [1854–1961]. *Deutsches Wörterbuch*. 33 Bde. Nachdruck. München: Deutscher Taschenbuch-Verl.

Harmening, Dieter. [2]2009. *Wörterbuch des Aberglaubens*. 2., durchges. und erw. Aufl. Stuttgart: Reclam (Reclams Universal-Bibliothek, 18620).

Hose, Susanne. 1993. "International bekannte Sprichwörter im Sorbischen." *Proverbium: Yearbook of International Proverb Scholarship* 10, 129–149.

---------- (Hg.). 2004. *Sorbian Proverbs / Serbske přisłowa*. In Zusammenarbeit mit Wolfgang Mieder. Burlington, Vt.: The University of Vermont (Supplement Series of Proverbium: Yearbook of International Proverb Scholarship, 14).

Mieder, Wolfgang. 1991. "'An Apple a Day Keeps the Doctor Away': Traditional and Modern Aspects of English Medical Proverbs." *Proverbium: Yearbook of International Proverb Scholarship* 8, 77–106. Auch in Wolfgang Mieder, *Proverbs Are Never Out of Season: Popular Wisdom in the Modern Age* (New York u.a.: Oxford University Press, 1993), 152–172.

----------. 1993. "'Early to Bed and Early to Rise': From Proverb to Benjamin Franklin and Back." In: Wolfgang Mieder. *Proverbs Are Never Out of Season: Popular Wisdom in the Modern Age*. New York u.a.: Oxford University Press, 98–134.

----------. 2004. "'Ein Apfel pro Tag hält den Arzt fern': Zu einigen amerikanischen Lehnsprichwörtern im Deutschen." *Revista de Filología Alemana* 12, 135–149.

Muka, Ernst. 1909. "Ludowe zarjekowanja a kuzłanja." *Časopis Maćicy Serbskeje* 62, 122–147.

N.N. 1794. "Über die Quaksalber in der Niederlausitz." *Lausitzer Monatsschrift* 1/3, 163–167.

Nowotny, Paul (Hg.). 1976. *Groß Partwitz: Wandlungen eines Lausitzer Heidedorfes*. Bautzen: Domowina-Verl. (Institut für Sorbische Volksforschung, 45).

[Partei DIE LINKE]. 02.06.2013. "'Lieber reich und gesund als arm und krank'." <www.kathrin-vogler.de/start/aktuell/details_aktuelles/zurueck/start-2/artikel/lieber-reich-und-gesund-als-arm-und-krank-kopie-1/> (13.09.2013).

Röhrich, Lutz. [3]1995. *Lexikon der sprichwörtlichen Redensarten*. 5 Bde. Freiburg u.a.: Herder.

Schütze, Theodor. 1959/60. "Über die Benennung und volksmedizinische Verwendung von Pflanzen im sorbischen Gebiet." *Lětopis: Zeitschrift für sorbische Sprache, Geschichte und Kultur* C 4, 80–110.

Schulenburg, Wilibald von. 1880. *Wendische Volkssagen und Gebräuche aus dem Spreewald*. Leipzig: F.A. Brockhaus.

Seidl, Helmut A. 1982. *Medizinische Sprichwörter im Englischen und Deutschen: Eine diachrone Untersuchung zur vergleichenden Parömiologie*. Frankfurt am Main u.a.: Peter Lang (Forum Anglicum, 11).

----------. 2010. *Medizinische Sprichwörter: Das große Lexikon deutscher Gesundheitsregeln*. Darmstadt: WBG.

----------. 2012. *Den Kopf halt kühl, die Füße warm!: Sprichwörtliche Gesundheitstipps und was dahintersteckt*. Darmstadt: Lambert Schneider.

Volz, Andreas. 15.08.2010. "In aller Bescheidenheit 'schöpferisch'." *Der Teckbote: Kirchheimer Zeitung*. <www.teckbote.de/nachrichten/kultur_artikel,-In-aller-Bescheidenheit-"schoepferisch"-_arid,43252.html> (13.09.2013).

Wander, Karl Friedrich Wilhelm. 1867–1880. *Deutsches Sprichwörter-Lexikon: Ein Hausschatz für das deutsche Volk*. 5 Bde. Leipzig: F.A. Brockhaus.

Wićaz, Ota. 1934. "Zběrka zaprajenjow." *Časopis Maćicy Serbskeje* 87, 59–62.

Wjela, Jan Radyserb. 1902. *Přisłowa a přisłowne hrónčka a wusłowa Hornjołužiskich Serbow*. Budyšin: Mucke.

# Märchen der Brüder Grimm im "Volksmund"

*Siegfried Neumann*

Wenn der weltweit bekannte, bedeutendste Parömiologe der Gegenwart zu einem neuen runden Jubiläum von seinen Fachgenossen erneut eine Festschrift erhält, liegt es nahe, dass ihre Beiträge sein ureigenstes Fachgebiet betreffen sollten. Doch der Jubilar ist auch als Erzählforscher hervorgetreten, dessen Leistungen auf diesem Gebiet ebenfalls als so bemerkenswert gelten, dass er 2012 durch die Auszeichnung mit dem renommierten Europäischen Märchenpreis der Märchenstiftung Walter Kahn gewürdigt wurde (Grandl, 2013; Neumann, 2012). Daher möchte ich mit meinem Beitrag den Erzählforscher Wolfgang Mieder ansprechen, der sich unter anderem auch mit den Brüdern Grimm beschäftigt hat – und zwar weniger mit dem Sprichwortgehalt ihrer Werke als mit ihren *Kinder- und Hausmärchen* (1857) (1986a), deren literarisches Nachleben ihn interessierte (vgl. 1979 & 1983 & 1986b & 2007 & 2009).

## Buchmärchen und Volksmärchen

Die Grimmschen Märchen sind bei uns inzwischen in unzähligen Auflagen und, übersetzt in die jeweiligen Landesprachen, in zahlreichen anderen Ländern im Druck erschienen. Sie gelten in ihrer künstlerischen Formung durch Wilhelm Grimm als *die* klassische Ausgabe des deutschen Märchenschatzes, sind heute als Buchmärchen anerkannter Teil des Weltkulturerbes und haben demzufolge nicht nur per se, sondern auch subjektiv für Millionen Leser geradezu kanonischen Charakter. Selbst Generationen von deutschen Erzählforschern haben bei ihren Untersuchungen zum Märchen die *Kinder- und Hausmärchen* in der Ausgabe letzter Hand (Grimm, 1857) als *die* gültigen volkstümlichen Märchentexte aufgefasst und ihren Analysen zugrundegelegt (vgl. Berendsohn, 1921).

Erst der Fund und die Publikation der Ölenberger Handschrift mit Originalaufzeichnungen der Brüder (Grimm & Lefftz, 1927; Grimm & Rölleke, 1975) und die Bestimmung der weiteren Quellen der Grimms und ihrer Textbearbeitung (z.B. Hamann, 1906; Schmidt, 1932; Schoof, 1959; Uther, [2]2013 [[1]2008]) haben dazu geführt, dass man die Grimmschen Märchen in ihrer literarischen Endgestalt nicht mehr einfach als gegeben hinnimmt, sondern bei jeder Untersuchung ihre Entstehungsgeschichte mit im Blick hat. Und Forscher, denen es um originäre Texte mündlich erzählter Märchen geht, greifen inzwischen eher zu jüngeren volkskundlichen Textausgaben (wie Henßen, 1935 [[3]1954] & 1951; Neumann, 1971 [[2]1973]; Ranke, 1955–1962; Zender, 1935 usw.).

Diese Sammlungen enthalten fast sämtliche Märchensujets, die sich in den *Kinder- und Hausmärchen* finden. Doch die Texte stammen, wiewohl später aufgezeichnet und gedruckt, meist von Erzählern, die in einer länger zurückreichenden mündlichen Erzähltradition standen, das heißt, die in der Regel ihre Märchen mündlich gehört hatten und mündlich weitergaben, ohne die Grimmsche Sammlung zu kennen oder überhaupt von ihrer Existenz zu wissen. Hier haben wir es weithin mit Zeugnissen von Volksmärchen zu tun, deren Variantenreichtum und deren zum Teil sehr ausgeprägte soziale Akzente auf eine relativ lebendige mündliche Märchenerzähltradition deuten, in der selbst lang ausgesponnene Zaubermärchen ihren festen Platz hatten.

Allerdings gilt es hier schon für die Zeit der Wende vom 19. zum 20. Jahrhundert zu differenzieren: Während z.B. unter der mecklenburgischen Landbevölkerung und zwar weithin im Kreise von Männern, die mündlich überlieferten Volksmärchen noch ein echtes Medium angeregter Unterhaltung und sozialer Aussage bildeten, wurden in bürgerlichen Familien, soweit man dort an volkstümlichem Erzählgut Gefallen fand, schon damals Märchen nahezu ausschließlich Kindern erzählt oder vorgelesen, und zwar vor allem von Frauen, die sich dabei zunehmend auf Bücher, und zwar speziell auf die Grimmsche Sammlung, stützten.

## Grimmsche Märchen im Wossidlo-Nachlass

Man hat jedoch lange den Einfluss dieses Märchenbuchs auf das mündliche Erzählen nicht im Blick gehabt. So stellte Kurt Ranke noch 1956 fest, dass sich unter den zahlreichen Märchenaufzeichnungen nach Grimm kaum Belege befänden, die den Fassungen in den *Kinder- und Hausmärchen* nacherzählt seien. Das mag zum Teil daran gelegen haben, dass die Grimmsche Sammlung in den Sozialschichten, in denen die alten Volksmärchen noch eine Rolle spielten, bis ins 20. Jahrhundert hinein kaum greifbar war. Hinzu kam jedoch, dass die volkskundlichen Märchensammler "grimmabhängige" Märchen in der Regel für "wertlos" hielten und deren Aufzeichnung daher für unnötig erachteten (Neumann, 1971 [$^2$1973]:11). Diese Ansicht schien eine gewisse Berechtigung zu haben. Sie ging davon aus, dass beim Nacherzählen von "Buchmärchen" versucht würde, das Angelesene möglichst wortgetreu wiederzugeben, sodass es sich nur um bloße Kopien handele, die kaum Aussagen zur traditionellen Märchenüberlieferung ermöglichten. Man könne diese Märchen ja im Original nachlesen.

Das hatte Folgen. So fand sich z.B. im Nachlass Richard Wossidlos, des international bekannten Sammlers mecklenburgischer Volksüberlieferungen, nur je ein deutlich grimmabhängiger Beleg für die Märchen *Hänsel und Gretel* (ATU, 327A), *Rotkäppchen* (ATU, 333) und *König Drosselbart* (ATU, 900). Diese Texte stammen alle von einem jugendlichen Erzähler aus der Gegend von Wismar, der sie sich vermutlich irgendwo angelesen, weitererzählt und in den 1890er Jahren aufgeschrieben und über seinen Lehrer an Wossidlo geschickt hat. Die beiden erstgenannten Märchen sind ohne alle Schnörkel ganz knapp, aber inhaltlich adäquat mit den wesentlichen Details der Grimmschen Fassungen (1857:Nr. 15 & 26) wiedergegeben (Neumann, 1971 [$^2$1973]: Nr. 71 & 72). Der dritte Märchentext folgt, ganz auf den Gang der Handlung orientiert, zunächst ebenso knapp der Grimmschen Vorlage (1857:Nr. 52). Doch nachdem der schwarze Husar das von der gedemütigten Prinzessin feilgebotene Geschirr entzweigeritten hat, gibt er sich gleich als ihr Mann zu erkennen, schenkt ihr ein neues Kleid und führt sie auf sein Schloss (Neumann, 1971 [$^2$1973]:Nr. 141). Hier wurde die Grimmsche Version dem jungen Erzähler wohl zu kompliziert oder zu lang, sodass er sie abkürzte. Man könnte ihn als einen Erzähler bezeichnen, der mit den Fähigkeiten seines

Alters versuchte, zumindest den Handlungsablauf Grimmscher Märchen wiederzugeben. Er kannte diese Märchen offensichtlich im Wortlaut, und zwar ziemlich genau, da einige der dortigen Formulierungen wörtlich wiederkehren. Aber er beherrschte als Kind seiner Zeit das Hochdeutsche nicht sicher genug, um die Märchen in der Schriftsprache zu erzählen, sondern bediente sich seiner Muttersprache, der mecklenburgischen Mundart. Seine Erzählweise, angelesene Erzählinhalte nur knapp zu referieren, scheint jedoch, zumindest bei Gelegenheitserzählern ohne besondere Ambitionen, damals weithin typisch gewesen zu sein. Sie entsprach der schlichten Erzählweise der Volkserzähltradition, in der weniger begabte Erzähler auch die mündlich überkommenen Volksmärchen wiederzugeben pflegten.

## Wörtliche mündliche Wiedergabe und literarische Verfremdung

Als ich Ende der 1950er Jahre mit meinen Feldforschungen in Mecklenburg begann, waren die alten Volksmärchen kein lebendiges Erzählgut mehr und zumeist auch aus der Erinnerung der Leute verschwunden. Was man an Märchen kannte, kannte man meist aus Schullesebüchern, die Texte aus den *Kinder- und Hausmärchen* enthielten, bzw. durch die Eltern, die ihren Kindern daraus vorgelesen oder nacherzählt hatten. Dabei hielt man sich, wie mir mehrfach versichert wurde, möglichst nah an die Grimmschen Versionen, nicht nur in Bezug auf den Inhalt, sondern auch was die sprachliche Wiedergabe betraf, weil man ja "nichts Falsches" vermitteln wollte. Wenn von Märchen die Rede war, handelte es sich also meist um Grimmsche Märchen, die die Kinder "richtig" erzählt bekommen sollten – und auch wollten.

Das habe ich besonders eindringlich bei meiner kleinen Enkelin erlebt. Als sie durch Zufall erfahren hatte, dass ihr Großvater sich mit Märchen befasse, hieß es bei jedem Besuch: "Erzähl mir ein Märchen!", wobei meist *Rotkäppchen*, *Aschenputtel*, *Dornröschen* oder *Schneewittchen* zur Auswahl standen. Ich entschied mich dann für dasjenige Märchen, das ich gerade am besten im Kopf zu haben glaubte. Aber nach wenigen Sätzen kam jedes Mal die erste Unterbrechung: "Nein, das geht so [...]!" Und sie zitierte die entsprechende Grimmsche Textstelle. Nach dem dritten oder vierten Einspruch war ihr dann das Verbessern über, und sie erzählte mir das Märchen bis zum Schluss so weiter, wie es "richtig" lautete. – Diese Märchen waren ihr von Vater und Mutter öfter vorgelesen worden und hatten sich ihr so fest eingeprägt, dass sie sie ziemlich wortgetreu rekapitulieren konnte.

Während die alten Volksmärchen in der mündlichen Überlieferung im Prinzip bei jeder Wiedergabe in der inhaltlichen Akzentuierung und in der Wortwahl variierten, wie die Praxis der wiederholten Aufzeichnung in der volkskundlichen Erzählforschung gezeigt hat (Jech, 1965; Neumann, 1990b), bestimmte der im Buch nachlesbare Märchentext nicht nur die frühkindliche Nacherzählung, sondern setzte der tolerierten mündlichen Variation vielfach wohl überhaupt Grenzen.

Dagegen gab es schon im 19. Jahrhundert lyrische oder dramatische Nachdichtungen bzw. inhaltliche Umdichtungen Grimmscher Märchen. Und das ist, wie Wolfgang Mieder aufgezeigt und dokumentiert hat, im 20. Jahrhundert geradezu zu einer literarischen Mode geworden, die vor allem Erwachsene im Kreis der Bildungsschicht ansprechen soll:

> "Natürlich gibt es noch einige lyrische Umdichtungen, die durch die Nacherzählung eines Märchens die Hoffnung auf eine heile Welt ausdrücken wollen. [...] Doch die meisten modernen Märchengedichte sind kritische Reaktionen auf nicht mehr geglaubte oder akzeptierte Märchen, die den vorhandenen Märchenstoff in ein parodistisches, satirisches oder gesellschaftskritisches Antimärchen verwandeln. Damit soll der Leser, dessen Kenntnis des ursprünglichen Märchentexts vorausgesetzt werden darf, zu kritischem Nachdenken aktiviert werden" (1983:8).

Das alles trifft auf die Sammlungen moderner Prosabearbeitungen Grimmscher Märchen, die Wolfgang Mieder auflisten kann (2009:14–15), seit Iring Fetschers Erfolgsbuch *Wer hat Dornröschen wachgeküßt* (1972 [$^{2}$1974]) in noch höherem Maße zu. Doch Märchenadaptionen dieser Art, die nicht nur durch ihren konträren Inhalt provozieren, sondern im Grunde die Gattung Märchen überhaupt infrage stellen, widersprechen einer verbreiteten Erwartungshaltung an märchenhaftes Erzählgut, die hier nicht bedient wird. Sie wirken vor allem durch ihren überraschenden Verfremdungseffekt, der ihren besonderen Reiz ausmacht, aber nicht von jedem goutiert wird.

So haben auch die Fachvertreter der Volkskunde diese grimmigen Antimärchen lange Zeit kaum zur Kenntnis genommen, und wenn doch, dann nur sehr distanziert, weil sie bestenfalls als Produkte intellektueller Spielerei angesehen wurden. Erst die Bücher Mieders haben hier eine Wende gebracht.

## Der traditionelle Volkserzähler August Rust

Doch wenn Erwachsene Grimmsche Märchen, die sie kannten, zum Zweck der Aufzeichnung nacherzählten, wie sie sich ihnen eingeprägt hatten, lehnten sie sich in der Regel zwar an deren Inhalt an, gaben ihn aber im Erzählen aus dem Augenblick heraus weithin mit eigenen Worten wieder.

Das geschah zum Teil ganz knapp. So reduzierte sich z.B. die plattdeutsche Wiedergabe des Märchens von *Hase und Igel* (ATU, 275C; Grimm, 1857:Nr. 187) durch den Bauern Ernst Rochow (*1900) in Cammin bei Neubrandenburg auf eine kurze Inhaltsangabe, die zeigte, dass er zwar um das Märchen wusste, aber nicht den Ehrgeiz oder die Gabe hatte, es erzählerisch auszugestalten. Und in dieser Form, als eine Art passiv bewahrter Schwundstufe, begegneten Grimmsche Märchen auch bei anderen Männern, die ansonsten durchaus, wie er, mit Schwänken aufwarten konnten (vgl. Neumann, 1990a).

Doch in Cammin lebte auch der alte ländliche Arbeiter August Rust (*1890), ein kenntnisreicher, typischer Schwankerzähler, dessen Wiedergabe Grimmscher Märchen von wirklicher Adaption zeugte (vgl. Neumann, $^{2}$1970 [$^{1}$1968; $^{5}$1979] & 2002). Er hatte in seiner Jugend (als Zuhörer bei den Gesprächen bejahrter Männer) noch alte tradierte Volksmärchen als mündliches Erzählgut kennengelernt und zwei davon bis ins Alter im Gedächtnis bewahrt. Es handelte sich um das Schwankmärchen vom *Meisterdieb* (ATU, 1525) und um das Zaubermärchen vom *Starken Knecht*, der sich ein Jahr für das Recht verdingt, anschließend (unter Verzicht auf seinen Jahreslohn) dem Guts-herrn drei Schläge geben zu dürfen (ATU, 650A). Inhalt und Aussage beider Sujets (Neumann, $^{2}$1970 [$^{1}$1968; $^{5}$1979]:Nr. 1 & 2) entsprachen dem sozialkritischen Tenor seiner zahlreichen Sozialschwänke, sodass er diese Märchen ebenfalls im Kreis von Erwachsenen zu erzählen pflegte. Bei den meisten Märchen, die er kannte, handelte es sich jedoch um Grimmsche Märchen, die im Schullesebuch gestanden bzw. im Schulunterricht eine Rolle gespielt hatten. Das waren ausschließlich Tiermärchen, auf die er jedoch wenig gab und an die er sich angeblich erst nach Jahrzehnten wieder erinnert hatte, als sein kleiner Enkel ihn um Märchen bat.

Ein Vergleich wiederholter Tonbandaufnahmen dieser Märchen mit den Grimmschen Originalen zeigte, dass August Rust in seiner Erzählweise, das heißt in der Art, wie er diese Märchen wiedergab, noch weithin in der Volkserzähltradition Norddeutschlands stand. So erzählte er auch, wie fast alle älteren, damals Befragten, ausschließlich in der regionalen Mundart (und nur für seine kleinen Enkel hochdeutsch). Dabei ließ er, wie bei der mündlichen Wiedergabe Grimmscher Märchen verbreitet, zum Teil alles schmückende inhaltliche und rhetorische Beiwerk fort und konzentrierte sich ganz auf die wesentlichen Handlungszüge.

So wirkt z.B. das Märchen vom *Wettlauf zwischen Hase und Igel* in der Wiedergabe von Rust fast wie eine tatsächliche Begebenheit aus dem Tierreich. Die Handlung verläuft zwar im Wesentlichen wie bei den Grimms (1857:Nr. 187); das Geschehen ist jedoch zum Teil abweichend so dargestellt, wie der Erzähler, der sein ganzes Leben mit Tieren zu tun hatte, es für wahrscheinlicher hielt: Da geht der Igel eingangs nicht spazieren, sondern aufs Kohlfeld, weil er dort am ehesten auf Feldmäuse trifft, ist also auf Nahrungssuche; und der Hase läuft nicht so lange, bis er zusammenbricht, sondern gibt das Rennen vorher auf (Neumann, $^{2}$1970 [$^{1}$1968; $^{5}$1979]:Nr. 205). Und der Wortlaut des Rustschen Textes zeigt nur noch bedingt Übereinstimmungen mit der Grimmschen Fassung, obwohl es sich schon dort um eine Mundartversion handelt.

Andererseits konnte August Rust auch längere Grimmsche Märchen wie das von den *Bremer Stadtmusikanten* (ATU, 130) noch nach langer Zeit, in der er "nich doran dacht" hatte, so genau wiedergeben, dass es inhaltlich Zug um Zug bis in die Details dem oft gelesenen Text im Schullesebuch entsprach. Zugleich setzte er diesen Text bei seiner spontanen Mundartwiedergabe jedoch auch so um, wie es seiner vom Alltag geprägten Vorstellungswelt entsprach. Er versuchte sich intuitiv in die Tiere und in die jeweilige Situation hineinzuversetzen und gab den Märcheninhalt nicht als Vergangenes wieder, sondern ließ den Zuhörer alles im Präsens unmittelbar miterleben. Bei den Grimms (1857:Nr. 27) ist das Geschehen, etwa als der Kundschafter der Räuber zurück ins Haus kommt, nachträglich in einen Kausalbezug gesetzt [weil er die feurigen Augen der Katze "für lebendige Kohlen ansah, hielt er ein Schwefelhölzchen daran, daß es Feuer fangen sollte"]. Bei Rust spielt sich alles hintereinander vor unseren Augen ab. Dabei wird die intellektuell-logische Schilderung des Märchennachdichters Wilhelm Grimm in der naiv-realistischen Erzählweise des einfachen Volkserzählers aufgehoben (Neumann, $^{2}$1970 [$^{1}$1968; $^{5}$1979]:Nr. 216). Im Gegensatz zu der inhaltlichen Verfremdung in den grimmigen Kunstmärchen der Moderne wirkt die Grimmsche Darstellung des Geschehens in der Wiedergabe Rusts natürlicher und glaubhafter als in der Vorlage. Er gehörte zwar auch zu den Erzählern, die im Grunde Gehörtes oder Gelesenes aufgriffen und wiedergaben, ohne unbedingt etwas Eigenes bieten zu wollen. Aber das bezog sich auf den Gang der Handlung und nicht auf bestimmte inhaltliche Besonderheiten oder auf seine Erzählweise, durch die er spontan und wie selbstverständlich ein Buchmärchen zu einem Volksmärchen umerzählte und dadurch gewissermaßen rückverwandelte. Er war der Typ des aktiven, spontan schöpferischen Volkserzählers, wie ich ihn auf dem Gebiet des Schwanks häufiger, auf dem des Märchens aber kaum noch angetroffen habe (vgl. 1969).

## Die phantasievolle "Märchenfrau" Bertha Peters

Eine andere, mehr ins Künstlerische gehende Art der mündlichen Umwandlung Grimmscher Märchen fand sich bei der als Märchenerzählerin beeindruckenden Hausfrau Bertha Peters (*1891) in Warin (vgl. Neumann, 1974 [$^{3}$1978]). Sie entstammte einer Lehrerfamilie, in der das Märchenerzählen Tradition besaß. Großmutter und Mutter hatten den Kindern aus ihrer Kenntnis der mündlichen Überlieferung und der Grimmschen Sammlung Märchen erzählt und diese dabei individuell auf kindliches Verständnis zugeschnitten. So war Frau Peters im Banne dieser Märchen großgeworden und hatte früh begonnen, sie ebenfalls ihren Kindern und deren Spielgefährten zu erzählen. Erst als die Enkel Märchen von ihr hören wollten, griff sie gelegentlich auch zu einer Ausgabe der *Kinder- und Hausmärchen*, um ihr Märchenwissen aufzufrischen. Daher bekam ich die Märchen in etwa so zu hören, wie sie sie zuletzt ihren inzwischen erwachsenen Enkeln erzählt hatte.

In diesen Versionen war die Erinnerung an alte heimische Volksmärchen schon nahezu völlig von der Kenntnis Grimmscher Texte überlagert, an denen sich die Erzählerin mehr unbewusst als bewusst orientierte. Doch die Märchen waren im Laufe der Jahre zu ihren Märchen geworden, das heißt zu Geschichten, in die sie ihre früheren Zuhörer und sich selbst mit einbezog. So bevorzugte sie unter den ihr bekannten Märchen solche mit weiblichen Hauptgestalten, jedoch nur insoweit, als sie sich mit ihnen identifizieren konnte. *Rotkäppchen*, *Dornröschen* (ATU, 410) oder *Aschenputtel* (ATU, 510A) zum Beispiel erzählte sie ausgesprochen gern (Neumann, 1974 [$^{3}$1978]: Nr. 11 & 16 & 20). *Rapunzel* oder *Allerleirauh* dagegen lehnte sie ab. Ihre Märchen handeln vor allem von zwei Themen: von dem Schicksal junger Mädchen, die nach dem Verlust der Mutter unter einer Stiefmutter zu leiden haben, und von dem schweren Leben alleinerziehender Frauen, die es ihren Kindern so schön wie möglich machen möchten. Besonders in Frau Peters' Wiedergaben von *Schneeweißchen und Rosenrot* (ATU, 426; Grimm, 1857:Nr. 161) sind die herzlichen Beziehungen in einer solchen Teilfamilie liebevoll ausgemalt (Neumann, 1974 [$^{3}$1978]:Nr. 14), während die Väter, soweit sie in ihren Märchen eine Rolle spielen, meist als Rabenväter erscheinen. Dahinter steht eigenes Erleben: Frau Peters' Ehe wurde nach wenigen Jahren geschieden, und sie musste ihre drei Kinder allein großziehen. So mutet es fast symbolisch an, wenn am Schluss ihres Märchens vom *Mädchen und seinen zwölf Brüdern* (ATU, 451; Grimm, 1857:Nr. 9) die Kinder "ehr leiw' Mudding [...] mit acht Pierd' vör'n Wagen" zu sich holen, vom Vater aber gesagt wird, "dee bleew nu up sien ollen Dag' ganz, ganz allein" (Neumann, 1974 [$^{3}$1978]:Nr. 25).

Von den 32 Märchen, die mir Bertha Peters vor laufendem Tonband erzählte, sind 21 Zaubermärchen, die ziemlich genau die Handlungszüge der Grimmschen Versionen wiedergeben, aber bis in die Details völlig in heimische Verhältnisse, ja in die eigene unmittelbare Lebenswelt eingebettet sind. Das Märchengeschehen vollzieht sich, mit genauer örtlicher Anknüpfung, an ihrem Wohnort und in seiner näheren Umgebung, ja zum Teil sogar in ihrem eigenen Haushalt, wobei dort anfallende Hausfrauenarbeiten mit geschildert sind. Die Kinder in ihren Märchen, die im Haushalt mithelfen, sind so gezeichnet, wie sich die Erzählerin brave Kinder vorstellte, und sie bekommen all die guten Lehren zu hören, die die Erzählerin selbst für nützlich hielt. Ich hatte beim Zuhören geradezu den Eindruck, dass für Frau Peters Märchengeschehen und eigene Erlebniswirklichkeit eins waren. Dabei hielt sie sich im Grunde an die ihr bekannte Überlieferung und verließ eigentlich nie den Rahmen der Grimmschen Versionen mit ihren Besonderheiten. Aber dieser Rahmen war bei ihr ebenso ichbezogen emotionsgeladen und detailreich ausfabuliert sowie sprachlich mit den Mitteln der Mundart so anschaulich verlebendigt, dass Wilhelm Grimms kunstvoll stilisierte Märchentexte im Vergleich dazu fast hölzern wirken.

Im Unterschied zu August Rust, der in seiner einfachen, natürlichen Erzählweise die Grimmschen Märchen wieder dem Duktus der überlieferten regionalen Volksmärchen annäherte, schuf Bertha Peters dank ihres ungewöhnlichen Erzähltalents und ihres emotionalen Engagements künstlerisch beeindruckende Mundartmärchen mit ausgeprägt eigenem Charakter, obwohl sie sich im Prinzip an Gehörtes und Gelesenes hielt, das sie sich angepasst hatte. Im Ergebnis sind so halbe Kunstmärchen entstanden, die an die Märchen Philipp Otto Runges (Grimm, 1857:Nr. 19 & 47) erinnern, obwohl sie von der Erzählerin nicht schriftlich formuliert wurden, sondern ihre Textgestalt bei jeder Wiedergabe neu im mündlichen Erzählfluss erhielten. Und im Unterschied zu August Rust, dessen Märchenwiedergaben eher zum nüchtern Faktischen tendieren, erscheint in Bertha Peters' Märchentexten der märchenhafte Duktus des Tier- und Zaubermärchens mit dem charakteristischen Happy End gegenüber den Grimmschen Texten noch verstärkt, sodass sie zum Teil geradezu biedermeierlich anmuten. Wenn sie vielleicht dennoch auf einen Hochdeutschen, dem die Grimmsche Märchenausgabe letzter Hand vertraut ist, verfremdend wirken, dann höchstens aufgrund ihres plattdeutschen Gewandes.

Dass die *Kinder- und Hausmärchen* (wie bei Bertha Peters) nur eine Art Sekundärquelle bildeten, dürfte allerdings seit Jahrzehnten die Ausnahme gewesen sein. In der Regel fußte das mündliche Märchenerzählen, wenn es dazu kam (wie bei August Rust), direkt auf der Grimmschen Sammlung. Darauf deuten die Auskünfte aller Befragten, die Grimmsche Märchen zu kennen vorgaben, obwohl sie sie zum Teil nicht mehr zu erzählen vermochten. Zudem sind diese Märchen im späten 20. Jahrhundert den Kindern, selbst von gebürtigen Mecklenburgern, schon ganz überwiegend hochdeutsch erzählt worden, sodass Frau Peters wie Herr Rust, die nur plattdeutsch flüssig und eindrucksvoll erzählen konnten, in dieser Hinsicht im Grunde kaum noch typisch waren.

## Die naiv-kritische Märchenerzählerin Berta Freiwald

Im Ergebnis des Zweiten Weltkrieges kamen außerdem so viele Flüchtlinge und Vertriebene aus den bisherigen deutschen Ostgebieten nach Mecklenburg, dass sie zeitweilig mehr als die Hälfte der Bevölkerung ausmachten. Und diese Zugezogenen sprachen hier, wiewohl zum Teil mit dialektalem Einschlag, ausschließlich hochdeutsch, auch wenn sie Märchen erzählten.

Dazu gehörte, um auch dafür ein Beispiel anzuführen, die Rentnerin Berta Freiwald in Warin (*1897), von der ich die meisten Märchen, die sie kannte, auf Tonband festhalten konnte. Sie war eine Bauerntochter aus Westpreußen und hatte nach der Flucht ihren Lebensunterhalt vor allem mit Näharbeit verdient. Ihre Quelle waren fast ausschließlich die *Kinder- und Hausmärchen*, die sie von ihrem Volksschullehrer, dem westpreußischen Sagen- und Märchensammler Paul Behrend, zum Lesen bekommen hatte. Dadurch war sie mit den gängigsten Tier- und Zaubermärchen der Grimms wie *Der Wolf und die sieben jungen Geißlein* (ATU, 123), *Die Bremer Stadtmusikanten*, *Rotkäppchen*, *Hänsel und Gretel*, *Dornröschen*, *Aschenputtel*, *Schneewittchen* (ATU, 709), *Der süße Brei* (ATU, 565) usw. bekannt geworden. Sie bildeten die wichtigsten Stücke ihres Erzählrepertoires, mit dem sie schon als Schülerin kleinere Kinder zu unterhalten pflegte. Aber ihr Wunsch, wie ihr verehrter Lehrer Kinder zu unterrichten, erfüllte sich nicht; und da ihr Verlobter im Ersten Weltkrieg fiel, blieb sie unverheiratet und kinderlos. Doch sie liebte Kinder über alles, war herzensgut zu ihnen und träumte ihren Traum, eine Lehrerin zu sein, lebenslang weiter. So wusste sie stets Kinder anzusprechen und mit ihren biblischen Geschichten, Lebensweisheiten und vor allem Märchen um sich zu scharen. Wenn sie ihre Grimmschen Märchen erzählte, wich sie jedoch häufig bewusst so erheblich von den Vorlagen ab, dass weithin neue Märchen entstanden. Das war kein Zufall, sondern offenbarte, dass sie im Unterschied zu Ernst Rochow, August Rust und Bertha Peters ein deutlich anderes, konträres Verhältnis zu diesen Buchmärchen hatte und damit einen vierten, bisher kaum erfassten Erzählertyp verkörperte.

Frau Freiwald mochte nämlich die Grimmschen Märchen eigentlich nicht. Sie waren ihr zu unlogisch, zu grausam und zu wenig kindertümlich. So erzählte sie sie, in einfach-naiver hochdeutscher Diktion, auf originelle Weise nach ihrem Ermessen um. *Die Bremer Stadtmusikanten* z.B., ein Märchen, das auch bei August Rust (Neumann, $^{2}$1970 [$^{1}$1968; $^{5}$1979]:Nr. 216) und Bertha Peters (Neumann, 1974 [$^{3}$1978]:Nr. 8) trotz enger Anlehnung an Grimm zahlreiche individuelle Eigenheiten aufwies, wurde von ihr so einfühlsam aus der Sicht der Tiere erzählt, dass ihre kleinen Zuhörer, wie ich feststellen konnte, geradezu gebannt dasaßen. Berta Freiwald begnügte sich in ihrer Erzählung nicht mit der Vertreibung der Räuber. Sondern ihre Tiere finden im Räuberhaus viel Geld, kehren damit zu ihren früheren Besitzern zurück und werden von diesen in Gnaden wieder aufgenommen – eine mit barer Münze erkaufte Korrektur ihres früheren unsozialen Verhaltens. Die Ausmalung des schönen Lebensabends, den die Tiere nun erleben, wird geradezu zum Höhepunkt der Geschichte, und vermutlich schwang dabei ein unterschwelliger Bezug zur eigenen Lebenssituation der Erzählerin im Alter mit. Sie lebte sehr bescheiden, aber klagte nicht, obwohl sie sich bessere Lebensverhältnisse wünschte. Gleichzeitig war bemerkenswert, wie die Erzählerin es verstand, grausame Züge zu mildern oder zu überspielen. So meinte sie etwa zu den *Bremer Stadtmusikanten*: "Eigentlich kommen die Räuber ja wieder, und der Hund beißt sie. Aber das mögen die Kinder nicht, wenn ein Hund beißt, und das habe ich auch nie erzählt. Das muss man den Kindern schon zuliebe tun. Die sollen sich ja nicht fürchten."

Dieses Bemühen, die Grimmschen Märchen so wiederzugeben, dass sie keinem Kind Angst einflößten, kennzeichnet alle Märchen, die Berta Freiwald erzählte. So blendete sie möglichst alles Schreckliche aus und ließ z.B. (mit der anschließenden Bemerkung: "Die Kinder mögen das nicht, wie der Wolf ertrinkt") selbst in den "Schreckmärchen" *Der Wolf und die sieben Geißlein* und *Rotkäppchen* den Bösewicht am Leben; er trollt sich bei ihr am Schluss mit den Steinen im Bauch davon. Und natürlich entgehen auch menschliche Bösewichte wie Schneewittchens Stiefmutter ihrer grausamen Strafe; sie wird zum Schluss einfach nicht mehr erwähnt. Zugleich versuchte Frau Freiwald, das Geschehen so einleuchtend wie möglich zu schildern, weil jedes Kind, auch wenn ihm das Märchen noch fremd war, alles verstehen sollte. Daher wurde von ihr selbst schwer Vorstellbares wie der Inhalt des Däumlingsmärchens (ATU, 700; Grimm, 1857:Nr. 45), wiewohl um einige Episoden verkürzt, eingehend veranschaulicht: Die Figur des Helden und dessen Abenteuer sind so eingehend und liebevoll beschrieben, dass man den kleinen Kerl und dessen Agieren förmlich vor sich sieht.

Zugleich wird selbst der Inhalt der Zaubermärchen immer wieder von der zeitgenössischen Realität her gesehen. So weist die Erzählerin z.B. im Märchen vom *Tischlein deck dich, Goldesel und Knüppel aus dem Sack* (ATU, 563; Grimm, 1857:Nr. 36) darauf hin, dass es den Handwerkern schlecht geht, wenn sie lange auf Bezahlung warten müssen, und lässt alle drei Schneidersöhne die Lehre mit der Note 'Sehr gut' beenden. Die Zwerge in *Schneewittchen* (ATU, 709; Grimm, 1857:Nr. 53) haben bei ihr modernes Mobiliar in ihrer Hütte; Schneewittchen muss Milch trinken, um ihre Vergiftung loszuwerden; als die Kuh den Däumling verschluckt hat, wird der Tierarzt geholt, usw. Und damit die Kinder auch soziale und materielle Gegebenheiten der Vergangenheit besser verstehen, werden diese jeweils mehr oder minder ausführlich erklärt, ehe die Erzählerin mit dem Märchengeschehen fortfährt. Auch zu der in ihren Augen häufig ethisch bedenklichen Handlungsweise der Märchengestalten finden sich immer wieder Bemerkungen, die das Geschilderte kommentieren und den Kindern helfen sollten, Gut und Böse zu unterscheiden.

So gibt es in jedem Märchen von Berta Freiwald nicht nur inhaltliche Abweichungen von den Grimmschen Versionen, sondern auch andere Akzente, die zum Teil den ganzen Tenor der Erzählungen bestimmen. Für sie waren die Märchen sowohl ein Stück Poesie, um Kindern Freude zu bereiten, als auch ein Medium, ihnen die eigenen Ansichten über das Leben zu vermitteln. Und beides glückte ihr offensichtlich, obwohl sie die Märchen nach eigener Aussage zum Teil bei jeder Wiedergabe wieder anders erzählte. Ihre unaufdringlichen Ermahnungen, die sie aus dem Märchengeschehen ableitete, hatten immerhin zur Folge, dass manche Kinder beim Abschied tatsächlich versprachen, brav sein zu wollen.

Liest man die aufgezeichneten Märchentexte, die mehr oder weniger konträr von den vertrauten Grimmschen Versionen abweichen, so haben sie natürlich auch einen gewissen Verfremdungseffekt. Obwohl dadurch die Substanz der Märchen nicht infrage gestellt wurde, irritierte er die Kinder, sobald sie die Texte bei Grimm selbst nachlesen konnten: "Die sagen denn: 'Nein, Tante Berta, du gammelst ja. So steht das nicht im Buch.'" Es fragt sich also, ob ihre schöpferische Revision klassischen Märchenguts, die sich betont von den Originalen abhob, mehr war als ein gut gemeintes Experiment.

Das Beispiel meiner vier vorgestellten Gewährsleute zeigt jedoch: Die Rezeption der *Kinder- und Hausmärchen* im "Volksmund" hat viele Facetten, die sich nicht allein anhand gedruckter volkskundlicher Sammlungen (Zorger, 2008), sondern erst durch die Beobachtung des lebendigen Erzählens und die Beschäftigung mit den Erzähler/ -innen erfassen lassen.

## *Literatur*

[ATU]. Hans-Jörg Uther. 2004. *The Types of International Folktales: A Classification and Bibliography. Based on the System of Antti Aarne and Stith Thompson.* 3 Bde. Helsinki: Suomalainen Tiedeakatemia (FF Communications, 284–286).

Berendsohn, Walter A. 1921. *Grundformen volkstümlicher Erzählerkunst in den Kinder- und Hausmärchen der Brüder Grimm: Ein stilkritischer Versuch.* Hamburg: Sandig.

Fetscher, Iring. 1972 [$^{2}$1974]. *Wer hat Dornröschen wachgeküßt?: Das Märchen-Verwirrbuch.* Hamburg u.a.: Claassen.

Grandl, Christian. 2013. "Europäischer Märchenpreis 2012 to Wolfgang Mieder." *Folklore: Electronic Journal of Folklore* 53, 180–184.

[Grimm, 1857]. Brüder Grimm. 1996. *Kinder- und Hausmärchen: Nach der Großen Ausgabe von 1857, textkritisch revidiert, kommentiert und durch Register erschlossen.* 4 Bde. Hg. von Hans-Jörg Uther. München: Eugen Diederichs (Die Märchen der Weltliteratur).

[Grimm & Lefftz, 1927]. *Märchen der Brüder Grimm: Urfassung nach der Originalhandschrift der Abtei Ölenberg im Elsaß.* Hg. von Joseph Lefftz. Heidelberg: Winter (Schriften der Elsaß-Lothringischen Gesellschaft zu Straßburg, C 1).

[Grimm & Rölleke, 1975]. *Die älteste Märchensammlung der Brüder Grimm: Synopse der handschriftlichen Urfassung von 1810 und der Erstdrucke von 1812.* Hg. und erl. von Heinz Rölleke. Cologny u.a.: Fondation Martin Bodmer (Bibliotheca Bodmeriana, 1).

Hamann, Hermann. 1906. *Die literarischen Vorlagen der Kinder- und Hausmärchen und ihre Bearbeitung durch die Brüder Grimm.* Berlin: Mayer & Müller (Palaestra: Untersuchungen zur europäischen Literatur, 47).

Henßen, Gottfried. 1935 [$^{3}$1954]. *Volk erzählt: Münsterländische Sagen, Märchen und Schwänke.* Münster: Aschendorff (Veröffentlichungen der Volkskundlichen Kommission des Provinzialinstituts für Westfälische Landes- und Volkskunde, 3. Reihe).

----------. 1951. *Überlieferung und Persönlichkeit: Die Erzählungen und Lieder des Egbert Gerrits.* Münster: Aschendorff (Schriften des Volkskunde-Archivs Marburg, 1).

Jech, Jaromír. 1965. "Zur Methode der wiederholten Aufzeichnung von Volkserzählungen." In: Georgios A. Megas (Hg.). *IV. International Congress for Folk-Narrative Research in Athens (1.9.–6.9.1964): Lectures and Reports.* Athens: o.Verl. (Laographia, 22), 115–131.

Mieder, Wolfgang (Hg.). 1979. *Grimms Märchen – modern: Prosa, Gedichte, Karikaturen.* Stuttgart: Philipp Reclam jun. (Reclams Universalbibliothek, 9554).

---------- (Hg.). 1983. *Mädchen, pfeif auf den Prinzen!: Märchengedichte von Günter Grass bis Sarah Kirsch.* Köln: Eugen Diederichs (Diederichs Kabinett).

----------. 1986a. *"Findet, so werdet ihr suchen!": Die Brüder Grimm und das Sprichwort.* Bern u.a.: Peter Lang (Sprichwörterforschung, 7).

---------- (Hg.). 1986b. *Grimmige Märchen: Prosatexte von Ilse Aichinger bis Martin Walser*. Frankfurt am Main: R.G. Fischer.

----------. 2007. *Hänsel und Gretel: Das Märchen in Kunst, Musik, Literatur, Medien und Karikaturen*. Wien: Praesens (Kulturelle Motivstudien, 7).

----------. 2009. *"Märchen haben kurze Beine": Moderne Märchenreminiszenzen in Literatur, Medien und Karikaturen*. Wien: Praesens (Kulturelle Motivstudien, 10).

Neumann, Siegfried. 1969. "Volkserzähler unserer Tage in Mecklenburg: Bemerkungen zur Erzähler-Forschung in der Gegenwart." *Deutsches Jahrbuch für Volkskunde* 15, 31–49.

----------. [2]1970 [[1]1968; [5]1979]. *Ein mecklenburgischer Volkserzähler: Die Geschichten des August Rust*. 2., erw. Aufl. Berlin: Akademie-Verl. (Veröffentlichungen des Instituts für Deutsche Volkskunde, 48).

---------- (Hg.). 1971 [[2]1973]. *Mecklenburgische Volksmärchen*. Berlin: Akademie-Verl.

----------. 1974. [[3]1978]. *Eine mecklenburgische Märchenfrau: Bertha Peters erzählt Märchen, Schwänke und Geschichten*. Berlin: Akademie-Verl.

----------. 1990a. "Mecklenburgische Erzähler der Gegenwart und ihre Märchen." In: Hans-Jörg Uther (Hg.). *Märchen in unserer Zeit: Zu Erscheinungsformen eines populären Erzählgenres*. München: Eugen Diederichs, 102–114.

----------. 1990b. "Variability in Repertory and Performance of Mecklenburg Folkstory Tellers." In: Veronica Görög-Karady (Hg.). *D'un conte ... à l'autre: La variabilité dans la littérature orale / From One Tale ... to the Other: Variability in Oral Literature*. Unter Mitarb. von Michèle Chiche. Paris: Editions du Centre National de la Recherche Scientifique, 75–82.

----------. 2002. "Das Märchen im Munde eines mecklenburgischen Schwankerzählers des 20. Jahrhunderts." *Märchenspiegel: Zeitschrift für internationale Märchenforschung und Märchenpflege* 13/3, 5–7.

----------. 2012. "Europäischer Märchenpreis 2012 für ein großes Lebenswerk: Laudatio anlässlich der Preisverleihung an Prof. Dr. Wolfgang Mieder." *Märchenspiegel: Zeitschrift für internationale Märchenforschung und Märchenpflege* 23/4, 28–34.

Ranke, Kurt (Hg.). 1955–1962. *Schleswig-holsteinische Volksmärchen: Aus den Sammlungen der Kieler Universitätsbibliothek, der Schleswig-holsteinischen Landesbibliothek und des Germanistischen Seminars der Universität Kiel*. 3 Bde. Kiel: Ferdinand Hirt (Veröffentlichungen der Schleswig-holsteinischen Universitätsgesellschaft, N.F. 14 & 22 & 30).

----------. 1956. "Der Einfluß der Grimmschen Kinder- und Hausmärchen auf das volkstümliche deutsche Erzählgut." In: Sigurd Erixon (Hg.). *Papers of the International Congress of European and Western Ethnology, Stockholm 1951*. Stockholm: Unesco. International Commission on Folk Arts and Folklore, 126–135.

Schmidt, Kurt. 1932. *Die Entwicklung der Grimmschen Kinder- und Hausmärchen seit der Urhandschrift: Nebst einem kritischen Texte der in die Drucke übergegangenen Stücke*. Halle: Niemeyer (Hermaea, 30).

Schoof, Wilhelm. 1959. *Zur Entstehungsgeschichte der Grimmschen Märchen*. Hamburg: Hauswedell.

Uther, Hans-Jörg. [2]2013 [[1]2008]. *Handbuch zu den "Kinder- und Hausmärchen" der Brüder Grimm: Entstehung – Wirkung – Interpretation*. 2., vollst. überarb. Aufl. Berlin u.a.: de Gruyter.

Zender, Matthias. 1935. *Volksmärchen und Schwänke aus der Westeifel*. Bonn: Röhrscheid (Deutsches Volkstum am Rhein, 2).

Zorger, Annemarie. 2008. *Buchmärchen im Volksmund*. Frankfurt am Main u.a.: Peter Lang (Europäische Hochschulschriften, Reihe 1: Deutsche Sprache und Literatur, 1961).

# Medizin Ein-Satz-weise: Gedankliches über Beweg-Gründe und das Entstehen sprichwörtlich-aphoristischer Gedanken beim Gehen

*Gerhard Uhlenbruck*

"Sportliches und geistiges Bewegungstraining machen dem Immunsystem Beine, öffnen Wege für neue Gedankengänge und bringen das Gehirn laufend auf Trab" (G.U.).

Das vorangestellte Motto beruht nicht zuletzt auch auf eigenen Untersuchungen und Erfahrungen als Immunbiologe, Läufer und Aphoristiker. Was motiviert und verleitet einen eigentlich dazu, sich als Arzt und Immunologe mit Aphorismen und Sprichwörtern zu beschäftigen, also mit gesundheits-motivierenden, erkenntnisfördernden, sinnsuchenden und motivierenden Sprüchen? Und wie kommt man dazu, eigene zu formulieren und aufzuschreiben? Vielleicht könnte man spontan antworten: Der Begriff 'Aphorismus' stammt ja bekanntlich vom Urvater aller Ärzte, dem berühmten Griechen Hippokrates (ca. 460–370 v.Chr.), der als erster Heilkundiger solche Heilsätze (zum ersten Mal 1778 ins Deutsche übersetzt) zum Wohlergehen seiner Mitmenschen verfasst hat. Das ist aus damaliger Sicht verständlich, denn es gab noch nicht diese Fülle an Medikamenten, sondern nur das, was man heute unter Naturheilverfahren subsumieren würde, und viele gutbegründete Ratschläge einer Erfahrungsmedizin. Da dem Arzt heute immer weniger Zeit für ausführliche Gespräche zur Verfügung steht, gewinnen die über die verschiedenen Medien vermittelten gesundheitlichen Empfehlungen zunehmend an Bedeutung. Und so erlebt auch der sprichwörtliche Aphorismus eine Renaissance, nicht zuletzt deshalb, weil er sich als geistreich formulierte Lebensregel, aber auch als witziger Werbeträger, ähnlich wie ein Sprichwort, eignet, um auf gesundheitliches Fehlverhalten kurz und prägnant hinzuweisen. Manches Sprichwort wird dabei zum Aphorismus geadelt und umgekehrt!

Der Zugang zu diesem Genre begann für mich ganz zufällig während eines längeren Krankheits-bedingten Kuraufenthaltes (Lungen-Sarkoidose) in Form eines Tagebuchs. Ich machte mir täglich während größerer Spaziergänge kleinere Notizen, in denen ich versuchte, mich mit meiner damaligen Situation, kurz nach dem medizinischen Staatsexamen und der Promotion, mental auseinanderzusetzen. Meine Lage war bedenklich, also des Nachdenkens wert. Außerdem sollte auch der Geist beschäftigt werden, damit er leistungsfähig bleibt. Das geschah alles instinktmäßig, ohne dass mir damals die engen Zusammenhänge zwischen geistiger Tätigkeit und Bewegungstraining bewusst waren, obwohl ich während des Studiums von meinem internistischen Lehrer Hugo Wilhelm Knipping schon vom Begriff des 'Trainingsverlustes' durch Krankheit gehört hatte und dass man ihm durch Bewegung entgegenarbeiten müsse, auch wenn man noch nicht ganz gesund sei. "Was das kranke Hänschen verlernt, lernt der genesende Hans immer mehr", so habe ich es später einmal provozierend als Sprichwort variiert. Im Nachhinein könnte ich auch Nietzsche zitieren: "Krankheit ist ein mächtiges Stimulans. Nur muss man gesund genug für das Stimulans sein." Man sollte seine

Krankheit vor den Pflug spannen. – Die Krankheit brachte mich erst zur Vernunft. Immerhin fühlte ich mich nicht zu krank, um nicht stimuliert und vernünftig motiviert zu sein. Zum Schreiben größerer Texte jedoch reichten weder die Kräfte noch die Möglichkeiten. Ich notierte später: "Meilen und Zeilen halfen mir beim Heilen!" Da sich mein Kuraufenthalt im Schwarzwald befand, muss es wohl der Genius Loci des später dort wirkenden Lutz Röhrich gewesen sein, dass ich damals Spaß daran hatte, Sprichworte zu variieren und zu verfremden. Zufällig traf ich viele Jahre später einen Lauffreund, Josef Stippak aus Aachen, der einen kleinen Verlag hatte und der den Mut besaß, die von mir notierten Sprüche zu drucken (1977 & 1979).

Für ihn wurde es leider kein Erfolg, aber für mich, denn nach den ersten zwei Bändchen erschien 1981 in *med: Schweizer Magazin für ärztliche Ökonomie* völlig unerwartet ein Artikel über meine sprichwörtlichen Aphorismen von einem Prof. Dr. Wolfgang Mieder, den ich überhaupt nicht kannte und von dem ich noch nie gehört hatte. Ganz ehrlich kann ich heute behaupten, dass ich ohne diesen Aufsatz kein weiteres Bändchen mehr publiziert hätte. Doch plötzlich wurde der *Deutscher Ärzte-Verlag* durch den Mieder-Artikel auf mich aufmerksam und publizierte anschließend zwei Aphorismen-Büchlein von mir, die mehrere Auflagen erlebten ($^{3}$1986 [$^{1}$1980] & 1984). Damit war man nun auch für andere Verlage interessant geworden und bekam Kontakt zu "echten Aphoristikern" (Hans-Horst Skupy, Hanns-Hermann Kersten, Lothar Schmidt u.a.). Und Wolfgang Mieder, den ich dann kurze Zeit später nach einem mich sehr stimulierenden Briefwechsel auch persönlich kennenlernte, hat mich bis heute immer wieder ermuntert, doch weiter zu schreiben und zu publizieren (2003 & 2005 & 2007). "Ohne Wolfgang Mieder wäre mein Leben doch recht bieder!", so habe ich es oft formuliert. Auf die über 30 Jahre bestehende Freundschaft kann ich heute stolz zurückblicken! Und auch die Schweiz blieb mir gewogen, so dass ich auch dort mehr als ein Buch veröffentlichen konnte (1989; & Skupy, 1980).

Der Kuraufenthalt im Schwarzwald war aber nicht nur die Zeit, in der ich mit kurzen Sätzen meine Gedanken zu ordnen versuchte, sondern es war auch die Zeit der kurzen Schritte, die ich täglich etwas verlängerte und ebenfalls notierte. Auf diese Weise sollten nicht nur Gedankengänge in Gang gehalten werden, sondern auch die körperliche, die atmungs-technische, und die geistige Leistungsfähigkeit wieder in Gang kommen: Mens sana in corpore currente! Erstaunlich war die Beobachtung, dass auch die mentale Befindlichkeit und das Selbstwertgefühl sich laufend besserten und ich formulierte: "Mens curata in corpore currente!" oder: "Wie das Denken so geht, wenn es einem nicht gut geht, und wie es einem laufend besser gehen könnte, wenn man im Kopf schon mal die Genesung in Gang bringt." Ich begann laufend viel zu gehen in der Hoffnung, dass es mir auf diese Weise laufend besser gehen würde. Nicht nur der Weg war das Ziel, sondern vor allem das Gehen auf diesem Weg. Und je länger ich ging, umso mehr ging mir durch den Kopf. Gehen geht auf den Geist, aber auf den Geist zu, dachte ich und formulierte: "Wenn man geht, kommt das Denken in Gang!" oder, anders ausgedrückt: "Vado, ergo cogito."

Den Dingen auf den Grund gehen, das kann man wohl am besten mit beiden Füßen, denn Gehen macht dem Geist Beine. Durch Gehen wollte ich versuchen, eine Grenze zu überschreiten, die von der Krankheit zur Gesundheit: Ich wollte mein Wohlergehen zielstrebig und weitgehend erreichen. Mit der Zeit ging ich dann zum ausdauernden Laufen über, bis es schließlich auch mit dieser Art des Laufens so gut ging, dass ich längere Strecken moderat trabend bewältigen konnte. Nicht nur ich setzte mich physisch in Bewegung, sondern bei mir wurde auch manches im Kopf in Bewegung gesetzt. Denn wozu hatten die Ärzte einen wieder auf die Beine gestellt? Schließlich hilft der Arzt einem auf die Beine, damit es einem besser geht und man wieder besser gehen kann. Und so nahm ich die Beine in die Hand, was für mich Hand und Fuß hatte. Gesundheit war einer der Beweg-Gründe, aber auch ein besseres, gesünderes Aussehen sollte zu mehr Ansehen führen. Wichtig war jedoch, auch mental wieder auf die Beine zu kommen, um im Leben Tritt zu fassen. Dabei zeigte es sich, dass sprichwörtliche Gedankengänge und ihre variablen Permutationen als Trainingsparcours mir große Freude bereiteten, auch als eine Art Ausgleichssport zu den Problemen der medizinischen Wissenschaften, die ein etwas anderes Denken erforderten. Schon Goethe hatte aus seiner Sicht formuliert: "Ein Genie lernt auf einem Spaziergang mehr als ein Tor auf einer Reise um die Welt."

Den anfangs erwähnten Ausdruck Wohlergehen wählte ich aus diesem Grund bewusst, auch in Anlehnung an Hippokrates, der schon erkannt hatte, dass, um die Gesundheit zu erhalten, wir "nicht bis zur Sättigung essen sollten, und uns vor Anstrengungen nicht scheuen müssen!" Denn wenn wir uns körperlich anstrengen, können wir uns auch geistig besser bewegen, und wenn wir längere Zeit stramm gehen, fühlen wir uns in jeder Hinsicht wohl, weil es uns gut geht, wenn wir ein gutes Stück Weg gegangen sind. In dem Wort Weg steckt natürlich schon das Wort 'bewegen', und so ist es verständlich, dass beim Gehen (Walking) nicht nur der Körper bewegt wird, sondern auch Gedankengänge in Gang kommen, was schon die griechischen Peripatetiker ("Umherschlenderer") wussten, Denker, die ihre philosophischen Probleme während ihrer Spaziergänge Wort für Wort durchgingen und dabei eingehend durchdacht haben. Sie wussten schon Bescheid über ihre Beweg-Gründe: Auch das Denken geht besser, wenn man sich dabei bewegt und geht. Damals formulierte ich etwas flapsig: "Besser – etwas ist – gut gegangen als schlecht gelaufen."

Und Gedanken, die einem dabei durch den Kopf gehen und auf die man eingeht, geben einem zu denken, Gedankensprünge – in einem Satz! – über Stolpersteine mit eingeschlossen. Schon Aristoteles stellte fest, dass das Lebendige sich vom Nicht-Lebendigen durch die Fähigkeit, sich selbst bewegen zu können, unterscheidet. Während bei Pflanzen diese Bewegung in der Regel mit Wachstum assoziiert wird, und Tiere sich meist nahrungsorientiert in Bodennähe mit ihrem Kopf bewegen, hat der Mensch durch den aufrechten Gang Übersicht und Weitblick gewonnen: Der Kopf wird nun an oberster Stelle zur "Haupt"-Sache, und die rhythmisch beim Gehen bewegten Beine sorgen, die Herzpumpe unterstützend, für eine ausreichend gesicherte Blutzufuhr. Gehen und Sehen wohin: Mit dem aufrechten Gang wurde auch das Gehirn gefordert, um sich in einem begehbaren Lebensraum zurechtfinden zu können. Wird das Gehen durch Beschäftigungen, die mit Stress verbunden sind, im Sitzen stark reduziert, versucht der Körper durch Steigerung des Blutdrucks dem Gehirn ausreichend Sauerstoff zukommen zu lassen, was auf die Dauer nicht nur für die Blutgefäße ungesund ist. Im Sitzen setzen sich auch so manche Gedanken fest, weshalb Nietzsche empfohlen hat: So wenig als möglich sitzen. Einen Gedanken verfolgen heißt auch, ihm nachgehen, um ihn fassen zu können.

Doch sollte man auch bedenken, dass man Gedankengänge nicht so leicht rückgängig machen kann, besonders, wenn sie um ein bestimmtes Thema kreisen. In Gedanken versunken, lotet man seine Erkenntnisfähigkeit aus und kommt zu Grund-Sätzen, ohne tiefsinnig zu werden. Wer nicht geht, dem entgeht so manches, was in seiner Umgebung vor sich geht, und wie es in der Welt so zugeht. "Erkundungsprogramme" nannte es Robert Walser, ein begeisterter Wanderer und Geher. In seiner Erzählung *Der Spaziergang* (1917) schreibt er sogar: "Ohne Spazieren wäre ich tot, und meinen Beruf, den ich leidenschaftlich liebe, hätte ich längst preisgeben müssen." Und wenn man dabei dem Volk aufs Maul schaut, kann man aus sprichwörtlichen Weisheiten einiges lernen, was ganz besonders für die medizinischen Sprichwörter gilt (Gottschalk, 2009; Seidl, 2010; Spicker, 2004 & 2009 & 2012). Man könnte es sogar sprichwörtlich ausdrücken: "Sich körperlich regen und viel bewegen, das bringt auch geistig viel Segen!" Oder, wie es Franz Werfel ausgedrückt hat: "Müßiggang ist allen Geistes Anfang." Ich machte damals daraus: "Müßiggang ist aller Gedankengänge Anfang!" Ambulanz als Schule der Wahrnehmung und als Lebenshilfe, so hat es Sabine Doering als Quintessenz aus den *Spaziergängen* von Franz Hohler (2012) abgeleitet. Der längere Fußweg ist immer noch der kürzeste Weg zu einer guten physischen und psychischen Gesundheit, das schien mir klar geworden zu sein. Und wer viel geht und unterwegs ist, kann besser im Leben Fuß fassen, und sei es, dass man nur den Urlaub dazu nutzt. Gehen geht immer, jedenfalls für die meisten Menschen, und bringt das Denken in Gang, damit wir den richtigen Weg einschlagen.

Erst in den letzten Jahren, als ich krankheits-bedingt vom Läufer wieder zum Geher werden musste, wurde mir bewusst, dass ich auf diese Weise einem schon sehr lange bekannten Phänomen als weiteres Beispiel dienen konnte, was bereits die Peripatetiker wussten: Das sog. 'Geh-Denken', welches beinhaltet, dass beim Gehen Denkvorgänge weitaus besser ablaufen als im Sitzen. Und natürlich hätte ich später aus dem sehr kritischen Buch *Gehen* von Thomas Bernhard (1971) erfahren können: "Wir müssen gehen, um denken zu können. Wenn wir gehen, kommt mit der Körperbewegung die Geistesbewegung." Der Dichter selbst litt ebenfalls an einer – allerdings chronischen Form – der Lungen-Sarkoidose! Und er schrieb: "Wenn wir einen Gehenden genau beobachten, wissen wir auch, wie er denkt. Wenn wir einen Denkenden genau beobachten, wissen wir auch, wie er geht." Und er formulierte weiter: "Wir gehen mit unseren Beinen, sagen wir, und wir denken mit unserem Kopf. Wir können aber auch sagen, wir gehen mit unserem Kopf." Ich las außerdem über Peter Handkes "Spaziergängertexte", und fand bei Montaigne: "Mein Geist geht nicht voran, wenn ich nicht meine Beine in Bewegung setze." Und Johann Gottfried Seume, der wohl bekannteste Wanderer und Dichter, kam zu der Erkenntnis: "Alles würde besser gehen, wenn man mehr ginge." Ebenfalls sprichwörtlichen Charakter hat der Ausspruch des "Flaneurs intelligent" Sören Kierkegaard: "Ich habe mir meine besten Gedanken angelaufen." Und bei Jean-Jacques Rousseau lesen wir Ähnliches: "Im Wandern liegt etwas meine Gedanken Anfeuerndes und Belebendes, mein Körper muss in Bewegung sein, wenn es mein Geist sein soll." Auch Hermann von Helmholtz machte die Erfahrung, dass "Einfälle besonders gern beim gemächlichen Steigen über waldige Berge" kamen und weniger vom Schreibtisch.

Es war besonders interessant für mich, dass ich Folgendes immer wieder feststellen musste: Krankheit reduziert mehr oder weniger die Fähigkeit, uns aktiv bewegen zu können, der Ausdruck – einer passiv zu erduldenden – Bettlägerigkeit (Liegen und Leiden) bringt das schon zum Ausdruck. Aber nicht nur die körperliche Bewegung wird eingeschränkt, sondern auch die geistige Beweglichkeit. Leben ist Bewegung und umgekehrt. Sprichwörtlich könnte man sagen: "Krankheit macht bewegungsarm, aber Bewegungsmangel macht wiederum auch krank!" Eigentlich ein Teufelskreis! Und am Ende kann man sogar sterben, ein Wort, welches sich sinnigerweise von 'starr, steif werden' ableitet und etwas zynisch als maximale Bewegungsunfähigkeit deklariert werden könnte. Was liegt also für einen Arzt näher, als durch eine wie auch immer geartete Bewegungstherapie der Bewegungseinschränkung durch eine Krankheit entgegenzuwirken, und zwar so früh wie möglich. Physisch ist das durch Herzsportgruppen möglich oder durch die von mir mitgetragene Aktion *Sport in der Krebsnachsorge*, bzw. durch Diabetes-Sportgruppen u.a.m. Entscheidend ist aber auch, dass man dem Geist Beine macht und psychische Kräfte mobilisiert: Schreibtherapie, künstlerische und musische Gestaltungsmöglichkeiten und die Erfahrungswelten einer "narrativen Medizin", wie sie in der hervorragenden amerikanischen Zeitschrift *Literature and Medicine* immer wieder diskutiert werden. Sprichwortsammlungen spielen dabei ebenfalls eine nicht unwichtige Rolle (siehe Gottschalk, 2009; Seidl, 2010): "Was nicht gehen will, dem muss man Beine machen." Und dass flottes und zügiges Gehen im Hinblick auf die Gesundheit und Lebensdauer sogar besser als Laufen bzw. Joggen ist, das wurde inzwischen in mehr als einer sportmedizinischen Studie gezeigt und gilt nicht nur für ältere Erwachsene. Interessanterweise wurde das Spazierengehen in einer Zeit populär, als sich durch die zunehmende Mobilität, z.B. durch die Eisenbahn, das Gehen als erholsamer Ausgleich gerade bei den oberen Bevölkerungsschichten anbot, wie Gudrun König es in *Eine Kulturgeschichte des Spazierganges: Spuren einer bürgerlichen Praktik 1780–1850* beschrieben hat (1996).

Alexander Knecht und Günter Stolzenberger haben in ihrem Buch *Die Kunst des Wanderns* mehr als fünfzig Textbeiträge und Schilderungen wandernder Schriftsteller versammelt, eine Anthologie, die sich durch laufende Schriftsteller wie beispielsweise Günter Herburger oder Günter Wallraff noch beträchtlich erweitern ließe (2004). Vom Schwiegersohn von Karl Marx wissen wir, dass Marx auf dem Teppich seines Zimmers eine Gehstrecke hatte, "ein total abgenutzter Streifen, der so scharf begrenzt war, wie ein Fußpfad auf der Wiese." Von Marx stammt auch die bemerkenswerte Formulierung: "Jeder Schritt wirklicher Bewegung ist wichtiger als ein Dutzend Programme." Der Gastprofessor John Searle wurde in Köln 'The Walking Philosopher' genannt, weil er während seiner Vorlesung immer auf und ab ging. Auch Hemingway stellte fest: "Es ließ sich leichter überlegen, wenn man ging […]!" Und Friedrich Hebbel sagte: "Denn ich arbeite nur im Gehen, auf Spaziergängen usw. und bin also nur tätig, wenn ich müßig zu sein scheine." Heinrich Mann machte ähnliche Erfahrungen: "Es scheint, dass die Bewegung des Gehens der Kunst des Schreibens förderlich ist." Ich selbst habe die Beobachtung gemacht, dass bei Langstreckenläufern und Joggern sich ein gewisses Schreibbedürfnis entwickelt, was nicht nur auf das Erlebnis des Laufens zurückgeführt werden kann. Dieses Phänomen, auch bei mir selbst entdeckt, glaubte ich mit einer besonderen Stimulierung des Schreibzentrums im Gehirn erklären zu können, so als wolle der Laufende, bevor ihm etwas zustößt, noch eine wichtige Botschaft der Nachwelt überbringen, ähnlich dem berühmten Läufer von Marathon. Thomas Mann bestätigt seinen Bruder: "Der Niederschrift der Arbeiten geht meist ein so genaues Denken voraus – gewöhnlich auf Spaziergängen –, dass ich noch immer die erste Fassung in Druck geben konnte [...]." An anderer Stelle schreibt er: "Viel von meinen Arbeiten ist, wie gesagt, auf Spaziergängen zusammengewachsen." Und Goethe weiß es ebenfalls zu berichten: "Überlegungen, Gedanken, ja Ausdruck, kommt mir meist im Gehen, sitzend bin ich zu nichts aufgelegt [...]." Rudolf Leonhard bringt es auf den Punkt: "Ich kann nur im Gehen arbeiten [...]. Es sind Stücke daran gescheitert, dass ich nicht genug gehen konnte (es gibt Geh-Schreiber und Sitz-Schreiber); ich bin der ausgeprochenste Geh-Schreiber, den ich kenne. Der Gehirnmotor muss mit dem Fuße angekurbelt werden." Das ahnte auch Goethe schon: "Was du abläufst an dem Schuh, wächst dem Geiste doppelt zu." Und damit sind wir wieder beim Übergang klug formulierter Sprüche ins Sprichwörtliche.

"Wie geht es Ihnen?", fragt der Arzt seine Patienten, oder: "Geht es Ihnen gut?" Er meint damit unbewusst: Wie gut können Sie noch gehen? Tatsächlich gibt es für Patienten, aber auch für gesunde ältere Menschen einen einfachen Geh-Test, der sehr aussagekräftig ist für die Prognose kranker Menschen, aber auch für die Fitness älterer Erwachsener. Wer gut gehen kann und gut zu Fuß ist, der geht auch besseren Zeiten entgegen, gesundheitlich gesehen, während diejenigen, die nicht so gut gehen können, ihren Lebensweg auch früher beenden müssen, weil sie nicht mehr so gut auf den Beinen sind. Man könnte auch von einer 'Gehsundheit' sprechen, die in gewisser Weise von der individuellen Gangart eines Menschen "weitgehend" abhängig ist. Nicht von ungefähr sprechen wir auch von einem 'Wohlergehen', mit anderen Worten: Man kann sich sein gesundheitliches und geistig-seelisches Wohlbefinden sogar weitläufig ergehen. Jeder Mensch geht seines Weges, wobei ihm dann vielleicht Gedanken über diesen Lebensweg durch den Kopf gehen, und oft gehen diese in Form von Worten dann auch durch den Mund. Man kann sich durchaus dabei in der Sprache gehen lassen und Selbstgespräche führen, bzw. mit anderen ein Gespräch in Gang bringen. Oder sich eingehend mit einem Thema beschäftigen, indem man beim Gehen darauf eingeht.

Manches an tristen Gedanken vergeht aber auch beim Gehen, und am Ende eines Weges wird nicht selten ein Ausweg sichtbar, von dem man ausgehen kann, dass er zu neuen Zielen führen wird. Nicht immer erfüllen sich dabei alle Hoffnungen. Besonders erschütternd spielte sich die tragische Liebesgeschichte zwischen Friedrich Hölderlin und der mit einem Frankfurter Bankier verheirateten Susette Gontard ab: Der geheime Briefwechsel zwischen beiden konnte nur so stattfinden, dass der Dichter jedes Mal von Bad Homburg nach Frankfurt am Main und zurück wanderte, und das zwei Jahre lang. Dann musste die Geliebte diese Beziehung abbrechen und starb einige Zeit später an Liebeskummer, was man durchaus psychosomatisch interpretieren kann. Als der Dichter davon erfuhr, wurde er geisteskrank, wie man es damals ausdrückte, was ihn aber nicht hindern sollte, Jahre später viele der herrlichsten Hymnen zu verfassen, die je in deutscher Sprache geschrieben wurden. An diese romantische Liebe erinnert heute noch der *Hölderlinpfad*, der von Bad Homburg nach Frankfurt am Main führt: 22 km legen ein stummes und schönes Zeugnis dieser ungewöhnlichen Liebe ab.

Jahrzehnte später entdeckte ich durch einen Zufall das mich sofort faszinierende Buch der beiden Autoren Mirella Carbone und Joachim Jung über Friedrich Nietzsche und die Kunst der Gesundheit (2000). Nietzsche war nicht nur ein genialer Denker und Aphoristiker, sondern auch ein großer Wanderer und Geher. Er verknüpfte das Gehen mit dem Denken: "Ge(h)danken, die ihm auf seinen Wegen entgegenkamen und zugleich sein Denken auf den Weg brachten", wie es in dem Buch heißt. Und: "Der Mensch muss alles ihm Begegnende rhythmisieren [...] erst dadurch eignet er es sich an." Der feste Schritt in freier Bewegung als Form des geistigen Unterwegsseins, innere Rhythmen "als eine Art verlängerter Erkenntnisorgane." Nietzsche erkannte schon zu seiner Zeit die engen Verflechtungen von ausdauerndem Gehen, Muskelkraft, Rhythmus und geistiger Leistungsfähigkeit, aber auch zu "Rüstigkeit und Geduld" ("Stressresistenz", modern ausgedrückt). Das sind heute feste Bestandteile einer modernen sportmedizinischen Trainings- und Gesundheitslehre. Sprichwörtlich formuliert er es: "So wenig wie möglich sitzen, keinem Gedanken Glauben schenken, der nicht im Freien geboren ist und bei freier Bewegung, – in dem nicht auch die Muskeln ein Fest feiern. Das Sitzfleisch, die eigentliche Sünde wider den heiligen Geist. Beethoven komponierte gehend." Der Franzose Hector Berlioz machte es ihm später nach.

Auch Johann Gottfried Seume war in *Spaziergang nach Syrakus im Jahre 1802* (1805) der Meinung: "Wo alles zu viel fährt, geht alles sehr schlecht. So wie man im (Kutsch)wagen sitzt, hat man sich sogleich einige Grade von der ursprünglichen Humanität entfernt." Nietzsche kommt sogar zu dem Schluss: "Alle genialen Augenblicke sind von einem Überschuss an Muskelkraft begleitet. Ein starker Marsch steigert die geistige Energie, bis zum Rausch." Man denkt sofort an Myokine, Endorphine und Neuro-immuno-Transmitter. "Gute Tage wollen auf guten Füßen gehen" schreibt er, und dichtet, was in unserem Zusammenhang besonders interessant ist: "Mit dem Fuße schreiben. / Ich schreib nicht mit der Hand allein: / Der Fuß will stets mit Schreiber sein. / Fest, frei und tapfer läuft er mir / bald durch das Feld, bald durchs Papier." Er wollte "sein Genie in die Füße bekommen." Übrigens auch durch Tanzen (Rhythmus!). Weitere positive Effekte des sportlichen Gehens: Er schlief gut und er lachte viel.

Ein chinesisches Sprichwort sagt: Wer nur an Sonnentagen geht, kommt nie ans Ziel. Gehen also als Lebensregel für alle Tage. Martin Walser schreibt zum Thema Gehen und Denken: "Warum brennen, wenn ich denke, meine Sohlen?" Und bei Bernhard Pollak heißt es: "Gehen: Begreifen des Weges, des Bodens, der Erde." Werner Herzogs *Vom Gehen im Eis* (1978) beinhaltet eine große Meditation über Leben und Tod während einer langen Wanderung. Wenn man geht, kommt man sich schrittweise in Gedanken näher. So versucht man, auf dem eigenen Lebensweg gedanklich Fuß zu fassen, denn als Einzelgänger findet man eher zu sich selbst, und so manche Gedankengänge kommen im Laufe des Gehens in Gang. Denn Beinarbeit fördert Kopfarbeit, macht dem Geist Beine und bringt das Denken auf Trab. Im Gehen kann man seinen Gedanken besser folgen: Wer seinen Weg geht, geht anderen Gedanken auch einmal aus dem Weg, kommt eher zu sich selbst. Vor allem ist Gehen Rhythmus auf Schritt und Tritt. Dieser harmonisierende Effekt eines Gleichtaktes bewirkt, dass auch Wahrnehmung und Denken durch den Rhythmus des Gehens stimuliert werden und auch die Rhythmen der neurophysiologischen Regelkreise dafür sorgen, dass unsere Gedankengänge uns durch den Kopf "gehen". Denn es ist Zeit dafür vorhanden, weil das Gehen schließlich von selbst geht. Wolfgang Mieder würde meine Variation eines alten Sprichwortes bestimmt gefallen:

> "Diese drei Dinge sind besonders gesund:
> Fülle nicht zu viel in Deinen Schlund,
> übe dich in Gedanken zu jeder Stund,
> aber lauf nicht gehetzt wie ein Hund,
> sondern gehe so, dass du noch reden kannst mit dem Mund."

Aber auch Irrwege gehören zum Denken und zum Leben, doch sollte man sie nicht immer stur und unbeirrt verfolgen: Es gibt keine Sackgassen, nur Haarnadelkurven. Denn es geht nicht mehr, wenn nichts mehr geht und man im Leben nicht mehr Fuß fassen kann. Schicksalsschläge dürfen einen nicht, wie es in der Boxersprache heißt, "von den Beinen holen." Auch Angst ist ein schlechter Ratgeber: Mit weichen Knien fällt es schwer, davon zu laufen. Und wer schwach auf den Beinen ist, dem geht es naturgemäß nicht gut. Einen passenden Trost bieten dabei oft Sprichworte: Viele andere haben ähnliche Erfahrungen gemacht und in sprichwörtliche Redensarten eingebracht. "If you can walk, you can dance" heißt es in einer von Wolfgang Mieders Sammlungen, auch im übertragenen Sinne gemeint, nicht nur, weil Tanzen auch gewisse Fähigkeiten des Gehirns trainiert, was schon Lichtenberg erkannte.

Aber was haben aphoristisches Denken und sprichwörtliche "Lifestyle"-Grund-Sätze mit Medizin und Immunologie zu tun, mit der Lehre von den körperlichen und mentalen Abwehrkräften des Menschen? Nun, beide dienen auf ihre Art dem Überleben. So ist es für einen selbst schon gesunderhaltend, aus eigenem Antrieb sich nicht nur physisch ausdauernd zu bewegen, sondern auch durch geistige Bewegung auf die Dauer etwas Bewegendes schaffen zu wollen, um nicht nur biologisch durch seine Nachkommen zu überleben, sondern auch durch ein Lebenswerk in Erinnerung zu bleiben. Der Versuch durch Kunst, Literatur und Wissenschaft Unsterbliches schaffen zu wollen, ähnelt in gewisser Weise auch dem ewigen Bemühen der ärztlichen Kunst, gegen die Sterblichkeit des Menschen Mittel und Methoden zu finden, um das Leben verlängern zu können, wie es schon zu Goethes Zeiten der Arzt Christoph Wilhelm Hufeland so schön in seiner *Makrobiotik oder die Kunst, das menschliche Leben zu verlängern* (1797) beschrieben hat. Goethe fasste es als Imperativ zusammen: "Lebe im Augenblick! Lebe in der Ewigkeit!" Er wusste schon, sozusagen buchstäblich: "Besser laufen als faulen." Und ein guter Arzt sollte seinen Patienten den Laufpass geben, selbst auf die Gefahr hin, dass sie nicht mehr wiederkommen! Goethes Schwager, Christian August Vulpius, brachte es in fast sprichwörtlicher Art auf den Punkt: "Fürchte dich nicht, langsam zu gehen. Fürchte dich, stehen zu bleiben." Und bei Nietzsche heißt es: "Gute Tage wollen auf guten Füßen stehen." Durch Gehen bekommt man immer wieder Boden unter die Füße.

Man spricht auch nicht ohne Grund von einem "Lebenslauf" und nicht von einem "Lebensverlauf": Ersterer beinhaltet etwas Aktives, letzterer symbolisiert eine gewisse Passivität. Und unser Lebensweg ist nicht nur vorgegeben und zufallsbestimmt (durch Wegelagerer, aber auch durch Wegbereiter), sondern wir können ihn in der Regel willentlich wählen, seine Richtung bestimmen und ihn auch selbst bahnen in ein Neuland, wo wir Spuren hinterlassen, die anderen dann als Wegweiser dienen können: Man macht seinen Weg und kann anderen den Weg bereiten. Wenn man Glück hat, kommt es einem auf halbem Wege entgegen, während wir dem Unglück besser aus dem Weg gehen. Andererseits müssen wir aus dem Weg räumen, was uns im Wege steht, oder es umgehen. Sogar für die Gangart können wir uns entscheiden: Hetzen und Hecheln, geruhsam Wandern, oder aber man lässt sich gehen, d.h. man verfolgt nicht eigenwillig seinen Weg, sondern lässt sich treiben, manchmal einem gewissen Trend oder Herdentrieb folgend oder den Weg des geringsten Widerstands gehend.

Aphoristische Sprüche können uns aber auch als Wegbegleiter von Nutzen sein, sei es, dass sie uns motivieren oder korrigierend eingreifen. Sie versuchen auch durch den Mund des Arztes, dafür zu sorgen, dass sich uns Krankheit und Tod nicht zu früh in den Weg stellen. Aphorismen schärfen auch unseren Blick für Menschen, denen wir nicht über den Weg trauen dürfen. Und sie bewirken bei Gelegenheit, dass man in sich geht, um sich über sich und seinen Lebensweg Gedanken zu machen: Was geht in der Welt vor sich und welcher Sache müsste ich nachgehen, auf was sollte ich zugehen und wem aus dem Weg gehen? Sollte man den unteren Weg gehen, damit man übergangen wird, oder geht der Egoismus immer vor? Aphorismen und Sprichwörter als Steuer-Sätze unseres Lebens. Wolfgang Mieder hat die globale Vernetzung der Menschen mit Spruchweisheiten in geradezu genialer Weise durch ein fundamentales, allumfassendes und großartiges Œuvre dokumentiert und als eine Art völkerverbindendes Weltkulturerbe etabliert. Die Menschheit spricht hier mit einer Sprache, die für alle verständlich ist und zum Verstehen der Völker untereinander beiträgt.

Die engen Beziehungen zwischen sportlichem Training und Gehirn sind in den letzten Jahren intensiv erforscht worden. Interessanterweise wissen wir heute, dass durch ausdauerndes Gehen und moderates Laufen, sowie überhaupt der durch sportliche Bewegung trainierte Muskel Botenstoffe bildet, die der physischen Gesundheit und unserem Geist Gutes tun, da wir ohne deren Fitness das mit Muskelkraft angestrebte Ziel kaum erreichen würden. Denn dazu gehört nicht nur ein guter Kreislauf und ein optimaler Stoffwechsel, sondern auch eine gewisse Stress-Resistenz sowie geistige Flexibilität und Kreativität. Mit anderen Worten: Bewegungstraining ist aus verschiedenen Gründen gesund und stabilisiert bzw. erweitert die Möglichkeiten unserer Selbstverwirklichung. Körperliche Bewegung setzt auch den Geist in Bewegung, was bei einer Fluchtorientierung, bei der Nahrungssuche und beim Erreichen eines Ziels äußerst wichtig ist. Und so möge sich doch, wie es sich schon der römische Dichter Juvenal – beinahe sprichwörtlich – wünschte, in einem gesunden Körper auch ein gesunder Geist entwickeln! Heute wünscht man sich außerdem, dass in einem sportlichen Körper auch ein sportlicher Geist herrschen sollte.

Aber es gilt auch das Umgekehrte: Kann ein trainierter Geist die physische Kondition und Fitness eines Menschen beeinflussen? Fängt die Gesundheit wirklich im Kopf an? Zumindest spielt dabei der sog. Hippocampus eine Rolle, wie es Gerd Kempermann in seinen wissenschaftlichen Arbeiten der letzten Jahre zeigen konnte. Die Nervenzellen dieser Region arbeiten in einem auffälligen Gleichtakt ihrer elektromagnetischen Impulse, ein Rhythmus, der Wahrnehmung, Erinnerung und damit auch Denken erst möglich macht, und der durch den Rhythmus des Gehens stimuliert wird, vorausgesetzt, dass dieses Gehen freiwillig ist und Spaß macht, während der Gleichschritt des verordneten Marschierens eher das Gegenteil zu bewirken scheint. In diesem Zusammenhang schien es mir schon immer bemerkenswert zu sein, dass sich offenbar als Gegenbewegung zu den marschierenden Kolonnen freiheitlich gesinnte Wandergruppen gebildet haben: Das geht vom Wandervogel noch vor dem 1. Weltkrieg über die Bündische Jugend bis zu den Edelweißpiraten im 2. Weltkrieg. Schon Nietzsche hat auf die besondere Bedeutung der Rhythmisierung des Gehens hingewiesen, um sich auch geistig schrittweise näher zu kommen und um seine Gedanken im Gedächtnis festzutreten, indem sie Spuren in Form von Eindrücken hinterlassen. Die tägliche Wiederkehr des Gleichen, Rhythmus als Routine des Lebens (Herzschlag, Atemfrequenz und Gangart) und das repetierende Prinzip des Sisyphus: Da ist man schon bei dem Begriff des 'Trainings' angelangt, oder, um mit einem alten Sprichwort zu enden: Übung macht den Meister! Und ein weiteres Sprichwort schließt sich hier an: Der Mensch ist ein Gewohnheitstier! Als Arzt habe ich oft eine andere sprichwörtliche Redensart variiert und hinzugefügt: "'Gehgemach' (an jedem Tag!) und 'Lebelang' sind Brüder (das rät dir auch der Mieder)." Der Wiener Arzt und Schriftsteller Ludwig August Frankl hat es in einem Vierzeiler so formuliert: "Das Wandern hat uns Gott bestellt, / es wandert alles in der Welt, / was Füße hat und Flügel regt: / Ich lobe mir, was sich bewegt."

Als ehemaliger Neurobiochemiker am *Max-Planck-Institut für Hirnforschung* in Köln möchte ich diese Thematik erweitern: Wer heute was im Kopf hat, der hat auch was in den Beinen – und umgekehrt! Beispielsweise bildet auch die Bildung unsere Gesundheit aus, und nicht nur zufällig scheint es so, als könne ein souveräner und stets geforderter Geist auch den Körper positiv beeinflussen und beseelen, was schon die Mönche im Mittelalter beschrieben haben, und was heute in Anti-Aging-Seminaren empfohlen wird. Bekannt ist die hohe Lebenserwartung von Schauspielern, Musikern, Dirigenten usw., Berufe, bei denen Kreativität, Lernfähigkeit und die Speicherqualität eines menschlichen Gehirns besonders gefordert werden. Wir sprechen aber auch von der Ausstrahlung, die von einer außergewöhnlichen Persönlichkeit ausgeht und die oft auch in überzeugender Weise auf uns überspringt. Nicht zuletzt darauf beruht auch die Faszination großer Künstler, genialer Menschen und ihrer Werke. Der Jubilar Wolfgang Mieder darf aus diesem Anlass als Beispiel angeführt werden.

Die kreative Stimulation durch Gehen oder Laufen hat Ulman Lindenberger besonders überzeugend beschrieben:

> "Mir geht es auch so, dass mir die besten Gedanken kommen, wenn ich gehe oder jogge – allerdings nicht zu angestrengt. Man muss sich in einen gleichmäßigen Fluss hineinbringen. Und in diesem gleichmäßigen Fluss ist man besonders gut in der Lage, divergent zu denken. Gedanken, die durch einen zu starken Fokus außen vor bleiben, werden zugelassen, weil unsere Fähigkeit, Störreize auszublenden, durch den Rhythmus des Laufens abgeschwächt ist. Auf diese Weise entstehen im Kopf Gedankenkombinationen, die sonst vielleicht nicht entstehen würden" (zitiert nach Flasspöhler, 2010:46).

Eine Erfahrung, die ich als Aphoristiker, Läufer und Geher nur unterschreiben kann. Die von mir immer wieder postulierte Aktivierung eines Schreibzentrums durch Laufen war nichts anderes als eine große Sammelstelle für die primär durch Bewegung in Bewegung geratenen Gedanken.

In einem Vortrag in den USA habe ich das einmal so formuliert: "A brilliant brain over a brisk brawn", d.h. die Kraft des Geistes ist oft wichtiger als die der Muskelkraft. Hatte doch schon Sophokles formuliert: "Ideen sind mächtiger als Körperkraft!" Das ändert nichts an der Tatsache, dass sich Gehen und Wandern positiv auf unser Gehirn auswirken: Der weitläufige Mensch ist auch bewandert auf vielen Gebieten. Mit der Wirkung sportlichen Bewegungstrainings auf das Gehirn beschäftigt sich heute sogar ein eigener Zweig der Neurowissenschaften: Die Cerebrologie, ein Gebiet, welches nicht zuletzt auch von meinem sportmedizinischen Lehrer, Wildor Hollmann, erfolgreich bearbeitet wurde. Sich laufend Gedanken machen: Den Ausdruck 'Gehirn-Jogging' kann man auch einmal von dieser Seite her interpretieren, und etwas überspitzt könnte man tatsächlich von einem "Geh-Hirn" sprechen. Das Denken läuft besser ab, wenn man ab und zu dabei geht. Sollte dann noch das Glück unseren Weg kreuzen, und wir auf diese Art zufällig das zu uns Passende zur rechten Zeit gefunden haben, wäre auch die dritte, mehr emotionale Basis unseres Wohlbefindens erreicht. Wolfgang Mieder hat das zu ihm Passende in seinem Leben gefunden: Ein Glücksfall für beide, für ihn und das Fachgebiet. Wenn es dieses nicht gegeben hätte, hätte man es für ihn erfinden müssen!

Dabei kann das Passende auch das ganz andersgeartete Polare sein, so verschieden und sich so ergänzend wie Schlüssel und Schloss, Geist und Körper oder Frau und Mann, Plus oder Minus einer Bilanzierung, positive oder negative Aspekte eines Sachverhaltes wie Gut und Böse. Dieser Gedanke der Einheit von Gegensätzen wurde bereits im späten Mittelalter von Nikolaus von Kues (1401–1464) geäußert und als 'Coincidentia Oppositorum' bezeichnet. Sie beinhaltet das Prinzip, dass zu jedem Teil auch ein Gegenteil existieren muss, eine gesetzmäßige Regel, die sich nach meiner Auffassung vor allem in der Physik und Biologie bzw. in den Naturwissenschaften ganz allgemein nachweisen lässt. Zum ersten Mal wurde ich in der Chemie damit konfrontiert, als mein Lehrer, Nobelpreisträger Kurt Alder, die von ihm entdeckte Dien-Synthese erklärte, bei der ein Dien sich mit einem passenden Philo-Dien zu einem völlig neuen Molekül vereinigt.

In der Immunbiologie zeigt sich das ganz besonders "passend" in der Antigen-Antikörper-Reaktion, aber auch in der Interaktion von Kohlenhydrat-bindenden Lektinen (von lat. *legere* 'auslesen') und den dazu korrespondierenden 'Zucker'-Strukturen, wie ich es an zahlreichen Beispielen aufzeigen konnte. Das Zueinander- und Ineinander-Passende und molekular-biologisch völlig Verschiedene dient nicht nur dem Erkennen von fremd oder nicht-fremd ('self or not-self'), sondern auch der Elimination von schädlichen Invasoren oder der Stimulation von sinnvollen Wachstumsvorgängen. Oder vereinfacht gesagt: Erkennen des freundlich Gesinnten oder des feindlich Gestimmten: Synthese oder Anti-These. Und so entsteht Bewegung durch das Suchen von Begegnungen im Leben: Durch Entgegenkommen und Entgegengehen, um das Passende zu treffen, denn sonst würde einem so manches entgehen. Wolfgang Mieder hat (zusammen mit Anna T. Litovkina) in einer Sammlung von Antisprichworten die unglaubliche Vielfalt passender und angepasster Sprichwort-Variationen unter dem ebenfalls passenden Titel *Old Proverbs Never Die, They Just Diversify* zusammengestellt (2006).

Dieses Erkennen hängt auch mit dem zusammen, was wir als 'Glück' bezeichnen: Das zu uns Passende zur passenden Zeit zufällig erkannt zu haben, so dass es zu uns passt wie der Schlüssel zum Schloss. Im Englischen wird das besonders deutlich: 'luck' und das Begriffspaar 'lock and key'. Im Deutschen leitet sich der Ausdruck 'Glück' ganz analog von 'Gelükke' ab, was ursprünglich bedeutet, dass der Zimmermann als Dachdecker ein Dach so decken sollte, dass es lücken- und lukenlos den Regen abhalten konnte. Wenn die dazu benötigten Bretter sich fugenfrei ineinander fügten, dann hatte man Gelükke, also Glück gehabt. Eine "glückliche Fügung" könnte man in übertragenem Sinne sagen. Und so ist mit dem Gehen auch eng der Begriff des 'Suchens' verbunden: Wir suchen nicht nur das Weite, sondern auch Wohnmöglichkeiten, geeignete Lebensbedingungen, Nahrung und natürlich auch den passenden Beruf, den passenden Partner. Mit anderen Worten: Wir suchen das Glück, auch indem wir versuchen, ihm entgegen zu gehen, oft auch durch Reisen oder neuerdings über das Internet, um die Möglichkeiten einer zufälligen Begegnung zu erweitern. Wolfgang Mieder hatte Mut und ging nach den USA, um da auf die Möglichkeit zu treffen, sein Talent entdecken und ausleben zu können: Ein Glück nicht nur für ihn, sondern auch für die Wissenschaft!

Aphoristische Sprüche entstehen nicht selten als Folgen anderer Denkprozesse wie sie z.B. bei körperlicher und geistiger Anstrengung entstehen, wenn dabei Gedankengänge in unserem Gehirn ablaufen, denen eine verbesserte Durchblutung und mobilisierte muskuläre Botenstoffe neue Wege eröffnen. Indem man, bezogen auf unser Thema, die dabei anfallenden Einfälle aufschreibt, gibt man solche Gedanken anderen zu lesen. Und diese stellen dann nicht selten fest, dass sie so oder so ähnlich auch schon in bestimmten Situationen gedacht haben oder sich das ebenfalls so hätten denken können. Man kommt dabei nicht nur auf andere Gedanken, sondern auch auf die Gedanken anderer. Auf diese Weise vermittelt Sprache auch etwas Gemeinsames im Verlaufe(!) von Denkprozessen und therapiert unser Einsam-sein. Auf Englisch habe ich es so ausgedrückt: "No community without communication." Intensivere körperliche Aktivität stimuliert nicht nur unsere Denkvorgänge, sondern macht auch unseren Kopf frei von einigen uns belastenden Stress-Problemen. Hinzu kommt, dass uns diese Aktivität auf die Dauer Spaß macht, und bestimmte Botenstoffe (z.B. die Neurotransmitter Dopamin oder die Endorphine) dafür sorgen, dass dies auch für unsere Hirnzellen ein Vergnügen ist: Wir werden durch Glücksgefühle und Schmerzminderung in einer Weise belohnt, die uns in gewisser Weise abhängig machen kann. Vor allem ist damit auch ein Lernprozess verbunden: Was uns Spaß macht, wird vom Gedächtnis gespeichert, und was als Glücksgefühl gespeichert ist, darauf greift man immer wieder gerne zurück. Unser Essverhalten, Bewegungstraining vom Ausdauertyp, Sex und soziale Kontakte (Kommunikation!) profitieren von diesem für uns nützlichen Belohnungssystem und dienen damit indirekt auch unserem Überleben. Um noch ein Beispiel für die gesund-erhaltende Wirkung von Gehen anzuführen: Wir Ärzte empfehlen, mindestens zehntausend Schritte am Tag zu gehen, wobei moderne Schrittzähler sehr motivierend wirken. Wer eine Stunde täglich geht, senkt sein Darmkrebs-Risiko um 40%, ähnlich verhält es sich beim Brustkrebs.

Das Zwischenmenschliche einer die Menschen verbindenden Gedankenwelt durch Sprüche entpuppt sich zunehmend als eine Art emotionaler Gegenwelt zu unserer vorwiegend rationalen Informationsgesellschaft. Beide ergänzen sich zu unserer Weltanschauung, denn wir gehen nicht mehr gedankenlos durchs Leben, sondern machen uns Gedanken. Aphoristische Sprichworte als Gedankensplitter nicht ohne Kopfzerbrechen sind oft aber auch Gedankensplitter vom Balken im eigenen Auge. Ähnlich wie selbstkritische Sticheleien, die einen anstacheln: Indem man beschreibt, was man aus den eigenen Dummheiten gelernt hat, immunisiert man seine Mitmenschen gegen ähnliche Fehlentscheidungen. Aphorismen sind nicht zuletzt Denkanstöße, die den Stein des Sisyphus von der Höhe scheinbarer Erkenntnis immer wieder abwärts ins Rollen bringen, damit wir ihn immer wieder aufs Neue nach oben wälzen. Eine ewige Bewegung des Auf und Ab, von der Geist und Körper nach Art eines Trainings profitieren. Der Stein des Sisyphus: Ist er vielleicht der Stein der Weisen ('the philosopher's stone')? Aphorismen und Sprichworte beinhalten etwas Gültiges, ohne endgültig zu sein. Oft ist zu manchem Spruch auch sein gegensätzlicher Spruch nicht unwahr, siehe Mieders Antisprichworte.

Andererseits heißt 'lesen' nachdenklich mitdenken, und in unserer Zeit, in der wir glauben, so wenig Zeit zu haben, bieten sich aphoristische Sprüche geradezu an. Vielleicht finden sich Gedanken, die wie ein Schlüssel zum Schloss zu einer unserer grauen Zellen passen und für uns aufschlussreich sind. "Erkenne dich selbst", so heißt es in dem berühmten Satz des griechischen Philosophen Thales von Milet. Man sollte sich seiner eigenen Fähigkeiten und aller Möglichkeiten der Selbstverwirklichung bewusst werden. "Erkenne aber auch beizeiten, was zu dir passt", so formuliert es eine meiner Sentenzen, denn das Erkennen des zu uns Passenden, aber auch des uns feindlich Gesinnten, Nicht-Passenden, ist wichtig, um zu überleben. Dazu dient nicht nur das Gehirn mit seinen Sinnesorganen, sondern auch das Immunsystem, unser ebenfalls vom Gehirn abstammendes sechstes Sinnesorgan, welches auf molekularer Ebene erkennt, was fremd für uns ist und daher nicht toleriert werden kann: Bakterien, Viren und viele andere Parasiten. Wenn wir diese Erreger nicht erkennen und eliminieren, dann fühlen wir uns unpässlich und werden krank. Zum Überleben dienen aber auch die sprichwörtlichen Heilsätze im Sinne eines Hippokrates: Aus ihnen können wir erkennen und lernen, was für unseren Lebensstil geeignet ist und was nicht empfehlenswert wäre. Man könnte sie auch, analog zu den Neurotransmittern, als 'Saluto'-Transmitter bezeichnen: Boten-Sätze zur Gesunderhaltung.

Dieses Gefühl der Unpässlichkeit stellt sich aber auch ein, wenn wir uns körperlich und geistig nicht bewegen, mit anderen Worten: Nicht fit, also unangepasst sind, um die gesteckten Zielvorstellungen unserer Selbstverwirklichung ohne Schaden zu erreichen. Interessanterweise erkennen wir auch mit unserem Gehirn, was nicht zu uns passt, was uns schadet und krank macht. Durch Verdrängen, Vergessen und indem wir uns selbst belügen, versuchen wir uns dagegen zur Wehr zu setzen. Andererseits gehört Talent dazu, das zu uns Passende, seien es Partner, Beruf oder Lebensweise, zu erkennen und den Mut zu besitzen, entsprechend zu handeln. Das zu uns Passende nicht realisieren zu können, macht uns außerdem unfrei, es bedrückt uns, weil es uns unterdrückt. Insofern gibt uns die körperliche Fitness auch ein wenig das Gefühl, uns befreien, fliehen zu können. Dieses Gefühl hat der Kranke nicht mehr: Er fühlt sich unfrei und ist oft auf das angewiesen, was nicht zu ihm passt, dem er sich aber fügen muss, notgedrungen beugt er sich. Und wenn man dann schwach auf den Beinen ist, legt man sich hin, weil einem das Stehvermögen fehlt, denn es fehlt einem damit etwas – an der Gesundheit!

Man könnte es auch so formulieren: Die Sinnesorgane und ihre Nervenleitungen zum Gehirn und zu den Muskeln schützen uns vor äußeren Feinden, während unser

Immunsystem die in unseren Körper eingedrungenen Feinde erkennt und bekämpft. Manchmal ist es auch der nicht zu uns passende Partner, der mit Hilfe des Geruchssinns als – auch genetisch – unpassend empfunden wird, was die enge Beziehung zwischen Gehirn, den Sinnesorganen und der Immunabwehr bis hin zur Erhaltung und Vermehrung von Leben demonstriert. Auch hier wieder die polare Wechselwirkung: Je stärker unser Gehirn, umso besser die ihm angeschlossenen Sinnesorgane, also auch das Immunsystem: Geistige Bildung ist gesund! Vor allem wenn wir mit den Augen lesen oder mit den Ohren hören und mit dem Gehirn versuchen, das alles im Verstehen-wollen zu verarbeiten. Sprichwörter zählen auf diese Weise zur ältesten Form von Allgemeinbildung.

Und im Übrigen: Stärken und stimulieren wir ein Sinnesorgan, was übrigens auch durch Sport möglich ist, so profitieren auch die anderen davon, z.B. das Immunsystem. Nicht nur Bewegungstraining, sondern auch Bücher müsste es demnach auf Rezept geben, auch wenn sie einem nicht immer Rezepte geben können, sondern nur unseren Gedanken auf die Sprünge helfen. "Heilen auch mit sprichwörtlichen Zeilen", so habe ich es einmal formuliert, um die eigene 'Proverbiophilie' zu erklären. Manchmal gelingt das sogar mit einem sprichwörtlichen Satz – von Arzt zu Patient, von Mensch zu Mensch. Haben nicht schon viele gesundheits-motivierende Werbe-Slogans sprichwörtlichen Charakter (z.B. "Essen und Trimmen, beides muss stimmen"; "Von der Wiege bis zum Grabe: Liebe das Laufen oder trabe"; "Es ist noch immer gut gegangen, auch was nicht gut hat angefangen"; die beiden Letzteren sind von mir variierte Slogans)? Auch ein medizinischer Ehren-Doktorhut würde daher Wolfgang Mieder gut stehen: Er würde seiner Größe gerecht werden, und das wüsste er mit seinem Humor entsprechend zu kommentieren.

## *Bibliografie*


Carbone, Mirella & Joachim Jung (Hgg.). 2000. Friedrich Nietzsche. *Langsame Curen: Ansichten zur Kunst der Gesundheit*. Freiburg im Breisgau u.a.: Herder (Herder-Spektrum, 4849).

Flasspöhler, Svenja. 2010. "Gedankengänge." *Psychologie Heute Compact* 26, 42–46.

Gottschalk, Klaus. 2009. *Gesundheit und Sport: Sprichwörtliches und Nachdenkliches von der Antike bis zur Gegenwart*. Delitzsch: Lipsia-Präsenz-Verl.

Knecht, Alexander & Günter Stolzenberger (Hgg.). 2004. *Die Kunst des Wanderns: Ein literarisches Lesebuch*. München: Dt. Taschenbuch-Verl. (dtv, 20030).

König, Gudrun M. 1996. *Eine Kulturgeschichte des Spazierganges: Spuren einer bürgerlichen Praktik 1780–1850*. Wien u.a.: Böhlau (Kulturstudien: Sonderband, 20).

Mieder, Wolfgang. 1981. "'Ein Aphoristiker dreht oft das Sprichwort im Munde herum': Zu den Aphorismen von Gerhard Uhlenbruck." *med: Schweizer Magazin für ärztliche Ökonomie* 10, 54–56 & 59. Ebenso in *Sprachspiegel* 37 (1981), 66–75; und in Wolfgang Mieder, *Sprichwort, Redensart, Zitat: Tradierte Formelsprache in der Moderne*, Sprichwörterforschung, 5 (Bern u.a.: Peter Lang, 1985), 53–63; und erneut in Wolfgang Mieder, *Sprichwörtliche Aphorismen: Von Georg Christoph Lichtenberg bis Elazar Benyoëtz* (Wien: Edition Praesens, 1999), 105–115.

Seidl, Helmut A. 2010. *Medizinische Sprichwörter: Das große Lexikon deutscher Gesundheitsregeln*. Darmstadt: WBG.

Spicker, Friedemann. 2004. *Der deutsche Aphorismus im 20. Jahrhundert: Spiel, Bild, Erkenntnis*. Tübingen: Niemeyer.

----------. 2009. "Zwischen Medizin und Literatur: Der hippokratische Aphorismus und seine Tradition." *Sprachkunst* 40, 101–126.

---------- (Hg.). 2012. *Deutsche Aphorismen*. Stuttgart: Reclam (Reclams Universal-Bibliothek, 18695).

T. Litovkina, Anna & Wolfgang Mieder. 2006. *Old Proverbs Never Die, They Just Diversify: A Collection of Anti-Proverbs*. Burlington: The University of Vermont & Veszprém: The Pannonian University of Veszprém.

Uhlenbruck, Gerhard. 1977. *Ins eigene Netz ...: Aphorismen. Wieder-Sinn-Sprüche und Kahl-Hauer*. Mit einem Vorwort von Harald Gröhler. Aachen: Stippak.

----------. 1979. *EinFach gesimpelt: Aphorismen*. Aachen: Stippak.

----------. 1984. *Mensch ärgere mich nicht: Wieder Sprüche und Widersprüche*. Köln-Lövenich: Deutscher Ärzte-Verl.

----------. [3]1986 [[1]1980]. *"Den Nagel auf den Daumen getroffen": Aphorismen*. 3., verm. Aufl. Köln: Deutscher Ärzte-Verl.

----------. 1989. *Aphorismen sind Gedankensprünge in einem Satz*. Ausgew. und zusammengestellt von Hans Ott. Thun: Ott.

----------. 2003. *Der Klügere gibt nicht nach: Sprichwörtliche Aphorismen*. Hg. von Wolfgang Mieder. Köln: Reglin.

----------. 2005. *Kein Blatt vor den Mund nehmen: Redensartliche Aphorismen*. Hg. von Wolfgang Mieder. Köln: Reglin.

----------. 2007. *Auf Herz und Nieren prüfen: Phraseologische Aphorismen*. Hg. von Wolfgang Mieder. Köln: Reglin.

Uhlenbruck, Gerhard & Hans-Horst Skupy. 1980. *Treffende Zitate zum Thema "Der Mensch und sein Arzt": 3000 Aphorismen, Zitate, Meinungen, Aussprüche, Definitionen, Fragen und Antworten. Alphabetisch nach Stichwörtern geordnet*. Mit einem Vorwort von Rudolf Gross. Thun: Ott.

# Wunder und Wirklichkeit in den Märchen Ludwig Bechsteins

*Hans-Jörg Uther*

Das Märchen als literarische Erzählgattung bewegt sich zwischen Wirklichkeit und Wunder. Es ist nicht das Numinose oder das Wunderbare per se, das Erstaunen als ungewöhnliches Ereignis auslöst und in seiner Einmaligkeit unwiederholbar ist. Vielmehr ist das Wunder in Zauber- bzw. Wundermärchen selbstverständlich und wesentlicher Bestandteil der in der Wirklichkeit und in anderen Welten spielenden Handlung, wie es Lutz Röhrich in seiner Habilitationsschrift von 1954 trefflich beschrieben hat ([5]2001 [[1]1956]). Das Wunder bedarf keiner Erklärung und ist die Konkretisierung verborgener und eigentlich unerfüllbarer Wünsche in der Realität des Märchengeschehens. Diese Zielsetzung unterscheidet das Märchenwunder vom Wunder in Legende oder Sage – ist es dort doch Ausdruck einer geheimnisvollen übernatürlichen amorphen Wirkkraft, die den religiösen Menschen erschreckt oder fasziniert. Das Thema 'Wunder im Märchen' stand bereits im Zentrum der von Wilhelm Solms in Verbindung mit Charlotte Oberfeld 1986 in Marburg abgehaltenen Tagung *Das selbstverständliche Wunder* (Solms, 1986) und war Gegenstand eines gleichnamigen Symposiums an der Evangelischen Akademie Baden in Karlsruhe 1995 (Nagorni, 1996).

Wie vielfältig Wunder sein können, zeigt ein kurzer Blick in das Sachregister der *Enzyklopädie des Märchens*. Das Verzeichnis weist bis zum heute vorliegenden vierzehnten Band weit über 300 Einträge zu "Wunder" und Komposita aus. Die Fülle der Einträge überrascht, sind doch auch Hinweise zu finden auf Legendenwunder wie Bannwunder, Braten-, Blut-, Ernte-, Galgen-, Gespann-, Grab-, Quell-, Regen-, Rosen-, Schwemm-, Speise- oder Hostienwunder. Die meisten Stellen beziehen sich auf Grab-, Regen- und Rosenwunder (Enzyklopädie des Märchens, ohne Datum).

Im Folgenden möchte ich die beiden erfolgreichsten Märchensammlungen Ludwig Bechsteins betrachten und darlegen, welche Auffassungen von Realität und Wunder Mitte des 19. Jahrhunderts in diesen Sammlungen ihren Niederschlag gefunden haben (LBMB & NDMB).

## Ludwig Bechsteins Märchensammlungen

Zu Beginn des 19. Jahrhunderts erschienene Märchen hoben sich deutlich von den bisherigen langatmigen historischen Romanen und moralisierenden Märchen ab. Die Ausgaben enthielten zumeist kurze und spannungsreiche Stücke, zusammengetragen etwa von Albert Ludewig Grimm (1809) oder Johann Gustav Gottlieb Büsching (1812). Die Auflagen waren nicht sonderlich hoch und gingen kaum über 1000 Stück hinaus. Seltener kam es zu einem erneuten Abdruck. Diese Feststellung gilt zunächst auch für die *Kinder- und Hausmärchen* (KHM) der Brüder Grimm, die eine zweite Ausgabe erst sieben Jahre nach Erscheinen des ersten Bandes 1819 realisieren konnten. Erst nach dem Erscheinen der dritten Auflage 1837 verringerten sich die zeitlichen Abstände zwischen dem erneuten Erscheinen der Gesamtausgabe und der sogenannten

*Kleinen Ausgabe* mit einer Teilauswahl von 50 Märchen (s. Uther, 2008:495–501). Das zögerliche Kaufinteresse mag auch mit dem Preis zu tun gehabt haben. Insofern bewies der Leipziger Verleger Georg Wigand mehr Geschäftssinn, indem er preiswerte Volksausgaben herausbrachte und schließlich mit Ludwig Bechstein einen erfahrenen Herausgeber gewann, der dank volkstümlicher Sagenausgaben und aufgrund seiner historischen und literaturwissenschaftlich-volkskundlichen Veröffentlichungen hohes Ansehen genoss. Seit den 1830er Jahren hatte er Sagen in Buchform für einzelne Regionen wie etwa Thüringen und die Rhön herausgegeben. 1853 folgte eine Auswahl von 1000 Sagen des deutschsprachigen Gebiets – die erste großangelegte Sagensammlung nach Grimm: vom "Deutschen Rheinstrom" bis zur Salzburger Sage vom "König Watzmann" (Schmidt-Knaebel, 2004 & 2008). Größere Bekanntheit über Thüringen hinaus sollte Bechstein allerdings durch die Herausgabe von Märchen erlangen.

Mit den Titeln *Deutsches Märchenbuch* ([LBMB] 1845 u.ö.) und *Neues deutsches Märchenbuch* ([NDMB] 1856 u.ö.) signalisierte Bechstein, dass er eine Sammlung für das ganze Land im Sinne eines Volksbuchs schaffen wollte. Das Epitheton Deutsch erinnerte nicht nur an die erste bedeutende Märchensammlung, die fünfbändigen *Volksmährchen der Deutschen* von Johann Karl August Musäus (1782–1787), an die nachfolgenden Editionen von Benedikte Naubert (1789/91 & 2001) oder von Georg Gustav Fülleborn (1798), sondern insbesondere an die programmatischen Titel der Brüder Grimm zur Volksdichtung wie *Deutsche Sagen* (1816/18) oder *Die deutsche Heldensage* (1829). Bechstein dürfte Musäus' Titel inspiriert haben, sah er diesen doch als Vorbild an, auch wenn er sein Schaffen später distanzierter betrachtete. Der nationale Anspruch, die repräsentative Sammlung des Landes herauszugeben, lässt sich als Versuch ansehen, ein Gegengewicht zu den seit den späten 1830er Jahren in das Blickfeld einer breiteren Öffentlichkeit gerückten KHM der Brüder Grimm zu schaffen (vgl. Uther, 2001b & 2010). Nur drei Monate benötigte Bechstein für die Zusammenstellung des Textkorpus seines *Deutschen Märchenbuchs*, eine recht knappe Zeit, was ihm selbst gar nicht behagte. Die Ursachen für die überhastete Kompilation waren in steten Geldnöten zu suchen (Scherf, 1988:369). Der auf ihn ausgeübte Druck war wohl so stark, dass ihm keine andere Wahl blieb. Immerhin konnte er auf seine langjährige Vertrautheit mit volksliterarischen Stoffen bauen und hatte überdies als Archivar und Bibliothekar einen profunden Überblick über Märchen, die in literarischen Zeitschriften und Sammlungen anderer Herausgeber veröffentlicht worden waren. Mittlerweile hatte sich herausgestellt, dass einige Märchen – wie etwa *Rotkäppchen*, *Schneewittchen*, *Aschenputtel*, *Hänsel und Gretel* – in der Bearbeitung der Brüder Grimm einen hohen Bekanntheitsgrad erreicht und auch außerhalb der *Kinder- und Hausmärchen* in Sammlungen anderer Herausgeber Eingang gefunden hatten. Der beträchtliche Anteil von Märchen der Grimmschen Sammlung, die entweder in direkter Übernahme, in einer abweichenden Bearbeitung oder im Rückgriff auf die auch von den Brüdern Grimm herangezogene Vorlage in Bechsteins Sammlung zu finden sind, verwundert daher nicht. Er übertrug auch ursprünglich in niederdeutscher Sprache veröffentlichte Texte wie das Märchen vom Machandelboom und integrierte sie in seine Sammlungen.

Dass Texte anderer Autoren wörtlich übernommen oder unter Beibehaltung der Form umgeschrieben wurden, war seit dem Aufkommen von Märchen- und Sagensammlungen nicht ungewöhnlich. Selbst die Brüder Grimm verfuhren so bei den von ihnen veröffentlichten Märchen. Diese Praxis resultierte daraus, dass das Urheberrecht noch nicht so ausgefeilt war wie heute. Wer ein Urheberrecht geltend machte, hatte zumeist das Nachsehen. Eine Ausnahme bildete Wilhelm Christian Schröder (1808–1878). Er ließ Johann Peter Lyser (d.i. Johann Peter Theodor Burmeister) wegen falscher Autorzuweisung 1855 gerichtlich die Veröffentlichung des bekannten niederdeutschen Märchens vom Wettlauf zwischen Hase und Igel untersagen und gewann tatsächlich den Prozess gegen Lyser. Dies ist deshalb bemerkenswert, weil Schröder weder die Brüder Grimm wegen Aufnahme 'seines' Märchens (= KHM 187 [seit 1843]) verklagte noch Ludwig Bechstein, der es in hochdeutscher Übertragung erstmals 1853 in seinem *Märchenbuch* (LBMB 60) wiedergab (Sackmann, 1994:9; Stückrath, 2006:127–145; Uther, 2008:384–386).

## Bechstein und die Ebene des Wunderbaren

Literaturgeschichtlich gehören Ludwig Bechsteins Märchen- und Sagensammlungen der Epoche des Biedermeier an. Vor allem die beiden letzten Lebensjahrzehnte zeigen Bechstein als Vertreter des Jungen Deutschland. Seine Werke sind primär nicht durch naiven Wunderglauben charakterisiert, sondern auch durch das Einbringen realistisch betrachteter sozialer und weltanschaulicher Probleme seiner Zeit. Gleichwohl wirken die Traditionen der Romantiker nach. Diese Haltung ist noch in späten theoretischen Schriften erkennbar. Er wird nicht müde, Vorläufer wie die beiden schon genannten Johann Karl August Musäus und Benedikte Naubert zu preisen und ganz im Sinne der Theoretiker der Romantik zu argumentieren. 1798 hatte Friedrich Schlegel im 116. Fragment der Zeitschrift *Athenäum* programmatisch formuliert:

> "Die romantische Poesie ist eine progressive Universalpoesie. [...] Die romantische Dichtart ist noch im Werden; ja das ist ihr eigentliches Wesen, daß sie ewig nur werden, nie vollendet sein kann. Sie kann durch keine Theorie erschöpft werden, und nur eine divinatorische Kritik dürfte es wagen, ihr Ideal charakterisieren zu wollen. Sie allein ist unendlich, wie sie allein frei ist, und das als ihr erstes Gesetz anerkennt, daß die Willkür des Dichters kein Gesetz über sich leide. Die romantische Dichtart ist die einzige, die mehr als Art, und gleichsam die Dichtkunst selbst ist: denn in einem gewissen Sinn ist oder soll alle Poesie romantisch sein" (1967:182–183).

Noch in einer späten Schrift von 1858 über die Behandlung von Volkssagen verteidigt Bechstein Sagenbearbeitungen zum Zweck ästhetischer Behandlung und billigt dem Dichter beziehungsweise Schriftsteller zu, für Prosadarstellungen "sich in episch-breiten Alleen des Gartens der Romantik" ergehen zu dürfen. Daraus leitete er für sich das Recht ab, "als Dichter Sagenstoffe frei zu bearbeiten" (1858:413 & 415).

Erste grundsätzliche Gedanken über Märchen und den Bezug zum Wunder hatte Bechstein im Vorwort der ersten Auflage des *Märchenbuchs* (1845; datiert 1844) geäußert. Seine Bemerkungen dienten vor allem dazu, die verschiedenen Erzählgattungen zu beschreiben und voneinander abzugrenzen. "Das Märchen", so schreibt er, "ist dem Kindesalter der Menschheit vergleichbar; ihm sind alle Wunder möglich, es zieht Mond und Sterne vom Himmel und versetzt Berge." Was es damit auf sich hatte, skizzierte Bechstein in der anschließenden ersten gefühlvollen Erzählung *Des Märchens Geburt*. Märchen vereinnahmte er als des Wundervogels Phantasie, die Kindern wie Erwachsenen bis ins Alter die "Kindlichkeit des Herzens" erhalten sollten. In der zwölften Auflage (1853) verzichtete Bechstein auf die Wiedergabe dieser emotionalen Einführung aufgrund kritischer Äußerungen des schwäbischen Märchensammlers Ernst Meier und fasste seine Meinung in einem bloßen Schlussabsatz zusammen: Märchen im Volk betrachtete er als "Eldorado der Poesie", das "den jungen Geschlechtern ihren Kindheitsmorgen rosig verklärt". Im gleichen Vorwort setzte er sich ferner mit konkurrierenden Sammlungen auseinander und bezog auch Hans Christian Andersen als Prototyp einer neuen und ungewöhnlichen Art des Erzählens von Märchen ein. Während Musäus, Ludwig Tieck, Friedrich von der Hagen und Ernst Meier mit anerkennenden Worten bedacht und die Märchen der Brüder Grimm überschwänglich gelobt wurden, steht Andersen nach Bechsteins Auffassung für eine bedenkliche Wende des Erzählens von Märchen.

> "Während viele der neuern Märchenerzähler dieses Gebiet mit wissenschaftlichem Ernst und gewissenhafter Strenge anbauen, gehen manche Dichter, wie unter andern der Däne Andersen, einen bedenklichen Schritt weiter. Das ächte Märchen läßt allerdings auch Thiere reden, selbst Elemente, Sonne, Mond und Sterne – jene lassen aber sogar – oft nicht ohne Geschick und sehr ergötzlich – das unbelebte Werk der Menschenhand sprechen, den Spucknapf, den Besen, den Stiefelknecht, die Kaffeemühle u.s.w. – damit aber überschreiten sie des Märchenlandes Grenzen, und was sie dann noch Märchen nennen, ist keines mehr, ist Fabel."

Der Begriff Fabel ist hier in einem weiteren Sinne gemeint und bedeutet so viel wie völlig Erdichtetes ohne Substanz. Wunderbare Elemente wie die Beseelung der Natur und der Tierwelt hält Bechstein für zulässig, aber skeptisch betrachtet er die neue Form des Wunderbaren und die damit verbundene Dingbeseelung, die "Ächtheit" im Sinne von Natürlichem vermissen lasse. Gegenstände, die Menschenhand geschaffen habe, kämen bei Andersen als Märchenrequisiten zum Einsatz, die Bezüge zum Märchen verwischten. Trotz aller Einwände vermag Bechstein seine Anerkennung vor dem 'Geschick' des Dichters jedoch nicht zu verhehlen, denn ebenso wie Andersen – jedoch unter weitgehendem Verzicht auf dichterische Ausschmückung – fügte er umlaufende Motive und Stoffe zu einem neuen Ganzen zusammen und diente sie kunstgerecht einem nach Mythos und Mündlichkeit gierenden Publikum als 'Volksmärchen' an. Darin unterschied sich Bechstein nicht von seinen Zeitgenossen und rechtfertigte diese Bearbeitungen auch wiederholt in seinen theoretischen Schriften. Bei der Herausgabe des *Neuen deutschen Märchenbuchs* (1856) wenige Jahre später griff Bechstein die Diskussion um Form und Inhalt des Märchens erneut auf und hielt es im Vorwort für nötig, das Wunderbare im Märchen vom Wunder in der Legende und in anderen christlich gefärbten Erzählungen abzugrenzen. Zunächst legte er dar, wie Märchen definitorisch aufzufassen sind:

> "Über den endlich festgestellten Begriff des Wortes *Märchen* habe ich schon öfter Anlaß gehabt, mich zu äußern, so in den Vorreden zur ersten und zur zwölften (ersten illustrierten) Ausgabe meines *Deutschen Märchenbuches*, Leipzig, bei Georg Wigand, 1844 und 1853 – in der Abhandlung 'Das Märchen und seine Behandlung in Deutschland', in der Zeitschrift *Germania, die Vergangenheit, Gegenwart und Zukunft der deutschen Nation* Leipzig, Ave-

narius und Mendelssohn, 1852, Band 2, Lieferung 5, und endlich in meinem Buche 'Mythe, Sage, Märe und Fabel im Leben und Bewußtsein des deutschen Volkes'. Leipzig, T.O. Weigel, 1854. 3 Teile. Seitdem habe ich dennoch fortwährend über die Form und die Natur des eigentlichen Märchens weiter nachgedacht, und habe gefunden, daß ein großer Teil der Märchen, selbst in den besten Sammlungen, *keine* Märchen, sondern häufig nur Fabeln, Anekdoten, oder kleine Erzählungen (Novellen) sind."

Möglicherweise steht dieser Versuch einer definitorischen Klärung im Zusammenhang mit der Aufnahme von Legenden in die Märchensammlungen wie die schwülstige Geschichte vom frommen Marien-Ritter oder das Mirakel vom Wirken Gottes in der Natur, der dem Menschenfrevel Einhalt gebietet (*Die Kornähren*), und ist als eine Rechtfertigung zu betrachten:

"Das eigenste Element des Märchens ist das *Wunderbare*, wo dieses fehlt, ist ein wenn noch so gut erzählter und dichterisch bearbeiteter Stoff kein Märchen. Es muß im Märchen etwas geschehen, das im gewöhnlichen Leben *nicht* geschieht, z.B. daß Tiere *reden*, daß Menschen und Tiere sich *verwandeln* oder verwandelt werden, daß Verstorbene wieder erscheinen, daß mythische Wesen oder auch Gespenster, Tode usw. in den Kreis der Handelnden treten, daß der Teufel eine Rolle spielt, daß die Begabungen mit ungeheurer Kraft, mit Unsichtbarkeit und allem, was in das Gebiet der Wunschdinge gehört, vorkommen. Das Märchen leiht gerne vom heidnischen Mythus seinen Schmuck; bisweilen auch vom christlichen, und im letzteren Falle gewinnt es dann legendenartige Färbung, ohne deshalb selbst Legende zu werden."

Beide Märchensammlungen des Thüringer Herausgebers enthalten trotz dieser definitorischen Abgrenzungen neben anderen Genres eine Vielzahl von Zauber- und Wundermärchen. Hierin ergibt sich eine Gemeinsamkeit zu der Märchensammlung der Brüder Grimm, beispielsweise bei der Häufung von Schwänken oder Schwankmärchen. Der Anteil von Fabeln, Sagen, Parabeln und Legenden ist jedoch, wie Bechstein einräumt, in seiner Märchensammlung höher und betrifft vor allem die 1856 erstmals erschienenen 50 Stücke des *Neuen deutschen Märchenbuchs*. Der beträchtliche Anteil von Sagen lässt vermuten, dass der Märchenschatz um 1850 gar nicht so reichhaltig gewesen ist. Außerdem hat Bechstein Sagenstoffe bearbeitet und ohne sonderlichen Aufwand zu Märchen umgeschrieben. Vermutlich waren ihm die Märchenstoffe ausgegangen.

Wer den Versuch unternimmt und die beiden populären Märchensammlungen Bechsteins auf den Begriff 'Wunder' mitsamt Komposita als Nomen, Adverb oder Adjektiv durchmustert, wird erstaunt sein über die Vielzahl der Belege. Allerdings sind die Begrifflichkeiten begrenzt. Stereotyp bedeutet z.B. 'verwundern', 'wundersam' oder 'wunderbar' bloßes Erstaunen über ein außergewöhnliches Handeln, ein Ereignis, eine Merkwürdigkeit oder über Unwahrscheinliches. Dies kann die Erzählung selbst betreffen, deren Geschehnisse gleich eingangs relativiert werden, wenn es über die Geschichte vom Schmied von Jüterbog heißt, dies sei "ein wundersames Märlein". Über das Vorkommen von Mehrlingsgeburten bemerkt er verallgemeinernd: "Wie in der Welt gar viele wunderliche Dinge geschehen, so trug sich's auch einmal zu, daß eine arme Frau sieben Knäblein auf einmal gebar; und diese lebten alle und gediehen alle" (LBMB 24). Oder der Schwank von den drei dummen Teufeln (LBMB 71) karikiert das Weiterleben nach dem Tode und beginnt mit den Worten: "In der Hölle war einmal ein großes Wunder, daß nur lauter Männer und keine Weiber in die Hölle kämen und von Herzen hätten sie doch auch gerne Weiber darinne gehabt."

Die Stereotype beschreiben Wunder so, wie sie aus Märchen geläufig sind. Ein Handlungsträger mit außergewöhnlichen Eigenschaften und Fähigkeiten wie der fremde Heiler in *Gevatter Tod* (LBMB 12) agiert als "Wunderdoktor" und bildet mit dieser Bezeichnung einen Kontrast zu den studierten "Hofärzten", deren ärztliche Kunst versagt. Schilderungen mit Figuren der Jenseitswelt stoßen auf ungläubiges Erstaunen:

> "Das war den Reitern verwunderlich zu hören, konnten und wollten's nicht glauben, daß der eine Mann so unverletzt von den Riesen sollte gekommen sein, und sie noch dazu tot geschlagen haben, ritten nun selbst in den Wald, dies Wunder zu beschauen und fanden es also, wie der Schneiderheld gesagt hatte. Darob verwunderten sich die Reiter gar sehr, und empfanden einen grauslichen Schrecken" (LBMB 1).

Über ihre Erlebnisse in der Jenseitswelt erzählt Goldmaria (LBMB 11) ihrer Mutter und ihrer Schwester ohne nähere Details: "wie wunderbar es ihr ergangen, und wie sie zu dem Golde gekommen war." Im Märchen vom Hirsedieb (LBMB 13) bezeichnet Bechstein die ungewöhnliche und unlösbar scheinende Aufgabe der Befreiung einer Königstochter vom Wunderschloss auf dem Glasberg und den Bericht über die bisherigen vergeblichen Versuche, den Berg zu erklimmen, als "Wundermär". Das Wunder besteht in der Befreiung der Prinzessin und ist, wie in den *Drei Musikanten* (LBMB 40), ein "Erlösungswunder". Verfügt jemand über Gegenstände mit außergewöhnlichen Eigenschaften wie etwa die Brüder im Schwankmärchen vom Tischleindeckdich (LBMB 38) oder die weisen Frauen im *Dornröschen*-Märchen (LBMB 52) über entsprechende Kräfte, so sind dies Wundergaben.

Märchenwunder auf allen erzählten Ebenen folgen herkömmlichen Mustern. Einzig im Eingang einiger weniger Märchen wird eine Distanzierung zum Erzählten spürbar, wenn Bechstein die Leser und Hörer darauf einstimmt, das Folgende sei eine wundersame Geschichte (LBMB 7).

## Bechsteins Realitätsauffassungen

Im Unterschied zu den Brüdern Grimm hat Bechstein öfter persönliche Bewertungen zum Handlungsgeschehen, auch zu gesellschaftspolitischen Zuständen und den dafür Verantwortlichen, in die Darstellung einfließen lassen. Die Handlungsträger der Märchen sind den Genüssen des Lebens nicht abgeneigt. Zwar macht Bechstein den hemmungslosen Genuss von Alkohol verantwortlich für das Entstehen von Zank, Streit und Ausgelassenheit und stellt den Teufel als den eigentlichen Erfinder des Nordhäuser Korns heraus (LBMB 6), aber dann favorisiert er im *Schmied von Jüterbog* (LBMB 7) den Schnaps als Lebenselixier: Als letzten von drei Wünschen erbittet sich der unerschrockene Schmied eine stets gefüllte Schnapsflasche und wird durch die "nie versiegenden Magentropfen in der Bulle" zu einem reichen Mann. Ein Glas Schnaps gehöre zum Essen dazu (NDMB 4 & 22).

Gegenüber Frauen besaß Bechstein offenbar ein ambivalentes Verhältnis. Es kann zwar als Indiz zeittypischer Misogynie gewertet werden, hing aber mutmaßlich mit eigenen Eheerfahrungen zusammen. Alles nur erdenklich Negative wird dem weiblichen Geschlecht angehängt: Streitsucht, Bosheit, Geiz, Besserwisserei, Verschwendungssucht, Eitelkeit, Neugier, Herrschsucht (LBMB 23; NDMB 15 & 63 & 71), nicht selten in kurzen Merkversen zugespitzt: "Ein Tor ist, wer auf Weiber baut!" (LBMB 23) oder "Ein böses Weib, eine herbe Buß'" (NDMB 71). Märchen mit der Figur der bösen Stiefmutter, die bekanntlich in den KHM (1857) der Brüder Grimm allein in 13 Märchen vorkommt, begegnen dagegen bei Bechstein selten. Er übt damit eine Selbstzensur und behält die Figur nur im LBMB bei seinen Bearbeitungen des *Aschenbrödel-*, *Schneeweißchen-* und *Wacholderbaum*-Märchens (LBMB 62 & 51 & 66) bei. Im Vorwort zum NDMB rechtfertigt er sein Vorgehen:

> "Und endlich verzichtete ich jetzt auf eine nur zu häufig begegnende Richtung im Kindermärchen: auf böse Stiefmütter, und zwar aus einem vielleicht beachtungs- und empfehlenswerten ethischen Grunde. Nichts lesen Kinder lieber als Märchen, und unter den vielen tausend Kindern, in deren Hände alljährlich Märchenbücher gelangen, sind gewiß sehr viele sogenannte Stiefkinder. Fühlt nun ein solches Kind, nachdem es eine Menge Märchen gelesen hat, darin böse Stiefmütter auftreten (die Stiefmütter der Märchen sind durchgängig alle böse), sich irgend von der eigenen Stiefmutter – einerlei, ob verdienter oder unverdienter Weise – verletzt und gekränkt, so setzt sich in der jungen Seele durch Vergleiche die Abneigung gegen seine Pflegerin fest, und diese Abneigung kann so mächtig wachsen, daß sie den Frieden und das Glück der Familie trübt, und die Herzen lebenslänglich einander entfremdet. Es wird also gut sein, dergleichen Ideen durch Märchen nicht zu wecken und zu nähren."

Die Vorliebe für Redensarten, Reimwörter, direkte Rede, Redewendungen und formelhafte Wendungen teilt Bechstein mit den wortgewaltigen Predigern des Barock, die ebenso gedacht und Erzählstoffe bearbeitet hatten. Hier hält er es wie Wilhelm Grimm, der im Vorwort zur Ausgabe der KHM 1850 anmerkte: "Fortwährend bin ich bemüht gewesen, Sprüche und eigentümliche Redensarten des Volks, auf die ich immer horche, einzutragen [...]." Syntaktische Versatzstücke haben eine moralisch-didaktische Funktion und sind oft belehrend im Sinn von Lebensweisheiten in den Text eingeflossen. Sie beziehen sich beispielsweise auf den Umgang mit Geld, das Ansparen für Notzeiten (LBMB 59 & 68; NDMB 9), das Lob der Freundschaft (LBMB 77 & 78), auf die Warnung vor nächtlichem Reisen (NDMB 11), vor unüberlegtem Handeln (NDMB 38) oder auf Erziehungsgrundsätze (NDMB 50). Im NDMB ist die Praxis der Verwendung von Sprichwörtern und Redensarten zur Erhöhung der Bildhaftigkeit und Anschaulichkeit weit öfter zu beobachten als im LBMB, aber auch nicht unbedingt durchgängig, sondern begegnet mitunter gehäuft in einem einzigen Märchen (z.B. NDMB 35 & 50). Die hübsche Geschichte von den Tieren auf Wanderschaft enthält das Sprichwort gar im Titel *Undank ist der Welt Lohn* (NDMB 35) und wiederholt es leitmotivisch bei jeder damit verbundenen Aktion.

## Bechstein als Kritiker des Zeitgeschehens

Mit persönlichen Bewertungen des Zeitgeschehens verbundene sozialkritische Äußerungen hat Bechstein kontinuierlich eingestreut. Die Texte spiegeln allerdings keine historische Realität wider. Es ist das individuelle Bewusstsein von Wirklichkeit, das jedoch einer kollektiven Zeitströmung entsprechen kann. Wie sich eine solche Wahrnehmung äußert, lässt sich exemplarisch an Bechsteins Bearbeitung des Märchens vom Gevatter Tod (LBMB 12) festmachen. Es enthält deutliche sozialkritische Züge, ebenso wie noch die Erstveröffentlichung in den *Kinder-und Hausmärchen* (1812) der Brüder Grimm. 1812 hatte der Arme über den "lieben Gott" als Paten geurteilt: "Ich will dich nicht zum Gevatter, du giebst den Reichen und läßt die Armen hungern." Während die Sozialkritik bei Bechstein ähnlich aufscheint, hatte Wilhelm Grimm 1819 im Zuge einer harmonisierenden Bearbeitung die Version durch den Zusatz abgemildert: "So sprach der Mann, weil er nicht wußte, wie weislich Gott Reichthum und Armuth vertheilt."

Als Freimaurer, so könnte man vermuten, müsste Bechstein der Kirche mit Toleranz begegnen. In der Tat finden sich kaum kritische Bemerkungen gegen die Religionen. Lapidar spricht er in der Sage *Der Teufel ist los oder das Märlein, wie der Teufel den Branntwein erfand* (LBMB 6) den Schwund bei Gottesdienstbesuchen an und vergleicht die leere Hölle, die ein Teufel nach längerer Abwesenheit wieder betritt, mit der Kirche: "da war alles leer darin, wie es in der Kirche in der Woche ist". Doch ist es weniger die Institution, auf die seine Kritik abhebt. Es sind vielmehr die Gläubigen selbst. Deren bigotte Frömmigkeit spricht er an, wenn er das Schneiderlein zu seinem Gesellen (eigentlich der Teufel) sagen lässt: "indessen nehme Er nur das Buch, lege Er es in der Kirche vor sich hin, und tue Er, als sähe Er hinein – das machen viele Tausende so, die recht gut lesen können. Es sieht doch aus wie Andacht" (NDMB 16: *Die scharfe Schere*).

Bechsteins Vorbehalte gelten Autoritäten jeder Richtung, aber seine Kritik ist moderat, manchmal ambivalent. Einerseits wendet er sich gegen herrscherliche Verschwendungssucht (LBMB 52), wenn es heißt: "Damals hatten aber die Könige nicht so viele Schüsseln und Teller, wie jetzt, und dieser König hatte nur ein Dutzend." Oder er äußert sich zur Wahl eines Herrschers (LBMB 69): "nun wurde ein andrer zum König gewählt, dessen Wahl man klugerweise nicht wieder dem Glück und dem blinden Zufall überließ, weil man fürchtete, abermals einen Esel zur höchsten Stelle gelangen zu sehen." Jedoch fließen auch positive Bewertungen ein, indem gemeinnütziges und mildtätiges Verhalten von Vertretern der Oberschicht (LBMB 2) gelobt wird: "Es hatte aber der Junker erst Tags zuvor, da ihn das Zipperlein plagte, den löblichen Entschluß gefaßt, ein Zuchthaus zu stiften zum Schrecken aller Gauner und Tagediebe, zu Nutz und Frommen der Bürgerschaft und zur Aufklärung des gemeinen Volkes." Im gleichen Märchen heißt es weiter: "Sonst war er ein gar frommer und milder Herr, der sogar seinen eigenen Bauern nicht mehr Wolle abschor, als er eben nötig hatte, um sich selbst warm zu kleiden. Befahl daher auch, daß man den Gefangenen Nahrung reichen solle, so weit sie des bedürften." Volksvertreter haben seine Zuneigung nicht: sie seien nur auf äußeren Schein bedacht. Der Bärenhäuter "ließ sich seinen Bart stattlich wachsen, daß er ganz wahlfähig in irgendeinem deutschen oder polnischen Reichstag erschien" (LBMB 74), spottet er. Hohles Pathos der Parlamentarier ist ihm ein Gräuel. Das aufschneiderische Bettelmännlein (NDMB 17), eine Variante zum tapferen Schneiderlein, "warf sich in die Brust wie ein Volksredner". Er spöttelt über umständliche Behördenprozeduren (NDMB 4) und übt Kritik am Verhalten von Amtsträgern:

> "Wenn ein Richter einen dir ungünstigen Spruch fällt, wenn einer dir was nachredet, das dir übel gefällt, dann ziehe nur diese Raspel aus der Tasche und sprich, ohne sie an deine Lippen zu bringen: 'Schab den Rüssel', so wird sie jenen dir beiwollenden dermaßen über das Maul fahren wie ein stets rechthabender Amtmann dem armen Bäuerlein, und sie werden selbiges dann ganz sicherlich halten" (NDMB 29).

Mit Ratschlägen für die Ausübung politischer Macht, für ökonomische Maßnahmen und künstlerische Ambitionen hält er nicht zurück. Die Zaubergaben im Märchen *Die Wünschdinger* (NDMB 33) mutieren zu Instrumenten herrscherlicher Macht und geben Bechstein Anlass zu Betrachtungen über die Aufgaben des gerechten Herrschers und unumschränkten Souveräns:

> "Mit dem Wünschtüchlein schaffte der Prinz dem Lande Nahrung und Wohlstand, mit dem Wünschelstabe, den er Generalstab nannte, schaffte er ihm eine selbstbewußte Macht und zugleich Respekt von seiten der Nachbarn, mit dem Wünschelmantel hob er das Land zur Blüte, beförderte den Luxus und dadurch Handel und Gewerbe und dadurch nun ein wohlhabendes Bürgertum, und mit der Geige förderte er die schönen Künste und hob den Geschmack, indem er zugleich dem einseitigen und einsaitigen Ungeschmack steuerte. Ach, wenn doch alle Prinzen solche Wünschdinger hätten und für diesen Fall so guten Gebrauch von ihnen machten, wie dieses Muster vom Sohne eines Seekönigs! Schade, daß selbiger nicht ein Landkönigssohn war!"

Das von Johann Jacob Nathanel Mussäus übernommene Tiermärchen *Der Fischkönig* (NDMB 25) thematisiert die Königswahl der Tiere, hier am Beispiel eines Wettschwimmens der Fische, das aus dem Bedürfnis nach politischer Ordnung und der Regelung von Streitigkeiten resultiert (Uther, 2001a). Das Reich der Fische in Unordnung? Das Recht des Stärkeren bestimmt den Umgang der Tiere miteinander? Ein solcher Zustand, gerade in der politisch verfahrenen Situation der deutschen Lande Mitte des 19. Jahrhunderts, verlangt nach einer Änderung. Gefragt ist der gerechte Herrscher. Während Mussäus und auch Wilhelm Grimm, der sich wie Bechstein auf die Vorlage von Mussäus berief, die Königswahl nur am Rande erwähnen, geht Ludwig Bechstein wesentlich weiter. Er nutzt den eigentlich recht knapp erzählten Stoff zu langen Ausführungen über Sinn und Zweck von Wahlen. Nach Schilderungen verschiedener Tierkönigswahlen zwischen Adler und Zaunkönig und Hinweisen auf den König der Frösche und den Löwen als Herrscher der Landtiere fährt er humorvoll und mit ironischer Distanz fort:

> "Aber daß die Fische auch einmal auf die Gedanken einer Königswahl gekommen sind, das ist weniger bekannt, und das kommt hauptsächlich daher, daß die Fische, mindestens für das Menschenohr, stumm sind und keinen Lärmen verführen und kein unnützes Geschwätze auf die Bahn bringen, wenn sie Kaiser oder Könige wählen."

Von den Vorzügen des Fischkönigs interessieren seine Schnelligkeit und Gewandtheit, denn: "Wer allen andern voran ist, der hat das natürliche Recht, unser König nicht nur zu heißen, sondern auch zu sein." Das weitere Geschehen schildert Bechstein nicht nur auf die Dynamik der Handlung bezogen. Immer wieder durchbricht er den Handlungsfluss und flicht auch humorvolle Züge ein. Kommentierend, mitunter ins Parodistische gehend, begleitet er den Wahlvorgang: "Die Sternseher [uranoscopus], auch eine Fischart, prophezeiten, daß aus der Königswahl, wie bei so mancher in der Menschenwelt, nichts Gescheites herauskommen werde." Während Mussäus und Grimm das

Aussehen der Scholle, wie so oft in Erklärungssagen als Folge einer moralisch verwerflichen Einstellung (hier Missgunst) begründen und damit die Geschichte enden lassen, fährt Bechstein fort und schließt resignierend: "Aber die Sternseher hatten recht gehabt: Dem neuen Könige wurde das Regiment sehr schwer gemacht. Und er vermochte sich nicht so recht zu behaupten. Es gibt gar zu viele Königsfresser."

Eine Änderung menschlichen Verhaltens hält er zwar für denkbar, aber im Grunde ist sein Weltbild nicht von Optimismus bestimmt. So bleibe die biblische Prophezeiung vom allseitigen Frieden und Verständnis (Lukas 2,14) zu seinen Lebzeiten unerfüllbar, formuliert er in *Die Kornähren* (LBMB 28):

> "Und es geht eine alte Prophezeiung unter dem Volke, daß einmal nach langen Jahren, wenn das Engelwort sich erfüllt haben wird: Ehre sei Gott in der Höhe, Friede auf Erden und unter allen Menschen Wohlwollen, Segnung und Liebe, daß dann der Boden auch wieder von Gott erweckt werden solle, solche Halme zu tragen, die bis zur Wurzel voll Ähren sind. Unser keiner aber wird das erleben."

Die Sucht nach Geld und die weitverbreitete Einstellung, mit materieller Hilfe alles erreichen zu können, thematisiert Bechstein öfter (NDMB 1 & 4), aber auch hier überwiegt Pessimismus: "wenn einer nur Geld hat und es aufgehen läßt, da darf er ungescheut der ärgste Bärenhäuter sein, er findet stets Anhang und Anklang und Anerkennung, aber Geld gehört ein für allemal dazu."

In der Sage *Schlange Hausfreund* (NDMB 46) rechtfertigt er die Einschränkung der Holzlese zugunsten der Waldbesitzer:

> "Und so sammelte er auch das Holz, das er zu seinem eigenen Gebrauche nötig hatte, im Walde und führte es auf einem Schiebekarren jede Woche ein oder einige Male heim. Das darf aber nach den Forstgesetzen nur mit dürrem Holze geschehen, frisches, noch grünendes dürfen die armen Leute nicht von den Bäumen abhauen oder mit ihren Hippen abreißen, sonst werden sie in die Waldbuße geschrieben und gestraft, und das ist ein sehr weises Gesetz, denn ohne dasselbe gäbe es schon lange keine grünenden Wälder mehr."

Im gleichen Stück (vgl. auch NDMB 35) mahnt er die mangelnde Sorgfalt gegenüber den Geschöpfen Gottes an und beklagt fehlenden Tierschutz:

> "Leicht hätte der Mann die Schlange töten können, [...] allein dieser Mann war einer von den wenigen verständigen Landleuten, die in ihrem schlichten Sinne es für eine Sünde erachten, ohne Not und ohne Bedürfnis ein Geschöpf Gottes zu töten, aus reinem Frevel und Lust am Morde, wie so viele aus Unverstand und, was noch viel schlimmer und ärger ist, aus Bosheit tun."

Auch aktuelle Themen wie die Auswanderung Mitte des 19. Jahrhunderts beschäftigen ihn. Im *Schlaraffenland*-Märchen (LBMB 50) heißt es: "Hört zu, ich will euch von einem guten Lande sagen, dahin würde mancher auswandern, wüßte er, wo selbes läge und eine gute Schiffsgelegenheit." Hier spielt Bechstein auf das Bedürfnis nach Auswanderung an, die Mitte des 19. Jahrhunderts für viele als letzte Möglichkeit galt, um der wirtschaftlichen Verelendung zu entkommen. In einer späteren Betrachtung brachte er Märchen über die Entdeckung Amerikas, "die fabelhaften und übertriebenen Berichte von dem neuen Eldorado jenseits des Oceans, die dem Abenteurertrieb die willkommenste Nahrung boten", in Verbindung mit dem Entstehen von Schlaraffenland-geschichten, womit jene Nachrichten von Müßiggang und Wohlleben verspottet worden seien (1855:146–147).

## Zusammenfassung

Im Unterschied zu den Brüdern Grimm und vielen anderen Herausgebern von Sammlungen mit Märchen aus der Mitte des 19. Jahrhunderts ist Ludwig Bechstein der einzige deutschsprachige Sammler und Herausgeber, der erzählerische Distanz nennenswert durchbricht und dabei, oft humorvoll, seine Lebensweisheiten und Ansichten über politische Vorgänge, öffentliche Institutionen und einzelne Berufsgruppen einstreut. Diese individuellen Beigaben erfolgen ohne Rücksicht auf das Geschehen und finden sich ebenso in Zaubermärchen und fabulösen Texten als auch in den sogenannten Novellenmärchen mit einem hohen Handlungsanteil an alltäglichen Situationen. Bechstein bietet nicht nur die Variation eines schon bekannten Märchens mit einigen sprachlichen oder auch inhaltlichen Besonderheiten dar, sondern mehr noch als andere Märchenherausgeber ist seine Version zeitgebunden und ein Spiegelbild der Auffassung von Märchen Mitte des 19. Jahrhunderts. Er vermittelt wichtige Einsichten in die Wahrnehmung von Wirklichkeit. Seine Märchenbearbeitungen und die kreative Art im Auffinden bis dahin unbekannter Stücke verdienen größere Beachtung.

### *Literatur*

Bechstein, Ludwig. 1855. *Mythe, Sage, Märe und Fabel im Leben und Bewußtsein des deutschen Volkes*. Bd. 2. Leipzig: Weigel (Das deutsche Volk dargestellt in Vergangenheit und Gegenwart zur Begründung der Zukunft, 15).

----------. 1858. "Die literarische Behandlung der deutschen Volkssagen." *Die Wissenschaften im neunzehnten Jahrhundert, ihr Standpunkt und die Resultate ihrer Forschungen: Eine Rundschau* [...] 3, 406–423.

Büsching, Johann Gustav Gottlieb (Hg.). 1812. *Volks-Sagen, Märchen und Legenden*. Leipzig: Reclam.

[Enzyklopädie des Märchens]. ohne Datum. "Registerabfragen." <wwwuser.gwdg.de/~enzmaer/registerabfragen-dt.html> (14.08.2013).

Fülleborn, Georg Gustav. 1798. *Volksmährchen der Deutschen*. Bd. 6. Prag: o. Verl. [nicht von Musäus].

Grimm, Albert Ludewig. 1809. *Kindermährchen*. Heidelberg: Mohr und Zimmer.

[LBMB]. Ludwig Bechstein. 1997. *Märchenbuch: Nach der Ausgabe von 1857, textkritisch revidiert und durch Register erschlossen*. Hg. von Hans-Jörg Uther. München: Diederichs (Die Märchen der Weltliteratur).

Musäus, Johann Karl August. 1782–1787. *Volksmährchen der Deutschen*. 5 Bde. Gotha: Carl Wilhelm Ettinger.

Nagorni, Klaus (Red.). 1996. *Das selbstverständliche Wunder: Die Welt im Spiegel des Märchens*. Karlsruhe: Verl. Evang. Presseverb. für Baden (Herrenalber Forum, 17).

Naubert, Benedikte. 1789/91. *Neue Volksmährchen der Deutschen*. 2 Bde. Leipzig: Weygand.

----------. 2001. *Neue Volksmärchen der Deutschen*. 4 Bde. Hg. von Marianne Henn, Paola Mayer und Anita Runge. Göttingen: Wallstein-Verl.

[NDMB]. Ludwig Bechstein. 1997. *Neues deutsches Märchenbuch: Nach der Ausgabe von 1856, textkritisch revidiert und durch Register erschlossen.* Hg. von Hans-Jörg Uther. München: Diederichs (Die Märchen der Weltliteratur).

Röhrich, Lutz. [5]2001 [[1]1956]. *Märchen und Wirklichkeit.* 5., unveränd. Aufl. Baltmannsweiler: Schneider-Verl. Hohengehren.

Sackmann, Eckart. 1994. *Mecki: Einer für alle.* Hamburg: Comicplus.

Scherf, Walter. 1988. "Bechstein, Ludwig." In: Walther Killy (Hg.). *A–Bis. Literaturlexikon: Autoren und Werke deutscher Sprache.* Bd. 1. Gütersloh u.a.: Bertelsmann-Lexikon-Verl., 368–370.

Schlegel, Friedrich. 1967. *Kritische Friedrich-Schlegel-Ausgabe.* Bd. 2. Hg. und eingel. von Hans Eichner. Paderborn u.a.: Schöningh.

Schmidt-Knaebel, Susanne. 2004. *Kommentar zu Ludwig Bechsteins Deutschem Sagenbuch: Unter besonderer Berücksichtigung der intertextuellen Bezüge (Quellen und werkinterne Parallelen).* 2 Bde. Aachen: Shaker.

----------. 2008. *Ludwig Bechstein: Prosasagen außerhalb der großen Anthologien (1826–1859).* Frankfurt am Main u.a.: Peter Lang.

Solms, Wilhelm (Hg.). 1986. *Das selbstverständliche Wunder: Beiträge germanistischer Märchenforschung.* Marburg: Hitzeroth (Marburger Studien zur Literatur, 1).

Stückrath, Jörn. 2006. "Wie den Deutschen ein Meisterstück unterhaltsamer Erzählkunst abhanden gekommen ist: Das Schicksal von Wilhelm Schröders 'Dat Wettlopen twischen den Hasen un den Swinegel up de lütje Heide bi Buxtehude' (KHM 187)." In: Werner Faulstich & Karin Knop (Hgg.). *Unterhaltungskultur.* München u.a.: Fink, 127–145.

Uther, Hans-Jörg. 2001a. "Auch Vögel brauchen einen Herrn: Von Tierkönigen und denkwürdigen Parlamentswahlen." In: Heinz-Albert Heindrichs & Harlinda Lox (Hgg.). *Als es noch Könige gab: Forschungsberichte aus der Welt der Märchen.* Kreuzlingen u.a.: Diederichs (Veröffentlichungen der Europäischen Märchengesellschaft, 26), 252–269.

----------. 2001b. "Ludwig Bechstein und seine Märchen." *Palmblätter* 9, 29–53.

----------. 2008. *Handbuch zu den "Kinder- und Hausmärchen" der Brüder Grimm: Entstehung – Wirkung – Interpretation.* Berlin u.a.: de Gruyter.

----------. 2010. "Erzählstrategien Mitte des 19. Jahrhunderts: Zum Weltbild in Ludwig Bechsteins Märchen." In: Ulrich Marzolph (Hg.). *Strategien des populären Erzählens: Kongressakten der Bursfelder Tagung der Kommission Erzählforschung in der Deutschen Gesellschaft für Volkskunde.* Berlin u.a.: LIT (Studien zur Kulturanthropologie, Europäischen Ethnologie, 4), 223–239.

# On Meanings of the Rebus: Its Preliminary Semiotic Treatment

*Vilmos Voigt*

*Modus omnibus in rebus.*
('Everything occurs in rebus studies.')

Rebus is a well-known genre in human culture; more precisely it is a sub-genre of riddles, puzzles, etc. It is akin to several forms and genres of texts: Puzzles, anagrams, pictographs, cryptograms, ciphers, crosswords, droodles, visual trickery, visual jokes, magic formulas, inscriptions, devises, etc. In my paper I will concentrate only on rebus in the proper sense of the word and I shall use 'rebus' as the general term. Rebus combines written and visual expressions suggesting witty, unexpected meaning. Usually it contains at least two or more (simple) drawings of recognizable topics, referring to at least two or more words or expressions, which would be deciphered together. The more different is the semantics of the combined elements, the more successful the rebus is. The more than 5000 years old Egyptian Narmer Palette – as a very early rebus picture – uses two drawings for the owner's name *nar* 'fish' and *mer* 'cisel,' which have very different semantic references.

Unfortunately there are very few theoretical papers on the rebus, and general publications on riddles usually do not contain specific chapters concerning it. Paremiologists pay even less attention to the topic. My paper aims to fill at least a part of the gap: Giving some hints on various forms of the meaning of the rebus.[1]

In everyday use the pictures of the rebus are the more attractive – but in fact the language part of it is the decisive element. It was already stated by French renaissance rebus publishers: "Rebus: laquelle se pourroit ainsi definir. que ce sont peintures de diuerses choses ordinairement cognuës, lesquelles proferees de suite sans article, font vn certain langage: ou plus briefuement, Que ce sont equiuoques de la peinture a la parole" (Tabourot, 1986 [1595]:4). The "equivocal" relation between the picture and the text creates two or more meanings of the rebus. Another important feature is the "narrative potential" of language forms (sentences, metaphors, etc.). If we see in a rebus a quatrifolium clover or a donkey, we immediately associate them with 'luck' and 'stupidity,' or even with Balaam's donkey. And even if not told – there is a narrative behind the picture.

In its most simple cases a logical *conjunction* binds them together: A picture of a bull + a dog would be read as 'bulldog.' As for the language part of the rebus in other simple cases a logical *disjunction* takes apart words or expressions. E.g. 'mushroom' will be represented by two drawings: A bowl with porridge + a living room. The "solution" of the rebus may have a double meaning. A picture of a temple and of a mountain simply has not the meaning 'a church standing on the top of a hill,' but its meaning is also the name of the British statesman 'Churchill.' A typical rebus must not have always elaborated drawings, often simple forms and letters are sufficient: *Á Á + 1* is 'Bergen' (a town in Norway). Here the resemblance of the two capital letters 'Á' to the peak of hills is sufficient for a rebus. If the solution (the deciphered word or expression) is not easy to be rendered into visible form, speech act indicators or mathematical and logical proposals, musical notes, etc. may be involved. E.g. for 'button' the first part may be the preposition *but*, and for the second part a tone ('musical sound') is used. The first may be depicted by any sign of negation, the second by a musical note. Letters, numbers, abbreviations, algebraic symbols, formulas and operations, musical notes, and names would be read as words (see the chapter *Autre façon de Rebus par lettres, chiffres, notes de Musique et noms Surentendus* in Tabourot, 1986 [1595]: 24–33). For example for the rebus *4 A* – 'a picture of an eye' *80* the answer is: "For a long period I ate next to nothing," which also refers to the distances between the signs *8* and *0*. Very simple forms, as e.g. *O / A* with the meaning 'opera,' are internationally well distributed. Numerals read as words are another common practice, and its force is greater, if the connected word is surprising: *A 10 10 10* 'Athens.' Phonetic and orthographic irregularities are common in rebus.

On a well known reformation emblem we see two intertwined hands above two musical notes (*sol* and *la*), and a superposed (*sub ~ super*) inscription of the two words *fides / ficit* (fig. 1). The meaning of the musical + algebraic text is: "Sola fides sufficit" ('Alone the faith is sufficient').

*Fig. 1*

A further specific feature of the language of the rebus is that in written texts their position and direction will be interpreted as a picture. The super scribed *L* above *don* will be read as 'L on don,' 'London.' Such constructions are at the first sight frapping ones, but the principle can easily be imitated, e.g. – *if* – will be read as 'midwife' (*if* is the middle of the word *wife*). And many similarly complex utterances can be by that means visualized. See *sum night's dream mer* is 'Midsummer Night's Dream' (inside of the word *summer* the expression *night's dream* is inserted). The principle of *charade* (when the boundaries of the words will be read differently from the common way) is extremely productive in rebus, especially with combining two languages: The Latin *Pro libertate!* ('For the freedom!') will be read in Hungarian as *Proli Berta, te!* ('You, the proletarian, Bertha!') using also the exclamation or vocative mark in both samples.

The picture part of the rebus will also be rendered as a language text. The anarchist French cartoonist Siné in his famous collection of drawings *Les Chats de Siné* (first edition 1958, in several extended later editions, and translated into several languages) combines two words (following their actual phonetics) in a way that one of those refers to the word *cat* (in French *chat*, pronounced as 'sha'), but the whole composition refers to a something new and funny meaning (fig. 2), e.g. *Chat noine* 'canon,' or names, like *Chat liapine* the singer 'Chaliapin,' and *Chat kespeare* 'Shakespeare.' The drawings combine both meanings: A cat is singing ('Chaliapin'), or the cat has clergyman's robe and his tail forms a cross (*chanoine*).

*Fig. 2*

The rebus is as old as human culture since the invention of written and visual texts.[2] We know samples from Ancient Egypt, among the Aztec, in Rome, from the Middle Ages, Renaissance and Baroque, as well as in today's mass media and in special riddle, puzzle or rebus journals and other publications. Cicero referred to himself by drawing small peas (the Latin word *cicer* means 'chick-pea'). Albrecht Dürer signed his works with drawings of a small door (German *Tür* means 'door'). The Italian philosopher Tommaso Campanella used small bells in the same way (his name means exactly 'small bell'). The Russian avant-garde poet Vladimir Mayakovsky referred to his verses with a drawing of a lighthouse (Russian *mayak* is 'lighthouse').

Coats of arms, pictograms, and emblems use the same technique as the rebus. There picture and word are inseparably connected in rebus-like allusions to personal names, etc. I list here only some well-known cases.

One of the most often quoted historical English rebuses was created by Hugh Oldham (his name then was pronounced as 'owl-dom'), bishop of Exeter (in early 16$^{th}$ century) (fig. 3). It was carved in the wall of his chantry of Exeter Cathedral, depicting an owl, bearing a scroll in its beak, showing the letters *d o m*. Thus the solution is *owl* + *d o m*, i.e. the surname of the bishop, 'Oldham.' The latter part is the abbreviation of the overall known Latin inscription *Deo Optimo Maximo* ('To the best and mightiest God'). The drawing looks as a simple piece of heraldry. But the two parts in the carving, the two words and the text using two languages show the typical rebus technique. Its meaning has also at least two levels: *d o m* refers both to the second syllable of the bishop's name (in English) and to a devotion formula (in Latin).

*Fig. 3*

In terms of semiotics both the visual and the language parts of the rebus are clearly "signs," where "something stands for something else in some respect," as the Peircian semiotic slogan says. In spite of the fact there is no properly semiotic analysis of the rebus.[3] My attempt can but show again only some basic features of rebus semiotics.

In spite of the outstanding visual capacities of the rebus, their basic stratum is the *language*, the text, and not the image. Words, compound words, phrases, proverbs and maxims, sometimes even simple texts (referring to simple events) occur in rebus. The drawings and other visual/pictorial devices only express them. We can exemplify that if we mention some of the best known rebus texts.

In rebus books there is an oft-quoted story of the dining invitation correspondence between the Prussian King Frederick the Great and Voltaire. The King wrote to the philosopher, who was staying at the King's Court: "Deux mains venez sous Pé, cent sous scie?" ('Tomorrow [will we have] supper in [the palace] Sanssouci?'), in correct French "Demain souper à Sans-Souci." The pictorial code was two hands ('deux mains' = *demain*), followed by the *A* under the letter *P* ('sous pé' = *souper*), then a letter *à*, and the fraction *6/100* ('cent sous six') referring to the name of the palace Sanssouci. – By the way the name of the palace means 'without sorrow,' but it is not the part of the rebus technique. – The reply letter of Voltaire was equally ingenious: "Gé a grand, a petit" ("J'ai grand appétit"; 'I am very hungry'). Here the pictorial code refers to the size of the letters: Big *G* and small *a*, which can be simply written as *G a*. Of course the dinner invitation and its reply in form of rebus was a well-known old text in Europe. It was printed already in the seminal book *Champ Fleury* by Geoffroy Tory: "[…] font de ceste lettre G, & dun A. vne diuise resueuse en faisant le A, plus petit que le G, & le mettant dedans ledit G. puis disent que cest a dire. Iay grant apetit" (1529:XLII; see in general Céard and Margolin, 1986) (fig. 4).

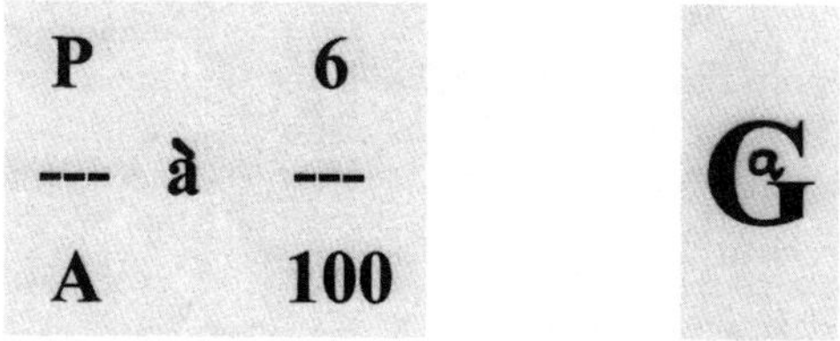


*Fig. 4*

A rebus text may be read in linear form (in our tradition from left to right and from top to bottom). The reading usually contrasts two levels: Orthography and phonetics, and very often in two languages. Distortion and re-combining the elements of the text are necessary for the understanding. The style and shape of the letters will be understood in the same way. ***LAW*** means thus 'lawfull' ('full letters') and the same solution arises if we write the word *full* in vertical ('low-full') way, i.e. 'downwards.' Letters and signs/abbreviations work together. A rebus for *Chou & Lai*, the Chinese politician Chou En-lai, uses the conjunction word in English, and for *Maotz & Toung*, the Chinese politician Mao Tse-tung, the same conjunction word was used in French (*et*). Here again two languages are involved into one rebus-like text. French writer Georges Perec has created the text for a pastiche of a scientific paper, including also names of "scholars" as *Else & Vire* and *Mace & Doyne*. I hope there is no need to explain the solutions.

For the rebus creator the most important thing is to find the appropriate visual representation for the funny text. For the name 'Montgomery' it is easy to find a pun: "A Mount goes to marry," but it is not simple to visualize the expression.

Also for the visual part the rebus pictures usually have double meanings. In art the pictures denote the "object of art," a portrait, landscape, battlefield, etc. In rebus the picture is a representation of a word, phrase, etc. The word *ham* may be the part of the leg behind the knee – and a piece of smoked pork. The last part of the city name 'Nottingham' can be visualized by either of the two. For the first part the *Nothing ~ Notting* equation comes first to the mind. The two parts can be combined if, e.g., the picture shows an empty ham can. Diligent rebus fans can figure out very cleverly such solutions. For the meaning 'nothing' it is typical in rebus texts to show *NOTHING*, i.e. something is missing or not visualized in the text, e.g. an empty *O* (letter), or *0* (number) may serve for that purpose. And it is "nothing" else but Ophelia's "nothing" (*Hamlet* 3, 2, 104).

In general the visual technique of the rebus drawings is simple, like in cartoons or sketches. Human types are generalized and the distinctive features emphasized. Often some seemingly unimportant details count (hairy ears, squint eyes, extremely slim or fat figures, etc.). 'Father' may be drawn as a "fat heir." In some cases the drawings are much elaborated with semiotic terminology such pictures by virtue of their "resemblance" are *iconic signs* and neither indexic nor symbolic signs.

The pictures follow a sequence, and they can follow up a whole story. A widely known rebus shows a quick scribble on a sheet of paper and the solution is a quotation from Heinrich Heine's poem *Loreley*: "Ich weiß nicht, was soll es bedeuten" ('I do not know, what does it mean'). The 'Merchant of Venice' solution is possible to visualize by drawing a Jewish merchant, and houses built along lagoon streets. The pictures may have also double meanings. A 'secretary' may be a person, a state official, a piece of furniture, and there exists also the African secretary bird. Four different drawings may represent them. The picture of 'goose flesh' or 'goose foot' can be made by showing goose's flesh or foot.

A full sentence long rebus solution, e.g. "Look around you always and see that nothing vexes nor crosses your eyes," can also be visualized in the following way: Above the letter *U* in the mid of surrounding four times by the word *look*; then in the final line the mark *&* follows, meaning 'and,' and we read *C that 0 VXS xx UR ii*. Here, *C* means 'see,' *0* means 'nothing,' *VXS* is *vexes*, *xx* are 'crosses,' *UR* means 'your,' and *ii* are similarly 'eyes' (fig. 5).

**& C that 0 VXS xx UR ii**

*Fig. 5*

The semiotic analysis of the rebus should cover all the three major parts (pragmatics, syntactics, and semantics) of semiotics, describing thus the use of rebus as sign.

The *pragmatics* gives the context for a text to be understood as a rebus. In heraldry there exist cryptic solutions, anagrams, pen names; pseudonyms are of that kind too. See e.g. the references to 'Eulenspiegel' (German 'owl' + 'mirror'), which is easy to visualize. The French writer Stendhal used 171 cryptonyms, the Danish philosopher and writer Søren Kierkegaard (his original family name is a perfect rebus, means 'church-yard') used several circles of pseudonyms. Special publications of rebus pragmatics date back to the Renaissance Age. In the traditional Japanese theatre *Kabuki* the actors wear *yukata* cloth, whose pictorial designs are explicitly rebus.

Rebus pragmatics arose from the everyday identification practice of pictures and drawings. Symbols for female/male lavatory doors are often rather enigmatic showing woman's/man's cloth, hairstyle, moustache, hats, shoes, umbrellas, walking sticks, etc. contrasted.

Another source of rebus pragmatics is the witty tradition of pictures and texts alike. A picture of a man cooking in the kitchen may be interpreted in a humorous way. A calendar showing the day Friday, 13$^{th}$ is a bad omen. A clock-face showing the time 'five to twelve' means last time, of even hint to the soon coming end.

In all human culture the pictograms or drawings (especially the symbolic ones) are culture-bound. A lion's picture has different role in African, Canadian or Chinese traditions from the King of the Animals to a dangerous beast. The Metro Goldwyn Meyer's trademark logo (a roaring lion) is understandable to many, but not to all. If somebody does not know of the "eternal resurrection" complex of the phoenix, will misunderstand the rebus with its reference.

The art of writing is important in rebus tradition. To write vertically is something extraordinary in Europe. On the other hand Chinese start the reading of the drawings according to that system. The difference of writing systems and forms gives good opportunity for rebus. For example if we use the Hebrew letters *Beth*, *Aleph*, *Nun*, *Kaph* or, in a better way *Kaph*, *Nun*, *Aleph*, *Beth*, it will stand for the meaning 'Jewish Bank.' And the same four letters, together with a drawing of waves of a river, may mean the 'Jordan bank.'

As for the *syntactics* both the texts and the pictures follow their own syntax, which differs from the everyday use. The two channels of rebus syntactics are often interwoven. The rebus is more complicated if different languages are used, including also the difference between orthography and phonetics.

In 1521 was published the *Opera Jocunda Johannis Georgii Alioni Astensis, metro maccaronico, materno et gallico composita* of the Italian poet Giovan Giorgio Alione, where we find a series of rebus composed in a verse form "rondeau d'amours." The text begins with the lines "Amour fait moult, sargent dely se mesle" (in correct form "Amour fait moût; s'argent de ly se mesle") which is depicted with 5 drawings: Amor in a tub pressing wine, a sergeant, a rasp, a lily, and a sole. The second line is simpler "Car mes cincq sens sont en trauail pour celle" which is depicted by 5 drawings: Two Carmelite nuns, *V* (*cinq* = 'five'), *c* (*cent* = 'hundred'), a man in works, and a sow (*purcelle*). Alione was using in his texts his Astian dialect, the Italian, and the French (see Bosio, 1993:78–92).

The syntactics of the pictures (and of the words) has some specific rules. Letters can be omitted or substituted. The picture of a simple temporary building, minus the letter *r* means 'barack' (with one *r*) and a picture of a banana, with one end cut off plus the signs *n* = *m* may stand for 'Barack Obama' (the "end" was cut off). Another possibility is to combine the surname with the word 'baroque,' exemplified e.g. by a baroque building (adding the explanation *o* = *a*).

The *semantics* of the rebus is built again on the two levels of pictures and texts. There is the semantic difference between a direct "meaning" and a more general or deep "sense." If we see in a rebus a drawing of a wasp or a bee we can chose either of the levels of the meaning. Similarly a fly can be understood also as for airlines, air traffic etc. Rebus is using the *denotation/connotation* dichotomy too. The word *Capitol* may mean the 'temple of Jupiter in Rome' or the 'building of the Congress in the United States' and the drawing will be selected according to the particular level of the meaning. A maiden with a Phrygian hat means 'Marianne,' i.e. France. A maiden with an arch may designate 'Joan of Arc,' another symbol of France. A corpulent man, often dressed in the Union Jack is, of course, 'the Englishman,' or 'England.' A bear on the Moon may refer to 'Soviet astronauts.' The pictures generalize, like the cartoons or the mocking pictures. A fat man looks like a tub; an old woman is binding to her knee. One panama hat or a sombrero means a 'Latin American person.' The well known palindrome, saying "A man, a plan, a canal, Panama" is an excellent rebus, with the "bonus" that it is readable from both ends.

If the drawings are simple, their meaning is also simple. They follow the primary everyday pictorial language: Waves stand for 'sea' or 'lake,' three arrows mean 'electricity' or 'high voltage,' and skull and bones symbolize the 'danger.' A man with a skull in his hands suggest the quotation "To be, or not to be?," or 'Hamlet,' Prince of Denmark, etc. And it is easy to elaborate it further or to make a travesty rebus of it, e.g. the same man holds not a skull, but a bee, or two bees in his hands, again with reference to the "to be" = 'two bees' sentence (or the same picture with one empty hand = 'not to be'). Mass media shows thousands of visual signs and they can serve as the basic units of the rebus. Red star, red cross, red crescent, several stars above hotel entrances are worldwide understandable and we do not realize the originally enigmatic character of their picture. On the other hand all knowledge of rebus-deciphers is limited. Not everybody knows that a lone star may refer to Texas.

In confronting orthography with phonetics there are differences between languages. Standard Italian and Hungarian pronouncing is simple. On the other hand French and English gives a wide possibility of pronouncing words in various ways. French *moi* ('me,' 'I'), *moins* ('less') or *mois* ('month') sound very similar. The common verb *c'est* ('it is') can refer to hundreds of different phrases, i.e. to one-hundred different pictures in rebus. English *pear* and *pearl* evoke very different drawings, but both may occur in rebus either as a fruit or as a jewel. Multilingual rebus frequently uses such forms. *Hamburger* (sandwich) in American is a loan word from German, with the original meaning 'of the city Hamburg,' and it is not related to ham. But its derivations, as *Cheeseburger*, deepen the mistake of the word *ham*. Language puns are not always easily translatable (e.g. the "false" comparison *moth/mother/modest*), and language peculiarities (e.g. French *4 - 20 - 12 = 92* for the counting) are not transferable either. The names for the days of the week sometimes are apt for rebus. Russian *sreda*, German *Mittwoch* both suggest 'the mid of the week' as the meaning for Wednesday – which English word does not have the same capacity.

It is a truism that proverbs and riddles, jokes and rebus are inseparable from one another. By studying one we learn also the others. At the end of my preliminary sketch of rebus meanings from the point of view of semiotics I have to make two more remarks.

In my contribution I have dealt only with the simple forms of rebus. But there are many more developed forms. Italian Renaissance literature, e.g. in the *Hypnerotomachia Poliphili* (1499), then the so-called *Rebus di Picardia* (1491–1506) show already very elaborated sets of pictures and complicated texts. Rebus journals and other publications since then stand in high esteem of the enthusiasts. A professor of semiotics at the University of Toronto, Marcel Danesi published a summary *The Puzzle Instinct* (2002) and placed thus the rebus into the larger context of human cultures.

My second remark is about the differences in rebus traditions. Even if the principles of rebus are the same around the world, it is easy to find the differences between Dutch, French, German and Austrian, English and American, etc. rebus. The same may be said concerning historical stratification studies of the rebus. To describe it will remain the task of another study.[4]

One of the *Leitmotifs* in Wolfgang Mieder's life work – following the path of his close friend and master, Lutz Röhrich – is to combine texts with pictures. I hope he will find my rebus analysis parallel with his own intentions.

## *Notes*

1 It would be unnecessary to list here the major works on riddles (and other brachilogisms) by Aldo Santi, Archer Taylor, G.L. Permiakov and others, which do not say much on rebus. Hain describes briefly the "Bildrätsel" (1966:52). In Koch (1994:75–81) there is a summarizing entry on "Droodle" by Mechthild Becker and Walter Koch but there is no proper entry concerning rebus.

2 Among the very few comparative rebus publications see Hoffmann (1869), Delepierre (1870), and Bosio (1993). For German texts see Volkmann (1923), and Schenck (1973). It is interesting to compare the rebus texts with the imagery of proverbs (see Bässler, 2003).

3 I do not feel necessary to refer here to the handbooks of semiotics; Roemer (1982) speaks on "visual descriptive riddle," and not on rebus.

4 In my paper (2013) I tried to exemplify it with Hungarian rebus material. For example, the Hungarian writer Mór Jókai wrote a short novel *A debreceni lunátikus* (1860), where, as a part of a Calvinist college examination, he quoted two rebus in Latin:

| | |
|---|---|
| *O quid tua te*<br>*be bis bia abit* | ('O, superbe, quid superbis, tua superbia te superabit'; the key is the writing the words 'above' [*super*]) |

and

| | |
|---|---|
| *ra ra ra es*<br>*et in ram ram ram ii* | ('Terra es et in terram ibis'; the key are the Latin words *ter* 'three times' and *ii* = *bis* 'two times') |

The first text was known already in Tabourot (1986 [1595]:18), and was noticed in England in the first half of 19th century. In variants of the same rebus there are some differences, e.g. *cur* instead of *quid*, *bis* instead of *ii*. It is obvious for a Europe-wide tradition in several centuries. I thank to my Hungarian colleagues István Margócsy and Csaba Szigeti for comments of my 2013 paper.

## *Bibliography*

Bässler, Andreas. 2003. *Sprichwortbild und Sprichwortschwank: Zum illustrativen und narrativen Potential von Metaphern in der deutschsprachigen Literatur um 1500.* Berlin et al.: de Gruyter (Quellen und Forschungen zur Literatur- und Kulturgeschichte, 27).

Bosio, Franco. 1993. *Il libro dei rebus.* Milano: Vallardi.

Céard, Jean & Jean-Claude Margolin. 1986. *Rébus de la Renaissance: Des images qui parlent.* 2 vols. Paris: Maisonneuve et Larose.

Danesi, Marcel. 2002. *The Puzzle Instinct: The Meaning of Puzzles in Human Life.* Bloomington: Indiana University Press.

Delepierre, Octave. 1870. *Essai historique et bibliographique sur les rébus.* Londres: Impr. de Wertheimer.

Hain, Mathilde. 1966. *Rätsel.* Stuttgart: Metzler (Sammlung Metzler, 53: Abt. E, Poetik).

Hoffmann, F.R. 1869. *Grundzüge einer Geschichte des Bilderräthsels: Mit zahlreichen Illustrationen.* Berlin: Rud. Hoffmann.

Koch, Walter A. (ed.). 1994. *Simple Forms: An Encyclopaedia of Simple Text Types in Lore and Literature.* Bochum: Brockmeyer (Bochum Publications in Evolutionary Cultural Semiotics, 4).

Roemer, Danielle M. 1982. "In the Eye of the Beholder: A Semiotic Analysis of the Visual Descriptive Riddle." *Journal of American Folklore* 95, 173–199.

Schenck, Eva-Maria. 1973. *Das Bilderrätsel*. Hildesheim et al.: Olms.
Tabourot, Étienne. 1986 [1595]. *Les Bigarrures du Seigneur des Accords*. 2 vols. Facsimile editon by Francis Goyet. Genève: Droz (Textes littéraires français, 340).
Tory, Geoffroy. 1529. *Champ Fleury*. Paris: Tory & Gourmon.
Voigt, Vilmos. 2013. "A rébusz." *2000: Irodalmi és társadalmi havi lap* 25/1, 62–74.
Volkmann, Ludwig. 1923. *Bilderschriften der Renaissance: Hieroglyphik und Emblematik in ihren Beziehungen und Fortwirkungen*. Leipzig: Karl W. Hiersemann (Veröffentlichungen des Deutschen Vereins für Buchwesen und Schrifttum).

# Das 'Lohrer Schneewittchen': Zur Fabulologie eines Märchens

*Wolfgang Vorwerk*

## Einleitung

Unvergessen bleibt mir der nach ihrem eigenen Bekunden "ironisch-verschreckte" Blick von Sabine Wienker-Piepho am 13. September 2012 in Volkach. Ausgelöst wurde diese Reaktion dadurch, dass ich ihr und meinem Freund Wolfgang Mieder einen der drei "Urväter" des 'Lohrer Schneewittchens', Karlheinz Bartels, und seine Frau Rosie vorstellte. Das Ehepaar Bartels war zusammen mit mir zur Verleihung des *Europäischen Märchenpreises* an Wolfgang Mieder aus dem waldreichen Lohr am Main ins 70 km entfernte weinreiche Volkach gekommen. "Ganz so schlimm sind wir [Lohrer] nun wirklich nicht, auch wenn wir behaupten, dass Schneewittchen eine Lohrerin sei [...]", schrieb ich Sabine Wienker-Piepho wenige Tage nach dem für uns so beeindruckenden Festakt der *Märchen-Stiftung Walter Kahn*, nicht ohne die 2. Auflage von Bartels *Schneewittchen: Zur Fabulologie des Spessarts* ([2]2012 [[1]1986]) beigefügt zu haben.[1]

Ich möchte Volkach zum Anlass nehmen, etwas näher darauf einzugehen, was es mit diesem 'Lohrer Schneewittchen' auf sich hat, wurde es eben doch – entgegen allen unbestrittenen Forschungsergebnissen zum Grimm'schen Märchen – lokalisiert und in eine bestimmte Zeit versetzt! Wolfgang Mieder, der die humorvollen Seiten der gerade auch Märchen mit umfassenden Sprichwortforschung so sehr schätzt (1986 & 2007 & 2009), mögen die nachfolgenden Zeilen gewidmet sein.[2]

## Die Entstehung eines Scherzes

Ein Rückblick ist bereits ein wesentlicher Teil der Antwort darauf, was es mit dem 'Lohrer Schneewittchen' auf sich hat. Es begann alles mit einer Parodie vor 50 Jahren! Im Jahre 1963 erschien ein Büchlein mit dem Titel *Die Wahrheit über Hänsel und Gretel: Die Dokumentation des Märchens der Brüder Grimm* (Traxler, 2007). Damals schlug einer neuen wissenschaftlichen Disziplin, der 'Märchenarchäologie', die große Stunde (Traxler, 2007:102). Mit ihrer Hilfe lokalisierte der Autor Hans Traxler bzw. sein fiktiver Hobbyarchäologe und Studienrat an einem Aschaffenburger Gymnasium, Georg Ossegg, das Märchen der Brüder Grimm im Spessart. Ossegg konnte das Elternhaus der beiden Kinder bei Rohrbrunn im Hochspessart nachweisen, vor allem aber auch das angebliche Lebkuchenhaus der Hexe bei Laufach ausgraben und so das gesamte Märchen im Spessart verorten (Traxler, 2007:121). Eine gekonnte Parodie auf die Wissenschaftsgläubigkeit der 60er Jahre.

*Die Entstehung einer Institution: Der Lohrer 'Arbeitskreis Fabulologie'*

Es sollten mehr als 20 Jahre ins Land gehen, ehe Traxlers *Die Wahrheit über Hänsel und Gretel: Die Dokumentation des Märchens der Brüder Grimm* und seine sog. 'Märchenarchäologie' zu Weiterungen am Ostrand des Spessarts führten. 1985 war ein 'Arbeitskreis Fabulologie' in Lohr gegründet worden, so berichtete der promovierte Lohrer Apotheker, Pharmaziehistoriker und Märchenfreund Karlheinz Bartels in seinem Artikel *Neue Erkenntnisse über "Hänsel und Gretel"*, der – schon damals – den Untertitel *Ein Beitrag zur Fabulologie des Spessarts zum Jahr der Gebrüder Grimm* führte (1985). Es ging darum, dass der Arbeitskreis durch seine Recherchen die Traxler'sche Beweislage, das Märchen im Spessart zu lokalisieren, weiter erhärtet habe.

An und für sich war jener Artikel des Jahres 1985 als Aprilscherz im *Main Echo/ Lohrer Echo* gedacht (Bartels, $^{2}$2012 [$^{1}$1986]:67). Aus redaktionellen Gründen war er jedoch erst am 13. April als "Satire" veröffentlicht worden (Bartels, 1985:10).

Ob Aprilscherz oder Satire, der Beitrag von Bartels über Hänsel und Gretel wäre heute längst vergessen, hätte Bartels nicht den Begriff 'Fabulologie' im Untertitel seines Beitrags und zugleich den Lohrer 'Arbeitskreis Fabulologie' in die Welt gesetzt, daran konsequent festgehalten und unbeirrt zur Grundlage aller seiner weiteren Veröffentlichungen gemacht. Ich erinnere mich noch, wie mir Bartels vor Jahren diesen Ausdruck erläuterte, was natürlich nur in "lockerer Stammtischrunde" erfolgen konnte (Bartels, $^{2}$2012 [$^{1}$1986]:68). Hatte ich doch anfangs immer 'Fabulogie' verstanden und auch gesagt! Nein, so Bartels, 'Fabulogie' und 'Fabulologie' hätten nichts miteinander zu tun. 'Fabulologie' setze sich aus *fabula* (lat. 'Märchen') und dem griechischen Wort *logos* für 'Wissenschaft' zusammen und bedeute 'Märchenwissenschaft'. So werde aus *fabula* und *logos* nicht 'Fabulogie', sondern eben 'Fabul-o-logie'. Das Geheimnis der Fabulologie sei ihre "rein deduktive Methode", d.h. eine These aufzustellen und diese mit Fakten zu untermauern. Es gelte, Text, Örtlichkeiten und Historie – "rein deduktiv" und damit "streng fabulologisch-wissenschaftlich" – miteinander in Einklang zu bringen.

Dem hehren Arbeitskreis gehörte in jenen 80er Jahren neben Bartels eigentlich nur noch der damalige Leiter des *Spessartmuseums* in Lohr, Werner Loibl, an. Loibl erinnerte sich in einem Telefonat vom 30.04.2013 mit mir noch daran, wie Bartels bereits Anfang 1985 den Begriff einführte: keineswegs mit einem "Heureka", sondern eher verhalten, da sich Bartels der Reaktion seiner Mitfabulologen keineswegs sicher gewesen war. So habe er, Loibl, dem Begriff keinerlei Bedeutung beigemessen und dies auch zum Ausdruck gebracht. Er habe ihn als terminologische Spielerei von Bartels abgetan, zumal jener damals schon, seit 1972, Lehrbeauftragter für medizinische und pharmazeutische Terminologie an den Universitäten in Würzburg und Frankfurt am Main gewesen war. Karlheinz Bartels aber hat von diesem Begriff seither nicht mehr abgelassen.

Schon bald fusionierte dieser 'Arbeitskreis Fabulologie' mit der 1982 vom Lohrer Schuhmachermeister Helmuth Walch gegründeten sonntäglichen Stammtischrunde im Lohrer Weinhaus *Mehling*. Die drei späteren Urväter des 'Lohrer Schneewittchens' – Walch, Bartels und Loibl – hatten sich gefunden.[3] Arbeitskreis und Stammtisch existieren bis heute! Ich stieß 2008 über Helmuth Walch dazu. Karlheinz Bartels hat als einziger noch lebender Fabulologe sozusagen den Ehrenvorsitz inne.

Doch zurück: In dieser beruflich recht bunt gemischten Runde wurde von Anfang an bei Frankenwein fabuliert und wurden Geschichten gesponnen. Es war auch diese weinselige Lohrer Stammtischrunde, in der 1985 der Gedanke aufkam, nicht einfach nur die Traxler'schen "märchenarchäologischen Forschungen" zu Hänsel und Gretel fortzuführen, sondern ein eigenes Märchen der Brüder Grimm direkt für Lohr zu "okkupieren", wie es Bartels später einmal formulierte ([2]2012 [[1]1986]:68). Noch fehlte aber die zündende Idee.

## *Die Eingebung: Märchenspiegel und damit Schneewittchen aus Lohr*

Es war einer der drei Fabulologen, genauer gesagt Werner Loibl, der im Oktober 1985 weiterhelfen konnte. Loibl erinnerte sich noch im März 2013 bei einem Telefonat, wie in jenem Monat Oktober 1985 kurz vor Mitternacht "bei der intensiven archivarischen Beschäftigung mit dem barocken Großbetrieb der kurmainzischen Spiegelmanufaktur zu Lohr" vor seinem geistigen Auge plötzlich ein Zusammenhang auftauchte, der ihn eigentlich nicht einmal verblüfft habe, weil er ihn so naheliegend fand: der Zusammenhang zwischen dem "Spieglein, Spieglein an der Wand" aus dem Märchen *Schneewittchen* und den sog. 'Lohrer Spiegeln' aus ebendieser Spiegelmanufaktur (1698–1806). Eine neue, aus Frankreich in Lohr eingeführte und perfektionierte Technologie hatte es in der Lohrer Spiegelmanufaktur erstmals überhaupt rechts des Rheins möglich gemacht, das ganze 18. Jahrhundert hindurch großdimensionierte Spiegel von höchster Qualität für Königs- und Fürstenhäuser herzustellen (Loibl, 2012). Der "wunderbare Spiegel", den die Königin im Märchen hatte, müsse doch einer jener prunkvollen Lohrer Spiegel gewesen sein, wenn es diesen Märchenspiegel je realiter gegeben hat, schlussfolgerte er. Schon aufgrund ihrer Qualität hätten die Lohrer Spiegel von jeher die Wahrheit gesprochen.

Der natürlich sogleich bei der nächsten Stammtischrunde und im Arbeitskreis erörterte Loibl'sche Gedanke setzte sich in den Köpfen fest und ließ alle nicht mehr los. Wenn der märchenhafte wunderbare Spiegel aus Lohr kommt, dann müsse doch auch Schneewittchen eine Lohrerin gewesen sein, schlussfolgern die drei Fabulologen Walch, Bartels und Loibl in weinseliger Runde. Man lachte darüber und schüttelte den Kopf. Aber immer wieder kam dieser Gedanke auf, setzte sich fest und war "nicht mehr umzubringen", wie Heinrich Spoerl einmal so schön in seiner unvergessenen *Feuerzangenbowle* formulierte (1969:97). Die Idee war geboren. Das war auch der historische Moment, der Jahre später – 1991 – den Lohrer Künstler Roland Schaller dazu veranlasste, die drei Fabulologen in einem Porträt zu verewigen (Abb. 1). Das Original befindet sich seit 2006 im *Spessartmuseum* zu Lohr. Seit Januar 2013 gibt es auch eine Replik (mit dazugehörigem Text), die über dem schon legendären 'Schneewittchen-Stammtisch' im Weinhaus *Mehling* hängt. Wer aber könnte das 'Lohrer Schneewittchen' gewesen sein?

*Abb. 1: Porträt der drei Lohrer Fabulologen Helmuth Walch, Karlheinz Bartels und Werner Loibl (von links). Illustration: Roland Schaller (1991)*

## *Schneewittchen – Maria Sophia Margaretha Catharina von Erthal*

Es war nun der gleichermaßen nie um Einfälle verlegene Karlheinz Bartels, der seinen Blick auf das ehemals kurmainzische Schloss in Lohr lenkte. Lohr gehörte von 1559 bis 1808 zum Kurfürstentum Mainz. Als Vertreter der Kurfürsten residierte und regierte im Schloss ein Mainzer Oberamtmann. Dort wurde, so fand Bartels bald heraus, ausweislich Lohrer Pfarrmatrikel am 19. Juni 1725 Maria Sophia Margaretha Catharina von Erthal getauft. Maria Sophia war die Tochter des damaligen kurmainzischen Oberamtmannes des Oberamtes Lohr, Philipp Christoph von Erthal (1719–1748). Die Taufe war noch am Tag ihrer Geburt vorgenommen worden, wie die jüngsten Forschungen von Werner Loibl zum exakten Geburtsdatum von Maria Sophia ergeben haben (mündliche und schriftliche Mitteilung vom 30.08.2013). Der Chronist der Familie von Erthal, M.B. Kittel, charakterisierte Maria Sophia als einen "Engel an Barmherzigkeit und Güte", als "wohltätig gegen Arme und Nothleidende", als "ein Mädchen von besonderer Liebenswürdigkeit", kurzum, als den personifizierten Liebreiz, der so auch von Schneewittchen im Märchen verkörpert wurde.

Auch eine Stiefmutter gab es in diesem Bartels'schen Märchen. Es war Claudia Elisabeth von Venningen, geb. von Reichenstein (1703–1767), die der Vater nach dem Tod seiner ersten Frau 1743 geheiratet hatte, als Maria Sophia gerade 17 Jahre alt war.

Sie war nachweislich herrschsüchtig und bevorzugte ihre eigenen leiblichen Kinder, wie Loibl herausfand (1992:13).

Auch anderen Bezugspunkten aus dem Märchen konnten "Fakten, Daten und Örtlichkeiten" – "streng fabulologisch-wissenschaftlich", also rein deduktiv – zugeordnet werden (Bartels, $^{2}$2012 [$^{1}$1986]:63). Dazu gehörten auch die Zwerge des Märchens. Es waren jene kleinwüchsigen Bergarbeiter, die im 35 km von Lohr entfernten Bieber unter Tage in den dortigen Minen nach Erzen gruben.

Das zentrale "Beweisstück", das Lohr sogar eine Art von Alleinstellungsmerkmal verleiht, war die Erkenntnis, dass die Lohrer Spiegel auch in der Lage sind, durch ihre Sinnsprüche in den Medaillons der Rahmung gleichsam zu ihren Betrachtern zu "sprechen". Die Erkenntnis, dass Sprechen auch durch Schrift möglich ist, sei nicht neu, hob Loibl hervor. Schon Konfuzius habe auf die Schrift als "Ausdruck von Sprache" hingewiesen.

*Abb. 2:* *Im rechten oberen Medaillon der Rahmung des "sprechenden Spiegels" (nach 1713) ist deutlich "Amour Propre" zu lesen. Foto: Andreas Eich (2013); Spessartmuseum zu Lohr (Landkreis Main-Spessart)*

Das beste Beispiel für einen solchen "sprechenden Spiegel" war und ist bis heute ein prunkvoller, 1,60 m hoher Spiegel im *Spessartmuseum* zu Lohr, dem vormals elterlichen Schloss Maria Sophias. Der Spiegel wurde nachweislich nach 1713 in der Lohrer Manufaktur hergestellt und hat Lohr mit an Sicherheit grenzender Wahrscheinlichkeit nie verlassen. Philipp Christoph fand ihn also möglicherweise schon bei seinem Amtsantritt 1719 in den Räumlichkeiten des Schlosses vor. Dieser Spiegel "spricht" mit seiner in französischer Sprache gehaltenen Inschrift "Amour Propre" im rechten oberen Medaillon der Rahmung doppelsinnig von "wahrer" wie auch von Eigenliebe (Abb. 2).

Diese "streng fabulologisch-wissenschaftlichen" Gedanken mussten natürlich auch zu Papier gebracht werden, was Karlheinz Bartels übernahm. Die erste Veröffentlichung aus seiner Feder erschien anlässlich einer Tagung der bayerischen Heimatpfleger in der Zeitschrift *Schönere Heimat*, dem Vereinsorgan des Bayerischen Landesvereins für Heimatpflege, unter dem Titel *War Schneewittchen eine Lohrerin?: Zur Fabulologie des Spessarts* (1986). Auch die bald darauf folgende Monografie *Schneewittchen: Zur Fabulologie des Spessarts* ($^{2}$2012 [$^{1}$1986]), wies sich klar und deutlich als ein fabulologisches Werk aus. Doch damit nicht genug: Mit "Vivat Fabulologia!" schloss Bartels schon seinen ersten Beitrag (1986:396), nicht ohne diesen Ausruf – wie dann auch in seinem Buch – um die von Helmuth Walch ausgesprochene Einladung des Lohrer Stammtisches zu bereichern: "Und wenn wir wieder einmal Windeier aufschlagen, laden wir Sie wieder zum Essen ein" ($^{2}$2012 [$^{1}$1986]:66 Anm. 30).

Interessanterweise bezeichnete Bartels von Anfang an den oben erwähnten Prunkspiegel im *Spessartmuseum* zu Lohr als Beispiel eines "sprechenden Spiegels" (1986: 395 & $^{2}$2012 [$^{1}$1986]:57), jedoch wagte es allein Werner Loibl, in vorsichtiger Weise einen direkten Bezug zum Märchen herzustellen. So äußerte er, dass sich vielleicht hinter den französischen Sinnsprüchen jener "sprechende Spiegel der Märchenfigur" verbergen könnte (1987:1654). Es sollte jedoch noch einige Jahre dauern, ehe der Spiegel – wohl zwischen 1994 und 1998 – erstmals in den Medien als "Schneewittchenspiegel" bezeichnet wurde. Damit war ein "von der Zusammenschau der Kernelemente her naheliegender Begriff" erfunden worden (Bald, 08.07.2013).

Die weltweite Reaktion der Medien auf Bartels Aufsatz in *Schönere Heimat* (1986) war unerwartet und heftig: "In die beschauliche fränkische Stadt Lohr am Main zwischen Würzburg und Aschaffenburg und das dortige Spessartmuseum brach die bunte Medienwelt ein" erinnerte sich Loibl (1987:1654). Der selbst vielleicht am meisten überraschte Bartels bezeichnete dies in seinem Buch als "die Eskalation eines Scherzes" ($^{2}$2012 [$^{1}$1986]:67). Dies jedoch ist ein anderes Thema.[4]

## Was hat es nun mit dem 'Lohrer Schneewittchen' auf sich?

Schon aus dem Bisherigen wird deutlich, dass das 'Lohrer Schneewittchen' zwar als Scherz, natürlich mit konkreten historischen Bezügen, gedacht (Bartels, $^{2}$2012 [$^{1}$1986]: 67), von der Entstehung her jedoch ein immer wieder suchender Erkenntnisprozess war. Hervorzuheben ist daher vor allem Karlheinz Bartels' von Anfang an betonter, bereits mehrfach angeführter "streng fabulologisch-wissenschaftlicher" Ansatz.

### *Die 'Fabulologie' – ein befreiender Kunstgriff*

Schon seine Erkenntnisse zu *Hänsel und Gretel* (1985) wie später auch die Veröffentlichungen zum 'Lohrer Schneewittchen' (1986 & $^{2}$2012 [$^{1}$1986]) hatte Bartels stets – sorgsam darauf bedacht – als Beiträge zur "Fabulologie des Spessarts" apostrophiert.

Dabei hatte er auch nie einen Zweifel daran gelassen, dass viele Gedanken und Anregungen aus besagtem 'Arbeitskreis Fabulologie' und vor allem auch aus der Mitte des weinseligen Stammtisches kamen. Karlheinz Bartels sicherte sich damit also doppelt ab.

Das Pfiffige am Begriff 'Fabulologie' ist nicht nur, dass dieser schon in der ersten Veröffentlichung als Teil eines Aprilscherzes gedacht war. 'Fabulologie' und seine deutsche Wiedergabe als 'Märchenwissenschaft' waren in der Tat auch völlig aus der Luft gegriffen. Zwar gibt es neuerdings den aus dem Englischen und Französischen übernommenen Begriff einer 'Narratologie', einer Fachrichtung, in der nach theoretischen Konzepten des Erzählens gesucht wird (Pöge-Alder, 20.03.2013); jener Begriff hat von der Wortzusammensetzung her auch eine verblüffende Ähnlichkeit mit 'Fabulologie'. Einen (fach)wissenschaftlichen Terminus 'Fabulologie' habe ich jedoch bisher in keiner Sprache, in keinem Lehrbuch und keiner Enzyklopädie finden können. Er ist daher auf jeden Fall als eine originelle Neuschöpfung von Karlheinz Bartels zu betrachten, der vielleicht sogar eines Tages als Neologismus in die deutsche Sprache Eingang finden wird. Auch das deutsche Pendant 'Märchenwissenschaft' ist in der Märchenforschung als eigenständiger Begriff nicht bekannt. So ist zwar das Märchen eine Erzählgattung, die von verschiedensten Wissenschaften wie der Philologie, Literaturwissenschaft und selbst der Rechtswissenschaft untersucht wird, jedoch haben diese (wohl aus gutem Grund) den Begriff einer 'Märchenwissenschaft' nie für sich in Anspruch genommen. Nur eben Karlheinz Bartels!

Damit hat es dieser verstanden, seinen Gedankenblitzen und denen des Stammtisches und Arbeitskreises jenen Freiraum zu verschaffen, den es brauchte, um sich gerade nicht dem Vorwurf auszusetzen, man hätte ernsthaft versucht, mit den wissenschaftlichen Methoden der Märchenforschung geografisch und historisch nicht eingrenzbare Märcheninhalte zeitlich und örtlich festzulegen. Auch "pseudowissenschaftlich" (Ruf, 1995:14) ist das 'Lohrer Schneewittchen' damit keineswegs. So ist die Schaffung des Fachbereichs 'Fabulologie' im Sinne einer "scherzhaften Märchenwissenschaft" – ähnlich der Traxler'schen 'Märchenarchäologie' – bis heute ein gelungener Kunstgriff geblieben, um nicht mit den exakten Wissenschaften in Konflikt zu geraten. Für die Begriffe 'Fabulologie' und 'Märchenwissenschaft' hält also in gewissem Sinne Karlheinz Bartels das Patent.[5]

### *Selbstironie statt "neuer Erkenntnisse" zu Schneewittchen*

Den Lohrer Fabulologen lag also nichts ferner, als die etablierte Märchenforschung und Lokalhistorie ernstlich um "neue Erkenntnisse" und Forschungsergebnisse zu Schneewittchen zu bereichern.

Die Lohrer Fabulologen wollten – und dies wird von allzu ernsthaften Kritikern leicht verkannt – zunächst vor allem sich selbst auf den Arm nehmen. So zieht Bartels ([2]2012 [[1]1986]:68) auch die "märchenhafte" Parallele zwischen dem von ihm gewählten Titel *War Schneewittchen eine Lohrerin?* (1986) und Erich von Dänikens Buchtitel *Waren die Götter Astronauten?* (1970).

Am besten erkannt und auf den Punkt gebracht hat dies der damalige Redakteur der *Lohrer Zeitung*, Karl Anderlohr. So konstatierte er über die erste Veröffentlichung Bartels in *Schönere Heimat* (1986):

> "Jede Wissenschaft wirkt etwas lächerlich, wenn sie sich allzu ernst nimmt. Es bewahrt vor dem Verlust der Maßstäbe und vor Selbstüberschätzung und damit auch vor manchem Irrweg und mancher Sackgasse, wenn man sich und seine Forschungsmethoden auch einmal selbst 'auf den Arm nehmen' kann. Und das tut Dr. Karlheinz Bartels, wenn er in einem Aufsatz akribisch und durch zahlreiche Zitate und Bilder belegt, 'nachweist', daß Schneewittchen eine Lohrerin war, und zwar eine Schwester der Kirchenfürsten Friedrich Karl Josef und Franz Ludwig von Erthal und Tochter des Lohrer Oberamtmanns Christoph von Erthal. Wie sonst ließen sich die Sachen mit dem 'Spieglein, Spieglein an der Wand' und der gläserne Sarg, die sieben Zwerge hinter den sieben Bergen und vieles andere mehr schlüssig erklären?!!!" (7).

*Das 'Lohrer Schneewittchen': Schlüssig und klassisch erzählt*

Bei allem Scherz ist die Geschichte des 'Lohrer Schneewittchens' keine Märchenparodie, wurde seine Handlung weder verfremdet noch verkürzt oder umgearbeitet, um etwa das Märchen zeitkritisch zu interpretieren (siehe Mieder, 2009:14). Auch wurden die Handlungssequenzen an keiner Stelle aus dem ursprünglichen Erzählkontext herausgelöst (siehe Richter, 1990:38). Das von den drei Lohrer Fabulologen erzählte Märchen vom 'Lohrer Schneewittchen' ist vielleicht gerade deshalb die schlüssigste und stimmigste Version unter den fünf Orten, welche das Schneewittchen für sich beanspruchen wollen (siehe Lauer, 2009). Karlheinz Bartels hält sich mit gutem Grund so eng wie möglich – ein Prinz fehlt leider bis heute – an die populäre und geradezu klassische Version des Märchens von 1857. Er profitiert so von einem hohen Wiedererkennungswert seines Schneewittchens, was man von dem von der Stadt Lohr 2014 für 110.000 Euro für die neue Stadthalle erstandenen Schneewittchen, einer modernen Skulptur des Karlstädter Künstlers Peter Wittstadt, nicht unbedingt sagen kann. Karlheinz Bartels fragt sich, ob damit sein Märchen zu Ende ist oder mit dieser Figur neu beginnt (Kuntz, 2014:55). Im Volksmund hat die Figur seit einem Graffiti des Lohrer Schülers Valentin Lude bereits längst ihren Namen: 'Horrorwittchen'. Es verfolgt die verschreckt vor ihm flüchtenden Zwerge mit einem gezückten Dolch. Man lacht in Lohr wieder. Die Frage von Bartels, wie es mit dem Märchen weitergeht, werden letztlich jedoch nicht die Lohrer, sondern nur die künftigen Lohr-Besucher beantworten können (Abb. 3).

Diese haben schon einmal entschieden: bei der von dem gebürtigen Lohrer Theodor Ruf 1995 geschaffenen alternativen 'Lohrer Schneewittchen'-Figur aus dem mittelalterlichen Grafengeschlecht der Rienecker. Dieses Grafenkind soll im übertragenen Sinne sogar eine Tochter des sagenumwobenen Schwanenritters Lohengrin gewesen sein (1995:74). Lohengrin sahen die Rienecker seit dem 13. Jahrhundert als ihren Stammvater an; Lohengrins Schwan wurde daher sogar Teil der Helmzier der Rienecker. Und so habe über diese Verbindung Rieneck-Lohengrin "jeder halbwegs gebildete Mensch nicht nur im Raume Lohr" eine rieneckische Grafentochter stets mit dem Bild eines Schwänleins und letztlich mit Schneewittchen assoziiert, schlussfolgert Ruf (1995:74–75).

*Abb. 3: Gipsmodell der 2014 vom Karlstädter Künstler Peter Wittstadt geschaffenen Schneewittchen-Skulptur. Foto: Monika Büdel (2014); Main-Echo*

Das rieneckische Schneewittchen wurde aber vom Leser stets als weitaus weniger greifbar als dasjenige der drei Fabulologen aus dem Hause Erthal empfunden. Erstaunlicherweise hatte auch schon einmal vor Ruf der Mitschöpfer des Erthal'schen Schneewittchens, Werner Loibl, von einer solchen Verbindung mit Lohengrin fabuliert (1990: 23) – ohne Resonanz. Letzten Endes ist das Ruf'sche Schneewittchen, das zugleich eine philologische Arbeit ist, zu sehr eine Insiderparodie für Philologen geblieben. Für einen Nicht-Philologen sind Scherz, Ironie und ernst zu nehmende Wissenschaft einfach zu sehr miteinander verwoben, als dass die der Arbeit zweifelsohne innewohnende Ironie aus sich selbst heraus wirkt und ohne zusätzliche Erläuterungen verstanden werden kann, geschweige denn, dass die Märchenfigur Rufs je hätte ein Publikumsmagnet werden können (1995:89).[6]

## *Maria Sophia von Erthal – ein Porträt*

Wir wissen, wie Maria Sophia, das 'Lohrer Schneewittchen', in jüngeren Jahren ausgesehen haben mag. Eine Bamberger Miniatur (Abb. 4) zeigt eine junge Frau in einem grün-orangen Kleid, das mit einem schalartigen Kragen besetzt ist. Auf der hochaufgetürmten Frisur trägt sie eine ausladende weiße Haube mit rosa Besätzen. Wie es der Zufall will, war nicht nur der Entdecker des 'Lohrer Schneewittchens' ein Apotheker. Auch dieses – das einzige – Bildnis von Maria Sophia als junge Frau verdanken wir einem Apotheker – einem Apotheker namens Hans Sippel aus Bamberg. Die Staatsbibliothek Bamberg hat es 1913 als Teil der sog. 'Sippel'schen Sammlung' erworben. Das um 1770/1780 gefertigte Porträt wurde wohl nach einer Vorlage aus jüngeren Jahren der damals 45–55-jährigen angefertigt.

*Abb. 4: Miniatur Maria Sophia Margaretha Catharina von Erthals (1770/1780). Staatsbibliothek Bamberg (I R 251). Foto: Gerald Raab*

Maria Sophia starb, wohl in späteren Jahren erblindet, 1796 in der Obhut der Englischen Fräulein in Bamberg im Alter von 71 Jahren. Wie das märchenhafte Schneewittchen im Glassarg, konnten andere sie sehen, sie selbst aber nicht die anderen. Sie wurde in Bamberg beigesetzt.[7] Gegen die Abbildung von Maria Sophia auf dem erwähnten Porträt sprechen übrigens nicht "die großen Augen, die das Gesicht beherrschen". Sie seien nicht als die einer Blinden wiedergegeben (so Baumgärtel-Fleischmann, 1995:21; N.N., 1995:15). Gegen diese Zweifel Baumgärtel-Fleischmanns spricht, dass die sichtbare bildliche Darstellung einer Erkrankung, selbst wenn erkennbar, damals nicht üblich war. Außerdem spricht die markant geschnittene "Erthal"-Nase für Maria Sophia. Darauf weist der bereits oben erwähnte Erthal-Kenner Karl Anderlohr in einem Gespräch mit mir im Dezember 2014 hin.

## *Keine Liebe auf den ersten Blick*

Trotz alledem war es bei der "Wiedergeburt" des historischen Schneewittchens in den Jahren 1985/86 bei den Lohrer Bürgern keine neue Liebe auf den ersten Blick. Im Gegenteil: Sie haben sich bisher eher schwer daran getan, Schneewittchen als Kind ihrer Stadt wieder ins Herz zu schließen. Dies änderte sich erst in letzter Zeit spürbar.

So rückte stärker als früher in den Vordergrund, dass beim 'Lohrer Schneewittchen' von Anfang an vor allem auch Humor im Spiel gewesen ist. Mit einem im Mai 2013 kreierten "Lohrer Fabulologenwein" wird an die Entstehung der Lohrer Märchenfigur und somit auch an die Genese des einstigen Scherzes erinnert, nämlich daran, dass damals – 1985/86 – vielleicht etwas "streng fabulologisch-wissenschaftlich" bewiesen wurde, was streng wissenschaftlich möglicherweise in dieser Stringenz gar nicht zu beweisen ist: dass Schneewittchen eine Lohrerin gewesen sein muss.

Mit dem am 20. Juni 2013 im *Spessartmuseum* des Landkreises Main-Spessart zu Lohr eingeweihten 'Schneewittchen-Kabinett' will der Museumsleiter Herbert Bald erklärtermaßen die Besucher dazu inspirieren, selbst zu erkunden, was Wahn, Sinn, Scherz und Wirklichkeit an der Lohrer Märchenfigur des Schneewittchens ist. Er wolle so eine weitere "Eskalation des Scherzes in geordnete Bahnen lenken", sagte Bald bei der Einweihung. Möglicherweise auch, weil seit 2013 zwei Autobahnschilder an der viel befahrenen Spessartautobahn Würzburg-Aschaffenburg (A3) auf Lohr als Schneewittchen-Stadt hinweisen? Das 'Horrorwittchen' Wittstadts von 2014 war allerdings nie im Sinne der Erfinder dieser touristischen Autobahnhinweise.

In jedem Fall sei auf unseren Freund Wolfgang Mieder ein nachträgliches "Prosit Fabulologia!" zu seinem 70. Geburtstag im Februar 2014 ausgebracht. Natürlich mit einem Schluck 'Lohrer Fabulologenwein'. Denn es gibt eine verblüffende Parallele zu diesem Lohrer Kunstgriff des weinseligen Augenzwinkerns in der deutschen Literatur. Stellt nicht der uns allen bekannte deutsche Schriftsteller Hans Pfeiffer ganz am Ende der *Feuerzangenbowle* fest: "Wahr an der Geschichte ist lediglich der Anfang: die Feuerzangenbowle" (Spoerl, 1969:214).

## *Anmerkungen*

1 Sabine Wienker-Piepho hat die Vertretung des Lehrstuhls für *Volkskunde/Kulturgeschichte* an der *Friedrich-Schiller-Universität Jena* inne. Sie war in Volkach Laudatorin der Preisträgerin des *Lutz-Röhrich-Preises*, Jasmin Beer. Ich zitiere aus ihrer launigen Antwort vom 04.10.2012 auf mein Schreiben vom 19.09.2012.

2 Ich schreibe selbstverständlich nicht mehr als Wolfgang Mieders "ehemaliger Chef", wie er mich zur Verwunderung der Anwesenden in Volkach schmunzelnd und bestens aufgelegt in seiner Dankesrede nannte. Er spielte dabei auf den deutschen Generalkonsul für Neuengland mit Amtssitz Boston an, der dort in meiner Person von 2004–2008 so engagierte Lehrkräfte und Professoren wie ihn im Rahmen der Fördermöglichkeiten der Bundesregierung für die Unterrichtung von Deutsch als Fremdsprache nach Kräften unterstützte. Der folgende Beitrag zum 'Lohrer Schneewittchen' spiegelt natürlich meine rein persönliche Meinung wieder und lässt keinerlei Rückschlüsse auf die Haltung meines Arbeitgebers zu diesem Thema zu. Mit dem Auswärtigen Amt war ich noch bis Ende Juni 2013 durch eine Planstelle in der Berliner Zentrale verbunden, seit dem 01.07.2013 bin ich nun im Ruhestand.

3 Mit diesem Beitrag sei der beiden inzwischen verstorbenen Fabulologen gedacht: Helmuth Walch, der am 18. Februar 2013 durch einen tragischen Autounfall ums Leben kam, und Werner Loibl, der am 24. März 2014 verstarb. Gedankt sei an dieser Stelle allen drei Fabulologen – Helmuth Walch, Karlheinz Bartels und Werner Loibl – ohne die ich diesen Beitrag nie hätte schrei-

ben können. Auch möchte ich meinem Sohn Alexander danken, der mir gerade bei technischen Fragen der Textformatierung geduldig mit Rat und Tat zur Seite stand.

4 Marina Illy hat in ihrer 2014 fertiggestellten Bachelorarbeit im Fachbereich *Kulturwissenschaften* an der *Otto-von-Guericke-Universität Magdeburg* "History Making am Beispiel des Lohrer Schneewittchens" untersucht (05.06.2014).

5 Die Bartels'sche Urheberschaft dieser Begriffe, die auch Christine Shojaei Kawan erwähnt (2005–2006:238 Anm. 7), kommt in seinem Beitrag zu Hänsel und Gretel (1985) nicht hinreichend deutlich zum Ausdruck. Im Gegenteil: Dort spricht Karlheinz Bartels davon, dass es Ludwig Wamser, damaliger Leiter der Außenstelle Würzburg des *Bayerischen Landesamtes für Denkmalpflege* (bei einem Vortrag zur Glashütte *Birklergrundhütte* am 06.12.1984 in Lohr) gewesen sei, der den Hinweis dazu gegeben habe. Wamser habe laut Bartels auf "eine neue Forschungseinrichtung" hingewiesen, die noch in den "Kinderschuhen" stecke, aber für den Spessart von größter Bedeutung werden könnte, nämlich besagte 'Fabulologie'. Bartels Urheberschaft dürfte jedoch heute, nach nochmaliger Befragung von ihm selbst und seiner Frau, Werner Loibl sowie einer Rückversicherung bei Ludwig Wamser, außer Frage stehen.

6 "Ruf's book is a puzzle to me [...]" (Shojaei Kawan, 2005–2006:238 Anm. 7).

7 Dazu die unveröffentlichte Ausarbeitung von Barbara Grimm (*Spessartmuseum* zu Lohr) "Forschungsergebnisse zum Tod Maria Sophias, Lohr (Mai 2013, ergänzt 2015)", dankenswerterweise zur Verfügung gestellt vom Leiter des *Spessartmuseums* zu Lohr, Herbert Bald (30.04.2015).

## *Bibliografie*


Anderlohr, Karl. 1986. "Lohr dominiert im neuesten Heft 'Schönere Heimat': Der Stadt, dem Landkreis Main-Spessart und dem Regierungsbezirk Unterfranken ist eine ganze Ausgabe gewidmet." *Lohrer Zeitung*, 20. Juni 1986, S. 7, Sp. A–C.

Bald, Herbert. <herbert.bald@lramsp.de>. 08.07.2013. "Sog. Schneewittchenspiegel." Persönliche E-Mail (08.07.2013).

----------. 30.04.2015. "Philipp Christoph von Erthal." Persönliche E-Mail (30.04.2015).

Bartels, Karlheinz. 1985. "Neue Erkenntnisse über 'Hänsel und Gretel': Ein Beitrag zur Fabulologie des Spessarts zum Jahr der Gebrüder Grimm." *Main Echo/Lohrer Echo*, 13. April 1985, S. 10, Sp. A–D.

----------. 1986. "War Schneewittchen eine Lohrerin?: Zur Fabulologie des Spessarts." *Schönere Heimat* 175/2, 392–396.

----------. [2]2012 [[1]1986]. *Schneewittchen: Zur Fabulologie des Spessarts*. Erg. Neuaufl. Lohr am Main: von Törne (Schriften des Geschichts- und Museumsvereins Lohr am Main, 52).

Baumgärtel-Fleischmann, Renate. 1995. "Miniaturbildnis der Maria Sophia von Erthal." In: Renate Baumgärtel-Fleischmann (Hg.). *Franz Ludwig von Erthal, Fürstbischof von Bamberg und Würzburg: 1779–1795*. Bamberg: Diözesanmuseum Bamberg (Veröffentlichungen des Diözesanmuseums Bamberg, 7), 21 Nr. 4.

Illy, Marina. <marina.illy89@gmail.com>. 05.06.2014. "Bachelorarbeit." Persönliche E-Mail (05.06.2014).

Kuntz, Katrin. 2014. "Fabulologie: Eine Meldung und ihre Geschichte. Warum die Bürger von Lohr am Main um eine Schneewittchen-Skulptur streiten." *Der Spiegel* 50 (8. Dezember 2014), S. 55.

Lauer, Bernhard. 2009. "Wem gehört 'Schneewittchen'?: Ein Beitrag zur Verortung von Märchenstoffen und zur Herausbildung von Stereotypen." *Hessische Blätter für Volks- und Kulturforschung* 44, 390–425.

Loibl, Werner. 1987. "Spieglein, Spieglein an der Wand ...: Die kurmainzische Spiegelmanufaktur Lohr am Main." *Weltkunst: Zeitschrift für Kunst und Antiquitäten* 57/12, 1654–1656.

----------. 1990. "War Gralsritter Lohengrin ein Rienecker?" *Lohrer Echo*, 20. April 1990, S. 23.

----------. 1992. "Schneewittchens herrische Stiefmutter." *Lohrer Echo*, 28. August 1992, S.13.

----------. 2012. *Die kurmainzische Spiegelmanufaktur Lohr am Main (1698–1806) und die Nachfolgebetriebe im Spessart*. 3 Bde. Aschaffenburg: Geschichts- und Kunstverein Aschaffenburg (Studien zur Geschichte des Spessartglases, 3–5).

Mieder, Wolfgang (Hg.). 1986. *Grimmige Märchen: Prosatexte von Ilse Aichinger bis Martin Walser*. Frankfurt am Main: R.G. Fischer.

----------. 2007. *Hänsel und Gretel: Das Märchen in Kunst, Musik, Literatur, Medien und Karikaturen*. Wien: Praesens (Kulturelle Motivstudien, 7).

----------. 2009. *"Märchen haben kurze Beine": Moderne Märchenreminiszenzen in Literatur, Medien und Karikaturen*. Wien: Praesens (Kulturelle Motivstudien, 10).

N.N. 1995. "'Schneewittchen' am 16. Juni 1725 in Lohr geboren: Auf den Spuren von Freifräulein Maria Sophia Margaretha Catharina von Erthal." *Lohrer Echo*, 14. Juni 1995, S. 15.

Pöge-Alder, Kathrin. <kathrin.poege-alder@gmx.net>. 20.03.2013. "Märchenwissenschaft." Persönliche E-Mail (20.03.2013).

Richter, Dieter. 1990. "Die 'Bremer Stadtmusikanten' in Bremen: Zum Weiterleben eines Grimmschen Märchens." In: Hans-Jörg Uther (Hg.). *Märchen in unserer Zeit: Zu Erscheinungsformen eines populären Erzählgenres*. München: Diederichs, 27–38.

Ruf, Theodor. 1995. *Die Schöne aus dem Glassarg: Schneewittchens märchenhaftes und wirkliches Leben*. Würzburg: Königshausen und Neumann.

Shojaei Kawan, Christine. 2005–2006. "Innovation, Persistence and Self-Correction: The Case of Snow White." *Estudos de literatura oral* 11–12, 237–252.

Spoerl, Heinrich. 1969. *Gesammelte Werke*. München: Piper.

Traxler, Hans. 2007. *Die Wahrheit über Hänsel und Gretel: Die Dokumentation des Märchens der Brüder Grimm*. Stuttgart: Reclam (Reclams Universal-Bibliothek, 18495).

# Croatian Proverbs in Digital Media: Analysis of the Croatian Language Corpus

*Melita Aleksa Varga*

## Introduction

Croatia is said to be the land of a thousand islands, rich national heritage, and an amazing variety of customs, stories, and folklore which are still being cherished and proudly passed on to future generations. One cannot help but wonder about the vast richness of the people's cultural heritage, one of them being proverbs. However, the rich Croatian proverbial lore has been recorded only in separate minor compilations; a paremiological minimum has yet to be established. There are numerous essays that deal with Croatian paremiology and paremiography and there is still so much to do. Contemporary Croatian paremiology and paremiography deserve close scrutiny following the pioneer work of Wolfgang Mieder whose inspirational work in the field is remarkable.

The present paper aims to investigate the occurrence of Croatian proverbs in digital media, namely the works included in the Croatian national corpus. This study is only the beginning of a wider range of research of the occurrence of Croatian proverbs and their modifications in speaking and writing. The goal of this study is to establish, based on the usage of proverbs in the corpus, which are the most frequently used proverbs, in which form do they occur, whether there exist some proverb alternations that are used as well, and to compare findings with the proverbs appearing in primary school textbooks. The collected data will hopefully provide valuable information to establishing a Croatian paremiological minimum.

## Paremiology in Croatia

Taking a look at the history of paremiology and proverb collections that have been compiled in Europe and in Croatia specifically, we can note that the situation in Croatia has not been similar to that of paremiology in some other European countries. When discussing Croatian proverbs, several names have to be mentioned: Rupprecht S. Baur, Christoph Chlosta, and Peter Grzybek (1996), Tvrtko Čubelić (1975), Peter Grzybek (1996 & 1997 & 1998), Josip Kekez (1984 & 1996), and Mario Meheš (21.10.2007). To my knowledge, there are only a few collections of Croatian proverbs published in paperback format and only one accessible via Internet, published by Mario Meheš in 2007, *Hrvatske narodne poslovice* ('Croatian Folk Proverbs').

With respect to a Croatian paremiological minimum, apart from the data provided by Baur, Chlosta, and Grzybek (1996) and Grzybek (1996 & 1997 & 1998), I have not been able to find much useful information. It can therefore be stated that the Croatian paremiology, unfortunately, is still in the early stages of development, compared to major proverb studies being conducted in other European or Slavic countries.

## Proverb Compilations

For the purpose of this paper, therefore, it was not possible to base the premise of my research on particular findings, so the work has to rely on a list of proverbs originating from several sources. The primary one is Meheš's book (21.10.2007) as well as available Internet sources, whereas secondary resources include Croatian primary school textbooks, Kekez's (1984 & 1996) and Čubelić's (1975) study of proverbs, and various print media like newspapers, journals, and literary works.

*Hrvatske narodne poslovice* ('Croatian Folk Proverbs') written by Mario Meheš in 2007 is to my knowledge the only existing extensive contemporary compilation of proverbs. The book contains several historical illustrations that depict famous events in Croatian history. It lists proverbs alphabetically, without any explanation, categorization or additional information concerning their usage, occurrence or further tokenization. Some of them are codified in its dialectal form, some in their standard variant. The book does not provide information about the region where the proverb might originate from, nor the procedure or method by which the author collected it. Therefore the compilation cannot be considered a proverb collection, but merely a list of proverbs. Upon closer examination, it can be stated that 5% of the items in the collection were not proverbs, but actually proverbial phrases, idioms, winged words and slogans, according to the definitions in Neal R. Norrick (2014).

The secondary source of proverbs in the list that was due to be checked in the corpus, consisted of proverbs from Kekez's (1984 & 1996), Čubelić's monographs on folk proverbs (1975), riddles and nursery rhymes, and textbooks for the teaching of the Croatian language in primary school grades 1–4. In his book, Kekez lists proverbs, for which he claims that terminologically they belong to the simplest, smallest forms or miniatures, microstructures (1996:13), whereas Čubelić mentions folk proverbs: Short, concise, deeply thought sayings which convey a rounded judgment, conclusion, opinion about the questions and happenings in nature, society, and human life (1975).

The decision to choose textbooks as a secondary source is based on the assumption that only the most familiar or frequently occurring proverbs are taught to primary school children. Textbooks were not selected to relate to a synchronic type of research, but a diachronic one, meaning all the books that have been used in schools to teach the native language (the Serbo-Croatian until 1991 and Croatian from 1991) were considered. Finally, 17 textbooks for primary school were chosen, published from 1972 till 2007.[1] Only the highlighted elements from the textbooks were selected, which have been labeled as proverbs, 70 different items altogether (Aleksa Varga & Majdenić & Vodopija, 2011). The term 'item' is deliberately used since further analysis showed that out of these 70 items, only 62 are actually proverbs. The definition of 'proverbs' provided in Hrisztalina Hrisztova-Gotthardt (2010:25) states that proverbs are relatively short, fixed, closed phrases, which are built upon certain syntactic models and the content is expressed mostly in metaphoric form. They convey worldly wisdoms, rules and concepts. Among a certain speech or cultural community, they are widely known, but cannot be considered to bear the absolute truth.

If we therefore analyze the above-mentioned sentences, we can conclude that the following utterances cannot be labeled as proverbs:

*Dobro čini i dobru se nadaj* ('Do good and hope to get goodness').

*Dobro razmisli prije nego doneseš odluku* ('Think well before you make a decision').

*Jezik je tvoj poput lava, ako ga držiš, on će te zaštititi, ako ga pustiš, on će te rastrgati* ('Your tongue is like that of a lion, if you hold it, it will protect you, if you release it, it will tear you apart').

*Lukavošću ćeš uloviti i lava, a silom nećeš ni cvrčka* ('With cunningness you will catch the lion, with force you will not even catch a cricket').

*Mnogi na oblacima kule grade, a na zemlji ne mogu ni kućicu za pse* ('Lots of people build fortresses on clouds, and on earth they cannot even build a doghouse').

*Šale mudrih ozbiljne su riječi* ('The jokes of the wise are serious words').

*Veseo čovjek je kao sunce, kud god ide osvjetljava* ('A merry person is like the sun, wherever he goes, he enlightens the way').

*Znanje je pravo imanje* ('The knowledge is a real wealth').

The major questions that arise at this point relate to why these sentences were marked as proverbs, and upon which criteria were they included in Croatian primary school textbooks. The answers will hopefully be provided by further research. The final list of proverbs, which was due to be checked in the corpus, therefore, contained 429 proverbs in Croatian language.

## Croatian Language Corpus

The Croatian Language Corpus has been compiled by the Institute of Croatian Language and Linguistics funded by the Croatian Ministry of Science, Education, and Sports and contains more than 100 million tokens, which is extended on a daily basis by 1.5 million (Ćavar & Brozović Rončević, 22.05.2011; Croatian Language Corpus, 2007–2011). According to the corpus documentation (Ćavar & Brozović Rončević, 22.05.2011), the basic task of this project was to create publicly available resources for the Croatian language, to provide crucial information about the Croatian language standard, and other information related to Croatian language. The corpus consists of several sub-corpora from different developmental phases of the Croatian language. The authors state that their intention was not to create a balanced corpus, as it seemed rather irrelevant for the respective research goals, but an annotated text corpus, as large as possible, that could be dynamically mapped on individual sub-corpora for specific research and development interests (Ćavar & Brozović Rončević, 22.05.2011). The corpus covers written sources from the time of the beginning of the final shaping of the Croatian language, namely the second half of the 19th century. Texts belong to the following genres: Fundamental Croatian literature (e.g. novels, short stories, drama, poetry), non-fiction, scientific publications from various domains and university textbooks, school books, translated literature from outstanding Croatian translators, digital files of printed books made available by publishers, online journals and newspapers, and books from the pre-standardization period of the Croatian language that are adapted to current standard Croatian (Croatian Language Repository, 2006–2011). Twenty-eight percent of the books in the corpus belong to fiction, whereas 72% are specialized books, out of which 63% are textbooks from natural and technical sciences. The corpus is annotated in XML, aimed at including not just lemmatization and part-of-speech annotation, but also multi-level linguistic annotation (Ćavar & Brozović Rončević, 22.05.2011). All the queries, according to the information available, were made by using the PhiloLogic full-text search (no date).

Based on the body of data, therefore, it can be concluded that the Croatian language is eligible for proverb research, the outcomes of which can be regarded as being relevant for further studies and conclusions regarding the establishing of a Croatian paremiological minimum.

## Occurrence of Proverbs

Identification of proverbs in the corpus consisted of checking them from a list in the Croatian language database. However, several problems occurred at this point. Prior to conducting the research, the question of proverb variants had to be discussed. Anna T. Litovkina's and Wolfgang Mieder's research stated that there are only a few proverbs which have no variants at all, and are familiar in their canonical form everywhere, calling them "stoned" proverbs (2005:86). Therefore, among the variants obtained from the body of research, there had to be a decision made whether the variation can be linked to the proverb in the list, or whether the proverb is significantly altered and belongs to the category of anti-proverbs.[2] In her work Hrisztova-Gotthardt refers to the synchronic, diachronic, and diatopic variations of proverbs. Synchronic variants can be further divided into quantitative and qualitative ones. The diatopic is described as the most neglected variant in proverb compilations, an inevitable part if one wants to get a universal picture of each proverb (2010:118).

The search item, therefore, had to be entered in a way that the results comprise proverb variants as well, even if they are separated by several words. This was possible due to the search engine of the corpus itself that made it possible to define the range of tokens that can stand between the two elements. In the case of Croatian proverbs, the search was done either by entering a fixed set of phrases or, when appropriate, the texts were separated by three elements at most.

Results showed that there were altogether 120 proverbs mentioned in the corpus either in their canonical form or in variations. Only two proverbs were not found in their canonical form, but their anti-proverbs were mentioned, namely *Gdje koga svrbi, ondje se i očeše* ('Where one has an itch, he will scratch it there') and *Tko rano rani, dvije sreće grabi* ('He who is up early will catch two lucks'). The English equivalent is: *The early bird catches a worm*. The occurrence of anti-proverbs in the corpus suggests that proverbs are known and are being used, although their canonical form has not been recorded in the database. Since the objectives and the limitations of this paper cover only the scope of proverbs, anti-proverbs will not be further discussed.

Proverbs which occurred most frequently in their canonical form in the body of research are:

| Proverb | Occurrences |
|---|---|
| *Bolje ikad nego nikad* ('Better ever than never'). | 25 |
| *Uzdaj se u se i u svoje kljuse* ('Trust yourself and your kin'). | 25 |
| *Krv nije voda* ('Blood is not water'). | 25 |
| *Gdje ima dima, ima i vatre* ('Where there is smoke, there is fire'). | 24 |

There are nine proverbs with more than 10 occurrences in the corpus:

| Proverb | Occurrences |
|---|---|
| *Bolje spriječiti, nego liječiti* ('Better to prevent than to heal'). | 13 |
| *Bolje vrabac u ruci, nego golub na grani* ('Better a sparrow in a hand than a dove on the branch'). | 12 |
| *Jabuka ne pada daleko od stabla* ('The apple does not fall far from the tree'). | 11 |
| *Jedna lasta ne čini proljeće* ('One sparrow does not make a spring'). | 10 |
| *Vrč ide na vodu dok se ne razbije* ('The jug goes to the water until it breaks'). | 10 |
| *Odijelo ne čini čovjeka* ('Clothes do not make a man'). | 10 |
| *Sila Boga ne moli* ('The force does not beg God'). | 10 |
| *U laži su kratke noge* ('In lies the legs are short'). | 10 |
| *U strahu su velike oči* ('In fear the eyes are big'). | 10 |

Proverbs with more than 5 occurrences in their canonical form are:

| Proverb | Occurrences |
|---|---|
| *Vrana vrani ne kopa oči* ('A crow does not dig another crow's eyes'). | 9 |
| *Vuk dlaku mijenja, ali ćud nikada* ('The wolf changes its fur, but never its temper'). | 8 |
| *Tko prvi, njegova djevojka* ('The one who is the first gets the girl'). | 7 |
| *Dobar glas daleko se čuje* ('A good voice is heard far'). | 6 |
| *Tko s vragom tikve sadi, vrag će ga odnijeti* ('Who sews pumpkins with the devil, the devil will take him'). | 6 |
| *Po jutru se dan poznaje* ('The day is known by the morning'). | 6 |
| *Ruka ruku mije* ('A hand washes the hand'). | 6 |
| *Rugala se sova sjenci da ima debelu glavu* ('The owl mocked the titmouse that she has a big head'). | 6 |
| *Tko pod drugim jamu kopa, sam u nju pada* ('He who digs a hole under another, one will fall into it himself'). | 6 |

*(Continued)*

*(Continued)*

| Proverb | Occurrences |
|---|---|
| *Čovjek je čovjeku vuk* ('Man is a wolf to man'). | 5 |
| *Dojt će sunce i pred naša vrata* ('The sun will rise in front of our door as well'). | 5 |
| *I ćorava kokoš, zrno nađe!* ('Even the blind hen will find a corn'). | 5 |
| *Na muci se poznaju junaci* ('Heroes are known under torture'). | 5 |
| *Tresla se brda, rodio se miš* ('The hills were trembling, a mouse has been born'). | 5 |

The remaining 91 proverbs from the list occurred less than five times in the corpus, and have at least one anti-proverb recorded, meaning they are known and used in writing.[3]

If we further compare the results obtained with the list of proverbs found in primary school textbooks, we can see that 39% of the proverbs, which were highlighted in the textbooks do not occur in the corpus. The results can be interpreted, then, in a way that these items do not belong to the most widely used proverbs in writing, although they might be popular in oral communication. Further investigation concerning their usage might provide more useful information.

## Conclusion

Based on the outcomes of the research on Croatian proverbs, it can be concluded that at least 120 proverbs found in the Croatian language body of research should be included into the list due to be used for establishing a Croatian paremiological minimum. These proverbs occur in the written corpus of the Croatian language either in their canonical form and/or with their anti-proverbs, suggesting that they have been in oral communication as well. Further investigation concerning the sources of the occurrence of the paremia in the corpus will hopefully provide answers to their origin, usage and the textual context, which will yield important premises for the establishment of a Croatian paremiological minimum and the provision of an extensive dictionary of Croatian proverbs.

### *Notes*

1 Textbooks studied are: Ana Gabrijela Šabić & Ivan Vitez & Josip Baričević, *Hrvatska početnica: Udžbenik iz hrvatskoga jezika i književnosti za 1. razred osnovne škole* (Zagreb: Školska knjiga, 1994); Ankica Španić & Jadranka Jurić, *Čitanka 3 za 3. razred osnovne škole* (Zagreb: Školska knjiga, 2006); Ankica Španić & Jadranka Jurić, *Čitanka 4: Radni udžbenik za 4. razred osnovne škole* (Zagreb: Školska knjiga, 2006); Ante Bežen & Vesna Budinski, *Hrvatska čitanka 3: Udžbenik književnosti za 3. razred osnovne škole* (Zagreb: Profil, 2006); Ante Bežen & Vesna Budinski, *Hrvatska čitanka 4: Udžbenik književnosti za 4. razred osnovne škole* (Zagreb: Profil, 2006); Dubravka Kolanović & Davorka Mihoković & Ivo Zalar, *Hrvatska čitanka 3: Čitanka za 3. razred osnovne škole* (Zagreb: Školska knjiga, 2004); Dubravka Težak & Sanja Polak & Darko Cindrić, *Čarolija riječi: Čitanka za 4. razred osnovne škole* (Zagreb: Znanje, 2006); Edo Vajnaht, *Zlatna lađa: Čitanka za drugi razred osnovne škole* (Zagreb: Školska knjiga, 1972);

Kata Lučić, *Pružite, djeco, dlan: Čitanka za treći razred osnovne škole* (Zagreb: Školska knjiga, 2005); Neda Bendelja & Edo Vajnaht, *Sunčeva ljuljačka: Čitanka za II. razred osnovne škole* (Zagreb: Školska knjiga, 1983); Sandra Centner & Anđelka Peko & Ana Pintarić, *Zlatni dani 2: Čitanka s gramatikom i pravopisom za 2. razred osnovne škole* (Zagreb: Školska knjiga, 2006); Sandra Centner & Anđelka Peko & Ana Pintarić, *Zlatni dani 3: Hrvatski jezik i književnost za 3. razred osnovne škole* (Zagreb: Školska knjiga, 2006); Sandra Centner & Anđelka Peko & Ana Pintarić, *Zlatni dani 4: Hrvatski jezik i književnost za četvrti razred osnovne škole* (Zagreb: Školska knjiga, 2004); Sanja Polak & Dubravka Težak & Darko Cindrić, *Carstvo riječi: Čitanka-udžbenik za 3. razred osnovne škole* (Zagreb: Znanje, 2006); Tamara Turza-Bogdan & Slavica Pospiš, *Vrijeme igre: Čitanka za 3. razred osnovne škole* (Zagreb: Alfa, 2006); Terezija Zokić & Jadranka Bralić, *Tajna slova 3: Čitanka za 3. razred osnovne škole* (Zagreb: Školska knjiga, 2007); Zvonimir Diklić & Joža Skok, *Žubor riječi: Hrvatska čitanka za peti razred osnovne škole* (Zagreb: Školska knjiga, 2006).

2 Anti-proverbs are deliberate proverb innovations (alternations, parodies, transformations, variations, wisecracks, fractured proverbs) (Litovkina & Mieder, 2006:5). "Like traditional gems of wisdom, they appear in a broad range of generic contexts, from personal letters to philosophical journals, from public lectures and sermons to songs, from science fiction to comics and cartoons. Anti-proverbs are also found in great abundance on the Internet, in titles of books and articles, and in magazine and newspaper headlines" (Litovkina & Mieder, 2006:7).

3 Alphabetical list of proverbs which occur less than 5 times in the corpus: *Ako laže koza, ne laže rog*; *Batina ima dva kraja*; *Ispeci pa reci*; *Kakav otac, takav sin*; *Batina je iz raja izašla*; *Besposlen pop i jariće krsti*; *Bez alata ni zanata*; *Bez muke nema nauke*; *Bez starca nema udarca*; *Bolje grob, nego rob*; *Daleko od očiju, daleko od srca*; *Domovina kakva bila, rođenom je sinku mila!*; *Gleda ko tele u nova vrata*; *Jutro je pametnije od večeri*; *Kad na vrbi rodi grožđe*; *Kad čeljad nije bijesna, ni kuća nije tijesna*; *Kako došlo, tako prošlo*; *Ko sije vjetar, žanje oluju*; *Krije se ko zmija noge*; *Kud svi Turci, tu i mali Mujo*; *Lakome su oči pri pogači*; *Lijepa riječ i željezna vrata otvara*; *Ljubav ide kroz želudac*; *Ljubav je puna jeda i meda*; *Martin u Zagreb, Martin iz Zagreba*; *Mi o vuku, a vuk na vrata*; *Mudroj glavi jedno oko dosta*; *Ne diraj lava dok spava*; *Ne laje pas zbog sela*; *Ne možeš imati i ovce i novce*; *Nema kruha bez motike*; *Nema zanata bez alata*; *Nevolja nikad ne dolazi sama*; *Neće grom u koprive*; *Ni luk jeo, ni luk mirisao*; *Nije zlato sve što sja*; *Nova metla dobro mete*; *Novac kvari ljude*; *Pala muha na medveda*; *Pametniji popušta*; *Papir trpi sve*; *Pas koji laje, ne grize*; *Poklonjenom se konju ne gleda u zube*; *Pokornu glavu sablja ne siječe*; *Pomozi si sam, pa će ti i Bog pomoći*; *Pomozi sirotu na svoju sramotu*; *Poslije kiše dolazi sunce*; *Prijatelj se u nevolji poznaje*; *Prvo skoči pa reci: "Hop"!*; *Ražanj se pravi, a zec u šumi*; *Sit gladnom ne vjeruje*; *Slijep je kod zdravih očiju*; *Slika govori više od riječi*; *Slogom rastu male stvari, a nesloga sve pokvari*; *Strpljen – spašen*; *Svaka sila za vremena*; *Svakog gosta tri dana dosta*; *Sve se vraća, sve se plaća*; *Svi putovi vode u Rim*; *Tiha voda brege dere*; *Tko kupuje što mu ne treba, prodavat će što mu treba*; *Tko ne radi, ne treba ni da jede*; *Tko ne riskira, ne profitira*; *Tko proti vetru pljuje, popljuvat će se*; *Tko radi, ne boji se gladi*; *Tko se dima ne nadimi, taj se vatre ne nagrije*; *Tko se hvali, sam se kvari*; *Tko se zadnji smije, najslađe se smije*; *Tko tebe kamenom, ti njega kruhom*; *Tko umije, njemu dvije*; *Tko visoko leti, nisko pada*; *Tko zna bolje široko mu polje*; *Tko će kome, ako ne svoj svome*; *U radiše svega biše, u štediše još i više*; *U radu je spas*; *U zdravom tijelu zdrav duh*; *Udri zlo da je gorje*; *Um caruje, a snaga klade valja*; *Umiljato janje dvije majke siše*; *Vidla žaba gdje se konji kuju, pa i ona digla nogu*; *Vrijeme je novac*; *Za svađu je potrebno dvoje*; *Zaklela se zemlja raju, da se svake tajne znaju*; *Zdravlje je najveće bogatstvo*; *Zlato se u vatri kuša*; *Zrno do zrna pogača, kamen do kamena palača*; *Čistoća je pola zdravlja*; *Čovjek snuje, Bog određuje*; *Što je dikla navikla, ko neva je obikla*; *Što možeš učiniti danas, ne ostavljaj za sutra*; *Što se babi htilo, to joj se i snilo*; *Što trijezan misli, pijan govori*.

## *Bibliography*

Aleksa Varga, Melita & Valentina Majdenić & Irena Vodopija. 2011. "Croatian Proverbs in Use." In: Associação Internacional de Paremiologia / International Association of Paremiology (AIP-IAP) (eds.). *4º Colóquio Interdisciplinar sobre Provérbios (Adenda) – Actas ICP10 / 4$^{th}$ Interdisciplinary Colloquium on Proverbs (Addendum) – Proceedings ICP10.* Tavira: Tipografia Tavirense, 3–13.

Baur, Rupprecht S. & Christoph Chlosta & Peter Grzybek. 1996. "Das Projekt 'Sprichwörter-Minima im Deutschen und Kroatischen': What is worth doing – do it well!" *Muttersprache* 2, 162–179.

Ćavar, Damir & Dunja Brozović Rončević. 22.05.2011. "Riznica: The Croatian Language Corpus." <http://cavar.me/damir/resources/CLC-Slavicorp.pdf> (31.07.2013).

[Croatian Language Corpus]. 2007–2011. "Croatian Language Corpus: Search Complete." <http://riznica.ihjj.hr/philologic/> (31.07.2013).

[Croatian Language Repository]. 2006–2011. "Croatian Language Repository: Documentation." <http://riznica.ihjj.hr/dokumentacija/index.en.html> (31.07.2013).

Čubelić, Tvrtko. 1975. *Usmene narodne poslovice, pitalice, zagonetke: Antologijski izbor primjera i rasprava o narodnim poslovicama, pitalicama i zagonetkama.* Zagreb: Sveučilišna naklada Liber.

Grzybek, Peter. 1996. "Anmerkungen zur Obsoletheit und Bekanntheit traditioneller kroatischer Sprichwörter II: Die 'Hrvatske narodne poslovice' von Juraj Vicko Skarpa (1909)." *Suvremena lingvistika* 41/42, 183–198.

----------. 1997. "Remarks on Obsoleteness and Familiarity with Traditional Croatian Proverbs III: Mijat Stojanović's 'Sbirka narodnih poslovicah, riečih i izrazah' (1866)." *Narodna umjetnost* 34, 201–223.

----------. 1998. "Explorative Untersuchungen zur Wort- und Satzlänge kroatischer Sprichwörter (Am Beispiel der *Poslovice* von Đuro Daničić) [1871])." In: Tat'jana M. Nikolaeva (ed.). *Polytropon: K 70-letiju Vladimira Nikolaeviča Toporova.* Moskva: Indrik, 447–465.

Hrisztova-Gotthardt, Hrisztalina. 2010. *Vom gedruckten Sprichwörterbuch zur interaktiven Sprichwortdatenbank: Überlegungen zum linguistischen und lexikographischen Konzept mehrsprachiger Sprichwortdatenbanken.* Bern et al.: Peter Lang (Sprichwörterforschung, 27).

Kekez, Josip. 1984. *Poslovice i njima srodni oblici.* Zagreb: Zavod za Znanost i o Književnosti.

----------. 1996. *Poslovice, zagonetke i govornički oblici.* Zagreb: Matica Hrvatska.

Litovkina, Anna T. & Wolfgang Mieder. 2005. *"A közmondást nem hiába mondják": Vizsgálatok a proverbiumok természetéről és használatáról.* Budapest: Tinta Könyvkiadó (Segédkönyvek a nyelvészet tanulmányozásához, 41).

----------. 2006. *Old Proverbs Never Die, They Just Diversify: A Collection of Anti-Proverbs.* Burlington, Vt.: The University of Vermont & Veszprém: The Pannonian University of Veszprém.

Meheš, Mario. 21.10.2007. "Hrvatske narodne poslovice." <www.os-svetvincenat.skole.hr/upload/os-svetvincenat/multistatic/6/Hrvatske%20narodne%20poslovice.pdf> (28.02.2011).

Norrick, Neal R. 2014. "Introduction: Subject Area, Terminology, Proverb Definitions, Proverb Features." In: Hrisztalina Hrisztova-Gotthardt & Melita Aleksa Varga (eds.). *Introduction to Paremiology: A Comprehensive Guide to Proverb Studies.* Warsaw: Versita de Gruyter [in print].

[PhiloLogic]. no date. "PhiloLogic3." <https://sites.google.com/site/philologic3/> (15.06.2013).

# *Er hat die Spendierhosen an*: Zu ungelösten Fragen der Idiom-Semantik am Beispiel eines wenig beachteten Modells der Phrasembildung

*Dmitrij Dobrovol'skij & Elisabeth Piirainen*

## 1 Zielsetzung und theoretischer Rahmen

Komposita wie *Müßiggang, Narrenfang* oder *Zitterwochen* sind der Parömiologie nicht unbekannt. Ihre Eigentümlichkeit besteht darin, dass sie weder "frei" verwendbare Wörter des Deutschen darstellen noch Korrelate in der "wirklichen Welt" besitzen. Vielmehr existieren sie nur als an ein Sprichwort gebundene Wörter bzw. als Elemente einer "konzeptuellen Welt". Es sind die Sprichwörter *Müßiggang ist aller Laster Anfang, Mit süßen Worten geht man auf Narrenfang* und *Nach den Flitterwochen kommen die Zitterwochen.* Innerhalb der Idiome finden sich weit mehr solcher "bizarrer" Wortbildungen bzw. Konzeptualisierungen als innerhalb der Sprichwörter – so hoffen wir, dass die folgenden Überlegungen das Interesse des verehrten Jubilars finden mögen.

Im Mittelpunkt dieses Artikels stehen Idiome des Typs (1), die durch eine komplexe Struktur der konzeptuellen Projektion hervortreten, d.h. nach einem nichttrivialen Phraseologisierungs-Modell gebildet sind.

(1) *die Spendierhosen anhaben* 'in Geberlaune sein, sich spendabel zeigen'

Das Zustandekommen der figurativen Bedeutung des Idioms beruht zwar letztlich auf Metaphorisierungsprozessen, jedoch auf anderen als im Fall von Idiomen wie *das Kind mit dem Bade ausschütten* (vgl. Mieder, 1991 & 1992), die sich anhand eines "einfachen Metaphernmodells" in den Termini der eindeutigen Source-to-Target-Projektion beschreiben lassen. Unser Idiom zeichnet sich nicht nur durch die Unikalität der Konstituente *Spendierhosen* aus, sondern auch durch das Fehlen einer klaren Ausgangsdomäne; eine "wörtliche Lesart" kann nur im Nachhinein konstruiert werden (Näheres dazu in Abschnitt 3).

Die Erforschung des figurativen Lexikons mit der zentralen Gruppe der Idiome, mit bildlichen Sprichwörtern, bildlichen Komposita und anderen figurativen Einheiten blickt auf eine lange Tradition zurück. Standen in der frühen Idiomforschung (oder Phraseologieforschung in einem weiteren Sinn) eher Fragen der Idiomstruktur, Pragmatik oder auch der Modifikation und des Textverhaltens von Idiomen im Vordergrund, so lässt sich seit etwa dreißig Jahren eine Hinwendung zu Fragen der Semantik erkennen. Nicht unbeteiligt an dieser semantischen Umorientierung waren vermutlich die damals innovativen Arbeiten zur Kognitiven Metapherntheorie (u.a. Lakoff, 1987 & $^{2}$1993; Lakoff & Johnson, 1980).

Seitens der Phraseologieforschung wurden diese Arbeiten zumeist positiv aufgenommen. Seither sind zahlreiche Beiträge zur Idiomatik erschienen, die sich die Lakoff'sche Metapherntheorie zunutze machen. Einerseits erweist sich der dort entwickelte metasprachliche Apparat (mit Termini wie *source domain, target domain, metaphoric model* oder auch *invariance hypothesis* bzw. *invariance principle* in der späteren Version) als hilfreich für die Analyse von Idiomen. Andererseits wird der Metapher insgesamt zu großes Gewicht beigemessen. In vielen Arbeiten wird die metaphorische bzw. metonymische Umdeutung einer Wortfügung als das nahezu einzige Mittel der Erzeugung von Figurativität angesehen. Doch lässt sich de facto nur ein Teil der Idiome (oder der figurativen Lexikoneinheiten insgesamt) mit Mitteln der Metapher in der "einfachen Version" – wie in dem oben genannten Beispiel – erfassen. Die Frage, welche anderen Mechanismen zur Entstehung figurativer Einheiten beitragen, wurde bis jetzt nicht lückenlos beantwortet (s. dazu Abschnitt 2). Ziel des Beitrags ist es, am Beispiel eines kleinen, zuvor in dieser Weise nicht beachteten Phraseologisierungs-Modells auf weitere Fragen der Idiom-Semantik einzugehen. Somit möchte der Artikel einen kleinen Beitrag zur Theorie der Figurativität leisten; mit einem Blick auf Parallelen des hier untersuchten Idiomtyps im Deutschen (Abschnitt 4) und in anderen Sprachen (Abschnitt 5) soll zugleich der empirische Rahmen erweitert werden.

## 2 Nicht-metaphorische Phraseologisierungs-Mechanismen

Ausgangspunkt dieses Beitrags ist der Begriff der *Figurativität*. Hauptmerkmal figurativer Ausdrücke ist ihre semantische Ambiguität, d.h. die Interpretierbarkeit auf zwei unterschiedlichen konzeptuellen Ebenen: in den meisten Fällen verfügen sie über eine wörtliche und eine figurative Lesart. Der Begriff Figurativität ist keineswegs mit dem der *Metaphorizität* gleichzusetzen.[1] Vielmehr finden sich etliche figurative Lexikoneinheiten, denen ganz andere kognitive Prozesse als die einer Metaphorisierung zugrunde liegen.

In diesem Abschnitt soll der Blick zunächst auf Entstehungsmechanismen solcher Idiome gerichtet werden, die den Metaphern fernstehen, um danach auf die Analyse des *Spendierhosen*-Idiomtyps zurückzukommen. Im Folgenden befassen wir uns mit dem Zustandekommen von Idiomen aufgrund von (i) Indexalität, (ii) Intertextualität, (iii) Kultursymbolen und (iv) symbolisierten Gesten sowie mit einigen Typen des Sprachspiels, darunter (v) mit usualisierten Normverstößen, (vi) mit Namenscherzen sowie (vii) mit anderen usualisierten Wortspielen und (viii) mit Implikaturen als Benennungsmotiv.[2] Mit Idiomen des letzten Typs, deren Dekodierung einen gedanklichen Umweg erfordert, nähern wir uns dem Hauptthema des Beitrags.

### *(i) Indexalität*

Idiome, deren Entstehung als *indexal*, d.h. 'verweisend', bezeichnet wird, stehen den metaphorisch basierten Idiomen besonders fern, da die zugrunde liegenden kognitiven Prozesse nicht einmal semantischer Art sind. Vielmehr handelt es sich um einen in der Form des Idioms angelegten Verweis (ein relevantes Symptom im Sinne des Pierce'-schen Index-Begriffes) auf seine lexikalisierte Bedeutung. Hier sei ein Beispiel des pragmatischen Verweises genannt: *dann bin ich der Kaiser von China* 'das glaube ich nicht, was du da sagst'. Die figurative Bedeutung kann nicht aus der lexikalischen Struktur des Idioms abgeleitet werden. Vielmehr ist es die Absurdität dieser Aussage, die indexal mit der lexikalisierten Bedeutung des Unglaubwürdigen verbunden ist. Der Link zwischen der wörtlichen und figurativen Lesart besteht also ausschließlich in der pragmatischen Parallelität.

*(ii) Intertextualität*

In Sprachen mit einer langen Literaturtradition haben schriftliche Texte reichlich zur Erzeugung figurativer Lexikoneinheiten beigetragen. Konstituierend für Idiome dieser Gruppe (die wir behelfsmäßig als *intertextuell* bezeichnen) ist das zugrunde liegende textuelle Wissen, das den Bezug des Idiom-Textes zu einem anderen Text herstellt. Oft können diese Idiome jedoch ohne Kenntnis des intertextuellen Hintergrundes auf der Basis einer "einfachen Metapher" verarbeitet werden (vgl. *sich mit fremden Federn schmücken*, aus einer antiken Fabel: jemand verhält sich so, als ob er sich mit Federn (Verdiensten) eines anderen schmücken (aufwerten) würde).

In einigen Fällen ist jedoch die Kenntnis des zugrunde liegenden Textes unabdingbar für die Zuordnung der wörtlichen zur figurativen Lesart, wie bei dem Idiom *ein Ritt über den Bodensee* 'eine durch nichts abgesicherte, sehr waghalsige Unternehmung, deren Gefährlichkeit erst im Nachhinein zu ermessen war'. Die metaphorische Interpretation "Verhaltensweise einer Person als wäre sie der Reiter in Gustav Schwabs Ballade" setzt intertextuelles Wissen voraus: Das Idiom fasst in äußerster Verdichtung den Inhalt der Ballade "Der Reiter und der Bodensee" zusammen. Die Beziehungen einer angeblichen Sage zu der Kunstballade und dem Idiom wurden von Wolfgang Mieder (1999) umfassend erforscht.[3]

*(iii) Kultursymbole*

Bei Idiomen dieser Gruppe handelt es sich um kultursemiotisch basierte Figurativität. Sie kommen durch die Kohärenz zwischen symbolischen Phänomenen in kulturellen Kenntnissystemen außerhalb der Sprache und symbolischen Konzepten, die in der Sprache existieren, zustande, vgl. das Idiom *Gold in der Kehle haben* 'eine besonders schöne Singstimme haben'.[4] GOLD ist ein vitales Kultursymbol, das in kulturellen Zusammenhängen in den Funktionen des Guten, Wertvollen begegnet. In dem Idiom dominiert der Aspekt des finanziell Wertvollen, des Geldverdienens (mit der Singstimme). Eine ausschließlich metaphorische Interpretation der lexikalischen Struktur ist nicht möglich.

*(iv) Symbolisierte Gesten*

Gestik, Mimik, Körperhaltung usw. manifestieren sich in zahlreichen Idiomen; sie sind zumeist metaphorisch interpretierbar (z.B. *keinen Finger krumm machen für etwas*) und werden gern unter *Kinegrammen* zusammengefasst. Hier soll der Blick auf Idiome gerichtet werden, die in ihrer lexikalischen Struktur eine symbolisierte Gebärde enthalten, selbst wenn das Idiom als Ganzes metaphorisch zu interpretieren ist. So liegt dem Idiom *vor jmdm., etwas den Hut ziehen* 'vor jmdm., etwas große Achtung haben' eine Geste zugrunde, die große Ehrerbietung symbolisiert. Das Idiom insgesamt wird auf der Basis "jmd. verhält sich so, als würde er die symbolträchtige Geste des Hut-Abnehmens ausführen" verarbeitet.

*(v) Usualisierter Normverstoß*

Idiome, die ihre Entstehung einer einst absichtlichen "Fehlleistung" verdanken, sind nicht zahlreich; die Sprachteilhaber sind sich des Normverstoßes nicht unbedingt bewusst. So wurde das Idiom *unter aller Kanone* 'unter aller Kritik, besonders schlecht' – eine intendierte Fehlübersetzung des lateinischen *sub omni canone* "unter allem Kanon" durch frühere Lateinschüler – in dieser Form usualisiert. Der Versuch, das Idiom metaphorisch aufgrund von KANONE zu interpretieren, kann nicht gelingen. In ähnlicher Weise beruht das Idiom *etwas aufs Trapez bringen* auf einer fehlerhaften Umdeutung eines anderen Idioms, *etwas aufs Tapet bringen*; es gilt gegenwärtig auch in dieser Form als lexikalisiert.

*(vi) Namenscherze*

Zu dieser Gruppe gehören Idiome, bei denen in der Lautform eines imaginären Eigennamens die figurative Gesamtbedeutung anklingt. So wird in dem Idiom *nicht aus Schenkendorf sein* 'nicht freigebig sein (nicht gerne etwas schenken)' mit einem nicht existierenden Ortsnamen auf *schenken* angespielt. Ein ähnlicher imaginärer Ortsname findet sich in *ein Drückeberger sein* 'sich aus Feigheit, Faulheit vor seinen Verpflichtungen drücken', wobei es sich um die Neuprägung eines vermeintlichen Städtenamens (vgl. *Nürnberger*, *Heidelberger*) handelt.[5]

*(vii) Usualisiertes Wortspiel*

Dieser Entstehungstyp figurativer Lexikoneinheiten überschneidet sich zum Teil mit den vorigen (v) und (vi), da er ebenfalls gegen eine Norm verstoßende Elemente und scherzhafte Abwandlungen einschließt. Zwei Gruppen sind hervorzuheben: Modifikationen bereits bestehender Idiome sowie das eigenständige Wortspiel. Als Beispiel der ersten Gruppe sei das Idiom *der Groschen fällt bei jmdm. pfennigweise* 'jmd. begreift, versteht sehr langsam' genannt, das eine Modifikation von *der Groschen fällt bei jmdm.* darstellt. Zur zweiten Gruppe gehören Vergleiche wie *gespannt wie ein Regenschirm sein* 'sehr gespannt sein'. Hier steht *gespannt* sowohl für das konkrete Aufgespannt-Sein eines Schirmes als auch für physische oder psychische Anspannung. Das Vergleichsmaß *wie ein Regenschirm* harmoniert nicht mit der figurativen Bedeutung des Idioms, sondern nur mit der konkreten Bedeutung. Die fehlende Disambiguierung der wörtlichen und figurativen Bedeutung einzelner Elemente, das Grundprinzip aller usualisierter Wortspiel-Idiome, macht eine metaphorische Interpretation unmöglich ("jemand verhält sich so, als sei er ein aufgespannter Regenschirm").

*(viii) Implikaturen als Benennungsmotiv*

Bis jetzt unerwähnt blieben Idiome, die zwar metaphorischer Art sind, deren Dekodierung jedoch einen gedanklichen Umweg erfordern. Hier bilden bestimmte Implikaturen das Benennungsmotiv. In den meisten Fällen ist dabei die Rolle des Humors zu erkennen. Oft handelt es sich um eine witzige Verschlüsselung der Aussage; sie erfordert eine Reihe von kognitiven Operationen, um das Idiom adäquat zu interpretieren. Hier seien nur ein paar Beispiele genannt, ohne auf deren komplexe semantische Struktur näher einzugehen: *im Keller läuft die Bartwickelmaschine* 'das ist lange bekannt' (eine scherzhafte Weiterentwicklung des Idioms *das hat einen Bart* 'das ist lange bekannt'); *da knurrt der Blindenhund* 'das sieht auffallend hässlich aus' (ein Blindenhund schlägt an, wenn er eine Gefahr für die sehbehinderte Person erkennt; der Grad der Hässlichkeit muss demnach hoch sein); *Rheumatismus zwischen Daumen und Zeigefinger haben* 'sehr geizig sein' (Geldscheine werden zwischen Daumen und Zeigefinger gezählt oder ausgezahlt) u.a.m. Zu dieser Gruppe gehört auch jenes Modell der Phrasembildung, das im folgenden Abschnitt näher untersucht werden soll.

## 3 Analyse des Typs *die Spendierhosen anhaben*

Für die Erklärung dieses Idiom-Typs ist ein Vergleich mit dem "einfachen Phraseologisierungs-Modell" hilfreich. Ein Beispiel hierfür wurde oben bereits erwähnt:

(2) *das Kind mit dem Bade ausschütten* 'im Übereifer mit dem Schlechten zugleich auch das Gute verwerfen'

An diesem Beispiel kann verdeutlicht werden, wie die konzeptuelle Projektion funktioniert. Der Metapher liegt die physische Handlung zugrunde, die in der lexikalischen Struktur des Idioms fixiert ist; sie bildet den Ausgangsframe. Dieser Frame, DAS KIND MIT DEM BADE AUSSCHÜTTEN, korrespondiert mit dem Zielframe IM ÜBEREIFER MIT DEM SCHLECHTEN ZUGLEICH AUCH DAS GUTE VERWERFEN. Hier handelt es sich also um eine eindeutige *Source-to-Target*-Projektion. Dabei werden die Slots des Ausgangsframes INHALT DES CONTAINERS mit dem Filler (Slotinhalt) *Bad* und das PATIENS mit seinem Filler *Kind* fokussiert. Die entsprechenden Slots des Zielframes werden dabei in Übereinstimmung mit dem Lakoff'schen *Invarianzprinzip* gleichzeitig mit fokussiert.[6] Es sind die Slots DAS SCHLECHTE bzw. UNNÖTIGE UND WERTLOSE und DAS GUTE, WERTVOLLE. Diese Art der Metapher (Übertragung im Eins-zu-Eins Modus) nennen wir – vereinfachend – die *einfache Version der Metapher*.

Beim *Idiom die Spendierhosen anhaben* ist die Projektion der im Wortlaut fixierten Lesart auf die figurative Bedeutung viel komplizierter. Sie kommt sozusagen auf Umwegen zustande, d.h. sie erfordert zusätzliche kognitive Operationen. Erstens handelt es sich hier nicht um eine "normale" *extensionale*, sondern um eine *intensionale* Re-Interpretation.[7] Unter einer extensionalen Re-Interpretation werden metaphorische Umdeutungen verstanden, denen eine "reale" Ausgangssituation zugrunde liegt (wie *das Kind mit dem Bade ausschütten* – diese Situation ist zwar nicht alltäglich, könnte sich jedoch in der wirklichen Welt ereignen).

Um eine intensionale Re-Interpretation handelt es sich in den Fällen, in denen die Ausgangssituation grundsätzlich keine denotative Entsprechung hat; sie kann nur gedacht werden, existiert folglich nur in der konzeptuellen, nicht in der realen Welt (vgl. das Idiom *ein Sturm im Wasserglas* – in der wirklichen Welt gibt es Derartiges nicht). Somit kann die intensionale Re-Interpretation als ein Sonderfall der Metapher betrachtet werden, bei der der Source-Bereich kein Denotat (also kein Extensional), sondern nur ein Signifikat (ein Intensional) hat. Zu dieser Klasse gehört eindeutig das Idiom *die Spendierhosen anhaben*. Seine wörtliche Lesart hat keine Extension, da das Wort *Hose* in seiner eigentlichen Bedeutung nicht mit Bezeichnungen für 'finanzielle Handlungen (wie spendieren)' kombiniert wird.

Zweitens handelt es sich bei *die Spendierhosen anhaben* nicht um eine "reine" Metapher, sondern um eine Mischung von Metapher und Metonymie. Denn die Idee, dass das Tragen eines bestimmten Kleidungsstücks das Verhalten des Menschen beeinflusst, ist im Grunde metonymisch. Eine "klassische" Metonymie dieser Art ist z.B. *Blauhelm* in der Bedeutung 'UN-Soldat', bei dem das Kleidungsstück für den Träger steht. Diese Metonymie ist sozusagen in die Metapher eingebettet. In der Ausgangsdomäne haben wir das Image-Schema KLEIDUNGSSTÜCK ANHABEN. Dieses Schema wird der Zieldomäne de facto "aufgezwungen", indem es den Sprachteilhaber veranlasst, die Eigenschaft 'sich spendabel zeigen' als eine "aktuelle" (und nicht potenziell immer vorhandene) Charaktereigenschaft zu interpretieren. Genauso wie man eine bestimmte Hose nur in einem bestimmten Moment anhat und im nächsten Moment sie wieder ausziehen kann, ist man spendabel nur eben hier und jetzt.

Der imaginäre Source-Bereich der Metapher enthält folgende Präsuppositionen: (i) Es gibt eine bestimmte Art von Hosen. (ii) Derjenige, der sie anhat, verhält sich in der Weise, wie sie ihm die Hose vorschreibt. Das Ganze verlangt einen *als ob*-Modus (diagnostisch für eine Metapher): Man verhält sich so, als ob man eine Zauberhose anhätte, die dafür zuständig wäre. Die Hose steht dabei im Rahmen dieser Metapher metonymisch für die entsprechende Art des Verhaltens.

Drittens spielt die Unikalität der Konstituente *Spendierhosen* eine wesentliche Rolle. Die konstituierende Rolle unikaler Konstituenten stellt einen besonderen Typus der Opazität dar.[8] Hinzu kommt ferner, dass diese unikale Konstituente kein phraseologisch gebundenes Grundmorphem enthält, sondern eine Wortbildungskonstruktion ist;[9] dadurch ist das Idiom insgesamt klar metaphorisch motiviert.

Viertens kommt hier eine verstärkte Wirkung des Invarianzprinzips hinzu: Der Slot, der durch den Filler *Spendierhosen* im Ausgangsframe vertreten ist, hat eine eindeutige Korrespondenz im Zielframe, nämlich die Idee des Spendierens, die auch auf lexikalischer Ebene fixiert ist. In Termini der Motivation kommt hier neben der metaphorischen und metonymischen noch die "formale" lexikalische Motivierung hinzu: Das Morphem *Spendier-* motiviert die Idee 'spendabel'.

## 4 Weitere Idiome des Typs *die Spendierhosen anhaben* im Deutschen

In diesem Abschnitt sollen einige deutsche Idiome betrachtet werden, die nach dem gleichen Phrasem-Typ wie *die Spendierhosen anhaben* gebildet sind bzw. ihm nahekommen, bevor im folgenden 5. Abschnitt Parallelen zu Idiomen des Niederländischen und anderer Sprachen aufgezeigt werden. Mit Blick auf diese Sprachen wählen wir ein Anordnungsprinzip, das die Idiome interlingual vergleichbar macht, und zwar nach dem Ausgangskonzept, dem das betreffende bizarre unikale Kompositum in seiner wörtlichen Lesart angehört (in unserem Beispiel ist es die Domäne KLEIDUNG, dem HOSE in *Spendierhosen* angehört). Es zeigte sich, dass in den Vergleichssprachen (Abschnitt 5) bis auf Einzelfälle fast die gleichen Ausgangskonzepte dieses phraseologischen Bildungstyps begegnen. Aus diesem Grund wählen wir eine parallele Anordnung in diesem und in dem folgenden Abschnitt, sodass sich die Gemeinsamkeiten leichter erkennen lassen. Die Suche nach einer Erklärung, weshalb Konzepte wie KLEIDUNG und NAHRUNG, aber auch TRANSPORTMITTEL, GELD, KÖRPERTEILE u.a.m. für diesen Phrasem-Typ zentral und produktiv sind, muss einer späteren Untersuchung vorbehalten bleiben.

### *(i) Kleidung*

Diese Domäne ist im Deutschen außer mit (1) mit einem weiteren Idiom vertreten, vgl. (3).

(3a) *die/seine* ***Schussstiefel*** *anhaben* '(beim Fußball) häufig gut gezielt aufs Tor **schießen** (und Tore erzielen)'

(3b) *die/seine* ***Schussstiefel*** *vergessen haben/zu Hause/in der Kabine gelassen haben* 'kein Tor schießen, am Tor **vorbeischießen**'

Idiom (3) folgt dem Modell der *Spendierhosen*: Zugrunde liegt die Idee, dass die Fähigkeit, das Tor zu treffen, in einem bestimmten *Kleidungsstück*, das man *anhaben* kann, begründet sei. *Schussstiefel* gibt es in der realen Welt nicht. Mit dem Bestimmungswort des Kompositums, *Schuss-* (wie bei *Spendier-*), wird auf die figurative Gesamtbedeutung des Idioms angespielt, während *-stiefel* (genauso wie *-hosen*) mit dem Verb *anhaben* kompatibel ist. Da es sich bei Fußball um ein moderneres Szenario handelt, kann das Idiom erst in jüngerer Zeit entstanden sein, im Unterschied zu *die Spendierhosen anhaben*, das schon im 17. Jahrhundert belegt ist (Röhrich, 1991–1992: 1499).

### *(ii) Nahrung/Getränk*

Ein bestimmter Wesenszug kann entsprechenden Konzeptualisierungen zufolge einer Person nicht nur durch ein Kleidungsstück, sondern auch durch die Aufnahme bestimmter Lebensmittel zuteilwerden. Im Deutschen findet sich das Idiom (4).

(4) ***Quasselwasser/Schlabberwasser*** *getrunken haben* 'ununterbrochen reden, sehr **schwatzhaft** sein'

Die abweichende Charaktereigenschaft einer übermäßigen Redseligkeit (ständig quasseln bzw. schlabbern zu müssen) liegt somit an dem besonderen Wasser, das jemand zu sich genommen hat. *Quassel-* oder *Schlabberwasser* gibt es in der wirklichen Welt nicht; das erste Element des Kompositums deutet wiederum die Gesamtbedeutung an, während *Wasser* prototypisch mit *trinken* verbunden ist. Auch das Idiom *eine Extrawurst haben wollen* 'besonders bevorzugt behandelt werden wollen' kommt der Konstruktion des *Spendierhosen*-Modells nahe, motiviert durch das Element EXTRA.

*(iii) Bett, Bank*

Analog zu KLEIDUNG und NAHRUNG wäre eine Ausgangsdomäne WOHNUNG zu erwarten, diese ist jedoch im Deutschen nicht ausgeprägt. Hier sind zwei veraltete Idiome zu nennen, die unserem Beispiel nahekommen: *auf dem Lotterbett liegen* 'verlottern, faulenzen'[10] (BETT motiviert die Idee, dass LIEGEN 'nichts tun' voraussetzt) und *in der Eselsbank sitzen* 'dumm sein'. Dieses Idiom ist nicht nur durch ESEL als Symbol der Dummheit motiviert, sondern hat einen historischen Hintergrund: die Eselsbank war die Sitzbank für die schlechtesten Schüler einer Klasse. Das Idiom *auf den Matratzenball gehen* 'schlafen gehen' gehört zu unserem Phrasem-Typ, jedoch nicht zu Gruppe (iii), sondern zu einem Ausgangskonzept TANZBALL. Witz und Ironie liegen darin, dass SCHLAFEN und TANZEN in der wirklichen Welt gerade nicht gleichzeitig stattfinden können.

*(iv) Straße/Weg*

Glück, Sieg oder Misserfolg sind nach Aussage einiger deutscher Idiome unseres Typs einem PFAD oder einer STRASSE zuzuschreiben, auf der man sich befindet, vgl. (5–6).

(5) *auf dem* ***Glückspfad*** *wandeln* '**Glück** haben'

(6a) *auf der* ***Siegerstraße*** *sein* '(besonders im Sport) im Begriff sein zu **siegen**'

(6b) *auf der* ***Verliererstraße*** *sein* '(besonders im Sport) im Begriff sein zu **verlieren**'

Idiom (5) ist veraltet, findet sich jedoch in einigen Wörterbüchern.[11] Dagegen wird Idiom (6) aufgrund der Zieldomäne SPORT eher einer moderneren Schicht zuzuordnen sein.

*(v) Transportmittel*

Konzepte von FAHRZEUGEN begegnen in ähnlichen Konstruktionen und semantischen Funktionen. Für das Deutsche sind hier zunächst die Idiome (7) und (8) zu nennen.

(7) *eine **Retourkutsche** fahren* 'eine Beleidigung u.Ä. zurückgeben (**retour** geben)'

(8) ***Hackengas** geben* 'sich beeilen; schnell **davonlaufen**'

Das in Idiom (7) fixierte Bild mag historisch in die Zeit zurückreichen, als Kutschen gemietet wurden. Hin- und Rückfahrt mit derselben Kutsche (Retourkutsche) war billiger als zwei einzelne Fahrten. Aus synchronischer Sicht fügt sich Idiom (7) dem hier untersuchten Typ. Idiom (8) hingegen stellt eine eigenartige Neuprägung dar; es wird erstmals in Duden Band 11 ([4]2013) angeführt. Es scheint analog zu *Fersengeld geben* (s.u.) gebildet zu sein, evoziert jedoch das Bild eines Autos, als komme den Hacken beim Beschleunigen des Laufens die gleiche Funktion zu wie dem Gaspedal beim Beschleunigen des Autos.

Auf die Unterdomäne PFERD/REITEN sei nur am Rande hingewiesen, die im Deutschen u.a. mit Idiom (9) unseres Typs belegt ist.

(9) *den **Amtsschimmel** reiten* 'die Dienstvorschriften übergenau einhalten'

Das Element *Amts-*, eine Anspielung auf Verhaltensweisen der Beamten, enthält einen salienten Aspekt der Gesamtbedeutung, wobei *Schimmel* kompatibel ist mit *reiten*. In diesem Zusammenhang sei ein ähnliches Konstruktionsmodell genannt, bei dem allerdings eine Wortgruppe an die Stelle des unikalen Kompositums tritt: *auf Schusters Rappen reiten* 'zu Fuß gehen'. Wiederum sind gedanklich Umwege erforderlich: Die Idee auf *Rappen* (eine schwarze Pferderasse) zu reiten, die der *Schuster* hergestellt hat, die also prototypisch mit FÜSSEN verbunden sind, verweist auf das semantische Resultat 'zu Fuß gehen' (vgl. englisch *to go on shanks' pony* in Abschnitt 5).

*(vi)* *Geld*

Mehrere Idiome gruppieren sich um die Ausgangsdomäne GELD, vgl. (10–12).

(10) ***Fersengeld** geben* '**davonlaufen**, fliehen'

(11) *sich sein **Lehrgeld/Schulgeld** zurückgeben lassen* 'wenig **gelernt** haben'

(12) *auf dem **Aussterbeetat** stehen* 'jede Bedeutung verlieren, **aussterben**, zu Ende gehen'

Das seit dem 13. Jahrhundert belegte Idiom (10) ist die älteste der hier untersuchten Wendungen und führt historisch in Zusammenhänge des alten Rechtswesens zurück (Röhrich, 1991–1992:435). Aus synchronischer Sicht fügt es sich dem hier untersuchten Phrasem-Modell: Das Element *Fersen-*, der sichtbare Teil der Füße beim Davonlaufen, enthält einen salienten Aspekt der Gesamtbedeutung; *Geld* ist kompatibel mit *geben*. Während es *Lehrgeld* bzw. *Schulgeld* auch als freie Lexeme geben mag, ist dies bei *Aussterbeetat* (12) nicht der Fall. Einen *Aussterbeetat* gibt es in der realen Welt nicht; das Bestimmungswort *Aussterbe-* fasst wiederum die Idiombedeutung 'im Aussterben begriffen sein' zusammen.

*(vii) Körperteile (Mensch und Tier)*

Wir begnügen uns hier mit der Aufzählung einiger Idiome, die dieser Gruppe angehören:

(13) *auf* ***Freiersfüßen*** *gehen/wandeln* 'eine (Ehe)Partnerin suchen (um sie zu **freien**)'

(14) *das* ***Tanzbein*** *schwingen* '**tanzen**'

(15) *kein* ***Sitzfleisch*** *haben* 'es nicht lange an einer Stelle aushalten können (**sitzen** können), keine Ausdauer haben'

(16) *an den* ***Hungerpfoten*** *saugen* '**Hunger** haben'

(17) *mit jmdm., etw. auf dem* ***Kriegsfuß*** *stehen* 'mit jmdm. im **Streit** liegen, etwas nur unzureichend beherrschen'

*(viii) Buch*

In den Vergleichssprachen sind mehrere Idiome unseres Typs mit dem Konzept BUCH verbunden. Die Wendung *ins Vergessensbuch kommen* 'vergessen werden' findet sich vereinzelt im Internet, ist jedoch nicht als geläufiges Idiom des Deutschen zu werten.

## 5 Idiome des Typs *die Spendierhosen anhaben* im Niederländischen und Niederdeutschen

Bei der folgenden Gegenüberstellung unseres Idiomtyps mit Idiomen anderer Sprachen geht es uns nicht um areale Zusammenhänge oder Entlehnungen, wie z.B. bei den direkten Entsprechungen in nordgermanischen Sprachen, vgl. (18).

(18a) norwegisch *ha spanderbuksene på*

(18b) schwedisch *ha spenderbyxorna på*

(18c) dänisch *have spenderbukserne på*

Vielmehr sollen im Folgenden eigenständige Ausprägungen dieses Typs betrachtet werden. Zu vergleichen ist z.B. das unabhängig vom Deutschen entstandene isländische Idiom (19).[12]

(19) *vera á biðilsbuxum/á biðilsbuxunum* "auf **Freiershosen**/auf den Freiershosen sein" 1. 'um die Hand einer Frau anhalten (wollen), um die **Gunst einer Frau werben**'; 2. 'jmdn. um etwas bitten, jmdn. (wegen etw.) anbetteln'

Von der erstgenannten figurativen Bedeutung ausgehend wären diesem Idiom Phrasem-Bildungen des hier untersuchten Typs wie schwedisch *gå på friarstråt* "auf Freierstraße gehen" und das oben genannte (13) *auf Freiersfüßen gehen/wandeln* zur Seite zu stellen. Wie diese Beispiele erkennen lassen, ist dieser Idiomtyp in mehreren germanischen Sprachen bekannt.

Einzelne Beispiele ließen sich auch für das Englische finden, vgl. *to go on shanks' pony* "auf Schenkel-Pony gehen" 'zu Fuß gehen' (oder BrE *to ride shank's mare/pony* und AmE *to go by shank's mare*). Auch das Idiom *to put on one's thinking cap* 'scharf überlegen, nachdenken' fügt sich aus synchronischer Sicht unserem Modell: als sei die Denkfähigkeit durch das Anlegen eines Kleidungsstückes zu beeinflussen, wobei *thinking* mit der Gesamtbedeutung und *cap* mit dem Verb *to put on* harmoniert. Aus historischer Sicht wird die "Denkkappe" mit der früheren offiziellen Kopfbedeckung des Richters verbunden, die er vor der Entscheidung über ein Strafmaß oder ein Todesurteil anlegen musste (Brewer, [17]2005:1376).

In zwei mit dem Deutschen eng verwandten Varietäten ist der Bildungstyp "Spendierhosen" reichlicher ausgeprägt. Hier sollen einige Parallelen des Niederländischen (nl.) und eines niederdeutschen Dialektes (nd.) betrachtet werden.[13] Wir wählen die gleiche Anordnung nach den Ausgangsdomänen (KLEIDUNG, NAHRUNG usw.) wie in Abschnitt 4.

### *(i) Kleidung*

Diese Ausgangsdomäne ist im Niederländischen und Niederdeutschen stärker ausgeprägt als im Deutschen, vgl. (20).

(20) nl. *zijn schaamschoenen uittrekken/wegwerpen* "seine **Schamschuhe** ausziehen/wegwerfen" 'alles **Schamgefühl** abstreifen'

Das Idiom erinnert an das deutsche Modell mit *Spendierhosen*, ist jedoch als eigenständig zu werten. Wiederum liegt die Vorstellung zugrunde, dass die Verhaltensweise eines Menschen, hier 'sich schämen', in einem Kleidungsstück begründet ist, das man nach Belieben an- und ablegen kann. Die Struktur ist hier (wie im Folgenden) stets die gleiche: Mit *schaam-* wird auf die figurative Bedeutung des Idioms hingewiesen, während *-schoenen* mit dem Verb *uittrekken* harmoniert. Zu Kleidungsstücken mag auch die Perücke rechnen, die man "aufhaben" kann, wie in (21).

(21) nl. *de bokkepruik ophebben* "die **Trotzperücke** aufhaben" 'sehr **trotzig** sein'

Der niederdeutsche Dialekt ist reich an ähnlichen Konstruktionen. Wir begnügen uns hier mit einer Aufzählung, ohne nähere Interpretationen:

(22) nd. *he häff de Praotebuxe an* "er hat die **Redehose** an" 'er ist zum Reden aufgelegt, er **redet** und erzählt viel'

(23) nd. *he häff dat Schwöidelböisken an* "er hat das **Feierjäckchen** an" 'er hat keine Lust zur Arbeit, möchte **feiern**' (vgl. *schwöideln* 'ausgiebig feiern und trinken', *Böis* 'Jacke')

(24) nd. *he häff dat Suupjässken an* "er hat das **Saufjäckchen** an" 'er ist dazu aufgelegt, einen **Kneipenbummel** zu machen, zu feiern; er hat keine Lust zum Arbeiten'

(25) nd. *he nimp den Feldschoh* "er nimmt den **Feldschuh**" 'er rennt feige weg, er flieht' (über das freie **Feld** kann man schnell **davonlaufen**)

Ein Beutel oder Säckchen als Zubehör begegnet in zwei weiteren Idiomen:

(26) nd. *he häff den Praotebüül met* "er hat den **Redebeutel** bei sich" 'er ist zum Reden aufgelegt, er **redet** und erzählt viel'

(27) nd. *dat is em in't Jammersäcksken schotten* "das ist ihm ins **Jammersäckchen** geschossen" 'er wurde weinerlich, wehleidig; er hat einen Schrecken bekommen und **jammert**'

*(ii) Nahrung*

Wie oben mit (4) *Quasselwasser getrunken haben* ausgeführt wurde, wird die Aufnahme bestimmter Nahrungsmittel als Ursache bestimmter Charakterzüge oder Verhaltensweisen eines Menschen angesehen; dazu jeweils ein niederländisches und ein niederdeutsches Idiom (28–29).

(28) nl. *hazevlees gegeten hebben* "**Hasenfleisch** gegessen haben" '**feige, ängstlich** sein'

(29) nd. *Peerdeflees gegääten häbben* "**Pferdefleisch** gegessen haben" '**stark** und **übermütig** sein'

Im Unterschied zu den meisten bisherigen Beispielen sind die betreffenden Konstituenten (nl. *hazevlees*, nd. *Peerdeflees*) keine "echten" Unikalia; vergleichbar ist dennoch die Präsupposition, dass die betreffenden Eigenschaften (Feigheit des HASEN, Kraft und Übermut des PFERDES) auf denjenigen übergehen, der diese Nahrung zu sich genommen hat.

*(iii) Stuhl*

Übermäßige Redseligkeit kann – entsprechenden Konzeptionen zufolge – nicht nur durch "Quasselwasser" oder das Anlegen einer "Redehose",[14] sondern auch durch einen STUHL, auf dem man sitzt, verursacht worden sein, vgl. (30).

(30) nl. *op zijn praatstoel zitten* "auf seinem **Redestuhl** sitzen" 'immerzu **reden**, nicht aufhören können zu reden'

Ein unsicheres Amt, eine leicht kündbare Arbeitsstelle kann mit dem Wackeln eines Stuhles verglichen werden (z.B. *sein Stuhl wackelt* 'er kann jederzeit entlassen werden'). Aus dieser Metapher sind zwei niederländische Idiome abgeleitet, die wir dem hier behandelten Phrasem-Typ zuordnen möchten, vgl. (31).

(31a) nl. *op de schopstool zitten* "auf dem **Wackelstuhl** sitzen"

(31b) nl. *op de wipstool zitten* "auf dem **Wippstuhl** sitzen", beides: 'jederzeit entlassen werden können'

*(iv) Straße/Weg*

In zwei ähnlichen Idiomen wird HASE als Symbol der Ängstlichkeit, Feigheit mit PFAD kombiniert (32).

(32a) nl. *het hazepad kiezen* "den **Hasenpfad** wählen"

(32b) nd. *den Haasenpatt nemmen* "den **Hasenpfad** nehmen", beides: 'schnell und **feige** weglaufen, **fliehen**'[15]

Im Niederdeutschen finden sich mehrere unikale Konstituenten in Verbindung mit *-bahne*, *-patt*, vgl. (33).

(33) nd. *up de Rullbahne/up de Rüngelbahne/up'n Rüngelpatt terechte kommen* "auf die **Rollbahn**/auf die '**Rüngelbahn**'/auf den '**Rüngelpfad**' geraten" 'im Begriff sein, sittlich herunterzukommen' (vgl. *rüngeln* 'sich **herumtreiben**')

*(v) Transportmittel*

Im Niederländischen finden sich zwei Idiom-Varianten, in denen BEINE bzw. HINTERN mit einem Wagen gleichgesetzt werden, mit dem man sich fortbewegen kann. Das semantische Resultat ist 'zu Fuß gehen' (vgl. englisch *to go on shanks' pony* oben):

(34a) nl. *met de billenwagen komen/gaan* "mit dem **Hintern-Wagen** kommen/gehen"

(34b) nl. *met de benenwagen komen/gaan* "mit dem **Beine-Wagen** kommen/gehen"

Das Niederländische kennt ferner zwei (veraltete) Idiome unseres Typs, in denen das Transportmittel aus einem Wasserfahrzeug besteht (35–36):

(35) nl. *met de trekschuit komen* "mit dem **Zieh-Kahn kommen**" 'spät, lange Zeit nach den anderen kommen, hinterherhinken'

(36) nl. *met de nachtschuit komen* "mit dem **Nacht-Kahn** kommen" 'spät kommen; längst bekannte Neuigkeiten erzählen'

Selbst wenn es einen *trekschuit* (35) in der Realität geben mag, so ist dies bei *nachtschuit* in dem analog gebildeten Idiom (36) nicht der Fall. An dieser Stelle sei auch das niederländische Idiom *op zijn apostelpaarden gaan/reizen* "auf seinen Apostelpferden gehen/reisen" 'zu Fuß gehen' erwähnt, das zu unserem Modell gehört und in einem europaweiten kulturhistorischen Rahmen zu beschreiben ist (vgl. Balázsi, 2007). Kompliziert ist auch die Dekodierung des niederdeutschen Idioms (37).

(37) *du föhrs met up't Hierbliewerskäörken* "du fährst mit auf dem kleinen **Hierbleiberswagen**" 'du musst zu Hause bleiben, wenn andere wegfahren (besonders zu Kindern)'

Ein "Wagen, der hier bleibt" ist nicht nur ein Oxymoron. In der Idee, mit diesem Wagen zu fahren (der ja hier bleibt), verbirgt sich ein hohes Maß an Ironie, Sarkasmus und Verhüllung.

*(vi) Geld*

Das nl. Idiom *iemand met apemunt betalen* "jemanden mit Affenmünze bezahlen" 'jemandem geben, was keinen Wert hat' ist am Rande des hier untersuchten Phrasem-Typs anzusiedeln. Dem oben genannten *sich sein Lehrgeld/Schulgeld zurückgeben lassen* ist das nd. *he sall sik dat Lehrgeld weergewwen laoten* "er soll sich das Lehrgeld wiedergeben lassen" 'er ist sehr ungeschickt, dumm' verhaftet. Dagegen finden sich im Niederdeutschen auch mehrere eigenständige Idiome unseres Typs, vgl. (38–39).

(38a) *he is dat Trougeld nich mähr wäärd* "er ist das **Traugeld** nicht mehr wert" 'er ist zum **Heiraten** zu alt'

(38b) *se bünt dat Trougeld wall wäärd* "sie (die Eheleute) sind das **Traugeld** wohl wert" 'sie passen als **Ehepartner** gut zusammen'

(39a) *daor is kinn Foorgeld an* "daran (an ihm) ist kein **Futtergeld**" 'er ist sehr **mager**'

(39b) *daor is wall Foorgeld an* "daran (an ihm) ist wohl **Futtergeld**" 'er ist **wohlgenährt**, dick'

Obwohl *Trougeld* und *Foorgeld* keine absoluten Unikalia darstellen (Geld für die Eheschließung bzw. für die Tiermast), möchten wir diese Idiome unserem Phrasem-Modell zuordnen.

*(vii) Körper (Mensch und Tier)*

Auf das Niederländische beschränkt sind die beiden Idiome (40–41).

(40) *geen mannenvlees hebben* "kein **Männerfleisch** haben" 'keine Neigung zu **Männern** haben, Männer nicht leiden können'

(41) *geen vrouwenvlees hebben* "kein **Frauenfleisch** haben" 'keine Neigung zu **Frauen** haben, Frauen nicht leiden können'

Während nl. *geen zitvlees hebben* dem deutschen *kein Sitzfleisch haben* entspricht, hat das Niederdeutsche wiederum ein eigenständiges Idiom aufzuweisen (42).

(42) *he häff gudd Heelflees* "er hat gutes **Heilfleisch**" 'bei ihm **heilen** Wunden zumeist schnell'

Schließlich ist auch nd. *he lött de Moodfeern hangen* "er lässt die Mutfedern hängen" 'er verliert plötzlich den Mut' in diese Reihe zu stellen.

*(viii) Buch*

Ein BUCH dient u.a. dazu, Sachverhalte aufzuzeichnen, festzuschreiben. Dieses Konzept begegnet in drei nl. Idiomen. Dem Idiom (43) liegen Vorstellungen zugrunde, dass ein Ochse paarungs- bzw. zeugungsunfähig ist. Idiom (45) hat eine niederdeutsche Parallele (46).

(43) nl. *op het osseboek komen* "auf das **Ochsenbuch** kommen" 'zum Heiraten zu alt sein'

(44) nl. *bij iemand in het verdomboekje staan* "bei jemandem in dem **Verdammbüchlein** stehen" 'es jemandem nie recht machen können, bei jmdm. nicht beliebt sein'

(45) nl. *in het vergetenboekje raken* "ins **Vergessenbüchlein** kommen" '**vergessen** werden'

(46) nd. *dat wödd in't Vergäätensbook schrewwen* "das wird ins **Vergessensbuch** geschrieben" 'das wollen wir **vergessen** (halb absichtlich)'

## 6 Schlussbemerkungen

In den drei hier untersuchten Sprachen ist ein spezielles Modell der Phrasembildung deutlich zu fassen, dem in der Forschung bis jetzt kaum Beachtung geschenkt wurde. Dem Modell *die Spendierhosen anhaben* liegen komplizierte konzeptuelle Strukturen zugrunde, die von der unikalen Wortbildungskonstruktion der Konstituente und der intensionalen Re-Interpretation der Metapher über eine Vermischung von Metonymie und Metapher bis zur Einbeziehung des Invarianzprinzips reichen. Somit unterscheidet sich dieser Phrasem-Typ von Idiomen der einfachen Version der Metapher. Damit reiht er sich einerseits ein in die Gruppen von Idiomen, deren Entstehung der Metapher gänzlich fernstehen (Entstehung z.B. aufgrund von Indexalität, Kultursymbolen) und anderseits in die Gruppe "humorvoll verschlüsselter Idiome" (wie Idiome mit Implikaturen als Benennungsmotiv), deren Dekodierung einen gedanklichen Umweg erfordert. Idiome dieser Klasse geben der Forschung weiterhin Rätsel auf; sie sind bis jetzt hinsichtlich ihrer semantischen und konzeptuellen Strukturen nicht hinreichend beschrieben worden. So möchte dieser Artikel darauf hinweisen, dass noch nicht alle theoretischen Fragen zum Wesen der Figurativität beantwortet sind und zugleich einen kleinen Beitrag zur Lösung dieser Probleme leisten.

## *Anmerkungen*

1 Ebenso gilt das Umgekehrte: Viele Metaphern sind keineswegs figurativ; vgl. z.B. metaphorische, aber nicht-figurative Konzepte wie im Englischen ON: *He is **on** our trail* (Lakoff & Johnson, 1980:90) oder OVER: *Sam lives **over** the hill*; *The play is **over*** (Lakoff, 1987:419); s. auch Dobrovol'skij und Piirainen (2005:11–27).

2 Oft sind mehrere dieser Mechanismen gleichzeitig an der Entstehung eines Idioms beteiligt. Aus Raumgründen können wir nicht näher darauf eingehen.

3 Nach seinem Ritt über den zugefrorenen Bodensee bemerkt der Protagonist, dass das Eis hinter ihm brüchig war; am Ufer angekommen, bricht er vor Schreck tot zusammen.

4 Der Begriff des Kultursymbols in bildlichen Lexikoneinheiten und Operationskriterien zur Erfassung symbolisch motivierter Idiome wurden in Dobrovol'skij und Piirainen (2005:253–283 & 2009:30–31) ausführlich erörtert.

5 In ihrer linguistischen Analyse solcher *placename idioms* zeigen Hoeksema und Sailer (2012), dass diese in der Regel nicht-veridikal sind, d.h. Kontexte wie *Kommst du etwa aus Dummsdorf?*; *Sie kommen ja nun auch nicht aus Dummsdorf*; *Er behandelt mich, als käme ich aus Dummsdorf* u.Ä. typisch sind.

6 "Metaphorical mappings preserve the cognitive topology (that is, the image-schema structure) of the source domain, in a way consistent with the inherent structure of the target domain" (Lakoff, $^{2}$1993:215).

7 Zu Re-Interpretationsarten vgl. ausführlicher Baranov und Dobrovol'skij (2005:34).

8 Baranov und Dobrovol'skij nennen es *Konstituenten-Opazität* (2005:44–46).

9 Vgl. Dobrovol'skij (1988:bes. 105).

10 Dieses und andere veraltete Idiome finden sich z.T. nicht in Duden Band 11 ($^{4}$2013) und Röhrich (1991–1992), aber u.a. in Online-Wörterbüchern sowie bei Schemann ($^{2}$2011).

11 Vgl. Schemann ($^{2}$2011:276).

12 Wir danken Erla Hallsteinsdóttir für diesen Hinweis.

13 Wir wählen das *Westmünsterländische*, da hierfür eine umfangreiche Idiom-Sammlung vorliegt. Dieser Dialekt wurde am westlichen Rande des niederdeutschen Raumes, im Grenzgebiet zu den Niederlanden, gesprochen; die meisten Idiome sind gegenwärtig dort nicht mehr bekannt (vgl. Piirainen, 2000).

14 Die Zieldomäne ÜBERMÄSSIGE REDSELIGKEIT ist in den drei Sprachvarietäten mehrfach vertreten, vgl. (4) *Quasselwasser/Schlabberwasser getrunken haben*, (22) nd. *he häff de Praotebuxe an* und (26) nd. *he häff den Praotebüül met*. Zu vergleichen ist schwedisch *dra i gång pratkvarnen* "die Redemühle in Gang setzen" und *hålla språklådan i gång* "die Sprach-Lade in Gang halten" in der Bedeutung 'viel reden'.

15 Die Zieldomäne SCHNELL/FEIGE DAVONLAUFEN kommt ebenfalls mehrfach vor, vgl. (10) *Fersengeld geben*, (8) *Hackengas geben*, (32a) nl. *het hazepad kiezen*, (32b) nd. *den Haasenpatt nemmen*, (25) nd. *he nimp den Feldschoh* oder auch (28) nl. *hazevlees gegeten hebben*.

## *Bibliografie*

Balázsi, József Attila. 2007. "How Long Have We Been Riding the Apostles' Horse?: A Hungarian Biblical Expression and Its Cultural Background." <kaceebs.net/thesis/5-1-1-3jozsef.pdf> (06.08. 2013).

Baranov, Anatolij N. & Dmitrij O. Dobrovol'skij. 2005. "Zum Idiombegriff." In: Evelyn Breiteneder & Dmitrij O. Dobrovol'skij (Hgg.). *Dostoevskij in Focus*. Wien: Verl. der Österr. Akad. der Wiss., 29–92.

[Brewer]. [17]2005. *Brewer's Dictionary of Phrase & Fable*. Rev. von John Ayto. 17. Aufl. London: Weidenfeld & Nicolson.

Dobrovol'skij, Dmitrij O. 1988. *Phraseologie als Objekt der Universalienlinguistik*. Leipzig: Verl. Enzyklopädie (Linguistische Studien, o.Nr.).

Dobrovol'skij, Dmitrij O. & Elisabeth Piirainen. 2005. *Figurative Language: Cross-Cultural and Cross-Linguistic Perspectives*. Amsterdam u.a.: Elsevier (Current Research in the Semantics, Pragmatics Interface, 13).

----------. 2009. *Zur Theorie der Phraseologie: Kognitive und kulturelle Aspekte*. Tübingen: Stauffenburg-Verl. (Stauffenburg Linguistik, 49).

[Duden Band 11]. [4]2013. *Redewendungen: Wörterbuch der deutschen Idiomatik*. Hg. von der Dudenredaktion. 4., neu bearb. und aktualisierte Aufl. Berlin u.a.: Dudenverl. (Der Duden, 11).

Hoeksema, Jack & Manfred Sailer. 2012. "Literal and Nonliteral Meaning in Placename Idioms." *Yearbook of Phraseology* 3, 127–142.

Lakoff, George. 1987. *Women, Fire, and Dangerous Things: What Categories Reveal about the Mind*. Chicago u.a.: University of Chicago Press.

----------. [2]1993. "The Contemporary Theory of Metaphor." In: Andrew Ortony (Hg.). *Metaphor and Thought*. 2. Aufl. Cambridge u.a.: Cambridge University Press, 202–251.

Lakoff, George & Mark Johnson. 1980. *Metaphors We Live By*. Chicago: University of Chicago Press.

Mieder, Wolfgang. 1991. "'(Don't) Throw the Baby Out with the Bath Water': The Americanization of a German Proverb and Proverbial Expression." *Western Folklore* 50, 361–400.

----------. 1992. "'Das Kind mit dem Bade ausschütten': Ursprung, Überlieferung und Verwendung einer deutschen Redensart." *Muttersprache: Zeitschrift zur Pflege und Erforschung der deutschen Sprache* 102, 319–340.

----------. 1999. "Der Reiter über den Bodensee: Von der angeblichen Sage über die Kunstballade zur Redensart." *Fabula: Zeitschrift für Erzählforschung* 40, 195–221.

Piirainen, Elisabeth. 2000. *Phraseologie der westmünsterländischen Mundart*. 2 Bde. Baltmannsweiler: Schneider-Verl. Hohengehren (Phraseologie und Parömiologie, 2 & 3).

Röhrich, Lutz. 1991–1992. *Das große Lexikon der sprichwörtlichen Redensarten*. 3 Bde. Neuaufl. Freiburg im Breisgau u.a.: Herder.

Schemann, Hans. [2]2011. *Deutsche Idiomatik: Wörterbuch der deutschen Redewendungen im Kontext*. 2. Aufl., mit vollst. überarb. Einf. Berlin u.a.: De Gruyter.

# Phraseologie als Mittel der Satire: *The Colbert Report* 2012–2013

*Sabine Fiedler*

## 1 Einleitung

Phraseologismen sind aufgrund ihrer Merkmale (wie der Mehrgliedrigkeit, Stabilität, Lexikalisierung und potentiellen Idiomatizität) in besonderem Maße geeignet, spezifische pragmatische Funktionen zu erfüllen. Zu diesen gehört das Erzeugen von Humor, wie eine Reihe von Untersuchungen belegen (vgl. z.B. Fiedler, 2003 & 2005; Norrick, 2007; Partington, 2009). Nicht zuletzt haben auch Arbeiten des Jubilars zur Beschreibung der Phraseologie im Dienste der Komik beigetragen. Man vergleiche z.B. Wolfgang Mieders Arbeiten zu Antisprichwörtern (1982 & 1985 & 1989) und Aphorismen (2005).

Gegenstand dieses Aufsatzes ist der markierte Phraseologiegebrauch in der populären Comedy-Show des US-Fernsehens *The Colbert Report*, die auch in Deutschland zunehmend Aufmerksamkeit erzielt. Es soll analysiert werden, wie die stilistisch-expressiven Potenzen des Phraseologismus genutzt werden, um der allgemeinen Funktion des *The Colbert Report* als Comedy-Show entsprechend Humor zu erzeugen und welche speziellen Funktionen dabei im Hinblick auf die Besonderheiten der Nachrichtensatire darüber hinaus erfüllt werden. Nach einer kurzen Vorstellung der Sendung sollen im Hauptteil die hauptsächlichen Spielarten phraseologischer Verwendungen in *The Colbert Report* vorgestellt werden. Es wäre mir eine Freude, wenn der Leser des Beitrags und insbesondere der Jubilar zumindest einen Teil des Vergnügens empfinden könnten, den ich als Autorin bei der Analyse des Korpusmaterials hatte.

## 2 Die Grundlage der Untersuchung: *The Colbert Report*

*The Colbert Report* (die Aussprache ist französisch mit einem stummem *t* in beiden Wörtern) ist eine der in den USA meistgesehenen Comedy-Shows. Sie läuft seit 2005 montags bis donnerstags im Kanal *Comedy Central*. Ihr Moderator Stephen Colbert parodiert darin rechtspopulistische Fernsehkommentatoren, wie sie z.B. bei *Fox News* anzutreffen sind, um deren demagogische Argumentationsweisen und manipulatorische Fragestellungen in überzogener Weise bloßzustellen. *The Colbert Report* verkörpert somit Nachrichtensatire. Die Besonderheit der Sendung besteht darin, dass Stephen Colbert eine Kunstfigur verkörpert. Der Moderator spielt die Rolle des rechtspopulistischen Fernsehmoderators, die er auch fast die gesamte Show über – beginnend mit der Begrüßung des Publikums bis zum Interview mit dem Studiogast am Ende der Sendung – durchhält. So wird z.B. der bekannte Sänger und Bürgerrechtler Pete Seeger am 6.8.2012 im Interview gefragt, ob er seinen Song *If I Had a Hammer* nicht für Werbezwecke an eine Baumarktkette verkaufen wolle. Und Bill Gates, der über die Erfolge seiner Stiftung im Kampf gegen die Kindersterblichkeit berichtet, wird mit der

Frage konfrontiert: "Why are you helping people in other countries when there are still things to be fixed in America? You are an American, Sir" (30.1.2013).

In der Sendung am 17.10.2005 prägte Colbert das Wort *truthiness* für eine Wahrheit, die von jemandem nicht nach dem Verstand, sondern dem Bauchgefühl bzw. mit dem Herzen als solche empfunden wird (Dubinsky & Holcomb, 2011:55). *Truthiness* wurde 2006 von der *American Dialect Society* zum 'Wort des Jahres 2005' gewählt.

Die Sendungen weisen zumeist übereinstimmende Strukturen auf: Sie beginnen häufig mit effektvollen schlagwortartigen Ankündigungen der Themen durch den Moderator. Parallel dazu erscheinen witzig formulierte Stichpunkte am unteren Rand des Bildschirms. Danach werden vom Studiotisch aus aktuelle politische Themen und Schlagzeilen, die in der Regel durch Videoclips aus Fernsehsendungen veranschaulicht werden, in parodistischer Weise behandelt. Innerhalb dieses Teils gibt es populäre rekurrente Rubriken, wie z.B. *THE WØRD* (mit der Prägung eines neuen Begriffs durch Colbert) oder *Better Know A District* (mit der Vorstellung eines US-Verwaltungsbezirks durch seinen Repräsentanten). Nach diesem Teil der Show begibt sich Colbert an einen gesonderten Tisch im Studio, um ein Interview mit einem prominenten Gast zu führen.

Eine Comedy-Show mit Studiopublikum stellt auch deshalb eine geeignete Analysegrundlage dar, weil sich die kommunikative Wirkung satirisch-humoristischer Aussagen direkt und sofort an den Reaktionen der Zuschauer überprüfen lässt. Für die vorliegende Studie wurden insgesamt 100 Sendungen *The Colbert Report* der Jahre 2012–2013 analysiert. Die jeweils 20-minütigen Folgen sind im Internet zugänglich (2013).

# 3 Zum Einsatz der Phraseologie in *The Colbert Report*

## *3.1 Phraseologismen im Dienst der Satire*

Diese Arbeit konzentriert sich auf den sog. 'markierten Phraseologiegebrauch'. Zum Phrasikon gehören unzählige Fertigstücke unserer Sprache, die wir gewohnheitsmäßig und häufig unbewusst einsetzen. Ihr Abrufen aus dem Gedächtnis als vorgefertigtes Material erleichtert die Textproduktion und hat positive Auswirkungen auf die Flüssigkeit unserer Rede, weil es uns Freiräume für das produktive Formulieren schafft. Diesen wichtigen Aspekt – der für die Kommunikation sowohl in der Mutter- als auch in der Fremdsprache gilt (vgl. Conklin & Schmitt, 2004) – sollte die Phraseologieforschung nicht aus den Augen verlieren. Er soll hier jedoch nicht im Mittelpunkt stehen. Diese Analyse beschäftigt sich mit dem bewussten und zielgerichteten Einsatz von Phraseologismen zum Ausdruck von Humor in einer Comedy-Show.

Markierter Phraseologiegebrauch (vgl. Fiedler, 2007:90–109) kann sich dabei auf die Form der phraseologischen Einheit beziehen. Besondere Wirkungen sind insbesondere durch die Modifikation (Expansion, Reduktion, Austausch von Konstituenten u.Ä.) zu erwarten, aber auch durch die Spezifik ihrer Verwendung (z.B. in einem unpassenden Kontext oder in Kombination mit anderen Einheiten). Ebenso gehört das

Spiel mit den beiden Lesarten des Phraseologismus, d.h. mit der wörtlichen und übertragenen Bedeutung, zum markierten Phraseologiegebrauch.

Humor, so ist sich die Forschung einig, basiert auf Inkongruenz. Zwei Erscheinungen erregen unser Aufsehen und in den meisten Fällen unser Lachen, da sie nicht zueinander passen, wie das Große und das Winzige, das Weise und das Törichte oder das Geheiligte und das Profane, wobei wir in einer Comedy-Show davon ausgehen können, dass das Miteinandervorkommen des Inkongruenten bewusst erzeugt wurde. Komik entsteht durch den Überraschungseffekt, die Abweichung vom Erwarteten. Phraseologismen bieten insbesondere durch ihre Mehrgliedrigkeit, Bildhaftigkeit und Festgeprägtheit in mehrfacher Hinsicht eine gute Grundlage für Überraschungsmomente. So dürften die folgenden Sprichwörter/Klischees – relativ unabhängig vom behandelten Thema – einen Lacherfolg garantieren, weil sie die Erweiterungen in einem unerwarteten neuen Licht erscheinen lassen:

> "I might leave some coins on the counter, that's the change we can believe in" (29.2.2012).
>
> "People in glass houses should not throw stones. Also, they should put some pants on" (14.2.2012).
>
> "Vancouver is full of Chinese. You cannot swing a cat up there without someone trying to make a stew out of it" (30.4.2012).

Satire will allerdings mehr als nur erheitern. Sie ist die schärfste Entfaltungsweise des Komischen. Satire kontrastiert Widersprüche und Wertvorstellungen in überzogener Weise und verzerrt dabei nicht selten, um einen Gegenstand der Lächerlichkeit preiszugeben. "Die Satire muß übertreiben und ist ihrem tiefsten Wesen nach ungerecht. Sie bläst die Wahrheit auf, damit sie deutlicher wird, […]", wie Kurt Tucholsky 1919 in seinem einflussreichen Aufsatz *Was darf die Satire?* schrieb ([10]1990 [[1]1952]:70). Wie sich im folgenden Beispiel zeigt, ist der Phraseologismus geeignet, dabei in vorderster Front zu agieren. Hintergrund des Beispiels ist die Jahrestagung der NRA (*National Rifle Association*, dt. Nationale Schusswaffenvereinigung) und Newt Gingrichs Forderung auf uneingeschränkten Waffenbesitz. In seiner Rede, die Colbert in Auszügen einspielt, bezeichnet er selbst die NRA als noch zu ängstlich (*timid*), weil sie Waffenbesitz nur für US-Bürger fordert. Mit ihm als Präsidenten, so Gingrich, würde die UNO aufgefordert werden, das Recht auf Waffen für jeden Bürger der Erde als Menschenrecht anzuerkennen. Colbert gibt dieses Anliegen der Lächerlichkeit preis, indem er noch einen Schritt weitergeht und Waffenbesitz auch auf dem Mond fordert. Das Sprichwort *The pot calling the kettle black* (dt. etwa *Ein Esel schimpft den anderen Langohr*) dient dazu als effektives Mittel:

> "But I have to say, Newt saying the NRA is timid is a bit of the pot-bellied calling the kettle black. Because […] his own proposal for arming everyone on earth is kind of weak on gun rights. The man called for a colony on the moon and yet nothing about lunar gun rights. […] Might I remind you a crescent moon [eine Collage von Mondsichel und Kapuzenjacke unterstützt die abstruse Idee] is nothing but a full moon wearing a hoodie" (16.4.2012).

Das Sprichwort sorgt an dieser Stelle für besondere Aufmerksamkeit. Es ist die Basis für Colberts anschließende Überspitzung ins Absurde. Seine vordergründig erheiternde Modifikation (durch *pot-bellied* – bezogen auf die Statur Newt Gingrichs) wird als zusätzliches Bonmot goutiert, spielt aber eine Nebenrolle. In den meisten Belegen bildet der Phraseologismus jedoch nicht wie hier den Ausgangspunkt eines satirisch überspitzten Kommentars, sondern dient als effektvoller Abschluss an dessen Ende, wie in 3.2 zu sehen ist.

### *3.2 Die phraseologische Pointierung*

Phraseologismen bilden in *The Colbert Report* besonders häufig den Abschluss ironischer Kommentare. Das folgende Beispiel schließt sich an eine Berichterstattung über eine neue Bibel-Serie des *History Channel* an, in welcher deren Produzent übertriebene Vorstellungen zu den zu erwartenden Zuschauerzahlen äußert: "I'm telling you millions will either open the Bible or reopen the Bible. Millions, millions, maybe a billion [...], a billion is a low number." Colberts Beurteilung dazu lautet: "Yes, a billion is a way low number. Because, as the Bible says, pride cometh before giant TV ratings" (25.3.2013). Der Einsatz des Phraseologismus ist hier zum einen wegen der gewagten Manipulation (*fall* wird zu *giant TV ratings*) eindrucksstark. Die Pointierung ist aber vor allem deshalb gelungen, weil es sich bei dem gewählten Phraseologismus um ein Zitat aus der Bibel handelt.

Im folgenden Beispiel stehen die in den USA angeordneten Ausgabenkürzungen (als *sequester* bezeichnet) im Mittelpunkt, die zu massiven Ausfällen von Flügen geführt haben. Colbert nutzt nach Berichten über lange Warteschlangen auf Flughäfen den Phraseologismus *the chickens come home to roost* (dt. etwa *jmdm. fällt eine Sache auf die Füße*), um zum Ausdruck zu bringen, wie sich diese Sparmaßnahmen rächen können: "The sequester chickens have come home to roost or they would have if they could get clearance to take off" (23.4.2013). Eine visuelle Komponente – ein Huhn im Flugzeug-Cockpit – wirkt hier zusätzlich erheiternd.

Das abschließende Beispiel eines phraseologisch-satirischen Kommentars stammt aus der Sendung vom 19.2.2013. Colbert greift hier die Empörung der Medien auf, von einem gemeinsamen Golfspiel zwischen US-Präsident Barack Obama und Tiger Woods am Wochenende ausgeschlossen worden zu sein. Es werden fünf verschiedene Nachrichtensendungen gezeigt, die deutlich Kritik üben und mehr Transparenz fordern. Vorgeblich ähnlich entrüstet schließt sich Colbert an:

> "This whole episode makes me realize just how little we know about what the President is doing every moment of the day. [...] Multiple times a day he locks himself alone in a small tiled room. Sometimes [es wird das Bild eines Badezimmers gezeigt] [Lachen], evidently sometimes he enters with great urgency, only to emerge later with a look of serenity. What does he do in there? [Lachen] All we know, all we know, folks, is that by the time he leaves, the Sudoku is finished. I know, I know his apologists say it's all innocent. But folks, this does not pass the smell test. [an dieser Stelle gibt es Anzeichen von Missfallen aus dem Publikum] Again, I'm angry as well. Mr. President, open that door to the press corps."

Interessant ist hier, dass Colbert selbst angesichts des Murrens der Zuschauer nicht aus seiner Rolle fällt und bei seiner gespielten Entrüstung über eine zu geringe Transparenz der Vorgänge im Weißen Haus bleibt, ja diese durch sein "I'm angry as well" noch bekräftigt. Lachen und Applaus sind in diesem Beleg aber am Ende besonders stark, als Colbert seinen Bericht in der modifizierten Reagan-Forderung ("Mr.

Gorbachev, open this gate. Mr. Gorbachev, tear down this wall.") gipfeln lässt. Nach der überspitzten Beschreibung des Banalen im Vorfeld, die für den einen oder anderen Zuschauer vielleicht sogar den guten Geschmack verletzt haben mag, erweist sich der Rückgriff auf den historischen Spruch in Colberts Bestreben, die Medien vorzuführen, besonders erfolgreich.

### *3.3 Phraseologische Titel*

Ein nicht zu übersehendes Kennzeichen dafür, dass eine Analyse des *The Colbert Report* aus phraseologischer Sicht interessant sein könnte, ist das Auftreten von Phraseologismen in den Bezeichnungen wiederkehrender Rubriken in der Show. Dazu gehört *Tip of the Hat / Wag of the Finger*. Wie aus dem Titel zu entnehmen, bringt Colbert hier entweder Zustimmung oder Ablehnung zum Verhalten eines Prominenten oder aktuellen Entwicklungen zum Ausdruck. Dabei kommt das satirische Element insofern zum Tragen, als der Moderator jeweils solche Dinge in den Himmel lobt, über die der Zuschauer geneigt ist, den Kopf zu schütteln, während Positivem der erhobene Zeigefinger begegnet. So begrüßt Colbert in seiner Sendung vom 23.4.2012 den Staat Arizona wegen eines neuen Gesetzes, das Frauen bereits mit dem Eisprung als schwanger betrachtet: "They are not only pro-life, they are pre-life. So a big *Tip of the Hat* to the state of Arizona for calling a woman legally pregnant two weeks before she is actually pregnant." In der Sendung vom 11.4.2013 spricht er sich gegen den UN-Beschluss zur weltweiten Kontrolle des Waffenhandels aus und das mit dem Argument, dass Waffen gut seien, weil Hitler eine solche verwendet hat, um sich umzubringen: "If you want to take away Hitler's gun, you're really saying you wish Hitler was still alive." Gelegentlich wird jemandem jedoch auch der *Tip of the Hat* verliehen, um ihn wenig später, und das nicht selten aus denselben Gründen, mit einem *Wag of the Finger* zu verdammen. In *Cheating Death* (dt. etwa *dem Tod von der Schippe springen*) macht sich der Moderator über neue medizinische Erkenntnisse lustig und parodiert medizinische Berichte und Werbeanzeigen:

> "A new study out of Taiwan could lead to a breakthrough in battering influenza. […] Meth [gemeint ist die harte Droge Crystal Meth – Sabine Fiedler] may have flue-fighting properties. […] That's right, meth will fight off your flu, which is only fair, because meth is the reason you were sleeping outside naked in the first place. [Lachen, Applaus] The point is, folks, science has determined that other than brain damage, heart disease, severe weight loss, psychosis and destroying your own life and others' [Pause] meth is good for you."

*Thought for Food* (vgl. *food for thought* 'sth. that makes you think about an issue') beschäftigt sich mit Essgewohnheiten in den USA und in der Welt. Am 2.8.2012 geht Colbert auf den Vorschlag der US-Landwirtschaftsbehörde USDA ein, montags kein Fleisch zu essen. Er macht sich zunächst über den Slogan *Meatless Monday* lustig, indem er fragt: "If I have *Meatless Mondays*, how am I supposed to celebrate *Trichinosis Tuesday*?" Darauf folgt die Nachricht über neue wissenschaftliche Erkenntnisse über die Kommunikations- und Leidensfähigkeit von Pflanzen, welche Colbert zu einem Appell für bedrohte Pflanzen im Stile eines Tierschutz-Spots – begleitet von getragener Musik und Fotos von Gemüse – anregen:

> "Hi, I'm Stephen Colbert asking you to be an angel for a helpless fruit or vegetable. Every year these innocents are viscously pulled from their roots and then killed for your dinner. Sometimes just as a garnish. Can you look into these potatoes' eyes and tell that you don't care? Will you break another artichoke's heart? Please do your part and eat as much meat as possible. Brought to you by PETOP – *People for the Ethical Treatment of Produce* […]."

*Who Is Riding My Coattails Now* (dt. etwa *wer schwimmt jetzt auf meiner Erfolgswelle mit*), stellt Personen vor, die Colbert imitieren oder von ihm profitieren. Zu diesen gehörte bereits auch "the so-called German comedian" Oliver Pocher. In *Threat Down* werden die fünf größten Bedrohungen für die USA benannt.

### *3.4 Phraseologismen in THE WØRD*

In diesem Teil der Sendung prägt der Moderator jeweils einen neuen Begriff, den er zum Anlass nimmt, sich zu aktuellen politischen Fragen zu äußern. Wie oben erwähnt, wurde in *THE WØRD* vom 17.10.2005 *truthiness* eingeführt. Nicht selten handelt es sich bei den Neuprägungen aber auch um (abgewandelte) Phraseologismen, wie einige Beispiele zeigen sollen.

Am 30.4.2012 geht Colbert auf ein neues Gesetz in Missouri ein, das die Diskussion zu Homosexualität in Schulen verbietet, und kreiert dazu als *THE WØRD*: *Don't Ask, Don't Show & Tell* (in Anlehnung an den in der US-Armee bis 2010 geltenden Grundsatz). Es wird ein O-Ton eingespielt, der das Gesetz damit begründet, dass die Behandlung des Themas Homosexualität zu Ablenkungen führen könnte ("can be very distracting"). Dazu Colberts ironischer Kommentar:

> "Yes, homosexuality can be very distracting. Say, you are in math class and the teacher asks, 'What's five and seven?' Your answer, 'Gay!' Because everyone knows five and seven are kind of odd numbers. […] I believe 'Don't Say Gay' isn't enough. We need to expunge everything remotely gay from our schools. In English class we stop teaching words that even sort of seem to be gay. Words like 'ambience' or 'periwinkle.' And let's not forget, history class is full of homosexual code: Hello, Battle of the Bulge […]."

Auch hier wird das satirische Prinzip der maßlosen Übertreibung deutlich, die das Ziel verfolgt, die Absurdität einer Sache (hier des Gesetzes in Missouri) zu offenbaren.

Als zweites Beispiel soll die Sendung vom 25.6.2012 dienen, in der Colbert als *THE WØRD* prägt: *Silver Maligning*. Der Ausdruck ist als Anspielung auf *A silver lining* (basierend auf dem Sprichwort *Each cloud has a silver lining*) zu verstehen, wobei das ähnlich lautende Wort *malign* wohl hier am besten mit 'verleumden' wiederzugeben ist. Hintergrund sind die insgesamt schlechten Wirtschaftsdaten in den USA, die Barack Obamas Konkurrenten im Präsidentschaftswahlkampf Mitt Romney in die Hände spielen, die allerdings bezogen auf einzelne Bundesstaaten, wie z.B. Florida, aus denen Berichte eingespielt werden, nicht gelten. Die dortige eher positive Lage auf dem Arbeitsmarkt wird von Mitt Romneys Wahlkampfteam weniger begrüßt und kleingeredet. Colberts scharfzüngiger Kommentar endet:

> "The only way that Mitt can win is to remember the old saying 'If it ain't broke, insist that it is and maybe they'll hire you to fix it.' [eine Modifikation des bekannten Slogans *If it ain't*

> *broke, don't fix it* 'Verändre nichts, das funktioniert' – Sabine Fiedler] And this leads us to today's *WØRD – Silver Maligning*."

Als weitere Belege phraseologischer Einheiten in der Rubrik *THE WØRD* können aus dem untersuchten Zeitraum angeführt werden: *Dressed to Kill* (26.3.2012), *Sink or Swim* (6.6.2012), *Free Lunch* (13.6.2012), *United We Standoff* (17.1.2013), *Silent but Deadly* (25.2.2013) und *Medical Leave* (30.4.2013).

### *3.5 Phraseologische "Bullet Points"*

Eine für *The Colbert Report* typische Satire-Technik ist das Erzeugen von Vielstimmigkeit im Sinne Michail Bachtins (1963). Durch das Prinzip der Sendung, dass Stephen Colbert eine Rolle spielt, ist diese Polyphonie bereits grundlegend gegeben (vgl. Waisanen, 2009). Darüber hinaus werden in einzelnen Rubriken der Show im Zusammenspiel mündlicher und schriftlicher Texte weitere Formen von Dialogizität inszeniert, so z.B. durch die sog. 'Bullet Points' in *THE WØRD*. Diese ursprünglich als Anspielung auf die 'Talking Points' der Sendung *The O'Reilly Factor* gemeinten Stichpunkte erscheinen parallel zur Rede Colberts rechts von ihm auf dem Bildschirm und kommentieren dessen Aussagen in witziger Form. Sie sind prägnant formuliert und haben nicht selten phraseologischen Charakter.

Als Beispiel kann die Sendung vom 28.1.2013 mit dem Thema Klimawandel herangezogen werden. Wir hören zunächst einen Ausschnitt aus der Antrittsrede von US-Präsident Barack Obama: "We will respond to the threat of climate change. […]". Colberts Kommentar dazu lautet: "I didn't think this part of his speech would get any traction because there is no national consensus on climate change. It's like if JFK announced the Apollo program, but half the country denies the moon exists." Auf dem Bildschirm erscheint dazu als Stichpunkt: "Cow Jumped over Soundstage", eine Modifikation der Kinderreimzeile *The cow jumped over the moon*, die als Grundlage des Phraseologismus *over the moon* gilt (vgl. Fiedler, 2012:62).

Wenig später, nachdem mehrere Personen mit der Meinung zu Worte gekommen sind, man könne am Klimawandel ohnehin nichts ändern, da die Hauptverursacher wie China sich dem nicht anschließen, fasst Colbert ironisch zusammen: "Yes, it's high time we stop trying to solve the problem and resign ourselves to each day getting worse […]". Parallel dazu erscheint als Kommentarpunkt: "Crappy Diem!"

Am 13.6.2012 wird darüber berichtet, dass in Pennsylvania Cafeteria-Mitarbeitern von der Gewerkschaft das Recht eingeräumt wurde, übriggebliebene Lebensmittel nach dem Verfallsdatum kostenlos zu erhalten. Colbert preist dies ironisch als Sieg der Gewerkschaften: "Folks, the right, the right for workers to dine on our children's table scraps is a huge victory for the unions." Dazu erscheint rechts auf dem Bildschirm als Bullet Point in Anspielung auf einen bekannten Protestsong: "We Shall Leftover-Come."

Dasselbe Prinzip liegt auch den Themen-Ankündigungen am Anfang der Sendung zugrunde. So soll am 14.2.2012 über das Handy-Verbot beim Autofahren gesprochen werden ("Will cellphones be banned in cars?"), und als Schlagzeile lesen wir am unteren Bildschirm: "Highway to Cell." Am 28.2.2012 stellt Colbert die Frage "Will high gas prices hurt Obama?" – begleitet von dem phraseologischen Kommentar: "Pain In The Gas."

Die Wirkung des Verfahrens lässt sich auch hier gut an den Zuschauerreaktionen erkennen. Das parallele Präsentieren der Kommentare wird durch Lachen goutiert, das in den meisten Situationen mitten in die weitergehende Rede Colberts platzt. Der Moderator reagiert darauf zumeist gut vorbereitet durch Wiederholung einzelner Worte, betont langsames Sprechen, Pausen oder Einschübe wie "Ladies and gentlemen."

## 4 Schlussbemerkungen

Der Beitrag hat aufgezeigt, dass und wie sich die Nachrichtensatire des markierten Phraseologiegebrauchs bedient. Einige Strategien stimmen mit denen in anderen Genres der Komik, wie z.B. Witzen überein (vgl. Norrick, 2007). Mit der polyphonen phraseologischen Kontrastierung von gesprochener und geschriebener Rede wurde eine Technik vorgestellt, die ein spezifisches Merkmal der untersuchten Show zu sein scheint. Aus Platzgründen konnte eine Reihe für die Satire relevanter Formen der Phraseologieverwendung nicht betrachtet werden, wie z.B. die Kombination oder Häufung von Einheiten, die Literalisierung phraseologischer Bedeutung mittels Bildern, die metakommunikative Akzentuierung und Herausbildung einer Colbert-eigenen Phraseologie.

Das zusammengestellte umfangreiche Korpus satirisch eingesetzter Phraseologismen, das durch die Beschränkung auf den Zeitraum 2012–2013 nur einen Ausschnitt darstellen kann, berechtigt zu der Aussage, dass die Phraseologie eine wesentliche Rolle für *The Colbert Report* spielt. Es ist darüber hinaus aber auch aus phraseodidaktischer Sicht relevant. Die Modifikation von Phraseologismen ist ein Beweis für ihre tatsächliche Verwendung, da die beabsichtigten satirischen Wirkungen nur mit Kenntnis der phraseologischen Basis erzielt werden können. Die in der Show gefundenen Belege sollten daher Eingang in ein für das Englische noch zu erstellendes phraseologisches Minimum finden.

Abschließend sollte betont werden, dass eine einseitig linguistisch ausgerichtete Studie (die hier eine zusätzliche Einengung durch ihre Fokussierung auf die Phraseologie erfahren hat) nicht den Anspruch erheben kann, *The Colbert Report* umfassend zu beschreiben. Um der in dieser Show gezeigten Form postmoderner politischer Satire gerecht zu werden, müssen nicht nur weitere sprachliche Erscheinungen einbezogen werden, es gilt vor allem politik- und medienwissenschaftliche Aspekte zu berücksichtigen.

### *Bibliografie*

Bachtin, Michail Michajlovič. 1963. *Problemy poetiki Dostojevskogo*. Moskva: Sovetskij Pisatel'.

[The Colbert Report]. 2013. "Colbert Nation: Home of *The Colbert Report*." <www.colbertnation.com/> (17.08.2013).

Conklin, Kathy & Norbert Schmitt. 2004. "Formulaic Sequences: Are They Processed More Quickly Than Nonformulaic Language by Native and Nonnative Speakers?" *Applied Linguistics* 29/1, 72–89.

Dubinsky, Stanley & Chris Holcomb. 2011. *Understanding Language Through Humor*. Cambridge u.a.: Cambridge University Press.

Fiedler, Sabine. 2003. *Sprachspiele im Comic: Das Profil der deutschen Comic-Zeitschrift Mosaik*. Leipzig: Leipziger Univ.-Verl.

----------. 2005. "Phraseologismen in Comedy-Programmen: Die Harald-Schmidt-Show (2002–2003)." In: Antje Heine & Mathilde Hennig & Erwin Tschirner (Hgg). *Deutsch als Fremdsprache – Konturen und Perspektiven eines Faches: Festschrift für Barbara Wotjak zum 65. Geburtstag*. München: Iudicium, 181–198.

----------. 2007. *English Phraseology: A Coursebook*. Tübingen: Narr (Narr-Studienbücher).

----------. 2012. *Englische Redewendungen und Sprichwörter in der Praxis*. Leipzig: Engelsdorfer Verl.

Mieder, Wolfgang. 1982. *Antisprichwörter*. Bd. 1. Heidelberg: Quelle und Meyer (Beihefte zur Muttersprache, 4).

----------. 1985. *Antisprichwörter*. Bd. 2. Heidelberg: Quelle und Meyer (Beihefte zur Muttersprache, 6).

----------. 1989. *Antisprichwörter*. Bd. 3. Heidelberg: Quelle und Meyer.

----------. 2005. "'Durch die Blume, aber ohne Blatt vor dem Mund': Sprichwörtliche Gesellschaftskritik des Aphoristikers Klaus D. Koch." In: Antje Heine & Mathilde Hennig & Erwin Tschirner (Hgg). *Deutsch als Fremdsprache – Konturen und Perspektiven eines Faches: Festschrift für Barbara Wotjak zum 65. Geburtstag*. München: Iudicium, 207–231.

Norrick, Neal R. 2007. "Set Phrases and Humour." In: Harald Burger & Dmitrij Dobrovol'skij & Peter Kühn & Neal R. Norrick (Hgg.). *Phraseologie: Ein internationales Handbuch der zeitgenössischen Forschung*. Berlin u.a.: de Gruyter (Handbücher zur Sprach- und Kommunikationswissenschaft, 28), 302–308.

Partington, Alan Scott. 2009. "A Linguistic Account of Wordplay: The Lexical Grammar of Punning." *Journal of Pragmatics: An Interdisciplinary Monthly of Language Studies* 41, 1794–1809.

Tucholsky, Kurt. [10]1990 [[1]1952]. *Tucholsky: Ein Lesebuch für unsere Zeit*. Hg. von Roland Links. 10., völlig neu bearb. Aufl. Berlin u.a.: Aufbau-Verl.

Waisanen, Don J. 2009. "A Citizen's Guides to Democracy Inaction: Jon Stewart and Stephen Colbert's Comic Rhetorical Criticism." *Southern Communication Journal* 74/2, 119–140.

# Encounters: From Lübeck into the World*

*Natalia Filatkina*

> "Helff HERR IESUS CHRISTUS GEWELDIGER HERR
> datt ich de ruſche ſprake moge lehrn
> dartho datt ſuluige woll betengen
> dartho mÿ Gott ſine gnade will ſenden
> vp datt ich mit Gotts Hulpe Moge lehren
> wo de Rußen ehre worde doen vöhren
> wen ſe mitt den Dutſchen koepſlagen
> datt de nicht werden van ehnen Bedragen
> Gott wolde mÿ ſine gnade ſenden
> datt ich dÿtt mit geſundtheidtt vullendigen" (TF, Bl. 13).

Dieses Zitat findet sich auf Blatt 13 des so genannten Sprachlehrbuchs von Tönnies Fenne. Tönnies Fenne, der vermutlich 19- bis 20-jährige Sohn eines Kaufmanns verlässt im Jahr 1607 seine – und die unseres Jubilars – Heimatstadt Lübeck und kommt als Kaufmannsgehilfe in die große und fremde Welt – nach Russland, an den Lübecker Hof der niederdeutschen Kaufleute in Pskov/Pleskau. Als *sprakelerer* "Sprachschüler" lernt er ungesteuert das Russische in seinem kaufmännischen Alltag und vollendet innerhalb einer relativ kurzen Zeit von anderthalb Jahren sukzessive ein Buch, das am Ende erstaunliche 556 Seiten umfasst und somit die umfangreichste Quelle in der Gruppe der bisher bekannten niederdeutsch-russischen Sprachlehrbücher darstellt.[1] Im Zitat oben erklärt Fenne seine Gründe für das Verfassen des Buchs: Er will lernen, wie Russen ihre Wörter gebrauchen, wenn sie mit Deutschen Handel treiben, um nicht von ihnen betrogen zu werden. Gleichzeitig bittet er Gott um Gnade und Hilfe, um sein Unterfangen in voller Gesundheit beenden zu können. Fenne schreibt ausschließlich für seinen privaten Gebrauch und verbindet dabei ganz im Sinne unseres Jubilars zwei Sprachen(paare) und zwei Kulturen sowie seine alltäglichen kaufmännischen Interessen mit den Traditionen der humanistischen Lehrwerke. Ganz im Zeichen der Zeit, die Wolfgang Mieder (2007:394–396) als "das goldene Zeitalter des Sprichworts" bezeichnet, sind große Teile in diesem Werk Sprichwörtern und anderen Typen der formelhaften Wendungen gewidmet. Nach kurzen Erläuterungen zum historisch-kulturellen Kontext der Quelle stehen sie im Mittelpunkt des vorliegenden Beitrags.

## 1 Kultur-historisches Umfeld des Buchs von Tönnies Fenne

### *1.1 Fernhandel im Mittelalter und in der Frühen Neuzeit*

Ausgehend vom tiefgreifenden Charakter der kaufmännischen Veränderungen im Europa des 13. Jahrhunderts bezeichnet der Cambridger Historiker Peter Spufford (2002) diese mit dem Begriff *Handelsrevolution*, in Anlehnung an die spätere *industrielle Revolution* der Fertigungsmethoden im 18. und 19. Jahrhundert. Ermöglicht vorwiegend durch ein erhebliches Bevölkerungswachstum, den enormen Anstieg der im Umlauf befindlichen Geldmenge und die rapide Entwicklung der Städte überall in Europa setzte die Handelsrevolution in den großen Handelsmetropolen Nord- und Mittelitaliens ein und strahlte von dort in ganz Europa aus, so auch in den deutschsprachigen Raum. Die Handelsrevolution bedeutete die Ablösung des bis dahin existierenden Wanderhandels, der selten großräumig war und sich über Jahrmärkte und später Messen organisierte (Glück, 2002:84), durch den von seinem Kontor aus wirkenden Kaufmann, der über seine Niederlassungen mit europäischen Ländern wie Italien, die Niederlande, England, Frankreich und Russland sowie weit über den europäischen Raum hinaus Handel trieb. Seit dem 12. Jahrhundert etablierten sich Kolonien von Handelsvertretern aus diesen Ländern in denjenigen, mit denen sie Handel trieben und umgekehrt. Einer der wesentlichen Züge der Handelsrevolution war die Einführung der weltlichen Bildung der Kaufleute in der jeweiligen Landessprache (Glück & Häberlein & Schröder, 2013:55–92), aber auch in den fremden Sprachen der als Handelspartner fungierenden Länder.

Russland (genauer die Stadtrepubliken Groß-Nowgorod und Pskov/Pleskau, die vom Einfall der Mongolen und Tataren verschont geblieben waren) und Deutschland (genauer die norddeutschen Fürstentümer) sind über die Hanse in diese historischen gesamteuropäischen Entwicklungen involviert. Im Jahr 1192 entstand in Nowgorod eine der bedeutendsten Niederlassungen der hanseatischen Kaufleute – der Peterhof, der insbesondere an der Wende vom 14. zum 15. Jahrhundert in seiner Größe und Ausstrahlung mit den Hansekontoren in Brügge, London oder Bergen vergleichbar war. Nach dem Ende der hanseatischen Blütezeit und der Einverleibung Nowgorods in das Moskauer Großfürstentum (Moskovien) im Jahr 1478 belebte der russische Zar Boris Godunov 1599 die Handelsbeziehungen mit dem norddeutschen Raum über die Städte Pskov/Pleskau und Nowgorod wieder. Fennes Buch stammt aus dieser Zeit.

In den russischen Fürstentümern trafen die norddeutschen Kaufleute sowohl zu Hansezeiten als auch später nicht nur auf ein anderes Rechtssystem, eine andere Religion, andere Handelsusancen und andere Sitten und Gebräuche, sondern auch und vor allem auf eine Sprachsituation, die von der in den anderen Ländern, zu denen geschäftliche Kontakte bestanden, stark abwich. Als Sprache des Rechts und des offiziellen Verkehrs fungierte in Russland von Anfang an nicht das Latein, sondern die Volkssprache, das Russische. Das Erlernen des Lateins wurde hier von dem wichtigsten Bildungsträger – der orthodoxen Kirche – nicht gefördert und auch nicht gefordert. Obwohl Latein im diplomatischen Bereich als Verständigungsmittel diente, kam es im Handel als *lingua franca* nicht in Frage. Die Benutzung verschiedener Schriftsysteme vergrößerte die Distanz.

Ein norddeutscher Kaufmann hatte zwei Möglichkeiten, dieser völlig anderen Sprachsituation Herr zu werden. Eine Möglichkeit war, sich am Zielort eines deutschen Dolmetschers (nd. *tolk*) zu versichern, der Russisch konnte. Über solche Dolmetscher verfügte die Hanse bereits im 12. Jahrhundert (Gernentz, 1981:68; Squires, 2009:49).[2] Die zweite Möglichkeit bestand darin, selbst die Fremdsprache – in unserem Fall das Russische – zu lernen. Genau diesen Weg geht Tönnies Fenne. Die Hanse entsandte junge Kaufmannsgehilfen nach Nowgorod und Pskov und maß der Sprachausbildung eine Schlüsselstellung bei. Diese war für die Hanse im 12. Jahrhundert, aber auch zu Fennes Zeit handelspolitisch motiviert: Um die niederländische, skandinavische und englische Konkurrenz im Russlandhandel abzuwehren, monopolisierte die Hanse die Sprachausbildung, denn "the ability to name, describe, and portray are in some ways an appropriation that constitutes an essential step toward control and exploitation" (Schwartz, 1994:7). Gernentz (1981:69) erklärt mit Hilfe dieses Konkurrenzgedankens die Tatsache, dass uns aus der Blütezeit des niederdeutsch-russischen Hansehandels keine schriftlichen Zeugnisse für Sprachausbildung vorliegen. Sollte es sie überhaupt in schriftlicher Form gegeben haben, dürften sie geheim und nicht verbreitet gewesen sein und sind deshalb nicht erhalten geblieben: "[…] ein Monopol über die Dolmetscherausbildung [kam] praktisch einem Monopol über den Handel gleich […]" (Ureland, 1987:XXIII; Glück, 2002:278–281).

### *1.2 Aufbau des Buches von Tönnies Fenne: Zwischen Sprachen(paaren) und zwei Kulturen*

Den Gepflogenheiten des norddeutsch-russischen Handels zufolge hat Fenne die russischen Teile seines Buchs (zumindest die am Anfang) aus anderen Vorlagen übernommen, über die der Forschung im Moment nichts Genaues bekannt ist. Die paläografischen Befunde (Prowatke, 1985:89) sprechen dafür, dass Fenne sich die russischen Teile von anderen Personen, z.B. von muttersprachlichen Gewährspersonen, hat aufschreiben lassen. An mehreren Stellen des Buches finden sich Vermerke, die mit gebotener Vorsicht als Stellen interpretiert werden können, ab denen Fenne auch selbst russisch schreibt, so z.B. auf Bl. 188 "Hyr wyll ich mytt der hulpe / gotts anfangen tho schriuen de rusche spake."

Das Niedergeschriebene übersetzt er in seine Muttersprache, die niederdeutsche Schriftsprache Lübeckischer Prägung. Dass er niederdeutsch schreibt, verdanken wir vor allem seinem jungen Alter: Seine Schulausbildung muss er abgeschlossen haben, bevor in Lübecker Stadtschulen im Jahr 1609 eine lateinische Grammatik eingeführt wurde, deren volkssprachliche Teile nicht mehr niederdeutsch, sondern hochdeutsch waren (Gernentz, 1988:28). Seine Schreibsprache enthält aber vor allem in der Grafie hochdeutsche Elemente (Prowatke, 1985). Was uns hier vorliegt, ist ein vom Hochdeutschen beeinflusstes Niederdeutsch. Außerdem sind einzelne Teile des Sprachlehrbuchs komplett auf Hochdeutsch, vor allem solche Teile, die Fenne mit hoher Wahrscheinlichkeit aus anderen Vorlagen abschreibt, ohne in das Hochdeutsche einzugreifen, z.B. religiöse Texte, Briefmuster und Formulare für den amtlichen Schriftverkehr oder eine Sentenzensammlung am Anfang des Buches, von der unten noch die Rede sein wird.

Alle (nieder)deutschen Teile sind von einer Hand und wohl auch von Fenne selbst geschrieben (Prowatke, 1985:89). Auch hier benutzt er Vorlagen, über die ebenfalls nichts Genaueres bekannt ist und die auf die im niederdeutschen Raum entwickelte Tradition für die Textgattung *Sprachlehrbuch* zurückgehen müssen. Wie unten noch zu zeigen sein wird, speiste sich diese Tradition nicht nur aus den praktischen Bedürfnissen des kaufmännischen Alltags, sondern auch aus der gelehrten Lexikografie (vgl. auch Gernentz, 1988:26). Auf einem Kompilations-, Übersetzungs- und Interpretationsweg entsteht ein Buch, das uns Fennes Fortschritt im Spracherwerb vor Augen führt, die Annahme vorausgesetzt, dass Fenne die russischen Teile in der Tat selbst niederschreibt. Hammerich und Jakobson (TF, Bd. 2, X) bemerken im Vorwort zu ihrer Edition des Sprachlehrbuchs, dass insbesondere an seinem Anfang viele Fehler und Missverständnisse im Russischen auffallen, die aber im weiteren Verlauf immer seltener werden.

In seinem umfangreichsten Teil enthält das Buch ein nach Sachgebieten geordnetes Vokabular, das aus einzelnen Wörtern und konzeptionell mündlichen Sätzen besteht. Das Ziel ist dabei nicht die erschöpfende Beschreibung des gesamten Wortschatzes, sondern die Heranführung an die Themen der alltäglichen Kommunikationssituationen eines Kaufmanns: Gruß- und Geschäftsbriefflosklen, Bezeichnungen für Berufe und russische Obrigkeit, Metalle, Pelz- und Salzarten, Kräuter, Stoffe und Farben, russische Währung, Schiffstypen, einzelne Wörter aus dem Bereich der Gerichts- und Rechtsangelegenheiten, Zahlen oder Personen- und Ländernamen. Sie enthalten aber auch den allgemeinen Wortschatz etwa aus den Bereichen "Familie", "Jahreszeiten", "Essen und Trinken", "Haus und Hausteile", "Tierwelt" oder auch "Gott und religiöse Feierlichkeiten".

Obwohl die meisten Einträge in diesem Teil Einzelwortlexeme sind, nehmen strukturelle Phraseologismen und Kollokationen hier auch einen festen Platz ein, z.B. beim Erlernen der Zeitangaben oder der Bezeichnungen für alltägliche Handlungen wie dem Pferdesatteln:

| | | | |
|---|---|---|---|
| (1) | "ttzaszu togo" | "thor stundtt" | 'zur Zeit, gleich' (TF, 34,22); |
| | "sego godu" | "van dußem iahr" | 'dieses Jahr' (TF, 36,9); |
| | "lonni" | "tho iahr" | 'letztes Jahr' (TF, 36,10); |
| | "lonschogo" | "van tho iahr" | 'vom letzten Jahr' (TF, 36,10); |
| | "proshloi godu" | "vorgangen iahr" | 'letztes Jahr' (TF, 36,11); |
| | "ffprichodiastze god" | "datt kumpstige iahr" | 'nächstes Jahr' (TF, 36,12); |
| | "ventzatza" | "tho hope geuen" | 'heiraten' (TF, 41,12); |
| | "obnus dai kon" | "tohme datt perdtt" | 'Sattle das Pferd!' (TF, 79,9); |
| | "peki chlieba" | "backe brodtt" | 'Backe das Brot!' (TF, 81,12). |

Ausgehend von seiner täglichen Kommunikationspraxis zeigt sich Fenne als ein guter (Auto-)Didaktiker: Als er nach Pleskau kommt, kann er kein einziges Wort Russisch. Formelhafte Wendungen muss er im Hinblick auf die adäquate Kommunikation für wichtig gehalten haben, denn er schreibt sie auf bzw. übernimmt sie aus seinen Vorlagen als unabdingbaren und geläufigen Teil des Wortschatzes.

Dem Vokabelteil folgt ein Dialogteil mit kürzeren oder längeren Gesprächssequenzen zwischen zwei Kaufleuten, einem Kaufmann und einem Wirt, einem Kaufmann und seinem Diener bzw. Gefolgsmann. Die Gespräche sind mit Ratschlägen dazu durchdrungen, wie sich die Deutschen im fremden Russland verhalten sollen. Sie sind voll von nationalen Stereotypen und müssen als Zeugnis dafür verstanden werden, dass ein fernes Land zunächst befremdlich wirkt und Angst und Distanzierung auslöst. Sie legen aber auch Zeugnis von reichen persönlichen Erfahrungen ab, die auf Annäherung gerichtet sind. Sie vermitteln das Wissen über das richtige Verhalten, das trotz aller länder- und kulturspezifischen Besonderheiten für einen Kaufmann beim Handel und im alltäglichen Leben in einem fremden Land erfolgversprechend sein soll. Auch in diesem Teil kommen formelhafte Wendungen reichlich vor. Aus intersprachlicher und interkultureller Perspektive sind insbesondere Routineformeln von Interesse:

(2) "Tzelum moi mile niemptzine kack tebe bog na
dorogo milluitt: szdorouo isiedsi: tzellobitia tebæ
Priszlall Ivan.
Geluche zu mein lieber teutscher wo heft sich
Gott diner erbarmedtt vp dem wege, oderr
reyse, ich soll dyr viele guts sagen von Hansen" (TF, 191,2).

Die erste Konstituente in der russischen Gesprächssequenz (2) *tchelom* 'der Kopf, die Stirn/mit dem Kopf/der Stirn' ist eine Ellipse und weist auf die semiotisierte Geste bzw. Gebärde *bit' chelom* "mit dem Kopf schlagen" (aruss. *бити челомъ*) hin. Diese Wendung ist aber nicht nur eine Gebärde, sondern ein stark konventionalisiertes und bis Anfang des 20. Jahrhunderts lebendiges Ritual der Begrüßung der hierarchisch und gesellschaftlich höher Gestellten. Ihnen gegenüber gebührte es sich, Respekt zu zeigen, der durch eine besonders tiefe Verbeugung, bei der der Kopf den Boden berühren musste, zum Ausdruck gebracht wurde. Respekt zeigen bedeutet auch, besonders angesehene Geschenke zu überreichen. Auch diese Konvention ist in der Bedeutung der Wendung *bit' chelom* 'mit dem Kopf schlagen' enthalten und kommt auch bei Fenne vor: *tzellobitia tebæ priszlall Ivan* "tiefe Verbeugungen [im Sinne von Wohlergehensgrüßen] hat Dir Ivan entsandt". Die russischen Begrüßungsformeln gibt Fenne mit den für das Mittelniederdeutsche typischen und auch im Sprachlehrbuch mehrfach belegten Wendungen *geluche tho* "Glück/Wohlwollen Du/Dir!" und *viele guts sagen von [...]* wieder, ohne auf die kulturspezifischen Besonderheiten einzugehen. Auch wenn die Gegenüberstellung nicht kommentiert ist, ist sie sinngemäß korrekt und zeugt folglich davon, dass Fenne über den russischen Brauch informiert war.

Diese Stelle führt außerdem einen Unterschied im Gebrauch der Wendung in den Sprachlehrbüchern einerseits und im zeitgleichen niederdeutsch-russischen Geschäftsschrifttum andererseits vor. In den russischen Urkunden und Geschäftsbriefen sowie in ihren Übersetzungen ins Niederdeutsche beobachtet Squires (2009:113–115) die Wendung *bit' chelom* nämlich in der anders gelagerten Bedeutung 'jemanden, insbesondere den Fürsten, um etwas bitten', die im 15. Jahrhundert entsteht, auf das erwähnte Begrüßungsritual zurückgeht und innerhalb der Textsorte 'Urkunde' eine besondere Gattung der schriftlichen Bitten konstituiert. In der hansischen Übersetzung der russischen Urkunden ins Deutsche taucht anstelle der formelhaften Wendung die Lehnformel *syn/eren houet slan, hovetslan, hovetslach* auf, die laut Squires (2009:114–120) durch eben dieses übersetzte Geschäftsschrifttum bereits im 14. Jahrhundert Eingang ins Niederdeutsche findet, hier allerdings auf den Nowgoroder-hansischen Verkehr beschränkt zu sein scheint. In dem in Pskov geschriebenen Sprachlehrbuch von Tönnies Fenne kommen anstelle der Lehnübersetzung die Paraphrasierungen wie in (2) oder die nur morphologisch angepasste und sonst wörtlich aus dem Russischen übernommene Form *eyn tzelobitien schriuen* (TF, 427,1) vor.

Im Vergleich zum Vokabular und dem Dialogteil wird dem dritten – grammatischen – Teil in der Regel etwas weniger Aufmerksamkeit geschenkt. Die Korrektheit des sprachlichen Ausdrucks tritt hinter die Fähigkeit zurück, sich in einer fremden

Sprache überhaupt irgendwie ausdrücken zu können. Das ist ein kommunikativer Ansatz, der modern anmutet und der dem antiken und frühmittelalterlichen Lateinunterricht mit Grammatik als Basiskompetenz völlig fremd war. Auch hier stellt Fenne eine Ausnahme dar: Obwohl auch bei ihm die grammatischen Ausführungen nicht vollständig sind, sind die äußerst systematische Gliederung und das Bemühen Fennes, ganze Flexionsparadigmen zu erstellen, die syntaktischen Strukturen des gesprochenen Russisch zu erfassen und die lateinischen grammatischen Kategorien auf das Russische zu übertragen, beeindruckend, insbesondere mit Blick auf die Tatsache, dass er dies im Jahr 1607 fast 100 Jahre vor dem Erscheinen der ersten Grammatiken des Russischen und auf Russisch ganz eigenständig tut.

Im dreiteiligen Aufbau – Vokabular, Gesprächsteil, Grammatikteil – belebt das niederdeutsch-russische Sprachlehrbuch die Traditionen der humanistischen Lateinlehrbücher und Schülergespräche sowie der humanistischen Lexikografie, auch wenn es sich durch die Gewichtung der einzelnen Teile, die allgemeine verstärkte Orientierung an der Praxis der Alltagskommunikation und die verwandten Sprachen (eben nicht Latein) von diesen unterscheidet. Auch die Voranstellung der Zielsprache und die Unterordnung der Muttersprache sprechen dafür, dass die humanistische Tradition die Anforderungen der Praxis dominiert.

## 2 Formelhafte Wendungen im Sprachlehrbuch von Tönnies Fenne

Die Traditionen der humanistischen Lehrbücher machen sich ferner bei der Bedeutung bemerkbar, die Fenne den formelhaften Wendungen beimisst. Wie gezeigt, sind sie in allen erwähnten Teilen sporadisch enthalten. Daneben gibt es zwei separate Auflistungen von diesen. Die erste dreiseitige findet sich gleich zu Beginn des Sprachlehrbuchs nach der Widmung auf den Blättern 4 bis 6 und enthält rund 25 Reimpaarverse gnomischen Charakters auf Hochdeutsch, mit denen Neid, Hass, Verleumdung, Schmeichelei und Trunkenheit verurteilt werden, z.B.:

(3) "Darfür du ge / halten wilſt / werden. / Des tuhe dich befleiſzen auff / Erdenn" (TF, Bl. 4v).

(4) "Dorn und Distel stehen seher / Falsche Zungen noch viel meher / Ich will lieber in disteln und dorn baden / alſz mit falschen Zungen sein beladen" (TF, Bl. 4v).

Die Liste mit dem aufwändigen grafischen Layout demonstriert die wichtige Rolle der formelhaften Wendungen im Kontext der Wissens- und Sprachvermittlung, die sie seit der Antike über das Mittelalter bis hin in die Frühe Neuzeit erfüllen (Filatkina & Hanauska, 2011; Mieder, 1974 & 1975 & 2007:406–407).

Die zweite 26 Seiten lange Auflistung von dem, was Fenne selbst für *poslovizy*, russisch für *Sprichwörter*, hält, findet sich am Ende des Sprachlehrbuchs. Auch hier sind Sprichwörter und Idiome mit ausgeprägtem gnomischen und didaktischen Inhalt verzeichnet, die damals offensichtlich zum Wissensbestand einer humanistisch ausgebildeten Person gehörten und die Fenne beim Erlernen des Russischen in seinen praktisch orientierten Alltag als Kaufmannsgehilfe integriert. Auf Bl. 485 legt er einen neuen Teil an, in dem er obszöne und derbe "Sprichwörter", also eigentlich Routineformeln in der modernen Terminologie, sammelt bzw. abschreibt. Diesen Teil leitet er mit einem Kommentar ein: *Volgen etzliche schalkhafftigen / Sprichworter de de ruszenn / ihn ehrer sprake bruken.*

## *2.1 Russisch > Niederdeutsch*

Bis jetzt hat die Forschung angenommen, dass Fenne bei der Auflistung der formelhaften Wendungen vom Russischen ausgeht und sie ins Niederdeutsche übersetzt. Dies lässt sich in meinen Augen aber nur in einigen wenigen Fällen mit Sicherheit behaupten, z.B. dort wo der russische Beleg nach einem für Sprichwörter typischen Muster aufgebaut ist, einen Reim aufweist und beides in der deutschen Übersetzung nicht wiedergegeben wird. Beispiele (5) bis (7) veranschaulichen solche Fälle:

(5) "Tzto redit, ne posobit
Wadt schall men maken idt helpedt doch nicht" (TF, 470,7).

(6) "Szit ne tusit, drobro dabüt da licho sbüt
Leuen vndt nicht truren dat gude tho
Erwaruen vnd dat quade tho sliten" (TF, 472,3).

(7) "Chto kislovo iabloka ne griset, vtovo oskomina ne szivet
De de suhre appell nicht eht de hefft
Och dat tehnen slee nicht" (TF, 473,6).

Für die Erforschung der historischen formelhaften Sprache sind solche Beispiele nicht "nur" als eigene Übersetzungen eines jungen *sprakelerers* zu betrachten, die aufgrund der fehlenden Merkmale der Sprichwörter (vor allem Geläufigkeit und Rekurrenz, vgl. Mieder, 2007) auch nicht unbedingt als solche bezeichnet werden können. Wenn Beleg (5) in der Tat noch eher eine Paraphrase annehmen lässt, ist die Entscheidung bei den Belegen (6) und (7) schwieriger. Vergleichbare Übersetzungen von Sprichwörtern, Sentenzen, logischen Schlüssen und anderen formelhaften Wendungen sind seit der Antike über das Mittelalter bis in die Frühe Neuzeit als Übungen beim Fremdsprachenerwerb überliefert. Sie sind zunächst ein verbreitetes Vehikel beim Erlernen des Lateins und ab dem späten Mittelalter aller europäischen Volkssprachen.[3] Dabei werden formelhafte Einheiten der Zielsprache in die Ausgangssprache übersetzt und verändert oder, auf dem umgekehrten Weg, in der Zielsprache nach bestimmten zugrunde liegenden syntaktischen Modellen erdacht. Diese Praxis musste Fenne allein aufgrund seiner schulischen Ausbildung gekannt haben. Natürlich sind es formelhafte Wendungen, die nur einmal belegt sind. Aber auch formelhafte Wendungen, die im frühen Mittelalter bei Notker dem Deutschen in St. Gallen im Zuge der Übersetzungen während des Lateinunterrichts entstehen, sind für gegenwärtige Untersuchungen nur singulär greifbar (Filatkina & Gottwald & Hanauska & Rößger, 2009). Nur anhand umfassender Dokumentation und Analyse einer möglichst hohen Zahl sprachhistorischer Quellen wird die Forschung in Zukunft Näheres über deren formelhaften Charakter in der Sprachgeschichte sagen können. Sowohl die umfassende Dokumentation als auch die Analyse fehlen aber im Moment für 600 Jahre deutscher Sprachgeschichte, die auch das Mittelniederdeutsche umfasst.[4]

Die Übersetzung fällt dem jungen Tönnies Fenne nicht immer leicht, vgl. dazu die Belege (8) und (9):

(8) "Okolotza præmitzu sugonaiet.
Eyn guedt wech vmb iß keyne krumme" (TF, 473,2).

(9) "Dobri dni na slidni ne sapas.
Gude dage warnen nicht thor armodtt" (TF, 475,6).

Dialektal weit verbreitete Einwortlexeme *okolitza* "ein guter Weg um ein Dorf herum, am Rande des Dorfes" und *prjamiza/prjamik/naprjamik* "ein gerader Weg, ohne Umwege" in Beleg (8) sind im Deutschen nur als paraphrasierende Umschreibungen möglich. Die metaphorische Umschreibung des Russischen *zlyje dni* "böse, schlechte Tage" in (9) gibt Fenne mit *Armut* wieder.

An anderen Stellen stimmen die russischen und deutschen Wendungen strukturell nicht überein. Wenn Fenne hier auch vom Russischen ausgegangen ist (wie es die Forschung vermutet), dann schien ihm wohl die sinngemäße Wiedergabe des Russischen sinnvoller. Umso wertvoller sind seine niederdeutschen Entsprechungen, denn sie müssen ihm in dieser Struktur und lexikalischen Besetzung geläufig gewesen sein. Das würde für ihren in der Tat formelhaften Charakter sprechen. Dazu die Beispiele (10) und (11):

(10) "Ne pravoiæ sosdanie, prachum iemletza.
Vnrechtverdich guedt gedyett nicht" (TF, 479,1).

(11) "Naperod krepust opsle ne branitze.
Vorbescheytt makedt na keyn kyff" (TF, 476,8).

## *2.2 Niederdeutsch > Russisch*

Fenne geht auch den umgekehrten Weg und übersetzt aus seiner Muttersprache ins Russische. Will man diese Übersetzungen nicht nur in den Kontext der reinen Sprachübung einengen, muss man sich fragen, wozu er das tut. Die deutschen Belege, die er auswählt, müssen ihm geläufig gewesen sein. Die Geläufigkeit erklärt m.E. Fennes Auswahl. Die meisten Belege dieser Gruppe stammen aus verschiedenen Teilen der Bibel, so auch Beleg (12) aus dem Ecclesiastes (dem Buch Kohelet; Eccles. 3,1 & 8,6). Für das Ausgehen vom Niederdeutschen sprechen hier der Reim in den niederdeutschen Versen und die Paraphrasierung im Russischen:

(12) "Fzi sivut suoim vieki
Terpi dospet, terpliniu propast.
Chto mosi vm suoy isinet
On silne menæ.
Alle dynch hefft sine tydt.
Lyden makedt kident quydt.
De dar kann dwyngen synen synn.
De iß starker als ich bynn" (TF, 480,1).

Das Beispiel ist im Deutschen und Niederländischen reichlich überliefert, vor allem in der didaktischen Literatur weltlichen und geistlichen Charakters, so etwa mehrfach bei

Freidank, Ulrich Boner, Tomasin von Zerklære und Heinrich Seuse, sowie in humanistischen sprichwörtlichen Sammlungen, auch aus dem mittelniederdeutschen Raum (z.B. Prov. Comm. Mnd., 62; TPMA, 13,375). Es ist ferner an einer weiteren erst durch die Dissertation Hanauskas (im Druck) entdeckten Stelle in der Koelhoffschen Chronik (274v, 11) als *alles dinges eyn tzijt* belegt. In der Form, wie der Beleg bei Fenne kontextualisiert ist, kommt er an keiner anderen bekannten Stelle vor. Insofern ist der Beleg singulär. Lediglich der Rekurs auf Leiden ruft gewisse Parallelen zu Freidanks "Bescheidenheit" hervor, allerdings heißt es dort: *Ein ieglich zît hât sîn zît, Leit nâch fröuden trûren gît* "Jede Zeit hat ihre Zeit, Leid gibt nach Freude Trauer" (Freidank, 117,18). Das ist jedoch eine andere Aussage als die, die wir bei Fenne vorfinden.

Genauso singulär und umso wertvoller für Untersuchungen der historischen formelhaften Sprache ist Beispiel (13):

(13) "Sermega ne rosderi,
Moi aspodar zedor da ne dast.
Slusi dolgo, da ne prosi.
Ino istratus aspodarschoi ne roslaski.
Graw rock rydt nicht.
Myn herr iß myldt vndt gift nicht.
Dene lange vnd mahne nicht.
So vorlustu dyneß hern hulde nicht" (TF, 480,3).

Der Reim war für die bisherige Forschung auch hier der Grund, den Ausgang vom Niederdeutschen zu vermuten. Der Kontext um die Wendung *der graue Rock zerreißt nicht* bei Fenne macht deutlich, dass die Wendung kaum Gemeinsamkeiten mit dem bei Röhrich (2,1249) und im TPMA (7,79) verzeichneten Idiom *sich den Rock/das Kleid nicht zerreißen lassen* im Sinne von 'sich nicht nötigen lassen' hat. Das letztere Idiom führt Röhrich auf die Verführungsszene 1. Mos. 39,12 zurück; ein ähnliches Bild findet sich aber auch bei Cicero in den "Epistolae ad Atticum" (13a–b) und in den "Adagia" des Erasmus von Rotterdam (13c):[5]

(13a) "Sed ego ita egi, ut non scinderem paenulam." 'Aber ich habe so gehandelt, dass ich (ihr) Kleid nicht zerriss' (Cic., Ad Attic., 13,33,4).

(13b) "Horum ego vix attigi paenulam; tamen remanserunt." 'Ich habe deren Kleid kaum berührt, dennoch sind sie geblieben' (ebd.).

(13c) "Scindere penulam. Hodieque uulgo tritißimum est scindere penulam, pro eo quod est impensius retinere hospitem." 'Das Kleid zerreißen. Auch heute ist die Wendung 'das Kleid zerreißen' sehr verbreitet für das, was bedeutet, den Gast allzu eifrig zurückzuhalten' (Adag. Chil., 1,1,99).

Beleg (13) hat wohl nicht hier seinen Ursprung, sondern in der Symbolik des zerrissenen und grauen Rocks. Im 6. Band (Sp. 1097) des "Deutschen Wörterbuchs" interpretieren die Brüder Grimm den grauen Rock als Sinnbild des "armen Sünders" und den zerrissenen Rock als Symbol für Armut, Kummer und Schmerz. So ist m.E. auch die Stelle in (13) zu lesen: Die formelhafte Wendung *der graue Rock zerreißt nicht* bzw. *zerreiße den grauen Rock nicht* steht hier nicht im Kontext einer Verführung oder eines Gästebesuchs, sondern in dem des treuen Dienstes an den Herrn: Man soll den Rock nicht zerreißen, also nicht bekümmert sein, nicht klagen und nichts fordern, sondern treu und lange dienen, um die Huld des Herrn nicht zu verlieren. Der Beleg steht nach dem jetzigen Kenntnisstand ohne Parallelen in anderen historischen deutschen Quellen. Interessant ist auch seine Übersetzung ins Russische. Für die Paraphrase zum mittelniederdeutschen *grauen Rock* benutzt Fenne bzw. seine muttersprachliche Gewährsperson ein typisches Realienwort *сермяга* 'sermjaga' – ein langes Hemd aus einem groben meistens grauen Stoff, das in Russland als eine typische Bekleidung der armen Bevölkerung, den Bauern, fungierte.

### 2.3 *Russisch > Niederdeutsch / Niederdeutsch > Russisch?*

Bei den meisten zweisprachigen Belegpaaren wird erst die im Moment noch ausstehende gemeinsame Analyse der russischen und deutschen historischen Quellen klären können, von welcher Sprache Fenne ausgeht. Es sind vor allem solche formelhafte Wendungen, in denen der russische und niederdeutsche Eintrag in ihren Strukturen und bildlichen Grundlagen übereinstimmen. Es handelt sich dabei wohl um bestimmte Vorstellungen und Wissenstypen, die von phraseologischen Systemen des Deutschen und Russischen in gleicher Weise genutzt und auch variiert werden konnten. Einige Beispiele für Routineformeln in der Funktion der Schimpfausdrücke sollen dies veranschaulichen:

(14) "Goffna tene na nos.
Eynen dreck vp dyne neße" (TF, 488,1).

Der niederdeutsche Eintrag erinnert an die in den "Altdeutschen/Pariser Gesprächen" vorkommende Routineformel *Vndes ars in tīne naso*. Zwei Seiten später schreibt Fenne:

(15) "Træs tebe ffgorlo.
Datt feberß in dynen halß" (TF, 490,2).

Die HiFoS-Datenbank liefert momentan keine genaue bildliche Entsprechung aus anderen historischen deutschen Quellen, Parallelen auf konzeptueller Ebene und im zugrunde liegenden syntaktischen Muster zwischen (14) und (15) sind aber unverkennbar.

Die Belege dieser Gruppe verdeutlichen, wie Fenne auf das in der Frühen Neuzeit verbreitete Wissen zurückgreift, es beim Erwerb einer fremden Sprache individuell kontextualisiert und variierend in seinen kaufmännischen Alltag integriert. Nach Piirainen (2012:407–409) gehört Beleg (16) heute zu den weit über Europa hinaus verbreiteten Idiomen. Den Grund dafür sieht Piirainen in der Intertextualität: Das Idiom war bereits im Mittelalter als formelhafte Wendung geläufig und Bestandteil vieler Sammlungen. Ihm liegt ein Täuschungsbrauch beim Handeln zugrunde, der wohl auch schon vor dem Eingang des Idioms in den Sammlungskontext bekannt gewesen sein muss:

(16) "I kot ffmecha ne kuplu, ia ffpervoi smotru.
Ich will de katte im sacke nicht kopen
Ich will se ersten besehn" (TF, 482,2).

Allerdings erfolgte der Brauch nicht unbedingt unter Beteiligung einer Katze oder eines anderen Tieres. Die zahlreichen deutschen Texte, die das Idiom überliefern, tradieren die Form *im Sack kaufen/verkaufen* (TPMA, 9,409). Mit Röhrich ist anzunehmen, dass die Katze erst durch das mittelniederdeutsche Volksbuch (1510/1512) über den Till Eulenspiegel in die sprachliche Beschreibung des Brauchs gerät. Beleg (16) bei Fenne wäre – mit aller Vorsicht formuliert – der zweitälteste und bis jetzt kaum bekannte Beleg dafür.

Über die humanistischen Sammlungen muss Fenne auch Beleg (17) gekannt haben. In seinem Buch gibt er ihn so wieder, wie der Beleg auch in den mittelniederdeutschen "Proverbia communia" oder bei Tunnicius zu finden ist.[6]

(17) "Golod dospet siroi bub slasen.
Hunger makedt rohe bohnen sohte" (TF, 482,3).

(17a) "Hunger maket ro bonen soothe" (Prov. Comm. mnd., 384).

(17b) "Hunger maket roe bonen sôte" (Tunnicius, 577).

Die Liste der formelhaften Wendungen, die zur damaligen Zeit auf Grund ihrer Herkunft aus weit verbreiteten Texten (sei es aus unterschiedlichen Teilen der Bibel oder aus den sprichwörtlichen Sammlungen) allgemein bekannt waren und so auch bei Fenne vorkommen, ließe sich fortsetzen. Drei weitere Beispiele mögen an dieser Stelle genügen:

(18) "Kotoryi svolkum szivet tomu svolkum voiet.
De mytt den wuluen leuedt de modt
myt den wulffen hulen" (TF, 475,3).[7]

(19) "Koli slepoi slepogo vedot ino obæ ffiamu propadut.
Wan de eyne blynde dem andern leydet,
so fallen se beyde in den kulen" (TF, 480,2).[8]

(20) "Tziplota chotze kuritza vtzit.
Datt kuken wyl datt hoen lehren" (TF, 472,1).[9]

Beleg (18) ist heute weit über Europa hinaus verbreitet (Piirainen, 2012:411–412). Die historischen Entwicklungswege dieser "linguistischen Globalisierung" können gegenwärtig wegen der fehlenden Sprachdaten noch nicht nachgezeichnet werden. Solche am alltäglichen Gebrauch orientierten Quellen wie Sprachlehrbücher gewähren einen Einblick, wie z.B. der Kaufmannsgehilfe Tönnies Fenne vom allgemeinen und traditionellen Gedankengut profitiert und dieses im Prozess des Spracherwerbs zwischen zwei Sprachen bei allen kulturellen Unterschieden Brücken schlagen lässt. Dieses Gedankengut in Form von formelhaften Wendungen wird aufgrund der doch nicht geringen kulturellen Gemeinsamkeiten verstanden, im praxisorientierten Alltag eines Kaufmanns lebendig gemacht und im sprachlichen Ausdruck variiert. Wörtliche Übernahmen aus den früheren Vorlagen wie *Hunger makedt rohe bohnen sohte* in (17) sind bei Fenne äußerst selten. Die Variation erstreckt sich sowohl auf die Struktur und den Konstituentenbestand als auch auf die Semantik und Pragmatik der Wendungen. In der genauen Dokumentation dieser Variation in historischen Quellen sowie in der Analyse der Vermittlerrolle der formelhaften Wendungen zwischen zwei Sprachen und Kulturen bestehen zwei nach wie vor offene Fragen für weitere Untersuchungen. Darauf hat

Wolfgang Mieder in mehreren seiner Publikationen zu Sprichwörtern hingewiesen, mit der Begründung, sie sind "anything but mundane matters in human communication" und "can add their bit to a humane and enlightened world order based on common sense and experienced wisdom" (2007:394 & 409). Das Buch des Kaufmannsgehilfen Tönnies Fenne ist ein weiterer Beweis dafür.

## *Anmerkungen*

* Bei diesem Beitrag handelt es sich um die verkürzte Fassung meines Aufsatzes (2013b).

1 Vgl. den Überblick in Filatkina (2013b).

2 Vgl. ausführliche Angaben zur Herkunft der Dolmetscher in Squires und Ferdinand (2002: 84–86); Reitemeier (2002); Meier und Möhn ($^2$1998:584–587).

3 Vgl. für das Deutsche Burger, Buhofer und Sialm (1982:315–317); Filatkina, Gottwald, Hanauska und Rößger (2009); Filatkina (2013a); Hundt (2000:349–351); Mieder (1974 & 1975).

4 Ein erster Schritt in diese Richtung war die Sofja Kovalevskaja-Preis-Nachwuchsforschergruppe "Historische formelhafte Sprache und Traditionen des Formulierens (HiFoS)" an der Universität Trier (vgl. HiFoS, ohne Datum). Im HiFoS-Projekt wurden solche singulären Einheiten aufgenommen und als *Belegkandidaten* (zum Begriff vgl. ausführlicher Filatkina, Kleine-Engel und Münch, 2012) beschrieben. Die HiFoS-Datenbank enthält zurzeit ca. 9.681 aus althochdeutschen Texten exzerpierte Belege; 12.891 Einträge entstammen mittelhochdeutschen Texten, 8.992 sind als frühneuhochdeutsch zu klassifizieren. Die Gesamtzahl aller kommentierten Belege (inklusive der noch zu untersuchenden Belegkandidaten, die in die Sprachstufenzählung nicht eingegangen sind) beträgt ca. 31.632 Einheiten (Stand am Projektende im Juni 2013).

5 Diese Angaben nach TPMA (7,79).

6 Die Angaben in (17a) und (17b) nach TPMA (6,302).

7 Vgl. dazu TPMA (6,287 & 13,188) sowie Piirainen (2012:411).

8 Vgl. dazu TPMA (2,31–33) mit dem Hinweis auf die Herkunft aus dem Matthäus-Evangelium 15,14.

9 Vgl. dazu TPMA (2,378 & 7,225).

## *Literatur*

Burger, Harald & Annelies Buhofer & Ambros Sialm. 1982. *Handbuch der Phraseologie*. Berlin u.a.: de Gruyter.

[Deutsches Wörterbuch]. Jacob & Wilhelm Grimm. 1854–1961 & 1971. "Deutsches Wörterbuch." <http://woerterbuchnetz.de/DWB/> (12.12.2013) [und auf CD-ROM].

Filatkina, Natalia. 2013a. "Wehre auch der Teutschen Jugend zu vielen guten ersprießlich / wan die Teutschen Sprichwoerter recht bey zeiten beygebracht und erklaeret wuerden: Formelhafte Wendungen im mittelalterlichen und frühneuzeitlichen Sprachunterricht." In: Martina Kášová (Hg.). *Wege zu Sprache und Literatur: Festschrift anlässlich des 70. Geburtstages von Ladislav Sisák*. Prešov: Filozofická fakulta Prešovskej univerzity, 65–94.

----------. 2013b. "Graw rock rydt nicht: Russisch-niederdeutsche Sprachlehrbücher zwischen zwei Sprachen und Kulturen." *Niederdeutsches Wort: Beiträge zur Niederdeutschen Philologie* 53, 39–63.

Filatkina, Natalia & Johannes Gottwald & Monika Hanauska & Carolin Rößger. 2009. "Formelhafte Sprache im schulischen Unterricht im Frühen Mittelalter: Am Beispiel der so genannten 'Sprichwörter' in den Schriften Notkers des Deutschen von St. Gallen." *Sprachwissenschaft* 34, 341–397.

Filatkina, Natalia & Monika Hanauska. 2011. "Wissensstrukturierung und Wissensvermittlung durch Routineformeln: Am Beispiel ausgewählter althochdeutscher Texte." *Yearbook of Phraseology* 1, 45–71.

Filatkina, Natalia & Ane Kleine-Engel & Birgit Ulrike Münch. 2012. "Anstelle einer Einleitung: *Große Fische fressen die kleinen.* Zur Notwendigkeit der interdisziplinären Untersuchung der historischen Formelhaftigkeit." In: Natalia Filatkina & Birgit Ulrike Münch & Ane Kleine-Engel (Hgg.). *Formelhaftigkeit in Text und Bild.* Wiesbaden: Reichert (Trierer Beiträge zu den historischen Kulturwissenschaften, 2), 1–15.

Gernentz, Hans Joachim. 1981. "Die Bedeutung der Gesprächsbücher des Rußlandhandels im 17. Jahrhunderts [*sic*] für die Entwicklung der Lexikographie." *Kopenhagener Beiträge zur germanistischen Linguistik* 17, 63–93.

---------- (Hg.). 1988. *Untersuchungen zum Russisch-niederdeutschen Gesprächsbuch des Tönnies Fenne, Pskov 1607: Ein Beitrag zur deutschen Sprachgeschichte.* Berlin: Akad.-Verl. (Bausteine zur Sprachgeschichte des Neuhochdeutschen, 64).

Glück, Helmut. 2002. *Deutsch als Fremdsprache in Europa vom Mittelalter bis zur Barockzeit.* Berlin u.a.: de Gruyter.

Glück, Helmut & Mark Häberlein & Konrad Schröder. 2013. *Mehrsprachigkeit in der Frühen Neuzeit: Die Reichsstädte Augsburg und Nürnberg vom 15. bis ins frühe 19. Jahrhundert.* Wiesbaden: Harrassowitz (Fremdsprachen in Geschichte und Gegenwart, 10).

Hanauska, Monika. [im Druck]. *"Hystoria dye is eyn gezuyge der zijt ...": Untersuchungen zur pragmatischen Formelhaftigkeit in der volkssprachigen Kölner Stadthistoriographie des Spätmittelalters.* Universität Trier [Diss.].

[HiFoS]. ohne Datum. "Historische Formelhafte Sprache und Traditionen des Formulierens (HiFoS)." <www.hifos.uni-trier.de/> (12.12.2013).

Hundt, Markus. 2000. *"Spracharbeit" im 17. Jahrhundert: Studien zu Georg Philipp Harsdörffer, Justus Georg Schottelius und Christian Gueintz.* Berlin u.a.: de Gruyter (Studia linguistica Germanica, 57).

Meier, Jürgen & Dieter Möhn. $^2$1998. "Die Sprache im Hanseraum." In: Jörgen Bracker & Volker Henn & Rainer Postel (Hgg.). *Die Hanse – Lebenswirklichkeit und Mythos: Textband zur Hamburger Hanse-Ausstellung von 1989.* 2., verb. Aufl. Lübeck: Schmidt-Römhild, 580–590.

Mieder, Wolfgang. 1974. "*Das Schauspiel Teutscher Sprichwörter* oder Georg Philipp Harsdörffers Einstellung zum Sprichwort." *Daphnis: Zeitschrift für Mittlere Deutsche Literatur* 3, 178–195.

----------. 1975. "Zwei Sprichwörterbriefe von Georg Philipp Harsdörffer." *Sprachspiegel* 31, 67–71.

----------. 2007. "Proverbs as Cultural Units or Items of Folklore." In: Harald Burger & Dmitrij Dobrovol'skij & Peter Kühn & Neal R. Norrick (Hgg.). *Phraseologie: Ein internationales Handbuch der zeitgenössischen Forschung.* Halbbd. 1. Berlin u.a.: de Gruyter (Handbücher zur Sprach- und Kommunikationswissenschaft, 28,1), 394–413.

Piirainen, Elisabeth. 2012. *Widespread Idioms in Europe and Beyond: Toward a Lexicon of Common Figurative Units.* New York u.a.: Peter Lang (International Folkloristics, 5).

Prowatke, Christa. 1985. "Gesprächsbücher des 17. Jahrhunderts und ihre sprachwissenschaftliche Auswertung: Ein Beitrag zur Schreibung des Niederdeutschen." *Beiträge zur Erforschung der deutschen Sprache* 5, 66–79.

Reitemeier, Arnd. 2002. "Sprache, Dolmetscher und Sprachpolitik im Rußlandhandel der Hanse während des Mittelalters." In: Norbert Angermann & Klaus Friedland (Hgg.). *Novgorod: Markt und Kontor der Hanse.* Köln u.a.: Böhlau (Quellen und Darstellungen zur hansischen Geschichte: Neue Folge, 53), 157–176.

[Röhrich]. Lutz Röhrich. $^7$2004. *Lexikon der sprichwörtlichen Redensarten.* 3 Bde. 7. Aufl. [Darmstadt]: Wiss. Buchges.

Schwartz, Stuart B. (Hg.). 1994. *Implicit Understandings: Observing, Reporting, and Reflecting on the Encounters between Europeans and Other Peoples in the Early Modern Era.* Cambridge u.a.: Cambridge University Press (Studies in Comparative Early Modern History, [3]).

Spufford, Peter. 2002. *Power and Profit: The Merchant in Medieval Europe.* London: Thames & Hudson.

Squires, Catherine. 2009. *Die Hanse in Novgorod: Sprachkontakte des Mittelniederdeutschen mit dem Russischen. Mit einer Vergleichsstudie über die Hanse in England.* Köln u.a.: Böhlau (Niederdeutsche Studien, 53).

Squires, Catherine & Svetlana N. Ferdinand. 2002. *Hanse i Novgorod: Jazykovye aspekty istoricheskih kontaktov.* Moskva: Indrik.

[TF]. L.L. Hammerich & R. Jakobson & A.H. van den Baar & H.J. Gernentz (Hgg.). 1961–1986. *Tönnies Fenne's Low German Manual of Spoken Russian: Pskov 1607.* 4 Bde. Copenhagen: Munksgaard.

[TPMA]. Samuel Singer & Ricarda Liver (Hgg.). 1995–2002. *Thesaurus proverbiorum medii aevi: Lexikon der Sprichwörter des romanisch-germanischen Mittelalters.* 13 Bde. Berlin u.a.: de Gruyter.

Ureland, Per Sture (Hg.). 1987. *Sprachkontakt in der Hanse: Aspekte des Sprachausgleichs im Ostsee- und Nordseeraum. Akten des 7. Internationalen Symposions über Sprachkontakt in Europa, Lübeck 1986.* Berlin u.a.: de Gruyter (Linguistische Arbeiten, 191).

# Die Rhetorik Margaret Thatchers in phraseologischer Sicht

*Rosemarie Gläser*

## 1 Einleitung

Ein wichtiges Untersuchungsgebiet in dem imponierend breiten parömiologischen Forschungsspektrum Wolfgang Mieders ist die Verwendung von Sprichwortgut in der Rhetorik amerikanischer Politiker in Vergangenheit und Gegenwart: bei Harry S. Truman (& Bryan, 1997), Abraham Lincoln (2000), Frederick Douglass (2001), Barack Obama (2009) sowie dem Geistlichen und Bürgerrechtskämpfer Martin Luther King (2010). Der Rhetorik eines Staatsmannes Großbritanniens galt Mieders Interesse bereits 1995 in der gemeinsam mit George B. Bryan verfassten Arbeit über Premierminister Sir Winston S. Churchill. Die durch Sprichwörter angereicherte Rhetorik als Merkmal des Individualstils dieser Persönlichkeiten untersucht Mieder auf der Grundlage eines aus ihrem Gesamtwerk gewonnenen Materialkorpus, das eine Vielzahl von Textsorten der mündlichen und schriftlichen Kommunikation einschließt und die Belege für Sprichwörter, Zitate und Phraseologismen unterschiedlicher Struktur und Funktion liefert.

Der folgende Beitrag hat das Ziel, im Anschluss an das Forschungskonzept Wolfgang Mieders die Rhetorik der britischen Premierministerin Margaret Thatcher (Lebensdaten 13. Oktober 1925 – 8. April 2013) unter phraseologischen und parömiologischen Gesichtspunkten zu untersuchen. Das zu analysierende Korpusmaterial wurde jedoch nicht aus der Gesamtheit ihrer öffentlichen Texte, sondern nur aus ihren beiden Autobiografien, *The Downing Street Years* (1993) und *The Path to Power* (1995), exzerpiert. Diese Werke, die Margaret Thatcher unmittelbar nach dem Ende ihrer Amtszeit in Angriff genommen hat, bieten einen subjektiv gespiegelten zeitgeschichtlichen Abriss der Innen- und Außenpolitik Großbritanniens zwischen 1979 und 1990. Sie enthalten Ausschnitte von Reden, Berichte und protokollarische persönliche Kommentare zu Staatsbesuchen in zahlreichen Ländern der Welt sowie zur Entwicklung der Europäischen Gemeinschaft nach dem Ende des Kalten Krieges. Die Verfasserin äußert sich freimütig und authentisch über ihren familiären Hintergrund, ihren politischen Werdegang und ihre Erfolge und Misserfolge, und sie gewährt Einblicke in ihre psychische Befindlichkeit in schwierigen Situationen internationaler Spannungen.

Die beiden Autobiografien Margaret Thatchers sind ein lohnender Gegenstand phraseologischer und parömiologischer Betrachtungen, zumal hier der historische Kontext der Sentenzen, Aphorismen, Maximen und Losungen nachgewiesen ist, die sie in ihrer Amtszeit selbst geprägt hat und die nach ihrem Tode in Nachrufen und Kommentaren englischer und deutscher Tageszeitungen erneut zitiert wurden.

Dem Band *The Downing Street Years* hat Margaret Thatcher eine handgeschriebene Widmung mit Dankesworten an ihre Familie und an ihre Mitarbeiter während ihrer Amtszeit in Downing Street und Chequers auf einem Blatt mit ihrem Wappen und Adelstitel vorangestellt. Bemerkenswert im Impressum des zweiten Bandes, *The Path to Power*, ist die Formulierung "Margaret Thatcher asserts the moral right to be identified as the author of this work."

Die Rhetorik der langjährigen britischen Premierministerin ist reich an Metaphorik, an Phraseologismen und Idiomen in nominativer Funktion. Aus Gründen der gebotenen Umfangsbeschränkung können in diesem Beitrag nur phraseologische Einheiten, die als Propositionen für die Parömiologie im engeren Sinne interessant sind, behandelt und lediglich als exemplarische Belege angeführt werden. Eine umfangreichere Analyse des Materialkorpus muss einer späteren Studie vorbehalten sein.

Ein beachtenswerter Aspekt der Memoirenbände besteht nicht zuletzt darin, dass Margaret Thatcher über die Entstehung ihrer öffentlichen Reden aus einer Zusammenarbeit zwischen ihr und den Redenschreibern, in der sie den aus der antiken Rhetorik bekannten Arbeitsschritten der Textproduktion folgt, genaue Auskunft gibt und wiederholt auch die Wirkung ihrer Rede einer kritischen Selbstprüfung unterzieht.

## 2 Margaret Thatchers Rhetorik im Urteil von Nachrufen auf ihre Person (April 2013)

In der britischen Öffentlichkeit wurde Margaret Thatcher als erste und bisher einzige Frau, die in der Geschichte Großbritanniens das Amt des Ministerpräsidenten bekleidet und elf Jahre ausgeübt hat, in Gedenkartikeln gewürdigt. Dennoch wurden ihre Leistungen bei der wirtschaftlichen Umgestaltung des Landes, die weitgehende Privatisierung der Industrie, auch kontrovers beurteilt. Unangefochten dagegen blieben ihre Verdienste um die Annäherung zwischen der Sowjetunion und den USA in der Endphase des Kalten Krieges, die sie mit diplomatischem Geschick und in persönlichen Gesprächen mit dem sowjetischen Staatsoberhaupt Michail Gorbatschow, dem sie Achtung und Vertrauen entgegenbrachte, und dem amerikanischen Präsidenten Ronald Reagan, mit dem sie befreundet war, wesentlich befördern half. Im offenherzigen privaten Ton des Umgangs mit Staatsmännern machte sie jedoch keine Zugeständnisse in der britischen Außenpolitik, wenn sie beispielsweise in den Gremien der Europäischen Gemeinschaft für die Wahrung der Interessen ihres Landes eintrat. Diese politischen Sachverhalte bestimmten ihre öffentliche Diktion. Bezeichnenderweise gelangte gerade in Gedenkartikeln englischer und deutscher Tageszeitungen die Rhetorik Margaret Thatchers auf den Prüfstand der Medienkritiker, die ihr weitgehend negative Wertungen verliehen, was die folgenden Zitate belegen:

"Thatcher's anti-communist rhetoric" (*Daily Mail*, 9.4.2013, S. 48).

"Thatchers brachiale Rhetorik" (*Frankfurter Allgemeine Zeitung*, 9.4.2013, S. 11).

"Thatchers grimmige Rhetorik" (ebd.).

"Thatchers verbale Radikalität" (*Frankfurter Allgemeine Zeitung*, 9.4.2013, S. 11).

"Thatcher's aggressive style"/"Thatcher's verbal punch-up" (*Daily Mail*, 9.4.2013, S. 48).

In der Interpretation der Medienvertreter bezieht sich der Begriff 'Rhetorik' in diesem Kontext hauptsächlich auf die mündlichen Äußerungsformen der Premierministerin und ihr sprachliches Handeln in Konfliktsituationen, wenn sie ihren rational gefestigten Standpunkt mit emotional gefärbten sprachlichen Mitteln durchzusetzen trachtete.

Einen wesentlich anderen Eindruck der Rhetorik Margaret Thatchers gewannen Journalisten in Interviews, in denen sie im konzentrierten Austausch von Argumenten treffsichere und überzeugende Formulierungen fand, deren eingängige Kürze sich auch für Überschriften eignete. Solche "memorable sayings" erwiesen sich nicht selten als geistvolle Sentenzen wie Aphorismen und wurden zu geflügelten Worten.

In englischen und deutschen Tageszeitungen wurden charakteristische Aussprüche von ihr kolportiert wie "I am extraordinarily patient, provided I get my own will in the end" (*Daily Mail*, 9.4.2013, S. 9) – "Ich bin außerordentlich geduldig, vorausgesetzt, ich bekomme am Ende meinen Willen" (*Berliner Zeitung*, 9.4.2013, S. 4). "If you want something said, ask a man, If you want something done, ask a woman" (*Daily Mail*, 9.4.2013, S. 9) – "Greife auf einen Mann zurück, wenn etwas gesagt werden soll, auf eine Frau, wenn etwas getan werden muss" (*Berliner Morgenpost*, 9.4.2013, S. 3). Der Journalist Thomas Kielinger kommentiert diese ironische Bemerkung, eine scheinbare Maxime, als eine "hübsche Sottise" (ebd.).

Deutsche Tageszeitungen zitierten auch den markanten Ausspruch Margaret Thatchers, mit dem sie im Jahr 1982 den erfolgreichen Einsatz der britischen Spezialeinheit (*Task Force*) auf den Falklandinseln kommentiert hatte: "Wir haben aufgehört, eine Nation auf dem Rückzug zu sein" und "Wir sind nicht länger eine Nation auf dem Rückzug" (*Berliner Morgenpost*, 9.4.2013, S. 3).

Den authentischen, rhetorisch ausgefeilten Wortlaut ihrer Rede vom 3. Juli 1982 in Cheltenham hat sie jedoch in ihren Memoiren wiedergegeben:

> "*We have ceased to be a nation in retreat.* We have instead a newfound confidence – born in the economic battles at home and tested and found true 8000 miles away. [...] And so today we can rejoice at our success in the Falklands and take pride in the achievement of the men and women of our task force. But we do so, not as at *some flickering of a flame* which must *soon be dead.* No – we rejoice that Britain has *rekindled that spirit* which has *fired* her for generations past and which today has begun *to burn as brightly* as before. Britain has found herself again in the South Atlantic and will not look back from the victory she has won" (1993:235; Hervorhebungen, R.G.).

Dieser Redeausschnitt liefert ein Beispiel für eine ausgezeichnete Rhetorik. Die Premierministerin wählt eine expandierte Metapher (*flickering flame – rekindle – fire – burn brightly*) und vertraut der Wirkung der Antithese wie auch der Emotionalität, die durch die Personifikation des Nationalstaates (*Britain – she*) ausgelöst wurde.

## 3 Mediale Beinamen und Selbstbezeichnungen Margaret Thatchers

Der bekannteste inoffizielle Personenname bzw. Beiname der britischen Premierministerin, der sie auch in der Berichterstattung der internationalen Medien begleitete, war *The Iron Lady*. Ursprünglich war er in der Formulierung *Železnaja ženščina* als Schimpfname von einem sowjetischen Journalisten für die Armeezeitung *Krasnaja Zvezda* ('Roter Stern') geprägt worden, aber er wurde in der Folgezeit zu einem Ehren-namen, zu dem sich Margaret Thatcher mit Stolz bekannte. Über die politischen Umstände dieser Namensbildung gibt sie im zweiten Band ihrer Memoiren selbst Auskunft. In einer Rede im Rathaus von Kensington in London hatte sie in starken Worten von dem militärischen Ungleichgewicht zwischen der NATO und dem Warschauer Pakt in Mitteleuropa und von dem Streben der Russen nach Weltherrschaft gesprochen:

> "The Russians are bent on world dominance, and they are rapidly acquiring the means to become the most powerful imperial nation the world has seen. The men in the Soviet Politburo do not have to worry about the *ebb and flow* of public opinion. They *put guns before butter*, while we put just about everything before guns" (1995:361–362; Hervorhebungen, R.G.).

Das metaphorische Idiom *guns or butter*, das nach Angaben des *Oxford Dictionary of Current Idiomatic English* als "translation of a broadcast speech by Hermann Goering, 1936" gilt (1987 [1983]:248), löste in der britischen Presse und bei der sowjetischen Botschaft in London konträre Reaktionen aus, über die Margaret Thatcher rückblickend urteilt:

> "A stream of crude invective flowed from the different Soviet propaganda organs. But it was some apparatchik in the office of *Red Star*, the Red Army newspaper, his imagination surpassing his judgement, who coined the description of me as 'The Iron Lady'" (1995:362).

Dieser Beiname wurde sogar offiziell im Unterhaus von Enoch Powell 1982 kurz vor der Entscheidung über den Einsatz einer britischen Spezialeinheit auf den Falklandinseln in einem an die Premierministerin gerichteten Redebeitrag gebraucht, den diese in ihren Memoiren wie folgt wiedergibt:

> "The Prime Minister, shortly after she came into office, received a soubriquet as the 'Iron Lady'. It arose in the context of remarks which she made about defence against the Soviet Union and its allies; but there was no reason to suppose that the Right Hon. Lady did not welcome and, indeed, take pride in that description. In the next week or two this House, the nation and the Right Hon. Lady herself will learn of what metal she is made" (1993:184).

Dieser Text enthält als Wortspiel eine expandierte Metapher. In onomastischer Hinsicht ist die Bezeichnung *The Iron Lady* ein positiv konnotierter Beiname, in phraseologischer Hinsicht eine onymisierte feste metaphorische Wortverbindung. Interessant ist, dass Powell in seiner Bemerkung den französischen Ausdruck *soubriquet* ('Spitzname') verwendet, während Margaret Thatcher nur von *description* spricht.

In den britischen Medien kursierten mehrere Beinamen und Epitheta, darunter auch beleidigende Ausdrücke, die der Premierministerin durchaus bekannt waren. Sie zählt sie in ihrem Erinnerungsband auf:

> "My public image was on the whole not a disadvantageous one: I was '*The Iron Lady*', '*Battling Maggie*', '*Attila the Hen*', etc. Since these generally gave opponents the impression I was *a hard nut to crack*, I was glad to be so portrayed even though no person could be so single-minded tough […]" (1995:470; Hervorhebungen, R.G.).

Ein Schimpfname entstand, als Margaret Thatcher im Zuge ihrer Sparmaßnahmen Anfang der 1970er Jahre keine kostenlose Milch für Schulkinder genehmigte und die meisten englischen Zeitungen darüber empört waren. Sie nimmt rückblickend an, dass der Spitzname ('the catchy title') "Mrs Thatcher – milk snatcher" von einem Sprecher der Labour Party Conference in Umlauf gesetzt wurde (1995:181). Im November 1971 wurde sie laut einer Umfrage der Zeitung *Sun* zu "the most unpopular woman in Britain" gewählt, wie sie zugibt (1995:181). Aber ihre selbstkritische Schlussfolgerung lautete: "I learned a valuable lesson. I had incurred the maximum of political odium for the minimum of political benefit" (1995:182).

Die bekannte Selbstdarstellung der Premierministerin in der aphorismusähnlichen Wendung *The Lady is not for turning* hat ihren Ursprung auf der Konferenz der Konservativen in Brighton am 10. Oktober 1980 und war offenbar nicht ihre eigene Formulierung, sondern eine Empfehlung eines Redenschreibers, Ronnie Millar, was sie im ersten Band, *The Downing Street Years*, ausführlich darlegt:

> "However, I was utterly convinced of one thing: there was no chance of achieving that fundamental change of attitude which was required to wrench Britain out of decline if people believed that we were prepared to alter course under pressure. I made the point with a line provided by Ronnie Millar: 'To those waiting with bated breath for that favourite media catch phrase, the 'U-turn', I have only one thing to say: 'You turn if you want to. *The lady's not for turning*'. I say that not only to you, but to our friends overseas – and also to those who are not our friends'" (1993:122; Hervorhebung, R.G.).

In Nachrufen deutscher Zeitungen am 9. April 2013 wurde die Formulierung *The Lady is not for turning*, die als Losung wie auch als Maxime gedeutet werden kann, übersetzt als "Verbiegen Sie sich, wenn Sie wollen. Diese Dame verbiegt sich nie" (*Welt am Sonntag*, 14.4.2013, S. 43), "Diese Dame lässt sich nicht verbiegen" (*Frankfurter Allgemeine Zeitung*, 9.4.2013, S. 1) und "Mit dieser Dame gibt es keine Umkehr" (*Berliner Morgenpost*, 9.4.2013, S. 3).

## 4 Margaret Thatchers Selbstaussagen zur Abfassung und Präsentation ihrer öffentlichen Reden

Es ist ungewöhnlich, dass ein Politiker wiederholt tiefgründige Einblicke in die Praxis der Abfassung seiner öffentlichen Reden mithilfe von *speech writers* und in die eigenen Arbeitsvorgänge bis zum Auftritt vor einer großen Zuhörerschaft vermittelt. Bereits im ersten Band ihrer Autobiografie, *The Downing Street Years*, formuliert Margaret Thatcher allgemeine Grundsätze:

> "Speech writing was for me an important political activity. As one of my speech writers said, 'no one writes speeches for Mrs Thatcher: they write speeches with Mrs Thatcher'. Every written word goes through the mincing machine of my criticism before it gets into a speech. These are occasions for thinking creatively and politically and for fashioning larger themes into which particular policies fit. I often found myself drawing on phrases and ideas from these sessions when I was speaking off the cuff, answering questions at Prime Minister's Question Time and for television interviews. This helped to preserve me from the occupational hazard of long-serving ministers: so I was never accused of thinking like a civil servant. (They had to think like me.)" (1993:302–303).

Für bevorstehende Kurzreden notiert sich die Premierministerin Stichworte in ein persönliches Notizheft, eine Hilfe für improvisierte Auftritte. Sie stellt fest, dass freies

Sprechen aus dem Stehgreif, ohne vorhandene Textvorlage, stets eine gute Wirkung erzielt, wie sie es 1985 bei ihrem Besuch in Israel nach ihrer Landung in Tel Aviv, wo sie sich beim Verlassen des Flugzeugs einer großen Menschenmenge gegenübersah, erlebt hatte: "a huge crowd of cheering residents, before being squeezed through and onto a large platform from which I had to give an unscripted speech – always the best: [...]" (1993:512).

Die historische Gelegenheit, bei einem Staatsbesuch in den USA und anlässlich der Übergabe einer Bronzestatue Winston S. Churchills an die Gastgeber am 20. Februar 1985 vor dem Senat im Kapitol in Washington eine Rede halten zu dürfen, an demselben Ort, wo Churchill aufgetreten war, betrachtete Margaret Thatcher als hohe politische Verpflichtung und rhetorische Herausforderung, ihrem patriotischen Vorbild nicht nachzustehen.

Was Margaret Thatcher konkret beschreibt, ist im Grunde die Anwendung der seit der antiken Rhetorik bekannten Arbeitsschritte zur Herstellung, Gestaltung und Präsentation einer öffentlichen Rede in der Stufenfolge

- *inventio* (das Finden des Gegenstandes, Stoffes, Themas),
- *dispositio* (die gedankliche, logische Gliederung),
- *elocutio* (die sprachliche Ausformulierung, Arbeit am Stil, die Ausschmückung der Rede: *ornatus* durch rhetorische Figuren),
- *memoria* (das Einprägen der Rede zum freien Vortrag),
- *pronuntiatio* (das Üben der guten Aussprache) und
- *actio* (Gestik, Mimik, Motorik bei der Präsentation der Rede).

Als wesentlich bei einem öffentlichen Auftritt erachtete Margaret Thatcher auch das Erscheinungsbild des Redners, die angemessene Kleidung. Bei Auslandsreisen wählte sie ihre Garderobe nach den Landesfarben und der Nationalflagge des Gastgeberstaates (1993:575). Dieser Aspekt erweitert den rhetorischen Begriff der *actio*.

Aufträge zur Zuarbeit für längere Reden, z.B. für einen Rechenschaftsbericht auf einem Parteitag, erteilt Margaret Thatcher an "ministers, advisers, friendly journalists, and academics" (1993:567), die Themenbeauftragten für das jeweilige *speech writing*. Diese Textteile werden von ihr begutachtet und koordiniert, bis eine inhaltlich kohärente und strukturell kohäsive Vorlage entstanden ist. "Linking passages would be written and then the still disjointed and often repetitive draft would be typed up. Everyone breathed a sigh of relief when we knew that we had at least a speech of some sort" (1993:567).

Mit diesem Ergebnis ist aber nur im Idealfall die Endfassung der Rede gewonnen. Die Disposition bildet die Grundlage für die Arbeit am guten Ausdruck und geschliffenen Stil. "Then would come the long hours of refining and polishing until midnight (if we were lucky)" (1993:568).

Diese Arbeitsphasen werden im Kollektiv bewältigt. Die prosodische Vorbereitung des Vortrags bis zur Präsentation obliegt allein Margaret Thatcher selbst. Sie verwendet dafür eine private Notation mit intonatorischen Symbolen, wie sie auch im Phonetikunterricht üblich sind. Diese Arbeitsphase entspricht der *pronuntiatio* im klassischen Sinne: "[...] I used to mark up the text with my own special code, noting pauses, stress and where to have my voice rise or fall" (1993:568).

Im Laufe ihrer rhetorischen Praxis gewinnt die Premierministerin Sicherheit im freien Sprechen, wenn sie sich den Text weitgehend eingeprägt (memoriert) hat. "I prepared my speech until it was word perfect, and I had mastered the technique of talking without notes. Equally important was that I should put myself in the right state of mind – confident but not too confident" (1995:95).

Als Ergebnis ihrer langen Erfahrung mit Texten vorbereiteter Reden gelangt Margaret Thatcher zu einer Einsicht, die sie privat als *Thatcher's law* bezeichnet und die besagt: "No matter how well prepared you are, the unexpected happens. How you cope then remains, of course, the real test" (1993:537).

## 5 Phraseologismen in Margaret Thatchers Autobiografien *The Downing Street Years* (1993) und *The Path to Power* (1995)

Unter parömiologischem Gesichtspunkt ergiebig ist der zweite Erinnerungsband, weil hier die Autorin ihre Kindheitserlebnisse, ihr methodistisch geprägtes Elternhaus, ihren beruflichen und politischen Werdegang mit vielfältigen Bildungseinflüssen darstellt.

### *5.1 Sprichwörter und sprichwörtliche Redensarten*

Im Rückblick auf ihre Schulzeit in der mittelenglischen Kleinstadt Grantham, wo sie als Margaret Roberts am 13. Oktober 1925 geboren worden war, stellt die lebenserfahrene Premierministerin fest, dass sie bereits in den Anfangsjahren ihres Schulunterrichts über die Realitätsnähe und den Wahrheitsgehalt von Sprichwörtern kritische Betrachtungen angestellt und logische Widersprüche erkannt hatte:

> "Later, in General Knowledge, I first came across the mystery of 'proverbs'. I already had a logical and indeed somewhat literal mind – perhaps I have not changed much in this regard – and I was perplexed by the metaphorical element of phrases like 'Look before you leap'. I thought it would be far better to say 'Look before you cross' – a highly practical point given the dangerous road I must traverse on my way to school. And like other children before and after I triumphantly pointed out the contradiction between that proverb and 'He who hesitates is lost'" (1995:17).

In den Texten ihrer ausformulierten Reden verwendet Margaret Thatcher Sprichwörter eher sparsam, aber stets wirkungsvoll. Als Ausdrucksmittel wählt sie zur Abwechslung auch literarische Zitate, geflügelte Worte, Maximen und Losungen. Es sind zumeist Phraseologismen als Propositionen mit parömiologischen Merkmalen. Gelegentlich benutzt Margaret Thatcher Sprichwörter als Ausgangspunkt für eine expandierte Metapher (Die nachfolgenden Hervorhebungen in den Belegen, R.G.).

- *let sleeping dogs lie*

  "Such language may have reflected Ted Heath's wishes. It certainly did not reflect mine. But there was no point in picking a quarrel which we would have lost. So I preferred *to let sleeping dogs lie*. Then, of course, they woke up and started barking in the course of the negotiations of the Single European Act of 1985" (1993:741).

- *the dog which did not bark*

  Margaret Thatcher berichtet über ihren Besuch in Georgien in der Zeit vor der Auflösung der Sowjetunion:

  "From all that I saw – and from the excellent and exotic food and Georgian wine – it was clear to me that given the right political and economic conditions this was an area where tourist industry could flourish. But, as in the detective story, perhaps the most important feature of my admittedly brief visit was the '*dog which did not bark*' […] there was still no evidence of that desire for national self-assertion and independence which was to come" (1993: 484–485).

- *Actions speak louder than words.*

  "Since the British Government's stance, rhetorically at least, was similarly hostile to the United States of Europe, these were, in domestic political terms, easier points to make than criticisms of economic and monetary union, where the Government's position appeared far less clear. Indeed, *actions were already speaking louder than words ever could.* In 1991 it was clear that economic policy was now principally determined by the parity of sterling with the Deutschmark, rather than by considerations of domestic monetary policy" (1995: 477).

- *to match private words with public deeds*

  "He [President François Mitterrand] made the wrong decision for France. Moreover, his failure *to match private words with public deeds* also increased my difficulties. But it must be said that his judgement that there was nothing we could do to halt the German reunification turned out to be right" (1993:798).

- *Hope for the best and prepare for the worst.*

  Die Bevölkerung Großbritanniens bereitete sich schon 1938 auf den drohenden Zweiten Weltkrieg vor:

  "*Hoping for the best, we prepared for the worst.* As early as September 1938 – the time of Munich – my mother and I went out to buy yards of blackout material" (1995:25).

- *to have a sweet tooth*

  "One of the minor benefits to my health and figure of such austerities was that I ceased having sugar in my tea – though only many years later would I deny my *ever-sweet tooth* the pleasure of sugared coffee (not that there was over-much coffee for some time either)" (1995:36).

  Das verbale Idiom erscheint hier als Nominalphrase mit einem adjektivischen Kompositum in attributiver Funktion.

- *New brooms sweep clean.*

  "I felt it was an effective day's campaigning, beginning in Bristol where I visited the Kleeneze brush factory to use every possible photo-opportunity to demonstrate my intention of '*sweeping away* the cobwebs', 'applying a *new broom*' etc." (1995:449).

Das Sprichwortfragment hat hier eine symbolische Funktion im Wahlkampf, der Besen kann als konkreter Gegenstand auf einem Foto wie ein Appell wirken. Der Firmenname *Kleeneze* dürfte auf eine für Werbezwecke verfremdete Schreibung der Appellativa *clean* + *ease* zurückgehen.

Michail Gorbatschow verwendete in einem persönlichen Gespräch, das er noch in der Zeit des Kalten Krieges mit Margaret Thatcher führte, in zwangloser Weise russische Sprichwörter, um die Atmosphäre aufzulockern und auch um seine Ansichten zu veranschaulichen. Die britische Premierministerin war von dieser Episode so angetan, dass sie ihr in ihren Lebenserinnerungen eine wichtige Bedeutung beimaß:

> "Mr. Gorbachev argued that if both sides continued to pile up weapons this could lead to accidents or unforeseen circumstances and with the present generation of weapons the time for decision-making could be counted in minutes. As he put it, in one of the more obscure Russian proverbs, '*once a year even an unloaded gun can go off*'" (1993:462).

Gorbatschow gewinnt allmählich das Vertrauen seiner Gesprächspartnerin aus dem NATO-Block, indem er sie mit dem Reichtum der russischen Volksweisheiten bekannt macht, ehe er – programmgemäß – die sowjetische Botschaft aufsucht:

> "It was 5.50 p.m. when he left, having introduced me to another pearl of Russian popular wisdom to the effect that, '*Mountain folk cannot live without guests any more than they can live without air. But if the guests stay longer than necessary they choke*'. As he took his leave, I hoped that I had been talking to the next Soviet leader. For, as I subsequently told the press, this was a man with whom I could do business" (1993:463).

Die politische Entwicklung hat diese Hoffnung der britischen Premierministerin bestätigt.

### *5.2 Literarische Zitate und geflügelte Worte*

In ihrer Autobiografie *The Path to Power* (1995) berichtet Margaret Thatcher, dass sie bereits seit Beginn ihrer Schulzeit Freude am Lesen und Auswendiglernen wie auch am Rezitieren von Gedichten hatte. Im Laufe der Jahre erwarb sie sich einen beträchtlichen Fundus von Zitaten aus der englischen, schottischen und amerikanischen Literatur sowie aus Quellen der Antike. Ihre rasche Auffassungsgabe, ihr ausgezeichnetes Gedächtnis und ihre Kombinationsfähigkeit halfen ihr, diese mental gespeicherten literarischen Texte in unterschiedlichen Situationen für Stehgreifreden oder offizielle Briefe wirkungsvoll zu verwenden. Sie bezog ihr literarisches Schulwissen aus dem *Oxford Book of English Verse* und aus einer Sonderausgabe von *Bibby's Annual* mit philosophischen und poetischen Texten, darunter von Ella Wheeler Wilcox, Henry Wadsworth Longfellow, John Dryden, Walter de la Mare und John Milton (vgl. 1995: 7–9). Sie kannte auch eine Vielzahl methodistischer Kirchenlieder.

In den Erinnerungsbänden finden sich Zitate aus den Dramen William Shakespeares, aus der Epik von Alexander Pope, der Lyrik von Robert Burns und den Romanen Rudyard Kiplings. Diese Zitate sind als 'geflügelte Worte' (ohne Hinweis auf den Autor) in den laufenden Text entweder im vollen Wortlaut oder in modifizierter Form eingebettet. In einigen Fällen werden die Quellen genannt.

Denkwürdig war die medienwirksame Ansprache, die Margaret Thatcher als gerade gewählte Premierministerin am 3. Mai 1979 vor ihrem Amtssitz in Downing Street hielt und die erneut in einigen Nachrufen erwähnt wurde. Auch wenn diese in die Memoiren nicht aufgenommen wurde, ist doch das Kernzitat der Rede, das als ein Leitspruch des Predigers Franz von Assisi gilt und das sie in der englischen Übersetzung vortrug, bemerkenswert:

> "Where there is discord, may we bring harmony,
> Where there is error, may we bring truth,
> Where there is doubt, may we bring faith,
> And where there is despair, may we bring hope" (*Daily Mail*, 9.4.2013, S. 9).

Die dominierende Stilfigur dieser philosophischen und religiösen Aussage ist der Parallelismus, der mit sich steigerndem Rhythmus und dem daktylischen Versmaß auf eine Klimax hinstrebt. In dem historischen Augenblick der englischen Politik, in dem zum ersten Mal eine Frau das Amt des Premierministers antritt, ist Pathos berechtigt, und die Botschaft des Predigers Franz von Assisi kann ihre rhetorische Wirkung entfalten.

Aus den Werken Shakespeares verwendet Margaret Thatcher mehrere Zitate, darunter *the winter of discontent*, *Banquo's ghost* und Anspielungen auf weitere Dramen.

Die in der englischen Wirtschaftspolitik in den Jahren 1978/79 verbreitete Redewendung *winter of discontent* stammt aus Shakespeares Königsdrama *Richard III* (aus dem Eingangsmonolog des Duke of Gloucester). Das Zitat erweckt Assoziationen mit den chaotischen Verhältnissen in der englischen Wirtschaft mit Streiks und Krisen in der Infrastruktur. "[…] the collectivist spirit that came to dominate wartime Britain […] shaping and distorting British society in the process, before it collapsed in 1979's *Winter of Discontent*" (1995:46).

Auf das Königsdrama *Macbeth* aus der schottischen Geschichte bezieht sich die Anspielung *Banquo's ghost*:

> "But now *Banquo's ghost* came back to haunt the Labour Government. Devolution, which they had embraced solely as a means of staying in power with support from the Scottish and Welsh Nationalists, returned to grimace and gibber at Jim Callaghan at his lowest point" (1993:430; Überschrift *The Fall of the Government*).

Ein Zitat aus Shakespeares Drama *Measure for Measure* wählt Margaret Thatcher als geeigneten Schluss eines Briefes an einen führenden Industriellen, dem sie ihre gemeinsame Einstellung gegenüber britischen Gewerkschaften bekundet hat:

> "I finished by quoting Shakespeare's *Measure for Measure*:
> Our doubts are traitors,
> And make us lose the good we oft might win,
> By fearing to attempt" (1993:106).

Ein abgewandeltes Zitat aus der Tragödie *Hamlet* verwendet die Politikerin als Kapitelüberschrift: *To Cap Or Not to Cap?* (1993:663). Es handelt sich um das Konzept *rate-capping*, d.h., die Festsetzung einer oberen Grenze für Steuern und Abgaben. Der Leser erkennt hinter dieser Formulierung das ihm vertraute Zitat aus dem Monolog Hamlets: *To be or not to be* [*that is the question*].

Einige Zitate aus der englischen und schottischen Literatur erscheinen bei Margaret Thatcher im ursprünglichen oder modifizierten Wortlaut im fortlaufenden Text ohne Hinweis auf die Quelle. Als Bildungswissen werden sie bei den Lesern vorausgesetzt:

> "There was a good deal of suspicion of women candidates, particularly in what was regarded as a tough industrial seat like Dartford. This was quite definitely a man's world *into which not just angels feared to tread.* There was, of course, little hope of winning it for the Conservatives [...]" (1995:64).

Das ursprüngliche Zitat aus Alexander Popes literarischem Werk *An Essay on Criticism* (1711) lautet: "Fools rush in where angels fear to tread." Es ist sogar zu einer lexikalisierten phraseologischen Einheit geworden, die Eingang in das *Longman Dictionary of English Idioms* gefunden hat mit der Erklärung "people with little experience or knowledge often attempt to do more difficult or dangerous things than wiser and more experienced people" (1992 [1979]:119).

Auch in dem folgenden Zitat bleibt die literarische Bezugsquelle verborgen. Der Sachverhalt besteht darin, dass die Premierministerin glaubt, mit der Kabinettsumbildung die konservative Partei und Regierung gestärkt zu haben, aber ihren Irrtum einsehen muss:

> "I believed that we had created a stronger administration, good at both policy and presentation, that could weather any storm and see us through to the next election. But it was not to be. '*The best laid schemes o' mice an' men* [and women], *Gang aft a-gley*'" (1993:423).

Margaret Thatcher variiert hier die bekannte Verszeile aus dem Gedicht *To a Mouse* von Robert Burns, das im schottischen Dialekt 1786 veröffentlicht wurde und den Untertitel *On Turning Her up in Her Nest With a Plough* trägt. Die Politikerin muss feststellen, dass das Tiergleichnis des schottischen Nationaldichters auch nach 200 Jahren seine Gültigkeit noch nicht verloren hat, und im gegenwärtigen Bewusstsein der Geschlechtergleichheit ergänzt sie es mit dem Hinweis auf die Frauen, die ebenfalls an Plänen beteiligt sind.

An anderer Stelle nimmt Margaret Thatcher Bezug auf einen paradox anmutenden Aphorismus von Oscar Wilde, hier in der Funktion eines Thesenzitats:

> "These policies [...] produced the inflation with which we are all too familiar, and which is the underlying cause of the present recession [...] '*Experience*', said Oscar Wilde, '*is the name we give to our mistakes*'. And the conclusion to be drawn from our experience to both the 1970s and the 1980s is that governments should commit themselves to price stability [...]" (1995:478).

Als Quelle für ein treffsicheres Zitat in einer kritisch angelegten Rede auf dem Parteitag der westdeutschen CDU in Hannover am 25. Mai 1971, in der sie die deutschen Gesinnungspartner vor bestimmten Strategien der Vertreter osteuropäischer Regierungen in der EU warnen wollte, wählte Margaret Thatcher das Volksmärchen vom *Rotkäppchen*. Seine englische Entsprechung, *Little Red Riding Hood*, erfreut sich auf den Britischen Inseln der gleichen Beliebtheit. Sie sagte:

> "'In some European countries we now see communist parties dressed in the democratic clothes and speaking with soft voices. Of course, we hope that their oft-proclaimed change

of heart is genuine. But every child in Europe knows the story of *Little Red Riding Hood* and what happened to her in her grandmother's cottage in the forest. Despite the new look of these communist parties, despite the softness of their voices, we should be on the watch for the teeth and appetite of the wolf'. It was clear to me from the uproarious applause which greeted this remark that *Little Red Riding Hood* had a cousin somewhere in the Black Forest" (1995:341–342).

Bemerkenswert ist, dass hier die Premierministerin die Wirkung ihrer Rede auf das deutsche Publikum ausdrücklich erwähnt; sie hatte den richtigen Ton getroffen. Die mit dem Märchen der Brüder Grimm vertrauten Zuhörer hatten offensichtlich das verschlüsselte politische Analogon erkannt und verstanden.

Als Margaret Thatcher 1969 einen Staatsbesuch in Moskau abstattete, wurde sie von einem jungen Stadtführer in eine Kunstausstellung geleitet, wo eine Skulptur das Umschmieden eines Schwertes und seine Bearbeitung mit einem Hammer darstellte. Um den unerfahrenen jungen Menschen über die Symbolik dieser Szene aufzuklären, griff die Politikerin auf eine Bibelstelle zurück:

"Outside an art gallery I visited there was a sculpture of a blacksmith beating a sword with a hammer. 'That represents communism', my guide proudly observed. 'Actually, it doesn't', I replied. 'It's from the Old Testament – '*And they shall beat their swords into plough-shares, and their spears into pruning-hooks*''. Collapse of stout aesthete. Methodist Sunday School has its uses" (1995:155; Hervorhebungen in den Belegen, R.G.).

### *5.3 Maximen*

Lebensregeln als Maximen wurden Margaret Thatcher bereits in ihrem Elternhaus in Grantham mit auf den Weg gegeben. Ihr Vater war Rotarier und handelte nach dem humanitären Motto der weltweit verbreiteten Verbindung des Rotary Club: *Service above self* (1995:16). Oberste Priorität in der Familie hatte das Sparsamkeitsprinzip. Es galt für den Umgang mit Zeit und Geld und die Verpflichtung, nie über die eigenen Verhältnisse zu leben. Eine Maxime lautete *Value for money*. Da die Mutter selbst schneidern konnte, war sie in der Lage, aus Stoffen, die sie aus günstigen Schlussverkäufen erworben hatte, für die Töchter und sich selbst geschmackvolle Bekleidung herzustellen: "So we got excellent *value for money* and were, by Grantham standards, rather fashionable" (1995:13).

Ein weiterer Grundsatz für Neuanschaffungen lautete: "'Never *aspire to a cheap fur coat when a well-tailored wool coat will be a better buy*.' The rule was *always to go for quality within your own income*" (1995:18).

Eine Grundeinsicht ihres Vaters in Bezug auf die Dauer einer Amtszeit und den Umstand des Abtretens machte sich Margaret Thatcher zu eigen, als sie nach 11 Jahren an der Spitze ihrer Partei und der Regierung sich selbst in einer solchen Lage befand. Ihr Vater hatte bei seinem Rückzug aus dem Dienst des Alderman nach dem Sieg der Labour Party gesagt: "Although I have toppled over I have fallen on my feet. My own feeling is that *I was content to be in and I am content to be out*" (1995:21).

Ausdruck der Denkweise ihres Ehemanns Denis waren Konsequenz und Beharrlichkeit, solche Eigenschaften, wie sie auch der Sport fordert. Margaret Thatcher zitiert den Inhalt dieser Maximen in gebundener Rede: "The desire to win is born in most of us. The will to win is a matter of training. The manner of winning is a matter of honour" (1993:22).

Den ähnlichen Gedanken drückt die folgende Maxime des Vaters aus:

"It's easy to be a starter, but are you a sticker too?
It's easy enough to begin a job,
it's harder to see it through" (1993:37).

Im Laufe ihrer Regierungszeit prägte die Premierministerin zahlreiche eingängige Sprüche, die sich als Aphorismen, aber auch als Maximen betrachten lassen. Dazu gehören *The Lady is not for turning*, *No U-turn* als ihr politisches Prinzip, *The government have no money of their own. There is only taxpayers' money* (1993:54).

Nach ihrem Ausscheiden aus dem Staatsamt (28. November 1990) und Auszug aus Downing Street äußerte sie gegenüber einem Journalisten: "*Home is where you go when you have nothing else to do*" (*Daily Mail*, 9.4.2013, S. 52) (Hervorhebungen, R.G.). Dieser Ausspruch wurde in der deutschen Presse übersetzt als "Zu Hause ist der Ort, wohin man geht, wenn man nichts Besseres zu tun hat" (*Sächsische Zeitung*, 9.4.2013, S. 4).

## 6 Zusammenfassung

Die beiden Autobiografien Margaret Thatchers können trotz des beträchtlichen Umfangs nur einen begrenzten Ausschnitt des von ihr selbst verfassten oder autorisierten Textmaterials ihrer Regierungszeit repräsentieren und daher die durch parömiologisch aufschlussreiches Sprachmaterial angereicherte Rhetorik der Premierministerin nur ansatzweise darstellen. Die vorliegende Untersuchung konnte aus Gründen der Umfangsbeschränkung nicht das reichhaltige Korpus phraseologischer Einheiten, insbesondere der Idiome, in nominativer Funktion ebenfalls einbeziehen. Aus demselben Grunde unberücksichtigt blieben unter den Phraseologismen in der Funktion von Propositionen auch Wahlkampflosungen der Conservative Party und die sprachkritischen Kommentare Margaret Thatchers zur Diktion amtlicher Dokumente der Europäischen Gemeinschaft, die sie als "high-flown language" (1993:314), "Euro-jargon" (1993:555) und "NATO phraseology" (1993:465) bezeichnet hat. Aber die mediale Aufmerksamkeit, die Margaret Thatchers pointierte Formulierungen, Aphorismen wie Maximen, in der Würdigung ihrer Person in zahlreichen Nachrufen erfahren haben, sind ein Beweis für den Stellenwert solcher Aussprüche in der Rhetorik dieser britischen Politikerin.

### *Literatur*

*Longman Dictionary of English Idioms*. 1992 [1979]. Hg. von Thomas Hill Long. Harlow u.a.: Longman.

Mieder, Wolfgang. 2000. *The Proverbial Abraham Lincoln: An Index to Proverbs in the Works of Abraham Lincoln*. New York u.a.: Peter Lang.

----------. 2001. *"No Struggle, No Progress": Frederick Douglass and His Proverbial Rhetoric for Civil Rights*. New York u.a.: Peter Lang.

----------. 2009. *"Yes We Can": Barack Obama's Proverbial Rhetoric*. New York u.a.: Peter Lang.

----------. 2010. *"Making a Way Out of No Way": Martin Luther King's Sermonic Proverbial Rhetoric*. New York u.a.: Peter Lang.

Mieder, Wolfgang & George B. Bryan. 1995. *The Proverbial Winston S. Churchill: An Index to Proverbs in the Works of Sir Winston Churchill*. Westport, Conn. u.a.: Greenwood Press (Bibliographies and Indexes in World History, 38).

----------. 1997. *The Proverbial Harry S. Truman: An Index to Proverbs in the Works of Harry S. Truman*. New York u.a.: Peter Lang.

*Oxford Dictionary of Current Idiomatic English: Phrase, Clause & Sentence Idioms*. 1987 [1983]. Hg. von Anthony Paul Cowie & Ronald Mackin & I.R. McCaig. Bd. 2. Oxford u.a.: Oxford University Press.

Thatcher, Margaret. 1993. *The Downing Street Years*. New York: Harper Collins [914 Seiten].

----------. 1995. *The Path to Power*. London: Harper Collins [656 Seiten].

# Linguistic Commentary in a Corpus of the Proverbs of Spain

*Frank Nuessel*

## Introduction

In a previous study on linguistic commentary in Italian proverbial language, it was shown that many Italian proverbs contained astute observations that could be interpreted within the framework of contemporary linguistic theory.[1] This study examines linguistic commentary in a collection of Spanish proverbial language used in two other studies.[2] This brief analysis will examine linguistic commentary in the Campos and Barella corpus of Spanish proverbial language (1993).

## Linguistic Commentary

Compared to the richness of linguistic commentary contained in Italian proverbial language, there is a relative paucity of such observations in the Campos and Barella corpus of Spanish proverbial language (1993). Nevertheless, certain observations about language and linguistics may be found in that source. The following categories in linguistic research are clearly discernible: (1) Pragmatics, (2) silence, (3) sociolinguistics, and (4) foreign languages.

### *Pragmatics*

Pragmatics is defined as the "branch of linguistics concerned with how language is used in social situations. The pragmatic study of language deals with *who* says *what* to *whom* in specific situations" (Danesi, 2000:182). The British philosopher H.P. Grice (1913–1988) proposed a theory of conversational implicature, i.e., a speech act may be divided into two components: (1) What the speaker says; and (2) what the speaker implicates.[3] Grice further puts forward four categories of the "Cooperative Principle," which encompasses the "Maxims of Conversation." These maxims facilitate communication. They consist of four basic principles: (1) *Quantity* (be as informative as required, and state only what is necessary); (2) *quality* (be truthful); (3) *relation* (be relevant); and (4) *manner* (avoid obscurity and ambiguity, be brief and orderly).[4] A more recent domain of pragmatics deals with silence and its meaning within the context of dialogic intercourse.

Several Spanish proverbs address aspects of pragmatics, and, more specifically Grice's "Maxims of Conversation," as illustrated by the following proverbial examples, which are concerned with maxims 2, 3, and 4.

Lying is a speech act in which a person asserts that a statement is true while knowing that it is not.[5] Lying, of course, violates Grice's second maxim of conversation, namely, that of quality, i.e., the person must provide a truthful statement. Two Spanish proverbs address the practical consequences of lying. The first one points out that lying requires the liar to have a prodigious memory in order to recall the associations related to telling falsehoods.

*El mentir pide memoria* (2264).[6]
'Lying requires a good memory.'

The second one indicates that, after a while, a pathological liar is never believed.

*Quien siempre me miente no me engaña* (2266).
'The person who always lies to me never deceives me.'

Another Spanish proverb that relates to Grice's third maxim of conversation – relation (be relevant) – is the following one. It means that some people speak and say foolish things.

*Habló buey y dijo mu* (531).
'The ox spoke and said moo.'

The following proverb indicates that one should not violate Grice's third maxim of conversation, i.e., relation (be relevant). In this instance, people with mental illness fail to be relevant because they do not deviate from certain obsessive ideas.

*Cada loco con su tema* (2050).
'Every crazy person with his obsessive idea.'

Yet another Spanish proverb that addresses Grice's fourth maxim of conversation is the following one, which addresses manner, i.e., be brief and orderly in speech.

*Mucho hablar, mucho errar* (1712).
'Speak a lot, wander a lot.'

Finally, in the pragmatic domain of courtesy, conversational politeness requires tact, judgment, and discretion to avoid unpleasant responses to inappropriate and tasteless statements.

*Quien dice lo que no debe, oye lo que no quiere* (1214).
'The person who says what he should not, hears what he does not want to.'

*Silence*

Many linguists now consider silence to be a subdivision of pragmatics, and it has become a topic of much research in the past two decades.[7] In recent years, it has been shown that silence functions as a form of conversational interaction, i.e., not responding constitutes a communicative act. Silence, it must be noted, is distinct from acoustic stillness, or the absence of sound. This form of non-verbal communication may convey the powerful message of acquiescence. By saying nothing, individuals provide tacit consent. This type of nonverbal assent is quite common. The following proverb captures this concept quite clearly.

*Quien calla otorga* (629).
'The one who is silent agrees.'

Another proverb recommends silence as a way to avoid violating Grice's fourth maxim of conversation, i.e., manner (avoid obscurity and ambiguity, be brief and orderly). The following proverb advises that a person say nothing rather than violate the maxim of manner.

*Más vale callar que mal hablar* (627).
'It is better to be quiet than to speak badly.'

*Sociolinguistics*

Sociolinguistics is the study of language in society. Sociolinguistic aspects of language include certain variable factors such as age, gender, education, class, and socio-economic factors. The following proverb indicates that each person speaks in accordance with these sociolinguistic variable factors since people tend to be products of their background and education.

*Cada uno habla como quien es* (1710).
'Everyone speaks as he or she is.'

Another proverb that addresses the use of an appropriate form of speech according to circumstances is the following. In essence, this proverb advocates that a person behave linguistically according to prevailing tradition and practice.

*Comer, a gusto, y hablar y vestir, al uso* (999).
'Eat as you please, and speak and dress according to custom.'

*Foreign Languages*

Second-language acquisition is a daunting task, which requires a great deal of practice. Moreover, those who engage in this task may never completely understand the subtle cultural nuances of the first-language speaker. In the first proverb, there is a reference to Arabic, the widely used language on the Iberian Peninsula during the Arabic presence (711–1492 CE). This proverbial reference alludes to the fact that fluency in Arabic requires more time than does competency in other European languages.

*Algarabía de allende, que el que la habla no la entiende* (133).
'The Arabic language from beyond, the one who speaks does not understand it.'

In the following proverb, it is advisable not to speak about certain matters in which an individual has no expertise since it makes that person seem foolish.

*En casa del moro no hables algarabía* (833).
'In the house of the Moor, don't speak the Arabic language.'

Another reference to knowledge of a second language (Latin) is a misogynistic comment on the role of women, i.e., women with too much education will not do well in society. Latin was, of course, the language of the Catholic clergy and educated people.

*Mujer que habla latín, rara vez tiene buen fin* (2418).
'A woman who speaks Latin rarely has a good end.'

In yet another proverb, there is a reference to the Bologna dialect, which is, in fact, a separate Romance language.

*Vulto romano, y cuerpo senés, andar florentín, y parlar boloñés* (3475).
'Roman face, Sienese body, Florentine gait, and Bolognese speech.'

## Concluding Remarks

This brief foray into linguistic commentary in a corpus of Spanish proverbial language reveals that the data base used contains relatively few statements about language and linguistics. Nevertheless, it was possible to glean certain linguistic comments in the areas of pragmatics, silence, sociolinguistics, and foreign languages, which relate to contemporary linguistic research.

### *Notes*

1 See Nuessel (2009) for a study of linguistic commentary in Italian proverbial language. It examines the notions of linguistics, language, and the speech event. Furthermore, there are sections devoted to sociolinguistics, pragmatics, translation, language acquisition, meta-commentary on proverbial language, and non-verbal communication.

2 Two onomastic studies on toponyms and anthroponyms in Spain (Nuessel, 2004 & 2005) use data based on the proverbial corpus of Campos and Barella (1993).

3 See (1975:45) for a discussion of conversational implicature.

4 See (1975:45–50) and Márquez Reiter and Placencia (2005:145–153).

5 For a comprehensive discussion of lying, see Carson (2006).

6 All parenthetical references are to the numerical item in the Campos and Barella corpus (1993), and not to the page.

7 For a comprehensive discussion and typology of silence, see Ephratt (2008). Ephratt labels communicative silence "eloquent silence," i.e., silence in relation to speech, or situations in which saying nothing constitutes a response.

## *Bibliography*

Campos, Juana G. & Ana Barella. 1993. *Diccionario de refranes*. Madrid: Espasa Calpe.

Carson, Thomas L. 2006. "The Definition of Lying." *Noûs* 40/2, 284–306.

Danesi, Marcel. 2000. *Encyclopedic Dictionary of Semiotics, Media, and Communications*. Toronto et al.: University of Toronto Press (Toronto Studies in Semiotics).

Ephratt, Michael. 2008. "The Functions of Silence." *Journal of Pragmatics* 40, 1909–1938.

Grice, H.P. 1975. "Logic and Conversation." In: Peter Cole & Jerry L. Morgan. *Speech Acts. Syntax and Semantics*. Vol. 3. New York et al.: Academic Press, 41–58.

Márquez Reiter, Rosina & María Elena Placencia. 2005. *Spanish Pragmatics*. Basingstoke: Palgrave Macmillan.

Nuessel, Frank. 2004. "Toponyms in a Corpus of the Proverbs of Spain." *Proverbium: Yearbook of International Proverb Scholarship* 21, 273–286.

----------. 2005. "Anthroponyms in a Corpus of the Proverbs of Spain." *Proverbium: Yearbook of International Proverb Scholarship* 22, 245–262.

----------. 2009. "Linguistic Commentary in Italian Proverbial Language." *Proverbium: Yearbook of International Proverb Scholarship* 26, 305–322.

# Das Rad zurückdrehen: Auswirkungen der "Reform der Reform" (2006) auf die Rechtschreibung deutscher Idiome*

*Ilpo Tapani Piirainen* (†)

## Vorbemerkungen

Seit über 1200 Jahren gibt es schriftliche Aufzeichnungen in deutscher Sprache. Die Geschichte dieser Sprache ist durch einen kontinuierlichen Wandel im Wortschatz, in der Morphologie und in der Phonologie charakterisiert. Durch die Entwicklung der Laute musste deren Wiedergabe in der Schrift entsprechend geändert werden; das Ziel war eine überregionale Kommunikation. Durch die ständigen Änderungen und regionalen Unterschiede im deutschen Sprachgebiet sind die älteren Handschriften und Drucke einem Muttersprachler von heute nicht verständlich: eine relative Stabilität der Sprache und damit auch eine Kommunikation auf der schriftlichen Ebene für den größten Teil der Bevölkerung wurden erst im 19. Jahrhundert erreicht. Die erste Norm für die deutsche Rechtschreibung wurde 1901 festgelegt und galt bis 2006 für alle deutschsprachigen Länder.

## Historische Phraseologie und die Orthografie

In den einschlägigen Darstellungen zur historischen Phraseologie geht es meistens um Änderungen der Wortstellung, um eine Verringerung der Anzahl der Elemente, um eine Hinzufügung von Elementen, um einen Austausch von Lexemen sowie um Veränderungen in der syntaktischen Struktur und in der Bedeutung der Phraseme (Burger & Linke, $^{2}$1998 [$^{1}$1984]). Die Ebenen der Grafemik und Orthografie spielen dabei zumeist eine untergeordnete Rolle, obwohl in Texten des 15.–17. Jahrhunderts eine Fülle von Idiomen erstmalig zu finden sind – in einer Sprachstufe, in der für die Sprache recht unbedeutende, aber bis heute kontrovers diskutierte Erscheinungen wie Groß- und Kleinschreibung und Zusammen- und Getrenntschreibung variantenreich auftreten.

Nach der Erfindung des Buchdrucks um die Mitte des 15. Jahrhunderts – in Korea gab es den Buchdruck mit beweglichen Lettern schon ca. 50 Jahre früher – dauerte es bis zur zweiten Hälfte des 17. Jahrhunderts, bis die Zahl der deutschsprachigen Drucke die der lateinischen Drucke im damaligen deutschen Sprachgebiet überstieg. Im 16. Jahrhundert trugen die Reformation und die Bauernkriege – zumeist durch Übersetzungen, Pamphlete und Flugschriften – zu einer überregionalen Kommunikation bei; es gab einen großen Gegensatz zwischen der geschriebenen bzw. gedruckten Form der Sprache und den gesprochenen regionalen Mundarten. Besonders im 15. und 16. Jahrhundert ging es den Kanzleischreibern und den Druckern darum, den konstanten Kern der Laute in der Schrift wiederzugeben. Gleichzeitig versuchten vor allem Pädagogen, die Stellung des Deutschen als eigenständiges Unterrichtsfach, nicht nur als Hilfsmittel des Lateinunterrichts, zu begründen (Piirainen, 2007:361–362). Im Jahre 1612 forderte

Wolfgang Ratke (Ratichius) in einem Memorandum an den Frankfurter Reichstag, die deutsche Sprache zur Grundlage des Unterrichts zu machen. Es begannen kritische Auseinandersetzungen darüber, wie das "grundlegende Deutsch" aussehen sollte. Es gab einerseits Gelehrte, die das sog. Meißnische Deutsch bevorzugten; andere Forscher plädierten für einen Ausgleich zwischen dem Oberdeutschen (dem "gemeinen Deutsch") und dem Thüringisch-Obersächsischen ("Meißnischen"). Vertreter der Meißnischen Richtung waren die Grammatiker und Orthografietheoretiker Christian Gueintz (1592–1650) und Philipp von Zesen (1619–1689). Der Schriftsteller und Orthograf Justus Georg Schottel (Schottelius) (1612–1672) war wiederum ein Verfechter der überdialektal-vermittelnden Seite. Die fachlichen Dispute fanden im 17. Jahrhundert im Umkreis der Sprachgesellschaften, vor allem in der Fruchtbringenden Gesellschaft, statt. Im 18. Jahrhundert finden die Orthografiediskussionen im Werk "Grundlegung einer deutschen Sprachkunst" (1748) von Johann Christoph Gottsched und in der "Vollständigen Anweisung zur Deutschen Orthographie" (1778) von Johann Christoph Adelung ihren vorläufigen Abschluss. Vor allem die Praxis der Druckereien wurde so weit usualisiert, dass die Werke der klassischen Autoren wie Lessing, Goethe und Schiller in einer Sprachform geschrieben und gedruckt wurden, die auch den heutigen Lesern zugänglich ist (Jellinek, 1968 [1913]:60–385).

Die ersten Bemühungen um eine einheitliche Regelung der deutschen Rechtschreibung traten im Bereich des Schulwesens auf; es entstanden sog. Schulorthografien (vor allem die bayerischen und die preußischen Regeln). Eine Orthografienorm konnte aber erst nach der Gründung des Deutschen Reichs 1871 ernsthaft angestrebt werden. Bei der 1. Orthografischen Konferenz 1876 in Berlin konnte keine einvernehmliche Regelung gefunden werden. Konrad Duden veröffentlichte 1880 als Privatmann sein *Vollständiges Orthographisches Wörterbuch der deutschen Sprache.* Auf der 2. Orthografischen Konferenz 1901 wurde schließlich eine Rechtschreibnorm vereinbart, die vom Schuljahr 1903/1904 an in allen Schulen des Deutschen Reiches, Österreichs und der deutschsprachigen Schweiz eingeführt wurde. Trotz zahlreicher Vorschläge für eine Änderung dieser Rechtschreibnorm konnte ein Staatsvertrag für eine neue Rechtschreibnorm erst am 1. Juli 1996 unterzeichnet werden. Auch während der Teilung Deutschlands galt für die Orthografie dasselbe Prinzip wie nach der deutschen Reichsgründung 1871: die Einheitlichkeit des deutschsprachigen Raumes soll in der Rechtschreibung gewährleistet werden. Nach zahlreichen Protesten und Prozessen bis zum Bundesverfassungsgericht konnte die für 2005 vorgesehene verbindliche Einführung der neuen Norm nicht realisiert werden; es wurde ein *Rat für die deutsche Rechtschreibung* konstituiert. Dieses Expertengremium hat in der Öffentlichkeit die am meisten kritisierten Regelungen von 1996 erörtert und Anfang 2006 unter dem Titel *Amtliche Regelung* die verbindlichen Regeln und ein Wörterverzeichnis veröffentlicht. Diese *Reform der Reform* trat mit Beginn des Schuljahrs 2006/2007, in Deutschland in den Bundesländern Bayern und Nordrhein-Westfalen sowie in Österreich erst ein Jahr später in Kraft. Von den zahlreichen Darstellungen zu den Bemühungen um eine einheitliche deutsche Rechtschreibung im 19. Jahrhundert und den Reformversuchen bis zu der Festlegung der *Amtlichen Regelung* (2006) seien hier Nerius ($^{4}$2007 [$^{1}$1987]: 331–402) und der 687 Seiten umfassende Band von Mentrup (2007, mit einer CD-ROM) hervorgehoben.

## Phraseme und die neue Orthografienorm

Unter dem Stichwort "Orthografie und Phraseologie" haben mehrere Forscher(innen) Probleme der Rechtschreibung einzelner Idiome behandelt (Gréciano, 1995; Levin-Steinmann, 2007; Suchsland, 1999). Diese Arbeiten sind vor der *Amtlichen Regelung* vor 2006 entstanden, die auch Schreibungen für eine Reihe von Phrasemen geändert hat. In der *Amtlichen Regelung* gibt es Regeln zu 1) Laut-Buchstaben-Zuordnungen, 2) Getrennt- und Zusammenschreibung, 3) Schreibung mit Bindestrich, 4) Groß- und Kleinschreibung, 5) Zeichensetzung und 6) Worttrennung am Zeilenende; dabei werden bei einzelnen Wörtern oft zwei unterschiedliche, für den amtlichen Gebrauch mögliche Schreibformen genannt. Muttersprachler, vor allem Lehrer(innen), sollten aus dieser Fülle von Schreibvarianten die geeigneten auswählen; im Bereich Deutsch als Fremdsprache ist der Variantenreichtum eher ein Lernhindernis als die vom *Rat für deutsche Rechtschreibung* propagierte Erleichterung im Umgang mit der neuen Orthografienorm. Für die praktische Handhabung gibt es in der 24. Auflage des Duden-Rechtschreibwörterbuchs ca. 3.000 "Empfehlungen"; Theodor Ickler, ein Kritiker der *Reform der Reform*, sagt in einem umfangreichen Beitrag in der *Frankfurter Allgemeinen* vom 21. Juli 2006, niemand könne mit dieser großen Zahl von Varianten und Empfehlungen richtig umgehen: "Noch nicht einmal der Duden hält sich an den Duden."

Horst Haider Munske, Mitglied der zwischenstaatlichen Kommission für Rechtschreibfragen, später ein Kritiker der Reformbeschlüsse, behandelt in einem Bändchen (2005:88–90) eine Reihe von Idiomen, bei denen die Groß- und Kleinschreibung besondere Probleme aufweist. Hier einige Beispiele aus seinen Ausführungen: "Was ist denn *das* oder *der Nachhinein* in der Wendung *im Nachhinein*? [...] Und was ist *das Geratewohl* in der Wendung *aufs Geratewohl*? Hier soll offenbar einer 'Substantivierung der Form nach' gefolgt werden" (89).

Er hat eine Gesamtheit von ca. 40 phraseologischen Adverbien festgestellt; da sein Buch (2005) zu einer Zeit vor der *Amtlichen Regelung* (2006) veröffentlicht wurde, habe ich Phraseme mit einer substantivischen und andererseits mit einer adverbialen Konstituente in einer Liste zusammengestellt, die ich mit Hilfe eines neuen Wörterbuchs (Göttert, 2007) mit der *Amtlichen Regelung* verglichen habe. Besonders bei den Adverbien ist die Groß- und Kleinschreibung in der neuen Norm von 2006 oft geändert worden.

In Idiomen mit einem Substantiv als Konstituente scheint die Großschreibung die Regel zu sein: *das Auge des Gesetzes*; *die Augen geöffnet bekommen*; *jemandem schöne Augen machen*; *jemanden aus den Augen verlieren*; *mit offenen Augen durch die Welt gehen*; *etwas im Blut haben*; *ruhig Blut bewahren*; *Blut und Wasser schwitzen*.

Diese Regelung gilt auch für Idiome bzw. Kollokationen mit dem Substantiv *Zeit*: *mit der Zeit gehen*; *es ist an der Zeit*. In einem Präpositionalausdruck mit diesem Substantiv gibt es unterschiedliche Schreibungen: *wir müssen beizeiten zu Hause sein*; *zurzeit bin ich arbeitslos* (alte Schreibung *zur Zeit*); *eine Zeit lang* neben *Zeitlang*; *ein zeitsparendes Verfahren* neben *ein Zeit sparendes Verfahren*.

In Wortgruppen mit einem Adjektiv scheint die Kleinschreibung dann die Regel zu sein, wenn der adjektivische Charakter beibehalten wird: *dunkle Gedanken haben*;

*etwas in den dunkelsten Farben ausmalen*; *am Bahnhof treiben sich dunkle Gestalten herum*.

Die Großschreibung erfolgt offensichtlich bei substantivierten Adjektiven auch in Wortgruppen: *im Dunkeln tappen*; *es verliert sich im Dunkel der Geschichte*; *im Dunkeln ist gut munkeln*. Adjektive mit einer Präposition in einer Wortgruppe werden in Fällen wie *über kurz und lang*, *seit langem* jetzt und auch nach der alten Norm kleingeschrieben. Dagegen werden die Adjektive in der Wortgruppe *sich des Langen und Breiten über etwas auslassen* groß, in der alten Norm kleingeschrieben. Die Wendung *ohne weiteres* kann heute auch mit einem großen Anfangsbuchstaben *ohne Weiteres*, in der österreichischen Variante der deutschen Standardsprache auch *ohneweiters* geschrieben werden. Bei der Getrennt- und Zusammenschreibung scheint die Regelung gelegentlich kompliziert zu sein: *er wurde von seinen Eltern stets knappgehalten*; *unsere Preise sind immer knapp kalkuliert*, aber dann zwei Varianten in *Dank unserer knappkalkulierten* oder *knapp kalkulierten Preise sind wir konkurrenzfähig*.

Bei den Wortgruppen mit den Verben *bleiben* und *lassen* gab es emotionale Diskussionen für und wider die Getrenntschreibung; nun sind beide Varianten korrekt: *sitzen bleiben* neben *sitzenbleiben*, ebenfalls *sitzen lassen* neben *sitzenlassen – er hat sie mit drei Kindern sitzen gelassen* oder *sitzengelassen*.

Obwohl die Verbindungen mit der Negationspartikel *nicht* eher in den Bereich der Wortbildung als in die Phraseologie gehören, nenne ich Beispiele mit der Getrennt- und Zusammenschreibung sowie Schreibungen mit einem Bindestrich: *die nicht Krieg führenden* oder *nichtkriegführenden Länder*; *Nichtzutreffendes bitte streichen!* oder *nicht Zutreffendes bitte streichen!*; *das Nicht-loslassen-Können*; *das Nicht-mehr-fertig-Werden*.

## Schlussbemerkungen

Risse (1980) hat in einer kaum überschaubaren Fleißarbeit die Substantivgroßschreibung in deutschsprachigen Bibeln des 16. Jahrhunderts untersucht und statistisch in zahlreichen Tabellen dargestellt. Sie stellt fest, dass in Luthers Wittenberger Drucken die Majuskeln bei ca. einem Drittel, in den Spätdrucken 1538–1546 bei über 90 % der Substantive auftreten. Luther ist mit der Praxis der Setzer und Drucker, besonders bei den Raubdrucken, nicht immer zufrieden und schreibt in einer *Warnung an die Drucker*:

> "So feret der Geitz zu, vnd thut undern Buckdrückern diese schalckheit vnd büberey, Das andere flugs balde hernach drücken, vnd also der vnsern Erbeit vnd Vnkost berauben zu irem Gewin, elchs eine rechte grosse öffentliche Reuberey ist, die Gott auch wol straffen wird, vnd keinem ehrlichen Christlichen wol anstehet […], Aber das mus ich klagen vber den Geitz, Das geitzigen Wenste vnd reubische Nachdrücker mit vnser Erbeit vntrewlich vmbgehen. Denn weil sie allein jren Geitz suchen, fragen sie wenig darnach, wie recht oder falsch sie es hin nachdrücken, Vnd ist mir offt widerfaren, das ich der Nachdrücker druck gelesen, also verfelschet gefunden, das ich meine eigen Erbeit, an vielen Orten nicht gekennet, auffs newe habe müssen bessern. Sie machens hin rips, raps, Es gilt gelt" (213).

Der *Rat für deutsche Rechtschreibung* existiert noch heute und wird vielleicht noch weitere Empfehlungen ausarbeiten. Er ist ein Expertengremium von Sprachwissenschaftlern, Pädagogen und Medienvertretern, das aber unter großem Druck der Öffentlichkeit steht.

Die phraseologischen Ausdrücke stehen für die Neuregelung der Orthografie nicht im Mittelpunkt; vielmehr ist die praktische Handhabung der neuen Regeln vor allem in der Schule wichtig. Die hier genannten Beispiele sind keine Ausnahmefälle, sondern Belege aus den neuesten Wörterbüchern. Angesichts der Kompetenz der Mitglieder des *Rates für deutsche Rechtschreibung* ist anzunehmen, dass für die einzelnen Regelungen Begründungen geliefert wurden. Diese dürften aber im Schulbereich schwer zu vermitteln sein; für Privatleute ist es sowieso freigestellt, wie sie schreiben. Mit der *Reform der Reform* wurde m.E. eine ähnliche Situation wie im 16./17. Jahrhundert erreicht, als neben eindeutigen Tendenzen zu einer Vereinheitlichung des Schreibusus zahlreiche regionale sowie je nach Schreiber und Drucker auch individuelle Varianten auftraten: Heute können wir die Schuld nicht allein den Druckern zuschreiben, da wir die Druckvorlagen meist selbst herstellen müssen. Die Anwendung der Rechtschreibregeln ist nicht immer eindeutig; das Nachschlagen zu aufwändig. Auch ein Germanist muss angesichts dieser Reform der Reform feststellen: *Das Rad wurde zurückgedreht.*

* Erstmalig erschienen in Jarmo Korhonen & Wolfgang Mieder & Elisabeth Piirainen & Rosa Piñel (Hgg.), *Europhras 2008: Beiträge zur internationalen Phraseologiekonferenz vom 13.–16.8. 2008 in Helsinki* (Helsinki: Universität Helsinki, 2010), 28–33 <52661917.de.strato-hosting.eu/images/stories/documents/Verschiedenes/ep2008.pdf> (06.08.2013).

## *Literatur*

Burger, Harald & Dmitrij Dobrovol'skij & Peter Kühn & Neal R. Norrick (Hgg.). 2007. *Phraseologie: Ein internationales Handbuch der zeitgenössischen Forschung.* 2 Bde. Berlin u.a.: de Gruyter (Handbücher zur Sprach- und Kommunikationswissenschaft, 28).

Burger, Harald & Angelika Linke. $^{2}$1998 [$^{1}$1984]. "Historische Phraseologie." In: Werner Besch & Anne Betten & Oskar Reichmann & Stefan Sonderegger (Hgg.). *Sprachgeschichte: Ein Handbuch zur Geschichte der deutschen Sprache und ihrer Erforschung.* Teilbd. 1. 2., vollst. neu bearb. und erw. Aufl. Berlin u.a.: de Gruyter (Handbücher zur Sprach- und Kommunikationswissenschaft, 2), 743–755.

*Deutsche Rechtschreibung: Regeln und Wörterverzeichnis. Amtliche Regelung.* 2006. Hg. vom Rat für deutsche Rechtschreibung. Tübingen: Narr.

Friedrich, Jesko. 2007. "Historische Phraseologie des Deutschen." In: Harald Burger & Dmitrij Dobrovol'skij & Peter Kühn & Neal R. Norrick (Hgg.). *Phraseologie: Ein internationales Handbuch der zeitgenössischen Forschung.* Halbbd. 2. Berlin u.a.: de Gruyter (Handbücher zur Sprach- und Kommunikationswissenschaft, 28,2), 1092–1106.

Göttert, Karl-Heinz. 2007. *Neues Deutsches Wörterbuch: Mit den aktuellen Schreibweisen.* Köln: Lingen.

Gréciano, Gertrud. 1995. "Zur Orthographie der Phraseologie." In: Heidrun Popp (Hg.). *Deutsch als Fremdsprache: An den Quellen eines Faches. Festschrift für Gerhard Helbig zum 65. Geburtstag.* München: Iudicium, 451–462.

Ickler, Theodor. 2006. "Rechtschreibreform: Noch nicht einmal der Duden hält sich an den Duden." *Frankfurter Allgemeine: Zeitung für Deutschland*, 21. Juli 2006.

Jellinek, Max Hermann. 1968 [1913]. *Geschichte der neuhochdeutschen Grammatik von den Anfängen bis auf Adelung*. Halbbd. 1. Heidelberg: C. Winter (Germanistische Bibliothek: 2. Abt. Untersuchungen und Texte, 7) [Ndr. der Ausg. Heidelberg, Winter, 1913].

Levin-Steinmann, Anke. 2004. "Getrennt- und Zusammenschreibung aus phraseologischer Sicht." In: Csaba Földes & Jan Wirrer (Hgg.). *Phraseologismen als Gegenstand sprach- und kulturwissenschaftlicher Forschung: Akten der Europäischen Gesellschaft für Phraseologie (EUROPHRAS) und des Westfälischen Arbeitskreises "Phraseologie/Parömiologie" (Loccum 2002)*. Baltmannsweiler: Schneider-Verl. Hohengehren (Phraseologie und Parömiologie, 15), 405–417.

----------. 2007. "Orthographie und Phraseologie." In: Harald Burger & Dmitrij Dobrovol'skij & Peter Kühn & Neal R. Norrick (Hgg.). *Phraseologie: Ein internationales Handbuch der zeitgenössischen Forschung*. Halbbd. 1. Berlin u.a.: de Gruyter (Handbücher zur Sprach- und Kommunikationswissenschaft, 28,1), 36–41.

Mentrup, Wolfgang. 2007. *Stationen der jüngeren Geschichte der Orthographie und ihrer Reform seit 1933: Zur Diskussion, Texttradition und -rezeption*. Tübingen: Narr (Studien zur deutschen Sprache, 29) [mit einer CD-ROM].

Munske, Horst Haider. 2005. *Lob der Rechtschreibung: Warum wir schreiben, wie wir schreiben*. München: Beck (Beck'sche Reihe, 1671).

Nerius, Dieter (Hg.). $^{4}$2007 [$^{1}$1987]. *Deutsche Orthographie*. 4., neu bearb. Aufl. Hildesheim u.a.: Olms.

Piirainen, Ilpo Tapani. 2007. "Usus und Norm der deutschen Rechtschreibung." In: Jae-Myoung Kim (Hg.). *Deutsch als Fremdsprache in Korea*. Seoul: Koreanische Gesellschaft für Deutsch als Fremdsprache, 361–369.

Risse, Ursula. 1980. *Untersuchungen zum Gebrauch der Majuskel in deutschsprachigen Bibeln des 16. Jahrhunderts: Ein historischer Beitrag zur Diskussion um die Substantivgroßschreibung*. Heidelberg: Winter (Studien zum Frühneuhochdeutschen, 5).

Suchsland, Peter. 1999. "Soll man Kopf stehend und freudestrahlend Eis laufen?: Linguistische Fußangeln der neuen deutschen Rechtschreibung." In: Bernd Skibitzki & Barbara Wotjak (Hgg.). *Linguistik und Deutsch als Fremdsprache: Festschrift für Gerhard Helbig zum 70. Geburtstag*. Tübingen: Niemeyer, 209–226.

# Rudyard Kipling and Russian Presidential Elections

*Andrey Reznikov*

In 2012, a similar event took place in two vastly different countries: Russia and United States. The event was the presidential elections. Russia chose its new former president in March, the United States – in November. But even though the event and even the procedure, on the surface, look very similar, the substance of the two elections has very little in common. In fact, to say that the elections are different would be an understatement. To prove this, it is enough to mention that the results of the Russian elections were obvious long before the day of the voting, while the results of the American elections were unpredictable till November 6.

Among the numerous peculiarities of the Russian elections campaign there is one that is of special interest to linguists: the choice of quotations used by the candidates in their speeches at rallies, press-conferences, debates, etc. If American candidates typically quote the Bible, the US Constitution, and former presidents (most popular being Abraham Lincoln, Ronald Reagan, and John Kennedy), their Russian counterparts like to quote Russian classics – Alexander Pushkin, Mikhail Lermontov, Ivan Krylov. The choice of quotations reveals the strategy used by the candidates in persuading voters to do what the candidates need them to do – vote for them. The same traditional choices were mostly used during the latest elections, too; however, an interesting exception to this rule was made by the Russian candidate number one – Vladimir Putin.[1]

Putin did not take part in any debates or other election events; at the same time, his favorite mode of talking to the Russian people is by means of his annual TV show called "Direct Line," which amounted to his answering questions that had been sent beforehand by the viewers (Some questions are asked live during the show by the viewers from various Russian cities). Thus, on December 15, 2011 Putin took part in the 10th show, which was the longest: he responded to questions for 4.5 hours and answered 88 questions.

Among those 88, there was a question about opposition parties. Here it is in my translation: "You are a presidential candidate. How will you work with political parties, including those who were not elected to the Duma [lower chamber of the Russian parliament], and in general, with those who cannot stand you in principle?"[2]

Putin gave his usual lengthy answer. Again, in my translation:

> "If citizens trust me with the highest position in the country – the position of the president – I will, of course, work with everyone. Strictly speaking, this is what I have been doing so far – with representatives of most diverse political factions, political forces without any exceptions. Especially, since the president in our country is above the parties. So far, I have managed to do that, and comparatively easily at that.
>
> As for those who, as you said, do not stand me in principle, generally speaking, one has to respect all of our citizens. Of course, there are people who have passports of the citizens of the Russian Federation, but act in the interests of a foreign country and are financed by foreign money; we will try to establish contact with them, too. Often times, it is useless or impossible.

> What can one say in such a case? You know, one can say in the end: 'Come to me, Bandar-log.' I have been a fan of Kipling since I was a child."

Now let us try to make some sense of this. To many people in the TV audience, the quote in the end was nothing but a joke – one of many jokes that Putin likes to infuse into his answers.[3] Of course, many people have read Rudyard Kipling's *The Jungle Book* (or have seen the Walt Disney cartoon) and may vaguely remember this phrase. Few, however, would remember all the details, and as the saying goes, that is where the devil is. Of course, we have no way of knowing if Putin himself remembered all those details, but it is not that important, because the associations and assumptions are there, irrespective of the fact whether he was aware of them or not. Let us reconstruct some of them.

The quote in question is taken from the chapter "Kaa's Hunting." It is necessary, first of all, to remind readers of the plot of this chapter. Mowgli is taught the Law of the Jungle by Baloo, old Brown Bear. Sometimes Bagheera, the Black Panther, comes to see how he is doing. While Baloo is having his afternoon nap, Bandar-log – the Monkey-People kidnap Mowgli and take him to the Lost City, an old Indian city abandoned by humans a long time ago. Though they are strong and dangerous beasts, neither Baloo nor Bagheera, can fight hundreds and hundreds of monkeys themselves ("Who never fight unless they are a hundred to one"[4]), they have to ask Kaa for help. Kaa is the Rock Python and he is the only one whom Bandar-log fear (Bagheera and Baloo are afraid of him, as well, but they have no choice). Kaa agrees to help them and with their help they succeed in freeing Mowgli, so the chapter has a happy ending.

This is the plot on its surface, so to speak; in other words, this is probably how small kids interpret this fairy-tale when their parents read to them or when they watch the cartoon. For us, a deeper level of analysis is more interesting; that is, what Kipling tells us about the main characters in this chapter, namely, the Monkey-People and the Rock Python.

Let us start with Bandar-log, the Monkey-People. Here is what Baloo tells his pupil Mowgli about them:

> "They have *no law*. They have *no speech of their own*, but use the stolen words which they overhear when they listen. […] They are *without leaders*. They *boast* and chatter and *pretend that they are a great people* about to do *great affairs* in the jungle, but the falling of a nut turns their minds to laughter and all is forgotten. […]
>
> [Emphasis added] The Jungle-People put them out of their mouths and out of their minds. They are very many, evil, dirty, shameless, and they desire […] to be noticed by the Jungle-People. We do *not* notice them even when they throw nuts and filth on our heads. […] The Monkey-People are forbidden to the Jungle-People. Remember" (35–36).

Here is what Kipling tells the readers about Kaa, the Rock Python; Baloo says: "[…] the Bandar-log fear Kaa the Rock Snake. […] The whisper of his name makes their wicked tales cold. […] he is very old and very cunning" (40).

To this description, Bagheera adds that Kaa has "most evil eyes" (40). When Bagheera and Baloo found Kaa, "he was very splendid – darting his big blunt-nosed head along the ground, and twisting the thirty feet of his body into fantastic knots and curves, and licking his lips *as he thought of his coming dinner* [emphasis added]" (40).

Finally, this is what Kaa says about himself: "They [Bandar-log] fear me alone. They have good reason" (43). The reason being that Kaa has some magical powers over the monkeys, as readers will see in the final scene of the chapter – the scene from which Putin took the quote.

Kaa hypnotizes the monkeys by his Dance of the Hunger, and then this exchange takes place between him and the terrified monkeys:

> "'Bandar-log, can ye stir foot or hand without my order? Speak!'
> 'Without thy order we cannot stir foot or hand, O Kaa!'
> 'Good! Come all one pace closer to me'" (53).

Kipling spares the readers any further description of Kaa's hunting, so Kaa himself warns Mowgli: "[…] what follows is not well that thou shouldst see" (53).

Thus, if we now return to Putin's answer, his use of the quote acquires a scary and ominous meaning when addressed to opposition leaders: not only are they people without any laws and customs (or any true leaders for that matter), but they are despised by the majority (normal people) who do not want to have anything to do with them. The real leader, the leader of the people, will destroy them without hesitation.

Even if the quote was meant simply as a joke, as they say, every joke has some truth to it. The best way to see what was meant by it is to analyze what happened during the few months that followed the presidential elections in Russia (Putin was inaugurated on May 7). Unfortunately, one can see a lot of events that prove the scary truth of the quote: numerous political trials (the punk band "Pussy Riot" trial being the one that attracted a lot of international media attention[5]), new laws passed by the Russian Parliament restricting constitutional rights of the citizens, and so on.[6]

In this political climate, it is very difficult for opposition leaders to explain their position to the general public: they are blacklisted on all major TV stations and newspapers, and the only place where they can still express their views is the Internet. It is not by chance that one of the mentioned new laws passed by the Russian parliament is the law allowing government officials to shut down internet sites which have "extremist" or some other objectionable content.[7] On top of that, it is hardly a coincidence that Russian prime-minister Medvedev, who during his time as president was known as an active internet user, as recently as in August 2012, expressed his negative view about the Russian internet community, claiming that Runet (Russian Internet) distorts real facts and artificially exaggerates quite a few problems:

> "If you surf them [opposition internet sites] one gets the impression that this is the only thing we are concerned about. But we are not, in fact, we could not care less[8] – when I say 'we' I mean all the citizens of our country, with the exception of a very narrow group of people" (translation – A. Reznikov).[9]

Even though Medvedev never quotes Kipling, one cannot but see the striking similarity between his words and the attitude to Bandar-log in Kipling's book: "They desire to be noticed by the jungle people, but we do not notice them" (35). But if they get too loud, we will destroy them; the Hunger Dance will go on.

## Notes

1 Technically, there were four other candidates (Gennadiy Zuganov, representing the Communist Party of Russia, Sergey Mironov from the "Just Russia" party, Vladimir Zhirinovsky from the Liberal Democratic Party, and Michail Prokhorov), but without equal access to TV, radio and other news media, they had no chance and were in fact cleverly used by the ruling "United Russia" party to produce the effect of voters having choices. Just to remind the readers: Putin was elected president for the first time in 2000, was reelected in 2004, became prime-minister in 2008, and ran again in 2012. Between 2008 and 2012 there were changes made to the Russian Constitution; in particular, the presidential term was extended to six years; so we are looking at 12 years of Putin's presidency now. During the presidential campaign, Putin himself did not take part in debates (delegating this role to his numerous representatives – he had about 500 of them), though he did speak at several rallies of his supporters, including a huge rally held in Moscow Red Square after the elections.

2 The verbatim transcript of this event can be read at Direct Line (15.12.2011).

3 See, for example "Putin's Last Annual Press Conference" (Siberian Light, 15.02.2008).

4 Kipling (1973:35). This and all other quotations are taken from this edition.

5 See, for example Denber (17.08.2012); TIME (2012).

6 One of these new laws imposes outrageous fines on citizens for violating rules of holding public events; another one forces NGOs who are financed from abroad to officially register with the Russian authorities as "foreign agents."

7 It is well known that using this pretext – fights against extremists and terrorists – Russian authorities have often restricted the rights of the citizens in the past, so there is little doubt that the new law about extremists sites will be used in the same way – to crack down on opposition websites, the only media domain which is not controlled by the Russian government – yet.

8 Medvedev uses a low colloquial expression here (*плевать*), which can be roughly translated as "we do not give a damn."

9 See Medvedev (10.08.2012).

## Bibliography

Denber, Rachel. 17.08.2012. "Pussy Riot and Russia's Surreal 'Justice'." <http://edition.cnn.com/2012/08/17/opinion/denber-pussy-riot-verdict/index.html?hpt=hp_bn7> (31.05.2013).

[Direct Line]. 15.12.2011. "Прямая линия: С президентом России Владимиром Путиным (Direct Line: With the President of Russia Vladimir Putin)." <www.president-line.ru/>. (31.05.2013).

Kipling, Rudyard. 1973. *The Jungle Book*. [London]: Macmillan (Piccolo Books).

Medvedev, Dmitry. 10.08.2012. "Медведев: Нам плевать на то, что обсуждают в Интернете (Medvedev: We Do Not Give a Damn What Is Discussed on the Web)." <http://grani.ru/Politics/Russia/Cabinet/m.199623.html> (31.05.2013).

[Siberian Light]. 15.02.2008. "Putin's Last Annual Press Conference." <http://siberianlight.net/putin-quotes-press-conference/> (31.05.2013).

[TIME]. 2012. "A Tale of Two Trials." *TIME* 180/10, September 3, 2012, p. 8.

# Zitierkarrieren: Vom Vergehen und Überleben markanter Sätze

*Kathrin Steyer*

Meinem Freund Wolfgang Mieder
in tiefer Verbundenheit gewidmet!

## 1 Überlieferung in Zeiten der Massenmedien

Im Mittelpunkt des Beitrags steht der sprachliche Übergang vom – wie Lüger treffend formuliert – "x hat gesagt, daß p", d.h. dem "Zitieren von Äußerungen eines konkreten Sprechers zu einem bestimmten Zeitpunkt", zum "MAN sagt, daß p", d.h. der Wiedergabe dessen, "was innerhalb einer Sprachgemeinschaft an allgemeingültigen Aussagen, Urteilen oder Regeln etabliert ist" (1999:121).

Die Korpusanalyse bietet die Chance, die Zitierkarriere usuell gewordener Sätze zumindest für bestimmte zeitliche Etappen relativ genau nachzuvollziehen, manchmal sogar bis zum (vermeintlichen) Ursprungskontext. Fast immer lassen sich explizite Belege für eine Autorschaft bzw. die eine solche Zitierkarriere auslösende Situation im Korpus oder im Internet finden – für den Zitierurknall sozusagen. Allerdings bedeutet ein Erstbeleg im Korpus keineswegs, dass die jeweilige Wortverbindung nicht schon vorher im Sprachschatz des Volkes geprägt und verwendet wurde. In der Regel gibt es eine – nicht rekonstruierbare – diskursive Vorgeschichte, denn kein Sprecher kommuniziert ohne die eigene Sprachbiografie mit all den sprachlichen Einflüssen und kulturellen Wurzeln.

Viele Sätze entstehen und vergehen im Fluss der Kommunikation. Andere leben weiter, setzen sich aber für die Sprachteilhaber unsichtbar – unter der Hand – durch und werden demzufolge gar nicht als Wiederaufnahmen oder Zitate angesehen. Und nur ganz bestimmte Sätze überleben auf lange Sicht. Für eine massenhafte Verbreitung bedurfte es schon immer legitimierter Sprecher, deren Sprachverhalten aufgrund ihres sozialen Status bewusster wahrgenommen und dann übernommen wurde. Historisch gesehen, so beschreibt es Mieder, sind es vor allem Vertreter der jeweiligen geistigen Eliten, u.a. die Philosophen, Dichter und Mönche, aber auch die Prediger, die zur Durchsetzung und Verbreitung der "klassischen Weisheitsliteratur" beigetragen haben (2004:416–418).[1]

Im Zeitalter der Massenmedien haben andere Leitsprecher diese Funktion übernommen. Besonders produktiv seien die Sprache des Sports, der Technik, Politik und Werbung und natürlich die Jugendsprache (Mieder, 2003:2566). Zwar entstehen viele Wortverbindungen zunächst im sprachlichen Mikrokosmos sozialer Gruppen, in denen wechselseitige Bezugnahmen und Zitierungen geradezu konstitutiv für die Identitätsstiftung sind. Aber erst das Verlassen dieser relativ hermetischen Kommunikationswelten und das Eindringen in den – zumeist medial vermittelten – öffentlichen Diskurs eröffnen sprachlichen Äußerungen die Chance, bevorzugt und massenhaft reproduziert zu werden. Hier wird der Zitier-Mainstream vorgegeben (z.B. durch häufige Reformulierungen von Äußerungen in den elektronischen Medien und durch die Nachrichtenagenturen).[2] Dies führt zunächst zu einer unmittelbaren Konjunktur bestimmter Sprüche, Sentenzen oder Slogans. Über die wirkliche Usualität, also darüber, ob diese in den Sprachschatz eines Volks eingehen, entscheidet aber auch heute noch die Sprachgemeinschaft. Demzufolge kann der Verbreitungsgrad erst nach einem bestimmten historischen Abstand und – neben Probandenbefragungen – vor allem mittels sehr großer, allgemeinsprachlicher Korpora oder des Internets gefällt werden.[3]

Sätze haben unter folgenden Bedingungen eine Chance auf eine Zitierkarriere:

- Sie werden von einem in seiner sozialen Rolle herausgehobenen Sprecher produziert, wodurch seine Äußerungen besonders intensiv rezipiert und weiterverarbeitet werden.
- Sie werden in einer – zumeist politisch – brisanten Situation produziert.
- Sie erregen durch ihre Unerwartbarkeit, Ungewöhnlichkeit oder Widersprüchlichkeit besondere Aufmerksamkeit bzw. dadurch, dass sie ein Problem auf den Punkt bringen.
- Sie nutzen ein allgemeines Sprichwortmuster und füllen es auf besondere Weise aus.[4]

In der Moderne führen feste Sätze fast immer ein sprachliches Doppelleben: Sie fungieren häufig bereits als allgemeiner Weisheitssatz, werden aber gleichzeitig noch als Zitat angeführt. Zu betonen ist, dass die Quellen oder Entstehungskontexte für solche Zitierungen in der Regel vor allem von Journalisten oder Redenschreibern am Leben gehalten werden und eher weniger im Bewusstsein der Alltagsprecher auf Dauer verankert sind.

Im Folgenden zeige ich an drei Beispielen der deutsch-deutschen Diskursgeschichte, auf welch unterschiedliche Weise Sätze weiterleben können und welche Faktoren das Vergessen einerseits bzw. die Übernahme als Weisheitssatz andererseits beeinflussen.

Alle Belege dieses Artikels stammen aus dem Deutschen Referenzkorpus (vgl. DeReKo, 19.03.2013). DeReKo ist am Institut für Deutsche Sprache in Mannheim beheimatet und bildet "mit 6,1 Milliarden Wörtern (Stand 19.03.2013) die weltweit größte linguistisch motivierte Sammlung elektronischer Korpora mit geschriebenen deutschsprachigen Texten aus der Gegenwart und der neueren Vergangenheit" (19.03. 2013).

## 2 Fortleben des Ursprungskontextes und chancenlose Sätze

Beginnen möchte ich mit dem Zitierklassiker *Ich bin ein Berliner!* (IB), dem "berühmten Zitat aus der Rede von John F. Kennedy am 26. Juni 1963 vor dem Rathaus Schöneberg in Berlin, anlässlich des 15. Jahrestages der Berliner Luftbrücke und des ersten Besuchs eines US-amerikanischen Präsidenten nach dem Mauerbau im Jahr 1961, mit dem er seine Solidarität mit der Bevölkerung von West-Berlin ausdrücken wollte" (Wikipedia: Die freie Enzyklopädie, 16.08.2013).[5]

In DeReKo ist der Satz über 600-mal belegt (einschließlich etlicher Belege aus dem dort enthaltenen Wikipedia-Korpus), wobei über 400 Belege explizit als Kennedy-Spruch markiert sind. Die anderen Textstellen sind entweder Titel oder aber Aussagen von Personen bezüglich ihrer Identifikation mit Berlin. Genau quantifizieren lässt sich der "kennedylose" Gebrauch natürlich nicht, da in vielen Fällen indirekte Anspielungen oder die Erinnerung an den Kennedy-Satz mitschwingen.

Eine bis heute herausgehobene Stellung erhält IB durch die historische Situation und sicherlich auch durch die bewegenden Fernsehbilder der Rede Kennedys einschließlich seines amerikanischen Akzents. Wie sehr die damalige situativ-emotionale Konstellation das Fortleben dieses Satzes bis heute prägt, zeigen einige ausgewählte einbettende Marker:

(1) *spricht* er vor dem Schöneberger Rathaus *die historischen Worte* "IB";

John F. Kennedy, der dort am 26. Juni 1963 *die berühmten Worte* "IB" *rief*;

1963, als John F. Kennedy *die Massen elektrisierte*: "IB";

ist *der stolzeste Satz, den jemand in der freien Welt sagen kann*: "IB";

Hier *legte* Kennedy 1963 *sein Bekenntnis zur Stadt ab*: "IB";

unweit der Stelle, wo dieser einst *die Welt* mit dem Satz "IB" *zu Tränen rührte*;

der wenige Monate zuvor, am 26. Juni, *mit den vier kleinen Worten* "IB" *die Herzen der Frontstädter erobert hatte.*

Diese Marker unterscheiden sich von den in der Literatur vielfach besprochenen Sprichwortmarkern dadurch, dass sie einbettende Mikrotexte darstellen, die ihrerseits unterschiedliche situative Bezugnahmen und Konnotationen ausdrücken – mit dem Ziel, bereits eigene Interpretationen mitzuliefern (s. auch Bsp. 8).

IB liegt das Muster [*Ich bin ein* X] zugrunde, mit der abstrakten Bedeutung der Selbstzuschreibung einer bestimmten Charaktereigenschaft, Vorliebe oder Identität, wie folgende – statistisch signifikante – Ergänzungen zeigen:

(2) *Ich bin ein*
*Familienmensch/Naturmensch/Nachtmensch/Kämpfer/Glückskind/Optimist/Morgenmuffel/Teamplayer/Kämpfertyp/Kriegskind/Perfektionist.*

Die alleinige Feststellung, dass jemand sich als etwas versteht oder zu etwas zugehörig fühlt, wäre als solche diskursiv aber eher unauffällig. Es bedarf also wiederum einer besonderen emotional aufgeladenen Situation, damit dieser Satz, z.B. mit einer anderen X-Stadt, analog zum Kennedy-Kontext funktioniert – etwa ein trotzig-stolz formuliertes *Ich bin ein Mannheimer!* eines badischen Kurpfälzers angesichts der politischen Übermacht des württembergischen Landesteils.

Mit Sicherheit inspiriert durch diesen Zitierklassiker versuchte der amerikanische Präsident Bill Clinton 31 Jahre später vor dem Brandenburger Tor, der Nachwelt ebenfalls einen historischen Ausspruch zu hinterlassen:

(3) "'Alles ist möglich. *Berlin ist frei!*' Clinton, der als erster amerikanischer Präsident nach dem Fall der Mauer durch das Brandenburger Tor schritt, forderte eine 'neue Zivilcourage' und den Mut zum Aufbau" (Salzburger Nachrichten, 13.07.1994; Bill Clinton: Amerika steht treu an der Seite Europas).

Wurde der Satz *Berlin ist frei!* von den anwesenden Zuhörern noch bejubelt, so entlockte er in den darauffolgen Wochen und Monaten den Berlinern nur ein müdes Schulterzucken: Diese Äußerung war von der historischen Entwicklung fünf Jahre nach dem Fall der Mauer überholt worden. Vor allem aber entsprach die Emphase des Ausrufs nicht mehr der wieder zur Nüchternheit des Alltags in einer Metropole zurückgekehrten Hauptstädter. Dementsprechend gestaltet sich auch die Beleglage im Korpus mit knapp 50 Treffern sehr viel reduzierter.

Ein ähnliches Schicksal widerfuhr dem Satz *Die Teilung kann tatsächlich nur durch Teilen aufgehoben werden* aus der Regierungserklärung des ersten frei gewählten DDR-Ministerpräsidenten Lothar de Maizière vom 19. April 1990. Nach einer intensiven Reformulierungsgeschichte (vgl. Steyer, 1997) wird dieser Spruch immer seltener verwendet und ab Mitte der 2000er Jahre ist dieser Satz im Korpus so gut wie nicht mehr belegt.

## 3 Das haben die doch gar nicht so gesagt und doch: Der Weg zum Weisheitssatz

Die folgenden zwei Beispiele weisen das Paradoxon auf, dass die Originalsprecher diese Sätze so nicht gesagt haben, die Sprachgemeinschaft, natürlich zunächst die medialen Leitsprecher, sich ihre Sprüche aber dann quasi "zusammengebastelt" hat.

### *3.1 Geflügeltes Muster: '... was zusammengehört'*

Der Ausspruch *Jetzt wächst zusammen, was zusammen gehört* (JW) wird häufig als Zitat Willy Brandts in seiner historischen Rede am 10. November 1989 auf der Festkundgebung vor dem Berliner Rathaus Schöneberg aufgeführt. Auf der Webseite der "Bundeskanzler-Willy-Brandt-Stiftung" geht Bernd Rother in einem Text ausführlich darauf ein, wie dieser Satz, obwohl er weder im überlieferten Tonmitschnitt des Deutschen Rundfunkarchivs noch in der "wohl frühesten gedruckten Wiedergabe" dieser Rede der Berliner Senatskanzlei zu finden ist, als Brandt-Ausspruch, auch durch Brandt selbst weitergetragen, Verbreitung findet (o.J.).[6]

Nichtsdestotrotz ist dieser Satz auf dem Weg zu einem geflügelten Wort,[7] da er – zumindest im Korpus – mittlerweile auch häufig in "Nicht-Brandt-Kontexten" verwendet wird:

(4) "Mit der Fusion der Verbandsgemeinden Braubach und Loreley *wachse zusammen, was zusammen gehöre* [*sic*]" (DeReKo: Rhein-Zeitung, 19.01.2012, S. 25; Harmonisches Miteinander statt Wahlreden).

(5) "*Es wächst zusammen, was zusammen gehört* [*sic*]. Es wachsen in Europa die Spekulanten und die Betrüger zusammen – in Griechenland, in Deutschland und in Spanien –, und es wachsen die Menschen zusammen, die eine solche Politik nicht hinnehmen wollen" (DeReKo: Protokoll der Sitzung des Parlaments Deutscher Bundestag am 29.06.2012. 188. Sitzung der 17. Wahlperiode 2009. Plenarprotokoll, Berlin, 2012).

Interessant ist nun, dass das Teilsyntagma *was zusammengehört* ohne das Verb *zusammenwachsen* im Vorfeld bis auf einen Treffer auch erst ab Ende 1989 signifikant häufig in DeReKo belegt ist (insgesamt immerhin knapp 1000-mal!). Hier ist anzunehmen, dass der historische Spruch durchaus als Initialzündung für ein Muster [X *was zusammengehört*] fungiert hat. In der überwiegenden Zahl der Fälle handelt es sich bei der X-Besetzung um Wortzusammensetzungen mit der adverbialen Komponente *zusammen*, z.B. *zusammenkommen/~fügen/~bringen/~finden*. Deiktische Elemente wie *jetzt*, *da* oder *hier* sind ebenfalls häufig nachzuweisen, aber nicht obligatorisch. Man kann also von einer diskursiv motivierten Analogiebildung [... *zusammen*-VERB, *was zusammengehört*] mit fakultativer Indexikalisierung und damit in Anlehnung an das 'geflügelte Wort' von einem 'geflügelten Muster' sprechen.

### *3.2 Sprichwort: 'Wer zu spät kommt, den bestraft das Leben'*

Der Spruch *Wer zu spät kommt, den bestraft das Leben* (WS) ist mit Fug und Recht als neues deutsches Sprichwort anzusehen, wie Mieder es bereits 2004 einschätzt. Aber selbst dieser Spruch führt noch bis in die unmittelbare Gegenwart eine Parallelexistenz als:

- Zitat mit unterschiedlichen Referenzen auf den Originalzusammenhang:

(6) "Als am 7. Oktober 1989, dem 40. Gründungstag der DDR, die Regierungschefs sämtlicher Warschauer-Pakt-Staaten und mehr als 60 weitere Gastdelegationen aus aller Welt in Ostberlin versammelt waren, mahnte Michail Gorbatschow gegenüber dem uneinsichtigen Honecker Reformen ein und formulierte den seither vielzitierten Satz '*Wer zu spät kommt, den bestraft das Leben*' ebenso wie das Versprechen, daß 'alle Mauern fallen' würden" (DeReKo: Die Presse, 29.05.1999, Ressort: Spectrum; Doch wer hat die Schere geschliffen?).

- Satz auf dem Weg zum Sprichwort, bei dem aber immer noch ein Bezug zum Ursprungssprecher hergestellt wird:

(7) "*Wer zu spät kommt, den bestraft das Leben.* Das soll Michail Gorbatschow 1989 zu Erich Honecker gesagt haben. Nicht ganz so direkt, aber doch deutlich genug, hat die deutsche Kanzlerin gestern den russischen Präsidenten gewarnt" (DeReKo: dpa, 16. 11.2012; "Reutlinger General-Anzeiger" zu Merkel/Putin).

Neben den klassischen Markern wie 'Sprichwort', 'Sentenz', 'Weisheit' oder 'wie heißt es so schön' fungieren in den Korpusbelegen auch zahlreiche Gorbatschow-Bezüge eigentlich als Kennzeichnung des allgemeinen Weisheitssatzes:

(8) *haben ein politisches Bonmot beherzigt*;
*was Gorbatschow mit dem Satz beschrieben hat*;
*auch hier gilt die Einsicht Gorbatschows*;
*doch einmal mehr bewahrheitet sich der Satz von Gorbatschow*;
*missachtet die Gorbatschow-Regel*;
*hat ein kluger Russe vor nicht allzu langer Zeit gesagt.*

- Sprichwort ohne jegliche Spuren des Ursprungskontextes:

(9) "Limburgerhof als Stadtteil von Ludwigshafen? Die Stadt hätte sicherlich nichts dagegen. Die Frage ist nur: Ist dies das strategische Interesse von Limburgerhof? Ein Sprichwort sagt: *Wer zu spät kommt, den bestraft das Leben.* Für Limburgerhof heißt das: Entweder jetzt die Chance mit Neuhofen zu ergreifen oder aber später zum Spielball fremder Interessen zu werden" (DeReKo: Die Rheinpfalz, 20.08.2012, S. 23).

Auf die Entstehungsgeschichte des vermeintlichen Gorbatschow-Zitats wurde vielfach eingegangen.[8] Die Transformation der (a) Originaläußerung *Gefahren warten nur auf jene, die nicht auf das Leben reagieren* zu (b) *Wer zu spät kommt, den bestraft das Leben* ist jedoch ungeachtet der Zitiergeschichte aus Sicht der abstrakten Musterbedeutungen quasi als folgenlos anzusehen – einzig der Subjektbereich wird minimal erweitert:

(a) NUR DEM [geschieht etwas Negatives], DER [etwas tut/unterlässt].
(b) JEDER, DER [etwas tut/unterlässt], DEM [geschieht etwas Negatives].

Für beide Sätze gilt zusammengefasst:

WENN [jemand etwas Bestimmtes tut/unterlässt],
DANN [hat das für ihn negative Folgen].

WS ist auch deshalb noch so lebendig, weil sich die Reformulierer des etablierten [*Wer* X (*der*) Y]-Musters bedienen, bei dem die X- und Y-Slots mühelos an den jeweiligen Kontext angepasst werden können. Diese X- und Y-Füller weisen ihrerseits einen unterschiedlichen Grad an Sprichwörtlichkeit auf:[9]

(10) *Wer rastet, der rostet.*
*Wer sucht, der findet.*
*Wer nicht wagt, der nicht gewinnt.*

(11) *Wer sein Fahrrad liebt, der schiebt.*
*Wer ab jetzt mittrainiert, der schafft auch den Triathlon.*
*Wer anderes behauptet, der polemisiert nur.*
*Wer Arbeit will, der findet sie auch.*

Trotz dieser ausgeprägten Varianz im lexikalischen Bestand gibt es eine gemeinsame abstrakte Musterbedeutung, die so umschrieben werden kann: Ein bestimmter Sachverhalt (TUN/UNTERLASSEN) bedingt einen Folgesachverhalt.

## 4 Zusammenfassung

Die Beispiele zeigen, dass das Überleben markanter Sätze und ihre dauerhafte Verankerung im Bewusstsein der Sprachgemeinschaft sehr unterschiedlich ausgeprägt sein können. Nur unter ganz bestimmten Voraussetzungen entstehen daraus wirkliche Sprichwörter. Die einen bleiben als historischer Satz in Erinnerung, wie *Ich bin ein Berliner*, und eignen sich nicht zum allgemeinen Weisheitssatz. Ihre auch gegenwärtig noch häufige Verwendung zeugt vor allem von der Präsenz der historischen Äußerungskonstellation in den Köpfen der Sprecher.

Andere wie *Jetzt wächst zusammen, was zusammengehört* zeichnen sich dadurch aus, dass sie weniger als ganze lexikalische Sequenz häufig wiederaufgenommen werden, sondern dass eher bestimmte Teilstrukturen als Vorbild für produktive musterhafte Bildungen dienen. Große Chancen, zu Sprichwörtern zu werden, haben Sätze, die sich bekannter Strukturen und Muster bedienen und bei denen Sprecher keine aufwendige Formulierungsarbeit leisten müssen, um eine Sache auf den Punkt zu bringen wie *Wer zu spät kommt, den bestraft das Leben*.

Für das sprachliche Überleben ist es also nicht relevant, ob jemand etwas tatsächlich so gesagt hat oder nicht. Die Sprachgemeinschaft stimmt quasi mit den Füßen ab und macht sich diejenigen Äußerungen zu eigen oder produziert sie gar selbst, die praktisch zum Lösen kommunikativer Aufgaben eingesetzt werden können.

## *Anmerkungen*

1 Zu Arten der Herkunft von Sprichwörtern und Formen der Überlieferung vgl. auch Mieder (1995), Röhrich und Mieder (1977:26–51) und viele andere.

2 Zum Konzept von Reformulierungen sprachlicher Ausdrücke im Diskurs vgl. Steyer (1997).

3 Zur korpusbasierten Sprichwortvalidierung vgl. v.a. Ďurčo (2005) sowie Steyer (2012 & 2013).

4 Auf Sprichwortmodelle und -muster gehen schon Röhrich und Mieder (1977:60–64) ein.

5 Die deutsche Wikipedia-Übersetzung der Original-Textstellen, in denen der Kennedy-Satz vorkommt, lautet: "Vor zweitausend Jahren war der stolzeste Satz 'Ich bin ein Bürger Roms'. Heute, in der Welt der Freiheit, ist der stolzeste Satz 'Ich bin ein Berliner'. [...] Alle freien Menschen, wo immer sie leben mögen, sind Bürger Berlins, und deshalb bin ich als freier Mensch stolz darauf, sagen zu können 'Ich bin ein Berliner'! [*sic*]" (16.08.2013). Die grammatische Unkorrektheit dieses Satzes – denn eigentlich müsste es heißen *Ich bin Berliner* – und die damit ungewollt komischen Assoziationen mit dem gleichnamigen Gebäck, sind vielfach kommentiert worden. Dies hat aber nichts daran geändert, dass der Satz von Kennedy in genau der Form mit dem unbestimmten Artikel adäquat verstanden worden ist und weiter so zitiert wird.

6 Rother verweist am Ende seines Beitrags auf frühere Äußerungen Willy Brandts, in denen der Satz als Wunsch nach Wiedervereinigung wörtlicher formuliert wurde als 1989 nach dem Mauerfall: "daß eines Tages zusammengefügt wird, was zusammengehört" (1958); "Deutschland muß vereinigt werden, damit zusammengefügt wird, was zusammengehört" (1964) (o.J.).

7 Von einem geflügelten Wort spreche ich, da JW das wesentliche Sprichwort-Merkmal 'Entindexikalisierung' (Lüger, 1999:92) nicht aufweist: Durch das Temporaladverb *jetzt* wird ein unmittelbarer zeitlicher Situationsbezug hergestellt.

8 Vgl. schon Steyer (1994:146–148); eine ausführliche Darstellung der Satzhistorie mit zahlreichen Sekundärquellen in Mieder (2010:363–382).

9 Mieder (2010:367) geht ebenfalls auf das zugrunde liegende *Wer-(der)*-Muster ein. Vgl. auch Grzybek (2000).

## *Bibliografie*

[DeReKo]. 19.03.2013. "Deutsches Referenzkorpus/Archiv der Korpora geschriebener Gegenwartssprache 2013-I." *Institut für Deutsche Sprache* (Mannheim) <www1.ids-mannheim.de/kl/projekte/korpora/> (18.11.2013).

Ďurčo, Peter. 2005. *Sprichwörter in der Gegenwartssprache*. Trnava: Univerzita sv. Cyrila a Metoda.

Grzybek, Peter (Hg.). 2000. G.L. Permjakov. *Die Grammatik der sprichwörtlichen Weisheit: Mit einer Analyse allgemein bekannter deutscher Sprichwörter*. Hg., übers. und bearb. von Peter Grzybek. Baltmannsweiler: Schneider-Verl. Hohengehren (Phraseologie und Parömiologie, 4).

Lüger, Heinz-Helmut. 1999. *Satzwertige Phraseologismen: Eine pragmalinguistische Untersuchung*. Wien: Ed. Praesens.

Mieder, Wolfgang. 1995. *Deutsche Redensarten, Sprichwörter und Zitate: Studien zu ihrer Herkunft, Überlieferung und Verwendung*. Wien: Ed. Praesens.

----------. 2003. "Grundzüge einer Geschichte des Sprichwortes und der Redensart." In: Werner Besch & Anne Betten & Oskar Reichmann & Stefan Sonderegger (Hgg.). *Sprachgeschichte: Ein Handbuch zur Geschichte der deutschen Sprache und ihrer Erforschung*. 3. Teilbd. 2., vollst. neu bearb. und erw. Aufl. Berlin u.a.: de Gruyter (Handbücher zur Sprach- und Kommunikationswissenschaft, 2,3), 2559–2569.

----------. 2004. "'Andere Zeiten, andere Lehren': Sprach- und kulturgeschichtliche Betrachtungen zum Sprichwort." In: Kathrin Steyer (Hg.). *Wortverbindungen – mehr oder weniger fest*. Berlin u.a.: de Gruyter (Institut für Deutsche Sprache: Jahrbuch, 2003), 415–438.

----------. 2010. *"Spruchschlösser (ab)bauen": Sprichwörter, Antisprichwörter und Lehnsprichwörter in Literatur und Medien*. Wien: Praesens.

Röhrich, Lutz & Wolfgang Mieder. 1977. *Sprichwort*. Stuttgart: Metzler (Sammlung Metzler, 154).

Rother, Bernd. o.J. "'Jetzt wächst zusammen, was zusammengehört' – Oder: Warum Historiker Rundfunkarchive nutzen sollten." <www.willy-brandt.de/fileadmin/brandt/Downloads/Beitrag_Rother_Jetzt_waechst_zusammen.pdf> (18.11.2013).

Steyer, Kathrin. 1994. "Reformulierungen: Zur Vernetzung von Äußerungen im Ost-West-Diskurs." In: Dietrich Busse & Fritz Hermanns & Wolfgang Teubert (Hgg.). *Begriffsgeschichte und Diskursgeschichte: Methodenfragen und Forschungsergebnisse der historischen Semantik*. Opladen: Westdt. Verl., 143–160.

----------. 1997. *Reformulierungen: Sprachliche Relationen zwischen Äußerungen und Texten im öffentlichen Diskurs*. Tübingen: Narr (Studien zur deutschen Sprache, 7).

----------. 2012. "Sprichwortstatus, Frequenz, Musterbildung: Parömiologische Fragen im Lichte korpusmethodischer Empirie." In: Kathrin Steyer (Hg.). *Sprichwörter multilingual: Theoretische, empirische und angewandte Aspekte der modernen Parömiologie*. Tübingen: Narr (Studien zur Deutschen Sprache, 60), 287–314.

----------. 2013. *Usuelle Wortverbindungen: Zentrale Muster des Sprachgebrauchs aus korpusanalytischer Sicht*. Tübingen: Narr Francke Attempto (Studien zur Deutschen Sprache, 65).

Wikipedia: Die freie Enzyklopädie (Hg.). 16.08.2013. "Ich bin ein Berliner." <http://de.wikipedia.org/w/index.php?title=Ich_bin_ein_Berliner&oldid=121597557> (18.11.2013).

# Idiomatic *Repetitio* in the Novel

*Grzegorz Szpila*

Repetition can be treated as a creative use of language (cf. Carter, 2004:109 & 156), although it may be, as, for example, a feature of a text, understood in negative terms as an exemplification of unsophistication in the use of language (Wales, $^{2}$2001:341). I see *repetitio* as a consciously creative strategy on the part of a writer, which serves the purpose of foregrounding a particular textual element. Foregrounding in the study of literary texts is often described as a process of making some elements of the text stand out (for example, Nørgaard & Montoro & Busse, 2010:94). The result of "standing out" is what the reader has not anticipated as conventional use. Foregrounding, called also markedness in Fabb's terminology (1997:13), is found on all levels of a text's organization. This analysis is limited in its scope to the discussion of foregrounding on the level of lexis since idioms under scrutiny are treated as phraseological lexical items. Idiomatic foregrounding (included in phraseological foregrounding) is understood as the marked use of idioms in literary texts, that is as a category or the latter's individual representatives are so highlighted by the writer by means of various strategies that they are thrown into relief in the eyes of the reader as well as those of the stylist. The strategies utilized to foreground idioms in a text fall into two basic categories: Deviation and parallelism (cf., for example, McIntyre, 2003:31). Before I illustrate one of the two ways of foregrounding – idiomatic repetition – on examples from a number of selected novels in English, I should refer to the issue of idioms and the issue of their numeric presence in novels as this aspect is related to the conspicuousness of idiomatic expressions in a literary text. Following my initial remarks, I will demonstrate how idiomatic repetition manifests itself in a novel and show the functions that this repetition may fulfill.

For the sake of this analysis idioms are selected from amongst other lexical and phraseological groups as those multiword items, which show a high degree of semantic irregularity in terms of their compositionality. It is not meant to suggest that non-phraseological lexical items cannot be foregrounded. They are, but they are usually of no significant relevance in phraseological analysis unless they enter in various types of relationship with phraseologisms (especially idioms), which they often do, so they are of interest only in conjunction with phraseological units. In my analysis of novels from the idiomatic point of view, I have become particularly sensitive to the category of idioms and their potential and actual use as foregroundable textual features. The reading and stylistic analysis of English contemporary writers shows that their works can reveal themselves as either highly phraseological, or relatively (unexceptionally) phraseological or meagerly phraseological (no evaluation intended). It has to be said that the perception of a novel's phraseologicalness, which can be called phraseological saturation, is in most cases subjective. Nevertheless, after a detailed scrutiny novels turn out to be pregnant with phraseologisms to some extent or other if we have utilized strict analytical tools, not necessarily those, whose application results in a categorical grouping of lexical items – the division into phraseological vs. non-phraseological items or idioms vs. non-idiomatic phraseologisms – but, more importantly, those tools which help to determine the phraseologicalness of literary texts.

How many idioms does a novel (or any other literary text) need to have to be labelled phraseological? This question has not been satisfactorily answered so far, not can I glean any criteria of phraseologicalness from available analyses of individual writers and their work. I will, as usual, use Mrazovič's (1998) classification of writers *vis à vis* their application of phraseological units. I find certain novels exceptionally phraseological, in which we come across recurring examples of idiomatic use when compared with other novels. For instance, as demonstrated in Szpila (2012), Salman Rushdie's eleven novels contain 1200 idiom types and 3000 idiom tokens extracted according to the adopted criteria. Rushdie's *The Ground Beneath Her Feet* (2000) has over 500 idiom types, that is, each page contains a different idiom. Even then it is debatable whether or not we can call this or any other of Rushdie's novels rich in phraseological units when compared, for example, with Judith Munat's findings regarding Henry James's novel *The Sacred Fount* (2005:389) and Gorchakova's analysis of Noll's *Der Hahn ist tot* (2009). Munat identifies over 70 "idiomatic or conventional phraseological units," and idioms count only as a group in her analysis (2005:400). Gorchakova's material contains 441 idioms and their 700 actualizations (2.5 per page) (2009); however, the author includes in her analysis phraseological units, which would be excluded from mine – for example, *Glück haben* ('be in the luck,' 'lucky') or *auf keinem Fall* ('under no circumstances'). In light of Munat's and Gorchakova's findings, each of Rushdie's books can be classified as very rich in idioms. It seems to me that phraseologicalness is a subjectively scalar property of texts, conditional, first and foremost, on the inclusive or exclusive criteria adopted in selecting phraseological material.

Speaking of Rushdie's style, it is also unusually metaphorical, to use Nash's distinction of literal and non-literal narratives (cf. 1980:155–157). So we could say that the idiomaticalness/phraseologicalness of any of Rushdie's novels or all his novels is consistent with his employment of non-literal language, a feature that is important in the overall description of idioms as linguistic material and their evaluation in literary texts in general. To my mind Rushdie is far more metaphorical and idiomatic than, for instance, Amitav Ghosh's novels *The Glass Palace* (2000), *Sea of Poppies* (2008) and *River of Smoke* (2011) or Mohammed Hanif's *A Case of Exploding Mangoes* (2008) and *Our Lady of Alice Bhatti* (2011), to quote only two writers comparable to Rushdie to some extent. Other novels may be regarded as relatively abundant in idioms in this respect, for example, *Skippy Dies* by Paul Murray (2010) and Steve Toltz's novel *A Fraction of the Whole* (2008), two of the novels that I have analyzed for purposes of analyzing idiomatic foregrounding. Such statistical observations may be relevant in a comparative analysis of various writers' works and show one of the distinct features of their style, that of using a specific group of lexical elements. They should be perhaps checked against the reader's expectations, that is, whether or not the sheer numerical frequency is what stands out in the novel in the reader's assessment. This, however, requires an examination of the readers' idiomatic expectations with reference to different genres, types of texts, and registers as well as their responses to particular novels, which is beyond the scope of this analysis.

As far as deviation is concerned, we should examine idioms' use with respect to the reader's expectations, which usually means the lexicographic/phraseographic norm or common usage, as well as the frequency and type of departures from the standard, which covers the formal features of idioms (their morphological, lexical and syntactic constitution and grammatical patterns) as well as their semantics, pragmatic use and stylistic features. This amounts to a study of canonical or non-canonical idioms in the creation of senses and literary fabric by means of lexis. It stands to reason that deviations can only be evaluated on a scale of formal and semantic variance. Moreover, the foregrounded deviation will hinge upon the personal perception of deviation on the part of the reader (including his expectations of deviations), which means the assessment of deviation with respect to both the established norm and the perceived style marking of a particular literary text.

Many students of stylistics claim (for instance, Gregoriou, 2009:27; Nørgaard & Montoro & Busse, 2010:94; McIntyre, 2003:3; Verdonk, 2002:6; Verdonk & Weber, 1995:245; van Peer, 1986:22; Wales, $^{2}$2001:157; Short, 1996:12–13) that foregrounding is also achieved by repetition, which is defined, to use Simpson's succinct description, as "foregrounding as 'more of the same'" (2004:50). In the case of idioms, repetition refers either to the repetition of one and the same idiom in a delimited fragment of a text or to the repetition of idioms as a phraseological category in overlapping idiomatic loci or adjacent idiomatic loci (categorical idiomatic repetition), not to mention macro-repetition of idioms throughout one whole novel. In either case idioms may be repeated in standard, canonical forms as well as in modified shapes. As far as the former strategy is concerned, one idiom is used more than once in close proximity. We can say that the idiomatic locus (a locus with idiomatic material) is saturated with one and the same idiom. Rushdie's novel *Shame* (1995) offers another excellent corroborative example:

(1) "[…] she gave him the boot, he (tired of her lascivious flirtings) gave her the boot, they gave each other simultaneous boots, who cares who it was, she is back so lock up your sons" (55).

In Muray's *Skippy Dies* (2010), the idiom *pay lip-service* is repeated twice in one sentence by the same character:

(2) "[…] instead we just pay lip-service to caring, like we pay lip-service to charity and all those Christian values […]" (472).

In *A Case of Exploding Mangoes* (2008) Mohammed Hanif creates an idiomatic locus when an idiom is exploited in its modified form:

(3) "Everything that gave him his powers was being taken away from him and he was put behind a cage – a golden cage, but a cage nevertheless" (228).

By the same token, Banville modifies the idiom *a whipping boy*, and he draws the reader's attention to the inappropriateness of idiom constitution as regards their (con)textual reference (which is typical of this writer):

(4) "[…] to be an object of comfort and veneration, but also a whipping-boy, or a whipping-girl, as one might say" (2009:229).

The illustrative examples below (5–8) show passages suffused with different idiomatic expressions. Idiomatic repetition contributes to the saturation of a text with idioms, which is only one of the results that this strategy may bring to the text interpretation as well as stylistic interpretation.

(5) "But the Prodigal Son got the fatted calf – was loved – without ever having to say he was sorry. And repentance's bitter pill stuck in my throat; as with all my kin, there was overmuch mulishness in my blood" (Rushdie, 1996:291).

(6) "I come all the way across the world to find him and that's when the bastard decides to cash in his chips. For one hundred and fifty seconds he genuinely checked out, kicked the bucket, bought the farm" (Rushdie, 2000:322).

(7) "Standish has good ears, close to the ground, contacts from his old days as one of the great builders of the city, and when Yul Singh unsurprisingly gives him the brush-off, he puts the eavesdroppers back on the active roster" (Rushdie, 2000:400).

(8) "I was only trying to hold my own. And then you really let rip, old girl, and started writing letters like none of us had even seen before. Those letters were like gold dust to me [...]" (Woodward, 2010:303).

Categorical repetition may be reinforced by the formal parallelism of structure as well, with or without modification. This is illustrated by the following example, which additionally, demonstrates a formal transformation of the idioms in question.

(9) "I must comment that in my view Epifania's willingness to perform puja and pilgrimage sounds unconvincing, apocryphal; but wailing, gnashing of teeth, rending of hair and beating of bosom there most certainly was" (Rushdie, 1996:18–19).

Whereas in Rushdie's example (9) we observe nominalization as a strategy of idiom actualization, hence the categorical idiomatic repetition of modified forms, in the example below the idioms utilized have undergone no modifications.

(10) "He started telling me all this rubbish about how hard it is out there and you've got to learn your lesson and pull your weight and pay your way and all of that" (Docx, 2007: 366).

And in (11) below we notice the use of zeugma that to a certain degree emphasizes the categorical repetition in this sentence by linking two idioms which are, additionally, not dissimilar semantically in the context.

(11) "Keeping their heads down, noses clean, getting on with others" (Shakespeare, 2010: 137).

Idiomatic repetition may have various pragmatic function *vis à vis* the text as a whole or its individual parts. Let us look at a few functions, which the analysis of the selected novels has allowed to highlight. The first function of repetition, which has been mentioned already, is idiomatic saturation of a text (categorical idiomatic repetition). Even in the case of highly idiomatic novels, this type of idiomatic repetition stands out as a foregrounding feature. The foregrounding of "more of the same" simultaneously contributes to the marking of the figurative mode. Idiomatic expressions intensify the feeling of the metaphoricalness and enhance the semantic irregularity of a particular passage.

The repetition of one and the same idiom may serve the function of intensification since repetition in general is regarded as the most important means of emphasis (Kurkowska & Skorupka, [5]2001:220–221). This function is illustrated by the following examples:

(12) "Was I supposed to hold a gun to his head? Was I supposed to hold a gun to his head, and say, Okay, Juster, start talking [...]" (Murray, 2010:487).

(13) "It is a slippery slope, a slippery slope indeed. I have seen good, upstanding men brought to their knees by these disgusting activities" (Murray, 2010:411).

In Jacobson's *The Finkler Question* (2010) the repetition of *set your sights on sth/sb*, repeated thrice in three consecutive paragraphs, shows the intensity of Treslove's, a character of the book's, obsession.

Repetition serves the function of analogy as well as topic continuation as in the examples below:

(14) "'I know. You don't want to follow in my footsteps, do you?' 'I'm not following in your footsteps. You don't own the rights to quitting school'" (Toltz, 2008:365).

(15) "'You be pullin' our leg, Thomas Pace,' said Paulette, apparently impersonating someone from Upper Slaughter. 'You see if I don't lash out wi' me whupp at thee ...' 'I be not pulling yer leg, li'l wuzz'n, be I? Plain as day sha bain't no mother we never knowed ...'" (Woodward, 2010:157).

(16) "I caught the driver's eye in the mirror. He was a young West Indian. He was watching me, his eyes flicking from the road to the mirror and back again, expressionless. His hand snaked out to the dashboard when he caught my glance. He toyed with something and let it fall back with a clink. It was a knuckleduster: he smiled when he next caught my eye" (Ghosh, 2005:154).

In the last example, the use of the same idiom in one paragraph constitutes a useful idiomatic frame, which binds a narrative space semantically and referentially, thus exemplifying the use of symploce. On the other hand, in Julian Barnes's *The Sense of an Ending* (2011), the narrator uses the idiom *get under sb's skin* three times (89 & 109 & 110) with reference to his feelings for Margaret, and can be treated as a reinforcement of a leitmotif. Different idioms on the other hand may contribute to the creation and/or sustainment of the metaphorical image as in the following example:

(17) "To die among the dying, as a number, was really a thorn in his side. Mostly, it was the constant praying to God that was getting under his skin" (Toltz, 2008:668).

Gréciano mentions yet another function of idiomatic repetition, namely, creating the humorous effect (1994:96). It happens when the repeated idiom or its constituent is dephraseologised, which results in juxtaposing the actual sense of the idiom and its literal reading. A perfect example of this function and such an operation on phrasal senses is found in Rushdie's *Haroun and the Sea of Stories* (1991):

(18) "'I say it's a Wild-Goose Chase to go after Batcheat!' – 'Yes, and what's more, she looks like a Wild Goose, too'" (118).

Categorical idiomatic repetition as a foregrounding strategy is to me more interesting insofar as the writer can bind the idioms in various ways, often employing various strategies simultaneously. He may use idioms of different imagery and different meanings, of the similar imagery but different semantics, of the similar or identical sense but different constitution and therefore imagery (synonyms). These variations may influence the links which obtain between the idiomatic loci engaged in categorical repetition and the embedding linguistic context.

Categorical idiomatic repetition may characterize as well the speech of a novel's character as opposed to that of the other characters in the same text. This type of idiomatic foregrounding may be demonstrated on the example of Gregory Costigan, a character from Murray's novel *Skippy Dies* (2010), who frequently and noticeably introduces idioms in his speech. Such use may be further foregrounded, for example, by the deployment of non-canonical forms of idioms.

In conclusion, idiomatic repetition and its two types discussed above occur in both highly phraseological and less phraseological novels. In either type of the novel it is only one of the strategies of idiom employment and foregrounding, although by default in more phraseological or idiomatic novels this strategy will merge in the background of more sophisticated techniques of idiom use. I have not noticed, however, that idiomatic repetition is a dominant or preferred technique of idiom deployment although, as mentioned earlier, it may be a strategy utilized to characterize the idiolect of the characters (Iff's language in Rushdie's *Haroun and the Sea of Stories*, 1991). Idiomatic repetition apart from other functions may serve to compound the figurative mode of the novel's language by piling up metaphorical expressions, which by being condensed in one locus cannot escape the reader's attention, thus fulfilling the primary function of foregrounding.

## *Bibliography*


Горчакова, Ирина А. 2009. "Фразеография идиостиля И. Нолль в романе 'Мертвый петух'." *Известия Уральского государственного университета, Сер. 2 "Гуманитарные науки"* 3 (65), 109–115.

Banville, John. 2009. *The Infinities*. London et al.: Picador (Picador Fiction).

Barnes, Julian. 2011. *The Sense of an Ending*. London: Jonathan Cape.

Carter, Ronald. 2004. *Language and Creativity: The Art of Common Talk*. London et al.: Routledge.

Docx, Edward. 2007. *Self Help: A Novel*. London et al.: Picador.

Fabb, Nigel. 1997. *Linguistics and Literature: Language in the Verbal Arts of the World*. Oxford et al.: Blackwell (Blackwell Textbooks in Linguistics, 12).

Ghosh, Amitav. 2000. *The Glass Palace*. London: HarperCollins.

----------. 2005. *The Shadow Lines*. Boston et al.: Houghton Mifflin.

----------. 2008. *Sea of Poppies*. London: John Murray.

----------. 2011. *River of Smoke*. London: John Murray.

Gréciano, Gertrud. 1994. "Phraseologische Text(in)kohärenz." *Cahiers d'Études Germaniques* 27, 93–104.

Gregoriou, Christiana. 2009. *English Literary Stylistics*. Basingstoke et al.: Palgrave Macmillan (Perspectives on the English Language).

Hanif, Mohammed. 2008. *A Case of Exploding Mangoes*. London: Jonathan Cape.

----------. 2011. *Our Lady of Alice Bhatti*. London: Jonathan Cape.

Jacobson, Howard. 2010. *The Finkler Question: A Novel*. London et al.: Bloomsbury.

Kurkowska, Halina & Stanisław Skorupka. [5]2001. *Stylistyka polska: Zarys*. 5th edition. Warszawa: PWN.

McIntyre, Dan. 2003. "Using Foregrounding Theory as a Teaching Methodology in a Stylistics Course." *Style* 37/1, 1–13.

Mrazovič, Pavica. 1998. "Phraseologismen als Übersetzungsproblem in literarischen Texten." In: Wolfgang Eismann (ed.). *Europhras 95: Europäische Phraseologie im Vergleich. Gemeinsames Erbe und kulturelle Vielfalt*. Bochum: Brockmeyer (Studien zur Phraseologie und Parömiologie, 15), 557–568.

Munat, Judith. 2005. "Iconic Functions of Phraseological Units and Metaphor." In: Constantino Maeder & Olga Fischer & William J. Herlofsky (eds.). *Outside-In – Inside-Out: Iconicity in Language and Literature 4*. Amsterdam et al.: John Benjamins, 389–410.

Murray, Paul. 2010. *Skippy Dies*. London: Hamish Hamilton.

Nash, Walter. 1980. *Designs in Prose: A Study of Compositional Problems and Methods*. London et al.: Longman (English Language Series, 12).

Nørgaard, Nina & Rocío Montoro & Beatrix Busse. 2010. *Key Terms in Stylistics*. London et al.: Continuum (Key Terms Series).

van Peer, Willie. 1986. *Stylistics and Psychology: Investigations of Foregrounding*. London et al.: Croom Helm (Croom Helm Linguistics Series).

Rushdie, Salman. 1991. *Haroun and the Sea of Stories*. London: Granta Books et al.

----------. 1995. *Shame*. London: Vintage.

----------. 1996. *The Moor's Last Sigh*. London: Vintage.

----------. 2000. *The Ground Beneath Her Feet: A Novel*. New York: Picador.

Shakespeare, Nicholas. 2010. *Inheritance*. London: Harvill Secker.

Short, Mick. 1996. *Exploring the Language of Poems, Plays and Prose*. London et al.: Longman (Learning about Language).

Simpson, Paul. 2004. *Stylistics: A Resource Book for Students*. London et al.: Routledge (Routledge English Language Introductions).

Szpila, Grzegorz. 2012. *Idioms in Salman Rushdie's Novels: A Phraseo-Stylistic Approach*. Frankfurt am Main et al.: Peter Lang (Text – Meaning – Context, 4).

Toltz, Steve. 2008. *A Fraction of the Whole*. London: Hamish Hamilton.

Verdonk, Peter. 2002. *Stylistics*. Oxford et al.: Oxford University Press (Oxford Introductions to Language Study).

Verdonk, Peter & Jean Jacques Weber (eds.). 1995. *Twentieth-Century Fiction: From Text to Context*. London et al.: Routledge (Interface Series).

Wales, Katie. [2]2001. *A Dictionary of Stylistics*. 2nd edition. Harlow et al.: Longman (Studies in Language and Linguistics).

Woodward, Gerard. 2010. *Nourishment*. London: Picador.

# Double Trouble: Uncanny Secrets in E.T.A. Hoffmann's and Otto Ludwig's *Das Fräulein von Scuderi*

*Dennis F. Mahoney*

In her one and only personal encounter with René Cardillac, master goldsmith, the title figure of E.T.A. Hoffmann's novella *Das Fräulein von Scuderi* (Mademoiselle de Scudéri) has an uncanny feeling when comparing his reputation as a solid and respectable citizen with the bizarre behavior he exhibits while urging her to keep the precious jewelry seemingly stolen from his workshop by the band of thieves and murderers terrorizing seventeenth-century Paris. At the beginning of the story, a deathly pale youth with distorted features had appeared at her doorstep at midnight and persuaded Scudéri's chambermaid Martinière to let him in. Alarmed by the sound of an approaching police troop, the youth fled, leaving behind a parcel for Scudéri that Martinière and her fellow servant Baptiste at first fear may contain some deadly poison. Ultimately deciding that this box must contain "ein besonderes Geheimnis" (a special secret),[1] they entrust it to their mistress, but are disconcerted when Scudéri discovers not only costly bracelets and a necklace but also a letter from the "Die Unsichtbaren" (The Unseen Ones, 20) thanking her for protecting them from persecution and presenting this jewelry as a sign of their esteem. In point of fact, Scudéri's couplet "Un amant qui craint les voleurs / n'est point digne d'amour" (A lover who fears thieves / is not worthy of love, 20), recited in the presence of Louis XIV, had persuaded the monarch not to create a special tribunal with even more unlimited powers than the ruthless "Chambre ardente" already being employed to hunt down and execute criminals.

When the King's mistress, the Marquise de Maintenon, summons Cardillac to estimate the value of the jewelry that Scudéri refuses to wear, claiming she can see on them the blood of the victims, the goldsmith identifies them as work that only he could have made. As if the ugly smile on his lips as he makes this proud boast were not already strange enough, the goldsmith barely pays attention to the jewelry and to the Marquise, instead focusing his eyes on Mademoiselle de Scudéri. Refusing to take back the jewelry, he claims that he now realizes that it was she about whom he was thinking when he made them, his best work in a long while; then he sinks to his knees, kisses her dress and her hands, and runs off in a mad haste, knocking down furniture and porcelain all about him. It is at this point that Scudéri makes the first use of the word "unheimlich" (uncanny, eerie, terrifying) within the story, expressing the feeling that some dreadful secret lies behind what she has just observed:

> "Und nun hat selbst Cardillacs Betragen, ich muss es gestehen, für mich etwas sonderbar Ängstliches und Unheimliches. Nicht erwehren kann ich mir einer dunklen Ahnung, dass hinter diesem allem irgendein grauenvolles, entsetzliches Geheimnis verborgen, und bringe ich mir die ganze Sache recht deutlich vor Augen mit jedem Umstande, so kann ich wieder doch gar nicht auch nur ahnen, worin das Geheimnis bestehe, und wie überhaupt der ehrliche, wackere Meister René, das Vorbild eines guten, frommen Bürgers, mit irgendetwas Bösen, Verdammlichen zu tun haben soll" (28).[2]

This passage evokes the ambivalence embedded in the word "heimlich" that Sigmund Freud analyzed in his essay on the term from the year 1919: 'home(l)y,' as well as secretive and concealed from view ([5]1978:229–237 & 1997:193–201). It also, however, conveys the sense of intellectual uncertainty that Freud claimed was *not* part and parcel of the uncanny but that subsequent commentators such as Ritchie Robertson have discerned in another famous tale by Hoffmann, namely *Der Sandmann* (The Sandman), which Freud interpreted in the central portion of his essay (1992). Scudéri's intimation of a hideous secret ("Geheimnis") hiding behind the façade of bourgeois propriety eventually will lead her to become the prototype for detectives such as Poe's Monsieur Dupin or Conan Doyle's Sherlock Holmes through her combination of imagination and logical reasoning.[3] At first, though, Scudéri consciously represses "alle Schauer unheimlicher Ahnung" (all uncanny presentiments, 29) and turns her encounter with Cardillac into the subject matter of a witty poem for the entertainment of Louis XIV and his court circle. In charming verses, she describes herself as the seventy-three-year-old fiancée to a goldsmith and thus plays upon the contrast not only between their differing ages and marital status (Cardillac is a widower with a beautiful young daughter, as we will learn) but also their social classes: Hoffmann's designation of Scudéri as "Fräulein" emphasizes that she is an unmarried noblewoman. With this poem, Hoffmann's title character plays out her historical role as a leading figure in the artistic movement known as preciosity, whereas Cardillac's emotional involvement and personal investment in the precious stones that he fashions into jewelry signal him as a prototype of the Romantic artist. Romance in a more conventional sense, of course, also is evoked in Cardillac's gift of these jewels to Scudéri, suggesting a bond between these two artists that transcends differences in social standing and attitudes towards their patrons/clients: Scudéri courts favor with her work in the circle surrounding Louis XIV, while Cardillac, we learn, begs for the privilege of *not* working for the King or Maintenon and has great difficulty parting with his creations, which makes this gift to Scudéri so exceptional, even if unwished and unused.

All the more welcome to her, therefore, is the reappearance of the mysterious youth several months later, this time in broad daylight on the Pont Neuf. Once again communicating via a note, he implores Scudéri – as would a son his beloved mother – to return the necklace and bracelets to Cardillac within the next two days for the sake of his life and hers. On her way to do so on the morning of the second day, she encounters a raging mob in front of Cardillac's house that accuses his apprentice, Olivier Brusson, of having murdered the goldsmith. When Desgrais, the captain of police, arrives and threatens to imprison not only Olivier, but also Cardillac's daughter Madelon on suspicion of having aided her fiancé in this murder, Scudéri is moved by pity and provides shelter to the young girl, who subsequently convinces her of her lover's innocence. Scudéri even goes so far as to plead for Olivier in front of la Regnie, President of the Chambre Ardente, whose headquarters are not far from the Bastille, and makes a special request to interview the prisoner in the Conciergerie – another Parisian location that Hoffmann's readers would have associated with the French Revolution. In the course of her investigations, however, Scudéri discovers patterns of personal and institutional malfeasance which cause her to call into question the belief in human integrity and virtue prevalent throughout the long eighteenth century and which suggest that the seeds for revolution already are being sown during the reign of the Sun King: "double trouble" indeed!

Scudéri's first shock is her discovery that Olivier Brusson, whom she hitherto has pictured only through Madelon's descriptions of the idyllic, loving life that she, Olivier, and Cardillac had enjoyed under one roof, is none other than the youth who had first brought Cardillac's jewelry to her house and delivered the aforementioned note on the Pont Neuf. At first inclined to take this as a sign that la Regnie's cynical assurances of Olivier's guilt are correct, she nonetheless accedes to Olivier's offer to make a personal confession of his secrets to her and to her alone, doing so in an effort to ward off the torture that la Regnie and Desgrais are planning so that they can extract from their prisoner a confession in their own preferred way (43). In the dead of night, Brusson is brought to her home, where the root word common to both "unheimlich" and "Geheimnis" – namely "Heim" (i.e., home) – displays its own ambivalence. To her amazement, Scudéri learns that Olivier is the son of her foster-child, Anne Guiot, whose marriage to the watchmaker Claude Brusson she had supported and whose child Olivier had regarded Scudéri as his second mother until the family had returned to Brusson's native Geneva when Olivier was three years old. Homesickness, to be sure, was not Brusson's primary motivation; the professional jealousy of Parisian watchmakers had seen to it that their competitor finally could earn barely enough to eke out a wretched existence for himself and his family. The return to Geneva, unfortunately, provides no change in family fortunes, and Olivier's parents both die shortly after his father has succeeded in finding an apprenticeship for his son with a goldsmith. Olivier's happy memories from his childhood are confined to sitting on his doting benefactor's knee and receiving one treat after another from Scudéri; his apprenticeship at the home of the goldsmith, by contrast, is marked by hard work and harsh treatment, even though Olivier claims that his skill eventually far surpassed that of his master (47).

At this point in Olivier's narrative, a stranger appears in his master's workshop, praises Olivier's craftsmanship, which he declares is surpassed only by that of René Cardillac, the greatest goldsmith on earth, and urges him to work with Cardillac in Paris for their mutual benefit. Mysterious strangers are a fixture in the works of German Romanticism. Heinrich von Ofterdingen's dream of the Blue Flower, for example, is occasioned by a tale told by a stranger that in turn induces Heinrich to travel to Augsburg, where he takes lessons from the poet Klingsohr and becomes engaged to Klingsohr's daughter Mathilde. For *Das Fräulein von Scuderi*, an even more promising point of intertextual comparison than the Heinrich-Klingsohr-Mathilde triangle is its immediate foreshadowing in chapter five of *Heinrich von Ofterdingen*, where the miner relates to Heinrich his youthful journey to Eula in Bohemia, on the advice of a stranger, in order to learn the craft of mining. In Eula, the foreman befriends him, makes him his namesake, and – noticing the mutual attraction between his daughter and adoptive son – promises that the two may marry once the young miner properly learns his craft. On the day of their engagement, in fact, the young pickman discovers a rich vein of gold that in turn leads the duke of Bohemia to present him with a golden chain and coin that he hangs around the neck of his bride on their wedding day.[4]

Compared with these scenarios in *Heinrich von Ofterdingen*, Olivier's reception in Paris is quite 'unromantic,' but also in accord with his previous experiences of the reality of life as a craftsman. Cardillac is cold and brusk when Olivier asks to work for him. Only upon seeing the latter's skill in fashioning a small ring do Cardillac's eyes begin to sparkle, and even then his invitation to Olivier to work for him suggests a mercantile relationship, not a familial one: "Du bist ein tüchtiger, wackerer Geselle, du kannst zu mir ziehen und mir helfen in meiner Werkstatt. Ich zahle dir gut, du wirst mit mir zufrieden sein" (You are a first-rate journeyman; you may move in with me and help in the workshop. I will pay you well and you will be happy with me, 48) (Hoffmann, 1982:138). As already mentioned, Cardillac has a beautiful young daughter named Madelon. Based on what Scudéri has heard from her about the domestic happiness that Madelon had enjoyed with her father and Olivier, one might expect a continuation of his story along the lines of Romantic pre-texts like *Heinrich von Ofterdingen* – Heinrich, we should not forget, is the son of a goldsmith. Needless to say, any such expectations will soon be dashed as well. Paola Mayer has shown how Hoffmann varies the theme of the Romantic artist in two late tales of his, *Der Kampf der Sänger* (The Battle of the Singers) and *Der Feind* (The Enemy) by means of critical self-distancing from the otherwise revered models of Novalis's *Heinrich von Ofterdingen* and Tieck's *Franz Sternbald's Wanderungen* (Franz Sternbald's Wanderings):

> "The central theme of all four texts is the development of the artist or poet, shaped by the teaching of a famed master and by the experience of love for a woman, but Hoffmann's handling of it is rather a mirror opposite than an instance of emulation by his predecessors" (2007:281).

Mayer's observation also applies to *Das Fräulein von Scuderi*, where Cardillac proves to be anything but a benevolent father figure and artistic mentor. Madelon had been away from home when Olivier first begins work for Cardillac. When she returns, it is love at first sight between her and Olivier – but also a love they attempt to keep hidden from paternal vigilance. Although Hoffmann does not use the word in this particular context, I suggest it is no interpretive overreading to regard this love as something that is destined to become "unheimlich" for Olivier once it is uncovered/discovered. In marked contrast to figures such as Klingsohr and the mining foreman in *Heinrich von Ofterdingen* when they notice their daughter's attachment to a young man, Cardillac reacts with rage and disparagement, calling Olivier an "armen Schlucker" (poor wretch, 48) who desires a sweet fruit too high for his grasp, and literally throws him out of the house, telling him he never wants to see him again. Olivier is reduced to slinking around Cardillac's house at night, in the vain hope that he may succeed in attracting Madelon's attention with his sighs. Instead, he makes a discovery about Cardillac's secret identity that eventually enables a reunion with Madelon, but also binds him in complicity to a serial killer.

One night at midnight, Olivier discerns a light in Cardillac's room. This surprises him, as the goldsmith has the custom of retiring promptly at 9pm – the same time, incidentally, that the 'Sandman' was accustomed to make his sinister appearances in Hoffmann's story of the same name. As was true for Scudéri in her encounter with Cardillac, Olivier is filled with an incomprehensible anxiety and "ein unheimliches Grauen" (an uncanny dread, 49) when he observes a dark figure that proves to be Cardillac slip through a secret exit in the wall surrounding the house and steal up the street. At first assuming that Cardillac is walking in his sleep, he is horrified to observe the goldsmith leap out of the shadows, murder a nobleman, and rush away cursing when Olivier calls out his name. A passing police patrol at first suspects Olivier of being the murderer, but laughs and releases him when he is identified as the journeyman who works for the honorable master René Cardillac. The next morning, Cardillac visits Olivier in the garret where he is now staying and invites the youth back as bridegroom to his daughter, telling him how much he needs him and how deeply Madelon is attached to him. Without quite realizing how this happens, Olivier suddenly finds himself back in Cardillac's house with Madelon's arms wrapped around him, whereupon he swears never to leave her. Olivier decides not to disclose to his fiancée the dreadful truth he has learned about her father, for fear of seeing her succumb to despair if he should ever destroy her idealized image of him; but he also is kept from disclosing to the police what he has learned about Cardillac's secret nighttime forays into the streets of Paris by the latter's threat that such an accusation might rebound back on him (52). As it is, even Scudéri, despite her own intimations of something terrible behind the façade of Cardillac's proper bourgeois identity, finds it hard to believe that Cardillac is the one and only member of the band of robbers and murderers that la Regnie, Desgrais, and their minions have sought in vain. Earlier in the story, Desgrais had pursued an assailant until he vanished through a wall that we now recognize as the one surrounding Cardillac's house and courtyard (15). Desgrais' recourse to superstition – he regards the devil as being on the side of the thieves and murderers that he so far has been unable to catch – is one reason why Cardillac is not suspected, but an even more important shield is Cardillac's good reputation: the wall adjoins a house, Desgrais tells President la Regnie, in which people live who are above even the slightest suspicion (15).

Had Hoffmann contented himself with ending his story at this point, he already would have made a signal contribution to the development of the detective story. His next step, however, is to provide psychological depth to the character of Cardillac, when Olivier – in a turn of phrase reminiscent of Heinrich von Kleist's famous opening description of Michael Kohlhaas – promises to bring to light "die Geheimnisse des verruchtesten und zugleich unglücklichsten aller Menschen" (the secrets of the most wicked and yet also most unfortunate of all men, 53).[5] Olivier has become aware of Cardillac's split personality, which combines the virtues of the loving father and good citizen during the day with the monstrous deeds he commits under cover of night, but the motivation for what we nowadays would call 'Jeckyl and Hyde' behavior still escapes him. Cardillac provides this insight to Olivier in an explanation of the force that compels him to rob and murder in order to recover his handiwork, ascribing it to prenatal influences. According to a story he heard about his mother, in her first month of pregnancy with him she was tempted by the diamond chain around the neck of a cavalier whose amorous overtures she had repulsed in the years before her marriage. Acceding now to his desires, she grasped for this chain as he passionately embraced her, only to fall dead in that instant and imprison her within his arms. Cardillac ascribes to this traumatic experience the fascination for diamonds and jewelry he displayed even as a young child and the youthful compulsion to steal gold and jewels which only his father's most severe chastisements were able to suppress. In order to remain near to gold and precious stones, he chooses the profession of goldsmith, where he soon achieves the reputation of being the most eminent craftsman of his age, but his respected position in society is not sufficient to ward off the urge to rob and later to murder his customers, who play a role analogous to that of the cavalier who had led his mother into temptation.[6] Cardillac tries to control his passions by refusing work from patrons, or if that does not succeed, then by only assaulting and robbing them, rather than commit murder with a single knife stab, but does not shrink from this final resort if this is the only way to appease the "unheimliche Stimme" (uncanny voice, 56) within him. The voluntary gift of his most precious jewelry to Scudéri, whose virtuous nature he clearly reveres, likewise demonstrates a vain attempt to share his art with others rather than hoarding it for himself. But when Olivier hears Cardillac murmuring to himself about this jewelry, he realizes that the latter's murderous desires are on the rise again. When Scudéri does not immediately respond to his note imploring her to return the jewelry, Olivier resolves to follow the goldsmith on his next nightly excursion, in the event that this might lead him to Scudéri's house, and to save her life, even at the cost of killing his employer and future father-in-law. Instead, he witnesses Cardillac attack a noble officer, only to be mortally wounded himself. Olivier succeeds in transporting Cardillac through the secret-wall entrance back into his house and workshop, where he dies, but not before placing Madelon's hand in Olivier's and pressing them together, as if to bless their union (34).

By means of these tales within tales, Scudéri comes to an understanding of the uncanny premonition she had had about Cardillac. She approves of Olivier's resolve to carry knowledge of these secrets to the grave, but is horrified when la Regnie, in his answer to her letter attesting to Olivier's innocence, indicates that the Chambre Ardente will use all means at its disposal in order to bring to light any secret regarding Cardillac's murder (64). The Chambre Ardente, we learn early on, had been created to combat a wave of poisonings that has caused hysteria throughout Paris. Hoffmann's narrator thus takes care to situate the crimes of Cardillac and the accusations against Brusson within the climate of fear and suspicion permeating both the private and the public spheres of Parisian society – where family members poison their parents and siblings in order to gain their inheritances early and where the tribunal initiated to search out and prosecute the guilty becomes at least as much an object of dread as the killers themselves. For example, Count Miossens, the officer who killed Cardillac in self-defense, refuses Scudéri's plea to reveal this secret that he, like Olivier, voluntarily shares with her by countering that la Regnie, who suspects crimes everywhere and would like to place his knife at everyone's throat, is just as likely to arrest, imprison, and even condemn him for murdering the upright citizen Cardillac (67). In this regard, it should be no surprise that Scudéri observes in la Regnie's countenance the same sort of "widriges Lächeln" (repulsive smile, 39) that she had discerned on Cardillac's glowing red face even before he had uttered his first words to her and the Marquise de Maintenon (25). Through this telling gesture, Cardillac and la Regnie become uncanny doubles of one another, with la Regnie – as his name implies – being the executor of brutal state power while Louis XIV spends the bulk of his time within the story frequenting the salons. In his penetrating analysis of the depiction of Absolutism in *Das*

*Fräulein von Scuderi*, Axel Laurs points out: "It is not simply from a penchant for the sensational that Hoffmann chooses almost exclusively to document barbarous excesses in describing the operation of Louis' judicial system" (2000:8). For readers of *Das Fräulein von Scuderi* upon its initial appearance in 1819 – the same year as the Metternich-inspired Carlsbad Decrees, which imposed strict censorship on the press and close supervision of the universities throughout the German Confederation – the reign of terror unleashed by state security forces in the late seventeenth century would have evoked associations with the surveillance and prosecution of alleged 'demagogues' during the Restoration era.

In Otto Ludwig's dramatized version of Hoffmann's tale – written between 1845 and 1848 at a time when another outbreak of revolution throughout Europe was becoming ever more likely – the first three acts focus on gradually revealing the uncanny secret of Cardillac's dangerously split personality and only then turn attention to the state within a state run by la Regnie, who paradoxically becomes even more menacing by virtue of never actually appearing on stage.[7] As befits a well-schooled dramatist, Ludwig employs a lengthy monologue by Cardillac in Act III, Scene 3 as a means of making "unheimlich" (i.e., 'un-hidden') the other side of him that he has worked so hard to disguise through ostentatious piety. Barbara Mieder draws attention to the following stage directions within this monologue: "Schritte; Gebärden, zuweilen ein Gelächter; sein Selbstgespräch wird mählich wieder lauter" (Steps; gestures, occasionally laughter; his conversation with himself gradually becomes louder again) (Ludwig, 1922:186). As she observes:

> "Cardillac realizes his own madness, and, although he admits to himself 'Ein Anderer bin ich bei Nacht' [I am another person at night] through words and gestures, his actions when he is among the other characters suggest not even to the most astute observer the inner change which he is trying to conceal" (1971:81).

But as Cardillac gloatingly anticipates the murder of Count Miossens in order to recover the jewels that the latter has just demanded of him before he goes to visit his lady-love, it becomes apparent that he also is aware of the double standard that the courts normally apply in dispensing justice when he alludes to a proverb documented by Johann Michael Sailer (1810:249): "Es ist ein dünnes, breites Netz: die Mücken bleiben darin hängen, die Hummeln brechen durch" (It [justice] is a thin, wide net: the flies remain caught in it; the bumble-bees break through):

> "Verbrecher morden, das ist kein Verbrechen.
> Tut's doch der Richter auf dem Richterstuhl,
> Auf den ihn Gott gesetzt. Er tut es freilich
> Nur an den Kleinen. Große Missetäter
> Zerreißen ihm sein Netz" (Ludwig, 1922:185–186).[8]

Later in Act III, after he has been mortally wounded by Miossens and helped back to his home by Olivier, Cardillac fantasizes that 'his' jewels will help silence the voice that he keeps hearing say "Es ist ein Gott" (There is a God) (Ludwig, 1922:198): "Für Geld verkauft der Priester mir den Himmel. / Für Geld ist Erd' und Himmel feil. Ha ha!" (For gold the priest will sell me heaven. / For gold heaven and earth are up for sale. Ha, ha!) (Ludwig, 1922:201).[9] In this spirit, with his dying breath Cardillac points to the cupboard where he has secreted his stolen jewels, makes the sign of the cross, and looks meaningfully at Olivier, who replies: "ja, ich versteh' Euch" (yes, I understand you) (Ludwig, 1922:204). And yet, Cardillac also signals to Madelon, whom he has summoned, to give him her hand; as in Hoffmann's tale, he places her hand in Olivier's before he dies, leaving the reader or viewer to decide whether or not one part of Cardillac's inwardly torn being wins out in the end.

With the title figure in Ludwig's drama, as in the tale by Hoffmann that he so skillfully adapts for the stage, there is no such doubt. When Scudéri first sees Brusson's face in Act IV and only associates it with the youth who brought the jewelry to her, she briefly succumbs to the same nihilistic denial of virtue and morality that resonates not only throughout Cardillac's ravings, but also the operating principles of the Chambre Ardente:

> "Meine Welt ist mir zerbrochen,
> Meine Welt voll hoher, edeler Gestalten;
> Die Scherben stechen mir die Seele wund.
> Und in la Regnies Welt soll ich nun leben" (Ludwig, 1922:227).[10]

But upon witnessing Madelon's unfeigned distress when both heaven and her father seem to have forgotten her and Olivier, Scudéri proclaims: "Hab' ich siebzig Jahr der Tugend / Gelebt, nur um im einundsiebzigsten / An ihrem Dasein zu verzweifeln? Nein!" (Have I lived for virtue for seventy years, / Only so that in my seventy-first / I might doubt in its existence? No!) (Ludwig, 1922:228). Acting on this resolve, she speaks first with Brusson and then with Miossens, the latter of whom giving her the advice to seek the intercession of Louis XIV himself, which she does. Early in Act V, exhausted from her efforts at court the previous day, Scudéri receives a letter from the Marquise de Maintenon that contains the following message: "Das Volk will des Angeklagten Tod. Es gilt, dem Volke die Gerechtigkeit seines Königs zu zeigen" (The people desire the death of the accused person. It is necessary to show the people the king's justice) (Ludwig, 1922:251). Martinière, who has now read aloud to her mistress a missive even more distressing than the one which began the action of tale and play alike, attempts to console her by saying that she has done all that she could. To this Scudéri replies with the adaptation of a proverbial remark (Mieder, 2011:202): "Was hab' ich? Nichts hab' ich getan. Wer nicht / Genug getan hat, der hat nichts getan" (What have I done? I have done nothing. Whoever / Has not done enough, has done nothing) (Ludwig, 1922:251). Hearing that la Regnie has scheduled Olivier Brusson's execution for this very evening, Scudéri also learns that the populace is enraged, not delighted, at this news (Ludwig, 1922:253). Serons, Scudéri's physician and friend, explains the discrepancy between what Maintenon has written and the cries of the people in the streets calling for a tribunal against la Regnie, whom they describe as "Mörder" (murderer): "Was Ludwig für des Volkes Stimme hält / Ist Regnie's nur und seiner Kreaturen" (What Louis takes to be the voice of the people / Is only that of Regnie and his creatures) (Ludwig, 1922:254). At this news Scudéri arises from her sick bed and goes to court once more, this time with Madelon, in order to be the true *vox populi* for her king. For those readers unfamiliar with this tale as told by Hoffmann and/or Ludwig, I will not spoil your reading pleasure by betraying its conclusion, but I can hint that it is very much in the spirit of both the title of this Festschrift and its most distinguished practitioner: *Bis dat qui cito dat!*

## *Notes*

1 Hoffmann (2004:8). Parenthetical page numbers within the text henceforth refer to this edition. Unless otherwise indicated, all translations are my own.

2 "And also, I must confess, I find even Cardillac's behavior peculiarly disturbing and terrifying. I cannot escape a dark premonition that there is concealed behind all of this some hideous and repulsive secret, but when I consider the matter rationally, in every detail, I still have not the slightest inkling what this secret might be, nor how the upright and honest Master René, the model of a decent and pious citizen, could be involved in anything that is evil and damnable" (Hoffmann, 1982:122). This translation of *Mademoiselle de Scudéri* is by L.J. Kent and E.C. Knight.

3 See McChesney (2008) and also Gillespie (2008:351–353) with regard to Hoffmann's tale and its role in the genesis of the nineteenth-century detective story.

4 For a discussion of the miner's work as a model of what Karl Marx would later term unalienated labor, see Kloppmann (1979).

5 For a discussion of these Kleistian overtones, see Pikulik (1993:47).

6 Pikulik (1993:57) interprets Cardillac's lust for subterranean minerals as symbolizing the loss of control over his subconscious urges, citing in this regard another tale of Hoffmann, *Die Bergwerke zu Falun* (The Mines at Falun).

7 For a penetrating discussion of Hoffmann's and Ludwig's critiques of the Chambre Ardente in the context of German social reality between 1820 and 1848, see Dirkson (1999:137–139).

8 "It is no crime to murder a criminal. / The judge does that, after all, on the judgment seat / Upon which God has set him. He does that to be sure / Only to the small criminal. Big doers of misdeeds / Rip through his net." For the reference to Sailer's proverb collection, see Dirksen (1999:524).

9 In his compilation of proverbs within the dramas of Otto Ludwig, Wolfgang Mieder (2011:201) identifies this remark as a variation of the following proverb in Wander's *Sprichwörter-Lexikon*: *Für Gold schließt sich der Himmel auf* (For gold heaven opens its doors).

10 "My world has broken apart, / My world full of high and noble figures; / The shards wound my soul. / And now I shall have to live in la Regnie's world."

## *Bibliography*

Dirksen, Jens. 1999. "Bürger ohne Maske: Die Wahrheit der Widersprüche im Schauspiel 'Das Fräulein von Scuderi'." In: Claudia Pilling (ed.). *Otto Ludwig: Das literarische und musikalische Werk. Mit einer vollständigen Otto-Ludwig-Bibliographie.* Frankfurt am Main et al.: Peter Lang (Historisch-kritische Arbeiten zur deutschen Literatur, 25), 122–141 & 521–524.

Freud, Sigmund. [5]1978. "Das Unheimliche." In: Sigmund Freud. *Werke aus den Jahren 1917–1920. Gesammelte Werke: Chronologisch geordnet.* Vol. 12. Ed. by Anna Freud. 5th ed. Frankfurt am Main: S. Fischer, 229–268.

----------. 1997. "The 'Uncanny'." In: Sigmund Freud. *Writings on Art and Literature*. With a foreword by Neil Hertz. Stanford, Calif.: Stanford University Press, 193–233.

Gillespie, Gerald. 2008. "The Detective Story and Novel." In: Gerald Gillespie & Manfred Engel & Bernard Dieterle (eds.). *Romantic Prose Fiction*. Amsterdam et al.: John Benjamins (Comparative History of Literatures in European Languages, 23), 345–363.

Hoffmann, E.T.A. 1982. "Mademoiselle de Scudéri: A Tale of the Time of Louis XIV." In: E.T.A. Hoffmann. *Tales*. Ed. by Victor Lange. New York: Continuum (The German Library, 26), 101–162.

----------. 2004. *Das Fräulein von Scuderi: Erzählung aus dem Zeitalter Ludwig des Vierzehnten*. Stuttgart: Reclam (Reclams Universal-Bibliothek, 25).

Kloppmann, Wolfgang. 1979. "Eine materialistische Lektüre des Bergmann-Kapitels im *Ofterdingen*." In: Gisela Dischner & Richard Faber (eds.). *Romantische Utopie – Utopische Romantik*. Hildesheim: Gerstenberg, 222–239.

Laurs, Axel. 2000. "'... Noch einmal hinter die Gardinen zu kucken': Reflections on Absolutism in E.T.A. Hoffmann's *Das Fräulein von Scuderi*." *Journal of the Australasian Universities Language and Literature Association: A Journal of Literary, Language and Cultural Studies* 94, 1–18.

Ludwig, Otto. 1922. "Das Fräulein von Scuderi: Schauspiel in fünf Aufzügen nach Hoffmanns Erzählung." In: Otto Ludwig. *Die Torgauer Heide, Die Rechte des Herzens, Das Fräulein von Scuderi, Die Pfarrrose. Sämtliche Werke*. Vol. 5. Ed. by Paul Merker. München et al.: Georg Müller, 115–272.

McChesney, Anita. 2008. "The Female Poetics of Crime in E.T.A. Hoffmann's 'Mademoiselle Scuderi'." *Women in German Yearbook: Feminist Studies in German Literature & Culture* 24, 1–25.

Mayer, Paola. 2007. "Variations on a Romantic Theme: The Education of the Artist in E.T.A. Hoffmann's *Der Kampf der Sänger* and *Der Feind*." *Seminar: A Journal of Germanic Studies* 43/3, 280–300.

Mieder, Barbara Busker. 1971. *The Use of Gesture as a Stylistic Device in the Prose and Dramatic Works of Otto Ludwig*. Michigan State University [diss.].

Mieder, Wolfgang. 2011. "'Hat alles seine Zeit': Sprichwörter in Otto Ludwigs Dramen." *Proverbium: Yearbook of International Proverb Scholarship* 28, 193–218.

Pikulik, Lothar. 1993. "Das Verbrechen aus Obsession. E.T.A. Hoffmann: 'Das Fräulein von Scuderi'." In: Winfried Freund (ed.). *Deutsche Novellen: Von der Klassik bis zur Gegenwart*. München: Willhelm Fink (Uni-Taschenbücher, 1753), 47–57.

Robertson, Ritchie. 1992. "Introduction [to *The Sandman*]." In: E.T.A. Hoffmann. *"The Golden Pot" and Other Tales*. Transl. and ed. by Ritchie Robertson. Oxford et al.: Oxford University Press (Oxford World's Classics), xvi–xxi.

Sailer, Johann Michael. 1810. *Die Weisheit auf der Gasse, oder Sinn und Geist deutscher Sprichwörter: Ein Lehrbuch für uns Deutsche, mit unter auch eine Ruhebank für Gelehrte, die von ihren Forschungen ausruhen möchten*. Augsburg: Veith & Rieger.

# Proverbs in Serbian and Portuguese Folk Tales

*Anamarija Marinović*

## Introduction

This article intends to conduct a brief analysis of the occurrence, usage and function of proverbs in Serbian and Portuguese folk tales. We decided to approach these specific two cultures because over the course of our Master's and Doctoral studies we have been developing comparative research on Portuguese and Serbian folk literature. The theme of our Master's dissertation presented an overview of the characters of men, women and children in Portuguese and Serbian short folk stories.

During the course of our research work we also participated at the Second, Third and Fourth Interdisciplinary Colloquia on Proverbs in Tavira (Portugal), so we can affirm that folklore and proverbial material are familiar to us and that is one of the reasons for having chosen this specific topic to write about.

In this paper we will discuss the role of women in preserving memories, traditions, skills and knowledge that in each community was to be transmitted to younger generations. By telling and retelling folk stories, legends, fables and myths, riddles and proverbs mothers, grandmothers and sisters also transmitted moral values and models of behavior that were desirable and acceptable in the society where they lived, with the intention of creating an understanding about what is correct and what is not, what is a virtue and what is a sin. This notably didactic component of folk tales and proverbs has its own purpose: To educate children and the young in the spirit of the Christian religion, dominant in Europe in the epoch of creation and transmission of folk literature. That is why proverbs are often used within folk tales either as their titles or as morals of the story, usually pronounced by the narrator or by an old and wise person, who helps the protagonist in his or her adventures and tasks.

Before concentrating on concrete examples of proverbs and their usages in the context of Portuguese and Serbian folk tales, we will try to define the two terms 'folk tale' and 'proverb,' and for that purpose we will use the works of the most eminent specialists in this areas: Vladimir I. Propp (1983), Vuk Stefanović Karadžić (2007), and Wolfgang Mieder (2004). We will also consult some of the most important dictionaries of proverbs and literary terms in order to provide definitions as accurately as possible of the two key concepts of this article. Following theoretical considerations on folk tales and proverbs, we will situate them into Portuguese and Serbian cultural and social contexts in order to be able to interpret better some of the meanings and non-linguistic implications of concrete proverbs used in concrete examples of folk tales that we will analyze in this brief study. Finally, we will compare the types, uses and positions of proverbs in the most popular of Serbian and Portuguese folk stories, comparing the wisdom and the ideas that these two peoples wanted to transmit to their descendants, imparting attitudes and models of thinking that they should adopt in different situations in their lives.

## Theoretical Framework for this Study

In this part of our research we will explain various points of view about what folk tales and proverbs are and how their forms and variants may be interpreted within a particular culture or at a more universal level. If we know that some folk tales or motifs found in them, as well as proverbs, are well-known in many different cultures (especially in Europe), we can conclude that the human condition is equally susceptible to the same problems, preoccupations, fears and hopes all over the world and that this is one of the ways we can understand and explain the repetition of the same images and ideas within cultures that geographically and historically are distant from one another. Some similarities in the folklore of different communities, nevertheless, can be explained through the political, social, cultural or religious contacts and exchanges that occurred in their histories, or can be understood as a consequence of belonging to the same group of peoples (for example the Slavs, which is the group of peoples that the Serbs belong to, share the greatest part of their folkloric imagery, the same personages, the same kind of heroes and heroines). The same could be said about all the peoples whose languages are derived from Latin (and the Portuguese, of course, belong to this category). As we will point out later on, languages played and still play an important role in the creation of national and cultural identities of any community in the world. That is why in the Romantic epoch, when most folk tales and proverbs were collected and registered in written form, so much on the importance and richness of folklore of each one of the new-born European states and nations was insisted.

In order to simplify our research we will not make theoretical distinctions among the terms 'proverb,' 'saying,' 'quotation,' 'aphorism,' nor we will explore all the semantic and scientific differences among the concepts of 'tale,' 'fairy tale,' 'short story' etc. Starting with a simple attempt to define proverbs, we could say that they are short sentences that contain the condensed wisdom of many generations, confirming important aspects of every day experience of a community. Transmission of ethical values, approval of acceptable and "correct" behaviors, as well as critical attitude towards sins, "weak points" of human nature and immoral ideas and acts are some of the most important characteristics of proverbial material. Therefore, they mostly refer to the present or to the future, indicating that there is a strong connection between the cause (generally expressed in the first part of a proverb) and the effect (contained in its second half). When proverbs contain verbs in the future tense, they mean that the attitudes we have in the present will inevitably have some (positive or negative) consequences a posteriori. That is why their normative and pedagogical character is almost always underlined in dictionaries and paremiological studies. Because of their facility for memorization, their short form, and frequent elements of rhyme, proverbs represent very appropriate material to be taught (at home or at school) in order to foment critical ways of thinking among children and to help them better to distinguish good and evil, acceptable behaviors as well as those that should be avoided.

From a more scientific point of view amongst the authors that we will consult, particular mention should be made to Wolfgang Mieder, Alan Dundes, and Maria Alice Moreira dos Santos. Primary reference is made to the *Dicionário de provérbios* organized by Maria Alice Moreira dos Santos where she notes that proverbs are "the wisdom of one people" explaining that "they instruct us in life, they question us, they enrich the conversations, and they translate our way of thought and what lies in our soul: Joy, sadness, anxiety, fear, and good, the evil [...]" (2000:7).[1]

In a very simple way Santos highlights the didactical component of proverbs in everyday situations, expressing how they influence human behavior and emotional life. From a more scientific point of view, Adriana Baptista in the preface to the same dictionary defines proverbs as "acts of speech" or "acts of linguistic polyvalence" (2000:9), meaning not only a great variety of contexts in which they can be used, but also alluding to the grammatical structure and richness of the language. Alan Dundes defines proverbs as "traditional expressions in which there is a topic and a comment" (Mieder, 2007:11). The 'topic' here can be anything that is important for a man or a community: Friendship, love, marriage, death, work, family, women, life, God, eternity. The 'comment' reflects on the topic and the idea transmitted in the proverb: Whether the concept in question is good, acceptable, reproachable, or to be criticized. Serbian linguist and paremiologist Jelena Jovanović, in her doctoral thesis about stylistics and syntax of Serbian folk proverbs (2006), notes that these short forms are individual creations, conclusions formulated in an inventive way, being accepted and approved by tradition. This way of thinking is very common when researchers try to discuss the origin and creation of folk literature in general. The most acceptable theory until now is that all folk literature (including proverbs) bears the fruit of an individual genius whose creations remain anonymous, being modified and adapted along oral transmission from generation to generation. If we look at general criteria used to describe proverbs, we will see that shortness, fixed form, wisdom and their universal and extemporal character are always present in theoretical reflections on this issue. Nevertheless, Mieder denies the "eternity" of proverbs, underlining that many proverbial forms disappeared from contemporary languages, because the metaphor, situation or reality they referred to no longer fit into the world in which we live (2004:xi). Instead, many new proverb modalities arise, which are more suitable to the everyday life of our century. This means that proverbs are not "untouchable," and that they acquire new forms, meanings or uses that accompany the development of human societies.

In searching for an adequate definition of the 'fairy tale,' our first association should be a story (not only for children) which contains fantastic elements (supernatural powers of some of its characters, journeys the protagonist takes to reach the underground world, his or her struggles with dragons, witches or other non-terrestrial creatures). What distinguishes fairy tales from fables and other types of stories is the inevitable happy ending, when the main character is rewarded for his virtues and extraordinary courage, while his rivals receive their deserved punishment for all the evil they had done.

According to a structuralist point of view, defended by Propp (1983), as main elements of a fairy tale, we can consider its structure (which can have two forms: The hero's struggle with an evil and more powerful creature or his wish to accomplish something after a number of challenges), the hero's departure from his father's house, and his interaction with creatures that will help him in the future. Croatian folklorist Maja Bošković-Stulli notes that a children's folk story offers an unreal vision of reality that can better interpret the child's internal world than the reality that is perceivable by our senses. This occurs because the language of fairy tales is full of symbols and hidden meanings that explain our subconscience (see Crnković, 1987:14).

The presence of supernatural entities, such as fairies in many European languages influenced the name of this literary genre: 'Fairy tales' (English), 'cuento de hadas' (Spanish), 'conto de fadas' (Portuguese) etc. The Serbian term 'bajka' is probably derived from the verb 'bajati,' strictly related to magic and enchantment. Nevertheless, according to Bošković-Stulli, this denomination of fairy tale was not familiar to the most well-known Serbian folklorist Karadžić, because in his works he never used it, preferring other designations such as 'female story' ('ženska priča') or 'gatka.' The etymology of this last word is likely to be derived from the verb 'gatati,' connected to the imagery of fortune-telling. Both of the Karadžić's designations implicate women and their world, without a necessarily negative interpretation of their role in everyday life. It is true that over the centuries women's participation in public life was very restricted and reduced to their homes and families. However, their importance in the preservation of memories, traditions, folk wisdom and moral values was unquestionable in the world-wide community. Fairy tales were qualified by Karadžić as "female" due to a more visible presence of fantasy, imaginary characters and situations also labeled as "whichever miracles that cannot be" (1969:58).[2] As to the second denomination, which situates a fairy tale in the sphere of fortune-telling, we can affirm that its name was not chosen unintentionally: Women were the ones who mostly practiced magic and fortune-telling; in certain fairy tales women can be wise helpers or advisers of the protagonist as well as predict what may happen to him if he proceeds in the right or the wrong way. In Russian, for instance, the most commonly used term for 'fairy tales' is 'volshebnye skazki,' which can literally be translated as "magic" or "miraculous stories." The adjective is added to distinguish this particular literary genre from 'skazki,' that simply means 'stories.' This terminological specificity of the Russian designation is noteworthy because when the well-known structuralist Propp wrote his *Morphology of Folktale* (translated into Serbian as 'Morfologija bajke'), he specifically analyzed the structure, functions and characters of fairy tales, although he had initially meant to write about folk tales in general.

Similar to proverbs fairy tales are used to teach values, to underline the distinction between good and evil, to foment children's imagination, to establish a narrower relationship between a child and his culture, and to assure the correct emotional and psychological development and growth of a child. That is why M. Bogoliubskaia and A. Tabenkina affirm that a "tale gives to a child examples of great heroism, friendship, and provides help in adversity; in a simple and convincing way it shows a child the triumph of justice over lying, of the good over the evil, and the triumph of effort" (1981: 3).[3]

Although proverbs and fairy tales are two different genres and they respect different internal rules characteristic for each of them, they can be used to reinforce the didactic and moral component that they usually contain. As we will see later in our comparative analysis of both Portuguese and Serbian folk tales, proverbs appear either as titles or as the very last sentences, serving to underline "the moral of the story." The moral is an inseparable element of fables (independent of their origin from folklore or their attribution to erudite authors). In fables, the moral does not belong to the body of the story and usually is graphically and textually separated from the original text as one of the possible conclusions or interpretations of the fable in question. In fairy tales, proverbs are parts of the text itself, although we must note that when they are titles, they probably were chosen by the editors or collectors that registered the folk tales and that compiled the most relevant anthologies of this kind of stories.

## Uses, Functions and Meanings of Proverbs in Portuguese and Serbian Folk Fairy Tales

In this part of our article we will concentrate on concrete examples of proverbs in Portuguese and Serbian folk fairy tales. We are going to analyze the types of proverbs used in fairy tales, who uses them, in which situations and why, as well as whether the proverbs found in our corpus relate to particular sayings that exist and circulate only in one of the cultures in question, or whether there is a possibility of finding some "equivalents" (either in form or in meaning). For this study we will use some of the most well-known anthologies of Portuguese and Serbian folk tales such as those collected by Adolfo Coelho (1985), Zófimo Consiglieri Pedroso (1985), Slavko Ivanović (2007), and Vuk Karadžić (1969 & 2007).

At first sight it is obvious that proverbs are present in Portuguese and Serbian folk tales as titles or as final sentences in the stories, serving as their moral. In Portuguese tales, some proverbs and short poems can be incorporated in the main text of the tale, combining prosaic and poetic genres. From our research we have not found the reasons why some forms appear in Portuguese and not in Serbian folk tales. Proverb titles serve to underline the central topic. To illustrate this strategy, we will quote several Serbian and only one Portuguese example. In Ivanović (2007) we find proverbial titles such as *There is No Secret that will Not Become Public* (*Ništa nije tajno, što neće biti javno*). The tale reproduces a confidential conversation between two sisters, heard by the prince, which will motivate the development of the action. The first sister says that she can make clothes for all the soldiers in the prince's army, while the second declares herself able to have twins with golden arms and legs, whose father would be the prince himself. After the miraculous birth, the cruel elder sister participates in a series of intrigues against the new princess. At the end of the story all the secret plans are discovered, and the evil sister is punished.

The second example we would like to quote is *The One Who Asks for Less Is Given More* (*Ko manje ište, više mu se daje*) from Karadžić's anthology (2007), which introduces the story of three brothers who live in a misery having only one pear tree. One day, an angel from heaven comes dressed as a pauper asking for a pear to eat. Without knowing their visitor, everyone offers him a fruit. In order to compensate their generosity, the angel asks each of the brothers what he would like to have. The first wants to have a lot of cheese and milk, the second asks for rivers of wine, and the last requests a good Christian wife. The angel realizes the three wishes and after some time he returns to ask for some cheese and wine; the first two brothers refuse him in a very rude way, and the third (who was the poorest, but a real Christian) makes bread from a tree bark and leaves. The angel performs a miracle and the bread appears full of gold. The proverbial character of this story and its title suggest that generosity and concern for one's neighbor deserve to be rewarded, while greed and selfishness must be punished.

In Portuguese, we have found only one obvious proverbial reference in a folk tale title *Mais vale quem Deus ajuda que quem muito madruga* (Coelho, 1985). The idea of this proverb is that God's help is more valuable than getting up early. Although proverbs exist in many cultures similar to *The early bird catches the worm*, the central topic of this story and proverb is that work is not enough without prayer and hope in God's intervention in our lives. The story is about a very poor, but honest man and his bet with the devil whether it is better to be helped by God or to count only on our own efforts. Being a genuine Christian, he won, and his faith was recognized, while his adversary runs away never again to appear to him.

If a proverb figures in the title, it is very likely to be added by the collectors of the folkloric material or by the organizers of the anthologies. In the case of Serbian literature, the main reason for the presence of proverbial material in the titles of folk tales stems from the fact that the greatest part of Serbian folk literature was collected and registered by Karadžić (2007), who also organized a book of Serbian folk proverbs. In the case of Portuguese, it is not so obvious why proverbs figure in their folk tales titles.

Proverbs rarely appear in the middle of a tale, as a natural part of a conversation or to confirm a very well-known truth. Sometimes, one sentence in a folk tale has a proverb-like structure, without being a proverb. That is the case of the Portuguese tale entitled *Ferreiro da maldição* ('Cursed Blacksmith') (Consiglieri Pedroso, 1985), where the sentence "Ferreiro da maldição, quando tem ferro, não tem carvão" is repeated many times.[4] Although it contains words that rhyme, and verbs in the simple present tense (affirming something as a universally accepted truth), this sentence is not a proverb, because without the context of the story (about a blacksmith who was cursed by the devil and saved by God) it does not mean anything. In Portuguese folk literature, mostly in the anthology organized by Coelho (1985) there are many folk tales with rhymed short poetical forms within them. Despite not being proverbs, these lines have some proverbial characteristics: Present tense, binary structure (with one idea in the first part and its result in the second) and rhyme. Such as the case of the tale *Torre de Babilónia* ('Tower of Babylon') (Coelho, 1985). In order to describe how dangerous and inaccessible the tower is, it is used as a formula "Tower of Babylon, the one who goes there, never comes back."[5] It presents a prevention, one of the main functions of a proverb, but it has no value out of the context of the story, because the tower itself represents no real danger for a contemporary reader, nor does it have any relation with the biblical episode, except for its name. A similar situation with a proverb-like sentence that actually is not a proverb, occurs in the Serbian folk tale entitled *Tamni vilajet* ('The Dark Vilayet') (Čajkanović, 1929). It describes a situation of an emperor who comes to the end of the world with his soldiers and enters a very dark cavern, where they hear a voice saying: "The one who takes, will repent, the one who does not take, will repent." Some of the soldiers do not take anything away, while the others want to have at least one stone from the cavern. When they see that the cavern is full of diamonds, those who had not taken anything repented because of remaining empty-handed, while the others feel the same because of having taken just one. In spite of the pronoun 'who,' in the present tense in the first part, and the future tense in the second, and its premonitory function, this sentence cannot be considered a proverb, because it is difficult to add any meaning to it from the original context, unless that sometimes one is unable to make the right decision.

If the proverbial structures that appear in the middle of Portuguese and Serbian folk stories usually are not genuine proverbs, the "real" ones can be found in the end of narrations. This typically occurs when the narrator wants to underline the moral of the story. In some examples, the same proverb can appear in the title as well as at the end. Proverbs in folk tales are generally pronounced either by the hero himself, as a conclusion following a very difficult task, or by an old man or woman who helps the protagonist, or by a saint or any other person to whom wisdom and long life experience is attributed. This highlights the authority and the truth of the speaker's words, inspiring respect in those who hear them.

## Conclusions

After this short study of proverbial material contained in Portuguese and Serbian folk tales, we conclude that both peoples use similar strategies in employing proverbs: Proverbs appear in titles, midway through stories (although in this position a proverb-like structure in verse form usually appears) or at the end of the tale as its moral message. Certainly, in both cultures there are many more interesting examples of proverbs within the text of a folk tale, but the ones that we have chosen for this article promote the same values: Christian religiosity, modesty, generosity, love and concern for our neighbor, criticizing the same unacceptable behavior such as selfishness, greed and lack of faith.

### *Notes*

1 'Dão-nos indicações para a vida, interrogam-nos, enriquecem as conversar, traduzem a nossa maneira de pensar e o que nos vai na alma: alegrias, tristezas, anseios, o bem, o mal […]' (Portuguese).

2 'kojekakva čudesa sto ne može biti' (Serbian).

3 'Сказка дает примеры подлинного геройства, дружбы, помощи в беде; просто и убедительно показывает ребенку торжество правды над ложью, добра над злом, победу труда' (Russian).

4 Literally translated 'The cursed blacksmith, when he has iron, he has no coal,' which refers to a poor person who has no luck in his life.

5 'Torre de Babilónia, quem lá vai nunca mais torna' (Portuguese).

### *Bibliography*

Боголюбская, М. & А. Табенкина (eds.). 1981. *Наши сказки: Русские народные сказки, песенки, загадки*. Vol. 1. Москва: стр.

Čajkanović, Veselin. 1929. *Čudotvorni prsten: Najlepše srpske narodne pripovetke*. Beograd: Prosveta.

Coelho, Adolfo. 1985. *Contos populares portugueses*. Lisboa: Publ. Dom Quixote (Portugal de perto, 9).

Consiglieri Pedroso, Zófimo. 1985. *Contos populares portugueses*. Lisboa: Ed. Vega.

Crnković, Milan. 1987. *Sto lica priče: Antologija dječje priče s interpretacijama*. Zagreb: Školska knjiga.

Ivanović, Slavko. 2007. *Srpske bajke*. Beograd: Neven.

Jovanović, Jelena. 2006. *Teorijska razmatranja. Sintaksa i stilistika srpskih narodnih poslovica*. Vol. 1. Beograd: Jasen (Studije srpske i slovenske: Monografije IV, 12).

Karadžić, Vuk Stefanović. 1969. *Srpske narodne pripovijetke*. Beograd: Prosveta.

----------. 2007. *Srpske narodne pripovijetke*. Beograd: Evro-Giunti.

Kosijer, Vladislava. 2007. *Srpske narodne priče i bajke*. Sremski Karlovci: Kairos.

Mieder, Wolfgang. 2004. *Proverbs: A Handbook*. Westport, Conn. et al.: Greenwood Press (Greenwood Folklore Handbooks).

----------. 2007. "'The Proof of the Proverb Is in the Probing': Alan Dundes as Pioneering Paremiologist." *Folklore: Electronic Journal of Folklore* 35, 7–52.

Propp, Vladimir I. 1983. *Morfologia do conto*. Lisboa: Vega.

Santos, Maria Alice Moreira dos. 2000. *Dicionário de provérbios: Adágios, ditados, máximas, aforismos e frases feitas*. Preface by Adriana Baptista. Porto: Porto Editora.

# La Biblia en algunos fragmentos de Hernán Cortés y Francisco López de Gómara

*Juan Francisco Maura*

La Biblia siempre ha sido un manantial de proverbios y dichos populares, por eso tanto en el Romancero como en muchas de las coplas que los soldados conocían y recitaban en marchas, descansos y fiestas, muy poco tenían de religiosas. El presente trabajo, por razones de espacio, se limitará a un muy breve repaso de la presencia de la *Biblia* en dos cronistas "mayores": Hernán Cortés y Francisco López de Gómara.

Como sabemos, la primera *Carta* de Hernán Cortés no se ha encontrado todavía y ha sido sustituida con la de "Veracruz".[1] Aquí ya tenemos el primer topónimo conectado con los *Evangelios*, de la misma manera que ocurrió con el primer nombre dado a una ciudad en el descubrimiento oficial del Brasil. "Habiendo, pues, el capitán Hernando Cortés calado algo de la tierra, acordó de fundar una nueva población en la cual, echado el principio y tomado su sitio, le puso por nombre y le llamó la Rica Villa de la Vera Cruz" (Cortés, 1993:4). Si embargo, el primero, oficialmente, en descubrir esas tierras y costas fue el piloto Antón de Alaminos cuando fue con Francisco Fernández de Córdoba, y a un pueblo de la isla llamada Cozumel, lo llamaron San Juan de Porta Latina, y a la dicha isla la llamaron Santa Cruz (Cortés, 1993:8–9). El capitán Grijalba, puso por nombre a una bahía de eas tierras, "San Juan" (Cortés, 1993:10). Topónimos como "Río de San Antón" o "Sierras de San Martín", también aparecen en sus *Cartas*.

La palabra "Dios", como *topos*, o "lugar común" a seguir cada vez que se iniciaba alguna contienda o acción relevante, estará siempre presente en las *Cartas*, dirigidas, no debemos olvidar, al emperador. Veamos algunos ejemplos: "Fernando Cortés cuando partió de la isla Fernandina para saber de sus españoles, y como aquí supo nuevas dellos y la tierra adonde estaban, le pareció que haría mucho servicio a Dios y a vuestra majestad en trabajar que saliesen de la prisión y cautiverio en que estaban […]", "y como aquí supo nuevas dellos y la tierra adonde estaban, le pareció que haría mucho servicio a Dios y a vuestra majestad […]" (1993:4), "Crean vuestras reales altezas por cierto que esta batalla fue vencida más por voluntad de Dios que por nuestras fuerzas, porque para cuarenta mil hombres de guerra poca defensa fuera cuatrocientos que nosotros éramos […]" (1993:17). En algunos casos la palabra Dios aparece hasta en cinco ocasiones en unas pocas líneas:

> "Vean vuestras reales majestades si deben evitar tan gran mal y daño, y cierto Dios nuestro Señor será servido si por mano de vuestras reales altezas estas gentes fuesen introducidas y instruidas en nuestra muy santa fe católica, y comutada la devoción, fe y esperanza que en estos sus ídolos tienen, en la divina potencia de Dios; porque es cierto que si con tanta fe y fervor y diligencia a Dios sirviesen, ellos harían muchos milagros. Es de creer que no sin causa Dios nuestro Señor ha sido servido que se descubriesen estas partes en nombre de vuestras reales altezas, para que tan gran fruto y merecimiento de Dios alcanzasen vuestras majestades" (1993:22).

Lo mismo ocurre con el fortuito encuentro de Jerónimo de Aguilar, suficientemente importante como para decir qu cambió el signo de la conquista. Aguilar, que hablaba la lengua maya fue quien se comunicaba con la Malinche en esta lengua y luego se lo traducía a Cortés.

> "[L]legada donde nosotros estábamos, vimos cómo venía en ella uno de los españoles cautivos, que se llamó Gerónimo de Aguilar, el cual nos contó la manera como se perdió y el tiempo que había que estaba en aquel cautiverio, que es como arriba a vuestras reales altezas hemos hecho relación, y túvose entre nosotros aquella contrariedad de tiempo que sucedió de improviso, como es verdad, por muy gran misterio y milagro de Dios, por donde se cree que ninguna cosa se comienza, que en servicio de vuestra majestad sea, que pueda suceder sino en bien" (1993:13).

Al igual que en el *Diario* de Cristóbal Colón ([10]1991), en las *Cartas de Relación* de Cortés sólo hay una palabra que aparece más veces, que la palabra "Dios" y esta es "oro". Hernán Cortés, a diferencia de otros cronistas, v.g., Cabeza de Vaca, sí incluye a la Virgen María en sus Cartas:

> "Sepan vuestras majestades que, como el capitán respondiese a los caciques de la dicha isla, diciéndoles que no viviesen más en la secta y gentilidad que tenían, pidieron que les diese ley en que viviesen de allí adelante, y el dicho capitán los informó lo mejor que él supo en la fe católica, y les dejó una cruz de palo puesta en una casa alta y una imagen de nuestra Señora la Virgen María, y les dio a entender muy cumplidamente lo que debían hacer para ser buenos cristianos" (1993:14).

A Francisco López de Gómara, lo tendremos que calificar como cronista de cámara más que hombre de acción, aunque acompañese en una ocasión a Cortés a una expedición en Argelia. Gómara nunca estuvo en América, pero al igual que Pedro Mártir de Anglería (Pietro Martire d'Anghiera) (1989), consiguió información de primera mano de testigos presenciales de la conquista de México y lo que es más importante, era buen escritor. Si bien es cierto que la Biblia está presente en todos los cronistas, cada uno de ellos tiene sus propias preferencias y gustos en cuanto al santoral y a las entidades divinas por quién tienen predilección o devoción. Dios, la Virgen y los santos (San Pedro, Santiago), se humanizan en estas crónicas para formar parte y hacerse uno más entre la tropa cristiana y defenderles en la adversidad de la misma manera que había ocurrido secularmente en la Edad Media en las luchas entre moros y cristianos. En el caso de Hernán Cortés, como nos cuenta Gómara, es San Pedro, en el caso de Cabeza de Vaca, Jesucristo, sorprendentemente la virgen María no es mencionada una sóla vez por este explorador, al contrario que la mayoría de los cronistas.[2] En el caso de Gómara, en boca de Cortés, será el apostol Santiago "mataindios" quien hará aparición en más de una ocasión en su obra dando la victoria a los cristianos y haciendo su función de "matamoros" en el contexto págano de las Américas. Cuando le preguntan a Cortés que si era de su compañía el jinete que había hecho maravillas a caballo, éste respondió que no, y entonces creyeron que era el apostol Santiago, patrón de España (López de Gómara, 1946:45).[3]

> "Dijéronle [a Cortés] lo que habían visto hacer a uno de caballo, y preguntaron si era de su compañía, y como dijo que no, porque ninguno de ellos había podido venir antes, creyeron que era el apóstol Santiago, patrón de España. Entonces dijo Cortés: 'Adelante compañeros,

que Dios es con nosotros y el glorioso San Pedro' [...] y todos dijeron que vieron por tres veces al del caballo rucio picado pelear en su favor en contra de los indios, según arriba queda dicho; y que era Santiago, nuestro patrón. Fernando Cortés más quería que fuese San Pedro, su especial abogado; pero cualquiera de ellos fue, se tuvo por milagro, como de verás pareció, porque no solamente lo vieron los españoles, mas aun también los indios lo notaron por el estrago que en ellos hacía cada vez que arremetía a su escuadrón, y porque les parecía que los cegaba y entorpecía. De los prisioneros que se tomaron se supo esto" (López de Gómara, 1946:45).

Pero no eran únicamente varones los que peleaban a caballo, según algunos estimonios que nos ofrece Gómara, la virgen María también se sumaba a esta actividad: "Y la mujer que peleaba era madre de Cristo, dios de los cristianos, y el del caballo blanco era apóstol del mismo Cristo, venido del cielo a defender aquellos poquitos españoles y a matar tantos indios" (1946:199).

"[A]ndaban peleando por los españoles Santa María y Santiago en un caballo blanco, y decían los indios que el caballo hería y mataba tantos con la boca y con los pies y manos como el caballero con la espada, y que la mujer del altar les echaba polvo por las caras y los cegaba; y así, no viendo a pelear, se iban a sus casas pensando estar ciegos, y allá se hallaron buenos; y cuando volvían a combatir la casa, decían: 'Si no tuviésemos miedo a una mujer y al del caballo blanco, ya estaría derribada vuestra casa, vosotros cocidos, aunque no comidos, porque no sois buenos de comer; que el otro día lo probamos y amargáis'" (López de Gómara, 1946:199).

Lo que sí es cierto es que hubo españolas soldados en la conquista de México, algunas a caballo, luchando como auténticas leonas y que han pasado a la historia con nombre propio. Algo insólito, sin duda, que se mencione a mujeres en hechos de guerra escritos por historiadores varones. Este es el caso de María de Estrada, que ha sido incluida en varias ocasiones en la historiografía novomundista y que es muy probable que sea la que imaginaron ser la virgen María, quizá por tener el mismo nombre. Diego Muñoz Camargo, en su *Historia de Tlaxcala* da noticia sobre los extraordinarios hechos de María Estrada:

"En esta tan temeraria noche triste, mataron a un paje de Hernán Cortés delante de sus ojos, llamado Juan de Salazar, donde asimismo se mostró valerosamente una señora llamada María Estrada, haciendo maravillosos y hazañeros hechos con una espada y una rodela en las manos, peleando valerosamente con tanta furia y ánimo, que excedía al esfuerzo de cualquier varón, por esforzado y animoso que fuera, que a los propios nuestros ponía espanto, y ansimismo lo hizo la propia el día de la memorable batalla de Otumba a caballo con una lanza en las manos, que era cosa increíble en ánimo varonil, digno por cierto de eterna fama e inmortal memoria" (1986:129–130).

Pero como se ha mencionado antes en la crónica de Gómara, es San Pedro, después de Dios, el primero a quien se encomendadará Cortés en los momentos más difíles:

"Cortés, que andaba a una y otra parte confortando los suyos, y que muy bien veía lo que pasaba, encomendose a Dios, llamó a San Pedro, su abogado, arremetió con su caballo por medio los enemigos, rompiolos, llegó al que traía el estandarte real de México, que era capitán general, y diole dos lanzadas, de que cayó y murió" (1946:213).

En el capítulo 126, encontramos: "Salió Cortés, y en pasando y diciendo: 'Santiago y a ellos, San Pedro y a ellos'; que era la señal para los de a caballo, y como los tomaron de través y por las espaldas, alanceáronlos a placer" (1946:240). En el capítulo 141, San Pedro va por delante de Santiago: "Salió Cortés, y en pasando y diciendo: 'Santiago y a ellos, San Pedro y a ellos'; que era la señal para los de a caballo, y como los tomaron de través y por las espaldas, alanceáronlos a placer" (1946:271). Los Evangelios estarán presentes, como el libro sagrado por el que jurar, como es el caso del enfrentamiento de Hernán Cortés y Cristóbal de Olid: "Hízoles Cristóbal de Olid jurar sobre los Evangelios, como a los de Gil González, que le obedecerían en todo y por todo; que nunca serían contra él ni seguirían más a Cortés" (1946:317). En otra ocasión, en referencia a las diferencias indígenas y españolas, leemos: "No tenían letras más de figuras, y aquellas pocas en respeto de todas las Indias; por ende algunos dicen no haber llegado en estas tierras hasta nuestro tiempo la predicación del santo Evangelio" (1946:446). Pero la síntexis de la presencia española y la predicación de la "palabra de Dios", la encontramos en estas líneas en donde Cortés se dirige a sus hombres y en donde se incluye además la ciudad de Sodoma, ciudad bíblica y metáfora por antonomasia de vicio y sobre todo de homosexualidad:

> "La causa principal a que venimos a estas partes es por ensalzar y predicar la fe de Cristo, aunque juntamente con ella se nos sigue honra y provecho, que pocas veces caben en un saco. Derrocamos los ídolos, estorbamos que no sacrificasen ni comiesen hombres, y comenzamos a convertir indios aquellos pocos días que estuvimos en México. No es razón que dejemos tanto bien comenzado, sino que vamos a do nos llaman la fe y los pecados de nuestros enemigos, que merecen un gran azote y castigo; que si bien os acordáis, los de aquella ciudad, no contentos de matar infinidad de hombres, mujeres y niños delante las estatuas en sus sacrificios por honra de sus dioses, y mejor hablando, diablos, se los comen sacrificados; cosa inhumana y que mucho Dios aborrece y castiga, y que todos los hombres de bien, especialmente cristianos, abominan, defienden y castigan. Allende de esto, cometen sin pena ni vergüenza el maldito pecado por que fueron quemadas y asoladas aquellas cinco ciudades con Sodoma. Pues ¿qué mayor ni mejor premio desearía nadie acá en el suelo que arrancar estos males y plantar entre estos crueles hombres la fe, publicando el santo Evangelio?" (1946:228).

Una vez más se plasma la importancia de la implantación de las Sagradas Escrituras entre los conquistados para "alejarles del mal" y llevarles por el "buen camino".

## *Notas*

1 No vamos a entrar en el presente trabajo en las especulaciones que se han hecho por diferentes estudiosos sobre este importante documento.

2 Véase el artículo de Flor Leticia López, "Cabeza de Vaca: Ni mesías, ni apóstol, ni santo" (2005).

3 Bernal Díaz, con cierta ironía, da nombre al presunto jinete que hace el papel de Santiago apostol: Francisco de Morla en un caballo castaño (López de Gómara, 1946:56).

## *Bibliografía*

Colón, Cristóbal. [10]1991. *Los cuatro viajes del almirante y su testamento*. Ed. de Ignacio B. Anzoátegui. 10ª edición. Madrid: Espasa-Calpe.

Cortés, Hernán. 1993. *Cartas de Relación*. México: Ed. Porrúa.

López, Flor Leticia. 2005. "Cabeza de Vaca: Ni mesías, ni apóstol, ni santo." *Inverso: Online Literary Journal*, 5. <www.csun.edu/inverso/Issues/Issue%205/lOPEZ.htm> (20.02.2012).

López de Gómara, Francisco. 1946. *Historia de las Indias*. Madrid: Atlas (Biblioteca de autores españoles, 22).

Mártir de Anglería, Pedro. 1989. *Décadas del nuevo mundo*. Madrid: Ed. Polifemo.

Muñoz Camargo, Diego. 1986. *Historia de Tlaxcala*. Madrid: Historia 16.

*La Sagrada Biblia*. 1986. Ed. de Eloíno Nácar Fuster y Alberto Colunga. Madrid: BAC.

# *Parabasis* in Nikolai Gogol's *The Inspector General*: The Proverbial Medium

*Kevin J. McKenna*

In one of the more perceptive analyses of Nikolai Gogol's nineteenth-century comedy masterpiece, *The Inspector General*, the Russian Symbolist poet and literary critic, Vyacheslav Ivanov (1866–1949), made a compelling argument for similarities between the nineteenth-century Russian playwright's comedy and the Old Comedy of Aristophanes (fifth-century B.C.) (1974). The unusual originality of this essay is not surprising in light of Ivanov's thorough training as a classicist, which eventually led to a professorship of Greek at the University of Baku.[1] To a considerable degree his views on art and culture had been heavily influenced by the ancients, and he often applied these views to his analysis of Russian literature.

The main argument advanced by Ivanov in his article on *The Inspector General* and the comedy of Aristophanes relates to his view that the action of Gogol's play "is not limited to a circle of personal relationships, but, rather, presents these relationships as components of a collective life and embraces a whole social microcosm, self-contained and self-sufficient, which stands symbolically for any social confederation, and of course reflects, as in a mirror, just that social confederation to whose entertainment and edification the comic action is directed." Ivanov follows up this view by observing parenthetically, "as the epigraph to *The Inspector General* has it: 'There's no grumbling at the mirror if your own mug is crooked'" (1974:201). In his analysis Ivanov continues to argue for more of a social message intended for Gogol's audience rather than a satirical attack against specific characters or types of characters, noting that rather than a personal or domestic intrigue that accounts for the underlying action of the play, Gogol focuses on the depiction of an entire town. In fact, Ivanov holds that Gogol does not present individual, isolated characters or their private domestic affairs so much as the "town" as a collective persona.

This idea of a collective self-awareness is reflected as well in Ivanov's treatment of "*parabasis*," or the "coming forward" of the Greek chorus during an intermission in a play's action, when at a fixed moment in the comic action members of the chorus and, occasionally, the actors themselves appeared before the audience out of character to deliver the author's views on various matters treated in the play. Accompanied by a sounding of flutes in the background, chorus and actors, marching in military cadence descended aggressively upon the first few rows of spectators spewing in their faces the searing verses of the abusive *parabasis*. Ivanov links this Old Comedy vision of universal laughter acting in collective judgment to Gogol's own play, *The Inspector General*, whose *parabatic* moment Ivanov sees culminating at the end of the play in the Mayor's outburst directed not so much at his fellow actors on the stage, but at the members of the audience itself:

> "I can't see a thing. I can see what look like pig-snouts instead of faces, and nothing else […]. Now look, just look, all the world, all good Christians: see what a fool they've made of

> the Mayor […]. And everybody will grin and clap their hands […]. What are you laughing at? You're laughing at yourselves! Oh, you […]" (Машинского & Степановв & Храпченко, 1967:103).[2]

As original and convincing as Ivanov's analysis is, the present essay will propose another candidate for consideration as a parallel form of *parabasis* in Gogol's play, that is, the proverb-epigraph to the play itself: "На зеркало нечего пенять, коли рожа крива / Don't blame the mirror for your own ugly mug." It can be argued that similar to the original practice of the Old Comedy of fifth-century Greece, this proverb-epigraph, which opens Gogol's play, functions as a sort of authorial choral message intended for the edification of the Russian audience. Unlike the original *parabasis* of Greek Comedy, the *parabatic* moment I am positing does not occur at traditional midpoint in the play, nor does it involve a choral descent into the front rows of the audience. I do feel, however, that the proverb-epigraph that opens this play can be viewed as performing a function similar to the original Aristophanic period of comedy to which Ivanov refers. In addition, readers should be aware that the proverb-epigraph of Gogol's play is not to be confused with the medieval French and Elizabethan practice of the "proverb-play," in which playwrights constructed an entire play around a given proverb for purposes of explicating the very message of the proverb. Gogol's use of this Russian proverb in his epigraph seeks to shed light on the meaning of the play itself, and not *vice-versa*. Furthermore, while Gogol depicts the manners and mores of mid-century Russia, he never moralizes nor engages in direct authorial indictments of the characters in his play, as often intimated in both Aristophanic comedy as well as later medieval and Elizabethan proverb drama. As Janko Lavrin notes, Gogol "does not even pretend to swing the whip in his own hands, but makes his characters whip themselves without knowing it, as it were, especially when they talk of their own abuses with a kind of childlike innocence" (1962:81).

To advance this argument, let us consider some of the main characteristics of proverb use in literary works. By the very nature of their being uttered, proverbs have provided timeless advice and warning intended for listeners and readers alike. Their moral didactic message has remained a constant feature in spoken proverbs as well as those used in literature, with the simplicity of their native folk wisdom communicating well to readers and listeners alike. Similarly, their pithy wit and wisdom provided a clear yet entertaining appeal for authors wishing to encapsulate moral and ethical advice to their readers. Gary Saul Morson goes so far as to say that on occasion a proverb can function not so much as "a statement *in* the story," but as a "statement *about* the story" a particularly apt role for Gogol's play (1981). Structurally speaking, proverbs can provide the perfect opening to a scene, as in the opening sentence to Part One of Tolstoy's *Anna Karenina* or, in the case of Gogol's play, they can encapsulate the intended authorial message to his readers and audience. Owing to the power and expressiveness of proverbs, their use – especially in the form of a proverb-epigraph – enables readers to penetrate the falseness and shallowness of the characters whom they encounter in a play, like Gogol's *The Inspector General*. As detailed in Valerij Mokienko's recent compilation of Russian proverbs, the first formal listing of the folk proverb that opens Gogol's play dates back to S.M. Snegirev's 1848 study, *Русские народные пословицы и притчи / Russian Folk Proverbs and Sayings* (& Никитина

& Николаева, 2010:373).[3] We know that this proverb opening did not appear in the first draft of Gogol's play, but did surface, however, in a later version in 1842, which was considered by Gogol himself as well as literary scholars to be the authentic and complete version of the play. As a moral lesson for readers and theatergoers alike, this proverb-epigraph succeeds in capturing both the personalities of the main characters in the play as well as the moralistic lesson to be learned by play's end. Let us look, therefore, at the now famous characters of Gogol's play to consider how it is that the proverb-epigraph previews the foibles of their personalities as well as underscores the meaning of the play itself.

The *dramatis personae* of Gogol's play present a broad circle of varying inept and corrupt provincial government officials and their cronies in a remote Russian backwater somewhere to the southeast of Moscow. The local mayor, Anton Antonovich Skvoznik-Dmukhonovsky, one of the central characters in the play, succinctly characterizes the town, stating that "you ride a horse for three years and you won't reach another state."[4] In the introductory notes to his play, Gogol informs his audience that the Mayor is a man fond of bribes (взяточник) who occasionally conducts himself, however, somewhat reputably. According to the local merchants, the Mayor celebrates two birthdays each year on each occasion of which they are expected to provide him with presents. In addition to ordering the Postmaster to intercept letters containing complaints and denunciations from the townspeople, the Mayor routinely pilfers anything his family needs or wants from the town's merchants. Those who stand in his way or fail to meet his demands are commissioned off to the ranks of the army as recruits. Over the course of the play, readers also learn that he has misappropriated government funds that he requested for the construction of a new church in town. To cover up this act, he plans to submit a claim that the church burned down.

As the play opens Anton Antonovich has assembled the local town dignitaries at his home to announce the imminent arrival of an Inspector General from the capital, St. Petersburg. Like the Mayor, each of the town's representatives has ample cause to feel uneasy at this news as their respective corruption or venality is only outdone by their glaring incompetence. The local judge, Lyapkin-Tyapkin, an avid hunter and quasi-freethinker in spite of having read only five–six books in his life is adequately defined by the meaning of his comical name – Slip-Shod: Geese must be driven out of his waiting room and the courtroom is littered with his laundry. Instead of the fair-minded and traditionally blindfolded statue of Justice to adorn his courtroom, a whip stands in the corner over a document cabinet. During the course of the play, Zemlyanika reveals that the Judge is engaged in an affair with Dobchinsky's wife. The Curator of the town's Charitable Institutions, Zemlyanika (Strawberry), a corpulent, sluggish and lumbering man runs the affairs of the hospital rather complacently and reveals himself throughout the play as an intriguer and swindler. Patients under his charge lie in filthy hospital rooms and are deprived of their medicine. In order to improve the impression of health care statistics, he succumbs to the Mayor's order to release certain patients. Further adding to the comicality, if not criminality of this rural backwater, the town doctor, Christian Hübner, is an inept German unable to speak a word of Russian and capable only of producing a nondescript sound ranging somewhere between "i" and "e." Out of pure curiosity (and boredom?), another of the town's officials, the Postmaster, Shpekin, a simple-minded civil servant finds absolutely nothing questionable about his routine practice of opening and reading the mail that passes through his office. On occasion, he even retains those letters that he finds of special interest. Luka Lukich (a pun on the Russian word for 'onion') Khlopov, the Superintendent of Schools, embarrasses easily and admits that his own education has left him unduly disposed to yield to authority. In Act I he complains, furthermore, of the vulnerability of his position: "God preserve anyone from serving in education! You're frightened of everything; everyone interferes, everybody wants to show that he too is an educated man" (14/241). Other officials conduct their duties with equal disregard: The town's streets are in desperate need of cleaning, garbage must be removed, and a rickety old fence needs to be torn down. Characteristically, Gogol does not paint the town officials nor the local merchants and townspeople as abysmally corrupt and evil, but more so as amiably venal and hopelessly inept. A decade later the author would write that his intention in this play was "to collect into one heap all that I knew to be bad in Russia" and to expose it to laughter (1937–1952:vol. 8, 440).

Soon after the Mayor has announced news of the imminent arrival of an Inspector General, two local landowners, Bobchinsky and Dobchinsky come to the Mayor's home with news that, indeed, a mysterious young newcomer named Khlestakov has already taken up residence at the local inn. To make matters worse, Dobchinsky informs everyone that the newcomer has already dwelled in the town for two weeks, news of which concerns the Mayor even more since during this time he has had the wife of a non-commissioned officer flogged and recalls that prisoners in the local jail have not received any food. Dispatching the others to set their affairs at their respective departments in order, the Mayor decides that he must visit this young visitor at the town's hotel in order to determine the potential damage both he and the town officials are likely to incur. The opening of Act II reveals the supposed Inspector General in reality to be a visiting ne'er-do-well, who has gambled away all the money his father has given him and now finds himself and his servant, Osip, lodging in a provincial hotel for which he has neither money nor ability to pay for food and lodging. More nincompoop than charlatan, Khlestakov is too self-centered and stupid to appreciate the awkwardness and potential peril of his situation. Vladimir Nabokov best characterized the essence of Gogol's protagonist: "Khlestakov's very name is a stroke of genius […] for it conveys to the Russian reader an effect of lightness and rashness, a prattling tongue, the swish of a slim walking cane […]" (1944:55). Victor Erlich similarly puts his finger on the pulse of Khlestakov's personality:

> "Khlestakov is a phony rather than a fraud, an almost unwitting beneficiary of a totally unearned windfall rather than a schemer who sizes up a situation […]. He is not smart enough to be a schemer: it takes him nearly two acts to understand the situation in which he finds himself" (1969:104).

The exchange between the Mayor and Khlestakov early in Act II reveals the stupidity of each as neither recognizes the essence of this case of mistaken identity. The former fawns obsequiously and caters to the ego of the latter who, in turn, avails himself of the situation. When Khlestakov complains of the inedible food at the hotel, the Mayor offers to put him up at another apartment; taking this to mean a jail cell, Khlestakov responds indignantly: "How do you dare? [...] Why now I [...] I serve in Petersburg." Hearing this response the Mayor immediately intuits that the new arrival has learned of the Mayor's proclivity for bribe-taking and overall malfeasance in running the town. Realizing that the townspeople no doubt have denounced him already, the Mayor responds to Khlestakov's suggestion that he be given a loan of two-hundred rubles by casually slipping him, instead, with four-hundred. Having secured what he thinks to be the Inspector General's goodwill, the Mayor further plays up to Khlestakov by offering to put him up more comfortably in his own home.

Acts III and IV continue in a similar vein with dialogue and action further delineating character as well as preparing for the climax to come in Act V. Fearful that the person they take to be an Inspector General will inevitably uncover their corruption, malfeasance, and ineptitude, the various town dignitaries find ways to slip their own bribes into the hands of Khlestakov. At first slow to suggest that they provide him with "loans," he gradually becomes quite comfortable in doing so and by the final meeting with one of the civil officials proves himself quite comfortable in demanding their bribes. Individual officers embody in varying degree the aptness and wisdom of the proverb-epigraph. Artemy Filipovich Zemlyanika, for example, reflects the limitless bounds of an arrogance of stupidity in explaining to Khlestakov that the beds in the hospital under his supervision are nearly empty because almost all the patients have been cured: "Ten are left, no more; the rest have all gotten well. It's been arranged that way, that's the setup. Since I took command, it may even seem incredible to you, they all get well like flies" (48/268). Only the ignorance of the Mayor and Khlestakov could manage somehow to ignore the malapropism of Zemlyanika's statement.

Not only the various town officials, but the Mayor's own wife and daughter, as well, reflect the venality suggested by the *parabatic* reflection of the proverb-epigraph. Both the wife and daughter (respectively, Anna Andreyevna and Marya Antonovna) demonstrate their ego-inflated personalities and simplemindedness by primping and fawning before Khlestakov in vying with one another for his favor. Following the latter's claim to be on a first-name basis with the poet Pushkin and a long line of inebriated boasting of setting his dinner table at home with 700 rubles worth of watermelon and serving soup that he has purchased directly from Paris and claiming that he is about to be promoted to the rank of Field Marshal, Anna Andreyevna naively responds: "Oh how fine! I love young people like that terrifically! I'm simply head over heels in love. And I must say he liked me a lot [...]" (55–56/274). Thereupon mother and daughter continue to argue over whom Khlestakov prefers of the two. Later in the act Anna Andreyevna will reveal her utter stupidity and impermanent devotion to her husband by responding to Khlestakov's declaration of love: "But let me note: I'm in a certain sense [...] I'm married" (83/296). Clearly, as the proverb-epigraph suggests, Gogol's play is intended more as social satire than as political commentary. Even the two landowners, Dobchinsky and Bobchinsky, who do not hold any public office, are lampooned for their ignorance and simplemindedness. The former, for example, having paid Khlestakov a healthy bribe desires to have his illegitimate elder son be permitted to take on the family name. Equally as pathetically, Bobchinsky makes a plaintive request:

> "I most humbly beg you, when you get back to Petersburg, to tell all the different nobles there, the senators and admirals, that you know [...] there lives in such-and-such a town one Pyotr Ivanovich Bobchinsky. Just say that: there lives one Pyotr Ivanovich Bobchinsky" (71–72/287).

Finally, the behavior of the merchants and townspeople themselves tends to reflect, as in a crooked mirror, the ugly mugs of a simple and venomous provincial populace. One of the leading merchants begins the heated rant by complaining to Khlestakov that the Mayor is starving the tradesmen by billeting soldiers in their homes and demanding that they provide his wife and daughter with free goods from their shops. In hopes of securing the Inspector's favor, the merchants are only too happy to offer him a bribe: not the 300 rubles that Khlestakov suggests, but 500. [Following their scalding accounts of how the Mayor has mistreated and abused them, these same merchants and townspeople later in the play will attempt to ingratiate themselves once again with the Mayor once they learn that he is about to become the father-in-law of the man they mistakenly take to be the Inspector General.] After the merchants' departure two of the town's local women intrude with their own complaints. The Locksmith's wife explains how her husband was unlawfully conscripted out of turn by the Mayor, who had received a healthy bribe from the tailor's father in order to spare his son's being enlisted into army service. Next a Non-Commissioned Officer's (N.C.O.'s) wife describes how the Mayor mistakenly has had her publicly flogged on the street following arguments and scrapping by other women in the town. While she complains that nothing can be done to undo the public humiliation, the N.C.O.'s wife feels that a fine on the part of the Mayor could partially recompense her: "I got no reason to turn down my good fortune, and the dough'd come in real handy right now" (85/297). In a tawdry and insincere attempt to dispel the allegations the townspeople have lodged against him, shortly before the end of Act IV the Mayor will respond to the indignant complaints of his townspeople:

> "I swear on my honor, not half of what they said is true. They themselves swindle the people and cheat them. The non-commissioned officer's wife lied straight to your face, pretending I'd flogged her. She's lying, honest to God, she's lying. She flogged herself" (79/293).

Act V of the play continues the depiction of greed, corruption and envy on the part of the Mayor and his family along with the merchants, local townspeople, and city officials. Emboldened by the prospects of becoming the father-in-law to the person whom he takes to be a high-ranking Inspector General from St. Petersburg, the Mayor lashes out at the merchants who had informed on him to the supposed Inspector General in Act IV. Similarly, his wife, Anna Andreyevna, shares his dream of moving to the capital and assuming a new life in society. Each reveals their shallowness and vengefulness in wishing to abandon the lifelong provincial life that has informed their lives. The Mayor assumes, for example, that he will be appointed to the rank of general with the sole goal of having others – couriers and adjutants – race ahead of him when traveling to prepare others for his arrival. Anna Andreyevna, on the other hand, has more immediate plans for their supposed future: "You must remember that we have to change our life completely, that your friends aren't going to be some kind of an old dog-lover judge who you go out and poison rabbits with [...]" (91/302). Their posturing changes radically, however, with the arrival of the Postmaster, who informs all the assembled that he has unsealed and read a letter that Khlestakov has sent to a friend in which he ridicules the Mayor, local officials and townspeople for their corrupt ways and ignorance in taking him for an Inspector General instead of the itinerant down-and-out small time official he is. Each of the officials and their Mayor come in for ridicule as Khlestakov describes them to his friend: The Postmaster, for example, is described as drinking like a fish; the Supervisor of Charitable Institutions, Zemlyanika, is referred to as "a pig in a yarmulka"; the Superintendent of Schools, Luka Lukich, is accused of smelling of onions, and Judge Lyapkin-Tryapkin is labeled a boor to the worst degree.

It is at this point in the concluding moments of Act V that the Mayor turns to the audience to utter his famous accusation, which Ivanov describes in his article as the *parabatic* moment in the play: "Just look, look, all you world, all Christianity, all of you just look how the Mayor's been made fool of! [...] What're you laughing for? You're laughing at yourselves!" (103/313). It is difficult to argue with Ivanov's analysis that the Mayor's address functions as a form of Old Comedy *parabasis*. After all, while this *parabatic* choral moment typically occurred in the middle of the Greek play's action following the prologue and *parados* (entrance song) and *agon* (formal debate), there were exceptions to the rule. Aristophanes's *Lysistrata*, for example, has an unusual double chorus and his final two plays have no *parabasis* at all. In addition, Aristophanes regularly would play directly to his audience and involve them in his action. In his *Frogs*, for example, Dionysus engages in a comical exchange with the Priest of Dionysus sitting in the front row of the audience.[5] Finally, it will be recalled that the opening monologues/soliloquys of several Old Comedy plays were directed to the audience. Is this not, arguably, the function of the proverb-epigraph that opens Gogol's *The Inspector General*? While not attached to the 1836 text of the play, Gogol added it to the 1842 revision, which has remained the standard text of the play. Like the Mayor's address that appears in the closing moments of the play, this Russian proverb operates as a "prequel" to the message Anton Antonovich directs to his audience in Act V. He chides them for "laughing at themselves" at play's end echoing the wisdom of the proverb-epigraph: "Don't blame the mirror for your own ugly mug." Is this proverb not an authorial "choral message" designed to edify Gogol's audience and to prepare them for the social comedy that follows? Unlike the Mayor's address to the audience at the end of the play, this proverb contains the simplicity of moral and ethical advice by way of a preview to the play but, rather than take the form of a tirade or outburst, the proverb comes in the form of timeless folk wisdom of which Gogol was so fond. In Morson's formulation it is not a statement *in* the story but, rather, a statement "*about*" the story.

In his "Leaving the Theater after the Performance of a New Comedy," which Gogol wrote by way of a commentary on the play following its opening performance in 1836, he noted that the ideal comedy should embody an all-inclusive collective sense of life on the stage so that the spectators would feel included as well as implicated in what it is laughing at: "Comedy should cohere spontaneously, in all its mass, into one great, inclusive knot. The plot should embrace all the characters, not one or two – and touch upon the things that stir all of them, to whatever degree" (Ehre, 1980:

181). No one better than Gogol would recognize that this "all-inclusive collective sense of life" is best represented and conveyed in the collective wisdom of the folk as presented in the timeless form of the Russian proverb. While it is impossible to document that the proverb-epigraph to his play was intended by Gogol to function as a type of *parabasis*, similar to the Mayor's address at the end of the play, we do know that he considered the classical model of Aristophanic Comedy to be a source of important inspiration to him (1937–1952:vol. 5, 143). In addition, what better vehicle to convey both the moral as well as the social message of a didactic author, like Gogol, than the proverb?

## Notes

1 Ivanov was appointed to the professorship of Greek Studies at Baku University in 1921, where he remained for three years until his departure from the Soviet Union to Italy, where he lived for the rest of his life writing, translating, and teaching.

2 The initial version of *The Inspector General* was completed and staged in St. Petersburg in 1836.

3 Snegirev's book was published in Moscow.

4 Машинского & Степановв & Храпченко (1967:10). English translation appears in Reeve (1961:41). All subsequent quotes from Gogol's play will come from these two volumes with the Russian page reference given first, followed the page number of the English translation.

5 The author gratefully acknowledges Classics Professors Mark Usher and James Svendsen for their helpful comments in the preparation of this article.

## Bibliography

Ehre, Milton (ed.). 1980. *The Theater of Nikolai Gogol: Plays and Selected Writings*. Edited with an introduction and notes by Milton Ehre; translated by Milton Ehre and Fruma Gottschalk. Chicago: University of Chicago Press.

Erlich, Victor. 1969. *Gogol*. New Haven: Yale University Press (Yale Russian and East European Studies, 8).

Гоголь, Н.В. 1937–1952. *Полное собрание сочинений*. 14 vols. Москва et al.: Издательство Академии Наук СССР.

Ivanov, Vyacheslav. 1974. "Gogol's Inspector General and the Comedy of Aristophanes." In: Robert A. Maguire. (ed.). *Gogol from the Twentieth Century: Eleven Essays*. Selected, edited, translated, and introduced by Robert A. Maguire. Princeton, N.J.: Princeton University Press, 199–214.

Lavrin, Janko. 1962. *Nikolai Gogol*. New York: Collier Books.

Машинского, С.И. & Н.Л. Степановв & М.В. Храпченко (eds.). 1967. *Н.В. Гоголь: Собрание сочинений в 7 томах*. Vol. 4. Москва: Издательство "Художественная литература."

Мокиенко, В.М. & Т.Г. Никитина & Е.К. Николаева. 2010. *Большой словарь русских пословиц*. Москва: ОЛМА Медиа групп.

Morson, Gary Saul. 1981. "Tolstoy's Absolute Language." *Critical Inquiry* 7/4, 667–687.

Nabokov, Vladimir. 1944. *Nikolai Gogol*. Norfolk, Conn.: New Directions.

Reeve, F.D. 1961. *An Anthology of Russian Plays*. Vol. 1. Edited, translated, and introduced by F.D. Reeve. New York: Vintage Books (Vintage Russian Library, 731).

# Die Aporie von Autobiografie und Autofiktion: Gedanken zu Albert Camus und Karl Ove Knausgård

*Christine Palm Meister*

Die folgenden unvorgreiflichen Gedanken zum Thema basieren auf der zufällig synchronen Lektüre von Albert Camus' *Der erste Mensch* (2010 [1994]) und Karl Ove Knausgårds *Min kamp* (2009–2011), literarischen Werken, wie sie ungleicher nicht sein könnten. Nun soll man ja bekanntlich nicht Äpfel mit Birnen vergleichen, aber der gemeinsame Nenner ist das Genre, einmal als Autobiografie und einmal als Autofiktion bezeichnet, das hier der Gegenstand einiger Spekulationen werden soll.

Das Fatum von Camus' Werk ist abenteuerlich: Das handgeschriebene Manuskript wurde in der Mappe gefunden, die neben Camus lag, als er am 4. Januar 1960 auf dem Weg nach Paris im Wagen seines Verlegers Gallimard tödlich verunglückte. Das Manuskript war ohne Zeichensetzung, das letzte Kapitel fehlte noch. Seine Witwe hat in jahrelanger Arbeit ein sorgfältiges Schreibmaschinenmanuskript erstellt, es aber nicht veröffentlichen wollen, weil sie glaubte, ihrem Mann damit zu schaden, da er damals sehr umstritten war, nicht zuletzt auch in Schweden (siehe Lagercrantz, 2011: 106–108).

Erst die Tochter hat nach dem Tod der Mutter 34 Jahre später 1994 die Publikation beschlossen, ein Ereignis, das als hervorragendes literarisches Comeback des berühmten Autors gepriesen wurde. Die erklärte Absicht war es gewesen, mit diesem Buch sein Lebenswerk zu vollenden. Die Unvollständigkeit des Manuskripts gibt einen einzigartigen Einblick in Camus' Arbeitsweise am autobiografischen Thema.

Geboren am 7. November 1913 in Mondovi (Algerien) als Sohn französischer Einwanderer, verlor er seinen Vater in der Marneschlacht, als er ein Jahr alt war. Der Verlust des Vaters und die Suche nach ihm auf einem Kriegsgräberfriedhof 40 Jahre später, ist eine schockierende Einsicht für Camus, als er am Grab seines Vaters steht und begreift, dass er älter ist, als jener, der im Alter von 29 Jahren gefallen war.

Seine Kindheit verbrachte er in einem Armenviertel von Algier, wohin seine Mutter mit den zwei Söhnen ausgewandert war, um nach dem Tod des Vaters bei ihrer Mutter Unterschlupf zu finden. Sie lebte in dieser kärglichen Wohnung bis zum Tode von Albert und überlebte ihn um ganze neun Jahre (Radisch, 22.04.1994).

Karl Ove Knausgård wurde 1968 in Oslo geboren. Sein großes autofiktional genanntes Projekt in 6 Bänden *Mein Kampf* hat er 2011 abgeschlossen, nachdem er drei Jahre wie besessen daran geschrieben hatte. Die Rezensionen, die bisher erschienen sind, bezeichnen den 6. und letzten Band als den gelungensten. In meinem bescheidenen Zusammenhang bleibt dieser aus Zeitgründen außer Acht, nur Band 1 und 2 werden herangezogen. Knausgård beschreibt darin seine Kindheit und das Exil in Schweden, das immer noch andauert, sowie das Familienleben mit seiner schwedischen Frau Linda und den drei Kindern Vanja, Heidi und John.

Auch Knausgårds Leben wird, wenn auch ganz anders, von seinem Vater geprägt. Dieser ist in höchstem Grade anwesend, wenn auch unerwünscht, und verbreitet ein gnadenloses Gefühl der Angst um sich. Er ist Lehrer und erzieht seine beiden Söhne, von denen Karl Ove der jüngere ist, mit unglaublicher Strenge. Die Kontrolle ist total, der Vater allgegenwärtig, und die Angst vor ihm, beim geringsten Übertreten eines der kleinlichen und schikanösen Verbote im Leben der Familie in einem kleinen Eigenheim im Norwegen der siebziger Jahre, erwischt zu werden, scheint den kleinen Karl Ove beinahe zu ersticken. Er hat nahe am Wasser gebaut und erntet dafür die Verachtung seines Vaters.

Einige Jahre später erhalten die inzwischen ausgeflogenen Jungen die Nachricht vom plötzlichen Tode ihres Vaters, der, schwer alkoholisiert, nach einer zerbrochenen zweiten Ehe zurück zu seiner alten Mutter gezogen war.

Was dann folgt, ist die mit ekelerregender Genauigkeit geschilderte Abwicklung dieses Haushalts durch die beiden Söhne, die angereist waren, um wieder eine menschliche Behausung aus dem total vernachlässigten und verdreckten Milieu zu machen, aber auch um den Vater zu begraben. Die Misere ist unvorstellbar und wird bis ins kleinste Detail beschrieben.

Als mich die Frage nach dem Unterschied zwischen Autobiografie und Autofiktion vor einigen Monaten zu beschäftigen begann, stieß ich auf die Tatsache, dass dieses terminologische Problem augenblicklich in der literaturwissenschaftlichen Forschung sehr umstritten und somit hochaktuell ist. Ich fühlte mich darin bestätigt, dass hier eine beunruhigende terminologische Verwirrung ihrer Lösung harrt, die aber wahrscheinlich an der Komplexität und Fülle der Erscheinungsformen scheitern wird.

Das Problem boomt besonders in der französischen Literaturwissenschaft. Paul de Man hat in seiner Theorie der Autofiktion (1993) diese als Gestaltung eines fiktiven Geschehens, vermischt mit autobiografischen Elementen, definiert. Die Autobiografie dagegen habe immer ein offenes Ende und eine historische Referenz, da der Autor seinen eigenen Tod nicht schildern könne. Kafka hat dies in *Das Urteil*, in *Die Verwandlung* und *In der Strafkolonie* getan, auch wenn es sich dabei nicht um Autobiografien im eigentlichen Sinne handelt.

Und wie ist es mit der Geburt? Camus' Werk *Der erste Mensch*, das mit der notwendigerweise fiktiven Schilderung seiner Geburt beginnt, wird doch gemeinhin als Autobiografie bezeichnet. Das Problem des zeitlichen Abstandes von den erzählten Ereignissen beeinflusst natürlich Autofiktion wie Autobiografie, sowie auch die Qualität des Erinnerungsvermögens des Autors.

Als Motive zu autobiografischen Werken lässt sich hier nur eine kleine Anzahl anführen, wie etwa Apologien (z.B. Otto von Bismarcks *Gedanken und Erinnerungen*), Selbsterkenntnis, von der Psychoanalyse scherzhaft-ironisch in "Selbst(v)erkenntnis" umgetauft, Selbst(hoch)stilisierung, Eitelkeit, Vertuschung, Richtigstellung, Verhüllung (Thomas Mann bezeichnete einmal sein ganzes Werk als eine "transponierte Selbstbiographie"), das Sich-ins-rechte-Licht-Rücken (Christa Wolf in *Kindheitsmuster*) usw. (siehe Palm, 1991:177–178). In der deutschen Literatur wird Goethes *Dichtung und Wahrheit* gemeinhin als das Standardwerk der literarischen Autobiografie betrachtet, schon der Titel vereint die beiden Aspekte, die unsere Zeit trennen sollte. Die Frage ist, ob Thomas Mann nicht das ganze Problem gelöst hat – der Rest sind Gradunterschiede!

Einige große Autobiografen der Weltliteratur sollten hier vielleicht noch genannt werden: Augustinus, Jean-Jacques Rousseau, Casanova, Friedrich Nietzsche, Theodor Fontane, Maksim Gor'kij, Elias Canetti, Selma Lagerlöf, Stefan Zweig u.v.a.m.

Zum Begriff der 'Autofiktion' kann ich nicht umhin, Wikipedia zu zitieren:

> "In den vergangenen Jahren ist eine größere Zahl an Romanen erschienen, die praktisch erfindungsfrei sind und vom Leben des Autors handeln. Hierzu zählen etwa *Pawels Briefe* von Monika Maron und der schon genannte Roman *Abfall für alle* von Rainald Goetz. Gérard Genette schlägt für dieses Phänomen die auf Serge Doubrovsky zurückgehende Bezeichnung *Autofiktion* vor. Die Abgrenzung von der Autobiografie [*sic*] und anderer Fiktion wird gegenwärtig intensiv diskutiert" (29.09.2013).

Worin besteht also der Unterschied zwischen Autobiografie und Autofiktion, wenn es denn einen gibt? Die theoretischen Diskussionen laufen darauf hinaus, unterschiedliche Motive der Autoren von Autobiografien respektive Autofiktionen festzumachen, als da sind: Narzissmus, Flucht, Selbst(v)erkenntnis, ein "herbeiphantasiertes" Bild von sich selbst zu geben, Eitelkeit oder Modeerscheinung (Farron, 31.05.2003). Aber schauen wir uns erst die gewählte Primärliteratur etwas genauer an und beginnen allein schon aus chronologischen Gründen mit Albert Camus. Wie Jochen Schimmang (1995) sehr überzeugend feststellt, ist *Der erste Mensch* kein Roman mit autobiografischen Elementen, sondern eine Autobiografie in Form eines Romans.

Mit dem Genre-Begriff 'Roman' ist die Fiktion erzähltheoretisch in das Werk integriert. Allein die anfängliche Schilderung der Umstände der Ankunft von Camus' Eltern in Mondovi am Tag seiner Geburt, die er ja unmöglich selbst bewusst miterlebt haben kann, sind Zeugen für die Rolle der Fiktion in seinem Werk. Mehrere Rezensenten machen darauf aufmerksam, dass die geschilderten Umstände eine deutliche Intertextualität zur *Weihnachtsgeschichte* aufweisen.

Der bereits erwähnte Verlust des Vaters im darauffolgenden Jahr und die Übersiedlung der Mutter mit ihren beiden Söhnen zur Großmutter in das Armenviertel von Algier sollte Alberts Kindheit stark prägen. Aber nicht, wie zu erwarten, nur im negativen Sinne, sondern später auch als ein Ort der Sehnsucht. Die tiefe Liebe zu seiner Mutter, einer fast stummen Analphabetin spanischer Herkunft, ist so intensiv, verhalten und unsentimental geschildert, wie es große Literatur verlangt.

Die Großmutter, auch sie Analphabetin, ist die strenge und züchtigende Person seiner Kindheit. Die Mutter, schön, gut, aber schwach, sieht diesen Züchtigungen zu, ohne es über sich zu bringen, einzugreifen, um ihre beiden Kinder zu schützen. Die mörderischen Folgen einer extremen Armut werden in einigen sehr erschütternden Szenen deutlich (Camus, 2010 [1994]:120–122).

Sein Volksschullehrer Louis Germain entdeckt Alberts Begabung und bringt es fertig, "seinen Kleinen", wie er ihn nennt, im Lycée von Algier unterzubringen, um ihm so den Weg bis zum Philosophiestudium an der Universität von Algier zu ebnen. Sein letzter Brief an Camus, zwei Jahre nach der Verleihung des Nobelpreises 1957, ist im Anhang von *Der erste Mensch* abgedruckt und gehört zu den liebenswertesten Dokumenten dieser Ausgabe (Camus, 2010 [1994]:441–445).

Der Nobelpreis für Literatur 1957 ist die Krönung von Albert Camus' Karriere, die mit dem besagten tragischen Autounfall endet. Das schlechte Gewissen, das ihn stets geplagt hat, weil er seine Mutter in Algier zurückgelassen hatte, um nach Europa zu gehen, soll in folgendem Auszug deutlich werden:

> "Mama. Die Wahrheit ist, dass ich trotz all meiner Liebe nicht auf der Ebene dieser blinden Geduld ohne Sätze, ohne Pläne habe leben können. Ich habe ihr unwissendes Leben nicht leben können. Ich war dauernd unterwegs, habe die Menschen aufgebaut, erschaffen, verbrannt. Meine Tage waren zum Bersten ausgefüllt – aber nichts hat mein Herz so erfüllt wie [...]" (Camus, 2010 [1994]:417–418).

In diesen Kontext gehört auch die Widmung seines letzten Romans an die Mutter: "Dir, die du dieses Buch niemals wirst lesen können." Wenn man bedenkt, dass Lucie Cormery, wie die Mutter im Roman heißt, ihren zweiten Sohn um neun Jahre überlebte, wird diese Widmung doppelt tragisch. Und seine Mutter ist bereits auf der ersten Seite des Romans verewigt, wie auch das Nobelpreis-Kabel, das er ihr im Jahr 1957 geschickt hatte, mit den Worten, dass er sie nie so vermisst habe wie jetzt, was sie sich von einem Nachbarn vorlesen lassen musste.

Zu *Der erste Mensch* gab es einen Vorgänger, der im Jahre 1937 unter dem Titel *Licht und Schatten* in Algier erschienen war (1959 [1937]). Dieses Buch noch einmal zu schreiben, war seither das ganze Bestreben Camus'. Alle seine anderen großen Romane sollten nur Vorstufen dazu sein.

Im Vorwort zur Neuauflage von *Licht und Schatten* 1959 schrieb Camus von der Sehnsucht nach den kahlen, heißen Zimmern seiner Kindheit in Afrika, in denen es um die Dinge ging, die das Leben ausmachten. Er sprach vom Menschenwerk, "einem einzigen Unterwegssein, um auf dem Weg über die Kunst die zwei oder drei einfachen, großen Bilder wiederzufinden, denen sich das Herz ein erstes Mal erschlossen hat."

Das Manuskript in der Mappe des tödlich Verunglückten hatte das Zeug zu einem großartigen Comeback für Camus, was es schließlich auch wurde. Am 7. November 2013 jährte sich sein Geburtstag zum 100. Male. Es bleibt abzuwarten, wie groß sein Ruhm heute noch ist.

Angesichts des relativ jungen Alters von Karl Ove Knausgård und der enormen Textmenge seines Mammutprojektes *Mein Kampf* von ca. 3.500 Seiten kann man sich, da er ja den Anspruch auf genaue Erinnerungsleistung bis ins Detail erhebt, fragen, wie es möglich war. Diese Liebe zum Detail, oft völlig nebensächliche, banalste Handlungen, wie z.B. die Zubereitung einer Tasse Tee durch Aufgießen von heißem Wasser auf einen Teebeutel bis ins Kleinste zu beschreiben, lässt den Leser mehr als einmal fragen: Warum erzählt er uns das alles?

Ist es eine Finte, um uns glauben zu machen, das Leben müsse in allen Einzelheiten geschildert werden, um glaubwürdig und wahr zu sein? Die Detailtreue kann, wie in der seitenlangen Beschreibung der Feier eines schwedischen Kindergeburtstages von kontextueller Bedeutung sein, weil so mit feiner Ironie an der Konformität seiner Generation in Schweden Kritik geübt wird (2012:28–65). Aber an vielen Stellen ist diese Pedanterie Selbstzweck und macht so einen Teil der großen Textmenge aus. Ein Rezensent bringt es folgendermaßen zum Ausdruck: "*Mein Kampf* ist ein selbstbiografisches Projekt, das das Leben schreiben will, solange es währt" (Eriksson, 01.09. 2013; übersetzt von Christine Palm Meister).

Am 2. September 2013 erschien der 6. und letzte Band auf Schwedisch, von allen bisherigen Rezensenten als der beste bezeichnet. Knausgård: "Die Welt, wie sie ist, kann der Roman beschreiben, im Gegensatz zur Welt, wie sie sein sollte." Im 2. Band äußert sich der Autor im Gespräch mit einem norwegischen Landsmann zu seiner Poetik:

> "Det var fria fantasier, men jag trodde det var sant. Det är en defekt. [...] har hänt flera gånger, men inte för att jag är mytoman, jag tror faktiskt på det. Gud vet hur mycket som bara är griller av allt jag går omkring och tror är kalla fakta" ('Das waren freie Fantasien, aber ich glaubte, dass es wahr war. Das ist ein Defekt. [...] es ist mehrmals passiert, aber nicht, weil ich an Mythomanie leide, ich glaube tatsächlich daran. Gott weiß, wie viel von dem, was ich für kalte Fakten halte, nur Grillen sind!') (2009–2011:489; übersetzt von Christine Palm Meister).

Nicht abzusprechen sind Knausgård eine sehr talentierte und leserfreundliche Erzählkunst wie ein treffsicheres und spannendes Bewältigen des umfangreichen Stoffes. Aber die Tatsache, dass ein so junger Mann wie er noch nicht so viel erlebt haben kann, gibt zu bedenken, dass die alte Forderung, erst lange genug gelebt haben zu müssen, um eine Autobiografie schreiben zu können (u.a. Ernest Hemingway, Goethe), immer noch gültig zu sein scheint. Wie dem auch sei, ein bedeutendes Werk hat seinen Abschluss gefunden. Von den beiden letzten Teilen, die sich leider noch meiner Kenntnis entziehen, ist von der Nähe zu Marcel Proust und Thomas Mann wie auch einer Nobelpreiskandidatur gesprochen worden, vielleicht etwas voreilig.

Es ist teilweise sehr faszinierend, als Leser einem anderen Menschen so nahe zu kommen, wie bei der Lektüre von *Mein Kampf*, und ich bin überzeugt, dass dieses Werk nicht nur eine literarisch überragende Bedeutung hat, sondern auch als historisches Zeugnis vom Milieu und der Lebensweise von Knausgårds Zeitgenossen im Norwegen und Schweden der Gegenwart eine entscheidende Rolle spielen wird. Ein besonders pikanter Aspekt ist, dass weibliche Personen bei der Lektüre von Knausgårds *Mein Kampf* sehr viel lernen können, was gerade die Befindlichkeiten des männlichen Geschlechts anbelangt.

Es wäre noch von den großen Gefühlen und nahestehenden Personen in *Mein Kampf* zu reden. Die Begegnung Knausgårds mit seiner späteren Frau und Mutter seiner drei Kinder, Linda, berührt sehr durch die schonungslose Schilderung des Übergangs von einer starken erotischen Anziehungskraft zur Diagnose ihrer manisch-depressiven Krankheit, die den empfindsamen und feinfühligen Autor fast völlig aus der Bahn wirft.

Das Heimweh nach Norwegen sowie der Ärger über die heftige Reaktion seiner dortigen Familie, die ihn der Verleumdung bezichtigt, als das Buch in Norwegen erscheinen soll, führen zu schweren Reueattacken. Ein allgemeines Gefühl von Verlassenheit und Einsamkeit ist die Folge. Als großartige Leistung zu verbuchen wäre auch die psychologisch einfühlsame und verständnisvolle Schilderung seiner drei Kinder.

Marcel Reich-Ranickis zwar etwas burschikose und nicht gerade nuancierte Behauptung, Liebe und Tod seien die Hauptthemen der Literatur, alles andere sei Mumpitz, bewahrheitet sich an unseren beiden Beispielen. Liebe und Tod eignen sich hervorragend als Parameter im anfangs angekündigten Vergleich zwischen Camus, geboren am Anfang des vorigen Jahrhunderts, und Knausgård, gegen dessen Ende. Beide sind also fast gleichaltrig, als der Schlussstrich zu ihren Werken gezogen werden muss, bei Knausgård wohl vorerst freiwillig.

Die literarischen Welten können unterschiedlicher nicht sein, sie erstrecken sich von einem Armenviertel in Algier bis hin zu einem Reihenhaus der norwegischen Mittelschicht im Süden des Landes. Die psychische Gesundheit des armen Kindes in Algier ist dabei bedeutend robuster und widerstandsfähiger als die des geborgenen aus der norwegischen Mittelschicht, das ohne materielle Probleme aufwächst, dafür aber umso mehr aufgrund seiner labilen Veranlagung unter dem klassischen Vater-Sohn-Konflikt in Form einer gnadenlos spießigen Überwachung durch den Vater zu leiden hat. Es gäbe noch einige weitere Parameter, zu denen ein Vergleich lohnen würde, die jedoch den Umfang dieses kleinen Beitrags sprengen würden.

In einer Kopenhagener Zeitung hat sich Knausgård einmal folgendermaßen geäußert: "Meine Bücher stehen in einer langen Tradition autobiografischen Schreibens und befinden sich irgendwo zwischen Tagebuch, Bekenntnis und gestaltetem Roman." Der Zusammenfall von Autor, Erzähler und Held (Hauptperson) charakterisiert den klassischen autobiografischen Roman bei Camus, homodiegetisch erzählt. Knausgårds Text dagegen ist eine autodiegetische Erzählung, in der der Ich-Erzähler zugleich auch die Hauptfigur ist (Martínez & Scheffel, $^{3}$2002:83).

Es gibt noch weitere Arten der Vermummung des Erzählers, alles Inszenierungen und Maskenspiele (siehe de Man, 1993), um die Gruppierungen der wirklichen Erzählsituation zu vertuschen, so z.B. in Christa Wolfs *Kindheitsmuster*. Hier werden, beinahe genial, das erzählende Ich in ein Ich und ein Du aufgespalten, damit die sich erinnernde Autorin an den Stoff, ihre eigene Kindheit, herankommt und die Fremdheit gegenüber diesem Stoff überwinden kann. Eine große Rolle spielen dabei die Emotionen, denen das reichhaltige phraseologische Material im Text Ausdruck verleiht. Emotionen sind für Christa Wolf wahrer als erzählte Fakten, weil sie sich demagogischen Verfälschungen entziehen ($^{3}$1978 [1976]:9–10 & $^{2}$1989 [1986]:358–359).

Knausgård erzählt unumwunden seine Autobiografie, es gibt keine Flucht weg vom Banalen und Profanen. Sein Romanwerk ist eine Absichtserklärung, gegen die Fiktionalisierung der Welt durch die Medien anzukämpfen und seine Sehnsucht nach Authentizität und Wirklichkeit zu gestalten.

Autobiografie und Autofiktion unterscheiden sich eigentlich nicht in der Sache, es ist nicht eine Frage der Anzahl fiktiver Elemente in einem Werk, sondern der Terminologie und der phänomenologischen Interpretation, die die Entscheidung fällen.

## *Nachtrag*

Ein im schwedischen Fernsehen am 27. September 2013 ausgestrahltes Programm zu und mit Knausgård bringt in einigen Punkten weitere Klarheit:

Der schwierige Lebensabschnitt etwa im Alter von dreizehn Jahren, als seine soziale Umgebung ihn für homosexuell hielt und ihn dementsprechend behandelte, führte neben dem Kampf mit seinem Vater zu starken Selbstbehauptungsfantasien. Knausgård hält diese Erfahrung des Ausgeschlossenseins für die stärkste Motivation seines Schreibens. Der Drang, etwas Außerordentliches tun zu müssen, um das Gleichgewicht wiederherzustellen, ist der Grund für jene Besessenheit, mit der er sein Projekt in drei Jahren durchgeführt hat.

Obwohl schüchtern und zurückgezogen, gibt er zu, die Aufmerksamkeit genossen zu haben und jetzt nach Abschluss des Projekts zu vermissen. Der totale Wahrheitsanspruch habe zur Schilderung all dieser Nebensächlichkeiten geführt.

Als kritischer Leser ist man schon der Meinung, dass Knausgård hier das Profane mit dem Wahren verwechselt und sein Projekt nicht unbedingt darunter gelitten hätte, seinen Lesern selbstverständliche Details des Alltags zu ersparen. Die Romane wären bei Auslassung all dieser Dinge natürlich auch weniger umfangreich geworden. Als kritischer Leser könnte man den böswilligen Vergleich mit "Realitysoaps" ziehen. Dagegen spricht jedoch vor allem die lobenswerte sprachliche Gestaltung des Stoffes durch Knausgård.

Verglichen damit hat das Schlachten eines Huhns in der Küche, bei dem der kleine Albert Camus seiner Großmutter zur Hand gehen muss, was in allen widerwärtigen Einzelheiten geschildert wird, eine fast archetypische Dimension des Grauens.

Sehr bemerkenswert ist auch eine Szene der Sendung, in der Knausgård das Elternhaus seines Freundes Geir in der alten Heimat Norwegen besucht (Geir lebt auch in Schweden) und Geirs Vater sich sehr wertschätzend über seinen alten Freund und Jagdkameraden, Knausgårds Vater, äußert.

Wer gibt hier der Wahrheit die Ehre? Es geht wohl auch immer darum, um wessen Wahrheit es sich handelt. Vielleicht versteht man Martin Walsers Reflexion in *Meßmers Momente* (2013) jetzt besser, wo es heißt:

> "Wenn einer nicht sein Leben gelebt hat,
> sondern das eines anderen,
> und dann schreibt er eine Autobiographie" (21).

## *Bibliografie*

Camus, Albert. 1959 [1937]. *Literarische* Essays. Hamburg: Rowohlt.

----------. 2010 [1994]. *Der erste Mensch*. Dt. von Uli Aumüller. Sonderausgabe. Reinbek bei Hamburg: Rowohlt-Taschenbuch-Verl.

de Man, Paul. 1993. "Autobiographie als Maskenspiel." In: Paul de Man. *Die Ideologie des Ästhetischen*. Hg. von Christoph Menke. Aus dem Amerikan. von Jürgen Blasius. Frankfurt am Main: Suhrkamp, 131–146.

Eriksson, Therese. 01.09.2013. "Knausgård fullbordar sitt livsverk." *Upsala Nya Tidning*. <www.unt.se/kultur/litteratur/knausgard-fullbordar-sitt-livsverk-2570210.aspx> (05.09.2013).

[Farron, Ivan]. 31.05.2003. "Die Fallen der Vorstellungskraft: Autofiktion – ein Begriff und seine Zweideutigkeit(en)." *Neue Züricher Zeitung*. <www.nzz.ch/aktuell/startseite/article8VLW2-1.259501> (29.07.2013).

Knausgård, Karl Ove. 2009–2011. *Min kamp: Roman*. 6 Bdc. Übers. von Rebecca Alsberg. Stockholm: Pocketförlaget.

----------. 2012. *Lieben: Roman*. Aus dem Norwegischen von Paul Berf. München: Luchterhand [Originaltitel *Min kamp 2*].

Lagercrantz, Olof. 2011. *Vårt sekel är reserverat åt lögnen: Artiklar 1938–1993*. Stockholm: Karneval.

Martínez, Matías & Michael Scheffel. $^{3}$2002. *Einführung in die Erzähltheorie*. 3. Aufl. München: Beck.

Palm, Christine. 1991. "Fundgrube 'Kindheitsmuster' und kein Ende: Zur semantischen Analyse einiger Phraseologismen im Text." In: Christine Palm (Hg.). *"EUROPHRAS 90": Akten der internati-*

*onalen Tagung zur germanistischen Phraseologieforschung, Aske/Schweden, 12.–15. Juni 1990.* Stockholm: Almqvist och Wiksell Internat. (Acta Universitatis Upsaliensis: Studia Germanistica Upsaliensia, 32), 163–179.

Radisch, Iris. 22.04.1994. "Endstation Mama, Afrika: 'Der erste Mensch' – das letzte Werk von Albert Camus wurde vor wenigen Tagen in Paris veröffentlicht." *Zeit Online.* <www.zeit.de/1994/17/endstation-mama-afrika> (29.07.2013).

Schimmang, Jochen. 1995. "Die karg genährte Erinnerung der Armen: Albert Camus' Autobiographie in Form eines Romans: 'Der erste Mensch'." *Süddeutsche Zeitung,* 16./17. September 1995.

Walser, Martin. 2013. *Meßmers Momente.* Reinbek bei Hamburg: Rowohlt.

Wikipedia. 29.09.2013. "Fiktion." <http://de.wikipedia.org/wiki/Fiktion> (03.11.2013).

Wolf, Christa. $^{3}$1978 [1976]. *Kindheitsmuster.* 3. Aufl. Berlin u.a.: Aufbau-Verl.

----------. $^{2}$1989 [1986]. *Die Dimension des Autors: Essays und Aufsätze, Reden und Gespräche 1959–1985.* Bd. 2. 2. Aufl. Berlin u.a.: Aufbau-Verl.

# "Ich war willenlos": Die dämonische Macht der unterdrückten Sexualität in Rainer Maria Rilkes Erzählungen *Die Näherin* (1894) und *Das Haus* (1899)

*Helga Schreckenberger*

In zwei Erzählungen aus Rainer Maria Rilkes früher Schaffensperiode, *Die Näherin* (1894) und *Das Haus* (1899),[1] begegnet uns eine aus der Literatur der Jahrhundertwende wohlbekannte, für Rilke jedoch durchaus untypische Frauengestalt: die Femme fatale, deren erotische Macht den Mann bezwingt und vernichtet.[2] Studien zum Thema Frauenrepräsentationen in der Literatur und Kunst der Jahrhundertwende haben überzeugend herausgestellt, dass es sich bei der Femme fatale und ihrem Gegenbild, der kindlich-unschuldigen Femme fragile, keineswegs um gegensätzliche, sondern vielmehr um komplementäre Typen handelt. Wie Nike Wagner herausstellt, müssen beide Frauentypen als Transfiguren erotischer Wünsche verstanden werden, die sowohl die Sexualekstase und Sexualüberschätzung der Jahrhundertwende als auch ihre Sexualangst und Sexualablehnung repräsentieren (1982:138). Diese These bildet den Ausgangspunkt für die Analyse von Rilkes Frauengestalten in den Erzählungen *Die Näherin* und *Das Haus*. Es soll gezeigt werden, dass in beiden Erzählungen die Frauengestalten die verdrängte Triebhaftigkeit der männlichen Protagonisten widerspiegeln. Die Protagonisten fallen nicht den weiblichen Verführungskünsten zum Opfer, sondern ihren eigenen Schwächen, die aus ihrer entfremdeten Existenz in der bürgerlichen Gesellschaft resultiert.

Um sowohl das Zeittypische als auch das Spezifische der Femme fatale in Rilkes Erzählungen zu erfassen, muss sie auf ihre Gemeinsamkeiten mit und ihre Abweichungen vom Grundtypus untersucht werden. Carola Hilmes entwirft in ihrer Studie zur Femme fatale eine "Minimaldefinition" dieser Figur (1990:10). Ihr zufolge handelt es sich "meist um eine junge Frau von auffallender Sinnlichkeit, durch die ein zu ihr in Beziehung geratener Mann zu Schaden oder zu Tode kommt. […] Oft agiert die Frau in der Funktion eines Racheengels und wird in vielen Fällen am Ende der Geschichte für ihre Taten mit dem Tode bestraft." Diese Definition trifft die Grundsituation von Rilkes Erzählungen. In *Die Näherin* verstrickt sich der Ich-Erzähler wider seinen Willen in eine Liebesaffäre mit der Titelfigur. Als er die Beziehung abbricht, rächt sich die Frau, indem sie den Vater seiner Verlobten von der Affäre in Kenntnis setzt und dieser daraufhin das Verlöbnis löst. Die Näherin selbst begeht Selbstmord. In der Erzählung *Das Haus* gerät der Protagonist Erhard Stilfried ebenfalls gleichsam gegen seinen Willen während eines Zwischenaufenthaltes in einer ihm fremden Stadt in das Haus einer Frau, die ihn erotisch betört. Auch diese Erzählung endet fatal: Erhard wird von dem eifersüchtigen Ehemann der Frau getötet.

In beiden Erzählungen fällt auf, dass die Protagonisten Sinnlichkeit als bedrohlich und grotesk empfinden. In *Die Näherin* ist es die Titelfigur, die diese bedrohliche Dämonik ausstrahlt, aber nicht auf eine sexuell betörende, sondern, der Beschreibung des Ich-Erzählers nach, auf eine abstoßend hässliche Art und Weise:

"Eine armselige Gestalt: zwischen den spitzen Schultern, die ein verschossener, grüner, fast bis zur Erde reichender Mantel deckte, wiegte sich der Kopf, in dem zuerst die lange dünne Nase und die hohlen Wangen auffielen. Die schmalen, leicht geöffneten Lippen zeigten unsaubere Zähne, das Kinn war eckig und sprang weit vor. Bedeutend in diesem Gesicht waren nur die Augen. Nicht daß sie schön gewesen wären, aber sie waren groß und sehr schwarz – wenn auch glanzlos. So schwarz, daß das tiefdunkle Haar fast grau erschien" (Rilke, 1961a:418).

Dies ist schwerlich die Beschreibung einer sinnlich-anziehenden Frau, und die Näherin entspricht keinesfalls dem gängigen Bild der Femme fatale. Es fallen vielmehr ihre hexenhaften Züge ins Auge: die lange Nase und hohlen Wangen, der lange Mantel über den spitzen Schultern, die schwarzen Augen und Haare. Konsequenterweise beruhen ihre Verführungskünste nicht auf ihrer erotischen Ausstrahlung, sondern auf einer hypnotischen, magischen Macht, der der Erzähler machtlos ausgeliefert ist:

"Sie schmiegte sich an meine Brust und ich fühlte ganz nahe ihren glühenden Atem. Er war mir unangenehm. Ich wollte mich losmachen. Allein ihre Augen ruhten so starr in den meinen, als webten diese Blicke ein unsichtbares Band um mich. Sie drückte heiße lange Küsse auf meine Lippen" (Rilke, 1961a:420).

In dieser Erzählung ist deutlich die bedrohliche, unkontrollierbare Komponente der Femme fatale und damit der Sexualität in den Vordergrund gerückt, jedoch nicht in Gestalt von unwiderstehlicher Schönheit oder ungezähmter Leidenschaft, sondern in Gestalt von Hässlichkeit und Dämonie. Der Protagonist empfindet die Verführung durch die Näherin als etwas Unheimliches und Beängstigendes, dem er hilflos ausgeliefert ist. In seiner Schrift *Das Unheimliche* führt Sigmund Freud die Erfahrung von Unheimlichkeit auf Verdrängung zurück. Er vertritt die Theorie, dass jeder Affekt einer Gefühlsregung, gleichgültig welcher Art, durch die Verdrängung in Angst verwandelt wird. "Diese Art des Ängstlichen", so Freud, "wäre eben das Unheimliche" ([6]1986 [[1]1947]:227). Im Falle von Rilkes Erzählung ist es naheliegend, das Verdrängte mit den unterdrückten sexuellen Wünschen des Ich-Erzählers zu identifizieren. Freud betont, dass es sich beim Unheimlichen nicht um etwas Fremdes, sondern um etwas dem Seelenleben von jeher Vertrautes handelt, dem das Ich nur durch den Prozess der Verdrängung entfremdet worden ist. Die repressive Sexualmoral der Gesellschaft der Jahrhundertwende, die Freud in seinem Aufsatz *Die "kulturelle" Sexualmoral und die moderne Nervosität* beschreibt ([6]1976 [[1]1941]), verlangt von den Menschen die Unterdrückung und Verdrängung ihrer sexuellen Wünsche. Diese werden nun im Erzähler durch die Näherin wachgerufen, können von ihm jedoch nur als unheimlich und beängstigend erlebt werden, da sie gegen die gesellschaftlichen Normen verstoßen und damit verboten sind. Darüber hinaus ist er mit einem Mädchen aus 'gutem Haus' verlobt, mit welcher er keinerlei sexuelle Regungen verbindet. Es kann angenommen werden, dass der Ich-Erzähler seine sexuellen Wünsche, mit denen er seine Verlobte nicht "beschmutzen" will, bei der sozial niederstehenden Näherin erfüllt. Er projiziert jedoch seine Schuldgefühle auf die Näherin, sie wird zum Spiegelbild seiner als bedrohlich und hässlich empfundenen Sexualtriebe.

Diese Interpretation findet Unterstützung darin, dass der Erzähler die Näherin nicht nur mit Hässlichkeit und Dämonie assoziiert, sondern auch mit Schmutz und Abfall. Im Zimmer der Näherin bemerkt der Erzähler einen "unangenehmen Dunst von

Schweiß und Fett", und er findet die Frau "in einem schmutzigen, weitoffenen Hemd vor einem Teller mit den verstreuten Überresten eines zweifelhaften Mahles" vor (Rilke, 1961a:419–420). Die Frau und ihr Bereich reflektieren das Ekelhafte und Widrige, das die vom Erzähler verinnerlichte gesellschaftliche Moral mit Triebhaftigkeit verbindet. Infolgedessen kann er aus einer sexuellen Beziehung nicht Lust gewinnen, sondern nur Ekel, Abscheu und Schuldgefühle: "Mir kam es wie ein Verbrechen vor gegen meine Braut, das Bett mit diesem Weibe zu teilen, das sich mit solcher Aufdringlichkeit an mich schmiegte, und das doch nicht einmal das Recht der Liebe besaß!" (Rilke, 1961a:422). Der Erzähler versucht, seine Schuldgefühle auf die Näherin abzuwälzen, indem er sich als passives, hilfloses Opfer ihrer aggressiven, magischen Triebkraft beschreibt: "Sehr oft kam sie zu mir. Leise, ohne ein Wort zu sprechen, trat sie ein und hielt mich gebannt durch ihren Blick. Ich war willenlos" (Rilke, 1961a:422). Nach der Darstellung des Ich-Erzählers geht der Wunsch nach einer sexuellen Beziehung allein von der Frau aus, sie macht sich ihn mittels einer geheimnisvollen Macht gefügig. Es entspricht dem Bild von der zügellosen Triebhaftigkeit der Frau, dass es schließlich der Erzähler ist, der die moralische Kraft aufbringt, der Macht der Triebe zu widerstehen:

> "Im nächsten Augenblicke pochte es. Ich blieb still. Noch einmal. Dann ungeduldig ohne Unterlaß. Jetzt hörte ich sie schluchzen – lange, lange ... Die halbe Nacht mußte sie an meiner Tür verbracht haben. Aber ich war stark geblieben; ich fühlte, daß dieses Ausharren den Zauber gebrochen hatte" (Rilke, 1961a:422).

Die Frau erscheint in der Beschreibung des Erzählers als triebhaft tierisch, trotz Abweisung verlangt sie nach der Fortsetzung der rein sexuellen Beziehung. Der Mann hingegen trägt den Sieg über beider niedrige Natur davon. Die Rache der Frau folgt auf den Fuß: sie zerstört sein Verlöbnis und damit seine Hoffnung auf Glück. Die Näherin verkörpert demnach nicht nur die Triebhaftigkeit, sondern auch den Rachetypus der zur Minderwertigkeit verurteilten Weiblichkeit.[3] Aber gerade dadurch, dass die Triebhaftigkeit ihr dominierender, einzig entwickelter Wesenszug ist, verrät sich die Typenhaftigkeit der Gestalt. Sie hat keinen Bezug zum realen Wesen der Frau um 1900, sondern trägt eindeutig symbolische Züge: sie kann als reine Verkörperung der als hässlich und schmutzig empfunden Triebwelt verstanden werden. Wichtig ist, dass die Wunschvorstellungen, die sonst mit dem Typus der Femme fatale verbunden sind – ungezähmte Erotik, sinnliche Befriedigung – in Rilkes Erzählung vollkommen unterdrückt sind. *Die Näherin* reflektiert nur noch die Sexualangst der Epoche.

Die positive Komponente des Erotischen ist in dieser Erzählung in einen realitätsfernen Raum verlegt. Der Erzähler erlebt den Augenblick des höchsten Glückes an dem Abend, an dem ihm seine Verlobte das gemeinsame Leben in der Zukunft ausmalt:

> "Gerade an jenem Abend hatte ich Hedwig entzückend gefunden. Ich plauderte lange mit ihr [...] und hörte voll Freude, wie sie halb ironisch, aber voll kindlicher Naivität das Bild unseres künftigen Hausstandes entwarf, wie sie all die kleinen Freuden und Leiden mit den grellsten Farben malte, und sich auf unser Glück freute, wie ein Kind auf den Christbaum. Ein angenehmes Gefühl durchstrahlte wie eine wohltuende Wärme meine Brust [...]" (Rilke, 1961a:418–419).

Das angenehme Gefühl des Erzählers bezieht sich auf das künftige, durch die Ehe sanktionierte Zusammenleben mit seiner Verlobten. Interessant sind die Attribute, die der Erzähler seiner Verlobten zuschreibt, welche sie scharf von der Näherin unterscheiden. Hedwig erweckt Entzücken, Freude und Zufriedenheit im Erzähler, während die Näherin Abscheu, Ekel, Furcht und das Unheimliche verkörpert. Es fällt jedoch auf, dass die idealisierte Frauengestalt keinerlei erotische, ja nicht einmal weibliche Züge aufweist. Ihre hervorragende Charaktereigenschaft ist Kindlichkeit, womit sie auch nicht die geringste sexuelle Versuchung für den Mann darstellt. Hedwig entspricht dem Bild der Femme fragile, deren asexuelle Reinheit an die höheren Werte im Manne appelliert, aber letztendlich beide Frauenfiguren in Rilkes Erzählung enterotisiert: Hedwig durch ihre kindliche Unschuld, die Näherin durch ihre abstoßende Hässlichkeit. Beide dienen dazu, den Mann vor seiner Triebhaftigkeit zu bewahren, die Femme fragile durch ihr Beispiel, die Femme fatale durch Abschreckung.

Im Vergleich zu *Die Näherin* ist die Dämonisierung der Erotik in der Erzählung *Das Haus* subtiler gestaltet. Die anonym bleibende weibliche Gestalt in dieser Erzählung trägt eindeutig erotische Züge: "Ihre Arme sind nackt, ihr Kleid lose, allen Bewegungen willig. Und die Stimme ist wie das Kleid" (Rilke, 1961b:649). Auch die unmittelbare Umgebung der Frau strahlt eine unwiderstehliche Sinnlichkeit aus: "Er fühlt, in diesem Zimmer schmeichelt Alles, und die Kissen schmiegen sich ihm an den Rücken, und in den Handflächen fühlt er das Fell, wie Katzenzungen, die ihn leise lecken" (Rilke, 1961b:650).

Aber die Gefahr, die von der Frau ausgeht, ist unterschwellig spürbar. Das Fell und die Katzenzungen deuten auf etwas Raubtierhaftes, das zwar im Moment gebändigt ist, aber unberechenbar bleibt. Deutlicher werden das Unheimliche und Bedrohliche in dieser Erzählung mit der Stadt verbunden, in die es Erhard Stilfried durch Zufall verschlägt. Auf seinem Weg durch die Stadt registriert Erhard nur Hässlichkeit:

> "Erst eine Straße von Kohlenkies, schwarz schmutzig. Einen Lattenzaun entlang, immerfort geradeaus. Dann die Brücke über irgendetwas Häßliches, einen Graben mit Abfällen. Er erkennt einen alten, rostigen Eimer, der sich halb voll mit Schlamm getrunken hat, da unten. Und plötzlich eine Fabrik. Schlote, hohe Wände aus Blech. Wie eine Sardinenbüchse – etwas Unsinniges" (Rilke, 1961b:646).

Diese realistischen Eindrücke von einer verkommenen Industriestadt weichen bald verzerrten, surreal anmutenden Wahrnehmungen. Die Stadt nimmt für Erhard immer unheimlichere Dimensionen an. Er erlebt sie in einer grotesken Verfremdung, denn die Häuser verlieren ihre gewohnten Proportionen, sie "scheinen ihm zu weit geworden [zu] sein" (Rilke, 1961b:648). Gleichzeitig werden sie vermenschlicht, denn "sie hängen sich an ihn", und ihre Fronten erscheinen ihm "dumm und stumpf", "wie die Gesichter von schwerhörigen, skrofulösen Kindern" (Rilke, 1961b:648). In dieser grotesken Atmosphäre sind sogar die Naturgesetze aufgehoben, denn das Haus, von dem sich Erhard unwillkürlich angezogen fühlt, wird beim Nähertreten "nicht größer, es bleibt etwas lächerlich Kleines" (Rilke, 1961b:648). Wie der Ich-Erzähler in *Die Näherin* gerät Erhard in den Bann einer ihm selbst unerklärlichen Macht, er erlebt die Wirklichkeit als einen Traum: ein vages Gefühl stellt sich bei ihm ein, dies alles schon einmal gesehen zu haben, Erinnerungen vermischen sich mit der Gegenwart, er glaubt in der Frau, die ihn in das seltsame Haus einlässt, das Mädchen zu erkennen, mit dem er sich in München für eine Nacht auf ein sexuelles Abenteuer eingelassen hatte. Auch in dieser Erzählung scheint die Erfahrung des Unheimlichen auf Verdrängung zu beruhen, nämlich auf das verbotene sexuelle Erlebnis in München. Der Zwischenaufenthalt in der Stadt bietet Erhard erneut die Möglichkeit, seine sexuellen Wünsche zu erfüllen. Damit kommt das Verdrängte – die sexuellen Wünsche – an die Oberfläche und lässt ihn seine Umgebung als unheimlich erleben. Das Unheimliche ist, wie Freud auf Friedrich Wilhelm Joseph Schelling rückgreifend feststellt "etwas, was im Verborgenen hätte bleiben sollen und hervorgetreten ist" (Freud, [6]1986 [[1]1947]:254). Wie in der Erzählung *Die Näherin* ist es wieder die Frau, nicht der Mann, die die sexuelle Begierde in die Tat umsetzt. Sie hindert Erhard daran, das Haus zu verlassen. Sie ist es auch, die den Kuss initiiert, bei dem sie der Ehemann ertappt. Erhards Nachgeben in seine uneingestandenen erotischen Wünsche resultiert unmittelbar in seinen Tod.

Die Assoziierung der Frau mit Erhards anderen sexuellen Abenteuern verweist darauf, dass diese Figur in der Erzählung als Verkörperung seiner Triebhaftigkeit fungiert. Als Projektionsfigur von Erhards geheimen Wünschen erscheint ihre Erotik als positiv, aber dadurch, dass sie sich als tödlich erweist, wird der positive Aspekt der Erotik zurückgenommen. Darin sieht Carola Hilmes das eigentliche Wesensmerkmal der Femme fatale:

> "In Opposition zur herrschenden Sexualunterdrückung artikuliert sich in den Femme fatale-Gestalten zwar das sexuelle Begehren, ihre Geschichten sind jedoch die verhinderter Lüste und stilisierter Körper. [...] Sie bezeichnen nicht nur die Kehrseite repressiver Sexualmoral, sondern sind deren Opfer" (1990:41).

Sowohl die Näherin als auch die Frauengestalt in *Das Haus* werden für ihre sexuellen Transgressionen mit dem Tode bestraft.[4]

Beiden Erzählungen ist gemeinsam, dass ihre männlichen Protagonisten just in dem Augenblick der dämonischen, zerstörerischen Macht der Triebe erliegen, wo sie sich am glücklichsten wähnen. Der Ich-Erzähler in *Die Näherin* verirrt sich an dem Abend in das Zimmer der Näherin, an dem ihm seine Verlobte die gemeinsame Zukunft ausmalt und er sich unmittelbar am Ziel seiner Wünsche vermeint. Auch Erhard Stilfried steht vor der Erfüllung seiner größten Ambitionen. Er befindet sich auf der Rückreise von einem zweijährigen, erfolgreichen Studienaufenthalt im Ausland, den er auf Wunsch seiner Firma unmittelbar nach der Geburt seines ersten Kindes angetreten hatte. Die zerstörerische Macht der Erotik fällt in der Figur der Frau wie eine Schicksalsmacht über beide Männer ein, und zwar in dem Augenblick, wo sie sich am sichersten wähnen. Dies entspricht einer Beobachtung, die Michel Foucault in seiner Schrift *Sexualität und Wahrheit* über die Konsequenzen der Mystifizierung des Sexes durch die Gesellschaft anstellt:

> "Auf diese Weise ist er [der Sex] allmählich zum Gegenstand des großen Verdachts geworden; zum allgemeinen und beunruhigenden Sinn, welcher uns zum Trotz unser Verhalten und unsere Existenz durchkreuzt; zum schwachen Punkt von dem uns das Unheil droht; zum Stück Macht, das jeder von uns in sich trägt. Allgemeine Bedeutung, universales Geheimnis, allgegenwärtige Ursache, Angst, die nie weicht" (1983:28).

Genau diese Funktionen werden der Sexualität in Rilkes Erzählungen zugeschrieben. Ihre unberechenbare, bedrohliche Dimension erheben sie gleichsam zu einem Deus ex

Machina, der schicksalshaft in das Leben der Protagonisten eingreift und sie vernichtet.

Es wäre falsch, die Zerstörung des Lebens der männlichen Protagonisten als eine Bestrafung im bürgerlichen Sinn zu begreifen. Rilkes Ablehnung der bürgerlichen Wertvorstellung spricht gegen eine solche Interpretation. Rilkes ausdrückliche Antibürgerlichkeit liefert vielmehr den Ansatzpunkt für eine andere Erklärung. Sowohl der Ich-Erzähler als auch Erhard Stilfried sind Aufsteiger und repräsentieren die materialistische Lebensauffassung der Jahrhundertwende. Dies kommt in *Das Haus* deutlich, in *Die Näherin* indirekt zum Ausdruck. Der Ich-Erzähler wohnt in einem armseligen Untermietzimmer und arbeitet in einer Amtsstube. Diesen ärmlichen Umständen versucht er zu entkommen durch die Heirat mit einem Mädchen aus einer "älteren Kaufmannsfamilie, die es durch Sparsamkeit und Fleiß" zu etwas gebracht hatte (Rilke, 1961a:416). Er verrät sich durch den Hinweis, dass von den Qualitäten seiner Verlobten bei seinen Freunden ihr Reichtum "am schwersten ins Gewicht fiel" (Rilke, 1961a: 416). Der Erzähler benutzt also die Liebe als Mittel zum Zweck, seinen bescheidenen Verhältnissen zu entkommen. Seine Gefühle sind daher verdinglicht und verfremdet. In ihrer pervertierten Umkehrung, der Triebhaftigkeit, werden sie ihm schließlich zum Verhängnis.

In der Erzählung *Das Haus* wird Erhard Stilfried von Anfang an als Karrieremann eingeführt, der sein Leben dem Aufstieg und seiner Firma verschrieben hat. Um sein Fortkommen nicht zu behindern, begibt er sich auf Wunsch der Firma auf eine zweijährige Studienreise, wobei er seine Frau und sein neugeborenes Kind zurücklässt. Sein noch größeres Vergehen ist es jedoch, dass er als Musterzeichner für eine "große Kattunfabrik und Stoffdruckerei" sein schöpferisches Talent verraten hat und es in den Dienst des Kommerzes stellt. Die Studienreise hat vor allem den Zweck, dass Erhard sein künstlerisches Talent "nach der technischen Seite vervollkommne" (Rilke, 1961b: 643). Rilke verurteilt in der Figur Erhards die Kommerzialisierung und Vermassung der Kunst sowie die Ausbeutung des schöpferischen Talents zum Zwecke der Bereicherung. Es wird berichtet, dass sich Erhard von einem weltfremden Erfinder das Modell für eine neue Farbenpresse angeeignet hat, welche er nun patentieren und ausführen will. Erhard verschachert damit nicht nur sein eigenes Talent, sondern beutet betrügerisch das anderer Menschen aus. Im Grunde ist seine ganze Existenz von Materialismus und Zweckorientiertheit bestimmt: "Eigentlich hatte er in allen Städten nur das *Seine* gesucht; wie einer, der in ein dunkles Zimmer geht, um einen bestimmten Gegenstand zu holen" (Rilke, 1961b:644–645). Erhards zweckgesteuerte Zielstrebigkeit macht ihn blind und gleichgültig gegenüber allem, was für ihn keinen Nutzen hat. Er wird damit zum Vertreter der bürgerlichen, utilitaristischen Gesellschaft, die die Kunst, welche den Gegenbereich zu dieser materialistischen, zweckorientierten Welt darstellt, vereinnahmt und korrumpiert. Ich-Verlust und Isolation, die aus dieser pervertierten, entfremdeten Existenz resultieren, bewirken, dass sowohl Erhard als auch der Ich-Erzähler in *Die Näherin* das Opfer der dunkleren Seite ihrer Psyche werden. Die dämonisierte Erotik wird zum Ausdruck der moralischen und ethischen Krise der Jahrhundertwende, gleichzeitig aber auch ihr Mahnmal, wie Horst Fritz meint: "Die Dämonisierung des Erotischen erweist sich als Mahnung eines Besseren und wird so zum Spiegel, der einer krisenhaften Welt ihre eigene Verfassung als Bild zurückwirft" (1977:463).

Es zeigt sich, dass Rilke in seinen Erzählungen nicht die Frau per se für die Probleme des Mannes verantwortlich macht. Sie resultieren aus seiner Anpassung an eine verdinglichte, zweckorientierte (bürgerliche) Welt, die ihn seiner selbst entfremdet und damit zur leichten Beute seiner niedrigen Instinkte macht. Die Selbstverständlichkeit, mit der die Frau als Femme fatale zur Verkörperung dieser niedrigen Triebwelt fungiert, verweist noch einmal deutlich auf die ambivalent besetzte Sexualität, mit der das Weibliche zur Zeit der Jahrhundertwende gleichgesetzt wird, und darauf, dass sich auch Rilke dieser Ambivalenz nicht entziehen konnte.

## *Anmerkungen*

1 *Die Näherin* stammt aus Rilkes Nachlass und blieb zu Lebzeiten des Dichters unveröffentlicht. Die Erzählung dürfte 1894 entstanden sein, wurde von Rilke aber 1895 sprachlich und stilistisch überarbeitet. Diese Version liegt der Publikation von 1961 in den vom Rilke-Archiv herausgegebenen *Sämtliche Werke* zugrunde. *Das Haus* wurde zum ersten Mal in *Simplicissimus* 5/5 (1900), 38–39 veröffentlicht.

2 Rilke bevorzugt den Typus der Femme fragile, der kindlich-unschuldigen Frau. Sie begegnet uns vor allem in den frühen Gedichten oder Erzählungen, z.B. in den Mädchen-Liedern (1898), dem dramatischen Gedicht *Die weiße Fürstin* (ursprüngliche Fassung 1898, umgeschrieben 1904) oder in den Erzählungen aus der 1898 veröffentlichten Sammlung *Am Leben hin.* Aber auch die Dame à la Licorne in *Malte Laurids Brigge* entspricht diesem Typus.

3 Es muss auch beachtet werden, dass die Ereignisse allein aus der Perspektive des Ich-Erzählers erst viele Jahre später berichtet werden und die Leser seinen Beteuerungen "offen, klar und wahrheitsgemäß" zu berichten (Rilke, 1961a:416), glauben müssen. Ebenso möglich wäre, dass der Ich-Erzähler die Näherin verführt und seiner reichen Braut wegen verlassen hatte.

4 Interessant ist, dass auch Hedwig, die Verlobte des Ich-Erzählers *Der Näherin*, stirbt, nämlich an den Folgen der Geburt ihres ersten Kindes. Mit dem Verlust ihres Status einer Femme fragile wird auch sie Opfer der Sexualität.

## *Bibliografie*

Foucault, Michel. 1983. *Der Wille zum Wissen. Sexualität und Wahrheit.* Bd. 1. Übers. von Ulrich Raulf und Walter Seitter. 1. Aufl. Frankfurt am Main: Suhrkamp (Suhrkamp-Taschenbuch Wissenschaft, 448).

Freud, Sigmund. [6]1976 [[1]1941]. "Die 'kulturelle' Sexualmoral und die moderne Nervosität." In: Anna Freud (Hg.). *Werke aus den Jahren 1906–1909. Gesammelte Werke: Chronologisch geordnet.* Bd. 7. 6. Aufl. Frankfurt am Main: S. Fischer, 143–167.

----------. [6]1986 [[1]1947]. "Das Unheimliche." In: Anna Freud (Hg.). *Werke aus den Jahren 1917–1920. Gesammelte Werke: Chronologisch geordnet.* Bd. 12. 6. Aufl. Frankfurt am Main: S. Fischer, 227–268.

Fritz, Horst. 1977. "Die Dämonisierung des Erotischen in der Literatur des Fin de Siècle." In: Roger Bauer & Eckhard Heftrich & Helmut Koopmann & Wolfdietrich Rasch & Willibald Sauerlander & Adolf J. Schmoll (Hgg.). *Fin de Siècle: Zu Literatur und Kunst der Jahrhundertwende.* Frankfurt am Main: Klostermann (Studien zur Philosophie und Literatur des neunzehnten Jahrhunderts, 35), 442–464.

Hilmes, Carola. 1990. *Die Femme fatale: Ein Weiblichkeitstypus in der nachromantischen Literatur.* Stuttgart: Metzler.

Rilke, Rainer Maria. 1961a. "Die Näherin." In: *Frühe Erzählungen und Dramen. Sämtliche Werke.* Bd. 4. Hg. vom Rilke-Archiv. In Verbindung mit Ruth Sieber-Rilke, besorgt durch Ernst Zinn. Frankfurt am Main: Insel-Verl., 414–426.

----------. 1961b. "Das Haus." In: *Frühe Erzählungen und Dramen. Sämtliche Werke*. Bd. 4. Hg. vom Rilke-Archiv. In Verbindung mit Ruth Sieber-Rilke, besorgt durch Ernst Zinn. Frankfurt am Main: Insel-Verl., 643–653.

Wagner, Nike. 1982. *Geist und Geschlecht: Karl Kraus und die Erotik der Wiener Moderne*. Frankfurt am Main: Suhrkamp.

# "Ein Sprichwort entsteht neu auf einem Stand der Sprache, wo sie noch schweigen kann."

*David Scrase*

One of the most interesting literary correspondences from the 20th century spans the years 1931–1968.[1] The two writers involved were the poet Wilhelm Lehmann and the Jewish writer Werner Kraft. Neither writer is generally looked upon as particularly steeped in folklore or as proponents of folkloristic language. And neither, given the political climate of their time, could be expected to be particularly interested in words and phrases involving the "Volk." Nonetheless, both are consumed with language in the broader sense, and the correspondence does contain some revealing forays into linguistic realms that are of interest to folklorists.

As a school-boy, Lehmann excelled in German, English, and French. As a student he maintained and developed his interest in foreign languages, particularly English, and wrote a doctoral dissertation on the prefix *uz-* in Old English. Throughout his working life he taught German, English, and often French. He wrote essays concerning language and read widely in all three languages. He translated poems into German. He was capable of formulating his own aphorisms such as, for example, "Übersetzte Gedichte kommen mir meistens wie durchschwitzte Gedichte vor" (2009:276).[2] He travelled to England, Ireland, and Scotland. He corresponded with English writers and scholars, and he was in constant contact with British troops while a POW after World War I and with the occupational forces after World War II.

Werner Kraft was a librarian in Germany and then, after emigrating in 1933, in Palestine/Israel. He was fluent in French, had a good command of English, and, later, Hebrew, and wrote outstanding interpretations of some of Kafka's stories based on a linguistic and grammatical analysis. His writings on Karl Kraus also demonstrate his keen love of language.

It would not be surprising, therefore, to find either man equally interested in folkloristic elements. They are not, however, known to be even the slightest bit interested in popular language forms. Nonetheless, their correspondence does yield some illuminating utilization of folk elements, quotations, and colloquialisms.

In his letter to Lehmann of 24 March 1948, thanking him for his latest book of essays *Bewegliche Ordnung*,[3] Kraft uses a series of binomial pairs, or Zwillingsformeln, in praising the new work: "Es ist prachtvoll, glänzend geschrieben, überreich an den wesentlichsten Gedanken und Gefühlen, besser: es ist nicht 'glänzend' geschrieben sondern klar und bestimmt, bescheiden und sicher, frisch und frei" (I, 289). By beginning his pair with "klar," Kraft invites the reader to expect "deutlich" to follow, thus forming a cliché with no added meaning. In the same way, perhaps, "frisch und ..." suggests "frisch und munter," but the use of "frei" rather than "munter" changes the meaning and conjures up instead "Die Gedanken sind frei," the word "Gedanken" having just been used one line earlier in his letter. Furthermore, Kraft had used the proverb *Die Gedanken sind (zoll)frei* to end a letter to Lehmann written on 14 April 1933:

"Die Gedanken sind wahrhaft frei, wenn man sie hat. Allerherzlichst Ihr Werner Kraft" (I, 64).

Both Kraft and Lehmann use the proverb *Aus den Augen, aus dem Sinn*, which is also formulated with binomial repetition ("Aus den ..., aus dem ..."), but each uses the expression in a straightforward fashion. On 7 July 1951 Kraft is explaining (if not excusing) his epistolary silence: "Dazwischen warten Sie – vielleicht – auf ein Lebenszeichen von mir, das jeden Tag nicht kommt, aber alles wäre gut, wenn Sie nur nicht denken würden [...] –: Aus den Augen, aus dem Sinn" (I, 439). Lehmann uses the proverb two years later as he explains why he may well decide not to go to the PEN club meeting in Dublin. To be sure, he writes: "Der Verkehr mit Engländern ist an Ort und Stelle [Zwillingsformel!] stets herzlich und natürlich, aber nie entsteht tiefere Bindung & aus den Augen aus dem Sinn" (I, 526).

On 12 February 1952 Kraft writes a chatty letter in which he denigrates various second-rate writers currently en vogue – something both writers are rather fond of doing. Changing the subject, Kraft wishes that they could exchange their views in person.[4] He then adds self-admonishingly: "Nur Geduld. Gottes Mühlen malen [*sic*] langsam, aber zum Schluß malen [*sic*] sie Feinmehl" (I, 521). He thus uses a widely known proverb of international provenance. Despite the variant spelling it is not an anti-proverb. It is difficult to judge whether this spelling was deliberate, or a slip of the pen. He commits the same error twice, which suggests it might be deliberate (but, if so, what is the point? – "malen" 'to paint' makes no sense and is not even funny). On the other hand he had just used the same proverb with correct spelling one month earlier (I, 474). It is almost certainly just a slip.

By the end of the year 1953, Kraft had completed the manuscript for his anthology of German poetry and prose, *Wiederfinden*, and Lehmann had been promoting it for publication by the Deutsche Akademie für Sprache und Dichtung, whose publication committee he chaired. In his letter of 30 December 1953 he urges Kraft to be pro-active and strive energetically for an early publication of the volume: As he does so he uses another proverb connected with the mill: *Wer zuerst kommt, mahlt zuerst* (I, 511). Again, there is no real variant and the proverb is used in its normal straightforward meaning. The same may be said of the proverbs *Wo ein Wille ist, ist auch ein Weg* (I, 306) widespread in German, English, and other languages, of the proverb *Unter den Blinden ist der Einäugige König* (I, 448), and of *So arm wie eine Kirchenmaus* (II, 300). Lehmann uses them in letters of 8 November 1948, 10 September 1951, and 15 December 1961, respectively.

The use of such unvaried proverbial or folk expressions is, however, rare in both Kraft's and Lehmann's letters. Usually a variant word is substituted or added and sometimes there is no true context, thus revealing that Kraft, if not Lehmann, too, enjoyed playing with language. In his letter of 25 November 1952, Kraft signs off, then adds a poem and a number of disparate statements, one of which runs as follows: "Übrigens ist mir einmal die gewiß schreckliche Variation eines Sprichworts eingefallen: Kommt Zeit, kommt Unrat" (I, 511). The change of "Rat" to "Unrat," which Kraft admits is "schrecklich," takes on extreme meaning from the pen of a German-Jewish survivor in exile.

Other proverbial variants used by both men reveal playfulness, or else extend the meaning in a personal way. In his letter of 7 May 1965, thanking Lehmann for his birthday greetings, Kraft uses "Das Alter schützt vor Schönheit nicht" (II, 389) as he congratulates the poet on a new poem and a new essay. Lehmann had just signed his letter "Dein alter Wilhelm Lehmann" and had recently complained (on 21 March 1965) of being "ausgebrannt und leer" (II, 386).[5] Lehmann, at the age of 83, seems anything but old, empty, or burned out and is still producing beautiful work. In his letter of 15 June 1966, Kraft writes "Es ist nicht alles Gold, was glänzt" (II, 429), and then continues with "und selbst das Gold ist nur synthetisch." Later, as an afterthought, he adds the words "heute: was stinkt," thus further emphasizing his disgust at current day rampant materialism. "Ein gebranntes Kind scheut" ends not with "das Feuer" in Kraft's letter of 26 August 1967 but with "Amrun [*sic*]" (II, 479). The variant is quite deliberate. Lehmann was to spend a week on Amrum, a favorite goal for the poet, and Kraft responds to this news by harking back to his own vacation there in June 1965 where the rain-storms were so bad that the Krafts left the island early. The proverb *Alter schützt vor Torheit nicht*, which Kraft varied fittingly, as we have just seen, is also given a variant form by Lehmann in his letter of 9 April 1963. Lehmann had recommended Kraft for the Schiller-Gedächtnispreis (which he himself had been awarded in 1959). The commission had, however, chosen Werner Bergengruen for this honor, and Lehmann was now addressing this situation in his letter to Kraft: "Ich schrieb zurück, daß ich gegen die Gentlemanfigur W. Bergengruen nichts hätte, daß ich es aber origineller und feuriger gefunden hätte, wenn man Dich gewählt hätte. Unkenntnis schützt vor Preisverleihung nicht" (II, 335).

After World War II Werner Kraft spent many years working on his somewhat experimental novel *Der Wirrwarr*. Towards the end of 1951 he sent a copy of the manuscript to Lehmann, as was his wont with new work. Lehmann responded with an apologetic letter in which he said he hoped to get back to reading the novel, which had not so far gripped him, again later. Unusually for Lehmann, he did, indeed, return to Kraft's manuscript quickly and wrote a second letter, in which he praised the work lavishly, blaming himself for his initial difficulty with the novel. In his response Kraft stresses that the second letter was worth waiting for:

> "Heute kam zu meiner großen Überraschung und noch größeren Freude Ihr zweiter Brief, und angesichts dessen, was Sie nun über den 'Wirrwarr' schreiben, kann ich nur sagen: Wie wahr ist der so harmlos klingende Satz des Weisen, der da sagt: 'Alles hat seine Zeit'" (I, 463).

The biblical saying finds eloquence in the particular and very personal circumstance, and Kraft probably sees a double relevance to the phrase in the fact that 1) Lehmann needed time and found the right time, and that 2) Kraft profited from the extra time needed in receiving a more meaningful (and laudatory) appraisal.

A variant proverb or saying is always more or less humorous – *Kommt Zeit, kommt Unrat*, is an example, along with others also dealt with above. Lehmann turns the expression *Spaß beiseite* into the opposite "Ernst beiseite" (letter of 29 September 1963; II, 352). Both Kraft and Lehmann habitually included whole poems as well as lengthy passages from the writings of others in their letters – no small task in those pre-Xerox days.

Both Lehmann and Kraft thus show a distinct predilection for taking the cliché, whether it is a proverb, a proverbial expression, or the like, and adding something, or changing an element in the expression. In short, they show a liking for the anti-proverb.

Nowhere is this delight more evident than in the list of English expressions that Lehmann had found in an unnamed anthology (and which I have been unable to track down):

> "[…] und aus einer Anthologie: Absinthe makes the heart grow fonder. 'The more articulate, the less said', is an old Chinese proverb which I just made up myself. Every dogma must have its day. The time he can spare from the adornment of his person he devotes to the neglect of his duties" (23 November 1951; I, 462).

Having tried, with some success, to locate each expression and assess its use or status today, I have to wonder what the reaction of both writers would be were they to know that the interest in the first expression quoted centers not on the humor behind its coinage, but on the use of absinthe and its effects.

Werner Kraft was a great admirer of Karl Kraus and he loved the Austrian writer's style and use of language. Kraft wrote many pieces on Kraus, and alludes to him constantly throughout the correspondence. In 1952, Kraft sent his edition of selected Kraus writings with his introduction to Lehmann, whose love of Kraus was almost the equal of Kraft's. Lehmann quickly read it and wrote to his friend about it on 19 December 1952:

> "Ich habe Ihre herrliche Krausauswahl bekommen, gehe sparsam damit um und versinke in Freude über die Bemerkung: 'Ein Sprichwort entsteht neu auf einem Stand der Sprache, wo sie noch schweigen kann' – wunderbar, das hätten auch Sie sagen können. – Ich muß oft darüber nachdenken, wieso ein Gedanke so leicht zu einer Banalität werden kann: gerade angesichts der auf obige Bemerkung folgenden, von Ihnen oft zitierten" (I, 513).

The aphorism Lehmann is quoting from Kraft's selection appears in *Nachts* (1924). It is followed by a qualifying statement on the nature of colloquial language in general:

> "Umgangssprache entsteht, wenn sie mit der Sprache nur so umgehn; wenn sie sie wie das Gesetz umgehen; wie den Feind umgehen; wenn sie umgehend antworten, ohne gefragt zu sein. Ich möchte mit ihr nicht Umgang haben; ich möchte von ihr Umgang nehmen; die mir tags wie ein Rad im Kopf umgeht; und nachts als Gespenst umgeht" (Kraus, [2]1982:7).

The glee shown by Kraft and Lehmann over these two aphorisms indicates that they are both most interested in language when it is not every-day, when it is not a repetitive cliché, but when it is new, when it is creative. The proverb pure and simple, the broadly current cliché, is not really their "thing" as artists and seems to creep in almost by default. On 13 January 1951 Lehmann writes to Kraft castigating Georg Britting over the cliché of the wasp body likened to a woman's torso: "Um den niedlichen (fraglichen) Vergleich des Wespenkörpereinschnitts mit einem Damenmieder baut der Mann ein ganzes Sonett herum. Resultat 0,000" (see I, 414 and its footnote, I, 663). The lines that Lehmann is alluding to run: "Die Wespe trinkt. Bei jedem Zuge rührt /

Die Brust sich ihr, spannt sich das enge Mieder, / Das ihre fräuleinshafte Hüfte schnürt." Well, I do not know about "*das* enge Mieder," but I do know that "*der* Mieder" is certainly not "eng."[6] Congratulations, Wolfgang, on seventy years of productive and creative life!

## *Notes*

1 Kraft and Lehmann (2008). Quotations from this correspondence are given with volume and page number in parentheses.
2 For other "aphorisms" see Pörksen (1975).
3 Kraft mistitled the book "Bewegte Ordnung," a type of mistake that is often to be found in Kraft's letters.
4 Kraft's first visit to Germany after World War II was in March 1951. He and his wife Erna continued to travel to Europe on a regular basis and would always see the Lehmanns on such visits.
5 Lehmann and Kraft adopted the "Du" form of address on 4 May 1957, the birthday that they shared. Lehmann was 75, Kraft 61.
6 My apologies to any reader who does not know German. The pun is irresistible. Among the many articles that our friend Wolfgang has written is one tracing his own name "'Mieder sind nicht alles – aber alles ist nichts ohne Mieder'" (1979). The title translates as "Mieder are not everything – but everything is nothing without Mieder" an etymological study of the name 'Mieder.'

## *Bibliography*

Kraft, Werner & Wilhelm Lehmann. 2008. *Briefwechsel 1931–1968*. Ed. by Ricarda Dick. 2 vols. Göttingen: Wallenstein-Verlag (Veröffentlichungen der Deutschen Akademie für Sprache und Dichtung, 89).

Kraus, Karl. [2]1982. *Über die Sprache: Glossen, Aphorismen und Gedichte*. Selection and epilog by Heinrich Fischer. [2nd ed.]. [Frankfurt am Main]: Suhrkamp (Bibliothek Suhrkamp, 571).

Lehmann, Wilhelm. 2009. *Essays II. Gesammelte Werke: In acht Bänden*. Vol. 7. Ed. by Wolfgang Menzel. Stuttgart: Klett-Cotta.

Mieder, Wolfgang. 1979. "'Mieder sind nicht alles – aber alles ist nichts ohne Mieder'." *Der Sprachdienst* 23, 118–121.

Pörksen, Uwe. 1975. "Wilhelm Lehmann: Aphorismen, herausgelöst von Uwe Pörksen." *Neue deutsche Hefte: Beiträge zur europäischen Gegenwart* 22/2, 244–246.

# "Let Them Scratch Wherever It Itches": Aspects of Dante's Proverbial Method in the *Comedy*

*Tom Simone*

Dante's *Comedy* remains as one of the most monumental and important works of world literature. Its vast traversal of the cosmos, the transition from deepest suffering to highest bliss, and the great journey of the pilgrim through the spectrum of human possibility works on so many levels and in so many ways that its richness continues to astonish and inspire almost 700 years after its completion. While the large structures of the poem and its supremely detailed journey through a vision of Inferno, Purgatorio, and Paradiso, Dante's art works at the level of individual phrase and particularly in memorable proverbial and proverbial like expressions.

I use as my title a quotation from far up in *Paradiso* when Dante encounters his noble ancestor Cacciaguida in the sphere dominated by Mars to show forth to pilgrim and reader those who defended the faith in arms as well as belief. The central section of *Paradiso*, Cantos 15 to 17, is particularly personal as it links the pilgrim Dante to his ancestral past as well as the painful aspects of his exile from Florence and his exile's journey and dependency on patrons for sustenance, even as he was composing the *Comedy*. After passages on the glories of past Florence, Cacciaguida encourages the pilgrim in both his exalted quest and his fierce denunciation of both political and clerical transgressors against peace and human goodness. He exhorts the pilgrim to write truthfully of all he has seen:

"Ma nondimen, rimossa ogne menzogna,
tutta tua visïon fa manifesta,
e lascia pur grattar dov' è rogna" (*Par.*, 17.127–129).

('But nonetheless, stand apart from all lying,
let your vision be manifest,
and just let them scratch wherever it itches.').[1]

While Dante offers in many places in *Paradiso* what T.S. Eliot called the finest poetry ever written, he also includes the earthy experience of human irritation and physical relief in this proverb of almost scatological directness: "let them scratch wherever it itches." Here the proverb is abrupt, to the point, and even startling in its physicality up here in the noble spheres of the heavens.

Dante draws on a range of Italian proverbs throughout the *Comedy*, but he also imitates proverbial form in memorable succinct statements that take on proverbial force. The most famous of these "created proverbs" is the final warning on the open gate into Hell in *Inferno*, Canto 3:

"Lasciata ogni speranza, voi ch'entrate" (*Inf.*, 3.9).

('Leave behind all hope, you who enter here.').

This line proverbially quoted as "Abandon all hope" has become a widely recognized proclamation of despair or insurmountable obstacles, inscribed both ominously and satirically around the world. The line opens the realm of Inferno with the psychological and theological pronouncement of the loss of all hope for change or escape. And the succinctness and sharpness of this weighty declaration has been applied to all kinds of situations both fictional and historical in the modern world. Dante weaves a kind of folk wisdom and earthiness in proverbs throughout the *Comedy* and forges his own new pronouncements that complement or even merge with the proverb tradition. My attempt to characterize "Dante's proverbial method" revolves around his invocation of particular proverbs and his creation of a new set of proverbs in his articulation of major dramatic, theological, and psychological aspects within the vast variety of the *Comedy*.

Among other dimensions, Dante, especially in *Inferno*, is the master of irony. Inferno itself is the realm of inversions, which affects the minds and speech of its inhabitant. In Canto 23 of *Inferno*, for instance, Dante portrays the sixth bolgia or round of hypocrites in Circle 8, the circle of Fraud. Near the end of the canto the guide Virgil is astounded by the figure of Caiaphas, who according to the Gospel of John recommended that the Sanhedrin sacrifice Jesus. One of two "Jovial Friars" walking along in leaden cloaks of hypocrisy decorated in gaudy colors expresses wonder at the deceits of the devil:

> "E 'l frater: 'Io udi già dire a Bologna
> del diavolo vizi assai, tra quali udi'
> che elli è bugiardo e padre di menzogna'" (*Inf.*, 23.142–144).
>
> ('And the friar: 'I heard it said once in Bologna
> that the devil has many vices. There they say
> that he is a liar and the father of lies.").

This quintessence of hypocrisy dismays Virgil who strides off in anger. Dante uses a standard proverb here: "The devil is a liar and the father of lies." This truism characterizes the "loss of intellect" that Virgil notes at Canto 3.18 and the vast culture of suspicion of demonic forces. But Dante sharpens the truism and twists the knife of irony by having an exemplary hypocrite appear to condemn the deceitful devil he actually follows.

In each of the three canticles, or major divisions, of the *Comedy*, Dante uses proverbs and proverb-like pronouncements to articulate the characteristics and the moral pronouncements of each realm. In a way, while Dante is an exalted writer, he is also a popular writer with an eye to the bridge between his religious and epic themes and the imagination of the common reader. Significantly, Dante chose to write the *Comedy* in the Italian Tuscan dialect of his day rather than the approved classic tradition of Latin. And while he honored the great writers of the Roman tradition, Virgil above all others, he wrote out of the recent tradition of love poetry in the common vernacular. And his loyalty to the language of his day is reflected in both the citation and the formulation of succinct proverbial language. Dante's proverbial impulse is one of the most notable aspects of his desire to communicate with his contemporary world. And while we need to adapt to his language, his contemporary aspirations can be easily found in modern reaction and absorption of many aspects of his work.

In the visual arts, such iconic images as Rodin's *The Thinker* and *The Kiss* are direct representations of Dante and are actually parts of a projected monumental structure meant to be the entrance to Dante's *Inferno*. Even at this moment in 2013 Dan Brown's popular *Inferno* continues fundamental aspects of Dante's popular appeal.

One of the strongest influences on the *Comedy* is the Bible, which Dante cites directly or indirectly over a hundred times, and both the religious and prophetic nature of the sacred text as well as the explicit style and importance of the Book of Proverbs is incorporated into the narrative as well as the rhetorical mode of the poem. Dante directly invokes the Book of Proverbs seven times in the *Comedy*. Beatrice in *Purgatorio* 32 and Cacciaguida in *Paradiso* 17 exhort Dante the pilgrim to write down all he has seen in the manner of a Biblical prophet, and in *Paradiso* 23.61 he calls the work "lo sacrato poema" ('the sacred poem'). Saint Peter directs the pilgrim to tell the whole story "apri la bocca, / e non asconder quell ch' io ascondo" ('open your mouth / and do not hide what I do not hide') (*Par.*, 27.65–66). This Biblical injunction itself takes on a proverbial tone of instruction and authority.

So, both in his use of traditional proverbial material and in his evocation of Biblical matter and tone, Dante invokes a popular and proverbial rhetoric that aims at moments of clear instruction or pronouncement as well as creating a popular style in both narrative and rhetorical means. T.S. Eliot in his famous short book on Dante claims that Dante is actually one of the clearest and most direct of authors. This is true at least in large part. Eliot ascribes Dante's directness to the connection of his Florentine Italian to medieval Europe and the role of Latin language of scholarship and diplomacy (see 1975:208–210). However, Eliot might well have noted both the Biblical style and aspirations of the poem and the proverbial intent of many of Dante's statements. Edward Moore, in his more detailed and scholarly discussion of Dante's influences considers the specific quotation of Classical and Scriptural sources but also includes an array of "influenced" passages: "Would Dante's language or thought have been likely to take this precise form, but for the influence exercised on them by the recollections of such and such a passage in Scripture or some classical author" (1896:46).[2] Moore's sense of the blend for quotation and influence on Dante's language applies equally well to the proverb tradition.

Two further modes of Dante's proverbial impulse can be found in many examples of the poet's direct addresses to his readers and in the memorable instructional styles of Dante's guides, Virgil and Beatrice. The tone of moral and religious instruction, which derives from many sources – the explicit proverb tradition, the elevated language of Virgilian poetry, and Biblical matter and style – permeate the *Comedy* and its rhetorical methods.

In addition to his characterization through proverbial impulse in *Inferno*, *Purgatorio*, and *Paradiso*, Dante weaves a directness throughout the poem in his many addresses to the reader. It seems that Dante was virtually the first author to use major elements of addresses to the reader. These direct addresses are spread throughout the whole *Comedy* up to Canto 22 of *Paradiso*. Depending on interpretation there are around twenty passages where Dante as narrator speaks out to the reader mixing admonition, the call to attention, and the stimulus of the reader's awareness of the implications of free will and growing understanding within the world of the poem, which is itself a model of the world and cosmos through geography, astronomy, and symbolism.

The first two explicit addresses to the reader occur in *Inferno* in Cantos 8 and 9 where the demons on the walls of the city of Dis oppose the entry of the pilgrim into lower Inferno. The first address asks the reader to consider the pilgrim's danger of being trapped in Inferno with no escape:

"Pensa, lettor, se io mi sconfortai
nel suon de le parole maladette,
ché non credetti ritornarci mai" (*Inf.*, 8.94–96).

('Think, reader, if I was discomforted
at the sound of these accursed words,
for I did not think I would ever return here.').

This call to the reader's sympathy asks for imagination and identification with the pilgrim, and it works as a primal involvement of the reader with the progress of the journey. While not an explicit proverb, this address functions as a succinct formulation of the mortal danger to all humans and partakes of a proverbial articulation. The second address exhorts the reader to heighten his or her understanding through interpretive effort. When Medusa appears among the furies on the top of the wall, Virgil turns the pilgrim away from the scene and covers the pilgrim's eyes with his hands. The narrator again addresses the reader directly:

"O voi ch'avete li 'ntelletti sani,
mirate la dottrina che s'asconde
sotto 'l velame de li versi strani" (*Inf.*, 9.61–63).

('O you who have a healthy understanding
see the doctrine that hides
under the veil of these strange verses.').

This address asks and almost commands the reader to adopt an interpretive attitude to consider the surface situation and to seek out what Dante calls the doctrine beneath the veil of appearances. This address stimulates awareness of Dante's symbolic, moral, and conceptual intent, and places the reader in the position of the respondent to and receiver of proverbial wisdom.

Dante's use of the addresses to the reader have many functions, such as the narrative identification and the interpretive instruction just mentioned, but they also pervade the poem with Dante's proverbial method in extending proverbs through linguistic articulation to narrative and visual representation and ultimately to the instructive mode of the entire *Comedy*.[3] In *Purgatorio*, as the pilgrim approaches the gate to Purgatory proper, Dante the poet and narrator addresses the reader on the quality and significance of his art. Following the scene of angels protecting the valley of the negligent princes in the previous canto and the pilgrim's first dream on the mountain, Dante calls to the reader to observe how art, meaning, and interpretation have risen to new levels:

"Lettor, tu vedi ben com' io innalzo
la mia matera, e però con più arte
non ti maravigliar s'io la rincalzo" (*Purg.*, 70–72).

('Reader, you see well how I am elevating
my material, and therefore do not marvel
if I enrich it with greater art.').

The rising of Dante's art includes the richness and derivation from proverbial thinking and expression. If we begin to apply the concept of the proverb and many of its uses to Dante, we find a vast span of proverbial method that can be found from the very beginning to the very end of the poem.

A fundamental aspect of the narrative and the instructional impulse, which contributes greatly to what I am calling Dante's proverbial method, is the presence of the pilgrim's guides throughout the journey. The pilgrim begins in despair, being lost in the dark wood at the opening of the poem, but almost immediately, through the intercession of Mary, Saint Lucia, and Dante's beloved Beatrice, Virgil is sent as guide and mentor. Virgil is sometimes considered the figure of reason in the poem, but he goes far beyond any label bearing the weight and subtle art of language and poetry as well as a sense of wisdom and understanding that the pilgrim and the reader need so desperately.

As guide and tutor to the pilgrim, Virgil extends explanation and a prompting to understanding as one of the most central actions of the *Comedy*. While Virgil does not have the full knowledge of the transcendent, he has deep understanding of human potential and its failings. In Canto 3 of *Inferno* he tells the pilgrim what kinds of souls he will find inside the gate to the nether world:

"Tu vedrai le genti dolorose
c'hanno perduto il ben de l'intelletto" (*Inf.*, 3.17–18).

('Here you will see those sorrowful people
who have lost the good of intellect.').

In *Inferno* Virgil has an ancient wisdom that informs his speech and thinking in almost continuous terms. Virgil's formulation will be tested and essentially proved in the journey through the underworld. And in his statement he combines wisdom, understanding, language, and memorability that are all characteristic of the tradition of proverbs.

In the realm of *Purgatorio* the Roman poet has a number of moments of incomplete understanding, though his precepts are largely accurate and harmonious with this realm. And along with the Scriptural and proverbial impulse of the middle canticle, Virgil both instructs and draws on the instruction of others to prepare and exhort the pilgrim. One major example of Virgil's wisdom even in Purgatory comes in the great central cantos of the poem, *Purgatorio*, Cantos 15 to 17, which address the questions of love and free will from many perspectives. Virgil explains to Dante the primal impulse of love must be controlled by free will and choice. Love in itself is the energy of the soul, but love can be devoted to bad ends as well as good ones. To seal this idea in proverb like form, Virgil offers a focused and succinct formulation:

"Quinci comprender puoi ch'esser convene
amor sementa in voi d'ogne virtute
e d'ogne operazion che merta pene" (*Purg.*, 17.103–105).

('So here you may understand that love must
be the seed in you of every virtue
and of every action that merits punishment.').

The instructional and enlightening purpose of Virgil combines explanation, exhortation, and proverbial expression to make the moral and conceptual material of the narrative provocative and memorable. This proverbial impulse applies to all of the pilgrim's guides and to the poem as a whole.

While *Inferno* is characterized by isolation and the loss of intellect, as Virgil formulates, and consequently the loss of connection to the deity, and *Paradiso* takes place in the communal sense of knowledge and being in the presence of the deity, *Purgatorio* is the realm of learning and recuperation of the soul. Consequently, Dante quotes Scripture and invokes proverbial wisdom most extensively in the middle section of the *Comedy*. The very nature of *Purgatorio* involves the growth of awareness and consequent healing of the mind and soul so that moral instruction and the intention of both Scripture and contemplation of memorable articulations of understanding in proverbs and proverb-like sayings is of central importance.

Dante applies aspects of what I am calling his proverbial method in systematic ways in *Purgatorio*. The large central section of the canticle is devoted to the seven terraces of the overcoming of distorted love, or what is often referred to as the "seven deadly sins." But here Dante, while noticing the presence of sin, emphasizes through commentary such as Virgil's discussion of love in Canto 15 that human unhappiness and spiritual malaise comes from the misuse of love, which need to be trained and developed to allow its evolution into the healthy soul. Paradoxically perhaps, Dante is less interested in "sin" than he is in the operations of mind and desire and how they might be revealed as the core of human, and hence divine, goodness. The process of purgation for Dante is represented in the contemplation of souls on the negative and also the positive expression of human thought and feeling. As a central aspect of his religious psychology, Dante portrays the souls on each terrace as entering into a meditation on and self-reflection of examples of virtue and failure. On each terrace the souls encounter through sight, sound, or vision, a cluster of positive images, and then they experience a cluster of negative images. On the first terrace, the terrace of pride, Dante reveals living paintings of exemplars of humility engraved on the inner wall of the mountain. On each level the first example of virtue is drawn from the life of Mary, mother of Jesus. Mary embodies the fullest extent of human goodness and virtue, and consequently she offers the first of each series of virtues to be emulated by the souls. In Canto 10 of *Purgatorio*, the first of three cantos devoted to Pride, the pilgrim and guide see first the annunciation of the angel Gabriel to Mary that she will bear Jesus:

"Giurato si saria ch'el dicesse '*Ave!*';
perché iv' era imaginata quella
ch'ad aprir l'alto amor volse la chiave" (*Purg.*, 10.40–42).

('You would have sworn that he said: '*Ave!*';
for there she was imaged, the woman
who worked the key that opened the highest love.').

The example of the Annunciation is followed by the example of David dancing in exaltation before the Arc of the Covenant, and then by the action of the Emperor Trajan turning aside from his military crusade to assuage the grief of a mother over her son's unjust treatment.

As Dante the pilgrim later sees, there are images engraved on the path of the destruction of virtue through Pride, led by the images of Satan's expulsion from Paradise for his hubris in trying to overthrow the deity. While these paired sets of imagery may not be strictly considered proverbs, they have a proverbial function of using focused imagery for the mental and spiritual growth of awareness of both the souls in *Purgatorio* and for the reader.

A further example of Dante's systematic proverbial impulse is his inclusion of the evocation of Jesus' Sermon on the Mount in the series of citations of the Beatitudes, which are clearly proverbial in form and intent. As the pilgrim passes through each terrace and prepares to climb to the next level, an angelic voice or a chorus sounds out a quotation and invocation of the appropriate Beatitude. The angel at the gate into Purgatory proper had engraved seven letter Ps on the pilgrim's brow. The letter P can mean *peccata*, or sin, or it might indicate *penitente*, or penitence. As the pilgrim leaves each terrace, one of the Ps is erased through the approval of an angel, and along with the lightening of the pilgrim's soul one of the Beatitudes is sounded forth.

As the pilgrim leaves the terrace of pride, the poet describes a moment of joy and contrast with the realm of Inferno:

"Noi volgendo ivi le nostre persone,
'*Beati pauperes spiritu!*' voci
cantaron sì, che nol diria sermone.

Ahi quanto son diverse quelle foci
da l'infernali! ché quivi per canti
s'entra, e là giù per lamenti feroci" (*Purg.*, 12.109–114).

('As we turned our persons there,
'*Beati pauperes spiritu!*' sang out,
voices such that speech cannot explain.

Ah how different are these fissures
from those of Inferno! for here they enter
with song, and there with fierce laments.').

Dante quotes the opening of the first Beatitude here in the Latin Vulgate: "Blessed are the poor in spirit, for theirs is the kingdom of heaven" (Matt. 5.5). Drawing on the archetypal Christian example of the proverb, the Sermon on the Mount, Dante weaves moral instruction through his proverbial method as well as a dramatization of the structure of the *Comedy*, and the crucial moment of a shift in consciousness and growth of awareness. In structure Dante contrasts the beauty of song in Purgatory with the laments of Inferno, a kind of reminder to the reader of the comparative process of contrasting virtue and vice through examples for the souls on the mountain. In the narrative of the journey, this is the moment the pilgrim first feels a greater lightness to his being:

"Già montavam su per li scaglion santi,
ed esser mi parea troppo più lieve
che per lo pian non mi parea davanti" (*Purg.*, 12.115–117).

('Already we were mounting up the holy steps,
and it seemed that I was much lighter
than had appeared on the level plain before.').

In this last section of Canto 12 Virgil reveals the removal of one of the Ps, and the pilgrim unable to see his forehead touches it and is amazed at that only six of the seven Ps engraved on his brow remain. Dante elaborates this transformative experience here, so that he can invoke its parallels on the next six terraces. He will condense both the extensive demonstration of the comparative method and the effect of the removal of one of the letters in later instances, but the enunciation of a Beatitude, the approval of an angel, and the progressive lightening of the pilgrim's soul remain central to the process, narrative, and significance of the journey. In a sense, this entire process, at the very heart of the *Comedy*, is deeply rooted in the ritual and the meaning of Dante's proverbial method.

If we consider Dante's desire to communicate moral and religious understanding through poetic and popular means, we can see that he adopts, among many strategies, a proverbial method. And while his formulations are not always traditional proverbs, they are intensely informed by proverbial purpose and style. Even the opening and closing of the *Comedy* have taken on a proverbial aura. The famous opening of the poem shows the pilgrim aware of his despair and his need to find a true path:

"Nell mezzo del cammin di nostra vita
mi ritrovai per una selva oscura,
ché la diritta via era smarrita" (*Inf.*, 1.1–3).

('In the middle of the journey of our life
I found myself in a dark wood
where the straight path was lost.').

These opening lines capture the pilgrim's fear and his dismay and knowledge that he is lost both in physical and spiritual ways.

The long, arduous, and endlessly rewarding journey will take the pilgrim and the reader to a transcendent experience of the completeness of the cosmos and the presence of the deity to the human being:

"ma già volgeva il mio disio e 'l velle,
sì come rota ch'igualmente è mossa,

l'amor che move il sole e l'altre stelle" (*Par.*, 33.143–145).

('but my desire and will now turned,
just like a wheel that is impelled equally,

with the love that moves the sun and the other stars.').

Dante's desire aspires to the greatest heights of all existence, but his will strives to bring those heights into the sight and experience of his readers both in words and imagination. Dante chose to write in the Italian of his native land to communicate and share his vision and his art. Not the least of Dante's achievements is his proverbial method that brings such elevated vision and art into the sight of the common reader through the use of proverbs and proverbial style.

## *Notes*

1 All Italian quotations for the *Comedy* are from Dante Alighieri (1966–1967). Translations are by the author of this essay. Citation is by canticle abbreviation with canto and line numbers.

2 Moore catalogues virtually all of the examples of Dante's direct quotation or adaption of Scriptural and Classical citations in this volume (323–394). Interestingly, Dante draws on the Biblical Book of Proverbs seven times in the *Comedy*.

3 For one important overview on Dante's addresses to the reader see Spitzer (1955).

## *Bibliography*

Dante Alighieri. 1966–1967. *La Commedia: Secondo l'antica vulgata*. 4 vols. Ed. by Giorgio Petrocchi. [Milano]: Mondadori (Opere: Edizione nazionale a cura della Società dantesca italiana, 7).

Eliot, T.S. 1975. *Selected Prose of T.S. Eliot*. Ed. with an introd. by Frank Kermode. New York: Harcourt Brace Jovanovich.

Moore, Edward. 1896. *Scripture and Classical Authors in Dante. Studies in Dante*. Vol. 1. Oxford: Clarendon Press.

Spitzer, Leo. 1955. "The Address to the Reader in the 'Commedia'." *Italica: Journal of the American Association of Teachers of Italian* 32, 143–165.

# Bruno Kartheuser – Skizze zum Porträt

*Irena Świałowska-Prędota*

Auf dem VII. Kongress der IVG in Göttingen (1985) fiel die Frage: "Wie viele deutsche Literaturen gibt es?" Damals erschien die ambitionierte Serie Alexander Ritters *Auslandsdeutsche Literatur der Gegenwart* schon seit neun Jahren im Georg Olms Verlag in Hildesheim, und dokumentierte Leistungen deutschsprachiger Autoren in vielen europäischen Ländern sowie in den USA, in Australien und Israel. Überall, wo die deutschsprachigen Minderheiten lebten, entstand (und entsteht) Literatur in deutscher Sprache. Ihre Verfasser bemühten sich, die schwierige Nachkriegszeit ihrer Landsleute zu bewältigen. Im Elsass, in Ostbelgien, Rumänien und in der Sowjetunion mussten sie einen hohen Preis für "deutsche Träume von der Macht" bezahlen. Sie hatten einen Leidensweg hinter sich.

Im vorliegenden Beitrag wird zuerst ein Versuch unternommen, die Situation der ostbelgischen deutschen Minderheit darzustellen. Einerseits werden ihre Traumata reflektiert. Andererseits werden ihre neuen Wege in die Zukunft nachgezeichnet.

Aus dem Jahr 1986 stammt Band 9 der oben genannten Serie *Nachrichten aus Ostbelgien: Deutsche Dichtung in Belgien*, die von Michel Kohnemann bearbeitet und herausgegeben wurde. Die deutsche Sprachgemeinschaft in Belgien durfte in jener Zeit schon mit Optimismus in die Zukunft schauen. Die tragischen Folgen der Verwicklungen in den Zweiten Weltkrieg, die Wahrnehmung der deutschstämmigen Bürger im Nachkriegsbelgien als Verräter und Mitschuldige wurden allmählich überwunden. Verbessert hat sich auch ihre materielle Situation. Seit 1970 erfreuten sie sich der kulturellen Autonomie und durften ihre Sprache, Tradition und Sitten pflegen. Die positiven Umwälzungen ermöglichten im Jahre 1973 die Entstehung des Rates der Deutschen Kulturgemeinschaft und 1984 des Rates der Deutschen. In demselben Jahr wurde der Rat der Deutschsprachigen Kulturgemeinschaft ins Leben gerufen.

74.000 belgische Deutsche bewohnen eine Gesamtfläche von 854 Quadratkilometern, die in neun Gemeinden unterteilt wurde:

> "Zwischen den vier im nördlichen Gebietsteil liegenden Gemeinden (Eupen, Kelmis, Lontzen, Raeren) und den fünf im südlichen Teil befindlichen Gemeinden (Amek, Büllingen, Bütgenbach, Burg-Reuland, Sankt Vith) liegt das Hohe Venn, eine einzigartige Hochmoorlandschaft" (Peters, 2009:11).

Die anderen Gebiete, in denen früher Deutsch gesprochen wurde, werden heute in der Fachliteratur als deutschsprachiges Altbelgien bezeichnet. Diese ethnische Gruppe ist also relativ klein, aber sie verdient heutzutage Aufmerksamkeit und Respekt, weil sie ohne Zweifel mit ihrer Europavision sowie mit ihren Kultur- und Literaturwerten zur europäischen Integration beigetragen hat.

In den sechziger Jahren des 20. Jahrhunderts konnte man schon von einer Wiedergeburt der deutschen Literatur in Ostbelgien sowie von der Fortsetzung der besten Tradition in diesem Bereich sprechen. Die Vertreter der jungen Generation der dortigen Schriftsteller haben die deutschsprachige Gegenwartsliteratur wesentlich bereichert.

Sie greifen für ihre Heimat wichtige Themen auf und behandeln die mit Deutschland verbundene gemeinsame Geschichte und Tradition. Sie versuchen mit Erfolg ihr eigenes originelles Programm zu entwickeln, in dem neue Elemente auftauchen und Akzente anders gesetzt werden.

Manfred Peters betont: "In der Literaturgeschichte dieses Raumes haben zwei Elemente eine wichtige Rolle gespielt: der Literaturpreis und die literarische Zeitschrift *Krautgarten*" (2009:11).

Auf dem Kongress der IVG im Jahre 2010 in Warschau erweckte diese literarische Zeitschrift ein reges Interesse. Leider sind dieses Forum für junge Literatur und sein Herausgeber, Bruno Kartheuser, im deutschsprachigen Raum immer noch zu wenig bekannt, aber dieser Zustand muss sich ändern. Der *Krautgarten: Forum für junge Literatur* (1982–) ist doch eine europäische Zeitschrift von höchstem Niveau. Sie zeichnet sich durch eine anspruchsvolle grafische Form aus, in der dem Leser wertvolle Materialien aus dem Bereich der Literatur, Kunst im weiten historisch-politischen und gesellschaftlichen Kontext angeboten werden. Seit drei Jahrzehnten begleiten und dokumentieren ihre Herausgeber, die der Chefredakteur um sich sammelt, Entwicklungsprozesse in der ostbelgischen Region in Literatur und Kultur.

Der *Krautgarten* engagiert sich für die Probleme des sich integrierenden europäischen Kontinents und reagiert auf bedeutende Ereignisse in der Welt. Die Zeitschrift unterstützt politische Dissidenten, und ihre Spalten stehen für Dichter offen, die in ihren Heimatländern zum Schweigen gezwungen wurden. Einen großen Wert legt sie auf politisch-moralische Souveränität, was man umso mehr hervorheben muss, weil ihre finanzielle Situation nicht leicht und sie auf Hilfe verschiedener Institutionen angewiesen ist.

Man darf den *Krautgarten* als eine imponierende und tief beeindruckende Visitenkarte der deutschen Sprachgemeinschaft in Belgien ansehen. In diesem Unternehmen artikulieren sich die schönsten und beneidenswertesten Eigenschaften des Deutschtums im Sinne seiner humanistischen Philosophen, Denker, Künstler sowie Märtyrer, die im Laufe der Geschichte für diese Ideen kämpften. Die Lektüre der Zeitschrift führt den Leser, besonders den Rezipienten im Ausland, wie die Autorin des vorliegenden Beitrags, in die Sphäre der Literatur und Kunst, in das Leben der Bewohner dieser Region, enthüllt vor ihm wunderschöne Landschaften und überrascht mit der Gastfreundschaft seitens der belgischen Deutschen. Die Stimmung dieser kleinen Region erweckt Hoffnung, dass sie die Miniatur eines künftigen vereinten Europas sein könnte. Die Zeitschrift ist auch Zeugnis der Zusammenarbeit mit den Literaturschaffenden, Wissenschaftlern und Künstlern aus vielen Ländern.

Spiritus Movens der Entstehung sowie der dreißigjährigen Existenz des *Krautgartens* ist Bruno Kartheuser, dem im Weiteren die Aufmerksamkeit gewidmet werden wird. Er stammt aus Lüttich, wo er 1947 zur Welt kam. Seinen Weg in das erwachsene Leben prägte gewiss das Studium der alten Sprachen und der Philosophie an der Universität in Löwen. Vom Beruf Lehrer, war er lange Zeit dem Schulwesen verbunden. Aber Kartheuser ist auch ein talentierter Lyriker und eindringlicher Essayist. Sein Wissen sowie seine literarischen Talente verbindet er mit dem Engagement für wichtige Fragen seiner kleinen Heimat, in der er lebt, sowie der heutigen Wirklichkeit. Er handelt also im Sinne von Bertolt Brecht, der von der Kunst forderte, dass sie die Welt ändere, sie gerechter und humaner mache. Sein Lebenswerk, der *Krautgarten*, verdeutlicht und beweist, was ein menschliches Individuum leisten und welche Schwierigkeiten es überwinden kann. Sein Geständnis in der Einführung zum Essayband *Unentwegt: Reportage, Analyse, Begegnung* (2012) hilft seine Persönlichkeit besser zu verstehen:

> "Der Titel *'Unentwegt'* unterstreicht die Unbeirrbarkeit, mit der ich mein Schreiben und Stellungnahmen – 'gefragt und ungefragt' – bewusst betrieben habe. Zum Teil mag dies der Verankerung in diesem Landstrich geschuldet sein, dessen Bewohnern man gern seit altersher eine besondere Zähigkeit nachsagt. Der Titel will auch verdeutlichen, dass die Linie, die unserer öffentlichen literarischen Tätigkeit ab der Gründung vorstand, konsequent eingehalten worden ist. Wir haben nie Veranlassung gehabt, allem Druck und allen Repressionsübungen zum Trotz, unser Konzept zu widerrufen oder abzubiegen. Die öffentliche Hilfe in der eigenen Region war immer karg. Eben das, was man als unschätzbare Besonderheit einer Autonomie im kleinen Rahmen hinstellt, nämlich Nähe, Empathie, Kulanz, unbürokratische Unmittelbarkeit, das hat generell nicht für den Umfang der DG-Nomenklatur mit unserer Initiative gegolten. Wir hatten im Gegensatz über weite Strecken Argwohn, Behinderung und Gegnerschaft zu gewärtigen, was vorwiegend politisch gedeutet werden darf. Je stärker die offizielle Politik im sogenannten 'Kleingliedstaat' sich heute identitär definiert und der Megalomanie nachhängt, desto sperriger und konträrer erscheint in diesem Umfeld das Konzept des *Krautgarten*, das resolut auf Weltbürgertum und offene Grenzen setzt" (8–9).

Bruno Kartheuser und seine Mitarbeiter sind größtenteils Teilnehmer und Anhänger der Studentenbewegung von 1968. Bis heute sind Ideen des Pariser Mai aktuell und werden von vielen ehemaligen Aktivisten, die den Mythos ihrer allgemeineuropäischen Rebellion bis heute pflegen, in die politische, gesellschaftliche und kulturelle Praxis eingeführt. Das von Kartheuser geleitete Redaktionsteam bemüht sich um eine fortschrittliche, überregionale und europäische Gestaltung seiner Zeitschrift und plädiert für demokratische Beziehungen in der Gesellschaft sowie für den multikulturellen Charakter der belgischen Monarchie. Die Vorurteile der deutschen Minderheit dem belgischen Staat gegenüber und jegliche Anzeichen von Nationalismus, destruktive Rezeption der deutschen Tradition, Intoleranz, politischer Konformismus und philiströse Sentimentalität werden radikal abgelehnt. Der *Krautgarten* darf als Podium der Begegnung von Autoren, Publizisten und Künstlern, die die deutschsprachige Gemeinschaft in Belgien repräsentieren, sowie als Treffpunkt mit gleichgesinnten Kollegen aus den verschiedenen Ecken Europas und der Welt angesehen werden.

Die bereits dargestellten Prämissen Kartheusers und seiner Mitarbeiter prägen auch das Bild und die Botschaft der deutschsprachigen Literatur in Belgien. Wenn man sie immer noch als eine 'Regionalliteratur' bezeichnet, dann nur im Sinne von Manfred Peters:

> "Unter Regionalliteratur verstehe ich Literatur von Autoren, die in der Region leben oder gelebt haben und die Wirklichkeit dieses Raumes in irgendeiner Form literarisch thematisieren. […] Regionalliteratur ist nicht gleichzusetzen mit 'Heimatliteratur', 'Marginalliteratur' oder mit dem meist konservative Richtungen kennzeichnenden 'Regionalismus'. Und vor Allem: Er beinhaltet keineswegs Vorurteil" (2009:10).

Die Lektüre der Texte von Bruno Kartheuser, Freddy Derwahl, Leo Gillessen, Robert Schaus, Ingo Jacobs, Verena von Asten, Hannes Anderer, Emil Gennen, Dietmar Sous,

Guido Thome, Wilfried von Serenyi oder Leo Wintgens veranschaulicht, dass es sich um eine moderne, überregionale, deutschsprachige Literatur handelt, die den Hort der anspruchsvollen europäischen Literatur bereichert und die Leser aus verschiedenen Ländern anspricht.[1]

Alfred Strasser betont im Nachwort seiner Anthologie *Mit leichtem Gepäck: Eine Anthologie ostbelgischer Gegenwartsliteratur* (2007) die neuen Trends der aufgenommenen Erzählungen und Gedichte:

> "Die Sammlung *Mit leichtem Gepäck* will [...] eine bestimmte Seins- und Lebensart dieser Literatur verdeutlichen: mit wenig Verankerung in Traditionen, vielen Brüchen in der kulturellen Überlieferung, der Bereitschaft, aus der Not eine Tugend zu machen und neue Ufer zu suchen. Existenzielle Exponiertheit drängt sich als unbewusster gemeinsamer Nenner vieler Texte dieser Anthologie auf. Das ist eine Chance gegen Unbeweglichkeit und starre Muster, es ist ein Angebot an die Leser, damit sie sich auf den explorierenden Rundblick dieses Buches einlassen und Ostbelgien literarisch neu entdecken" (208–209).

*Mit leichtem Gepäck* (2007) wirft auch Licht auf das Problem der literarischen Formen, die von den ostbelgischen deutschsprachigen Autoren bevorzugt werden. Es überwiegen Poesie und kurze Prosatexte, und dies ist von den Massenmedien beeinflusst. Andererseits erleichtern sie den Autoren auf diese Weise den Zugang zu ihren Lesern, z.B. während einer Lesung. Der Roman oder das Drama gehören zu den seltenen Formen der ostbelgischen Autoren.[2]

Bruno Kartheuser ist ein begabter Lyriker, aber auch Prosaist, Aphoristiker und Essayist. Zu seinen wichtigsten Titeln gehören: *Ein Schweigen voller Bäume* (1985a), *Die letzten Dinge: Erzählung* (1985b), *Atemlängen / Respirations* (1999), *Späne: Eine Wanderung durch die Zeit / Copeaux: Une balade à travers le temps* (2010). Zahlreiche Essays und publizistische Texte werden in den Bänden *Am Anfang war das Feuer: Essais* (2011) und *Unentwegt: Reportage, Analyse, Begegnung* (2012) präsentiert.

Die Lyrik von Bruno Kartheuser zeigt ihn als einen sensiblen, seine kleine Heimat und deren Natur liebenden Menschen.

Kleine Episoden aus eigener Biografie versieht er mit universellen Pointen. Beeindruckend wirken *Späne* (2010) – eine Kette von philosophischen Miniaturen, die einen Einblick in seine Psyche und Gedankenwelt gewähren. Sie begleiten den Dichter auf seiner *Wanderung durch die Zeit* (Untertitel). Der Ausgangspunkt ist dabei immer ein Bild aus der Natur seiner Heimat oder ein Erlebnis, die pointierte Assoziationen evozieren. Das Bändchen, zweisprachig, deutsch-französisch und vor dem Hintergrund der Fotos der Natur in Ostbelgien zeugt von seiner außergewöhnlichen künstlerischen Fantasie.

Ähnlich ist die deutsch-französische Sammlung der Aphorismen *Atemlängen* (1999) strukturiert. Sie erinnert daran, dass Bruno Kartheuser auch ein feinsinniger Philosoph ist, der aber die ihn umgebenden Realien kritisch beobachtet und ihnen – auch diesen banalen – einen tiefen Sinn zu entlocken weiß. Klaus Wiegerling, ein guter Kenner der vielfältigen Aktivitäten Kartheusers, hat diese Sammlung treffend charakterisiert:

> "In seinen *Atemlängen* zieht Bruno Kartheuser in einer Art aphoristischer Erzählung, die lyrische Verdichtung mit der epischen Überbrückung von Zeit- und Lebensräumen verbindet,

ein Resümee. In diesen aufeinander beziehbaren, sich sukzessive erhellenden Miniaturen vernetzt er Einsichten, Erfahrungen und Bilder. Seine humanistische Bildung und sein Talent zur lyrischen Prägnanz paaren sich zum scharfsinnigen Manifest einer poetischen, aber keineswegs verträumten Lebenshaltung" (Schutzumschlag).

Wenn man Bruno Kartheusers Programm, das er als Dichter, Herausgeber des *Krautgartens* und aktiver Beobachter und Kommentator der politischen, gesellschaftlichen und kulturellen Vorgänge in Belgien und in der Welt von heute realisiert, besser kennenlernen will, sollte man sich mit seinen Essays, Reportagen, Skizzen, "Begegnungen" und "Analysen" bekannt machen. Man findet unter ihnen Porträts wichtiger Persönlichkeiten der ostbelgischen und ausländischen Literatur, des griechischen Dichters Jannis Ritsos, des Exildeutschen Walter Benjamin, des französisch schreibenden belgischen Autors Pierre Mertens, des Slowenen Jean Vodaine und der ostbelgischen Schriftsteller Emil Gennen, Gerhart Heuschen und Jacques Izoard sowie der Künstler Alfred Hrdlicka aus Österreich, Hans Lemmen, Antonio Maro, Max Carnevale oder Dirk Vermeirre. Aufmerksamkeit wird auch den Ereignissen aus Geschichte und Gegenwart geschenkt, die die Vergangenheit mitgestaltet haben oder die Gegenwart formen. In diesem Kontext setzt sich Kartheuser auch mit Problemen auseinander, so der Situation des *Krautgartens*, der deutschsprachigen Minderheit in Belgien, aber auch mit den Gespenstern der deutschen Vergangenheit wie etwa Hermann Niermann.[3]

In den Essays seines Bandes *Am Anfang war das Feuer* (2011) plädiert Kartheuser für seine Zeitschrift, reflektiert europäische Fragen, wendet sich der Identitätsfrage der deutschsprachigen Gemeinschaft in Belgien zu, analysiert die Beziehungen mit den deutschen und luxemburgischen Nachbarn und weiht die Leser in seine wertvollen Recherchen zur Tragödie im französischen Tulle vom 9. Juni 1944 ein.

Im Nachwort zu dem Band *Unentwegt* (2012) bemerkt Klaus Wiegerling:

> "Wichtige Themen der vorliegenden Texte sind Vorbilder wie Kaplan Rossaint in Zeiten der Bedrohung des Menschen – und das ist exemplarisch für die Zeit des Nationalsozialismus – oder Vermittler zwischen Kulturen wie Vodaine oder Ledee, aber auch Aufrüttler und Irriteure wie Hessel und Germoz. […] Der vielleicht persönlichste Text ist *Quousque tandem*, in dem der Zusammenhang zwischen Kartheusers Verankerung in Belgien, seinen Idealen und den Ereignissen, auf die er reagiert, sichtbar wird. Bei der Darstellung von Künstlern und ihren Werken wird nur selten Biographisches aufgelistet, immer aber werden grundlegende Intentionen freigelegt. […] Jedes Porträt ist auch ein Dokument der Suche nach künstlerischen Ausdrucksformen und Perspektiven. […] In den Begegnungen wird eine Dimension eröffnet, die den Künstler und sein Schaffen transzendiert" (189).

Bruno Kartheuser erweckt Respekt vor allem durch die Vielfalt seiner Aktivitäten. Neben seinen schwierigen Aufgaben, die sich aus der Herausgabe des *Krautgartens* ergeben, geht er seiner Berufung als Dichter und Erzähler nach. Als ein engagierter Intellektueller, ein kritischer Beobachter der Gesellschaft seiner Heimat reagiert er mit operativer Publizistik auf wichtige Ereignisse in der heutigen Welt. Auch ist er Vermittler zwischen den Kulturen als Herausgeber des *Krautgartens* und Übersetzer literarischer Werke aus dem Französischen. Man könnte ihn als einen Menschen der Renaissance bezeichnen. Sein Lebensprogramm, das er so konsequent und kompromisslos realisiert, seine Kreativität und sein authentischer Humanismus prägen ihn als einen modernen Europäer, der an eine neue, humane Zukunft Europas glauben lässt.

## *Anmerkungen*

1 Siehe zum Beispiel die Texte in Strasser (2007).
2 Auf diese Erscheinung machen Peters (2009:12) und Leonardy (1985:57) aufmerksam.
3 Berührt werden diese Themen und Probleme in Kartheuser (2012).

## *Bibliografie*


Kartheuser, Bruno. 1985a. *Ein Schweigen voller Bäume*. St. Vith: Aktuell-Verl.

----------. 1985b. *Die letzten Dinge: Erzählung*. St. Vith: Ed. Krautgarten.

----------. 1999. *Atemlängen / Respirations*. [St. Vith]: Ed. Krautgarten.

----------. 2010. *Späne: Eine Wanderung durch die Zeit / Copeaux: Une balade à travers le temps*. St. Vith: Ed. Krautgarten.

----------. 2011. *Am Anfang war das Feuer: Essais*. [St. Vith]: Ed. Krautgarten.

----------. 2012. *Unentwegt: Reportage, Analyse, Begegnung*. St. Vith: Ed. Krautgarten.

*Krautgarten: Forum für junge Literatur*. 1982–. Hg. von Bruno Kartheuser. St. Vith: Krautgarten.

Leonardy, Ernst. 1985. "Dichtung und dokumentierte Minderheitskultur: Die deutschsprachige Literatur im ostbelgischen Raum." In: Alexander Ritter (Hg.). *Deutschsprachige Literatur im Ausland*. Göttingen: Vandenhoeck und Ruprecht (Zeitschrift für Literaturwissenschaft und Linguistik: Beiheft, 13), 52–68.

Peters, Manfred (Hg.). 2009. *Seitensprünge: Literatur aus deutschsprachigen Minderheiten in Europa*. Wien u.a.: Folio-Verl. (Transfer, 90).

Strasser, Alfred (Hg.). 2007. *Mit leichtem Gepäck: Eine Anthologie ostbelgischer Gegenwartsliteratur*. St. Vith: Ed. Krautgarten.

# Goethes *Märchen*

*Sabine Wienker-Piepho*

Würde man nicht gleich eine Pointe verschenken, wenn man zum siebzigsten Geburtstag von Wolfgang Mieder nicht darauf hinwiese, dass Goethe an seinem *Märchen* vermutlich um seinen Geburtstag herum geschrieben hat? Es war zwar Goethes sechsundvierzigster, aber ist der Jubilar, dem dieser Festschriftbeitrag gewidmet sei, in seinem etwas höheren Alter nicht mindestens ebenso emsig und erfolgreich, wie der Dichterfürst in seinen besten Jahren? Und wenn Goethes Text auch keine einzige sprichwörtliche Redensart enthalten mag, so ist sein virtuoses Spiel mit populären Genres doch gleichsam verwandt mit den zahlreichen Reflexionen des Jubilars zum Volksmärchen (Mieder, 2007 & 2009). In diesem Sinne soll das Goethe'sche Kunstmärchen auch einmal auf der Folie der Volksmärchen vermessen werden. Gibt es Gemeinsamkeiten? Und wo liegen die Unterschiede?

Gleich zu Beginn des *Märchens* treten merkwürdige Gestalten auf, die bis heute im Bereich des Volksglaubens angesiedelt sind: Zwei Irrlichter wollen einen Fluss überqueren. Dies bewerkstelligen sie mit Hilfe eines Fährmannes, der sich nicht mit Gold und Geld, sondern nur mit drei Zwiebeln, drei Kohlköpfen und drei Artischocken bezahlen lassen will. Auch der unbefangenste Leser oder Hörer merkt sofort: Hier geht es um mehr als um bloßes Gemüse, um mehr als um einen bloßen Angestellten der Binnenschifffahrt, um mehr als Gold im Sinne von Geld oder um Irrlichter als bloße Naturphänomene, hier geht es um bedeutungstragende Sinnbilder, um Symbole, ganz wie im Volksmärchen. Nichts ist bloß das, was es ist!

Nun sind SprichwortspezialistInnen, VolksmärchenforscherInnen, VolkskundlerInnen und KulturgeschichtlerInnen nur selten gleichzeitig GoethespezialistInnen. Man erwarte deshalb hier nur *eine* zentrale Fragestellung: Wodurch hebt sich das Goethe'sche *Märchen* von einem Volksmärchen ab, und zwar über die bloße Tatsache hinaus, dass Volksmärchen ja eben gerade keinen Verfasser kennen, anonym oder doch irgendwie sehr alt sind und mündlich überliefert wurden? Zunächst ist wohl zu fragen, ob Goethe Volksmärchenmotive aufgegriffen hat und sich ihrer gleichsam spielerisch bediente. Um es gleich vorweg zu nehmen: Ja, er hat und er kannte sich offenbar bestens aus!

Goethe bekam deshalb nicht ohne Grund einen Personaleintrag in der *Enzyklopädie des Märchens*.[1] Kurz und prägnant heißt es hier zwar "bedeutendster deutscher Dichter" (Mommsen, 1987:Sp. 1340), das aber erklärt noch nicht das Lemma an einem solchen Ort. Indes, das Universalgenie Goethe war eben nicht nur Dichter von Märchen, das zeigt Katharina Mommsens Artikel in diesem vierzehnbändigen Grundlagenwerk der historisch-vergleichenden Märchenforschung, nein, er war eben auch Volksmärchenforscher.

Ausgekannt hat er sich ferner – und das dürfte für unser *Märchen* inhaltlich nicht unwichtig sein – in der Geschichte der Magie,[2] in der Freimaurerei und in der Alchemie.[3] Groß war wohl auch deshalb seine Wirkung auf die spätere Anthroposophie, und es mag für die wirklich kuriose Rezeptionsgeschichte von Goethes *Märchen* keine geringe Rolle spielen, dass ausgerechnet der märchenbegeisterte Rudolf Steiner im Jahre 1887 Goethes Werke herausgibt und eine anthroposophische Deutung unseres *Märchens* versucht.[4] Und weil er, wie auch unser Jubilar, Preisträger der *Märchen-Stiftung Walter Kahn* war, soll auch Rudolf Geigers Exegese (1993) nicht unerwähnt bleiben, die sich eng an Steiner anlehnt.

Aber zurück zur Folkloristik! In der besagten *Enzyklopädie des Märchens* kann man nachlesen, dass Goethe – öfter als man denkt – sog. Volkserzählstoffe und -motive aufgegriffen hat, ja, sich überhaupt auseinandersetzte mit diversen Gattungen der Volkspoesie, etwa auch mit dem 'Volkslied' (speziell der 'Volksballade') und der 'Volkssage'.

1795, also nach der Rückkehr von seiner zweiten Italienreise,[5] legt der Dichter schließlich unsere rätselhafte Erzählung mit dem Titel *Das Märchen* vor, seine "ambitionierteste Märchendichtung", wie der Kunstmärchenexperte Jens Tismar (Mayer & Tismar, $^{3}$1997 [$^{1}$1977]:49) meint, und das immerhin 17 Jahre bevor die *Kinder- und Hausmärchen* der Grimms, die ja Volksmärchen sind, erscheinen konnten. Die Freundschaft mit Schiller ist noch ganz jung, gerade mal ein Jahr alt. Für dessen Zeitschrift *Die Horen* hatte Goethe sein *Märchen* konzipiert. Es bildet den Abschluss der *Unterhaltungen deutscher Ausgewanderten* (vgl. Mayer & Tismar, $^{3}$1997 [$^{1}$1977]:49).

## 1 Goethe und die Gattung 'Märchen'

Wie lässt sich nun in der gebotenen Kürze Goethes Verhältnis zur Gattung 'Märchen' skizzieren? Versuchen wir es erst einmal biografisch. In der berühmten und vielzitierten "Lust zu fabulieren" zeigt sich schon früh die Affinität des Dichterfürsten zu diesem Genre. Goethe hatte seine Fabuliergabe wohl von seiner Mutter geerbt, wie er am Ende von *Dichtung und Wahrheit* deutlich macht, wenn er schreibt, dass sie ihn lehrte "alles was die Einbildungskraft hervorbringen, fassen kann, heiter und kräftig darzustellen, bekannte Märchen aufzufrischen, andere zu erfinden und zu erzählen, ja im Erzählen zu erfinden" (zit. Mommsen, 1998 [$^{1}$1984]:113–114). Die Mutter war es auch, die ihm "ohne Ende" Märchen erzählte – vielleicht darf man diesen Modeausdruck hier benutzen –, weil sie ihr Erzählen, gleichsam wie Scheherazade, als eine Art unendliches Kettenmärchen inszenierte. Das heißt, sie brach die Handlung mitten in einem besonders aufregenden Moment ab, um am nächsten Abend fortzufahren. Dadurch erhöhte sie nicht nur die Spannung, sondern sie brachte ihren kleinen Wolfgang auch dazu, "den Faden der Handlung selbständig" weiterzuspinnen (vgl. Mommsen, 1998 [$^{1}$1984]:107). Das eigenmächtige Eingreifen in die Handlung, wenn man so will Goethes produktive erzählerische Imagination im Umgang mit mündlichen Vorlagen, zeigt folgende kleine, aber umso berühmtere Begebenheit: Als die Mutter dem Jungen das Märchen vom *Tapferen Schneiderlein* erzählte, da genügte "Wölfchen" das Schneiderlein nicht als Held. Die Prinzessin verdiente seiner Meinung nach einen würdigeren, kühneren und edleren Partner. Kurz, einen, mit dem sich der Junge gleichsetzen konnte. Deshalb gestaltete er das Märchen kurzerhand um, ganz so, wie fantasiebegabte Kinder es eben machen und wie es der amerikanische Märchenpsychologe Bruno Bettelheim ($^{3}$1980) sattsam beschrieben hat.

Für Goethes Vorstellungen einer Dichtungstheorie, einer Poetik, war das mündlich überlieferte Volksmärchen "die Urform dichterischen Gestaltens", so wie ihm die Volksballade das "Urei" aller Gattungen war. Er empfand gerade die Gattung des Märchens als einen geeigneten Modus, um eigenes Leben und Erleben gleichnishaft und symbolisch auszudrücken, durchaus auch, um damit Lösungen für Lebensprobleme anzubieten (vgl. Mommsen, 1987:Sp. 1340). Eigenes Leben und Erleben, allzu oft nur allzu schal, brauche stets ein wenig erfundenen, märchenhaften Glimmer und Glanz, so meinte er, auch wenn ein solcher Glanz nur ein Konstrukt sei. Salopp ausgedrückt könnte man sagen, märchenhaftes Flunkern gehört zur Poesie, auch wenn man damit ein bisschen schummelt und mogelt. Das kann man mit Goethe natürlich auch eleganter formulieren: "Das wirkliche Leben verliert oft dergestalt seinen Glanz, daß man es manchmal mit dem Firnis der Fiktion wieder auffrischen muß" (zit. Gwosc, 2000:339). Soviel vorerst zu Goethes Auffassung von der Funktion der "Ur-Gattung" 'Märchen'.

Was aber empfand Goethe wohl, wenn es um die unmittelbare *Mündlichkeit* des Märchens, um das Erzählen also ging, und an welche Zuhörer dachte er? Die etwa achthundert professionellen MärchenerzählerInnen, die es heute in Deutschland gibt, wird es freuen, dass ihn das eigentliche Erzählen von Märchen (heute würde man von 'Performanz' sprechen) und die Reaktion seiner Zuhörer in ausgesprochen frohe und muntere Stimmung versetzte. So jedenfalls wird es in einigen seiner Briefe deutlich. An Frau von Stein schrieb er allerdings, er habe in einem Kreis von Erwachsenen erzählt, wörtlich heißt es: "Wir waren munter und vergnügt. Ich erzählte ein Mährgen, worüber viel gelacht wurde" (zit. Mommsen, 1998 [1 1984]:115).[6] Das ist interessant, denn das wirkliche, eigentliche Zaubermärchen, das *magic tale*, ist nach deutschem Konsens ernst und überhaupt nicht komisch. Er erzählte jedoch nicht nur vor Erwachsenen. Aus *Dichtung und Wahrheit* geht hervor, dass ihm vielmehr Kinder das allerliebste Publikum waren. Wie war seine Begründung? Kinder würden nicht "nach dem Wahrheitsgehalt des Erzählten" fragen (zit. Mommsen, 1998 [1 1984]:117).[7] Bleibt die Überlegung, ob Goethe an Kinder oder doch wenigstens an das Infantile im Erwachsenen gedacht hat, als er 1795 sein *Märchen* schrieb. Jedenfalls kann man es offenbar auch heute noch Kindern vorlesen.[8]

Aufschlussreich für die Interpretation der "rätselhaften Wundergeschichte", wie ein zweiter Kunstmärchenexperte, Manfred Grätz (1996:Sp. 617) sie genannt hat, ist auch ein Seitenblick auf den Motivbestand in anderen Texten Goethes. So bediente sich der Dichter nicht nur in seinem ausdrücklich so benannten *Märchen* märchenhafter Elemente, sondern sogar bei Berichten aus seinem eigenen Leben. In *Dichtung und Wahrheit* heißt es, er wohne in einem wahren "Zaubertal", und seine Schriftstellerei bezeichnete er pointiert als "Zauberhandwerk" (zit. Mommsen, 1998 [1 1984]:120). Ferner kommen Irrlichter und andere magische Requisiten übrigens auch im Faust vor.[9] Mit den zwei neuen Registerbänden von Christoph Michel der nun 40-bändigen *Frankfurter Ausgabe* (2013) lässt sich hier sicher wunderbar arbeiten.

Für unsere Interpretation seines *Märchens* dürfte ferner wichtig sein, dass Goethe die Absichtslosigkeit des Märchens für eines dessen charmantesten Charakteristika hielt. Er empfand es als wohltuend, dass Märchen, wie er sagte, "keine sittlichen Zwecke haben", sondern dem Menschen "unbedingte Freiheit der Auffassung gewähren" (zit. Mommsen, 1998 [11984]:128). Das tun sie wohl bis heute, man denke an die vielen gänzlich verschiedenen Leitern, die man an jedes Volksmärchen anlehnen kann.

Und das Exotische, das kulturell Fremde? Angesichts unseres Textes sollten wir in Betracht ziehen, dass auch die orientalischen Märchen aus *1001 Nacht* Goethes Schaffen in besonderem Maße beeinflussten (wem fällt nicht beim Mann mit der Lampe im Berg *Aladins Wunderlampe* ein), dass er sich aber zudem an den französischen Feenmärchen (*Contes des fées*) orientierte und immer wieder Motive aus der antiken Mythologie zum Vorbild nahm (man assoziiert den Fährmann Charon, der den Styx überquert, oder den Acheron, man erinnert den Goldfluch des Midas, usw.).

Goethes Verhältnis zu den Brüdern Grimm hingegen war immer distanziert, obgleich es viel mehr Gelegenheiten zum intellektuellen Brückenschlag und sogar zum persönlichen Austausch gegeben hätte.[10] Schließlich hat einer der Brüder, Wilhelm, ihn sogar zweimal persönlich in Weimar besucht.

Warum aber schrieb Goethe bei soviel Begeisterung nicht mehr Märchen? Denn obwohl er in viele seiner Werke einzelne Märchenelemente aufnahm, verfasste er lediglich drei Kunstmärchen: *Der neue Paris*, *Die neue Melusine* und eben unser *Märchen*. Und alle drei sind "ein poetisches Spiel mit dem Muster der Volksmärchen" (Klotz, 1985:130), die ihrerseits wiederum direkte Auswirkungen auf die ästhetischen und theoretischen Auffassungen des beginnenden neunzehnten Jahrhunderts hatten. Insbesondere das ambitionierte und ja eigentlich titellose *Märchen* "übte entscheidenden Einfluss auf die Entwicklung des romantischen Kunstmärchens etwa eines Tieck, Novalis[11] oder Hoffmann aus", und auch die Grimms haben es gekannt (Mommsen, 1987:Sp. 1344). Von den Philologen wurde es gar "zum Muster aller Kunstmärchen erhoben" (Safranski, 2013:403). Also warum nicht? Man hat vermutet, dass Goethe sich eben gerade *nicht* als Trittbrettfahrer auf die damals gerade aufgekommene neue Modewelle (Musäus,[12] Herder, Wieland[13]) aufschwingen wollte. Denn es lag ja doch plötzlich im Trend, die vormals verachteten Ammenmärchen nicht nur zu rehabilitieren, sondern geradezu zu glorifizieren.

## 2 Die Entstehung von Goethes *Märchen*

Die Entstehung des *Märchens* geht nach Auffassung der Forschung auf eine Unterredung mit Schiller Ende Juni 1795 zurück. Unmittelbar danach, während seines Aufenthaltes in Karlsbad, begann Goethe mit der Arbeit. Schon bald, nämlich am 18. August, zehn Tage vor seinem Geburtstag, schrieb er an Schiller: "Zu dem Märchen selbst habe ich guten Mut: es unterhält mich und wird also doch wohl auch einigermaßen für andere unterhaltend sein" (zit. Mommsen, 1998 [11984]:183). Es erschien schließlich wirklich in *Die Horen* und trug den Untertitel *Zur Fortsetzung der Unterhaltungen deutscher Ausgewanderten*. Diese *Unterhaltungen* hatten im ersten Heft von Schillers Zeitschrift begonnen, und das *Märchen* sollte sie nun zum Abschluss bringen. Übrigens wünschte Goethe tatsächlich, dass sein *Märchen* in Fortsetzungen erscheinen sollte, eine spannungssteigernde und vielleicht auch verkaufsfördernde Technik, die er bei seinem Mütterchen mit der Frohnatur offensichtlich schätzen und lieben gelernt hatte – 'Cliffhanger' nennt man so etwas heute –, aber Schiller war dagegen. Er wandte ein: "Das Publikum ist immer mit dem Abbrechen unzufrieden, und jetzt müssen wir es bei guter Laune erhalten" (zit. Mommsen, 1998 [[1]1984]:184). Goethe jedoch beharrte auf seinem Wunsch, er argumentierte mehrfach mit der Neugierde der Leser, konnte sich aber gegen den Herausgeber Schiller in diesem Fall einmal nicht durchsetzen.

Wie war nun die Resonanz des Publikums? Die erste Reaktion der Leserschaft auf das *Märchen* war eine Mischung aus echter Bewunderung, respektvoller Ratlosigkeit und nicht zuletzt eben – trotz der Erscheinungsform in einem Stück – großer "Neugier". Für die Mehrheit der Leser stellte das *Märchen* jedoch ein Geheimnis, ein unlösbares Rätsel dar. Das scheint geradezu beabsichtigt, denn nachweislich hatte der Dichter selbst von vornherein immer wieder den Rätselcharakter seiner Erzählung hervorgehoben (auch Rätsel sind übrigens eine uralte, mündlich tradierte Gattung; in den Märchen hat sich davon etwa die Gestalt der Rätselprinzessin erhalten). Goethe soll gesagt haben, dass er erst einmal neunundneunzig Deutungen abwarten wolle, bevor er sich selbst dazu äußere (Reusner, 2012:78; dgl. auch Safranski, 2013:403).

Andererseits lag gerade in dieser esoterischen Rätselhaftigkeit auch das Risiko, denn eben sie war es, welche die Ausleger an Goethes *Märchen* fast irre werden ließ. Man müsse es schon sehr genau und geduldig lesen, denn es liege der Schlüssel zu allem, jedenfalls laut Schiller, "im Märchen selbst" (zit. Mommsen, 1998 [[1]1984]:195) – kein besonders nützlicher Hinweis.

Dass Goethe immer wieder aufs Neue selbst höchst erheitert war von den vielen, teilweise kuriosen Deutungsversuchen seiner Rezipienten, ist gut belegt (Wührl, 1984: 68), denn "es fühlt ein jeder, dass noch etwas drinsteckt", schrieb Goethe 1806 an Riemer, "er weiß nur nicht was" (zit. Reusner, 2012:79). Bis heute soll es angeblich über 2500 Auslegungen geben, und Quantität schlägt ja bekanntlich nicht immer in Qualität um.

## 3 Inhalt der Erzählung

Den Inhalt des *Märchens* darzustellen, ist nicht leicht, zwangsläufig selektiv, wenn nicht gar unlauter in der erklärenden Wahrnehmung, die ja immer auch schon Deutung ist, Deutung der "inhaltsschweren Signaturen", wie der Freiburger Germanist Uwe Pörksen sich in einem neueren Aufsatz ausdrückt (2000:374). Dennoch sei der Versuch gewagt, und die Erkenntnisrichtung sei weiter der Volksmärchenvergleich.

Ganz wie ein Volksmärchen, so hebt auch Goethes *Märchen* an im Zustand der Disharmonie oder des Mangels (vgl. Klotz, 1985:129). Wieso? Die schöne Prinzessin Lilie ist unglücklich, denn durch ihre Berührung wird, wie einst beim Fluche des Midas, wie beim Anblick der Medusa oder wie bei *Jorinde und Joringel* (KHM 69) alles Lebendige zerstört. Allein durch ihren Blick wurde dem Königssohn einst alle Kraft und Herrschaft entzogen. Liliens Reich am Ufer eines Flusses ist voller wunderschöner Pflanzen, die jedoch keine Früchte tragen können. Auch ist die Überquerung des Flusses nur unter bestimmten Bedingungen möglich. Nur zur Mittagszeit kann er auf dem Rücken einer Schlange überquert werden, nur am Abend auf dem Schatten eines Riesen oder im Boot eines Fährmannes, der aber nur in einer Richtung fahren kann, nämlich weg von Liliens Reich. Wir kennen das Motiv aus *Der Teufel mit den drei goldenen Haaren* (KHM 29).

Der Fluss markiert bei Goethe zwei getrennte Sphären. Auf seiner anderen Seite befindet sich ein unterirdischer sog. Tempel, der in einen natürlichen Felsen gehauen und dem Zugang der Welt völlig entzogen ist. In diesem befinden sich Statuen von vier Königen: Die erste ist aus reinem Gold, die zweite aus Silber, die dritte aus Erz, die vierte aber ist aus all diesen drei Elementen wahllos zusammengesetzt.[14]

Alle Gesetzmäßigkeiten in dieser Märchenwelt folgen also gerade *nicht* denen einer gütig-harmonischen Natur. Der Auftakt bezeichnet wirklich Disharmonie oder – ganz wie es bei den Eingangssituationen fast aller Volksmärchen der Fall ist – "einen gestörten Weltzustand" (Mayer & Tismar, $^{3}$1997 [$^{1}$1977]:49), eben den Mangel. Die Ursache dafür ist immer ein Bann oder Fluch, der auf allen Beteiligten lastet, von dem – wieder ganz märchenmäßig – erlöst werden muss. Im Verlauf des *Märchens* erfolgen dann mehrere Hinweise auf das baldige Ende dieses Fluches. So macht der Alte mit der Lampe (auch im Volksmärchen gibt es übrigens keine Eigennamen, allenfalls sog. Allerweltsnamen) eine erste derartige Andeutung im unterirdischen Tempel, wenn er sagt "Es ist an der Zeit", gleichsam ein Kairos-Satz, der sich – wieder märchenanalog – dreimal wiederholen wird. Doch kann die Erlösung nicht das Werk einer einzelnen, separierten, isolierten Person sein, denn Isolation gehört ja gerade zum Fluch. Vielmehr muss (über den rechten Zeitpunkt hinaus) auch durch das Zusammenwirken aller Kräfte die Voraussetzung für die erlösende Opfertat eines Einzelnen, hier der Schlange, geschaffen werden (dieses Motiv gemahnt an das sog. Brückenopfer, von dem besonders unsere alten Volkssagen berichten, da wird etwas Lebendiges eingemauert).

In diesem Zusammenhang fällt dann endlich auch der nachmals so berühmt gewordene (und gänzlich unvolksmärchenmäßige) Satz: "Ein Einzelner hilft nicht, sondern wer sich mit vielen zur rechten Stunde vereinigt" (Mommsen, 1998 [$^{1}$1984]:88).[15] Indes muss – wiederum ganz märchenspezifisch – bis zur endgültigen Erlösung noch viel Unglück geschehen.

So hat sich z.B. die Frau des Alten mit der Lampe dem Fluss gegenüber verbürgt, und zwar wegen einer Fremd-Fährschuld jener zwei Irrlichter, die ebenfalls zu den insgesamt 18 Handlungsträgern gehören (Goethe selbst spricht manchmal von 20, manchmal von 18). Durch die Berührung mit dem Flusswasser ist ihre Hand bei dem Schwur schwarz geworden und schwindet immer mehr dahin. Nun macht sich die Frau, mit großer Sorge um ihre Hand, auf den Weg zu Lilie. Auf diesem Weg trifft sie den Königssohn, die grüne Schlange und die beiden "Herren Irrlichter". Alle haben sich bei der fluchbeladenen Lilie verabredet, um irgendwie zu helfen (dass sich niemand über sprechende Tiere wundert, ist ein weiteres, langtradiertes, vielleicht sogar animistisches Volksmärchenelement). Währenddessen hat sich das Unglück in Liliens Reich einem unguten Höhepunkt entgegen entwickelt. Lilie ist nämlich in großer Trauer um ihren Kanarienvogel, der durch ihre Berührung starb. Lilie klagt:

> "[...] hier zu meinen Füßen liegt der arme Kanarienvogel tot, der sonst meine Lieder auf das Angenehmste begleitete. Er war gewöhnt auf meiner Harfe zu sitzen, und, sorgfältig abgerichtet, mich nicht zu berühren. Heute, indem ich vom Schlafe erquickt ein ruhiges Morgenlied anstimme und mein kleiner Sänger munterer als jemals seine harmonischen Töne hören läßt, schießt ein Habicht über meinem Haupte hin; das arme kleine Tier, erschrocken, flüch-

tet in meinen Busen, und in dem Augenblick fühl ich die letzten Zuckungen seines scheidenden Lebens" (Mommsen, 1998 [[1]1984]:78–79).[16]

Auch stürzt sich der verliebte Königssohn aus Leidensüberdruss an Liliens Brust, und muss daraufhin ebenfalls leblos zu Boden sinken. Diese Katastrophen rufen schließlich den Alten mit der Lampe in Liliens Reich, der einmal auch "Heiliger Vater" genannt wird. Nun erst sind besagte Kräfte zur rechten Stunde vereinigt. Und das Wichtigste im Leben, das Gespräch (in der Wertehierarchie steht es übrigens ganz unmärchenhaft über dem Golde und sogar über dem "erquicklichen Licht") kann einsetzen. Alle begeben sich jetzt auf dem Rücken der Schlange über den Fluss. Am anderen Ufer angekommen, trägt die Schlange das in Licht verwandelte Gold zu den drei Königen im versunkenen Tempel, woraufhin sich ein Gespräch als formelhafter Dialog vollzieht, den man übrigens auch mit freimaurerischen Initiationsritualen verglichen hat:[17] "'Woher kommt Ihr?' [fragte der goldene König] – 'Aus der Welt' antwortete der Alte. 'Wohin geht ihr?' fragte der silberne König. 'In die Welt' sagte der Alte. – 'Was wollt ihr bei uns?' fragte der eherne König. – 'Euch begleiten' sagte der Alte." Und es geht weiter: "'Wer wird die Welt beherrschen?' – 'Der auf seinen Füßen steht' […] 'es wird sich offenbaren, denn es ist an der Zeit […]'" (Mommsen, 1998 [[1]1984]:93–94).

Daraufhin bildet die Schlange das altberühmte sog. Uroboros-Symbol für Unendlichkeit, Unsterblichkeit und Selbsterneuerung, sie verdaut sich selbst, einen Kreis bildend, indem sie sich in den eigenen Schwanz beißt. Sie schlägt damit einen Kreis um den Toten herum, einen magischen Kreis, der vor Verwesung schützt, dann opfert sich die Schlange (sie hat beschlossen, sich "aufzuopfern, ehe sie aufgeopfert wird" – ein sinnvoller Selbstmord!) und schenkt somit dem Kanarienvogel und dem Königssohne neues Leben. Die Überreste der edelmütigen Schlange (edle Schlangen sind vorchristlich; nachzulesen in Grimms *Deutscher Mythologie* und in *Das Märchen von der Unke*, KHM 105), die Überreste ihres Körpers sind funkelnde Edelsteine, die in den Fluss geworfen werden (Flussopfer). Aus ihnen entsteht eine Brücke, auf der "Pferde und Wagen und Reisende aller Art zu gleicher Zeit […] herüber- und hinüberwandern sollen" (zit. Kempf, 1989:488).

Danach fällt im noch unzugänglichen Tempel zum dritten Mal der Ausspruch "Es ist an der Zeit" (märchenkonstitutive Dreizahl, Tetramorphismus der westlichen Welt). Der Tempel bewegt sich daraufhin unterirdisch und tritt an die Erdoberfläche, genau an der Stelle der Fährmannshütte; die anorganische Natur und die organische Welt sind nun nicht mehr getrennt (Grätz, 1996:Sp. 617). Vor allem wird das Gebäude jetzt demokratisiert, d.h. für jedermann zugänglich. Der goldene, der silberne und der eherne König, welche die Weisheit, den Schein, d.h. hier auch die Kunst, und die Macht symbolisieren könnten, erheben sich und überreichen dem Königssohn ihre Herrschaftsinsignien. Der gemischte König geht unter. Bei jeder Übergabe geht es dem Prinzen ein wenig besser.

Doch erst durch die Begegnung mit der vierten Macht, mit der Kraft der Liebe, erwacht der Jüngling vollends zum Leben. "Die Liebe herrscht nicht, aber sie bildet, und das ist mehr", heißt es im *Märchen*. Damit ist der Bann endgültig gebrochen. Die Liebe rangiert also noch über dem Gespräch. Und der Tempel, gestern noch ein Mausoleum, ein unterirdisches Totenhaus auf Zeit, wird nun "der besuchteste Tempel der ganzen Erde".

Er steht jetzt am Flussufer, an einem herrlichen Platz mit einem imposanten, die Zeit anzeigenden Obelisken, und das ist die Metamorphose des Riesen. Und über den Fluss führt nun – insgesamt sind sechsunddreißig Stunden erzählte Zeit vergangen – eine Brücke, auf der es "bis zum heutigen Tage [...] von Wanderern wimmelt", so jedenfalls lautet der letzte Satz der Erzählung, und damit sei der Versuch einer Inhaltsangabe beendet.[18]

## 4 Interpretationen

Wie kann man sich nun den vielfältigen Deutungen und der Rezeption nähern? Auf keinen Fall sollte man verschweigen, dass selbst die klügsten Leser, Freunde wie Herder, Wieland und Humboldt fanden, das *Märchen* "habe keinen Sinn" (zit. Mommsen, 1998 [$^1$1984]:204).

Nein, leicht ist bereits die sorgfältigste Lektüre nicht, die Hermeneutik ist wahrlich bis heute und im Dilthey'schen Sinne eine Kunstleistung an sich. Bescheiden wir uns deshalb weiter auf den Gattungsvergleich mit dem 'Volksmärchen'. Erst gegen Ende soll es dann noch kurz um Details und gerade auch der vielen so bedeutenden Freundschaften des Jubilars wegen nur noch um einen biografischen Aspekt gehen, nämlich um die Freundschaft zu Schiller.

Zunächst also zur Gattung 'Märchen' und zum Personeninventar. Nicht in allen Punkten hielt der Dichter sich hier an Formvorgaben mündlicher Überlieferung. So erzählt Goethes *Märchen* eben nicht das Schicksal einer oder zweier Hauptfiguren, denn das tun Volksmärchen mit Held und Antiheld (vgl. Lüthi, $^{11}$2005 [$^1$1947]). Es lenkt vielmehr die Aufmerksamkeit auf eine Vielzahl von verschiedenen Figuren, auf ein "Team" oder ein "Kollektiv" wie man heute sagen könnte. Tatsächlich treten mehr als ein Dutzend verschiedene Handlungsträger auf. Warum? Das verwirrende Personal hat befremdet, aber es erscheint im Nachhinein absichtsvoll. Schiller und Goethe – ihre Freundschaft bestand wie gesagt seit etwa einem Jahr – veröffentlichten dazu in den *Xenien* folgendes Epigramm in Dialogform, das allerdings auch nichts erklärt: "Mehr als zwanzig Personen sind in dem Märchen beschäftigt. 'Nun, und was machen sie denn alle?' Das Märchen, mein Freund" (Mommsen, 1998 [$^1$1984]:202).

Die Haupterzählform der Geschichte ist – wie schon angedeutet – die bildhafte Verrätselung. Sie wird aus den merkwürdigsten magischen Requisiten (ATU 560–649), aber auch aus den Handlungen und den kuriosen Dialogen der Figuren entwickelt. Die Auflösung dieser Bild- und Sprachrätsel hat nicht nur unzählige, sondern auch "verwegene Exegesen" hervorgebracht, wie Volker Klotz resignativ feststellt (1985:129).

Warum z.B. ausgerechnet Artischocken? Ist es das Unerreichbare? Aber warum denn dann auch Kohl und Zwiebel? Enigmata sind ferner jene Requisiten, die Zauberkraft haben, so etwa die Lampe, die Steine in Gold und Totes in Edelsteine verwandeln kann (der tote Mops wird zu Onyx). Magische Gegenstände, mit denen man etwas verwandeln kann, sind dabei durchaus volksmärchenspezifisch.

Erwähnt sei ein anderes Detail: Hingewiesen wurde ja schon auf uralte Vorstellungen und lang tradierte Motive. Dazu gehört auch das 'vom Kaiser im Berge', der wartet, bis die "rechte Zeit und Stunde" gekommen ist, um dann sein Volk zu erlösen (Barbarossa, Kyffhäuser, Watzmann usw.). Dieser Erzähltyp ist einer der etwa 2400 Typen, wie sie im internationalen Typen- oder im noch umfangreicheren Motiv-Index von Aarne und Thompson festgelegt sind.[19]

Volksmärchenexperten haben ferner Goethes Interkulturalität hervorgehoben. Einige Motive sind – wie bereits erwähnt – auf *1001 Nacht* zurückzuführen, andere auf einige der insgesamt 217 Grimm'schen Märchen, die zwar erst 1812 erschienen, aber ihrerseits ja schon auf einem ebenso alten wie internationalen Motivbestand beruhen.

Ein weiteres Motiv, in den Volkserzählungen aller Welt seit Tausenden von Jahren als uralter Menschheitstraum überliefert, ist das von der ewigen Jugend, vom Jungmachen, vom Jungglühen oder Jungmahlen, vom sich Jungbaden. Wir kennen es aus Märchen und Sagen. Bekannt ist hierzulande die Altweibermühle, etwa die in Tripsdrill.[20]

Wer verjüngt sich in Goethes *Märchen*? Es ist das Weib mit der schwarzen Hand, die alte Frau des Mannes mit der Lampe, die sich im Flusse jung badet. Gegen Ende der Erzählung heißt es in einer gleichzeitigen Verherrlichung der Liebesehe:

> "Man wollte eben die Aufklärung dieses wunderbaren Geheimnisses [der Entstehung der Brücke] von ihm [vom Mann mit der Lampe] verlangen, als vier schöne Mädchen [...] Die verjüngte und verschönerte Alte [...] umfaßte mit belebten Armen den Mann mit der Lampe, der ihre Liebkosungen mit Freundlichkeit aufnahm. 'Wenn ich dir zu alt bin', sagte er lächelnd, 'so darfst Du Dir heute einen anderen Gatten wählen; von heute an ist keine Ehe gültig, die nicht aufs Neue geschlossen wird'" (Mommsen, 1998 [$^1$1984]:99).

Generell passt die Verjüngung – wie die märchenhafte Ver- und Entzauberung überhaupt – auch zu einer von Goethes dichterischen Grundthesen, nämlich zur Metamorphose, denn alle Personen, Reden und Handlungen sind in unserer Geschichte letztlich in Richtung Verwandlung angelegt. Jedes der zwanzig Einzelwesen deutet – anders ausgedrückt – hin auf dieses zentrale Schlüsselmotiv (vgl. Mayer & Tismar, $^3$1997 [$^1$1977]:50). In den sog. Zaubermärchen, den "eigentlichen Märchen" ist das nicht viel anders.

### *4.1 Beliebigkeit der Ausdeutung?*

Sie ist beileibe nicht nur Teil der berüchtigten postmodernen Beliebigkeit! Das Hauptproblem von Deutern war immer schon die Indienstnahme – bei den Volksmärchen kulminierte sie im Nationalsozialismus in rassistischen Grotesken und in der DDR in den Instrumentalisierungen im marxistisch-leninistischen Sinne. Aber auch bei Goethe-Interpretationen seines *Märchens* wurde versucht "die Märchengestalten als Personifizierung bestimmter jeweils gerade aktueller Modebegriffe hinzustellen, und so das gesamte Märchen im Sinne einer bestimmten Weltanschauung auszulegen" (Mommsen, 1998 [$^1$1984]:198). Der Literaturwissenschaftler Hans Mayer (1959) schlägt gar vor, anhand der Goethe-Märcheninterpretationen eine Ideologiegeschichte der letzten 200 Jahre zu rekonstruieren.

### 4.2 *Denkmal der Freundschaft mit Schiller*

Goethe selbst nannte sein *Märchen* "zugleich bedeutend und deutungslos" (zit. Mommsen, 1998 [¹1984]:199). Deutungs- oder gar sinnlos wie Wieland, Humboldt und Herder gemeint hatten, war das *Märchen* allerdings nicht für Schiller. Der einzige, der nach Goethes Meinung das *Märchen* annähernd richtig las und seinen Sinn erfasste, war der neue Dichterfreund aus Jena. Auf den hatte er es ja auch hingeschrieben. Es enthielt derart viele Botschaften an Schiller, dass die Stanforder Goethe-Expertin Katharina Mommsen es einen "Spiegel geistiger Auseinandersetzungen zwischen Goethe und ihm im ersten Jahre ihrer Freundschaft" nennt (1998 [¹1984]:199). In diesem Punkt kann es nun wirklich absolut keine Parallele zur Gattung 'Volksmärchen' geben: Sie, die stets anonym, oft oral tradiert und unbekannter Herkunft sind, tragen ja gerade niemals individuell-autobiografische Züge.

### 4.3 *Die alles umspannende Verwunschenheit/die Utopie*

Weil Goethes *Märchen* einen extrem indirekten, d.h. symbolischen Bezug zur Wirklichkeit hat, weil – mit anderen Worten – die meisten, hier beschriebenen Phänomene in der Wirklichkeit so nicht existieren, ist es mehrfach auch als "Utopie" bezeichnet worden (vgl. v.a. Klotz, 1985:135–136). Das fügt sich wiederum, denn auch Volksmärchen hat man als quasi utopische "Wunscherfüllungstexte" bezeichnet (vgl. nur das Märchen vom *Schlauraffenland*).

Goethe gestalte – so hieß es also – eine "utopische Veränderung der Welt". Man hat sogar eine Anspielung auf die Französische Revolution in Goethes "Utopie" sehen wollen, nicht zuletzt auch, weil es im *Märchen* eben gerade keine Einzelhelden, nur jene Gruppe von Handlungsträgern gibt, die alle mehr oder minder aktiv am Zustandekommen des finalen Glücks teilhaben (das finale Glück ist für Volksmärchen geradezu gattungskonstitutiv). Gegen die Revolutionsthese hat man wiederum eingewandt, dass bei Goethe, dem der damalige Umsturz, der "soziale Vulkanausbuch" (Safranski, 2009:80–81), persönlich zuwider war, eben gerade nicht das Volk, sondern eine kleine, elitäre Clique handeln würde. Ihr gelingt die Metamorphose, sie – nicht das Volk – verwirklicht somit die Utopie. Und tatsächlich: Wer im *Märchen* sein Augenmerk auf das Volk richtet, der findet es lediglich am Schluss auf der Brücke, wo es sich zur Freude der Herrschenden artig tummelt, in einen Tempel drängt und sich v.a. an materiellen Gütern interessiert, sich durch den Goldregen beglücken lässt.[21]

Immerhin ist vom Volk, bzw. von der "Menge" am fulminanten, märchenhaft glücklichen Ende des Textes überhaupt die Rede. Dieses Volk genießt somit eine besondere Positionierung im wiederum (nach den epischen Gesetzen) märchenhaften, weil achterlastigen Aufbau.[22] Eine utopische Vorstellung von der Rolle des Volkes ist darin aber wohl eher nicht angelegt. Das Textende mag dies verdeutlichen:

> "Das Volk hätte kein Ende seines Schauens und seiner Bewunderung gefunden, und die zudringende Menge hätte sich im Tempel selbst erdrückt, wäre ihre Aufmerksamkeit nicht wieder auf den großen Platz gelenkt worden. Unvermutet fielen Goldstücke, wie aus der Luft, klingend auf die marmornen Platten, die nächsten Wanderer stürzten darüber, um sich ihrer zu bemächtigen, einzeln wiederholte sich dieses Wunder und zwar bald hier und bald

da. Man begreift wohl, daß die abziehenden Irrlichter sich hier nochmals eine Lust machten und das Gold aus den Gliedern des zusammengesunkenen Königs auf eine lustige Weise vergeudeten. Begierig lief das Volk noch eine Zeitlang hin und her, drängte und zerriß sich auch noch, da keine Goldstücke mehr herabfielen, zog seine Straße, und bis auf den heutigen Tag wimmelt die Brücke von Wanderern, und der Tempel ist der besuchteste auf der ganzen Erde" (zit. Mommsen, 1998 [1 1984]:102–103).

### *4.4 Die "ästhetische Erziehung" – Impulse: Noch einmal zur "Utopie"*

Man denke auch daran, dass Schiller, kurz bevor sein neuer Freund das *Märchen* schrieb, seinerseits eine "Utopie" verfasste, die Goethe nur allzu gut kannte: Schillers Briefe *Über die ästhetische Erziehung des Menschen* stellten eine utopisch-ideale Verbesserung der Welt dar. Auch sie hatten wohl – ebenso wie zahlreiche Gespräche mit dem Freunde – Goethe geradezu motiviert, das *Märchen* zu schreiben.

### *4.5 Gemeinsamkeiten der "Ästhetischen Briefe" und des "Märchens"*

Eine Übereinstimmung der beiden Werke zeigt sich im Hauptgedanken. Beide behandeln die "Herbeiführung eines glücklicheren Menschheitszustandes" und eine "Welterneuerung mit Hilfe der Kunst" (Mommsen, 1998 [1 1984]:204). Schiller sieht den "glücklicheren Menschheitszustand im Ideal eines ästhetischen Staates", in einem "Reich des schönen Scheins", gemeint ist damit die Kunst (Mommsen, 1998 [1 1984]: 204). In solch einem Idealstaat sollen alle Menschen (das "Volk") Erfüllung und Erlösung von ihren Leiden erfahren. Eine derartige Veränderung der Verhältnisse ist aber nur durch eine, wie Schiller sich ausdrückt, "Veredelung des Charakters" möglich (Mommsen, 1998 [1 1984]:204), die ihrerseits durch eine entsprechende Dichtkunst gewährleistet sein müsse.

In Goethes *Märchen* findet sich nun die Parallelidee: utopische Welterneuerung mit Hilfe der Kunst. Dies wird besonders in der Schlussszene deutlich, als der herrliche Tempel, jetzt für alle an einem wunderbaren Platz erreichbar, am Flusse steht, über den nun jene Brücke führt. Viele Interpreten meinen jedenfalls, diese Bauten würden im *Märchen* als ästhetische Kunstwerke in Schillers Sinn dargestellt.

Sowohl Goethe als auch Schiller betonen die Schwierigkeiten und Hindernisse, die auf dem dornenreichen Weg zu diesem "Reich des schönen Scheins" zu überwinden sind. Goethe bedient sich dabei wiederum eines Märchencharakteristikums: Alles scheint immer schlimmer zu werden, der Weg – nach orientalischer Philosophie ohnehin das eigentliche Ziel – ist derart mit Hindernissen verstellt, dass das finale Glück eben nicht nur durch Gespräche und das Zusammenwirken aller Kräfte zur rechten Zeit, sondern nur in Addition mit einem transzendenten Wunder zu erreichen sei.

### *4.6 Die Bedeutung des "Märchens" als Botschaft an Schiller*

Die Übereinstimmungen zwischen beiden Texten, die "Intertextualität", weisen auf eine enge Zusammenarbeit hin. Beiden Dichtern lag an einer gründlichen Aufwertung von Kunst – in diesem Fall von Dichtung –, und sie sahen den rechten Zeitpunkt dafür gekommen. Wenn man so will, kann man auch darin eine Parallele zum dreimal im Text wiederholten "Es ist an der Zeit" sehen.

Das Auftauchen des Tempels ließe sich in diesem Sinne auch deuten als ein Symbol der Renaissance, der Wiedergeburt von etwas nur noch im Untergrund Vorhandenem, Unzugänglichem, nämlich der elitären, hermetischen Kunst der Vorklassik.

Goethe wusste wohl, dass ihm allein eine Erneuerung von Kunst nicht möglich war, dass er Verbündete brauchte. In Schiller fand er den geeigneten Partner. Dies wird im *Märchen* deutlich, als der Alte mit der Lampe die "Vereinigung aller Kräfte" fordert, denn ein Kernsatz von Goethes Dichtungsauffassung ist gleichzeitig auch der seiner kleinen Geschichte: Es geht nicht ohne das gegenseitige, wechselseitige "Hülfeleisten der Kräfte", das wechselseitige "Zurückweisen aufeinander" (vgl. Mommsen, 1998 [[1]1984]:209), und zwar letztlich nicht nur der beiden Freunde, sondern aller Dichter, Maler, Musiker, Architekten, kurz aller Kreativen, hier speziell aber doch wohl der Freunde Goethe und Schiller. "Wechselseitigkeit" aber – Volker Klotz hat mehrfach darauf hingewiesen (1985:135) – ist ein weiteres zentrales Stichwort in Goethes Leben und Werk.

Ehe die Zusammenarbeit gelingen konnte, musste noch ein weiteres Hindernis überwunden werden. Schiller war in eine Art "Verwunschenheitszustand", in eine Krise geraten, ähnlich der Gestalten im *Märchen*. Er selbst sah sein dichterisches Talent verloren und hatte sich deshalb der Philosophie zugewandt. Goethe sah nun seine Aufgabe darin, Schillers dichterische, seine poetische Potenz wiederzuerwecken, die eine bedeutende Voraussetzung für die Zusammenarbeit der beiden sei. Goethes *Märchen* war deshalb vielleicht auch ein taktvolles Mittel, um Schiller wieder "seiner eigentlichen Bestimmung zurückzuführen" (vgl. Mommsen, 1998 [[1]1984]:210).

Wie lässt sich so eine These belegen? Auch die Hauptfiguren des *Märchens* gestalten mit ihren kreativen Fähigkeiten den idealen Glückszustand. In den *Ästhetischen Briefen* bezeichnet Schiller die Kunst als "schönen Schein", parallel dazu verleiht Goethe fast allen Gestalten die Kunst, zu leuchten, zu scheinen, zu glänzen. Der Schein der Lampe des Alten verwandelt Steine in Gold, Totes in Lebendiges und die erbärmliche Fährmannshütte in einen kleinen silbernen Tempel. Die grün leuchtende Schlange, als Uroboros nach Goethes eigenem Bekunden Symbol der Ewigkeit und gleichzeitig ideale Alchemistin, hat die Fähigkeit, Goldmünzen in leuchtende Edelsteine zu verwandeln.[23] Die beiden Herren Irrlichter verwandeln einfaches Gold in Goldmünzen, sie schaffen damit nützliche Kunstwerke. Überall, so sieht es aus, spielt die Leuchtsymbolik auf Schillers "schönen Schein" an ("schön" ist übrigens das am häufigsten gebrauchte Adjektiv in unserem Text).

Für Schiller soll ein schöpferischer Mensch "nicht die Strahlen fremder Vernunft zurückwerfen, er soll, gleich einem Sonnenkörper, von seinem eigenen Lichte strahlen" (zit. Mommsen, 1998 [[1]1984]:213). Indirekt fordern ja auch alle Märchengestalten Schiller auf, sich seiner schöpferischen Eigenschaften zu besinnen, nicht weiter zu theoretisieren, sondern wieder "vom eigenen Lichte zu strahlen".

Auch die gekünstelten Dialoge, welche immerhin den Stil der Mündlichkeit der Volksmärchen deutlich imitierten, dürften eine Botschaft für den Freund sein. Freunde, so lautet sie, Freunde, die ja "nahverwandte Zwecke verfolgen", belehren einander freundlich (zit. Mommsen, 1998 [[1]1984]:216). Es gilt also, das fördernde Gespräch unter Künstlerfreunden zu suchen, um die Verwunschenheit aufzulösen. Im Verhältnis zwischen Schlange und Irrlichtern verbirgt sich aber noch ein weiteres Hilfsangebot für Schillers Schöpfungskrise, ist die Schlange doch auf die Goldmünzen der Irrlichter angewiesen, um am Ende die Brücke errichten zu können.

Katharina Mommsen sieht darin die Botschaft, dass jeder große Künstler "auf die Kunstleistungen von Vorgängern angewiesen" sei. In diesem Sinne schaffte Goethe ein weiteres seiner Bilderrätsel: Der Schein der Schlange vermehrt sich, sobald sie das Gold der Irrlichter aufgenommen hat, wohingegen der Schein der Irrlichter abnimmt. "So überstrahlt jeder große Künstler seine Vorgänger, die ihm aber als Wegbereiter nötig sind" (Mommsen, 1998 [[1]1984]:218). Wir beginnen schließlich alle "als Zwerge auf Schultern von Riesen", hat Wolfgang Mieders Freund Lutz Röhrich oft gesagt.

Und könnte dies nicht auf den Riesen verweisen? Gleicht nicht auch ein Künstler in einer Schaffenskrise einem Riesen, der nicht aus eigener Kraft leuchten kann, der vorerst auf die Leuchtkraft anderer angewiesen ist? Nur durch seinen Schatten kann der tumbe Riese (auch im Volksmärchen ist er immer dumm) etwas bewirken. Aber die eigentlichen, ihm von der Natur gegebenen großen Kräfte bleiben ohne das gegenseitige "Hülfeleisten" ungenutzt.

Sogar das Bild der Schlange, die einen schützenden Kreis um den verwunschenen Jüngling schlägt, dürfte sich auf die Dichterfreundschaft beziehen. So wie die Schlange den Jüngling vor dem Tod bewahrt, so versucht Goethe, die dichterischen Fähigkeiten seines Freundes wiederzubeleben. Die völlige Aufgabe des dichterischen Schaffens hätte eine Zusammenarbeit der beiden unmöglich gemacht. Es scheint also, als ob alle Bildbotschaften auf ein und dasselbe zielen: Schiller wollte mittels der Theorie und der Philosophie der Kunst dienen, geriet aber in ungute Einseitigkeit und musste irgendwie wieder zum Dichten gebracht werden (vgl. Mommsen, 1998 [[1]1984]:220).

Man hat auch gesagt, das *Märchen* spiegele das Neugeborenwerden Goethes in Rom wider, nicht nur, weil die Brücke der Engelsbrücke am Tiber, der Platz dem Petersplatz mit dem Obelisken und der Tempel dem Petersdom oder dem Pantheon gleiche, die Goethe auf seiner Romreise bewundern lernte. Das Neugeborenwerden durchziehe wie das berühmte "Stirb und Werde" aus dem *West-östlichen Divan* die gesamte Geschichte.[24] Und auch bei den Künstlern sollte sich solch ein "Stirb und Werde"-Prozess vollziehen, damit es zu einer Erneuerung von Kunst kommen könne. Konkret würde das heißen, "gestorben" war Schiller schon, er war nun in der Werde-Phase. Dieser Gedanke ist – nebenbei schon angedeutet – auch Vorbereitung der Klassik.

## 5 Schluss

Die Botschaft des *Märchens* war, um allgemein erkannt zu werden, viel zu verschlüsselt und, um noch einmal eine Fragestellung des Anfangs aufzugreifen, für Kinder eher ungeeignet. Schiller jedoch erkannte Sinn und Botschaft sofort. Ihm war klar, was ihm Goethes Anspielungen, seine Symbole und die Dialoge sagen wollten. Und Schillers Erlösung von der "Verwunschenheit" erfolgte schnell. Unmittelbar nach der Veröffentlichung des *Märchens* wandte er sich von der Philosophie ab und widmete sich wieder seinen dichterischen Arbeiten. Somit hatte Goethes Botschaft ihr Ziel erreicht.

Aber für alle anderen Leser blieb es nachhaltig schwierig. Es mag, wie Rüdiger Safranski meint, manchem ein geradezu "sportliches Vergnügen" bereitet haben, an dem *Märchen* herumzudeuteln, war aber doch den meisten "ein allzu ausgedachtes Spielwerk von Symbolen und Allegorien, eine höhere Art Kreuzworträtsel" (2013: 403). So warf das *Märchen* derart viele Fragen und Ungeklärtheiten auf, dass Schiller bis heute recht behalten sollte, als er an seinen Verleger schrieb: "An dem Märchen werden die Ausleger zu käuen haben" (zit. Mommsen, 1998 [$^1$1984]:195).

Halte man sich daher an ein anderes Motto von Goethe: "Im Auslegen seid frisch und munter! Und legt ihr's nicht aus, so legt etwas unter."

So sei der einleitende, der Kerndialog des Goethe'schen *Märchens* noch einmal aufgegriffen. Er findet statt zwischen Schlange und goldenem König, und man kann es durchaus auch vor dem Hintergrund der wissenschaftlichen Grundprinzipien unseres Jubilars lesen:

> "Der König hebt zu reden an: 'Wo kommst Du her?' – 'Aus den Klüften' versetzte die Schlange, 'in denen das Gold wohnt.' – 'Was ist herrlicher als Gold?' fragte der König. 'Das Licht' antwortete die Schlange. 'Was ist erquicklicher als Licht?' fragte jener. 'Das Gespräch' antwortete diese" (zit. Mommsen, 1998 [$^1$1984]:87).

Auch in diesem Sinne, denke ich, ist es legitim, an die Lebensleistung eines Forschers zu denken, die auf Kollegialität und Freundschaft, auf dem Diskurs und der Gesprächsfreudigkeit aufbaut. Auch Wissenschaft entsteht im Gespräch.[25]

## *Anmerkungen*

1 Johann Wolfgang Goethe kam im Jahre 1749 als Sohn des kaiserlichen Rats Johann Caspar Goethe und seiner Frau Katharina Elisabeth, geborene Textor, in Frankfurt am Main zur Welt, in jenem Hause, das heute als das sog. Goethe-Haus jährlich zehntausende von Besuchern anzieht. Hier verbrachte er Kindheit und Jugend. Sein Jurastudium absolvierte er von 1765–1768 in Leipzig und von 1770–1771 in Straßburg. Er schloss mit der Promotion zum Lizenziaten aller Rechte ab. 1775 kam Goethe als Gast des Herzogs Karl August nach Weimar. 1782 erhielt er das Adelsdiplom; 1815 wurde er zum Staatsminister ernannt.

2 Vgl. Bachter (17.09.2007:98). Bachter berichtet über eine durch Goethe in vielen Briefwechseln von ihm kommentierte, 1817 getätigte Neuerwerbung eines handschriftlichen Exemplars jenes berühmten Zauberbuches *Bibliae Magicae / ...* (datiert fälschlich 1540) für die Weimarer Bibliothek. Dieses Buch ist noch heute in Weimar einzusehen.

3 Zur Freimaurer- und Alchemiesymbolik vgl. v.a. Fink (1971).

4 Es handelt sich um den naturwissenschaftlichen Teil der sog. Weimarer Sophienausgabe (vgl. Lindenberg, 1997). Hier wird die Editions- und Interpretationsleistung von Steiner präzise beschrieben und zugleich gezeigt, inwiefern aus dieser Tätigkeit die Initialzündung zu seiner Anthroposophie hervorging und in welcher Hinsicht sie sich von Goethes Naturwissenschaft und Erkenntnislehre unterscheidet. Zur Anthroposophie und dem *Märchen* vgl. Zinke (1977).

5 Im Januar 1790 bricht Goethe zu seiner zweiten Italienreise auf. Er soll die Herzoginmutter Anna Amalia auf deren Wunsch in Oberitalien abholen. Am 18. Juni kehrt er nach Weimar zurück.

6 Der Brief datiert aus dem Jahre 1782.

7 Das Motiv des Märchenerzählens taucht in *Dichtung und Wahrheit* verschiedentlich auf, z.B. als Goethe reflektiert, wie er sich auf dem Schloss zu Nassau des Ansinnens entzog, etwas über die Wahrhaftigkeit der Leiden Werthers und den Wohnort Lottens zu bezeugen und stattdessen die Kinder um sich versammelte, "um ihnen recht seltsame Märchen zu erzählen, welche aus lauter

bekannten Gegenständen zusammengesetzt waren; wobei ich den großen Vorteil hatte, daß kein Glied meines Hörerkreises mich etwa eindringlich gefragt hätte, was denn wohl daran für Wahrheit oder Dichtung zu halten sein möchte [...]" (Goethe, [4]1976:665).

8 Ich danke für diesen Hinweis Herrn A. v. Klinkowstroem, der Goethes *Märchen* seinem Enkelsohn vorlas.

9 In der Walpurgisnacht ist es Mephisto, der über sie gebietet, sie sollen ihm und Faust den Weg zum Blocksberg weisen: "Erlaub, daß ich ein Irrlicht bitte! Dort seh ich eins, das eben lustig brennt [...]" (Goethe, 1968 [1963]:122).

10 Folgende Seitenangaben in Klammern beziehen sich auf Schede (2009): Wilhelm verpasst ihn 1809 in Weimar, als er sich die Schlachtfelder von Jena und Auerstedt ansieht (65); am 11. Dezember wird er jedoch von Goethe in dessen Haus empfangen, zum Abendessen eingeladen, und man tauscht sich über die *Altdänischen Heldenlieder* aus; Goethe doziert über das *Nibelungenlied* und die *Edda* (73); die Grimms wussten, dass Goethe 1795 mit seinem *Märchen* das Genre nobilitiert hatte (80); der Tag und Nacht arbeitende Jacob fand Goethes Bemerkung, es gäbe keinen Menschen, der abends nicht frei wäre für Gäste, überheblich (106); im Frühherbst 1815 trifft Wilhelm ein zweites Mal mit Goethe zusammen, als dieser einen Besuch in Frankfurt macht (117); das dritte Treffen findet im Oktober in Heidelberg statt, und Goethe soll dabei die Grimmsche *Edda*-Übersetzung gelobt haben (118); 1816 stattet Wilhelm Goethe in Weimar zum dritten Mal einen Besuch ab und schenkt ihm die *Altdeutschen Wälder* und *Das Hildebrandlied* sowie endlich auch die *Märchen* und die *Sagen* (134); als Goethe 1832 stirbt, sind sie sehr betroffen, ihre Berlin-Berufung erfolgt jedoch erst 1840. Die Grimms, begeistert von Goethes Sprachreichtum, nehmen sein Werk in ihr *Deutsches Wörterbuch* auf.

11 Tismar weist darauf hin, dass Novalis Goethes *Märchen*, das für ihn selbst dichterische "Maßstäbe setzte", eine "erzählte Oper" nannte (Mayer & Tismar, [3]1997 [[1]1977]:50). Tatsächlich sind etliche Märchen der Romantik zu Opern gestaltet worden, z.B. das von Goethe "allerliebst" genannte Märchen *Undine* von Friedrich de La Motte Fouqué. Bei der Lektüre des *Märchens* habe ich heute indessen an ein neues Medium gedacht: an eine computersimulierte Verfilmung.

12 Musäus, in Jena geboren und in Weimar zu den Meinungsbildnern vor Goethe gehörend, veröffentlichte seine *Volksmährchen der Deutschen* zwischen 1782–1786. Es handelt sich um eine Sammlung von Kunstmärchen, Legenden und Sagen in fünf Bänden, die volkstümliche, aber auch literarisch vermittelte und satirische Elemente miteinander verbindet.

13 Wieland hatte sich als Aufklärer erst spät den Märchen zugewandt. Neben den neapolitanischen Märchen entstand von 1786–1789 *Dschinnistan oder auserlesene Feen- und Geister-Mährchen: theils neu erfunden, theils neu übersetzt und umgearbeitet* als eine Geschichtensammlung.

14 Vier-Elemente-Lehre (Feuer, Wasser, Luft und Erde), vier Himmelsrichtungen? In dem von Jeßing verfassten Artikel zum Stichwort 'Märchen' im *Metzler Goethe Lexikon* ([2]2004) wird auf der Basis von Steiner "der Übergang ins fünfte Weltalter der Erlösung" angeboten; die vier Könige symbolisieren demnach die vier vorhergehenden Weltalter. Die Ausgangssituation des alles teilenden symbolischen Flusses sei das "entzweite Weltalter".

15 Die Zitate aus dem Primärtext folgen ebenfalls der Ausgabe von Mommsen (1998 [[1]1984]).

16 Es handelt sich um die Stelle am Anfang des *Märchens*, als das Weib des Alten mit dem verwandelten Mops als Geschenk im Korbe Lilie in ihrem verwunschenen Garten besucht.

17 Wührl (1984:67) führt dies nicht näher aus; er verweist v.a. auf Fink (1971).

18 Wegen Goethes Italienreisen darf man an den Petersplatz mit dem Obelisken, den Tiber und die Engelsbrücke erinnern. Von Rom hatte bereits der Vater Goethe Abbildungen nach Frankfurt mitgebracht. Man darf auch an die angeblich freimaurerisch angedachte Anlage in Washington denken, mit dem Kapitol, dem vielen Wasser, dem Lincoln Memorial und dem Obelisken, auch wenn sie erst rund 100 Jahre später fertiggestellt wurden.

19 Der Aarne-Thompson-Index (AaTh) ist die von Antti Aarne für die internationale Erzählforschung entwickelte und von Stith Thompson ergänzte Klassifikation von Märchen- und Schwankgruppen. Seit einer weiteren Überarbeitung durch Hans-Jörg Uther im Jahr 2004 trägt der Index meist die Bezeichnung 'Aarne-Thompson-Uther' (ATU).

20 Zu diesem Erzählmotiv und speziell seiner Umsetzung in der populären Druckgrafik ist immer noch der Aufsatz von Maurits de Meyer (1964) verbindlich. Vergleiche im internationalen Indexsystem der Motive von Volkserzählungen auch 'Fountain of Youth' (Mot D 1338.1.1), 'Magic Rejuvenation' (Mot D 1880) und 'Miscellaneous Means of Rejuvenation' (Mot D 1889). Nach einem volkskundlichen Standardwerk (vgl. Bringéus, 1982:103) taucht das Motiv in der populären Druckgrafik etwa um 1600 erstmals auf.

21 Ich denke hier insbesondere an Goethes Zeilen "Nach Golde drängt, am Golde hängt doch alles, ach, wir Armen!" (vgl. Wienker-Piepho, 1997:13).

22 Der Terminus 'Achterlastigkeit' oder auch 'Achtergewicht' ist in Anlehnung an Gudmund Schütte von Axel Olrik zu Beginn des 20. Jahrhunderts entwickelt worden. Dieser bildet die wichtigste Stütze der von ihm ausformulierten epischen Gesetze (vgl. Holbek, 1977).

23 Zumal, wenn die Schlange, was im Märchen der Fall ist, sich selbst in den Schwanz beißt (sich von sich selbst ernährt) und so einen schützenden, magischen Kreis bildet. In einem Brief an Heinrich von Trebra vom 5. Januar 1814 heißt es: "Man bedient sich als Symbol der Ewigkeit der Schlange, die sich in einen Reif abschließt, ich betrachte dies hingegen gern als ein Gleichnis einer glücklichen Zeitlichkeit. Was kann der Mensch mehr wünschen, als daß ihm erlaubt sei, das Ende an den Anfang anzuschließen, und wodurch kann dies geschehen, als durch die Dauer der Zuneigung, des Vertrauens, der Liebe, der Freundschaft" (Mommsen, 1998 [[1]1984]:222).

24 "Und so lang du das nicht hast, / Dieses: Stirb und Werde! / Bist du nur ein trüber Gast / Auf der dunklen Erde" (*Selige Sehnsucht*). Goethe schrieb dies Gedicht nach dem *Märchen*, zu der Zeit, als er seine *Italienische Reise* zu konzipieren begann. Ursprünglich hatte es "Selbstopfer" heißen sollen. Mommsen sieht darin eine Anspielung auf die ethische Tat im *Märchen*, auf das Selbstopfer der Schlange (1998 [[1]1984]:227).

25 Verwiesen sei in diesem Sinne auf das Buch von Helge Gerndt (2013).

## *Bibliografie*


Bachter, Stephan. [17.09.2007]. *Anleitung zum Aberglauben: Zauberbücher und die Verbreitung magischen "Wissens" seit dem 18. Jahrhundert*. Universität Hamburg [Diss.] <www.sub.uni-hamburg.de/opus/volltexte/2007/3221/pdf/DissBachter.pdf> (13.01.2014).

Bettelheim, Bruno. [3]1980. *Kinder brauchen Märchen*. 3. Aufl. München: Deutscher Taschenbuch-Verlag (dtv, 1481).

Bringéus, Nils-Arvid. 1982. *Volkstümliche Bilderkunde*. München: Callwey (Callwey-Texte zur Volkskunde).

Fink, Gonthier-Louis. 1971. "'Das Märchen': Goethes Auseinandersetzung mit seiner Zeit." *Goethe: Neue Folge des Jahrbuchs der Goethe-Gesellschaft* 33, 96–122.

Geiger, Rudolf. 1993. *Goethes Märchen: Bilder einer konkreten Utopie*. Stuttgart: Urachhaus.

Gerndt, Helge. 2013. *Wissenschaft entsteht im Gespräch: Dreizehn volkskundliche Porträts*. Münster u.a.: Waxmann.

Goethe, Johann Wolfgang. 1968 [1963]. *Goethes Faust: Der Tragödie erster und zweiter Teil, Urfaust*. Komm. von Erich Trunz. Neuaufl. Hamburg: Wegner.

----------. [4]1976. *Aus meinem Leben: Dichtung und Wahrheit. Berliner Ausgabe*. Bd. 13. 4. Aufl. Berlin: Aufbau-Verl. (Poetische Werke: Autobiographische Schriften, 1).

Grätz, Manfred. 1996. "Kunstmärchen." In: Rolf Wilhelm Brednich & Hermann Bausinger & Wolfgang Brückner & Helge Gerndt & Lutz Röhrich & Klaus Roth (Hgg.). *Klerus–Maggio. Enzyklopädie des Märchens: Handwörterbuch zur historischen und vergleichenden Erzählforschung*. Bd. 8. Begr. von Kurt Ranke. Berlin u.a.: de Gruyter, Sp. 612–622.

Gwosc, Detlef. 2000. "Sich dem Wahren des Lebens über das Dichterische nähern: Der programmatische Titel von Goethes Autobiographie 'Aus meinem Leben. Dichtung und Wahrheit'." In: Bodo Lecke (Hg.). *Dauer im Wechsel?: Goethe und der Deutschunterricht*. Frankfurt am Main u.a.: Lang (Beiträge zur Geschichte des Deutschunterrichts, 44), 333–354.

Holbek, Bengt. 1977. "Achtergewicht." In: Kurt Ranke & Hermann Bausinger & Wolfgang Brückner & Max Lüthi & Lutz Röhrich & Rudolf Schenda (Hgg.). *Aarne–Bayerischer Hiasl. Enzyklopädie des Märchens: Handwörterbuch zur historischen und vergleichenden Erzählforschung.* Bd. 1. Berlin u.a.: de Gruyter, Sp. 65.

J[eßing], B[enedikt]. ²2004. "Märchen." In: Benedikt Jeßing & Bernd Lutz & Inge Wild (Hgg.). *Metzler Goethe Lexikon: Personen – Sachen – Begriffe.* 2. verb. Aufl. Stuttgart u.a.: Metzler, 283.

Ke[mpf], E[dith]. 1989. "Mährchen, zur Fortsetzung der Unterhaltungen deutscher Ausgewanderten." In: Walter Jens (Hg.). *Ga–Gr. Kindlers neues Literatur-Lexikon.* Bd. 6. München: Kindler, 487–488.

Klotz, Volker. 1985. *Das europäische Kunstmärchen: Fünfundzwanzig Kapitel seiner Geschichte von der Renaissance bis zur Moderne.* Stuttgart: Metzler.

Lindenberg, Christoph. 1997. *1861–1914. Rudolf Steiner: Eine Biographie.* Bd. 1. Stuttgart: Verl. Freies Geistesleben.

Lüthi, Max. ¹¹2005 [¹1947]. *Das europäische Volksmärchen: Form und Wesen.* 11., unveränd. Aufl. Tübingen u.a.: Francke (Uni-Taschenbücher, 312).

Mayer, Hans. 1959. "Vergebliche Renaissance: Das 'Märchen' bei Goethe und Gerhart Hauptmann." In: Hans Mayer. *Von Lessing bis Thomas Mann: Wandlungen der bürgerlichen Literatur in Deutschland.* Pfullingen: Neske, 356–382.

Mayer, Mathias & Jens Tismar. ³1997 [¹1977]. *Kunstmärchen.* 3., völlig neu bearb. Aufl. Stuttgart u.a.: Metzler (Sammlung Metzler, 155).

Meyer, Maurits de. 1964. "Verjüngung im Glutofen: Altweiber- und Altmännermühlen." *Zeitschrift für Volkskunde* 60, 161–167.

Michel, Christoph (Hg.). 2013. *Das Register zum Gesamtwerk von Johann Wolfgang von Goethe. Sämtliche Werke: Briefe, Tagebücher und Gespräche. Frankfurter Ausgabe.* Bde. 40/1 & 40/2. Frankfurt am Main: Dt. Klassiker-Verl. (Bibliothek deutscher Klassiker, 195).

Mieder, Wolfgang. 2007. *Hänsel und Gretel: Das Märchen in Kunst, Musik, Literatur, Medien und Karikaturen.* Wien: Praesens-Verl. (Kulturelle Motivstudien, 7).

----------. 2009. *"Märchen haben kurze Beine": Moderne Märchenreminiszenzen in Literatur, Medien und Karikaturen.* Wien: Praesens-Verl. (Kulturelle Motivstudien, 10).

Mommsen, Katharina. 1987. "Goethe, Johann Wolfgang von." In: Rolf Wilhelm Brednich & Hermann Bausinger & Wolfgang Brückner & Lutz Röhrich & Rudolf Schenda (Hgg.). *Fortuna–Gott ist auferstanden. Enzyklopädie des Märchens: Handwörterbuch zur historischen und vergleichenden Erzählforschung.* Bd. 5. Begr. von Kurt Ranke. Berlin u.a.: de Gruyter, Sp. 1340–1348.

---------- (Hg.). 1998 [¹1984]. Goethe. *Märchen.* Hg. und erl. von Katharina Mommsen. Frankfurt am Main u.a.: Insel-Verl. (Insel-Taschenbuch, 2287).

Pörksen, Uwe. 2000. "Form als Mittel zur Erkenntnis: Über Goethes naturwissenschaftliche Sprache." In: Martin Ehrenfeuchter & Thomas Ehlen (Hgg.). *Als das wissend die meister wol: Beiträge zur Darstellung und Vermittlung von Wissen in Fachliteratur und Dichtung des Mittelalters und der frühen Neuzeit. Walter Blank zum 65. Geburtstag.* Frankfurt am Main u.a.: Lang, 369–386.

Reusner, Ernst von. 2012. "Nachwort." In: Johann Wolfgang Goethe. *Novelle: Das Märchen.* Stuttgart: Reclam (Reclams Universal-Bibliothek, 7621), 71–79.

Safranski, Rüdiger. 2009. *Goethe und Schiller: Geschichte einer Freundschaft.* München: Hanser.

----------. 2013. *Goethe: Kunstwerk des Lebens. Biographie.* München: Hanser.

Schede, Hans-Georg. 2009. *Die Brüder Grimm: Biographie.* Erw. Neuaufl. Hanau: CoCon-Verl.

Wienker-Piepho, Sabine. 1997. *Geld, Gold und Glück im Märchen.* St. Gallen: Ersparnisanst. der Stadt St. Gallen (Bogendrucke aus dem Haus "Zur Grünen Thür", 7).

Wührl, Paul-Wolfgang. 1984. *Das deutsche Kunstmärchen: Geschichte, Botschaft und Erzählstrukturen.* Heidelberg: Quelle & Meyer (Uni-Taschenbücher, 1341).

Zinke, Barbara. 1977. "Anthroposophische Theorie." In: Kurt Ranke & Hermann Bausinger & Wolfgang Brückner & Max Lüthi & Lutz Röhrich & Rudolf Schenda (Hgg.). *Aarne–Bayerischer Hiasl. Enzyklopädie des Märchens: Handwörterbuch zur historischen und vergleichenden Erzählforschung.* Bd. 1. Berlin u.a.: de Gruyter, Sp. 601–609.

## Publication Record (1970–2014)

*Compiled by Christian Grandl*

### – 1970 –

"Das Napoleon-Bild in den Werken von Jeremias Gotthelf." *Schweizerisches Archiv für Volkskunde* 66, 184–193.

### – 1971 –

"Das Sprichwort in den 'Schwarzwälder Dorfgeschichten' von Berthold Auerbach." In: Peter Assion (ed.). *Ländliche Kulturformen im deutschen Südwesten: Festschrift für Heiner Heimberger*. Stuttgart: W. Kohlhammer, 123–147. Also in Wolfgang Mieder, *Das Sprichwort in der deutschen Prosaliteratur des neunzehnten Jahrhunderts*, Motive: Freiburger folkloristische Forschungen, 7 (München: Wilhelm Fink Verlag, 1976), 48–67.

***

"Behold the Proverbs of a People: A Florilegium of Proverbs in Carl Sandburg's Poem 'Good Morning, America'." *Southern Folklore Quarterly: A Publication Devoted to the Historical and Descriptive Study of Folklore and to the Discussion of Folk Material as a Living Tradition* 35, 160–168.

"Die Funktion des Sprichwortes in Karl Immermanns 'Münchhausen'." *Zeitschrift für deutsche Philologie* 90, 228–241. Also in Wolfgang Mieder, *Das Sprichwort in der deutschen Prosaliteratur des neunzehnten Jahrhunderts*, Motive: Freiburger folkloristische Forschungen, 7 (München: Wilhelm Fink Verlag, 1976), 35–47.

### – 1972 –

*Das Sprichwort im Werke Jeremias Gotthelfs: Eine volkskundlich-literarische Untersuchung*. Bern: Herbert Lang & Frankfurt am Main: Peter Lang (Europäische Hochschulschriften: Reihe 1. Deutsche Literatur und Germanistik, 70) [Dissertation, Michigan State University, 1970].

***

"Das Sprichwort als volkstümliches Zitat bei Thomas Mann." *Germanic Notes* 3, 50–53. Also in Wolfgang Mieder, *Sprichwort, Redensart, Zitat: Tradierte Formelsprache in der Moderne*, Sprichwörterforschung, 5 (Bern et al.: Peter Lang, 1985), 11–14.

"Das Sprichwort und die deutsche Literatur." *Fabula: Zeitschrift für Erzählforschung* 13, 135–149. A longer version also in Wolfgang Mieder (ed.), *Ergebnisse der Sprich-*

*wörterforschung*, Europäische Hochschulschriften: Reihe 1. Deutsche Literatur und Germanistik, 192 (Bern et al.: Peter Lang, 1978), 179–200.

## – 1973 –

"Sprichwörter, latein. Provęrbia." In: *Schr–Stal. Brockhaus Enzyklopädie: In zwanzig Bänden*. Vol. 17. 17th completely revised edition. Wiesbaden: F.A. Brockhaus, 780–781.

"Das Sprichwort in Johann Peter Hebels 'Schatzkästlein des Rheinischen Hausfreundes'." In: Irmgard Hampp & Peter Assion (eds.). *Forschungen und Berichte zur Volkskunde in Baden-Württemberg 1971–1973*. Stuttgart: Verlag Müller & Gräff (Forschungen und Berichte zur Volkskunde in Baden Württemberg, 1), 153–163. Also in Wolfgang Mieder, *Das Sprichwort in der deutschen Prosaliteratur des neunzehnten Jahrhunderts*, Motive: Freiburger folkloristische Forschungen, 7 (München: Wilhelm Fink Verlag, 1976), 17–34.

***

"Deutsche Volkskunde und amerikanische Germanistik." *Die Unterrichtspraxis / For the Teaching of German* 6/2, 34–40.

"Die Funktion des Sprichwortes als volkskundliches Stilelement in den Werken Jeremias Gotthelfs." *Sprachspiegel* 29, 38–44 & 68–74.

"Die Funktion des Sprichwortes in Theodor Storms Werken." *Schriften der Theodor-Storm-Gesellschaft* 22, 95–114. Also in Wolfgang Mieder, *Das Sprichwort in der deutschen Prosaliteratur des neunzehnten Jahrhunderts*, Motive: Freiburger folkloristische Forschungen, 7 (München: Wilhelm Fink Verlag, 1976), 168–187.

"Günter Grass und das Sprichwort." *Muttersprache: Zeitschrift zur Pflege und Erforschung der deutschen Sprache* 83, 64–67. Also in Wolfgang Mieder, *Sprichwort, Redensart, Zitat: Tradierte Formelsprache in der Moderne*, Sprichwörterforschung, 5 (Bern et al.: Peter Lang, 1985), 21–25.

"Proverbs in Carl Sandburg's Poem 'The People, Yes'." *Southern Folklore Quarterly: A Publication Devoted to the Historical and Descriptive Study of Folklore and to the Discussion of Folk Material as a Living Tradition* 37, 15–36.

"Das Sprichwort als Ausdruck kollektiven Sprechens in Alfred Döblins 'Berlin Alexanderplatz'." *Muttersprache: Zeitschrift zur Pflege und Erforschung der deutschen Sprache* 83, 405–415. Also in Wolfgang Mieder, *Deutsche Sprichwörter in Literatur, Politik, Presse und Werbung* (Hamburg: Helmut Buske Verlag, 1983), 42–52.

"Das Sprichwort in den Dorf- und Kalendergeschichten von Ludwig Anzengruber." *Österreichische Zeitschrift für Volkskunde* 76, 219–242. Also in Wolfgang Mieder, *Das Sprichwort in der deutschen Prosaliteratur des neunzehnten Jahrhunderts*, Motive: Freiburger folkloristische Forschungen, 7 (München: Wilhelm Fink Verlag, 1976), 129–151.

"Das Sprichwort in den Prosawerken Annette von Droste-Hülshoffs." *Rheinisches Jahrbuch für Volkskunde* 21, 329–346. Also in Wolfgang Mieder, *Das Sprichwort in der deutschen Prosaliteratur des neunzehnten Jahrhunderts*, Motive: Freiburger folkloristische Forschungen, 7 (München: Wilhelm Fink Verlag, 1976), 93–106.

"Sprichwort und Wirtschaftssprache." *Sprachspiegel* 29, 165–170. Also in Wolfgang Mieder, *Das Sprichwort in unserer Zeit*, Schriften des Deutschschweizerischen Sprachvereins, 8 (Frauenfeld: Verlag Huber, 1975), 6–13.

"Streitgespräch und Sprichwort-Antithetik: Ein Beitrag zur Ackermann aus Böhmen- und Sprichwortforschung." *Daphnis: Zeitschrift für Mittlere Deutsche Literatur* 2, 1–32. Also in Wolfgang Mieder, *Sprichwort – Wahrwort!?: Studien zur Geschichte, Bedeutung und Funktion deutscher Sprichwörter*, Artes populares: Studia ethnographica et folkloristica, 23 (Frankfurt am Main et al.: Peter Lang, 1992), 113–149; and in Wolfgang Mieder, *"Nieman hât ân arebeit wîstuom": Sprichwörtliches in mittelhochdeutschen Epen*, Supplement Series of Proverbium: Yearbook of International Proverb Scholarship, 28 (Burlington, Vt.: The University of Vermont, 2009), 153–184.

"Verwendungsmöglichkeiten und Funktionswerte des Sprichwortes in der Wochenzeitung (Untersuchung der *ZEIT* für das Jahr 1971)." *Muttersprache: Zeitschrift zur Pflege und Erforschung der deutschen Sprache* 83, 89–119. Also in Wolfgang Mieder, *Deutsche Sprichwörter in Literatur, Politik, Presse und Werbung* (Hamburg: Helmut Buske Verlag, 1983), 11–41.

## – 1974 –

"Wellerịsmus, apolọgisches Sprichwort, Beispielsprichwort, Sagwort." In: *Wam–Zz. Brockhaus Enzyklopädie: In zwanzig Bänden*. Vol. 20. 17th completely revised edition. Wiesbaden: F.A. Brockhaus, 173.

***

"The Essence of Literary Proverb Studies." *Proverbium: Bulletin d'informations sur les recherches parémiologiques* 23, 888–894. Slightly changed also in *New York Folklore Quarterly* 30 (1974), 66–76. The original version also in Wolfgang Mieder (ed.), J[ulian] Krzyżanowski & M[atti] Kuusi & D[émétrios] Loukatos & A[rcher] Taylor (eds.), *Proverbium: 16 (1971) – 25 (1975)*, Sprichwörterforschung, 9/2 (Bern et al.: Peter Lang, 1987) [Reprint of the editions Helsinki, Suomalaisen Kirjallisuuden Seura, 1971–1975], 888–894.

"Jeremias Gotthelf Bibliography." *Bulletin of Bibliography and Magazine Notes* 31, 89–95.

"The Proverb and Anglo-American Literature." *Southern Folklore Quarterly: A Publication Devoted to the Historical and Descriptive Study of Folklore and to the Discussion of Folk Material as a Living Tradition* 38, 49–62.

"The Proverb and Romance Literature." *Romance Notes* 15, 610–621.

"*Das Schauspiel Teutscher Sprichwörter* oder Georg Philipp Harsdörffers Einstellung zum Sprichwort." *Daphnis: Zeitschrift für Mittlere Deutsche Literatur* 3, 178–195.

"*Sprichwörterkunde*." *Der Sprachdienst* 18, 189.

"Das Sprichwort im humoristischen Kaleidoskop der Illustrierten." *Sprachspiegel* 30, 68–74. Also in Wolfgang Mieder, *Das Sprichwort in unserer Zeit*, Schriften des Deutschschweizerischen Sprachvereins, 8 (Frauenfeld: Verlag Huber, 1975), 23–30.

"Das Sprichwort und die politische Sprache." *Sprachspiegel* 30, 36–42. Also in Wolfgang Mieder, *Das Sprichwort in unserer Zeit*, Schriften des Deutschschweizerischen Sprachvereins, 8 (Frauenfeld: Verlag Huber, 1975), 14–22.

"Sprichwort und Illustriertenwerbung." *Sprachspiegel* 30, 100–106. Also in Wolfgang Mieder, *Das Sprichwort in unserer Zeit*, Schriften des Deutschschweizerischen Sprachvereins, 8 (Frauenfeld: Verlag Huber, 1975), 31–39.

"Triadische Grundstruktur in Heinrich von Kleists *Verlobung in St. Domingo*." *Neophilologus: An International Journal Devoted to the Study of Modern and Mediaeval Language and Literature, Including General Linguistics, Literary Theory and Comparative Literature* 58, 395–405.

## – 1975 –

*Das Sprichwort in unserer Zeit*. Frauenfeld: Verlag Huber (Schriften des Deutschschweizerischen Sprachvereins, 8).

***

(ed.). Archer Taylor †. *Selected Writings on Proverbs*. Helsinki: Suomalainen Tiedeakatemia (FF Communications, 216).

***

"Bibliography of Archer Taylor's Proverb Studies." In: Wolfgang Mieder (ed.). Archer Taylor †. *Selected Writings on Proverbs*. Helsinki: Suomalainen Tiedeakatemia (FF Communications, 216), 195–203.

***

"Eine bibliographische Skizze zum Ursprung von 'O.K.' (okay)." *Sprachspiegel* 31, 132–135. Also in Wolfgang Mieder, *Sprichwort, Redensart, Zitat: Tradierte Formelsprache in der Moderne*, Sprichwörterforschung, 5 (Bern et al.: Peter Lang, 1985), 109–113.

"Buchtitel als Schlagzeile." *Sprachspiegel* 31, 36–43. Also in Wolfgang Mieder, *Sprichwort, Redensart, Zitat: Tradierte Formelsprache in der Moderne*, Sprichwörterforschung, 5 (Bern et al.: Peter Lang, 1985), 115–123.

"Sprichwörter im modernen Sprachgebrauch." *Muttersprache: Zeitschrift zur Pflege und Erforschung der deutschen Sprache* 85, 65–88. Also in Wolfgang Mieder (ed.), *Ergebnisse der Sprichwörterforschung*, Europäische Hochschulschriften, Reihe 1:

Deutsche Literatur und Germanistik, 192 (Bern et al.: Peter Lang, 1978), 213–238; and in Wolfgang Mieder, *Deutsche Sprichwörter in Literatur, Politik, Presse und Werbung* (Hamburg: Helmut Buske Verlag, 1983), 53–76.

"Zwei Sprichwörterbriefe von Georg Philipp Harsdörffer." *Sprachspiegel* 31, 67–71.

& David Pilachowski. "Die 'Nacht der langen Messer'." *Der Sprachdienst* 19, 149–152.

## – 1976 –

*Das Sprichwort in der deutschen Prosaliteratur des neunzehnten Jahrhunderts*. München: Wilhelm Fink Verlag (Motive: Freiburger folkloristische Forschungen, 7).

***

"Das Amerikabild in Jeremias Gotthelfs Werken." *Sprachspiegel* 32, 67–76.

"Carl Zuckmayer und die Volkssprache." *Sprachspiegel* 32, 163–166. Also in Wolfgang Mieder, *Sprichwort, Redensart, Zitat: Tradierte Formelsprache in der Moderne*, Sprichwörterforschung, 5 (Bern et al.: Peter Lang, 1985), 15–19.

"International Bibliography of Explanatory Essays on Proverbs and Proverbial Expressions Containing Names." *Names: Journal of the American Name Society* 24, 253–304.

"Sprichwörtliche Redensarten als Schlagzeile." *Sprachspiegel* 32, 4–12. Also in Wolfgang Mieder, *Sprichwort, Redensart, Zitat: Tradierte Formelsprache in der Moderne*, Sprichwörterforschung, 5 (Bern et al.: Peter Lang, 1985), 91–100.

## – 1977 –

*International Bibliography of Explanatory Essays on Individual Proverbs and Proverbial Expressions*. Bern: Herbert Lang & Frankfurt am Main et al.: Peter Lang ([Europäische Hochschulschriften, Reihe 1: Deutsche Literatur und Germanistik, 191]).

& Lutz Röhrich. *Sprichwort*. Stuttgart: J.B. Metzlersche Verlagsbuchhandlung (Sammlung Metzler, M 154: Abt. E, Poetik).

***

"Bibliographischer Abriß zur bildlichen Darstellung von Sprichwörtern und Redensarten." In: Irmgard Hampp & Peter Assion (eds.). *Forschungen und Berichte zur Volkskunde in Baden-Württemberg 1974–1977*. Stuttgart: Müller & Gräff (Forschungen und Berichte zur Volkskunde in Baden Württemberg, 3), 229–239.

***

"Hilfsquellen für Sprichwortübersetzungen." *Sprachspiegel* 33, 56–57.

"Der Krieg um den Krug: Ein Sprichwortgefecht. Zum 200. Geburtstag Heinrich von Kleists." *Muttersprache: Zeitschrift zur Pflege und Erforschung der deutschen Spra-*

*che* 87, 178–192. Also in Wolfgang Mieder, *Deutsche Sprichwörter in Literatur, Politik, Presse und Werbung* (Hamburg: Helmut Buske Verlag, 1983), 77–91. Reprint of the proverb index in Heiner Feldkamp [ed.], Heinrich von Kleist, *Der zerbrochne Krug: Ein Lustspiel* (Bonn: INTER NATIONES, $^{2}$1995), 259–267.

"Sprichwort und Volkslied: Eine Untersuchung des Ambraser Liederbuches vom Jahre 1582." *Jahrbuch für Volksliedforschung* 22, 23–35. Also in Wolfgang Mieder, *Sprichwort – Wahrwort!?: Studien zur Geschichte, Bedeutung und Funktion deutscher Sprichwörter*, Artes populares: Studia ethnographica et folkloristica, 23 (Frankfurt am Main et al.: Peter Lang, 1992), 87–102.

& M.L. Mc Cormack jun. "Die Weihnachtsbaum-Industrie in den Vereinigten Staaten." *Allgemeine Forstzeitschrift: Wochenzeitschrift für Waldwirtschaft, Forsttechnik und Landschaftspflege* 32/46, 1151–1152.

& Barbara Mieder. "Tradition and Innovation: Proverbs in Advertising." *Journal of Popular Culture* 11, 308–319. Also in Wolfgang Mieder & Alan Dundes (eds.), *The Wisdom of Many: Essays on the Proverb*, Garland Folklore Casebooks, 1 (New York et al.: Garland Publishing, 1981), 309–322; rpt. Madison, Wis.: The University of Wisconsin Press, 1994.

## – 1978 –

*Proverbs in Literature: An International Bibliography*. Berne et al.: Peter Lang (European University Papers, Series 1: German Language and Literature, 218).

***

(ed.). *Ergebnisse der Sprichwörterforschung*. Bern et al.: Peter Lang ([Europäische Hochschulschriften, Reihe 1: Deutsche Literatur und Germanistik, 192]).

***

"Bibliographie." In: Wolfgang Mieder (ed.). *Ergebnisse der Sprichwörterforschung*. Bern et al.: Peter Lang ([Europäische Hochschulschriften, Reihe 1: Deutsche Literatur und Germanistik, 192]), 239–255.

***

"Kulinarische und emanzipatorische Redensartenverwendung in Günter Grass' Roman 'Der Butt'." *Sprachspiegel* 34, 4–11. Also in Wolfgang Mieder, *Sprichwort, Redensart, Zitat: Tradierte Formelsprache in der Moderne*, Sprichwörterforschung, 5 (Bern et al.: Peter Lang, 1985), 27–35.

"One Last Proverb Publication by Archer Taylor." *Journal of American Folklore* 91, 970.

"Proverbial Slogans Are the Name of the Game." *Kentucky Folklore Record* 24, 49–53.

"Rund um das Sprichwort 'Morgenstunde hat Gold im Munde'." *Muttersprache: Zeitschrift zur Pflege und Erforschung der deutschen Sprache* 88, 378–385. Also in Wolfgang Mieder, *Deutsche Sprichwörter in Literatur, Politik, Presse und Werbung* (Hamburg: Helmut Buske Verlag, 1983), 105–112; and in Wolfgang Mieder, *"Morgenstunde hat Gold im Munde": Studien und Belege zum populärsten deutschsprachigen Sprichwort* (Wien: Verlag Edition Praesens, 1997), 11–21.

"Einen Spaten einen Spaten nennen." *Der Sprachdienst* 22, 121–122.

"Sprichwörtliche Schlagzeilen in der Wochenzeitung: Untersuchung der 'Zeit' für das Jahr 1977." *Muttersprache: Zeitschrift zur Pflege und Erforschung der deutschen Sprache* 88, 93–105. Also in Wolfgang Mieder, *Deutsche Sprichwörter in Literatur, Politik, Presse und Werbung* (Hamburg: Helmut Buske Verlag, 1983), 92–104.

"Das Sprichwort im Volkslied: Eine Untersuchung des Deutschen Liederhortes von Erk/Böhme." *Jahrbuch des Österreichischen Volksliedwerkes* 27, 44–71.

"*Über Stock und Stein* (Heft 1/1978, S. 9f.)." *Der Sprachdienst* 22, 78–79.

"The Use of Proverbs in Psychological Testing." *Journal of the Folklore Institute* 15, 45–55.

"Das Wort 'Shit' und seine lexikographische Erfassung." *Sprachspiegel* 34, 76–79.

## – 1979 –

(ed.). *Deutsche Sprichwörter und Redensarten: Für die Sekundarstufe*. Stuttgart: Philipp Reclam jun. (Universal-Bibliothek, 9550 [2]; Arbeitstexte für den Unterricht); rpt. 1980, 1983, 1987, 1991, 1995 & 2006.

(ed.). *Grimms Märchen – modern: Prosa, Gedichte, Karikaturen. Für die Sekundarstufe*. Stuttgart: Philipp Reclam jun. (Universal-Bibliothek, 9554 [2]; Arbeitstexte für den Unterricht); rpt. 1980, 1981, 1984, 1987, 1992 & 1995.

***

"'Aus de windische Schprich de Wind rauslasse': Bemerkungen zu Kurt Sigels redensartlicher Dialektdichtung." *Der Sprachdienst* 23, 145–149. Also in Wolfgang Mieder, *Sprichwort, Redensart, Zitat: Tradierte Formelsprache in der Moderne*, Sprichwörterforschung, 5 (Bern et al.: Peter Lang, 1985), 45–51; and in Kurt Sigel, *Geifer-, Gift- un Suddelverse: Gedichte, Prosa und Spinnericks in Frankfurter Mundart mit vielen Cartoons des Autors*, Reihe Texte in Frankfurter Mundart, 1 (Frankfurt am Main: Verlagsbuchhandlung Heinz Schutt, 1989), 68–73.

"*Early American Proverbs and Proverbial Phrases*. By Bartlett Jere Whiting. (Cambridge, Mass.: Harvard University Press, 1977)." *Journal of American Folklore* 92, 339–344.

"In Grün will ich mich kleiden." *Der Sprachdienst* 23, 12–13.

"Karl Kraus und der sprichwörtliche Aphorismus." *Muttersprache: Zeitschrift zur Pflege und Erforschung der deutschen Sprache* 89, 97–115. Also in Wolfgang Mieder, *Deutsche Sprichwörter in Literatur, Politik, Presse und Werbung* (Hamburg: Helmut Buske, 1983), 113–131; and in Wolfgang Mieder, *Sprichwörtliche Aphorismen: Von*

*Georg Christoph Lichtenberg bis Elazar Benyoëtz* (Wien: Edition Praesens, 1999), 89–104.

"'Mieder sind nicht alles – aber alles ist nichts ohne Mieder'." *Der Sprachdienst* 23, 118–121.

"'Redensarten, Ausreden, Ansprüche': Zu Helmut Heißenbüttels Prosatext *Rollenverteilung* (1965)." *Sprachspiegel* 35, 70–76. Also in Wolfgang Mieder, *Sprichwort, Redensart, Zitat: Tradierte Formelsprache in der Moderne*, Sprichwörterforschung, 5 (Bern et al.: Peter Lang, 1985), 37–44.

"'Die schwarze Spinne aber saß auf seinem Helm!': Erich Kästner und Jeremias Gotthelf." *Sprachspiegel* 35, 4–8.

"'Sein oder Nichtsein' – und kein Ende: Zum Weiterleben des Hamlet-Zitats in unserer Zeit." *Der Sprachdienst* 23, 81–85. Also in Wolfgang Mieder, *Sprichwort, Redensart, Zitat: Tradierte Formelsprache in der Moderne*, Sprichwörterforschung, 5 (Bern et al.: Peter Lang, 1985), 125–130.

"Zwei moderne lyrische Bearbeitungen des Märchens 'Von dem Fischer un syner Fru'." *Schweizerisches Archiv für Volkskunde* 75, 63–69.

## – 1980 –

(ed.). *Deutsche Volkslieder: Texte, Variationen, Parodien. Für die Sekundarstufe.* Stuttgart: Philipp Reclam jun. (Universal-Bibliothek, 9560 [2]; Arbeitstexte für den Unterricht).

***

"Die drei weisen Affen und das Sprichwort 'Nichts sehen, nichts hören, nichts sagen'." *Muttersprache: Zeitschrift zur Pflege und Erforschung der deutschen Sprache* 90, 167–178. Also in Wolfgang Mieder, *Deutsche Sprichwörter in Literatur, Politik, Presse und Werbung* (Hamburg: Helmut Buske Verlag, 1983), 132–143; and a slightly longer version in Wolfgang Mieder, *"Nichts sehen, nichts hören, nichts sagen": Die drei weisen Affen in Kunst, Literatur, Medien und Karikaturen*, Kulturelle Motivstudien, 5 (Wien: Praesens Verlag, 2005), 11–33.

"Drillingsforme[l]n: Texte, Titel und Tendenzen." *Sprachspiegel* 36, 4–11. Also in Wolfgang Mieder, *Sprichwort, Redensart, Zitat: Tradierte Formelsprache in der Moderne*, Sprichwörterforschung, 5 (Bern et al.: Peter Lang, 1985), 131–139.

"Modern Anglo-American Variants of The Frog Prince (AT 440)." *New York Folklore* 6, 111–135.

"Moderne deutsche Sprichwortgedichte." *Fabula: Zeitschrift für Erzählforschung* 21, 247–260. Also in Wolfgang Mieder, *Sprichwort, Redensart, Zitat: Tradierte Formelsprache in der Moderne*, Sprichwörterforschung, 5 (Bern et al.: Peter Lang, 1985), 73–90.

"A Sampler of Anglo-American Proverb Poetry." *Folklore Forum* 13, 39–53.

"Traditional and Innovative Proverb Use in Lyric Poetry." *Proverbium Paratum: Bulletin d'information sur les recherches parémiologiques* 1, 16–27.

"Zur Quellenfrage von Gotthelfs 'Schwarzer Spinne'." *Sprachspiegel* 36, 132–139.

## – 1981 –

& Alan Dundes (eds.). *The Wisdom of Many: Essays on the Proverb*. New York et al.: Garland Publishing (Garland Folklore Casebooks, 1); rpt. Madison, Wis.: The University of Wisconsin Press, 1994.

***

"Angloamerikanische und deutsche Überlieferung des Ausdrucks 'last (but) not least'." *Sprachspiegel* 37, 131–134 & 162–166. Also in Wolfgang Mieder, *Sprichwort, Redensart, Zitat: Tradierte Formelsprache in der Moderne*, Sprichwörterforschung, 5 (Bern et al.: Peter Lang, 1985), 141–149.

"'Der Apfel fällt weit von Deutschland': Zur amerikanischen Entlehnung eines deutschen Sprichwortes." *Der Sprachdienst* 25, 89–93. Also in Wolfgang Mieder, *Sprichwort, Redensart, Zitat: Tradierte Formelsprache in der Moderne*, Sprichwörterforschung, 5 (Bern et al.: Peter Lang, 1985), 101–107.

"'Ein Aphoristiker dreht oft das Sprichwort im Munde herum': Zu den Aphorismen von Gerhard Uhlenbruck." *Sprachspiegel* 37, 66–75. Also in *med.: Schweizer Magazin für ärztliche Ökonomie* 10 (1981), 54–56 & 59; and in Wolfgang Mieder, *Sprichwort, Redensart, Zitat: Tradierte Formelsprache in der Moderne*, Sprichwörterforschung, 5 (Bern et al.: Peter Lang, 1985), 53–63; and again in Wolfgang Mieder, *Sprichwörtliche Aphorismen: Von Georg Christoph Lichtenberg bis Elazar Benyoëtz* (Wien: Edition Praesens, 1999), 105–115.

"Bibliographische Skizze zur Überlieferung des Ausdrucks 'Iron Curtain' / 'Eiserner Vorhang'." *Muttersprache: Zeitschrift zur Pflege und Erforschung der deutschen Sprache* 91, 1–14. Also in Wolfgang Mieder, *Deutsche Sprichwörter in Literatur, Politik, Presse und Werbung* (Hamburg: Helmut Buske Verlag, 1983), 144–157.

"International Bibliography of Literary Proverb Studies." *Motif: International Newsletter of Research in Folklore & Literature* 1, [3–7].

"The Proverbial Three Wise Monkeys." *Midwestern Journal of Language and Folklore* 7, 5–38. Also in Wolfgang Mieder, *Tradition and Innovation in Folk Literature* (Hanover, N.H. et al.: University Press of New England, 1987), 157–177; and a slightly shortened version in Wolfgang Mieder, *"Nichts sehen, nichts hören, nichts sagen": Die drei weisen Affen in Kunst, Literatur, Medien und Karikaturen*, Kulturelle Motivstudien, 5 (Wien: Praesens Verlag, 2005), 35–50.

& Veronica Richel. "*Lebensplan* (Heft 11/1980, S. 171f.)." *Der Sprachdienst* 25, 70–71.

## – 1982 –

*Antisprichwörter*. Vol. 1. Wiesbaden: Verlag für deutsche Sprache (VfdS) (Beihefte zur Muttersprache, 4); rpt. ²1983 & ³1985. Reprint as *Honig klebt am längsten: Das Anti-Sprichwörter-Buch*, Beihefte zur Muttersprache, 4; Heyne allgemeine Reihe, 01/6537 (München: Wilhelm Heyne Verlag, 1985).

*International Proverb Scholarship: An Annotated Bibliography*. New York et al.: Garland Publishing (Garland Folklore Bibliographies, 3; Garland Reference Library of the Humanities, 342).

***

"Moderne Varianten des Blumenorakels: *'Er (sie) liebt mich, er (sie) liebt mich nicht'*." In: Rolf Wilh[elm] Brednich & Jürgen Dittmar (eds.). *Festschrift für Lutz Röhrich zum 60. Geburtstag*. Berlin: Erich Schmidt Verlag (Jahrbuch für Volksliedforschung, 27/28), 335–345. Also in Wolfgang Mieder, *"Liebt mich, liebt mich nicht ...": Studien und Belege zum Blumenorakel*, Kulturelle Motivstudien, 1 (Wien: Edition Praesens, 2001), 3–20.

***

"'Eine aphoristische Schwalbe macht schon einen halben Gedankensommer': Zu den Aphorismen von Felix Renner." *Sprachspiegel* 38, 162–167. Also in Wolfgang Mieder, *Sprichwort, Redensart, Zitat: Tradierte Formelsprache in der Moderne*, Sprichwörterforschung, 5 (Bern et al.: Peter Lang, 1985), 65–71.

"Die Einstellung der Grammatiker Schottelius und Gottsched zum Sprichwort." *Sprachspiegel* 38, 70–75.

"'Eine Frau ohne Mann ist wie ein Fisch ohne Velo!'." *Sprachspiegel* 38, 141–142.

"'Nach Zitaten drängt, am Zitate hängt doch alles!': Zur modernen Verwendung von Goethe-Zitaten." *Muttersprache: Zeitschrift zur Pflege und Erforschung der deutschen Sprache* 92, 76–98. Also in Wolfgang Mieder, *Deutsche Sprichwörter in Literatur, Politik, Presse und Werbung* (Hamburg, Helmut Buske Verlag, 1983), 158–180.

"Proverbs in Nazi Germany: The Promulgation of Anti-Semitism and Stereotypes Through Folklore." *Journal of American Folklore* 95, 435–464. Also in Wolfgang Mieder, *Proverbs Are Never Out of Season: Popular Wisdom in the Modern Age* (New York et al.: Oxford University Press, 1993), 225–255; rpt. New York et al.: Peter Lang, 2012 (International Folkloristics, 7).

"Sexual Content of German Wellerisms." *Maledicta: The International Journal of Verbal Aggression* 6, 215–223.

"Survival Forms of 'Little Red Riding Hood' in Modern Society." *International Folklore Review: Folklore Studies from Overseas* 2, 23–40.

## – 1983 –

*Deutsche Sprichwörter in Literatur, Politik, Presse und Werbung*. Hamburg: Helmut Buske Verlag.

***

(ed.). Friedrich Petri (Peters). *Der Teutschen Weissheit: Faksimiledruck der Auflage von 1604/05*. With a foreword by Wolfgang Mieder. Bern et al.: Peter Lang (Nachdrucke deutscher Literatur des 17. Jahrhunderts, 46) [Reprint of the edition Hamburg, Philipp von Ohr, 1604/05].

(ed.). Jeremias Gotthelf. *Die schwarze Spinne*. Stuttgart: Philipp Reclam jun. (Universal-Bibliothek, 8161; Erläuterungen und Dokumente); rpt. 1986, 1991 & 1995; 2003 [Revised and supplemented edition]. Also on CD-ROM as *Die schwarze Spinne: Neue Software*, Reclam: Klassiker auf CD-ROM, 20 (Stuttgart: Philipp Reclam jun. & Berlin: DIRECTMEDIA Publishing, 1997).

(ed.). Karl Friedrich Wilhelm Wander. *Das Sprichwort, betrachtet nach Form u. Wesen, für Schule u. Leben, als Einleitung zu einem großen volksthümlichen Sprichwörterschatz*. With a foreword by Wolfgang Mieder. Bern et al.: Peter Lang (Sprichwörterforschung, 1) [Reprint of the edition Hirschberg, E.F. Zimmer, 1836].

(ed.). *Mädchen, pfeif auf den Prinzen!: Märchengedichte von Günter Grass bis Sarah Kirsch*. Köln: Eugen Diederichs Verlag (Diederichs Kabinett); rpt. $^{2}$1984.

***

"Martin Luther und die Geschichte des Sprichwortes 'Wes das Herz voll ist, des geht der Mund über'." *Sprachspiegel* 39, 66–74. Also in Wolfgang Mieder, *Sprichwörtliches und Geflügeltes: Sprachstudien von Martin Luther bis Karl Marx*, Studien zur Phraseologie und Parömiologie, 4 (Bochum: Universitätsverlag Dr. N. Brockmeyer, 1995), 13–22.

"Sprichwörter unterm Hakenkreuz." *Muttersprache: Zeitschrift zur Pflege und Erforschung der deutschen Sprache* 93, 1–30. Also in Wolfgang Mieder, *Deutsche Sprichwörter in Literatur, Politik, Presse und Werbung* (Hamburg: Helmut Buske Verlag, 1983), 181–210; and in Wolfgang Mieder, *Sprichwort – Wahrwort!?: Studien zur Geschichte, Bedeutung und Funktion deutscher Sprichwörter*, Artes populares: Studia ethnographica et folkloristica, 23 (Frankfurt am Main et al.: Peter Lang, 1992), 231–272.

"'Was Hänschen nicht lernt, lernt Hans nimmermehr': Zur Überlieferung eines Luther-Sprichwortes." *Sprachspiegel* 39, 131–138. Also in Wolfgang Mieder, *Sprichwörtliches und Geflügeltes: Sprachstudien von Martin Luther bis Karl Marx*, Studien zur Phraseologie und Parömiologie, 4 (Bochum: Universitätsverlag Dr. N. Brockmeyer, 1995), 23–32.

"Wer nicht liebt Wein, Weib und Gesang, der bleibt ein Narr sein Leben lang: Zur Herkunft, Überlieferung und Verwendung eines angeblichen Luther-Spruches." *Muttersprache: Zeitschrift zur Pflege und Erforschung der deutschen Sprache* 94, 68–103.

Also in Wolfgang Mieder, *Deutsche Redensarten, Sprichwörter und Zitate: Studien zu ihrer Herkunft, Überlieferung und Verwendung* (Wien: Verlag Edition Praesens, 1995), 10–45; and a slightly longer version in Wolfgang Mieder, *"Wein, Weib und Gesang": Zum angeblichen Luther-Spruch in Kunst, Musik, Literatur, Medien und Karikaturen*, Kulturelle Motivstudien, 4 (Wien: Editions Praesens, 2004), 9–66.

"'Wine, Women and Song': From Martin Luther to American T-Shirts." *Kentucky Folklore Record* 29, 89–101. Also in Elliott Oring (ed.), *Folk Groups and Folklore Genres: A Reader* (Logan, Ut.: Utah State University Press, 1989), 279–290; rpt. $^{2}$1990.

& George B. Bryan. "Zum Tango gehören zwei." *Der Sprachdienst* 27, 100–102 & 181. Also in Wolfgang Mieder, *Sprichwort, Redensart, Zitat: Tradierte Formelsprache in der Moderne*, Sprichwörterforschung, 5 (Bern et al.: Peter Lang, 1985), 151–154.

## – 1984 –

*Investigations of Proverbs, Proverbial Expressions, Quotations and Clichés: A Bibliography of Explanatory Essays which Appeared in 'Notes and Queries' (1849–1983).* Bern et al.: Peter Lang (Sprichwörterforschung, 4).

***

(ed.). *Deutsche Sprichwörterforschung des 19. Jahrhunderts*. Bern et al.: Peter Lang (Sprichwörterforschung, 2).

(ed.). Oswald Robert Kirchner. *Parömiologische Studien: (Zwei kritische Beiträge).* With a foreword by Wolfgang Mieder. Bern et al.: Peter Lang (Sprichwörterforschung, 3) [Reprint of the editions Zwickau, R. Zückler, 1879 & 1880].

(ed.). *Proverbium: Yearbook of International Proverb Scholarship*. Vol. 1. Columbus, O.: The Ohio State University.

***

(comp.). "Bibliographie." In: Johannes von Tepl. *Der Ackermann und der Tod: Text und Übertragung*. Stuttgart: Philipp Reclam jun. (Universal-Bibliothek, 7666), 82–95; rpt. 1986, 1989, 1991, 1994 & 1998.

"Geschichte und Probleme der neuhochdeutschen Sprichwörterlexikographie." In: Herbert Ernst Wiegand (ed.). *Studien zur neuhochdeutschen Lexikographie*. Vol. 5. Hildesheim et al.: Georg Olms Verlag (Germanistische Linguistik, 3–6/84), 307–358.

"Die Sage vom 'Rattenfänger von Hameln' in der modernen Literatur, Karikatur und Werbung." In: Reimund Kvideland & Torunn Selberg (eds.). *Papers II. The 8th Congress for the International Society for Folk Narrative Research: Bergen, June 12th–17th 1984*. Vol. 2. Bergen: [International Society for Folk Narrative Research], 67–78. A longer version also in *Muttersprache: Zeitschrift zur Pflege und Erforschung der deutschen Sprache* 95 (1984/85), 127–150; and in Norbert Humburg (ed.), *Ge-*

*schichten und Geschichte: Erzählforschertagung in Hameln. Oktober 1984* (Hildesheim: Lax, 1985), 113–128.

***

"'Die Axt im Haus erspart den Zimmermann' (Wilhelm Tell, III, 1): Vom Schiller-Zitat zum parodierten Sprichwort." *Sprachspiegel* 40, 137–142. Also in Wolfgang Mieder, *Sprichwort, Redensart, Zitat: Tradierte Formelsprache in der Moderne*, Sprichwörterforschung, 5 (Bern et al.: Peter Lang, 1985), 155–161; and in Wolfgang Mieder, *Sprichwort – Wahrwort!?: Studien zur Geschichte, Bedeutung und Funktion deutscher Sprichwörter*, Artes populares: Studia ethnographica et folkloristica, 23 (Frankfurt am Main et al.: Peter Lang, 1992), 151–157.

"Christian Weises *Bäurischer Machiavellus* als sprichwortreiches Intrigenspiel." *Daphnis: Zeitschrift für Mittlere Deutsche Literatur* 13, 363–384.

"'Cogito, ergo sum': Zum Weiterleben eines berühmten Zitats." *Der Sprachdienst* 28, 161–167. Also in Wolfgang Mieder, *Sprichwort, Redensart, Zitat: Tradierte Formelsprache in der Moderne*, Sprichwörterforschung, 5 (Bern et al.: Peter Lang, 1985), 163–173.

"'Eulen nach Athen tragen,' 'To carry coals to Newcastle,' etc." *Proverbium: Yearbook of International Proverb Scholarship* 1, 183–185.

"G.L. Permyakov's Last Letter to Wolfgang Mieder." *Proverbium: Yearbook of International Proverb Scholarship* 1, 153.

"International Bibliography of New and Reprinted Proverb Collections: From 1975 to 1983." *Proverbium: Yearbook of International Proverb Scholarship* 1, 251–271.

"International Proverb Scholarship: An Updated Bibliography through 1981." *Proverbium: Yearbook of International Proverb Scholarship* 1, 273–309.

"'Kredit ist tot'." *Proverbium: Yearbook of International Proverb Scholarship* 1, 187–189.

"Mathilde Hain (1901–1983)." *Proverbium: Yearbook of International Proverb Scholarship* 1, 155–160.

"Recent International Proverb Scholarship: An Annotated Bibliography for 1982 and 1983." *Proverbium: Yearbook of International Proverb Scholarship* 1, 311–350.

"'Wine, Women and Song': Zur angloamerikanischen Überlieferung eines angeblichen Lutherspruches." *Germanisch-Romanische Monatsschrift* 65 (34), 385–403. Also in Wolfgang Mieder, *Sprichwort – Wahrwort!?: Studien zur Geschichte, Bedeutung und Funktion deutscher Sprichwörter*, Artes populares: Studia ethnographica et folkloristica, 23 (Frankfurt am Main et al.: Peter Lang, 1992), 169–190; and a slightly shortened version in Wolfgang Mieder, *"Wein, Weib und Gesang": Zum angeblichen Luther-Spruch in Kunst, Musik, Literatur, Medien und Karikaturen*, Kulturelle Motivstudien, 4 (Wien: Edition Praesens, 2004), 67–86.

"'Zitate sind des Bürgers Zierde': Zum Weiterleben von Schiller-Zitaten." *Muttersprache: Zeitschrift zur Pflege und Erforschung der deutschen Sprache* 95, 284–306. Also in Wolfgang Mieder, *Deutsche Redensarten, Sprichwörter und Zitate: Studien zu ihrer Herkunft, Überlieferung und Verwendung* (Wien: Verlag Edition Praesens, 1995), 46–68.

## – 1985 –

*Antisprichwörter*. Vol. 2. Wiesbaden: Gesellschaft für deutsche Sprache (GfdS) (Beihefte zur Muttersprache, 6).

*Sprichwort, Redensart, Zitat: Tradierte Formelsprache in der Moderne*. Bern et al.: Peter Lang (Sprichwörterforschung, 5).

***

[ed.]. Archer Taylor. *The Proverb and an Index to "The Proverb"*. With a foreword by Wolfgang Mieder. Bern et al.: Peter Lang (Sprichwörterforschung, 6) [Reprint of the edition Hatboro, Pa., Folklore Associates & Copenhagen, Denmark, Rosenkilde and Bagger, 1962].

(ed.). *Disenchantments: An Anthology of Modern Fairy Tale Poetry*. Hanover, N.H. et al.: University Press of New England.

(ed.). *Proverbium: Yearbook of International Proverb Scholarship*. Vol. 2. Columbus, O.: The Ohio State University.

***

"BIBLIOGRAPHY of Archer Taylor's Proverb Studies." In: Wolfgang Mieder [ed.]. Archer Taylor. *The Proverb and an Index to "The Proverb"*. With a foreword by Wolfgang Mieder. Bern et al.: Peter Lang (Sprichwörterforschung, 6) [Reprint of the edition Hatboro, Pa., Folklore Associates & Copenhagen, Denmark, Rosenkilde and Bagger, 1962], XL–LIII.

***

"Einer fehlt beim Gruppenbild: 'Geflügelter' Abschied von Heinrich Böll." *Der Sprachdienst* 29, 167–172. Also in Wolfgang Mieder, *Sprichwörtliches und Geflügeltes: Sprachstudien von Martin Luther bis Karl Marx*, Studien zur Phraseologie und Parömiologie, 4 (Bochum: Universitätsverlag Dr. N. Brockmeyer, 1995), 41–49.

"International Bibliography of New and Reprinted Proverb Collections." *Proverbium: Yearbook of International Proverb Scholarship* 2, 373–378.

"International Proverb Scholarship: An Updated Bibliography Through 1982." *Proverbium: Yearbook of International Proverb Scholarship* 2, 379–396.

"'Jeremias Gotthelf kommen an Sprachgewalt wenig andere gleich': Die Brüder Grimm und Gotthelf." *Sprachspiegel* 41, 66–74.

"Modern Variants of the Daisy Oracle 'He Loves Me, He Loves Me Not'." *Midwestern Journal of Language and Folklore* 11, 65–115. Also in Wolfgang Mieder, *Tradition and Innovation in Folk Literature* (Hanover, N.H. et al.: University Press of New England, 1987), 84–117.

"Neues zur demo[n]skopischen Sprichw[ö]rterkunde." *Proverbium: Yearbook of International Proverb Scholarship* 2, 307–328.

"'Oben im Heu die Liebenden schlafen': Christoph Meckels lyrische Gottfried-Keller-Reminiszenz." *Sprachspiegel* 41, 108–112.

"Popular Views of the Proverb." *Proverbium: Yearbook of International Proverb Scholarship* 2, 109–143. Also in Wolfgang Mieder, *Proverbs Are Never Out of Season: Popular Wisdom in the Modern Age* (New York et al.: Oxford University Press, 1993), 18–40; rpt. New York et al.: Peter Lang, 2012 (International Folkloristics, 7).

"A Proverb a Day Keeps no Chauvinism Away." *Proverbium: Yearbook of International Proverb Scholarship* 2, 273–277.

"Recent International Proverb Scholarship: An Annotated Bibliography for 1983 and 1984." *Proverbium: Yearbook of International Proverb Scholarship* 2, 397–467.

"Spiel mit Sprichwörtern: In memoriam Franz Fühmann (1922–1984)." *Sprachpflege: Zeitschrift für gutes Deutsch* 34, 1–3. Also in Wolfgang Mieder, *Sprichwörtliches und Geflügeltes: Sprachstudien von Martin Luther bis Karl Marx*, Studien zur Phraseologie und Parömiologie, 4 (Bochum: Universitätsverlag Dr. N. Brockmeyer, 1995), 33–39.

"'To Pay the Piper' and the Legend of 'The Pied Piper of Hamelin'." *Proverbium: Yearbook of International Proverb Scholarship* 2, 263–270. Slightly changed also in Wolfgang Mieder, *The Pied Piper: A Handbook*, Greenwood Folklore Handbooks (Westport, Conn. et. al.: Greenwood Press, 2007), 24–27.

## – 1986 –

*"Findet, so werdet ihr suchen!": Die Brüder Grimm und das Sprichwort*. Bern et al.: Peter Lang (Sprichwörterforschung, 7).

*The Prentice-Hall Encyclopedia of World Proverbs: A Treasury of Wit and Wisdom Through the Ages*. Englewood Cliffs, N.J.: Prentice-Hall; rpt. New York: MJF Books, [1996].

*Talk Less and Say More: Vermont Proverbs*. Shelburne, Vt.: The New England Press; rpt. $^{2}$1986, $^{3}$1987, $^{4}$1990, $^{5}$1995, $^{6}$1998 & $^{7}$2004.

***

(ed.). Christoph Lehmann. *Florilegium Politicum: Politischer Blumen Garten*. With a foreword by Wolfgang Mieder. Bern et al.: Peter Lang (Nachdrucke deutscher Literatur des 17. Jahrhunderts, 61) [Reprint of the edition Lübeck, Johan Jungen, 1639].

(ed.). *Grimmige Märchen: Prosatexte von Ilse Aichinger bis Martin Walser*. Frankfurt am Main: R.G. Fischer.

(ed.). *Proverbium: Yearbook of International Proverb Scholarship*. Vol. 3. Columbus, O.: The Ohio State University.

***

"'alle redensarten und sprüchwörter sind aus den quellen zu belegen': Sprichwörtliches im 'Deutschen Wörterbuch' der Brüder Grimm." *Muttersprache: Zeitschrift zur Pflege und Erforschung der deutschen Sprache* 96, 33–52. Slightly changed also in Wolfgang Mieder, *"Findet, so werdet ihr suchen!": Die Brüder Grimm und das Sprichwort*, Sprichwörterforschung, 7 (Bern et al.: Peter Lang, 1986), 89–113. The original version also in Wolfgang Mieder, *Deutsche Redensarten, Sprichwörter und Zitate: Studien zu ihrer Herkunft, Überlieferung und Verwendung* (Wien: Verlag Edition Praesens, 1995), 69–88.

"International Bibliography of New and Reprinted Proverb Collections." *Proverbium: Yearbook of International Proverb Scholarship* 3, 421–430.

"International Proverb Scholarship: An Updated Bibliography." *Proverbium: Yearbook of International Proverb Scholarship* 3, 431–480.

"'Spaß muß sein', sagte der Spaßmacher, aber ...: Zu den Sagwörtern von Markus M. Ronner." *Sprachspiegel* 42, 162–170. Also in Wolfgang Mieder, *Sprichwörtliches und Geflügeltes: Sprachstudien von Martin Luther bis Karl Marx*, Studien zur Phraseologie und Parömiologie, 4 (Bochum: Universitätsverlag Dr. N. Brockmeyer, 1995), 51–61.

"Sprichwörtliche Schwundstufen des Märchens: Zum 200. Geburtstag der Br[ü]der Grimm." *Proverbium: Yearbook of International Proverb Scholarship* 3, 257–271. Also in Wolfgang Mieder, *Sprichwort – Wahrwort!?: Studien zur Geschichte, Bedeutung und Funktion deutscher Sprichwörter*, Artes populares: Studia ethnographica et folkloristica, 23 (Frankfurt am Main et al.: Peter Lang, 1992), 103–111.

"Wayland Debs Hand as Paremiologist." *Proverbium: Yearbook of International Proverb Scholarship* 3, 5–8.

"Wilhelm Grimm's Proverbial Additions in the Fairy Tales." *Proverbium: Yearbook of International Proverb Scholarship* 3, 59–83. Slightly changed also in James M. McGlathery & Larry W. Danielson & Ruth E. Lorbe & Selma K. Richardson (eds.), *The Brothers Grimm and Folktale* (Urbana et al.: University of Illinois Press, 1988), 112–132; rpt. 1991.

## – 1987 –

*Tradition and Innovation in Folk Literature*. Hanover, N.H. et al.: University Press of New England.

***

(ed.). Carl Schulze. *Die biblischen Sprichwörter der deutschen Sprache*. With a foreword by Wolfgang Mieder. Bern et al.: Peter Lang (Sprichwörterforschung, 8) [Reprint of the edition Göttingen, Vandenhoeck & Ruprecht's Verlag, 1860].

(ed.). J[ulian] Krzyżanowski & M[atti] Kuusi & D[émétrios] Loukatos & A[rcher] Taylor (eds.). *Proverbium: 1 (1965) – 15 (1970)*. Bern et al.: Peter Lang (Sprichwörterforschung, 9/1) [Reprint of the editions Helsinki, Suomalaisen Kirjallisuuden Seura, 1965–1970].

(ed.). J[ulian] Krzyżanowski & M[atti] Kuusi & D[émétrios] Loukatos & A[rcher] Taylor (eds.). *Proverbium: 16 (1971) – 25 (1975)*. Bern et al.: Peter Lang (Sprichwörterforschung, 9/2) [Reprint of the editions Helsinki, Suomalaisen Kirjallisuuden Seura, 1971–1975].

(ed.). *Proverbium: Yearbook of International Proverb Scholarship*. Vol. 4. Columbus, O.: The Ohio State University.

[ed.]. Sebastian Franck. *Sprichwörter / Schöne / Weise / Herrliche Clugreden / und Hoffsprüch*. With a foreword by Wolfgang Mieder. Hildesheim et al.: Georg Olms (Volkskundliche Quellen: Neudrucke europäischer Texte und Untersuchungen, 7. Sprichwort) [Reprint of the edition Frankfurt am Main, Christian Egenolph, 1541].

***

"History and Interpretation of a Proverb about Human Nature: Big Fish Eat Little Fish." In: Wolfgang Mieder. *Tradition and Innovation in Folk Literature*. Hanover, N.H. et al.: University Press of New England, 178–228.

"The Pied Piper of Hamelin: Origin, History, and Survival of the Legend." In: Wolfgang Mieder. *Tradition and Innovation in Folk Literature*. Hanover, N.H. et al.: University Press of New England, 45–83.

"The Proverb in the Modern Age: Old Wisdom in New Clothing." In: Wolfgang Mieder. *Tradition and Innovation in Folk Literature*. Hanover, N.H. et al.: University Press of New England, 118–156. Slightly changed also in Wolfgang Mieder, *Proverbs Are Never Out of Season: Popular Wisdom in the Modern Age* (New York et al.: Oxford University Press, 1993), 58–97; rpt. New York et al.: Peter Lang, 2012 (International Folkloristics, 7).

***

"Es 'kondomisiert' der Mensch, solang er strebt." *Der Sprachdienst* 31, 165–167.

"Grim Variations: From Fairy Tales to Modern Anti-Fairy Tales." *The Germanic Review* 62, 90–102. A slightly longer version also in Wolfgang Mieder, *Tradition and Innovation in Folk Literature* (Hanover, N.H. et al.: University Press of New England, 1987), 1–44. The original version also in *Children's Literature Review: Excerpts from Reviews, Criticism, and Commentary on Books for Children and Young People* 106 (2005), 149–163.

"International Bibliography of New and Reprinted Proverb Collections." *Proverbium: Yearbook of International Proverb Scholarship* 4, 361–368.

"International Proverb Scholarship: An Updated Bibliography." *Proverbium: Yearbook of International Proverb Scholarship* 4, 369–405.

"'Kondom' – ein altes/neues Wort geht um: Eine etymologische Skizze." *Sprachspiegel* 43, 99–108.

"Lutz Röhrich: Master Folklorist and Paremiologist." *Proverbium: Yearbook of International Proverb Scholarship* 4, 1–16.

## – 1988 –

*As Sweet as Apple Cider: Vermont Expressions*. Shelburne, Vt.: The New England Press.

***

(ed.). *English Proverbs*. Stuttgart: Philipp Reclam jun. (Universal-Bibliothek, 9235 [2]; Fremdsprachentexte); rpt. 1994; 2003, 2006 & 2013 [Bibliographically supplemented editions].

(ed.). Karl Friedrich Wilhelm Wander. *Auswanderungs-Katechismus: Ein Ratgeber für Auswanderer, besonders für Diejenigen, welche nach Nordamerika auswandern wollen (Glogau, 1852)*. With a foreword by Wolfgang Mieder. Bern et al.: Peter Lang [Reprint of the edition Glogau, C. Flemming, 1852].

[ed.]. Karl Simrock (coll.). *Die deutschen Sprichwörter*. With a foreword by Wolfgang Mieder. Stuttgart: Philipp Reclam jun. (Universal-Bibliothek, 8453 [7]) [Reprint of the edition Frankfurt am Main, Heinrich Ludwig Brönner, 1846]; rpt. 1991, 1995, 2000 & 2011.

(ed.). *Proverbium: Yearbook of International Proverb Scholarship*. Vol. 5. Burlington, Vt.: The University of Vermont.

& Rosemarie Lauer (eds.). *Kein Hänsel ohne Gretel: Da lachen selbst die Grimms im Grab*. Frankfurt am Main: Eichborn Verlag.

***

"'Gedanken sind zollfrei': Zu K.F.W. Wanders 'Politischem Sprichwörterbrevier'." In: Gisela Quast (ed.). *Einheit in der Vielfalt: Festschrift für Peter Lang zum 60. Geburtstag*. Bern et al.: Peter Lang, 326–342. Also in Wolfgang Mieder, *Sprichwort – Wahrwort!?: Studien zur Geschichte, Bedeutung und Funktion deutscher Sprichwörter*, Artes populares: Studia ethnographica et folkloristica, 23 (Frankfurt am Main et al.: Peter Lang, 1992), 211–229; and in Wolfgang Mieder, *Sprichwörtliche Aphorismen: Von Georg Christoph Lichtenberg bis Elazar Benyoëtz* (Wien: Edition Praesens, 1999), 53–72.

"Peters." In: Heinz Rupp & Carl Ludwig Lang (eds.). *Naaff–Pixner. Deutsches Literatur-Lexikon: Biographisch-bibliographisches Handbuch*. Vol. 11. 3rd completely revised edition. Bern et al.: Francke Verlag, cols. 1102–1103.

"Sprichwort." In: Volker Drehsen & Hermann Häring & Karl-Josef Kuschel & Helge Siemers (eds.). *Wörterbuch des Christentums*. Gütersloh: Gütersloher Verlagshaus Gerd Mohn & Zürich: Benziger Verlag, 1179–1180; rpt. München: Orbis Verlag, 1995 & 2001.

***

"'Ehrlich währt im Sprichwort am längsten': Zu Felix Renners sprichwörtlichen Aphorismen." *Sprachspiegel* 44, 41–47. Also in Wolfgang Mieder, *Sprichwörtliches und Geflügeltes: Sprachstudien von Martin Luther bis Karl Marx*, Studien zur Phraseologie und Parömiologie, 4 (Bochum: Universitätsverlag Dr. N. Brockmeyer, 1995), 63–70; and in Wolfgang Mieder, *Sprichwörtliche Aphorismen: Von Georg Christoph Lichtenberg bis Elazar Benyoëtz* (Wien: Edition Praesens, 1999), 116–123.

"'Die großen Fische fressen die kleinen': Geschichte und Bedeutung eines Sprichwortes über die menschliche Natur." *Muttersprache: Zeitschrift zur Pflege und Erforschung der deutschen Sprache* 98, 1–37. Also in Wolfgang Mieder, *Deutsche Redensarten, Sprichwörter und Zitate: Studien zu ihrer Herkunft, Überlieferung und Verwendung* (Wien: Verlag Edition Praesens, 1995), 89–125; and a slightly longer version in Wolfgang Mieder, *"Die großen Fische fressen die kleinen": Ein Sprichwort über die menschliche Natur in Literatur, Medien und Karikaturen*, Kulturelle Motivstudien, 3 ([Wien]: Edition Praesens, 2003), 3–64.

"'Die Hunde bellen, aber die Karawane zieht weiter': Zum türkischen Ursprung eines neuen deutschen Sprichwortes." *Der Sprachdienst* 32, 129–134. Also in Wolfgang Mieder, *Sprichwort – Wahrwort!?: Studien zur Geschichte, Bedeutung und Funktion deutscher Sprichwörter*, Artes populares: Studia ethnographica et folkloristica, 23 (Frankfurt am Main et al.: Peter Lang, 1992), 203–210.

"International Bibliography of New and Reprinted Proverb Collections." *Proverbium: Yearbook of International Proverb Scholarship* 5, 213–218.

"International Proverb Scholarship: An Updated Bibliography." *Proverbium: Yearbook of International Proverb Scholarship* 5, 219–243.

"James Woodrow Hassell (1915–1987)." *Proverbium: Yearbook of International Proverb Scholarship* 5, 155–158.

"'Miedersehen macht Freude'." *Der Sprachdienst* 32, 104–109.

"Proverbs in American Popular Songs." *Proverbium: Yearbook of International Proverb Scholarship* 5, 85–101.

"'Wahrheiten: Phantasmen aus Logik und Alltag': Zu den sprichwörtlichen Aphorismen von Werner Mitsch." *Muttersprache: Zeitschrift zur Pflege und Erforschung der deutschen Sprache* 98, 121–132. Also in Wolfgang Mieder, *Deutsche Redensarten, Sprichwörter und Zitate: Studien zu ihrer Herkunft, Überlieferung und Verwendung* (Wien: Edition Praesens, 1995), 127–138; and in Wolfgang Mieder, *Sprichwörtliche Aphorismen: Von Georg Christoph Lichtenberg bis Elazar Benyoëtz* (Wien: Edition Praesens, 1999), 124–140.

## – 1989 –

*American Proverbs: A Study of Texts and Contexts*. Bern et al.: Peter Lang (Sprichwörterforschung, 13).

*Antisprichwörter*. Vol. 3. Heidelberg et al.: Quelle & Meyer Verlag.

*Love: Proverbs of the Heart*. Shelburne, Vt.: The New England Press. Translated into Chinese by Hu Xinnian as *世界爱情谚语精选 (英汉对照)* (乌鲁木齐: 新疆人民出版社, 1991).

*Yankee Wisdom: New England Proverbs*. Shelburne, Vt.: The New England Press; rpt. $^{2}$1991 & $^{3}$1996.

***

(ed.). *Proverbium: Yearbook of International Proverb Scholarship*. Vol. 6. Burlington, Vt.: The University of Vermont.

***

"Egenolff, *Egenolph*, Christian." In: Walther Killy (ed.). *Literaturlexikon: Autoren und Werke deutscher Sprache*. Vol. 3. Gütersloh et al.: Bertelsmann Lexikon Verlag, 183. Also in Wilhelm Kühlmann (ed.), *Dep–Fre. Killy Literaturlexikon: Autoren und Werke des deutschsprachigen Kulturraumes*, vol. 3, 2nd completely revised edition (Berlin et al.: Walter de Gruyter, $^{2}$2008), 198–199.

"Fabri de Werdea, *Faber de Werdea*, Johannes, eigentl.: J. Obermay(e)r." In: Walther Killy (ed.). *Literaturlexikon: Autoren und Werke deutscher Sprache*. Vol. 3. Gütersloh et al.: Bertelsmann Lexikon Verlag, 319–320.

"Moderne Sprichwörterforschung zwischen Mündlichkeit und Schriftlichkeit." In: Lutz Röhrich & Erika Lindig (eds.). *Volksdichtung zwischen Mündlichkeit und Schriftlichkeit*. Tübingen: Gunter Narr Verlag (Script Oralia, 9), 187–208. Also in Wolfgang Mieder, *Sprichwort – Wahrwort!?: Studien zur Geschichte, Bedeutung und Funktion deutscher Sprichwörter*, Artes populares: Studia ethnographica et folkloristica, 23 (Frankfurt am Main et al.: Peter Lang, 1992), 13–36.

"Das Sprichwörterbuch." In: Franz Josef Hausmann & Oskar Reichmann & Herbert Ernst Wiegand & Ladislav Zgusta (eds.). *Wörterbücher: Ein internationales Handbuch zur Lexikographie*. Vol. 1. Berlin et al.: Walter de Gruyter (Handbücher zur Sprach- und Kommunikationswissenschaft, 5,1), 1033–1044. Also in Wolfgang Mieder, *Sprichwort – Wahrwort!?: Studien zur Geschichte, Bedeutung und Funktion deutscher Sprichwörter*, Artes populares: Studia ethnographica et folkloristica, 23 (Frankfurt am Main et al.: Peter Lang, 1992), 37–57.

***

"'Ausnahmen können auch die Vorboten einer neuen Regel sein': Zu den sprichwörtlichen Aphorismen von Marie von Ebner-Eschenbach." *Sprachspiegel* 45, 66–73. Also in Wolfgang Mieder, *Sprichwort – Wahrwort!?: Studien zur Geschichte, Bedeutung und Funktion deutscher Sprichwörter*, Artes populares: Studia ethnographica et folkloristica, 23 (Frankfurt am Main et al.: Peter Lang, 1992), 159–167; and in Wolfgang Mieder, *Sprichwörtliche Aphorismen: Von Georg Christoph Lichtenberg bis Elazar Benyoëtz* (Wien: Edition Praesens, 1999), 73–81. Translated into English as "'Ausnahmen können auch die Vorboten einer neuen Regel sein': Marie von Ebner-Eschenbach's Proverbial Aphorisms," *Modern Austrian Literature: Journal of the International Arthur Schnitzler Research Association* 26/1 (1993), 105–114.

"'Ein Bild sagt mehr als tausend Worte': Ursprung und Überlieferung eines amerikanischen Lehnsprichworts." *Proverbium: Yearbook of International Proverb Scholarship* 6, 25–37. Also in Wolfgang Mieder, *Sprichwort – Wahrwort!?: Studien zur Geschichte, Bedeutung und Funktion deutscher Sprichwörter*, Artes populares: Studia ethnographica et folkloristica, 23 (Frankfurt am Main et al.: Peter Lang, 1992), 191–201.

"'Eulenspiegel macht seine Mitbürger durch Schaden klug': Sprichwörtliches im *Dil Ulenspiegel* von 1515." *Eulenspiegel-Jahrbuch* 29, 27–50. Also in Wolfgang Mieder, *Sprichwort – Wahrwort!?: Studien zur Geschichte, Bedeutung und Funktion deutscher Sprichwörter*, Artes populares: Studia ethnographica et folkloristica, 23 (Frankfurt am Main et al.: Peter Lang, 1992), 59–85.

"'Gedankensplitter, die ins Auge gehen': Zu den sprichwörtlichen Aphorismen von Gabriel Laub." *Kairoer Germanistische Studien* 4, 141–158. Also in *Wirkendes Wort: Deutsche Sprache und Literatur in Forschung und Lehre* 41 (1991), 228–239; and in Wolfgang Mieder, *Sprichwörtliche Aphorismen: Von Georg Christoph Lichtenberg bis Elazar Benyoëtz* (Wien: Edition Praesens, 1999), 149–165.

"International Bibliography of New and Reprinted Proverb Collections." *Proverbium: Yearbook of International Proverb Scholarship* 6, 273–279.

"International Proverb Scholarship: An Updated Bibliography." *Proverbium: Yearbook of International Proverb Scholarship* 6, 281–307.

"Proverbs of the Native Americans: A Prize Competition." *Western Folklore* 48, 256–260.

"Seven Overlooked Paremiological Publications by Archer Taylor." *Proverbium: Yearbook of International Proverb Scholarship* 6, 187–190.

"'Zurück zur Natur': Zum Weiterleben eines angeblichen Rousseau-Zitats." *Der Sprachdienst* 33, 146–150. Also in Wolfgang Mieder, *Sprichwörtliches und Geflügeltes: Sprachstudien von Martin Luther bis Karl Marx*, Studien zur Phraseologie und Parömiologie, 4 (Bochum: Universitätsverlag Dr. N. Brockmeyer, 1995), 71–78.

## – 1990 –

*International Proverb Scholarship: An Annotated Bibliography. Supplement I (1800–1981)*. New York et al.: Garland Publishing (Garland Folklore Bibliographies, 15; Garland Reference Library of the Humanities, 1230).

*Not By Bread Alone: Proverbs of the Bible*. Shelburne, Vt.: The New England Press. Translated into Chinese by Hu Xinnian as *圣经谚语* (乌鲁木齐: 新疆青少年出版社, 1995).

*Salty Wisdom: Proverbs of the Sea*. Shelburne, Vt.: The New England Press.

***

[ed.]. Joachim Christian Blum. *Deutsches Sprichwörterbuch: 2 Bände in 1 Band*. With a foreword by Wolfgang Mieder. Hildesheim et al.: Georg Olms (Volkskundliche Quellen: Neudrucke europäischer Texte und Untersuchungen, 7. Sprichwort) [Reprint of the editions Leipzig, Weygand, 1780 & 1782].

(ed). *"Kommt Zeit – kommt Rat!?": Moderne Sprichwortgedichte von Erich Fried bis Ulla Hahn*. Frankfurt am Main: R.G. Fischer.

(ed.). N.R. Dove (Karl Friedrich Wilhelm Wander). *Politisches Sprichwörterbrevier: Tagebuch eines Patrioten der fünfziger Jahre, zur Charakteristik jener Zeit*. With a foreword by Wolfgang Mieder. Bern et al.: Peter Lang (Sprichwörterforschung, 14) [Reprint of the edition Leipzig, Otto Wigand, 1872].

(ed.). *Proverbium: Yearbook of International Proverb Scholarship*. Vol. 7. Burlington, Vt.: The University of Vermont.

***

"Aphoristische Schwundstufen des Märchens." In: Leander Petzoldt & Stefaan Top (eds.). *Dona Folcloristica: Festgabe für Lutz Röhrich zu seiner Emeritierung*. Frankfurt am Main et al.: Peter Lang (Beiträge zur Europäischen Ethnologie und Folklore: Reihe B. Tagungsberichte und Materialien, 3), 159–171.

***

"'A Picture Is Worth a Thousand Words': From Advertising Slogan to American Proverb." *Southern Folklore* 47, 207–225. Also in Wolfgang Mieder, *Proverbs Are Never Out of Season: Popular Wisdom in the Modern Age* (New York et al.: Oxford University Press, 1993), 135–151; rpt. New York et al.: Peter Lang, 2012 (International Folkloristics, 7).

"Bartlett Jere Whiting: American Paremiologist and Paremiographer Par Excellence." *Proverbium: Yearbook of International Proverb Scholarship* 7, 1–6.

"Consideraciones generales acerca de la naturaleza del proverbio." *Revista de Investigaciones Folklóricas* 5, 7–16. Also in English as "General Thoughts on the Nature of the Proverb," *Revista de etnografie şi folclor* 36 (1991), 151–164. Translated into Russian by G.L. Kapchits as "О природе пословиц," in Н.В. Злыднева & В.Н. Топоров & Т.В. Цивьян (eds.), *Образ мира в слове и ритуале*, Балканские чтения, 1 (Москва: Институт славяноведения и балканистики РАН, 1992), 188–201. Chinese translation by Hu Xinnian as "谚语特征之概述," *西域文化* 72/2–3 (1992), 12–18 & 26. Polish translation by Stanisław Prędota as "Ogólne uwagi o naturze przysłów," *Literatura ludowa: Dwumiesięcznik naukowo-literacki*, 37/3 (1993), 49–63. The Spanish version also in *Paremia* 3 (1994), 17–26. Japanese translation by Takeda Katsuaki as "一人の機知、万人の知恵——ことわざの性質について——," *歴史民俗学* 6 (1997), 234–261, based on Wolfgang Mieder's slightly longer version "'The Wit of One, and the Wisdom of Many': General Thoughts on the Nature of the Proverb" in Wolfgang Mieder, *Proverbs Are Never Out of Season: Popular Wisdom in the Modern Age* (New

York et al.: Oxford University Press, 1993), 3–17; rpt. New York et al.: Peter Lang, 2012 (International Folkloristics, 7).

"International Bibliography of New and Reprinted Proverb Collections." *Proverbium: Yearbook of International Proverb Scholarship* 7, 299–303.

"International Proverb Scholarship: An Updated Bibliography." *Proverbium: Yearbook of International Proverb Scholarship* 7, 305–323.

"'It's Five Minutes to Twelve': Folklore and Saving Life on Earth." *International Folklore Review: Folklore Studies from Overseas* 7, 10–21.

"Paremiology and Psychology." *Canadian Psychology / Psychologie Canadienne* 31, 208.

"Prolegomena to Prospective Paremiography." *Proverbium: Yearbook of International Proverb Scholarship* 7, 133–144.

"'Wenige jedoch rudern gegen den Strom': Zu den sprichwörtlichen Aphorismen von Hans Leopold Davi." *Sprachspiegel* 46, 97–104. Also in Wolfgang Mieder, *Sprichwörtliches und Geflügeltes: Sprachstudien von Martin Luther bis Karl Marx*, Studien zur Phraseologie und Parömiologie, 4 (Bochum: Universitätsverlag Dr. N. Brockmeyer, 1995), 79–86; and in Wolfgang Mieder, *Sprichwörtliche Aphorismen: Von Georg Christoph Lichtenberg bis Elazar Benyoëtz* (Wien: Edition Praesens, 1999), 141–148.

"'Wir sitzen alle in einem Boot': Herkunft, Geschichte und Verwendung einer neueren deutschen Redensart." *Muttersprache: Zeitschrift zur Pflege und Erforschung der deutschen Sprache* 100, 18–37. Also in Wolfgang Mieder, *Deutsche Redensarten, Sprichwörter und Zitate: Studien zu ihrer Herkunft, Überlieferung und Verwendung* (Wien: Verlag Editions Praesens, 1995), 140–159.

## – 1991 –

(ed.). *Proverbium: Yearbook of International Proverb Scholarship*. Vol. 8. Burlington, Vt.: The University of Vermont.

***

"Tunnicius, *Tunicius*, Anton." In: Walther Killy (ed.). *Literaturlexikon: Autoren und Werke deutscher Sprache*. Vol. 11. Gütersloh et al.: Bertelsmann Lexikon Verlag, 455–456. Also in Wilhelm Kühlmann (ed.), *Si–Vi. Killy Literaturlexikon: Autoren und Werke des deutschsprachigen Kulturraumes*, vol. 11, 2nd completely revised edition (Berlin et al.: Walter de Gruyter, ²2011), 645.

& Hans Leuschner. "Sailer, Johann Michael." In: Walther Killy (ed.). *Literaturlexikon: Autoren und Werke deutscher Sprache*. Vol. 10. Gütersloh et al.: Bertelsmann Lexikon Verlag, 112–113. Also in Wilhelm Kühlmann (ed.), *Ros–Se. Killy Literaturlexikon: Autoren und Werke des deutschsprachigen Kulturraumes*, vol. 10, 2nd completely revised edition (Berlin et al.: Walter de Gruyter, ²2011), 165–166.

***

"'An Apple a Day Keeps the Doctor Away': Traditional and Modern Aspects of English Medical Proverbs." *Proverbium: Yearbook of International Proverb Scholarship* 8, 77–106. Also in Wolfgang Mieder, *Proverbs Are Never Out of Season: Popular Wisdom in the Modern Age* (New York et al.: Oxford University Press, 1993), 152–172; rpt. New York et al.: Peter Lang, 2012 (International Folkloristics, 7).

"'Des vielen Büchermachens ist kein Ende': Traditionelle und manipulierte Sp[r]achformeln als Buchtitel." *Der Sprachdienst* 35, 105–114. Also in Wolfgang Mieder, *Sprichwörtliches und Geflügeltes: Sprachstudien von Martin Luther bis Karl Marx*, Studien zur Phraseologie und Parömiologie, 4 (Bochum: Universitätsverlag Dr. N. Brockmeyer, 1995), 87–102.

"'(Don't) Throw the Baby Out with the Bath Water': The Americanization of a German Proverb and Proverbial Expression." *Western Folklore* 50, 361–400. Also in Wolfgang Mieder, *Proverbs Are Never Out of Season: Popular Wisdom in the Modern Age* (New York et al.: Oxford University Press, 1993), 193–224; rpt. New York et al.: Peter Lang, 2012 (International Folkloristics, 7).

"'Eigener Unruheherd ist Goldes wert.': Zu den sprichwörtlichen Aphorismen von André Brie." *Sprachpflege und Sprachkultur: Zeitschrift für gutes Deutsch* 40, 8–11. Also in Wolfgang Mieder, *Sprichwörtliches und Geflügeltes: Sprachstudien von Martin Luther bis Karl Marx*, Studien zur Phraseologie und Parömiologie, 4 (Bochum: Universitätsverlag Dr. N. Brockmeyer, 1995), 103–110; and in Wolfgang Mieder, *Sprichwörtliche Aphorismen: Von Georg Christoph Lichtenberg bis Elazar Benyoëtz* (Wien: Edition Praesens, 1999), 166–173.

"International Bibliography of New and Reprinted Proverb Collections." *Proverbium: Yearbook of International Proverb Scholarship* 8, 279–284.

"International Proverb Scholarship: An Updated Bibliography." *Proverbium: Yearbook of International Proverb Scholarship* 8, 285–302.

"'Proletarier aller Länder, vereinigt euch!' – Wozu?: Geflügelter Abschied vom Marxismus." *Sprachspiegel* 47, 69–77. Also in *New Yorker Staats-Zeitung: Für Weltbürger deutscher Sprache*, September 28 – October 4, 11–12 & October 5–11, 11–12 & October 12–18, 11–12; and in Wolfgang Mieder, *Sprichwörtliches und Geflügeltes: Sprachstudien von Martin Luther bis Karl Marx*, Studien zur Phraseologie und Parömiologie, 4 (Bochum: Universitätsverlag Dr. N. Brockmeyer, 1995), 125–136.

"'Veni, vidi, vici': Zum heutigen Leben eines klassischen Zitats." *Sprachpflege und Sprachkultur: Zeitschrift für gutes Deutsch* 40, 97–102. Also in Wolfgang Mieder, *Sprichwörtliches und Geflügeltes: Sprachstudien von Martin Luther bis Karl Marx*, Studien zur Phraseologie und Parömiologie, 4 (Bochum: Universitätsverlag Dr. N. Brockmeyer, 1995), 111–124.

## – 1992 –

*Sprichwort – Wahrwort!?: Studien zur Geschichte, Bedeutung und Funktion deutscher Sprichwörter*. Frankfurt am Main et al.: Peter Lang (Artes populares: Studia ethnographica et folkloristica, 23).

***

(ed.). *"Deutsch reden": Moderne Redensartengedichte von Rose Ausländer bis Yaak Karsunke*. Frankfurt am Main: R.G. Fischer; rpt. ²1995.

(ed.). *English Expressions*. Stuttgart: Philipp Reclam jun. (Reclams Universal-Bibliothek, 9288; Fremdsprachentexte); rpt. 2006, 2008 & 2011.

[ed.]. Otto von Reinsberg-Düringsfeld. *Internationale Titulaturen: 2 Bände in 1 Band*. With a foreword by Wolfgang Mieder. Hildesheim et al.: Georg Olms (Volkskundliche Quellen: Neudrucke europäischer Texte und Untersuchungen, 7. Sprichwort) [Reprint of the editions Leipzig, Hermann Fries, 1863].

(ed.). *Proverbium: Yearbook of International Proverb Scholarship*. Vol. 9. Burlington, Vt.: The University of Vermont.

& Stewart A. Kingsbury & Kelsie B. Harder (eds.). *A Dictionary of American Proverbs*. New York et al.: Oxford University Press; rpt. 1996.

***

(comp.). "Literaturverzeichnis." In: Lutz Röhrich. *Sal bis Z. Das große Lexikon der sprichwörtlichen Redensarten*. Vol. 3. Freiburg im Breisgau et al.: Verlag Herder, 1787–1834; rpt. [Darmstadt]: Wissenschaftliche Buchgesellschaft, 2001.

"Paremiological Minimum and Cultural Literacy." In: Simon J. Bronner (ed.). *Creativity and Tradition in Folklore: New Directions*. Logan, Ut.: Utah State University Press (Publications of the American Folklore Society: New Series), 185–203. Also in Wolfgang Mieder, *Proverbs Are Never Out of Season: Popular Wisdom in the Modern Age* (New York et al.: Oxford University Press, 1993), 41–57; rpt. New York et al.: Peter Lang, 2012 (International Folkloristics, 7). And in Wolfgang Mieder (ed.), *Wise Words: Essays on the Proverb*, Garland Folklore Casebooks, 6; Garland Reference Library of the Humanities, 1638 (New York et al.: Garland Publishing, 1994), 297–316.

"'Regeln-Krieg, Sprüchwörter-Krieg': Zu den sprichwörtlichen Aphorismen von Georg Christoph Lichtenberg." In: Charlotte M. Craig (ed.). *Lichtenberg: Essays Commemorating the 250th Anniversary of His Birth*. New York et al.: Peter Lang (The Enlightenment: German and Interdisciplinary Studies, 4), 55–94. Also in Wolfgang Mieder, *Sprichwörtliche Aphorismen: Von Georg Christoph Lichtenberg bis Elazar Benyoëtz* (Wien: Edition Praesens, 1999), 16–52.

"Wander, Karl Friedrich Wilhelm, auch: N.R. Dove." In: Walther Killy (ed.). *Literaturlexikon: Autoren und Werke deutscher Sprache*. Vol. 12. Gütersloh et al.: Bertelsmann Lexikon Verlag, 138. Also in Wilhelm Kühlmann (ed.), *Vo–Z. Killy Literaturlexikon: Autoren und Werke des deutschsprachigen Kulturraumes*, vol. 12, 2nd completely revised edition (Berlin et al.: Walter de Gruyter, ²2011), 136–137.

***

"Dragi prieteni paremiologi români." *Revista de etnografie şi folclor* 37, 432–433.

"Das Ei des Kolumbus: Von der Anekdote zur sprichwörtlichen Redensart." *Der Sprachdienst* 36, 145–151. Also in *New Yorker Staats-Zeitung: Für Weltbürger deutscher Sprache*, October 17–23 (1992), 17; and in Wolfgang Mieder, *Sprichwörtliches und Geflügeltes: Sprachstudien von Martin Luther bis Karl Marx*, Studien zur Phraseologie und Parömiologie, 4 (Bochum: Universitätsverlag Dr. N. Brockmeyer, 1995), 137–147.

"Good Proverbs Make Good Vermonters: A Study of Regional Proverbs in the United States." *Proverbium: Yearbook of International Proverb Scholarship* 9, 159–178. Slightly shortened also in Michael Sherman & Jennie Versteeg (eds.), *We Vermonters: Perspectives on the Past* ([Montpelier, Vt.]: Vermont Historical Society, 1992), 59–69. The original version also in Wolfgang Mieder, *Proverbs Are Never Out of Season: Popular Wisdom in the Modern Age* (New York et al.: Oxford University Press, 1993), 173–192; rpt. New York et al.: Peter Lang, 2012 (International Folkloristics, 7).

"International Bibliography of New and Reprinted Proverb Collections." *Proverbium: Yearbook of International Proverb Scholarship* 9, 323–327.

"International Proverb Scholarship: An Updated Bibliography." *Proverbium: Yearbook of International Proverb Scholarship* 9, 329–344.

"'Das Kind mit dem Bade ausschütten': Ursprung, Überlieferung und Verwendung einer deutschen Redensart." *Muttersprache: Zeitschrift zur Pflege und Erforschung der deutschen Sprache* 102, 319–340. Also in Wolfgang Mieder, *Deutsche Redensarten, Sprichwörter und Zitate: Studien zu ihrer Herkunft, Überlieferung und Verwendung* (Wien: Verlag Edition Praesens, 1995), 161–182.

"'Liberté, Egalité, Fraternité': Zum modernen Weiterleben einer französischen Revolutionsdevise." *Sprachspiegel* 48, 37–42. Also shortened in *New Yorker Staats-Zeitung: Für Weltbürger deutscher Sprache*, March 6–12 (1993), 8. The original version also in Wolfgang Mieder, *Sprichwörtliches und Geflügeltes: Sprachstudien von Martin Luther bis Karl Marx*, Studien zur Phraseologie und Parömiologie, 4 (Bochum: Universitätsverlag Dr. N. Brockmeyer, 1995), 149–156.

(comp.). "A Selected Bibliography of the Works of Constantin Negreanu." *Proverbium: Yearbook of International Proverb Scholarship* 9, 270–272.

***

"'Eine Hand wäscht die …': Antisprichwörter-Serie von Professor Wolfgang Mieder (III)." *New Yorker Staats-Zeitung: Für Weltbürger deutscher Sprache*, March 21–27, 11–12.

"'Die Gedanken sind frei': Antisprichwörter-Serie von Professor Wolfgang Mieder (IV)." *New Yorker Staats-Zeitung: Für Weltbürger deutscher Sprache*, April 11–17, 11–12.

"'Irren ist menschlich ...': Antisprichwörter-Serie von Professor Wolfgang Mieder (VIII)." *New Yorker Staats-Zeitung: Für Weltbürger deutscher Sprache*, July 11–17, 11 & B 9.

"'Kleider machen Leute': Antisprichwörter-Serie von Professor Wolfgang Mieder (V)." *New Yorker Staats-Zeitung: Für Weltbürger deutscher Sprache*, May 2–8, 8 & B 4.

"'Der Klügere gibt nach': Antisprichwörter-Serie von Professor Wolfgang Mieder [I]." *New Yorker Staats-Zeitung: Für Weltbürger deutscher Sprache*, February 1–7, 11–12 & February 8–14, 11.

"'Lügen haben kurze Beine': Antisprichwörter-Serie von Professor Wolfgang Mieder (II)." *New Yorker Staats-Zeitung: Für Weltbürger deutscher Sprache*, February 29 – March 6, 11–12.

"'Müßiggang ist aller ...': Antisprichwörter-Serie von Professor Wolfgang Mieder (VI)." *New Yorker Staats-Zeitung: Für Weltbürger deutscher Sprache*, May 30 – June 5, 11–12.

"'Reden ist Silber, Schweigen Gold': Antisprichwörter-Serie von Professor Wolfgang Mieder (IX)." *New Yorker Staats-Zeitung: Für Weltbürger deutscher Sprache*, July 25–31, 9–10.

"Wahrheit steckt in Dir, o Wein!: Antisprichwörter-Serie von Professor Wolfgang Mieder (XI)." *New Yorker Staats-Zeitung: Für Weltbürger deutscher Sprache*, October 31 – November 6, 15.

"Was die Liebe nicht alles macht!: 'Liebe macht blind'. Antisprichwörter-Serie von Professor Wolfgang Mieder (VII)." *New Yorker Staats-Zeitung: Für Weltbürger deutscher Sprache*, June 27 – July 3, 9–10.

"'Wer den Pfennig nicht ehrt, ...': Antisprichwörter-Serie von Professor Wolfgang Mieder (X)." *New Yorker Staats-Zeitung: Für Weltbürger deutscher Sprache*, August 29 – September 4, 12.

## – 1993 –

*Howl Like a Wolf: Animal Proverbs*. Shelburne, Vt.: The New England Press.

*International Proverb Scholarship: An Annotated Bibliography. Supplement II (1982–1991)*. New York et al.: Garland Publishing (Garland Folklore Bibliographies, 20; Garland Reference Library of the Humanities, 1655).

*Proverbs Are Never Out of Season: Popular Wisdom in the Modern Age*. New York et al.: Oxford University Press; rpt. New York et al.: Peter Lang, 2012 (International Folkloristics, 7).

***

(ed.). *Proverbium: Yearbook of International Proverb Scholarship*. Vol. 10. Burlington, Vt.: The University of Vermont.

***

"'Early to Bed and Early to Rise': From Proverb to Benjamin Franklin and Back." In: Wolfgang Mieder. *Proverbs Are Never Out of Season: Popular Wisdom in the Modern Age*. New York et al.: Oxford University Press, 98–134; rpt. New York et al.: Peter Lang, 2012 (International Folkloristics, 7). Also in Wolfgang Mieder, *Strategies of Wisdom: Anglo-American and German Proverb Studies*, Phraseologie und Parömiologie, 6 (Baltmannsweiler: Schneider Verlag Hohengehren, 2000), 69–108.

"Fairy-Tale Allusions in Modern German Aphorisms." In: Donald Haase (ed.). *The Reception of Grimms' Fairy Tales: Responses, Reactions, Revisions*. Detroit, Mich.: Wayne State University Press, 149–166.

***

"'Alles in bester Unordnung': Zu den sprichwörtlichen Aphorismen von Žarko Petan." *Sprachspiegel* 49, 66–72. Also in Wolfgang Mieder, *Sprichwörtliches und Geflügeltes: Sprachstudien von Martin Luther bis Karl Marx*, Studien zur Phraseologie und Parömiologie, 4 (Bochum: Universitätsverlag Dr. N. Brockmeyer, 1995), 157–164; and in Wolfgang Mieder, *Sprichwörtliche Aphorismen: Von Georg Christoph Lichtenberg bis Elazar Benyoëtz* (Wien: Edition Praesens, 1999), 174–181.

"The Apple Doesn't Fall Far From the Tree: A Historical and Contextual Proverb Study Based on Books, Archives, and Databases." *Midwestern Folklore: Journal of the Hoosier Folklore Society* 19, 69–98. Also in Wolfgang Mieder, *Strategies of Wisdom: Anglo-American and German Proverb Studies*, Phraseologie und Parömiologie, 6 (Baltmannsweiler: Schneider Verlag Hohengehren, 2000), 109–144.

"Deutsche Sprichwörter im amerikanischen Sprachunterricht." *Die Unterrichtspraxis / Teaching German* 26, 13–21.

"Eulenspiegel in amerikanischen Deutschlehrbüchern." *Eulenspiegel-Jahrbuch* 33, 167–192.

"'The Grass Is Always Greener on the Other Side of the Fence': An American Proverb of Discontent." *Proverbium: Yearbook of International Proverb Scholarship* 10, 151–184. Also in Wolfgang Mieder (ed.), *Wise Words: Essays on the Proverb*, Garland Folklore Casebooks, 6; Garland Reference Library of the Humanities, 1638 (New York et al.: Garland Publishing, 1994), 515–542.

"International Bibliography of New and Reprinted Proverb Collections." *Proverbium: Yearbook of International Proverb Scholarship* 10, 361–364.

"International Proverb Scholarship: An Updated Bibliography." *Proverbium: Yearbook of International Proverb Scholarship* 10, 365–375.

"'Nur ein toter Indianer ist ein guter Indianer.': Zur Geschichte eines nicht nur amerikanischen Sprichwortes." *Der Sprachdienst* 37, 137–142. Also in Wolfgang Mieder, *Sprichwörtliches und Geflügeltes: Sprachstudien von Martin Luther bis Karl Marx*, Studien zur Phraseologie und Parömiologie, 4 (Bochum: Universitätsverlag Dr. N. Brockmeyer, 1995), 165–174.

"'The Only Good Indian Is a Dead Indian': History and Meaning of a Proverbial Stereotype." *Journal of American Folklore* 106, 38–60. Also in Leander Petzoldt (ed.), *Folk Narrative and World View: Vorträge des 10. Kongresses der Internationalen Gesellschaft für Volkserzählungsforschung (ISFNR), Innsbruck 1992*, vol. 2, Beiträge zur Europäischen Ethnologie und Folklore: Reihe B: Tagungsberichte und Materialien, 7 (Frankfurt am Main et al.: Peter Lang, 1996), 507–532; and in Wolfgang Mieder, *The Politics of Proverbs: From Traditional Wisdom to Proverbial Stereotypes* (Madison, Wis.: The University of Wisconsin Press, 1997), 138–159.

***

"Alter schützt vor Torheit nicht: Antisprichwörter-Serie von Professor Wolfgang Mieder (Teil XIII)." *New Yorker Staats-Zeitung: Für Weltbürger deutscher Sprache*, February 13–19, 10.

"'Es ist nicht alles Gold, was glänzt!': Antisprichwörter-Serie von Professor Dr. Wolfgang Mieder (Teil XVI)." *New Yorker Staats-Zeitung: Für Weltbürger deutscher Sprache*, April 17–23, 8.

"Frisch gewagt, ist halb gewonnen: Antisprichwörter-Serie von Professor Wolfgang Mieder (Teil XII)." *New Yorker Staats-Zeitung: Für Weltbürger deutscher Sprache*, January 23–29, 12.

"Das Kind nicht mit dem Bade ausschütten: Antisprichwörter-Serie von Professor Wolfgang Mieder (XIV)." *New Yorker Staats-Zeitung: Für Weltbürger deutscher Sprache*, February 20–26, 8.

"Wo ein Wille ist, ist auch ein Weg!: Antisprichwörter-Serie von Professor Wolfgang Mieder (XV)." *New Yorker Staats-Zeitung: Für Weltbürger deutscher Sprache*, March 20–26, 10–11.

## – 1994 –

*African Proverb Scholarship: An Annotated Bibliography*. Colorado Springs, Colo.: African Proverbs Project.

& George B. Bryan (comps.). *The Proverbial Bernard Shaw: An Index to Proverbs in the Works of George Bernard Shaw*. Westport, Conn. et al.: Greenwood Press (Bibliographies and Indexes in World Literature, 41).

& Stewart A. Kingsbury. *A Dictionary of Wellerisms*. New York et al.: Oxford University Press.

***

(ed.). *Proverbium: Yearbook of International Proverb Scholarship*. Vol. 11. Burlington, Vt.: The University of Vermont.

(ed.). *Wise Words: Essays on the Proverb*. New York et al.: Garland Publishing (Garland Folklore Casebooks, 6; Garland Reference Library of the Humanities, 1638).

& Joseph Harris (eds.). Bartlett Jere Whiting. *When Evensong and Morrowsong Accord: Three Essays on the Proverb*. [Cambridge, Mass.]: Harvard University Press.

& David Scrase [eds.]. Marie von Ebner-Eschenbach. *Aphorisms*. Translated and introduced by David Scrase and Wolfgang Mieder. Riverside, Calif.: Ariadne Press (Studies in Austrian Literature, Culture[,] and Thought: Translation Series).

***

"Anmerkungen." In: Jeremias Gotthelf. *Die schwarze Spinne: Erzählung*. Stuttgart: Philipp Reclam jun. (Universal-Bibliothek, 6489), 122–136; rpt. 1995; 2002 & 2012 [Revised editions].

"Bartlett Jere Whiting's Proverb Publications: An Annotated Bibliography." In: Joseph Harris [& Wolfgang Mieder] (eds.). Bartlett Jere Whiting. *When Evensong and Morrowsong Accord: Three Essays on the Proverb*. [Cambridge, Mass.]: Harvard University Press, 115–130.

"Bibliography." In: Wolfgang Mieder & Stewart A. Kingsbury. *A Dictionary of Wellerisms*. New York et al.: Oxford University Press, 157–166.

***

"Alan Dundes: Master Folklorist and Paremiologist." *Proverbium: Yearbook of International Proverb Scholarship* 11, 1–13.

"'... als ob ich Herr der Lage würde': Zur Sprichwortmanipulation in Adolf Hitlers 'Mein Kampf'." *Muttersprache: Vierteljahresschrift für deutsche Sprache* 104, 193–218. Also in Wolfgang Mieder, *Deutsche Redensarten, Sprichwörter und Zitate: Studien zu ihrer Herkunft, Überlieferung und Verwendung* (Wien: Verlag Edition Praesens, 1995), 183–208.

"Drei Eulenspiegel-Gedichte von Brecht, Ausländer und Block." *Eulenspiegel-Jahrbuch* 34, 107–110.

"'Die falschesten Redensarten haben den größten Reiz.': Zu Elias Canettis Sprachaphorismen." *Der Sprachdienst* 38, 173–180. Also in Wolfgang Mieder, *Sprichwörtliches und Geflügeltes: Sprachstudien von Martin Luther bis Karl Marx*, Studien zur Phraseologie und Parömiologie, 4 (Bochum: Universitätsverlag Dr. N. Brockmeyer, 1995), 175–186; and in Wolfgang Mieder, *Sprichwörtliche Aphorismen: Von Georg Christoph Lichtenberg bis Elazar Benyoëtz* (Wien: Edition Praesens, 1999), 182–191.

"International Bibliography of New and Reprinted Proverb Collections." *Proverbium: Yearbook of International Proverb Scholarship* 11, 333–342.

"International Proverb Scholarship: An Updated Bibliography." *Proverbium: Yearbook of International Proverb Scholarship* 11, 343–366.

"Proverbs in Adolf Hitler's *Mein Kampf*." *Proverbium: Yearbook of International Proverb Scholarship* 11, 159–174.

"'Sprichwörter leuchten ein. Aphorismen leuchten auf': Zu den sprichwörtlichen Aphorismen von Felix Pollak." *The German Quarterly* 67, 534–548. Also in Wolfgang Mieder, *Sprichwörtliche Aphorismen: Von Georg Christoph Lichtenberg bis Elazar Benyoëtz* (Wien: Edition Praesens, 1999), 192–216.

"'Spuren der schwarzen Spinne': Elias Canetti und Jeremias Gotthelf." *Sprachspiegel* 50, 129–135.

& George B. Bryan. "'As Sam Weller Said, When Finding Himself on the Stage': Wellerisms in Dramatizations of Charles Dickens' *Pickwick Papers*." *Proverbium: Yearbook of International Proverb Scholarship* 11, 57–76.

## – 1995 –

*Deutsche Redensarten, Sprichwörter und Zitate: Studien zu ihrer Herkunft, Überlieferung und Verwendung*. Wien: Verlag Edition Praesens.

*Sprichwörtliches und Geflügeltes: Sprachstudien von Martin Luther bis Karl Marx*. Bochum: Universitätsverlag Dr. N. Brockmeyer (Studien zur Phraseologie und Parömiologie, 4).

& George B. Bryan (comps.). *The Proverbial Eugene O'Neill: An Index to Proverbs in the Works of Eugene Gladstone O'Neill*. Westport, Conn. et al.: Greenwood Press (Bibliographies and Indexes in American Literature, 21).

& George B. Bryan (comps.). *The Proverbial Winston S. Churchill: An Index to Proverbs in the Works of Sir Winston Churchill*. Westport, Conn. et al.: Greenwood Press (Bibliographies and Indexes in World History, 38).

***

[ed.]. Edmund Hoefer. *Wie das Volk spricht: Deutsche Sagwörter*. With a foreword by Wolfgang Mieder. Hildesheim et al.: Georg Olms Verlag (Volkskundliche Quellen: Neudrucke europäischer Texte und Untersuchungen, 7. Sprichwort) [Reprint of the 9th edition Stuttgart, Gebrüder Kröner, 1885].

[ed.]. Edwin Miller Fogel. *Proverbs of the Pennsylvania Germans*. With a foreword by Wolfgang Mieder. Bern et al.: Peter Lang (Sprichwörterforschung, 17) [Reprint of the edition Lancaster, Pa., The Pennsylvania-German Society, 1929].

(ed.). *"Hasen im Pfeffer": Sprichwörtliche Kurzprosatexte von Marie Luise Kaschnitz bis Martin Walser*. Frankfurt am Main: R.G. Fischer.

(ed.). *Proverbium: Yearbook of International Proverb Scholarship*. Vol. 12. Burlington, Vt.: The University of Vermont.

& Hazel Kahn Keimowitz (eds.). *The Jewish Experience of European Anti-Semitism: Harry H. Kahn Memorial Lectures (1990–1994)*. Burlington, Vt.: The Center for Holocaust Studies at The University of Vermont.

***

"'Wo neue Kräfte sinnvoll walten?': Zur Umformung Schillerscher Zitate zu Aphorismen und Graffiti." In: Richard Fisher. *Ethik und Ästhetik: Werke und Werte in der Li-*

*teratur vom 18. bis zum 20. Jahrhundert. Festschrift für Wolfgang Wittkowski zum 70. Geburtstag*. Frankfurt am Main et al.: Peter Lang (Forschungen zur Literatur- und Kulturgeschichte, 52), 293–311. The abstract in Michael S. Batts (ed.), *Abstracts. Alte Welten – neue Welten: Akten des IX. Kongresses der Internationalen Vereinigung für germanische Sprach- und Literaturwissenschaft (IVG)*, vol. 2 (Tübingen: Max Niemeyer Verlag, 1996), 191. The original version also in Wolfgang Mieder, *Aphorismen, Sprichwörter, Zitate: Von Goethe und Schiller bis Victor Klemperer*, Sprichwörterforschung, 22 (Bern et al.: Peter Lang, 2000), 35–53.

***

"Drei *Eulenspiegel*-Gedichte von Bletschacher, Zschorsch und Thill." *Eulenspiegel-Jahrbuch* 35, 111–114.

"'Ein Sprichwort sagt mehr als tausend Worte': Zur sprichwörtlichen Sprache der Massenmedien." *Proverbium: Yearbook of International Proverb Scholarship* 12, 195–238. Also shortened in *Der Sprachdienst* 43 (1999), 137–153. The original version also in Wolfgang Mieder, *"Andere Zeiten, andere Lehren": Sprichwörter zwischen Tradition und Innovation*, Phraseologie und Parömiologie, 18 (Baltmannsweiler: Schneider Verlag Hohengehren, 2006), 171–194.

"International Bibliography of New and Reprinted Proverb Collections." *Proverbium: Yearbook of International Proverb Scholarship* 12, 411–420.

"International Proverb Scholarship: An Updated Bibliography." *Proverbium: Yearbook of International Proverb Scholarship* 12, 421–451.

"'Jedem das Sein [*sic*]': Zu den sprichwörtlichen Aphorismen von Hans-Horst Skupy." *Sprachspiegel* 51, 137–144. Also in Wolfgang Mieder, *Sprichwörtliche Aphorismen: Von Georg Christoph Lichtenberg bis Elazar Benyoëtz* (Wien: Edition Praesens, 1999), 217–225.

"'Make Hell While the Sun Shines': Proverbial Rhetoric in Winston Churchill's *The Second World War*." *Folklore* (London) 106, 57–69. Also in Wolfgang Mieder, *The Politics of Proverbs: From Traditional Wisdom to Proverbial Stereotypes* (Madison, Wis.: The University of Wisconsin Press, 1997), 39–66.

"Proverbial Manipulation in Adolf Hitler's *Mein Kampf*." *International Folklore Review: Folklore Studies from Overseas* 10, 35–53. Also in Wolfgang Mieder, *The Politics of Proverbs: From Traditional Wisdom to Proverbial Stereotypes* (Madison, Wis.: The University of Wisconsin Press, 1997), 9–38; and in Wolfgang Mieder, *Strategies of Wisdom: Anglo-American and German Proverb Studies*, Phraseologie und Parömiologie, 6 (Baltmannsweiler: Schneider Verlag Hohengehren, 2000), 265–301.

"Shirley L. Arora: Hispanic Paremiologist Par Excellence." *Proverbium: Yearbook of International Proverb Scholarship* 12, 1–12.

"Stewart A. Kingsbury (1923–1994)." *Proverbium: Yearbook of International Proverb Scholarship* 12, 375–377.

## – 1996 –

& George B. Bryan. *Proverbs in World Literature: A Bibliography*. New York et al.: Peter Lang.

& Stewart A. Kingsbury & Mildred E. Kingsbury (comps.). *Weather Wisdom: Proverbs, Superstitions, and Signs*. New York et al.: Peter Lang.

***

(ed.). *Proverbium: Yearbook of International Proverb Scholarship*. Vol. 13. Burlington, Vt.: The University of Vermont.

& David Scrase (eds.). *The Holocaust: Introductory Essays*. Burlington, Vt.: The Center for Holocaust Studies at The University of Vermont; rpt. $^{2}$1997 & $^{3}$2002.

***

"Franklin, Benjamin (1706–1790)." In: Jan Harold Brunvand (ed.). *American Folklore: An Encyclopedia*. New York et al.: Garland Publishing (Garland Reference Library of the Humanities, 1551), 305; rpt. New York et al.: Routledge, 1998 (Garland Reference Library of the Humanities, 1551).

"Language and Folklore of the Holocaust." In: David Scrase & Wolfgang Mieder (eds.). *The Holocaust: Introductory Essays*. Burlington, Vt.: The Center for Holocaust Studies at The University of Vermont, 93–106; rpt. $^{2}$1997 & $^{3}$2002.

"Modern Paremiology in Retrospect and Prospect." In: ことわざ研究会 / The Japanese Society for Proverb Studies (ed.). *'96 TOKYO 国際ことわざフォーラム研究報告 / Memoirs of the '96 Tokyo International Proverb Forum*. 東京: ことわざ研究会, 5–18. With slight changes also in Willem Saayman (ed.), *Embracing the Baobab Tree: The African Proverb in the 21st Century. Proceedings of the Interdisciplinary Symposium on 'The African Proverb in the 21st Century.' University of South Africa, Pretoria, 2–7 October 1996*, African Proverbs Series, 5 (Pretoria: Unisa Press, 1997), 3–36; and in Julia Sevilla Muñoz (ed.), *Actas del I Congreso Internacional de Paremiología (Homenaje al Prof. Pedro Peira Soberón): 17–20 de abril de 1996*, Paremia, 6 (Madrid: ARTES GRAFICAS ENCO, S.L., 1997), 399–416; in Wolfgang Mieder, *Strategies of Wisdom: Anglo-American and German Proverb Studies*, Phraseologie und Parömiologie, 6 (Baltmannsweiler: Schneider Verlag Hohengehren, 2000), 7–36; and again in Alan Dundes (ed.), *The Genres of Folklore. Folklore: Critical Concepts in Literary and Cultural Studies*, vol. 3 (London et al.: Routledge, 2005), 80–106.

"Proverbs." In: Jan Harold Brunvand (ed.). *American Folklore: An Encyclopedia*. New York et al.: Garland Publishing (Garland Reference Library of the Humanities, 1551), 597–601; rpt. New York et al.: Routledge, 1998 (Garland Reference Library of the Humanities, 1551).

"Proverbs." In: Stephen H. Schneider (ed.). [*L–Z.*] *Encyclopedia of Climate and Weather*. Vol. 2. New York et al.: Oxford University Press, 617–621. Reprint in Stephen H. Schneider & Terry L. Root & Michael D. Mastrandrea (eds.), *EUR–REC. Encyclopedia of Climate and Weather*, vol. 2 (Oxford et al.: Oxford University Press,

$^{2}$2011), 450–455. In Spanish as "Los refranes meteorológicos," *Paremia* 5 (1996), 59–65.

***

"'Different Strokes for Different Folks': A Comment on Theoretical and Practical Folklore Studies." *The Folklore Historian: Journal of the Folklore and History Section of the American Folklore Society* 13, 33–35.

"Drei Eulenspiegel-Kurzprosatexte von Thomas Brasch, Horst Drescher und Manfred Ach." *Eulenspiegel-Jahrbuch* 36, 137–141.

"Geschichte des Sprichwortes und der Redensart im Deutschen." *Proverbium: Yearbook of International Proverb Scholarship* 13, 235–252.

"International Bibliography of New and Reprinted Proverb Collections." *Proverbium: Yearbook of International Proverb Scholarship* 13, 411–420.

"International Proverb Scholarship: An Updated Bibliography." *Proverbium: Yearbook of International Proverb Scholarship* 13, 421–445.

"['Labor vincit omnia': Zum ersten Band des *Thesaurus proverbiorum medii aevi*]." *Mittellateinisches Jahrbuch: Internationale Zeitschrift für Mediävistik* 31/2, 137–142. Also in Wolfgang Mieder, *"Nieman hât ân arebeit wîstuom": Sprichwörtliches in mittelhochdeutschen Epen*, Supplement Series of Proverbium: Yearbook of International Proverb Scholarship, 28 (Burlington, Vt.: The University of Vermont, 2009), 105–110.

"'No Tickee, No Washee': Subtleties of a Proverbial Slur." *Western Folklore* 55, 1–40. Also in Wolfgang Mieder, *The Politics of Proverbs: From Traditional Wisdom to Proverbial Stereotypes* (Madison, Wis.: The University of Wisconsin Press, 1997), 160–189.

"Sprachliche Entfesselungskünste: Zu den sprichwörtlichen 'Notizen' des Leipzigers Horst Drescher." *Der Sprachdienst* 40, 142–152. Also in Wolfgang Mieder, *Sprichwörtliche Aphorismen: Von Georg Christoph Lichtenberg bis Elazar Benyoëtz* (Wien: Edition Praesens, 1999), 226–240.

"L'unico indiano buono è l'indiano morto: Storia e significato di uno stereotipo proverbiale che è diventato così famoso e intercambiabile da aver fatto presa anche sulle sue vittime." *Hako: Incontro con le culture magico visionarie* 8, 5–9.

## – 1997 –

*As Strong as a Moose*[*: New England Expressions*]. Shelburne, Vt.: The New England Press; rpt. $^{2}$2001.

*"Morgenstunde hat Gold im Munde": Studien und Belege zum populärsten deutschsprachigen Sprichwort*. Wien: Verlag Edition Praesens.

*The Politics of Proverbs: From Traditional Wisdom to Proverbial Stereotypes*. Madison, Wis.: The University of Wisconsin Press.

(coll.). *Ver-kehrte Worte: Antizitate aus Literatur und Medien*. Wiesbaden: Quelle & Meyer.

& George B. Bryan. *The Proverbial Charles Dickens: An Index to Proverbs in the Works of Charles Dickens*. New York et al.: Peter Lang (Dickens' Universe, 4).

& George B. Bryan. *The Proverbial Harry S. Truman: An Index to Proverbs in the Works of Harry S. Truman*. New York et al.: Peter Lang.

***

[ed.]. Melchior Kirchhofer. *Wa[h]rheit und Dichtung: Sammlung schweizerischer Sprichwörter*. With a foreword by Wolfgang Mieder. Hildesheim et al.: Georg Olms (Volkskundliche Quellen: Neudrucke europäischer Texte und Untersuchungen, 7. Sprichwort) [Reprint of the edition Zürich, Orell, Füßli und Compagnie, 1824].

(ed.). *Proverbium: Yearbook of International Proverb Scholarship*. Vol. 14. Burlington, Vt.: The University of Vermont.

& Dorothee Racette (eds.). James C. Cornette, Jr. *Proverbs and Proverbial Expressions in the German Works of Martin Luther*. Bern et al.: Peter Lang (Sprichwörterforschung, 19) [Dissertation, The University of North Carolina at Chapel Hill, 1942].

[& David Scrase (eds.)]. Joseph Hahn. *Eklipse und Strahl: Gedichte mit zehn Zeichnungen*. Paderborn: Igel-Verlag Literatur.

***

"'Edel sei das Zitat': Goethes geflügelte Worte in den Massenmedien." In: Jarmo Korhonen & Georg Gimpl (eds.). *Kontrastiv*. Helsinki: Finn Lectura (Der Ginkgo-Baum: Germanistisches Jahrbuch für Nordeuropa, 15), 183–200. Also in Wolfgang Mieder, *Aphorismen, Sprichwörter, Zitate: Von Goethe und Schiller bis Victor Klemperer*, Sprichwörterforschung, 22 (Bern et al.: Peter Lang, 2000), 11–34.

"'It Sure Is Hell to Be President': Harry S. Truman's Proverbial Plain English." In: Wolfgang Mieder. *The Politics of Proverbs: From Traditional Wisdom to Proverbial Stereotypes*. Madison, Wis.: The University of Wisconsin Press, 67–98.

"*liebe und leide*: Sprichwörtliche Liebesmetaphorik in Gottfrieds 'Tristan'." In: Brigitte Janz (ed.). *Sprichwort und Literatur im Mittelalter*. Berlin: Akademie Verlag (Das Mittelalter: Perspektiven mediävistischer Forschung. Zeitschrift des Mediävistenverbandes, 2/2), 7–20. Also in Wolfgang Mieder, *"Nieman hât ân arebeit wîstuom": Sprichwörtliches in mittelhochdeutschen Epen*, Supplement Series of Proverbium: Yearbook of International Proverb Scholarship, 28 (Burlington, Vt.: The University of Vermont, 2009), 15–28.

"Proverb." In: Thomas A. Green (ed.). *I–Z. Folklore: An Encyclopedia of Beliefs, Customs, Tales, Music, and Art*. Vol. 2. Santa Barbara, Calif. et al.: ABC-CLIO, 661–667.

"Raising the Iron Curtain: Proverbs and Political Rhetoric of the Cold War." In: Jürgen Kleist & Bruce A. Butterfield (eds.). *The Spoils of War: The Bright and Bitter Fruits of Human Conflict*. New York et al.: Peter Lang (Plattsburgh Studies in the Humanities, 5), 87–126. Also in Wolfgang Mieder, *The Politics of Proverbs: From Tradition-*

*al Wisdom to Proverbial Stereotypes* (Madison, Wis.: The University of Wisconsin Press, 1997), 99–137. A shortened version in Peter M. Daly & Hans Walter Frischkopf & Trudis Goldsmith-Reber & Horst Richter (eds.), *Germany Reunified: A Five- and Fifty-Year Retrospective*, McGill European Studies, 1 (New York et al.: Peter Lang, 1997), 131–148.

"'Swaz sich sol gefüegen': Sprichwort und Schicksal im Nibelungenlied." In: Bo Andersson & Gernot Müller (eds.). *Kleine Beiträge zur Germanistik: Festschrift für John Evert Härd*. Uppsala: Uppsala University Library (Acta Universitatis Upsaliensis: Studia Germanistica Upsaliensia, 37), 165–177. Also in Wolfgang Mieder, *"Nieman hât ân arebeit wîstuom": Sprichwörtliches in mittelhochdeutschen Epen*, Supplement Series of Proverbium: Yearbook of International Proverb Scholarship, 28 (Burlington, Vt.: The University of Vermont, 2009), 1–13.

"(Un)sinnige Phrasendrescherei: Sprichwörtliche Prosatexte von Elias Canetti bis Marie Luise Kaschnitz." In: Jarmo Korhonen & Georg Gimpl (eds.). *Kontrastiv*. Helsinki: Finn Lectura (Der Ginko-Baum: Germanistisches Jahrbuch für Nordeuropa, 15), 201–228. Slightly shortened also in Rolf Wilhelm Brednich & Heinz Schmitt (eds.), *Symbole: Zur Bedeutung der Zeichen in der Kultur, 30. Deutscher Volkskundekongreß in Karlsruhe vom 25. bis 29. September 1995* (Münster et al.: Waxmann, 1997), 145–162. The original version also in Wolfgang Mieder, *Aphorismen, Sprichwörter, Zitate: Von Goethe und Schiller bis Victor Klemperer*, Sprichwörterforschung, 22 (Bern et al.: Peter Lang, 2000), 159–195.

"Weather Proverbs: The Ancestral Forecaster." In: [Kenneth H. Fleck (ed.).] *The 1998 Weather Guide Calendar with Phenomenal Weather Events*. Denver, Colo.: Accord Publishing, 49 [November].

***

"'Es scheint, das gute Gewissen wird überflüssig': Zu den sprichwörtlichen Aphorismen von Phia Rilke." *Sprachspiegel* 53, 195–200. Also in Wolfgang Mieder, *Sprichwörtliche Aphorismen: Von Georg Christoph Lichtenberg bis Elazar Benyoëtz* (Wien: Edition Praesens, 1999), 82–88.

"George B. Bryan (1939–1996)." *Proverbium: Yearbook of International Proverb Scholarship* 14, 383–388.

"International Bibliography of New and Reprinted Proverb Collections." *Proverbium: Yearbook of International Proverb Scholarship* 14, 471–486.

"International Proverb Scholarship: An Updated Bibliography." *Proverbium: Yearbook of International Proverb Scholarship* 14, 487–524.

"Welleristic Addenda to the *Dictionary of Wellerisms*." *Proverbium: Yearbook of International Proverb Scholarship* 14, 187–217.

## – 1998 –

*"A House Divided": From Biblical Proverb to Lincoln and Beyond*. Burlington, Vt.: The University of Vermont (Supplement Series of Proverbium: Yearbook of International Proverb Scholarship, 2).

*Illuminating Wit, Inspiring Wisdom: Proverbs from Around the World*. Paramus, N.J.: Prentice Hall Press.

*"Der Mensch denkt: Gott lenkt – keine Red davon!": Sprichwörtliche Verfremdungen im Werk Bertolt Brechts*. Bern et al.: Peter Lang (Sprichwörterforschung, 20).

*Verdrehte Weisheiten: Antisprichwörter aus Literatur und Medien*. Wiesbaden: Quelle & Meyer Verlag.

***

(ed.). *Proverbium: Yearbook of International Proverb Scholarship*. Vol. 15. Burlington, Vt.: The University of Vermont.

(ed.). *Sprichwörter und Redensarten im Biedermeier: Prosatexte von Moritz Gottlieb Saphir (1795–1858)*. With a foreword by Wolfgang Mieder. Wien: Edition Praesens.

& David Scrase [eds.]. Phia Rilke. *Ephemeral Aphorisms*. Translated and introduced by David Scrase and Wolfgang Mieder. Riverside, Calif.: Ariadne Press (Studies in Austrian Literature, Culture, and Thought: Translation Series).

***

"A Bibliography of Proverbs in Russian Literature." In: Kevin J. McKenna (ed.). *Proverbs in Russian Literature: From Catherine the Great to Alexander Solzhenitsyn*. Burlington, Vt.: The University of Vermont (Supplement Series of Proverbium: Yearbook of International Proverb Scholarship, 3), 99–112.

"Das Ende des Eisernen Vorhangs: Sprichwörter und politische Karikaturen des Kalten Krieges." In: Wolfgang Eismann (ed.). *EUROPHRAS 95: Europäische Phraseologie im Vergleich. Gemeinsames Erbe und kulturelle Vielfalt*. Bochum: Universitätsverlag Dr. N. Brockmeyer (Studien zur Phraseologie und Parömiologie, 15), 497–521.

"Proverbs." In: Mary Ellen Brown & Bruce A. Rosenberg (eds.). *Encyclopedia of Folklore and Literature*. Santa Barbara, Calif. et al.: ABC-CLIO, 525–528.

"Wellerisms." In: Mary Ellen Brown & Bruce A. Rosenberg (eds.). *Encyclopedia of Folklore and Literature*. Santa Barbara, Calif. et al.: ABC-CLIO, 695–697.

***

"'Conventional Phrases Are a Sort of Fireworks': Charles Dickens's Proverbial Language." *Proverbium: Yearbook of International Proverb Scholarship* 15, 179–199. A longer version also in Wolfgang Mieder, *Strategies of Wisdom: Anglo-American and German Proverb Studies*, Phraseologie und Parömiologie, 6 (Baltmannsweiler: Schneider Verlag Hohengehren, 2000), 145–170.

"Elazar Benyoëtz: An Israeli Writing in German." *Holocaust Studies at The University of Vermont* 2/2, 5–6.

"International Bibliography of New and Reprinted Proverb Collections." *Proverbium: Yearbook of International Proverb Scholarship* 15, 477–487.

"International Proverb Scholarship: An Updated Bibliography." *Proverbium: Yearbook of International Proverb Scholarship* 15, 489–531.

"Matti Kuusi (1914–1998): In Memory of the Last Giant of International Paremiology." *Proverbium: Yearbook of International Proverb Scholarship* 15, 1–11.

"'Der Mensch ist dem Menschen ein Wolf': Zur sprichwörtlichen Dialektik bei Bertolt Brecht." *Muttersprache: Vierteljahresschrift für deutsche Sprache* 108, 298–316. A longer version also in Wolfgang Mieder, *"Der Mensch denkt: Gott lenkt – keine Red davon!": Sprichwörtliche Verfremdungen im Werk Bertolt Brechts*, Sprichwörterforschung, 20 (Bern et al.: Peter Lang, 1998), 9–73; and a shortened version in *Dreigroschenheft: Informationen zu Bertolt Brecht* 2 (1999), 36–40.

"'No hay duda de que ser presidente es un infierno': El inglés llano idiomático de Harry S. Truman." *Paremia* 7, 83–89.

"Parömiographisches Standardwerk mit (un)vermeidbaren Problemen: Kritischer Lobgesang auf den 'Thesaurus proverbiorum medii aevi' (TPMA)." *Mittellateinisches Jahrbuch: Internationale Zeitschrift für Mediävistik und Humanismusforschung* 33/1, 185–197. Also in Wolfgang Mieder, *"Nieman hât ân arebeit wîstuom": Sprichwörtliches in mittelhochdeutschen Epen*, Supplement Series of Proverbium: Yearbook of International Proverb Scholarship, 28 (Burlington, Vt.: The University of Vermont, 2009), 111–123.

"'Des Spruches letzter Schluss ist der Widerspruch': Zu den redensartlichen Aphorismen von Elazar Benyoëtz." *Modern Austrian Literature: Journal of the International Arthur Schnitzler Research Association* 31/2, 104–134. Also in *Revista de Filología Alemana* 5 (1997), 215–237; and in Wolfgang Mieder, *Sprichwörtliche Aphorismen: Von Georg Christoph Lichtenberg bis Elazar Benyoëtz* (Wien: Edition Praesens, 1999), 274–301.

"'Die Zeit hörte auf, alle Wunden zu heilen': Sprichwörtliches in den Aphorismen und Essays von Erwin Chargaff." *Muttersprache: Vierteljahresschrift für deutsche Sprache* 108, 146–166. Also in Wolfgang Mieder, *Sprichwörtliche Aphorismen: Von Georg Christoph Lichtenberg bis Elazar Benyoëtz* (Wien: Edition Praesens, 1999), 241–273.

## – 1999 –

*Phrasen verdreschen: Antiredensarten aus Literatur und Medien*. Wiesbaden: Quelle & Meyer.

*Sprichwörter/Redensarten – Parömiologie*. Heidelberg: Julius Groos Verlag (Studienbibliographien Sprachwissenschaft, 27).

*Sprichwörtliche Aphorismen: Von Georg Christoph Lichtenberg bis Elazar Benyoëtz*. Wien: Edition Praesens.

& Janet Sobieski. *Proverb Iconography: An International Bibliography*. New York et al.: Peter Lang.

& Anna Tóthné Litovkina. *Twisted Wisdom: Modern Anti-Proverbs*. Burlington, Vt.: The University of Vermont (Supplement Series of Proverbium: Yearbook of International Proverb Scholarship, 4).

***

[ed.]. Eucharius Eyering. *Proverbiorum Copia, Etlich viel Hundert Lateinischer und Deutscher schöner und lieblicher Sprichwörter*. 3 vols. With a foreword by Wolfgang Mieder. Hildesheim et al.: Georg Olms Verlag (Volkskundliche Quellen: Neudrucke europäischer Texte und Untersuchungen, 7. Sprichwort) [Reprint of the editions Eißleben, Typis Grosianis, 1601–[1603]].

(ed.). *Proverbium: Yearbook of International Proverb Scholarship*. Vol. 16. Burlington, Vt.: The University of Vermont.

& Hazel Kahn Keimowitz (eds.). *Shifting Paradigms in German-Jewish Relations (1750–2000): Harry H. Kahn Memorial Lectures (1995–1999)*. Burlington, Vt.: The Center for Holocaust Studies at The University of Vermont.

***

"Aphoristische Sagwörter aus Literatur und Medien." In: Christoph Schmitt (ed.). *Homo narrans: Studien zur populären Erzählkultur. Festschrift für Siegfried Neumann zum 65. Geburtstag*. Münster et al.: Waxmann (Rostocker Beiträge zur Volkskunde und Kulturgeschichte, 1), 223–250. Also in Wolfgang Mieder, *Aphorismen, Sprichwörter, Zitate: Von Goethe und Schiller bis Victor Klemperer*, Sprichwörterforschung, 22 (Bern et al.: Peter Lang, 2000), 127–158.

"'Die ganze Menschheit muß den Krebsgang antreten': Redensartliches in den Aphorismen und Essays von Erwin Chargaff." In: Ingo Schneider (ed.). *Europäische Ethnologie und Folklore im internationalen Kontext: Festschrift für Leander Petzoldt zum 65. Geburtstag*. Frankfurt am Main et al.: Peter Lang, 385–400. Also in Wolfgang Mieder, *Aphorismen, Sprichwörter, Zitate: Von Goethe und Schiller bis Victor Klemperer*, Sprichwörterforschung, 22 (Bern et al.: Peter Lang, 2000), 197–219.

"Sprichwörter des Kontinents." In: Wulf Köpke & Bernd Schmelz (eds.). *Das gemeinsame Haus Europa: Handbuch zur europäischen Kulturgeschichte*. München: Deutscher Taschenbuch Verlag, 956–965.

"Sprichwörter in den größeren allgemeinen und phraseologischen Wörterbüchern Deutsch-English/Englisch-Deutsch." In: Herbert Ernst Wiegand (ed.). *Studien zur zweisprachigen Lexikographie mit Deutsch*. Vol. 4. Hildesheim et al.: Georg Olms Verlag (Germanistische Linguistik, 143–144/1999), 1–40. Also in Wolfgang Mieder, *"Andere Zeiten, andere Lehren": Sprichwörter zwischen Tradition und Innovation*, Phraseologie und Parömiologie, 18 (Baltmannsweiler: Schneider Verlag Hohengehren, 2006), 261–303.

"Sprichwörterkunde." In: Peter Ernst (ed.). *Einführung in die synchrone Sprachwissenschaft*. 2nd improved and enlarged edition. Wien: Edition Praesens, chap. 17, 1–32.

***

"'Alter schützt vor Torheit und Weisheit nicht': Sprichwörter über das Alter(n) aus Literatur und Massenmedien." *Jura Soyfer: Internationale Zeitschrift für Kulturwissenschaften* 8/1, 5–16. Also in Wolfgang Mieder, *Aphorismen, Sprichwörter, Zitate: Von Goethe und Schiller bis Victor Klemperer*, Sprichwörterforschung, 22 (Bern et al.: Peter Lang, 2000), 95–125.

"International Bibliography of New and Reprinted Proverb Collections." *Proverbium: Yearbook of International Proverb Scholarship* 16, 453–465.

"International Proverb Scholarship: An Updated Bibliography." *Proverbium: Yearbook of International Proverb Scholarship* 16, 467–517.

"'Man Is a Wolf to Man': On Proverbial Dialectics in Bertolt Brecht." *Proverbium: Yearbook of International Proverb Scholarship* 16, 247–277. Also in Wolfgang Mieder, *Strategies of Wisdom: Anglo-American and German Proverb Studies*, Phraseologie und Parömiologie, 6 (Baltmannsweiler: Schneider Verlag Hohengehren, 2000), 237–264.

"Der Reiter über den Bodensee: Von der angeblichen Sage über die Kunstballade zur Redensart." *Fabula: Zeitschrift für Erzählforschung* 40, 195–221. Also in Wolfgang Mieder, *Aphorismen, Sprichwörter, Zitate: Von Goethe und Schiller bis Victor Klemperer*, Sprichwörterforschung, 22 (Bern et al.: Peter Lang, 2000), 55–93.

## – 2000 –

*Aphorismen, Sprichwörter, Zitate: Von Goethe und Schiller bis Victor Klemperer*. Bern et al.: Peter Lang (Sprichwörterforschung, 22).

*Garden of Wisdom: A Collection of Plant Proverbs*. Shelburne, Vt.: The New England Press.

*"In lingua veritas": Sprichwörtliche Rhetorik in Victor Klemperers 'Tagebüchern 1933–1945'*. Wien: Edition Praesens.

*The Proverbial Abraham Lincoln: An Index to Proverbs in the Works of Abraham Lincoln*. New York et al.: Peter Lang.

*Strategies of Wisdom: Anglo-American and German Proverb Studies*. Baltmannsweiler: Schneider Verlag Hohengehren (Phraseologie und Parömiologie, 6).

& Deborah Holmes. *"Children and Proverbs Speak the Truth": Teaching Proverbial Wisdom to Fourth Graders*. Burlington, Vt.: The University of Vermont (Supplement Series of Proverbium: Yearbook of International Proverb Scholarship, 7).

***

(ed.). *Proverbium: Yearbook of International Proverb Scholarship*. Vol. 17. Burlington, Vt.: The University of Vermont.

(ed.). *Sprichwörter bringen es an den Tag: Parömiologische Studien zu Lessing, Brecht, Zuckmayer, Kaschnitz, Kaléko und Eschker*. Burlington, Vt.: The University of Vermont (Supplement Series of Proverbium: Yearbook of International Proverb Scholarship, 6).

***

"Advertising and Fairy Tales." In: Jack Zipes (ed.). *The Oxford Companion to Fairy Tales*. Oxford et al.: Oxford University Press, 2–4; rpt. 2002.

"Aphorisms and Fairy Tales." In: Jack Zipes (ed.). *The Oxford Companion to Fairy Tales*. Oxford et al.: Oxford University Press, 15–17; rpt. 2002.

"'Behind the Clouds the Sun Is Shining': Abraham Lincoln's Proverbial Fight against Slavery." In: Gabriela Funk (ed.). *A voz popular: Estudos de etnolinguística*. Cascais: Patrimónia (Patrimónia Oral), 123–137.

"Blasons Populaires." In: Carl Lindahl & John McNamara & John Lindow (eds.). *A–K. Medieval Folklore: An Encyclopedia of Myths, Legends, Tales, Beliefs, and Customs*. Vol. 1. Santa Barbara, Calif. et al.: ABC-CLIO, 103–105. Reprint in Carl Lindahl & John McNamara & John Lindow (eds.), *Medieval Folklore: A Guide to Myths, Legends, Tales, Beliefs, and Customs* (New York et al.: Oxford University Press, 2002), 44–45.

"Cartoons and Fairy Tales." In: Jack Zipes (ed.). *The Oxford Companion to Fairy Tales*. Oxford et al.: Oxford University Press, 90–92; rpt. 2002.

"'Do Unto Others as You Would Have Them Do Unto You': Frederick Douglass's Proverbial Struggle for Civil Rights." In: Wolfgang Mieder. *Strategies of Wisdom: Anglo-American and German Proverb Studies*. Baltmannsweiler: Schneider Verlag Hohengehren (Phraseologie und Parömiologie, 6), 205–236. Also in *Journal of American Folklore* 114 (2001), 331–357; and in Wolfgang Mieder, *Proverbs Are the Best Policy: Folk Wisdom and American Politics* (Logan, Ut.: Utah State University Press, 2005), 118–146.

"'First Come, First Served': Proverbial Wisdom from the World of the Millers and the Mills." In: Laura Krawitt (ed.). *The Mills at Winooski Falls: Winooski and Burlington, Vermont. Illustrated Essays and Oral Histories*. Winooski, Vt.: Onion River Press, 128–134.

"'Frog King, The'." In: Jack Zipes (ed.). *The Oxford Companion to Fairy Tales*. Oxford et al.: Oxford University Press, 173 & 188; rpt. 2002.

"Greetings Cards and Fairy Tales." In: Jack Zipes (ed.). *The Oxford Companion to Fairy Tales*. Oxford et al.: Oxford University Press, 216–217; rpt. 2002.

"The History and Future of Common Proverbs in Europe." In: Ilona Nagy & Kincső Verebélyi (eds.). *Folklore in 2000: Voces amicorum Guilhelmo Voigt sexagenario*. Budapest: Universitas Scientiarum de Rolando Eötvös nominata, 300–314.

"'A House Divided': From Biblical Proverb to Lincoln and Beyond." In: Warren S. Brown (ed.). *Understanding Wisdom: Sources, Science, & Society*. Philadelphia et al.: Templeton Foundation Press (Laws of Life Symposia Series, 3), 57–102. Also in Wolfgang Mieder, *Strategies of Wisdom: Anglo-American and German Proverb Studies*, Phraseologie und Parömiologie, 6 (Baltmannsweiler: Schneider Verlag Hohengehren, 2000), 171–203; and in Wolfgang Mieder, *Proverbs Are the Best Policy: Folk Wisdom and American Politics* (Logan, Ut.: Utah State University Press, 2005), 90–117.

"'In die Binsen gehen vor allem – Wahrheiten': Sprichwörter und Redensarten in den Aphorismen von Wolfgang Eschker." In: Wolfgang Mieder (ed.). *Sprichwörter bringen es an den Tag: Parömiologische Studien zu Lessing, Brecht, Zuckmayer, Kaschnitz, Kaléko und Eschker*. Burlington, Vt.: The University of Vermont (Supplement Series of Proverbium: Yearbook of International Proverb Scholarship, 6), 209–269. Also in Wolfgang Mieder, *Aphorismen, Sprichwörter, Zitate: Von Goethe und Schiller bis Victor Klemperer*, Sprichwörterforschung, 22 (Bern et al.: Peter Lang, 2000), 221–255.

"'In lingua veritas': Sprichwörtliche Rhetorik in Victor Klemperers *Tagebüchern 1933–1945*." In: Wolfgang Mieder. *Aphorismen, Sprichwörter, Zitate: Von Goethe und Schiller bis Victor Klemperer*. Bern et al.: Peter Lang (Sprichwörterforschung, 22), 297–334. Also shortened in Christine Palm-Meister (ed.), *EUROPHRAS 2000: Internationale Tagung zur Phraseologie vom 15.–18. Juni 2000 in Aske/Schweden*, Stauffenburg: Linguistik, [25] (Tübingen: Stauffenburg Verlag, 2004), 285–297.

"Poetry and Fairy Tales." In: Jack Zipes (ed.). *The Oxford Companion to Fairy Tales*. Oxford et al.: Oxford University Press, 388–391; rpt. 2002.

"Proverbial Language and Fairy Tales." In: Jack Zipes (ed.). *The Oxford Companion to Fairy Tales*. Oxford et al.: Oxford University Press, 402–404; rpt. 2002.

"Proverbs." In: Carl Lindahl & John McNamara & John Lindow (eds.). *L–Z. Medieval Folklore: An Encyclopedia of Myths, Legends, Tales, Beliefs, and Customs*. Vol. 2. Santa Barbara, Calif. et al.: ABC-CLIO, 791–797. Reprint in Carl Lindahl & John McNamara & John Lindow (eds.), *Medieval Folklore: A Guide to Myths, Legends, Tales, Beliefs, and Customs* (New York et al.: Oxford University Press, 2002), 325–327.

"Sprichwörter sind die Überbleibsel verschollener Aphoristiker: Zu den sprichwörtlichen Aphorismen von Ulrich Erckenbrecht." In: Г.А. Лилич & А.К. Бирих & Е.К. Николаева (eds.). *Слово во времени и пространстве: К 60-летию профессора В. М. Мокиенко*. Санкт-Петербург: "ФОЛИО-ПРЕСС", 468–489. Also in Wolfgang Mieder, *"Andere Zeiten, andere Lehren": Sprichwörter zwischen Tradition und Innovation*, Phraseologie und Parömiologie, 18 (Baltmannsweiler: Schneider Verlag Hohengehren, 2006), 211–226.

"Stamps and Fairy Tales." In: Jack Zipes (ed.). *The Oxford Companion to Fairy Tales*. Oxford et al.: Oxford University Press, 496; rpt. 2002.

& David Scrase. "Joseph Hahn." In: John M. Spalek & Konrad Feilchenfeldt & Sandra H. Hawrylchak (eds.). *USA. Deutschsprachige Exilliteratur seit 1933*. Vol. 3, pt. 1. Bern et al.: K.G. Saur Verlag, 190–202.

***

"Historia y futuro de los refranes comunes en Europa." *Paremia* 9, 15–24.

"'*In lingua veritas*': Proverbial Rhetoric in Victor Klemperer's Diaries of the Nazi Years (1933–1945)." *Western Folklore* 59, 1–31. Also in Wolfgang Mieder, *Strategies of Wisdom: Anglo-American and German Proverb Studies*, Phraseologie und Parömiologie, 6 (Baltmannsweiler: Schneider Verlag Hohengehren, 2000), 303–333; and a slightly changed version in Wolfgang Mieder & David Scrase (eds.), *Language, Poetry, and Memory: Reflections on National Socialism. Harry H. Kahn Memorial Lectures (2000–2004)* (Burlington, Vt.: The Center for Holocaust Studies at The University of Vermont, 2004), 1–32.

"International Bibliography of New and Reprinted Proverb Collections." *Proverbium: Yearbook of International Proverb Scholarship* 17, 493–500.

"International Proverb Scholarship: An Updated Bibliography." *Proverbium: Yearbook of International Proverb Scholarship* 17, 501–529.

"'It's Not a President's Business to Catch Flies': Proverbial Rhetoric in Inaugural Addresses of American Presidents." *Southern Folklore* 57, 188–232. Also in Wolfgang Mieder (ed.), *Cognition, Comprehension, and Communication: A Decade of North American Proverb Studies (1990–2000)*, Phraseologie und Parömiologie, 13 (Baltmannsweiler: Schneider Verlag Hohengehren, 2003), 325–366; and in Wolfgang Mieder, *Proverbs Are the Best Policy: Folk Wisdom and American Politics* (Logan, Ut.: Utah State University Press, 2005), 147–186.

"'A Man of Fashion Never Has Recourse to Proverbs': Lord Chesterfield's Tilting at Proverbial Windmills." *Folklore* (London) 111, 23–42. A longer version also in Wolfgang Mieder, *Strategies of Wisdom: Anglo-American and German Proverb Studies*, Phraseologie und Parömiologie, 6 (Baltmannsweiler: Schneider Verlag Hohengehren, 2000), 37–68.

"Pack Carnes (Nov. 25, 1939 – Jan. 10, 2000)." *Western Folklore* 59, 65–67. Also in *Proverbium: Yearbook of International Proverb Scholarship* 18 (2001), 375–378.

"'Sprich wörtlich mit den Redensarten': Zu den redensartlichen Aphorismen von Ulrich Erckenbrecht." *Proverbium: Yearbook of International Proverb Scholarship* 17, 243–265. Also in Wolfgang Mieder, *"Spruchschlösser (ab)bauen": Sprichwörter, Antisprichwörter und Lehnsprichwörter in Literatur und Medien* (Wien: Praesens Verlag, 2010), 33–52.

"Sprichwörter des Mittelalters und kein Ende: Weiterer Lobgesang auf den 'Thesaurus proverbiorum medii aevi' (TPMA)." *Mittellateinisches Jahrbuch: Internationale Zeitschrift für Mediävistik und Humanismusforschung* 35, 323–335. Also in Wolfgang Mieder, *"Nieman hât ân arebeit wîstuom": Sprichwörtliches in mittelhochdeutschen*

*Epen*, Supplement Series of Proverbium: Yearbook of International Proverb Scholarship, 28 (Burlington, Vt.: The University of Vermont, 2009), 125–137.

"'Time Heals All Wounds?': The Proverbial Aphorisms of Arthur Feldmann." *The Bulletin of The Center for Holocaust Studies at The University of Vermont* 5/1, 4–5.

"'Der Wolf ist dem Wolf ein Mensch': Zu den sprichwörtlichen Aphorismen von Arthur Feldmann." *Österreich in Geschichte und Literatur (mit Geographie)* 44, 33–48. Also in Wolfgang Mieder, *Aphorismen, Sprichwörter, Zitate: Von Goethe und Schiller bis Victor Klemperer*, Sprichwörterforschung, 22 (Bern et al.: Peter Lang, 2000), 257–295; and a shortened version in Klaus Voswinckel & Ulrike Voswinckel (eds.), *André Chademony – Arthur Feldmann (1926–2012): Zur Erinnerung* (München: Selbstverlag, 2013), 71–83.

& Helmut Walther. "'Morgenstunde hat Gold im Munde': Neues zur Herkunft und Überlieferung des populärsten deutschen Sprichwortes." *Proverbium: Yearbook of International Proverb Scholarship* 17, 267–282.

## – 2001 –

*International Proverb Scholarship: An Annotated Bibliography. Supplement III (1990–2000)*. New York et al.: Peter Lang.

*"Liebt mich, liebt mich nicht ...": Studien und Belege zum Blumenorakel*. Wien: Edition Praesens (Kulturelle Motivstudien, 1).

*"No Struggle, No Progress": Frederick Douglass and His Proverbial Rhetoric for Civil Rights*. New York et al.: Peter Lang.

***

(ed.). *"Geht einmal euren Phrasen nach": Sprachkritische Lyrik und Kurzprosa zur deutschen Vergangenheit*. Burlington, Vt.: The University of Vermont (Supplement Series of Proverbium: Yearbook of International Proverb Scholarship, 9).

(ed.). *Proverbium: Yearbook of International Proverb Scholarship*. Vol. 18. Burlington, Vt.: The University of Vermont.

& David Scrase (eds.). *The Holocaust: Personal Accounts*. Burlington, Vt.: The Center for Holocaust Studies at The University of Vermont.

& David Scrase (eds.). *Reflections on the Holocaust: 'Festschrift' for Raul Hilberg on His Seventy-Fifth Birthday*. Burlington, Vt.: The Center for Holocaust Studies at The University of Vermont.

***

"Modern Anti-Fairy Tale Poetry." In: Jann Einfeld (ed.). *Fairy Tales*. San Diego, Calif.: Greenhaven Press (The Greenhaven Press Companion to Literary Movements and Genres), 148–154.

"Der Rattenfängermythos." In: Ulrich Müller & Werner Wunderlich (eds.). *Verführer, Schurken, Magier*. St. Gallen: UVK: Fachverlag für Wissenschaft und Studium (Mittelalter-Mythen, 3), 799–826. Also in Wolfgang Mieder, *Der Rattenfänger von Hameln: Die Sage in Literatur, Medien und Karikaturen*, Kulturelle Motivstudien, 2 (Wien: Edition Praesens, 2002), 8–33.

"'Vox Populi – Voces Populi': Proverbial Revelations in Victor Klemperer's *Diaries of the Nazi Years (1933–1945)*." In: Wolfgang Mieder & David Scrase (eds.), *Reflections on the Holocaust: 'Festschrift' for Raul Hilberg on His Seventy-Fifth Birthday* (Burlington, Vt.: The Center for Holocaust Studies at The University of Vermont, 2001), 99–120.

***

"'Alle Jahre Mieder'." *Der Sprachdienst* 45, 81–91.

"*als man daz golt sol liutern in der esse*: Sprichwörtliche Ironie und Didaktik in Hartmanns von Aue 'Erec'." *Mittellateinisches Jahrbuch: Internationale Zeitschrift für Mediävistik und Humanismusforschung* 36, 45–76. Also in Wolfgang Mieder, *"Nieman hât ân arebeit wîstuom": Sprichwörtliches in mittelhochdeutschen Epen*, Supplement Series of Proverbium: Yearbook of International Proverb Scholarship, 28 (Burlington, Vt.: The University of Vermont, 2009), 29–60.

"International Bibliography of New and Reprinted Proverb Collections." *Proverbium: Yearbook of International Proverb Scholarship* 18, 477–485.

"International Proverb Scholarship: An Updated Bibliography." *Proverbium: Yearbook of International Proverb Scholarship* 18, 487–519.

"*El mejor indio es un indio muerto*: Sobre la internacionalización de un refrán americano." *Paremia* 10, 49–55.

"'Paddle Your Own Canoe': Frederick Douglass's Proverbial Message in His 'Self-Made Men' Speech." *Midwestern Folklore: Journal of the Hoosier Folklore Society* 27, 21–40.

"'There Is Always a Better Tomorrow': Proverbial Rhetoric in Inaugural Addresses by American Presidents During the Second Half of the Twentieth Century." *Narodna umjetnost: Hrvatski časopis za etnologiju i folkloristiku / Folks Art: Croatian Journal of Ethnology and Folklore Research* 38/1, 153–172.

& Barbara Mieder & Deborah Holmes. "'Morgenstunde hat Gold im Munde': A German Proverb and Young American School Children." *Proverbium: Yearbook of International Proverb Scholarship* 18, 231–246.

***

"Wer den Cent nicht ehrt ...: Werden zur Währungsumstellung auch Sprichwörter umgetauscht?" *Frankfurter Allgemeine: Zeitung für Deutschland*, 301 (December 28), 10.

## – 2002 –

*"Call a Spade a Spade": From Classical Phrase to Racial Slur. A Case Study*. New York et al.: Peter Lang (International Folkloristics, 2).

*Der Rattenfänger von Hameln: Die Sage in Literatur, Medien und Karikaturen*. Wien: Edition Praesens (Kulturelle Motivstudien, 2).

***

[ed.]. Ida von Düringsfeld. *Das Sprichwort als Kosmopolit: 3 Bände in 1 Band*. With a foreword by Wolfgang Mieder. Hildesheim et al.: Georg Olms Verlag [Reprint of the edition Leipzig, Hermann Fries Verlag, 1866].

(ed.). *"In der Kürze liegt die Würze": Sprichwörtliches und Spruchhaftes als Basis für Aphoristisches*. Burlington, Vt.: The University of Vermont (Supplement Series of Proverbium: Yearbook of International Proverb Scholarship, 10).

(ed.). *Proverbium: Yearbook of International Proverb Scholarship*. Vol. 19. Burlington, Vt.: The University of Vermont.

(ed.). Walter K. Kelly. *A Collection of the Proverbs of All Nations: Compared, Explained, and Illustrated*. Burlington, Vt.: The University of Vermont (Supplement Series of Proverbium: Yearbook of International Proverb Scholarship, 11) [Reprint of the edition Andover, Mass., Warren F. Draper, 1869].

***

"200 Sprichwörter von Karl Simrock zum 200. Geburtstag desselben." In: Karl-Simrock-Forschung Bonn (ed.). *Karl Simrock: 1802–1876. Einblicke in Leben und Werk*[*. Wissenschaftliche Beiträge und Dokumentarisches anläßlich Simrocks 200. Geburtstag am 28. August 2002*]. Bonn: Karl-Simrock-Forschung, 84–89.

"Sprichwort." In: [Hannes Fricke (ed.)]. *Kleine literarische Formen: In Einzeldarstellungen*. Stuttgart: Philipp Reclam jun. (Universal-Bibliothek, 18187), 211–240; rpt. 2008. Also in Wolfgang Mieder, *"Andere Zeiten, andere Lehren": Sprichwörter zwischen Tradition und Innovation*, Phraseologie und Parömiologie, 18 (Baltmannsweiler: Schneider Verlag Hohengehren, 2006), 17–38.

***

"'Gut Ding will Weile haben – und vielleicht das böse Ende auch!': Zu den sprichwörtlichen *Irritationen* von Felix Renner." *Sprachspiegel* 58, 112–120.

"International Bibliography of New and Reprinted Proverb Collections." *Proverbium: Yearbook of International Proverb Scholarship* 19, 477–487.

"International Proverb Scholarship: An Updated Bibliography." *Proverbium: Yearbook of International Proverb Scholarship* 19, 489–531.

"[Kazys Grigas (1924–2002)]." *Tautosakos darbai* 17 (24), 15–16. A slightly longer version also in *Proverbium: Yearbook of International Proverb Scholarship* 20 (2003), 439–447.

"'Komm wir wollen weiße Westen wenden': Sprach- und sozialkritische Redensartengedichte." *Neuphilologische Mitteilungen* 103, 461–479. Also in Wolfgang Mieder, *"Andere Zeiten, andere Lehren": Sprichwörter zwischen Tradition und Innovation*, Phraseologie und Parömiologie, 18 (Baltmannsweiler: Schneider Verlag Hohengehren, 2006), 227–246; and in Wolfgang Mieder, *"Spruchschlösser (ab)bauen": Sprichwörter, Antisprichwörter und Lehnsprichwörter in Literatur und Medien* (Wien: Praesens Verlag, 2010), 179–200.

"Narrative History as Proverbial Narrative: David McCullough's Best-Selling *John Adams* Biography." *Proverbium: Yearbook of International Proverb Scholarship* 19, 279–322. Also in Wolfgang Mieder, *"Proverbs Speak Louder Than Words": Folk Wisdom in Art, Culture, Folklore, History, Literature, and Mass Media* (New York et al.: Peter Lang, 2008), 169–204.

"'Nun sitze ich wie der Haaß im Pfeffer': Sprichwörtliches in den Briefen von Wolfgang Amadeus Mozart." *Augsburger Volkskundliche Nachrichten* 8/2, 7–50. Also in *Mozart-Jahrbuch: Der Akademie für Mozart-Forschung der Internationalen Stiftung Mozarteum Salzburg* 2003/04 (2005), 165–198; and in Wolfgang Mieder, *"Andere Zeiten, andere Lehren": Sprichwörter zwischen Tradition und Innovation*, Phraseologie und Parömiologie, 18 (Baltmannsweiler: Schneider Verlag Hohengehren, 2006), 95–134.

"Von *brain trust* zu *Gehirntrust*: Eine amerikanisch-deutsche Wortgeschichte." *Der Sprachdienst* 46, 135–142.

## – 2003 –

*"Die großen Fische fressen die kleinen": Ein Sprichwort über die menschliche Natur in Literatur, Medien und Karikaturen.* [Wien]: Edition Praesens (Kulturelle Motivstudien, 3).

*Wisecracks!*[*: Fractured Proverbs*]. Shelburne, Vt.: The New England Press.

& Janet Sobieski. *Proverbs and the Social Sciences: An Annotated International Bibliography*. Baltmannsweiler: Schneider Verlag Hohengehren (Phraseologie und Parömiologie, 12).

***

(ed.). *Cognition, Comprehension, and Communication: A Decade of North American Proverb Studies (1990–2000)*. Baltmannsweiler: Schneider Verlag Hohengehren (Phraseologie und Parömiologie, 13).

[ed.]. Ignaz Bernstein. *Catalogue des livres parémiologiques composant la bibliothèque de Ignace Bernstein*. 2 vols. With a foreword by Wolfgang Mieder. Hildesheim et al.: Georg Olms Verlag (Volkskundliche Quellen: Neudrucke europäischer Texte und Untersuchungen, 7. Sprichwort) [Reprint of the editions Warsaw, Czcionkami drukarni W. Drugulina w Lipsku, 1900].

(ed.). *Der Klügere gibt nicht nach: Sprichwörtliche Aphorismen von Gerhard Uhlenbruck*. Köln: Ralf Reglin Verlag.

(ed.). *Proverbium: Yearbook of International Proverb Scholarship*. Vol. 20. Burlington, Vt.: The University of Vermont.

(ed.). Richard Chenevix Trench. *Proverbs and Their Lessons*. Burlington, Vt.: The University of Vermont (Supplement Series of Proverbium: Yearbook of International Proverb Scholarship, 13) [Reprint of the edition London, George Routledge & Sons, Limited & New York, E.P. Dutton & Co., 1905].

***

"Grundzüge einer Geschichte des Sprichwortes und der Redensart." In: Werner Besch & Anne Betten & Oskar Reichmann & Stefan Sonderegger (eds.). *Sprachgeschichte: Ein Handbuch zur Geschichte der deutschen Sprache und ihrer Erforschung*. Vol. 3. 2nd completely revised and expanded edition. Berlin et al.: Walter de Gruyter (Handbücher zur Sprach- und Kommunikationswissenschaft, 2/3), 2559–2569.

"Sprichwörter im GWDS." In: Herbert Ernst Wiegand (ed.). *Untersuchungen zur kommerziellen Lexikographie der deutschen Gegenwartssprache I: "Duden. Das große Wörterbuch der deutschen Sprache in zehn Bänden". Print- und CD-ROM-Version*. Vol. 1. Tübingen: Max Niemeyer Verlag (Lexicographica: Series Maior. Supplementbände zum Internationalen Jahrbuch für Lexikographie, 113), 413–436.

***

"'Good Fences Make Good Neighbours': History and Significance of an Ambiguous Proverb." *Folklore* (London) 114, 155–179. A longer version also in Wolfgang Mieder, *Proverbs Are the Best Policy: Folk Wisdom and American Politics* (Logan, Ut.: Utah State University Press, 2005), 210–243.

"'Government of the People, by the People, for the People': The Making and Meaning of an American Proverb of Democracy." *Proverbium: Yearbook of International Proverb Scholarship* 20, 259–308. Also in Wolfgang Mieder, *Proverbs Are the Best Policy: Folk Wisdom and American Politics* (Logan, Ut.: Utah State University Press, 2005), 15–55.

"International Bibliography of New and Reprinted Proverb Collections." *Proverbium: Yearbook of International Proverb Scholarship* 20, 487–494.

"International Proverb Scholarship: An Updated Bibliography." *Proverbium: Yearbook of International Proverb Scholarship* 20, 495–534.

"'Now I Sit Like a Rabbit in the Pepper': Proverbial Language in the Letters of Wolfgang Amadeus Mozart." *Journal of Folklore Research: An International Journal of Folklore and Ethnomusicology* 40, 33–70. Also in Wolfgang Mieder, *"Proverbs Speak Louder Than Words": Folk Wisdom in Art, Culture, Folklore, History, Literature, and Mass Media* (New York et al.: Peter Lang, 2008), 317–348.

"*Perfectum opus suum laudet auctorem*: Endgültiger Lobgesang auf den 'Thesaurus proverbiorum medii aevi' (TPMA)." *Mittellateinisches Jahrbuch: Internationale Zeit-*

*schrift für Mediävistik und Humanismusforschung* 38, 439–451. Also in Wolfgang Mieder, *"Nieman hât ân arebeit wîstuom": Sprichwörtliches in mittelhochdeutschen Epen*, Supplement Series of Proverbium: Yearbook of International Proverb Scholarship, 28 (Burlington, Vt.: The University of Vermont, 2009), 139–151.

"'Wir leben! Vor uns die Sintflut': Zu den sprichwörtlichen Aphorismen von Nikolaus Cybinski." *Muttersprache: Vierteljahresschrift für deutsche Sprache* 113, 51–65. Also in Wolfgang Mieder, *"Spruchschlösser (ab)bauen": Sprichwörter, Antisprichwörter und Lehnsprichwörter in Literatur und Medien* (Wien: Praesens Verlag, 2010), 53–71.

& George B. Bryan. "The Proverbial Carl Sandburg (1878–1967): An Index of Folk Speech in His American Poetry." *Proverbium: Yearbook of International Proverb Scholarship* 20, 15–49.

## – 2004 –

*Proverbs: A Handbook.* Westport, Conn. et al.: Greenwood Press (Greenwood Folklore Handbooks); rpt. New York et al.: Peter Lang, 2012 (International Folkloristics, 8).

*"Wein, Weib und Gesang": Zum angeblichen Luther-Spruch in Kunst, Musik, Literatur, Medien und Karikaturen.* Wien: Edition Praesens (Kulturelle Motivstudien, 4).

***

(ed.). *"Liebe macht blind": Sprichwörtliche Lyrik und Kurzprosa zum Thema der Liebe.* Burlington, Vt.: The University of Vermont (Supplement Series of Proverbium: Yearbook of International Proverb Scholarship, 15).

(ed.). *'The Netherlandish Proverbs': An International Symposium on the Pieter Brueg(h)els.* Burlington, Vt.: The University of Vermont (Supplement Series of Proverbium: Yearbook of International Proverb Scholarship, 16).

(ed.). *Proverbium: Yearbook of International Proverb Scholarship.* Vol. 21. Burlington, Vt.: The University of Vermont.

& Susanne Hose (eds.). *Sorbian Proverbs / Serbske přisłowa.* Burlington, Vt.: The University of Vermont (Supplement Series of Proverbium: Yearbook of International Proverb Scholarship, 14).

& David Scrase (eds.). *Language, Poetry, and Memory: Reflections on National Socialism. Harry H. Kahn Memorial Lectures (2000–2004).* Burlington, Vt.: The Center for Holocaust Studies at The University of Vermont.

& David Scrase & Katherine Quimby Johnson (eds.). *Making a Difference: Rescue and Assistance During the Holocaust. Essays in Honor of Marion Pritchard.* Burlington, Vt.: [The] Center for Holocaust Studies at The University of Vermont.

***

"'Andere Zeiten, andere Lehren': Sprach- und kulturgeschichtliche Betrachtungen zum Sprichwort." In: Kathrin Steyer (ed.). *Wortverbindungen – mehr oder weniger fest.*

Berlin et al.: Walter de Gruyter (Institut für Deutsche Sprache: Jahrbuch, 2003), 415–438. Also in Wolfgang Mieder, *"Andere Zeiten, andere Lehren": Sprichwörter zwischen Tradition und Innovation*, Phraseologie und Parömiologie, 18 (Baltmannsweiler: Schneider Verlag Hohengehren, 2006), 39–64.

"Antisprichwörter und kein Ende: Von sprachlichen Eintagsfliegen zu neuen Sprichwörtern." In: Stefan Kiedroń & Agata Kowalska-Szubert (eds.). *Thesaurus polyglottus et flores quadrilingues: Festschrift für Stanisław Prędota zum 60. Geburtstag*. Wrocław: Wrocławskie Wydawnictwo Oświatowe, 247–262. Also in Wolfgang Mieder, *"Andere Zeiten, andere Lehren": Sprichwörter zwischen Tradition und Innovation*, Phraseologie und Parömiologie, 18 (Baltmannsweiler: Schneider Verlag Hohengehren, 2006), 195–210.

"'The Chorus of Voices of the People': Everyday Germans and the Survival of Victor Klemperer." In: David Scrase & Wolfgang Mieder & Katherine Quimby Johnson (eds.). *Making a Difference: Rescue and Assistance During the Holocaust. Essays in Honor of Marion Pritchard*. Burlington, Vt.: [The] Center for Holocaust Studies at The University of Vermont, 95–125.

"'The Faultiest Expressions Have the Greatest Attraction': Elias Canetti's Proverbial Aphorisms." In: Dagmar C.G. Lorenz (ed.). *A Companion to the Works of Elias Canetti*. Rochester, N.Y.: Camden House (Studies in German Literature, Linguistics, and Culture), 107–121.

"Der frühe Vogel und die goldene Morgenstunde: Zu einer deutschen Sprichwortentlehnung aus dem Angloamerikanischen." In: Irma Hyvärinen & Petri Kallio & Jarmo Korhonen (eds.). *Etymologie, Entlehnungen und Entwicklungen: Festschrift für Jorma Koivulehto zum 70. Geburtstag*. Helsinki: Société Néophilologique (Mémoires de la Société Néophilologique de Helsinki, 63), 193–206. Also in Wolfgang Mieder, *"Andere Zeiten, andere Lehren": Sprichwörter zwischen Tradition und Innovation*, Phraseologie und Parömiologie, 18 (Baltmannsweiler: Schneider Verlag Hohengehren, 2006), 247–259; and in Wolfgang Mieder, *"Spruchschlösser (ab)bauen": Sprichwörter, Antisprichwörter und Lehnsprichwörter in Literatur und Medien* (Wien: Praesens Verlag, 2010), 285–296.

"'One Picture that's Worth More Than a Thousand Words': Pieter Bruegel the Elder's *Netherlandish Proverbs*. Past and Present." In: Wolfgang Mieder (ed.). *'The Netherlandish Proverbs': An International Symposium on the Pieter Brueg(h)els*. Burlington, Vt.: The University of Vermont (Supplement Series of Proverbium: Yearbook of International Proverb Scholarship, 16), 195–241. Also in Wolfgang Mieder, *"Proverbs Speak Louder Than Words": Folk Wisdom in Art, Culture, Folklore, History, Literature, and Mass Media* (New York et al.: Peter Lang, 2008), 251–276.

"Proverbs and Proverbial Sayings." In: David J. Wishart (ed.). *Encyclopedia of the Great Plains: A Project of the Center for Great Plains Studies*. Lincoln et al.: University of Nebraska Press, 310–311.

"'Tausend Dornen ohne Rosen': Zur Dialektik der Sprichwörter in den Aphorismen von Hans Kudszus." In: Rita Brdar-Szabó & Elisabeth Knipf-Komlósi (eds.). *Lexikali-*

*sche Semantik, Phraseologie und Lexikographie: Abgründe und Brücken. Festgabe für Regina Hessky*. Frankfurt am Main et al.: Peter Lang (Duisburger Arbeiten zur Sprach- und Kulturwissenschaft, 57), 187–203. Also in Wolfgang Mieder, *"Spruchschlösser (ab)bauen": Sprichwörter, Antisprichwörter und Lehnsprichwörter in Literatur und Medien* (Wien: Praesens Verlag, 2010), 73–87.

"Viele Wege führen nach Europa: Sprichwörtliche Stereotypen und interkultureller Ausgleich." In: Sabine Wienker-Piepho & Klaus Roth (eds.). *Erzählen zwischen den Kulturen*. Münster et al.: Waxmann (Münchener Beiträge zur Interkulturellen Kommunikation, 17), 275–304. Also in Wolfgang Mieder, *"Andere Zeiten, andere Lehren": Sprichwörter zwischen Tradition und Innovation*, Phraseologie und Parömiologie, 18 (Baltmannsweiler: Schneider Verlag Hohengehren, 2006), 65–94.

& David Scrase. "Nachwort." In: Thomas B. Schumann (ed.). Joseph Hahn. *Die Doppelgebärde der Welt: Gedichte, Prosa, Zeichnungen*. Hürth bei Köln et al.: Edition Memoria, 107–114.

***

"Alan Dundes (1934–2005)." *Western Folklore* 63, 287–290. Also in *Proverbium: Yearbook of International Proverb Scholarship* 23 (2006), 423–428.

"D[é]m[é]trios S. Loukatos (1908–2003)." *Proverbium: Yearbook of International Proverb Scholarship* 21, 387–391.

"'Ein Apfel pro Tag hält den Arzt fern': Zu einigen amerikanischen Lehnsprichwörtern im Deutschen." *Revista de Filología Alemana* 12, 135–149. Also in Wolfgang Mieder, *"Spruchschlösser (ab)bauen": Sprichwörter, Antisprichwörter und Lehnsprichwörter in Literatur und Medien* (Wien: Praesens Verlag, 2010), 307–321.

"'Geben Sie Zitatenfreiheit!': Schillers geflügelte (Sprich)Worte in Literatur und Medien." *Proverbium: Yearbook of International Proverb Scholarship* 21, 161–254. Also in Wolfgang Mieder, *"Andere Zeiten, andere Lehren": Sprichwörter zwischen Tradition und Innovation*, Phraseologie und Parömiologie, 18 (Baltmannsweiler: Schneider Verlag Hohengehren, 2006), 135–170.

"*hôchvart ie seic unde viel*: Sprichwörtliche Lehren in Wolframs von Eschenbach 'Parzival'." *Mittellateinisches Jahrbuch: Internationale Zeitschrift für Mediävistik und Humanismusforschung* 39, 227–270. Also in Wolfgang Mieder, *"Nieman hât ân arebeit wîstuom": Sprichwörtliches in mittelhochdeutschen Epen*, Supplement Series of Proverbium: Yearbook of International Proverb Scholarship, 28 (Burlington, Vt.: The University of Vermont, 2009), 61–104.

"International Bibliography of New and Reprinted Proverb Collections." *Proverbium: Yearbook of International Proverb Scholarship* 21, 471–485.

"International Proverb Scholarship: An Updated Bibliography." *Proverbium: Yearbook of International Proverb Scholarship* 21, 487–530.

"'Man soll nicht alle Eier in einen Korb legen': Zur deutschsprachigen Entlehnung eines angloamerikanischen Sprichwortes." *Научный вестник: Современные лингвистические и методико-дидактические исследования* 1, 21–31. Slightly changed also in *Der Sprachdienst* 50 (2006), 178–185. The original version also in Wolfgang Mieder, *"Spruchschlösser (ab)bauen": Sprichwörter, Antisprichwörter und Lehnsprichwörter in Literatur und Medien* (Wien: Praesens Verlag, 2010), 297–306.

"*La Regla de Oro y la Persuasión Moral*: La lucha proverbial de Frederick Douglass por los derechos humanos." *Paremia* 13, 21–30.

& Fionnuala Carson Williams. "The Proverb 'Good Fences Make Good Neighbours' in Ireland." *Folklore* (London) 115, 332–337.

## – 2005 –

*"Nichts sehen, nichts hören, nichts sagen": Die drei weisen Affen in Kunst, Literatur, Medien und Karikaturen*. Wien: Praesens Verlag (Kulturelle Motivstudien, 5).

*Proverbs Are the Best Policy: Folk Wisdom and American Politics*. Logan, Ut.: Utah State University Press.

& George B. Bryan. *A Dictionary of Anglo-American Proverbs & Proverbial Phrases: Found in Literary Sources of the Nineteenth and Twentieth Centuries*. New York et al.: Peter Lang.

& Anna T. Litovkina. *"A közmondást nem hiába mondják": Vizsgálatok a proverbiumok természetéről és használatáról*. Budapest: TINTA Könyvkiadó (Segédkönyvek a nyelvészet tanulmányozásához, 41).

***

(ed.). Gerhard Uhlenbruck. *Kein Blatt vor den Mund nehmen: Redensartliche Aphorismen*. Köln: Ralf Reglin.

[ed.]. Herman Schrader. *Der Bilderschmuck der deutschen Sprache in Tausenden volkstümlicher Redensarten: Nach Ursprung und Bedeutung erklärt*. With a foreword by Wolfgang Mieder. Hildesheim et al.: Georg Olms Verlag (Volkskundliche Quellen: Neudrucke europäischer Texte und Untersuchungen, 7. Sprichwort) [Reprint of the $7^{th}$ edition Berlin, Emil Felber, 1912].

(ed.). Jesús Cantera Ortiz de Urbina & Julia Sevilla Muñoz & Manuel Sevilla Muñoz. *Refranes, otras paremias y fraseologismos en 'Don Quijote de la Mancha'*. Burlington, Vt.: The University of Vermont (Supplement Series of Proverbium: Yearbook of International Proverb Scholarship, 17).

(ed.). *Proverbium: Yearbook of International Proverb Scholarship*. Vol. 22. Burlington, Vt.: The University of Vermont.

[ed.]. Samuel Christoph Wagener. *Sprichwörter-Lexikon mit kurzen Erläuterungen: Ein Hausbuch fürs gemeine Leben auch zum Gebrauch in Volksschulen*. With a foreword by Wolfgang Mieder. Hildesheim et al.: Georg Olms Verlag (Volkskundliche Quellen: Neudrucke europäischer Texte und Untersuchungen, 7. Sprichwort) [Reprint of the edition Quedlinburg, Gottfried Basse, 1813].

& Janet Sobieski (eds.). *"So Many Heads, So Many Wits": An Anthology of English Proverb Poetry*. Burlington, Vt.: The University of Vermont (Supplement Series of Proverbium: Yearbook of International Proverb Scholarship, 18).

***

"American Proverbs as an International, National, and Global Phenomenon." In: Leonardas Sauka (ed.). *Patarlės fenomenas: tarptautiškumas ir tautiškumas. prof. habil. dr. Kazio Grigo (1924–2002) aštuoniasdešimtmečiui / The Phenomenon of the Proverb: International vs. National. For Prof. Dr. Habil. Kazyz Grigas (1924–2002) on His Eightieth Birthday*. Vilnius: Lietuvių literatūros ir tautosakos institutas (Tautosakos darbai, 30), 57–72. Slightly changed also in Wolfgang Mieder, *Proverbs Are the Best Policy: Folk Wisdom and American Politics* (Logan, Ut.: Utah State University Press, 2005), 1–14.

"'Du sagtest es mir durch die Blumen': Zur sprichwörtlichen Zwiesprache in der modernen Liebeslyrik." In: Ulla Kleinberger Günther & Annelies Häcki Buhofer & Elisabeth Piirainen (eds.). *"Krieg und Frieden" – Auseinandersetzung und Versöhnung in Diskursen*. Tübingen: Francke Verlag, 127–145. Also in Wolfgang Mieder, *"Spruchschlösser (ab)bauen": Sprichwörter, Antisprichwörter und Lehnsprichwörter in Literatur und Medien* (Wien: Praesens Verlag, 2010), 201–221.

"'Durch die Blume, aber ohne Blatt vor dem Mund': Sprichwörtliche Gesellschaftskritik des Aphoristikers Klaus D. Koch." In: Antje Heine & Mathilde Hennig & Erwin Tschirner (eds.). *Deutsch als Fremdsprache – Konturen und Perspektiven eines Faches: Festschrift für Barbara Wotjak zum 65. Geburtstag*. München: Iudicium Verlag, 207–231. Also in Wolfgang Mieder, *"Spruchschlösser (ab)bauen": Sprichwörter, Antisprichwörter und Lehnsprichwörter in Literatur und Medien* (Wien: Praesens Verlag, 2010), 89–111.

"'God Helps Them Who Help Themselves': Proverbial Resolve in the Letters of Abigail Adams." In: Wolfgang Mieder. *Proverbs Are the Best Policy: Folk Wisdom and American Politics*. Logan, Ut.: Utah State University Press, 56–89. Also in Руси Русев & Емилия Недкова (eds.), *В огледалния свят на езика и културата* (Русе: Лени-Ан, 2007), 29–68.

"'Luftschlösser bauen': Traditionelle und innovative Funktion eines redensartlichen Wunschbildes." In: Isabel Hernández & Margit Raders & Mª Luisa Schilling (eds.). *Das Fremde im Eigenen: Sprache, Literatur und Kultur des deutschen Sprachraums aus interkultureller Perspektive / Lo ajeno en lo propio: La lengua, la literatura y la cultura de los países de lengua alemana desde una perspectiva intercultural: Actas de la XI Semana de Estudios Germánicos. Aranjuez, 4–6 de noviembre de 2003. Homenaje a Eustaquio Barjau*. Vol. 2. Madrid: Ediciones del Orto, 779–801. Also shortened in Ulrich Müller & Werner Wunderlich (eds.), *Burgen, Länder, Orte*, Mittelalter-Mythen, 5 (Konstanz: UVK Verlagsgesellschaft, 2008), 511–527. The original version also in Wolfgang Mieder, *"Spruchschlösser (ab)bauen": Sprichwörter, Antisprichwörter und Lehnsprichwörter in Literatur und Medien* (Wien: Praesens Verlag, 2010), 341–362.

"Proverbs." In: Burt Feintuch & David H. Watters (eds.). *The Encyclopedia of New England: The Culture and History of an American Region.* New Haven et al.: Yale University Press, 455.

"'Wer einen Kater hat, kommt leicht auf den Hund': Zu dem sprichwörtlichen *Flexikon* von Ron Kritzfeld." In: Gerson Klumpp & Johanna Laakso & Elena Skribnik & Anna Widmer (eds.). *Hyvä kello kauas kuuluu / Eine gute Glocke ist weit zu hören: Festschrift für Ingrid Schellbach-Kopra zum 70. Geburtstag.* Hamburg: Helmut Buske (Finnisch-Ugrische Mitteilungen, 28/29), 271–288. Also in Wolfgang Mieder, *"Spruchschlösser (ab)bauen": Sprichwörter, Antisprichwörter und Lehnsprichwörter in Literatur und Medien* (Wien: Praesens Verlag, 2010), 113–131.

***

"'A Proverb Is Worth a Thousand Words': Folk Wisdom in the Modern Mass Media." *Proverbium: Yearbook of International Proverb Scholarship* 22, 167–233. Also in Wolfgang Mieder, *"Proverbs Speak Louder Than Words": Folk Wisdom in Art, Culture, Folklore, History, Literature, and Mass Media* (New York et al.: Peter Lang, 2008), 121–141.

"*Dios ayuda a quienes se ayudan a sí mismos*: Frases proverbiales en las cartas de Abigail Adams." *Paremia* 14, 7–26.

"Donald J. Ward (1930–2004)." *Fabula: Zeitschrift für Erzählforschung* 46, 142–144.

"International Bibliography of New and Reprinted Proverb Collections." *Proverbium: Yearbook of International Proverb Scholarship* 22, 477–484.

"[International Proverb Scholarship: An Updated Bibliography]." *Proverbium: Yearbook of International Proverb Scholarship* 22, 485–534.

"'Mitten im Strom soll man die Pferde nicht wechseln': Zur Geschichte eines deutsch-amerikanischen Sprichworts." *Zeitschrift für Germanistische Linguistik: Deutsche Sprache in Gegenwart und Geschichte* 33, 106–124. Also in Wolfgang Mieder, *"Spruchschlösser (ab)bauen": Sprichwörter, Antisprichwörter und Lehnsprichwörter in Literatur und Medien* (Wien: Praesens Verlag, 2010), 323–340.

"'Zwischen zwei Stühlen sitzen – viele ihr Leben ab': Zu den sprichwörtlichen Aphorismen von Werner Ehrenforth." *Научный вестник: Современные лингвистические и методико-дидактические исследования* 3, 22–37. Also in Wolfgang Mieder, *"Spruchschlösser (ab)bauen": Sprichwörter, Antisprichwörter und Lehnsprichwörter in Literatur und Medien* (Wien: Praesens Verlag, 2010), 133–151.

## – 2006 –

*"Andere Zeiten, andere Lehren": Sprichwörter zwischen Tradition und Innovation.* Baltmannsweiler: Schneider Verlag Hohengehren (Phraseologie und Parömiologie, 18).

*"Cogito, ergo sum" – Ich denke, also bin ich: Das Descartes-Zitat in Literatur, Medien und Karikaturen*. Wien: Praesens Verlag (Kulturelle Motivstudien, 6).

*"Tilting at Windmills": History and Meaning of a Proverbial Allusion to Cervantes' 'Don Quixote'*. Burlington, Vt.: The University of Vermont (Supplement Series of Proverbium: Yearbook of International Proverb Scholarship, 21).

& Andreas Nolte. *"Ich habe den Kopf so voll": Wilhelm Heinse als sprichwortreicher Literat im 18. Jahrhundert*. Bern et al.: Peter Lang (Sprichwörterforschung, 25).

& Anna T. Litovkina. *Old Proverbs Never Die, They Just Diversify: A Collection of Anti-Proverbs*. Burlington: The University of Vermont & Veszprém: The Pannonian University of Veszprém.

***

(ed.). *"Best of All Possible Friends": Three Decades of Correspondence Between the Folklorists Alan Dundes and Wolfgang Mieder*. Burlington, Vt.: The University of Vermont (Supplement Series of Proverbium: Yearbook of International Proverb Scholarship, 19).

[ed.]. Julius Wilhelm Zincgref. *Teutsche Apophthegmata: Das ist Der Teutschen Scharfsinnige kluge Sprüche*. 2 vols. With a foreword by Wolfgang Mieder. Hildesheim: Weidmann [Reprint of the editions Amsterdam, Ludwig Elzevier, 1653].

(ed.). Lutz Röhrich. *Gebärde – Metapher – Parodie: Studien zur Sprache und Volksdichtung*. Burlington, Vt.: The University of Vermont (Supplement Series of Proverbium: Yearbook of International Proverb Scholarship, 20) [Reprint of the edition Düsseldorf, Pädagogischer Verlag Schwann, 1967].

(ed.). *Proverbium: Yearbook of International Proverb Scholarship*. Vol. 23. Burlington, Vt.: The University of Vermont.

& Janet Sobieski (eds.). *"Gold Nuggets or Fool's Gold?": Magazine and Newspaper Articles on the (Ir)relevance of Proverbs and Proverbial Phrases*. Burlington, Vt.: The University of Vermont (Supplement Series of Proverbium: Yearbook of International Proverb Scholarship, 22).

***

"'Different Strokes for Different Folks'." In: Anand Prahlad (ed.). *A–F. The Greenwood Encyclopedia of African American Folklore*. Vol. 1. Westport, Conn. et al.: Greenwood Press, 324–327.

"'Es ist gut pflugen, wenn der acker gereinigt ist': Sprichwörtliche Argumentation in Luthers 'Sendbrief vom Dolmetschen' (1530)." In: Ulrich Breuer & Irma Hyvärinen (eds.). *Wörter – Verbindungen: Festschrift für Jarmo Korhonen zum 60. Geburtstag*. Frankfurt am Main et al.: Peter Lang, 431–446.

"'The Golden Rule and Moral Suasion': Frederick Douglass's Proverbial Fight for Civil Rights." In: Gabriela Funk (ed.). *Estudos sobre cultura popular: Homenagem ao Professor Doutor José de Almeida Pavão*. [Ponta Delgada]: Câmara Municipal de Ponta Delgada, 199–216. Slightly shortened also in Руси Русев & Николай Ненов &

Емилия Недкова & Велислава Донева & Никола Бенин (ed.), *Арнаудов сборник: Доклади и съобщения*, vol. 4 (Русе: "ЛЕНИ-АН", 2006), 312–317.

"Proverbs and Sayings." In: Simon J. Bronner (ed.). *Encyclopedia of American Folklife*. Vol. 3. Armonk, N.Y. et al.: M.E. Sharpe, 996–999.

***

"Американского профессора Вольфганга Мидера о серии *'Современные лингвистические и методико-дидактические исследования'* Научного Вестника ВГАСУ." *Научный вестник: Современные лингвистические и методико-дидактические исследования* 6, 7–8.

"From 'Windmills in One's Head' to 'Tilting at Windmills': History and Meaning of a Proverbial Allusion to Cervantes' *Don Quixote*." *Proverbium: Yearbook of International Proverb Scholarship* 23, 343–418. Also in Wolfgang Mieder, *"Proverbs Speak Louder Than Words": Folk Wisdom in Art, Culture, Folklore, History, Literature, and Mass Media* (New York et al.: Peter Lang, 2008), 277–316.

"'In der Kürze liegt die Würze': Zur sprichwörtlichen Sprache moderner Mini-Lyrik." *Научный вестник: Современные лингвистические и методико-дидактические исследования* 5, 7–26. Also in Wolfgang Mieder, *"Spruchschlösser (ab)bauen": Sprichwörter, Antisprichwörter und Lehnsprichwörter in Literatur und Medien* (Wien: Praesens Verlag, 2010), 223–247.

"International Bibliography of New and Reprinted Proverb Collections." *Proverbium: Yearbook of International Proverb Scholarship* 23, 477–485.

"International Proverb Scholarship: An Updated Bibliography." *Proverbium: Yearbook of International Proverb Scholarship* 23, 487–530.

"'The Proof of the Proverb Is in the Probing': *Alan Dundes as Pioneering Paremiologist*." *Western Folklore* 65, 217–262. Also in *Folklore: Electronic Journal of Folklore* 35, 7–52 (Online version <www.folklore.ee/folklore/vol35/mieder.pdf> [19.09.2014]); and in Wolfgang Mieder, *"Proverbs Speak Louder Than Words": Folk Wisdom in Art, Culture, Folklore, History, Literature, and Mass Media* (New York et al.: Peter Lang, 2008), 45–86.

"'We Are All in the Same Boat Now': Proverbial Rhetoric in the Churchill-Roosevelt Correspondence." *International Journal of English Studies* 6/1, 1–26. Also in Wolfgang Mieder, *Proverbs Are the Best Policy: Folk Wisdom and American Politics* (Logan, Ut.: Utah State University Press, 2005), 187–209.

"'Wer zu spät kommt, den bestraft das Leben': Von Michail Gorbatschows Ausspruch zum Volkssprichwort." *Научный вестник: Современные лингвистические и методико-дидактические исследования* 6, 37–52. Also in Wolfgang Mieder, *"Spruchschlösser (ab)bauen": Sprichwörter, Antisprichwörter und Lehnsprichwörter in Literatur und Medien* (Wien: Praesens Verlag, 2010), 363–382.

## – 2007 –

*Hänsel und Gretel: Das Märchen in Kunst, Musik, Literatur, Medien und Karikaturen.* Wien: Praesens Verlag (Kulturelle Motivstudien, 7).

*The Pied Piper: A Handbook.* Westport, Conn. et al.: Greenwood Press (Greenwood Folklore Handbooks).

***

[ed.]. *"Auf Herz und Nieren prüfen": Phraseologische Aphorismen von Gerhard Uhlenbruck.* Köln: Ralf Reglin Verlag.

(ed.). F[rederick] Edward Hulme. *Proverb Lore: Being a Historical Study of the Similarities, Contrasts, Topics, Meanings, and other Facets of Proverbs, Truisms, and Pithy Sayings, as Expressed by the Peoples of Many Lands and Times.* Burlington, Vt.: The University of Vermont (Supplement Series of Proverbium: Yearbook of International Proverb Scholarship, 23) [Reprint of the edition London, Elliot Stock, 1902].

(ed.). *"Freundschaft ist des Lebens Salz": Dreieinhalb Jahrzehnte Korrespondenz zwischen den Folkloristen Lutz Röhrich und Wolfgang Mieder.* Burlington, Vt.: The University of Vermont (Supplement Series of Proverbium: Yearbook of International Proverb Scholarship, 24).

[ed.]. Friedrich Seiler. *Die Entwicklung der deutschen Kultur im Spiegel des deutschen Lehnworts [und Lehnsprichworts].* 6 vols. With a foreword by Wolfgang Mieder. Hildesheim et al.: Georg Olms Verlag (Bewahrte Kultur: Ein Reprintprogramm zur Sicherung gefährdeter und seltener Bücher) [Reprint of the 4th revised and enlarged editions Halle (Saale), Buchhandlung des Waisenhauses, 1921–1925].

(ed.). *Proverbium: Yearbook of International Proverb Scholarship.* Vol. 24. Burlington, Vt.: The University of Vermont.

(ed.). *Sprichwörter sind Goldes wert: Parömiologische Studien zu Kultur, Literatur und Medien.* Burlington, Vt.: The University of Vermont (Supplement Series of Proverbium: Yearbook of International Proverb Scholarship, 25).

***

"Anti-Proverbs and Mass Communication: The Interplay of Traditional and Innovative Folklore." In: Anna T. Litovkina & Carl Lindahl (eds.). *Anti-Proverbs in Contemporary Societies.* Budapest: Akadémiai Kiadó (Acta Ethnographica Hungarica, 52/1), 17–45. Also in Wolfgang Mieder, *"Proverbs Speak Louder Than Words": Folk Wisdom in Art, Culture, Folklore, History, Literature, and Mass Media* (New York et al.: Peter Lang, 2008), 87–119.

"'Don't Swap Horses in the Middle of the Stream': An Intercultural and Interdisciplinary Study of an International Proverb." In: Gabriela Funk (ed.). *Estudos sobre Património Oral.* [Ponta Delgada]: Câmara Municipal de Ponta Delgada, 243–270. A longer version also in *The Folklore Historian: Journal of the Folklore and History Section of the American Folklore Society* 24 (2007), 3–40; and in *"Proverbs Speak Louder Than Words": Folk Wisdom in Art, Culture, Folklore, History, Literature, and*

*Mass Media* (New York et al.: Peter Lang, 2008), 205–250. The original version also in Csaba Földes (ed.), *Phraseologie disziplinär und interdisziplinär* (Tübingen: Gunter Narr Verlag, 2009), 635–652.

"'Ehrlich währt am kürzesten': Phrasenkritik durch Antisprichwörter im 19. Jahrhundert." In: Peter Deutschmann (ed.). *Kritik und Phrase: Festschrift für Wolfgang Eismann zum 65. Geburtstag*. Wien: Praesens Verlag, 781–799. Also in Wolfgang Mieder, *"Spruchschlösser (ab)bauen": Sprichwörter, Antisprichwörter und Lehnsprichwörter in Literatur und Medien* (Wien: Praesens Verlag, 2010), 11–32.

"Proverbs as Cultural Units or Items of Folklore." In: Harald Burger & Dmitrij Dobrovol'skij & Peter Kühn & Neal R. Norrick (eds.). *Phraseologie: Ein internationales Handbuch der zeitgenössischen Forschung*. Vol. 1. Berlin et al.: Walter de Gruyter (Handbücher zur Sprach- und Kommunikationswissenschaft, 28,1), 394–414. Also in Wolfgang Mieder, *"Proverbs Speak Louder Than Words": Folk Wisdom in Art, Culture, Folklore, History, Literature, and Mass Media* (New York et al.: Peter Lang, 2008), 9–44; and in Wolfgang Mieder, *Behold the Proverbs of a People: Proverbial Wisdom in Culture, Literature, and Politics* (Jackson: University Press of Mississippi, 2014), 19–54.

"Proverbs in the Works of Ralph Waldo Emerson." In: Harald Burger & Dmitrij Dobrovol'skij & Peter Kühn & Neal R. Norrick (eds.). *Phraseologie: Ein internationales Handbuch der zeitgenössischen Forschung*. Vol. 1. Berlin et al.: Walter de Gruyter (Handbücher zur Sprach- und Kommunikationswissenschaft, 28,1), 337–348. Also in Wolfgang Mieder, *Behold the Proverbs of a People: Proverbial Wisdom in Culture, Literature, and Politics* (Jackson: University Press of Mississippi, 2014), 261–283.

"Sprichwort." In: Rolf Wilhelm Brednich & Hermann Bausinger & Wolfgang Brückner & Daniel Drascek & Helge Gerndt & Ines Köhler-Zülch & Lutz Röhrich & Klaus Roth (eds.). *Schinden · Sublimierung. Enzyklopädie des Märchens: Handwörterbuch zur historischen und vergleichenden Erzählforschung*. Vol. 12. Berlin et al.: Walter de Gruyter, cols. 1099–1116.

"'Übung macht den Meister': Studentische Redensartengedichte aus dem Fremdsprachenunterricht." In: Wolfgang Mieder (ed.). *Sprichwörter sind Goldes wert: Parömiologische Studien zu Kultur, Literatur und Medien*. Burlington, Vt.: The University of Vermont (Supplement Series of Proverbium: Yearbook of International Proverb Scholarship, 25), 263–301. Also in Wolfgang Mieder, *"Spruchschlösser (ab)bauen": Sprichwörter, Antisprichwörter und Lehnsprichwörter in Literatur und Medien* (Wien: Praesens Verlag, 2010), 249–283.

"Yankee Wisdom: American Proverbs and the Worldview of New England." In: Paul Skandera (ed.). *Phraseology and Culture in English*. Berlin et al.: Mouton de Gruyter (Topics in English Linguistics, 54), 205–234. Also in Wolfgang Mieder, *"Proverbs Speak Louder Than Words": Folk Wisdom in Art, Culture, Folklore, History, Literature, and Mass Media* (New York et al.: Peter Lang, 2008), 143–168.

***

"'Bis dat, qui cito dat': A Global Distribution of Proverbial 'Care Packages'." *Proverbium: Yearbook of International Proverb Scholarship* 24, 261–300.

"International Bibliography of New and Reprinted Proverb Collections." *Proverbium: Yearbook of International Proverb Scholarship* 24, 473–481.

"International Proverb Scholarship: An Updated Bibliography." *Proverbium: Yearbook of International Proverb Scholarship* 24, 483–524.

"Lutz Röhrich (9 October 1922 – 29 December 2006)." *Proverbium: Yearbook of International Proverb Scholarship* 24, 393–402. Also in Associação Internacional de Paremiologia / International Association of Paremiology (AIP-IAP) (ed.), *4º Colóquio Interdisciplinar sobre Provérbios – ACTAS / 4th Interdisciplinary Colloquium on Proverbs – PROCEEDINGS: ICP10* (Tavira: Tipografia Tavirense, 2011), 569–574.

## – 2008 –

*"Proverbs Speak Louder Than Words": Folk Wisdom in Art, Culture, Folklore, History, Literature, and Mass Media*. New York et al.: Peter Lang.

*"Sein oder Nichtsein": Das 'Hamlet'-Zitat in Literatur, Übersetzungen, Medien und Karikaturen*. Wien: Praesens Verlag (Kulturelle Motivstudien, 8).

***

(ed.). Alan Dundes. *"The Kushmaker" and Other Essays on Folk Speech and Folk Humor*. Burlington, Vt.: The University of Vermont (Supplement Series of Proverbium: Yearbook of International Proverb Scholarship, 26).

[ed.]. Andreas Schellhorn. *Teutsche Sprichwörter, sprichwörtliche Redensarten und Denksprüche: Gesammelt, in Ordnung gebracht, und mit den nöthigsten Erklärungen begleitet. Nebst einem Anhange von Sprichwörtern und Denksprüchen in lateinischen Versen für Studierte und Studierende*. With a foreword by Wolfgang Mieder. Hildesheim et al.: Georg Olms Verlag (Volkskundliche Quellen: Neudrucke europäischer Texte und Untersuchungen, 7. Sprichwort) [Reprint of the edition Nürnberg, Steinische Buchhandlung, 1797].

(ed.). *Proverbium: Yearbook of International Proverb Scholarship*. Vol. 25. Burlington, Vt.: The University of Vermont.

& Sabine Wienker-Piepho (eds.). Lutz Röhrich. *"And They Are Still Living Happily Ever After": Anthropology, Cultural History, and Interpretation of Fairy Tales*. Translated from the German by Paul Washbourne. Burlington, Vt.: The University of Vermont [Translated from Lutz Röhrich, *"und weil sie nicht gestorben sind ...": Anthropologie, Kulturgeschichte und Deutung von Märchen* (Köln et al.: Böhlau, 2002)].

***

"Advertising." In Donald Haase (ed.). *A–F. The Greenwood Encyclopedia of Folktales and Fairy Tales*. Vol. 1. Westport, Conn. et al.: Greenwood Press, 3–5.

"Anti-Fairy Tale." In: Donald Haase (ed.). *A–F. The Greenwood Encyclopedia of Folktales and Fairy Tales*. Vol. 1. Westport, Conn. et al.: Greenwood Press, 50.

"Aphorism." In: Donald Haase (ed.). *A–F. The Greenwood Encyclopedia of Folktales and Fairy Tales*. Vol. 1. Westport, Conn. et al.: Greenwood Press, 52–54.

"Cartoons and Comics." In: Donald Haase (ed.). *A–F. The Greenwood Encyclopedia of Folktales and Fairy Tales*. Vol. 1. Westport, Conn. et al.: Greenwood Press, 164–167.

"Dundes, Alan (1934–2005)." In: Donald Haase (ed.). *A–F. The Greenwood Encyclopedia of Folktales and Fairy Tales*. Vol. 1. Westport, Conn. et al.: Greenwood Press, 281–282.

"Frog King." In: Donald Haase (ed.). *A–F. The Greenwood Encyclopedia of Folktales and Fairy Tales*. Vol. 1. Westport, Conn. et al.: Greenwood Press, 390–392.

"Hay, Sara Henderson (1906–1987)." In: Donald Haase (ed.). *G–P. The Greenwood Encyclopedia of Folktales and Fairy Tales*. Vol. 2. Westport, Conn. et al.: Greenwood Press, 447–448.

"'New Proverbs Run Deep': Prolegomena to a Dictionary of Modern Anglo-American Proverbs." In: Associação Internacional de Paremiologia / International Association of Paremiology (AIP-IAP) (ed.). *1º Colóquio Interdisciplinar sobre Provérbios – ACTAS / 1st Interdisciplinary Colloquium on Proverbs – PROCEEDINGS: ICP07*. Tavira: Tipografia Tavirense, 69–87. A longer version also in *Proverbium: Yearbook of International Proverb Scholarship* 26, 237–274.

"Poetry." In: Donald Haase (ed.). *G–P. The Greenwood Encyclopedia of Folktales and Fairy Tales*. Vol. 2. Westport, Conn. et al.: Greenwood Press, 750–754.

"Proverbs." In: Donald Haase (ed.). *G–P. The Greenwood Encyclopedia of Folktales and Fairy Tales*. Vol. 2. Westport, Conn. et al.: Greenwood Press, 775–777.

"Stamps." In: Donald Haase (ed.). *Q–Z. The Greenwood Encyclopedia of Folktales and Fairy Tales*. Vol. 3. Westport, Conn. et al.: Greenwood Press, 918–919.

"'Vermont': Günter Grass' grünes Gelegenheitsgedicht." In: Norbert Honsza & Irena Świałowska (eds.). *Günter Grass: Bürger und Schriftsteller*. Wrocław: ATUT & Dresden: Neisse Verlag (Supplement Series of Orbis Linguarum, 70), 191–209.

& Stanley Brandes & John Lindow. "In Memoriam: Alan Dundes. Professor of Anthropology and Folklore. UC Berkeley. 1934–2005." In: Wolfgang Mieder (ed.). Alan Dundes. *"The Kushmaker" and Other Essays on Folk Speech and Folk Humor*. Burlington, Vt.: The University of Vermont (Supplement Series of Proverbium: Yearbook of International Proverb Scholarship, 26), ix–xi.

***

"International Bibliography of New and Reprinted Proverb Collections." *Proverbium: Yearbook of International Proverb Scholarship* 25, 461–469.

"International Proverb Scholarship: An Updated Bibliography." *Proverbium: Yearbook of International Proverb Scholarship* 25, 471–533.

"'Let Us Have Faith that Right Makes Might': Proverbial Rhetoric in Decisive Moments of American Politics." *Proverbium: Yearbook of International Proverb Scholarship* 25, 319–352.

## – 2009 –

*"Geben Sie Zitatenfreiheit!": Friedrich Schillers gestutzte Worte in Literatur, Medien und Karikaturen.* Wien: Praesens (Kulturelle Motivstudien, 9).

*International Bibliography of Paremiology and Phraseology.* 2 vols. Berlin et al.: Walter de Gruyter.

*"Märchen haben kurze Beine": Moderne Märchenreminiszenzen in Literatur, Medien und Karikaturen.* Wien: Praesens Verlag (Kulturelle Motivstudien, 10).

*"Nieman hât ân arebeit wîstuom": Sprichwörtliches in mittelhochdeutschen Epen.* Burlington, Vt.: The University of Vermont (Supplement Series of Proverbium: Yearbook of International Proverb Scholarship, 28).

*"Yes We Can": Barack Obama's Proverbial Rhetoric.* New York et al.: Peter Lang.

***

(ed.). Arvo Krikmann. *Proverb Semantics: Studies in Structure, Logic, and Metaphor.* Burlington, Vt.: The University of Vermont (Supplement Series of Proverbium: Yearbook of International Proverb Scholarship, 29).

[ed.]. Otto von Reinsberg-Düringsfeld. *Die Frau im Sprichwort.* With a foreword by Wolfgang Mieder. Hildesheim et al.: Georg Olms Verlag (Volkskundliche Quellen: Neudrucke europäischer Texte und Untersuchungen, 7. Sprichwort) [Reprint of the edition Leipzig, Hermann Fries, 1862].

(ed.). *Proverbium: Yearbook of International Proverb Scholarship.* Vol. 26. Burlington, Vt.: The University of Vermont.

& David Scrase (eds.). *Reactions to the Third Reich Then and Now: Harry H. Kahn Memorial Lectures (2005–2009).* Burlington, Vt.: The Center for Holocaust Studies at The University of Vermont.

***

"'I'm Absolutely Sure About – The Golden Rule': Barack Obama's Proverbial Audacity of Hope." In: Associação Internacional de Paremiologia / International Association of Paremiology (AIP-IAP) (ed.). *2º Colóquio Interdisciplinar sobre Provérbios – ACTAS / 2nd Interdisciplinary Colloquium on Proverbs – PROCEEDINGS: ICP08.* Tavira: Tipografia Tavirense, 51–71. A slightly longer version also in Wolfgang Mieder, *"Yes We Can": Barack Obama's Proverbial Rhetoric* (New York et al.: Peter Lang, 2009), 1–31. The original version also in Aikaterini Polymerou-Kamilaki & Evangelos Karamanes & Ioannis Plemmenos (eds.), *Narratives Across Space and Time: Trans-*

*missions and Adaptations. Proceedings of the 15th Congress of the International Society for Folk Narrative Research (June 21–27, 2009 Athens)*, vol. 2, Publications of the Hellenic Folklore Research Centre, 31 (Athens: Academy of Athens, Hellenic Folklore Research Centre, 2014), 509–528.

"'Theorie erklärt, Praxis lehrt': Zu den sprichwörtlichen Aphorismen von Hans-Jürgen Quadbeck-Seeger." In: Wojciech Kunicki & Jacek Rzeszotnik & Eugeniusz Tomiczek (eds.). *Breslau und die Welt: Festschrift für Prof. Dr. Irena Światłowska-Prędota zum 65. Geburtstag*. Wrocław: ATUT & Dresden: Neisse Verlag, 397–413. Also in Wolfgang Mieder, *"Spruchschlösser (ab)bauen": Sprichwörter, Antisprichwörter und Lehnsprichwörter in Literatur und Medien* (Wien: Praesens Verlag, 2010), 153–177.

"'Viele Wege führen zur Globalisierung': Zur Übersetzung und Verbreitung angloamerikanischer Sprichwörter in Europa." In: Rolf Wilhelm Brednich (ed.). *Erzählkultur: Beiträge zur kulturwissenschaftlichen Erzählforschung. Hans-Jörg Uther zum 65. Geburtstag*. Berlin et al.: Walter de Gruyter, 443–462. Also in Anna Lewandowska & Matthias Ballod (eds.), *Wissenstransfer durch Deutsch als Fremdsprache: Eine internationale Perspektive*, Transferwissenschaften, 10 (Frankfurt am Main: Peter Lang, 2013), 7–28.

***

"Anmerkung vom Herausgeber (Wolfgang Mieder) [concerning Margot Scharpenberg's poem 'Pieter Bruegel d.Ä.: Die niederländischen Sprichwörter, 1559']." *Proverbium: Yearbook of International Proverb Scholarship* 26, 348–350.

"International Bibliography of New and Reprinted Proverb Collections." *Proverbium: Yearbook of International Proverb Scholarship* 26, 473–480.

"International Proverb Scholarship: An Updated Bibliography." *Proverbium: Yearbook of International Proverb Scholarship* 26, 481–534.

"'We Must Pick Ourselves Up, Dust Ourselves Off': President Barack Obama's Proverbial Inaugural Address." *Paremia* 18, 31–42. Also in Wolfgang Mieder, *"Yes We Can": Barack Obama's Proverbial Rhetoric* (New York et al.: Peter Lang, 2009), 132–144.

***

13.08.2009. "The Nature of Proverbs." *Forbes*. <www.forbes.com/2009/08/12/wolfgang-mieder-proverbs-opinions-mieder.html> (01.07.2014).

## – 2010 –

*"Making a Way Out of No Way": Martin Luther King's Sermonic Proverbial Rhetoric*. New York et al.: Peter Lang.

*"Spruchschlösser (ab)bauen": Sprichwörter, Antisprichwörter und Lehnsprichwörter in Literatur und Medien*. Wien: Praesens Verlag.

***

[ed.]. Alexis Yermoloff. *Der Landwirtschaftliche Volkskalender*. With a foreword by Wolfgang Mieder. Hildesheim et al.: Georg Olms Verlag (Volkskundliche Quellen: Neudrucke europäischer Texte und Untersuchungen, 7. Sprichwort) [Reprint of the edition Leipzig, F.A. Brockhaus, 1905].

(ed.). *Proverbium: Yearbook of International Proverb Scholarship*. Vol. 27. Burlington, Vt.: The University of Vermont.

(ed.). *"True Friends Are Like Diamonds": Three Decades of Correspondence Between the Folklorists Shirley L. Arora and Wolfgang Mieder*. Burlington, Vt.: The University of Vermont (Supplement Series of Proverbium: Yearbook of International Proverb Scholarship, 30).

& Jarmo Korhonen & Elisabeth Piirainen & Rosa Piñel (eds.). *EUROPHRAS 2008: Beiträge zur internationalen Phraseologiekonferenz vom 13.–16.8.2008 in Helsinki*. Helsinki: Universität Helsinki <52661917.de.strato-hosting.eu/images/stories/documents/Verschiedenes/ep2008.pdf> (01.07.2014).

& Jarmo Korhonen & Elisabeth Piirainen & Rosa Piñel (eds.). *Phraseologie: Global – areal – regional. Akten der Konferenz EUROPHRAS 2008 vom 13.–16.8.2008 in Helsinki*. Tübingen: Narr Verlag.

***

"'Вселенная – это обитель' (анализ паремий, используемых в выступлениях президента США Б. Обамы) / 'The World Is a Place' Barack Obama's Proverbial View of an Interconnected Globe." In: А.А. Аминова & Н.Н. Фаттахова (eds.). *Сопоставительная филология и полилингвизм: Материалы Международной научной конференции (Казань, 29 сентября – 1 октября 2010 года)*. Казань: Институте языка, литературы и искусства им. Г. Ибрагимова АН РТ, 192–196.

"'Man soll den Tag nicht vor dem Abend loben' – vom Sprichwort über Schillers geflügeltes Wort zum Antisprichwort." In: Iwona Bartoszewicz & Marek Hałub & Eugeniusz Tomiczek (eds.). *Germanistik im interdisziplinären Gefüge*. Wrocław: Wydawnictwo Uniwersytetu Wrocławskiego (Germanica Wratislaviensia, 130; Acta Universitatis Wratislaviensis, 3226), 181–202. Also in Wolfgang Mieder, *"Spruchschlösser (ab)bauen": Sprichwörter, Antisprichwörter und Lehnsprichwörter in Literatur und Medien* (Wien: Praesens Verlag, 2010), 409–429.

"'Many Roads Lead to Globalization': The Translation and Distribution of Anglo-American Proverbs in Europe." In: Jarmo Korhonen & Wolfgang Mieder & Elisabeth Piirainen & Rosa Piñel (eds.). *Phraseologie: Global – areal – regional. Akten der Konferenz EUROPHRAS 2008 vom 13.–16.8.2008 in Helsinki*. Tübingen: Narr Verlag, 43–59. Also in Wolfgang Mieder, *Behold the Proverbs of a People: Proverbial Wisdom in Culture, Literature, and Politics* (Jackson: University Press of Mississippi, 2014), 55–79.

"'Der Mensch lebt nicht vom Brot allein': Vom Bibelsprichwort über das Volkssprichwort zum Antisprichwort." In: Michaiła Aleksiejenki & Harrego Waltera (eds.). *Jed-*

*nostka frazeologiczna w tradycyjnych i nowych paradygmatach naukowych*. Szczecin et al.: Print Group (Słowo, tekst, czas, 10), 279–300.

"Note from the Paremiologist Wolfgang Mieder." In: Associação Internacional de Paremiologia / International Association of Paremiology (AIP-IAP) (ed). *3º Colóquio Interdisciplinar sobre Provérbios – ACTAS / 3rd Interdisciplinary Colloquium on Proverbs – PROCEEDINGS: ICP09*. Tavira: Tipografia Tavirense, 562.

"'Proverbs and Poetry Are Like Two Peas in a Pod': The Proverbial Language of Modern Mini-Poems." In: Associação Internacional de Paremiologia / International Association of Paremiology (AIP-IAP) (ed). *3º Colóquio Interdisciplinar sobre Provérbios – ACTAS / 3rd Interdisciplinary Colloquium on Proverbs – PROCEEDINGS: ICP09*. Tavira: Tipografia Tavirense, 263–289. Also in Wolfgang Mieder, *Behold the Proverbs of a People: Proverbial Wisdom in Culture, Literature, and Politics* (Jackson: University Press of Mississippi, 2014), 284–310.

"Taylor, Archer." In: Rolf Wilhelm Brednich & Heidrun Alzheimer & Hermann Bausinger & Wolfgang Brückner & Daniel Drascek & Helge Gerndt & Ines Köhler-Zülch & Klaus Roth & Hans-Jörg Uther (eds.). *Suchen · Verführung. Enzyklopädie des Märchens: Handwörterbuch zur historischen und vergleichenden Erzählforschung*. Vol. 13. Berlin et al.: Walter de Gruyter, cols. 302–305.

"'Wer andern eine Grube gräbt, fällt selbst hinein': Vom Bibelzitat über das Sprichwort zum Antisprichwort." In: A[ndrew] Savchenko & V[alerij] Mokienko & H[arry] Walter (eds.). *Phraseologie und Text: Materialien der XXXVIII. internationalen wissenschaftlich-methodischen Konferenz. Fakultät für Philologien und Kunst der Staatlichen Universität Sankt Petersburg*. Greifswald et al.: Institut für Fremdsprachliche Philologien – Slawistik, 103–133. Also in Wolfgang Mieder, *"Spruchschlösser (ab)bauen": Sprichwörter, Antisprichwörter und Lehnsprichwörter in Literatur und Medien* (Wien: Praesens Verlag, 2010), 383–408.

***

"American Proverbs: An International, National, and Global Phenomenon." *Western Folklore* 69, 35–54.

"The Golden Rule as a Political Imperative for the World: President Barack Obama's Proverbial Messages Abroad / Dünya İçin Siyasi Bir Gereklilik Olarak Altın Kural: Başkan Obama'nın Yurtdışındaki Atasözü İçerikli Mesajları." *Millî Folklor: Üç Aylık Uluslararası Kültür Araştırmaları Dergisi* 85, 26–35.

"International Bibliography of New and Reprinted Proverb Collections." *Proverbium: Yearbook of International Proverb Scholarship* 27, 451–462.

"International Proverb Scholarship: An Updated Bibliography." *Proverbium: Yearbook of International Proverb Scholarship* 27, 463–534.

"'Two Happy Workaholics Are Better Than One': Additional Letters Between Alan Dundes and Wolfgang Mieder." *Proverbium: Yearbook of International Proverb Scholarship* 27, 173–200.

"Vilmos Voigt as Paremiologist." *Néprajzi látóhatár: A Györffy István Néprajzi Egyesület folyóirata / Ethnographic Horizons* 19, 103–119.

& Marsha MacDowell. "'When Life Hands You Scraps, Make a Quilt': Quiltmakers and the Tradition of Proverbial Inscriptions." *Proverbium: Yearbook of International Proverb Scholarship* 27, 113–172.

## – 2011 –

*International Bibliography of Paremiography: Collections of Proverbs, Proverbial Expressions and Comparisons, Quotations, Graffiti, Slang, and Wellerisms*. Burlington, Vt.: The University of Vermont (Supplement Series of Proverbium: Yearbook of International Proverb Scholarship, 34).

*"Wie anders wirkt dies Zitat auf mich ein!": Johann Wolfgang von Goethes entflügelte Worte in Literatur, Medien und Karikaturen*. Wien: Praesens Verlag (Kulturelle Motivstudien, 11).

***

[ed.]. Johann Christian Siebenkees. *Deutsche Sprichwörter mit Erläuterungen*. With a foreword by Wolfgang Mieder. Hildesheim et al.: Georg Olms Verlag (Volkskundliche Quellen: Neudrucke europäischer Texte und Untersuchungen, 7. Sprichwort) [Reprint of the edition Nürnberg, Verlag der Bauer- und Mann'schen Buchhandlung, 1790].

[ed.]. Otto von Reinsberg-Düringsfeld. *Das Kind im Sprichwort*. With a foreword by Wolfgang Mieder. Hildesheim et al.: Georg Olms Verlag (Volkskundliche Quellen: Neudrucke europäischer Texte und Untersuchungen, 7. Sprichwort) [Reprint of the edition Leipzig, Hermann Fries, 1864].

(ed.). *Proverbium: Yearbook of International Proverb Scholarship*. Vol. 28. Burlington, Vt.: The University of Vermont.

***

"'I Have a Dream': Martin Luther King's Proverbial Hope for a Better Future." In: Associação Internacional de Paremiologia / International Association of Paremiology (AIP-IAP) (ed.). *4° Colóquio Interdisciplinar sobre Provérbios – ACTAS / 4th Interdisciplinary Colloquium on Proverbs – PROCEEDINGS: ICP10*. Tavira: Tipografia Tavirense, 29–51. Also in Wolfgang Mieder, *"Making a Way Out of No Way": Martin Luther King's Sermonic Proverbial Rhetoric* (New York et al.: Peter Lang, 2010), 187–206.

***

"Alan Dundes as Book Collector." *Proverbium: Yearbook of International Proverb Scholarship* 28, 409–416.

"'The Dog in the Manger': The Rise and Decline in Popularity of a Proverb and a Fable." *Midwestern Folklore: Journal of the Hoosier Folklore Society* 37, 3–44. Also in

Wolfgang Mieder, *Behold the Proverbs of a People: Proverbial Wisdom in Culture, Literature, and Politics* (Jackson: University Press of Mississippi, 2014), 363–414.

"'Hat alles seine Zeit': Sprichwörter in Otto Ludwigs Dramen." *Proverbium: Yearbook of International Proverb Scholarship* 28, 193–218.

"International Bibliography of New and Reprinted Proverb Collections." *Proverbium: Yearbook of International Proverb Scholarship* 28, 465–474.

"International Proverb Scholarship: An Updated Bibliography." *Proverbium: Yearbook of International Proverb Scholarship* 28, 475–534.

"'It Takes a Village to Change the World': Proverbial Politics and the Ethics of Place." *Journal of American Folklore* 124, 4–28. Also in Wolfgang Mieder, *Behold the Proverbs of a People: Proverbial Wisdom in Culture, Literature, and Politics* (Jackson: University Press of Mississippi, 2014), 198–229.

"'Life, Liberty, and the Pursuit of Happiness': Martin Luther King's Proverbial Struggle for Equality." *Proverbium: Yearbook of International Proverb Scholarship* 28, 147–192. Also in Spanish as "'Encontrar una salida donde no había ninguna': El sueño proverbial por los derechos humanos de Martin Luther King," in Antonio Pamies Bertrán & Juan de Dios Luque Durán & Patricia Fernández Martín (eds.), *Paremiología y herencia cultural*, Colección Granada Lingvistica (Granada: Educatori, 2011), 315–338. The English version also in Wolfgang Mieder, *Behold the Proverbs of a People: Proverbial Wisdom in Culture, Literature, and Politics* (Jackson: University Press of Mississippi, 2014), 133–171.

***

"Ist das jetzt spruchreif?: Sprichwörter erforscht Wolfgang Mieder seit mehr als vierzig Jahren. Ein Gespräch über den Sinn und Zweck von Volksweisheiten." By Matthias Kalle and Matthias Stolz. *ZEITmagazin* 47, November 17, 15–17.

## – 2012 –

*"Zersungene Lieder": Moderne Volksliederreminiszenzen in Literatur, Medien und Karikaturen.* Wien: Praesens Verlag (Kulturelle Motivstudien, 12).

& Charles Clay Doyle & Fred R. Shapiro (comps.). *The Dictionary of Modern Proverbs.* New Haven et al.: Yale University Press.

& Andreas Nolte. *"Zu meiner Hölle will ich den Weg mit guten* [*Sprüchen*] *pflastern": Friedrich Nietzsches sprichwörtliche Sprache. Mit einem vollständigen Register der sprichwörtlichen und redensartlichen Belege im Werk des Autors.* Hildesheim et al.: Georg Olms Verlag (Germanistische Texte und Studien, 87).

***

[ed.]. Johann Ludwig Burckhardt. *Arabische Sprüchwörter oder die Sitten und Gebräuche der neueren Aegyptier erklärt aus den zu Kairo umlaufenden Sprüchwörtern.* With a foreword by Wolfgang Mieder. Hildesheim et al.: Georg Olms Verlag (Volkskundliche Quellen: Neudrucke europäischer Texte und Untersuchungen, 7. Sprichwort) [Reprint of the edition Weimar, Verlag des Landes-Industrie-Comptoirs, 1834].

(ed.). *Proverbium: Yearbook of International Proverb Scholarship*. Vol. 29. Burlington, Vt.: The University of Vermont.

***

"'Beating Swords into Plowshares': Proverbial Wisdom on War and Peace." In: Associação Internacional de Paremiologia / International Association of Paremiology (AIP-IAP). *5° Colóquio Interdisciplinar sobre Provérbios – ACTAS / 5th Interdisciplinary Colloquium on Proverbs – PROCEEDINGS: ICP11*. Tavira: Tipografia Tavirense, 92–120. Also in Wolfgang Mieder, *Behold the Proverbs of a People: Proverbial Wisdom in Culture, Literature, and Politics* (Jackson: University Press of Mississippi, 2014), 230–258.

"Dear Rui [João Baptista Soares], Dear Marinela [Soares], and Dear Paremiologists from Around the World." In: Associação Internacional de Paremiologia / International Association of Paremiology (AIP-IAP). *5° Colóquio Interdisciplinar sobre Provérbios – ACTAS / 5th Interdisciplinary Colloquium on Proverbs – PROCEEDINGS: ICP11*. Tavira: Tipografia Tavirense, 534–535.

"'Diesz ist der Grund dieser räthselhaften Sprichwörter': Über 'Deutsche Sprichwörter mit Erläuterungen' (1790) von Johann Christian Siebenkees." In: Michael Prinz & Ulrike Richter-Vapaatalo (eds.). *Idiome, Konstruktionen, "verblümte rede": Beiträge zur Geschichte der germanistischen Phraseologieforschung*. Stuttgart: S. Hirzel Verlag (Beiträge zur Geschichte der Germanistik, 3), 51–70.

"*Making a Way Out of No Way* – Martin Luther King's Proverbial Dream for Human Rights." In: Natalia Filatkina & Ane Kleine-Engel & Marcel Dräger & Harald Burger (eds.). *Aspekte der historischen Phraseologie und Phraseographie*. Heidelberg: Universitätsverlag WINTER (Germanistische Bibliothek, 46), 147–166. Also in German as "'Einen Weg aus keinem Weg machen': Martin Luther Kings sprichwörtliche Rhetorik für Menschenrechte." *Forum Artis Rhetoricae* 31 (2012), 34–63.

"Postscript." In: Rui João Baptista Soares. *Provérbios Europeus / European Proverbs / Europäische Sprichwörter*. Tavira: Tipografia Tavirense, 91–93.

"'*The World's a Place*' – Zur (inter-)nationalen Sprichwortpraxis Barack Obamas." In: Kathrin Steyer (ed.). *Sprichwörter multilingual: Theoretische, empirische und angewandte Aspekte der modernen Parömiologie*. Tübingen: Narr Verlag (Studien zur Deutschen Sprache, 60), 13–44.

***

"'Heiligkeit trägt nicht Gold im Mund': Friedrich Nietzsches sprichwörtliche Lyrik ('Святостъ не всегда несет золото во рту': Пословичная лирика Фридриха Ницше)." *Научный вестник: Современные лингвистические и методико-дидактические исследования* 17, 13–26. Also in Andreas Nolte & Wolfgang Mieder, *"Zu meiner Hölle will ich den Weg mit guten [Sprüchen] pflastern": Friedrich Nietzsches sprichwörtliche Sprache. Mit einem vollständigen Register der sprichwörtlichen und redensartlichen Belege im Werk des Autors*, Germanistische Texte und Studien, 87 (Hildesheim et al.: Georg Olms Verlag, 2012), 120–135.

"International Bibliography of New and Reprinted Proverb Collections." *Proverbium: Yearbook of International Proverb Scholarship* 29, 457–466.

"International Proverb Scholarship: An Updated Bibliography." *Proverbium: Yearbook of International Proverb Scholarship* 29, 467–536.

"Language and Vernacular Culture: Why Folklorists Should Read the *Dictionary of American Regional English*." *Journal of Folklore Research: An International Journal of Folklore and Ethnomusicology* 49, 107–112.

"Sterntaler der fröhlichen Wissenschaft." *Märchenspiegel: Zeitschrift für internationale Märchenforschung und Märchenpflege* 23/4, 35–40.

"Tell It to the Marines." *FLS News: The Newsletter of The Folklore Society* 67, 8–9.

"'Think Outside the Box': Origin, Nature, and Meaning of Modern Anglo-American Proverbs." *Proverbium: Yearbook of International Proverb Scholarship* 29, 137–196. Also shortened in Jean-Michel Benayoun & Natalie Kübler & Jean-Philippe Zouogbo (eds.), *Parémiologie: Proverbes et formes voisines*, vol. 2, Collection "Métaphrastique" (Sainte Gemme: Presses Universitaires de Sainte Gemme, 2013), 363–394. The original version also in Wolfgang Mieder, *Behold the Proverbs of a People: Proverbial Wisdom in Culture, Literature, and Politics* (Jackson: University Press of Mississippi, 2014), 80–130.

## – 2013 –

*"Neues von Sisyphus": Sprichwörtliche Mythen der Antike in moderner Literatur, Medien und Karikaturen.* Wien: Praesens Verlag (Kulturelle Motivstudien, 13).

***

(ed.). *Proverbium: Yearbook of International Proverb Scholarship.* Vol. 30. Burlington, Vt.: The University of Vermont.

(ed.). *Russkie Poslovitsy: Russian Proverbs in Literature, Politics, and Pedagogy. Festschrift for Kevin J. McKenna in Celebration of His Sixty-Fifth Birthday.* New York et al.: Peter Lang (International Folkloristics, 6).

[ed.]. Wilhelm Wille. *Die Sittenlehre, in Denksprüchen der Deutschen: Ein Versuch.* With a foreword by Wolfgang Mieder. Hildesheim et al.: Georg Olms Verlag (Volkskundliche Quellen: Neudrucke europäischer Texte und Untersuchungen, 7. Sprichwort) [Reprint of the edition Cassel und Göttingen, [Hahn], 1781].

***

"Idleness Is the Beginning of All Philosophy: *Friedrich Nietzsche's* Aphoristic Anti-Proverbs." In: Associação Internacional de Paremiologia / International Association of Paremiology (AIP-IAP) (ed.). *6° Colóquio Interdisciplinar sobre Provérbios – ACTAS*

/ [6th] *Interdisciplinary Colloquium on Proverbs – PROCEEDINGS: ICP12*. Tavira: Tipografia Tavirense, 108–129.

"'What's Sauce for the Goose Is Sauce for the Gander': The Proverbial Fight for Women's Rights by Elizabeth Cady Stanton and Susan B. Anthony." In: Е.Ф. Арсентьева (ed.). *Фразеология в многоязычном обществе / Phraseology in Multilingual Society: Сборник статей международной фразеологической конференции "EUROPHRAS" 19–22 августа 2013 г. В двух томах*. Vol. 1. Казань: Татарское республиканское издательство "ХЭТЕР", 21–38. A slightly longer version also in Elena Arsenteva (ed.), *Phraseology in Multilingual Society* (Newcastle upon Tyne: Cambridge Scholars Publishing, 2014), 278–296.

***

"'Die Furcht ist auch hier wieder die Mutter der Moral': Sprichwörtliche Aphorismen in Friedrich Nietzsches *Jenseits von Gut und Böse*." *Academic Journal of Modern Philology* 2, 75–89.

"International Bibliography of New and Reprinted Proverb Collections." *Proverbium: Yearbook of International Proverb Scholarship* 30, 471–480.

"International Proverb Scholarship: An Updated Bibliography." *Proverbium: Yearbook of International Proverb Scholarship* 30, 481–535.

"'Laissez faire à Georges' and 'Let George do it': A Case of Paremiological Polygenesis." *Paremia* 22, 17–29. A longer version also in Wolfgang Mieder, *Behold the Proverbs of a People: Proverbial Wisdom in Culture, Literature, and Politics* (Jackson: University Press of Mississippi, 2014), 436–480.

"'My Tongue – Is of the People': The Proverbial Language of Friedrich Nietzsche's *Thus Spoke Zarathustr*[*t*]*a*." *Proverbium: Yearbook of International Proverb Scholarship* 30, 171–226. Also in German as "'Mein Mundwerk – ist des Volks': Zur sprichwörtlichen Sprache von Friedrich Nietzsches *Also sprach Zarathustra*," *Neuphilologische Mitteilungen* 114 (2013), 423–454. The original version also in Wolfgang Mieder, *Behold the Proverbs of a People: Proverbial Wisdom in Culture, Literature, and Politics* (Jackson: University Press of Mississippi, 2014), 311–359.

## – 2014 –

*"All Men and Women Are Created Equal": Elizabeth Cady Stanton's and Susan B. Anthony's Proverbial Rhetoric Promoting Women's Rights*. New York et al.: Peter Lang.

*Behold the Proverbs of a People: Proverbial Wisdom in Culture, Literature, and Politics*. Jackson: University Press of Mississippi.

*"Wer andern ein*[*e*] *Grube gräbt ...": Sprichwörtliches aus der Bibel in moderner Literatur, Medien und Karikaturen*. Wien: Praesens Verlag (Kulturelle Motivstudien, 14).

***

[ed.]. Otto Sutermeister. *Die Schweizerischen Sprichwörter der Gegenwart in ausgewählter Sammlung*. With a foreword by Wolfgang Mieder. Hildesheim et al.: Georg Olms Verlag (Volkskundliche Quellen: Neudrucke europäischer Texte und Untersuchungen, 7. Sprichwort) [Reprint of the edition Aarau, J.J. Christen, 1869].

(ed.). *Proverbium: Yearbook of International Proverb Scholarship*. Vol. 31. Burlington, Vt.: The University of Vermont.

***

"'Aller Anfang ist Gefahr': Friedrich Nietzsches sprichwörtliche Aphorismen in *Menschliches, Allzumenschliches*." In: Vida Jesenšek & Dmitrij Dobrovol'skij (eds.). *Phraseologie und Kultur – Phraseology and Culture*. Bielsko-Biała et al.: Mednarodna založba Oddelka za slovanske jezike in književnosti, Filozofska fakulteta (ZORA, 96), 127–148.

"'The Golden Rule as Political Imperative': President Barack Obama's Proverbial Worldview." In: Wolfgang Mieder. *Behold the Proverbs of a People: Proverbial Wisdom in Culture, Literature, and Politics*. Jackson: University Press of Mississippi, 172–197.

"*Hamlet*-Zitate in Karikatur und Werbung." In: Peter W. Marx (ed.). *Hamlet-Handbuch: Stoffe, Aneignungen, Deutungen*. Stuttgart et al.: Verlag J.B. Metzler, 525–529.

"In Honorem: Outi Lauhakangas, 1953–. An Epistolary Tribute to Outi Lauhakangas on Her Sixtieth Birthday." In: Associaçao Internacional de Paremiologia / International Association of Paremiology (AIP-IAP) (eds.). *7º Colóquio Interdisciplinar sobre Provérbios – ACTAS / 7th Interdisciplinary Colloquium on Proverbs – PROCEEDINGS: ICP13*. Tavira: Tipografia Tavirense, 477–479.

"'Ein in sich gespaltenes Haus hat keinen Bestand': Zur Politisierung eines Bibelsprichworts bei Abraham Lincoln, Willy Brandt und Barack Obama." In: Ida Dringó-Horváth & József Fülöp & Zita Hollós & Petra Szatmári & Anita Szentpétery-Czeglédy & Emese Zakariás (eds.). *Das Wort – ein weites Feld: Festschrift für Regina Hessky*. Budapest: Gáspár-Károli-Universität der Reformierten Kirche · L'Harmattan Kiadó (Károli Könyvek: Sammelband), 268–284.

"'Jeder ist sich selbst der Fernste': Zur Sprichwörtlichkeit in Friedrich Nietzsches 'Die fröhliche Wissenschaft'." In: Irma Hyvärinen & Ulrike Richter-Vapaatalo & Jouni Rostila (eds.). *Finnische Germanistentagung 2012: Einblicke und Aussichten*. Frankfurt am Main et al.: Peter Lang Edition (Finnische Beiträge zur Germanistik, 30), 279–291.

"Message for ICP13 Participants and Members of the AIP-IAP General Assembly." In: Associaçao Internacional de Paremiologia / International Association of Paremiology (AIP-IAP) (eds.). *7º Colóquio Interdisciplinar sobre Provérbios – ACTAS / 7th Interdisciplinary Colloquium on Proverbs – PROCEEDINGS: ICP13*. Tavira: Tipografia Tavirense, 471–472.

"'M(R)ight Makes R(M)ight': The Sociopolitical History of a Contradictory Proverb Pair." In: Associaçao Internacional de Paremiologia / International Association of

Paremiology (AIP-IAP) (eds.). *7º Colóquio Interdisciplinar sobre Provérbios – ACTAS / 7th Interdisciplinary Colloquium on Proverbs – PROCEEDINGS: ICP13*. Tavira: Tipografia Tavirense, 107–131.

"'Old Friends Are Best!': Epistolary Highlights Between the Paremiologists Arvo Krikmann and Wolfgang Mieder." In: Anneli Baran & Liisi Laineste & Piret Voolaid (eds.). *'SCALA NATURAE': Festschrift in Honour of Arvo Krikmann for His 75th Birthday*. Tartu: ELM Scholarly Press, 17–56.

"'To Build Castles in Spain': The Story of an English Proverbial Expression." In: Wolfgang Mieder. *Behold the Proverbs of a People: Proverbial Wisdom in Culture, Literature, and Politics*. Jackson: University Press of Mississippi, 415–435.

"Wellerism." In: Salvatore Attardo (ed.). *Encyclopedia of Humor Studies*. Vol. 2. Los Angeles et al.: SAGE reference, 793–794.

"Wellerismus." In: Rolf Wilhelm Brednich & Heidrun Alzheimer & Hermann Bausinger & Wolfgang Brückner & Daniel Drascek & Helge Gerndt & Ines Köhler-Zülch & Klaus Roth & Hans-Jörg Uther (eds.). *Vergeltung · Zypern. Nachträge: Ābī · Zombie. Enzyklopädie des Märchens: Handwörterbuch zur historischen und vergleichenden Erzählforschung*. Vol. 14. Berlin et al.: Walter de Gruyter, cols. 596–605.

"Werbung." In: Rolf Wilhelm Brednich & Heidrun Alzheimer & Hermann Bausinger & Wolfgang Brückner & Daniel Drascek & Helge Gerndt & Ines Köhler-Zülch & Klaus Roth & Hans-Jörg Uther (eds.). *Vergeltung · Zypern. Nachträge: Ābī · Zombie. Enzyklopädie des Märchens: Handwörterbuch zur historischen und vergleichenden Erzählforschung*. Vol. 14. Berlin et al.: Walter de Gruyter, cols. 640–647.

***

"Arvo Krikmann: Master Folklorist and Paremiologist." *Proverbium: Yearbook of International Proverb Scholarship* 31, 1–10.

"A Fervent Plea for a Lithuanian-English Proverb Collection." *Tautosakos darbai* 47, 221–234.

"Futuristic Paremiography and Paremiology: A Plea for the Collection and Study of Modern Proverbs." *Folklore Fellows' Network* 44, 13–17 & 20–24 (Online version <www.folklorefellows.fi/wordpress/wp-content/uploads/FFNetwork_44.pdf> [19.09.2014]).

"International Bibliography of New and Reprinted Proverb Collections." *Proverbium: Yearbook of International Proverb Scholarship* 31, 473–482.

"International Proverb Scholarship: An Updated Bibliography." *Proverbium: Yearbook of International Proverb Scholarship* 31, 483–532.

"'Keep Your Eyes on the Prize': Congressman John Lewis's Proverbial Odyssey for Civil Rights." *Proverbium: Yearbook of International Proverb Scholarship* 31, 331–393.

"Sõbrad on isegi kaugel viibides lähedal: Arvo Krikmann 75." *Keel ja Kirjandus* 7, 540–542 (Online version <http://kjk.eki.ee/en/issues/2014/7/521> [19.09.2014]). Also in English as "'Friends, Though Absent, Are Still Present'," *Folklore: Electronic Journal of Folklore* 58 (2014), 209–212 (Online version <www.folklore.ee/folklore/vol58/n02.pdf> [19.09.2014]).

"'You Have to Kiss a Lot of Frogs (Toads) Before You Meet Your Handsome Prince': From Fairy-Tale Motif to Modern Proverb." *Marvels & Tales: Journal of Fairy-Tale Studies* 28/1, 104–126.

## Contributors

Melita Aleksa Varga, Assistant Professor PhD
Department of German Language and Applied Linguistics
*Sveučilište Josipa Jurja Strossmayera u Osijeku* (Croatia)

Tamar Alexander, Professor PhD
The Moshe David Gaon Center for Ladino Culture
*אוניברסיטת בן-גוריון בנגב* (Israel)

Bo Almqvist (†), Professor Emeritus PhD
National Folklore Collection
*An Coláiste Ollscoile, Baile Átha Cliath* (Ireland)

Shirley L. Arora, Professor Emerita PhD
Department of Spanish and Portuguese
*University of California, Los Angeles* (USA)

Saša Babič, Dr.Sc.
Institute of Slovenian Ethnology
*Znanstvenoraziskovalni center Slovenske akademije znanosti in umetnosti* (Slovenia)

Peter Barta, Associate Professor PhD
Department of Translation and Interpreting
*Eötvös Loránd Tudományegyetem* (Hungary)

Yaakov Bentolila, Professor Emeritus PhD
Department of Hebrew Language
*אוניברסיטת בן-גוריון בנגב* (Israel)

Chilukuri Bhuvaneswar, PhD
*The Proverbial Linguistics Group* (India)

Fionnuala Carson Williams, D.Litt.
Belfast (Ireland)

František Čermák, Professor Ph.Dr. Dr.Sc.
Institute of the Czech National Corpus
*Univerzita Karlova v Praze* (Czech Republic)

Chu-Hsien Chen, D.Th.
Mainz (Germany)

Christoph Chlosta
Department of German as Second and Foreign Language
*Universität Duisburg-Essen* (Germany)

Dmitrij Dobrovol'skij, Professor Dr. phil.
Moscow (Russia)

Charles Clay Doyle, Associate Professor PhD
Department of English
*The University of Georgia* (USA)

Rainer Eckert, Professor Emeritus Dr. phil. Dr. h.c. mult.
Berlin (Germany)

Wolfgang Eismann, Professor Emeritus Dr. phil.
Department of Slavic Studies
*Karl-Franzens-Universität Graz* (Austria)

Oleg Fedosov, Ph.Dr. PhD
Institute of Slavic and Baltic Philology
*Eötvös Loránd Tudományegyetem* (Hungary)

Sabine Fiedler, Professor Dr. phil.
Institute of British Studies
*Universität Leipzig* (Germany)

Natalia Filatkina, Dr. phil.
Department for Historical Linguistics of German
*Universität Trier* (Germany)

Rosemarie Gläser, Professor Emerita Dr. phil.
Foreign Language Center
*Universität Leipzig* (Germany)

Liisa Granbom-Herranen, PhD
Department of Folkloristics
*Turun yliopisto* (Finland)

Christian Grandl, M.A.
Würzburg (Germany)

Peter Grzybek, Professor Dr. phil.
Department of Slavic Studies
*Karl-Franzens-Universität Graz* (Austria)

Pekka Hakamies, Professor PhD
Department of Folkloristics
*Turun yliopisto* (Finland)

Galit Hasan-Rokem, Max and Margarethe Grunwald Professor Emerita PhD
The Mandel Institute of Jewish Studies
*האוניברסיטה העברית בירושלים* (Israel)

Susanne Hose, Dr. phil.
*Serbski institut* (Germany)

Hrisztalina Hrisztova-Gotthardt, PhD
Foreign Language Center
*Pécsi Tudományegyetem* (Hungary)

Vida Jesenšek, Professor Dr.Sc.
Department of German Studies
*Univerza v Mariboru* (Slovenia)

Anna Konstantinova, Associate Professor PhD
Department of English
*Кубанский государственный технологический университет* (Russia)

Jarmo Korhonen, Professor Dr. phil.
Department of Modern Languages
*Helsingin yliopisto* (Finland)

Arvo Krikmann, Ph.Dr.
Department of Folkloristics
*Eesti Kirjandusmuuseum* (Estonia)

Outi Lauhakangas, D.S.Sc.
Helsinki (Finland)

Anna T. Litovkina, Professor PhD
Department of Philology
*Wyższa Szkoła Informatyki i Zarządzania w Rzeszowie* (Poland)
Department of Modern Philology
*Univerzita J. Selyeho* (Slovakia)

Marcas Mac Coinnigh, PhD
School of Modern Languages
*Ollscoil na Banríona, Béal Feirste* (Ireland)

Dennis F. Mahoney, Wolfgang and Barbara Mieder "Green and Gold" Professor PhD
Department of German and Russian
*The University of Vermont* (USA)

Anamarija Marinović, PhD
Center for Lusophone and European Literatures and Cultures
*Universidade de Lisboa* (Portugal)

Pedro Martins, LL.M. M.A.
Department of Modern Languages, Literatures, and Cultures
*Università di Bologna* (Italy)
Department of Foreign Languages and Literatures
*Università degli studi di Milano* (Italy)

Juan Francisco Maura, Professor PhD
Department of Romance Languages and Linguistics
*The University of Vermont* (USA)

Kevin J. McKenna, Professor PhD
Department of German and Russian
*The University of Vermont* (USA)

Valerij Mokienko, Professor Dr. phil. Dr. h.c.
School of Slavic Philology
*Санкт-Петербургский государственный университет* (Russia)

Yoko Mori, Professor Emerita PhD
Department of General and Cultural Studies
*明治大学* (Japan)

Anita Naciscione, Professor PhD
Department of Intercultural Communication and Foreign Languages
*Latvijas Kultūras akadēmija* (Latvia)

Daniela Natale, PhD
Department of Comparative Literature
*Università degli studi Roma Tre* (Italy)

Siegfried Neumann, Professor Emeritus Dr. phil.
Institute of Folklore
*Universität Rostock* (Germany)

Andreas Nolte, Dr. phil.
Jericho, Vt. (USA)

Frank Nuessel, Professor PhD
Department of Classical and Modern Languages
*University of Louisville* (USA)

Gyula Paczolay, Dr.Sc.
Veszprém (Hungary)

Christine Palm Meister, Professor Emerita Dr. phil.
Uppsala (Sweden)

Antonio Pamies Bertrán, Professor PhD
Department of General Linguistics and Literary Theory
*Universidad de Granada* (Spain)

Elisabeth Piirainen, Dr. phil.
Steinfurt (Germany)

Ilpo Tapani Piirainen (†), Professor Dr. phil. Dr. h.c.
Steinfurt (Germany)

Anand Prahlad, Professor PhD
Department of English
*University of Missouri* (USA)

Stanisław Prędota, Professor Dr. habil.
Erasmus Chair of Dutch Philology
*Uniwersytet Wrocławski* (Poland)

Andrey Reznikov, Professor PhD
School of Arts and Humanities
*Black Hills State University* (USA)

Ilana Rosen, Associate Professor PhD
Department of Hebrew Literature
*אוניברסיטת בן-גוריון בנגב* (Israel)

Helga Schreckenberger, Professor PhD
Department of German and Russian
*The University of Vermont* (USA)

David Scrase, Professor Emeritus PhD
Department of German and Russian
*The University of Vermont* (USA)

Helmut A. Seidl, Professor Dr. phil.
Center for Languages and Intercultural Communication
*Hochschule für angewandte Wissenschaften Augsburg* (Germany)

Tom Simone, Professor PhD
Department of English
*The University of Vermont* (USA)

Kathrin Steyer, Dr. phil.
*Institut für Deutsche Sprache* (Germany)

Irena Świątłowska-Prędota, Professor Dr. habil.
Institute of German Philology
*Uniwersytet Wrocławski* (Poland)

Joanna Szerszunowicz, Dr. phil.
Institute of Polish Philology
*Uniwersytet w Białymstoku* (Poland)

Grzegorz Szpila, Dr. habil.
Institute of English Studies
*Uniwersytet Jagielloński* (Poland)

Olga V. Trokhimenko, Associate Professor PhD
Department of Foreign Languages and Literatures
*University of North Carolina Wilmington* (USA)

Gerhard Uhlenbruck, Professor Emeritus Dr. med.
Department of Immunobiology
*Universität zu Köln* (Germany)

Hans-Jörg Uther, Professor Dr. phil.
*Arbeitsstelle "Enzyklopädie des Märchens"* (Germany)

Stéphane Viellard, Professor PhD
Department of Slavic Studies
*Université Paris-Sorbonne – Paris IV* (France)

Vilmos Voigt, Professor Emeritus Dr.Sc.
Department of Folklore
*Eötvös Loránd Tudományegyetem* (Hungary)

Wolfgang Vorwerk, Dr. iur. utr.
Bremen (Germany)

Harry Walter, Professor Dr. phil. Dr. h.c.
Institute of Slavic Studies
*Ernst-Moritz-Arndt-Universität Greifswald* (Germany)

Sabine Wienker-Piepho, PD Dr. phil. habil.
Department of Folklore and Cultural History
*Friedrich-Schiller-Universität Jena* (Germany)

## Tabula Gratulatoria

Hasliza Abd Halim
Christchurch (New Zealand)

Melita Aleksa Varga
*Sveučilište Josipa Jurja Strossmayera u Osijeku* (Croatia)

Tamar Alexander
*אוניברסיטת בן-גוריון בנגב* (Israel)

Minas Al. Alexiadis
*Εθνικό και Καποδιστριακό Πανεπιστήμιο Αθηνών* (Greece)

Bo Almqvist (†)
*An Coláiste Ollscoile, Baile Átha Cliath* (Ireland)

Reinhold Aman
Santa Rosa, Calif. (USA)

Jane Ambrose
*The University of Vermont* (USA)

Z. Philip Ambrose
*The University of Vermont* (USA)

*American Association of Teachers of German* (USA)

*American Dialect Society* (USA)

*American Folklore Society* (USA)

*Arbeitsstelle "Enzyklopädie des Märchens"* (Germany)

Torben Arboe
Aarhus (Denmark)

Shirley L. Arora
*University of California, Los Angeles* (USA)

Elena Arsenteva
*Казанский (Приволжский) федеральный университет* (Russia)

*Associação Internacional de Paremiologia / International Association of Paremiology* (Portugal)

Rafał Augustyn
*Uniwersytet Marii Curie-Skłodowskiej* (Poland)

Roza Ayupova
Kazan (Russia)

Saša Babič
*Znanstvenoraziskovalni center Slovenske akademije znanosti in umetnosti* (Slovenia)

Cristina Bacchilega
*University of Hawai'i at Mānoa* (USA)

Laura-Eveline Bădescu
*Universitatea din Pitești* (Romania)

József Attila Balázsi
Budapest (Hungary)

Howard Ball
*The University of Vermont* (USA)

Anneli Baran
*Eesti Kirjandusmuuseum* (Estonia)

Peter Barta
*Eötvös Loránd Tudományegyetem* (Hungary)

Gidon Bavly
*The University of Vermont* (USA)

Rimma Baykova
*The University of North Carolina at Chapel Hill* (USA)

Lital Belinko-Sabah
*האוניברסיטה העברית בירושלים* (Israel)

Yaakov Bentolila
*אוניברסיטת בן-גוריון בנגב* (Israel)

Hana Bergerová
*Univerzita Jana Evangelisty Purkyně v Ústí nad Labem* (Czech Republic)

Elizabeta Bernjak
*Univerza v Mariboru* (Slovenia)

Elena Berthemet
*Université de Bretagne Occidentale* (France)

Chilukuri Bhuvaneswar
*The Proverbial Linguistics Group* (India)

Maximilian Bitterwolf
Eichstätt (Germany)

Adriana Borra
*The University of Vermont* (USA)

Antonello Borra
*The University of Vermont* (USA)

Theo Bothma
*University of Pretoria* (South Africa)

Kathrin M. Bower
*University of Richmond* (USA)

Tony Bradley
*The University of Vermont* (USA)

Simon J. Bronner
The Pennsylvania State University Harrisburg (USA)

Giedrė Bufienė
*Lietuvių literatūros ir tautosakos institutas* (Lithuania)

Dragica Bukovčan
Zagreb (Croatia)

Harald Burger
Zurich (Switzerland)

Fionnuala Carson Williams
Belfast (Ireland)

Elena Carter
Yekaterinburg (Russia)

Antonio Cepeda-Benito
*The University of Vermont* (USA)

František Čermák
*Univerzita Karlova v Praze* (Czech Republic)

Chu-Hsien Chen
Mainz (Germany)

Christoph Chlosta
*Universität Duisburg-Essen* (Germany)

Sanghamitra Choudhury
Sikkim (India)

Eva Cieślarová
*Ostravská univerzita v Ostravě* (Czech Republic)

Jean-Pierre Colson
*Université catholique de Louvain* (Belgium)

Roger Cooke
*The University of Vermont* (USA)

Patty Corcoran
*The University of Vermont* (USA)

Maria João Coutinho
*Universidade de Lisboa* (Portugal)

Simion Doru Cristea
*Universidade de Lisboa* (Portugal)

Attila Cserép
*Debreceni Egyetem* (Hungary)

Pedro Ângelo da Costa Pereira
*Universidade Jean Piaget de Angola* (Angola)

Martine Dalmas
*Université Paris-Sorbonne* (France)

Alice Daniels
*The University of Vermont* (USA)

*Deutsche Gesellschaft für Volkskunde* (Germany)

Jennifer Dickinson
*The University of Vermont* (USA)

Moustapha Diouf
*The University of Vermont* (USA)

Heike Doane
Cary, N.C. (USA)

Dmitrij Dobrovol'skij
Moscow (Russia)

Andrew Donskov
*University of Ottawa* (Canada)

Aristeides Doulaveras
*Πανεπιστήμιο Πελοποννήσου* (Greece)

Charles Clay Doyle
*The University of Georgia* (USA)

Marcel Dräger
Freiburg im Breisgau (Germany)

Dominique Dupont
Paris (France)

Peter Ďurčo
*Univerzita sv. Cyrila a Metoda v Trnave* (Slovakia)

Rainer Eckert
Berlin (Germany)

Marina Egorova
Irkutsk (Russia)

Ludwig M. Eichinger
*Institut für Deutsche Sprache* (Germany)

Wolfgang Eismann
*Karl-Franzens-Universität Graz* (Austria)

Peter Ernst
*Universität Wien* (Austria)

Tina Escaja
*The University of Vermont* (USA)

Stefan Ettinger
*Universität Augsburg* (Germany)

*Europäische Gesellschaft für Phraseologie* (Switzerland)

Melanija Fabčič
*Univerza v Mariboru* (Slovenia)

Inês Faria
Lisbon (Portugal)

Oleg Fedosov
*Eötvös Loránd Tudományegyetem* (Hungary)

Sabine Fiedler
*Universität Leipzig* (Germany)

Natalia Filatkina
*Universität Trier* (Germany)

Csaba Földes
*Universität Erfurt* (Germany)

Sinaida Fomina
*Воронежский государственный университет* (Russia)

Gabriela Funk
*Universidade dos Açores* (Portugal)

Matthias Funk
*Universidade dos Açores* (Portugal)

Polona Gantar
*Univerza v Ljubljani* (Slovenia)

Gregory Gause
*The University of Vermont* (USA)

Shirley Gedeon
*The University of Vermont* (USA)

*Gesellschaft für deutsche Sprache* (Germany)

Rosemarie Gläser
*Universität Leipzig* (Germany)

Joel M. Goldberg
*The University of Vermont* (USA)

Robert Gordon
*The University of Vermont* (USA)

Rufus H. Gouws
Stellenbosch (South Africa)

Eva-Maria Goy
Bourgnac (France)

Liisa Granbom-Herranen
*Turun yliopisto* (Finland)

André Grandl
Würzburg (Germany)

Christian Grandl
Würzburg (Germany)

Ernst Grandl
Obernbreit (Germany)

Monika Grandl
Obernbreit (Germany)

Sabine Grandl
Würzburg (Germany)

Elizabeth "Kelly" Green
Oklahoma City, Okla. (USA)

Hope Greenberg
*The University of Vermont* (USA)

Robert Grošelj
Ljubljana (Slovenia)

Peter Grzybek
*Karl-Franzens-Universität Graz* (Austria)

Michael A. Gurdon
*The University of Vermont* (USA)

Melanie S. Gustafson
*The University of Vermont* (USA)

Huck Gutman
*The University of Vermont* (USA)

Pekka Hakamies
*Turun yliopisto* (Finland)

Erla Hallsteinsdóttir
Odense (Denmark)

Galit Hasan-Rokem
*האוניברסיטה העברית בירושלים* (Israel)

Anne Heigl-Laubner
Ludwigshafen (Germany)

Erkki Herranen
Salo (Finland)

Regina Hessky
*Károli Gáspár Református Egyetem* (Hungary)

Milena Hnátková
Prague (Czech Republic)

Theresia Hoeck
*The University of Vermont* (USA)

Carrie Honeman
*Clark University* (USA)

Don Honeman
*Clark University* (USA)

Susanne Hose
*Serbski institut* (Germany)

David Howell
*The University of Vermont* (USA)

Hrisztalina Hrisztova-Gotthardt
*Pécsi Tudományegyetem* (Hungary)

Jonathan D. Huener
*The University of Vermont* (USA)

John Hulin
London (England)

Pat Hutton
*The University of Vermont* (USA)

Irma Hyvärinen
Helsinki (Finland)

Marina Iakushevich
*Universität Paderborn* (Germany)

Priscilla Ishida
*筑波大学* (Japan)

Risto Järv
*Eesti Kirjandusmuuseum* (Estonia)

Nataša Jakop
Ljubljana (Slovenia)

*The Japanese Society of Paremiology* (Japan)

Mateja Jemec Tomazin
*Znanstvenoraziskovalni center Slovenske akademije znanosti in umetnosti* (Slovenia)

Ben Jens
*The University of Vermont* (USA)

Vida Jesenšek
*Univerza v Mariboru* (Slovenia)

Margrit "Maggie" Jung-Pritz
Cologne-Rondorf (Germany)

Britta Juska-Bacher
*Pädagogische Hochschule Bern* (Switzerland)

Brigita Kacjan
*Univerza v Mariboru* (Slovenia)

Roland Kahn
*Märchen-Stiftung Walter Kahn* (Germany)

Georgi L. Kapchits
Moscow (Russia)

Olga M. Karpova
*Ивановский государственный университет* (Russia)

Anita Kázmér Braxatorisová
*Московский государственный университет имени М.В. Ломоносова* (Russia)

Kathleen Kelleher
*The University of Vermont* (USA)

Kate Kenny
*The University of Vermont* (USA)

Jolene Kingdon
Salt Lake City, Ut. (USA)

Ane Kleine-Engel
*Technische Universität Berlin* (Germany)

Barbara Komenda-Earle
*Uniwersytet Szczeciński* (Poland)

Anna Konstantinova
*Кубанский государственный технологический университет* (Russia)

Ana Koren
Ljubljana (Slovenia)

Briitta Korhonen
Espoo (Finland)

Jarmo Korhonen
*Helsingin yliopisto* (Finland)

Arvo Krikmann
*Eesti Kirjandusmuuseum* (Estonia)

Daniel Krymkowski
*The University of Vermont* (USA)

Erika Kržišnik
Ljubljana (Slovenia)

Karel Kučera
*Univerzita Karlova v Praze* (Czech Republic)

Koenraad Kuiper
*The University of Sydney* (Australia)

Mariya A. Kul'kova
*Казанский (Приволжский) федеральный университет* (Russia)

Arthur Kunin
*The University of Vermont* (USA)

Lutz Kuntzsch
*Gesellschaft für deutsche Sprache* (Germany)

Julietta Lagodenko
*Белгородский государственный национальный исследовательский университет* (Russia)

Liisi Laineste
*Eesti Kirjandusmuuseum* (Estonia)

Andreas Langlotz
Basel (Switzerland)

Lise Larose
*The University of Vermont* (USA)

Kimberly J. Lau
*University of California, Santa Cruz* (USA)

Outi Lauhakangas
Helsinki (Finland)

Robert B. Lawson
*The University of Vermont* (USA)

Jorge Leiva Rojo
*Universidad de Málaga* (Spain)

Anna Lewandowska
*Martin-Luther-Universität Halle-Wittenberg* (Germany)

Henry Lewin
Amherst, Mass. (USA)

Annikki Liimatainen
*Tampereen yliopisto* (Finland)

Anna T. Litovkina
*Wyższa Szkoła Informatyki i Zarządzania w Rzeszowie* (Poland)
*Univerzita J. Selyeho* (Slovakia)

Maslina Ljubičić
*Sveučilište u Zagrebu* (Croatia)

Lokangaka Losambe
*The University of Vermont* (USA)

Claudia Lückert (née Aurich)
*Westfälische Wilhelms-Universität Münster* (Germany)

Daniel Lusk
*The University of Vermont* (USA)

Marcas Mac Coinnigh
*Ollscoil na Banríona, Béal Feirste* (Ireland)

Marsha MacDowell
*Michigan State University* (USA)

*Märchen-Stiftung Walter Kahn* (Germany)

Tony Magistrale
*The University of Vermont* (USA)

Angelika Mahoney
Burlington, Vt. (USA)

Dennis F. Mahoney
*The University of Vermont* (USA)

Anita Malmqvist
*Umeå universitet* (Sweden)

Anamarija Marinović
*Universidade de Lisboa* (Portugal)

Luther A. Martin
*The University of Vermont* (USA)

Susanna Martinez
Mannheim (Germany)

Pedro Martins
*Università di Bologna* (Italy)
*Università degli studi di Milano* (Italy)

Ulrich Marzolph
*International Society for Folk Narrative Research* (Germany)

Hisashi Matsumura
Auckland (New Zealand)

Yoshinao Matsumura
Auckland (New Zealand)

Yumi Matsumura
Auckland (New Zealand)

Željka Matulina
*Sveučilište u Zadru* (Croatia)

Juan Francisco Maura
*The University of Vermont* (USA)

Kevin J. McKenna
*The University of Vermont* (USA)

Natalia Med
*Санкт-Петербургский государственный университет* (Russia)

Marie Meihsner-Psychoudakis
*Αριστοτέλειο Πανεπιστήμιο Θεσσαλονίκης* (Greece)

William Metcalfe
*The University of Vermont* (USA)

Matej Meterc
Ljubljana (Slovenia)

Barbara Mieder
Williston, Vt. (USA)

William Mierse
*The University of Vermont* (USA)

Hans-Manfred Militz
*Friedrich-Schiller-Universität Jena* (Germany)

Brian Minier
*The University of Vermont* (USA)

*Modern Language Association of America* (USA)

Christine Möller-Sahling
Boston, Mass. (USA)

Valerij Mokienko
*Санкт-Петербургский государственный университет* (Russia)

Yoko Mori
*明治大学* (Japan)

George Moyser
*The University of Vermont* (USA)

Jo Anne Murad
*The University of Vermont* (USA)

Timothy Murad
*The University of Vermont* (USA)

Christopher S. Myers
*Peter Lang Publishing* (USA)

Anita Naciscione
*Latvijas Kultūras akadēmija* (Latvia)

Kenneth L. Nalibow
*The University of Vermont* (USA)

Daniela Natale
*Università degli studi Roma Tre* (Italy)

Garrison Nelson
*The University of Vermont* (USA)

Pratima Neogi
Dhubri (India)

Siegfried Neumann
*Universität Rostock* (Germany)

Katie Ní Loingsigh
Dublin (Ireland)

Andreas Nolte
Jericho, Vt. (USA)

Frank Nuessel
*University of Louisville* (USA)

Gayle Nunley
*The University of Vermont* (USA)

W. Georg Olms
*Georg Olms Verlag* (Germany)

Lia O'Neill Keawe
*University of Hawai'i at Mānoa* (USA)

Bettina Opitz-Chen
Mainz (Germany)

Adriane Orenha-Ottaiano
*Universidade Estadual Paulista "Júlio de Mesquita Filho"* (Brazil)

Jim Overfield
*The University of Vermont* (USA)

Gyula Paczolay
Veszprém (Hungary)

William E. Paden
*The University of Vermont* (USA)

Christine Palm Meister
Uppsala (Sweden)

Antonio Pamies Bertrán
*Universidad de Granada* (Spain)

Irina Parina
*Нижегородский государственный лингвистический университет имени Н.А. Добролюбова* (Russia)

Lurdes Patrício
Lisbon (Portugal)

Agnieszka Perlinska
Williston, Vt. (USA)

*Peter Lang · Internationaler Verlag der Wissenschaften* (Germany)

Gordon Peterson
Burlington, Vt. (USA)

Teodor Petrič
*Univerza v Mariboru* (Slovenia)

Roumyana Petrova
*Русенски университет* (Bulgaria)

Piotr Pęzik
*Uniwersytet Łódzki* (Poland)

Christian Pfeiffer
*Universität Augsburg* (Germany)

Elisabeth Piirainen
Steinfurt (Germany)

Ilpo Tapani Piirainen (†)
Steinfurt (Germany)

Filipe Pires
*Associação Internacional de Paremiologia / International Association of Paremiology* (Portugal)

Mark G. Pomar
*The U.S. Russia Foundation* (USA/Russia)

Liezl Potgieter
Paarl (South Africa)

Nancy Poulin
*The University of Vermont* (USA)

Peggy F. Powell
*The University of Vermont* (USA)

Anand Prahlad
*University of Missouri* (USA)

Stanisław Prędota
*Uniwersytet Wrocławski* (Poland)

Robert Price
*University of Wisconsin-Madison* (USA)

Damjan Pungračič
Maribor (Slovenia)

Hans-Jürgen Quadbeck-Seeger
Bad Dürkheim (Germany)

Vladimir Queiroz
Salvador (Brazil)

Aderemi Raji-Oyelade
*University of Ibadan* (Nigeria)

Andrey Reznikov
*Black Hills State University* (USA)

Veronica Richel
*The University of Vermont* (USA)

Michael Ritter
*Praesens Verlag* (Austria)

Ingrid Röhrich
Freiburg im Breisgau (Germany)

Hans-Gert Roloff
*Freie Universität Berlin* (Germany)

Ilana Rosen
*אוניברסיטת בן-גוריון בנגב* (Israel)

Robert A. Rothstein
*University of Massachusetts Amherst* (USA)

Anna Ruusila
Helsinki (Finland)

Marilei Sabino
*Universidade Estadual Paulista "Júlio de Mesquita Filho"* (Brazil)

Charles Daniel Saliba
Gozo (Malta)

Thomas P. Salmon
*The University of Vermont* (USA)

Zuriñe Sanz Villar
Vitoria-Gasteiz (Spain)

Mara Saule
*The University of Vermont* (USA)

John Schillinger
*American University* (USA)

Günter Schmale
*Université de Lorraine* (France)

Helga Schreckenberger
*The University of Vermont* (USA)

Jutta Schumacher
Luxembourg (Luxembourg)

Hans-Peter Schwöbel
Mannheim (Germany)

Kathleen Scollins
*The University of Vermont* (USA)

David Scrase
*The University of Vermont* (USA)

Helmut A. Seidl
*Hochschule für angewandte Wissenschaften Augsburg* (Germany)

Munir Sendich
*Michigan State University* (USA)

André Senécal
Boise, Id. (USA)

Fred R. Shapiro
*Yale University* (USA)

Mary Lou Shea
*The University of Vermont* (USA)

Richard Sheldon
*Dartmouth College* (USA)

Tea Shurgaia
*ივანე ჯავახიშვილის სახელობის თბილისის სახელმწიფო უნივერსიტეტი* (Georgia)

Kateřina Šichová
*Universität Regensburg* (Germany)

Tom Simone
*The University of Vermont* (USA)

Mariann Skog-Södersved
*Vasa universitet* (Finland)

Douglas Smith
Seattle, Wash. (USA)

Marinela Soares
*Associação Internacional de Paremiologia / International Association of Paremiology* (Portugal)

Rui João Baptista Soares
*Associação Internacional de Paremiologia / International Association of Paremiology* (Portugal)

Janet Sobieski
Boise, Id. (USA)

Ron Kekeha Solis
*University of Hawai'i at Mānoa* (USA)

Eija Stark
*Helsingin yliopisto* (Finland)

Peter J. Stavrakis
*National Defense University* (USA)

Alexandra Stavtseva
Irkutsk (Russia)

Kathrin Steyer
*Institut für Deutsche Sprache* (Germany)

Mark A. Stoler
*The University of Vermont* (USA)

Richard Sugarman
*The University of Vermont* (USA)

Tom Sullivan
*The University of Vermont* (USA)

Makoto Sumiyoshi
Osaka (Japan)

Richard Sweterlitsch
Asheville, N.C. (USA)

Irena Świątłowska-Prędota
*Uniwersytet Wrocławski* (Poland)

Joanna Szerszunowicz
*Uniwersytet w Białymstoku* (Poland)

Grzegorz Szpila
*Uniwersytet Jagielloński* (Poland)

Robert Taylor
*The University of Vermont* (USA)

*Theodor-Storm-Gesellschaft* (Germany)

Ludmila Ivanova Torlakova
*Universitetet i Bergen* (Norway)

Olga V. Trokhimenko
*University of North Carolina Wilmington* (USA)

Gerhard Uhlenbruck
*Universität zu Köln* (Germany)

Mark D. Usher
*The University of Vermont* (USA)

Hans-Jörg Uther
*Arbeitsstelle "Enzyklopädie des Märchens"* (Germany)

Tatiana Valdaeva
*Карельская государственная педагогическая академия* (Russia)

Urška Valenčič Arh
*Univerza v Ljubljani* (Slovenia)

Boyd Van Horn
Oklahoma City, Okla. (USA)

*Vermont Academy of Arts and Sciences* (USA)

Stéphane Viellard
*Université Paris-Sorbonne – Paris IV* (France)

Damien Villers
*Université Nice Sophia Antipolis* (France)

Luis A. Vivanco
*The University of Vermont* (USA)

Vilmos Voigt
*Eötvös Loránd Tudományegyetem* (Hungary)

Piret Voolaid
*Eesti Kirjandusmuuseum* (Estonia)

Wolfgang Vorwerk
Bremen (Germany)

Klaus Voswinckel
Munich (Germany)

Ulrike Voswinckel
Munich (Germany)

Ana Vrăjitoru
*Universitatea "Alexandru Ioan Cuza" din Iași* (Romania)

Alenka Vrbinc
*Univerza v Ljubljani* (Slovenia)

Marjeta Vrbinc
*Univerza v Ljubljani* (Slovenia)

Helen Wagg
*The University of Vermont* (USA)

Harald Wallgrün
Ahrensburg (Germany)

Monika Wallgrün
Ahrensburg (Germany)

Harry Walter
*Ernst-Moritz-Arndt-Universität Greifswald* (Germany)

Helmut Walther
Wiesbaden (Germany)

Marcy Waterfall
Burlington, Vt. (USA)

Jürgen Werner
Berlin (Germany)

*Western States Folklore Society* (USA)

Janet Whatley
*The University of Vermont* (USA)

Anders Widbäck
*Uppsala universitet* (Sweden)

Sabine Wienker-Piepho
*Friedrich-Schiller-Universität Jena* (Germany)

Stephen D. Winick
*Smithsonian Institution* (USA)

Beatrice Wood
*The University of Vermont* (USA)

Jared Wood
Burlington, Vt. (USA)

Denise J. Youngblood
*The University of Vermont* (USA)

Karl-Theodor Zauzich
Sommerhausen (Germany)

Gretchen Ziolkowski
*Miami University* (USA)

Jean-Philippe Zouogbo
*Université Paris-Diderot – Paris VII* (France)

Irina Zykova
*Институт языкознания Российской академии наук* (Russia)